World Book 246

H.C. Andersen

EVENTYR OG HISTORIER

안데르센동화전집 I

H.C. 안데르센/곽복록 옮김

동서문화사

디자인 : 동서랑 미술팀

안데르센동화전집 I II
차례

안데르센동화전집 I
《안데르센 동화》를 읽는 이들에게

안데르센동화전집 II

그림 없는 그림책

안데르센의 생애와 동화

안데르센 동화를 읽는 이들에게
곽복록

동화는 읽는 이들에게 상상의 날개를 달아주는 힘을 지니고 있습니다. 어린 시절 한번 읽은 동화는 그 사람 마음속에서 영원히 살아 숨쉽니다. 좋아하는 음악과 마찬가지로 동화는 마음속 풍경을 아름답고 풍요롭게 가꾸어 줍니다. 이처럼 넉넉하고 아름다운 마음속 풍경을 지닌 사람은 생각이 깊어지고 평화로우며 자유로운 삶을 누릴 수 있습니다.

우리는 '언어'의 도움을 받아 동화의 세계로 들어갑니다. 그림책이 아닌 이상 독자는 영상 이미지의 도움을 받을 수 없으므로 오직 자신의 자유로운 상상력에 기대게 됩니다. 말하자면 독자의 감성과 경험, 통찰력 등이 시험대에 오르는 셈입니다. '언어'에 따른 상상력을 마음껏 드러내는 것이야말로 동화만이 할 수 있는 일이 아닐까요. 동화는 분별이나 논리에 앞서 순수한 즐거움을 줍니다. 때로는 신비롭고 슬프면서도 아름다운 이 세상의 모습. 수없이 떠올려 봐도 여전히 새로운 충격과 공감을 가져다주는 세계. 동화는 음악이나 시, 그림처럼 한순간 찬란히 빛을 내며 이야기와 언어의 힘으로 마음을 자유롭게 상상의 세계로 이끌어 줍니다. 안데르센은 아이들과 종이접기나 인형놀이를 하면서 틈날 때면 그들에게 이야기 들려주기를 좋아했습니다. 그는 이야기를 들려줄 때마다 스토리를 재미나게 바꾸어 나아갔지요. 그래서 아이들은 똑같은 이야기를 들었는데도 저마다 조금씩 다르게 이야기를 기억하게 됩니다. 그는 때로는 꼼꼼하게, 때로는 설렁설렁 즐겁게 이야기를 풀어 냈다고 합니다. '이 아이는 어느 부분에서 이야기에 빠져들까?', '어떻게 말하면 그 장면이 생생하게 떠오를까?', '어떤 캐릭터를 살리면 아이들이 더 기뻐할까?' 그는 이야기를 듣는 아이들 반응에 따라 그 자리에서 재빨리 이야기를 꾸며 내고는 했습니다.

그가 들려주는 이야기는 옛이야기를 새롭게 짠 것도 있고, 상상의 날개를 치면서 상상의 세계를 거듭 날면서 만들어 낸 이야기들도 있지요. 희곡작가나 소설가로서 평가되기를 바랐던 안데르센은, 처음부터 동화를 쓸 생각은 없었던 듯합니다. 그저 이야기를 즐겁게 들려줌으로써 아이들을 기쁘게 해주는 일을 즐길 뿐이었지요. 그런 안데르센의 동화 이야기들을 책으로 만들자고 나선 사람이 누구인지는 뚜렷이 드러나 있지 않습니다. 에드바르드 콜린 저서에는 "사교 서클 사람들이 책을 만들자고 했다" 씌어 있습니다. 콜린은 매우 겸손한 사람이어서 구체적으로 이름을 대지는 않았지만 자신도 그 가운데 한 사람이었을 것입니다. 그리고 불프 네와 외르스테드 네에도 책 만들기를 권했으리라 짐작됩니다. 안데르센 또한 이야기를 써서 완성하면 곧바로 다른 사람에게 보여주거나 들려주며 그것을 책으로 만들고 싶어했습니다. 하지만 서둘러 인쇄한 희곡이나 소설은 문단을 비롯하여 비평가들에게 그리 좋은 평가를 받지 못했습니다.

"오자가 수두룩하고 문법도 엉망인데, 이런 걸 어떻게 읽으란 말이오."

"이야기 전개가 서툴고 흔해빠졌어."

안데르센은 자신이 쓴 원고를 다시 손보는 작업을 하지 않았거나, 퇴고라는 작업을 할 수 없는 성격을 지닌 건 아닐까 하는 생각이 듭니다. 그는 잘못된 부분을 지적당하거나 질책당하면 심하게 풀이 죽고, 칭찬을 받으면 뛸 듯이 기뻐했습니다. 자신의 원고를 천천히 객관적으로 읽어보는 평상심은 없었습니다. 냉정히 자신의 글을 돌아보는 시간이 없었던 것입니다. 언젠가 그가 여행지에서 〈아그네스와 인어〉의 원고를 자신만만하게 덴마크로 보냈을 때입니다. 에드바르드 콜린은 친구들의 비판을 편지로 써서 그에게 보냈습니다.

"이건 대실패작이다."

그 편지를 받은 안데르센은 한 달 동안이나 꼼짝 않고 누워 지냈습니다. 그는 자신의 일기에 다음처럼 썼습니다. 아아, 나는 인생의 귀중한 시간을 쓸데없이 흘려보냈구나. 오, 신이시여! 에드바르드의 죄를 용서해 주소서. 안데르센은 에드바르드에게 격정적인 분노의 편지를 보내 앙갚음하려고 했습니다. 하지만 에드바르드의 아버지 요나스 콜린은 이 편지를 이성적으로 판단하고 불태워 버린 뒤 안데르센에게 부드럽게 타이르는 편지를 써서 보냈습니다.

"내 아들과의 우정을 소중히 간직하기를 바라네."

이렇듯 안데르센은 처음부터 자신의 원고를 철저히 재검토하려는 의지가 부족했었습니다. 자신의 영감으로 쓴 원고는 마땅히 걸작이므로 수정할 필요가 없으리라 자신만만했던 것입니다. 그렇다면 안데르센의 이야기(동화)는 어떠했을까요.

그의 동화는 이미 아이들에게 들려줄 때마다 줄거리를 재검토하는 과정을 거쳤으므로 구성이 탄탄했습니다. 어느 부분을 자세히 그릴까, 어떤 캐릭터를 등장시키고 어떤 대사를 넣을까, 이야기를 어디에서 시작하고 어디에서 끝맺을까, 말하자면 동화가 문자화되기 전에 거듭 살폈던 것이지요. 안데르센 이야기는 자신조차 느끼지 못하는 사이에 완성도를 더해 갔습니다. 앞서 안데르센이 정확하게 원고를 쓸 줄 모른다고 말했던 것은,

코펜하겐 시청사 옆의 안데르센 좌상 상반신(부분)

그즈음 '문학은 라틴어 규범을 따라 표기한다'는 상식에 따르지 못했기 때문입니다. 그는 라틴어를 읽을 수는 있어도 잘 쓰지는 못했습니다. 초등학교를 제대로 다니지 않았기 때문입니다. 그러나 안데르센이 쓴 희곡은 그가 살아 있을 무렵에도 곧잘 왕립 극장에서 상연되었고 평판도 괜찮았습니다. 하지만 그가 셰익스피어처럼 되지 못한 까닭은 그의 글들이 무대 규칙에 딱 들어맞는 대본이 아니었기 때문입니다. 홀로 끊임없이 떠들고 짧은 장면에 중요하지 않은 많은 사람이 등장하고, 갑자기 줄거리와 관계없는 인물이 나타나기도 해서 무대 위에 올라가기에는 번거로웠던 것입니다. 게다가 무대 예술은 연출과 무대 장치, 조명과의 어울림이 중요한데, 안데르센은 이런 배려가 전혀 없이 대본만 훌

룡하면 된다고 여겼습니다. 동화라면 틀을 깨는 것이 오히려 새로운 생각이 될 수도 있을 것입니다. 그렇다면 안데르센이 틀을 깬 무대 규칙은 무엇이었을까요? 그것은 '이야기하듯' 쓰는 것이었지요. 아이들에게 이야기를 직접 들려주듯이 구어체로 쓴 것입니다. 안데르센은 '구어체', 즉 '언문일치'를 멋지게 다루었지만, 그 자체가 그즈음 상식으로 볼 때는 규칙을 크게 벗어난 것이었습니다. 이 책에 실린 작품들을 보면 안데르센이 동화에서 구사하는 말의 묘기를 이해할 수 있을 것입니다.

안데르센 연구가 E. 닐센은 이런 그의 공적을 높게 평가했습니다.

"일찍이 이토록 쉽고 편하게, 모범적인 라틴어나 아카데믹한 형식에 끌려다니지 않고 덴마크어를 쓴 사람은 없었다."

안데르센은 문예비평가들에게는 무시당했습니다. 비평가 모베크는 혹독하게 안데르센을 꾸짖었습니다. 하지만 그것이야말로 안데르센 동화가 세계로 퍼져 나가는 바탕이 되었지요. 안데르센의 고향 덴마크에서는 그의 글이 오자와 틀린 문법 투성이고, 라틴어도 제대로 쓰지 못하면서 구어체로 쓰여 눈살을 찌푸렸지만, 처음으로 안데르센 동화를 번역하여 출판했던 독일에서는 아이러니하게도 놀라운 반향을 불러일으켰습니다. 지식인이었던 독일의 번역가 슈미츠는 안데르센 원고를 틀린 글자 하나 없이 바른 문법의 독일어로 옮겼습니다. 안데르센만의 독특한 '구어체'를 그대로 살린 것입니다. 안데르센 책을 펼쳐본 사람들은 인쇄된 문자가 자신에게 말을 걸어오는 듯하여 놀라워했지요. 마치 곁에서 흥겹게 이야기를 들려주는 듯한 저 먼 나라 아저씨의 정겨운 목소리가 느껴지는 동화였습니다. 영국에서도 프랑스에서도 마찬가지였습니다. 덴마크보다 외국에서 안데르센의 독창성이 더 뜨겁게 받아들여진 것입니다.

아이들을 위한 이야기를 쓰는 것, 즉 동화에서는 이 방법이 더 효과적으로 아이들 관심을 붙들어 묶을 수 있는 끈이었습니다. 어른을 위한 작품에서는 안데르센은 문어체로 글을 쓰려 노력했지만 무르익지 않아 실패하고 말았습니다. 언문일치 구어체가 선두로 이뤄진 사실주의 문학 발전은, 안데르센이 죽고 난 뒤 19세기 끝무렵의 일입니다. 안데르센은 일기에 이렇게 썼습니다.

'하루 내내 썼다. 입이 아프다.'

안데르센이 획기적이었던 점은, 동화 속에서 현실과 환상의 경계를 없앴다는 데 있습니다. 그때까지는 동화를 환상 이야기(메르헨)라고 여기고 관심을 갖

코펜하겐 시청사(1905년 완성)

지 않았습니다. 메르헨은 온통 꾸며진 이야기를 뜻합니다. 메르헨의 특징은 '옛날'로 시작됩니다. 이 이야기에는 '왕과 왕비, 기사, 농부'를 비롯 중세적인 등장인물이 늘 나옵니다. 그들의 복잡한 관계에 마녀나 요정, 때로는 용이나 신비한 힘을 지닌 동물들(말, 개. 고양이, 뱀, 개구리 등)이 서로 뒤엉켜 고난을 이겨내고, 기지를 드러내며, 이상한 신비로운 일을 겪다가 마지막으로 왕자와 공주가 결혼한다는 해피엔딩으로 끝을 맺습니다. 프랑스 시인이자 비평가로서 동화를 쓴 페로나 독일 그림 형제가 수집한 민간으로 구전되는 메르헨인 〈신데렐라〉 〈백설 공주〉 〈장화 신은 고양이〉 〈헨젤과 그레텔〉은 모두 이러한 패턴이지요.

메르헨이 아이들에게 들려주기에 딱 알맞은 동화라는 사실은 그 누구도 의심하지 않습니다. 안데르센이 등장하기 전까지는 말입니다. 안데르센 동화에서는 〈엄지 공주〉처럼 환상 세계에 중점을 두고 스토리가 펼쳐지기도 하지만, 〈성냥팔이 소녀〉처럼 바로 옆 마을에서 일어날 법한 이야기가 슬프고도 아름다운 동화로 이루어지기도 합니다.

안데르센 동화에서는 '마법의 성냥이었습니다', '요정이 나타나 불빛에 주문을 걸었습니다' 같은 문장은 볼 수 없습니다. 소녀 앞에 나타난 할머니에게 하느님이 소녀를 데려 오라고 명령했다는 설명 또한 없습니다. 안데르센은 현실의 밤거리를 그리는 것에서부터 어느 순간 불빛 속에서 나타나는 환상까지, 읽는 이로 하여금 자연스레 느끼도록 합니다. 이것이 안데르센이 독자에게 이야기를 풀어내는 방법입니다. 안데르센은 신비로운 일이 벌어지는 데는 특별한 이유를 붙일 필요가 없다고 생각했으니까요. 안데르센은 자신을 포함해서 실제 인물들을 모델로 삼아 차츰 생동감 있는 등장인물들을 내세웠습니다. 왕자와 공주만이 나오는 게 아니었지요. 주석으로 만들어진 장난감 병정이나 종이 인형으로도 슬프고도 안타까운 사랑을 그려냈습니다. 중세의 어느 성뿐 아니라 때로는 코펜하겐의 누구나 알 만한 마을을 무대로 삼기도 했습니다.

메르헨은 환상 세계만을 그린다는 그때까지의 암묵적인 규칙을 안데르센은 아주 간단히 없애 버렸습니다. 안데르센에 의해서 메르헨의 영역은 한결 넓어진 것입니다. 현실을 그려도 동화, 환상의 세계를 그려도 동화, 현실과 환상(상상)의 세계를 오가도 동화라는 새로운 문예 장르를 활짝 연 것입니다.

어떻게 안데르센은 동화를 이처럼 자유롭게 다룰 수 있게 되었을까요?

먼저 그가 낭만주의 작가였다는 점으로 설명할 수 있습니다. 낭만주의는 19세기 전반에 나타난, 합리주의에 맞서 개인의 감성과 상상력의 우월성을 주장한 예술 운동입니다. 신비로운 것과 환상적인 것에 대한 동경이나 열정, 절망을 호소하는 고통스런 현실, 가슴을 태우는 비극적인 사랑과 자살에 대한 충동 등이 주제가 되었습니다. 작가가 되고자 한 안데르센은 낭만주의 작가를 본보기로 삼았습니다. 감성적인 그에게 낭만주의의 표현은 딱 들어맞았던 것입니다. 안데르센은 환상을 부풀려 그 세계를 대범하게 그리는 재능이 뛰어났습니다. 그렇다고 안데르센 동화가 환상만으로 이루어진 것은 아닙니다. 안데르센은 현실 세계도 쉽게 메르헨으로 그려냈습니다. 이것이 획기적이었다는 사실은 이미 알려졌습니다. 안데르센 동화는 이야기 속에서 환상과 현실이 뒤섞이고 현실 묘사가 아주 자연스럽게 환상 세계로 미끄러져 들어갑니다. 안데르센에 현실과 환상의 구별이 모호했던 것은 아닐까. 환상을 그리려 했는데 현실이 들이닥치거나, 현실을 보고 있는데 순간 나타난 환상을 현실로 착각한 것은 아닐까. 그에게는 현실도 요정이 나타나는 세계와 똑같았습니다.

동화의 세계에서 펜을 굴릴 때, 안데르센은 자유로이 자신의 정신을 해방했는지도 모릅니다. 이렇게 만들어진 세계가 바로 안데르센 동화입니다. 안데르센은 노동자계급 출신입니다. 그 무렵 가난한 시민으로서 문학을 지향하는 사람은 대부분 사회주의 작가로 활동했습니다. 하지만 안데르센에게 사회적 책임 따위는 중요하지 않았습니다. 안데르센이 태어났을 때 유럽

안데르센 박물관
이 주변에는 안데르센이 살았던 무렵의 옛집들이 남아 있다.

은 산업 혁명의 여파가 퍼져 자본주의가 절대 왕제를 뛰어넘는 시기였습니다. 시민계급이 탄생하고, 자유를 얻기 위해 시민 혁명이 곳곳에서 일어났습니다. 작가들은 사회악과 싸우기 위해 펜을 들기도 했고, 시민 혁명이 불러온 새로운 사회와 인간의 갈등을 그리기도 했습니다. 1824년에는 그리스 독립 전쟁에 참여한 영국 시인 바이런이 전사했습니다. 1830년, 프랑스에서 7월 혁명이 일어났습니다. 안데르센이 리 보이 보이 쿳에게 한창 사랑의

안데르센이 열네 살 때 견진 성사를 받은 성 크누드 교회

열을 올렸던 해에 프랑스의 스탕달은 압제와 위선을 파헤치기 위해 《적과 흑》을 썼습니다.

1845년, 안데르센이 예니 린드를 쫓아 베를린으로 여행 갔을 무렵 빅토르 위고는 《레 미제라블》을 쓰기 시작했습니다. 위고는 이 책을 집필하면서 나폴레옹 3세의 제정을 비판하여 국외 추방을 받았지만, 망명지에서도 계속 글을 써 나아갔습니다. 그는 사회 권력을 싫어했고 사회악에 맞서는 인간애를 구현하려고 애썼습니다. 하지만 안데르센은 권력에 맞선다거나, 학대받는 시민이 자유를 얻기 위해 투쟁하는 것, 전쟁이나 사회와 인간 사이 갈등에 그리 관계하고 싶어하지 않았습니다. 문단에서의 토론 또한 마찬가지였습니다. 이 시대 덴마크 철학자 키르케고르가 안데르센의 문학적인 자세를 "허약한 비겁자다" 비판하자, 안데르센은 "어찌 그리 나를 잘도 표현하는지" 쯤밖에 반응하지 않았습니다.

안데르센은 작가의 사회적인 책임을 논하기보다는 귀족이나 자산가의 별장에 초대받아 논쟁의 자리에서 멀리 벗어나 생활하기를 좋아했습니다. 안데르센이 글을 쓰지 않으면 안 되겠다고 작가로서 충동을 느낀 것은 '권력자의 횡포를 못 견뎌서'도, '사회 모순에 대한 해답을 찾기 위해서'도 아니었습니다.

'어떻게 쓰면 고전으로 남을까' 이런 고민이 안데르센으로 하여금 글을 쓰게 했습니다. 그는 남의 일에는 관심을 두지 않았습니다. 신과 인간의 갈등을 그리지 않았다는 점에서 그는 범신론자라 할 수 있습니다. '범신론(pantheism)'이란 세상 모든 사물은 신이라는 생각으로, 두 가지로 해석됩니다.

1. 신이 만물을 만들었다. 따라서 과학도 경제도 인간의 운명도 신이 움직인다고 생각한다.

2. 자연의 모든 존재가 신이다. 신은 이미 이 세상에 나타나 있다. 이 해석은 무신론적으로 1과 정반대의 의미를 갖습니다.

안데르센의 사고방식은 1에 가까웠습니다. 신이 만물을 통찰하고 모든 것을 구제해 준다고 믿었습니다. 안데르센의 아버지가 세상을 떠난 뒤, 그의 나이 열한 살 무렵쯤에 쓴 〈나의 인생 이야기〉에 이런 회상의 글이 있습니다.

"어느 늪 주변을 걷다가 소년 안데르센에게 한 가지 생각이 떠오른다. '앞으로 내가 늙을 때까지 살아갈 것을 신이 결정했다면 여기서 빠져 죽을 리가 없다.' 그러면서 그는 죽어도 괜찮다고 생각하며 물속에 발을 담가본다. 그런데 수심이 깊다는 사실을 알아챈다. '이건 장난이다. 신의 장난이 나를 붙잡아두

'여행하는 것은 인생을 살아가는 것이다.' 이를 신조로 삼은 안데르센의 여행 도구

려고 하기 때문에, 수심이 깊은 것이다.' 안데르센은 갑자기 소리를 지르며 울면서 어머니 품으로 파고든다."

세상에 이름이 널리 알려지고 나서 안데르센은, 자신의 성공은 신이 도와 주었기 때문이라고 믿었습니다. 작가가 될 운명으로 태어났기 때문에 신기료장이 아버지는 넉넉하지 못한 가난한 운명을 그에게 물려준 것이고, 도시로 올라와 가수나 배우가 되지 못했던 것은 작가로서 활약하라는 신의 계시였으며, 그 증거로 자신을 도와 주는 사람들이 나타난 것이리라고 굳게 믿었습니다.

운명을 일궈 나가는 것이 아니라 주어진 대로 누린다는 생각이었습니다. 그러기 위해서는 신의 의지에 따라야 한다, 곧 착한 사람이어야 한다, 이런 사고방식은 안데르센의 어머니가 그에게 불어넣어 준 것이었습니다.

"우리 마음속 말고는 악마는 없는 거란다." 안데르센 아버지는 이렇게 말했지만, 어머니는 두려움에 떨며 이런 말조차 악마의 짓이라며 아들에게 기도를 시켰습니다. 안데르센은 어머니 말씀을 그대로 믿었습니다.

〈인어 공주〉의 마지막 장면을 보면, 인어 공주의 육체는 거품이 되어 사라졌지만 영혼은 천국으로 가리라는 예상으로 끝납니다. 일반적인 생각으로는 '거품이 되어 사라져 버렸다'로 끝내면 인어 공주의 슬픔이 더욱 마음에 남을 텐데 말입니다. 실제로 '거품이 되어 사라져 버렸다'로 마지막을 기억하는 사람들이 많습니다. 안데르센은 영혼이 된 인어 공주에게 3백 년의 시련을 줍니다. '착한 아이를 보면 천국에 가까워지고 나쁜 아이를 보면 천국에서 멀어진다.' 이는 책을 읽는 아이들에게 다음과 같은 도덕적인 메시지를 전합니다.

"인어 공주를 천국에 보내고 싶으면 이 이야기를 들은 너도 착한 아이가 되어야 한단다."

〈빨간 구두〉의 카렌은 심장이 터졌지만, 안데르센은 마지막 장면에서 천국으로 올라가게 함으로써 카렌을 구원해 줍니다.

〈성냥팔이 소녀〉도 마찬가지로 안데르센에 따르면 구원받은 것입니다.

1808년부터 쓰기 시작해 1831년까지 집필이 이어진 괴테의 〈파우스트〉는 신앙을 잃어버린 주인공 파우스트의 삶을 그린 소설입니다. '생각하는 일'과 '행동하는 일'이 일치하지 않아 고뇌하는 19세기 유럽인의 신과 자신과의 갈등을 묘사한 대작입니다. 최종적으로는 그때까지의 기독교 교의와는 다른, 인간과 신과의 관계로 끝맺게 됩니다. 하지만 안데르센은 신을 의심하거나 갈등을 극복

코펜하겐 바닷가 랑게리니의 인어 공주 상

하고 신앙을 다시 찾는 등의 근대인의 테마는 그리지 못했습니다. 이 시대에는 또한 유물론이 널리 퍼졌습니다. 유물론은 물질이 세계의 근본이라는 사고방식으로 영혼을 부정함으로써 무신론으로 이어져 그 무렵 살롱(사교장)에서 토론거리가 되기도 했습니다. 안데르센은 유물론을 싫어했습니다.

헨리에테 불프에게 보낸 편지에서 안데르센은 이렇게 호소했습니다.

"인간이…… 피조물 전체의 일부분에 지나지 않게 되었습니다. (중략) 신도 사라지고 있습니다. 바보 같은 생각이며, 있어서는 안 되는 일입니다."

자유를 위한 전쟁도, 사회의 모순을 추구하는 일도, 신과 인간의 갈등도 아니었습니다. 안데르센이 오로지 관심을 가졌던 것은 자기 자신이었습니다. 안데르센은 언제나 자기 마음속에 초점을 맞춘 상태에서 주위 사람들과 관계했습니다. 칭찬받을 것인가 비판받을 것인가, 사랑받을 것인가 버림받을 것인가. 이런 작은 세계를 그리는 데 동화라는 틀은 안데르센에게 더없이 알맞았다고 할 수 있습니다. 안데르센의 범신론을 〈인어 공주〉의 마지막 장면을 예로 들어 설명했습니다. 착한 일을 하면 그 영혼이 천국으로 갈 수 있다는 결론입니다. 그런데 소설에서 마지막을 이렇게 그렸다면 어땠을까요. 독자가 심원한 주제를 기대하고 작가가 던지는 주제에 자신의 갈등을 이입하려 해도 어쩐지 한 방 먹은 기분이 들 것입니다. 그러나 반대의 경우를 생각해 봅니다. 괴테의 〈파우스트〉처럼 철학적 갈등을 동화로 쓰려고 했다면 첫 문장부터 읽기 괴로울 것입니다. 동화다운 세계관을 맛볼 수 없기 때문입니다. 안데르센은 자기 마음속 세계를 동화에 반영하여 자신의 문제를 그려 냈습니다. 그에게는 중대한 테마를 동화로 만들어 낸 것입니다.

사랑하는데도 사랑받지 못하는 괴로움, 슬픔, 사랑받지 못하는 절망을 극복하는 자신의 마음…… 가난하게 태어나 배움 없이 살다가 끝내 알코올 중독으로 세상을 떠난 어머니. 그 어머니를 경제적으로 돕지 못했을 뿐 아니라 함께 모시고 살지도 못했던 자신에 대한 죄책감…… 〈성냥팔이 소녀〉는 하층 계급으로 태어난 자신과 어머니를 생각하며 썼습니다. 그에게는 고향에 가도 친구들이 없었습니다. 안데르센은 학교에 다니지 않고 홀로 놀면서 자랐기 때문입니다. 도시에 가서도 마찬가지였습니다. 가수나 배우를 꿈꾸던 시절에 사람들에게 배척당했던 고독, 사람들과 어울리지 못하는 소외감과 동시에 느낀 우월감…… 〈미운 오리 새끼〉는 가난하게 태어났지만 마침내 움켜 쥔 영광을 높이 찬미했습니다. 그대로 이야기로 쓰면 다른 사람에게는 불쾌할 뿐인 자부심도 동화로 승화하면 재미있고 감동적인 메르헨이 되는 것입니다. 오직 자신의 마음에만 관심을 쏟았던 안데르센의 작가 정신은 동화라는 장르에서 거침없이 드러났습니다. 안데르센 동화는 그가 아니면 누구도 쓸 수 없는 이야기들입니다.

독일의 그림 형제가 《가정과 아이들을 위한 옛이야기》를 발행한 것은 1812년으로, 그때 안데르센은 일곱 살이었습니다. 안데르센이 첫 작품 《아이들을 위한 동화집》을 출판한 것은 1835년이었습니다. 서른다섯 살 때 안데르센은 베를린의 그림 형제 집을 방문했습니다. 그즈음 동화 작가로서 이름을 날리고 있던 안데르센은 의기양양하게 약속도 없이 찾아간 것입니다. 그런데 형 야코프는 현관에서 어리둥절한 표정으로 고개를 갸웃거리며 말했습니다.

"안데르센 씨……? 오, 잘 모르겠습니다만. 무슨 책을 쓰셨지요?"

당황한 안데르센은 초조해하며 〈인어 공주〉와 《즉흥시인》(이탈리아를 여행하는 한 시인의 시와 사랑, 안데르센의 자전적 이야기) 작품 등을 말했지만, 야코프는 읽은 적이 없다고 했습니다. 그리고 이어진 야코프의 마지막 말에 안데르센은 얼굴에서 불이라도 나는 것처럼 화끈거리고 창피해하며 그 자리에서 물러났

〈성냥팔이 소녀〉 이와사키 치히로 그림

습니다.

"동생 빌헬름이 있는 곳으로 모셔다 드릴까요?"

마흔 살에 예니 린드를 방문하기 위해 베를린에 가서 또 한 번 그림 형제를 만났을 때는 마침내 환대를 받았습니다. 그때는 안데르센이 세계적인 동화 작가가 되어 있을 때였습니다. 그 뒤 형 야코프가 코펜하겐의 안데르센을 찾아가는 등 친교가 이어졌습니다. 처음 그림 형제를 찾아갔을 때 야코프가 안데르센을 몰랐던 것도 무리는 아닙니다. 그림 형제는 동화 작가로서보다는 게르만어 연구자로서, 《독일어 사전》 집필언어학자로서 자부심이 강했습니다. 그들은 작가라기보다는 학자였던 것입니다. 오늘날 거의 그림 형제와 안데르센을 함께 이야기하지만 둘은 전혀 다릅니다.

형 야코프 그림은 외교관, 동생 빌헬름 그림은 도서관장을 하다가 두 사람 모두 대학교수가 되지만, 국왕의 압제에 항거한 죄로 면직되었습니다. 그때 독일은 나폴레옹 군대의 지배에서 막 벗어나던 즈음이었습니다. 그림 형제는 독일이 다른 나라에 침략당해 점령되었던 것은 민족으로서의 통일 의식이 약했기(그즈음 독일은 작은 여러 나라로 나뉘어 있었다) 때문이라고 인식했습니다. 그래서 민족의 문화유산으로서 민화(전승되는 옛날이야기)를 수집한 것입니다. 이것이 바로 《그림 동화》입니다. 초판에서는 민화의 특징답게 '처형'이나 '살상' 등 잔혹한 에피소드가 있었지만, 그림 형제는 인쇄를 거듭하면서 '동화'에 걸맞은 표현으로 다듬어 나아갔습니다. 다시 말해서 그림 형제는 학자로서 '학술적인 입장'에서 동화를 수집했고, 안데르센은 작가로서 동화를 창작했습니다. 그림 형제는 올바른 독일어 표기로 정확하게 썼고, 안데르센은 규범 따위는 파괴하고 마치 직접 이야기하듯이 자유로이 써 나아갔습니다. 그림 형제는 독일 국민의 민족 의식 통일을 바라며 전래동화를 수집했고, 안데르센은 아이들을 기쁘게 해주기 위해서 동화를 창작해 나아갔습니다.

독자를 아이 취급하는 동화는 실패합니다. 아이들에게 도덕심을 가르쳐 주자, 아이들이 좋아하는 동물과 꽃이 가득한 해맑고 흥미진진한 이야기를 만들자와 같은 의도로는 좋은 동화를 쓸 수 없습니다. 아이는 어른의 아버지라는 말이 있듯, 아이들은 어른이 눈가림하려는 것을 금방 눈치챕니다. 아이들에게 맞는 세계는 아이들을 대상으로 만들어서는 안 됩니다. 안데르센은 이런 사실을 잘 알고 있었습니다. 아마도 아이들과 수많은 이야기를 나누면서 얻은 경험일 것입니다. 어쩌면 〈성냥팔이 소녀〉의 마지막 장면은 냉정할지도 모릅니다. 하지만 소녀가 다시 살아나 부잣집으로 가서 거위구이를 먹었다는 결말이었다면, 처음 이야기에 끌렸던 아이들은 곧 어른들의 거짓말을 꿰뚫어 보고 이야기에 대한 흥미도, 소녀에 대한 애틋한 마음도 사라져 버릴 것입니다. 그리고 두번 다시 그 이야기를 들으려고도 하지 않았을 것입니다. 성냥팔이 소녀가 얼어 죽음으로써 아이들은 자신들이 '앞으로 실망할 세계'에 접촉하는 것입니다. 아니 '지금 살고 있는 현실 세계'에 마주서는 것입니다. 이야기를 통해 아이들은 '현실은 이런 것이다'를 깨닫습니다. 이것이 바로 아이들을 진실로 이끄는 안데르센 동화의 뛰어난 장점입니다.

왕자와 결혼할 수 없게 된 인어 공주는 왕자를 칼로 찔러 죽이지 않으면 다시는 그리운 바닷속으로 돌아갈 수 없습니다. 왕자를 사랑했던 사실도, 사랑했기에 칼로 찌를 수 없었던 사실조차 누구에게도 알려지지 않은 채 공주는 거

가우노 저택 안데르센은 대학생이 된 1829년부터 귀족들 초대를 받아 그들 저택을 자주 드나든다.

품이 되어버리고 맙니다.

동화 〈어느 어머니의 이야기〉에서 어머니는 죽음의 신에게 가로채인 갓난아기를 찾기 위해 온갖 고통을 견디며 무서운 세계를 뚫고 나아갑니다. 마침내 죽음의 신을 따라잡은 어머니에게 죽음의 신이 이렇게 말합니다.

"도대체 여기까지 오는 길을 어떻게 알았느냐?"

"난 그 아이의 어미다."

끝으로 죽음의 신이 던진 어려운 문제에 어머니가 대답하려고 할 때, 이야기는 갑자기 끝을 맺습니다. (그리고 죽음의 신은 아이를 데리고 아무도 모르는 나라로 가버립니다.) 1920년대에 안데르센의 유고가 발견되었습니다. 모든 이들이 놀랐던 사실은 〈어느 어머니의 이야기〉의 결말이 달랐다는 것입니다.

'아이의 어머니가 너무나 어려운 문제 때문에 가슴에 머리를 파묻자 아이의 입술이 와 닿았습니다. 깜짝 놀라 머리를 들어올리자 아이가 방에서 봄 햇살을 받으며 새근새근 자고 있었습니다. 그것은 꿈이었습니다.'

원고지에 있는 결말은 이러했습니다. 하지만 안데르센은 펜으로 X자를 긋고

안데르센 동화를 읽는 이들에게 23

오른쪽 탑이 성 페트리 교회, 왼쪽이 안데르센의 장례를 치른 성모교회

한 줄로 결말을 고쳤던 것입니다. 여기서 그가 세계 동화의 왕으로 군림한 까닭을 찾을 수 있지 않을까요. 안데르센의 심오하고 놀라운 감각은 시적 천재의 육체이며, 그 공상은 옷, 그 문장은 생명, 그 상상은 영혼이었습니다.

마을 좁고 작은 길 지붕 뒤편 조그만 방에 가난하고 고독한 화가가 살고 있었습니다. 그에게 밤마다 달이 찾아와서는 '내가 이야기하는 것을 그리렴' 말하며 하늘에서 내려다 본 세상을 들려줍니다. 달이 해 주는 이야기들을 모아《그림 없는 그림책》이 되었습니다. 이 33편 이야기는 재미있고 즐겁기도 하며 슬프면서도 마음을 움직이고, 아득히 먼 옛날로 돌아가거나 머나먼 인도와 중국을 여행하기도 합니다. 하나하나 읽어가며 그 모습을 머릿속에 그려보세요. 모든 삶의 이야기 속에 스며 있는 향기 가득한 시적감정이 오롯이 느껴진답니다.

나는 이 작품을 독일 유학시절 밤마다 펼쳐 되풀이해 읽고 조국에의 향수를 달랬습니다.《그림 없는 그림책》을 동서문고에 펴내고 나서 30여 년 세월, 안데르센 모든 동화들을 한 편 한 편씩 옮겨내는 나날은 나에게 삶의 위안을 주는 행복한 시간이었지요. 오늘 내가 안데르센의 동화전집을 엮어내는 그 뜻이 이제 그 아득한 날들 나의 청춘을 그리는 마음이기도 합니다.

001
부싯돌
Fyrtøiet

한 병사가 비탈길을 씩씩하게 걸어 내려가고 있습니다. 왼발······ 오른발! 왼발······ 오른발! 병사는 배낭을 등에 메고 옆구리에는 긴 칼을 차고 있었습니다. 전쟁터에 나갔다가 이제 집으로 돌아가는 길이었지요.

병사가 그렇게 길을 걷는데 어느 마술할멈을 만났습니다. 할멈은 축 처진 아랫입술이 가슴께에 닿을 만큼 길게 늘어져 있어 참으로 정나미 떨어지는 흉한 모습을 하고 있었습니다.

"안녕하시우, 젊은 군인 양반? 멋진 칼을 차고 있구려! 큼직한 배낭도 멘 데다가······ 내 오늘 진짜 군인다운 군인을 만났구려. 그러니 내 그대가 원하는 만큼 돈을 흠뻑 줄 참이오."

할멈이 말했습니다.

"그거 참 고마운 일이군요, 감사합니다. 노마님!"

병사는 싱글벙글 기뻐하며 말했습니다.

"저기 저 큰 나무가 보이지요?"

마술할멈은 이렇게 물으면서 옆에 서 있는 크나큰 나무를 가리켰습니다.

"저 나무는 몸통 속이 텅 비었다오. 그대가 저 나무 꼭대기로 올라가서 구멍 속으로 기어 들어가면 그 안으로 깊이 미끄러져 들어갈 것이오. 내가 미리 그대의 허리를 밧줄로 묶어줄 터이니, 그대가 나를 부르면 내가 밧줄을 당겨 그대를 다시 위로 끌어올릴 것이오."

"저 나무 속으로 들어가서 무얼 하라는 거죠?"

병사가 물었습니다.

"돈을 꺼내 오는 거야. 자, 내 말 잘 들어 봐. 나무 밑바닥까지 쭉 내려가면 넓은 복도가 나올 거야. 그곳에는 수많은 등불이 켜져 있어서 아주 밝다네. 복도에는 문이 세 개가 있지. 첫째 문으로 들어가면, 방 한가운데에 큰 상자가 놓여 있을 거야. 그 상자 위에는 개가 한 마리 앉아 있어. 그 개는 찻잔만큼 큰 눈을 갖고 있지. 그렇다고 무서워할 필요는 없어. 내가 푸른색 바둑무늬 앞치마를 줄 테니 그것을 가지고 있다가 바닥에 펼치라고. 그런 다음 재빨리 개를 붙잡아 앞치마 위에 앉혀 놓는 거야. 그리고 상자를 열어 원하는 만큼 돈을 꺼내면 되네. 그 돈은 모두 구리로 되어 있어. 은화를 갖고 싶다면 다음 둘째 방문을 열고 들어가면 돼. 그곳에도 개가 한 마리 앉아 있을 거야. 그 개는 물레방아만큼 큰 눈을 하고 있지. 여기에서도 앞치마 위에 개를 앉히고 돈을 꺼내면 되네. 그대가 황금을 원한다면 그것도 가질 수가 있지. 세 번째 방에는 많은 금화가 있고, 금화 상자 위에 개가 앉아 있어. 그 개는 탑만큼 큰 눈을 하고 있지. 상상은 잘 안되겠지만 나중에는 내 말을 믿게 될 거야. 결코 무서워하지는 말게. 그 개도 앞치마 위에 앉히면 얌전히 있을 테니까. 그런 다음 그대가 원하는 만큼 금화를 꺼내어 가지면 되네."

"꽤나 솔깃한 이야기로군요. 그런데 그 대가로 내가 할멈에게 무엇을 해 주어야지요? 할멈이 바라는 게 무엇인가요?"

"아닐세. 나는 한 푼도 필요치 않아. 그저 낡은 부싯돌 하나만 가져다주면 되네. 옛날에 우리 할머니가 깜빡 잊어버리고 나온 부싯돌이야."

"자, 그럼 내 몸에 밧줄을 감아주세요."

병사는 할멈 앞으로 몸을 내밀었습니다.

"자, 이렇게 감으면 되네. 그리고 이건 푸른 바둑무늬 앞치마야."

병사는 몸에 밧줄을 감은 채 곧 나무 위로 기어 올라가서는 나무 구멍 속으로 쑥 내려갔습니다.

마술할멈 말대로 정말 수많은 등불이 밝혀져 있는 넓은 복도가 나왔습니다.

병사는 첫 번째 문을 열었습니다. 그곳에는 찻잔만큼 커다란 눈을 가진 개가 눈알을 번쩍이며 병사를 노려보고 있었습니다.

"참 멋진 녀석이로구나."

병사는 그 개를 어르면서 할멈이 준 앞치마 위에 앉히고는 두 호주머니에 동전을 가득 채웠답니다. 그러고는 상자뚜껑을 덮고 개를 다시 그 위에 앉혔습니다.

그러고 나서 그는 두 번째 방으로 들어갔습니다.

이번에는 물레방아만큼 큰 눈을 가진 개가 앉아 있었습니다.

"그렇게 나를 노려보지 마라. 그렇지 않으면 네 눈이 성치 않을 거야."

병사는 개를 할멈의 앞치마 위에 앉혔습니다. 그런데 상자 속 가득한 은화를 보자 점점 욕심이 커지기 시작했습니다. 병사는 갖고 있던 동전을 모두 내던지고 호주머니와 배낭에다 은화를 가득 채웠습니다.

병사는 이제 마지막 세 번째 방으로 들어갔습니다. 이 방에 있는 개는 정말 전쟁을 치른 용감한 군인들까지도 겁낼 만큼 커다란 눈과 덩치를 갖고 있었는데, 그 개의 무시무시한 두 눈은 마치 코펜하겐에 있는 둥근탑 풍차처럼 빙글빙글 돌아가고 있었습니다.

"안녕?"

병사는 온몸을 꼿꼿이 세우고는 경례를 했습니다. 왜냐하면 이제까지 이런 개는 한 번도 보지 못했기 때문이었지요.

병사는 이번에도 그 개를 앞치마에 앉히고 상자를 열었습니다. 상자 속에는 어마어마하게 많은 금화가 들어 있었습니다. 이 금화를 몽땅 갖는다면 온 코펜하겐 시와 모든 사탕과자, 또 모든 장난감 병정들과 온 세상 흔들목마와 채찍을 살 수 있을 것만 같았습니다. 그래요, 그것들은 모두 진짜 황금이었답니다.

병사는 호주머니와 배낭을 가득 채웠던 은화를 모두 버리고 대신 금화를 그득그득 채워 넣었습니다. 호주머니와 배낭, 모자, 부츠가 온통 금화로 가득 차서 걷기조차 힘들었지요. 황금을 잔뜩 챙긴 병사는 나무 위쪽을 바라보며 소리쳤습니다.

"할멈, 날 끌어올려 줘!"

"부싯돌은 가지고 왔어?"

마술할멈이 물었습니다.

"참, 그걸 잊었군."

병사는 그제야 생각이 났다는 듯 말했어요.

"하마터면 잊어버릴 뻔했군."

병사는 다시 안으로 들어가서 부싯돌을 찾아왔답니다.

할멈은 병사를 끌어올려 주었고, 그는 무사히 나올 수 있었지요. 호주머니와 장화, 배낭, 모자에 금화를 가득 채우고서 말이에요.

"이 조그만 부싯돌로 도대체 뭘 하려고 그래?"

병사가 물었습니다.

"그건 알 필요 없어."

마술할멈은 어서 부싯돌을 달라고 재촉했지요.

"자넨 돈을 가졌잖아. 얼른 약속대로 부싯돌을 줘."

하지만 병사는 부싯돌을 주지 않았습니다.

"이걸로 뭘 할 건지 말하지 않으면 이 검으로 네 목을 베어 버릴 거야."

"싫어!"

병사는 끝내 마술할멈의 머리를 베어 버리고 말았습니다. 마술할멈은 곧 쓰러졌지요. 그러자 병사는 금화를 마술할멈의 앞치마에 싸서 보따리처럼 등에 메고는 곧장 도시로 달려 나아갔습니다. 물론 부싯돌도 가지고 갔지요. 병사는 도시에서 가장 훌륭한 여관에 묵었답니다. 가장 좋은 방과 가장 좋아하는 음식을 주문했습니다. 이제 엄청난 부자니까요. 돈은 아무리 써도 줄지 않을 것만 같습니다.

다음 날 병사는 새 부츠와 가장 좋은 옷을 샀답니다. 그렇게 차려입으니 마치 어엿한 신사처럼 보였지요. 그러던 어느 날 병사는 사람들에게 도시 곳곳에 있는 아름다운 곳들과 임금에 대한 이야기, 그리고 그 딸이 무척 어여쁘다는 이야기도 듣게 되었습니다.

"어디로 가면 공주를 볼 수 있지요?"

병사가 물었습니다.

"볼 수는 없어요. 공주님은 높은 돌담과 탑으로 빙 둘러싸인 큰 성에 살고 있답니다. 임금님 말고는 그 누구도 공주님을 만날 수가 없지요. 공주님이 평범한 군인과 결혼할 것이라는 예언을 받자마자 왕께서 잔뜩 화가 나셨거든요."

사람들이 말했습니다.

'그 어여쁜 공주님을 한번 보고 싶구나.'

병사는 생각했지요.

그러면서 병사는 하루하루를 아주 즐겁게 지냈습니다. 극장에 가기도 하고, 공원을 거닐기도 했지요. 가난한 사람들에게는 기꺼이 돈을 나누어 주기도 했는데, 참으로 기분 좋은 일이었습니다. 주머니에 동전 한 푼 없다는 것이 얼마나 슬픈 일인지 그는 잘 알고 있었으니까요.

병사는 마음씨 좋은 부자였습니다. 많은 친구들도 사귀게 되었고 친구들은 모두 그가 매우 점잖은 신사라며 칭찬하기 바빴습니다. 그래서 병사는 아주 즐거웠답니다. 하지만 날마다 돈을 펑펑 써댔기 때문에 얼마 지나지 않아 그 많던 돈이 다 떨어져 버리고 말았습니다.

그리하여 병사는 훌륭한 여관에서 나와 처마 밑 비좁은 방으로 묵을 곳을 옮겨야 했습니다. 신발도 손수 닦아야 했고, 옷이 해지면 직접 기워야 했습니다. 친구들도 다시는 찾아오지 않았습니다. 그를 찾아오려면 수많은 계단을 낑낑거리며 올라와야 했으니까요.

아주 어두운 밤이었습니다. 병사는 양초 한 자루 살 돈조차 없었습니다. 그때 문득 나무 구멍 속에서 찾아냈던 부싯돌이 생각났습니다.

병사는 얼른 부싯돌을 꺼내어 딱딱 쳐 보았습니다. 그러자 조그만 불꽃이 튀어오르더니, 갑자기 문이 확 열리면서 문 앞에, 나무 밑둥 아래에서 보았던 눈이 찻잔만 한 개 한 마리가 서 있는 게 아니겠어요?

"주인님, 무슨 명령이십니까?"

개가 말했습니다.

"아니, 이게 어떻게 된 일이지?"

병사는 너무도 깜짝 놀라 큰 소리로 외쳤습니다.

"이것 참 신기한 부싯돌이네. 그렇지, 내게 돈을 조금 마련해다오."

병사는 개에게 말했습니다.

그러자 개는 휘익 사라지더니 얼마 지나지 않아 다시 나타났습니다. 개는 돈이 가득 들어 있는 커다란 주머니를 물고 있었답니다.

병사는 비로소 알게 되었습니다. 이 돌이 얼마나 멋진 부싯돌인지 말입니다!

한 번 치면 동전 상자 위에 앉았던 개가, 두 번 치면 은화를 지키고 있던 개가, 세 번 치면 금화를 지키고 있던 개가 나타나는 것이었습니다.

병사는 다시 부자였던 지난날처럼 좋은 여관에서 지낼 수 있었습니다. 옷도 새로 사서 멋지게 차려입으니, 친구들도 곧 병사를 알아보고 다시 찾아오기 시작했습니다.

어느 날 병사는 그렇게나 어여쁜 공주를 누구도 볼 수 없다는 사실이 너무도 이상케 여겨졌습니다. 공주가 그토록 예쁘다고는 하지만 날마다 성안에만 갇혀 지낸다면 대체 무슨 소용이겠어요?

병사는 또다시 부싯돌을 쳤습니다. 그러자 이번에도 찻잔만 한 눈을 가진 개가 나타났지요.

"아아, 정말 한순간만이라도 공주님을 보고 싶구나."

그러자 개는 곧 휘익 달려 나가더니 눈 깜짝할 사이에 공주를 데리고 다시 나타났어요. 공주는 깊이 잠들어 있었답니다. 어찌나 아름다운지 그녀를 본 사람은 누구라도 한눈에 반할 것만 같았지요.

병사는 공주에게 입맞추지 않을 수 없었습니다. 그도 어엿한 남자이니까요.

잠시 뒤 개는 공주님을 데리고 다시 달려나갔습니다.

아침이 되어 공주는 왕과 왕비에게 어젯밤 개와 군인이 나오는 멋진 꿈을 꾸었다고 이야기했지요. 군인이 자기에게 입맞추었다는 이야기도 했습니다.

"참으로 아름다운 꿈이로구나!"

왕비가 말했습니다.

그날 밤에는 늙은 시녀가 공주 침대맡에서 지키고 앉아 있었답니다. 공주의 말이 꿈인지 아닌지를 알아보기 위해서였지요.

아름다운 공주를 또 보고 싶었던 병사는 그날도 부싯돌을 쳤습니다. 개는 이번에도 공주를 데리고 달려왔어요. 그런데 그녀 곁을 지키던 늙은 시녀도 뒤쫓아오고 말았답니다.

개와 공주가 어느 여관으로 사라지는 것을 본 시녀는 나중에라도 찾아올 수 있게 대문에 분필로 십자가 표시를 해놓았지요. 그러고는 누구도 눈치 채지 못하도록 얼른 성으로 되돌아갔습니다.

하지만 개도 공주님을 데리고 다시 나오다 대문에 그려진 십자가를 보았습니다.

개는 시녀가 어느 여관 문에 십자가를 그렸었는지 알지 못하도록 모든 집 대문마다 십자가를 그려놓았습니다. 이제 시녀는 병사가 머물고 있는 여관을 찾아내지 못하겠지요.

아침이 되어 왕과 왕비는 늙은 시녀와 장군을 앞세우고 공주가 갔다 온 집을 찾아 나섰습니다.

"저기 있군!"

십자가가 그려진 첫 번째 대문을 본 왕이 외쳤습니다.

"아니에요! 저기도 있어요."

십자가가 그려진 두 번째 대문을 본 왕비가 소리쳤지요.

"아니, 저기도 있고, 또 저기도 있네."

모두가 외쳤습니다. 온 대문마다 십자가가 그려져 있어 아무리 찾아도 소용이 없었지요.

왕비는 아주 지혜로웠답니다. 여러 귀족들처럼 그저 마차나 타고 다니며 게으름피우는 분이 아니셨지요. 그녀는 황금가위를 가져와서는 큰 비단 헝겊을 조각조각 잘라서 작고 귀여운 주머니를 만들었습니다. 그리고 그 속에 아주 작은 메밀 낟알을 가득 채운 뒤, 그것을 공주의 등에다 묶었지요. 그 주머니에는 조그만 구멍이 뚫려 있어, 공주가 길을 갈 때면 낟알이 흘러나와 그 길을 알려 줄 수 있도록 되어 있었습니다.

그날 밤에도 개는 어김없이 찾아왔습니다.

개는 공주님을 업고서 병사에게로 달려갔지요. 어느덧 병사는 공주님을 무척 사랑하게 되어 그녀와 결혼하고 싶어졌습니다.

개는 달려오는 내내 메밀 낟알이 떨어져 내리는 것을 전혀 눈치 채지 못했습니다.

다음 날 아침, 왕과 왕비는 여기저기 떨어져 있는 메밀 낟알들을 보고 공주가 어디로 갔었는지 마침내 알게 되었지요. 그들은 곧 병사를 찾아내어 지하 깊은 곳에 있는 감옥에 가두어 버렸습니다. 그곳은 어둡고 기분나쁜 곳이었습니다.

사람들은 병사에게 말했지요.

"넌 내일 틀림없이 죽게 될 거야."

이런 말들은 병사를 몹시도 슬프게 했답니다. 게다가 부싯돌조차 여관에 두고 나왔던 것입니다.

이튿 날 아침, 쇠창살 사이로 비쳐드는 조그만 빛을 통해 오가는 사람들을 바라보던 병사는, 수많은 이들이 제 죽음을 보기 위해 모여들었다는 사실을 알 수 있었습니다. 커다란 북소리와 함께 군인들이 행진해 오는 것도 보였지요. 그 가운데에는 가죽 앞치마를 두르고 나막신을 신은 구둣방 수습공도 있었습니다. 소년은 허둥지둥 뛰어드는 바람에 그만 나막신 한 짝이 벗겨지고 말았지요. 그 나막신은 마침 병사가 갇혀 있는 쇠창살 앞에 떨어졌습니다.

"애, 구두 수습공아, 그렇게 서두를 필요 없어."

병사는 다정하게 말했습니다.

"내가 이곳을 나가기 전에는 아무 일도 일어나지 않아. 그런데 내 부탁 하나 들어주지 않겠니? 내가 지내던 방으로 가서 내 부싯돌을 좀 가져다 줘. 그러면 4실링을 줄게. 하지만 서둘러야 해."

4실링을 무척 갖고 싶었던 소년은 재빨리 여관으로 달려가 부싯돌을 병사에게 갖다 주었지요.

도시 바깥 쪽에는 큰 교수대가 세워졌답니다. 군인들과 군중들이 교수대를 빙 둘러 서 있었지요. 왕과 왕비는 재판관과 고문관을 앞에 두고 화려한 옥좌 위에 앉아 있었습니다.

병사는 교수대 위에 서게 되었습니다. 이제 그의 목에 밧줄을 매달 순간이 왔지요. 병사는 처형되기 전에 담배 한 대를 피우고 싶다고 말했습니다. 이제 이 세상에서 피워 보는 마지막 담배가 될 것이라는 말도 잊지 않고 말이죠.

왕은 그 부탁을 거절하지 않았답니다.

병사가 부싯돌을 꺼내어 탁탁 치자, 찻잔만 한 눈을 가진 개, 풍차바퀴만 한 눈을 가진 개, 둥근 탑처럼 큰 눈을 가진 개가 차례차례 나타났습니다.

"내가 교수형을 당하지 않도록 도와다오."

병사가 말했지요.

그러자 개 세 마리가 한꺼번에 재판관과 고문관에게 덤벼들었답니다. 다리를 물기도 하고, 코를 물기도 했지요. 그들은 모두 큰 소란을 피우며 도망쳐버리고 말았습니다.

"안 돼!"

왕은 소리쳤지만 가장 큰 셋째 개가 왕과 왕비를 붙잡고는 사람들 하나하나

를 계속해서 내던져버리자, 군인들과 국민들이 소리 높여 외쳤습니다.

"병사님, 당신이 우리의 새로운 왕이십니다. 꼭 공주님과 결혼해 주십시오."

국민들은 병사를 왕의 마차에 태웠답니다. 커다란 개 세 마리가 그 앞에서 춤을 추었고 아이들은 휘파람을 불었으며 군인들은 받들어총을 했지요. 공주는 성에서 나와 왕비가 되었답니다.

결혼식 잔치는 1주일이나 계속되었습니다. 물론 부싯돌 개들도 식탁에 앉아 큰 눈을 부릅뜨고 즐겁게 어울렸지요.

002
장다리 클라우스와 꺼꾸리 클라우스
Lille Claus og Store Claus

어느 마을에 이름이 똑같은 사나이 둘이 살았습니다. 그들 모두 이름이 클라우스였지요. 한 클라우스는 말을 네 마리나 가지고 있었지만, 다른 클라우스는 오로지 한 마리밖에 가지고 있지 않았습니다. 사람들은 그 둘을 구별하기 위해 네 필의 말을 가진 클라우스를 '장다리 클라우스'라 부르고, 한 필의 말밖에 가지지 못한 클라우스를 '꺼꾸리 클라우스'라 불렀습니다. 이제 우리는 이 두 클라우스에게 무슨 일이 일어났는지 곧 이야기를 듣게 될 것입니다. 이건 정말로 있었던 이야기입니다.

꺼꾸리 클라우스는 일주일에 6일은 장다리 클라우스네 밭을 매어 주고 한 마리뿐인 제 말까지 빌려 주고는 했습니다. 물론 그 보답으로 장다리 클라우스도 일요일이면 그의 말 네 마리를 꺼꾸리 클라우스에게 빌려 주었지요. 일요일이면 꺼꾸리는 모두 제 말이나 되는 것처럼 다섯 마리의 말에게 마구 채찍을 휘두르며 열심히 일했습니다. 빌릴 수 있는 날이 딱 하루밖에 되지 않았으니까요.

태양은 찬란하게 대지를 비추고, 교회 종탑에서 들려오는 맑은 종소리는 수많은 사람들을 교회로 불러들였습니다. 너도나도 잘 차려입고 목사님 설교를 들으러 교회로 갑니다. 그러나 꺼꾸리 클라우스만이 말 다섯 마리를 채찍질하며 열심히 밭을 갈고 있었습니다.

"이랴, 다섯 마리 내 말들아!"

그는 큰소리로 외칠 수 있다는 게 무척이나 즐거웠습니다.

그러면 장다리 클라우스는 이렇게 말하곤 했습니다.

"너, 그렇게 말하지 마. 네 말은 한 마리뿐이잖아."

그러나 꺼꾸리 클라우스는 사람들이 교회로 가기 위해 제 옆을 지나갈 때면 그렇게 말해선 안 된다는 사실을 금세 잊어버리고, 마냥 흥이 나서 큰소리로 외치는 것이었습니다.

"이랴, 다섯 마리 내 말들아!"

그러자 장다리 클라우스가 화가 나서 말했습니다.

"너 한 번만 더 그렇게 말하면 네 말을 죽여 버리고 말 거야. 그러면 하나뿐인 말조차 잃게 될 걸."

꺼꾸리 클라우스는 두 손을 싹싹 빌며 애원했습니다.

"다시는 그렇게 말하지 않을게. 정말이야."

꺼꾸리 클라우스는 굳게 약속했습니다. 그러나 사람들이 그의 밭 옆을 지나가면서 그에게 '안녕하세요' 인사를 할 때면, 꺼꾸리 클라우스는 말할 수 없이

기분이 좋았습니다. 말을 다섯 마리나 부려 밭을 가는 모습이 아주 멋져 보이리라 자랑스러웠던 것이지요. 그래서 채찍을 휘두르며 또 외쳤습니다.

"이랴, 다섯 마리 내 말들아!"

"어디 맛좀 봐라."

마침내 화가 머리끝까지 난 장다리 클라우스는 곤봉을 꺼내들고는 꺼꾸리 클라우스의 하나뿐인 말을 마구 때리기 시작했습니다. 불쌍한 말은 곧 죽어버리고 말았습니다.

"아, 이제 나는 말이 한 마리도 없어."

꺼꾸리 클라우스는 속상해서 그만 엉엉 울어 버렸답니다.

그는 말가죽을 벗겨서 바람에 잘 말린 뒤 그것을 푸대자루 속에 집어넣었지요. 그러고는 말가죽을 팔기 위해 도시로 떠났습니다.

그는 멀고 먼 길을 가야만 했답니다. 그런데 크고 어두운 숲속을 지나다 그만 길을 잃고 말았지요. 날씨조차 좋지 않아, 금세 주위가 어두워졌고 너무 멀리 온 탓에 다시 집으로 돌아갈 수도 없었습니다.

어찌 해야 할지 몰라 발만 동동 구르고 있던 꺼꾸리 클라우스는 길가에 있는 어느 커다란 집 한 채를 보게 되었습니다. 창문은 모두 닫혀 있었지만 조그만 창문 틈 사이로 빛이 새어 나오고 있었지요. 그는 저기서 하룻밤 머물 수 있겠다 생각하면서 농가로 다가가 문을 두드렸습니다.

그러자 한 부인이 문을 열고 나왔습니다. 하지만 부인은 꺼꾸리 클라우스의 딱한 이야기를 듣고도 이곳에서 머물 수 없다고 말했습니다. 남편이 집에 없어

낯선 사람을 받아들일 수가 없다는 것이었습니다.

"제발 부탁드립니다. 이 어두운 숲속에서 잘 수는 없지 않겠습니까."

꺼꾸리 클라우스는 사정했답니다. 하지만 부인은 문을 쾅 닫아 버렸어요. 때마침 농가 옆에는 건초 더미가 놓였는데, 그 사이에는 초가 지붕을 고르게 얹은 작은 헛간이 있었답니다.

"옳지, 저 위에서 자면 되겠구나."

꺼꾸리 클라우스는 초가 지붕을 바라보면서 기뻐했습니다.

"아주 멋진 침대가 되겠어. 설마 황새가 날아와서 다리를 콱 깨물지는 않겠지?"

그래요, 초가 지붕 위에는 둥지를 튼 황새 한 마리가 있었습니다.

꺼꾸리 클라우스는 지붕 위로 기어 올라갔답니다. 그러고는 자리를 잡고서 벌러덩 드러누웠지요. 그러자 현관 쪽으로 나 있는 창문으로 방안을 들여다볼 수 있었습니다.

방 안에는 커다란 식탁이 있었는데 그 위에는 포도주와 구운 고기, 그리고 먹음직스러운 음식들이 잔뜩 차려져 있었지요.

식탁에는 농부의 아내와 성당 관리인 둘만이 앉아 있었어요. 부인은 성당 관리인에게 포도주를 따라주었습니다. 성당 관리인은 생선을 맛있게 먹었지요,

"아, 정말 맛있어 보이는군. 저 음식들을 좀 얻어먹을 수 있었으면……."

꺼꾸리 클라우스는 군침을 삼키며 목을 쭉 빼고는 방 안을 더욱 자세히 살펴보았답니다. 그런데 참으로 맛있어 보이는 과자들까지 잔뜩 있는 게 아니겠어요. 그래요, 꼭 잔칫집 같았습니다.

그때 말발굽 소리가 들려왔습니다. 농부였습니다. 말을 타고 집으로 돌아오고 있는 농부는 마음씨가 아주 착한 사람이었답니다. 하지만 농부는 성당 관리인을 너무나 싫어했어요. 성당 관리인만 보면 꼭 미친 사람처럼 마구 화를 내곤 했지요.

이날도 성당 관리인은 농부가 집에 없는 것을 알고 농부의 아내에게 인사라도 하기 위해 놀러 온 것이었습니다. 그러자 마음씨 좋은 부인도 정성껏 음식을 대접하던 참이었지요.

그들은 농부가 오는 소리를 듣자 소스라치게 놀랐습니다. 부인은 성당 관리인에게 구석에 놓여 있는 빈 상자 속에 들어가라고 했지요. 그러고는 재빨리

음식들을 모두 화덕 속에다 감추었어요. 남편이 보게 되면 틀림없이 왜 이렇게 많은 음식을 차렸는지 물어볼 테니까요.

"저걸 어째!"

꺼꾸리 클라우스는 순식간에 음식들이 없어져버리는 것을 보고 안타까운 소리를 냈답니다.

"거기 위에 누가 있소?"

농부가 꺼꾸리 클라우스를 올려다보았습니다.

"왜 거기 누워 있소?"

꺼꾸리 클라우스는 길을 잃게 된 이야기와 하룻밤 머물게 해 달라는 부탁을 했습니다.

"좋소. 어서 우리 집으로 갑시다. 가서 무얼 좀 먹도록 합시다."

클라우스와 농부가 집으로 들어서자 부인은 부랴부랴 둘을 맞았습니다. 그리고 식탁 위에 식탁보를 깔고 커다란 그릇을 내와서는 그 안에 보리죽을 부어주었지요.

배가 고팠던 농부는 잘도 먹었답니다. 하지만 꺼꾸리 클라우스는 화덕 속에 들어 있는 잘 구워진 고기와 생선, 포도주, 그리고 온갖 먹음직스러워보이는 음식들을 생각하면서 군침만 삼켰지요. 그는 화덕에서 눈을 뗄 수가 없었습니다. 보리죽은 정말 맛이 없었거든요. 그래서 꺼꾸리 클라우스는 발치에 놓아둔 푸대자루 위에 발을 올려놓은 채 화덕 속 음식들을 떠올렸습니다. 그러자 말가죽이 담긴 푸대자루 속에서 무언가 쿵! 하는 큰 소리가 나는 게 아니겠어요? 꺼꾸리 클라우스는 누군가 그 속에 들어가 있기라도 한 것처럼 '쉬잇─!' 검지손가락을 입술에 갖다대었습니다. 그러면서 다시 한 번 푸대자루를 발로 툭 쳤지요. 그러자 이번에는 더욱 큰소리로 '쿵!' 하는 것이었습니다.

"아니, 푸대자루 속에 뭐가 들어 있소?"

농부가 물었습니다.

"오, 이 속엔 마법사가 들어 있지요."

꺼꾸리 클라우스는 꾀를 내었어요.

"우리가 보리죽을 먹어선 안 된다고 말하는군요. 우리를 위해 화덕 속에 구운 고기와 생선, 과자를 만들어 놓았다는데요."

"어떻게 그런 신기한 일이!"

농부는 얼른 화덕문을 열어보았습니다. 그 속에는 부인이 숨겨두었던 온갖 음식들이 가득했지요.

부인은 어쩔 수 없이 고기와 생선은 물론 포도주까지 내와야 했답니다.

농부는 술을 마시면서 몹시 기분이 좋았습니다. 어쩐지 농부도 푸대자루 속에 든 마법사를 갖고 싶어졌지요.

"마법사는 악마도 부를 수 있을까?" 농부가 물었어요.

"그럼요, 부를 수 있고 말고요."

"기분이 좋으니까 악마까지도 보고싶네, 그려."

"기꺼이 불러 드리지요."

꺼꾸리 클라우스는 말했어요.

"마법사는 뭐든지 할 수 있어요. 이봐, 그렇지?"

그러면서 꺼꾸리 클라우스는 푸대자루를 건드려 소리가 나도록 했습니다.

"마법사가 네라고 대답하는 거 들리지요? 그런데 악마는 너무나 흉한 모습이랍니다. 차라리 보지 않는 게 나을 텐데요."

"아니, 하나도 겁 안나네. 대체 악마가 어떻게 생겼길래 그러는가?"

"악마는 성당 관리인과 꼭 닮은 모습으로 나타날 겁니다."

"그래? 그것 참 흉하군. 나는 그 녀석 얼굴만 봐도 치가 떨린다구. 하지만 뭐 괜찮아. 악마도 내 앞에선 뼈도 못 추릴걸. 여보, 어서 화살이든, 총이든 아무거나 가져와. 그래도 악마가 내게 너무 가까이 오지는 않도록 해주게."

"좋아요. 마법사에게 물어볼게요."

꺼꾸리 클라우스는 푸대자루에 제 귀를 가까이 갖다 대었습니다.

"마법사가 뭐라고 그래요?"

"저 구석에 있는 상자를 열어 보면, 그 안에 악마가 웅크리고 앉아 있을 거라는군요. 그러니 악마가 도망가지 못하도록 뚜껑을 꼭 붙들고 있어야 한다네요."

"자네가 뚜껑을 좀 잡고 있어 주겠나?"

농부는 상자로 다가갔답니다. 성당 관리인이 숨어 있는 상자로 말이지요. 성당 관리인은 겁을 잔뜩 집어먹고는 부들부들 떨며 가슴을 졸이고 있었습니다. 농부는 뚜껑을 살짝 열고 그 안을 들여다보았습니다.

"악마가 있어! 정말 우리가 아는 성당 관리인처럼 생겼구려. 참으로 끔찍하군."

농부는 이렇게 외치면서 뒤로 펄쩍 물러났어요. 둘은 다시 술을 마셨답니다. 밤이 깊도록 그들의 술잔은 멈출 줄을 몰랐지요.

"자네, 그 마법사를 내게 팔 수 없나?" 농부가 말했어요.

"그 대신 자네가 원하는 건 무엇이든 주겠네. 그래, 한 됫박의 돈을 주지."

"아니, 그럴 수 없어요."

꺼꾸리 클라우스가 말했습니다.

"제게는 이 마법사가 참으로 소중하답니다."

"그래도 난 정말 그 마법사를 갖고 싶다네."

농부는 제발 마법사를 팔라며 계속 졸랐어요.

"어쩔 수 없군요. 그럽시다."

마침내 꺼꾸리 클라우스는 승낙했답니다.

"당신이 마음씨 좋은 사람이라서 할 수 없이 마법사를 파는 겁니다. 대신 약속대로 한 됫박의 돈을 주어야 해요."

"물론이지!"

농부는 기분 좋게 말했습니다.

"그런데 악마가 들어 있는 저 상자는 자네가 가져가주게. 저 상자를 내 집에 두고 싶지는 않아. 악마가 아직도 그 안에 숨어 있을지도 모르니까."

꺼꾸리 클라우스는 말린 말가죽이 담긴 자루를 농부에게 주었답니다. 그 대신 한 됫박의 돈을 꼭꼭 채워서 받았지요. 게다가 농부는 돈과 상자를 가져갈 수 있도록 큰 짐수레까지 챙겨 주었습니다.

"그럼, 안녕히 계세요."

꺼꾸리 클라우스는 돈과 성당 관리인이 숨어 있는 상자를 수레에 싣고 떠났습니다.

숲을 빠져나가니, 그곳에는 크고 깊은 강이 흐르고 있었답니다. 거센 물살 때문에 헤엄쳐 건너갈 수는 없었지요.

그래서인지 강 위에는 다리가 하나 놓여져 있었습니다. 꺼꾸리 클라우스는 다리 한가운데에 멈춰 서서 상자 안 성당 관리인이 들을 수 있도록 큰소리로 말했습니다.

"그래, 이런 쓸모없는 상자를 싣고 가서 뭘 하겠어? 무겁기만 하지. 안에 돌멩이가 들었나, 원. 계속 가지고 가다간 힘들기만 할 거야. 그래, 강에다 던져 버려야겠다. 상자가 강물을 타고서 나를 쫓아온다면 다행이고, 안 그러면 어쩔 수 없지 뭐."

그러고는 마치 강물 속에 상자를 던져 넣기라도 할 것처럼 조금 들어올렸습니다.

"그러지 마. 그만둬!"

그 말을 들은 성당 관리인이 상자 안에서 소리쳤습니다.

"제발 나를 꺼내줘!"

"후우!"

꺼꾸리 클라우스는 너무나 겁이 난다는 듯 깊은 한숨을 내쉬며 말했어요.

"악마가 아직 있군. 빨리 강에다 던져 버려야겠다. 그래야 어서 물에 빠져 죽지."

"안 돼! 안 돼!"

성당 관리인은 다급하게 외쳤습니다.

"나를 살려 주면 돈을 한 됫박 줄게."

"아, 그렇다면 문제가 좀 다르지."

꺼꾸리 클라우스는 상자를 열어주었습니다. 성당 관리인은 냉큼 기어 나와서 빈 상자를 강물에다 던지고는 집으로 돌아가 꺼꾸리 클라우스에게 줄 한 됫박의 돈을 가져왔답니다. 이제 꺼구리 클라우스의 손수레는 돈으로 가득 찼습니다.

"말 값을 아주 톡톡히 받았는걸."

꺼꾸리 클라우스는 수레 가득한 돈을 바라보며 흐뭇한 미소를 지었습니다.

그는 곧 집으로 돌아와 돈을 모두 꺼내어 방 한가운데에 산처럼 쌓아두고는 혼잣말로 중얼거렸습니다.

"내가 죽은 말 덕분에 이렇게 큰 부자가 된 것을 장다리 클라우스가 알게 된다면 몹시 화를 낼 거야. 그러니 자랑하지는 말아야지."

꺼꾸리 클라우스는 이웃집 소년을 시켜 장다리 클라우스에게 됫박을 빌려 오게 했답니다.

"이걸로 대체 뭘 하려는 걸까?"

이를 이상히 여긴 장다리 클라우스는 됫박 아래쪽에다 콜타르를 칠해 놓았습니다. 그러면 그 안에 넣었던 물건이 조금이라도 남아 있게 되거든요.

됫박을 되돌려 받은 장다리 클라우스는 깜짝 놀랐습니다. 됫밧 바닥에 은화 세 개가 붙어 있었던 것입니다.

"아니, 이게 어떻게 된 일이지?"

장다리 클라우스는 곧바로 꺼꾸리 클라우스에게 달려갔습니다.

"너 어디서 그렇게 많은 돈을 얻었니?"

"아, 내 말가죽 값이야. 어제 저녁에 팔아버렸거든."

"참으로 값을 잘 받았구나."

욕심이 생긴 장다리 클라우스는 재빨리 집으로 달려와 벽에 걸려 있던 도끼로 네 마리 말을 몽땅 죽여 버렸습니다. 그러고는 말가죽 네 개를 만들어 거리로 나섰지요.

"가죽이오, 가죽. 말가죽 사시오."

장다리 클라우스가 큰 소리로 외치자 구두장이들이 모두 몰려나와 얼마를 받겠느냐고 물었습니다

"가죽 하나에 은화 한 됫박입니다."

장다리 클라우스는 즐겁게 말했어요. 그러자 모두들 소리를 질렀습니다.

"정신 나간 녀석이로군. 말가죽을 누가 그렇게 비싸게 쳐준대?"

"가죽이오, 가죽. 말가죽 사시오."

장다리 클라우스는 다시 큰소리로 외쳤습니다. 그는 값이 얼마냐고 묻는 사람들에게 한결같이 "은화 한 됫박"이라고 말했습니다.

"우릴 바보로 아는구만."

모두가 말했습니다. 얼마 지나지 않아 구두장이들은 가죽끈을, 무두장이들은 가죽 앞치마를 들고 나와서 장다리 클라우스를 마구 때리기 시작했습니다.

"가죽이오, 가죽?"

그들은 장다리 클라우스를 흉내 내며 비웃었습니다.

"자, 이 가죽을 줄 테니 네놈은 암퇘지 한 마리라도 내놓으라구! 얼른 이 도시에서 썩 꺼져."

장다리 클라우스는 잔뜩 겁에 질려 힘껏 달아나는 수밖에 없었습니다. 이렇게나 심하게 맞아본 것은 처음이었거든요. 겨우 집으로 돌아온 장다리 클라우스는 몹시 화가 났습니다.

"꺼꾸리 클라우스! 이 빚은 반드시 갚아주고 말겠다. 녀석을 죽여버리겠어!"

얼마 뒤, 꺼꾸리 클라우스의 할머니가 돌아가셨답니다. 늘 신경질적이었던 할머니는 꺼꾸리 클라우스를 언제나 못살게 굴었지만 그는 몹시 슬펐어요.

꺼꾸리 클라우스는 한없이 차가워진 할머니 시신을 자기 침대에 뉘었답니다. 할머니가 다시 살아나시지 않을까 하는 간절한 마음에서였지요.

그래서 할머니는 그날 밤 꺼꾸리 클라우스의 침대에 편안하게 누워 계셨고 꺼꾸리 클라우스는 마치 늘 그래온 것처럼 침대 옆 의자에 앉아 잠이 들었습니다.

밤이 깊어 어둠이 찾아오자 살그머니 문이 열리더니 도끼를 손에 든 장다리 클라우스가 나타났습니다. 그는 꺼꾸리 클라우스의 침대가 어디에 놓여 있는지 잘 알고 있었기에 곧장 침대로 다가가 도끼를 힘차게 내리쳤지요. 그리고 이렇게 소리쳤습니다.

"이 나쁜 놈! 이제 더는 날 속이지 못할 거다."

장다리 클라우스가 자기 집으로 돌아가자, 꺼꾸리 클라우스는 생각했지요.

"정말 못된 녀석이로구나. 나를 죽이려 하다니. 할머니가 이미 돌아가신 게 참 다행이야. 만약 살아 계셨더라면 큰일날 뻔했군."

꺼꾸리 클라우스는 할머니에게 가장 좋은 나들이옷을 입혔답니다. 그리고 이웃집에서 말 한 마리를 빌렸지요.

꺼꾸리 클라우스는 할머니를 마차 뒷자리에 앉히고 숲속을 지나 오랜 시간 내달렸습니다.

해가 뜰 무렵 꺼꾸리 클라우스는 어느 큰 선술집 앞에 다다랐습니다. 그는 마차를 멈추고, 아침을 먹기 위해 안으로 들어갔습니다. 술집 주인은 마음씨 좋은 부자였습니다. 하지만 마치 마음속에 후춧가루를 잔뜩 뿌려놓은 듯이 작은 일에도 금세 화를 내기 일쑤였지요.

"어서 오게."

술집 주인이 꺼꾸리 클라우스에게 말했습니다.

"아침 일찍 왔네, 그래. 그것도 아주 좋은 옷으로 차려입고 말이야."

"네. 할머니와 도시로 나가는 길이거든요. 할머니는 저기 마차에 앉아 계시답니다. 이 안까지 모시고 들어올 수가 없으니, 우리 할머니에게도 술을 한 잔 갖다 주시지 않겠어요? 그런데 할머니는 귀가 잘 안들리시니까 아주 크게 말씀하셔야 해요."

"그래, 그렇게 하지."

술집 주인은 큰 유리잔에 술을 따라서는 꼼짝도 않고 앉아 있는 할머니에게 다가갔습니다.

"할머니, 손자가 드리는 술이라오."

술집 주인은 말했지요. 그러나 죽은 할머니는 아무런 대꾸도 할 수 없었어요. 그저 조용히 앉아만 있을 뿐이었지요.

"안 들리세요?"

술집 주인은 할머니 귀에 입을 바짝 대고서 큰소리로 외쳤어요.

"여기, 당신 손자가 드리는 술이 있어요."

그러나 할머니는 이번에도 조그만 움직임조차 보이지 않고 조용히 앉아만 있었답니다.

"안 들리세요?"

술집 주인은 할머니의 귀에 바짝 대고 큰소리로 외쳤어요.

"여기 당신 손자가 드리는 술이 있어요."

술집 주인은 또 한 번 크게 소리쳤답니다. 몇 번이고 그렇게 소리를 쳤지만 할머니는 여전히 꼼짝도 하지 않았습니다.

화가 난 술집 주인은 컵에 들어 있던 술을 할머니 얼굴에 던지듯 뿌리고 말았습니다. 그 바람에 할머니는 쿵! 소리를 내며 마차 바닥으로 쓰러져버렸지요.

"당신! 이게 무슨 짓이오!"

꺼꾸리 클라우스는 문 밖으로 뛰쳐나와 술집 주인의 멱살을 움켜 잡았습니다.

"우리 할머니를 죽였어! 당신이 죽였어!"

"이게 어떻게 된 거지?" 술집 주인은 두 손을 모은 채 몹시 괴로워했습니다.

"모든 게 이놈의 성질 때문이야. 이거 보게, 꺼꾸리 클라우스. 내 자네에게 한 됫박 가득 돈을 줌세. 게다가 할머니도 우리 할머니처럼 잘 묻어 주겠네. 그러니 이 일은 제발 비밀로 해 주게. 그렇지 않으면 내 목이 달아나 버리고 말거야. 아아, 이건 정말 끔찍한 일이야."

이렇게 해서 꺼꾸리 클라우스는 또 한 됫박의 돈을 얻게 되었답니다. 그리고 술집 주인은 할머니를 제 할머니처럼 여기고 정성껏 묻어 주었지요.

많은 돈을 가지고 집으로 돌아온 꺼꾸리 클라우스는 다시 이웃집 소년을 장다리 클라우스에게 보냈답니다. 됫박을 빌리기 위해서였지요.

"뭐라고?"

장다리 클라우스는 깜짝 놀랐습니다.

"꺼꾸리 클라우스가 죽지 않았단 말이야? 내가 가서 직접 봐야겠다."

그는 됫박을 들고 꺼꾸리 클라우스를 찾아갔습니다.

"아니, 너 그 많은 돈을 어디서 얻었니?"

그는 꺼꾸리 클라우스가 살아 있다는 사실에도 놀랐지만 한 됫박의 은화가 더 늘어난 것을 보고 더욱 놀랐지요.

"그날 침대에 누워 있던 사람은 우리 할머니였어. 네가 우리 할머니를 죽인 거지. 그래서 큰 돈을 받고 할머니를 팔았어."

"정말 값을 잘 받았구나."

장다리 클라우스가 화를 꾹꾹 참으며 말했습니다.

욕심에 미쳐버린 장다리는 재빨리 집으로 돌아와 벽에 걸려 있던 흉기를 꺼내들고는 제 할머니를 죽여버리고 말았지요. 그러고는 할머니를 마차에 태우고 약제사를 찾아가 죽은 사람을 사지 않겠느냐고 물었습니다.

"그 사람이 누구요?"

약제사가 물었어요.

"바로 우리 할머니지요. 한 됫박 가득 돈을 준다면 당신한테 팔겠소."

장다리 클라우스는 신이 나서 말했습니다.

"이런 못된 손자가 다 있나. 할머니가 돌아가셨는데 정성스럽게 장사는 못 지내줄 망정 할머니를 돈을 받고 팔려고 하다니."

욕심에 미쳐 있던 장다리 클라우스는 약제사의 말에 순간 정신이 돌아온 것만 같았습니다. 그제야 큰 죄를 지었다는 것을 알아차린 셈이지요.

그는 몹시 부끄러워하면서 도망치듯 달려 집으로 돌아왔습니다. 사람들은 모두 그가 미쳤다고 생각했지요. 약제사와의 일이 마을 이곳저곳에서 입방아에 오르게 되었거든요. 장다리는 집밖으로 나가는 것조차 꺼려지기 시작했습니다.

"꺼꾸리 녀석에게 꼭 복수하고 말테다!"

장다리 클라우스는 다짐했습니다.

그는 커다란 푸대자루를 가지고 꺼꾸리 클라우스에게 달려갔어요.

"너 나를 또다시 바보로 만들었겠다. 내 말들이 죽은 것도, 우리 할머니가 돌아가신 것도 다 너 때문이야. 이제 다시는 속지 않을 거야."

장다리 클라우스는 꺼꾸리 클라우스를 붙잡아 그의 몸을 묶고는 자루 속에 집어 넣었습니다.

"강물에 빠져 죽은 물귀신으로 만들어주지."

강으로 가는 길은 몹시 멀었답니다. 게다가 꺼꾸리 클라우스는 아주 무거웠지요.

장다리 클라우스는 교회 곁을 지나가게 되었어요. 그 안에서는 오르간 소리가 울려퍼지고, 사람들이 아름다운 목소리로 찬송가를 부르고 있었습니다. 장다리 클라우스는 꺼꾸리 클라우스가 든 푸대자루를 바닥에 내려 놓았답니다. 잠깐 교회 안으로 들어가서 합창을 듣고 가는 것도 괜찮은 일이라고 생각했거든요. 꺼꾸리 클라우스가 빠져 나올 리도 없거니와 마을 사람들 모두 교회에 와 있었으니까요. 그는 교회 안으로 들어갔습니다.

"사람 살려요!"

꺼꾸리 클라우스는 푸대자루 안에서 몸을 이리저리 뒤척이며 소리를 질렀습니다. 하지만 제 몸을 묶은 밧줄을 풀어낼 수는 없었지요.

그때 한 늙은 목자가 교회쪽으로 오고 있었습니다. 그는 눈처럼 흰 머리에 손에는 긴 지팡이를 들고 소 떼를 몰고 가던 길이었답니다. 그런데 그만 꺼꾸리 클라우스가 들어 있는 자루에 부딪혀 넘어지고 말았습니다.

"아이쿠! 무슨 일이지? 난 아직도 젊은데, 벌써 하늘 나라로 가게 되다니."

꺼꾸리 클라우스는 깜짝 놀라 말했습니다.

"아, 불쌍한 내 신세. 나는 이토록 늙었는데도 아직 하늘 나라로 가지 못하고 있다오."

늙은 목자도 한탄을 했습니다.

"자루를 풀어 주세요. 저 대신 여기 들어와 계시면 곧 하늘 나라로 갈 수 있을 거예요."

꺼꾸리 클라우스기 소리쳤습니다.

"그래? 그것 참 고맙구만."

늙은 목자는 자루를 풀어 주었지요. 꺼꾸리 클라우스는 냉큼 자루에서 나왔습니다.

"젊은이, 나 대신 내 가축들을 잘 돌봐 주게."

노인은 자루 안으로 들어갔답니다. 꺼꾸리 클라우스는 자루를 단단히 묶은 뒤 소떼를 몰고서 도망갔지요.

잠시 뒤 장다리 클라우스가 교회에서 나왔습니다. 그는 다시 자루를 등에 메었지요. 자루는 조금 전보다 한결 가벼워졌습니다. 늙은 목자는 꺼꾸리 클라우스보다 훨씬 가벼웠거든요.

"어떻게 이렇게 가벼워졌지? 그래, 아마 내가 찬송가를 듣고 와서 그럴 거야."

이윽고 강에 이르렀습니다. 장다리 클라우스는 늙은 목자가 담긴 자루를 흐르는 강물 속으로 있는 힘껏 던져버렸지요. 그러고는 큰소리로 외쳤습니다.

"이 나쁜 놈아! 이제 더는 날 바보로 만들지 못할 거야."

장다리 클라우스는 기분 좋게 집으로 돌아오고 있었답니다. 그런데 이게 웬일일까요? 집 앞 길목에서 가축들을 잔뜩 몰고 오는 꺼꾸리 클라우스와 딱 마주친 게 아니겠습니까. 장다리 클라우스는 깜짝 놀랐습니다.

"아니, 이게 어떻게 된 일이지? 내가 틀림없이 강물에 던져버렸는데!" 꺼꾸리 클라우스는 싱글벙글 웃으며 말했습니다.

"그래, 맞아. 자넨 방금 날 강물에 내던졌지."

"그런데 어떻게 죽지도 않고 오히려 이렇게 많은 가축들을 얻은 거지?"

"이것들은 바다 가축일세."

곧 찬찬히 있었던 일을 이야기하기 시작했습니다.

"난 자네에게 무척 감사하고 있어. 날 물 속에 던져 주어서 말일세. 그래도 난 이렇게 멀쩡히 살아 있지. 더군다나 큰 부자로 말일세. 자네가 날 다리 위에서 차가운 강물 속으로 던져버렸을 때, 난 이제 죽었구나 싶었지. 곧 강바닥 깊숙이 가라앉았어. 강바닥에는 아름답고 연한 풀들이 자라고 있었는데, 나는 그 풀 위로 떨어졌어. 그런데 갑자기 자루가 열리지 않겠나? 눈처럼 새하얀 옷을 입고 흠뻑 젖어있는 머리칼 위에 녹색 화관을 쓴 아름다운 처녀가 내 손을 잡으며 이렇게 묻더군. '네가 꺼꾸리 클라우스니? 네게 바다 가축을 줄게. 저 위로 한참 올라가면 바다 가축이 있단다.' 그러면서 강은 바다 사람들의 큰길이라는 말도 덧붙였지. 자네도 알겠지만 물속은 너무나 복잡하고 구불구불한 길 투성이라네. 그래서 먼저 육지로 올라와서 그 길을 가로질러 다시 강으로 나가면 한결 가까워진다는 거야. 그녀도 잠시 육지로 올라올 때, 바다 가축들을 데리고 있었던 거겠지. 나도 그 길을 따라 올라와서 이렇게나 빨리 가축들을 이끌고 돌아올 수 있었네."

"넌 정말 운도 좋은 녀석이구나! 나도 강바닥으로 가면 가축들을 얻을 수 있을까?"

장다리 클라우스가 물었지요. 그러자 꺼꾸리 클라우스가 말했습니다.

"그럼, 물론이지!"

꺼꾸리 클라우스는 말했지요.

"하지만 난 너를 자루에 넣어서 강까지 들고 갈수가 없어. 넌 너무 무겁거든. 네가 그곳까지 가서 직접 자루 속에 들어가겠다면 기꺼이 널 던져줄 수는 있어."

"정말 고마워. 하지만 내가 가축을 얻지 못하게 되면 그땐 널 정말 가만 두지 않을 거야. 알겠지?"

"그래, 알았어."

이윽고 둘은 강 위 다리에 이르렀답니다. 목이 말랐던 소 떼는 물을 보자마자 강가로 달려갔습니다.

"저것 봐. 저 가축들이 마구 달려가는걸. 다시 강 속으로 내려가고 싶은 거야."

꺼꾸리 클라우스가 말했습니다.

"알겠으니까, 자, 어서 날 도와줘."

장다리 클라우스는 바다 가축을 얻고 싶은 욕심에 재촉했답니다. 그러고는 냉큼 자루 속으로 들어갔지요.

"돌을 하나 넣어 줘. 그렇지 않으면 가라앉지 않을지도 몰라."

"괜찮은데 뭘."

꺼꾸리 클라우스는 그렇게 말하면서도 큰 돌 하나를 주워 자루 속에 넣었습니다. 그리고 단단히 자루를 묶고는 발로 뻥 찼지요. 첨벙! 자루는 강물 속으로 떨어져서 강바닥 깊숙이 가라앉았답니다.

"녀석은 바다 가축을 찾지 못하겠지?"

꺼꾸리 클라우스는 혼잣말로 이렇게 중얼거리다, 곧, 이리 오렴, 내 소들아! 자랑스레 외치며 소떼를 몰고 집으로 돌아갔답니다.

003
완두콩 공주
Prindsessen paa Ærten

옛날 옛적, 한 왕자가 살았습니다. 그는 진실된 공주님을 아내로 맞고 싶었지요.

그래서 왕자는 마음속에 그리는 공주를 찾아서 온 세상을 돌아다녔답니다. 하지만 아주 오랜 시간이 걸릴 수밖에 없었습니다. 공주들은 이 세상 어디를 가도 수없이 많았지만, 아무리 이곳저곳을 돌아다녀도 그가 바라는 공주로서의 품위를 온전히 지닌 아름답고 진실된 공주는 찾을 수가 없었거든요. 이 사람이다 싶으면 꼭 어느 한 곳이 왕자의 마음에 들지 않았습니다.

　마침내 왕자는 공주를 찾지 못하고 다시 집으로 돌아와야만 했습니다. 하지만 집으로 돌아온 왕자는 몹시 슬펐답니다. 자신이 꿈꾸던 공주와 결혼하고 싶은 소원이 끝내 이루어지지 않았으니까요.

　어느 날 밤, 무시무시한 번개가 치고 천둥이 울렸습니다. 장대 같은 비도 마구 쏟아졌습니다. 정말 무시무시했어요. 그런데 누군가가 성문을 두드렸습니다.

　늙은 왕이 직접 나가서 문을 열어 주었지요.

　문 앞에는 어느 공주가 서 있었답니다. 세차게 내리는 비에 흠뻑 젖은 공주의 모습은 참으로 가여워보였습니다. 머리카락과 옷에서는 물이 뚝뚝 떨어지고, 빗물은 구두 부리로 들어갔다가 뒤축으로 다시 나오고 있었거든요. 그 모습은 말할 수 없이 누추해 보였지만, 그녀는 자기가 진실된 공주라고 말했답니다.

　'그래? 그거야 우리가 알아 낼 수 있지.'

　늙은 왕비는 생각했지요. 그러나 어떤 내색도 하지 않았답니다. 왕비는 곧 공주가 자게 될 침실로 들어가서 이불을 다 걷어 내고 완두콩 한 알을 놓았습니다. 그 위로는 스무 장의 솜이불을 깔았지요.

　그날 밤 공주는 그 침대에서 자게 되었답니다. 아침이 되자 성 사람들이 그녀에게 잘 잤느냐고 물었습니다.

"오, 정말 힘들었어요. 밤새도록 한숨도 눈을 붙이지 못했어요. 대체 침대 속에 뭐가 들어 있는지, 무엇인가 딱딱한 게 쉴 새 없이 느껴졌어요. 그래서 온몸에 멍이 들었답니다. 정말 끔찍했어요."

이 말을 들은 사람들은 그녀가 진실된 공주라고 생각했답니다. 이불을 스무 장이나 깔았는데도 고작 한 알의 완두콩을 느꼈다면 그건 공주님이 틀림없으니까요. 진실된 공주가 아니고서야 누가 그렇게 예민할 수 있겠어요.

그리하여 왕자는 공주를 아내로 맞아들였답니다. 그녀가 바로 왕자가 찾던 공주라고 믿었으니까요. 그리고 그 완두콩은 미술 전시실로 옮겨졌답니다. 누가 훔쳐가지 않는 한 누구나 볼 수 있도록 말이지요.

보세요, 이건 진실된 이야기랍니다.

004
어린 이다의 꽃밭
Den lille Idas Blomster

"내 불쌍한 꽃들이 몽땅 죽어 버렸어요!"

꼬마 이다가 말했습니다.

"어제 저녁까지만 해도 얼마나 예뻤는지 몰라요. 그런데 왜 갑자기 잎들이 시들어서 모두들 고개를 푹 숙이고 있는 걸까요. 꽃들이 왜 이러지요?"

이다는 소파에 앉은 대학생 아저씨에게 물었습니다. 꼬마 이다는 이 아저씨를 무척이나 좋아했답니다.

그는 온갖 아름다운 옛날 이야기를 알고 있었거든요. 또 재미있는 그림들을 오려 주기도 했지요. 그래요, 춤추는 작은 소녀들이 그려진 예쁜 하트 모양의 심장이나 문을 열었다 닫았다 할 수 있는 큰 궁전, 그리고 아름다운 꽃잎을 오려 주었어요. 참 재미있는 아저씨였지요.

"오늘은 왜 꽃들이 기운없이 축 처져 있는 걸까요?"

이다는 다시 물으면서 시들어 버린 꽃 한 송이를 보여 주었답니다.

"왜 그런지 모르겠니?"

아저씨가 부드럽게 물었습니다.

"꽃들은 어젯밤 무도회에 갔었단다. 다들 춤을 추느라 지쳐서 이제야 고개를 숙이고 잠든 거란다."

"하지만 꽃들은 춤을 출 수 없잖아요?"

이다는 이상하다는 듯이 물었습니다.

"그렇지 않아. 꽃들도 춤을 출 수 있단다. 날이 어두워지고 우리 모두 잠이 들면 꽃들은 이리저리 즐겁게 뛰어다니지. 꽃들은 밤마다 무도회를 열어."

"어린 꽃들도 무도회에 갈 수 있나요?"

"그럼, 물론이지. 아주 어린 데이지꽃과 은방울꽃도 무도회에 갈 수 있지."

"가장 아름다운 꽃은 어디서 춤을 추나요?"

"이다도 성문 밖 큰 궁전에는 몇 번씩이나 가본 적이 있지? 여름만 되면 왕이 찾는다는 그 궁전 말이야. 그곳에는 수많은 꽃들이 아름답게 피어 있는 화려한 정원이 있단다. 연못 위에 떠 있는 백조도 보았지? 네가 빵부스러기를 던져 주면 헤엄쳐 오던 그 우아한 백조들 말이야. 그곳에 무도회장이 있어. 정말이란다."

"어제 엄마와 함께 정원에 가 보았어요. 하지만 나무들만 잎들을 떨군 채 서 있었고 꽃들은 하나도 보이지 않았어요. 꽃들은 모두 어디로 갔을까요? 여름에는 그토록 많았는데 말이에요."

"그 꽃들은 모두 궁전 안으로 들어갔단다."

아저씨는 다정히 이야기해 주었습니다.

"왕이 시종들과 함께 마을로 나오면 꽃들은 재빨리 궁전 안으로 달려간단다. 그리고 그곳에서 모두들 재미있게 놀지. 너도 그 신나는 모습을 봐야 하는데. 옥좌에는 가장 아름다운 장미 두 송이가 앉지. 바로 왕과 왕비란다. 그리고 붉은 맨드라미꽃들이 양쪽으로 늘어서서 크게 절을 하지. 그들은 시종들이야. 그러면 무도회가 시작된단다. 해군 소위 후보생인 푸른색 제비꽃은 히아신스와 크로커스꽃들을 '아가씨'라고 부르며 빙글빙글 춤을 추지. 튤립과 노란 큰 백합은 나이 많은 귀부인들이야. 그들은 꽃들이 춤을 잘 추는지, 무도회가 즐겁게 잘 진행되고 있는지 지켜본단다."

"그렇담, 꽃들이 궁전에서 춤추는 걸 방해하거나 혼내 주는 사람은 아무도 없나요?"

"꽃들의 무도회를 아는 사람은 아무도 없단다. 밤이 되면 가끔 늙은 궁전 관리인이 오긴 하지만 그는 큰 열쇠 꾸러미를 갖고 있어서 걸어다닐 때마다 열쇠들이 딸랑딸랑 소리를 내기 때문에 꽃들은 그 소리가 들리면 서둘러 커튼 뒤로 조용히 숨어버리지. 그러고는 빼꼼히 고개를 내밀고 궁전 관리인을 살펴봐. 늙은 관리인은 꽃냄새가 나는 것 같은데라고 말하지만, 꽃들을 볼 수는 없어."

"이야, 정말 재미있네요!"

이다는 손뼉을 치며 즐거워했습니다.

"그러면 나도 꽃들을 볼 수 없나요?"

"아냐, 볼 수 있어."

아저씨는 빙긋 미소를 지으며 말했습니다.

"그곳에 가면 꼭 창문으로 조용히 들여다보렴. 그러면 꽃들을 볼 수 있을 거야. 나도 오늘 슬쩍 보고 왔지. 소파 위에는 노란 수선화가 몸을 쭉 뻗고 누워 있었어. 그 꽃은 시녀야."

"식물원 꽃들도 무도회에 갈 수 있나요? 꽃들이 그 먼 길을 갈 수 있나요?"

"그럼, 물론이지. 꽃들은 마음만 먹으면 날아갈 수 있단다. 아름다운 나비들 알지? 붉은색, 노란색, 흰색 나비들은 꼭 꽃처럼 보이지 않니? 본디 그들은 꽃이란다. 꽃의 줄기에서 벗어나 높은 곳에서 뛰어내리면, 조그만 꽃잎이 날개가 되어 훨훨 날아갈 수 있게 된단다. 그러면 낮에도 이리저리 날아다닐 수 있게 허락을 받지. 날마다 낮만 되면 줄기 위에 가만히 앉아 있는 지루한 일은 하지 않아도 되는 거야. 너도 보았을 거야. 어쩌면 식물원 꽃들은 궁전에 가 보지 않았을지도 모르고, 밤만 되면 그곳이 그렇게 재미있어지는 줄 알지 못할지도 몰라. 그래서 네게만 이야기해 주는 건데, 여기 옆집에 살고 계시는 식물학 교수님 있잖니. 너도 알지? 그분이 이 이야기를 듣게 되면 아마 깜짝 놀라실 거야. 이번에 옆집 정원에 가게 되거든 한 꽃에게만 살짝 이야기해 주렴. 궁전에서 큰 무도회가 열린다고 말이야. 그러면 그 꽃이 다른 꽃들에게 이야기해 줄 거야. 그러면 꽃들 모두 무도회장으로 날아가겠지? 교수님이 정원으로 나와 보면 깜짝 놀라실 거야. 꽃이 한 송이도 없으니까 말이야. 꽃들이 모두 어디로 갔는지 전혀 모르실 거야."

"하지만 그 꽃이 어떻게 다른 꽃들에게 이야기하지요? 꽃들은 말을 할 줄 모르는데요!"

"물론 꽃들은 말을 할 줄 모르지. 그들은 서로 몸짓을 보고 말을 주고받는단다. 바람이 불면 저마다 고개를 끄덕이고 초록색 잎들을 흔들거리잖니. 그게 바로 꽃들의 이야기란다."

"교수님도 그걸 보셨나요?"

"물론이지. 어느 날 아침 정원에 나온 교수님은 큰 쐐기풀이 아름답고 붉은 패랭이꽃들과 흔들거리는 몸짓으로 이야기 나누는 것을 보셨단다. 쐐기풀이 패랭이꽃에게 말하기를 '너는 언제나 아름답구나. 네가 정말 좋아.' 그러면서 흔들흔들거렸지만 교수님은 그런 것을 싫어하셨어. 그래서 쐐기풀의 손가락인 잎들을 모두 뽑아 버리셨지. 그러다 교수님은 그만 쐐기풀 이파리에 찔리고 말았단다. 그 뒤로 교수님은 쐐기풀에는 손도 대지 않으시지."

"참 재미있네!"

이다는 꺄르르 웃었답니다.

"어떻게 어린 아이에게 그런 헛소리를 하지?"

마침 이 집 소파에 앉아 있다 꽃 이야기를 듣게 된 괴팍한 마을관리인이 말했지요.

그는 대학생을 좋아하지 않았답니다. 그래서 대학생이 이다에게 예쁜 그림들을 가위로 오려 주는 모습을 보면 늘 못마땅하게 생각하며 그에게 잔소리를 해

대곤 했지요. 대학생은 가끔 빗자루를 타고 가는 늙은 마술할멈 그림도 오려 주었답니다. 관리인은 그것을 아주 싫어했습니다. 그럴 때마다 그는 지금처럼 "어린 아이에게 바보 같은 환상이나 심어 주다니!" 한심하다는 듯 말했답니다.

하지만 꼬마 이다는 대학생 아저씨의 이야기가 정말 재미있었답니다. 이다는 몇 번이고 꽃들의 무도회를 상상했지요. 그러고는 밤새 춤을 춘 탓에 피곤하리라 생각했습니다. '꽃들은 틀림없이 아픈 거야.' 그래서 이다는 걱정스러운 마음에 꽃들을 작고 아담한 책상 위에 서있는 장난감들에게로 가져갔답니다.

서랍 속에는 온통 예쁘고 빛나는 물건들로 가득 차 있고, 인형 침대에는 인형 소피가 잠들어 있었습니다.

이다는 소피에게 말했습니다.

"소피야, 잠깐 일어나봐. 오늘밤만 꾹 참고 꽃들에게 네 침대를 빌려주지 않겠니? 가여운 꽃들이, 많이 아파. 여기서 편히 쉬고 나면 꽃들도 꼭 기운을 차릴 거야."

이다는 소피를 들어올렸어요. 소피는 몹시 못마땅한 듯 한 마디도 하지 않았답니다. 제 침대를 빼앗겨 화가 났던 거지요.

이다는 꽃들을 침대에 눕히고는 조그만 이불을 덮어 주었답니다.

"얌전히 누워 있으렴. 곧 따뜻한 차를 끓여줄게. 내일은 다시 초록색 잎을 흔들거리는 예쁜 모습을 볼 수 있겠지?"

이다가 다정스레 꽃들을 바라보며 말했어요. 이다는 햇빛이 비치지 않게 작은 침대에 걸린 망사 커튼을 꼭 여며 주었지요.

그날 저녁 내내 이다는 대학생 아저씨가 해 준 이야기를 생각하고 또 생각했답니다. 이다는 자러 가기 전에 창문에 걸려 있는 커튼 뒤를 들여다 보았어요. 거기에는 엄마가 무척 좋아하는 아름다운 튤립과 히아신스가 있었답니다. 이다는 아주 작은 소리로 속삭였습니다.

"너희들 오늘밤 무도회에 가지? 난 알고 있어."

그러나 꽃들은 아무 말도 못 들은 척했어요. 이파리 하나 꼼짝하지 않았지요. 하지만 꼬마 이다는 꽃들의 비밀을 알고 있었습니다.

이다는 침대에 누워서도 오랫동안 잠들지 않았답니다. 궁전에서 무도회를 여는 꽃들을 볼 수 있다면 얼마나 좋을까 생각하고 있었지요.

"꽃들이 정말 궁전에 갔을까?"

그러다 잠이 들었답니다.

이다는 한밤에 깨어났습니다. 이다는 꿈 속에서 꽃들과 대학생 아저씨를 보았답니다. 무서운 관리인 아저씨가 대학생 아저씨를 마구 혼내고 있었어요. 어린 이다에게 바보같은 환상을 심어주어서는 안 된다고 말이에요.

방 안은 아주 조용했지요. 조그만 램프가 희미한 불빛을 내고 있을 뿐이었습니다.

'내 꽃들이 아직 소피의 침대에 누워 있을까?'

이다는 생각했어요.

이다는 살며시 몸을 일으켜 열린 방문 쪽을 바라보았답니다. 저 안쪽에는 장난감들과 꽃들이 누워 있겠지요. 귀를 기울이니 방 안에서 피아노 소리가 들려오는 것만 같았습니다. 그 소리는 아주 작았지만 이제까지 들어 보지 못했던 아름다운 소리였지요.

'틀림없이 꽃들이 춤을 추고 있는 거야.'

이다는 생각했어요.

"정말 보고 싶어!"

하지만 이다는 가만히 앉아 있을 수밖에 없었답니다. 엄마 아빠가 깨어나실지도 모르거든요.

'꽃들이 이리로 들어와 주면 좋으련만……'

이다는 방문에서 눈을 떼지 못했습니다.

그러나 꽃들은 오지 않았답니다. 피아노 소리는 여전히 아름답게 들려왔지요. 이다는 더 이상 참을 수가 없었습니다. 피아노 소리가 아주 듣기 좋았으니까요.

이다는 침대에서 살금살금 기어 나왔답니다. 그러고는 방 안을 슬쩍 들여다보았어요. 그래요. 방 안에서는 정말 재미있는 무도회가 열리고 있었습니다.

방 안은 램프 하나 놓여 있지 않은데도 마치 대낮처럼 밝았답니다. 푸른 달빛이 창을 통해 마룻바닥을 비추고 있었거든요. 히아신스와 튤립들은 길게 두 줄로 섰답니다. 창문 턱에는 빈 화분들만 놓여 있었지요. 마룻바닥 위에서 모든 꽃들이 서로 어울려 아름답게 춤을 추고 있었으니까요.

꽃들은 서로 보이지 않는 실로 이어진 듯이 서로의 곁을 빙글빙글 돌면서 잎과 잎을 맞잡았답니다. 그리고 피아노 앞에는 노란색 큰 백합꽃이 앉아 있었습니다.

이다가 지난 여름에 본 백합꽃이 틀림없었지요. 대학생 아저씨가 그 백합꽃을 보고 리네 아가씨를 닮았다고 말하는 것을 똑똑히 기억하고 있거든요. 사람들은 그런 말을 한 대학생 아저씨를 놀렸었지만 이다에게도 그렇게 보였답니다. 정말 리네 아가씨와 닮았습니다. 피아노를 치는 모습도 리네 아가씨와 꼭 닮았지요. 노란빛 긴 얼굴을 이쪽으로 돌리는가 하면 또 다시 반대쪽으로 돌리고는 고개를 끄덕이며 아름다운 음악에 박자를 맞추는 모습까지도 말이에요.

어떤 꽃도 이다가 숨어서 지켜보고 있다는 사실을 눈치 채지 못했답니다. 푸른빛 키 큰 크로커스꽃은 장난감이 서 있는 책상 한가운데로 폴짝 뛰어 오르더니 인형 침대로 가서는 망사 커튼을 열어제쳤습니다.

침대에는 병든 꽃들이 누워 있었지요. 병든 꽃들은 벌떡 몸을 일으키더니 책상 아래에 있는 꽃들에게 함께 춤추자는 듯, 고개를 끄덕여보였습니다. 그러자 아랫입술이 떨어져 나간 신사가 병든 꽃들을 일으켜 세우며 고개 숙여 인사를 했답니다.

꽃들은 이제 하나도 아파 보이지 않았습니다. 서둘러 다른 꽃들에게로 깡충깡충 뛰어갔지요. 그러고는 아주 즐겁게 어울려 춤을 추었습니다.

그때 무엇인가 책상에서 굴러 떨어진 것만 같은 소리가 들렸습니다. 순간 이다가 그쪽을 보니, 사육제 지팡이가 책상 위에서 훌쩍 뛰어내리고 있었지요.

지팡이도 한껏 멋을 부리고 꽃들과 어울려 춤을 추기 시작했습니다. 그의 머리 위에는 조그만 밀랍 인형이 앉아 있었답니다. 그는 자택 관리인이 쓰는 것과 꼭 닮은 챙이 넓은 모자를 썼습니다. 사육제 지팡이는 붉고 올곧은 세 다리로 꽃들 한가운데에서 껑충껑충 뛰면서 아주 세게 발을 굴렀답니다. 이 신나는 춤은 마주르카였습니다. 하지만 꽃들은 마주르카를 출 수가 없었답니다. 그들은 너무나 가벼워서 세게 발을 구를 수가 없거든요.

그때, 사육제 지팡이 위에 붙은 밀랍 인형이 갑자기 크고 길어졌습니다. 그러고는 꽃들 위에서 빙글빙글 돌더니 아주 크게 소리쳤어요.

"어린 아이에게 어떻게 그런 환상을 심어 줄 수가 있나? 정말 바보 같은 짓이야!"

밀랍 인형은 넓은 모자를 쓴 관리인과 똑같은 모습이 되어버리고 말았습니다. 노랗고 무척 심술궂어 보였지요.

그러자 꽃들은 밀랍 인형의 가늘고 긴 다리를 때렸답니다. 그러자 밀랍 인형은 다시 조그맣게 오그라들더니 본디 모습으로 되돌아갔어요.

이다는 그 모습들이 어찌나 재미있었던지 터져 나오는 웃음을 참을 수가 없었답니다. 사육제 지팡이가 계속 춤을 추자 관리인을 닮은 밀랍 인형도 함께 춤추지 않을 수 없었지요. 밀랍 인형은 춤추는 것이 싫었답니다. 그저 검은색 큰 모자를 쓴 작고 노란 인형으로 남고 싶었어요. 조금 전까지도 소피의 침대에 누워 있던 지팡이에게 간청했답니다. 밀랍 인형은 그제야 춤을 멈출 수 있었지요.

사육제 지팡이는 그때 서랍 속에서 쿵쿵 무언가를 치는 소리를 들었습니다. 서랍 속에서 장난감들과 함께 누워 있던 인형 소피였지요.

아랫입술이 없는 신사가 책상으로 달려가 서랍을 열어 보았습니다. 그러자 소피가 고개를 내밀며 놀란 눈으로 주위를 둘러보았어요.

"지금 무도회가 열리고 있는 모양이지요? 왜 내게는 그걸 말해 주지 않았지요?"

소피가 물었어요.

"나와 춤추지 않겠어요?"

신사가 정중하게 청했습니다.

"좋아요. 당신은 나와 어울리겠군요."

소피는 그렇게 말하면서도 새침하게 빙글 등을 돌려버리고는 서랍 위에 앉아 꽃들 가운데 누군가가 와서 춤을 추자고 말해주기를 기다렸어요. 그러나 어떤 꽃도 춤을 청하지 않았답니다. 소피는 들으라는 듯이 흠흠 헛기침을 했지만 그 소리에 신경 쓰는 꽃은 하나도 없었지요. 신사는 곧 다시 혼자 즐겁게 춤을 추기 시작했는데, 그 모습도 그렇게 나빠 보이지는 않았습니다.

아무도 신경을 쓰지 않자 소피는 마룻바닥으로 뛰어내렸답니다. 쿵! 큰 소리가 났지요. 그러자 모든 꽃들이 달려와 어디 다치지 않았느냐고 물었습니다. 친절한 꽃들은 모두 소피를 걱정했답니다. 그 가운데서도 침대에 누워 있었던 꽃들이 더욱 많은 걱정을 했지요. 소피는 아무 데도 다치지 않았습니다. 소피의 깨끗한 침대에서 쉴 수 있었던 꽃들은 그녀에게 감사인사를 전하기도 했지요. 소피도 곧 병들어 있던 꽃들과 함께 달빛이 비치는 마루 한가운데에서 즐겁게 춤을 추었습니다. 다른 꽃들은 모두 그들 주위로 원을 그리며 춤을 추었답니다.

소피는 무척 기분이 좋았습니다. 그래서 꽃들에게 자기 침대에 계속 누워 있어도 좋다고 말했어요. 그러자 꽃들이 이야기했지요.

"넌 참 친절하구나. 고마워. 하지만 우린 그리 오래 살 수 없어. 아침이 되면 모두 죽는단다. 네가 이다에게 말해 줘. 카나리아가 노래하는 정원에 우릴 묻어 달라고. 그러면 우린 여름에 다시 자라날 수 있을 거야. 그리고 한결 더 예쁘게 피어나겠지."

"아냐, 너희들은 죽어선 안 돼!"

소피는 애원하며 꽃들에게 입맞추었어요.

그때 방문이 열리면서 온갖 화려한 꽃들이 춤을 추며 들어왔답니다. 이다는 그 꽃들이 어디에서 왔는지 도무지 알 수가 없었어요. 틀림없이 궁전에서 온 꽃들일 거예요. 작은 황금 왕관을 쓴 장미 두 송이가 가장 앞에 서 있었으니까요. 그들은 왕과 왕비였지요. 뒤이어 귀여운 토란꽃과 패랭이꽃들이 들어왔습니다. 그들은 모든 꽃들에게 인사를 했답니다.

악대도 그들과 함께 왔습니다. 큰 양귀비꽃과 작은꽃이 얼굴을 새빨갛게 붉히면서 완두콩 꼬투리로 나팔을 불었지요. 푸른색 풍령초와 작고 하얀 갈란투스 꽃은 마치 몸에 종이 달려 있기라도 한 것처럼 딸랑딸랑거렸답니다. 정말 재미있는 음악이었어요.

꽃들은 다시 함께 춤을 추기 시작했습니다. 푸른 제비꽃, 붉은 팬지꽃, 데이지 꽃, 그리고 은방울꽃, 서로 정답게 입맞추었지요. 정말 사랑스러운 모습이었습니다.

이윽고 꽃들은 서로 작별 인사를 나누었답니다. 이다도 살그머니 침대로 들어갔지요. 이다가 본 이 모든 광경을 꿈꿀 침대로 말이에요.

다음 날 아침, 잠에서 깨자마자 이다는 재빨리 장난감들이 들어 있는 작은 책상으로 달려갔답니다. 꽃들이 아직도 침대에 누워 있는지 보려고 말이지요.

작은 인형 침대의 망사 커튼을 열었어요. 그래요, 꽃들은 어제보다 한결 시든 모습으로 누워 있었답니다. 소피는 그대로 서랍 속에 누워 있었지요. 무척 졸리다는 듯이 말이에요.

"나에게 뭔가 할 말이 있지 않니?"

이다가 물었어요.

하지만 소피는 아무 대답도 없었습니다.

"너 아주 못됐구나! 꽃들이 그렇게 즐겁게 너와 춤춰주었잖니!"

이다는 곧 귀여운 새들이 그려진 작은 종이 상자를 가져왔답니다. 그러고는 시든 꽃들을 그 안에 살며시 뉘었습니다.

"이게 너희들의 아름다운 관이란다. 나중에 우리 노르웨이 사촌들이 오면 너희들을 저기 바깥 정원에 묻도록 도와 줄 거야. 그러니 여름에 다시 아름답게 자라나주렴."

이다에게는 아주 명랑한 사촌이 둘 있었답니다. 그들은 요나스와 아돌프였는데 모두 늘 밝은 얼굴을 하고 있었지요.

요나스와 아돌프는 아버지에게 새 장난감으로 활 두 개를 선물 받자마자 이다에게 자랑하기 위해 찾아왔습니다.

이다는 가엾은 꽃들의 이야기를 들려 주었습니다. 그리고 꽃들을 함께 묻어주자고 말했지요.

요나스와 아돌프는 활을 어깨에 메고 앞장서서 걸었답니다. 이다는 시든 꽃들이 담긴 귀여운 상자를 들고 뒤따랐지요.

정원에는 작은 무덤이 하나 만들어졌답니다. 이다는 꽃들에게 입을 맞추고는 그 상자를 흙 속에 묻었지요. 요나스와 아돌프는 하늘로 활을 쏘아 올렸습니다. 장례식에서 쏘아올리는 총도, 대포도 그들은 갖고 있지 않았으니까요.

005
엄지 공주
Tommelise

아주 머나면 옛날 어여쁘고 귀여운 아기를 무척 갖고 싶어하는 한 부인이 살고 있었습니다. 그러나 어디서 그런 아기를 얻을 수 있을까요? 부인은 정말 알 수가 없었답니다. 그래서 부인은 늙은 마녀를 찾아갔습니다.

"정말이지 귀여운 아기를 매우 갖고 싶어요. 어디에서 얻을 수 있을까요?"

"오, 그런 일이라면 그렇게 어렵지 않아. 여기 보리 낟알이 하나 있지? 이건 농부의 밭에서 자라는 보리나 닭들의 모이로 쓰이는 그런 평범한 보리와는 달라. 이것을 화분에 심으면 뭔가 자라날 거야."

마녀가 말했습니다.

"고맙습니다!"

부인은 마녀에게 12실링을 건네주고는 곧 집으로 돌아와 보리 낟알을 심었답니다. 그러자 금세 아름답고 커다란 꽃이 피었습니다. 꼭 한 송이의 튤립처럼 보였지만 꽃잎들은 꼭 입을 다물고 있었습니다.

"참 귀여운 꽃이네."

부인은 빨강 노랑 아름다운 꽃잎에 입을 맞추었습니다. 그런데 이게 웬일인 가요? 꽃에 입을 맞추자마자 큰 소리를 내며 꽃봉오리가 열리지 않겠어요!

꽃 속 녹색 의자 위에는 아주 작은 소녀가 얌전히 앉아 있었습니다. 무척 작고 귀여웠지요. 꼭 엄지 손가락만 했답니다. 그래서 엄지 아가씨라 부르기로 했지요.

엄지 아가씨의 요람은 산뜻한 호두 껍질이었고 이불은 푸른색 제비 꽃잎, 장미 꽃잎 한 장이었답니다. 엄지 아가씨는 밤이 되면 그 안에서 잠을 자고 낮에는 식탁 위에서 놀았습니다.

식탁 위에는 물을 가득 담은 그릇이 놓여 있었는데 그 주위를 꽃목걸이가 아름답게 꾸미고 있었습니다. 그리고 그 물 속에는 튤립 꽃잎이 헤엄쳐 다녔지요.

엄지 아가씨는 이 튤립 꽃잎 위에 앉아 접시 이쪽 끝에서 저쪽 끝으로 왔다 갔다 하며 놀았습니다. 그 모습은 아주 예쁘고 사랑스러웠답니다. 엄지 아가씨는 노래도 곧잘 불렀는데, 누구도 들어본 적 없는 귀여운 목소리였지요.

어느 날 밤 엄지 아가씨가 깊은 잠에 빠져 있을 때였습니다. 매우 크고 못생긴 두꺼비 한 마리가 유리창을 통해 엄지 아가씨 방으로 살짝 뛰어 들어왔답니다.

그러고는 엄지 아가씨가 붉은 장미 꽃잎을 안고 잠들어 있는 요람으로 다가왔습니다.

"이 아이는 내 며느리로 삼아야겠다."

그러더니 호두 껍질을 물고 정원으로 풀쩍 뛰어내렸답니다. 이곳에는 시냇물이 흘렀는데, 두꺼비는 시냇가 질퍽질퍽한 늪지에 살았습니다. 이 못생긴 두꺼비는 자기 엄마와 함께 살고 있었답니다.

호두 껍질 속에 누워 잠든 귀여운 아가씨를 보자 두꺼비 아들은 "꺼억, 꺼억" 소리를 질렀어요.

"그렇게 크게 소리 지르지 마라, 깰지도 몰라."

엄마 두꺼비가 말했지요.

"이 아이는 우리에게서 도망칠 수도 있어. 백조의 깃털처럼 아주 가벼우니까. 어서 시냇물 위에 떠 있는 연꽃잎에다 옮겨 놓자. 이렇게 작고 가벼운 아이에게는 연꽃잎이 마치 섬 같겠지. 그렇게 되면 진흙 밑에 신방을 꾸미는 동안은 달아나지 못할 거야."

시냇물에는 푸른 잎의 연꽃들이 가득 자라고 있었습니다. 큰 녹색 잎들이 물 위를 헤엄쳐 다녔지요. 엄마 두꺼비는 엄지 아가씨가 잠든 호두 껍질을 연꽃잎에다 살짝 올려 놓았습니다.

엄지 아가씨는 아침 일찍 잠이 깨었답니다. 그러고는 슬프게 울었어요. 주위 어디를 둘러보아도 눈앞에 보이는 것이라고는 커다란 녹색 잎들과 시냇물뿐이었으니까요.

엄마 두꺼비는 갈대와 노란색 꽃잎으로 신방을 꾸몄지요. 새며느리에게 정말 예쁜 방을 만들어 주고 싶었거든요.

신방을 모두 꾸민 엄마는 아들과 함께 엄지 아가씨에게 이렇게 말했답니다.

"자, 이제 신방을 다 꾸며 놓았단다. 너는 내 아들과 함께 진흙 속에서 오래오래 행복하게 살게 될 거야."

"꺼억, 꺼억!"

아들 두꺼비는 기쁘다는 듯이 크게 소리칠 뿐이었습니다.

두꺼비 모자는 작은 침대를 만들어 둔 채 신방으로 가버렸답니다. 엄지 아가씨는 녹색 연잎 위에 홀로 앉아 슬피 울었습니다. 못생긴 두꺼비를 남편으로 맞아야 하는 신세가 말할 수 없이 슬펐거든요.

시냇물 속을 헤엄쳐 다니던 작은 물고기들은 두꺼비 모자를 잘 알고 있기도 하고 이 슬픈 이야기도 듣게 되었기에 물속에서 고개를 내밀고 엄지 아가씨를 바라보았답니다. 물고기들은 너무나 가슴이 아팠어요. 예쁜 엄지 아가씨가 못생긴 두꺼비와 결혼해야 한다는 사실이 무척 슬펐기 때문입니다.

"안 돼, 그런 일이 일어나서는 안 돼!"

물고기들은 엄지 아가씨가 앉아 있는 녹색 연꽃잎 주위로 둥글게 모였답니다. 그러고는 줄기를 물어뜯었지요. 어느새 녹색 연꽃잎은 시냇물을 따라 떠내려가기 시작했어요. 두꺼비들이 따라올 수 없는 곳으로 말이에요.

엄지 아가씨는 시냇물을 따라 그렇게 계속 흘러갔답니다. 숲속에서 놀던 작은 새들이 엄지 아가씨를 보고 이렇게 노래를 불렀지요.

"어쩜, 저렇게 귀엽고 작은 아가씨가 있을까! "

어느새 엄지 아가씨를 태운 녹색 잎은 차츰 멀리 떠내려가, 옆 나라까지 가게 되었어요. 아주 작고 하얀 나비가 팔랑거리며 엄지 아가씨를 따라와 연꽃잎에 내려앉았지요. 엄지 아가씨가 꽤 마음에 들었나봅니다.

엄지 아가씨는 이제 두꺼비들이 더 이상 따라올 수 없게 되자, 아주 기뻤답니다. 게다가 이렇게 멋진 풍경을 보고 있었으니까요. 해님은 시냇물을 밝게 비추고, 시냇물은 햇살을 받아 황금처럼 아름답게 반짝였습니다.

엄지아가씨는 옷에 묶여 있던 리본을 풀어서 한쪽은 나비에다, 또 다른 한쪽은 연꽃잎에다 단단히 묶었답니다. 연꽃잎은 훨씬 더 빨리 떠내려가기 시작했지요. 그때 어디선가 커다란 개똥벌레 한 마리가 날아왔답니다. 개똥벌레는 엄지 아가씨를 보자마자 그녀의 조그만 몸을 감싸고는 나무 위로 날아갔습니다. 하지만 연꽃잎은 계속 시냇물을 따라 흘러갔어요. 나비도 함께였답니다. 나비는 리본에 꼭 묶여 있어서 날아갈 수가 없었거든요.

엄지 아가씨는 무척 놀랐답니다. 그리고 연꽃잎에 묶여서 떠내려간 아름답고 하얀 나비 때문에 더욱 마음이 아팠지요. 만약 계속 꽃잎에서 벗어나지 못한다면 틀림없이 굶어죽을 테니까요. 하지만 개똥벌레는 그런 것은 전혀 걱정하지 않았답니다.

얼마나 시간이 흘렀을까요?

개똥벌레는 엄지 아가씨를 나무 가장 큰 잎 위에 앉히고는 꽃에 들어 있는 꿀을 주었지요. 얼마 지나지 않아 나무 이곳저곳에 살고 있는 다른 개똥벌레들도 엄지 아가씨를 보기 위해 찾아왔습니다. 그들은 엄지 아가씨를 요모조모 뜯어보더니 더듬이를 찡그리면서 말했지요.

"아니, 이 녀석, 다리가 두 개밖에 없잖아! 불쌍하기도 해라!"

"더듬이도 없잖아!"

"허리가 엄청 날씬하네! 꼭 사람처럼 생겼어. 그런데 너무 못생겼구나!"

개똥벌레들은 저마다 한 마디씩 했지요. 그래도 엄지 아가씨를 데려왔던 개똥벌레는 그녀가 귀엽다고 생각했답니다. 하지만 다른 개똥벌레들이 자꾸만 못생겼다고 하자 마침내 개똥벌레도 그렇게 생각해버리고는 엄지 아가씨에게 어디든 가고 싶은 대로 가도 좋다고 말했습니다. 개똥벌레들은 나무 아래에 엄지 아가씨를 내려놓고는 데이지꽃에게로 가 버렸습니다.

엄지 아가씨는 또 다시 슬퍼졌습니다. 개똥벌레들의 친구조차 될 수 없을 만큼 자신이 못생긴 걸까 이런 생각을 했기 때문이었지요. 그녀는 훌쩍훌쩍 울기 시작했어요. 그러나 엄지 아가씨는 아름다운 장미처럼 세상에서 가장 예쁘고 품위가 넘쳤지요.

불쌍한 엄지 아가씨는 큰 숲에서 외롭게 살았습니다. 풀 줄기들로 침대를 엮어 커다란 클로버 잎 아래 걸었습니다. 그렇게 해서 겨우 비를 피했습니다. 그

녀는 아침마다 잎에 괸 이슬과 꽃 속에 들어 있는 꿀을 먹으면서 지냈습니다.

이윽고 여름, 가을이 가고 춥고 기나긴 겨울이 찾아왔습니다. 아름답게 노래를 부르던 새들은 모두 날아가 버리고, 꽃과 나무도 시들었지요.

엄지 아가씨가 이제까지 지내왔던 큰 클로버 잎도 어느덧 시들어 버렸답니다. 노랗게 시든 줄기만이 덩그러니 남아 있었지요.

엄지 아가씨는 몹시 추워 온몸을 덜덜 떨었습니다. 입은 옷은 여기저기 뜯겨져 있고 그녀의 몸은 아주 조그마했으니까요. 더구나 엄지 아가씨는 아주 연약했어요. 아, 가엾은 엄지 아가씨는 얼어 죽을 것만 같았답니다.

갑자기 눈이 내리기 시작했습니다. 눈송이 하나하나는 어쩌면 그토록 큰가요? 마치 눈을 삽으로 가득 퍼서 머리 아래로 뿌리는 것만 같았어요. 엄지 아가씨는 시든 잎 속으로 들어갔지만 도무지 따뜻하지 않았습니다. 오들오들 떨리는 몸은 멈추지 않았지요.

엄지 아가씨가 사는 숲 가까이에는 논이 있었답니다. 곡식은 이미 오래 전에 다 걷어들였고 헐벗은 마른 그루터기들만 언 땅위에서 솟아 있었지요. 그 사이를 지나가니 커다란 숲속을 헤매는 것만 같았습니다. 어찌나 추운지, 두 팔로 어깨를 감싸고 걸었습니다.

어느덧 엄지 아가씨는 그루터기 밑 작은 굴 속에 사는 들쥐 아줌마의 집 앞에 이르렀습니다. 들쥐 아줌마는 방 안 가득 곡식을 쌓아 놓고 따뜻하게 잘 살았습니다. 멋진 부엌과 찬장도 갖추었지요.

엄지 아가씨는 불쌍한 거지처럼 들쥐 아줌마에게 작은 보리 낟알 조각이라도 좋으니 좀 나누어 달라고 간청을 했답니다. 벌써 이틀 동안이나 아무것도 먹지 못했기 때문입니다.

"그것 참 딱하게 되었구나! 어서 따뜻한 방으로 들어오렴!"

마음씨 좋은 들쥐 아줌마가 다정히 말했습니다.

그녀는 귀여운 엄지 아가씨가 마음에 들었거든요.

"갈 곳이 없다면 겨울 동안 내 집에 머물러도 좋아. 하지만 늘 방을 깨끗이 청소하고 내게 재미난 이야기를 해 줘야 한다. 난 이야기 듣기를 몹시 좋아하거든."

엄지 아가씨는 마음씨 좋은 들쥐 아줌마가 바라는 대로 해 주었답니다. 이리하여 따뜻하게 겨울을 보낼 수 있었지요.

그러던 어느 날이었습니다.

"곧 손님이 오실 거야. 그 손님은 나보다 한결 좋은 집에 살고 있단다. 언제나 벨벳처럼 검고 아름다운 털을 온몸에 두르고 다니지. 네가 그를 남편으로 맞을 수 있다면, 너는 참 행복하게 살 수 있을 거야. 그런데 그는 눈이 보이지 않는단다. 그에게 네가 알고 있는 가장 재미난 이야기를 해 주렴."

그러나 엄지 아가씨는 그런 것에 전혀 신경을 쓰지 않았답니다. 그 손님이 그리 반갑지 않았으니까요. 그래 봤자 그는 두더지일 뿐이지요.

드디어 검은 털을 입은 두더지가 왔습니다. 들쥐 아줌마는 두더지가 아주 큰 부자이며 배움도 많다고 자랑했어요. 그래요, 그의 집은 들쥐 아줌마의 집보다 스무 배는 컸답니다. 하지만 두더지는 해님과 아름다운 꽃들을 도무지 좋아하지 않아, 때때로 그에 대한 안 좋은 말을 하곤 했지요. 이제까지 한 번도 해님과 꽃들을 본 적이 없었으니까요.

엄지 아가씨는 노래를 불러야만 했답니다. '개똥벌레야, 날아와라'와 '목장 위로 신부님이 가네'를 불렀지요.

두더지는 엄지 아가씨의 아름다운 목소리에 반해 그녀를 사랑하게 되었답니다. 하지만 어떤 내색도 하지 않았지요. 두더지는 너무나 생각이 깊은 신사였으니까요.

두더지는 들쥐 아줌마 집에서 제 집까지 땅 밑에 기다란 길을 파놓았답니다. 엄지 아가씨는 언제라도 그 길을 다녀도 좋다는 허락을 받았지요. 하지만 그 길에 죽어 있는 새를 보고 너무 놀라지 말라고 했습니다. 겨울이 되어 거센 추위에 얼어 죽은 제비였지요.

두더지는 썩은 나무 토막을 입에 물고 앞장섰습니다. 썩은 나무는 어두운 곳에 들어가면 등불처럼 밝은 빛을 내거든요. 엄지 아가씨와 들쥐 아줌마는 두더지 뒤를 쫓아 어두컴컴한 길을 걸어갔답니다. 제비가 누워 있는 곳에 이르자 두더지는 넓적한 코를 천장에 갖다 대더니 흙을 밀어 냈지요. 그러자 머리 위로 큰 구멍이 생기면서 빛이 쏟아져 들어왔어요.

빛이 들어오자 길 한가운데서 죽은 제비는 더 잘 보였습니다. 아름다운 날개는 옆으로 축 처졌고, 발과 머리는 깃털 속에 푹 파묻혀 있었답니다. 얼마나 추웠을까요.

엄지 아가씨는 마음이 너무도 아팠습니다. 그녀는 새들을 무척 좋아하거든요. 여름 내내 그토록 아름답게 노래를 불러 주고 지저귀는 새들이니까요.

하지만 두더지는 짧은 다리로 제비를 옆으로 밀치면서 말했답니다.

"이제 더 이상 울지도 않는구나. 작은 새로 태어난다는 건 참 가엾은 일이야. 내 자식들은 저렇게 되지 않을 테니 정말 다행이지. 이 새는 지지배배 우는 일 말고는 할 줄 아는 게 없으니 겨울에 굶어 죽고 만 거야."

"그럼요, 겨울에 배쫑배쫑 노래한들 무슨 소용이 있겠어요. 그랬다간 굶어 죽기 딱 알맞지요."

들쥐 아줌마도 맞장구를 쳤습니다.

엄지 아가씨는 아무 말도 하지 않고, 두더지와 들쥐 아줌마가 휙 몸을 돌렸을 때, 몸을 굽혀 머리를 덮고 있는 깃털을 헤치고 제비의 두 눈에 입을 맞추었답니다.

'어쩌면, 지난 여름 내게 아름다운 노래를 불러주던 바로 그 제비일지도 몰라.'

엄지 아가씨는 잠시 생각에 잠겼습니다.

'이 불쌍한 새는 그 아름다운 소리로 나를 얼마나 기쁘게 해 주었는지 몰라.'

두더지는 곧 빛이 새어 들어오는 구멍을 막아버리고는 엄지 아가씨와 들쥐 아줌마를 집까지 바래다 주었어요.

그날 밤, 불쌍한 제비 생각에 잠을 이룰 수 없었던 엄지 아가씨는 곧 잠자리에서 일어나 마른 풀로 양탄자를 짰습니다. 그러고는 그것을 끌고 나가 죽은 새 위에 정성스레 덮어 주었답니다. 그와 함께 들쥐 아줌마의 방에서 찾아 낸 부드러운 면으로 새를 감싸 주었어요. 이제 제비는 차디찬 땅 속에서도 따뜻하게 누워 있을 수 있겠지요.

"잘자렴, 아름다운 작은 새야! 여름에 불러준 그 찬란한 노래는 정말 고마워. 말할 수 없이 아름다운 노래였단다."

엄지 아가씨는 새의 가슴에 제 얼굴을 살포시 대어 보았지요. 순간 엄지 아가씨는 깜짝 놀랄 수밖에 없었습니다. 무엇인가 뛰는 소리가 들렸던 거예요. 새의 심장이 뛰고 있었습니다. 새는 정신을 잃고 쓰러져 있다가 몸이 따뜻해지자 다시 정신을 차린 것이었지요.

가을이 되면 제비들은 모두 따뜻한 나라로 날아가지만 그 무리와 떨어진 제비는 겨울나라에 쓰러져 죽은 듯, 얼어버리는 거예요. 엄지 아가씨는 너무 놀라 온 몸이 덜덜 떨렸습니다. 제비는 엄지손가락만 한 엄지 아가씨에 비하면 무척 크니까요. 하지만 엄지 아가씨는 용기를 냈답니다. 더욱 따뜻하게 제비의 몸을 감싸주고는 자기 이불인 커다란 잎을 가져와서 제비의 몸 위에 살며시 덮어 주었어요.

엄지 아가씨는 다음 날 밤에도 다시 살그머니 제비에게 가 보았답니다. 제비는 정말 살아 있었습니다. 하지만 아직 기운을 다 차리지 못해서 눈만 뜨고 있었지요. 제비는 엄지 아가씨 쪽을 힘겹게 바라보기만 했습니다.

"고맙다, 귀여운 작은 아이야. 네 덕분에 정말 따뜻했어. 난, 곧 다시 기운을 차릴 거야. 그러면 따뜻한 햇빛 속으로 날아가야지."

제비가 말했습니다.

그러자 엄지 아가씨가 깜짝 놀라며 말했지요.

"밖은 지금 몹시 추운 겨울이에요. 모든 게 꽁꽁 얼어붙었어요! 여기 따뜻한 침대에 계속 누워 있어야만 해요. 제가 잘 돌봐 드릴게요."

엄지 아가씨는 제비에게 물을 떠다 주었습니다. 제비는 물을 맛있게 마시면서 가시덤불에 날개 하나가 찢겼던 이야기를 들려 주었어요. 그래서 빨리 날 수가 없었고 다른 제비들과 함께 따뜻한 남쪽 나라로 갈 수 없었던 것이었습니다. 그래서 기운을 잃고 떨어졌는데 그 뒤로는 기억이 나지 않는다는 말이었습니다. 어떻게 여기까지 왔는지 통 모르겠다고 했지요.

제비는 겨울 내내 엄지 아가씨의 보살핌을 받으면서 땅 밑에 머물렀답니다. 두더지도 들쥐 아줌마도 이 사실을 전혀 몰랐지요. 왜냐하면 그들은 그 불쌍한 제비를 하나도 좋아하지 않았으니까요.

드디어 따뜻한 봄이 왔답니다. 해님이 온 세상을 따스하게 비추었지요. 이제 엄지 아가씨와 제비는 헤어져야만 했습니다.

제비는 두더지가 만들어 놓은 구멍을 열었답니다. 그러자 햇빛이 찬란하게 비쳐 들었습니다. 제비는 엄지 아가씨에게 함께 가지 않겠느냐고 물었습니다. 자기가 등에 업으면 된다고 말이에요. 저 멀리 초록빛 숲으로 가는 것이었지요. 하지만 엄지 아가씨는 잘 알고 있었습니다. 제비와 함께 떠나면 들쥐 아줌마가 너무나 슬퍼하리라는 것을요.

"아니, 난 그럴 수 없어요."

엄지 아가씨는 고개를 내저었답니다.

"그럼 잘 있어. 착하고 귀여운 아가씨."

제비는 곧 햇빛 속으로 힘차게 날갯짓하며 날아갔지요.

엄지 아가씨는 제비의 뒷모습을 바라보며 손을 흔들었습니다. 두 눈에는 동글동글 커다란 눈물 방울을 머금고 말이어요. 엄지 아가씨는 그 가엾은 제비를 마음속 깊이 좋아하고 있었답니다.

"지지배배, 지지배배."

제비는 아름답게 노래하면서 초록 숲으로 날아갔어요. 엄지 아가씨는 슬픈 나날을 보내게 되었답니다. 들쥐 아줌마가 따뜻한 햇볕을 쬐러 나가지 못하게 했거든요.

들쥐 아줌마집 바로 위 논에서는 곡식이 무럭무럭 자라나, 하늘 높이 커져 갔습니다. 엄지손가락 보다 작은 이 가여운 소녀에게는 너무 깊고 울창한 숲이 었어요.

들쥐 아줌마는 엄지 아가씨에게 일을 시켰답니다.

"자, 여름이 되기 전에 신부복을 만들어야 한단다."

모피를 입은 두더지가 엄지 아가씨에게 청혼을 했던 거예요.

"두더지의 아내가 되면 아무것도 부족한 게 없을 거야."

엄지 아가씨는 밤낮을 가리지 않고 물레를 돌렸으며, 들쥐 아줌마는 엄지 아가씨를 위해 실을 잣고 천을 짤 거미 네 마리까지 고용했습니다.

두더지는 저녁마다 찾아왔답니다. 그리고 뜨겁게 내리쬐는 해님도 여름이 끝날 무렵이면 그리 따갑게 비추지는 않을 거라고 말하곤 했지요. 여름만 지나가면 엄지 아가씨와 결혼식을 올릴 생각이었거든요.

그러나 엄지 아가씨는 그 말을 듣고도 하나도 기쁘지 않았답니다. 이런 게으른 두더지는 아무리 애서봐도 통 좋아지지 않았으니까요.

아침마다 엄지 아가씨는 문 밖으로 몰래 나갔답니다.

바람이 불면 곡식이 양쪽으로 갈라져 그 틈으로 푸른 하늘을 볼 수 있었기 때문입니다. 그때마다 엄지 아가씨는 저 바깥으로 나가, 또 한 번 제비를 만날 수만 있다면 얼마나 좋을까 생각했습니다. 봄에 떠났던 사랑스러운 제비를요. 하지만 제비는 다시 돌아오지 않았답니다. 아름다운 초록 숲으로 저 멀리 날아간 모양이에요.

이윽고 가을이 되자 엄지 아가씨는 신부가 될 준비를 모두 끝마칠 수 있었습니다.

"한 달 뒤에는 결혼식을 올릴 거야."

들쥐 아줌마가 엄지 아가씨에게 말했습니다.

엄지 아가씨는 엉엉 울면서 그 지겨운 두더지와는 결혼하고 싶지 않다고 털어놓았습니다.

"그렇게 고집 부리지 마라. 자꾸 그러면 내 날카로운 이빨로 널 물어뜯어 버릴 거야! 넌 아주 좋은 신랑을 얻는 거야. 왕비도 두더지처럼 그렇게 좋은 모피는 없을 걸? 게다가 부엌과 광도 곡식으로 가득 차 있단다. 그러니까 기쁘게 생각해야 해."

마침내 결혼식날이 되었습니다. 엄지 아가씨를 데려가기 위해 벌써부터 두더지가 와 있었지요. 이제부터 엄지 아가씨는 두더지와 함께 어두컴컴한 땅 속 깊은 곳에서 살아야 한답니다. 따스하고 환한 햇볕 속으로 다시는 못 나오게 되겠지요. 두더지는 해님을 전혀 좋아하지 않았으니까요. 엄지 아가씨는 이루 말할 수 없이 슬펐답니다. 그래도 들쥐 아줌마의 집에서는 문간에서나마 해님을 볼 수 있었지요. 엄지 아가씨는 아름다운 해님에게 작별 인사를 해야만 했습니다.

"잘 있어. 밝은 해야!"

엄지 아가씨는 두 팔을 높이 뻗으며 말했답니다. 그러고는 들쥐 아줌마의 집 앞으로 나왔습니다. 이제 곡식들도 모두 거두어들이고 마른 그루터기만 덩그러니 서 있었지요. 그녀는 조그맣고 붉은 꽃을 두 팔로 감싸안으며 말했어요.

"그리운 제비를 보게 되거든 내 인사를 전해 다오!"

"지지배배, 지지배배."

그때 갑자기 어디선가 제비가 지저귀는 소리가 들려왔습니다. 엄지 아가씨는 깜짝 놀라 위를 올려다보았지요. 쓰러져 땅 속에 누워 있었던 작은 제비였습니다. 마침 그곳을 지나가던 길이었나 봅니다.

엄지 아가씨를 본 제비는 아주 기뻐했답니다. 엄지 아가씨 또한 매우 기뻤지요. 엄지 아가씨는 두더지와 결혼하게 되었다는 소식을 제비에게 들려 주었어요. 햇빛이라곤 전혀 들지 않는 깊은 땅 속에서 살아야 한다는 이야기도 함께 말이에요.

"이제 곧 추운 겨울이 올 거야. 난 지금 저 멀리 따뜻한 남쪽 나라로 날아가고 있는 길이란다. 너도 나와 함께 가지 않을래? 내 등에 올라타! 그리고 네 리본으로 떨어지지 않도록 잘 묶는 거야. 그러면 두더지와 캄캄한 방에서 살지 않아도 되잖아. 저 멀리 따뜻한 남쪽 나라는 이곳보다도 햇빛이 더욱 밝게 비추고 일 년 내내 여름 같아서 온갖 예쁜 꽃들이 피어 있단다. 그러니 나와 함께 가자. 작고 사랑스러운 엄지 아가씨야. 어두운 땅 속에서 죽어 가던 내 목숨을 구해 주었잖아!"

제비가 말했습니다.

"그래, 난 너와 함께 갈 테야."

엄지 아가씨는 결심한 듯 말했답니다. 그러고는 제비의 등에 앉아서 두 발을 제비의 펼쳐진 날개 위에 놓고, 가장 단단한 날개 한쪽을 리본으로 꼭 묶어 붙잡았어요.

제비는 온 힘을 다해 퍼덕이면서 날아갔습니다. 숲을 지나고 넓은 바다도 건넜으며 눈덮인 산들도 지났지요. 엄지 아가씨는 어쩌면 차디찬 바람에 몸이 얼지 몰라 머리만 살짝 밖으로 내밀고 제비 깃털로 작은 몸을 감쌌습니다. 그림 같은 풍경들이 휙휙 지나갔답니다.

마침내 엄지 아가씨는 따뜻한 남쪽 나라에 오게 되었습니다. 이곳은 해님도 한결 밝고 하늘도 무척이나 높았지요. 구릉과 울타리 뒤에는 아름다운 초록빛 포도가 자라고 있었어요. 숲에는 레몬과 오렌지가 잔뜩 열려 있고 도금양 꽃과 박하 향기가 풍겨왔습니다. 귀여운 아이들은 울긋불긋한 큰 나비들을 쫓으며 즐겁게 뛰놀고 있었어요.

제비는 쉬지 않고 계속 날아갔답니다. 그러자 더욱 아름다운 풍경이 눈앞에 펼쳐졌지요. 푸른 호숫가는 찬란한 녹색 나무들에 둘러싸였고 그 안에는 하얗게 빛나는 성이 하나 서 있었는데, 높다랗게 솟은 성 기둥에는 포도 넝쿨이 뻗어 있었습니다. 그 기둥 맨 꼭대기에는 수많은 제비 둥지들이 있었는데, 그 가운데 한 둥지에 엄지 아가씨를 데려온 그 제비 가족이 살았습니다.

"여기가 우리 집이란다! 저기 아래쪽에 피어 있는 예쁜 꽃 하나를 잘 찾아 봐. 그러면 내가 너를 거기 앉혀 줄게. 그곳에서라면 마음 놓고 함께 지낼 수 있을 거야."

제비가 말했습니다.

"정말 멋지다!"

엄지 아가씨는 작은 손으로 손뼉을 치며 무척 기뻐했습니다. 저 아래쪽에 크고 흰 대리석 기둥 하나가 세 조각으로 나뉘어 있는 것이 보였습니다. 그리고 사이사이마다 아주 아름다운 흰꽃들이 피어 있었지요.

제비는 그곳으로 날아갔어요. 그러고는 넓은 잎에다 엄지 아가씨를 내려 놓았답니다. 그런데 그때, 엄지 아가씨는 정말 깜짝 놀랐습니다. 꽃 한가운데에 아주 작은 소년이 앉아 있었기 때문입니다. 그 소년은 마치 유리로 만들어진 것처럼 하얗고 투명했으며, 우아한 황금 왕관을 쓰고 있었습니다. 어깨에는 빛나는 날개도 달고 있었답니다. 그 또한 엄지 아가씨보다 크지 않았답니다. 그는 꽃의 천사였습니다. 어느 꽃에나 이렇게 작은 천사가 살았지요. 하지만 소년은 왕자님이기도 했답니다.

"참 잘생겼구나!"

엄지 아가씨는 제비에게 속삭였습니다.

작은 왕자님 또한 제비 때문에 몹시 놀랐습니다. 그토록 작은 왕자님에게 제비는 그야말로 거대한 새였으니까요. 하지만 곧 엄지 아가씨를 보자 아주 기뻐했답니다. 그렇게 아름다운 소녀는 한 번도 본 적이 없었으니까.

왕자님은 황금 왕관을 벗어 엄지 아가씨 머리에 씌워 주었답니다. 그러고는 이름이 무엇인지, 자기의 아내가 되어줄 수 있는지를 정중하게 물었어요. 왕자님은 두꺼비의 아들이나 검은 모피를 입은 두더지와는 매우 다른 멋진 사람이었답니다.

엄지 아가씨는 "네." 그 왕자님에게 대답했지요. 그러자 모든 꽃에서 천사들이 나오는 게 아니겠어요? 그 모습이 이루 말할 수 없이 귀여웠답니다.

천사들은 모두들 엄지 아가씨에게 저마다 선물 하나씩을 주었습니다. 그 가운데에서도 무엇보다 귀한 선물은 하얗고 커다란 날개 한 쌍이었답니다. 이제 엄지 아가씨는 날 수 있게 된 것입니다. 날개를 달았거든요. 이꽃 저꽃으로 날아다니는 것은 정말 신나는 일이랍니다.

작은 제비는 둥지에 앉아 엄지 아가씨를 위해 아름다운 노래를 불러 주었어요. 하지만 마음속으로는 많이 슬펐답니다. 제비는 사실 엄지 아가씨를 무척 좋아하고 있었기 때문입니다. 그래서 헤어지지 않기를 바랐지요.

"넌, 이제 엄지 아가씨가 아니란다. 넌 정말 아름다워. 그래서 우린 너를 마야라고 부를 거야."

왕자님이 다정하게 말했습니다.

"안녕!"

작은 제비는 따뜻한 남쪽 나라를 떠나 다시 멀리 덴마크까지 날아갔답니다. 제비는 그곳에도 작은 보금자리가 있었습니다. 어느 집 창문 위에 말이에요. 그래요, 그 집에 사는 마음씨 좋은 사람이 이 이야기를 여러분들에게 해주고 있는 거랍니다. 제비는 그에게도 지지배배 지지배배 노래를 불러 주었지요. 그 덕분에 우리도 모두 이 이야기를 알게 된 것입니다.

006
못된 아이
Den uartige Dreng

옛날에 한 늙은 시인이 살고 있었답니다. 그는 아주 마음씨가 고운 착한 시인이었지요. 어느 날 저녁 그가 집에 머물 때였습니다. 밖에는 무섭게 폭풍우가 몰아치면서 비가 억수같이 쏟아졌습니다. 그러나 이에 아랑곳하지 않고 시인은 기분 좋은 미소를 지으며 난로 앞에 앉아 사과를 구웠습니다.

"이런 날씨에 바깥에 있다간 흠뻑 젖겠군." 마음씨 좋은 시인이 말했습니다.

"오, 문 좀 열어 주세요. 얼어 죽겠어요. 다 젖었어요."

갑자기 밖에서 어린 아이 목소리가 들려왔습니다. 비는 끊임없이 세차게 퍼붓고 바람이 온 창문을 덜컹거리는 동안 그 아이는 울면서 문을 두드렸습니다.

"이런, 어린 것이 가엾기도 하지!"

시인은 재빨리 문을 열어 주었답니다. 문앞에는 한 소년이 벌거벗은 채 서 있었습니다. 긴 금발머리에서는 물이 뚝뚝 흘러내렸지요. 시인의 집으로 들어오지 않았더라면 아마도 소년은 이 거센 태풍 속에서 틀림없이 얼어 죽고 말았을 것입니다.

"어서 들어오너라, 어서. 널 따뜻하게 해 주마. 포도주와 사과를 줄게. 넌 귀여운 아이니까 말이야."

소년은 정말 귀여운 아이였습니다. 두 눈은 밝은 별처럼 반짝이고, 물이 뚝뚝 떨어지는 금발 머리카락은 매우 아름답게 곱슬거렸습니다. 소년은 마치 작은 천사처럼 보였는데 추위로 창백해져서 온몸을 덜덜 떨었습니다. 손에는 훌륭한 활을 들었지요. 그러나 그 활은 비에 잔뜩 젖어 못쓰게 되었답니다. 아름다운 화살의 색깔들도 젖어서 서로 뒤엉켰거든요.

시인은 난로 앞에 앉아 아이를 품에 꼬옥 안았습니다. 그리고 금발머리에서 물을 털어 내고 아이의 조그마한 두 손을 제 손 안에 넣어 따뜻하게 해주었답니다. 달콤한 포도주를 데워 주자 소년의 뺨은 금세 붉어졌습니다.

그러자 소년은 마룻바닥으로 폴짝 뛰어내리더니 시인 주위를 빙빙 맴돌며 춤을 추기 시작했습니다.

"너 참 재미있는 아이로구나. 이름이 뭐니?"

"제 이름은 아모르*¹랍니다. 절 모르세요? 저기 제 활이 놓여 있잖아요. 저는 저 화살을 쏜답니다. 거짓말이 아니에요. 보세요, 이제 다시 날씨가 좋아졌어요. 달님이 떴어요."

"하지만 네 활은 젖어서 못쓰게 되었잖니."

"그래요? 아, 큰일났네."

---

*1 로마 신화에 나오는 사랑의 신.

소년은 활을 집어 들더니 요리조리 살펴보았답니다.

"괜찮아요, 다 말랐어요. 잘못된 곳은 한 군데도 없어요. 줄도 팽팽하고요. 이 제 한 번 시험해 봐야겠어요."

그러면서 소년은 활을 팽팽하게 당긴 뒤 그 위에 화살을 놓았답니다. 그러고 는 마음씨 좋은 시인의 심장을 쏘아 맞혔지요.

"이것 봐요, 할아버지! 제 활이 망가지지 않았다는 걸 아시겠죠?"

소년은 큰 소리로 웃으며 도망가버리고 말았답니다. 따뜻한 집으로 들어오 게 해 주고, 포도주와 맛있는 사과까지 주며 친절하게 돌보아준 노인을 쏘다니, 정말 못된 아이죠?

시인은 방바닥에 쓰러져 슬픈 눈물을 흘렸답니다. 그는 심장을 맞았거든요.

"아모르는 정말 못된 아이야. 착한 아이들에게 이 이야기를 꼭 해 주어야겠 어. 나처럼 아픈 꼴을 당하지 않도록 그 못된 아이를 조심하라고 말이야. 착한 아이들은 절대 아모르와 놀아서는 안 돼."

시인에게서 이 이야기를 들은 아이들은 나쁜 아모르를 조심했답니다. 하지 만 가만히 있을 아모르가 아니죠. 그 아이는 빈틈이 없는 장난꾸러기거든요.

모두들 자신도 모르는 사이에 속게 됩니다. 대학생들이 강의를 듣고 나올 때 면 아모르는 자기팔 밑에 책을 끼고 검은색 교복 차림으로 그들과 나란히 걷는 답니다. 대학생들은 아모르를 전혀 눈치 채지 못하지요. 그저 같은 대학생이려 니 생각한답니다. 그때 아모르는 그들의 가슴에 화살을 쏘지요.

처녀들이 교회에서 나란히 서 있을 때도, 목사님에게서 축복을 받고 나올 때도 아모르는 그들 뒤에 서 있답니다. 늘 처녀들 뒤꽁무니를 따라 다니지요. 이렇듯 아모르는 언제나 사람들 뒤를 쫓아다닙니다.

아모르는 극장 큰 샹들리에 속에 앉아서 활활 타버리기도 합니다. 그러면 사 람들은 그것을 그저 평범한 램프라고만 생각한답니다. 그러나 뒤늦게 사람들 은 무언가 눈치 채게 됩니다.

아모르는 공원이든 제방 위든 어디든지 다 돌아다니지요. 이뿐만이 아니 에요.

예전에는 여러분의 어머니와 아버지의 가슴에도 화살을 쏜 적이 있답니다. 한번 물어 보세요. 틀림없이 그 이야기를 해 주실 거예요. 아모르는 아주 못된 아이랍니다. 이 아이와는 결코 어떤 일이든 해서는 안 되지요. 그는 모든 사람의 뒤를 졸졸 따라다니고 있어요. 당신의 할머니도 아모르에게 가슴을 쏘인 적이 있답니다. 그건 아주 오래 된 일이죠. 모두 지나간 일이랍니다. 그러나 할머니는 못된 아모르를 좀처럼 잊지 못하지요. 나쁜 아모르 녀석! 이제 당신도 그를 알게 될 거예요. 그가 얼마나 장난꾸러기인지 말이에요, 이 이야기를 절대 잊으면 안 돼요!

007

길동무

Reisekammeraten

불쌍한 요하네스는 크나큰 슬픔에 빠져 있었습니다. 사랑하는 아버지가 큰 병에 걸려 몸져 누웠기 때문이지요. 작은 방 안에 아버지와 아들 말고는 아무도 없었습니다. 탁자 위 등불마저 거의 꺼져 갈 듯 희미하게 타올랐습니다.

"요하네스야, 너는 참 좋은 아들이었다. 홀로 이 험난한 세상을 살아가게 되더라도, 하느님께서 너를 꼭 지켜 주실 것이다."

아버지는 깊은 사랑이 담긴 부드러운 눈으로 요하네스를 바라보았습니다. 그러고는 힘겹게 숨을 들이쉬는가 싶더니, 곧 돌아가시고 말았습니다. 마치 깊이 잠이 든 것처럼 말이에요.

요하네스는 큰 소리로 울부짖으며 엉엉 울어버렸습니다. 마침내 요하네스는 이 넓은 세상에 홀로 남겨진 것입니다. 이제는 어머니도 아버지도, 형제도 남매도, 어느 누구도 그의 곁엔 어떤 가족도 없거든요. 불쌍한 요하네스는 침대 앞에 무릎을 꿇고 앉아 돌아가신 아버지의 손에 입을 맞추었습니다. 그러고는 아버지의 두 눈을 감겨 드렸습니다. 아버지 곁을 떠나지 못하고 하염없이 눈물만 흘리던 그는 침대 모서리에 머리를 기댄 채 잠이 들고 말았습니다.

요하네스는 이상한 꿈을 꾸었답니다.

해님과 달님이 그의 앞에서 깊이 고개를 숙이며 인사를 하고 아버지는 다시 건강해져 언제나 즐겁고 행복하던 그때처럼 환하게 웃고 있었습니다. 그러고는 길고 아름다운 머릿결 위에 황금 왕관을 얹은 아름다운 아가씨가 요하네스에게 손을 내밀었어요. 바로 그때 아버지께서 말씀하셨습니다.

"얼마나 예쁜 신부를 얻었는지 알겠지? 이 세상에서 가장 예쁜 아가씨란다."

그는 깜짝 놀라 잠에서 깨어났답니다.

아름다운 것들은 모두 사라지고 없었습니다. 아버지는 여전히 차가운 시체가 되어 침대에 누워 있었고, 그 곁에는 아무도 없었답니다.

아버지는 그 다음 주에 땅에 묻혔습니다. 요하네스는 관 뒤를 바짝 따라갔지요. 이제 다시는 사랑하는 아버지를 볼 수 없게 되었습니다.

요하네스는 사람들이 관 위에 흙을 얹는 소리를 들었습니다. 아직 흙이 덮이지 않은 관의 마지막 모서리도 보았지요. 곧 흙이 뿌려지자 그 모서리마저도 보이지 않게 되었답니다. 요하네스는 마음이 너무 아팠습니다.

사람들은 무덤 주위를 빙 둘러서서 찬송가를 불렀습니다. 그 노랫소리를 듣자 요하네스의 눈에서 눈물이 주르륵 볼을 타고 흘렀답니다. 초록빛 나무들을 찬란히 비추던 해님이 이렇게 말하는 듯했습니다.

"더 이상 슬퍼해서는 안 돼, 요하네스야. 봐, 저 푸르른 하늘이 얼마나 아름다운지. 아버지는 이제 저 곳에 계셔. 네가 늘 잘 지내도록 하느님께 빌고 계신단다."

그러자 요하네스가 말했습니다.

"난 훌륭한 사람이 될 거야. 그래야 천국에 계신 아버지에게 갈 수 있지. 아버지를 다시 뵌다면 얼마나 좋을까? 할 이야기가 아주 많을 거야. 아버지도 내게 많은 걸 보여 주시며 천국의 아름다움을 이야기해 주시겠지. 이 땅에서 내게 언제나 그렇게 가르쳐 주시던 것처럼 말이야. 그렇게 되면 얼마나 기쁠까?"

요하네스는 그 모습을 똑똑히 눈앞에 그려 볼 수가 있었답니다. 그래서 뺨 위로 눈물이 흘러내리는데도 조금은 웃을 수 있었지요. 상수리나무 위에서는 새들이 앉아 귀엽게 지저귀고 있었어요.

"짹짹! 짹짹!"

새들은 장례식에서도 즐겁게 노래했지요. 죽은 아버지가 하늘에서 행복하다는 것을 잘 알고 있었기 때문이랍니다. 아버지는 착하고 따뜻한 분이셨으니까요.

요하네스는 새들이 초록 나무에서 푸드득 소리를 내며 하늘 높이 날아오르는 것을 보았답니다. 그러자 자기도 새들처럼 저 멀리 날아가고 싶은 생각이 들었습니다. 그러나 먼저 아버지 무덤 위에 세울 큰 나무 십자가를 만들기로 했답니다.

저녁 때가 되어 나무 십자가를 다 만들어 가지고 무덤에 가 보니 무덤은 모래와 꽃으로 예쁘게 꾸며져 있었습니다. 사람들이 그렇게 해 놓은 것이었지요. 사람들은 요하네스의 아버지를 무척 좋아했기 때문입니다.

다음 날 아침 일찍 요하네스는 여행을 떠날 준비를 했답니다. 아버지가 유산으로 남겨주신 50탈러와 두어 개의 은 실링을 허리띠에 넣었습니다. 마침내 그는 온 세상 이곳저곳을 돌아다녀보기로 마음먹었습니다. 요하네스는 떠나기 전에 교회 마당의 아버지 무덤으로 갔습니다. 주기도문을 다 외우고 나서 말했어요.

"아버지, 안녕히 계세요. 훌륭한 사람이 되겠어요. 그러니 제가 잘 해낼 수 있도록 하느님께 빌어 주세요."

요하네스가 걷는 들판 위에는 온갖 꽃들이 아름답게 피어 있었습니다. 그들은 마치 요하네스에게 말을 하는 것만 같았답니다.

"어서 와, 이 자연으로. 이곳은 정말 아름답지 않니?"

요하네스는 왔던 길을 뒤돌아보았답니다. 그가 세례를 받았고 일요일마다 아버지와 함께 예배를 보러 갔던 교회를 한 번 더 보기 위해서였지요. 그때 그는 종탑 열려진 틈 사이로 붉은색의 작고 뾰족한 모자를 쓴 요정이 서 있는 것을 보았답니다.

요정은 눈부신 햇살 때문에 두 팔을 구부려 이마에 두 손을 갖다대고 있었습니다. 요하네스는 그에게 고개를 숙여 작별 인사를 했답니다.

그러자 요정은 붉은 모자를 벗어들고 머리 위로 이리저리 흔들더니 한쪽 손을 가슴 위에 얹고 다른 한 손으로는 몇 번이나 요하네스에게 입맞춤을 해 보였어요. 그가 아무 탈 없이 즐겁게 여행을 하길 바란다는 따뜻한 마음이 가득 담겨졌답니다.

요하네스는 처음으로 커다란 세상에 발을 내디디면서 앞으로 얼마나 많은 아름다운 것들을 보게 될지를 상상하며 설레는 가슴으로 계속 걸었습니다. 한 번도 가 보지 못했던 길을 지나갔습니다.

그렇게 얼마나 시간이 흘렀을까. 요하네스는 아주 먼 곳까지 오게 되었습니다.

여행 첫날 밤에는 들판 건초 더미 위에서 잤답니다. 다른 곳은 잘 곳이 마땅치 않았거든요. 하지만 요하네스는 아주 편안했습니다. 왕이라도 이보다 더 좋은 침대를 가질 수 없을 것이라 생각했지요. 졸졸 시냇물이 흐르고, 푹신한 건초 더미가 쌓여 있으며 높다란 하늘은 무척이나 아름다웠으니까요. 어디 하나 빠질 데 없는 참으로 훌륭한 침실이었답니다. 붉고 흰 작은 꽃들이 피어난 초원의 풀은 양탄자고, 라일락 덤불과 들장미 덤불은 멋진 꽃다발이었지요.

맑고 차가운 물이 흐르는 시냇물에서는 시원하게 세수할 수 있었습니다. 그곳에는 갈대가 고개를 숙이고 있었는데, 안녕히 주무세요, 안녕하세요, 계속해서 인사를 했지요. 달님은 밤을 밝혀주는 좋은 등불이었습니다. 푸른 천장에 높이 달려 있어서 커튼에 불이 붙을 걱정도 없었지요.

요하네스는 아무런 걱정 없이 잠을 잘 수 있었답니다. 그는 해님이 높이 떠올라 온갖 작은 새들이 귀여운 목소리로 노래할 때가 되어서야 잠에서 깨어났습니다.

"안녕, 안녕. 아직도 안 일어났니?"

새들이 합창을 했습니다.

때마침 교회에서 종이 울렸습니다. 오늘은 바로 일요일이었지요. 수많은 사람들이 목사님 말씀을 듣기 위해 교회로 몰려가고 있었어요. 요하네스도 부리나케 그들을 따라갔답니다.

교회로 들어간 요하네스는 함께 찬송가를 부르고 목사님 말씀을 들었습니다. 요하네스는 자기가 어렸을 때 세례를 받고 아버지와 함께 찬송가를 불렀던 고향의 교회에 와 있는 기분이었어요.

교회 마당에는 많은 무덤들이 있었습니다. 무덤 위에는 풀이 무성하게 자라나 있었지요. 그 광경을 바라보던 요하네스는 문득 아버지의 무덤을 떠올렸습니다. 자신이 잡초를 뽑아줄 수 없으니 머지않아 아버지의 무덤 또한 이 무덤들처럼 되겠지요.

요하네스는 그 무덤가에 앉아 풀을 뽑고, 쓰러진 나무 십자가를 바로 세워주었습니다. 또 바람이 쓸어가 버린 꽃다발도 제자리에 갖다 놓았지요. 그러면서 누군가가 아버지 무덤도 이렇게 해 주었으면 하고 생각했답니다.

교회 문 밖에는 거지 하나가 지팡이에 몸을 의지한 채 서 있었어요. 요하네스는 가지고 있던 은실링을 주었지요. 그러고는 다시 여행을 계속했답니다.

저녁 무렵이 되자 날씨가 차츰 흐려지기 시작했습니다. 요하네스는 서둘러 비를 피할 곳을 찾아다녔지만 곧 캄캄한 밤이 되고 말았습니다.

마침내 그는 작은 언덕 위에 외롭게 서 있는 교회에 다다랐답니다. 다행히 문이 비스듬히 열려 있어서 안으로 들어갈 수 있었어요. 날씨가 맑아질 때까지 이곳에서 머물 생각이었지요.

"여기 구석에 앉아 있어야겠다. 너무 피곤해. 잠시 쉬었다 가야겠어."

요하네스는 무릎을 꿇고 두 손을 모은 뒤, 저녁 기도를 올렸습니다. 그러다 잠이 들었답니다. 바깥에서는 천둥 번개가 무섭게 몰아치는데도 그것을 전혀 알지 못한 채 말이에요.

요하네스가 잠에서 깨어났을 때는 한밤중이었답니다. 온 땅을 울려대던 태풍과 번개는 이미 다 지나가고, 다시 맑은 날씨가 되어 있었지요. 창문으로 푸른 달빛이 비쳐 들어왔습니다.

교회 안 한가운데에는 관이 하나 열려진 채 놓여 있었는데, 그 안에는 땅에 묻힐 시체가 들어 있었지요. 아직 장례를 치르지 않았거든요. 요하네스는 하나도 무섭지 않았답니다. 죄를 짓지 않아 마음이 깨끗한 요하네스는 잘 알고 있었습니다. 죽은 사람은 절대 남에게 해를 끼치지 않는다는 사실을요. 해를 끼치는 나쁜 사람은 오히려 산 사람들이지요.

죽은 사람 곁에는 살아 있는 사람들이 서 있었는데, 마침 그들은 나쁜 짓을 하려던 참이었습니다. 시체를 관 속에 그대로 두지 않고 교회 밖으로 내던지려는 것이었답니다.

"왜 그런 일을 하려 하십니까? 그건 나쁜 짓입니다. 그냥 두십시오."

요하네스가 어른들에게 큰 소리로 외쳤습니다.

"쓸데없는 소리 마라. 이자는 우릴 속였어! 돈을 빌려가 놓고는 갚지 않았다고. 게다가 이제 죽어 버렸으니 한 푼도 못 받게 되었지. 그래서 앙갚음하려는 거야. 녀석은 버려진 개처럼 교회 밖으로 던져버려야 돼."

험상궂게 생긴 남자들이 말했습니다.

"제게는 50탈러밖에 없습니다. 이건 제가 물려받은 전 재산이에요. 이 돈을 모두 드릴 테니 저 사람을 가만히 놔둔다고 약속해 주세요. 저는 돈이 없어도 살아갈 수 있어요. 튼튼한 팔다리를 가졌으니까요. 또 하느님께서는 언제나 절도와 주실 겁니다."

"그래, 네가 대신 빚을 갚아 준다면 아무 짓도 하지 않을게. 우릴 믿어도 좋아."

그들은 요하네스가 주는 돈을 받고는 큰소리로 비웃으며 가 버렸답니다. 요하네스는 시체를 관 속에 제대로 잘 눕히고는 손바닥을 서로 마주보게 해 놓은 뒤, 교회를 나왔습니다. 그리고 즐거운 마음으로 숲을 향하여 계속 길을 나아갔답니다.

달빛이 나뭇가지들 사이를 환하게 비추었습니다. 그곳에서 귀엽고 사랑스러운 요정들이 즐겁게 놀고 있는 것이 보였습니다. 그들은 요하네스가 그 옆을 지나가는 데도 마음을 푹 놓고 계속 놀았습니다. 그래요, 요정들은 잘 알았지요. 요하네스가 마음씨 착한 사람이라는 사실을 말이에요. 마음씨 나쁜 사람들 눈에는 그런 요정들이 보이지 않거든요.

어떤 요정들은 손가락 하나 크기만 했는데, 긴 갈색 머리카락을 틀어올려 황금빛을 꽂았습니다. 더욱 가까이 가서 바라보니, 요정들은 둘씩 짝을 지어 잎사귀 위나 풀 위에 고여 있는 큰 이슬방울 위에서 그네를 타며 즐거워했습니다. 그러다 물방울이 아래로 굴러떨어져 버릴 때면, 그 위에 타고 있던 두 요정도 기다란 풀줄기 사이로 미끄러져 내려가곤 했지요. 그러면 다른 작은 요정들은 꺄르르 웃음을 터뜨렸답니다.

요정들은 노래도 불렀습니다. 요하네스가 어릴 때 배운 노래였죠. 머리에 은빛 관을 쓴 화려한 색깔의 큰 거미는 이 울타리에서 저 울타리로 건너다니며 긴 구름다리와 궁전을 짓고 있었어요. 이슬이 그 위로 구를 때면 마치 달빛을 받아 반짝이는 유리처럼 맑디 맑았습니다.

어느덧 해가 떠오를 때가 가까워오자 요정들은 모두 꽃봉오리 속으로 기어들어갔어요. 그러자 바람이 나타나 구름다리와 궁전을 이리저리 흔들었답니다.

요하네스가 숲을 다 벗어났을 때 그의 뒤쪽에서 굵직한 남자 목소리가 들렸습니다.

"이봐요, 나그네 씨. 어디로 가는 건가?"

"넓은 세상으로 나갑니다. 전 가족 없이 혼자랍니다. 하지만 하느님께서 언제나 절 도와주실 거예요."

"나도 넓은 세상으로 가는 길이라네."

"그럼, 우리 함께 다닐까요?"

"그렇게 하자구!"

그래서 둘은 길동무가 되었습니다. 곧 그들은 서로를 마음에 들어하게 되었답니다. 그들 모두 마음씨 좋은 사람들이었으니까요. 곧 요하네스는 낯선 사람이 자기보다 한결 지혜롭다는 것을 깨달았답니다. 그는 온 세계를 거의 다 돌아다녀보았기에 이것저것 모르는 게 없었거든요.

해님이 높이 뜬 어느 날, 그들이 아침 식사를 하기 위해 큰나무 아래 앉았을 때였습니다. 한 할머니가 그들 쪽으로 걸어오고 있었답니다. 너무나 늙은 그 할머니는 지팡이에 몸을 의지한 채 비틀비틀거리며 겨우 걸음을 내딛었지만, 활처럼 심하게 굽은 등에는 숲에서 주워 모은 장작을 지고 있었고, 앞치마는 양쪽을 묶어서 자루처럼 되어 있었습니다. 그 속에는 회초리 세 개와 버들가지가 들어 있었지요.

힘들게 걸어오던 할머니는 그만 발을 헛디디며 미끄러지고 말았습니다. 할머니는 비명을 질렀지요. 다리가 부러지고 만 것입니다.

요하네스는 길동무에게 할머니가 사는 곳까지 우리가 부축해 드려야 한다고 말했습니다. 그러자 그 낯선 길동무는 작은 배낭을 열더니 그 안에서 상자를 하나 꺼냈답니다. 그러고는 금방 다리를 낫게 해 줄 신비한 약이 있다고 이야기했습니다. 다리를 낫게 해주는 대신 그 보답으로 할머니가 앞치마에 넣고 있는 회초리 세 개를 받고 싶다는 말도 덧붙였지요.

"이건 값이 좀 나가는 물건인데."

할머니는 머리를 끄덕이면서도 회초리들을 선뜻 내주려 하지 않았습니다. 그러나 부러진 다리로 집에 갈 수는 없는 일이었기에 할머니는 할 수 없이 회초리를 내주었답니다.

그런데 약을 다리에 바르자마자 신기하게도 할머니는 다치기 전보다 훨씬 더 잘 걷게 되었답니다. 약이 엄청난 힘을 보여준 겁니다. 이 약은 어떤 약국에서도 구할 수 없는 것이었으니까요.

"그 회초리로 뭘 하려는 겁니까?"

요하네스는 길동무에게 물어보았답니다.

"이 회초리는 약초가지들이야. 내가 아주 좋아하는 거지. 난 좀 괴짜거든."

그들은 다시 여행을 시작했습니다.

"하늘 좀 보세요. 흐려졌어요. 무척 검은 구름이에요."

요하네스가 하늘을 가리켰답니다.

"저것은 구름이 아니라 산이야. 아주 멋진 산이지. 저 산으로 가면 구름 위에 올라가 신선한 공기를 마실 수 있지. 꽤 기분이 좋아진다고. 저 산을 넘으면 더 넓은 세상으로 나아갈 수 있는 거야. 내일은 저곳까지 가 보자고."

그러나 그 산은 보이는 것처럼 그렇게 가깝지 않았어요. 그들은 온종일을 걸었답니다. 무성한 검은 숲이 저 높은 하늘을 향해. 찌를 듯 솟아 있었고 도시만큼이나 커다란 바위들이 있었습니다. 그 산을 오른다는 것은 생각만 해도 힘든 일이었습니다.

그래서 요하네스와 길동무는 푹 쉬고 다음 날 여행을 계속하기로 했습니다.

둘은 어느 여관에 들어갔답니다. 여관 1층에는 술을 마실 수 있는 기다란 술청 하나가 있었는데, 무슨 일인지 많은 사람들이 모여 있었어요. 그곳에는 어떤 사람이 인형극을 하려고 인형들을 하나하나 늘어놓았답니다. 맨 앞쪽에는 늙고 뚱뚱한 푸줏간 주인이 가장 좋은 자리를 차지했습니다. 그리고 그의 곁에는 큰 불도그가 금방이라도 달려들 것만 같은 얼굴로 사람들과 같이 두 눈을 크게 뜬 채 앉아 있었답니다.

곧 인형극이 시작되었습니다. 왕과 왕비가 나오는 아주 재미있는 이야기였지요.

왕과 왕비는 아름다운 옥좌에 앉아 있었습니다. 머리에는 황금 왕관을 쓰고 옷자락은 길게 늘어뜨렸지요. 그들은 큰 부자이니까, 이런 것쯤 아무것도 아니겠지요. 모든 문 앞에는 구슬 눈과 긴 수염을 기른 귀여운 나무 인형들이 서서 문을 열었다 닫았다 했답니다. 신선한 공기가 들어가도록 하기 위해서지요. 이야기는 무척 재미있어서 슬프게 느껴지는 곳은 한 군데도 없었답니다. 그런데 왕비가 막 일어서서 마룻바닥을 지나려 할 때였어요. 가장 앞에 있던 커다란 불도그가 인형극 무대로 뛰어들어버린 거예요. 이 개가 무엇 때문에 그랬는지는 아무도 모르는 일이지요. 마침 그 뚱뚱한 푸줏간 주인이 개를 붙잡은 손을 놓고 있었을 때였습니다.

무대로 뛰어든 개는 왕비의 날씬한 몸을 우지직 소리가 날 만큼 세게 물었답니다. 정말 무시무시한 일이었지요. 인형극을 진행하던 남자는 가엾게도 망가진 왕비 인형 때문에 몹시 슬퍼했답니다. 왕비는 그의 인형 가운데서도 가장 아름다운 인형이었으니까요. 하지만 이미 못된 불도그는 그녀의 머리를 물어버

린 뒤였지요.

모였던 사람들이 모두 돌아가자 요하네스의 길동무가 왕비 인형을 수선해 주겠다고 말했습니다. 그러면서 그는 다시 상자를 꺼내더니 할머니를 치료했던 바로 그 신비한 약으로 인형을 문질렀습니다. 그러자 인형이 다시 살아나는 게 아니겠어요! 더구나 사람이 줄을 부리지 않아도 스스로 팔다리를 움직일 수 있었습니다. 그 인형은 말만 할 수 없을 뿐이지 정말 살아 있는 사람인 것만 같았답니다. 인형사는 뛸 듯이 기뻐했어요. 이제부터는 왕비 인형을 조종하느라 붙잡고 있을 필요가 없어졌으니까요. 왕비 인형은 이제 혼자서도 춤을 출 수 있게 되었어요. 참으로 신기하고 놀라운 일이었지요.

밤이 깊어 여관의 모든 사람들이 잠자리에 들었을 때였답니다. 누군가가 계속 깊은 한숨을 쉬는 것이었습니다. 그 한숨 소리에 마침내 사람들은 모두 깨고 말았습니다.

잠자던 인형사는 자신의 극장으로 가 보았지요. 그곳에서 한숨 소리가 들려왔으니까요.

나무 인형들은 모두 뒤죽박죽이 된 채 누워 있었답니다. 왕과 왕의 병사들은 아직까지도 한숨을 푹푹 내쉬고 있었지요. 그들은 모두 커다란 유리 눈을 뜨고서 다가온 사람들을 똑바로 쳐다보았어요. 자신들도 왕비처럼 저 혼자 마음대로 움직일 수 있도록 그 신기한 약을 좀 발라 주었으면 좋겠다는 것이었죠. 왕비도 무릎을 꿇더니 자신의 왕관을 높이 들어올리며 간절히 부탁했답니다.

"이 왕관을 드릴 테니, 부디 왕과 궁정 신하들에게 그 신비한 약을 조금만 발라 주세요."

인형 극장 주인은 자신의 귀여운 인형들이 안쓰러워 너무도 마음이 아팠습니다. 그래서 그는 요하네스의 길동무에게 이 인형들 가운데 너덧 인형에게만 약을 좀 발라 달라고 이야기했답니다. 그러면 내일 저녁 공연으로 벌어들이는 돈을 모두 그에게 주겠노라고 약속했지요. 그러나 요하네스의 길동무는 인형극 주인이 옆구리에 차고 있는 멋진 장식이 달린 긴 칼 말고는 무엇도 필요 없다고 말했습니다.

그는 그 칼을 받자마자 여섯 인형들 모두에게 약을 발라 주었답니다. 그러자 움직이지 않던 인형들이 갑자기 벌떡 일어나더니, 모두 우아하게 춤을 추기 시작했어요. 그 신기한 모습을 본 처녀들과 마부, 여자 요리사도 인형들과 함께 춤을 추었습니다. 극장에 있던 모든 사람들도 덩달아 춤을 추었답니다. 부삽과 부젓가락도 춤을 추기 위해 폴짝폴짝 뛰었지만 곧 넘어져버리고 말았지요. 정말 즐거운 밤이었습니다.

다음 날 아침 요하네스와 길동무는 빽빽한 전나무들을 헤치고 험난한 산길을 올라 겨우 어제 보았던 높디높은 산꼭대기에 올라설 수 있었습니다.

산꼭대기에서는 교회 종탑들이 마치 작고 붉은 딸기처럼 보였지요. 그들은 한 번도 가 보지 못했던 저 먼 곳까지 볼 수 있었답니다. 세상이 이토록 아름다운 곳인지 요하네스는 상상조차 못해 본 일이었지요. 해님은 푸르른 하늘 저 높이 떠서 따스한 햇살을 비추고 산 사이사이로 사냥꾼들의 호각 소리가 메아리 되어 울려 왔답니다.

요하네스는 아주 기쁘고 행복한 나머지 두 눈 가득 눈물이 고였습니다. 요하네스는 아주 크게 외쳤지요.

"신이시여, 당신께 입맞추고 싶습니다. 우리 모두를 보살펴주시고 이 세상 모든 찬란함을 베풀어 주시니 너무도 감사하나이다!"

길동무 또한 두 손을 모은 채 서서 따뜻한 햇빛을 받고 있는 숲과 도시들을 바라보았습니다. 이때 그들의 머리 위에서 깜짝 놀랄 만큼 아름다운 소리가 들려 왔지요. 그들은 위를 쳐다보았답니다. 큰 백조 한 마리가 하늘을 날고 있습니다. 아, 그 아름다운 노랫소리란, 둘은 단 한 번도 들어보지 못했던 것이었습니다. 그러나 노랫소리는 차츰 희미해지고 있었어요.

백조는 서서히 머리를 떨어뜨리기 시작하더니 갑자기 그들의 발 아래로 쓰러져 죽고 말았답니다.

"저렇게 아름다운 날개는 처음 보는걸. 저 하얗고 큰 두 날개는 꽤 큰 돈을 받을 수 있을 거야. 저걸 가지고 가야겠다. 내가 칼을 받은 게 얼마나 잘한 일인지 한 번 볼 테야?"

길동무는 단숨에 백조의 두 날개를 잘라냈습니다.

그들은 산을 넘고 쉼 없이 걸으면서 기나긴 여행을 계속했습니다.

마침내 그들은 어느 큰 도시에 다다르게 되었지요. 그곳에는 수백 개의 탑들이 찬란한 햇빛을 받아 마치 은처럼 반짝반짝 빛났답니다. 도시 가운데에는 황금을 씌운 화려한 대리석 성이 있었는데, 바로 왕이 사는 곳이었지요.

요하네스와 길동무는 시내로 들어가기 전에 근처 여관에 묵었답니다. 옷차림을 단정하게 하기 위해서였지요. 거리로 나섰을 때 멋지게 보이고 싶었기 때문입니다.

여관 주인은 이곳의 왕은 어느 누구에게도 절대로 해를 끼치지 않는 좋은 분이라고 말했지요. 그러나 공주는 그렇지 않다고 했지요. 공주는 이 세상 어느 누구보다도 아름답고 사랑스러웠지만 본디는 아주 못되고 심술궂은 처녀였답니다. 그래서 다른 나라 수많은 왕자님이 목숨을 잃고 말았지요.

공주는 어느 누구라도 자신에게 청혼을 해도 좋다고 했답니다. 그래서 왕자든 거지든 상관없이 청혼을 할 수가 있었지요. 그러나 누구든지 공주가 묻는 세 가지 질문에 대답을 해야만 했답니다. 옳은 대답을 한 사람은 공주와 결혼을 할 수 있었고 뒷날 왕이 죽으면 이 나라의 왕도 될 수 있었답니다. 그러나 틀린 대답을 하면 공주의 손에 죽어야만 했습니다.

왕은 사악한 공주 때문에 몹시 슬펐지만 공주를 말릴 수가 없었습니다. 언젠가 왕은 공주에게, 결혼은 공주가 원하는 사람과 하기로 약속했었기 때문이지요.

수많은 남자들이 공주와 결혼하기 위해 성으로 찾아왔지만 그 누구도 공주가 내는 수수께끼를 풀어낼 수 없었습니다. 그것은 공주의 마음 속을 알아맞혀야 하는 것이었으니까요.

왕은 1년에 하루씩 군인들과 함께 무릎을 꿇고 앉아서 공주가 부디 좋은 사람이 될 수 있도록 기도한답니다. 그러나 공주는 조금도 변하지 않았습니다. 도시에 사는 늙은 부인네들은 술을 마실 때면 그 색을 새까맣게 해서 마셨습니다. 죄 없는 사람들의 죽음을 슬퍼한다는 뜻이었답니다.

"이런, 못된 공주 같으니라고! 정말 회초리로 좀 맞아야겠군. 만일 내가 왕이었다면 실컷 혼내주었을 텐데."

요하네스는 화가 나서 말했지요.

그때 바깥에서 사람들이 "만세!" 외치는 소리가 들렸습니다. 공주가 지나가고 있었던 겁니다.

공주가 무척 아름다웠기 때문에 사람들은 그녀가 못된 공주라는 것을 깜박 잊어버리고는 그렇게 외친 것이었지요.

흰 비단 옷을 입고 황금빛 튤립을 손에 든 시녀 열둘이 검은 말을 타고 그녀 곁을 지키고 있었습니다. 공주는 다이아몬드와 루비가 가득 달린 흰 말을 타고 있었지요. 그녀가 입은 승마복은 온통 금으로 된 것이었고, 그녀가 손에 든 채찍은 마치 한 줄기 햇빛처럼 눈부셨답니다. 그리고 머리에 얹혀진 황금 왕관은 저 하늘 반짝이는 작은 별 같았고, 그녀가 입은 망토는 수천 개의 아름다운 나비 날개를 짜맞추어 지은 것이었지요. 그러나 공주는 그 화려한 옷보다도 한결 더 아름다웠습니다.

공주를 본 순간, 요하네스의 얼굴은 빨개졌답니다. 아무 말도 나오지 않았지요. 공주는 요하네스의 아버지가 돌아가셨던 그날밤 꿈 속에서 본 그 아가씨와 꼭 같았거든요.

요하네스는 공주의 아름다움에 반해버리고 말았습니다. 그래서 공주가 사람들을 목매달아 죽이거나 목을 벤다는 소문을 도저히 믿을 수가 없게 되어버렸습니다.

"누구라도, 만일 거지라 할지라도 그녀에게 청혼을 할 수 있다고 했지. 난 궁전으로 갈 테야. 이제 어쩔 수가 없어."

사람들은 요하네스를 말렸답니다. 요하네스의 길동무도 말렸지요. 틀림없이 공주의 손에 죽게 될 거라고 말이에요. 그러나 요하네스는 잘될 것이리라 생각했답니다.

요하네스는 구두와 옷에 솔질을 하고 깔끔하게 세수를 했지요. 아름다운 금발을 정성스레 빗질한 뒤 홀로 시내로 나가 궁전으로 들어갔습니다.

요하네스는 문을 두드렸습니다.

"들어오너라."

왕이 말했습니다.

요하네스가 문을 열자 기다란 잠옷 가운을 입고 자수를 새겨넣은 실내화를 신은 왕이 그를 마중 나왔습니다. 왕은 머리에 황금 왕관을 쓰고 있었습니다. 한 손에는 지팡이를, 다른 한 손에는 왕들이 가끔 들고 다니는 보주를 들었답니다.

"잠깐 기다리게."

왕은 보주를 팔 아래 낀 채 요하네스에게 악수를 했습니다. 그러나 요하네스가 공주의 청혼자라는 사실을 알자마자 왕은 안타까운 마음에 눈물을 흘리기 시작했어요. 지팡이와 보주가 바닥으로 굴러떨어지고, 왕은 가운으로 눈물을 닦았지요.

"그만두게. 자네도 다른 사람들처럼 비참한 죽음을 맞이하게 될 걸세. 그래, 자네도 그걸 보게 되면 생각이 달라지겠지. 자, 날 따라오게."

그러면서 왕은 요하네스를 공주의 정원으로 데려 갔답니다. 그 끔찍한 모습을 본 요하네스는 깜짝 놀랄 수밖에 없었습니다.

나무 꼭대기마다 공주가 내는 문제들을 알아맞히지 못한 사람들이 서너 명씩 목 매달려 있었고 바람이 불 때마다 그 해골들은 덜거덕덜거덕 소리를 내며 흔들리고 있었습니다. 새들은 무서워서 이 정원으로 들어올 생각조차 하지 못했답니다. 꽃들은 시체들 뼈에 묶여져 있었고, 화분에는 시체 목이 꽂힌 채 이빨을 드러내며 웃고 있었답니다. 그곳은 공주가 직접 꾸민 으스스한 정원이 었지요.

"여길 좀 보게. 자네도 이 불쌍한 사람들과 똑같은 일을 당하게 될 거야. 또다시 죄 없는 사람이 목숨을 잃게 된다면 난 정말 슬플 것이네."

요하네스는 마음 따뜻한 왕의 손에 입을 맞추었답니다. 그리고 자신은 공주를 사랑하고 있으니 걱정하지 말라고 말했지요.

그때 공주가 말을 타고 돌아왔습니다. 요하네스가 공주에게 인사를 하자, 공주는 요하네스에게 손을 내밀었어요. 그 사랑스러운 모습에 공주를 더욱 사랑하게 되어 버린 요하네스는 그녀가 그런 나쁜 짓을 할 리가 없다고 생각했답니다.

공주와 요하네스는 홀 안으로 들어갔습니다. 시종들이 설탕 절임과 후추 과자를 내왔지요. 그러나 왕은 매우 슬퍼서 아무것도 먹을 수가 없었답니다. 게다가 후추 과자는 너무 매웠거든요.

마침내 요하네스는 다음 날 아침 다시 궁전을 찾아오기로 공주와 약속할 수 있었습니다. 고문관들도 함께 그가 어떤 대답을 하는지 듣기로 했거든요. 첫 번째 질문에 옳은 대답을 했다 하더라도 두 가지 질문이 더 남아 있기 때문에 또 성을 찾아와야만 했습니다. 그러나 성에 두 번, 세 번 다시 오게 된 청년은 단 한 명도 없었답니다. 모두들 첫 번째 질문에서 목숨을 잃고 말았지요.

그러나 요하네스는 조금도 걱정이 되지 않았답니다. 오히려 들뜬 마음으로 아름다운 공주만을 생각했습니다. 그리고 하느님이 꼭 도와주시리라 믿고 있었답니다. 요하네스는 길동무가 기다리는 여관으로 돌아가면서 길 위에서 신나게 춤을 추었습니다.

　요하네스는 길동무에게 상냥하고 아름다운 공주에 대해 쉴 새 없이 이야기 했지요. 그러나 길동무는 머리를 흔들면서 몹시 슬퍼했답니다.

　"난, 자넬 사랑해. 그래서 오래도록 함께 여행하고 싶었는데 이제 자네를 잃어야만 하다니. 아, 불쌍한 요하네스, 난 너무나 슬퍼. 아마도 우리가 함께하는 마지막이 될 오늘 밤, 자네의 기쁨을 방해하고 싶지는 않네. 오늘 밤은 즐겁게 지내자고. 내일 자네가 떠나고 나면 난 얼마든지 울 수 있을 테니까."

　얼마 지나지 않아, 공주의 새로운 청혼자가 나타났다는 소문이 온 도시에 퍼졌습니다. 모두들 걱정에 휩싸였지요.

　연극을 하는 극장은 문을 닫았고, 과자 굽는 여인들은 설탕 과자를 검은 천으로 쌌답니다. 왕과 신부님은 안타까운 마음으로 교회에서 무릎을 꿇고 기도했습니다. 요하네스도 다른 청혼자들처럼 죽을 게 뻔하니까요.

　저녁이 되자 요하네스의 길동무는 과일즙을 넣어 만든 달콤한 술이 가득 담긴 큰 대접을 준비했답니다. 그러고는 요하네스에게 함께 마시자고 했지요.

　요하네스는 두 잔쯤 마시자 너무나 졸려서 도저히 눈을 뜨고 있을 수가 없었답니다. 곧 깊은 잠에 빠졌지요.

　길동무는 요하네스를 가볍게 의자에서 들어올려 침대에 눕혔답니다.

　캄캄한 밤이 되자 길동무는 백조에게서 잘라낸 커다란 날개를 꺼내, 제 어깨에 꼭 묶었답니다. 그리고 노파에게서 얻은 것 가운데 가장 큰 회초리를 호주머니에 집어넣은 뒤 도시 위를 날아 궁전으로 갔답니다. 그는 공주의 침실로 통하는 창 아래 모퉁이에 앉아, 몸을 잘 숨겼습니다.

　도시는 쥐 죽은 듯이 고요했습니다.

　시계가 12시 15분 전을 가리키자 갑자기 창이 열리더니 길고 흰 망토에 검은 날개를 단 공주가 도시를 지나 큰 산으로 날아가는 것이었습니다. 그러자 길동무도 몸을 보이지 않게 만들고는 공주의 뒤를 따라 날아갔지요. 길동무는 몰래 공주에게 다가가 회초리로 그녀를 때렸답니다. 회초리를 맞은 공주의 몸에서는 피가 났습니다. 공주의 망토는 거센 바람에 흔들리며 마치 커다란 배의 돛처럼 쭉 펼쳐져 있었습니다.

　"웬 우박이야!"

　공주는 회초리로 맞을 때마다 이렇게 말했답니다. 길동무는 회초리로 공주를 때리고 나니 마음이 확 풀리는 것 같았습니다.

마침내 공주는 산에 내려앉았지요.

그러고는 산을 쿵쿵 두드렸습니다. 그러자, 갑자기 산이 열리면서 천둥 치는 소리가 났습니다. 공주는 서둘러 그 안으로 들어갔습니다. 길동무도 따라 들어 갔답니다. 그가 자기 몸을 잘 숨겼기 때문에 아무도 그를 볼 수 없었습니다.

그들은 넓고 긴 복도를 지나갔습니다. 벽은 반짝반짝 빛났고, 벽 위로 수천 마리의 거미들이 이리저리 기어다니며 불꽃처럼 빛을 뿜고 있었습니다.

그들은 금과 은으로 지어진 큰 홀로 들어갔지요. 벽에는 해바라기만큼 큰 붉고 푸른 꽃들이 아름답게 피어 있었습니다. 그러나 아무도 그 꽃을 꺾을 수 가 없었답니다. 꽃의 줄기는 무서운 독사였으며, 꽃으로만 보였던 것은 뱀들의 입에서 나오는 불길이었기 때문입니다. 천장은 번쩍이는 반딧불이들과 가느다 란 날개를 퍼득이는 푸른 빛 박쥐들로 덮여 있었습니다. 정말 이상한 곳이었답 니다.

커다란 홀 가운데에는 옥좌가 놓였는데, 붉은 거미로 재갈을 물린 네 마리 말의 해골들이 그 아래를 떠받치고 있었답니다. 옥좌는 마치 우유처럼 새하얀 유리로 되어 있었고 서로 꼬리를 무는 작고 검은 쥐들이 왕의 쿠션이었습니다. 그 옥좌 위에는 진홍빛 거미줄로 된 덮개가 씌워졌는데, 그 위에는 한 늙은 마 법사가 앉아 있었습니다. 몹시 흉측하게 생긴 얼굴에 커다란 왕관을 쓰고 손에 는 왕의 지팡이를 들었습니다. 마법사는 공주의 이마에 입맞추고는 그녀를 자 기 곁에 앉게 했습니다. 이윽고 음악이 흘렀습니다.

크고 검은 메뚜기들이 하모니카를 불고, 올빼미들은 북처럼 제 몸을 때려 장 단을 맞추었습니다. 참 우스꽝스러운 음악회였지요. 모자 위에 도깨비불을 단 작고 검은 요괴는 홀을 빙글빙글 돌며 춤을 추었답니다. 그러나 누구도 길동무 를 볼 수가 없었지요.

그는 옥좌 뒤에 몸을 숨긴 채 모든 것을 보았습니다. 곧 우아한 차림을 한 대신들이 홀 안으로 줄지어 들어왔습니다. 하지만 자세히 살펴보면 그들은 양 배추 속대에 얹혀진 빗자루대라는 사실을 금방 알 수 있었죠.

마법사가 마법으로 그것들에게 생명을 불어넣은 것이었답니다.

춤을 추고 난 뒤 공주는 마법사에게 새로운 청혼자가 나타났다고 말했습니 다. 그러고는 그에게 무엇을 물어보면 되겠느냐고 물었어요.

"잘 들어라. 넌 쉬운 것을 물어야 해. 아무도 그런 것은 생각지 않을 테니까 말이야. 네 구두 한 짝을 문제로 내렴. 누구도 알아맞히지 못할 거야. 이번엔 머리를 베어 버리렴. 내일 저녁에 내게 올 때는 그의 눈을 가져오너라. 난 그게 먹고 싶으니까."

공주는 허리를 숙여 절하면서 잊지 않겠다고 말했습니다.

마법사가 다시 산의 문을 열자, 공주는 또 날아올랐습니다. 길동무도 뒤따라 나왔지요. 그는 회초리로 공주를 더욱 세게 때렸습니다. 공주는 끝내 그를 보지 못하고 여전히 우박이 그치질 않는다고 투덜투덜 대면서 서둘러 창을 통해 침실로 들어갔답니다.

요하네스의 길동무도 요하네스가 잠들어 있는 여관으로 되돌아왔습니다. 그는 날개를 떼고 침대에 누웠답니다. 몹시 피곤했거든요.

요하네스가 잠에서 깨어났을 때는 이른 아침이었습니다. 길동무도 잠에서 깨어, 그가 어젯밤 공주와 공주의 구두에 대한 이상한 꿈을 꾸었노라고 이야기해 주었습니다. 그러니 공주에게 마음 속으로 구두를 생각하는 것이 아니냐고 물어보라고 요하네스에게 일러 주었답니다.

"어쩌면 당신 꿈이 맞을지도 몰라요. 난 늘 하느님이 도와주실 것이리라 믿으니까. 하지만 작별 인사를 해야겠어요. 만일 내가 맞히지 못하면 다시는 당신을 볼 수 없을 테니까요."

요하네스가 말했습니다. 둘은 가벼운 포옹을 나누었습니다.

그러고 나서 요하네스는 궁전으로 갔답니다. 홀 안에는 이미 사람들로 가득 차 있었습니다. 판사들은 안락의자에 앉아 머리 뒤에 오리털 쿠션을 편안히 기대었답니다. 생각을 많이 해야 하기 때문이었지요. 왕은 일어나서 흰 손수건으로 눈물을 닦았습니다. 드디어 공주가 들어왔습니다. 그녀는 어제보다 더 아름다웠어요. 공주는 사람들에게 사랑스럽게 인사를 한 뒤 요하네스에게도 손을 내밀며 말했지요.

"안녕하세요!"

이제 요하네스는 공주가 무엇을 생각하는지 알아맞혀야만 합니다. 공주는 다정한 눈길로 그를 바라보았지요. 그런데 그가 "구두"라고 말하는 것을 듣자마자 공주의 얼굴은 백지장처럼 하얗게 질리고, 온몸을 바들바들 떨기 시작했습니다. 그러나 아무 소용이 없었지요. 요하네스가 제대로 맞혔으니까요.

왕은 이루 말할 수 없이 기뻐서 공중제비를 넘기까지 했답니다. 사람들은 처음으로 공주의 수수께끼를 알아맞힌 요하네스에게 모두 힘껏 박수를 쳤습니다.

요하네스의 길동무는 일이 잘됐다는 말을 듣고는 크게 기뻐했습니다. 요하네스는 두 손을 모으고 앞으로 남은 두 번도 틀림없이 도와 줄 하느님에게 감사기도를 드렸답니다.

그날 저녁도 어제 저녁과 똑같았습니다. 요하네스가 잠들자 길동무는 공주의 뒤를 따라 산으로 날아갔습니다. 그리고 어제보다 더 세게 회초리로 공주를 때렸답니다. 회초리 두 개를 가져왔기 때문입니다.

그는 모든 이야기를 엿듣고 다음 질문의 답은 장갑이라는 사실을 알게 되었답니다.

길동무는 요하네스에게 다시 꿈을 꾼 것처럼 이야기를 해 주었습니다. 그래서 요하네스는 또 알아맞힐 수가 있었답니다. 궁전에 모여 있던 사람들은 어제 왕이 했듯이 모두들 공중제비를 넘었지요. 그러나 공주는 그저 소파에 앉아 한 마디도 하지 않았어요.

자, 이제는 마지막 문제밖에 남아 있지 않았습니다. 이 문제마저 맞혀 버린다면 요하네스는 아름다운 공주를 얻고 나라까지 물려받게 되겠지요. 하지만 그렇지 못했을 때에는 목숨을 잃음은 물론, 그의 아름답고 푸른 두 눈이 마법사에게 먹히고 말겠지요.

그날 밤, 요하네스는 일찍 잠자리에 들었답니다. 저녁 기도를 하고 아주 편안하게 잠이 들었지요. 하지만 요하네스의 길동무는 등에 날개를 묶고 옆구리에는 칼을 차고, 회초리 세 개를 모두 꺼내 든 채, 궁전으로 날아갔답니다.

아주 깜깜한 밤이었습니다. 지붕에서는 기와가 날아가고 해골들이 달린 정원 나무들이 갈대처럼 이리저리 바람에 휘날릴 만큼 심한 폭풍우가 몰아쳤답니다. 끊임없이 번개가 치고 천둥이 울렸습니다. 밤새 계속되었답니다.

창문이 열리고 공주가 날아왔습니다. 공주는 마치 시체처럼 창백했으나 그 궂은 날씨를 보고는 웃었답니다. 그다지 심한 날씨는 아니라고 생각했지요. 그녀의 흰 망토는 큰 배의 돛처럼 소용돌이쳤습니다. 그러나 길동무는 회초리 세 개를 모두 꺼내어 더욱 세게 공주를 때렸지요. 피가 땅으로 방울방울 떨어졌습니다. 공주는 가까스로 산에 이르렀습니다.

"폭풍우가 치고 우박이 마구 쏟아져요. 이런 날씨는 본 적이 없어요."

공주가 말했습니다.

공주는 요하네스가 이번에도 문제를 맞혔다는 이야기를 하며 마지막 문제도 맞히게 되면 다시는 이 산에 올 수 없을 것이라고 울먹였지요. 또 예전과 같은 마법은 쓸 수 없을 것입니다.

"이번에는 절대 알아맞힐 수 없을 거야. 그가 결코 생각할 수 없는 것을 생각해 내겠어. 그래도 알아맞힌다면 그는 나보다 뛰어난 마법사임에 틀림이 없어. 그건 천천히 생각하고 지금은 재미있게 놀자."

마법사는 공주의 두 손을 잡고 홀 안에 있는 요괴들, 도깨비들과 함께 이리저리 돌며 춤을 추었답니다. 붉은 거미들도 벽에서 즐겁게 올라갔다 내려갔다 했습니다. 그 모습은 마치 불꽃들이 번쩍번쩍 빛을 내는 것만 같았습니다. 올빼미들은 자기들 몸을 쳐서 북소리를 내고 귀뚜라미는 노래를 부르고 검은 메뚜기들은 하모니카를 불었지요. 즐거운 무도회였습니다.

어느덧 공주가 궁전으로 돌아갈 시간이 되었습니다. 이제 돌아가지 않는다면 궁전에서 공주가 사라진 것을 알아차릴 테니까요.

조금이라도 더 공주의 곁에 머무르고 싶었던 마법사는 공주를 성 앞까지 배웅하겠다고 말했어요.

그들은 폭풍우 속을 날아가기 시작했답니다. 요하네스의 길동무도 그들 뒤를 따라 날아가면서 공주와 마법사를 회초리가 두 동강이 나도록 세게 때렸어요. 마법사는 이런 지독한 우박이 치는 날씨는 처음이라고 말했답니다.

마법사는 궁전 밖에서, 공주의 귀에 입을 대고 속삭였지요.

"내 머리를 생각해."

그러나 요하네스의 길동무도 이 말을 똑똑히 들었답니다.

공주가 창을 통해 조용히 침실로 들어갔어요. 그런데 마법사가 다시 몸을 돌리려는 바로 그 순간 길동무는 차고 있던 기다란 칼로 마법사의 징그러운 머리를 베어버렸답니다.

마법사는 누가 자기를 베었는지 쳐다볼 수조차 없었지요. 그는 마법사의 몸을 호수 속으로 던져버리고, 머리는 물 속에 살짝 담갔다가 비단 손수건에 싸서 여관으로 가지고 왔습니다. 그러고는 잠이 들었답니다.

다음 날 아침, 길동무는 요하네스에게 마법사의 머리가 들어있는 손수건을 주었어요. 그리고 공주가 자기가 생각한 것을 알아맞히라고 말하기 전까지는 절대 그것을 풀어서는 안 된다고 신신당부했답니다.

궁전 큰 홀에는 사람들이 한가득 들어차 있었습니다. 재판관과 고문관들은 부드러운 쿠션에 기댄 채 의자에 앉아 있었지요. 왕은 새 옷을 입고 있었어요. 황금 왕관과 멋진 지팡이는 반짝반짝 윤이 났지요. 그러나 공주는 너무나 창백한 얼굴을 하고는 마치 장례식에라도 가는 것처럼 검은 옷을 입고 있었답니다.

"제가 무엇을 생각하고 있나요?"

공주가 요하네스에게 물었습니다. 그러자 요하네스는 그 말이 끝나기가 무섭게 재빨리 손수건을 풀었답니다. 그 안에는 무시무시한 마법사의 머리가 들어 있었어요. 요하네스뿐만 아니라 그 자리에 있던 모든 사람들도 끔찍한 비명을 지르며 몸서리를 쳤습니다. 너무도 흉측한 모습이었거든요. 그러나 공주는 석상처럼 가만히 앉아서 한 마디도 하지 않았습니다.

마침내 공주는 몸을 일으켜 요하네스에게 손을 내밀었어요. 요하네스가 문제를 모두 맞혔으니까요. 공주는 누구도 쳐다보지 않은 채 한숨만 푹푹 내쉬었답니다.

"이제 당신은 제 남편이에요. 오늘 밤 결혼식을 올리지요."

"그것 좋구나!"

왕이 기쁨으로 가득차 말했습니다.

사람들은 모두 만세를 외쳤지요. 경비병들이 거리를 행진하며 음악을 연주하고, 과자 굽는 여인들은 설탕 과자에서 검은 천을 벗겨 냈습니다. 큰 축제가 열렸을 때처럼 오리와 닭고기로 속을 가득 채운 구운 소 세 마리가 광장에 세워졌습니다. 누구든지 한 조각씩 베어 먹을 수가 있었지요. 샘에서는 포도주가 솟아나오고, 빵집에서 1실링짜리 브레젤 빵을 사는 사람에게 큰 빵 여섯 개를 덤으로 주었습니다. 그것도 건포도가 듬뿍 박힌 빵으로요.

저녁이 되자, 온 도시에 불이 밝혀졌습니다. 군인들은 축하대포를 쏘고, 아이들은 딱총을 쏘며 이리저리 뛰어다녔답니다. 궁전에서는 크고 화려한 잔치가 열려, 사람들은 실컷 먹고 마시며 잔을 부딪쳤지요. 우아한 신사 숙녀들은 함께 손을 맞잡고 춤을 추었답니다. 멀리서도 그들이 부르는 노랫소리를 들을 수가 있었지요.

모였네, 모였네. 아름다운 처녀들이 모였네.

저마다 돌아가면서 즐겁게 춤을 추네

물레처럼 빙글빙글 돌아가네

아름다운 처녀들이 춤을 추네.

폴짝폴짝, 콩콩, 뛰어 올라라.

구두 뒤축이 닳아 없어질 때까지.

하지만 공주는 아직 마법에서 풀려나지 못했기 때문에 요하네스를 전혀 좋아하지 않았습니다.

진심으로 요하네스의 행복을 위한 길동무는 백조 날개에서 뽑은 세 개의 깃털과 신비한 물약이 조금 들어 있는 작은 병을 요하네스에게 주었답니다. 물이 가득 담긴 큰 통도 공주의 침대 곁에 놓아 두게 하고 공주가 침대에 올라가려고 할 때 공주를 커다란 통 속에 빠뜨리라고 일러 주었답니다. 그러고 나서 백조 깃털과 병 속 물약을 커다란 통 속에 모두 쏟은 뒤 공주를 그 물 속에 세 번 담갔다가 꺼내 주라고 했지요. 그러면 공주는 마법에서 풀려나 진정으로 요하네스를 사랑하게 된다고 말했습니다.

요하네스는 길동무가 일러준 대로 했습니다. 그가 공주를 통 속으로 밀어넣자 공주는 비명을 질러 대며 새까맣고 커다란 새로 변했습니다. 활활 타오를 것만 같은 눈을 번득이며 요하네스의 손에서 벗어나려고 비틀거렸지요.

공주가 두 번째로 물 속에서 나왔을 때에는 목둘레의 검은 줄만 남기고 온통 하얀색으로 변해 있었답니다. 요하네스는 경건히 하느님께 기도를 하며 세 번째로 그녀를 물에 담갔습니다. 그러자 새는 말할 수 없이 아름다운 공주로 변했답니다. 그녀는 처음 그녀를 보았을 때보다도 한결 더 아름다웠답니다. 공주는 맑은 두 눈 가득 눈물을 담고, 마법에서 풀어준 것에 대해 그에게 감사했답니다.

다음 날 아침 왕이, 궁정 모든 대신들을 데리고 왔습니다. 그날은 밤 늦게까지 축하 인사가 줄을 이었지요.

가장 마지막으로 요하네스의 길동무가 왔습니다. 그는 손에 지팡이를 쥐고 등에는 배낭을 메고 있었습니다. 요하네스는 그에게 여러 번 입을 맞추며 그가 자신에게 이런 모든 행복을 주었으니 어디에도 가지 말고 곁에 있어달라고 말했답니다. 그러나 길동무는 머리를 흔들며 다정하게 말했습니다.

"아니야, 이제 내 시간은 다 되었네. 나는 내 빚을 갚았을 뿐이야. 교회에서 나쁜 사람들이 시체를 창밖으로 던지려고 했던 일을 기억하나? 자네는 그 죽은 남자가 무덤 속에서 편히 잠들어 있을 수 있도록 자네가 가진 모든 돈을 그들에게 주었지. 내가 바로 그 죽은 남자라네."

말이 끝나자마자 길동무는 흔적도 없이 사라져버렸습니다.

결혼 축하연은 한 달 내내 계속되었답니다. 요하네스와 공주는 서로를 마음 속 깊이 사랑했습니다. 왕도 하루하루 즐거운 나날을 보냈습니다. 두 사람 사이에 아이가 태어나자 왕은 손자들을 무릎 위에 앉힌 채 어르고 달래기도 하며 지팡이를 가지고 놀게 하기도 했답니다. 시간이 지나 요하네스는 이 나라를 다스리는 훌륭한 왕이 되었답니다.

008

인어 공주

Den lille Havfrue

깊은 바닷속은 아름다운 수레국화 꽃잎처럼 푸르고, 투명한 유리처럼 맑디 맑습니다. 하지만 그곳은 아주 아주 긴 닻줄도 닿을 수 없고, 바닥에서 물 위까지는 수없이 많은 교회 종탑을 포개어 쌓아 올려야 할 만큼 아주 깊었답니다.

이 깊은 바닷속에는 인어들이 살았습니다. 바닷속이라고 해서 그저 흰 모래밭만 펼쳐져 있다고 생각해서는 안 된답니다. 그래요, 이곳에는 인간들이 한 번도 본 적 없는 진귀한 나무와 식물들이 자라고 있었습니다. 그 나무와 식물들의 줄기와 잎들이 어찌나 부드러운지 물살이 조금만 일어도 살랑살랑 움직인답니다. 그 사이로 크고 작은 물고기들이 헤엄쳐 다닙니다. 새들이 하늘 이곳저곳을 마음껏 날아다니듯이 말이에요.

가장 깊은 곳에는 바다 왕의 궁전이 있습니다.

벽은 산호로 만들어졌고, 길고 뾰족한 창문들은 저 먼 땅 위에서도 찾아볼

수 없는 커다란 호박으로 되어 있습니다. 또 지붕은 물이 밀려들 때마다 입을 열었다 닫았다 하는 귀여운 조개껍질들로 이루어졌답니다.

이 모든 조개껍질들 속에는 반짝반짝 빛나는 진주들이 하나씩 들었는데, 아주 조그만 진주 조각이라 하더라도 왕관을 멋지게 꾸밀 수 있었습니다.

바다의 왕은 홀로 살고 있었답니다. 벌써 오래전부터 그의 늙은 어머니가 집안 살림을 돌보았지요. 그녀는 어질고 지혜로운 부인이었으며, 자신의 귀족 신분을 자랑스럽게 여겼습니다.

그녀는 꼬리 위에 열두 개의 진주 조개를 달고 다녔는데, 다른 귀부인들은 여섯 개만 달고 다닐 수 있었답니다. 할머니는 어린 공주들을 매우 사랑했지요. 여섯 공주님들 모두 무척 아름다웠지만 그 가운데에서도 막내가 누구보다 예뻤답니다.

피부는 장미꽃잎처럼 깨끗하고 맑았으며, 두 눈은 깊은 바다처럼 푸른빛이 감돌았습니다. 막내도 언니들처럼 발이 없고 물고기의 꼬리를 지녔습니다.

공주들은 깊은 바닷속, 벽마다 살아 있는 꽃들이 가득한 넓디넓은 방 안에서 온 하루 즐겁게 놀았습니다. 커다란 호박 창문이 열리면 온갖 물고기들이 헤엄쳐 들어온답니다. 우리가 창을 열면 제비가 날아들어오듯이 말이에요. 그럴 때면 공주들은 먹이를 주기도 하고 물고기를 쓰다듬기도 했습니다.

궁전 바깥에는 붉고 검푸른 나무들이 가득 심어져 있는 큰 정원이 있었습니다. 과일들은 하나같이 황금처럼 번쩍번쩍 빛이 났고, 꽃들은 활활 타오르는 불길 같았습니다. 바닥에는 고운 모래들이 깔려 있었는데, 그 모래는 유황 불길처럼 푸른색을 띠고 있었습니다.

바닷속 공주들은 바람이 잠들 때면 해님을 보러 나온답니다. 공주들에게는 붉은 해님이 자줏빛 꽃처럼 보였습니다. 꽃받침이 모든 빛을 뿜어 내는 그런 꽃 말이에요.

공주들은 정원 안에 저마다 조그만 꽃밭을 갖고 있었습니다. 거기서는 어디든지 원하는 곳에 땅을 파고 꽃들을 가꿀 수가 있었답니다. 어떤 공주는 고래 모양으로 만들었고, 다른 공주는 인어 모양 꽃밭을 만들었지요. 그러나 막내 공주는 꽃밭을 해님처럼 둥글게 만들고, 빨갛게 빛나는 꽃들을 심었습니다. 막내는 어딘지 다른 공주들과는 다르게 조용하고 생각이 깊었지요. 언니 공주들이 난파한 배에서 주워 온 진기한 물건들로 꽃밭을 꾸밀 때도 그녀는, 하늘 위 떠 있는 해님과 꼭 닮은 붉은 꽃들, 오직 아름다운 대리석 조각만을 가지려 했습니다. 그것은 맑은 하얀색 돌로 조각된 아름다운 소년상이었습니다. 배가 침몰하면서 바다 밑바닥까지 내려오게 된 것이랍니다.

막내 공주는 조각상 옆에 장밋빛처럼 붉은 수양버들을 심었습니다. 수양버들은 쑥쑥 자라 푸른 모랫바닥과 조각상 위까지 싱싱한 가지를 멋지게 뻗었습니다. 모래바닥 위로 조각상 그림자가 비치고 수양버들 가지들이 살랑살랑 움직이면 가지 끝과 뿌리가 서로 닿아서, 마치 다정하게 입맞춤을 하는 것만 같았지요.

공주들은 저 먼 바다 위 인간 세계 이야기를 아주 좋아했습니다.

할머니는 배와 도시, 인간과 동물들에 대해 그녀가 알고 있는 모든 것을 재미있게 이야기해 주었습니다. 공주들은 그 가운데에서도 꽃들이 향기를 낸다는 이야기를 가장 신기하게 생각했답니다. 바닷속 꽃들은 그렇지 않았거든요. 또 숲들이 온통 초록색이라는 것과 하늘을 나는 고기들이 나무들 사이사이를 날아다니며 큰 소리로 노래를 부른다는 이야기 또한 참으로 신기했습니다.

할머니가 나무들 사이 고기라고 부른 것은 작은 새들을 말하는 것이랍니다. 공주들은 한 번도 하늘을 날아다니는 새들을 본 적이 없기 때문에 그렇게 말해 주지 않으면 이해하지 못했지요.

"너희들이 열다섯 살이 되면 바다 위로 나갈 수 있도록 허락해주마. 그렇게

되면 아름다운 달빛이 비치는 바위 위에 앉아 바다 위를 조용히 지나다니는 큰 배들을 볼 수 있단다. 커다란 숲들과 도시들도 볼 수 있지."

할머니가 말했습니다.

큰언니 공주가 가장 먼저 열다섯 살이 되었습니다. 공주들은 모두 한 살씩의 터울이었습니다. 막내 공주가 인간 세상을 보려면 아직도 5년이나 남아 있었답니다. 공주들은 자기가 본 것을, 그리고 첫날 무엇보다 아름답다고 생각한 것을 다른 공주들에게 이야기해 주기로 약속했습니다. 할머니의 이야기만으로는 충분치 않았거든요.

하지만 그 어떤 공주도 막내 공주만큼 마음이 바다 위 인간 세상에 대한 동경으로 가득 차 있지는 않았습니다. 조용하고 사려 깊은 막내 공주는 몹시 바다 위로 올라가고 싶었지만 공주들 가운데서 가장 오래 기다려야만 했습니다.

그녀는 언제나 창가에 서서, 물고기들이 지느러미와 꼬리를 이리저리 움직이며 헤엄치는 바닷물을 통해 저 위를 올려다보곤 했습니다. 그러면 아주 희미하지만 빛나는 달과 별을 볼 수 있었답니다. 그러다가 검은 구름 같은 무엇인가가 그 아래를 스쳐 지나가면 고래이거나 아니면 많은 사람들을 태운 배일 거라고 생각했답니다. 그 배에 탄 사람들은 바닷속에서 작고 아름다운 인어 공주가 인간 세상을 향해 하얀 손을 내밀고 있으리라곤 정말이지 상상도 못 했을 것입니다.

마침내 가장 큰언니 공주가 바다 위로 올라가도 좋다는 허락을 받았습니다.

바다 위를 다녀 온 큰언니는 돌아와서 많은 이야기를 들려 주었는데, 무엇보다도 달빛을 받으며 고요한 바닷가 모래 언덕에 앉아 근처 도시 속 수백 개의 불빛들이 마치 별들처럼 반짝이는 것을 바라보는 게 가장 아름다웠다고 말했습니다. 아름다운 음악과 마차들의 바퀴소리, 수많은 교회종탑의 종소리, 그리고 사람들의 와자지껄한 말소리들. 모두 잊지 못할 추억이라고도 덧붙였지요.

그럴수록 막내 공주는 그 아름다운 곳에 갈 수 없는 게 너무도 안타까웠습니다.

아아, 막내 공주는 언니의 이야기에 얼마나 열심히 귀를 기울였는지요.

그때부터 날마다 공주는 늦은 저녁 창가에 서서 검푸른 물결 위를 올려다보면서 떠들썩한 소리로 가득한 큰 도시를 상상했답니다. 그러면 맑은 교회 종소리가 바다 밑 이곳저곳까지 울려퍼지는 것만 같았지요.

그 다음에는 둘째 공주가 바다 위로 올라가게 되었습니다. 때마침 해가 지고 있었습니다. 해가 서물는 하늘은 참으로 아름다웠습니다. 하늘이 온통 황금색으로 반짝반짝 빛나고 있었지요. 그리고 그 구름들! 아아, 그 아름다운 모습은 도저히 말로 그려낼 수 없을 만큼 무척 경이로웠답니다.

구름은 붉은색으로, 다시 보라색으로 물들며 머리 위로 조용히 흘러갔습니다. 마치 하얀 면사포처럼 날아온 백조는 구름보다도 빠르게 저 멀리 물 위에 떠 있는 해님을 향해 날아가고 곧 해는 가라앉아, 구름 위 장밋빛 홍조도 사라지고 말았지요.

그 다음 해에는 셋째 공주가 바다 위로 올라갔습니다. 자매들 가운데 가장 호기심많고 용감했던 그녀는 바다로 흘러드는 넓은 강을 따라 헤엄쳐 올라갔습니다.

공주는 포도 넝쿨이 우거진 찬란한 초록 언덕과 그 숲들 사이에 있는 커다란 농장과 성을 보았습니다. 온갖 새들은 아름답게 노래하고 있었지요. 그리고 햇볕은 어찌나 쨍쨍 내리쬐는지 뜨거워진 얼굴을 식히기 위해 물 속으로 들락날락 해야만 했답니다.

바닷가에서는 어린 아이들이 발가벗은 채 첨벙첨벙 물장구를 치며 뛰놀았습니다. 공주는 그 아이들과 함께 놀고 싶었지만 아이들은 그녀의 모습을 보자마자 깜짝 놀라서 도망가 버렸지요. 그때 작고 검은 동물이 다가왔습니다. 개였어요. 물론 개라는 동물을 처음 본 공주는 호기심에 가까이 다가가려 했지만 어찌나 심하게 짖어대던지 공주는 무서워서 재빨리 바닷속으로 들어오고 말았답니다.

그러나 공주는 결코 그 찬란한 숲들과 초록 언덕을, 그리고 물고기 꼬리가 없이도 물 속에서 헤엄을 치던 그 귀여운 아이들을 잊을 수가 없었습니다.

넷째 공주는 그다지 호기심이 많지 않았습니다.

그녀는 그저 바다 한가운데에 머물러 있을 뿐이었어요. 그리고 그곳이 가장 아름다웠다고 이야기했습니다. 멀리 수평선을 바라볼 수 있고, 하늘은 유리 천장처럼 둥글게 펼쳐져 있다고 했습니다. 바다 위를 지나다니는 배들은 마치 갈매기 같았고, 돌고래들은 즐겁게 재주를 넘었지요. 커다란 고래들은 콧구멍으로 물을 내뿜고 있었는데, 수백 개의 분수가 쏟아져 나오는 것만 같았답니다.

이제 다섯째 언니의 차례가 왔답니다.

마침 다섯째 공주의 생일은 겨울이었기 때문에 다른 공주들이 보지 못한 것들을 볼 수 있었답니다.

새파란 바다 위에는 커다란 빙산들이 둥실둥실 떠다녔는데, 빙산들 하나하나가 마치 진주처럼 보였습니다. 그 커다란 진주는 사람들이 지은 교회 종탑보다도 컸으며, 아주 아름다운 모양을 하고 다이아몬드처럼 반짝였습니다.

공주는 가장 큰 빙산 위에 앉았습니다. 그때 그 옆을 지나가던 배 위 선원들은 인어 공주가 빙산 위에 앉아 긴 머리칼이 바람에 흩날리는 모습을 보고 깜짝 놀라 서둘러 배를 돌렸답니다. 그러나 저녁 때가 되자 하늘은 온통 검은 구름으로 뒤덮이고 금세 번개가 치기 시작했습니다. 파도가 몹시 일어 커다란 빙산 조각들이 붉은 번개 불빛 속에서 둥실둥실 떠다녔지요. 배들도 황급히 돛을 걷어 올렸습니다.

사람들은 너무나 무서워 벌벌 떨고 있었지만 공주는 떠다니는 빙산 위에 조용히 앉아 푸른 번개 불빛이 지그재그를 그리며 바다로 내려오는 것을 바라보고만 있었습니다.

공주들은 너나 할 것 없이 바다 위로 올라갔다 오기만 하면 그들이 본 새롭고 아름다운 것들을 자랑하면서 황홀한 표정을 지었답니다. 하지만 이제는 마음대로 바다 위로 나갈 수 있었기 때문에 새로운 것에 대해 곧 무관심해졌습니다. 그러고는 바닷속 우리 집이 그 어디보다 아름답고 편안하다고 말하는 것이었습니다.

저녁이 되면 다섯 공주는, 서로 손을 잡고 열을 지어 물 위로 올라가고는 했답니다.

인어 공주들은 그 어떤 인간보다도 아름다운 목소리를 가지고 있었습니다. 폭풍우가 몰려와 배가 가라앉을 것 같을 때면 그들은 배 가까이 다가가 아름다운 목소리로 노래를 부르지요. 바닷속은 무서운 곳이 아니라는 것을 알려 주기 위해서였답니다. 그러나 선원들은 인어 공주들의 말을 알아들을 수 없었습니다. 오로지 폭풍우 소리라고만 생각했답니다. 그리고 선원들은 바닷속 아름다운 모습을 볼 수가 없어요. 깊은 바닷속으로 올 수 있는 것은 배가 가라앉아 죽어버린 시체들뿐이니까요.

언니들 모두 다정하게 손을 잡고 바다 위로 높이 올라가고 나면 막내 공주는 홀로 남아 언니들의 뒤를 바라다보고만 있었답니다. 그럴 때마다 울고 싶었습니다. 하지만 인어 공주에게는 눈물이 없었습니다.

"아, 나도 빨리 열다섯 살이 되었으면······."

막내 공주는 말했습니다.

"그러면 정말 저 위 세상과 그곳에 사는 사람들을 모두 사랑하게 될 텐데."

시간이 흘러 마침내 막내 공주는 열다섯 살이 되었답니다.

"자, 봐라. 너도 이제 다 자랐다."

할머니가 말했습니다.

"이리 오렴. 너도 다른 언니들처럼 예쁘게 꾸며야지."

할머니는 흰 백합 왕관을 만들어 막내 공주 머리에 씌워 주었습니다. 그 꽃 왕관의 꽃잎 하나하나는 진주였답니다.

그리고 할머니는 큰 진주조개 여덟 개를 공주의 긴 꼬리에 달아 주었습니다.

"아얏! 아파요!"

"하지만 아름다움을 위해서는 이쯤은 참아야 한단다."

아아, 공주는 차라리 이 온갖 치장들을 다 벗어 버리고 무거운 왕관도 벗어 버리고 싶었답니다. 정원에 핀 붉은 꽃들이 한결 더 어울릴 거예요. 하지만 할머니가 시키는 대로 해야만 한답니다.

"다녀올게요!"

막내 공주는 한 마디 인사만을 남기고는 마치 바닷속 맑은 거품처럼 재빨리 바깥 세상으로 올라갔습니다.

공주가 바다 위에 닿았을 때 마침 해가 서쪽 하늘로 모습을 감추고 있었습니다. 노을빛에 물든 구름들은 장미꽃처럼 붉게 반짝였고 저녁 별들은 밝고 아름답게 빛났으며, 공기는 신선했고, 바다는 아주 평온했답니다.

바다 위에는 세 개의 돛대를 가진 큰 배가 떠 있었습니다. 돛 한 개만이 감아 올려져 있었습니다. 바다는 바람 한 점 없이 잔잔했습니다. 활대 위에는 선원들이 앉아 있었습니다. 이윽고 배에서는 노랫소리가 흘러나오고, 수백 개의 화려한 등불들이 켜졌습니다. 그 등불들은 마치 온 나라 국기들이 공중에서 펄럭이는 것만 같았답니다.

인어 공주는 선실 창문까지 헤엄쳐 갔습니다. 그러고는 일렁이는 물살을 타고서 거울처럼 반짝이는 유리창을 통해 그 안을 들여다 보았지요.

그 안에는 화려한 옷을 입은 사람들이 많았으며, 크고 검은 두 눈을 가진 젊은 왕자도 있었습니다. 왕자는 그 사람들 가운데에서도 가장 아름답고 멋졌지요.

때마침 오늘은 바로 왕자가 열 여섯 살이 되는 생일날이랍니다. 그래서 이렇게나 배 안이 화려하고 북적거리는 것이었습니다. 선원들은 갑판 위에서 춤을 추었고, 하늘에서는 불꽃놀이가 한창이었습니다. 불꽃은 바다 위를 대낮처럼 환하게 비추었답니다.

그러자 인어 공주는 깜짝 놀라 물 속으로 몸을 숨겼지만 곧 다시 고개를 내밀었습니다. 하늘의 별들이 모두의 머리위로 떨어지는 것만 같았지요.

인어 공주는 이제까지 한 번도 불꽃놀이를 본 적이 없었던 것입니다. 커다란 해님이 몇 개씩이나 '슈-욱! 슈-욱!' 소리를 내며 빙글빙글 돌고 불꽃은 화려한 불꽃 물고기들이 되어 푸른 하늘로 날아올랐습니다. 맑고 조용한 바다를 환하게 비추었지요.

왕자는 말할 수 없이 아름다웠습니다. 화려한 음악이 울려 퍼지는 가운데 왕자는 사람들과 악수를 나누며 미소 지었습니다.

밤이 점점 깊어갔습니다. 그러나 인어 공주는 아름다운 왕자에게서 도무지 눈을 뗄 수가 없었습니다.

화려한 등불은 모두 꺼지고 불꽃도 더는 공중으로 날아오르지 않았습니다. 어느덧 축하 대포 소리도 멎었습니다. 하지만 인어 공주는 여전히 물 위에 뜬 채로 가만히 선실만을 바라보고만 있었답니다.

그러다 갑자기 돛이 활짝 펼쳐지면서 배가 속도를 내기 시작했습니다. 그때 점점 파도가 높아지더니 큰 구름이 몰려오기 시작했습니다. 멀리서 번개도 쳤습니다. 곧 커다란 폭풍이 몰려올 것만 같았습니다.

선원들은 재빨리 펼쳤던 돛을 다시 접어 올리기 시작했습니다. 커다란 배는 미친 듯이 날뛰는 파도 위에서 마구 뒤흔들렸습니다.

파도는 배를 휘감으려는 듯이 크고 검은 산처럼 솟아올랐고 배는 백조처럼 높은 파도 사이에 가라앉았다가 다시 치솟았습니다.

인어 공주는 그 모습이 무척 재미있었지만 선원들은 그렇지가 않았답니다. 탁탁 소리를 내며 배가 조금씩 부서지기 시작했지요. 두꺼운 배의 선판이 강한 파도의 힘에 휘어지면서 물이 배 안으로 쏟아져 들어왔습니다. 그 순간 돛대의 한가운데가 딱 부러져 버리더니 배가 한쪽으로 기울어지기 시작했습니다.

인어 공주는 그제야 사람들이 위험에 빠졌다는 것을 깨닫고는 어쩔 줄 몰랐답니다. 하지만 인어 공주도 부서진 배의 조각들을 조심해야만 했습니다. 곳곳이 칠흑처럼 어두워서 아무것도 볼 수가 없었거든요.

그때 또 한 번 번개가 번쩍 치면서 다시 주위가 밝아졌습니다.

선원들은 침몰하려는 배를 지켜내려 안간힘을 쓰고 있었지요. 인어 공주는 왕자를 찾아 이리저리 두리번거렸습니다. 하지만 왕자를 찾아낸 순간 배는 두 동강 나서 깊은 바닷속으로 가라앉고 말았답니다.

인어 공주는 말할 수 없이 기뻤습니다. 왕자가 바닷속으로 들어올 테니까요. 하지만 곧 인간은 물 속에서는 살 수 없다는 생각이 떠올랐습니다. 그래요, 사람은 바닷속 궁전까지 가기도 전에 죽어버리고 말 테니까요. 아아, 그이를 잃게 된다니 상상만 해도 끔찍했답니다.

인어 공주는 여기저기 어지럽게 널린 배의 조각들을 헤치며 왕자에게로 헤엄쳐 갔습니다. 자칫하면 자신이 다칠 수도 있다는 것은 잊어버린 채 말이에요.

인어 공주는 바닷속 깊숙이 들어갔다가 다시 파도를 뚫고 왕자에게 헤엄쳐 갔습니다. 왕자는 폭풍우 속에서 온 몸을 축 늘어뜨린 채 정신을 잃고 있었습니다. 아름다운 두 눈은 감겨 있었지요. 인어 공주가 아니었다면 왕자는 틀림없이 죽고 말았을 것입니다.

새벽녘이 되어 바다는 다시 평온해졌답니다. 배는 흔적도 없이 사라졌습니다. 해님이 반짝이면서 붉게 떠올랐습니다. 왕자의 두 뺨은 햇빛을 받아 발그레해졌지요. 금방이라도 벌떡 일어날 것만 같았습니다. 하지만 두 눈은 그대로 감긴 채였습니다.

인어 공주는 왕자의 아름다운 이마에 입을 맞추었습니다. 그러고는 젖은 머리칼을 뒤로 쓸어 넘겨주었지요. 그는 저 먼 바닷속 작은 정원에 서 있는 멋진 조각상과 꼭 닮아 있었답니다.

인어 공주는 다시 왕자에게 입맞추면서 그가 살아나기를 간절히 기도했어요.

그때 그녀는 땅과 산을 바라보았습니다. 산꼭대기에는 새하얀 눈이 반짝반짝 빛나고 있었는데, 마치 백조가 잠들어 있는 것만 같았지요. 아래쪽 해변에는 아름다운 초록 숲과 교회인지 수도원인지 모를 건물이 있었습니다.

정원에는 레몬 나무와 오렌지 나무가 자라고 있고, 문 앞에는 키 큰 종려나무들이 서 있었습니다. 바닷가에는 희고 고운 모래밭이 펼쳐졌고요.

인어 공주는 왕자를 안고 모래밭으로 헤엄쳐 왔습니다. 그러고는 바위 위로 그의 머리를 올려놓은 채 따뜻한 햇볕 속에 왕자를 눕혔어요.

그때 갑자기 건물에서 종소리가 울리고 정원을 가로질러 젊은 아가씨들이 달려왔습니다.

인어 공주는 얼른 바위 뒤로 숨어 바다거품으로 머리칼과 가슴을 감추어, 누구도 그녀의 몸을 보지 못하도록 했답니다. 그러고는 누가 저 불쌍한 왕자에게 다가오는지 살펴보았어요.

한 젊은 처녀가 왕자를 보고는 다가왔습니다. 그녀는 몹시 놀란 듯했지만 곧 많은 사람들을 데리고 왔지요. 인어 공주는, 정신을 차린 왕자가 둘러서 있는 모든 사람들에게 미소 짓는 광경을 보았습니다. 하지만 인어 공주에게는 미소 짓지 않았지요. 왕자는 인어 공주가 자기를 구한 사실을 전혀 모르고 있었거든요.

인어 공주는 몹시 슬펐답니다. 왕자는 아무것도 모른 채 사람들에 둘러싸여 교회로 들어갔습니다. 인어 공주는 슬픈 눈물을 흘리며 아버지와 언니들이 있는 바닷속 궁전으로 돌아올 수밖에 없었습니다.

막내 공주는 늘 조용하고 생각이 깊었지만 바깥 세상에 다녀온 뒤로는 더더욱 말이 없어졌지요.

언니들은 바다 위로 올라가 가장 먼저 본 것이 무엇이냐고 물었지만 막내는 웬일인지 아무 이야기도 하지 않았습니다.

인어 공주는 이른 아침에도, 늦은 밤에도 몇 번씩이나 왕자가 누워 있던 곳으로 올라가 보았답니다. 하지만 더는 왕자를 볼 수 없었습니다.

어느새 정원 나무들에 달려 있던 열매들은 잘 익어, 모두 수확되어 있었고 높은 산을 덮고 있던 눈은 녹아 있었습니다. 그 오랜 시간이 지나는 동안 끝까지 왕자님을 만나지 못한 인어 공주는 언제나 슬픈 마음을 가득 안고 바닷속으로 되돌아오곤 하였지요. 인어 공주는 이젠 꽃을 가꾸지도 않았답니다. 그저 조그만 꽃밭에 서 있는 아름다운 석상을 꼭 안고 있을 뿐이었지요. 날이 갈수록 꽃과 풀들은 시들어서 정원은 온통 황폐해져 버렸습니다.

마침내 막내는, 한 언니에게 이제까지의 이야기들을 모두 털어놓았습니다. 곧 다른 언니들도 알게 되었지요. 그런데 한 언니가 그 왕자가 누구인지 알고 있었답니다. 언니도 배에서 잔치를 열고 있는 왕자를 보았던 거예요.

"이리 오렴, 동생아."

공주들은 막내를 이끌고 다함께 어깨동무를 한 채 왕자의 궁전이 있는 곳으로 솟아올랐습니다.

궁전은 윤기가 흐르는 옅은 노란색 돌로 지어져 있었습니다. 큰 대리석 계단은 바로 바다로 이어져 있었지요.

황금색 둥그런 지붕들은 아주 화려했고, 기둥들 사이사이 세워져 있는 석상들은 마치 살아 있는 것만 같았답니다. 투명한 유리창을 통해서 궁전 안이 들여다 보였는데, 넓은 홀에는 값비싼 휘장과 벽걸이들, 그리고 벽에는 큰 그림들로 장식되어 있었답니다. 홀 가운데에는 커다란 분수가 있었는데 그곳에서 뿜어져 나온 물줄기는 천장을 덮은 둥근 유리창에까지 솟아올랐고, 그 유리창 너머 보이는 달님은 분수대 위로 떠오른 아름다운 연꽃을 비추고 있었답니다.

왕자의 궁전을 알게 된 인어 공주는 날마다 그곳을 찾아갔답니다. 언니들보다 한결 더 가까이 궁전으로 헤엄쳐 갔지요. 바다 위에 긴 그림자를 던지고 있는 그 화려한 대리석 발코니 아래 가까이까지 가 보았답니다. 그러고는 거기에 앉아 하염없이 왕자를 바라보았지요.

왕자는 홀로 밝은 달빛 속에 앉아 있었습니다. 그는 음악을 들으며 신나게 보트를 타기도 했지요. 공주는 그 모습들을 녹색 갈대 사이로 모두 보고 있었답니다. 어쩌다 바람에 그녀의 은백색 긴 머리카락이 휘날릴 때면 왕자는 그것이 날개를 퍼덕이는 백조라고 생각했답니다.

인어 공주는 파도 속에서 이리저리 떠다니던 왕자를 자신이 구했다는 사실이 기뻤답니다. 왕자가 어찌나 편안히 그녀의 품속에 안겨 있었는지, 그리고 얼마나 깊은 사랑을 담아 그의 이마에 입맞춤을 하였는지, 생각만 해도 가슴이 설렜지요. 하지만 왕자는 꿈속에서조차 그 사실을 모른답니다.

인어 공주는 사람이 되고 싶었습니다. 바닷속보다 훨씬 더 넓은, 사람들의 세계에서 살고 싶었답니다. 사람들은 배를 타고 바다 위를 마음대로 다닐 수 있고 높은 구름 위로 날아오를 수도 있었지요. 그리고 세상은 숲과 들판을 끼고 그녀가 바라볼 수 있는 곳보다 더욱 넓게 뻗어 있었습니다.

인어 공주는 세상 모든 것을 알고 싶었답니다. 그러나 언니들은 막내의 그 모든 궁금한 것들에 대해 아무런 대답도 해줄 수 없었지요. 오로지 할머니만이 바다위 세상을 알고 있었습니다.

인어 공주는 물었어요.

"만일 사람들이 빠져 죽지 않으면 영원히 살 수 있나요? 바닷속의 우리와는 다르지 않나요?"

할머니는 말했지요.

"그들도 언젠가는 죽어야만 한다. 오히려 우리보다 훨씬 짧은 삶을 살지. 우리는 300년까지 살 수 있으니까 말이야. 하지만 그 대신 우리는 죽으면 물 위 거품으로 변한단다. 그래서 무덤도 갖지 못하지. 우리에겐 영혼이 없거든. 다시 생명을 얻을 수도 없단다. 그래서 우리는 초록빛 갈대와 같지. 한번 꺾이고 나면 다시는 녹색으로 살아나지 못하는 갈대말이야. 하지만 사람들은 죽어서도 영혼이 남아 그 몸은 무덤 속에 묻히게 되고 영혼은 맑은 공기를 뚫고 솟아올라서 반짝이는 별에게로 가지. 우리가 물 위로 떠올라 인간들이 사는 세계를 보는 것처럼, 인간들은 우리가 알지 못하는 아름다운 곳으로 올라간단다."

"할머니, 우리는 왜 영혼을 얻지 못하나요? 오직 하루만이라도 인간이 되어 하늘 나라로 갈 수 있다면 저는 기꺼이 제 목숨과 바꾸겠어요."

"그런 생각을 하면 안 된단다! 우리는 인간들보다 한결 더 행복하게 지내고 있잖니."

"제가 죽으면 바다 위 거품으로 떠다니겠지요? 파도의 음악 소리도 듣지 못하고, 아름다운 꽃들도, 붉은 해님도 보지 못하겠지요? 영혼을 얻기 위해서 제가 할 수 있는 일은 아무것도 없나요?"

"없단다. 하지만 인간이 너를 진심으로 사랑하게 된다면, 그래서 그 인간이 너와 결혼하게 된다면, 그의 영혼이 네 몸 속에 흘러들어와 인간의 축복을 함께 받을 수 있단다. 서로의 영혼을 간직하게 되는 거지. 하지만 그런 일은 결코 일어날 수 없어. 우리는 인간이 아니니까. 바닷속에서는 가장 아름다운 너의 꼬리도 사람들은 이상하게 여긴단다. 그들은 우리와는 다르게 다리라고 부르는 것을 갖고 있지."

그러자 인어 공주는 슬픈 얼굴로 자기 꼬리를 바라보았습니다.

"자, 너무 슬퍼하지 마렴. 이제 재미있는 시간을 보내자꾸나. 우리는 300년 동안이나 살 수 있지 않니? 그건 정말 긴 시간이란다. 인간들은 무덤에서 살지만 말이야. 오늘 저녁에 궁중 무도회를 열도록 하자."

할머니가 말했어요.

그날 밤 무도회는 바다 위 사람들은 상상조차 할 수 없을 만큼 화려했답니다. 무도회장의 벽과 천장은 투명한 유리로 되어 있지요. 수백 개의 조개껍질들이 붉은빛, 초록빛을 내며 열을 지어 서 있었고 그들이 내는 푸른 불꽃은 무도회장을 아름답게 밝혔답니다. 수없이 많은 크고 작은 물고기들이 유리벽을 향해 헤엄쳤습니다. 물고기들의 비늘은 자줏빛과 붉은 색으로 반짝였고, 또 어떤 물고기들의 비늘은 금과 은처럼 반짝거렸습니다.

무도회장을 가로질러 넓은 시내가 졸졸 소리를 내며 흐르고 있었는데, 이곳에서 남자 인어들과 여자 인어들이 사랑스러운 노래에 맞춰 춤을 추었습니다. 아마 인간들은 이 인어들처럼 아름다운 목소리를 갖고 있지 못할 거예요.

그들 가운데에서도 막내 인어 공주가 가장 아름답게 노래를 불렀답니다. 그래요, 막내 인어 공주는 이 세상 그 어느 누구보다도 아름다운 목소리를 가지고 있었지요. 하지만 그녀는 곧 아름다운 바다 위 세상을 떠올려버리고 말았답니다. 멋진 왕자님에 대한 마음과 자신은 사람들처럼 영혼을 가질 수 없다는 슬픔을 결코 떨쳐낼 수가 없었습니다.

인어 공주는 아무도 몰래 궁전을 빠져 나왔습니다. 그러고는 슬픈 마음으로 자신의 작은 꽃밭에 앉아 있었지요. 그때 저 멀리서 뱃고동 소리가 들려왔습니다.

"틀림없이 왕자가 타고 있는 배일 거야. 아아, 사랑하는 왕자님, 그분의 손에 내 모든 행복을 맡겨도 좋아. 꼭 영혼을 얻어서 그분과 영원히 함께 하겠어. 그래, 마녀에게로 가자. 어쩌면 마녀가 도와줄지도 몰라."

인어 공주는 재빨리 정원을 빠져 나와 거칠게 날뛰는 소용돌이 속으로 들어갔습니다. 바로 그곳에 마녀가 살고 있었답니다. 한 번도 가 본 적이 없는 길이었습니다. 꽃은커녕 바다풀조차도 자라지 않은 곳이었습니다. 그저 헐벗은 회색 모래바닥만이 쭉 뻗어 있었지요.

마녀의 집으로 가기 위해서는 무엇이든지 산산조각 내버리는 무서운 소용돌이와 부글부글 끓어오르는 진흙 위를 지나야만 했습니다. 마녀의 집은 그 너머 이상한 숲 한가운데에 있었습니다. 이 숲속에 있는 모든 나무와 덤불은 반은 동물, 반은 식물로 이루어져 있었답니다. 이 괴물들은 마치 흙에서 솟아나 자라는 수백 개의 머리가 달린 뱀같이 보였습니다. 모든 가지는 지렁이처럼 이리저리 휘어지는 손가락이 달린 끈적끈적하고 긴 팔이었는데, 한 번 붙잡은 것은 단단하게 껴안고 다시는 놓아 주지 않았습니다.

인어 공주는 너무도 무서워서 그 앞에 멈추어 서고 말았습니다. 가슴에서는 두근거리는 소리가 세차게 났지요. 그냥 돌아갈까, 고민도 했지만 사랑하는 왕자와 인간의 영혼을 생각하니, 곧 다시 용기를 낼 수 있었습니다. 하늘하늘거리는 긴 머리카락을 단단히 묶고 두 손을 가지런히 가슴 위에 얹었습니다. 저 무서운 괴물들이 손대지 못하도록 하기 위해서였지요. 그러고는 가지를 이리저리 내뻗는 괴물들 사이를 마치 물고기가 헤엄치듯 날아갔답니다.

괴물들의 품속에는 바다에서 죽음을 맞이한 사람들의 해골과 배에 있었던 것으로 보이는 상자, 노, 그리고 동물들의 뼈도 있었습니다.

그 가운데에서도 가장 무서웠던 것은 목 졸려 죽은 조그만 소녀 인어였습니다.

공주는 마침내 아주 큰 늪지로 나왔습니다. 그곳에서는 크고 살진 물뱀이 이리저리 뒹굴면서 흉측한 황갈색 배를 드러내고 있었지요.

이 늪지 한가운데에는 난파당한 인간들의 백골로 지은 집이 있었습니다. 바로 마녀가 살고 있는 집이었습니다. 마녀는 마치 사람들이 새들에게 먹이를 주듯, 두꺼비에게 먹이를 주고 있었습니다. 그리고 물뱀들에게 '아가'라고 부르며 제 몸 위를 기어다니게 하고 있었지요. 그 모습을 바라보던 인어 공주는 소름이 끼쳐서 온몸을 부르르 떨었습니다.

"난 네가 무엇 때문에 왔는지 이미 다 알고 있단다."

마녀는 인어 공주를 보자마자 말했습니다.

"그건 어리석은 짓이야, 아주 불행해질 거라고, 아름다운 작은 공주님. 넌 네 물고기 꼬리를 없애고 그 대신 인간들처럼 걸어다닐 수 있는 두 다리를 갖고 싶어하지? 그 젊은 왕자와 인간의 영혼을 얻기 위해서 말이야."

마녀는 기분 나쁘게 큰 소리로 웃어대면서 말했습니다.

"때맞춰 잘 왔다. 내일 해가 떠오르면, 다시 1년이 지날 때까지 너를 도울 수가 없을 테니까 말이야. 아주 잘 듣는 물약을 만들어 줄 테니 그걸 가지고 해가 떠오르기 전에 바다 위로 나가야만 한다. 그곳에서 물약을 마셔라. 그러면 네 꼬리가 떨어져 나가면서 인간들이 가지고 있는 어여쁜 다리가 되는 것이지. 날카로운 칼날이 네 몸을 뚫고 들어가듯이 몹시 아프겠지만, 사람들이 네 모습을 보면 세상에서 가장 아름답다고 할 게 틀림없어. 어떤 사내라도 반하지 않을 수 없지. 하지만 네가 걸으면 걸을수록 날카로운 칼 위를 걷는 것처럼 아파서 피가 흐르는 것 같을지도 몰라. 이 모든 것을 참겠다면 너를 도와주마."

"네. 어떤 아픔이라도 다 참을 수 있어요!"

인어 공주는 왕자와의 사라지지 않을 영혼을 떠올리면서 떨리는 목소리로 말했습니다.

"하지만, 잘 생각해 봐."

마녀는 다시 말했습니다.

"인간의 몸을 얻으면 다시는 인어가 될 수 없어. 네 언니들이나 아버지가 살고 있는 왕궁으로도 내려올 수 없겠지. 그리고 왕자가 진정으로 너를 사랑하지 않고 다른 사람과 결혼이라도 하게 된다면, 어떤 영혼도 얻을 수가 없고 결국 네 심장은 쪼개져서 물속 거품으로 변하게 돼."

"그래도 제발 도와주세요."

인어 공주는 말했어요. 하지만 몸은 몹시도 떨리고 있었습니다.

"그러면 내 요구도 들어 주어야만 해."

마녀는 말했습니다.

"너는 이 바다세계에서 누구보다 아름다운 목소리를 지녔지. 그 목소리로 왕자를 홀릴 수 있다고 생각하겠지? 하지만 그 목소리를 내게 주어야만 해. 약을 만드는 게 쉬운 일이 아니거든. 내 살도 베어 피를 넣어야만 하니까."

"하지만 당신에게 내 목소리를 주고 나면 내겐 무엇이 남게 되나요?"

"너에겐 아름다움과 가벼운 걸음걸이, 말하는 듯한 그윽한 두 눈이 있잖니. 인간들의 마음을 유혹하는 것쯤, 아주 쉬운 일이지. 네 작은 혀를 내밀어 보렴, 그걸 잘라야 하니까."

"그렇게 하세요."

마녀는 마법의 물약을 끓이기 위해 솥을 불 위로 얹었습니다. 그러고는 뱀을 둥그렇게 이어 붙여 만든 수세미로 솥을 반짝반짝 윤이 나도록 닦기 시작했습니다. 어느새 솥이 깨끗해지자, 마녀는 가슴을 칼로 그어 검은 피를 몇 방울 솥에 떨어뜨렸답니다. 서서히 김이 솟아오르자 마녀는 계속해서 솥 안에 이런저런 알 수 없는 것들을 집어 넣기 시작했습니다. 얼마 지나지 않아, 악어가 우는 듯한 커다란 소리가 나더니, 마침내 물약이 완성되었답니다. 다 만들어진 약은 아주 맑은 물 같았습니다.

"자 이제, 네 혀를 다오."

마녀는 인어 공주의 혀를 싹둑 잘라냈습니다. 이제 인어 공주는 벙어리가 되어, 노래를 부를 수도, 말을 할 수도 없게 되었습니다.

"네가 숲을 빠져 나갈 때 내 나무들이 너를 잡으려고 하면 이 물약을 한 방울만 떨어뜨려라. 그러면 녀석들 팔다리가 산산조각이 날 것이다."

하지만 인어 공주는 그렇게 할 필요도 없었답니다. 나무괴물들이 물약을 보자마자 놀라서 움츠렸거든요. 그래서 인어 공주는 소용돌이 속을 쉽게 빠져 나올 수 있었습니다.

곧 인어 공주는 왕궁에 닿을 수 있었습니다. 무도회장 불빛은 모두 꺼져 있었지요. 틀림없이 모두들 잠이 들었겠지요. 하지만 인어 공주는 선뜻 가족들을 만날 용기가 나지 않았습니다. 이제는 말도 할 수 없고 바로 떠나야만 했기 때문이었지요. 이제 떠나면 영원히 사랑하는 가족들을 볼 수 없겠지요.

인어 공주는 아버지와 언니들 생각에 몹시 슬펐답니다. 그래서 살그머니 정원으로 들어가 언니들의 꽃밭에서 꽃 한 송이씩을 꺾었습니다. 그러고는 궁전을 한참이나 바라보다가 푸른 바다 위로 나왔지요. 아직 해는 떠오르지 않아, 달빛이 바다를 조용히 비추고 있었습니다. 인어 공주는 조금 머뭇거리는가 싶더니 굳은 결심을 하고는 펄펄 끓는 듯한 뜨거운 물약을 마셨습니다.

마치 날카로운 칼이 연약한 몸을 뚫고 지나가는 것만 같았지요. 인어 공주는 너무 고통스러워 그만 정신을 잃고 쓰러지고 말았습니다.

해가 바다 위로 높이 떠올랐을 때에야 인어 공주는 깨어났답니다. 온 몸이 따끔거려 너무도 아팠습니다. 그런데 놀랍게도 바로 그녀 앞에 아름다운 왕자가 서 있는 게 아니겠어요?

왕자는 검은 두 눈으로 조용히 인어 공주를 바라보고 있었답니다. 공주는 자기도 모르게 서둘러 눈을 내리깔았지요. 그러다 꼬리가 있던 자리에 작고 하얀 두 다리가 있는 것을 보게 되었습니다. 완전히 발가벗은 채 말이에요. 인어 공주는 부끄러워 얼른 긴 머리카락으로 몸을 감쌌습니다.

왕자는 그녀가 누구인지, 어떻게 이곳으로 오게 되었는지를 물었답니다.

인어 공주는 그저 부드러운 눈길로 왕자를 바라보기만 할뿐이었지요. 혀를 잘린 인어 공주는 말을 할 수 없으니까요. 왕자는 곧 인어 공주를 궁전으로 데리고 갔습니다. 인어 공주는 걸을 때마다 마녀의 말처럼 날카로운 칼 위를 걷는 것 같았지만 잘 참았답니다. 왕자의 손에 이끌려 마치 물방울처럼 가볍게 걸어갔습니다. 왕자를 비롯한 성 안 사람들 모두가 우아한 인어 공주의 걸음걸이에 감탄을 했답니다.

인어 공주는 비단옷을 입게 되었으며 궁전 안에서 누구보다 아름다운 처녀가 되었습니다. 하지만 그녀는 벙어리였답니다. 노래를 부를 수도 말을 할 수도 없었지요.

인어 공주를 환영하는 무도회가 열렸습니다. 왕궁 시녀들이 나와 아름다운 노래를 불렀지요. 왕자는 박수를 치면서 시녀들에게 미소를 보냈답니다. 하지만 인어 공주는 너무도 슬펐어요.

'아아, 왕자님! 당신 곁에 있기 위해 제 아름다운 목소리를 버렸어요, 그것만이라도 알아주신다면!'

시녀들은 음악에 맞추어 춤을 추기 시작했습니다. 인어 공주도 춤을 추었지요. 발끝으로 대리석 바닥 위에 서서 그 누구도 출 수 없는 아름다운 춤을 추었답니다. 그 모습이 어찌나 아름다운지, 모두들 인어 공주의 춤을 넋을 잃은 채 바라보았고, 그녀의 슬픈 눈은 시녀들의 노래보다도 더욱 깊게, 사람들 마음속에 아로새겨졌습니다.

하지만 인어 공주는 발이 바닥에 닿을 때마다 날카로운 칼 위를 걷는 것처럼 고통스러웠지요. 그럴수록 인어 공주는 더 열심히 춤을 추었습니다.

왕자는 인어 공주와 함께 말을 타기 위해 그녀의 승마복도 마련해 주었답니다. 인어 공주는 왕자와 함께 향기 가득한 초록빛 숲속을 말을 타고 달렸습니다. 초록색 나뭇가지들이 어깨를 스쳐 지나가고, 조그만 새들은 시원한 나뭇잎 그늘에서 짹짹 지저귀고 있었지요. 어느 날은 높은 산에도 올라갔습니다. 그럴 때마다 연약한 발에서는 피가 줄줄 흘러나왔지만 인어 공주는 오히려 즐겁게 웃곤 했답니다.

인어 공주는 사람들이 모두 잠든 깊은 밤이면 넓은 대리석 계단을 조용히 내려와 차가운 바닷물 속에 발을 담갔습니다. 그러면 불에 타는 듯한 발이 조금은 시원해졌지요. 인어 공주는 저 바닷속 깊은 곳에 있는 사랑하는 가족들을 떠올리며 아픔을 달랬습니다.

어느 날 밤이었습니다. 인어 공주가 여느 때처럼 뜨겁게 달아오른 다리를 물에 담그고 있는데 어디선가 익숙한 노랫소리가 들려왔습니다. 그리운 언니들이었습니다. 언니들은 서로 손을 잡고 아름다우면서도 구슬픈 노래를 부르며 바다 위로 떠올랐어요.

인어 공주는 언니들에게 손짓을 했습니다. 그러자 언니들은 반가움에 눈물을 흘리며 무척 기뻐했지요. 막내공주가 갑자기 사라진 뒤 가족들 모두가 얼마나 그녀를 걱정하고 마음 아파했는지 이야기를 나누었습니다. 그 뒤로 언니들은 날마다 밤만 되면 그녀를 찾아왔습니다. 한 번은, 여러 해 동안 바다 위로 올라오지 않았던 늙은 할머니와 아버지도 물 위로 떠올랐답니다. 그들은 멀리서 인어 공주를 향해 손을 뻗으며 불렀지만 언니들처럼 육지 가까이 다가오지는 못했습니다.

왕자는 하루하루 지날수록 인어 공주를 더욱 사랑하게 되었답니다. 하지만 그 사랑은 마치 귀여운 여자아이를 돌봐줄 때 느낄 수 있는 사랑이었기 때문에 그녀를 왕비로 맞을 생각은 하지 않았지요. 인어 공주는 왕자와 꼭 결혼을 해야만 합니다. 그렇지 않으면 영혼도 얻지 못한 채 바다 거품이 되어버리고 말테니까요.

'왕자님, 나를 누구보다 사랑할 수는 없나요?'

왕자가 인어 공주를 품에 끌어안고 그녀의 이마에 입맞출 때면 그녀의 두 눈은 이렇게 묻는 것만 같았습니다.

"그래, 난 네가 이 세상에서 가장 좋단다. 너는 세상 그 누구보다도 깨끗하고 아름다운 마음을 가지고 있어. 게다가 넌 내가 언젠가 한 번 보았던 그 어여쁜 소녀와 꼭 닮았어. 그때 나는 배를 타고 있었는데, 그 배가 그만 난파를 당하는 바람에 파도에 휩쓸려 바닷가로 밀려 나왔지. 곧 수많은 사람들이 내 주위로 몰려들었는데, 그 안에서 가장 어린 소녀가 내 목숨을 구해주었어. 나는 그때 두 번 밖에 그녀를 보지 못했지만 지금 내가 이 세상에서 가장 사랑하는 사람은 그 소녀야. 너는 그녀를 꼭 닮았지. 그래서 너를 보고 있으면 아름다운 그녀가 떠올라. 아마 그녀는 그 바닷가 근처 교회에서 평생을 일한 모양

이런데, 그래서 행운의 신이 너를 내게 보낸 건가봐. 우리 결코 헤어지지 말자."

'아, 왕자님은 내가 자기 목숨을 구했다는 사실을 모르시는구나!'

인어 공주는 진실을 말하고 싶었지만 아무런 말도 나오지 않았습니다. 내가 왕자님을 파도 속에서 구해내어 바닷가까지 데려다 주었어. 내가 사랑하는 그를 안고 있었는데, 어디선가 갑자기 나타난 다른 소녀를 생명의 은인으로 착각하시다니!

인어 공주는 깊은 한숨을 내쉬었습니다.

'그래, 그 처녀는 숲속 성스러운 교회에서 일한다고 했지. 그녀는 결코 이 세상에 나오지 않을 거야. 왕자님과 더는 만나지 못할 테고. 하지만 나는 이렇게 늘 왕자님 곁에 있을 수 있어. 내가 왕자님을 돌볼 거야. 사랑하는 왕자님을 위해 내 생명을 바치겠어.'

그러던 어느 날 인어 공주 귀에, 왕자가 이웃 나라 공주와 결혼한다는 소문이 들려왔습니다. 얼마 지나지 않아 커다랗고 훌륭한 배가 준비되었습니다. 겉으로 알려진 여행의 목적은 이웃 나라를 둘러보러 가는 것이었지만 사실은 그 나라 공주를 만나러 가기 위함이었습니다. 왕자와 함께 떠날 사람들도 이미 정해져 있었지요. 하지만 인어 공주는 아무렇지 않은 듯 미소를 지으며 고개를 저었습니다. 자신이 왕자 마음속을 그 누구보다도 잘 알고 있다고 생각했으니까요.

"나는 이제 떠나야만 해!"

왕자는 그렇게 말했습니다.

"부모님이 내가 결혼하기를 원하신단다. 하지만 난 그녀를 도저히 사랑할 수 없어. 그녀는 내 목숨을 구해준 그 아름다운 처녀와 닮지 않았을 거야. 그녀를 닮은 건 오직 너 하나뿐인걸. 만일 마음대로 신부를 택할 수만 있다면 너를 택할 거야."

왕자는 인어 공주의 붉은 입술에 입맞추었답니다. 그리고 공주의 부드러운 머릿결을 어루만지며 그녀의 팔에 제 얼굴을 묻었지요.

"넌 바다를 무서워하지 않겠지?"

이웃 나라로 가기 위해 화려한 배에 오른 왕자가 물었습니다. 왕자는 인어 공주에게 폭풍우와 바람이 잔잔한 바다, 바다 깊은 곳 이상한 물고기들에 대해서도 이야기해 주었습니다.

인어 공주는 왕자의 이야기를 들으며 잠자코 미소만 지을 뿐이었습니다. 바닷속 일들은 인간들 그 누구보다도 잘 알고 있으니까요.

어느 달 밝은 밤, 배 키잡이 말고는 모두들 잠들어 있었습니다. 인어 공주는 배 난간에 앉아 맑은 물 속을 내려다보았지요. 바닷속 궁전이 보이는 것만 같았습니다. 그래요, 머리에 은관을 쓴 할머니가 인어 공주가 타고 있는 배를 올려다보고 있었답니다. 곧 언니들도 물 위로 떠올랐습니다. 언니들은 하얀 손을 내밀며 슬픈 눈으로 인어 공주를 바라보았습니다.

인어 공주는 언니들에게 기쁜 듯 손을 흔들며 자기가 얼마나 행복하게 지내고 있는지 이야기하려고 했지요. 때마침 그때 선원이 갑판으로 나와, 언니들은 곧 물속으로 들어가 버릴 수밖에 없었답니다. 그 순간 선원 눈에 무언가 하얀 것이 보였지만 그냥 바다 거품이려니 생각했습니다.

다음 날 아침, 배는 이웃 나라 화려한 도시에 이르렀습니다.

배가 닿자 모든 교회 종들이 울렸습니다. 깃발이 나부끼고 번쩍이는 칼을 찬 군인들이 열을 지어 서 있었으며 높은 탑에서는 나팔 소리를 울려 왕자를 반갑게 맞이했습니다. 날마다 성대한 무도회가 열렸습니다.

하지만 주인공인 공주는 어디에도 보이지 않았습니다. 그 공주는 멀리 떨어진 성스러운 교회에서 왕비가 지녀야 할 미덕을 배우고 있다 했습니다.

이윽고 이웃 나라 공주가 돌아왔습니다.

인어 공주도 이웃 나라 공주가 무척 궁금했기에 그녀가 무도회장에 들어서자마자 벌떡 일어나서 그 모습을 바라보았지요. 그러고는 깜짝 놀랐습니다. 그녀는 이루 말할 수 없을 만큼 너무도 아름다웠거든요. 길고 검은 속눈썹과 검푸른 눈으로 미소 짓는 그녀 모습은 어느 누구와도 비할 수 없을 정도로 아름다웠습니다.

"오오, 바로 당신이로군요! 바닷가에서 나를 구해준 사람이."

왕자가 말했습니다.

그러면서 왕자님은 얼굴을 붉히고 서 있는 신부를 끌어안았습니다.

"오, 난 정말 행복해!"

왕자는 인어 공주에게도 자신의 기쁨을 감추지 않았습니다.

"드디어 내 소원이 이루어졌어. 너도 내 행복을 기뻐해 주겠지? 너는 그 누구보다도 나를 생각해주니까 말이야."

인어 공주는 왕자의 손에 입을 맞추었습니다. 하지만 가슴은 찢어질 것만 같았답니다. 그래요, 왕자의 결혼식 날 아침이 되면 인어 공주는 바다 위 거품으로 변해버리고 말 테니까요.

여기저기에서 교회 종들이 울리고, 전령들이 이리저리 거리를 돌아다니며 왕자와 공주의 결혼 소식을 알렸습니다.

결혼식을 올리는 교회 안 모든 제단 위에는 아주 귀한 은 램프들이 올려졌고, 매우 좋은 향기가 교회 안을 가득 채웠습니다. 신랑 신부는 서로 손을 내밀어 주교님 축복을 받았습니다. 인어 공주도 그 자리에 있었지만 그 어떤 것도 듣거나 보려 하지 않았습니다. 오로지 새까만 죽음의 그림자와 곧 잃어버리게 될 이 세상에서의 즐거운 추억들만 생각하고 있었지요.

그날 저녁 신랑 신부는 뱃전으로 나갔습니다. 대포가 울려 퍼지고 온갖 화려한 색 깃발들이 바람에 이리저리 나부꼈습니다. 배 한가운데에는 황금빛과 자줏빛으로 꾸며진 방이 만들어졌습니다. 그리고 방 안에는 신랑 신부가 첫날밤을 지낼 화려한 침대가 놓여졌습니다.

그들이 탄 배는 바람을 받아 돛이 부풀어 오르자 곧 가볍게 맑은 바다 위를 미끄러져 나아갔습니다.

이윽고 밤이 찾아오자 사람들은 화려한 오색 등불을 밝히고 갑판 위에서 즐겁게 춤을 추었답니다. 인어 공주는 처음 바다 위로 올라왔을 때 보았던 그 화려하고 즐거운 광경을 떠올렸습니다.

인어 공주도 갑판 한가운데에서 빙글빙글 돌며 춤을 추기 시작했습니다. 마치 무언가에 쫓기는 제비인 것만 같았지요. 모두가 그녀의 춤에 감탄하면서 인어 공주에게 환호를 보냈습니다. 인어 공주도 그토록 아름답게 춤을 춘 것은 처음이었습니다. 그녀의 연약한 두 다리가 마치 날카로운 칼에 수도 없이 베이는 것 같았지만 이상하게도 전혀 아프지 않았답니다.

그보다도 마음이 한결 더 아팠습니다. 그녀는 오늘이 사랑하는 왕자와 함께 있을 수 있는 마지막 밤이라는 것을 잘 알고 있었습니다.

가족과 고향을 버리고 아름다운 목소리까지 마녀에게 바치면서까지 고통을 참아야 했던 것은 오직 왕자님 때문이었습니다. 왕자님과 함께 숨 쉬는 것도, 별이 반짝반짝 빛나는 밤하늘을 바라보는 것도 오늘이 마지막이랍니다. 이제 영혼을 가질 수 없게 된 그녀를 기다리는 것은 희망도 없고 꿈도 없는 영

원한 어둠뿐입니다.

즐겁고 떠들썩한 축제는 밤이 깊도록 이어졌습니다. 인어 공주는 가슴속에 죽음을 가득 안고서 얼굴에는 은은한 미소를 띤 채 멈추지 않고 춤을 추었습니다.

왕자님은 아름다운 신부에게 입맞추었고 신부는 왕자의 검은 머리칼을 어루만졌지요. 둘은 손을 꼭 잡고 화려한 침실로 들어갔습니다.

배 위는 다시 조용하고 한적해졌답니다. 인어 공주는 하얀 팔을 난간에 얹고 동쪽 하늘이 차츰 붉어지는 것을 바라보았습니다.

그때, 언니들이 물 위로 풍덩! 떠올랐습니다. 언니들도 인어 공주처럼 무척 슬픈 표정을 짓고 있었답니다. 그런데 이게 웬일일까요? 언니들의 길고 아름다운 머릿결은 이제 더는 바람에 나부끼지 않는 것이었습니다. 아주 짧게 잘라져 있었습니다.

"우린 해 뜨기 전에 널 살리려고 달려왔단다. 모두 머리카락을 잘라 마녀에게 주고 그 대신 이 칼을 얻어왔어. 자, 여기 있다. 해가 떠오르기 전에 왕자의 가슴에 칼을 꽂아. 왕자의 따뜻한 피가 네 발을 적시게 되면 네 꼬리가 다시 자라난단다. 그러면 예전처럼 인어가 되어 300년을 살 수 있어! 어서, 서둘러!

해가 떠오르기 전에 왕자를 죽여야만 해. 안 그러면 네가 죽어! 할머니도 몹시 슬퍼하시면서 우리와 함께 그 흰 머리카락을 잘라 마녀에게 주었단다. 왕자를 죽이고 집으로 돌아오렴! 하늘 위 저 붉은 띠가 안 보이니? 조금 있으면 해가 떠오를 거야. 그러면 넌 물거품이 되어버린다고!"

언니들은 깊은 한숨을 내쉬고는 다시 바닷속으로 들어갔습니다. 인어 공주는 창문을 통해 진홍빛으로 빛나는 화려한 방 안을 들여다보았습니다. 아름다운 공주는 왕자 가슴에 머리를 묻은 채 잠들어 있었지요.

인어 공주는 허리를 굽혀 왕자의 아름다운 이마에 살그머니 입을 맞추었습니다. 아침놀이 점점 밝아오고 있었습니다. 인어 공주는 날카로운 칼과 잠든 왕자를 번갈아 바라보았지요. 왕자는 꿈 속에서 신부의 이름을 부르고 있었답니다. 왕자 마음속에는 오로지 신부 하나뿐이었던 겁니다. 공주는 칼을 쥔 손을 부르르 떨었습니다.

마침내 인어 공주는 차마 왕자를 찌르지 못하고 그 칼을 멀리 바닷속으로 던져 버리고 말았습니다. 그러자 칼이 떨어진 곳은 곧 붉은 색깔로 빛났고 그 섬뜩한 모습은 마치 바닷속에서 핏방울이 가득 올라와 잔뜩 거품이 이는 것만 같았습니다. 인어 공주는 슬픈 눈으로 왕자를 한 번 더 바라보았습니다. 그러고는 깊은 바다에 몸을 던졌습니다. 제 몸이 순식간에 물거품으로 변해가는 것을 느낄 수 있었답니다.

바다 위로 해가 떠오르며 차가운 죽음과도 같은 바다 거품을 밝게 비추었습니다.

인어 공주는 죽음 같은 것은 조금도 느끼지 못했습니다. 반짝반짝 빛나는 해님을 바라보자 그 주위에는 수백 개나 되는 투명한 형상들이 둥실둥실 떠다니고 있었답니다. 인어 공주는 그 모습들을 통해 배에 달린 흰 돛과 하늘 위 붉은 구름을 볼 수 있었습니다. 그 투명한 형상들의 목소리는 아름다운 멜로디였는데 그 깨끗한 목소리는 영혼세계에서의 것이라 누구도 들을 수 없었고 볼 수도 없었습니다. 인어 공주는 매우 가벼워진 몸으로 거품 속에서 벗어나 차츰 높이 솟아오르며 그 형상들과 같이 투명해졌습니다.

"난 이제 어디로 가는 건가요?"

인어 공주가 물었습니다.

"공기의 딸들에게로 가는 거란다."

다른 형체들이 한 번도 들어본 적 없는 아주 신기한 목소리로 대답했습니다.

"인어는 영혼이란 게 없어. 그래서 인간의 사랑을 얻지 못하면 영혼을 가질 수 없단다. 공기의 딸들도 영혼은 갖고 있지 않아. 그러나 착한 일을 많이 하면 스스로 영혼을 만들 수가 있지. 아주 무더운 나라로 날아가고 있단다. 찌는 듯한 더위로 괴로워하는 사람들에게 시원한 바람을 불어주기 위해서지. 그리고 꽃향기를 퍼뜨려 산뜻하고 기분 좋은 공기를 만들어줄 거야. 이렇게 300년 동안 착한 일을 하려고 열심히 노력한다면 우리들 영혼도 인간들 영혼처럼 영원히 행복을 누릴 수 있단다. 가엾은 인어 공주야, 너도 우리들처럼 온 마음을 다해 영혼을 얻으려고 노력했지. 그렇게도 수많은 고통을 겪으면서 말이야. 그 고통이 너를 공기 정령들의 세계로 이끌었단다. 이제부터 300년동안 착한 일을 많이 하면 그 뒤에는 불멸의 영혼을 얻을 수 있단다."

인어 공주는 투명한 두 팔을 해님을 향해 쭉 뻗었습니다. 그리고 처음으로 눈물이란 것을 느낄 수 있었습니다.

배 위에서는 왕자가 아름다운 신부와 함께 인어 공주를 찾아다니며 한바탕 소동을 벌였습니다. 그들은 슬픈 얼굴로 진주빛 바다 거품을 바라보고 있었습니다. 인어 공주가 바다로 뛰어들었다는 사실을 알고 있는 걸까요? 인어 공주는 하늘 위에서 그들을 바라보다 아무도 모르게 신부 이마에 입을 맞추고 왕자에게 미소를 보냈습니다. 그러고는 다른 공기의 요정들과 함께 장밋빛 구름 속으로 올라갔습니다.

"300년이 지나면 우리는 하늘나라로 가는 건가요?"

인어 공주가 말했습니다.

"아니야. 더 빨리 그곳에 갈 수 있단다. 우리는 지금 어린 아이가 있는 집을 찾아가는 길이야. 부모님을 기쁘게 해 드리고 부모님의 사랑을 듬뿍 받는 착한 아이를 찾아내면 신은 우리의 시험 기간을 줄여 주신단다. 그러면 300년 가운데 1년이 줄어들지. 하지만 나쁜 아이를 보게 되면 우리는 슬픔의 눈물을 흘려야만 하고 그때마다 시험 기간이 하루씩 늘어나게 되는 거야."

어느 공기 요정이 인어 공주에게 이렇게 속삭였습니다.

009
벌거숭이 임금님
Keiserens nye Klæder

새 옷을 무척 좋아하는 임금님이 살고 있었습니다. 그는 가지고 있는 돈을 모두 옷치장하는 데만 썼고 늘 아름답고 화려한 옷을 입고 있었습니다. 임금님은 군인들을 돌보지도 않았으며, 또 연극 같은 것에도 통 관심이 없었답니다. 오로지 자기 새 옷을 보여 주기 위한 것이 아니면 숲으로 나가는 것도 좋아하지 않았습니다. 임금님은 그렇게 1시간에 한 번씩 옷을 갈아입었답니다. 평범한 나라에서는 누군가 임금님을 찾으면 대신들은 "회의중이십니다" 하지만, 이 나라에서는 언제나 "옷을 갈아입고 계십니다" 이런 말이 들려왔지요.

임금님이 살고 있는 궁전은 이웃 나라 사람들이 많이 오가는 큰 도시에 있었습니다. 어느 날 낯선 두 사람이 도시를 찾아 왔습니다. 그들은 자신들이 직공이고 세상에서 가장 아름다운 옷감을 짤 수 있다며 사람들에게 떠들고 다녔답니다. 그리고 자신들이 짜는 옷감은 색깔과 무늬만 아름다운 것이 아니라, 일할 능력이 없거나 바보인 사람들 눈에는 보이지 않는 아주 신비한 옷감이라고 했습니다. 얼마 지나지 않아 그들의 말이 왕의 귀에도 들어가게 되었습니다.

"허, 그것 참, 신기한 옷이 되겠군. 만일 내가 그 옷을 입는다면 우리 나라 대신들 가운데 누가 그 직위에 어울리는지 아닌지는 물론 지혜로운 사람과 바보도 구별할 수 있을 것이다. 그래, 얼른 그 신기한 옷감으로 옷을 만들도록 해야겠다.”

임금님은 두 직공을 궁궐로 불러들였습니다. 그리고 두 사람이 신기한 옷을 만들 수 있도록 많은 돈을 주었지요.

그들은 두 개의 베틀을 설치했습니다. 그러나 베틀 위에는 아무것도 놓여 있지 않았습니다. 그들은 빈 물레에 앉아 밤늦도록 열심히 옷감을 짜는 척했답니다. 그러면서도 직공들은 이 나라에서 가장 훌륭한 비단실과 많은 황금을 요구했습니다.

그렇게 며칠이 지나자 임금님은 옷감이 얼만큼 짜여졌는지 궁금해졌습니다. 그러나 문득 바보이거나 직위에 맞지 않는 사람에게는 그 옷이 보이지 않는다는 이야기가 생각나 불안했지요. 하지만 궁금해서 견딜 수가 없었답니다. 그래서 꾀를 하나 냈습니다. 다른 사람을 보내야겠다 생각한 것이지요. 이 옷감의 신비한 힘에 대한 이야기는 이미 온 나라 사람들이 알고 있었으니까요. 임금님은 옷감도 궁금했지만 제 곁에 있는 사람들 가운데 바보가 있을지도 무척 궁금했습니다.

“정직한 장관을 직공들에게 보내야겠다. 그 장관이라면 옷감이 어떠한지 잘 볼 수 있을 거야. 그는 대신들 가운데 가장 자기 직무를 잘 해내는 지혜로운 사람이니까.”

임금님은 늙은 장관을 보냈습니다. 늙은 장관은 두 사기꾼이 열심히 일하는 척하고 있는 방으로 들어갔지요.

‘이런, 맙소사! 아무것도 보이지 않는구나.’

장관은 빈 베틀을 바라보며 두 눈을 크게 떴습니다.

두 사기꾼은 부디 가까이 와서 봐달라며 간청했습니다. 게다가 한술 더 떠 매우 아름다운 색깔에 예쁜 무늬가 아니냐고 되물었지요.

늙은 장관은 눈을 더 크게 떴습니다. 그러나 여전히 아무것도 보이지 않았습니다. 그럴 수밖에요. 사실은 빈 베틀이었으니까요.

‘설마 내가 바보란 말인가? 그럴 리가 없는데. 내가 장관 직위에 있을 능력이 없단 말인가? 안 돼, 이 옷감이 보이지 않는다고 이야기할 수는 없어!’ ‘

늙은 장관은 아주 깊은 생각에 잠겨 있었습니다.

"자, 왜 아무 말씀도 없으십니까?"

직물을 짜는 척하던 직공이 뻔뻔스러운 얼굴로 물었습니다.

"오, 참으로 아름다운 옷감이군! 아주 멋져요! 이 무늬도, 색도 매우 훌륭해! 이 옷감이 무척 마음에 들더라고 임금님께 말씀드리지."

늙은 장관이 대답했습니다.

"그것 참 기쁘군요."

두 직공은 옷감 이름을 말하면서 그 진귀한 무늬에 대해 설명했답니다. 늙은 장관은 직공들의 말을 온 주의를 기울여 자세히 들었습니다. 임금님께 돌아가서 똑같이 설명해야 하니까요.

그 뒤로도 직공들은 옷감을 짜는 데 필요하다면서 더욱 많은 돈과 비단, 황금을 요구했습니다. 그들은 그것으로 자기들 호주머니를 두둑히 채웠답니다. 그러나 베틀에는 여전히 실 한 올 걸려 있지 않았지요. 그런데도 직공들은 빈 베틀 앞에 앉아 열심히 일하는 척했습니다.

조금 더 시간이 지나자 임금님은 옷감이 얼마나 짜여졌는지 또 궁금해졌습니다. 곧 다른 정직한 대신을 보냈답니다. 얼마 전 늙은 장관이 찾아갔을 때와 똑같은 일이 벌어졌겠죠? 몇 번이나 보고 또 봐도 옷감은 도무지 보이지 않았습니다. 빈 베틀이었으니까요.

"나는 절대 바보가 아니야! 내가 대신 자리에 있을 자격이 없단 말인가? 말도 안 돼!"

대신도 보이지 않는 옷감을 침이 마르도록 칭찬했습니다.

"네, 제가 이제껏 본 것 중에서 가장 좋습니다!"

직공들을 만나고 온 그는 이렇게 임금님께 말했습니다.

도시 사람들은 너나 할 것 없이 모두들 이 옷감에 대해 이야기했답니다.

이제 임금님은 그 옷감을 제 눈으로 직접 보고 싶어졌습니다. 그래서 몇몇 정직한 대신들과 함께 직공들이 있는 방으로 갔답니다. 같이 간 대신들 가운데는 먼저 그 직공들에게 갔던 두 대신도 끼여 있었습니다.

여전히 직공들은 실 한 올 없는 베틀로 열심히 옷감 짜는 척을 하고 있었답니다.

"이것 보십시오, 참으로 아름답지 않습니까? 색깔도 무늬도 아주 멋집니다!"

며칠 전에 직공들을 만났던 두 대신은 텅 빈 베틀을 가리키며 말했습니다.

다른 사람들에겐 그 옷감이 보인다고 믿었기 때문이지요.

임금님은 두 눈을 크게 뜨기만 할 뿐, 잠시 아무 말도 하지 못했습니다.

'이럴 수가! 내 눈에만 아무것도 보이지 않다니! 그것 참 기가 막힌 노릇이군. 내가 바보라는 건가? 내가 황제될 자격이 없단 말인가? 아아, 이를 어쩌면 좋지?'

임금님은 속으로 생각했습니다. 하지만 옷감이 보이지 않는다고는 도저히 말할 수 없었습니다.

"오오, 참으로 훌륭한 옷감이구나! 짐의 마음에 쏙 드는 옷감이니라."

임금님은 크게 만족한 듯 고개를 끄덕이며 텅 빈 베틀을 요리조리 살펴보았습니다. 임금님을 따라온 대신들 또한 아무것도 보이지 않았답니다. 그러나 그들도 임금님처럼 말할 수밖에 없었습니다.

"오, 정말 멋지군요!"

대신들은 하나같이 보이지도 않는 옷감을 칭찬하며 이처럼 아름다운 옷감으로 지어진 옷이라면 행진할 때 입기에 아주 제격이라고 말했습니다.

"훌륭합니다! 멋집니다! 기막히게 좋습니다!"

이 옷에 대한 소문은 곧 입에서 입으로 전해져 온 도시에 퍼졌습니다. 사람들은 모이기만 하면 그 옷감 이야기를 나누었지요.

임금님은 그 직공들에게 기사 훈장을 내리고, 궁정 직조사라 부르도록 했답니다.

행진이 시작되기 전날 밤이었습니다.

직공들은 베틀에 앉아 열여섯 개의 양초 불을 밝혔습니다. 누가 보더라도 임금님의 멋진 새 옷을 만들기 위해 밤을 새가면서까지 일하고 있는 모습으로 비추어졌지요. 직공들은 베틀에서 옷감을 들어내어 공중에서 큰 가위로 자르는 시늉을 했습니다. 그리고 실도 없는 바늘로 옷을 짓기 시작했습니다.

마침내 직공들이 말했습니다.

"자, 드디어 옷이 완성되었습니다."

임금님은 대신들을 잔뜩 데리고 옷을 보러 왔습니다.

그러자 두 직공은 마치 무엇인가를 조심히 받치고 있는 것처럼 한 팔을 높이 들어 올렸습니다.

"자, 이 멋진 옷을 보십시오, 여기 바지가 있습니다. 이것은 윗도리입니다. 그리고 여기 망토도 있습니다. 이 옷은 거미줄처럼 아주 가볍답니다. 그래서 아무것도 입지 않은 것만 같아 무척 편하지요. 그것이 바로 이 옷의 커다란 장점이랍니다."

직공들이 말했습니다.

"참으로 훌륭한 옷이군!"

대신들도 맞장구를 쳤습니다. 그러나 그들 눈에는 아무것도 보이지 않았답니다. 그래요, 사실은 아무것도 없었으니까요.

"폐하, 이제 그 옷을 벗으시지요. 저희가 직접 새 옷을 입혀 드리겠습니다. 여기 큰 거울 앞에 서십시오."

임금님은 직공들 말에 따라 얼른 입고 있던 옷을 모두 벗었습니다. 직공들은 임금님에게 새 옷 하나하나를 입혀 주는 척했지요. 그리고 임금님 허리를 감싸 안아 뒤에 끌리는 옷자락을 단단히 매어 주는 시늉을 했습니다.

임금님은 거울 앞에서 몸을 이리저리 돌리며 보이지 않는 옷을 찬찬히 살펴보는 체했습니다.

"훌륭합니다, 폐하. 이 색깔 무늬, 참으로 기막히게 폐하께 잘 어울립니다."

대신들이 말했습니다.

"폐하 머리 위에 받치고 갈 천개를 든 시종들이 기다리고 있습니다."

예식 담당 장관이 말했습니다.

"그래, 준비는 다 끝났어. 어때, 잘 어울리지?"

그러면서 임금님은 한 번 더 거울 앞에서 몸을 이리저리 돌려 보았답니다. 마치 아주 멋진 옷을 입어 만족한 듯이 보여야 했으니까요.

옷자락을 끌고 가야 할 시종들은, 마치 기다란 옷자락을 들어올리려는 것처럼 바닥에 두 손을 뻗었습니다. 그리고 무엇인가를 들고 있는 듯이 천천히 걸어갔답니다. 자기들 눈에는 아무것도 보이지 않는다는 사실을 들키고 싶지 않았거든요.

드디어 임금님의 성대한 행차가 시작되었습니다.

길가에 모여 있던 사람들이 벌거벗은 임금님을 보고 외쳤습니다.

"어머나, 임금님의 새 옷 좀 봐. 정말 멋져!"

어느 누구도 제 눈에는 아무것도 보이지 않는다는 말을 하지 않았답니다. 그런 말을 했다가는 바보가 되고 마니까요. 이제까지 임금님의 그 어떤 옷도 이

옷처럼 큰 찬사를 받지는 못했답니다.

바로 그때였습니다.

"임금님은 아무것도 안 입었잖아."

마침내 한 꼬마가 임금님을 가리키며 큰소리로 외쳤습니다.

"여러분! 이 순진한 아이의 말 좀 들어보세요."

그 꼬마 아버지도 주위를 살펴보면서 여러 사람들에게 말했습니다. 곧 아이의 말은 사람들 사이로 퍼져나가 임금님 주위에는 쑥덕쑥덕대는 소리들로 가득 찼습니다.

"아무것도 안 입었어! 순진한 아이가 한 말이니까 틀림없어!"

"아무것도 안 입었어!"

누구 하나 빠짐없이 모두들 이렇게 외치기 시작했습니다. 임금님은 국민들의 외침을 듣고, 그 자리에 멈추어 선 채 어쩔 줄을 몰랐습니다. 도시 모든 사람들이 바보일 리는 없었으니까요. 하지만 임금님은 이렇게 생각했습니다.

'이제 와서 행차를 멈출 수는 없어.'

임금님은 아무렇지 않은 듯, 한결 더 뽐내며 걸어가기 시작했습니다. 그 뒤를 따르는 시종들은 있지도 않은 망토를 더욱 힘주어 꽉 잡았답니다.

010

행운의 덧신

Lykkens Kalosker

1. 시작

코펜하겐 가운데 '임금님의 새 광장'과 그리 멀지 않은 외스트 슈트라세(동쪽 거리) 어느 집에서 큰 모임이 열리고 있었습니다. 그 지역 사람들은 때때로 이런 모임을 열어야만 했습니다. 그래야 자신도 다른 모임에 초대받을 수 있으니까요.

손님들 가운데 절반은 카드놀이 탁자에 앉아 있었습니다. 그리고 나머지 손님들은 이 집 안주인의 "자, 이제 우리는 무엇을 할까요?" 이런 말을 들으며 이제 어떤 재미난 일을 하게 될까 기다리고 있었습니다.

그러던 참에 화제가 중세 시대 이야기로 넘어갔습니다. 몇몇 사람들은 중세가 요즘보다 훨씬 좋다고 말했습니다. 법률 고문관 냅 씨는 어찌나 열렬히 이 의견에 찬성하는지 이 집 안주인도 곧바로 그의 의견에 맞장구치고 말았습니다. 둘은 고대와 현대에 대해 쓴 외르스테드의 에세이에 대해 아주 나쁘게 이야기했습니다. 그 에세이에는 현대가 한결 훌륭하다고 씌어 있었으니까요.

법률 고문관은 덴마크 한스 왕*¹ 시대를 그 어느 때보다 찬란하고 행복했던 시대라 여기고 있었습니다.

이렇게 사람들은 서로 자기 생각이 옳다고 떠들어댔습니다. 때마침 집으로 신문이 배달되어 잠시 대화가 중단되었습니다. 그러나 신문에는 특별한 읽을거리가 없었고 곧 이야기는 다시 이어졌습니다. 그 사이 우리들은 현관으로 나가보도록 하지요.

현관 쪽에는 외투나 지팡이, 양산과 덧신들이 놓여 있었습니다. 그곳에는 두 처녀가 앉아 있었답니다. 젊은 처녀와 나이가 조금 더 든 처녀였는데, 그들은 주인을 따라온 하녀처럼 보였습니다. 그러나 자세히 보면 하녀라고 하기엔 손이 무척 고왔고, 태도와 움직임이 꽤 우아했으며 맵시와 기품이 돋보이는 아주 독특한 옷을 입고 있었습니다. 그들은 바로 요정이었지요.

---

*1 1513년 사망. 작센 선제후 에른스트 공의 딸 크리스티네와 결혼.

둘 가운데 젊은 처녀는 물론 '행운의 여신'은 아니었습니다. 여신의 하녀였지요. 하녀라고는 해도 행운의 선물은 조금 갖고 있었습니다. 무척 우울한 얼굴을 한 나이 든 처녀는 '슬픔의 요정'이었습니다. 그녀는 늘 혼자서 일을 하러 나갔지요. 홀로 일하는 게 한결 편하고 빠르다는 것을 알고 있었거든요.

두 요정은 오늘 무슨 일이 있었는지 서로 이야기를 주고받았습니다.

행운의 요정은 몇 가지 하찮은 일들을 처리했습니다. 갑자기 소나기가 쏟아질 때면 새 모자가 비에 젖지 않도록 해주었고, 어느 얼빠진 귀족 남자가 정직한 사나이한테 정중하게 인사하도록 만들기도 했습니다. 그러면서 이제 아주 중요하고 신기한 일만 남았다고 말했습니다.

"이 말은 꼭 해야겠네요. 사실은, 오늘 제 생일이랍니다. 그래서 기념으로 덧신 한 켤레가 내게 맡겨졌지요. 나는 사람들에게 이 덧신을 전해 주어야만 해요. 이 덧신에는 놀랄 만큼 신기한 힘이 숨겨져 있거든요. 이 덧신을 신으면, 신자마자 가고 싶어 하는 곳으로 갈 수 있답니다. 그 사람이 언제 어디에 있던 상관없이 소망이 이루어지는 거예요. 그래서 마침내 그 사람은 행복해질 거예요."

그러자 슬픔의 요정이 말했습니다.

"그래요? 당신은 그렇게 생각하겠지요. 하지만 그 덧신을 신는 사람은 틀림없이 불행해질 겁니다. 그래서 그는 덧신을 벗는 순간을 감사하게 될 거예요."

"아니요. 절대 그렇게 되지 않을 겁니다. 이제 덧신을 문 앞에 세워 두어야겠어요. 누구라도 이 덧신을 신게 되면 그 사람은 아주 행복해질 거예요."

2. 법률 고문관에게 일어난 일

밤이 되었습니다.

한스 왕 시대 이야기에 푹 빠져 있던 법률 고문관 냅 씨가 집으로 돌아가려고 자리에서 일어섰습니다. 그런데 그는 자기 덧신 대신 행운의 덧신을 신도록 운명지어져 있었습니다.

냅 씨는 행운의 덧신을 신은 채 외스트 슈트라세로 갔습니다. 그리고 그는 덧신의 마법에 걸려 그토록 칭찬하던 한스 왕 시대로 되돌아가 있었습니다. 그는 진창에 발이 빠져버리고 말았습니다. 그 시대에는 아직 길이 깨끗하게 포장되어 있지 않았으니까요.

"으아, 이를 어쩌지! 길이 왜 이리 더러운 거야? 게다가 가로등도 모두 꺼져 있잖아!"

법률 고문관 냅 씨는 마구 짜증을 내며 투덜거렸습니다. 달님도 구름 속에 숨어 있고 날씨도 너무나 흐려서 주위 모든 것이 희미하게 보였습니다. 길모퉁이 성모 마리아 상 앞에 가로등이 하나 켜져 있긴 했지만, 거의 없는 것이나 마찬가지였습니다.

냅 씨가 그 아래 섰을 때에야 비로소 조그만 불빛이 있다는 걸 겨우 알아차릴 수 있을 정도였으니까요. 고문관은 아기 예수를 안고 있는 성모상을 바라보았습니다.

"호오, 여기는 골동품점인 모양인데 아직 간판을 안으로 들여놓지 않았군 그래."

그때 그 시대 옷차림을 한 몇몇 사람이 냅 씨 옆을 빠르게 스치고 지나갔습니다.

"참으로 심상치 않은 옷차림이로군. 가장 무도회에라도 갔다 오는 길인 걸까?"

그때 갑자기 어디선가 북소리와 나팔 소리가 들려오더니 얼마 지나지 않아 횃불이 주위를 환하게 비쳤습니다. 법률 고문관은 아주 이상한 행렬이 지나가는 광경을 보게 되었습니다.

맨 앞쪽에는 북 치는 사람들이었고, 그 뒤를 활과 석궁을 든 친위병들이 따랐습니다. 행렬을 이룬 사람들 가운데 누구보다 품위 있어 보이는 사람은 성직자였습니다.

법률 고문관은 너무도 깜짝 놀라 그 자리에 우뚝 멈추어 선 채 옆 사람에게 물었습니다.

"아니, 대체 저 이상한 행렬은 무엇이오? 그리고 저 성직자는 도대체 누구입니까?"

"질란드 주교님이십니다."

"오, 하느님! 주교님이 웬일로 행차를 하시지?"

법률 고문관은 한숨을 쉬면서 머리를 절레절레 흔들었습니다. 지체 높으신 주교님께서 이토록 시끄러운 행차를 하다니, 말도 안 되는 일이었습니다.

법률 고문관은 깊은 생각에 잠긴 채 곧장 앞으로만 길을 걸어 웨스트 슈트라세를 통과하고, 호엔브뤼켄 광장을 지나갔습니다. 그런데 어찌 된 일인지 팰리스 광장으로 건너가는 다리가 어디에도 보이지 않는 것이었습니다. 그때 희미하게 시내 강둑이 보였습니다. 강 쪽으로 다가가자 조그만 배에 두 남자가 타고 있는 게 보였습니다.

"홀름으로 건너가려 하시는가요?"

그 가운데 하나가 물었습니다.

"네? 홀름이라고요?"

자기가 지금 어느 시대에 와 있는지 통 모르는 법률 고문관이 놀라서 소리쳤습니다.

"나는 크리스티안 항구를 거쳐 슈트라세 시장으로 가는 길이오."

두 남자는 법률 고문관을 신기한 듯 빤히 쳐다보았습니다. 그가 무슨 말을 하는지 도무지 알 수가 없었거든요.

"다리가 어디 있는지만 말해 주시오. 거리에 가로등 하나 밝혀져 있지 않다니, 이 무슨 창피스런 일이람! 마치 늪 속을 걷는 것만 같잖아!"

배 안에 있는 사람들과 이야기를 나누면 나눌수록 냅 씨는 점점 더 그들을 이해할 수 없었습니다.

"난 당신들이 쓰는 옛날 홀름 말은 하나도 못 알아듣겠소."

화가 난 법률 고문관은 어쩔 수 없이 발길을 돌렸습니다. 하지만 아무리 주위를 둘러봐도 다리는 끝내 찾을 수가 없었습니다. 더욱이 다리로 올라가는 난간조차 보이지 않았습니다.

"대체 이게 어찌 된 일이야. 거 참 별일이군."

법률 고문관은 이날 밤처럼 요즘 시대가 이토록 한심한가 느낀 적은 없었습니다.

"그래, 마차를 타야겠어."

그런데 그 많던 마차도 모두 어디로 사라져버렸는지 단 한 대도 보이지 않았습니다.

"하는 수 없군. 괴니히스노이 시장으로 되돌아가야겠어. 그곳에는 마차들이 잔뜩 있겠지. 이러다간 크리스티안 항구로도 못 나갈 거야."

법률 고문관은 다시 외스트 슈트라세로 향했습니다.

그 길을 거의 다 지났을 무렵 구름 속에 숨어 있던 둥그런 달이 고개를 내밀었습니다.

"맙소사, 여기다가 뭐 이런 것을 세워 놓았을까?"

법률 고문관은 외스트 슈트라세 끝에 서 있는 커다란 외스트 성문을 보고 소리를 질렀습니다.

성문 하나하나를 살펴보던 냅 씨는 마침 문 하나가 열려 있는 것을 발견할 수 있었습니다.

법률 고문관은 그 문을 통해서 밖으로 나왔습니다. 그런데 어찌 된 일인지 시장이 있어야 할 곳에 넓다란 초원이 펼쳐져 있는 게 아닙니까! 초원 여기저기에는 덤불이 솟아 있고, 초원을 가로 질러 졸졸 시내가 흐르고 있었습니다. 네덜란드 배들이 멈추는 곳에는 나무로 지은 허름한 주점들이 강둑에 두세 개쯤 자리 잡고 있었습니다.

"내가 지금 신기루를 보고 있는 걸까, 아니면 취해버린 걸까?"

법률 고문관은 크게 탄식했습니다.

"이게 웬일이야? 도대체 어떻게 된 일이지?"

법률 고문관은 자기가 제정신이 아니어서 헛것이 보이는 것이리라 생각했습니다. 외스트 슈트라세로 되돌아온 그는 집들을 하나하나 좀 더 자세히 살펴보기 시작했습니다. 거의 모든 집들이 나무로 지어져 있었는데 초가지붕을 이고 있었습니다.

"그래, 오늘 내가 정말 몸이 안 좋은가 봐."

법률 고문관은 한숨을 쉬었습니다.

"펀치*1 한 잔 마셨을 뿐인데 어떻게 몸이 이렇지? 펀치에 뜨거운 연어를 함께 먹으라고 주다니 미친 짓이었어. 그 집 여주인에게 이야기를 좀 해야겠어. 다시 돌아가서 내 상태가 어떤지 따져볼까? 그것도 좀 우스워 보이겠지. 다들 이미 자고 있을지도 몰라."

냅 씨는 그렇게 생각하긴 했지만 이리저리 두리번거리며 조금 전까지 있었던 술집을 찾아다니기 시작했습니다. 그런데 그 술집조차 보이지 않는 것이었습니다.

"참 기막힌 일이네! 외스트 슈트라세가 이토록 낯설다니. 그 많던 상점들도 모조리 없어졌어. 눈에 보이는 거라곤 곧 쓰러질 듯한 낡은 오두막들뿐이니. 꼭 로에스킬데나 링슈테드 같은 옛 도시로 온 것만 같아. 아, 내가 정말 어디가 아픈가 봐. 이대로 가만히 있을 수는 없어. 도대체 그 술집은 어디로 사라져버린 거야? 뭐야, 이 늦은 시간에 아직 사람들이 깨어 있는 건가?"

법률 고문관은 열려진 틈 사이로 빛이 새어 나오는 문을 밀고 그 안으로 들어갔습니다. 그곳은 그 시대에 많이 있던 여관으로, 술집을 겸하고 있었습니다.

술집 안은 슈타인식 마루청으로 되어 있었습니다. 선원들, 코펜하겐 시민들, 그리고 두어 명의 학자들이 맥주를 마시며 서로 이야기를 나누고 있었습니다. 그들은 들어오는 사람에게는 그리 관심을 보이지 않았습니다.

"실례합니다."

법률 고문관은 그에게 다가오는 술집 여주인에게 말했습니다.

"몸이 몹시 좋지 않아요. 크리스티안 항구로 갈 수 있도록 마차를 한 대 불러 주시지 않겠습니까?"

그러자 여주인은 물끄러미 고문관을 바라보더니 절레절레 머리를 흔들었습니다. 그녀는 독일어로 말을 했습니다.

법률 고문관은 여주인이 덴마크 어를 모르는 모양이라 생각하고는 독일어로 다시 한 번 마차를 불러 달라고 말했습니다. 여주인은 법률 고문관의 옷차림이나 쓰는 언어를 보고 그가 외국인이라 짐작했지요. 그리고 그의 몸 상태가

---

*1 과일즙에 설탕, 양주 따위를 섞은 음료.

좋지 않다는 것을 금방 알아차리고는 우물에서 물을 떠다 주었습니다. 하지만 그는 물이 너무 짜서 도저히 마실 수가 없답니다.

법률 고문관은 두 손으로 얼굴을 받치고 계속해서 한숨을 내쉬며 자신에게 일어나고 있는 이 이상한 일들에 대해 곰곰이 생각해 보았습니다.

"그거 오늘 신문인가요?"

술집 여주인이 탁자 위에 펼쳐져 있던 커다란 종잇조각을 치우는 것을 보고 그가 물었습니다.

여주인은 법률 고문관의 말을 이해하지 못했으나 종이를 고문관에게 건네주었습니다. 그것은 쾰른의 이상 기후를 나타낸 목판화였습니다.

"대단히 오래 된 거로군."

법률 고문관은 이렇게나 오래된 목판화를 볼 수 있게 되어 무척 기뻤기에 곧 기분이 좋아졌습니다.

"대체 어떻게 해서 이처럼 구하기 힘든 그림을 손에 넣었습니까? 이 그림은 상상으로 그려진 것 같지만 그래도 아주 흥미롭군요. 요즘은 이런 이상기후를 오로라라고 하는데, 아마 전기로 만들어지는 것이리라 생각됩니다."

가까운 자리에 앉아 있던 사람들은 그를 매우 이상하다는 듯이 바라보았습니다. 그 가운데 한 사람이 몸을 일으켰습니다. 그러고는 공손하게 모자를 벗더니 아주 진지한 얼굴로 냅 씨에게 말했습니다.

"선생께서는 참으로 대단한 학식을 갖추신 분이군요."

"오, 아닙니다. 누구나 알고 있는 사실을 몇 가지 말했을 뿐입니다."

법률 고문관이 당황하며 말했습니다.

"겸손함이란 아름다운 덕목들 가운데 하나이지요. 그런데 이런저런 설명을 듣고 보니 당신께서는 대단한 학자임에 틀림없습니다."

"저, 실례지만 당신이 누구신지 여쭈어 보아도 되겠습니까?"

법률 고문관이 공손히 물었습니다.

"저는 성서를 연구하는 사람입니다."

법률 고문관의 짐작이 맞았습니다. 그의 옷차림이 그 사실을 말해 주었으니까요.

'이 남자는 틀림없이, 산 속에 사는 늙은 선생들처럼 아주 괴짜일 거야.'

법률 고문관은 그렇게 생각했습니다.

"이곳은 학문에 대해 이야기하는 곳은 아니지만 부디 선생께서는 알고 계신 것들을 많이 말씀해 주시길 바랍니다. 당신은 옛 문서에 대해 잘 알고 계시지요?"

성서 학자가 물었습니다.

"물론이지요! 저는 고전을 참 좋아한답니다. 그렇지만 요즘 쓰인 책도 꽤 많이 읽었지요. 그러나 '나날의 이야기' 같은 책은 좋아하지 않습니다. 하루하루를 보내는 이야기 따위, 이제 질렸으니까요."

"그 '나날의 이야기'라는 건 대체 무슨 책입니까?"

"그 왜, 이번에 새로 나온 소설 있잖습니까."

"아아, 그 소설 말씀이십니까. 그거라면 전 정말 재밌게 읽었는데요. 궁전에서도 많이 읽혀지고 있답니다. 우리 임금님께서는 특히 〈기사 이프벤 씨와 가우디안 이야기〉를 좋아하십니다. 아서 왕과 원탁의 기사들을 다루고 있는 소설 말입니다. 폐하께서는 대신들과 그 소설 속이야기로 농담까지 주고받으신답니다."

"오, 저는 아직 그 책은 읽어보지 못했어요. 이번에 하이베르크 출판사에서 나온 책인 모양이지요?"

"아니, 아니에요. 하이베르크가 아니라 고드프레드 폰 게멘 출판사에서 나온 책이지요."

"그 출판사는 아주 오래 된 출판사이지요! 아마 덴마크에서 처음 생긴 출판사가 아닌가 싶습니다."

"그렇습니다. 우리나라 최초 출판사이자 인쇄소이지요."

그럭저럭 순조롭게 이야기가 이어지고 있었습니다.

그런데 손님들 가운데 한 사람이 두어 해 전에 온 나라를 휩쓸었던 페스트에 대한 이야기를 꺼냈습니다. 두어 해 전이라고 해도 1484년에 유행한 페스트였습니다.

그러나 법률 고문관은 그것이 콜레라에 대한 이야기일 거라 생각했습니다. 그래서, 이 이야기도 잘 나눌 수 있었습니다. 1490년의 약탈 전쟁에 대한 이야기도 화제에 올랐습니다. 모두들 영국 해적들이 배를 훔쳐갔다며 몹시 화나 있었지요. 법률 고문관은 영국 함대가 코펜하겐을 공격했던 1801년 사건이 생각나 모두와 함께 영국인을 비난했습니다.

그런데 그 뒤 이야기는 서로 잘 통하지 않았습니다. 성서 학자는 법률 고문관의 말을 도저히 알아들을 수가 없었던 것입니다. 법률 고문관에게는 어디에나 있을 법한 흔한 이야기들이 성서 학자에게는 너무도 이상한 꿈같은 이야기로 들렸던 것이지요.

어느덧 그들은 서로의 얼굴을 마주 바라볼 뿐, 아무런 말도 하지 않았습니다. 갑자기 분위기가 어색해졌습니다. 그러자 성서 학자는 갑자기 라틴어로 말하기 시작했습니다. 그렇게 하면 자신의 말을 더 잘 이해할 수 있으리라 믿었던 것입니다. 그러나 아무 소용이 없었습니다.

"이제, 몸은 좀 괜찮으세요?"

술집 여주인이 법률 고문관의 소매를 잡아당기며 물었습니다. 그러자 법률 고문관은 퍼뜩 정신이 들었습니다. 이야기를 나누느라 이제까지 겪었던 이상한 일을 까맣게 잊고 있었던 것입니다.

"맙소사, 도대체 저는 어디에 있는 겁니까?"

법률 고문관은 다시 눈앞이 캄캄해지는 것만 같았습니다.

"우리 같이 맥주를 마십시다. 브레멘 맥주와 밀주를 마십시다, 당신도 함께 마십시다."

손님들 가운데 한 사람이 법률 고문관에게 말했습니다.

그때, 갑자기 두 처녀가 술집으로 들어왔습니다. 한 처녀는 두 가지 색깔로 된 두건*¹을 쓰고 있었습니다.

젊은 처녀들은 술을 따르면서 너무도 예스러운 몸짓으로 모두에게 인사를 했습니다. 법률 고문관은 순간 등골이 오싹해졌습니다.

"도대체 이게 뭐야? 이게 뭐냐고!"

법률 고문관이 자리에서 벌떡 일어나 마구 소리를 질렀습니다. 그러나 꼼짝없이 술을 마실 수밖에 없었습니다. 두 처녀는 생글생글 웃으면서 법률 고문관에게 다가왔지요. 모두가 냅 씨를 계속 붙잡고 있었습니다. 누군가가 그에게 취했다고 말하자 법률 고문관 자신도 그 말이 맞다고 여겼습니다. 모든 걸 포기해버린 것이지요.

법률 고문관은 이륜마차 하나를 불러 달라고 했습니다. 그러자 사람들은 법

─────────────

*1 한스 왕의 법률에 따라 나쁜 행동을 한 여자는 그런 두건을 쓰게 되어 있었다.

률 고문관이 이제 모스크바 말을 하는 줄 알고 기대하는 눈치였습니다.

법률 고문관은 이처럼 서질고 아무것도 모르는 사람들만 가득한 모임에 와 본 적은 일찍이 없었습니다.

"이건 마치 덴마크가 이교도 시대로 되돌아간 것만 같아. 이렇게 무서운 꼴을 당하기는 태어나서 처음이군."

법률 고문관은 서둘러 이곳을 벗어나고 싶은 마음에 탁자 아래로 허리를 굽히고 문 쪽으로 기어갔습니다. 거의 문에 다다랐을 때에야, 사람들은 그가 무엇을 하려는지 알아차렸습니다.

사람들은 한꺼번에 와아 소리를 지르며 법률 고문관의 발을 붙들었습니다. 그 바람에 그가 신고 있던 덧신이 그만 벗겨지고 말았습니다. 그러자 그 순간 모든 마법은 사라져버렸지요.

법률 고문관은 제 앞에 가로등이 켜져 있는 것을 보았습니다. 그 뒤로는 커다란 집들도 보였지요. 모든 것이 눈에 익고 훌륭해 보였습니다. 그곳은 바로 우리들이 잘 알고 있는 외스트 슈트라세였습니다.

법률 고문관은 성의 작은 문 쪽으로 발을 뻗은 채 누워 있었습니다. 맞은편에는 경비병이 앉아서 꾸벅꾸벅 졸고 있었습니다.

"아이쿠, 맙소사! 내가 길 위에 누워 꿈을 꾸었단 말인가. 그래, 여기는 분명 외스트 슈트라세야. 이 얼마나 밝고 아름다운가! 내가 고작 펀치 술 한 잔에 이 꼴이 되어 버리다니, 기막힌 일이로군."

잠시 뒤 법률 고문관은 크리스티안 항구로 가는 이륜마차를 타고 있었습니다. 자기가 조금 전까지 품고 있던 불안과 그 무시무시한 상황을 떠올리면서 말이에요. 그리고 온 마음을 가득 담아 그가 살고 있는 이 행복한 시대를 찬양했습니다. 물론 우리들 시대에도 이런저런 부족한 것들이 많이 있겠지요. 하지만 냅 씨가 조금 전까지 있었던 시대보다는 한결 살기 좋잖아요. 냅 씨는 지금 이 순간에 감사했답니다.

3. 경비병의 모험

"뭐야, 덧신이 왜 이런 곳에 있지? 틀림없이 저 위층에 사는 중위의 것일 거야. 이 문 앞에 놓여 있으니까 말이야."

정직한 경비병은 중위 집 벨을 눌러 그 덧신을 전해 주려고 했습니다. 방에 아직 불이 환하게 켜져 있었으니까요. 그러나 곧 그만두었습니다. 깊이 잠들어 있을 이웃 사람들을 깨우면 안 되니까요.

"이 덧신을 신으면 발이 참 따뜻할 거야. 가죽이라 아주 부드럽고."

경비병은 그 덧신을 한번 신어 보았습니다. 경비병 발에 꼭 맞았지요.

"그러고 보면 세상일이란 참 이상해."

경비병은 중위 방을 가만히 바라보며 말했습니다. 중위 방에는 아직 불이 켜져 있었습니다.

"중위는 편안한 침대에서 잘 수 있지. 얼마든지 잘 수 있는 데도 밤늦도록 저렇게 방 안을 서성거리고 있네. 참 행복한 사람이야. 아내도 없고 아이들도 없이 저녁마다 여기저기 파티에 초청받아가고. 내가 만일 중위라면 얼마나 행복할까."

그런데 놀랍게도 경비병이 이렇게 말을 내뱉자마자 그가 신고 있던 행운의 덧신이 마법을 부려 경비병은 눈 깜짝할 사이에 중위가 되었습니다. 그는 방 안에 선 채로 손에는 장미 빛깔 종이를 들고 있었는데 그 종이에는 시가 적혀 있었습니다. 중위가 직접 쓴 시였습니다. 누구라도 평생에 시 한 편쯤은 쓰고 싶잖아요. 머릿속에 떠오른 것을 글로 쓰면 그게 바로 시가 되는 거랍니다.

오, 내가 부자라면
오, 내가 부자라면!
두 뼘 키도 안 되었던 어린 시절부터
나는 늘 그렇게 소망했다네
오, 내가 부자라면! 내 소원은 장교가 되는 것
멋들어진 칼을 차고 군복을 입고 탄띠를 두른 장교
그렇게 시간은 흐르고 흘러 나는 마침내 장교가 되었네
하지만 이를 어쩌냐, 나는 부자가 아니고 부자가 되지도 못했네
나는 여전히 가난한 사람
자비로운 신이시여, 제발 저를 도와주소서!

철부지 즐거웠던 어린 시절 어느 날 저녁에
어여쁜 일곱 살 소녀 입맞춤을 받았지

나는 재미있는 옛날이야기를 잔뜩 알고 있었거든
그러나 황금은 아, 나는 늘 가난했네
그 어여쁜 소녀는 오로지 옛날이야기만을 원했지
나는 재미있는 옛날이야기는 잔뜩 알고 있었거든.
나는 가난한 사람
아아, 자비로운 신이시여, 그대는 알리라

오, 내가 부자라면! 온 마음 가득 담은 나의 소망
어느덧 시간은 흘러 어린 소녀는
지혜롭고 아름다운 처녀가 되었지.
그녀가 내 마음속 옛날이야기를 들어준다면
그 옛날 아름다웠던 추억들이 되살아날 수만 있다면!
그러나 나는 침묵해야 할 운명. 나는 가난한 사람
아아, 자비로운 신이시여, 당신이 그걸 바라기에

오, 내가 마음의 평안을 얻고 영혼의 위로를 받는다면
마음속 가득한 슬픔을 이 종이 위에 옮기지 않으리
아아, 이 젊은 날의 노래를,
사랑하는 그대가 들어준다면.
내 마음을 그대에게 전할 수 있을까?
가난한 내 앞길은 어둡기만 할 뿐.
아아, 신이시여. 부디 그녀에게 큰 축복을.

사랑에 빠진 사람만이 이런 시를 쓸 수 있습니다. 그리고 사려 깊은 사람은 이런 시를 찍어내지는 않습니다. 소유, 사랑, 가난. 이들은 삼각형을 이룹니다. 행복이라는 주사위의 깨어진 반쪽이라고나 할까요. 중위도 그것을 뼈저리게 느꼈기에 머리를 창틀에 기대고 깊은 한숨을 쉬었습니다.

"길을 오가는 저 가난한 경비병이 나보다 한결 더 행복하겠지. 경비병은 내가 외롭다는 것을 모를 거야. 경비병에게는 가정이 있으니까. 슬플 때 함께 울고 기쁠 때 함께 즐거워해 줄, 아내와 자식이 있어. 아아, 내가 저 경비병이 된다면, 나는 지금의 나보다는 행복해질 텐데. 그래, 경비병이 나보다 훨씬 더 행복할 테니까 말이야."

중위가 되었던 경비병은 그 순간 다시 경비병이 되었습니다. 행복의 덧신 덕분에 중위가 되었던 것이니까요. 바라던 대로 중위는 될 수 있었지만 막상 되고 보니 하나도 행복하지 않았습니다.

"아아, 참으로 끔찍하고 이상한 꿈이었어. 마치 내가 정말 중위가 된 것 같았다니까. 그런데 전혀 행복하지 않다니. 하긴, 그에게는 아내도 없고 달려들어 입 맞추는 아들 녀석도 없으니까."

경비병은 가만히 앉아서 고개를 끄덕이며 생각에 빠졌습니다. 그러나 그 꿈은 아직도 그의 머릿속에서 떠나지 않았습니다. 아직 덧신을 신고 있었기 때문이지요.

그때 하늘에서 별똥별 하나가 떨어져 내렸습니다.

"오오, 저기 별 하나가 떨어지네. 그러고 보면 하늘에는 별이 참 많이 있단 말이야. 저 아름다운 별들을 좀 가까이에서 보았으면 좋겠어. 특히 저 달 말이야. 달은 쉽게 손에서 미끄러지는 물건이 아니거든. 내 아내가 빨래를 해 주는 그 학생이 이야기했었지. 우리가 죽으면 이 별에서 저 별로 날아가는 거라고. 하지만 그건 거짓말이야. 그게 사실이라면 나는 살짝 저 달 위로 뛰어올라가 볼 거야. 몸뚱아리 따위는 그냥 계단에 그대로 놓아두겠지. 그래, 아주 멋질 거야."

자, 여러분. 말이란 그냥 생각 없이 내뱉어서는 안 됩니다. 특히 행복의 덧신을 신었을 때는 더욱 조심해야 하죠.

과연 경비병에게 어떤 일이 일어났을까요?

세상 사람들은 증기를 이용해서 아주 빠르게 달려 나아갈 수 있지요. 기차로 땅 위를 달리거나, 배로 바다를 건너기도 하잖아요. 그러나 아무리 빠르다고 해도, 빛에 비하면 나무늘보의 걸음이나 달팽이가 느릿느릿 기어가는 것과 같습니다.

빛은 가장 빨리 달리는 경주말보다 1900만 배나 빠릅니다. 그런데 전기는 빛보다 더 빠릅니다. 사람들의 죽음은 그들의 심장에 아주 강한 전기가 전해졌을 때 이루어집니다. 영혼은 전기의 날개를 타고 순식간에 날아갑니다. 8분 몇 초면 햇빛은 2,000만 마일을 여행할 수 있지만, 전기라는 특급 우편 마차를 타면 영혼은, 햇빛보다 더 짧은 시간에 같은 거리를 여행할 수 있습니다. 영혼에게는 두 별 사이의 거리가 한 동네에 사는 친구들 집 사이의 거리보다도 가깝습니다. 거의 옆집이나 다름없지요. 사람 심장에 전기 충격이 전해지면 곧 심장이 멎어 더는 그 몸을 쓸 수 없게 되지만 행운의 덧신을 신고 있으면 이야기는 달라집니다.

불과 몇 초도 되지 않아서 경비병은, 달까지 5만 2천 마일을 날아갔습니다. 여러분도 잘 알고 있겠지만 달은 우리가 사는 지구보다 한결 가볍습니다. 마치 갓 내린 눈처럼 부드럽지요.

경비병은, 달 세계에 셀 수 없이 많은 고리 모양 산 위에 서 있었습니다. 이 산은 메들러 박사의 커다란 달 지도에 그려져 있으니까 여러분도 본 적이 있을 거예요.

고리 산은 안쪽이 1마일이나 되고, 아주 험한 절벽으로 이루어졌습니다. 그 안에 마을이 있는데 그곳은 마치 물을 가득 담은 유리잔에 달걀흰자를 떨어뜨린 모습 같았습니다. 이곳에 아주 어울리는 마을이었어요. 탑과 지붕, 돛 모양 발코니도, 모두 무척 투명해서 공기 속에서 흔들흔들거렸습니다. 지구는 커다랗고 새빨간 공이 되어 경비병 머리 위에 두둥실 떠 있었답니다.

달에도 사람이라고 할 수 있는 많은 생물들이 살았습니다. 그러나 그들의 생김새는 우리와는 매우 다릅니다. 그들도 말을 할 수 있었지요. 우리와는 전혀 다른 말이지만요.

경비병의 영혼은 놀랍게도 달 주민들 말을 이해할 수 있었습니다. 그들은 지구에 대해 이야기를 나누었습니다.

"지구라는 곳은, 공기가 너무 탁하니까 우리 같은 사람들은 살지 않을 거야. 사람들이 살기에 가장 좋은 곳은 달이지. 달이야말로 먼 옛날 사람들이 태초부터 살았던 곳일 거야."

자, 이제 다시 외스트 슈트라세로 돌아가서 경비병의 몸은 어떻게 되었는지 알아볼까요?

경비병은 가만히 계단에 앉아 있었습니다. 그러나 그의 손에서는 창이 굴러 떨어졌고, 두 눈은 그의 영혼이 떠돌고 있는 달 쪽을 바라보고 있었습니다.

"경비병, 지금 몇 시요?"

지나가던 사람이 물었습니다. 그러나 경비병은 아무 대답도 없습니다. 경비병을 가만히 바라보던 사내는 왠지 이상한 기분이 들어 경비병의 코를 쭉 잡아당겨 보았습니다. 그러자 경비병의 몸은 바닥으로 쿵! 쓰러져버렸지요. 그렇습니다, 죽은 것입니다. 경비병 앞에 있던 사람은 얼마나 무서웠을까요?

"경비병이 죽었어. 죽어 있어."

이 소식은 순식간에 도시 곳곳으로 퍼져, 한동안 시끄러웠습니다.

아침이 되자 사람들은 경비병의 몸을 병원으로 옮겼습니다.

다시 돌아온 영혼은 틀림없이 외스트 슈트라세에서 자기 몸을 찾겠지요? 그러나 찾을 수 있을까요? 아마 그의 영혼은, 먼저 경찰서로 가고 다음은 분실물 센터로 달려가겠지요. 그러다 맨 마지막에는 병원으로 달려갈 것입니다. 하지만 너무 걱정 마세요. 영혼은 홀로 있을 때 아주 영리하거든요. 가끔 바보짓을 하게 되는 건 바로 몸 때문이니까요.

경비병의 몸은 병원 세척실로 옮겨졌습니다. 물론 사람들이 맨 처음 한 일은 행운의 덧신을 벗겨 내는 일이었습니다. 그러자 영혼이 다시 돌아왔으며, 곧장 몸속으로 들어갔습니다. 경비병이 살아난 것입니다.

"아아, 이렇게 무서운 밤은 태어나서 처음이었어. 아무리 많은 돈을 받는다 해도 다시는 이런 끔찍한 일은 겪고 싶지 않아."

경비병이 온 몸을 덜덜 떨며 말했습니다. 그러나 이젠 다 지나간 일이었지요.

그날 경비병은 병원에서 나왔습니다. 그러나 덧신은 그대로 병원에 둔 채였습니다.

4. 너무나너무나 이상한 여행

프레데릭 병원 입구가 어떻게 되어 있는지 코펜하겐 사람들은 모두 알 것입니다. 그러나 코펜하겐에 살지 않는 사람들도 틀림없이 이 이야기를 읽게 되겠지요.

병원은 높은 격자 창살로 거리와 분리되어 있습니다. 그 창문 쇠창살은 그래도 좀 널찍하게 짜여져 몸이 아주 홀쭉한 사람은 쇠창살 사이를 뚫고 나올 수도 있고, 바깥에서 살짝 들어갈 수도 있습니다. 사실, 병원 사람들도 밖에 나갈 일이 있을 때면 자주 창살 사이를 왔다 갔다 하지요. 이때 드나들기 제일 어려운 부분이 머리입니다. 그래요. 세상 사람들 모두 이렇게 말하곤 하잖아요, '머리가 작은 사람이 가장 행복하다.'

이날 밤, 머리가 아주 큰 수련의가 당직을 섰습니다. 밖에는 세찬 비가 쏟아졌지만 수련의는 그날따라 꼭 밖으로 나가야만 할 일이 있었습니다.

"딱 15분이면 돼. 쇠창살 사이로 살짝 나갈 수만 있다면 수위에게 따로 말할 필요도 없어."

수련의가 중얼거리면서 문을 열자 경비병이 잊고 간 덧신이 눈에 띄었습니다. 수련의는 그게 행운의 덧신이라는 것을 꿈에도 알 리 없었습니다.

목이 긴 덧신은 이런 궂은 날씨에 꼭 필요한 것이었습니다. 수련의는 냉큼 덧신을 신었습니다. 이제 쇠창살 사이로 나갈 수 있느냐 없느냐가 문제였습니다. 과연 잘 빠져나갈 수 있을까요? 수련의는 이제까지 한 번도 그곳으로 빠져 나가 본 적이 없었습니다.

"머리만 바깥으로 빠져 나갈 수 있다면……"

그러자 너무 커서 창살 사이로 집어넣을 수도 없을 것만 같던 그의 머리가 순식간에 쑥 밖으로 빠져 나갔습니다. 행운의 덧신에게 이런 쉬운 일쯤은 아무 것도 아니니까요. 수련의는 몸을 앞으로 내밀어 보았습니다. 그런데 몸이 빠져 나가지 않는 것이었습니다.

"오, 내가 너무 뚱뚱한가 봐. 머리통이 빠져 나가지 못할 거라고 생각했는데, 오히려 몸이 빠져 나가질 않네."

수련의는 재빨리 머리를 다시 끌어당기려고 했습니다. 그런데 그것 또한 쉽지가 않았지요. 그는 목만 가까스로 움직일 수 있었습니다. 그러자 울컥 화가 났지만 곧 차분해지기 시작했습니다. 물론 이 모든 불행은 '행운의 덧신' 때문이었지요. 그가 '제발 빠져나갈 수 있게 해 주세요' 소원을 빌었다면 모든 일이 잘 되었을 텐데, 가엾게도 그런 말을 할 생각은 전혀 없었습니다.

수련의는 안간힘을 쓰면서 몸을 움직였지만 그 자리에서 꼼짝달싹할 수가 없었습니다.

비는 더욱 세차게 쏟아졌고 거리에는 한 사람도 보이지 않았습니다. 현관 초인종에도 손이 닿지 않았습니다. 자, 어떻게 하면 빠져 나갈 수 있을까요? 수련의는 아침까지 이대로 서 있어야 할 것이고, 아침이 되면 사람들은 자물쇠 기술자를 불러 쇠창살을 톱으로 쓱싹쓱싹 자르겠지요. 그러나 그 일은 오랜 시간이 걸릴 것입니다. 그러는 사이 병원 건너편 초등학교 학생들이 몰려올 것이고, 그의 우스운 꼴을 보려고 그 동네에 사는 선원들까지 우르르 달려올 것입니다.

"후유! 머리가 쾅쾅 울리는 것만 같군. 미쳐 버리겠네. 그래, 정말 미쳐 버리겠어. 오, 제발 머리를 이쪽으로 뺄 수 있었으면! 그러면 모든 게 괜찮아질 텐데……."

수련의는 진작 이 말을 했어야 했습니다. 자, 보세요. 이 말을 입 밖으로 내자마자 머리가 쑥 빠져서 안으로 다시 튕겨져 들어왔잖아요. 그는 너무 놀라 어쩔 줄 몰랐습니다. 수련의는 그날 뒤로 겁에 잔뜩 질려 병원에 콕 박혀 오랫동안 나오지 못했답니다.

그러나 여기서 모든 일이 다 끝난 것은 아닙니다. 일은 더욱 커져만 갔습니다.

그날은 아무 일 없이 지나갔습니다. 그 다음 날도 마찬가지였지요. 덧신을 찾으러 오는 사람은 아무도 없었습니다. 그러던 어느 날 저녁, 작은 극장에서 공연이 있었습니다. 극장은 사람들로 가득 차 있었지요.

그날은 〈할머니의 안경〉이라는 새로운 시가 낭송되었습니다. 자, 이 시를 한 번 들어보시죠.

할머니의 안경

우리 할머니는 아주 지혜롭기로 유명하지요.
먼 옛날이었으면 불에 타 죽었을 거예요.
세상의 모든 것들을 알고 있지요.
다음 해에 벌어질 일도 알고 있어요.
아니, 10년 뒤 일도 알고 있을 걸요?
참으로, 지혜롭지요.
하지만 입 밖으로는 내지 않으세요.
다음 해에는 대체 무슨 일이 벌어질까요?
어떤 신기한 일이 벌어질까요?
정말정말 보고 싶어요.
나만의 미래를, 아름다운 예술과 이 나라의 미래를.
하지만 할머니는 이야기해 주지 않으세요.
내가 조르고 졸라야만 겨우 조금 조금 이야기해 주시지요.

처음에는 조용히, 나중에는 좀 화를 내시기도 해요.
그쯤이야, 나는 전혀 무섭지 않아요.
나는 할머니의 귀여운 손자인걸요.
'이번 딱 한 번만이야.'
할머니는 내게 안경을 씌워주었어요.
'자, 어디라도 네가 가고 싶은 곳으로 가 보렴.
세상 사람들 잔뜩 모여 있는 곳으로 말이야.
모두가 함께 서서 바라보는 곳이라면, 이 안경을 써 보렴.
그 순간, 곁에 있는 모두가 식탁 위
카드로 보일 테니까 말이야. 거짓말이 아니란다.
이걸로, 어떤 일이 일어날지 알 수도 있는 거란다.'

나는, 곧바로 안경을 써 보았습니다.
할머니에게 작별인사도 제대로 못 했지요.
그런데, 어디로 갈까? 사람들이 잔뜩 모인 곳이 어디지?
부두일까? 그곳은 너무 추워서 감기에 걸릴지도 몰라.
동쪽으로 갈까? 아아, 그곳은 진흙투성이야.
그렇다면 연극을 보러갈까? 그래, 좋았어!
마침 밤이 내리려 하니까.
그렇게 나는 날아갔습니다.
자, 이제 안경을 써 봅시다.
어쩜 신기하게도 모두가 카드로 보이는군요!
이제 어떤 재미난 일이 펼쳐질까요?
여러분, 잠자코 따라와 보세요.
어떤 놀라운 것이라도 모두 보여드릴게요.
여기 있는 우리들은 친한 친구니까요.
내 이야기는 모두를 위한, 나를 위한, 나라를 위한 것.
먼저 카드들이 무슨 이야기를 나누는지 들어볼까요?
(이쯤에서 안경을 쓰자)
와하하, 참으로 재밌어요. 웃지 않고는 못 견디겠군요.

여러분에게도 보여드리고 싶네요.

저 수많은 카드 신사들을.

그리고 쭉 나란히 서 있는 하트모양 카드 부인들을.

저 검은색 신사들은 클로버와 스페이드.

점점 더 잘 보이네요.

오, 스페이드 부인이 다이아 젊은이에게 속마음을

모두 털어놓고 있네요.

참을 수가 없군요. 마치 술에 취한 것만 같아요.

이 집에는 돈이 아주 많아서,

이곳저곳 다른 나라 사람들이 많이 오지요.

하지만 이런 것들은 알고 싶지도 않아요.

음, 정치? 그런 것들은 신문에.

나중에 마음껏 찾아보면 되지요.

지금 내가 말하면 신문은 큰 피해를 보게 되니까.

맛있는 음식들을 가져오고 싶지도 않아요.

그렇다면, 연극은? 무언가 새로운 작품이라도 나왔을까?

취미? 음악? 아냐 아냐, 지배인하고는 잘 지내고 싶어.

나의 미래?

여러분도 잘 알다시피 자기 일이 가장 알고 싶은 법이에요.

아아, 마침내 보였어요. 하지만 말할 수가 없네요.

대체 이 안에서 누가 누가 행복할까요?

가장 행복한 사람? 좋아요, 곧 알아볼게요.

아아, 마침내 알았어요. 그 사람은······

아이쿠, 말할 수가 없네요.

말해 버리면 슬퍼할 사람들이 너무 많아요.

그렇다면, 가장 오래 살 사람은?

당신의 부인? 그쪽 신사분도?

아이쿠, 그런 걸 물어보면 더욱더 말할 수가 없어요.

그렇다면 그걸로 할까? 아아, 안 돼.

저걸로 할까? 아아, 안 돼.

대체 뭐가 뭔지 모르겠네요.

누군가를 나쁘게 말하진 않을까, 걱정이 됩니다.

자, 이제 여러분의 마음을 들여다볼까요?

여러분, 무엇을 생각하고 있나요?

네가 말하는 건 너무 시시하고 재미없어. 아무것도 알 수 없잖아.

이렇게 생각하셨나요?

그렇다면 여러분, 저는 이제 여러분의 바람대로

입을 꼭 다물게요.

수련의는 이 신기한 안경에 마음을 빼앗겼습니다. 그는 곧 깊은 생각에 빠졌습니다.

"나도 저런 신기한 안경이 있었으면. 잘 써먹으면, 사람들 마음속도 모두 알 수 있을 텐데. 그럴 수만 있다면, 다음 해에 벌어질 일을 아는 것보다 한결 재밌을 거야."

내년에 생길 일이야 어차피 겪게 되겠지만, 사람들 마음속은 좀처럼 알 수가 없으니까요.

"맨 앞줄에 앉아 있는 신사 숙녀들 마음속을 훤히 들여다 볼 수 있다면 참 재밌을 거야. 그래, 가게 창문으로 안을 쓱 들여다보는 것처럼 말이야. 그러다 가게 안으로 들어가서는 여기저기를 두리번거리며 아름다운 물건들 사이를 지나다니겠지. 저기 저 귀부인 마음속에는 틀림없이 유행하는 옷이랑 모자들이 잔뜩 진열된 가게가 있을 거야. 또 어떤 숙녀의 마음속 가게는 텅텅 비어 있을지도 몰라. 그래도 청소는 늘 깨끗이 해 두어야지. 그런데 정말 좋은 물건들로 가득찬 훌륭한 가게가 있을까?"

수련의는 한숨을 쉬었습니다.

"그래, 그런 멋진 가게를 하나 알고 있지. 그 가게라면 이것저것 모두 훌륭할 거야. 그런데 거기엔 벌써 점원 하나가 이리저리 돌아다니고 있지. 그 녀석, 참 꼴보기 싫단 말이야. 내가 나타나면 이 상점 저 상점에서 '어서 오세요!' 외치겠지. 아아, 나도 작고 귀여운 생각처럼 사람들 마음속을 살며시 뚫고 들어갈 수만 있다면……."

물론 행운의 덧신에게는 그 말만으로도 충분한 소원이 되었습니다.

수련의의 몸이 갑자기 쪼그라들었습니다. 그리고 맨 앞줄에 앉은 관객들 마음속을 뚫고 들어가는 이상한 여행이 시작되었습니다.

쪼그라든 수련의가 뚫고 들어간 첫 번째 마음은 숙녀의 것이었습니다. 그런데 수련의는 순간, 자신이 정형외과에 와 있는 것이 아닌가 생각했습니다. 의사가 사람 뼈를 들어내고 상처를 고치는 그런 병원 말입니다. 벽에는 석고로 모형을 뜬 팔다리들이 잔뜩 걸려 있었습니다. 정형외과에서는 환자가 오면 그 모형들을 만드니까요. 그런데 자세히 살펴보니, 병원과는 다른 점이 있었습니다. 병원에서는 환자가 오게 되면, 그때 모형을 뜨는데 마음속에서는 환자가 나가야만 모형이 만들어지는 것입니다. 이곳에 있는 것들은 숙녀의 친구들 석고 모형이었습니다. 그 친구들의 삐뚤어진 몸과 마음이었지요.

수련의는 재빨리 다른 여자 마음속으로 들어갔습니다. 이 마음속은 크고 성스러운 교회처럼 보였습니다. 높은 제단 위에는 흰 비둘기가 훨훨 날아다녔지요. 그는 자기도 모르게 무릎을 꿇고 싶어졌습니다. 그러나 곧 그곳을 떠나 다른 마음속으로 날아가야만 했습니다. 수련의는 아직도 풍금 소리가 귀에 들리는 듯했고, 새로운 사람이 된 것만 같았습니다.

다음에 들어간 마음속도 무척 성스러운 곳이었습니다.

그 곳은 병든 어머니가 누워계시는 초라한 다락방이었습니다. 그러나 열려진 창으로는 따스한 햇살이 비치고, 지붕 위 작은 나무 상자에는 장미꽃이 활짝 피었습니다. 두 마리 푸르른 하늘빛 새는 기쁨을 노래했지요. 병든 어머니는 따뜻한 마음속에서 딸을 위해 하느님께 축복기도를 드렸습니다.

수련의는 다시 손과 무릎으로 기어 고기가 가득한 푸줏간으로 들어갔습니다. 그에게 부딪치는 것은 고깃덩이뿐이었습니다. 이곳은 사람들한테 널리 존경을 받는 어느 부자의 마음속이었습니다.

곧 부자 아내의 마음속으로 들어갔습니다. 그런데 그곳은 낡고 쓰러져 가는 비둘기 집이었습니다. 남편의 초상화가 풍향계로 쓰이고 있었지요. 이 풍향계는 문에 단단히 묶여 있어 바람이 불 때마다 빙글빙글 돌아가면 문이 열리고 닫혔습니다.

이어서 수련의는, 로젠베르크 성에서나 볼 것 같은 유리거울 방으로 들어갔습니다. 이곳 거울들은 비쳐지는 것을 아주 크게 보여주고 있었습니다. 방바닥 한가운데에는 작고 초라한 자아(自我)가 마치 달라이 라마처럼 떡하니 앉아 있었습니다. 그는 놀란 눈으로 무척 커다래진 제 모습을 바라보고 있었습니다.

그 다음에는 뾰족뾰족한 바늘들로 가득 찬 바늘 쌈지 속에 들어왔다고 생각했습니다.

'아아, 이곳은 결혼 못한 노처녀의 마음이 틀림없어.'

하지만 그 짐작은 틀렸습니다. 이곳은 아주 많은 훈장을 탄 젊은 장교의 마음속이었지요. 주위 모든 사람들이 머리도 좋고 정도 많다 칭찬하는 이였습니다.

수련의가 이 사람 마음속에서 빠져나왔을 때는 이미 비틀비틀 쓰러질 것만 같았습니다.

수련의는 머릿속이 말할 수 없이 뒤숭숭하여 제 생각을 정리할 수가 없었습니다. 오히려 방금 겪은 일들은 자신의 지나친 상상 때문이라고 여겼습니다.

"하느님 맙소사! 미쳐버릴 것만 같아. 이 극장 안은 왜 이리 덥지? 머릿속이 쾅쾅 울려대서 도저히 견딜 수가 없어!"

수련의는 자신의 머리가 병원 문 쇠창살 사이에 끼었던 어제저녁 일이 떠올랐습니다.

"그래, 바로 그 때문이야. 어제 머리가 쇠창살에 끼었던 탓이야. 더 늦기 전에 손을 써야겠어. 러시아식 목욕이 좋겠지. 어서 높은 판대기 위에 누워야겠어."

말이 끝나기가 무섭게 수련의는 증기가 뿜어 나오는 목욕탕 높은 판 위에 누워 있었습니다. 옷을 입고 부츠에 덧신까지 신은 채로 말이지요. 천장에서는 뜨거운 물방울이 사정없이 그의 얼굴로 떨어졌습니다.

"앗 뜨거워!"

수련의는 소리를 지르면서 벌떡 일어나 찬물로 뛰어들었습니다. 경비원이 욕조 속에 옷 입은 사람이 들어가 있는 것을 보더니 마구 소리를 질렀습니다.

수련의는 곧 정신을 가다듬고 경비원의 귀에 대고 변명의 말을 속삭였습니다.

"내기를 하는 중이었소."

그러고는 자기의 방으로 돌아왔습니다.

수련의는 스페인제 고약을 목과 등에 잔뜩 발랐습니다. 미친 기운이 밖으로 새어 나가길 바라면서요.

다음 날 아침, 그의 등은 새빨갛게 부어올라 있었습니다. 잘 알겠지요, 이게 바로 수련의가 행운의 덧신에게서 얻은 상처랍니다.

5. 시인이 된 서기

갑자기 이야기가 바뀌어 혼란스럽겠지만, 행운의 덧신을 신은 경비병 이야기를 아직 기억하고 있겠지요? 죽었다가 살아난 그 경비병은 어느 날 문득 병원에 두고 온 덧신이 생각났습니다. 그래서 그는 병원으로 가서 덧신을 가져왔습니다. 그러나 중위도, 이 거리에 사는 어느 누구도 그 덧신을 자기 것이라 말하는 사람은 없었습니다. 그래서 경비병은 그 덧신을 경찰서에 갖다주었습니다.

"내 덧신하고 꼭 같아 보이네. 구두장이가 보더라도 구별하기 어렵겠는걸."

경찰서 서기가 자기 덧신과 경비병이 가지고 온 덧신을 나란히 세워 놓고 가만히 바라보며 말했습니다.

"여보세요, 서기님."

그때 서류를 가지고 들어온 순경이 서기를 불렀습니다.

서기는 몸을 돌려 순경과 이야기를 나누었고 다시 덧신을 보았을 때는 이미 어느 덧신이 제 덧신인지 모르게 되었습니다.

"젖은 게 내 것일 거야."

그러나 잘못된 생각이었습니다. 바로 그것이 행운의 덧신이었으니까요. 서기는 그 덧신을 신고 서류 몇 장을 호주머니에 넣었습니다. 또 다른 서류들은 손에 들고 있었지요. 집에서 꼼꼼히 읽고 베껴 쓸 참이었습니다.

마침 그날은 일요일 오전이었으며, 날씨는 매우 맑았습니다.

'프레데릭스베르그 공원으로 산책을 가야겠군.'

서기는 천천히 걸으면서 생각했습니다.

그는 어느 누구보다도 조용하고 착실한 사람입니다. 날마다 오랜 시간 책상에 앉아 있는 그에게 산책은 좋은 운동이지요. 그는 아무 생각 없이 천천히 걸었습니다. 그래서 덧신은 마법을 부릴 기회가 좀처럼 없었습니다.

서기는 길에서 친구를 만났습니다. 그는 시인으로 내일 여름 여행을 떠난다고 했습니다.

"또 여행을 간다고? 자네는 참으로 행복하고 자유로운 사람이야. 가고 싶은 곳이라면 어디든지 갈 수 있으니까 말이야. 나 같은 사람들은 늘 이렇게 발이 묶여 있기 마련이지."

"그렇지만 자네는 먹고 사는 일에 걱정은 없지 않나. 내일을 걱정할 필요도 없고. 또 나이를 먹으면 연금도 타잖아."

시인이 말했습니다.

"그건 그렇지만, 그래도 자네가 부럽네. 집에 편안히 들어앉아서 좋아하는 시를 짓고, 그 시가 사람들을 감동시키지. 게다가 남한테 머리 숙일 필요도 없잖아. 자네가 별 것 아닌 사소한 일 때문에 이렇게 맑은 날에도 재판소에 가만히 앉아 있어야 한다고 생각해 보게."

시인은 아니라는 듯, 머리를 흔들었습니다. 서기도 머리를 흔들었습니다. 두 사람은 서로 자기 생각이 옳다 고집했습니다. 그렇게 두 사람은 제 갈 길을 갔습니다.

"시인들이란 참 이상한 사람들이야. 한번 저런 사람들 마음속에 들어가서 시인이 되어 보고 싶어. 그렇게 된다면 나는 그들처럼 눈물이 가득한 시는 쓰지 않을 거야. 오늘은 정말 시인이 되기에 알맞은 봄날이로구나. 공기는 맑고 시원하며 구름은 저토록 뭉게뭉게 피어오르고, 초록 풀들은 기분좋은 향기를 풍기누나. 그래, 지난 몇 년 동안 이처럼 상쾌한 기분을 느껴본 적이 없었어."

서기는 이미 시인이 되어 있었습니다. 물론 시인의 모습이 겉으로 드러나지는 않았습니다. 시인이 평범한 사람들과 다르다고 생각한다면 그야말로 바보 같은 생각입니다. 평범한 사람들 가운데서도 위대한 시인들보다 더 아름다운 시를 쓰는 사람들이 많으니까요. 평범한 사람과 시인이 서로 다른 것은 시인은 그때의 생각과 감정을 글로 옮겨 놓을 때까지 그것을 꼭 붙잡고 있다는 것입니다. 평범한 사람들은 얼마 지나지 않아 곧 잊어버립니다. 하지만 평범한 성격에서 재능 있는 성격으로 바뀌는 것도 아주 큰 변화입니다. 이제 그 변화를 서기가 겪고 있는 것이지요.

"아아, 이 찬란한 향기! 로라 숙모님네 정원에 피어 있던 작은 제비꽃이 떠오르는구나. 그래, 내가 아주 어렸을 때였지. 맙소사, 정말 오랫동안 그분을 잊고 살았네. 참으로 상냥한 아주머니셨지. 그분은 저기 저 거래소 뒤편에 살고 계셨어. 아무리 춥고 혹독한 겨울날이라도 그분은 언제나 나뭇가지나 두어 송이 꽃을 물속에 담가 두곤 하셨지. 아아, 제비꽃은 참으로 향기가 좋았어. 내가 손으로 따뜻하게 녹인 동전을 언 유리창에 대고 조그만 구멍을 만들어 밖을 내다보면 오랑캐꽃 향기가 은은히 풍겨 오는 것만 같았지. 정말 멋진 풍경이었어.

운하에는 배들이 얼음에 갇혀 정박해 있었고 배에는 사람들이 다 떠나고 없었어. 까악까악 우는 까마귀 한 마리가 오직 하나 남아 있는 승무원이었어. 봄바람이 산들산들 불어오면 세상은 다시 싱그러워졌지. 사람들은 즐겁게 노래를 부르며 톱으로 얼음을 동강냈어. 배에는 콜타르가 칠해지고 기계도 수리되면 배들은 먼 나라로 떠났지. 그런데 나는 아직도 이곳에 머물러 있어. 앞으로도 그럴 테고. 날마다 이렇게 경찰서에 앉아 다른 사람들이 여권을 받아가는 것을 지켜보아야 하다니. 이게 내 운명이야. 오, 그래!"

서기는 깊은 한숨을 쉬었습니다. 그러다 우뚝 멈추어 섰습니다.

"내가 도대체 어떻게 된 거지. 예전에는 이런 생각을 한 번도 한 적이 없는데 말이야. 향기로운 봄기운 때문인가 봐. 눈물이 날 것 같으면서도 이루 마할 수 없이 기뻐."

서기는 호주머니에 손을 넣어 서류를 찾았습니다.

"이걸 보면 생각이 좀 달라질 거야."

그는 첫 번째 종이로 눈을 돌렸습니다.

"〈지크브리트 부인, 5막의 비극〉 이게 뭐야? 내 글씨잖아! 내가 이 비극을 썼단 말이야? 희극 〈성벽 위 음모〉라? 대체 이게 어디서 났지? 누군가가 내 호주머니에 집어넣었음에 틀림없어. 어, 여기 편지가 있네."

그래요, 그 편지는 극장 지배인에게서 온 편지였습니다. 그 작품 공연을 거절한다는 것으로, 편지 어투가 정중하지 못했지요.

"휴우, 으음……"

서기는 옆에 있는 벤치에 앉았습니다. 그러고는 자기도 모르게 곁에 있는 꽃 한 송이를 꺾었습니다. 작고 소박한 데이지꽃이었습니다.

이 꽃은 식물학자가 몇 분을 들여 설명하는 것을 겨우 1분 만에 내게 가르쳐 주었습니다. 꽃은 제 탄생과 함께 보드라운 꽃잎을 펴고 기분 좋은 향기를 풍기게 해주는 해님 이야기를 들려 주었지요.

서기는 꽃 이야기를 들으며 살아가기 위한 모든 것들을 생각했습니다. 이러한 이야기들은 우리들 가슴속에 저마다의 감정을 불러일으키겠지요. 꽃의 친구는 공기와 해님입니다. 그 가운데에서도 더 가까운 것은 해님이라, 꽃은 해님만을 바라보고 있다가 해님이 모습을 감추면 잎들을 접고 공기의 품속에서 살며시 잠이 듭니다.

"저를 아름답게 꾸며 주는 것은 해님이랍니다."

데이지꽃이 말했습니다.

"그렇지만 너를 숨 쉬게 하는 것은 공기잖아?"

시인이 속삭였습니다.

그때 옆에 있던 한 소년이 다가와서 막대기로 진흙 도랑을 마구 휘저었습니다. 그러자 진흙이 초록색 가지들 사이로 튀어 올랐지요. 시인은 공중으로 높이 튀어 오르는 물방울들 속에서 보이지 않는 수백만 마리 동물들을 생각했습니다. 그 작은 동물들은 우리가 구름 위까지 튀어 올라온 것처럼 아주 높은 곳에 있었지요.

이 모든 것들을 생각하며 서기는 자신이 참으로 많이 변했다 느끼고는 슬쩍 미소를 지었습니다.

"내가 꿈을 꾸고 있나 봐. 그런데 이렇게나 또렷하다니. 게다가 이 모든 게 꿈이라는 걸 내가 알아. 이 얼마나 신기한 일인가! 내일 아침, 내가 잠에서 깨어나도 이 꿈을 기억할 수 있었으면 좋겠어. 아무래도 나는 많이 바뀐 것 같으니까 말이야. 세상 모든 게 맑아 보이고 가슴속 깊이 느껴져. 내일도 이런 멋진 기분을 느낄 수 있다면 좋겠지만, 그건 바보 같은 생각이겠지? 예전에도 이런 일이 있었는데. 꿈속에서 지혜로운 일을 하거나 훌륭한 것들을 보고 듣는 건 모두 지하 깊은 곳에 감추어진 요정들의 황금이나 다름없어. 요정들에게서 황금을 얻게 되면 큰 부자가 되고 행복해지지. 하지만 밝은 낮에 보면 그것은 돌멩이나 시든 잎일 뿐이야."

서기는 무척 슬프다는 듯, 한숨을 쉬었습니다. 그리고 이 가지에서 저 가지로 즐겁게 날아다니며 노래하는 새를 바라보았지요.

"저 새들이 나보다 한결 행복하구나. 난다는 것, 그건 참으로 멋지고 황홀한 일이야. 날 수 있도록 태어난다는 것은 정말 복 받은 일이지. 그래! 만일 내가 다른 것으로 다시 태어날 수만 있다면, 저런 종달새로 태어나고 싶어."

그 순간, 서기의 윗옷자락과 팔소매가 차츰 오그라들더니 날개가 되고, 옷은 깃털로 변했으며, 행운의 덧신은 발톱이 되었습니다. 그는 자기가 변했다는 것을 느낄 수 있었습니다.

"거 참, 신기한 일이야. 내가 꿈을 꾸고 있는 게 틀림없어. 그런데 여태껏 이토록 바보 같은 꿈을 꾼 적은 한 번도 없었는데."

서기는 푸른 가지 위로 날아가서는 즐겁게 노래를 불렀습니다. 그러나 노래 속에는 아름다운 시가 들어 있지 않았습니다. 그래요, 시인의 재능이 사라져 버린 것입니다. 행운의 덧신은 한 번에 하나의 소원밖에 들어주지 않습니다. 무엇이든 한 가지 일만을 열심히 하려는 사람처럼 말이에요. 그는 시인이 되고 싶어 시인이 되었고, 그리고 다시 작은 새가 되고 싶어 작은 새가 되자 시인의 재능은 사라져 버린 것입니다.

"참 재미있군. 낮에는 경찰서에서 딱딱한 서류 더미 속에 앉아 있었는데 밤에는 이렇게 종달새가 되어 프레데릭스베르그 공원을 이리저리 날아다니는 꿈을 꾸다니. 이 이야기로 코미디 극본을 써도 아주 재밌겠어."

서기는 풀섶에 내려앉았습니다. 고개를 곳곳으로 돌리면서 부리로 부드러운 풀잎들을 쪼았지요. 종달새가 된 그의 몸 크기에 비하면 북아프리카 종려나무 잎만큼이나 커 보이는 풀잎이었습니다.

하지만 그것도 아주 잠시였습니다. 갑자기 주위가 깜깜해지더니 커다란 물체가 그의 머리를 덮친 것입니다. 그것은 선원 마을에 사는 소년이 던진 커다란 모자였습니다. 그리고 갑자기 모자 속으로 손 하나가 쑥 들어오더니 새가 된 서기의 등과 날개를 거머쥐었습니다. 서기는 크게 외쳤습니다.

"이 못된 장난꾸러기야. 나는 경찰서 서기란 말이야."

그러나 소년에게는 쩍쩍거리는 소리로만 들릴 뿐이었지요.

소년은 새의 부리를 '톡' 때리고는 새가 들어 있는 모자를 안고 그곳을 떠나고 말았습니다.

길에서 소년은 우연히 상류층 소년 둘을 만났습니다. 여기서 말하는 상류층이란 우리들 모두가 알고 있듯이 경제적 수준을 말하는 것일 뿐, 학교에서는 열등한 수준이었습니다. 두 소년은 새를 8펜스에 샀습니다. 그리하여 서기는 코펜하겐의 어느 가정집으로 오게 되었습니다.

"꿈이라서 참 다행이야. 꿈이 아니라면 나는 너무 화가 나서 죽어버렸을 지도 몰라. 처음에 나는 시인이었어. 그런데 이제는 종달새야. 그래, 나를 이 조그만 동물로 만든 것은 틀림없이 시인의 재능 때문이야. 새가 된다는 건 참 슬픈 일이로구나. 저런 장난꾸러기들 손에 붙잡히고 말아야. 뭐, 이제 어쩔 수 없는 일이지. 어떻게 될지 지켜볼 수밖에."

새가 된 서기가 말했습니다.

소년들은 종달새를 잘 꾸며진 커다란 방으로 가지고 들어갔습니다. 뚱뚱한 어머니가 미소를 지으며 그들을 맞았지요. 그러나 어머니는 볼품없는 새를 집으로 가지고 온 것을 전혀 기뻐하지 않았습니다. 그녀는 얼굴을 찌푸리며 말했습니다.

"그래, 좋아. 오늘 딱 하루만이다. 창가에 있는 새장이 비었으니까 거기에 넣어두렴. 우리 앵무새도 무척 좋아할 거야."

어머니는 이렇게 말하면서 잿빛 큰 앵무새를 보고 웃었습니다. 앵무새는 화려한 놋쇠 새장 안 둥근 쇠굴레에서 점잔 빼는 얼굴로 우아하게 그네를 타고 있었습니다.

"오늘이 앵무새 생일이란다. 그래서 이 작은 종달새가 축하하러 온 거야."

어머니는 웃으면서 커다란 잿빛 앵무새를 바라보았습니다.

앵무새는 한 마디 대답도 하지 않은 채 이리저리 그네만 탔습니다. 그때 지난 여름 따뜻한 고향에서 이곳으로 온 예쁜 카나리아가 큰 소리로 노래하기 시작했습니다.

"아, 시끄러워!"

그러자 어머니는 크게 소리치며 카나리아 새장 위로 흰 보자기를 덮어씌워 버렸습니다.

"피—피—!"

카나리아는 한숨을 쉬었지요.

"정말 무서운 눈보라로군."

서기도 한숨을 쉬며 그렇게 말하곤 입을 다물었습니다.

서기가 변신한 종달새는 앵무새와 멀지 않은 곳에서 카나리아와 나란히 붙어 있었습니다. 앵무새가 지껄이는 하나뿐인 인간의 말은 '자, 우리도 인간이 되어 보자, 우리도 인간이 되어 보자'라는 것이었습니다. 이 말은 때때로 아주 우스꽝스럽게 들리곤 했습니다. 그 소리 말고는 카나리아가 지저귀는 것과 마찬가지로 사람들이 이해할 수 없는 것들 투성이였습니다. 그러나 종달새로 변한 서기는 새들의 말을 이해할 수 있었습니다.

"나는 초록 종려나무들과 꽃이 핀 자작나무 사이를 신나게 날아다녔어. 언니 오빠들도 함께 화려한 꽃들 위나 거울처럼 맑은 호수 위를 날아다녔지. 호수 밑에는 귀여운 수초들이 흔들흔들거렸단다. 이곳저곳에서 날아온 예쁜 앵무새들도 많이 만났어. 그들은 내게 재미난 이야기를 들려주었지. 아주 긴 이야기를 말이야."

카나리아가 말했습니다.

"그건 모두 들새들이야. 그애들은 교양이 없어. 자, 우리도 인간이 되어보자. 그런데 너는 왜 웃지도 않니? 저 아주머니도, 귀여운 아이들도 모두 웃는데 말이야. 너도 웃어버리면 되는 거야. 재미난 것을 즐기지 않는 것은 아주 큰 잘못이라고. 자, 우리도 인간이 되어 보자."

앵무새가 말했습니다.

"오, 너 기억하니? 꽃이 가득 핀 나무 아래에서 춤추던 그 어여쁜 소녀들 말이야. 너 기억하니? 달콤한 과일들과 우거진 잡초들 속을 흐르던 시원한 물을 말이야."

카나리아가 물었습니다.

"응, 그래. 기억 나. 하지만 난 이곳이 훨씬 더 좋아. 여기서는 날마다 맛있는 음식을 먹을 수 있고 좋은 대우를 받고 있지. 나는 아주 지혜롭단 말이야. 그러니 더는 바라지 않아. 자, 우리도 인간이 되어 보자."

"너는 마치 시인 같구나. 나한테는 지식과 재치가 있어. 너는 재능은 있어 보이지만, 세상물정을 잘 몰라. 있는 대로 소리를 질러대니까 네 집을 손수건으로 덮어버리는 거야. 나는 그런 천박한 새들과 달라. 나는 사람들에게 내 재능을 마음껏 보여줄 수 있어. 부리를 딱딱 맞부딪칠 수 있다 이거지. 자, 인간이되어 보자."

"오, 꽃피는 나의 따뜻한 고향이여! 커다란 암녹색 나무들을 노래하고 싶구나. 나뭇가지들이 맑은 물에 입을 맞추는구나. 조용히 흘러가는 강을 노래하자. 황량한 사막 한가운데 샘물가, 선인장이 빽빽이 들어찬 그곳에서 형제자매의 빛나는 기쁨을 노래하자."

카나리아가 기쁨에 가득 찬 소리로 외쳤습니다.

"그렇게 청승맞은 소린 그만둬. 사람들이 웃을 수 있는 노래를 하란 말이야. 웃을 수 있다는 것은 생각이 깨어 있다는 증거야. 개나 말이 웃는 것 봤니? 아니지. 그들은 시끄럽게 울 수는 있지만 웃을 수는 없어. 웃음은 사람들에게만 주어진 거야. 호호홋."

앵무새는 웃으면서 재치 있게 덧붙였습니다.

"우리도 인간이 되어 보자."

"너, 잿빛 회색 덴마크 새야. 너도 잡힌 몸이로구나. 네가 살던 숲속은 틀림없이 추웠을 거야. 하지만 그곳엔 자유가 있어. 자, 어서 날아가. 사람들이 너를 가두는 것을 잊었단다. 위쪽 창문이 열려 있어. 날아가. 날아가."

서기는 카나리아 말대로 했습니다.

휘익! 그는 새장에서 빠져 나왔습니다. 그 순간 반쯤 열린 문이 삐걱거리더니, 번득이는 초록색 눈을 가진 집고양이가 살그머니 방 안으로 들어왔습니다. 집고양이는 종달새를 보더니 재빨리 그를 뒤쫓기 시작했습니다. 카나리아가 새장 속에서 이리저리 날아다니고, 앵무새는 날개를 치면서 말했습니다.

"우리도 인간이 되어 보자."

무서움에 새파랗게 질린 서기는 창문으로 나와서 거리로 도망쳤습니다. 이제 그는 쉴 곳을 찾고 싶어졌습니다.

얼마쯤 날았을까. 맞은편을 보니, 왠지 모를 익숙함과 따뜻함이 느껴지는 집이 있었습니다. 창문 하나가 열려 있어 서기는 그곳으로 날아 들어갔습니다. 그곳은 자기 자신의 방이었습니다.

서기는 책상 위에 날아 앉았습니다.

"자, 우리도 인간이 되어 보자."

서기도 무심결에 앵무새를 흉내 냈습니다. 그러자 그는 다시 사람이 되어 자기 책상 위에 앉아 있었습니다.

"아니, 이럴 수가! 내가 언제 책상 위에서 잠이 들었지? 정말 무섭고 말도 안 되는 꿈이었어!"

6. 덧신이 가져다 준 가장 좋은 것

다음 날 이른 아침이었습니다. 서기가 아직 침대에 누워 있는데 누군가 방문을 똑똑 두드리는 소리가 들렸습니다. 같은 층에 사는 대학생이었습니다. 그는 목사가 되기 위한 공부를 하고 있었지요.

"덧신 좀 빌려 주세요. 정원이 몹시 젖어 있어요. 햇볕이 참 좋아서 정원에 나가 하늘 좀 쳐다보려고요."

서기는 곧바로 덧신을 빌려 주었고, 대학생은 행운의 덧신을 신은 채 사과나무와 자두나무가 한 그루씩 서 있는 아래쪽 정원으로 내려갔습니다. 작은 정원이지만 코펜하겐 시내에서는 보기 드물게 잘 가꾸어진 정원이었습니다.

대학생은 정원으로 난 조그만 길을 이리저리 거닐었습니다. 시계는 여섯 시를 가리켰습니다. 바깥에서는 우편 마차의 종소리가 들려왔지요.

"오, 여행! 여행은 이 세상에서 가장 큰 행복이지. 내 소망은 세계 이곳저곳을 여행하는 거야. 그러면 내가 느끼는 이 불안도 잠재워지겠지. 모처럼 갈 거라면 아주 먼 곳으로 갈 거야. 찬란한 스위스를 가 보고 싶구나, 이탈리아를 거쳐서……."

대학생이 외치자 덧신이 곧바로 마법을 부렸습니다. 행운의 덧신이 아니었더라면 그는 아주 오랜 시간동안 먼 길을 돌아 겨우 원하는 곳에 다다를 수 있었겠지요.

대학생은 스위스 한가운데에 와 있었습니다. 여행객 여덟과 함께 좁은 마차 안에 끼어 앉아 있었습니다.

대학생은 머리가 아프고 등도 쑤셨으며, 부츠에 짓눌린 발이 부어올랐습니다. 그는 자는 것도 깨어 있는 것도 아닌 몽롱함을 느끼며 꾸벅꾸벅 졸고 있었지요. 그의 오른쪽 주머니에는 신용장(오늘날의 신용 카드에 해당하는 것인 듯)이 들어 있었고, 왼쪽 주머니에는 여권이 들어 있었습니다. 그리고 작은 가죽 지갑에는 프랑스 금화가 조금 들어 있었습니다.

대학생은 꿈을 꿀 때마다 소중한 금화를 잃어버릴까봐 소스라치게 놀라며 일어나곤 했습니다. 그때마다 주머니를 더듬어서 금화가 그대로 잘 있는지 확인해 보곤 했지요. 가장 처음에는 오른쪽으로, 그 다음엔 왼쪽, 마지막으로는 머리 위로 손을 움직이는 우스꽝스런 모습이었습니다. 그는 아름다운 바깥 경치를 보고 싶었지만 머리 위로 출렁거리는 그물망 속 우산, 지팡이, 모자 때문에 마음 편히 밖을 바라볼 수 없었습니다. 조금씩 그 틈으로 살짝 살짝 풍경이 보일 뿐이었습니다. 그래도 대학생은 마음속으로 시를 노래했습니다. 우리들이 알고 있는, 이제 시인이라고 할 수 있는 그 사람이 스위스에서 부른 시였지요. 이 시는 아직 책으로는 나오지 않았답니다.

아아, 그리운 몽블랑.
이곳이야말로 나의 고향.
내게 돈이 조금만 더 있었더라면

이곳이야말로 내가 사랑하는 고향.

주위를 둘러싼 자연은 위대하고 장엄했습니다. 높다란 바위산 위를 빽빽이 채운 전나무 숲은 거친 땅 위 풀숲으로 보였습니다. 산 꼭대기는 뿌연 구름에 가리워져 있었지요.

곧 눈이 내리기 시작하더니 이어서 차가운 바람이 몰아쳤습니다.

"후유. 너무 추워."

대학생은 이렇게 중얼대며 한숨을 쉬었습니다.

"얼른 알프스 산맥 반대편으로 가 보고 싶어. 그곳은 1년 내내 여름이니까 말이야. 그러면 나는 신용장을 내보이고 돈을 꺼내 썼겠지? 돈이 떨어져 이 멋진 스위스 풍경을 다 돌아보지 못하게 되는 건 아닐까? 오, 어서 빨리 알프스 산맥 반대편으로 가고 싶어!"

그러자 대학생과 여러 여행객이 타고 있는 마차는 알프스 산맥 반대편인 이탈리아 피렌체와 로마 사이를 달리고 있었습니다. 암청색 산들 사이에 놓인 트라지멘 호수는 저녁놀 속에서 마치 황금처럼 반짝반짝 빛나고 있었습니다. 한니발이 플라미니우스를 무찌른 이곳에는 이제 포도 넝쿨이 초록빛 손가락처럼 서로 정답게 뒤엉켜 기어올라 있었습니다. 길가에서는 귀여운 아이들이 웃옷을 벗은 채 커다랗고 향기가 나는 월계수나무 아래에서 노는 검은 돼지들을 바라보고 있었습니다. 누군가가 이 모습을 그려낼 수 있다면, 모두들 그 그림을 보고 '아름다운 이탈리아여!' 기쁨의 탄성을 질렀을 것입니다. 그러나 대학생과 마차 승객 어느 누구도 아무런 말이 없었습니다.

독충과 모기떼 수천 마리가 마차 안으로 붕붕 날아들어왔습니다. 도금양나무 가지를 꺾어 이리저리 휘둘러도 아무 소용이 없었습니다. 모두들 얼굴이 부어오르고 피가 났습니다. 벌레들이 까맣게 달라붙어, 말들은 불쌍하게도 마치 썩어버린 짐승 사체 같았습니다. 마부가 마차에서 내려서는 파리들을 쫓아냈지만 그때뿐이고, 곧 다시 까맣게 몰려드는 것이었습니다.

어느덧 해가 지자 갑자기 추위가 몰려왔습니다. 산 속 추위를 견디는 건 아주 힘든 일이지요. 그러나 주위 산과 구름은 더할 나위 없는 아름다움을 뽐내며 초록빛으로 물들어갔습니다. 그 반짝반짝 빛나는 훌륭한 경치란, 이야! 여러분도 꼭 이 아름다운 곳으로 가 보세요. 직접 가서 보는 게 글로 읽는 것보다 한결 큰 감동일 테니까요. 여행객들 또한 벅차오르는 감동을 느꼈습니다. 그러나 그것도 잠시, 곧 배가 고프고 피곤해졌지요. 모두들 얼른 푹 쉬고 싶다는 생각뿐이었습니다. 아름다운 자연보다는 편안한 휴식이 더욱 그리웠습니다.

마차는 올리브 숲을 지나갔습니다. 대학생은 마치 고향에 있는 버드나무들 사이를 지나가는 것만 같았습니다. 그렇게 얼마쯤 가자 여관이 한 채 보였습니다. 열 명쯤 되는 사람들이 그 앞에 앉아 구걸을 하는데, 그들의 모습은 비참했습니다. 눈이 멀었거나 수수깡처럼 깡마른 다리를 질질 끌며 기어가고, 가죽과 뼈만 남은 팔에는 손가락이 하나도 달려 있지 않았습니다.

"나리! 가여운 저희에게 부디 은혜를!"

그들은 병든 팔다리를 내밀며 머리를 조아렸습니다.

곧 여주인이 손님들을 맞았는데 그녀의 모습 또한 더럽기 짝이 없었습니다. 맨발에 머리는 헝클어지고 무척 지저분한 옷을 걸쳤지요. 문이란 문은 모두 닫힌 채 끈으로 꽉 묶었고 방바닥은 군데군데 벽돌이 드러났으며 천장에서는 박쥐들이 이리저리 날아다녔습니다. 게다가 여관 안은 고약한 냄새로 가득찼습니다.

"차라리 외양간에다 상을 차려 주시오. 그곳이라면 이게 대체 무슨 냄새인지는 알 수 있을 테니."

한 여행자가 말했습니다.

깨끗하고 맑은 공기를 마시려고 창을 모두 열었습니다. 그런데 이 일을 어쩌죠, 미처 신선한 공기가 들어오기도 전에 잔뜩 깡마른 팔들과 "저희에게 부디 은혜를!"이라는 목소리가 먼저 날아드는 것이었습니다. 벽은 온통 '아름다운 이탈리아여!' 이런 낙서로 가득했는데 이곳은 아름다움과는 도무지 거리가 멀어 보였습니다.

저녁밥이 나왔습니다. 수프는 후추와 고약한 냄새가 나는 기름으로 맛을 냈고, 샐러드에도 똑같은 기름이 들어 있었습니다. 썩은 달걀과 구운 닭 벼슬이 그 가운데 그나마 먹을 만한 요리였습니다. 포도주조차도 이상한 맛이 나서 마치 약을 먹는 것만 같았으니까요.

자기 전에는 저마다 가방들을 문 앞에 쌓아 막아 놓고, 신학 대학생이 보초를 서기로 했습니다. 방이 어찌나 후덥지근한지 숨조차 쉬기 힘들었고 하루살이들은 끝없이 윙윙 날아들었으며, 바깥에서는 "은혜를 베푸소서!" 외침 소리가 계속해서 들려왔습니다.

"그래, 여행이란 좋은 거지. 사람에게 몸이 없다면 말이야. 몸은 가만히 놓아두고 영혼만 날아다닌다면 얼마나 좋을까? 어딜 가든 불행한 일들이 가득 쌓여 있어. 나는 아름다운 곳을 보기만 하는 덧없는 것이 아니라 더 좋은 것을 갖고 싶어. 그래, 좀 더 좋은 것, 가장 좋은 것. 그런데 그건 어디에 있는 무엇일까? 그래, 나는 내가 뭘 바라는지 잘 알고 있어. 나는 행복을 원해. 그 무엇보다 행복을 느끼고 싶다고!"

말을 마치자마자 그는 집에 와 있었습니다. 창문에는 흰 망사 커튼이 길게 드리워져 있고, 방 한가운데에는 새까만 관이 놓여 있었습니다. 대학생은 이 관에 누워 영원한 잠을 자고 있었습니다. 몸은 가만히 쉬고 영혼만 이곳저곳 여행하고 있으니, 그의 소망이 이루어진 셈입니다. '무덤에 들기 전에는 그 누구도 행복하지 않다'라는 말을 한 사람은 그리스 성인 솔론이지요? 여기서 다시 한 번 그 말이 입증되었다 할 수 있겠네요.

어느 송장이라도 모두 영원한 스핑크스랍니다. 여기 검은 관 속 스핑크스 또한 이틀 전 살아 있었을 때 다음과 같은 시를 썼었는데 그 의미는 우리에게 가르쳐주지 않습니다.

더없이 강한 죽음의 신이여
네 침묵은 참으로 무섭구나.
너는 오로지 무덤에만 발자국을 남기는구나.
야곱의 사다리는 덧없이 부서져
나는, 죽음의 정원을 뒤덮은 풀과 닮은 걸까.
끝없는 괴로움을
아는 이 하나 없이
삶이 끝날 때에도
홀로 남겨졌구나.
무거운 마음, 괴로움, 고민.
모두 땅 속에 묻히니 참으로 마음이 가볍구나.

방 안에서 그림자 두 개가 움직였습니다. 우리들이 잘 알고 있는 근심의 요정과 행복의 요정이었습니다. 두 요정은 몸을 굽혀 죽은 사람을 들여다보았습니다.

"보세요, 당신의 덧신이 사람들에게 대체 무슨 행복을 가져다주었다는 거죠?"

근심의 요정이 물었습니다.

"적어도 여기 잠자는 이 사람에게는 끝없는 행복을 가져다주었지요."

행복의 요정이 이야기했습니다.

"오! 아니에요. 그는 죽고 싶어서 죽은 게 아니에요. 그의 영혼은 아직 그에게 주어진 보물을 꺼낼 힘이 없었던 거예요. 자, 그래서 내가 그에게 선물을 주려 합니다."

근심의 요정은 그의 발에서 행운의 덧신을 벗겨 주었습니다. 그러자 대학생은 죽음의 잠에서 깨어났지요.

대학생은 관에서 일어났습니다. 근심의 요정과 함께 덧신도 사라졌습니다. 근심의 요정은 덧신을 자기 것으로 여겼답니다.

011
조그만 데이지꽃
Gaaseurten

자, 재미있는 이야기 하나를 들려줄게요.

시골 길가에 별장이 한 채 있었습니다. 아마 여러분도 본 적이 있을 거예요.

별장 앞에는 아름다운 꽃이 흐드러지게 핀 작은 정원이 있습니다. 그리고 페인트를 칠해놓은 울타리 너머 도랑 가까이에 있는 아름다운 초록 풀밭 한가운데에는 작은 데이지꽃 한 송이가 피어 있었습니다.

해님은 정원의 크고 화려한 꽃들을 따사롭게 비추었습니다. 물론 해님은 풀밭의 작은 데이지꽃도 골고루 비추어 주었습니다. 데이지꽃은 따스한 햇빛을 받으며 무럭무럭 자랐습니다.

그러던 어느 날 아침이었습니다. 데이지꽃의 조그맣고 새하얀 꽃잎이 황금

색 꽃술에 둘러싸여 활짝 피어났습니다.

데이지꽃은 제 모습이 무척 아름답다고 생각했습니다. 자기를 아무도 눈여겨보지 않는다는 사실을 까맣게 몰랐지요. 자신이 한낱 보잘것없는 들꽃이라는 사실은 생각지도 못했습니다.

그래서인지 데이지꽃은 늘 즐겁게 지냈습니다. 따뜻한 해님을 바라보며 종달새 노랫소리에도 귀를 기울였지요.

작은 데이지꽃은 오늘이 마치 축제날인 듯 행복했습니다. 그러나 오늘은 월요일이라 아이들은 모두 학교에 가서 열심히 공부하고 있었습니다.

작은 데이지꽃도 녹색 줄기 위에 앉아서 아이들처럼 이런저런 공부를 하고 있었습니다. 주위 모든 것들을 둘러보며 따뜻한 해님과 하느님이 얼마나 큰 은혜를 베푸시는 분들인지 배우고 있었습니다.

작은 종달새 노랫소리도 더없이 아름다웠습니다. 데이지꽃의 마음을 가득 담은 것만 같은 그 노래는 데이지꽃을 감동시켰습니다. 작은 데이지꽃은 마음껏 하늘을 날아다니며 아름다운 노래를 부를 수 있는 종달새를 부러운 눈빛으로 바라보았습니다. 그래도 자신이 종달새처럼 날 수 없다는 사실을 슬퍼하지는 않았습니다.

'나는 아름다운 것들을 보고 들을 수 있으니 괜찮아. 해님이 나를 따스하게 비추어 주고 바람은 내게 입을 맞춰 주지. 아, 이렇게 많은 선물을 받다니 참으

로 크나큰 축복이야.'

데이지꽃은 이루 말할 수 없이 행복했습니다.

정원 울타리 안에는 아름다운 꽃들이 잘난 체하듯 꼿꼿이 서서 저마다 우아한 자태를 뽐내고 있었습니다. 향기가 옅은 꽃일수록 더욱 아름답게 보이려 애썼습니다. 작약꽃은 장미꽃보다 더 크게 보이려고 몸을 한껏 부풀렸습니다. 하지만 크기가 커진다고 더욱 아름다워지는 것은 아니었지요.

튤립은 꽃들 가운데서도 가장 아름다운 빛깔을 지녔습니다. 튤립 자신도 그것을 잘 알았습니다. 그래서 사람들 눈에 잘 띄도록 몸을 더 꼿꼿이 세웠습니다.

그 누구도 울타리 바깥에 있는 조그마한 데이지꽃 따위에는 관심조차 없었습니다.

하지만 데이지꽃은 정원 꽃들이 부러웠습니다.

'아아, 정원 꽃들은 어쩜 저렇게도 아름답게 흐드러졌을까! 저 멋쟁이 새들도 저들에게만 날아가겠지? 이렇게 가까이에서 저 어여쁘고 화려한 모습을 볼 수 있다니 난 정말 행복해.'

작은 데이지꽃이 이런 생각에 빠져 있을 때 종달새 한 마리가 정답게 노래하며 날아왔습니다. 그런데 어찌 된 일인지 종달새는 정원에 핀 눈부신 꽃들에게는 날아가지 않고, 볼품없는 데이지꽃에게 내려앉는 것이었습니다. 데이지꽃은 기뻐서 어쩔 줄 몰랐습니다.

종달새는 작은 데이지꽃 주위를 빙글빙글 돌면서 신나게 춤을 추고 노래를 불렀습니다.

"어쩜 이렇게 풀잎이 부드러울 수가 있을까! 이 꽃을 봐, 심장에는 황금을, 옷에는 은을 둘렀네! 참으로 귀여운 꽃이구나!"

종달새 말처럼 작은 데이지꽃 속 노란 꽃술은 마치 황금이 빛나는 것 같았습니다. 그리고 그것을 빙 둘러싼 꽃잎들은 은처럼 하얗게 반짝였습니다.

작은 데이지꽃은 얼마나 행복할까요? 이런 일은 누구에게나 일어나는 일이 아니랍니다.

종달새는 데이지꽃에게 입을 맞추고 데이지꽃을 찬양하는 노래도 부르더니 곧 하늘 높이 날아올랐습니다. 황홀함에 잔뜩 취했던 작은 데이지꽃은 10분쯤 지나서야 정신을 차렸습니다. 마음속으로는 한없이 기뻤으나 짐짓 부끄러운 척하며 정원의 다른 꽃들을 바라보았습니다.

정원 꽃들은 모두 이 작은 데이지꽃에게 내려진 축복과 행복을 보았습니다. 게다가 데이지꽃이 얼마나 큰 기쁨을 느꼈는지도 잘 알았습니다. 그래도 튤립은 전보다 더 꼿꼿하게 서 있을 뿐이었습니다.

튤립은 몹시 화가 나 얼굴이 붉어졌지요. 이와 달리 작약꽃들은 아주 우둔했습니다. 작약꽃들이 말을 할 수 없는 것이 정말 다행이었습니다. 말을 할 줄 알았더라면 데이지꽃에게 한껏 쏘아붙였을 테니까요. 가엾은 작은 데이지꽃은 정원 꽃들이 기분 나빠하는 것을 깨닫고 마음이 몹시 아팠습니다.

그때 한 소녀가 번쩍거리는 날카로운 칼을 들고 정원으로 들어섰습니다. 소녀는 곧바로 튤립에게 다가가더니 그들을 한 송이 한 송이 잘라냈습니다.

"후유!"

작은 데이지꽃은 한숨을 내쉬었습니다.

'어머나! 너무 무서워! 저 튤립은 이제 끝이구나!'

소녀는 튤립을 다 꺾자 곧바로 정원을 떠났습니다.

데이지꽃은 자기가 정원 밖 잡초 속에 핀 볼품없는 작은 꽃이라는 사실에 행복을 느꼈습니다.

해가 저물자 데이지꽃은 꽃잎을 접고 스르륵 잠이 들었습니다. 꿈나라에서는 해님과 귀여운 종달새를 만났습니다.

이튿날 아침, 작은 데이지꽃은 하얀 잎들을 시원한 공기와 반짝반짝 햇빛 속으로 쭉 뻗었습니다. 참으로 조그만 팔이었지요. 그때 종달새의 지저귀는 소리가 들려왔습니다. 그런데 그 노랫소리는 너무나 구슬펐습니다. 그럴 수밖에요. 종달새는 누군가에게 사로잡혀 창가 새장에 갇혀 있었기 때문입니다.

종달새는 이리저리 마음껏 날아다닐 수 있는 즐거움과 싱그러운 초록으로 뒤덮인 보리밭, 하늘 높이 날아올라 세상 멋진 곳들을 여행하는 행복한 나날을 노래했습니다. 하지만 가엾게도 오늘은 새장 속에 갇혀 있으니 마음은 더없이 슬펐지요.

작은 데이지꽃은 정말이지 무척 종달새를 돕고 싶었지만 아무리 생각해도 좋은 수가 떠오르지 않았습니다. 어떻게 해야 종달새를 구해낼 수 있을까요. 데이지꽃은 주위 모든 것이 어찌나 아름답고 해님이 얼마나 따뜻하게 내리쬐는지, 제 잎들이 하얀색으로 얼마나 화려하게 빛나는지 모두 잊어버렸습니다.

데이지꽃은 오로지 새장 안에 갇힌 종달새만 생각하였습니다. 그러나 조그만 데이지꽃이 해줄 수 있는 일은 아무것도 없었습니다.

그때 두 소년이 정원으로 나왔습니다. 한 소년은 손에 아주 날카로운 칼을 들고 있었습니다. 소년들은 곧장 데이지꽃에게로 다가왔지요. 데이지꽃은 그들이 무엇을 하려는 것인지 전혀 알 수가 없었습니다.

"이곳 잔디가 참 좋다. 종달새에게 가져다 줄 수 있겠어."

한 소년이 이렇게 말하고는 칼로 데이지꽃이 있는 잔디를 네모나게 도려냈습니다.

"이 작은 꽃은 뽑아 버릴까?"

한 소년이 말했습니다. 작은 데이지꽃을 가리키며 하는 말이었습니다.

작은 데이지꽃은 너무도 무서워서 벌벌 떨었습니다. 뽑아 버린다는 것은 목숨을 잃게 된다는 말이었으니까. 데이지꽃은 죽고 싶지 않았습니다. 이대로 잔디와 함께 한다면 종달새를 만날 수 있겠지요.

"아냐, 그대로 두어. 아주 보기 좋은데 뭐."

또 다른 소년이 말했습니다.

그래서 데이지꽃은 다행히 죽지 않고 종달새가 있는 새장 바닥으로 옮겨졌습니다.

가엾는 종달새는 자유롭게 날고 싶어 큰 소리로 탄식하며 날개로 쇠창살을 마구 두드려댔습니다. 데이지꽃은 따뜻하게 위로해 주고 싶었지만 말을 하지 못하기에 어떤 위로도 할 수 없었습니다.

어느덧 아침도 지나고 한낮이 되었습니다.

"여긴 물이 없어. 이 집 사람들은 외출하면서 내게 물 주는 것을 잊어버렸나 봐. 아아, 목이 바짝 바짝 타네. 마치 내 몸 속에 불과 얼음이 함께 있는 것만 같아. 공기는 왜 이렇게 탁할까! 나는 곧 죽어야만 하는 걸까? 신이 만드신 따뜻한 햇빛, 그리고 그 파릇파릇한 초록 풀, 그 모든 찬란함을 이젠 떠났으니 말이야."

종달새가 말했습니다.

종달새는 조금이라도 기운을 찾고 싶어, 조그마한 부리로 푸른 잔디를 쪼아댔습니다. 그러다 종달새가 데이지꽃을 발견했지요. 종달새는 꽃에게 고개를 끄덕이면서 부리로 입을 맞추었습니다.

"자, 귀여운 데이지 꽃아, 너도 이 안에 있으면 곧 말라 죽을 거야. 가엾기도 하지! 사람들은 내가 바깥에서 가졌던 저 넓은 세상 대신, 너와 함께 저 작은 잔디 한 조각을 새장 안에 놓아 주었구나. 이 작은 풀줄기 하나하나가 초록 나무 한 그루요, 네 하얀 잎 하나하나가 향기로운 꽃 한 송이가 되어야 한단다. 오, 너를 보고 있자니 내가 잃은 모든 것들이 떠오르는구나."

'아아, 어떻게 하면 가엾은 종달새를 위로해 줄 수 있을까?'

데이지꽃은 생각을 거듭했지만, 제 이파리 한 장도 움직일 수 없었습니다. 오로지 그 가냘프고 깨끗한 잎들에서 여느 때 맡을 수 있는 것보다 한결 강한 향기가 뿜어져 나올 뿐이었습니다. 종달새도 곧 그것을 알아차렸습니다. 그래서 종달새는 목이 말라 몸부림치면서도 초록 풀줄기만 물어뜯을 뿐 데이지꽃은 건드리지도 않았습니다.

저녁이 되었지만 누구도 가엾은 종달새에게 물을 주지 않았습니다. 종달새는 목마름을 더 견딜 수 없는지 날개를 축 늘어뜨린 채 몸을 부르르 떨었습니다. 이제 아름답던 노래는 슬픔으로 가득 찬 피이피이거리는 울음이 되었고, 작은 머리는 데이지꽃 쪽으로 푹 꺾이고 말았습니다. 목마름과 함께 자유로이 날아다닐 수 없는 슬픔에 빠져 마침내 종달새는 숨을 거두고 만 것입니다.

그날 밤 데이지꽃도 꽃잎을 접고 잠들 수가 없었습니다. 슬픔을 참지 못하고 병이 들어 푹 고개를 숙인 채였습니다.

소년들은 다음 날 아침에야 돌아왔습니다. 그들은 죽은 종달새를 보고 울음을 터뜨렸습니다. 두 소년은 작은 무덤을 만들어 종달새를 묻고 꽃잎으로 무덤을 예쁘게 꾸며 주었습니다. 장례식은 마치 왕이 묻혀 있는 것처럼 아주 엄숙하게 치러졌습니다. 아, 가엾은 종달새!

사람들은 종달새가 살아서 아름다운 노래를 부를 때는 대수롭지 않게 여깁니다. 새장 속에 가두어 자유를 빼앗아 버리고는 고통 받게 하지요. 이렇게 죽고 난 뒤에야 눈물을 흘리며 꽃으로 장식도 해 줍니다. 그런다고 한 번 잃어버린 행복과 자유를 되찾을 수는 없지요.

작은 데이지꽃은 네모난 잔디와 함께 길가에 아무렇게나 버려졌습니다. 조그마한 데이지꽃을 기억하는 사람은 아무도 없었습니다. 작은 종달새의 고통을 누구보다 많이 느끼고 그토록 위로하고 싶어했던 그 작은 데이지꽃을.

012

꿋꿋한 주석 병정

Den standhaftige Tinsoldat

어느 곳에 주석 병정 스물다섯이 있었습니다. 이 병정들은 모두 하나의 낡은 주석 숟가락을 녹여 만든 형제였습니다. 그들은 똑같이 어깨에는 총을 메고, 얼굴은 앞을 바라보고 있었습니다. 붉고 푸른 군복은 아주 멋졌습니다. 병정들은 모두 한 상자 안에서 잠을 자고 있었는데, 갑자기 뚜껑이 열렸습니다.

"야! 주석 병정들이다."

병정들이 이 세상에 나오자마자 처음으로 들은 소리였습니다.

한 어린 소년이 이렇게 외치면서 짝! 손뼉을 쳤습니다. 주석 병정들은 소년의 생일 선물이었던 것입니다. 소년은 병정 스물다섯을 책상 위에 하나하나 정성껏 세워 놓았습니다.

병정들은 모두 하나같이 꼭 닮았습니다. 그런데 한 병정은 다리가 하나밖에

없었습니다. 이 병정은 맨 마지막에 만들어졌는데, 주석이 모자랐던 모양입니다. 그래도 이 병정은 두 다리를 가진 다른 병정들과 똑같이 한쪽 다리로 꼿꼿이 서 있었습니다. 자, 이제부터 이 외다리 병정의 재미있는 이야기를 하려 합니다.

책상 위에는 다른 장난감들도 많았습니다. 그 가운데서도 종이로 만든 예쁜 성이 무엇보다 눈에 띄었습니다. 작은 창을 통해 성 안을 들여다볼 수도 있었지요. 기둥이 없는 복도가 이어지고, 성 앞쪽에는 거울로 된 호수가 있는데 호수 주위에는 작은 나무들이 빙 둘러서 있습니다. 그 조그만 호수에는 밀랍으로 만든 아름다운 백조들이 떠다닙니다. 모든 것이 사랑스럽고 아기자기했습니다. 그 가운데에서도 열린 성문 앞에 서 있는 작은 숙녀가 가장 귀여웠답니다. 이 숙녀 또한 종이를 오려서 만든 것이었습니다.

작은 숙녀는 아주 좋은 리넨으로 만든 치마를 입고 어깨에는 푸른색 리본을 달았습니다. 리본에 꽂힌 반짝반짝 빛나는 금장식은 작은 숙녀의 얼굴만큼이나 컸지요.

작은 숙녀는 무용수였습니다. 두 팔을 하늘로 뻗고 다리 하나를 위로 높이 들어올렸습니다. 그 모습을 멀리서 어렴풋이 바라보던 외다리 병정은 작은 숙녀도 자기처럼 다리가 하나밖에 없다고 생각했습니다. '내 신부가 되었으면 좋겠다.' 외다리 병정은 생각했습니다.

'하지만 저 작은 숙녀는 귀족처럼 호화로운 성에서 혼자 살잖아. 나는 스물 넷이나 되는 형제들과 함께 비좁은 상자에서 사는데 말이야. 이런 보잘것없는 상자에 숙녀를 맞아들일 수는 없지. 친구로 사귀면 어떨까.' 외다리 병정은 책상 위에 놓인 담배 깡통 뒤로 한껏 몸을 길게 뻗고 누웠습니다. 그제야 비로소 한 다리로 꼿꼿이 서 있는 그 우아한 숙녀를 제대로 볼 수 있었습니다.

곧 날이 저물었습니다. 소년과 가족들은 모두 잠자리에 들었고 병정 형제들도 잠을 자려고 모두 상자 속으로 들어갔습니다. 마침내 책상 위 장난감들의 시간이 돌아온 것입니다. 모두 전쟁놀이를 하거나 무도회를 열어 신나게 춤을 추기도 했습니다. 병정들도 그 놀이에 끼고 싶어 상자 속에서 계속 꼼지락거리며 달그락 달그락 소리를 냈지만 상자 뚜껑을 열 수는 없었습니다.

그러는 사이에도 상자 밖은 점점 떠들썩해졌습니다. 호두까기는 공중제비를 하고, 석필은 석판 위를 돌아다니며 깔깔 웃었습니다. 몹시 소란스러웠습니다. 시끌시끌한 소리에 카나리아까지 잠에서 깨어 곁에 있는 장난감들과 수다를 떨며 노래도 불렀습니다. 이런 소란 속에서도 아무런 움직임 없이 가만히 있는 것은, 외다리 병정과 춤추는 무용수인 작은 숙녀뿐이었습니다.

무용수 숙녀는 언제나처럼 두 팔을 내뻗고 까치발로 가만히 서 있고, 외다리 병정은 외다리로 꼿꼿하게 서서 잠시도 무용수 숙녀에게서 눈을 떼지 않았습니다.

시계가 열두 시를 치자 코담배통의 뚜껑이 쾅! 열렸습니다. 곧 상자 안에서 장난꾸러기 도깨비가 튀어나왔습니다. 사실 이 상자는 열기만 하면 도깨비가 튀어나오는 장난감이었던 거예요.

"야! 외다리 병정아, 그렇게 숙녀를 바라보지 마."

장난꾸러기 도깨비가 말했습니다. 그러나 외다리 병정은 그 말을 못 들은 체했습니다.

"어쭈, 그래 내일 보자!"

장난꾸러기 도깨비가 다시 을러댔습니다.

해가 뜨고 아이들이 잠에서 깨어났습니다. 아이들은 외다리 병정을 창가에 세워 놓았습니다. 그런데 이게 어찌 된 일이죠? 장난꾸러기 도깨비의 장난인지 아니면 바람이 세차게 불었는지, 갑자기 창문이 확 열린 것입니다. 그 바람

에 외다리 병정은 4층 아래 길거리로 거꾸로 떨어져버리고 말았습니다. 떨어진 외다리 병정은 길거리 돌 사이에 머리가 거꾸로 박힌 채 공중으로 외다리를 뻗고 버둥버둥거렸습니다.

소년이 깜짝 놀라 얼른 달려 내려왔지만 외다리 병정을 미처 보지 못하고 지나쳤습니다.

"나 여기 있어요!"

외다리 병정이 한마디 외쳤더라면 소년이 그를 금방 찾았겠지만, 외다리 병정은 차마 그럴 수 없었습니다. 멋진 군복을 입은 어엿한 병정은 큰소리를 내면 안 되니까요.

갑자기 빗방울이 떨어졌습니다. 처음에는 똑똑 떨어졌지만 곧 빗줄기가 굵어지더니 억수같이 쏟아져 내렸습니다.

비가 그친 뒤 어느 장난꾸러기 두 소년이 외다리 병정에게로 다가왔습니다.

"야! 저기 봐!"

한 소년이 말했습니다.

"장난감 병정이 있어. 종이배를 태워 주자."

두 소년은 신문지로 배를 만들어 그 위에 외다리 병정을 태우고는 도랑 위에 띄웠습니다.

외다리 병정을 태운 종이배는 도랑을 따라 아주 빠르게 떠내려갔습니다. 아이들도 배를 따라 도랑 옆을 달리며 즐거운 듯 손뼉을 쳤습니다. 그런데 아뿔싸! 억수같이 퍼부은 비 때문에 도랑물이 크게 불어났습니다. 물살이 세어져서 종이배는 이리저리 흔들리고 빙글빙글 돌아가기도 했습니다. 그때마다 외다리 병정은 두려움에 몸을 덜덜 떨면서도 표정 하나 찡그리지 않고 꿋꿋이 잘 견뎠습니다.

종이배는 깊은 하수구로 휩쓸려 들어갔습니다. 그곳은 칠흑처럼 어두워서 아무것도 보이지 않았습니다. 마치 형제들이 있는 상자 속으로 다시 돌아간 것만 같았습니다.

"나는 대체 어디로 흘러가는 걸까? 이게 다 그 장난꾸러기 도깨비 때문이야. 아, 이럴 때 그 작은 숙녀와 함께 있다면 이보다 더 큰 어둠도 두렵지 않을 텐데."

그때 갑자기 하수구에 사는 큰 시궁쥐가 나타났습니다.

시궁쥐가 소리쳤습니다.

"웬 녀석이야? 여기를 지나려면 통행증을 보여줘야 돼!"

그러나 외다리 병정은 어떤 대꾸도 하지 않고 단단히 총을 잡았습니다. 종이배가 시궁쥐를 지나치려 하자 시궁쥐는 이빨을 사납게 드러내며, 그 뒤를 쫓아왔습니다. 그러고는 하수구에 떠다니는 나뭇조각과 지푸라기들에게 외쳤습니다.

"저 배를 잡아! 통행증도 없는 녀석이 통행료도 안 내고 지나가려 해!"

물살은 차츰 더 거세어졌습니다.

곧 하수구 밖 반짝이는 햇빛이 보이고, 종이배는 가까스로 하수구를 벗어났습니다. 하지만 이번에는 '쏴아 쏴아' 무서운 소리가 들려왔습니다. 대체 무슨 소리일까요? 그것은 하수구 밖으로 나온 물이 커다란 수로로 떨어지는 소리였습니다.

그대로 수로로 떨어진다면 이보다 무서운 일은 없겠지요. 사람들도 커다란 폭포 아래로 떨어지는 건 무서워하니까요.

이제 배를 멈출 방법은 없었습니다. 종이배는 쏜살같이 미끄러져 수로로 뚝 떨어졌지요. 가엾은 외다리 병정은 그래도 꼼짝 않고 꼿꼿이 배에 앉아 있었습니다. 눈 한 번 깜박이지 않고 말이예요.

종이배는 소용돌이에 휘말려 세 번, 네 번 빙글빙글 돌다 가장자리까지 물이 가득 차올랐습니다. 이제 가라앉을 수밖에요!

어느새 외다리 병정의 목까지 물에 잠겼습니다. 점점 가라앉던 종이배는 너덜너덜해져 마침내 찢어지고 말았습니다. 외다리 병정은 머리까지 물에 잠긴 채 이젠 다시 볼 수 없을 그 귀엽고 작은 무용수 숙녀의 얼굴을 떠올렸습니다. 문득 귓전에 노랫소리가 들렸습니다.

잘 가요, 잘 가요.
병정이여!
그대는 죽음을 맞아야 하리라!

종이배는 조각조각 찢어지고 외다리 병정은 물 속으로 거꾸로 가라앉았습니다. 그 순간, 큰 물고기가 다가와 외다리 병정을 꿀꺽 삼켜버리고 말았습니다.

큰 물고기 뱃속은 왜 이리 어두운 거죠? 하수구보다 더 기분 나쁘게 어둡고 비좁았습니다. 그래도 외다리 병정은 총을 단단히 쥐고 꼿꼿하게 견뎠습니다.

이리저리 물 속을 헤엄치던 큰 물고기는 갑자기 조용해졌습니다.

그때 갑자기 외다리 병정의 눈앞이 번개가 치듯 번쩍거렸습니다. 아주 밝은 빛이 쏟아져 들어오고 누군가가 큰 소리로 외치는 소리도 들렸습니다.

"어라, 장난감 병정이네!"

그렇습니다. 큰 물고기는 그새 어부에게 잡혀 시장으로 옮겨졌다가, 누군가에게 팔려 나가 어느 집 부엌으로 오게 된 것입니다. 부엌에서 아주머니가 요리를 하려고 큰 물고기를 꺼내어 배를 가른 것이었습니다. 아주머니는 외다리 병정을 꺼내 방으로 가져갔습니다.

모두들 물고기 배 속에 들어가 이곳저곳을 여행하고 온 주석 병정을 보기 위해 몰려왔습니다. 그러나 주석 병정은 하나도 자랑스럽지 않았습니다. 아이들은 그를 책상 위에 세워 놓았습니다. 그런데 이게 어찌 된 일일까요! 세상에는 이런 신기한 일도 있나 봅니다. 그 방은 바로 형제들과 아름다운 무용수가 있는 그 방이었던 것입니다!

장난감 친구들도 책상 위에 그대로 있었습니다. 귀여운 무용수 숙녀가 서 있는 화려한 성도 그대로였지요. 작은 숙녀는 여전히 한쪽 다리를 높이 세운 채 나머지 다리로 꿋꿋이 서 있었습니다. 그 모습을 본 외다리 병정은 하마터면 왈칵 기쁨의 눈물을 쏟을 뻔했습니다. 하지만 그것은 용감한 병정에게는 매우 부끄러운 일이라 꾹 참았습니다.

외다리 병정이 작은 숙녀를 바라보자 작은 숙녀도 외다리 병정을 바라보았습니다. 둘은 한참을 그렇게 아무 말 없이 있었습니다.

그런데 갑자기 한 아이가 외다리 병정을 들어 올려 곧장 난로 속으로 휙 던져 넣는 게 아니겠어요? 아무리 생각해봐도 그 아이가 왜 그런 짓을 했는지 모르겠습니다. 틀림없이 깡통 속에 들어 있는 장난꾸러기 도깨비 때문이겠지요.

외다리 병정은 난롯불 속에 서 있었습니다. 온몸이 이글이글 타오르는 듯했지만 그 느낌이 불길에 휩싸여서 그런 것인지 아니면 무용수를 향한 사랑 때문인지 알 수가 없었습니다. 온몸에서 빨강 파랑 아름다운 색들이 모두 벗겨져 나갔습니다. 여행을 하다 그렇게 된 것인지, 깊은 슬픔 때문에 그렇게 된 것인지는 아무도 몰랐지요.

외다리 병정은 작은 숙녀를 바라보았습니다. 작은 숙녀도 외다리 병정을 바라보았습니다. 마침내 외다리 병정은 제 몸이 천천히 녹아내려 깨지는 것을 느낄 수 있었습니다. 그래도 그는 여전히 총을 들고 꿋꿋하게 서 있었습니다. 그때 갑자기 문이 열리더니 바람이 휙 불어오더니 작은 숙녀를 낚아챘습니다.

작은 숙녀는 마치 공기의 요정처럼 외다리 병정에게로 날아와 그의 곁에 사뿐히 내려앉았지요. 그러고는 그녀도 불꽃 속에 타올라 사라지고 말았습니다. 물론 외다리 병정도 녹아 없어졌습니다.

다음 날 아침 그 집에서 일하는 소녀가 난로에서 재를 끄집어냈습니다. 소녀는 재 속에서 하트 모양의 주석 덩어리를 발견했습니다. 그것은 바로 외다리 병정이었지요. 그러나 작은 숙녀는 석탄처럼 까맣게 탄 금박 장미로 변했을 뿐입니다.

013

백조들
De vilde Svaner

우리나라에 추운 겨울이 오면 제비들은 아주아주 머나먼 나라로 날아간답니다. 그 먼 나라에 왕비를 잃은 한 왕이 살고 있었습니다. 왕은 왕자 열하나와 딸 엘리자 공주를 두었지요.

왕자들은 모두 가슴에 별을 달고 허리에는 칼을 찬 채 학교에 다녔습니다. 그들은 황금 석판 위에 다이아몬드 석필로 글씨를 썼고 읽기는 물론 외우기도 잘했습니다. 이 소년들이 왕자라는 사실은 사람들도 금방 알 수 있었지요. 누이 동생 엘리자는 수정으로 만들어진 작은 의자 위에 앉아서 왕국의 절반 값을 주어야만 살 수 있는 하나뿐인 그림책을 갖고 놀았습니다. 왕자들과 공주는 이렇게 즐거운 나날을 보냈답니다.

어느 날 궁전에서는 큰 잔치가 열렸습니다. 새어머니인 왕비가 오는 날이었거든요. 하지만 왕비는 마음씨가 아주 고약했고 왕자들과 엘리자 공주를 조금도 좋아하지 않았습니다. 왕자들과 공주도 그녀를 처음 본 날부터 그것을 알 수 있었어요. 궁전에서 잔치가 열린 날에도 맛있는 과자와 마실 것을 주는 척하면서 찻잔 가득 모래를 담아 주었으니까요. 그러면서 왕비는 이렇게 말했습니다.

"맛있는 음식을 먹고 있는 척하렴."

어느덧 시간은 빠르게 흘러 다음 주가 되자 왕비는 끝내 예쁜 엘리자를 어느 시골에 사는 가난한 농부 집으로 쫓아 버렸답니다. 그리고 왕자들 또한 무척 못살게 굴었지요. 왕은 왕비가 마음씨 나쁜 마녀라는 걸 조금도 눈치채지 못했습니다. 왕비가 어찌나 그럴듯하게 거짓말로 꾸며대는지 여러분들조차 깜박 속았을 거예요.

"모두들 새가 되어 저 넓은 세상으로 나아가거라."

왕비는 왕자들을 바라보며 무시무시한 주문을 외웠습니다.

"말조차 할 수 없는 새들이 되어 멀리멀리 날아가버려라."

왕자들은 아름다운 백조들이 되었지만 어떤 말도 할 수 없었습니다. 왕비의 마법 주문대로 된 것이지요.

백조들은 슬프게 울부짖으며 궁전 창문 밖으로 날아가 정원을 넘어 커다란 숲으로 들어갔습니다.

그때 엘리자는 초라한 농부의 집에서 잠을 자고 있었답니다. 백조들은 엘리자가 살고 있는 농부의 집 위로 날아갔지요. 그러고는 지붕 위를 빙빙 돌며 날개를 퍼덕거렸습니다. 하지만 마을사람 그 누구도 그들의 모습을 보지 못했습니다. 하는 수 없이 백조들은 구름을 따라서 멀리멀리 날아가 어두운 숲속으로 모습을 감추어 버렸습니다.

가엾은 엘리자는 초록색 나뭇잎을 손에 쥔 채 만지작거리며 놀았습니다. 그것만이 유일한 장난감이었지요. 엘리자는 그 나뭇잎에 구멍을 뚫어 그 사이로 해님을 바라보았습니다. 그러면 마치 사랑하는 오빠들의 맑은 눈을 보는 것만 같았지요. 따스한 햇빛이 두 뺨을 비출 때면 오빠들의 다정한 입맞춤을 떠올렸습니다.

이렇게 하루하루를 보냈습니다. 산들바람이 불어와 집 앞 뜰에 핀 장미를 가만가만 흔들 때면 엘리자는 이렇게 속삭였습니다.

"어느 누가 너희들보다 더 예쁠 수 있을까?"

그러면 장미들은 고개를 흔들며 말했답니다.

"엘리자가 우리보다 한결 더 예뻐!"

일요일에는 마을 사람들 모두가 교회로 가는데, 할머니가 맨 앞 의자에 앉아 찬송가 책을 펴고 성스러운 노래를 부를 때면 어딘가에서 바람이 불어와 책장을 넘기며 이렇게 말합니다.

"어느 누가 할머니보다 신앙심이 깊을 수 있을까?"

그러면 찬송가 책은,

"엘리자가 한결 더 신앙심이 깊단다!"

장미와 책이 말하는 것은 모두 진실이랍니다.

엘리자는 어느덧 열다섯 살이 되었습니다. 예쁜 소녀로 자라난 엘리자는 다시 궁전으로 돌아오게 되었습니다. 왕비는 말할 수 없이 아름다운 엘리자를 보고 그녀가 더욱 미워져서 견딜 수 없었기에 엘리자도 백조로 만들어 버리고 싶었습니다. 하지만 그럴 수 없었지요. 왕이 늘 엘리자만 찾았거든요.

어느 날 아침, 왕비는 화려한 대리석으로 꾸며진 목욕탕으로 들어가 세 마리의 두꺼비를 불러 놓고는 하나하나 입맞춤하며 말했습니다.

"너는 엘리자의 머리 위에 앉아라. 엘리자가 너처럼 느리고 게을러지도록 말이야."

첫 번째 두꺼비에게 말했습니다.

"너는 엘리자의 이마 위에 앉아라. 너처럼 못생긴 얼굴이 되어 왕이 싫어하게 말이야."

두 번째 두꺼비에게도 이렇게 말했습니다.

그러고는 세 번째 두꺼비에게 말했지요.

"너는 엘리자의 가슴 위에 앉아라. 그 아이가 나쁜 마음을 품도록 말이야. 그래서 엘리자가 괴로워하게 만들어라."

왕비는 세 마리의 두꺼비들을 목욕탕 물 속에 집어 넣었습니다. 물은 곧 초록빛을 띠게 되었습니다.

왕비는 엘리자를 불렀답니다. 그러고는 옷을 벗기고 목욕을 하라고 말했지요.

엘리자가 물 속으로 들어가자 세 마리 두꺼비들이 왕비가 시킨 대로 그녀의 머리, 가슴, 이마에 살며시 앉았습니다. 엘리자는 그것을 조금도 눈치채지 못했지요. 그러나 놀랍게도 그녀가 몸을 일으키자마자 물 위로 세 송이 붉은 양귀비꽃이 떠올랐답니다. 엘리자의 맑고 깨끗한 마음과 신앙심이 두꺼비들을 바꾸어버린 것이지요. 왕비의 마법으로도 예쁜 엘리자를 해칠 수는 없었던 것입니다.

못된 왕비는 몹시 분했습니다. 그녀는 곧 호두즙과 고약한 냄새가 나는 약을 가져와서는 엘리자의 온몸에 바르기 시작했습니다.

예쁜 얼굴은 곧 못생긴 얼굴이 되었고, 아름다운 머리카락도 마구 헝클어졌습니다. 게다가 아주 고약한 냄새도 났지요.

그 누구도 엘리자를 알아보지 못했고, 왕은 못생겨진 엘리자를 보고는 깜짝 놀라 이렇게 말했습니다.

"이렇게 더럽고 못생긴 소녀가 내 딸 엘리자일 리 없다."

오로지 개와 제비만이 그녀를 알아보았지만 그들은 말을 할 수 없답니다.

가엾은 엘리자 공주는 저 멀리 어딘가로 떠나버린 오빠들을 찾기 위해 궁전을 빠져 나왔습니다. 온종일 숲과 벌판을 헤매고 다녔지요. 그러다 곧 커다란 숲에 이르렀습니다. 자, 이제 어디로 가야 할까요?

엘리자는 나무들만이 가득한 숲속에서 어디로 가야할지 몰라 길을 잃어버리고 말았습니다. 온 하루 걷고 또 걸어도 찾지 못한 오빠들을 생각하니 커다란 슬픔이 몰려왔지요. 틀림없이 오빠들은 궁전에서 쫓겨나 넓은 세상을 헤매고 있을 것입니다.

"아아, 어서 오빠들을 만나고 싶어. 내가 꼭 찾아내고 말겠어."

엘리자는 눈물을 흘리며 혼잣말을 했습니다.

어느덧 날이 저물어 엘리자는 부드러운 이끼가 긴 나무등걸에 지친 몸을 기대고 누웠습니다. 숲속은 바람 한 점 불지 않고 아주 조용했지요. 주위에 가득한 풀과 이끼 사이에는 수많은 반딧불이가 푸른빛을 내며 밤을 밝혔습니다. 엘리자가 손을 뻗어 살며시 풀잎을 만지면 아름다운 빛을 내던 반딧불이가 마치 별똥별처럼 발밑으로 툭 떨어지곤 했지요.

엘리자는 오빠들 꿈을 꾸었답니다. 꿈속에서 그녀는 그림책을 보며 학교에 간 오빠들을 기다리고, 허리에 칼을 찬 오빠들은 씩씩하게 학교에서 돌아오고 있었습니다. 새들은 즐겁게 노래했으며, 엘리자의 그림책 속 그림들은 살아서 움직였습니다. 오빠들과 엘리자는 그림들과 이야기를 나누었지만, 그녀가 책을 넘길 때마다 그림들은 다시 제자리로 돌아가 버렸습니다. 그러지 않으면 그림책이 뒤죽박죽되어 버리니까요.

해가 높이 떠올랐습니다. 엘리자는 잠에서 깨어났지요. 키 큰 나무들이 해님을 가리고 있었지만 풀잎들 사이로 비치는 햇빛은 반짝이는 황금 면사포 같았습니다. 향기로운 풀 내음이 곳곳에서 풍겨 나왔고, 새들이 여기저기서 지저귀고 있었습니다. 골짜기에서 흘러내려오는 시냇물도 졸졸 기분좋은 소리를 내며 신나게 달렸습니다.

엘리자는 시냇가로 다가갔답니다. 물은 매우 맑았지요. 바람이 불어 물살을 건드리지 않았더라면 나무와 파릇파릇한 풀잎들이 시냇물 위에 아름답게 그려져 있다고 생각했을 것입니다. 해님에게 비추어지는 잎들, 그림자가 드리워진 잎들도 하나하나 시냇물 위로 그려져 있었습니다.

엘리자는 시냇물을 들여다보았습니다. 그리고 소스라치게 놀라고 말았지요. 더럽고 못생긴 소녀가 물속에서 자기를 물끄러미 바라보고 있었던 것입니다. 못생긴 소녀는 바로 엘리자였답니다.

엘리자는 맑고 차가운 물에 손을 담갔지요. 손을 씻자 다시 어여쁜 하얀 손이 되었습니다. 그래서 엘리자는 재빨리 옷을 벗고 목욕을 했답니다. 마침내 엘리자는 다시 예쁜 모습으로 돌아왔어요.

숲은 새소리와 바람 소리만 들릴 뿐 조용했습니다. 엘리자는 어디로 가야 할지 몰라 무작정 깊은 숲속으로 들어갔습니다. 점점 깊숙이 들어가는 동안에도 엘리자는 사랑하는 오빠들을 생각하며 '자비로우신 하느님은 나를 꼭 보살펴주실 거야.' 마음속으로 말했습니다. 하느님은 배고픈 사람들을 위해 산 이곳저곳에 맛있는 사과가 열리게 하십니다. 엘리자도 하느님의 은혜를 받아 사과가 가득 열린 나무를 발견할 수 있었습니다. 한낮이 될 때까지 아무것도 먹지 못한 엘리자는 사과를 따 먹으며 굶주린 배를 채웠습니다. 어느새 엘리자는 숲 속 가장 어두운 곳에 다다랐습니다. 주위는 너무도 조용했습니다. 마른 잎을 밟아 나는 엘리자의 발소리만이 아주 크게 들릴 뿐이었지요. 이곳에는 한 마리 새도 보이지 않았고 해님의 따스한 햇빛조차 빽빽한 나뭇가지들에 가려 조금도 비추어들지 않았습니다. 그래서 앞을 바라보면 마치 커다란 나무울타리에 갇혀 있는 것만 같았습니다. 아, 이곳은 어쩌면 이렇게도 쓸쓸하게 느껴질까요? 엘리자는 이렇게나 외롭고 쓸쓸한 곳은 태어나서 처음 온 것이었습니다.

어느새 다시 밤이 되어 엘리자는 피곤한 몸을 눕혔습니다. 그때였습니다. 왠지 이상한 기분이 들어 위를 올려다보니 기다란 나뭇가지가 두 개로 갈라져 그 사이로 하느님이 나타나신 것입니다. 하느님께서는 엘리자를 다정한 눈빛으로 가만가만 바라보고 계셨습니다. 하느님 곁에는 귀여운 아기천사들이 모여 있었지요. 엘리자가 새소리에 눈을 떴을 때는 벌써 아침이었어요.

엘리자는 어제 보았던 성스러운 하느님의 모습이 꿈이었는지 아닌지 몰라 신기해하며 다시 숲길을 걷기 시작했습니다. 그러다가 한 노파를 만나게 되었답니다. 노파는 가지고 있던 딸기를 엘리자에게 조금 나누어 주었지요. 딸기를 맛있게 먹고 난 엘리자는 노파에게 열한 명의 왕자들이 지나가는 것을 보지 못했느냐고 물었습니다.

"보지 못했지. 하지만 황금 왕관을 쓴 아름다운 백조들이 강가에서 놀고 있는 것은 보았단다. 여기서 그리 멀지 않은 곳에서 말이야."

노파는 엘리자를 강이 있는 곳으로 데려다 주었답니다.

그곳에는 두 기슭이 있었는데, 그곳을 가득 채운 나무들은 잎이 잔뜩 달린 나뭇가지를 건너편 기슭으로 내뻗고 있었습니다. 엘리자는 할머니께 감사인사를 드리고 강가로 내려가 보았습니다. 그러자 놀랍게도 엄청나게 큰 바다가 엘리자의 눈앞에 펼쳐졌습니다. 주위를 아무리 둘러보아도 바다 위에는 돛단배 하나조차 보이지 않았지요. 엘리자는 이제 어떻게 해야 앞으로 나아갈 수 있을까요? 엘리자는 기슭 위에 잔뜩 널려져 있는 조그만 돌들을 바라보았습니다. 모든 돌들이 바다에 휩쓸려 둥글둥글했습니다. 유리도 철도 돌도, 모두 거센 물살에 휩쓸리면 곧 둥글둥글해지기 마련이지요.

"저렇게나 단단한 돌들을 둥글둥글 만들 만큼 물은 흐르고 또 흐르는구나. 나도 포기하지 않고 오빠들을 찾아내고야 말겠어. 아, 저 물이 내게 좋은 것을 가르쳐 주는구나. 고마워, 애들아. 언젠가 너희들이 나를 오빠들이 있는 곳으로 데려다 줄 것만 같구나."

바다를 바라보던 엘리자는 주위를 둘러보았습니다. 그러자 놀랍게도 백조 깃털이 딱 11개 떨어져 있는 것을 찾아낼 수 있었습니다.

엘리자는 백조 깃털들을 하나하나 주워 모아 꽃다발처럼 만들었습니다. 그런데 백조 깃털에는 물방울들이 묻어 있었습니다. 이슬인지 눈물인지 알 수는 없지만 말이에요.

바닷가에는 아무도 없어 매우 쓸쓸하게 느껴졌습니다. 잔잔한 물결이 바람에 실려가고 있을 뿐이었지요. 바람이 조금 세게 불 때면 작은 파도를 일으키기도 했습니다. 크고 작은 구름들은 여러 모습으로 바뀌면서 엘리자를 내려다보았고, 새파란 풀들은 소곤소곤거리고 있었지요. 하지만 백조들은 날아오지 않았습니다. 이윽고 해가 기울기 시작했습니다.

날이 어두워지자 엘리자는 무서운 생각이 들어 주위를 두리번거렸습니다. 그때였습니다. 황금 왕관을 쓴 백조 열한 마리가 날아오는 광경이 보였습니다.

백조들은 한 마리, 한 마리씩 줄을 맞추어 바닷가에 이르렀고 그 모습은 마치 새하얀 리본이 날아오는 것만 같았지요. 엘리자는 얼른 바위 뒤로 몸을 숨겼답니다.

백조들이 날개를 활짝 펼치고는 엘리자가 숨은 바위 곁에 내려앉을 무렵, 해님은 수평선 너머로 모습을 감추었습니다. 그런데 이게 웬일일까요? 해가 지자마자 백조들은 모두 왕자의 모습으로 변하는 것이었습니다. 엘리자는 깜짝 놀라 자기도 모르게 소리를 질렀습니다. 그들은 엘리자의 오빠들이었습니다. 틀림없이 허리에 칼을 찬 씩씩한 오빠들이었지요.

엘리자는 바위 뒤에서 뛰어나오며 큰소리로 오빠들을 불렀습니다. 왕자들도 엘리자를 알아보고 달려왔지요. 모두들 얼싸안고 기쁨의 눈물을 흘렸습니다. 그리고 마음씨 나쁜 새어머니가 어떻게 못살게 굴었는지 서로 이야기를 나누었답니다.

"우리들은 해가 떠 있는 동안에는 백조가 되어 세상 이곳저곳을 날아다녀야 한단다. 하지만 해가 지면 다시 사람으로 돌아오지. 그렇기 때문에 해가 질 무렵에는 꼭 땅에 내려앉아 있어야만 해. 구름 위에 있다가는 바다 깊은 곳으로 떨어져버리고 말 테니까."

큰오빠가 백조가 된 사연을 이야기했습니다.

"우리도 늘 이곳에 사는 건 아니야. 바다 건너편에도 아주 멋진 나라가 있지. 하지만 그곳은 너무도 멀고 커다란 바다를 밤새 건너가야만 해. 게다가 그 바다에는 섬도 없고 한가운데에 조그만 바위 하나가 바닷속에서 빼꼼이 고개를 내밀고 있을 뿐이란다. 우리들이 겨우 조금 쉴 수 있을 만큼 조그맣지. 그래서 거친 바다를 건널 때면 물보라에 온몸이 잔뜩 젖어버린단다. 그래도 우리는 그 조그만 바위가 있다는 것을 신께 감사드려. 그 바위조차 없었으면 그 넓디넓은 바다를 건널 수 없었을 테니까 말이야. 우리들은 1년에 오직 한 번, 우리가 태어난 고향으로 돌아올 수 있어. 딱 11일 동안만 있을 수 있지. 우리는 그동안 커다란 숲을 건너 우리가 태어나고 그리운 아버지가 사시는 성으로 돌아갈 수 있는 거야. 어머니가 잠들어 계시는 교회와 높다란 탑을 바라보곤 하지. 여기로 돌아와서 참으로 다행이구나. 우리 사랑하는 여동생을 마침내 만날 수 있었으니까 말이야."

"제가 오빠들을 구할 수 있는 방법은 없을까요?"

엘리자가 물었습니다.

그들은 밤새 지나온 이야기를 나누었답니다. 그러다가 엘리자는 자기도 모르는 사이에 스르르 잠이 들었지요.

다음날 아침, 엘리자는 백조들의 날갯짓 소리에 잠이 깨었습니다.

오빠들은 다시 백조로 변해 커다랗게 동그라미를 그리며 날고 있었습니다. 그러고는 막내 오빠만 남기고 날아갔습니다. 엘리자는 백조로 변한 막내 오빠를 가슴에 안고 흰 날개를 쓰다듬었습니다. 하루 종일 그들은 함께 있었지요. 저녁이 되자 다시 오빠들이 돌아왔습니다.

"우리는 내일 이곳을 떠나야만 한단다. 그리고 1년 동안은 돌아올 수 없어. 하지만 너를 이렇게 홀로 내버려둘 수는 없으니, 우리를 따라가지 않겠니? 우리는 너를 데리고 바다를 건너갈 만큼 튼튼한 날개를 갖고 있단다."

"네, 오빠들과 함께 가겠어요."

그날 밤 내내 그들은 잘 구부러지는 버드나무 껍질과 질긴 갈대로 그물을 짰습니다. 그물은 크고 단단하게 만들어졌습니다. 엘리자가 타고 갈 그물이었답니다.

날이 밝자 백조로 변한 오빠들은 부리로 그물을 물고 구름 위로 높이 날아올랐습니다. 햇빛이 잠든 엘리자의 얼굴 위에 내리쬐었습니다. 그러자 막내 오빠는 엘리자의 오른쪽으로 날아 누이에게 그늘을 만들어 주었습니다.

엘리자가 잠에서 깨었을 때는 이미 육지에서 멀리 나와 있었습니다. 엘리자는 마치 꿈을 꾸고 있는 듯했습니다. 바다 위를 날고 있다는 것이 무척 신기했답니다. 그녀의 곁에는 잘 익은 딸기와 맛좋아 보이는 뿌리 식물이 놓여 있었습니다. 막내 오빠가 엘리자를 위해 가져다 놓은 것이었지요. 엘리자는 막내 오빠를 바라보며 고맙다는 뜻으로 활짝 웃었습니다. 그녀 머리 위로 날면서 날갯

짓으로 엘리자에게 그늘을 만들어 주고 있는 새가 바로 막내 오빠였습니다. 백조들은 아주 높이 날고 있었기 때문에 저 아래 바다 위에 떠 있는 배들은 마치 갈매기처럼 보였습니다. 커다란 구름들은 뭉게뭉게 피어나며 그 위로 엘리자와 백조들의 그림자를 비추었지요.

백조들은 온종일 공기를 가르며 활처럼 빠르게 날았습니다. 그래도 여느 때보다는 느렸답니다. 누이를 데리고 날았기 때문이었지요.

어느새 해가 지고 차츰 날씨가 나빠지기 시작했습니다. 엘리자는 불안한 눈빛으로 지는 해를 바라보았습니다. 바다 한가운데 있다는 그 바위는 아직 보이지 않았습니다. 오빠들은 더욱 힘차게 날갯짓을 했답니다. 엘리자도 그것을 느낄 수 있었지요. 그래요, 백조들이 더 빨리 날지 못하는 것은 누이동생 때문이었어요. 만약 이대로 해가 지고 오빠들이 사람으로 돌아온다면 그들은 모두 바닷 속에 떨어져 죽고 말 것입니다. 엘리자는 하느님께 간절하게 기도했어요. 하지만 바위는 어디에도 보이지 않았습니다. 새까만 구름은 점점 가까이 몰려오고, 거센 바람은 금방이라도 무시무시한 폭풍을 일으킬 것만 같았지요. 구름들은 마치 커다란 파도처럼 한데 뭉쳐 물결을 이루었고 번쩍번쩍 번개가 치기 시작했습니다.

이제 해는 수평선에 걸렸습니다. 엘리자의 가슴은 두려움과 조바심으로 떨려왔습니다. 바로 그때, 백조들이 쏜살같이 아래로 떨어져 내리기 시작했다. 꼭 바다로 추락할 것만 같았지요. 그러나 백조들은 다시 힘을 내어 하늘로 천천히 떠올랐습니다. 해는 이미 반쯤 물 속에 걸려 있었지요. 그때 작은 바위하나가 저만큼 떨어진 곳에 우뚝 서 있는 게 보였답니다. 해는 아주 빠르게 가라앉고 있었습니다. 겨우 손가락 하나 길이만큼만 물 밖으로 얼굴을 내밀고 있었지요.

백조들 발이 가까스로 단단한 땅에 닿았을 때, 해는 불붙어 있던 종이의 마지막 불꽃처럼 곧 바닷속으로 스러지고 말았답니다.

사람으로 돌아온 오빠들은 어깨동무를 하고 엘리자를 빙 둘러섰습니다. 모두가 기쁜 얼굴들이었지요. 하지만 바다는 거센 파도가 쳤고 그들이 내디딘 바위를 삼켜 버릴 듯이 커다란 물보라를 일으켰습니다. 하늘은 활활 타는 불꽃처럼 번쩍거렸고 우르르쾅쾅 천둥소리는 요란했지요. 그들은 손에 손을 꼭 잡고서 찬송가를 불렀습니다. 그렇게 노래를 부름으로써 용기를 되찾았지요.

다음 날, 사나운 바람은 멈추고 해가 뜨자마자 백조들은 엘리자와 함께 그곳을 떠났답니다. 파도는 아직 거세었고 하늘에서 바라본 하얀 거품들은 물 위에서 헤엄치는 수백만 마리 백조처럼 보였지요.

해가 높이 떠올랐습니다. 엘리자는 빛나는 얼음 덩어리로 이루어진 땅을 보았습니다. 그 가운데에는 매우 길게 뻗어 있는 성이 한 채 놓여 있는데, 그 아래쪽에는 종려나무 숲과 물레방아 바퀴만큼 크고 화려한 꽃들이 바람에 이리저리 물결치고 있었습니다.

"저곳이 우리가 찾던 나라인가요?"

엘리자가 오빠들에게 물었답니다. 하지만 백조들은 머리를 흔들었습니다. 그래요, 엘리자가 본 것은 끊임없이 모습을 바꾸는 신기루 구름 성이었답니다. 그곳으로는 아무도 갈 수 없지요. 엘리자는 그 아름다운 성을 바라보았습니다. 그때, 갑자기 숲과 산과 성이 모두 그 안으로 빨려 들어갔습니다. 그러고는 그들 앞에 뾰족탑들이 서 있는 열두 교회가 나타났습니다. 무척 훌륭한 교회들이었지요. 엘리자는 오르간 소리를 들은 것만 같았습니다. 하지만 그것은 바다의 물결소리였답니다.

그 교회로 가까이 다가가자, 교회는 돛을 달고 나아가는 수많은 배로 바뀌었답니다. 하지만 그것은 물 위를 미끄러져 가는 바다 안개일 뿐이었습니다.

엘리자가 바라보는 풍경들은 모두 끊임없이 바뀌었답니다. 그러다 어느새 엘리자와 왕자들은 그토록 바라던 땅에 다다를 수 있었습니다. 그곳에는 삼나무 숲과 마을, 커다란 성도 있었습니다. 아름다운 초록으로 물든 산도 높이 솟아 있었지요. 해가 지기 전, 그들은 무사히 산기슭 동굴 앞에 내려앉았습니다.

동굴 이곳저곳에는 덩굴풀이 잔뜩 뭉쳐 있어서 마치 정성스레 수놓은 양탄자 같았답니다.

"너는 오늘 밤 이곳에서 어떤 꿈을 꾸게 될까?"

막내 오빠는 이렇게 말하면서 덩굴풀 침대를 마련해주었습니다.

"아아, 어떻게 하면 오빠들을 구할 수 있을까? 그 방법을 꿈에서 볼 수 있었으면 좋겠어."

엘리자는 오로지 그 생각밖에는 없었습니다. 하느님께도 제발 도와 달라고 기도했지요. 그래요, 엘리자는 꿈 속에서도 기도했답니다.

엘리자는 꿈 속에서 하늘 높이 붕 떠올라 환상의 구름 성으로 들어갔습니다. 구름 성에는 요정이 있었는데 엘리자에게 딸기를 주었던 친절한 노파와 아주 닮았습니다.

"너는 꼭 네 오빠들을 구해낼 수 있을 거야. 용기와 끈기만 가지면 된단다. 물은 네 연약한 손보다 더 부드러운 것 같지만 딱딱한 돌의 모양도 바꿀 수 있지. 물은 아픔을 느끼지 않아. 그러나 네 손가락은 아픔을 느끼겠지. 물에게는 마음이 없어서 불안과 고통으로 괴로워할 필요가 없지만 너는 그것을 꾹 참고 견뎌내야만 한단다. 이 쐐기풀이 보이니? 네가 자고 있는 동굴 주위에는 이런 쐐기풀이 많이 자라고 있단다. 이곳의 쐐기풀과 교회 마당 무덤 위에서 자라는 쐐기풀만 신비한 힘을 가지고 있어. 명심하거라, 네 손에 물집이 생기고 불에 데인 듯 따갑더라도 이것들을 꼭 뜯어내야만 한단다. 그리고 두 발로 이 쐐기풀들을 으깨면 아마를 만들 수 있을 거야.

그것으로 소매가 긴 옷 열한 벌을 짜거라. 그리고 그 옷을 백조들에게 입히면 곧바로 마법이 풀린단다. 그러나 꼭 명심해두어야 할 것이 있어. 일을 시작하는 그 순간부터 옷을 다 만들 때까지, 몇 년이 걸린다 하더라도 절대 말을 해서는 안 된다. 네가 입 밖에 내는 말은 그대로 비수가 되어 네 오빠들의 가슴에 꽂힐 거야. 알겠지? 네 오빠들의 목숨은 네 혀에 달려 있단다. 내가 말한 것을 꼭 기억해 두거라."

그러면서 요정은 쐐기풀로 엘리자의 손을 콕 찔렀습니다. 쐐기풀은 활활 타는 불처럼 너무도 따가웠습니다.

엘리자는 깜짝 놀라 잠에서 깨어났습니다. 벌써 밝은 한낮이었습니다. 주위를 둘러보니 곁에는 꿈 속에서 보았던 것과 같은 쐐기풀이 하나 놓여 있었습니다. 엘리자는 무릎을 꿇고 하느님께 감사 기도를 드렸습니다. 그러고는 곧바로 일을 시작하기 위해 동굴을 나왔습니다.

엘리자는 연약한 두 손으로 억센 쐐기풀을 뜯기 시작했습니다. 풀들은 마치 불과 같았지요. 그녀 팔과 손에는 금세 큰 물집들이 잡혔습니다. 하지만 엘리자는 '사랑하는 오빠들을 구해낼 수만 있다면 이 정도 아픔쯤은 아무것도 아니야.' 생각하며 고통을 참아냈고 쐐기풀 하나하나를 발로 밟아 초록색 아마를 짜기 시작했습니다.

날이 저물자 동굴로 돌아온 오빠들은 엘리자가 말을 하지 않는 것을 보고 깜짝 놀랐습니다. 처음엔 새어머니의 마법 때문에 그렇게 된 것이리라 생각했습니다. 그녀의 물집이 가득한 손을 본 오빠들은 그녀가 자기들 때문에 커다란 고통을 참아내고 있음을 알았습니다. 막내 오빠는 동생이 너무도 가엾어 눈물을 흘리고 말았습니다. 그러자 놀랍게도 막내 오빠의 눈물이 닿은 곳은 거짓말처럼 아픔이 가시고 불에 덴 듯한 물집도 모두 사라져 버렸습니다.

엘리자는 잠도 자지 않고 밤새도록 옷을 짰습니다. 오빠들을 구할 때까지는 절대 쉬지 않겠다고 마음속 깊이 다짐했지요. 오빠들이 백조가 되어 날아가고 없는 동안에도 홀로 앉아 종일 옷을 짰습니다.

시간은 무척 빠르게 지나갔습니다. 마침내 오빠들을 위한 옷이 한 벌 만들어졌습니다. 엘리자는 더욱 더 힘을 내어 다시 옷을 짜기 시작했습니다.

그때였습니다. 산에서 사냥 나팔 소리가 들려왔습니다. 엘리자는 왠지 무서워지기 시작했어요. 나팔 소리는 점점 더 가까워지고 개 짖는 소리도 들렸습니다. 놀란 그녀는 재빨리 동굴 속으로 들어가 얼른 쐐기풀들을 다발로 묶고 그 위에 앉았습니다. 곧 동굴 앞 수풀 속에서 큰 개 한 마리가 튀어나왔습니다. 그 뒤를 따라온 다른 개들은 동굴 앞에서 짖기 시작했고, 사냥꾼들도 동굴 앞으로 몰려들었어요. 그 사냥꾼들은 바로 왕과 신하들이었답니다.

왕은 엘리자에게로 다가왔습니다. 왕은 이제까지 이렇게나 아름다운 처녀를 본 적이 없었습니다.

"오오, 참으로 아름다운 아가씨로군. 당신은 어째서 이 동굴에 있는 것이오?" 왕이 물었어요.

그러나 엘리자는 고개를 저을 뿐이었답니다. 오빠들의 옷을 다 만들기 전까지는 말을 해서는 안 되기 때문이었지요. 엘리자는 상처투성이인 두 손을 얼른 앞치마 밑으로 감추었습니다.

"나와 함께 왕궁으로 갑시다. 당신처럼 아름다운 사람은 이런 험한 산 속에 살면 안 되오. 내가 비단옷을 입혀주고 황금 왕관을 씌워 줄테니, 화려한 궁전에서 함께 삽시다."

왕은 곧 엘리자를 말에 태웠습니다. 그녀는 슬픈 얼굴로 눈물을 흘렸지요. 그러자 왕이 말했습니다.

"나는 그대를 행복하게 해 주고 싶소. 언젠가는 틀림없이 내게 감사하게 될 것이오."

그들이 길을 떠나 해가 저물 때쯤에는 높은 탑과 교회, 집들이 보였고 조금 더 가자 커다란 성에 다다를 수 있었습니다. 궁전은 무척 화려했지요. 정원 분수들은 힘차게 물을 뿜어내고, 벽과 천장에는 아름다운 그림들이 그려져 있었습니다. 하지만 엘리자는 그런 것에는 도무지 관심 없다는 듯, 궁전을 구경도 하지 않았습니다. 왕은 엘리자에게 비단옷을 입히게 하고, 머리에는 진주를 꽂아 주었으며, 물집이 터진 손에는 아름다운 장갑을 끼게 했습니다.

화려한 옷을 입은 엘리자는 눈부시게 아름다웠답니다. 궁전 안 모든 사람들이 그녀를 보면 깊이 고개를 숙였지요. 왕은 엘리자를 신부로 맞아들이겠다 선포를 했습니다.

하지만 오로지 한 사람, 대주교만은 이를 못마땅하게 여기며,

"저 아름다운 숲속 아가씨는 마녀임이 틀림없습니다. 모두의 눈을 속이고 폐하의 마음을 현혹시키는 것입니다."

이렇게 왕의 귀에 속삭였지요. 하지만 왕은 그런 말들에는 들은 척도 하지 않았답니다.

왕비가 된 엘리자는 이제 좋은 향기가 나는 정원을 거닐고 맛있는 음식도 먹을 수 있게 되었습니다. 하지만 엘리자는 언제나 말없이 슬픔에 잠겨 있었습니다. 조그만 미소를 짓는 일조차 없었지요. 그래서 왕은 엘리자를 위해 방을 아름답게 꾸며 주었답니다. 그 방은 초록색 벽지로 꾸며져 엘리자가 있었던 동굴과 꼭 닮아 있었습니다. 방 안에는 쐐기풀로 짠 아마 다발도 놓여 있었어요. 그리고 이미 만들어놓은 옷도 있었습니다. 그녀가 가지고 있던 이 모든 것들을 진기한 물건이라 여긴 왕이 엘리제를 위해 갖다 놓은 것이었습니다.

"이곳에서라면 그대의 옛집을 꿈꿀 수 있을 것이오. 그대가 동굴에서 만들던 쐐기풀도 있소. 화려하고 편안하게 지내면서 옛날 일을 추억하는 것도 재미있을 거요."

엘리자의 입가에는 환한 미소가 피어나고 뺨에는 생기가 살아났습니다. 엘리자는 감사하는 마음으로 왕의 손에 입맞추었어요. 왕은 엘리자를 가슴에 안고 마을 안 모든 교회종을 울려 둘의 결혼을 알리게 했답니다. 숲에서 온 말 못하는 아름다운 처녀가 왕비가 된 것입니다. 대주교의 속삭임도 왕의 마음을 움직이지는 못했답니다.

마침내 화려한 결혼식이 열렸습니다. 대주교가 엘리자의 머리에 왕관을 씌워 주어야 했답니다. 그녀에게 앙심을 품고 있던 대주교는 왕관의 좁은 테를

엘리자의 이마에 꼭 눌러서 아프게 했습니다. 하지만 엘리자의 마음속 굴레가 더 무겁고 아팠답니다. 오빠들에 대한 걱정과 슬픔이었지요. 몸이 아픈 것쯤은 그녀에게 아무것도 아니었기에 작은 신음조차 내지 않았습니다. 단 한 마디라도 새어 나간다면 오빠들이 목숨을 잃을지도 모르니까요. 하지만 엘리자의 두 눈에는 그녀를 기쁘게 해 주기 위해서라면 어떤 일도 마다하지 않는 상냥하고 잘생긴 왕에 대한 깊은 사랑이 들어 있었답니다.

엘리자는 날이 갈수록 마음속 깊이 왕을 사랑하게 되었습니다. 오, 이 커다란 사랑을 왕에게 말할 수만 있다면 얼마나 좋을까요! 마음속 깊은 슬픔을 털어놓을 수만 있어도 무척 기쁠 거예요. 하지만 절대로 말을 해서는 안 되지요. 서둘러 쐐기풀 옷 열 벌을 만들어야만 했습니다.

엘리자는 밤마다 왕의 곁을 살그머니 빠져 나와 초록색으로 꾸며진 방으로 가서 옷을 만들었습니다.

그런데 일곱 번째 옷을 만들기 시작했을 때 안타깝게도 아마가 다 떨어지고 말았습니다. 교회 마당에는 억센 쐐기풀들이 잔뜩 자라고 있지만, 어떻게 거기까지 갈 수 있을까요?

'나는 꼭 이 일을 끝내야만 해! 하느님께서 나를 보살펴 주실 거야.'

푸른 달이 빛나는 밤, 엘리자는 마치 못된 일이라도 하러 나가는 사람처럼 아무도 없는 어두운 길을 지나 교회 마당으로 갔습니다. 그런데 이 일을 어쩌죠?

교회 묘지에 한 무리의 마녀들이 앉아 있는 것이었습니다. 비쩍 마른 긴 손가락으로 무덤을 파서 시체들을 꺼내어 살을 파먹는 무시무시한 마녀들이었지요. 엘리자는 그들 곁을 지나가야만 했습니다. 마녀들은 무시무시한 눈초리로 엘리자를 노려보았습니다. 엘리자는 마음속으로 하느님께 기도드리며 불타는 듯이 따가운 쐐기풀들을 뜯어 궁전으로 돌아왔습니다.

그런데 대주교가 방으로 조심히 들어가는 엘리자를 보고 말았습니다. 대주교는 쐐기풀을 꺾어 오는 엘리자를 더욱 의심하게 되었습니다. 그녀가 틀림없이 흉악한 마녀라고 생각했지요. 그래서 대주교는 왕에게 자기가 본 것을 모두 말했답니다. 대주교는 왕비를 사악한 마녀로 몰아세웠지요. 대주교의 말을 들은 왕의 두 볼 위로 뜨거운 눈물이 흘러내렸습니다. 마음속에 조금씩 의심의 불꽃을 피우던 왕은 그날 밤, 왕비 곁에서 잠든 척을 하고 있었습니다. 눈을 감고 있어도 대주교의 말이 생각나 도저히 잠을 이룰 수 없는 것입니다. 얼마나 시간이 흘렀을까. 갑자기 엘리자가 슬며시 일어나 방을 나갔습니다. 그녀는 날마다 같은 일을 되풀이했지요. 어느 날은 왕이 엘리자의 뒤를 쫓았는데, 그녀가 초록색 방으로 들어가는 것을 보게 되었습니다.

왕의 표정은 나날이 어두워져 갔습니다. 그러나 엘리자는 그 이유를 눈치채지 못했지요. 그저 불안한 마음으로 하루하루를 보내고 있었습니다.

엘리자는 밤마다 오빠들 생각에 눈물을 흘렸습니다. 엘리자의 뜨거운 눈물방울은 마치 다이아몬드처럼 반짝이며 쐐기풀 위로 떨어졌습니다. 그러는 사이 어느새 열 벌의 옷이 만들어졌습니다. 딱 한 벌이 모자랐지요. 하지만 이제 더는 쐐기풀이 없었답니다.

엘리자는 마지막으로 한 번 더 교회 무덤으로 가서 쐐기풀을 뽑아 오기로 했습니다. 무덤가에서 사는 마녀들이 떠올라 무서웠지만, 엘리자의 의지는 신에 대한 믿음만큼이나 단단했답니다.

엘리자는 교회로 갔습니다. 왕과 대주교가 그 뒤를 밟았지요. 그들은 엘리자가 교회 무덤가로 들어가는 것을 보았습니다. 그리고 묘지 위에 마녀들이 앉아 있는 것도 보았답니다. 자기도 모르게 휙 고개를 돌려버렸습니다. 조금 전까지 제 가슴에 안겨 있던 엘리자가, 이제는 무시무시한 마녀들과 함께 있다니. 더는 지켜볼 수 없었던 것이지요.

"국민들이 마녀를 심판할 거야."

왕이 말했고, 사람들은 "화형시키자!" 소리쳤습니다.

엘리자는 쇠창살을 통해 바람이 불어오는 어둡고 습기 찬 감옥으로 끌려갔습니다. 사람들은 마구 욕을 하면서 그녀에게 쐐기풀 뭉치를 던졌습니다. 하지만 엘리자는 쐐기풀이 생겨 기쁘기만 했습니다. 엘리자에게 쐐기풀보다 더 좋고 반가운 것은 없었습니다. 엘리자는 다시 옷을 만들기 시작했답니다. 바깥에서는 마을 사람들이 몰려와 욕을 퍼붓고 엘리자를 비웃는 노래를 불러댔지요. 그 누구도 엘리자를 위로해 주지 않았습니다.

저녁이 되었습니다. 어디선가 백조의 날개소리가 나는가 싶더니 막내 오빠가 저 멀리서 날아오는 게 보였어요. 마침내 누이동생을 찾아내어 날아온 것입니다. 어쩌면 오늘이 마지막 밤이 될지도 모른다는 사실을 알고 있었지만, 엘리자는 기쁨에 겨워 눈물을 흘렸답니다. 이제 조금만 더하면 쐐기풀 옷은 모두 만들어진답니다. 오빠들도 모두 엘리자 곁에 와 있었습니다.

대주교는 왕과의 약속이 있었기 때문에 엘리자가 있는 감옥으로 와서 그녀의 마지막 밤을 함께 있어주려 했습니다. 하지만 엘리자는 눈빛과 표정으로 '제발 가주세요.' 간청했습니다. 오늘 밤 안으로 모든 일을 끝내야만 했거든요. 그렇지 못하면 고통으로 지샌 밤들과 눈물로 보낸 밤들이 모두 헛일이 된답니다.

대주교는 갖은 욕설을 퍼붓고는 사라졌습니다. 엘리자는 다시 묵묵히 쐐기풀 옷을 만들었습니다.

작은 생쥐들이 습기차고 어두운 방 안을 이리저리 돌아다니면서 조금이라도 도와주겠다고 그녀의 발치에다 쐐기풀들을 끌어다 주었답니다. 개똥지빠귀들은 엘리자가 용기를 잃지 않도록 쇠창살 앞에 앉아 밤새도록 노래를 불러 주었지요.

아직 해가 뜨려면 한 시간은 더 있어야 했지만 오빠들은 궁전 앞에 서서 왕을 뵙고 싶다고 간청했습니다. 하지만 아무도 그 말을 들어 주지 않았습니다. 보초병들은 왕께서 주무시고 계시니 깨울 수 없다는 말만 되풀이할 뿐이었습니다.

오빠들은 계속해서 간청하다 끝내는 화를 냈습니다. 그러자 왕이 나왔답니다. 그리고 무슨 일이냐고 물으려는 순간, 해가 떠올랐습니다. 오빠들이 있던 자리에는 어디서 날아왔는지 모를 백조 열한 마리만이 울고 있었습니다.

거리로 많은 사람들이 쏟아져 나왔습니다. 모두 마녀가 화형되는 것을 보고 싶어 하는 사람들이었지요.

엘리자는 수레에 실려 화형장으로 향했습니다. 엘리자는 너덜너덜하고 초라한 옷을 입었으며, 아름다운 긴 머리칼은 마구 헝크러졌고, 두 뺨은 죽음처럼 창백했습니다. 입술은 가볍게 떨렸습니다. 엘리자는 화형장으로 가는 동안에도 쐐기풀 옷을 만드는 일을 멈추지 않았답니다. 아직 열한 번째 옷이 만들어지지 않았거든요. 사람들은 그런 엘리자를 비웃었습니다.

"저 마녀를 봐! 아직도 우물우물거리는 꼴이라니. 저 보기 싫은 마법의 쓰레기를 끌어안고 있네. 저걸 조각조각 찢어 버리자."

사람들은 엘리자에게 몰려들어 쐐기풀 옷들을 빼앗아 찢어 버리려고 했습니다. 그때 엘리자를 지켜보던 백조 열한 마리가 날아왔답니다. 백조들은 엘리

자의 주위를 빙빙 돌면서 크게 날갯짓을 했습니다.

"이건 하늘의 계시야! 왕비는 틀림없이 죄가 없어!"

사람들은 백조들이 그녀를 지키는 모습을 보고 깜짝 놀라며 수군거렸답니다. 그러나 어느 누구도 감히 크게 외치지는 못했습니다.

형리가 엘리자를 끌어내리기 위해 다가왔습니다. 그때였습니다. 열한 번째 옷까지 모두 만든 엘리자는 재빨리 옷들을 백조들에게 던졌습니다. 그러자 백조들은 눈 깜짝할 사이에 모두 잘생긴 왕자들로 변했답니다. 하지만 막내 왕자만은 한 팔에 여전히 백조 날개를 달고 있었습니다. 쐐기풀 옷에 아직 한쪽 팔이 없었기 때문이지요. 엘리자가 미처 다 만들지 못한 옷을 던졌기 때문입니다.

"난 죄가 없어요!"

엘리자는 크게 외쳤습니다. 이 모습을 본 사람들은 모두 여신을 만난 것처럼 그녀 앞에 허리를 굽혔지만, 엘리자는 곧 정신을 잃고 오빠들 품에 쓰러졌습니다. 이제까지 참았던 슬픔과 고통, 그리고 눈물을 내려놓은 채 말이에요.

"그래요, 우리 누이에겐 죄가 없어요."

큰오빠가 말했지요. 그는 그동안 있었던 일을 모두 털어놓았답니다. 그가 말하는 동안 어디선가 수백만 송이의 장미 향기가 날아와 사람들 사이로 퍼져

나갔습니다. 그녀를 화형 시키기 위해 쌓아 놓은 장작더미 나뭇조각 하나하나가 뿌리를 내리고 가지를 뻗어 아름답고 향기로운 장미꽃을 피웠답니다.

그 안에서도 반짝반짝 빛나는 새하얀 장미가 장작더미 꼭대기에 피어 있었지요. 왕은 그 장미꽃을 꺾어 엘리자의 가슴에 꽂았습니다, 그러자 엘리자는 가슴에 평화와 축복을 가득 안은 채 깨어났습니다.

마을 안 모든 교회의 종이 저절로 울려 퍼지고 수많은 새들이 무리지어 날아왔습니다. 궁전으로 돌아가는 결혼 행렬은 아주 길게 이어졌답니다. 어떤 왕도 해 보지 못한 매우 아름다운 결혼식이었지요.

014
천국의 정원
Paradisets Have

어느 곳에, 아주 많은 책을 갖고 있는 왕자가 살았습니다. 이 왕자만큼 엄청나게 많은 책을 가지고 있는 사람은 세상 어디에도 없었지요. 온통 훌륭한 책들 뿐이었답니다. 왕자는 이 책들 속에서 세상 모든 일을 읽을 수 있었고, 멋진 그림들로 이 세상 모든 일을 알 수 있었습니다.

그러나 이렇게 많은 책들 속에서도 찾을 수 없는 것이 꼭 하나 있었습니다. 그것은 바로 천국의 정원이었습니다. 모든 책을 다 뒤져봐도 천국의 정원에 대해서는 씌어 있지 않았습니다. 왕자가 가장 알고 싶어 하는 것이 천국의 정원인데 말이에요. 어느새 왕자의 머릿속은 천국의 정원에 대한 생각만으로 가득해졌습니다.

왕자가 학교에 갈 나이가 되었을 때였습니다. 할머니는 천국의 정원 이야기를 많이 해주셨습니다. 천국의 정원에 핀 꽃 한 송이 한 송이는 모두 달콤한 과자이며, 그 꽃 속 암술에는 포도주가 가득하고 꽃들에는 역사는 물론 지리나 산수도 씌어 있어서, 그 과자를 먹기만 하면 어려운 숙제를 모두 해낼 수 있다고 했습니다.

왕자는 그 말을 굳게 믿었습니다. 어느덧 나이를 먹고 많은 것을 배운 뒤에는,

천국의 정원에는 맛있는 과자보다 더 좋은 것들이 많을 거라 믿게 되었습니다.

"아아, 이브는 왜 선악과를 따 먹었을까? 내가 아담이었다면 무슨 일이 있더라도 따 먹지 못하도록 막았을 거야. 그러면 결코 이 세상에 죄가 생겨나지 않았을 텐데."

왕자는 열일곱 살이 된 오늘도 천국의 정원을 생각합니다. 꼭 한 번 가보고 싶으니까요. 어느 날 왕자는 혼자서 숲으로 갔습니다. 왕자는 숲속을 홀로 이리저리 돌아다니는 게 무엇보다도 즐거웠습니다. 그런데 저녁이 되자 차츰 새까만 구름들이 잔뜩 몰려오더니 억수같은 비가 쏟아져내리기 시작했습니다. 숲은 금세 캄캄해져, 마치 우물 속에 덩그러니 놓여진 것만 같았습니다. 왕자는 비를 피해 뛰다가 젖은 풀잎에 미끄러지거나 돌 위에 넘어지기도 했습니다. 옷은 곧 흠뻑 젖어버렸습니다. 게다가 가엾은 왕자는 커다란 바위산을 기어 올라가야만 했습니다. 이끼가 잔뜩 낀 바위 이곳저곳에는 조르르 물이 흐르고 있었습니다. 바위산 위로 올라간 왕자는 금방이라도 쓰러질 것만 같았지요. 그때 바로 앞 큰 동굴에서 불빛이 새어 나오는 것이 보였습니다.

동굴 한가운데에서는 불길이 활활 타오르고 있었습니다. 커다란 뿔이 달린 큰 사슴이 쇠꼬챙이에 꽂힌 채 불 위에 매달려서 구워지는 모습은 아주 먹음직스러워 보였답니다. 그 앞에는 늙은 부인이 홀로 앉아 있었는데, 불길 속으로 이따금 나뭇조각을 던져 넣었습니다.

"이리 가까이 와서 옷을 좀 말리시오."

늙은 부인이 말했습니다.

"이곳은 바람이 무척 세군요."

왕자가 바닥에 앉으며 말했습니다.

"내 아들이 돌아오면 바람이 더욱 세게 분다오. 이곳은 바람의 동굴이니까. 이 세상에서 불어오는 바람형제 넷이 모두 내 아들들이라오."

"아들들은 모두 어디로 갔나요?"

"아이구, 그런 멍청한 질문을 하다니! 내 아들들은 저마다 이곳저곳에서 잘 놀고 있지. 저 하늘 위에 커다란 방에서 구름들로 공기놀이를 하고 있단다."

"아, 그렇군요! 그런데 부인께서는 아주 무뚝뚝하시네요. 다른 부인들처럼 친절하지가 않아요."

"그래? 그 여자들은 참으로 할 일이 없는 모양이로군. 나는 내 거친 아들들을 길들이자면 강해질 수밖에 없어. 그래야만 장난꾸러기 아들들을 잘 가르칠 수 있단 말이야! 저기 벽에 걸린 자루 네 개가 보이지? 내 아들들은 바로 저것을 무서워해. 그대가 어렸을 때 회초리를 무서워했듯이 말이야. 내가 녀석들을 저 자루 안에 꾹꾹 눌러 담으면 절대 밖으로 빠져나올 수 없지. 아, 저기 한 녀석이 돌아왔군."

그것은 북풍이었습니다. 북풍 아들은 얼음처럼 차가운 추위를 이끌고 돌아와, 눈송이를 이리저리 흩뿌렸습니다. 그의 모습은 곰 가죽으로 만든 두꺼운 옷을 걸치고, 바다표범 가죽 모자로 귀를 덮어 무척 따뜻해보였습니다. 그럼에도 불구하고 수염에는 긴 고드름이 주렁주렁 달려 있었습니다.

"불 가까이 가지 말아요. 까딱 잘못하면 동상에 걸릴지도 몰라요."

"동상이라고?"

왕자의 말에 북풍은 껄껄 소리 내어 웃으며 말했습니다.

"동상이야말로 내가 가장 즐거워하는 것이지. 보아하니 너는 겁쟁이로구나. 그런데 어떻게 바람의 동굴에 들어왔지?"

"내 손님이란다."

부인이 말했습니다.

북풍은 자신이 어디서 오는지, 1월 한 달 동안 어디에 있었는지를 이야기해 주었습니다.

"나는 북극에서 왔어요. 러시아의 해마 사냥꾼들과 함께 곰섬으로 갔었지요. 사냥꾼들이 유럽 북쪽 끝에서 배를 타고 떠날 때 나는 배의 키에 올라앉아 잠을 잤는데, 때때로 폭풍을 몰고 오는 새들이 내 다리 위를 왔다갔다 날아다니더군요. 참 우스꽝스러운 새였지요. 녀석들은 제자리에서 날개를 마구 퍼덕거리는가 싶더니 곧 길게 펼친 채 멀리멀리 날아갔어요."

"그렇게 길고 번거롭게 늘어놓지 마라. 그래, 곰섬에 가서 뭘 했니?"

부인이 물었습니다.

"그곳은 참 멋졌어요! 접시처럼 고른 땅이 끝없이 펼쳐져 있어 춤추기에도 딱이었고, 반쯤 녹은 눈 사이로 이끼가 드러나 보였어요. 뾰족뾰족한 바위들이 가득했고 여기저기 널려 있는 해마, 북극곰들의 뼈다귀에는 푸른 곰팡이가 잔뜩 슬어 있었지요. 마치 거인들 팔다리 같았어요. 이제까지 본 적 없었던 참으로 신기한 풍경이었답니다. 나는 안개를 후 불어서 저 먼 곳에 있는 오두막이 보이게 했어요. 그 오두막은 부서진 배로 만들어져 해마가죽으로 덮인 집이었지요. 그런데 그 가죽은 속살이 드러나 있어서 집이 마치 붉은색과 초록색으로 얼룩덜룩한 동물로 보이는 거예요. 지붕에는 북극곰이 앉아 으르렁거리고 바닷가에서는 새들이 보금자리를 찾아 날아다녔으며, 아기 새들은 입을 딱딱 벌리면서 먹을 것을 달라고 자지러지게 울고 있었어요. 파도가 밀어닥치는 곳에는 1미터나 되는 엄니를 드러낸 해마들이 힘껏 물장구를 치며 놀고 있었지요."

"내 아들아, 이야기를 참 재미있게 잘하는구나. 이야기만 들었는데도 군침이 절로 돌아."

부인이 말했습니다.

"곧 사냥이 시작되었어요. 사냥꾼들이 작살을 내던지자, 해마의 가슴에서 분수처럼 핏줄기가 튀어올라 얼음 위를 붉게 덮었지요. 그 모습을 보자 나는 갑자기 장난을 치고 싶어졌어요. 그래서 얼른 입김을 불어 내가 앉아 있던 빙산이 배를 납작하게 눌러버리게 했지요. 겁에 질린 얼굴로 죄다 소리 지르는 꼴이라니! 하지만 나는 좀 더 큰소리로 휘파람을 불어주었답니다. 그러고는 사냥꾼들 배를 빙산 사이에 끼워놓았어요. 그랬더니 사냥꾼들은 몹시 두려워하면서 배 안에 있던 상자도 그물도, 애써 잡은 해마도 모두 바다로 던져버리는 거예요. 그래서 나는 눈보라를 쳐서 배를 뒤집어 그들이 짜디짠 바닷물을 실컷 마시게 한 뒤 남쪽으로 떠내려가게 불어버렸어요. 이제 다시는 곰섬에 얼씬거리지도 않을 거예요."

"너, 아주 못된 짓을 했구나."

바람의 어머니가 말했습니다.

"하지만 좋은 일도 했는 걸요. 동생들이 이야기해 줄 거예요. 아, 저기 서쪽에서 마침 동생이 오네요. 나는 이 동생이 가장 좋아요. 짭조름한 바다 냄새를 풍기는데다가 불어올 때마다 시원한 바람을 가져 오거든요."

북풍 아들이 이를 드러내고 웃으며 말하니 또다시 시원한 바람이 불어왔습니다.

"저건 제피로스(서풍의 신), 부드러운 서풍이군요?"

왕자가 물었습니다.

"맞아, 부드러운 서풍이지."

늙은 부인이 대답했습니다.

"그러나 이제 더는 부드럽지 않아. 어렸을 때는 아주 작고 귀여운 소년이었지. 하지만 이젠 그것도 옛말이 되었다네."

손에 마호가니 몽둥이를 든 서풍은 무척 사나워 보였지만 감기에 걸릴까 염려되었는지 따뜻한 솜모자를 쓰고 있었습니다.

"어딜 갔다 오는 게냐?"

늙은 부인이 물었습니다.

"가시가 잔뜩 달린 덩굴들이 나무들 사이로 이리저리 얽혀 있고, 질퍽질퍽한 풀밭에는 물뱀들이 득실거리는 곳, 사람이 들어왔던 흔적은 눈 씻고 찾아봐도 없는 아주아주 깊은 숲속에서 오는 길이에요."

남서풍이 대답했습니다.

"거기서 뭘 했니?"

"깊은 강을 보았어요. 강물이 높디높은 절벽에서 천둥소리를 내며 골짜기로 떨어지더니 물안개가 떠올라 아름다운 무지개를 만들더군요. 강물에서는 물소들이 물장구를 쳤는데 거센 물살이 그들을 잡아채어 들오리 떼와 함께 휩쓸고 지나갔지요. 그러자 들오리 떼는 물살이 잔잔한 곳에 이르자마자 푸드득푸드득 하늘로 날아올랐어요. 하지만 물소는 물살에 휩쓸려 떠내려갈 수밖에 다른 방법이 없었어요. 나는 물소들이 무척 마음에 들었기 때문에 콧김을 힘껏 불어 폭풍을 만들었지요. 그러자 몇 천 년 된 오래된 나무들이 불쏘시개처럼 잘 게 쪼개지면서 떠내려가는 거예요. 그 광경을 바라보는 게 얼마나 통쾌한 일인 지 모르죠?"

"그것 말고 더는 없니?"

"사바나(열대 또는 아열대의 비가 적은 지방의 초원)에서는 재주넘기를 했지 요. 거친 야생말들을 쓰다듬어 주거나 야자나무를 흔들어서 한두 개 떨어뜨리 기도 했어요. 이것 말고도 이야기할 거리라면 넘치도록 많아요. 하지만 이 많 은 일들을 남김없이 모두 이야기 해버릴 수는 없지요. 그건 어머니도 알고 계 시죠?"

그러면서 남서풍은 부인에게 입을 맞추었지만 할머니는 불어오는 바람에 날 아가 버릴 것만 같았답니다.

이번에는 터번을 쓴 남풍이 베두인족(아랍의 유목민) 옷을 걸치고 들어왔습 니다. 남풍은 불길 속에 나뭇조각을 집어넣으며 말했습니다.

"여긴 왜 이렇게 추운 거야! 보나마나 북풍 형이 먼저 와 있었나 보군."

그러자 북풍이 짜증스럽게 말했습니다.

"너무 더워서 북극곰도 구워 먹을 수 있겠다!"

그러자 남풍이 짜증을 내며 소리쳤습니다.

"곰은 바로 형이잖아!"

부인이 큰 소리로 말했습니다.

"이 녀석들! 너희 모두 자루 속에 갇히고 싶으냐? 자, 너도 저기 돌 위에 앉 아서 어디에 갔었는지 이야기해 보아라."

남풍이 이야기를 시작했습니다.

"저는 아프리카에 갔었어요, 어머니. 남아프리카 호텐토트에서 원주민들과 사자 사냥을 했지요. 그렇게나 넓은 올리브색 초원은 처음 봤답니다. 영양들이 푸른 초원에서 춤을 출 때 나는 타조와 달리기 시합을 했어요. 물론 내가 한 결 더 빨라서 늘 이겼어요. 황금빛 모래로 덮인 사막에도 갔었지요. 사막은 마 치 깊은 바다 속 밑바닥 같더군요. 그곳에서 상인을 만나기도 했는데 그들은 마실 물이 없어 낙타의 혹을 따기도 했어요. 하지만 목을 축이기에는 턱없이 모자랐지요. 햇볕은 어찌나 사납게 내리쬐던지! 사막은 가도 가도 끝이 없더군 요. 그때 나는 아주 곱고 부드러운 모래 속에서 뒹굴다 뜨거운 입김을 불어넣어 회오리바람을 일으켰어요. 참 재미있었지요. 모래들이 신나게 춤을 추는 것만 같았다니까요. 상인들이 모래 바람을 피하려고 옷을 뒤집어쓰는 모습을 엄마도 보셨어야 하는데…… 상인들은 끝내 내게 무릎을 꿇었어요. 그들이 받드는 알라신에게 하듯이 말이지요. 곧 그들을 모래 속 깊이 파묻어버렸어요. 그들 위에는 모래가 피라미드처럼 하늘 높이 쌓여 있을 뿐이었지요. 언젠가는 쨍쨍한 햇빛에 그들의 뼈가 드러나겠지요. 그러면 사막을 지나던 여행자들이 그것을 보고 이곳에도 사람이 있었구나 생각할 테지요. 그게 아니면 어느 누가 사막 한가운데에 사람이 있을 거라 생각하겠어요?"

"그래, 너는 참으로 못된 짓만 했구나. 그러니 자루 속으로 들어가."

부인이 말했습니다.

늙은 부인은 눈 깜짝할 사이에 남풍의 허리를 붙잡아 가죽 자루 속에 집어넣었습니다. 남풍은 마구 몸부림쳤지만 부인이 자루를 방석처럼 깔고 앉자 남풍은 곧 조용해졌습니다.

"부인께서는 정말 씩씩한 아들들을 두셨군요."

왕자가 말했습니다.

"좀 고약한 녀석들이지만 나라면 거뜬히 다룰 수 있지. 아, 저기 넷째가 오는군."

그것은 동풍이었습니다. 동풍은 중국인 같은 옷차림을 하고 있었습니다.

"너는 천국의 정원에 있었지?"

"그곳엔 내일 갈 거예요."

동풍이 대답했습니다.

"내일은 내가 그곳에 간 지 꼭 100년이 되는 날이지요. 지금 나는 중국에서 오는 길이에요. 도자기 탑 언저리에서 춤을 추니까 갑자기 탑 위에 매달린 종들이 한꺼번에 울리는 거예요. 그때 사람들이 오가는 거리에서는 1급에서 9급에 이르는 관리들이 모두 대나무 회초리로 무섭게 매를 맞고 있었어요. 관리들은 매로 등짝을 맞으면서 '감사합니다. 감사합니다. 자비로운 아버지시여' 소리쳤어요. 하지만 그 말은 마음에서 우러나온 소리는 아닐 거예요. 나는 '댕! 댕!' 탑 위 종들을 울리며 노래도 불렀답니다."

"너는 좀 까불고 다녔구나." 늙은 부인이 웃으며 말했습니다. "하지만 네가 내일 천국의 정원으로 간다니 무척 잘된 일이다. 네겐 도움이 되는 것들을 많이 배울 수 있을 테니까. 지혜의 샘물을 마음껏 마시고, 작은 병에도 가득 채워서 집으로 가지고 오너라."

"네, 그럴게요. 그런데 왜 남풍 형님을 자루에 가두셨나요? 꺼내 주세요. 남풍 형님은 제게 불사조 이야기를 들려주기로 했거든요. 천국의 정원 공주님은 불사조 이야기를 좋아해요. 어서요, 어머니. 그러면 제가 따온 신선한 녹차잎을 두 주머니 가득 넣어드릴게요."

"그래, 좋아, 우리 사랑하는 아들이 내게 녹차잎을 주었으니 부탁을 들어주어야지."

남풍은 그제야 자루 속에서 나올 수 있었습니다. 아주 풀이 죽은 모습이었습니다. 처음 만난 왕자에게 야단맞는 꼴을 보인 게 너무도 창피했거든요.

"자, 이건 종려나무 잎이야."

남풍이 말했습니다.

"이 종려나무 잎을 공주에게 가져다 주렴. 이 잎은 세상에 오직 하나밖에 없는 불사조가 준 거야. 불사조는 이제까지 수백 년 동안 살아오면서 겪은 이야기들을 이 잎에다 새겨 넣었단다. 공주님은 그걸 읽을 수 있을 거야. 나는 불사조가 스스로 제 둥지에 불을 붙여 타 죽는 모습을 보았어. 힌두교도 아내들이 그러듯이 말이야. 탁탁 소리를 내며 타오르던 마른 나뭇가지들! 그 연기에서는 참으로 이상한 냄새가 났어. 마침내 모든 것이 불길 속으로 사라졌어. 불사조는 한 줌의 재가 되어버렸지. 그런데 불사조가 있던 자리에 잘 구워진 새빨간 알 하나가 있는 게 아니겠어? 잿속에 있던 알은 갑자기 큰 소리를 내면서 깨졌고 그 안에서 귀여운 불사조 새끼가 나왔지. 이제 그 새가 세상 모든 새의 왕이 된 거야. 이 세상에 하나밖에 없는 새, 불사조가 된 것이지. 그 새가 부리로 종려나무 잎에 구멍을 냈어. 그게 바로 불사조가 공주님에게 보내는 인사야."

"자, 얘들아 이제 뭘 좀 먹자꾸나."

바람의 어머니가 말했습니다.

그들은 불 앞에 둘러앉아 노릇노릇 잘 구워진 사슴고기를 나누어 먹었습니다. 왕자는 동풍 곁에 앉아 있었답니다. 둘은 곧 친구가 되었습니다.

"조금 전에 공주님 이야기를 했잖아. 그분은 어떤 사람이야? 그리고 천국의 정원은 대체 어디에 있니?"

왕자가 묻자 동풍이 말했습니다.

"아, 그곳에 가고 싶니? 그러면 내일 나와 함께 가자. 한 가지 미리 알려주자면, 그곳엔 아담과 이브 말고는 사람이 들어가 본 적이 없어. 그건 성서에도 나와 있으니, 너도 잘 알고 있겠지?"

"그럼, 알고말고!"

왕자가 고개를 끄덕이며 진지하게 말했습니다.

"아담과 이브가 쫓겨났을 때 천국의 정원도 저 깊은 땅 속으로 사라져버리고 말았지. 하지만 따뜻한 햇볕과 부드러운 공기, 모든 아름다움과 찬란함은 아직 그대로 지니고 있어. 그곳에는 요정의 여왕이 살고 있는데 죽음은 결코 그곳에 다가갈 수 없지. 천국의 정원은 참으로 살기 좋은 곳이야. 내가 등에 태워줄 테니 내일 함께 가보자. 아무 일 없을 거야. 자, 이제 이야기는 그만하자. 나는 몹시 피곤해서 잠을 자야 하거든."

왕자와 바람형제들, 바람의 어머니 모두 깊이 잠이 들었습니다.

다음 날 아침 일찍 왕자는 잠에서 깨어났습니다. 그런데 주위를 둘러보니 푸른 하늘을 흘러가는 구름 위에 올라와 있는 게 아니겠어요? 왕자는 어느새 동풍의 등에 타고 있었던 것입니다. 동풍은 하늘 높이 떠 있었기에 숲과 들, 강과 호수가 잘 그려 놓은 지도처럼 한눈에 내려다보였답니다.

"안녕. 벌써 일어났니? 좀 더 자도 돼. 땅 위에는 볼만한 게 없으니까. 하지만 교회가 몇 개나 되는지 세어보고 싶다면 그렇게 하던가. 초록색 칠판에 분필로 점을 찍어놓은 것처럼 보이는 탑들이 바로 교회야."

동풍이 말했습니다. 동풍이 말한 초록색 칠판은 푸르른 초원과 목장을 두고 한 말이었지요.

"그러고 보니 너희 어머니와 형님들에게 신세를 많이 졌는데, 떠나기 전에 인사도 드리지 못했네."

왕자가 어쩔 줄을 몰라 하며 말했습니다.

"너무 마음 쓰지 말아. 떠나올 때 네가 자고 있었으니 이해하실 거야."

동풍은 더욱 빠르게 날아갔습니다. 커다란 숲 위를 지나갈 때는 나뭇가지와 잎들이 와삭와삭 소리를 냈고 바다와 호수 위를 지나갈 때면 파도가 출렁거려 커다란 배들이 마치 백조처럼 높은 파도들 사이로 숨어버리곤 했습니다.

어느새 해가 지고 주위가 온통 어둠에 휩싸이자 저 아래 도시를 비추는 불들이 하나둘 켜져나가기 시작했습니다. 마치 조그만 종잇조각을 태우는 것처럼 수많은 불꽃이 도시 이곳저곳에 모여 있었답니다. 마침 학교 수업이 끝나고 집으로 돌아가는 아이들로 시끌시끌했지요.

왕자는 손뼉을 치며 즐거워했습니다. 그 모습은 무척 사랑스러웠지만 동풍은 이렇게 말했습니다.

"나를 꼭 붙잡아야만 해. 그러지 않으면 저 밑으로 떨어져 교회 탑 꼭대기에 매달려 있어야 할지도 모른다고."

숲 속에서는 독수리가 가볍게 날았지만 동풍은 그보다 더 날렵했으며, 빠른 말을 타고 땅 위를 달리는 사람보다도 훨씬 더 빨랐습니다.

"곧 히말라야 산맥이 보일 거야. 히말라야 산맥은 아시아에서 가장 높은 산이지. 이제 조금만 있으면 천국의 정원으로 들어서게 될 거야."

동풍이 말했습니다.

동풍은 남쪽으로 빠르게 날아갔습니다. 갑자기 어딘가에서 향료와 꽃향기가 풍겨 왔습니다. 산 여기저기에는 무화과나무와 석류나무가 우거졌고, 포도덩굴에는 붉고 푸른 포도송이들이 주렁주렁 달려 있었습니다.

그들은 부드러운 풀 위에 내려앉아 잠깐 동안 쉬었습니다. 꽃들이 마치 "어서 오세요" 반기는 듯이 동풍에게 고개를 끄덕였답니다.

"이곳이 천국의 정원이니?"

왕자가 물었습니다.

"아니야, 아직. 하지만 얼마 남지 않았어. 저기 저 바위벽과 큰 동굴이 보이니? 포도덩굴이 녹색 커튼처럼 늘어진 저곳 말이야. 저기를 지나가야만 해. 망토를 단단히 여며. 지금 이곳은 햇볕이 쨍쨍 내리쬐고 있지만 저 안으로 들어가면 주위가 마치 얼음장처럼 아주 차갑거든. 저 동굴을 지나가는 새는 한쪽 날개는 여기 바깥 무더운 여름 속에, 또 다른 날개는 저 안쪽 추운 겨울 속에 두고 있는 셈이지."

"그러니까 저 동굴이 천국으로 들어가는 문이란 말이구나."

왕자는 망토를 어깨에 둘러 몸을 감싸며 말했습니다. 동풍과 왕자는 동굴 속으로 들어갔습니다. 아아, 그곳은 어찌나 추운지 꽁꽁 얼어붙은 얼음조각 속에 들어가 있는 것만 같았습니다. 하지만 추위는 그리 오래 가지 않았습니다. 동풍이 날개를 활짝 펴자, 새빨간 불꽃처럼 그들 주위를 따스하게 비추는 것이었습니다. 동굴 속에는 끊임없이 물이 뚝뚝 떨어지는 큰 돌덩이들이 한 번도 보지 못한 이상한 모양으로 천장에 달려 있었습니다. 게다가 어떨 때는 동굴이 너무 커서 밖으로 나온 건가 싶었지만 갑자기 천장이 몹시 낮아져서 무릎을 꿇고 기어가야 할 때도 있었습니다.

"천국의 정원으로 가려면 죽음의 길을 지나야만 하는구나."

왕자가 말했지만, 동풍은 말없이 앞을 가리킬 뿐이었습니다. 앞을 바라보니 아주 아름다운 푸른 빛이 그들을 향해 빛을 내고 있었습니다.

천장에 달린 바위들이 점차 날카로운 송곳처럼 뾰족뾰족해지는가 싶더니 어느새 달 밝은 밤하늘을 흘러가는 하얀 구름처럼 투명해졌습니다. 아주 황홀하고 부드러운 대기가 그들을 감쌌지요. 추위는 어느새 멀리 달아나고 없었습니다. 공기는 너무도 신선해서 마치 깊은 산속 골짜기에 서 있는 것만 같았고, 장미 향기가 가득했습니다.

강줄기는 무척 맑았습니다. 물고기들은 금빛 은빛으로 반짝였고, 움직일 때마다 푸른 불꽃을 튀기는 자홍빛 뱀장어들도 물 밑에서 힘차게 뛰놀았습니다. 그리고 널찍한 수련잎들은 아름다운 무지개 빛깔을 하고 있었습니다. 맑은 물은 꽃에게 영양분을 주었답니다.

그곳에 단단한 대리석 다리가 있었습니다. 마치 유리구슬로 만들어진 것처럼 너무도 정교하고 아름다웠습니다. 이 다리만 건너면 그토록 바라던 천국의 정원으로 갈 수 있는 것입니다.

동풍은 왕자를 팔로 감싸 안고 다리를 건넜습니다. 꽃들과 잎은 왕자가 어렸을 때 들었던 그리운 노래들을 불렀습니다. 사람은 도저히 흉내낼 수 없는 부드럽고 아름다운 소리지요.

이곳에서 자라는 것은 종려나무일까요, 아니면 커다란 수초일까요? 그토록 크고 멋진 나무들을 왕자는 일찍이 본 적이 없었습니다. 게다가 이상한 덩굴식물들이 긴 꽃줄기처럼 늘어져 있는 모습은 그 옛날 성서 가장자리에 아름다운 금색으로 그려져 있던 문양이나 문학책 겉장을 꾸민 넝쿨무늬 장식처럼 보였습니다. 새와 꽃, 그리고 덩굴풀이 얽혀 있는 모습이라니, 볼수록 신기했습니다. 풀 속에서는 공작새 한 떼가 긴 꼬리를 활짝 편 채로 화려한 빛을 뿜내고 있었습니다.

왕자는 그 화려함에 이끌려 손을 뻗어 만져 보았습니다. 그러나 그것은 공작새의 긴 꼬리처럼 빛나는 커다란 우엉잎이었답니다.

사자와 호랑이들은 올리브 나무 향기를 풍기는 녹색 울타리 사이를 훌쩍 뛰어넘었습니다. 그들은 귀여운 고양이처럼 무척 온순했습니다. 아름다운 진주색으로 반짝이는 숲 비둘기들은 사자의 부드러운 갈기를 날개로 쓰다듬었습니다. 수줍음을 잘 타는 영양들도 함께 놀고 싶다는 듯 머리를 끄덕였습니다.

이윽고 천국의 공주가 나타났습니다. 태양처럼 반짝이는 옷을 입은 공주는 어머니가 곤히 잠자는 아기를 바라볼 때만큼이나 평온하고 행복한 얼굴이었습니다. 젊고 무척이나 아름다운 그녀의 뒤에는 머리에 반짝반짝 빛나는 별을 하나씩 꽂은 아름다운 처녀들이 있었지요.

동풍은 불사조의 이야기가 적힌 잎을 천국의 공주에게 건넸습니다. 공주의 두 눈은 기쁨으로 빛났습니다.

공주는 왕자의 손을 잡고 성 안으로 이끌었습니다. 성은 아름답게 빛나는 꽃으로 둘러싸여 있어, 바라보면 볼수록 꽃받침은 더욱 깊어 보였습니다.

왕자는 유리창 밖을 내다보았습니다. 그런데 쫓겨난 줄 알았던 사악한 뱀이 지혜의 나무에 매달려 있고 그 옆에 아담과 이브가 서 있는 것이 아닙니까!

"저들은 추방되지 않았나요?"

왕자가 물었습니다.

공주는 유리창 하나하나에 시간이 그려져 있다고 말하면서 살포시 예쁜 미소를 지어보였습니다. 시간의 그림은 사람이 그리는 그림과는 다르게 생명이 깃들어 있다고도 덧붙였지요. 다른 유리창으로는 야곱의 꿈이 보였습니다. 사다리가 하늘로 올라갑니다. 날개를 가진 천사들은 사다리를 오르내리고 있었답니다. 이 세상에서 일어났던 모든 일들이 유리창 속에 살아서 움직였습니다.

천국의 공주는 놀라운 광경에 어쩔 줄 몰라하는 왕자를 빙그레 웃으며 바라보다가 천장이 높은 방으로 왕자를 데리고 갔습니다. 벽은 온통 투명한 그림처럼 비쳤는데, 많은 사람들이 그 속에서 행복하게 노래 부르며 즐거워했습니다. 그 노랫소리는 하나가 되어 아름답게 어우러졌습니다. 그 가운데 어떤 얼굴은 천장 높은 곳에 있어서 장미꽃 봉오리만큼 작게 보이는가 하면, 또 어떤 얼굴은 종이에 펜으로 점을 찍은 듯 보일 듯 말 듯한 것도 있었습니다.

방 한가운데에는 큰 나무가 한 그루 서 있었습니다. 초록 잎들 사이에는 크고 작은 황금빛 사과들이 오렌지처럼 주렁주렁 매달려 있었습니다. 바로 아담과 이브가 열매를 따 먹었던 그 나무였지요. 이파리에서는 붉은 이슬방울이 반짝이며 떨어졌습니다. 마치 나무가 붉은 눈물을 흘리는 것만 같았어요.

"자, 어서 배에 타세요. 흔들흔들 넘실거리는 파도 위에서 맛있는 것을 먹어요. 이 배는 파도를 따라 이리저리 흔들리지만 우리들은 아주 편안할 거예요. 게다가 이 세상 온갖 아름다운 나라들도 바라볼 수 있답니다."

공주가 말했습니다.

왕자와 공주는 배를 탔습니다. 참으로 아름다운 광경이었습니다. 구름과 새까만 전나무 숲이 있는 눈 덮인 알프스 산맥과 우수에 찬 뿔피리 소리, 목동들은 계곡에서 신나는 요들송을 불렀습니다. 바나나 나무 가지들은 배가 다니는 곳까지 길게 늘어져 있고 물 위에서는 흑고니들이 이리저리 헤엄을 치며 놀고 있었습니다. 신기한 동물들과 꽃들, 푸른 산도 보였고, 북소리에 맞추어 신나게 춤을 추는 동물들도 있었습니다. 구름 위로 솟은 피라미드와 쓰러져 있는 대리석 기둥들, 반쯤은 모래 속에 파묻힌 스핑크스가 스쳐 지나가고, 북극 빙하위에서는 오로라가 눈부시게 빛났습니다. 사람은 절대 만들어낼 수 없는 자연의 아름다운 불꽃이었지요.

왕자는 말할 수 없이 행복했습니다. 그럴 수밖에요. 우리가 이곳에서 이야기하는 것보다 한결 더 아름다운 광경을 많이 보았으니까요.

"이곳에서 영원히 살 수는 없을까?"

왕자는 기쁨을 감추지 못하며 속삭였습니다. 그러자 천국의 공주가 말했습니다.

"그건 네 자신에게 달렸어. 아담처럼 유혹당하지만 않는다면, 여기서 영원히 살 수 있단다."

"나는 지혜의 나무에는 손도 대지 않을 거야. 이곳에는 선악과보다 더 달콤하고 맛있는 과일들이 많이 있는걸."

"너 자신을 시험해 보려무나. 만일 네가 아직 강하지 않다고 생각되면 너를 이곳으로 데려다 준 동풍을 따라 떠나렴. 동풍은 인간들 세상으로 돌아가면 100년 뒤에나 다시 온단다. 이곳에서는 그 100년이 마치 100시간인 것처럼 매우 빠르게 지나가지. 그래도 유혹에 빠지거나 죄를 짓는 데는 아주 넉넉한 시간이란다. 나는 저녁마다 너에게 함께 가자고 달콤한 목소리로 말하면서 손짓을 할 거야. 하지만 나를 절대 따라오면 안 돼. 내 손을 잡고 네가 발걸음을 내디딜 때마다 되돌아가기는 점점 더 어려워질 거야. 눈 깜짝할 새에 지혜의 나무 앞에 다다라 있겠지. 나는 향기로운 나무 아래에서 달콤한 잠에 빠질 거야. 그때, 네가 다가와서 나에게 입을 맞추면 천국은 더욱 깊은 땅 속으로 가라앉고 말지. 그러면 사막에서 불어오는 날카로운 바람이 너의 곁을 떠나지 않을 테고, 네 머리카락에서는 차가운 빗방울들이 뚝뚝 떨어질 거야. 너에게는 오로지 슬픔과 괴로움만이 남겠지."

"나는 너와 함께 여기 머물겠어."

왕자가 결심한 듯 말했습니다.

그러자 동풍이 왕자의 이마에 입을 맞추며 말했습니다.

"너는 잘 견디어 낼 거라 믿어. 이제 우리는 100년 뒤에나 다시 만나게 되겠지. 안녕! 잘 있어."

동풍은 커다란 날개를 활짝 폈습니다. 날개는 추운 겨울의 아름다운 오로라처럼 붉고 푸르게 반짝였습니다.

"안녕, 안녕히 잘 가."

꽃들과 나무들도 동풍에게 작별 인사를 했습니다. 황새와 펠리컨들은 줄을 지어 날아가며 동풍을 배웅했습니다.

"자, 여러분 이제 춤을 춥시다."

공주가 말했습니다.

"마지막으로 할 말이 있어요. 당신과 춤을 추다가 해가 지면 내가 당신에게 손짓을 할 거예요. '나와 함께 가요!' 이렇게 부르는 소리도 들릴 거예요. 그래도 나를 절대로 따라와서는 안 돼요. 나는 100년 동안 저녁마다 이 말을 되풀이할 거예요. 이 유혹을 이겨낼 때마다 당신은 더욱 많은 힘을 얻게 되지요. 자, 오늘 밤이 첫 시작이군요."

천국의 공주는 왕자를 흰 백합꽃으로 이루어진 큰 방으로 데려갔습니다. 백합꽃들의 노란색 꽃술은 현의 음과 피리의 가락으로 울리는 황금 하프였습니다. 아름다운 요정들이 물결치는 듯 하늘하늘한 얇은 옷을 걸치고 매혹적으로 춤을 추며 왕자의 곁을 맴돌았습니다. 그러고는 고운 목소리로 영원히 살 수 있는 행복과 기쁨, 아름다운 천국의 정원을 노래했답니다.

어느덧 해가 지고 하늘은 황금빛으로 물들었습니다. 백합꽃들은 아름다운 장미처럼 붉은 옷을 입어 반짝였습니다.

왕자는 요정들이 건네주는 거품 가득한 술을 모두 마셨습니다. 왕자는 시간이 흐르면 흐를수록 더할 수 없는 행복한 기분에 빠졌습니다.

그러다 문득 뒤돌아보니, 방 뒤쪽 문이 저절로 열리고 있었습니다. 그곳에는 공주가 이야기했던 지혜의 나무가 눈부신 빛을 내며 서 있었지요. 나무에서는 어머니가 부르는 듯한 귀에 익은 노래가 흘러나왔습니다. 그 노래는 마치 "아가야, 사랑하는 내 아가야" 말하는 듯했습니다. 그때 공주가 왕자에게 손을 흔들면서 다정한 목소리로 말했습니다.

"자, 저와 함께 가요, 함께 가요."

왕자는 자기도 모르게 공주에게로 달려갔습니다. 그녀와의 약속을 잊고 만 것이지요.

공주는 손짓을 하면서 빙긋 미소를 지었습니다. 그윽한 향기와 하프 소리는 왕자를 한결 더 기분 좋게 만들었습니다. 게다가 지혜의 나무가 서 있는 방 안에 가득한 얼굴들은 행복한 미소를 보이며 왕자를 부추기듯 즐겁게 노래를 불렀습니다.

"우리는 모든 것을 알아야만 해. 인간이 이 땅의 주인이니까."

나무에서 떨어지는 것은 이제 슬픔을 가득 담은 피눈물이 아니었습니다. 그것은 반짝반짝 빛나는 붉은 별이었습니다.

"자, 저와 함께 가요, 함께 가요."

끊임없이 왕자를 유혹하는 노랫소리가 흘러나왔습니다. 발자국을 한 걸음 한 걸음 떼어놓을 때마다 왕자의 두 뺨은 뜨겁게 타올랐고 몸 속 피가 힘차게 돌아가는 것이 느껴졌습니다.

"그래, 가자! 이런 게 죄일 리가 없잖아! 어째서 아름다움을 좇으면 안 된다는 거야? 공주가 잠들어있는 모습을 보고 싶어. 입을 맞추지만 않는다면 아무것도 잃지는 않을 거야. 그래, 나는 절대로 입 맞추지 않을 거야. 나는 강하니까!"

공주는 반짝반짝 빛나는 옷을 천천히 벗는가 싶더니 가지들을 뒤로 젖히고는 나무 그림자 속으로 사라졌습니다.

"나는 아직 죄를 짓지 않았어. 절대 죄를 짓지 않을 거야."

왕자는 중얼거리며 가지들을 옆으로 젖혔습니다.

그곳에는 공주가 그녀만이 가질 수 있는 아름다움을 지니고 새근새근 잠들어 있었습니다. 공주는 기분 좋은 꿈을 꾸는지 얼굴 가득 환한 미소를 짓고 있었습니다. 그런데 자세히 보니 그녀의 긴 속눈썹 사이에 눈물이 맺혀있는 것이었습니다.

"오! 나 때문에 우는 거니?"

왕자가 속삭였습니다.

"울지 마라, 아름다운 공주여! 이제 나는 비로소 천국의 행복을 알았단다. 그 행복이 내 피를 뚫고 이리저리 소용돌이치며 케루빔천사의 힘과 영원한 삶을 느끼게 해주는구나. 이 밤이 영원하더라도 이 순간만큼은 세상 어느 것과도 바꿀 수 없어."

그러면서 왕자는 공주에게 입을 맞추었습니다.

그때 갑자기 천둥이 우르르 쾅 어마어마한 소리를 내며 울렸습니다. 어느 누구도 들어 본 적 없는 무시무시한 소리였습니다.

천국에 있는 모든 것들이 무너져 내리고 있었습니다. 아름다운 공주도, 향기로운 꽃들이 가득한 천국의 정원도 땅 속 깊이깊이 가라앉고 말았습니다.

왕자는 천국이 새까만 어둠 속으로 부서져 내리는 것을 지켜보았습니다. 그래요, 천국은 마치 저 멀리서 빛나는 별처럼 아주 희미하게 반짝이고 있었습니다. 죽음과도 같은 추위에 오싹 소름이 끼쳤습니다. 왕자는 눈을 감고 오랫동안 죽은 듯이 꼼짝 않고 누워 있었습니다.

차가운 빗방울이 왕자의 얼굴을 때리고, 매서운 바람이 온몸을 할퀴며 지나갔습니다. 그제야 왕자는 깊이 깨달았습니다.

"아아, 내가 무슨 짓을 한 거지? 아, 내가 크나큰 죄를 지었구나, 아담처럼. 죄를 짓고 말았어. 그래서 천국의 정원이 땅 속으로 깊이 가라앉아 버린 거야."

가라앉은 천국처럼 희미하게 반짝이던 별 하나가 여전히 멀리서 빛났습니다. 그것은 하늘 위에 떠 있는 샛별이었습니다.

왕자는 몸을 일으켰습니다. 주위를 둘러보니 어느새 숲 속 '바람의 동굴' 앞이었습니다. 그의 곁에는 바람의 어머니가 앉아 있었습니다. 바람의 어머니는 몹시 화가 난 얼굴로 왕자를 바라보며 말했습니다.

"첫날 밤부터 약속을 어기고 죄를 짓다니! 내, 그럴 줄 알았다. 네가 내 아들이었으면 벌써 자루 속에 가두어버렸을 텐데."

바람의 어머니는 크게 소리치며 말했습니다.

"곧 그렇게 될 거야."

죽음이 말했습니다. 죽음은 큰 낫을 들고 서 있었습니다. 무척 커다란 몸집의 노인이었지요.

"너는 이제 관으로 들어가야 해. 하지만 지금은 아니야. 너에게서 잠시도 눈을 떼지 않고 지켜보면서 이 세상을 마음껏 돌아다니게 할 거야. 다시 착한 사람이 될 수 있도록 시간과 기회를 주는 것이지. 나는 언젠가 다시 돌아오겠다. 그리고 죽음을 맞이할 거라고는 생각지도 못한 때에 너를 어두컴컴한 관 속에 집어넣어 짊어지고 별들의 세계로 갈 거야. 그곳에도 천국의 정원은 있어. 네가 신을 섬기는 착한 사람이라면 거기에 들어갈 수 있겠지. 하지만 그때가 되어도 너의 마음속이 죄로 가득 차 있다면 저 밑으로 가라앉은 천국의 정원보다 더 깊이 떨어져버릴 거야. 나는 1000년마다 한 번씩 너를 보러 오겠다. 더욱 깊이 떨어뜨리거나 아니면 저 별에, 저 멀리 반짝이는 별에 갈 수 있도록 하기 위하여!"

015

하늘을 나는 트렁크

Den flyvende Koffert

아주 먼 옛날에 부자 장사꾼이 살았습니다. 이 장사꾼은 큰길 하나와 작은 골목 하나까지 온통 은화로 덮을 수 있을 만큼 어마어마한 아주 큰 부자였습니다. 그러나 그는 은화로 길을 덮는 바보 같은 짓은 하지 않습니다. 그는 돈을 아주 훌륭하게 쓸 줄 알고 있었으니까요. 그는 1실링으로도 100실링을 벌어들이는 뛰어난 장사꾼이었습니다. 하지만 그도 나이가 들어 끝내는 죽음을 맞고 말았습니다.

아버지의 엄청난 재산을 몽땅 물려받은 아들은 흥청망청 돈을 물 쓰듯 하며 즐겁게 살았습니다. 밤마다 가장 무도회에 나갔고, 지폐로 종이연을 만들기도 했으며, 사람들이 물에 돌을 던지며 놀 때도 그는 돌 대신 금화들을 물 위에 던지며 놀았습니다. 돈으로 무슨 일이든 대신하였습니다. 그러니 돈이 계속 남아 있을 리가 없지요.

마침내 주머니에는 고작 4실링밖에 남지 않게 되었습니다. 이제 그에게는 나막신 한 켤레와 헌 잠옷 말고는 옷가지 하나 남은 게 없었습니다. 친구들은 더는 그를 상대하지 않았습니다. 허름한 옷차림의 그와 함께 거리를 걷는 게 부끄러워서 만나기조차 꺼려했습니다.

그래도 다행히 마음씨 좋은 친구 하나가 남아 있었습니다. 친구는 낡은 트렁크를 보내 왔습니다. 그러면서 아무 물건이나 넣어보라고 말했지요. 그래요, 참으로 잘된 일이었습니다. 하지만 가엾게도 그에게는 넣을 만한 게 아무것도 없었습니다. 그래서 그는 스스로 트렁크 속에 들어가 웅크리고 앉았습니다.

그런데 그것은 참으로 신기한 트렁크였습니다. 열쇠를 채우자마자 트렁크는 그를 담은 채 굴뚝을 지나 구름 위로 솟아오르더니 멀리멀리 날아가는 것이었습니다. 트렁크 밑바닥에서 삐걱삐걱 소리가 날 때마다 아들은 트렁크가 산산조각이 나지 않을까 몹시 두려워 불안에 떨었습니다. 그랬다가는 땅으로 곤두박질칠지도 모르니까요. 오오, 신이시여. 제발 저를 도와주소서.

이렇게 해서 그는 터키까지 날아오게 되었습니다.

아들은 트렁크를 숲 속 나무 아래 떨어진 나뭇잎들 속에 숨겨 놓고 마을로 들어갔습니다. 잠옷차림으로 창피하지도 않을까, 생각할지도 모르겠지만 터키에서는 전혀 이상해보이지 않았습니다. 모두들 그처럼 나막신과 잠옷차림으로 거리를 다녔거든요. 그는 길을 걷다 어린 아이를 안은 유모를 만났습니다.

아들이 물었습니다.

"저어기 꼭대기에 창문이 달린 저 성 안에는 누가 사는지요?"

그러자 유모가 대답했습니다.

"저곳에는 공주님이 산답니다. 그런데 공주님께서 언젠가 새신랑 때문에 몹시 불행한 일을 겪게 되리라는 무시무시한 예언이 있었지요. 그래서 임금님이나 왕비님이 함께가 아니라면 그 누구도 공주님을 만나서는 안 된답니다."

"고맙소!"

장사꾼 아들은 재빨리 숲으로 달려가 다시 트렁크 안으로 들어갔습니다. 곧 아들은 지붕 위를 날아 성 꼭대기까지 가서는 공주님 방으로 살짝 들어갔습니다.

공주님은 소파에 누워 잠들어 있었습니다. 말할 수 없이 너무도 아름다운 공주였지요. 장사꾼 아들은 자기도 모르게 공주에게 입을 맞추었습니다. 그 순간 잠에서 깬 공주는 낯선 남자를 보고 몹시 놀랐답니다. 그러자 장사꾼 아들은 자신을 하늘에서 내려온 터키 신이라고 소개했습니다. 공주는 그 말을 굳게 믿으며 마음을 놓았습니다.

장사꾼 아들은 공주와 나란히 앉아 그녀의 아름다운 눈을 칭찬했습니다. 공주의 두 눈은 찬란하게 반짝이는 검은 호수 같으며, 그 속에는 마치 물의 요정처럼 그녀의 깨끗한 생각들이 자유롭게 헤엄쳐 다닌다고 말이지요. 그는 공주의 이마가 화려한 그림들이 그려져 있는 눈 덮인 산이라고도 말했습니다. 그리고 귀여운 아이들을 데려다 주는 황새에 대한 이야기도 들려 주었습니다.

그래요, 그것은 참으로 멋지고 신나는 이야기들이었습니다. 그러고 나서 장사꾼 아들은 공주에게 청혼했답니다. 공주는 곧바로 그의 청을 받아들이며 이렇게 말했습니다.

"토요일에 오세요. 그날 낮에 부모님께서 차를 마시러 오신답니다. 제가 터키 신과 결혼을 약속했다는 사실을 아시면 무척 자랑스러워하실 거예요. 오늘처럼 제 부모님께 아름답고 재미있는 동화를 들려주세요. 저희 부모님도 동화를 매우 좋아하시거든요. 어머님은 도덕적이고 고상한 이야기를 좋아하시고, 아버님은 듣자마자 웃음을 터뜨릴 만큼 재미있는 이야기를 좋아하신답니다."

공주가 말했습니다.

"그래요? 내가 가져올 결혼 선물은 동화뿐이랍니다."

공주는 그와 헤어질 때 칼자루에 금화가 잔뜩 박힌 멋진 칼을 주었습니다. 이것이야말로 그에게 꼭 필요한 보물이었지요.

장사꾼 아들은 다시 하늘을 날아 시장으로 가서 새 잠옷을 사고, 숲속으로 들어가 토요일에 이야기할 동화를 만들기 위해 온갖 애를 썼지요. 하지만 쉽지가 않았습니다. 장사꾼 아들은 며칠째 머리를 쥐어짜며 끙끙대다가 토요일이 되어서야 겨우 이야기를 모두 지을 수 있었습니다.

왕과 왕비는 차를 마시기 위해 공주의 방에 와 있었습니다. 장사꾼 아들은 궁전 신하들에게 무척 정성스러운 대접을 받았습니다.

"그대가 우리에게 동화를 들려주겠다고? 뜻 깊고 교훈적인 것을 들려주겠단 말인가?"

왕비가 물었습니다.

그러자 왕도 말했습니다.

"게다가 웃을 수도 있는 그런 동화를 들려주어야 하네."

"네, 그렇게 해보겠습니다."

장사꾼 아들은 이야기를 시작했습니다.

옛날에 한 다발의 성냥이 있었습니다. 그 성냥다발은 자신이 고귀한 집안에서 태어난 것을 몹시 자랑스러워했습니다. 자기들 조상은 큰 소나무라고 말하고는 했지요. 그 크고 오래된 소나무는 사람들에게 잘리면서 아주 작은 나뭇조각들이 되었습니다. 성냥다발은 부엌 선반 위, 성냥갑과 낡은 쇠 냄비 사이에 앉아서 서로의 젊었을 적 이야기를 하고 있었답니다.

"우리가 녹색 가지 위에 있었을 때는, 날마다 아침저녁으로 이슬이라는 귀한 다이아몬드 차를 마셨지. 날씨가 좋은 날에는 온 하루 반짝이는 햇빛을 쬐며 작고 귀여운 새들의 재미난 이야기를 들었어. 우리가 부자였다는 건 누구든 알고 있지. 활엽수들은 여름에만 옷을 입었지만 우리 가족은 여름에도 겨울에도 한결같이 모두 초록색 옷을 입고 있었으니 말이야. 그런데 어느 날 나무꾼들이 왔어. 곧 우리 가족은 뿔뿔이 흩어질 수밖에 없었지. 아버지는 세계 이곳저곳을 마음껏 돌아다니는 크고 멋진 배의 으뜸인 돛대가 되었어. 다른 가지들도 모두 이 세상에 필요한 무언가가 되었지만 우리는 불을 붙여주는 일을 맡게 되면서 여기 이 부엌으로 오게 된 거야."

"나는 좀 색다른 일을 겪었지 뭐야."

성냥다발 곁에 놓여 있던 쇠 냄비가 말했습니다.

"이 세상에 나온 뒤 나는 셀 수 없을 만큼 수없이 닦이고 끓여졌어. 하루도 쉬지 못 하고 말이야. 이 집에서 가장 오래된 것이 나거든. 내 소원은 딱 하나밖에 없단다. 식사가 끝나고 깨끗하게 닦여져서는 선반 위에서 느긋하게 친구들과 이야기를 나누고 싶어. 그런데 나는 마당에서 이리저리 끌려 다니는 물통으로 쓰일 때만 빼놓고는 줄곧 이 벽 속에 갇혀 지내고만 있지. 우리들에게 언제나 새로운 소식을 전해 주는 것은 시장바구니야. 그런데 시장바구니는 늘 나라와 정치 이야기만 해. 엄청나게 흥분해서 말이야. 기억나지? 언젠가 점토 항아리가 그의 이야기를 듣다가 큰소리에 놀라서 뒤로 넘어져 박살이 났던 일 말이야. 시장바구니는 우리들보다 무서운 생각을 하고 있지."

"그건 네 생각이지."

그때 부싯돌이 끼어들었습니다. 쇠가 부싯돌을 마주치자 반짝 불꽃이 일었습니다.

"그보다, 우리 좀 더 재미있는 이야기를 하며 놀지 않을래?"

"그래, 여기에서 누가누가 고상한지 이야기해 보자꾸나."

성냥다발이 가장 먼저 의견을 내놓았습니다.

"아니, 내 이야기는 하고 싶지 않아."

점토 항아리가 말했습니다.

"그냥 누구나 겪을 수 있는 일상적인 이야기를 할게. 그럼 모두들 쉽게 자기 이야기를 꺼낼 수 있을 거야. 발트 해 연안 덴마크 참나무 숲속에……"

"그것 참, 멋진 시작이네. 우리 모두가 좋아할 만큼 꽤나 흥미로운 이야기일 것만 같아."

모든 접시들이 입술을 동그랗게 오므리고 휘리릭 바람 소리를 냈습니다.

"그래, 나는 그곳 어느 조용한 집에서 내 젊은 날을 보냈어. 가구들은 일주일에 한 번씩 반짝반짝하고 정성스레 밀랍으로 닦여졌고, 마룻바닥도 이틀에 한 번씩 닦아서 언제나 깨끗했지. 두 주일마다 새 커튼이 걸리곤 했어."

"마치 그 집 모습이 눈앞에 그려지는 듯해. 너는 참으로 이야기를 재미있게 잘하는구나."

빗자루가 말했습니다.

"그렇게 깨끗하게 지내야 한다고 말하는 건가봐."

"그래, 나도 느낄 수 있어."

물동이가 말했습니다. 이야기가 너무너무 재미있었는지 물동이가 그만 자기도 모르게 펄쩍펄쩍 뛰어오르는 바람에 바닥으로 물이 왈칵 쏟아졌습니다.

점토 항아리는 이야기를 이어나갔습니다. 이야기는 차츰 끝나가는 게 아쉬울 만큼 처음부터 끝까지 매우 흥미로웠습니다.

접시들은 모두 즐거워하면서 마치 박수를 치듯 온몸을 딸각거렸고 빗자루는 방에서 녹색 파슬리를 꺼내 가지고 와서는 멋진 왕관을 만들어서 점토 항아리 머리에 얹어주었습니다.

빗자루는 다른 친구들이 질투를 하지는 않을까 걱정도 되었지만 오늘 이렇게 점토 항아리에게 왕관을 씌워주면, 내일은 점토 항아리도 자신에게 왕관을 씌워주리라 기대했답니다.

"이제 나는 춤을 출 테야."

부지깽이가 신나게 몸을 흔들며 춤을 추기 시작했습니다. 맙소사! 부지깽이가 점잖지 않게 다리를 번쩍번쩍 치켜드는 모습이라니요!

구석에 서 있던 늙은 의자 덮개는 그 모습을 보고 '픽' 소리를 내며 비웃었습니다.

"나도 왕관을 받을 수 있겠어?"

부지깽이가 물었습니다. 그러고는 바라던 대로 왕관을 받을 수 있었습니다. '거 참, 여기는 변변찮은 녀석들뿐이구나.' 성냥개비들이 생각했습니다.

이제 차 끓이는 주전자가 노래를 부를 차례였습니다. 하지만 그는 감기가 들었다고 말했습니다. 몸속에서 물이 펄펄 끓고 있지 않으면 노래를 부를 수가 없다며 뒤로 물러나 고상하게 말하는 것이었습니다. 사실 주전자는 주인이 곁에 없고 식탁 위에 올려져 있지 않으면 노래를 부르지 않는답니다.

창가에는 이 집 하녀가 쓰는 낡은 거위 털 펜대가 앉아 있었습니다. 펜은 잉크 속에 담겨져 있다는 사실 말고는 아무것도 눈에 띌 만한 것이 없었지만 늘 자신을 뽐내며 자랑스러워했답니다.

"주전자가 노래를 부르지 않겠다고 하면 그러라지 뭐. 밖에 매달려 있는 저 새장 속에는 나이팅게일이 있는걸. 나이팅게일이 더 노래를 잘 불러. 물론 배운 건 없지만 오늘 저녁에는 그런 것쯤은 무시해주자고."

펜대가 그렇게 말하자 또다른 주전자가 나섰습니다. 이 주전자는 부엌에 사는 노래공주로, 차 끓이는 주전자와는 엄마가 다른 형제였습니다.

"나는 그건 좀 아니라고 생각해. 우리 친구도 아닌 새의 노래를 들을 셈이야? 그게 우리 나라를 사랑하는 마음이라고 할 수 있을까? 시장바구니 의견을 따르는 게 좋겠어."

그러자 시장바구니는 몹시 화를 냈습니다.

"나는 정말 화가 치밀어. 여기 있는 그 누구도 올바른 생각을 하는 것 같지 않아. 이게, 저녁을 재미있게 보내는 방법이야? 그 전에 모두들 집을 깨끗하게 정돈해야 하지 않을까? 그러려면 다들 제자리로 돌아가야만 해. 미안하지만 내 말을 좀 따라주지 않겠어? 그러면 한결 재미있어질 거야."

그러자 모두들 소리쳤습니다.

"그래, 그래. 우리 모두 재미있는 일을 만들어 보자."

그때 덜컥 문이 열렸습니다. 이 집 하녀였습니다. 갑자기 모두들 약속이라도 한 것처럼 입을 꾹 다물어버렸지요. 부엌에 있는 냄비나 항아리들은 내가 무엇을 해낼 수 있을까, 내가 얼마나 소중한 존재일까 생각했습니다.

"그래, 우리 모두 저마다 맡은 일만 잘했더라면 오늘 저녁이 참으로 즐거웠을 거야!"

하녀는 성냥개비 하나를 집어 들더니 불을 지폈습니다. 곧 성냥개비가 슈욱 튀어 오르면서 새빨간 불꽃을 냈습니다.

성냥개비들은 부엌에 있는 모두가 이 모습을 보았으리라 생각했습니다.

"우리가 가장 첫 번째야! 얼마나 밝고 아름답게 빛나는지 보았겠지."

성냥개비들은 그렇게 모두 기뻐하며 불에 타 버렸습니다.

이렇게 이야기가 끝났습니다.

"아주 훌륭하고 재미있는 동화였어요! 마치 나 자신이 성냥개비가 된 것만 같았답니다. 좋아요, 당신과 내 딸의 결혼을 허락하겠어요."

왕비가 말했습니다.

"아무렴, 그래야지! 월요일에 결혼식을 올리도록 합시다."

왕도 기분이 좋아서 말했습니다.

결혼식 날짜가 정해졌습니다. 저녁이 되자 온 도시에 불이 환하게 밝혀졌습

니다. 먹음직스러워 보이는 빵과 과자들이 이곳저곳에 차려지고 아이들은 까치발로 선 채 만세! 외치거나 힘차게 휘파람을 불기도 했습니다. 무척 화려한 축제였답니다.

"좋아! 나도 크게 한턱을 내야겠어."

상인의 아들은 불꽃놀이에 필요한 것들을 모두 샀습니다. 그러고는 트렁크를 타고 날아올랐습니다.

펑! 펑! 하늘을 수놓은 불꽃들은 참으로 아름답게 잘 타올랐습니다. 사람들은 모두 껑충껑충 뛰며 즐거워했으며 신고 있던 나막신을 하늘 높이 던지기도 했습니다. 이렇게 크고 훌륭한 불꽃놀이는 한 번도 본 적이 없었거든요. 이제 공주의 신랑이 터키 신이라는 것을 의심하는 사람은 하나도 없었습니다.

"시내로 나가서 사람들 사이에 어떤 소문이 도는지 들어봐야겠어."

그는 사람들의 이야기를 듣고 싶었지요. 그런데 소문은 아주 이상하게 퍼져 있었습니다.

"나는 틀림없이 터키 신을 보았어요."

어떤 사람이 말했습니다.

"그는 빛나는 별 같은 눈에 거품이 가득한 물 같은 수염을 지녔어요."

다른 사람은 이렇게 말했습니다.

"신께서는 불이 활활 타오르는 망토를 입고 날았어요. 망토 주름 사이로는 귀여운 아기 천사들이 우리들을 내려다보고 있었답니다."

그래요, 그가 들은 이야기들은 정말 굉장했습니다.

마침내 결혼식 날이 되었습니다. 그는 다시 트렁크를 타고 날아오르기 위해 숲으로 갔습니다. 그런데 아무리 숲속을 샅샅이 뒤져봐도 트렁크가 보이지 않는 것이었습니다. 트렁크는 도대체 어디로 사라져버린 걸까요? 그래요, 트렁크는 그만 불타 버렸답니다. 불꽃의 불씨 하나가 트렁크에 옮겨 붙었던 거예요. 그는 이제 더 이상 날 수도, 아름다운 신부에게 갈 수도 없었습니다.

공주는 종일 창가에 서서 터키 신이 오기만을 기다렸습니다. 아마 오늘도 기다리고 있겠지요. 상인의 아들은 아직도 숲속을 이리저리 돌아다니며 동화를 이야기하고 있답니다. 그토록 재미있었던 성냥개비 이야기는 아니지만 말이에요.

016

황새들

Storkene

어느 마을 귀퉁이 조그만 숲속 외딴 집 지붕에 황새 둥지가 하나 있었습니다. 그 둥지에는 새끼 황새 네 마리와 엄마 황새가 있었습니다.

검고 긴 부리를 가진 새끼 황새들은 둥지에서 머리를 내밀고 있었으며, 둥지에서 조금 떨어진 높은 곳에는 아빠 황새가 당당하고 꼿꼿한 자세로 서 있었습니다. 한쪽 다리를 접어 올린 채 보초를 서고 있었지요. 나무로 만들어진 새가 아닌가 싶을 만큼 조용하게 말입니다.

'둥지 옆에서 가족들을 지키다니, 아주 멋져 보이겠지. 하지만 내가 가족인 줄은 아무도 모를 거야. 아마 내가 명령을 받고 여기 서 있다고 생각하겠지. 그래도 여기 서 있으면 무척 용맹해 보일 거란 말이야.'

아빠 황새는 그렇게 생각하면서 눈 한번 깜박이지 않고 서 있었습니다.

　마당에서는 아이들이 놀고 있었지요. 그 가운데 가장 씩씩한 아이 하나가 예부터 전해 내려오는 황새들의 노래를 부르기 시작했습니다. 그러자 아이들 모두 노래를 따라 불렀답니다.

　　황새야, 황새야, 어서 집으로 들어가거라
　　네 아내는 둥지 속에서 네 마리 새끼들과
　　곤히 잠자고 있단다.
　　첫 번째 새끼는 목매달려 죽고
　　두 번째 새끼는 창에 찔려 죽고
　　세 번째 새끼는 그을려 죽고
　　네 번째 새끼는 파도에 휩쓸려 죽고

　"엄마! 아이들이 부르는 노래 좀 들어보세요. 우리가 목매달려 죽고 불에 그을려 죽을 거래요."
　새끼 황새들은 아이들이 부르는 노래를 듣고 말했습니다.
　"그런 말에 귀 기울일 필요 없단다. 귀를 막고 듣지 않으면 그만이란다."
　엄마 황새가 말했습니다.

아이들은 계속해서 노래 부르며 손가락으로 황새들을 가리켰습니다.

오직 페터라는 아이만 동물을 놀리는 것은 나쁜 짓이라고 말했지요. 페터는 아이들과 함께 놀려고도 하지 않았습니다. 엄마 황새는 계속 새끼들을 달랬습니다.

"무서워하지 마렴. 봐라, 아빠도 저렇게 꿋꿋하고 의젓하게 서 있지 않니? 그것도 한 다리로 말이야."

"그치만 우리는 너무 두렵고 무서워요."

새끼 황새들은 얼른 엄마 품으로 쏙 숨어버렸습니다. 다음 날도 아이들은 둥지 아래에서 다시 그 노래를 불렀습니다.

> 하나는 목매달리고
> 다른 하나는 창에 찔리고

"우리가 목매달리고 기름에 빠져 죽게 되나요?"

새끼 황새들이 물었습니다.

"아냐, 그럴 리가 없어. 너희들은 곧 나는 법을 배우게 될 거란다. 그런 다음 우리는 초원 위를 날아서 맛있는 개구리들에게 갈 거야. 개구리들은 연못 속에서 개굴개굴 노래를 부르지. 그리고 노래가 다 끝나면 개구리들을 잡아먹으면 된단다. 참으로 즐거운 식사시간이 될 거야."

"그 다음엔 뭘 하나요?"

새끼 황새들이 물었습니다.

"그러고 나면 이 나라에 사는 황새들이 모두 모이지. 그리고 가을에 떠나기 전에 하늘을 나는 연습을 하지. 그때는 정말 잘 날아야 한단다. 그게 무엇보다 중요해. 제대로 잘 날지 못하면 장군 황새가 부리로 물어 죽이거든. 그러니 연습이 시작되면 열심히 배우거라."

"그래도 아이들 노래처럼 죽어야만 하는 건가요? 잘 들어 보세요. 아이들이 또 그 노래를 불러요."

"저런 못된 아이들의 노래는 신경 쓰지 마라. 하늘을 나는 연습이 끝나면 우리는 따뜻한 나라로 갈 거야. 커다란 산과 숲을 지나야만 닿을 수 있지. 거긴 이집트라는 곳인데 구름 위까지 뾰족한 지붕이 솟아 있단다. 세상 사람들은 그것을 피라미드라고 부르지. 피라미드는 아주 오래돼서 언제 만들어졌는지 우리 황새들은 알 수가 없단다. 또 이집트에는 아주 커다란 강이 있는데, 강물이 넘치면 온 나라가 진흙탕이 되어 버린단다. 그러면 우리는 진흙 속을 이리저리 돌아다니면서 개구리를 실컷 잡아먹을 수 있는 거지."

"와! 대단해!"

새끼 황새들이 탄성을 질렀습니다.

"그래, 거긴 정말 멋진 곳이야. 종일 먹을 게 많단다. 우리가 그곳에서 잘 지내는 동안 여기는 나뭇잎이 다 시들어버린단다. 그리고 너무너무 추워져서 구름들도 조각조각 얼어붙어서 새하얀 솜처럼 떨어지지."

엄마 황새가 말한 것은 눈이었습니다.

"그러면 저 못된 개구쟁이들도 조각조각 얼어붙나요?"

새끼 황새들이 물었습니다.

"아냐, 아이들은 조각조각 얼어붙지는 않아. 하지만 그런 거나 마찬가지지. 아이들은 추워서 어두운 방 안에 콕 박혀 있어야만 하거든. 하지만 너희들은 아름다운 꽃들이 피고 따뜻한 햇살이 비치는 저 먼 나라에서 이리저리 즐겁게 날아다닐 수 있단다."

그렇게 여러 날이 지나자 새끼 황새들은 둥지 속에서 똑바로 서서 멀리 내다볼 수 있을 만큼 많이 자랐습니다.

아빠 황새는 날마다 맛있는 개구리나 조그만 뱀 같은 먹이를 열심히 물어다 주었습니다. 그리고 새끼들에게 이런저런 신기한 재주들을 보여주었는데 참으로 재미있었습니다.

머리를 젖혀서 깃 위에 올리거나 조그만 방울뱀처럼 부리를 딱딱 맞부딪치기도 했지요. 아빠 황새가 해주는 이야기는 모두 늪에 대한 것이었습니다.

"자, 오늘은 드디어 나는 법을 배울 거란다."

어느 날 엄마 황새가 말했습니다.

네 마리 새끼 황새들은 모두 지붕 위 높은 곳으로 올라갔습니다. 아이, 눈앞이 빙글빙글 도는 것만 같았습니다. 새끼 황새들은 열심히 날갯짓을 하며 균형을 잡으려고 무척 애를 썼습니다. 그러나 아무리 날개를 이리저리 움직여 봐도 하마터면 지붕 아래로 떨어질 뻔했습니다.

"자, 엄마가 하는 걸 잘 보렴. 이렇게 머리를 똑바로 들고 다리를 쭉 당겨

서…… 하나 둘, 하나 둘……"

엄마 황새가 말했습니다. 그러고 나서 하늘을 나는 시범을 보였습니다. 새끼 황새들도 조금 날아올라 보았습니다. 하지만 너무 서투른 탓에 곧 떨어지고 말았습니다. 몸이 아주 무겁게 느껴진 거예요.

"나는 날지 않을래요. 따뜻한 나라에는 가지 않아도 괜찮아요."

새끼 황새 한 마리가 둥지 안으로 들어가며 말했습니다.

"그러면 너는 추운 겨울동안 얼어서 죽고 싶니? 그 못된 아이들이 와서 네 목을 매고 꼬챙이에 꿰어 불에 구워버릴 텐데. 지금이라도 그 아이들을 불러다 줄까?"

"아니에요!"

새끼 황새는 다시 다른 새끼들처럼 지붕 위로 폴짝 뛰어나왔습니다.

연습한 지 사흘이 지나자 새끼 황새들은 조금씩 날 수 있게 되었습니다. 이제는 자신들도 공중에 가만히 떠 있을 수 있으리라 생각했습니다. 그러나 막상 날아올라보니 곧 곤두박질치고 말았지요. 그 모습을 보고 아이들이 노래를 불렀습니다.

황새야, 황새야, 어서 집으로 들어가거라!

"다 함께 아래로 날아가서 녀석들 눈을 찔러 줄까요?"

새끼 황새들이 물었습니다.

"아냐, 그냥 내버려둬. 너희들은 엄마 말만 잘 들으면 되는 거란다. 자, 하나, 둘, 셋! 이제 오른쪽으로 돌아 날아봐. 하나, 둘, 셋! 이제 왼쪽으로 저 굴뚝을 돌아봐. 옳지, 아주 잘했어. 잘 하고 있으니까, 내일은 엄마랑 같이 늪으로 나가보자꾸나. 여러 황새 가족들이 새끼들을 데리고 그곳으로 온단다. 행동을 잘 해야 해. 그리고 몸을 좀 더 꼿꼿이 세우렴. 그러면 황새로서 당당하게 보인단다."

"저 못된 아이들에게 앙갚음을 해서는 안 되나요?"

새끼 황새들이 다시 물었습니다.

"마음껏 지껄이게 내버려 두려무나. 너희들은 곧 하늘 높이 날아가서 피라미드의 나라로 갈 텐데 뭘 그러니? 저 아이들은 푸른 잎들도 없고 맛있는 사과도 없는 데서 덜덜 떨 텐데 뭘."

"그래도 우리, 복수하자."

새끼 황새들이 소곤거렸습니다.

아이들 가운데서 가장 못된 아이는 노래를 맨 처음으로 부른 아이였습니다. 아주 작은 아이라, 여섯 살도 채 안 돼보였습니다. 하지만 새끼 황새들은 그 아이가 백 살은 되었으리라 생각했습니다. 그 아이가 엄마 아빠보다 몸집이 훨씬 컸으니까요. 아이들이 몇 살인지 새끼 황새들이 어떻게 알 수 있겠어요?

그 아이는 날마다 노래를 불렀습니다. 새끼 황새들은 너무도 화가 나 더 이상 참을 수가 없었습니다. 시간이 흘러 좀 더 자라게 되자 미움이 더 커졌습니다.

마침내 엄마 황새는 새끼들에게 복수해도 좋다고 허락할 수밖에 없었습니다. 그렇지만 남쪽 나라로 떠나는 전날까지 기다리라 했습니다.

"그 전에 너희들이 하늘을 나는 연습을 제대로 하고 있는지 좀 봐야겠다. 잘 날지 못하면 장군 황새가 그 날카로운 부리로 너희들을 마구 찌를 거야. 그러면 아이들이 부른 노래대로 되기 쉽지."

"좋아요, 잘 날아볼게요."

새끼 황새들이 씩씩하게 말했습니다.

그러고는 열심히 나는 연습을 했습니다. 날마다 연습을 하니, 나중에는 가뿐히 날 수 있게 되었습니다. 하늘을 나는 게 그렇게 상쾌하고 재미있을 수가 없었습니다.

어느덧 가을이 되었습니다.

황새들은 따뜻한 나라로 날아가기 위해 하나도 빠짐없이 모두 한곳에 모였습니다. 그리고 다 함께 하늘을 나는 연습을 했습니다. 커다란 숲과 도시를 몇 개씩이나 무리지어 넘어가야만 했지요. 무리에서 뒤처지지 않고 오랜 시간 날아갈 힘이 충분한지 시험해봐야 했거든요.

새끼 황새들은 아주 훌륭하게 날았습니다. 그래서 가장 좋은 성적을 얻었지요. 이제 엄마 아빠의 도움 없이도 개구리를 실컷 잡아먹을 수 있게 되었습니다.

"애들아, 우리 이제 복수를 하자."

새끼 황새들이 외쳤습니다.

"그래, 이제 때가 왔단다. 엄마한테 좋은 생각이 있어. 어느 곳에 아가들이 노
는 연못이 있단다. 아가들은 그곳에 앉아서 황새가 와서 각자의 부모에게 데
려다 주기를 기다리고 있지. 아주 귀엽고 작은 아가들이 그곳에서 잠을 자면
서 아름다운 꿈을 꾸는데, 다 자라면 다신 그런 꿈을 꿀 수가 없단다. 부모들
은 모두 작은 아가를 갖고 싶어한단다. 아이들도 동생을 갖고 싶어하지. 자, 이
제 우리가 그 연못으로 날아가서, 나쁜 노래를 부르지 않은 아이들에게 아가
들을 하나씩 물어다 주자. 그리고 우리를 놀린 아이들에게는 아가를 주지 않
는 거야."

엄마 황새가 말했습니다.

"그 심술쟁이 나쁜 아이에게는 어떤 벌을 주어야 할까요?"

새끼 황새들이 소리를 질렀습니다.

"그 연못에는 죽은 아가가 하나 있단다. 그 못된 아이에게는 죽은 아가를 물
어다 주자. 그러면 무서워서 엉엉 울 거야. 그리고 동물을 놀리는 것은 나쁜 짓
이라고 말한 그 착한 아이에게는 여동생과 남동생을 함께 물어다주는 거야. 그
아이는 이름이 페터라고 했지? 너희들도 모두 페터라고 이름 붙이자꾸나."

모든 일이 엄마 황새가 말한 대로 이루어졌습니다. 그 뒤 모든 황새들은 페터라는 이름을 갖게 되었으며, 오늘날까지도 그렇게 불리고 있답니다.

017
청동 멧돼지 이야기
Metalsvinet

피아차 델 그란두키에서 그리 멀지 않은 이탈리아 피렌체 시내에 포르타 로싸라는 작은 거리가 하나 있습니다. 이곳에는 청동으로 만든 돼지 한 마리가 서 있습니다. 아주 오래 전에 세워졌기 때문에 이제는 빛이 바래서 어두운 색을 띠고 있었지요. 그러나 돼지 입에서는 아직도 깨끗하고 맑은 물이 졸졸 흘러나왔습니다. 반짝반짝 빛나는 코는 이곳에 물을 마시기 위해 찾아왔던 수많은 아이들과 나그네들이 손으로 문질러서 그렇게 된 것입니다. 졸졸 흐르는 물을 받아 마시기 위해서는 손으로 돼지의 코를 잡고 입을 갖다 대야 하거든요. 그 모습은 마치 한 폭의 그림 같답니다.

피렌체에 오는 사람이면 누구나 쉽게 이 청동 돼지를 발견할 수 있습니다. 사람들에게 청동 멧돼지가 어디에 있느냐고 묻기만 하면 곧바로 알려 주니까요.

어느 늦은 겨울 저녁이었습니다. 푸른 달빛이 눈 덮인 산을 비추고 있었습니다. 이탈리아에서의 달빛은 북유럽의 희미한 겨울 햇빛보다도 더 밝습니다. 북쪽 나라 공기보다 이탈리아 공기가 더 맑기 때문이지요.

공작님의 뜰에는 겨울에도 수천 송이 꽃들이 피어 있었습니다. 그곳 소나무 아래에는 누더기를 걸친 소년이 하루 종일 앉아 있었습니다. 이탈리아 화가들의 작품에 자주 나왔을 듯한 아름다운 소년은 늘 미소 짓고 있었지만 이제는 몹시 고통스러운 얼굴을 하고 있었습니다. 너무도 배가 고프고 목이 말랐으나 어느 누구도 소년을 도와주지 않았거든요.

날이 저물자 문지기는 소년을 밖으로 매몰차게 내쫓아 버렸습니다. 쫓겨난 소년은 아르노 강 다리 위에서 꿈을 꾸듯 오랫동안 가만히 서 있었습니다. 대리석으로 만들어진 아름다운 도리니타 다리 밑 강물 속에 비친 별 그림자를 가만가만 바라보고 있었지요.

소년은 이윽고 청동 돼지가 서 있는 길로 접어들었습니다. 그곳에 이르자 소년은 반쯤 무릎을 꿇고 돼지 목에 팔을 두른 채 반짝반짝 빛나는 돼지 주둥이에 입을 대고 졸졸 흘러나오는 차가운 물을 꿀꺽꿀꺽 마셨습니다. 그 옆에는 몇 개의 잎들과 두어 개의 밤이 있었지요. 그것이 마침 소년의 저녁거리가 되었습니다. 길거리에는 아무도 없었습니다. 그래서 소년은 청동 멧돼지 등에 올라타고는 갈기 달린 머리에 몸을 기대었습니다. 그리고 자기도 모르는 사이에 돼지 등에 엎드려 스르르 잠이 들고 말았지요.

한밤이 되었습니다. 갑자기 청동 멧돼지가 움직이는 것이었습니다. 소년은 돼지가 말하는 것을 똑똑히 들을 수 있었습니다.

"애야, 꼭 붙잡고 있으렴. 이제부터 달리기를 할 거야."

그러면서 돼지는 소년을 태운 채 아주 빠르게 달리기 시작했습니다. 청동 멧돼지가 달리다니, 참으로 신기하지 않나요? 먼저 그들은 피 아차 델 그란두카로 갔습니다. 그곳에서 공작님의 동상을 받치고 서 있는 금속 말은 히히힝 큰 소리로 울어댔으며 오래된 시청 위 화려한 문장은 마치 투명한 그림처럼 반짝반짝 빛났습니다. 미켈란젤로의 다비드 상은 투석기를 흔들어 돌을 던졌고 페르세우스(주피터와 다이아나의 아들)와 사비니 여인들의 납치 장면을 담고 있는 동상들도 마치 살아 있는 것만 같았습니다. 그들이 지르는 죽음의 비명 소리가 아무도 없는 조용한 광장에 가득 울려 퍼졌습니다.

소년에게는 모든 것들이 신기했습니다.

다시 달리던 청동 멧돼지는 우피치 궁전 옆, 귀족들이 모여 사육제를 즐기는 광장에 멈추어 섰습니다.

청동 멧돼지가 말했습니다.

"자, 꼭 붙잡고 있어야 해. 이제 곧 계단이 나오거든."

소년은 아무 말도 하지 않았습니다. 무서움에 몸을 덜덜 떨면서도 마음만은 참으로 행복했습니다.

그들은 긴 복도가 있는 화랑으로 들어갔습니다. 소년은 이 화랑을 잘 알았습니다. 예전에 이곳에 온 적이 있었거든요. 벽은 갖가지 그림들로 장식되어 있고, 여기저기에 조각품들과 흉상들이 밝은 대낮처럼 아름다운 빛을 받으며 서 있었습니다.

옆방으로 통하는 문을 열자 더 화려한 것이 나타났습니다.

그곳에는 아름다운 여인이 벌거벗은 모습으로 서 있었습니다. 위대한 장인만이 만들어 낼 수 있는 훌륭한 작품이었지요.

여인은 아름다운 팔다리를 움직였으며, 여인의 발치에서는 돌고래들이 튀어올랐습니다. 그리고 여인의 두 눈에서는 불멸의 빛이 흘러나왔지요. 세상 사람들은 그 여인을 '메디치의 비너스'라고 불렀습니다. 여인의 양 옆에는 생명의 숨결이 스민 화려한 대리석 상들이 당당하게 서서 자신들의 모습을 한결같이 자랑하고 있었습니다. 그들은 벌거벗은 아름다운 남자들이었지요. 한 남자는 칼을 갈고 있었기에 '칼 가는 사람'이라 불렸고 검투사들이 가득한 또 다른 무리는 '싸우는 사람들'이라고 불렸습니다. 여섯 검투사들은 늘 아름다운 여왕 앞에서 예의를 지키고 있었습니다.

소년은 이 모든 빛나는 형상들 앞에서 눈이 멀어 버릴 것만 같았습니다. 벽은 온갖 밝은 색채들로 찬란한 빛을 뿜어 이곳에 있는 모든 게 살아 움직이는 듯했습니다.

그때 비너스의 모습을 한 두 조각상이 나타났습니다. 이 지상의 비너스는 화가 티치아노가 떠올린 것처럼 크게 부풀어 오른 불꽃 같은 모습으로 나타났습니다. 그것을 보는 일은 참으로 멋졌습니다. 아름다운 두 여인이 희고 고운 다리를 부드럽게 뻗은 채 누워 있었습니다. 가슴은 부풀어 있었고, 풍성한 고수머리가 둥근 어깨 위에 늘어져 있었습니다. 그녀들의 검은 두 눈은 뜨거운 열정을 말해주는 듯 타올랐답니다. 그러나 생명이 흘러넘치는 그 어떤 그림도 틀에서 감히 걸어 나오지는 못했습니다. 미의 여신도, 검투사들과 칼 가는 사람도 그 자리 그대로 머물러 있을 뿐이었습니다. 성모 마리아와 예수, 요한에게서 뿜어져 나오는 영광의 빛이 그들을 꼼짝 못하게 사로잡고 있었던 것입니다. 벽화는 더 이상 그림 자체만은 아니었습니다. 바로 성자들 자신이었습니다. 이 얼마나 경이롭고 아름다운 빛이란 말입니까!

청동 멧돼지가 천천히 구석구석을 다 통과했기 때문에 소년은 모두 다 볼 수 있었습니다.

모든 그림들이 훌륭하고 아름다웠지만 그 가운데서도 오직 한 그림에서만은 도저히 눈을 뗄 수가 없었습니다. 그 그림에는 즐겁고 행복한 아이들이 있었습니다. 언젠가 낮에 이 그림만을 본 적이 있었습니다. 그림 속 아이들은 소년 영혼 속에 깊이 아로새겨졌습니다.

많은 사람들이 이 그림을 자세히 보지 않고 급히 지나쳐 버리곤 했지만 그림에는 보물 같은 아름다운 시들이 가득 담겨져 있었습니다. 그림 안에는 지하로 내려가는 예수님이 계셨습니다. 하지만 그의 곁에는 죄인들이 아니라 이교도들이 가득했지요. 이 그림을 그린 사람은 피렌체에서 태어난 아그놀로 브론치노였습니다. 이 그림에서 무엇보다 눈길을 끄는 것은 천국으로 가게 되리라 믿고 있는 아이들의 얼굴이었습니다. 두 아이는 서로 껴안았으며, 한 아이가 다른 아이에게 아래쪽으로 손을 내밀고 있는 모습이 마치 "나는 천국으로 갈 테야" 말하는 듯했습니다. 어른들은 불안 속에서도 희망을 버리지 않았는지, 주 예수께 천국으로 가게 되기만을 간절히 기도드리고 있었습니다.

소년은 그 어떤 그림들보다도 이 그림을 오래 오래 바라보았습니다. 청동 멧돼지도 그 앞에 조용히 서 있었지요. 그때 낮은 한숨 소리가 크게 울렸습니다. 이 소리는 그림 속에서 나온 것일까요, 아니면 청동 멧돼지의 가슴속에서 나온 것일까요?

소년은 그림 속 웃는 아이들에게 두 팔을 뻗었습니다. 바로 그때 청동 멧돼지가 쏜살같이 달려 그곳을 빠져나왔습니다.

"청동 멧돼지야, 정말 고마워. 축복이 함께 하기를 바래."

소년은 청동 멧돼지를 사랑스레 쓰다듬었습니다. 돼지는 쿵쿵거리면서 소년을 태우고 계단을 급히 내려갔습니다.

"고마워. 네게도 축복이 가득하기를! 나는 착하고 순수한 아이들을 등에 태우면 힘차게 달려갈 수 있는 힘이 생긴단다. 나는 너를 태우고 어딘지든 갈 수 있지. 심지어 성모 마리아님 앞에 있는 램프 밑까지도 갈 수 있단다. 그런데 교회만은 들어갈 수가 없어. 그렇지만 네가 타고 있으면 열린 창으로 교회 안을 들여다볼 수는 있지. 내 등을 꼭 잡아. 만일 네가 떨어지면 나는 다시 딱딱한 동상의 모습으로 돌아가 옴짝달싹할 수 없게 된단다."

청동 멧돼지가 말했습니다.

"네 곁에 꼭 붙어 있을게, 사랑하는 청동 멧돼지야."

소년과 청동 멧돼지는 바람을 가르듯 빠르게 달려 피렌체 길거리를 지나 산타 크로체 교회 앞 광장에 이르렀습니다.

그때, 갑자기 교회 문이 끼익 소리를 내며 열리더니 교회 안 제단에서 환한 빛이 흘러나와 광장까지 비추었습니다. 왼쪽 무덤에서도 휘황찬란한 빛이 흘러 나왔고 수천 개의 별이 마치 빛을 내는 바퀴처럼 반짝이며 무덤 주위를 둘러 쌌습니다. 그 무덤 기념비에는 찬란한 문장이 있었는데 푸른 바탕에 붉은 사다리가 새겨진 곳은 마치 빨갛게 불타오르는 듯이 보였습니다. 그것은 바로 갈릴레이의 무덤이었습니다. 소박하기 이를 데 없는 기념비였지만 푸른 바탕의 붉은 사다리는 위대한 학문을 나타낸 것입니다. 아주 의미 있는 문장이지요. 왜냐하면 이 사다리는 하늘로 이어진 길이었기 때문입니다. 마음속 세계의 선지자들 모두 선지자 엘리아처럼 이 사다리를 타고 하늘로 올라가는 것입니다.

교회 오른쪽 복도에 있는 화려한 석관 위 조각들은 마치 살아 있는 것만 같았습니다. 이곳에는 미켈란젤로가 서 있는가 하면, 머리에 월계관을 쓴 단테도 있었습니다. 그리고 알피에리, 마키아벨리에 이르기까지 자랑스러운 이탈리아 위인들이 이곳에 잠들어 있는 것입니다. 이토록 훌륭한 교회는 대체 어디에 있는 걸까요? 피렌체 대성당만큼 어마어마하게 크지는 않지만 그보다도 아름다운 교회였습니다. 갑자기 위인들이 움직인 것만 같았습니다. 그들 모두 머리를 높이 들고 제단을 올려다보았지요. 황금 향로를 들고 있는 흰옷 입은 아이들이 화려하게 빛을 내는 제단 말입니다. 아주 강한 향기가 광장까지 흘러넘쳤습니다.

소년은 눈부신 빛을 향해 손을 뻗었습니다. 그러자 청동 멧돼지가 서둘러 달리기 시작했습니다. 소년은 돼지 등에 꼭 달라붙어야만 했습니다. 어찌나 빨리 달리던지 바람이 윙윙거리면서 소년의 귀를 마구 때렸습니다. 그리고 교회 문이 닫히면서 돌쩌귀에 부딪쳐 삐걱거리는 소리가 들렸습니다. 순간 소년은 의식을 잃고 말았습니다.

소년이 추위를 느끼고 눈을 떴을 때는 이미 아침이었습니다. 그런데 이게 어찌된 일일까요? 아름다움과 찬란함이 가득한 곳에 있던 소년이 포르타 로싸 광장에 변함없이 서 있는 청동 멧돼지 등에서 반쯤 미끄러져 떨어져 있는 것이었습니다.

소년은 문득 어머니 얼굴을 떠올렸습니다. 그러자 덜컥 겁이 나기 시작했습니다. 어머니가 돈을 구해 오라고 했지만 소년은 아무것도 구하지 못했거든요. 배는 점점 더 고파지고, 목도 말랐습니다.

소년은 다시 청동 멧돼지의 목을 감싸 안고 주둥이에 입을 갖다 댔습니다. 그러고 나서 소년은 짐을 실은 노새 한 마리가 지나가기에도 좁은 골목으로 들어섰습니다. 쇠를 박은 큰 문이 반쯤 열려 있는 게 보였습니다. 소년은 손때 묻은 끈적끈적한 밧줄을 붙잡고 높은 벽돌 계단을 올라갔습니다. 곧 금방이라도 무너질 듯한 복도가 나왔습니다. 복도를 지나 다시 또 계단을 올라가면 안뜰이 나오는데, 그곳에는 우물이 있습니다. 우물 안에는 철사로 묶어 놓은 두레박 하나가 매달려 있었지요. 도르래가 뻐걱거리면서 돌면 두레박은 공중에서 춤을 추면서 물이 우물 밖으로 흘러 넘쳤습니다.

소년은 다시 계단을 올라갔습니다. 아래층에 사는 두 사람이 비틀거리면서 내려오고 있었습니다. 그들은 러시아 해군 병사들이었지요. 밤새도록 요란하게 술을 마시고 나오는 길인 것 같았습니다. 비틀거리면서 내려오다 하마터면 소년과 부딪칠 뻔했습니다. 치렁치렁한 머리칼의 뚱뚱하게 살찐 여자가 그들 뒤를 따라 나왔습니다.

"그래, 뭘 갖고 왔니?"

그 여자가 거칠게 소리쳤습니다. 소년의 어머니였지요.

"죄송해요, 제발 화내지 말아주세요! 아무것도 얻지 못했어요. 아무것도요."

소년이 어머니의 옷자락을 움켜잡으며 마치 입맞춤을 하듯 가까이 다가가서는 슬픈 얼굴로 말했습니다.

소년은 방으로 들어갔습니다. 그 방의 모습을 자세히 이야기하지는 않겠습니다. 오로지 마리토라 불리는 손잡이 달린 단지가 있을 뿐이었지요. 석탄불이 담긴 단지였습니다.

어머니는 손을 녹이려고 단지에 손을 대면서 팔꿈치로 소년을 밀쳤습니다.

"너 틀림없이 돈을 갖고 있지? 어서 내놔!"

소년은 엉엉 울기 시작했습니다. 어머니는 소년을 다시 발로 밀쳤습니다.

"입 다물지 못 해! 안 그러면 때려 줄 거야."

그러면서 어머니는 손에 든 뜨거운 단지를 이리저리 휘둘렀습니다.

소년은 비명을 지르며 바닥에 푹 엎드렸습니다. 그때 이웃집 여자가 들어왔습니다. 그녀 또한 마리토 단지를 들고 있었지요.

"펠리치타, 아이한테 지금 무슨 짓을 하는 거야?"

"이 아이는 내 자식이야. 내 마음대로 할 수 있어!"

그러면서 펠리치타는 석탄불이 들어 있는 냄비를 마구 휘둘러 댔습니다. 이 웃집 여자도 펠리치타를 막으려고 제 단지를 쳐들었습니다. 두 단지가 어찌나 세게 맞부딪쳤던지 방 안에는 온통 깨어진 단지 조각과 불똥과 재로 뒤범벅이 되고 말았습니다.

소년은 재빨리 마당으로 뛰어나와 멀리 멀리 달아나기 시작했습니다. 가엾 은 소년은 숨이 턱에 닿도록 달리고 또 달렸습니다. 산타 크로체 교회까지 와 서야 달리기를 멈추었습니다.

소년은 교회 안으로 들어갔습니다. 모든 것이 빛나고 있었습니다. 소년은 오 른쪽 첫 번째 무덤 앞에 무릎을 꿇었습니다. 미켈란젤로의 무덤이었지요. 그러 고는 커다란 슬픔을 참지 못하고 크게 흐느껴 울었습니다. 교회에는 많은 사람 들이 오가고 있었지만 곧 미사가 시작되었기에 그 누구도 소년의 존재를 알아 차리지 못했습니다. 나이 많은 아저씨 한 사람만이 소년을 알아보았지만 그도 곧 다른 사람들처럼 그냥 지나쳐 가버리고 말았습니다.

소년은 배가 몹시 고팠습니다. 너무 너무 배가 고파서 온몸에 힘이 하나도 없었고 정신을 잃을 것만 같았습니다.

대리석 무덤과 벽 사이 구석으로 기어들어간 소년은 곧 잠이 들었습니다.

누군가가 잡아당기는 바람에 눈을 떠 보니 어느덧 저녁 무렵이었습니다. 소 년은 놀라서 벌떡 일어났습니다. 소년을 지켜보던 나이 많은 아저씨였습니다.

"너 어디 아프니? 집은 어디지? 온종일 여기에만 있었니?"

아저씨 질문에 소년이 하나하나 대답을 하자 그는 소년을 데리고 교회 바로 뒷골목에 있는 자신의 집으로 갔습니다.

그 집은 장갑을 만드는 집이었습니다. 그들이 안으로 들어갔을 때, 부인은 열 심히 장갑을 바느질하고 있었지요. 진홍빛 살갗이 들여다보일 만큼 짧게 털을 깎은 작고 하얀 볼로냐 개 한 마리가 소년 앞에서 식탁 위에서 이리저리 돌아 다니다 소년을 보자마자 그의 품으로 뛰어들었습니다.

"순수한 영혼끼리는 서로를 알아본단다."

부인은 그렇게 말하면서 개와 소년을 쓰다듬었습니다. 소년은 이 친절한 부 부에게 먹을 것과 마실 것을 얻을 수 있었습니다.

그들은 소년에게 오늘 밤은 이곳에서 머물러도 좋다고 말했습니다. 소년이 잠 잘 침대는 초라했지만 언제나 딱딱한 돌바닥에서 지내다시피 했던 소년에게는 임금님 침대만큼이나 훌륭한 것이었습니다. 소년은 자리에 들자마자 기분 좋게 잠이 들어 꿈속에서 다시 한 번 화려한 그림들과 청동 멧돼지를 보았습니다.

이튿날 아침, 주세페 아저씨는 일찍 집을 나섰습니다. 하지만 가엾은 소년은 그 일이 조금도 기쁘지 않았습니다. 아저씨는 소년을 제 집으로 데려다 주려 했으니까요. 소년은 눈물을 흘리며 작별인사를 하듯 개에게 입을 맞추었습니다. 부인은 소년을 보며 고개를 끄덕였습니다.

그런데 주세페 아저씨는 어떤 소식을 가져왔을까요?

집으로 돌아온 아저씨는 부인과 많은 이야기를 나누었습니다. 부인은 고개를 끄덕이면서 소년을 쓰다듬었습니다.

"참 착한 아이예요. 잘만 배우면 당신처럼 좋은 장갑 만드는 기술자가 될 수 있을 거예요. 보세요, 이렇게나 얇고 부드러운 손가락을 갖고 있잖아요? 성모 마리아님께서 이 아이를 장갑 기술자로 점지해 주셨나봐요."

부인이 말했습니다.

그리하여 소년은 그 집에 머무르게 되었습니다. 부인은 소년에게 장갑 만드는 법을 가르쳐 주었습니다. 소년은 열심히 기술을 배우며 잘 먹고 잘 잤기에 곧 기운을 차려 아주 밝아졌습니다.

소년은 곧잘 벨리시마와 장난을 했습니다. 벨리시마는 이 집에서 키우는 개의 이름이었지요. 그럴 때마다 부인은 매우 야단을 치면서 화를 냈습니다. 그러면 소년은 몹시 마음이 아파 생각에 잠긴 채 제 조그만 방에 앉아 있었습니다. 소년의 방은 길 쪽으로 나 있었고 창에는 두터운 쇠창살이 쳐져 있었습니다. 소년은 사랑스러운 청동 멧돼지를 떠올렸습니다. 이미 청동 멧돼지로 머릿속이 가득 차서 잠도 오지 않았지요. 그러다 문득 멧돼지가 달려 나아가는 익숙한 소리가 창문 밖에서 들려온 것만 같았습니다.

"그래, 이건 틀림없이 멧돼지 소리야!"

소년은 서둘러 창가로 다가갔지만 안타깝게도 그곳에는 아무것도 없었답니다. 이미 지나쳐버린 걸까요?

"저 물감 상자를 좀 들어 드려라."

다음날 아침 이웃집에 사는 젊은 화가 아저씨가 커다란 물감 상자와 둘둘 만 큰 캔버스 천을 무거운 듯 낑낑대며 들고 가는 것을 본 부인이 말했습니다.

소년은 물감 상자를 받아들고 화가 뒤를 따라갔습니다. 화가 아저씨는 화랑으로 가는 길이었습니다. 소년은 청동 멧돼지 등 위에 탔던 바로 그 계단을 올라갔습니다. 소년은 화랑에 가득한 아름다운 조각들과 그림들을 잘 알고 있었습니다. 그리고 생생한 색채로 그려진 비너스도 잘 알고 있었지요.

화가와 소년은 브론치노의 그림 앞에 멈추어 섰습니다. 여전히 아이들은 지하세계에 있는 예수님을 둘러싸고는 '우리는 천국으로 갈 테야' 외치며 희망으로 가득 찬 얼굴이었습니다.

소년은 자기도 모르게 빙그레 웃었습니다. 소년에게는 이곳이 바로 천국이니까요.

"이제 집으로 돌아가거라."

아저씨는 오랫동안 그곳에 서 있는 소년을 보고 말했습니다.

"아저씨가 그림 그리시는 것을 보고 있으면 안 되나요? 흰 화폭을 얼마나 아름다운 색깔로 채우시는지, 한 번 보고 싶어요."

소년이 물었습니다.

"아직 그리지는 않을 거란다."

그러면서 화가 아저씨는 검은 목탄을 꺼내 마치 그림의 길이를 재듯 목탄을 이리저리 움직여보더니 빠르게 손을 움직였습니다. 아직 목탄선으로 보이긴 했지만, 저 색칠된 그림에서처럼 예수의 모습이 흔들거리면서 새하얀 화폭 위에 서 있었습니다.

"그만 가거라."

소년은 하는 수 없이 집으로 돌아왔습니다. 그리고 언제나처럼 탁자 앞에 앉아 장갑 만드는 것을 배웠습니다.

그러나 소년의 마음은 온통 그림들이 걸린 화랑에 가 있었습니다. 그래서 바늘에 손가락을 찔리기도 하고 장갑을 잘못 만들기도 했지요. 하지만 벨리시마와는 더 이상 장난을 치지 않았습니다.

저녁이 되자 소년은 살그머니 집을 빠져 나왔습니다. 공기는 차가웠지만 별이 반짝반짝 빛나는 아름다운 밤이었습니다. 소년은 곧장 청동 멧돼지에게로 가서는 돼지 위에 올라탄 채로 반짝이는 주둥이에 사랑스레 입을 맞추었습니다.

"사랑스런 청동 멧돼지야, 네가 얼마나 그리웠는지 몰라. 우리 오늘 밤에도 재미있는 여행을 하자꾸나."

하지만 청동 멧돼지는 움직이지 않고 가만히 있을 뿐이었습니다. 입에서는 여전히 깨끗한 샘물이 졸졸 흘러나왔지요. 그래도 소년은 마치 기사처럼 멧돼지 등에 가만히 앉아 있었습니다.

그때 무엇인가가 소년의 옷을 끌어당겼습니다. 털을 짧게 깎은 작은 개, 벨리시마였습니다. 벨리시마는 소년이 눈치 채지 않도록 가만가만 뒤따라왔던 것입니다. 벨리시마는 왈왈 짖어댔습니다. 마치 '이것 봐, 나도 여기 있어. 어째서 나한테 타지 않는 거야?' 그렇게 말하는 것만 같았습니다.

소년은 벨리시마가 아니라 불을 뿜는 용이 나타났다 하더라도 그렇게 놀라지는 않았을 것입니다. 이토록 조그만 벨리시마가 길거리에 나오다니, 게다가 옷도 입지 않은 채로 말입니다. 벨리시마는 늘 작은 양털 옷을 입은 다음에야 길거리로 나올 수 있었거든요. 그 털옷은 목둘레가 붉은 띠로 꼭 여며져 있었으며, 그 붉은 띠에는 나비넥타이와 종이 달려 있었습니다.

이렇게 옷을 입은 모습으로 추운 겨울, 부인과 함께 밖에서 산책을 할 때는 꼭 귀여운 새끼 염소 같았답니다. 그런데 그 벨리시마가 옷도 입지 않은 채 길거리에 나와 있습니다. 이 일을 어쩌면 좋을까요? 소년은 청동 멧돼지에게 입을 맞추고는 벨리시마를 품에 꼭 끌어안았습니다. 벨리시마는 너무도 추워서 온몸을 바들바들 떨고 있었습니다.

소년은 재빨리 집으로 뛰기 시작했습니다.

"너 무엇을 갖고 도망가는 거냐?"

그때 어디선가 나타난 경찰 아저씨가 소리쳤습니다. 벨리시마는 낯선 사람을 보자 흥분해서 큰소리로 짖기 시작했습니다.

"너 어디서 그 예쁜 개를 훔쳤니?"

그러면서 경찰 아저씨는 벨리시마를 빼앗고 말았습니다.

"안 돼요. 돌려주세요."

소년은 애원을 했습니다.

"네가 이 개를 훔치지 않았다면 집에 가서 경찰이 개를 보호하고 있다고 말하면 되잖니."

경찰 아저씨는 소년에게 개를 보호하는 장소를 일러주고는 벨리시마를 끌고 가버렸습니다.

참으로 큰일이 벌어졌습니다. 소년은 아르노 강에 몸을 던져야 할지, 아니면 집에 가서 모든 이야기를 사실대로 털어 놓아야 할지 알 수가 없었습니다. 소년은 틀림없이 죽도록 두들겨 맞을 거라고 생각했습니다.

"그래도 차라리 맞아죽는 게 나아. 죽으면 예수님과 성모 마리아님 곁으로 갈 수 있는걸."

소년은 다시 한 번 각오를 다지고 집으로 돌아갔습니다.

문은 굳게 닫혀 있었습니다. 길거리에는 아무도 없었습니다. 소년은 문을 두드렸습니다.

"거기 누구요?"

안에서 외치는 소리가 들렸습니다.

"저예요."

소년은 아주 작은 목소리로 말했습니다.

"벨리시마가 없어졌어요. 저를 실컷 때려 주세요."

한바탕 소동이 벌어졌습니다. 부인은 불쌍한 벨리시마 생각에 넋을 잃고 말았습니다. 벨리시마의 옷이 걸려 있는 벽을 그저 멍하니 바라보았습니다. 그런데 작은 양털 옷이 그대로 걸려 있는 게 아닙니까!

"벨리시마가 경찰서에 있대요."

부인은 소년의 말을 듣고 날카로운 비명을 지르듯 소리쳤습니다.

"경찰서에 있다고? 이 나쁜 녀석! 대체 왜 벨리시마를 데리고 나간 거야! 얼어 죽으면 어떡하려고! 그 조그맣고 연약한 녀석이 경찰서에 있다니."

아저씨는 곧장 경찰서로 달려갔습니다.

부인은 한바탕 야단을 쳤고 소년은 끝내 엉엉 울고 말았습니다. 이 소란을 듣고 사람들이 몰려나왔습니다. 그 가운데에는 화가 아저씨도 있었지요. 화가는 소년을 붙잡아 놓고는 꼬치꼬치 캐물었습니다. 소년은 청동 멧돼지와 함께 여행한 이야기와 함께 화랑에서의 일을 모두 털어놓았습니다. 화가 아저씨는 소년의 말을 이해하기 힘들었지만 소년을 위로해주면서 부인에게도 잘 말해주었습니다. 하지만 부인은 벨리시마가 품으로 돌아오기 전까지는 안심할 수 없는 것 같았습니다. 화가 아저씨는 소년의 등을 쓰다듬어 주고는 그림을 그릴수 있는 재료들을 선물해 주었습니다. 소년은 뛸 듯이 기뻤습니다.

마침내 벨리시마가 아저씨 품에 안겨 돌아오자 모두들 무척 기뻐했습니다.

화가 아저씨는 가엾은 소년의 머리를 쓰다듬으며 그림 여러 개를 소년의 손에 쥐어주었습니다. 모두 훌륭한 작품들뿐이었습니다. 우스꽝스러운 얼굴을 그린 것도 몇 개 있었답니다. 하지만 그 가운데서도 가장 멋진 그림은 청동 멧돼지의 그림이었습니다. 마치 살아 움직이는 것만 같았지요. 아아, 이보다 더 훌륭한 그림이 과연 존재하기나 할까요? 얼마 안 되는 서너 점의 그림들이었지만 모두 종이에 그대로 옮겨져서 뒤에 그려진 건물들이 어떤 건물인지도 단번에 알아볼 수 있을 것 같았습니다.

"이렇게 잘 그릴 수 있다면 얼마나 좋을까? 그러면 온 세상을 내 것으로 만들 수 있을 텐데."

이튿날 소년은 홀로 있게 되자 화가 아저씨가 준 연필로 청동 멧돼지를 그려 보았습니다.

조금 비뚜름하고, 볼품이 없고, 또 다리 하나는 굵고 하나는 가늘었으나 그래도 멧돼지라는 걸 알아볼 만은 했습니다. 너무도 기뻐 어쩔 줄 몰랐습니다. 연필은 소년이 마음먹은 대로 잘 움직이지 않았지만 소년은 열심히 그림을 그렸습니다.

다음 날 첫 번째 청동 멧돼지 옆에는 다시 한 마리가 그려졌습니다. 첫 번째 그림보다 한결 잘 그렸지요. 그리고 그 다음날 그린 그림은 누구나 알아볼 수 있을 만큼이 되었습니다.

하지만 날마다 그림만 그려댄 탓에 장갑 만드는 일에는 점점 게을러지게 되었습니다. 주문이 들어와도 일부러 천천히 만들고는 했지요. 이 세상 모든 것을 종이 위에 그릴 수 있음을 청동 멧돼지가 가르쳐 주었거든요.

피렌체 시에 있는 것은 무엇이든 우리가 책장을 펼치기만 하면 되는 멋진 그림책이었습니다. 이 트리니타 광장에는 아주 날씬한 기둥이 하나 서 있는데, 그 기둥 꼭대기에는 두 눈을 가린 채 저울을 든 정의의 여신이 서 있었습니다. 이 정의의 여신도 곧 종이 위에 옮겨졌습니다. 그것을 옮겨 그린 사람은 장갑 만드는 기술자 소년이었답니다.

소년은 그림을 차츰 더 많이 그리게 되었습니다. 그렇지만 종이 위에 그려진 것들은 모두 생명이 느껴지지 않았습니다.

어느 날 벨리시마가 소년에게 뛰어왔습니다.

"가만히 있으렴. 그러면 너도 아름다운 모습으로 내 그림 속에 들어오게 될 거야."

그래도 벨리시마는 조금도 가만히 있으려 하지 않았습니다. 하는 수 없이 묶어둘 수밖에 없었습니다. 그래서 목걸이를 달아 묶었지만 그래도 벨리시마는 계속 뛰어오르려 할 뿐이었습니다. 끈은 더욱 단단히 쥐어질 수밖에 없었습니다. 그때 부인이 들어왔습니다.

"아니, 이럴 수가! 이 나쁜 녀석아, 어떻게 이 가엾은 동물을 괴롭힐 수가 있니?"

그러면서 부인은 소년을 옆으로 세게 밀쳐 버렸습니다. 마치 집에서 내쫓으려는 것처럼 발로 차 버린 것이었습니다. 부인은 눈물을 흘리면서 반쯤 목이 졸린 벨리시마에게 입을 맞추었습니다. 때마침 화가 아저씨가 계단을 올라왔습니다.

끝내 소년은 그 집에서 쫓겨나고 말았습니다. 소년은 그 뒤로 어떻게 되었을까요?

1834년 피렌체 시 예술원에서는 전시회가 열렸습니다. 수많은 그림들 가운데서도 나란히 전시된 두 개의 그림 주위에 많은 사람들이 모여 있었습니다. 한 그림에는 앉아서 즐겁게 그림을 그리고 있는 작은 소년이 그려져 있었습니다. 그림 속 소년은 아주 짧게 털이 깎인 하얀 스피츠를 모델로 하고 있었습니다. 그러나 개가 가만히 있으려 하지 않았는지 목에는 줄이 매어져 기둥에 묶여 있었지요. 사람들은 그림에서 느껴지는 생동감에 감탄을 금치 못했습니다.

관람객들은 이 그림을 그린 화가가 어릴 때 길거리에서 자란 가난한 피렌체 사람이라고 말했습니다. 그는 어느 장갑 만드는 기술자가 키웠으며, 홀로 그림 공부를 했다는 것입니다. 소년이 언젠가 부인이 가장 사랑하는 작은 스피츠를 묶어 놓고 모델로 쓰다가 크게 혼나고 집에서 내쫓길 처지였습니다. 그런데 그 때 어느 화가가 소년의 재능을 발견하면서 유명한 화가가 되었다는 것이 널리 알려진 이야기였습니다.

그렇습니다, 장갑 기술자 소년은 위대한 화가가 되었습니다. 전시회에 걸린 이 그림이 그것을 잘 말해 주지요. 소년의 뛰어난 재능을 더욱 잘 보여 주는 것은 그 옆에 걸린 조금 더 큰 그림이었습니다. 그 그림에는 한 사람만 그려져 있었습니다. 길거리에 누더기를 걸치고 앉아 있는 아름다운 소년이었지요. 소년은 포르타 로싸에 서 있는 청동 멧돼지에게 몸을 기대고, 돼지의 머리 위에 팔을 걸친 채 깊이 잠들어 있었습니다. 성모 마리아 상의 불빛이 창백하고 사랑스러운 소년의 얼굴을 비추었습니다.

그 그림은 참으로 아름다운 그림이었습니다. 금빛 액자의 한 귀퉁이에는 월계수 화환이 감싸고 있고 초록색 잎들을 가로질러 검은색 리본이 달려 있었습니다. 그것은 죽은 이를 나타내는 상징이지요. 그래요, 그 젊은 예술가는 며칠 전에 이 세상을 떠났습니다.

018
우정의 맹세
Venskabspagten

이제 우리는 덴마크 해안을 떠나 낯선 그리스 해안으로 갑니다. 푸른 바다가 반짝반짝 빛나는 그곳으로 가 보기로 합니다. 레몬나무에는 황금빛 레몬 열매가 주렁주렁 매달려 가지가 땅바닥에 닿을 만큼 죽 늘어졌습니다. 대리석 기둥에는 엉겅퀴가 빽빽이 들어차 하얀색 돌에 조각된 그림을 숨겨주고 있습니다. 아름다운 이곳에는 한 양치기가 있고 그 옆에 그의 개가 있지요. 우리가 그 옆에 다가가서 앉으면 양치기는 우정의 맹세에 깃든 먼 과거의 관습에 대한 이야기를 들려줍니다. 그 옛날 양치기 자신도 우정의 맹세를 맺었거든요.

우리 집은 점토로 발라져 있습니다. 그러나 문설주들은 톱니 모양으로 만들어진 대리석 기둥입니다. 지붕은 매우 낮아 그 끝이 땅에 닿을 것만 같고, 심지어 오랜 시간 뜨거운 햇볕 아래에 있던 탓에 거멓게 그을려 있습니다. 맨 처음 그 지붕을 이을 때만 해도 그것은 활짝 핀 협죽도 꽃과 푸른 월계수 가지들로 엮였던 것입니다. 산 너머에서 가져온 것들이었죠.

우리 집 주위에는 남는 땅이 거의 없습니다. 벌거벗은 바위산이 깎아지른 듯 솟아올라서는 새까만 제 몸을 뽐내고 있을 뿐이었지요. 때때로 산꼭대기에 마치 살아 있는 것만 같은 흰 구름들이 걸려 있곤 했습니다. 그러나 한 번도 새소리를 들어 본 적은 없습니다. 물론 바람 피리소리에 맞추어 춤추는 사람들도 없습니다. 하지만 이곳은 아주 오랜 옛날부터 신성시되어 왔습니다. 이름만

들어도 알 수 있지요. 그래요, 바로 '델피'라 불리는 곳이랍니다.

어둡고 엄숙한 산들은 모두 새하얀 눈으로 덮여 있습니다. 붉게 타오르는 저녁 햇살 속에서 가장 높이, 길게 뻗어 있는 것이 바로 파르나소스 산(아폴론과 뮤즈 신이 산다는 곳으로 시와 문학의 중심지)입니다.

우리 집 앞에 흐르는 이 시내는 이 파르나소스 산에서 흘러 내려오는 물입니다. 이 시내 또한 성스러운 것이었지요. 이제는 노새들이 이 깨끗한 시냇물을 흐려 놓았지만 물줄기는 계속 흐르고 흘러 다시 맑아집니다. 이곳의 어떤 모습도 나는 모두 기억합니다. 그 성스러운 고요함을 절대 잊지는 못할 것입니다.

겨울이면 오두막 안에는 늘 불이 지펴져 있습니다. 불이 활활 타오르면 그 안에서 빵이 구워지는 것이지요. 바깥에는 온통 눈이 쌓여서 우리 오두막은 마치 눈 속에 파묻힌 듯이 보입니다. 그러면 어머니는 아주 기뻐하시며 내 머리를 두 손 안에 감싸고 이마에 입을 맞추십니다. 그리고 평소에는 절대 부르지 않던 노래를 불러 주지요. 우리나라 지배자인 터키인들이 그 노래를 부르지 못하게 했거든요.

올림포스 산꼭대기 키 작은 전나무 숲속에
늙은 사슴 한 마리가 앉아 있었네.
사슴의 두 눈은 눈물로 가득 차올라 무거웠다네.
그의 붉은색 눈물과 초록색 눈물.
그리고 푸르스름한 눈물을 흘렸다네.
그때 새끼 사슴 한 마리가 지나갔지.
'무슨 일이야? 왜 우니?
왜 붉은 눈물, 초록 눈물, 푸르스름한 눈물을 흘리는 거야?'
'터키인들이 우리 마을에 쳐들어왔어요.
날뛰는 사냥개들을 풀어놓았지요.'
'내가 그들을 섬에서 내쫓아버릴게. 깊고 깊은 저 바닷속으로.'
아아, 그러나 저녁이 되기도 전에 새끼 사슴은 죽임을 당하고 말았다네.
밤이 오기도 전에
늙은 사슴도 잡혀서 죽고 말았지.

이 노래를 부를 때 어머니의 두 눈은 젖어버리곤 했습니다. 어머니의 긴 속 눈썹에는 눈물이 방울방울 매달렸지요. 하지만 어머니는 곧 눈물을 감추며 잿더미 속 흑빵을 뒤집었습니다.

나는 주먹을 불끈 쥐면서 말했습니다.

"우리가 터키인들을 해치워 버려요!"

그러나 어머니는 노래를 되풀이할 뿐이었습니다.

내가 그들을
섬에서 내쫓아버릴게.
아아, 그러나 저녁이 되기도 전에 새끼 사슴은 죽임을 당하고 말았다네.
밤이 오기도 전에
늙은 사슴도 잡혀서 죽고 말았지.

오두막에는 언제나 어머니와 나, 오직 둘뿐이었습니다. 때때로 아버지가 돌아오시는 날이면 레 판토 만 조개껍질이나 번쩍이는 칼을 선물로 받곤 했습니다.

그러던 어느 날 마침내 아버지가 오셨습니다. 하지만 이번에 아버지가 가져오신 것은 늘 받던 선물이 아니었습니다. 아버지가 양의 털가죽에 싸안고 온 것은 헐벗은 어린 소녀였던 것입니다. 어머니가 소녀를 무릎에 뉘었습니다. 소녀가 가진 것이라곤 검은 머리카락 속에 묶여져 있던 은화 세 닢뿐이었습니다. 아버지는 이 아이의 부모를 죽인 터키인들에 대해 이야기했습니다. 아버지의 긴 이야기를 듣고 나서 나는 밤새도록 그 이야기가 나오는 꿈을 꾸기까지 했답니다.

아버지도 상처를 입었습니다. 어머니는 아버지의 팔에 붕대를 감아주었지요. 아버지의 상처는 너무도 깊어 두터운 양털 가죽이 피에 젖어서는 딱딱하게 얼어붙어 있었습니다.

그 조그만 여자 아이는 내 누이동생이 되었습니다. 마치 반짝반짝 빛나는 듯한 참으로 아름다운 소녀였습니다. 어머니의 두 눈도 소녀의 눈보다는 부드럽지 않았으니까요. 소녀의 이름은 아나스타샤였습니다. 소녀의 아버지가 우리 아버지에게 딸을 맡겼기 때문에 내 동생이 된 거랍니다. 그건 오랫동안 내려온 우리나라의 관습이었습니다. 소녀의 아버지와 우리 아버지는 아주 어릴 때 형제의 의를 맺었던 것이지요. 그들은 우정의 맹세를 증명해줄 사람으로 그 지방에서 가장 아름답고 정숙한 처녀를 골랐습니다. 나는 몇 번씩이나 이 아름답고도 이상한 관습에 대한 이야기를 들었습니다.

이제 소녀는 내 여동생입니다. 동생은 내 무릎에 앉아 놀았고 나는 동생에게 꽃과 바위 새의 깃털을 가져다 주고는 했습니다. 우리는 파르나소스 산에서 흐르는 맑은 물을 함께 마셨고 어머니의 눈물이 가득 담긴 노래를 들으며 오두막 월계수 지붕 아래에서 서로 머리를 맞대고 함께 잠이 들었습니다. 하지만 어머니의 눈물에 담긴 슬픔이 바로 우리 민족 이야기라는 사실을 그때의 나는 알지 못했습니다.

어느 날, 우리와는 다른 옷차림을 한 세 명의 프랑스인들이 왔습니다. 그들은 이불과 천막을 말 위에 싣고 있었으며, 기다란 칼과 총을 든 터키인들이 스무 명도 넘게 있었습니다. 그들은 터키 총독의 친구들이어서 총독이 준 통행증을 갖고 있었지요. 그들은 오로지 우리 가족들이 사는 산을 보러 온 것이었습니다. 눈과 구름이 가득 쌓인 파르나소스 산을 오르거나 우리 집 앞에 있는 새까만 바위산을 보기 위해서 말이에요.

그들은 우리 오두막에서 지낼 수 없었습니다. 또 지붕 아래 낮은 문을 통해 빠져 나가는 연기도 참을 수가 없었지요. 그래서 그들은 우리 오두막 근처에 천막을 쳤습니다. 새끼 양과 새들을 굽고 진한 포도주도 따랐습니다. 하지만 프랑스 병사들만 술을 마시고 터키인들은 술에 손도 대지 않았습니다.

그들이 떠나게 되었을 때, 나는 얼마간 그들을 뒤따라가 보았습니다. 내 누이동생 아나스타샤는 염소 털옷을 입은 채 내 등에 업혀 있었습니다. 프랑스 병사들 가운데 한 사람이 나를 암벽 앞에 세워 놓고 그림을 그렸습니다. 여동생과 내 모습을 어찌나 생생하게 그렸던지 마치 그림 속에 살고 있는 것처럼 보였습니다. 아나스타샤와 나는 하나였습니다. 그때까지 결코 한 번도 그런 생각을 해본 적이 없었지요. 아나스타샤는 언제나 내 무릎 위에 앉아 있거나 아니면 등에 업혀 있었답니다. 내 꿈속에서도 늘 같은 모습이었습니다.

이틀 뒤였습니다. 칼과 총을 가진 다른 사람들이 우리 오두막으로 왔습니다. 그들은 알바니아 사람들이었는데 어머니 말씀대로 용맹한 사람들이었지요. 그들은 아주 잠깐 머물렀다가 곧 길을 떠났습니다. 아나스타샤는 그들 가운데 한 사람의 무릎에 앉아 있고는 했었습니다. 그들이 떠난 뒤 아나스타샤의 머리카락 속에는 세 닢 있던 은화가 두 닢밖에 남아 있지 않았습니다. 알바니아인 들은 종이에 담배를 말아 피웠습니다.

그 가운데 가장 나이 든 사람이 그들이 앞으로 가야 할 길에 대해 이야기했 지만 나도 이곳의 길은 잘 알지 못했습니다.

"내가 위로 침을 뱉으면 내 얼굴에 떨어지고, 아래로 침을 뱉으면 내 수염에 떨어지지."

그가 말했습니다.

그러나 어쨌든 앞으로 나아가야 할 길을 고를 수밖에 없습니다. 마침내 알 바니아인들은 밖으로 나갔고 우리 아버지가 그들에게 길을 안내해야만 했습 니다. 잠시 뒤 우리는 요란한 총소리를 들었습니다. 팡! 팡! 숲속에 울려 퍼졌 지요.

병사들이 갑자기 우리 오두막으로 들이닥쳐 어머니와 나, 그리고 아나스타 샤를 잡아 갔습니다.

"도둑들이 이 집 근처에서 사라졌어. 네 아버지가 그 길을 안내했지. 그러니 너희들이라도 잡아가야겠어."

병사들이 말했습니다. 나는 병사들이 말한 도둑들과 아버지가 죽어 있는 것 을 보았습니다. 나는 엉엉 울고 또 울다가 겨우 잠이 들었습니다.

깨어나 보니 우리는 감옥에 있었습니다. 비록 죄인들을 가두는 감옥이라도 우리 오두막보다 더 허름하지는 않았습니다. 우리는 타르 칠을 한 주머니에 든 끈적거리는 포도주와 양파를 얻었습니다. 우리 집에서도 그보다 더 좋은 음식 을 먹을 수는 없었을 것입니다.

나는 우리가 얼마 동안 잡혀 있었는지 알지 못했습니다. 꽤나 많은 밤을 보 내고 나서야 우리는 그곳을 나올 수 있었습니다.

우리가 밖으로 나왔을 때는 부활절 축제날이었습니다. 나는 등에 아나스타 샤를 업고 있었습니다. 어머니는 오랜 감옥 생활로 병을 얻어 천천히 걸을 수 밖에 없었지요.

레판토 만까지는 머나먼 길이었습니다.

가까스로 레판토 만에 다다른 우리는 어느 교회로 들어갔습니다. 교회 안은 벽과 바닥이 모두 황금빛이었으며 이곳저곳에 그려진 아름다운 천사 그림들이 반짝반짝 빛을 내고 있었습니다. 하지만 내게는 아나스타샤도 천사처럼 무척이나 아름다워 보였답니다. 교회 안 한가운데에는 장미꽃으로 가득 채워진 관 하나가 놓여 있었습니다. 어머니는 아름다운 꽃들이 되어 그 안에 누워 있는 것은 예수 그리스도라고 말씀하셨습니다.

"예수께서 부활하셨습니다."

그때 신부님이 큰소리로 외쳤습니다.

그러자 모든 사람들이 서로 입을 맞추었지요. 모두들 손에 촛불을 들고 있었습니다. 나와 아나스타샤도 촛불을 하나씩 얻었습니다. 피리 소리와 함께 음악이 울려 퍼지자 남자들은 손에 손을 잡고 즐겁게 춤을 추며 교회 밖으로 나갔습니다. 바깥에서는 여자들이 부활절 양고기를 굽고 있었습니다. 우리도 그들의 초대를 받았습니다.

우리가 불 앞에 앉자, 나보다 나이가 많아보이는 한 소년이 나를 얼싸안더니 입을 맞추며 말했습니다.

"예수께서 부활하셨네."

소년의 이름은 아프타니데스였습니다. 이렇게 우리 둘, 아프타니데스와 내가 만나게 된 것입니다.

내 어머니는 어망 짜는 일자리를 얻었습니다. 바다를 낀 이 지방에서는 이 일이 꽤나 돈벌이가 좋았습니다. 어머니와 나, 아나스타샤는 오랫동안 바닷가에 머물렀습니다. 아, 이루 말로 할 수 없을 만큼 아름다운 바다! 이 바닷물에서 눈물의 맛이 났습니다. 그리고 빛깔은 어머니의 노래 속 사슴 눈물을 떠올리게 합니다. 때로는 붉고 때로는 초록색이며 때로는 다시 푸른색이 되었답니다.

아프타니데스는 배를 아주 잘 몰았습니다. 나는 아나스타샤와 함께 배를 탔고 배는 마치 하늘에 흘러가는 구름처럼 부드럽게 물 위를 미끄러져 갔습니다.

해가 지면 주위 산들은 모두 짙은 청색으로 물들었습니다. 늘어선 산 뒤편 가장 먼 곳에는 눈 덮인 파르나소스 산이 우뚝 솟아 있었습니다. 파르나소스 산 꼭대기는 지는 해 때문에 불에 달군 쇠처럼 붉은 빛을 냈습니다. 마치 산에서 빛이 뿜어져 나오는 것처럼 보였지요. 해가 모습을 감춘 뒤에도 오랜 시간 반짝거리며 흔들려서 청색 하늘이 빛났습니다.

흰 바닷새들이 날개를 퍼덕이며 물 위를 날아갔습니다. 때때로 새들이 물을 살짝살짝 건드리는 소리가 날 뿐, 이곳은 아주 조용했기에 마치 시꺼먼 바위산 사이에 있는 델피에 온 것만 같았습니다.

나는 배 위에 누운 채로 가만히 하늘을 바라보았고 아나스타샤는 내 가슴 위에 앉아 있었습니다. 우리 머리 위 별들은 교회 안 등불들보다 더 밝게 우리를 비추었습니다. 우리가 델피 오두막 앞에 앉아서 바라보던 그 별들이었습니다. 별들은 델피에서 보았던 별들과 똑같은 곳에서 우리를 비추었습니다. 정말로 우리가 그리운 델피에 와 있는 것은 아닐까요?

그때 갑자기 물에서 '첨벙' 소리가 났습니다. 배가 갑자기 기우뚱 흔들렸습니다. 놀란 내가 앗! 큰소리를 냈지만 이미 아나스타샤는 물에 빠져버린 뒤였습니다. 다행히도 아프타니데스가 물로 뛰어들어 아나스타샤를 건져 주었지요.

우리는 아나스타샤의 옷을 벗겨 물을 짜내고 다시 옷을 입혀주었습니다. 아프타니데스도 제 옷을 짜서 다시 입었지요. 옷이 다 마를 때까지 우리는 바닷가 밖에 있었습니다. 그래서 사랑하는 여동생을 잃을 뻔했던 때의 놀람과 걱정을 그 누구에게도 들키지 않을 수 있었습니다.

이윽고 여름이 찾아왔습니다. 태양이 뜨겁게 타올라 나뭇잎들은 바짝 말라버렸습니다. 나는 우리 가족이 살았던 서늘한 산과 푸르고 차가운 물을 떠올렸습니다. 어머니도 나처럼 고향을 그리워했습니다. 그래서 우리는 어느 날 저녁에 다시 그곳으로 돌아가기로 했습니다.

우리가 가는 길은 참으로 평화롭고 조용했습니다.

키 큰 백리향 꽃들이 가득 피어 있었지요. 잎들은 뜨거운 햇볕에 그을렸지만 꽃은 여전히 기분 좋은 향기를 풍겼습니다.

길 가는 목동 하나 없었고 오두막조차도 지나치지 않을 만큼 주위에는 아무것도 없었습니다. 우리는 조용히 떠나왔습니다. 오로지 별똥별은 하늘나라에 살고 있다는 이야기만 했을 뿐이었지요. 그때 갑자기 하늘에서 별똥별 하나가 떨어졌습니다. 그러면서 주위 산들을 환하게 비추었습니다. 맑고 푸른 공기가 빛을 냈는지, 아니면 별들의 빛줄기가 반짝였는지 알 수 없었습니다. 어머니는 불을 지펴서 가져온 양파를 구웠고 누이동생과 나는 백리향 속에서 잠을 잤습니다. 입에서 불을 내뿜는다는 그 무서운 스미드라키 괴물*¹조차도 겁내지 않고 말이지요. 어머니만 우리 곁에 있으면 나는 아무것도 두렵지 않았답니다.

---

*1 그리스 미신에 따르면 이 괴물은 들판에 버려진 도살된 양의 잘라지지 않은 위에서 생겨난 것이라 한다.

우리는 마침내 고향에 이르렀습니다. 하지만 우리의 오두막은 이미 부서져 있어서 새 오두막을 지어야만 했습니다. 우리는 이웃 아주머니들 두세 사람의 도움을 받아 며칠에 걸쳐서 벽을 만들고 올리브 가지로 새 지붕도 올렸습니다. 나는 때때로 농사를 짓는 성직자들의 양들을 돌보았습니다. 또한 어머니는 동물 털가죽과 나무껍질로 병 주머니를 엮어 만들어 조금씩 돈을 벌었습니다. 아나스타샤와 작은 새끼 거북이들이 내 놀이 친구였답니다.

그러던 어느 날 그리운 친구 아프타니데스가 찾아왔답니다. 그도 우리가 몹시 그리웠다고 했지요. 그리고 꼬박 이틀을 우리와 함께 지냈습니다.

그리고 나서 한 달 뒤에 그가 다시 찾아왔습니다. 배를 타고 코르푸와 파트라스로 갈 것이라고 말했습니다. 우리 가족에게 작별 인사를 하러 온 것이었지요. 그는 어머니에게 큰 생선을 가져다주었습니다. 그는 많은 이야기를 알고 있었는데, 레판토 만의 물고기들 이야기는 물론 오늘의 터키인들처럼 옛날 그리스를 통치했던 왕들과 영웅들에 대해서도 이야기해 주었습니다.

장미나무는 차츰 더 크고 아름다워졌으며 봉오리를 맺은 뒤 내가 알아차리기도 전에 어느새 활짝 꽃을 피웠습니다. 아나스타샤도 어느덧 장미꽃처럼 되었지요. 아나스타샤는 참으로 아름다운 처녀가 되었습니다. 나는 늠름한 젊은이로 자랐고요. 나는 총에 맞아 쓰러진 이리 가죽을 직접 벗겨 어머니와 아나스타샤가 덮고 잘 이불을 만들었습니다.

여러 해가 흐른 어느 날 저녁, 아프타니데스가 찾아왔습니다. 그는 그동안 키가 자라서 갈대처럼 날씬했으며 햇볕에 그을린 피부가 돋보이는 아주 강한 젊은이가 되어 있었습니다. 그는 우리 모두에게 입을 맞추었습니다. 그는 커다란 바다와 몰타의 요새, 그리고 이집트의 멋진 피라미드에 대한 이야기도 들려주었습니다. 그 이야기들은 신부님들의 전설처럼 아주 신기하게 들렸고 나는 그가 몹시 부러웠습니다.

"너는 얼마나 많이 알고 있기에 어쩌면 그렇게 이야기를 잘하니?"

내가 이렇게 감탄하면 그는 말했습니다.

"너도 언젠가 내게 가장 아름다운 이야기를 해 주었잖아. 그 아름답고 오랜 우정의 맹세 말이야. 나는 그 이야기를 아직까지도 잊을 수가 없었어. 나도 따르고 싶은 관습이기도 하고. 형제여! 우리 둘과 아나스타샤까지, 네 아버지께서 하셨던 것처럼 교회당으로 가자. 아름답고 순결한 처녀는 네 누이동생 아나스타샤야! 아냐스타샤가 우리 '우정의 맹세'의 증인이 되는 거야. 그 어떤 민족도 우리 그리스인들보다 더 아름다운 관습을 가지고 있진 못 해."

아프타니데스가 말했습니다.

아나스타샤는 피어난 지 얼마 안 된 장미 꽃잎처럼 얼굴이 붉어졌습니다. 어머니는 아프타니데스에게 입을 맞추었습니다.

우리 오두막에서 한 시간 정도 걸어가다 보면 작은 교회가 있습니다. 교회는 얼마 안 되는 나무들이 그늘을 드리운 언덕에 있었지요. 제단 앞에는 은으로 만들어진 등불이 걸려 있었습니다.

나는 내 옷들 가운데 가장 좋은 옷을 골라 입었습니다. 하얀색 바지는 허리 위에까지 올라 있고, 붉은색 저고리는 몸에 꼭 맞았습니다. 거기에 은장식 술이 달린 붉은 터키식 모자를 썼고 허리에는 반짝이는 칼과 권총을 찼답니다.

아프타니데스는 그리스 선원들처럼 푸른 옷을 입었는데, 그의 가슴에는 성모 마리아가 새겨진 은메달이 달려 있었습니다. 그리고 그는 부자들만이 걸친다는 아주 값진 스카프를 걸쳤지요. 누가 보아도 우리가 축제에 간다는 것을 알 수 있었을 것입니다.

우리는 작고 조용한 교회 안으로 들어갔습니다. 열린 문 틈으로 쏟아져 들어오는 석양빛이 타오르는 램프와 금박을 입힌 천 위에 그려진 아름다운 그림들을 눈부시게 비추었습니다.

우리는 제단 앞에 무릎을 꿇었습니다. 그리고 아나스타샤가 우리 앞으로 나섰습니다. 아름다운 아나스타샤를 감싼 길고 새하얀 옷은 참으로 가벼워 보였고 목에는 옛 은화들과 새 은화들을 고리로 연결한 목걸이가 걸려 있었습니다.

새까만 머리카락은 머리 위까지 틀어 올려 옛 신천에서 찾아낸 금화와 은화로 이루어진 장식품으로 둥글게 묶여 있었습니다. 그 어떤 그리스 처녀도 아나스타샤보다 더 아름다운 장식품을 갖지는 않았을 것입니다. 아나스타샤의 얼굴은 환한 달빛처럼 은은하고 부드럽게 빛났으며 두 눈도 별처럼 초롱초롱 반짝였습니다.

우리 셋은 조용히 기도했습니다.

그녀가 물었습니다.

"그대들은 살아서나 죽어서나 친구로 남아 있겠는가?"

"네!"

우리는 망설임없이 대답했습니다.

"그대들은 무슨 일이 있어도 언제나 잊지 않겠는가? 형제는 나의 반쪽이라는 사실을. 그리고 내 비밀, 내 행복도 서로의 것이라는 사실을. 희생과 끈기, 나의 모든 것이 내 것인 것처럼 또한 그의 것이기도 하다는 것을?"

"네!"

아나스타샤는 우리의 두 손을 서로 포개어 놓고는 우리 이마에 입을 맞추었습니다. 우리는 다시 낮은 목소리로 기도했습니다. 그때 제단실 문을 열고 신부님이 나와서 우리 셋을 축복해 주었습니다. 제단실 벽 뒤에서는 다른 신부님들의 합창이 흘러나왔습니다. 영원한 우정의 맹세가 이곳에서 맺어진 것입니다.

우리가 몸을 일으켰을 때, 나는 어머니가 교회 문에 기대서서 울고 계시는 것을 보았습니다. 우리가 조그만 오두막집으로 돌아왔을 때는 델피의 모든 것이 아름답고 빛나 보였습니다.

아프타니데스가 떠나기 전날 저녁, 그와 나는 생각에 잠겨 바위 언덕에 앉았습니다. 그의 팔은 내 몸을 휘감고 내 팔은 그의 목을 휘감고 있었습니다. 우리는 그리스의 고난에 대하여, 우리 모두를 도와주는 사람들에 대하여 이야기했습니다. 서로의 마음속 깊은 곳에 있는 생각까지 숨기는 것 없이 모두 털어놓았지요. 그때 나는 그의 손을 꼭 잡으며 말했습니다.

"한 가지 더, 네가 알았으면 하는 게 있어. 오늘까지는 신과 나만이 알고 있던 비밀이야. 내 영혼은 오직 사랑으로 가득 차 있어. 어머니와 너를 향한 사랑보다 더 큰 사랑으로."

"누구를 사랑하는데?"

아프타니데스가 물었습니다. 그런데 이렇게 묻는 그의 얼굴과 목은 붉게 달아올라 있었습니다.

"나는 아나스타샤를 사랑해!"

내가 말했습니다. 내 손 안에서 아프타니데스의 손이 떨리는 게 느껴졌습니다. 그리고 그의 얼굴이 순식간에 창백해졌지요. 그도 내 손이 떨리는 걸 느꼈을 것입니다. 나는 그 모습을 보고 그의 마음을 알 수 있었습니다. 나는 그에게 몸을 굽히고 그의 이마에 입을 맞추며 속삭였습니다.

"나는 아나스타샤에게 결코 이 말을 하지 않았어. 어쩌면 아나스타샤는 나를 사랑하지 않을지도 몰라. 하지만 형제여, 나는 아나스타샤를 날마다 봐 왔어. 아나스타샤는 내 곁에서 자랐고 그래서 내 영혼에 깊이 뿌리를 내린 거야."

"아나스타샤는 너의 아내가 되어야만 해. 꼭 네 아내가. 나는 너에게 거짓말을 할 수도 없고 그러고 싶지도 않아. 나 또한 아나스타샤를 사랑해. 하지만 내일이면 나는 멀리 떠나. 1년 뒤 우리가 다시 보게 될 때, 그때쯤이면 너희들은 결혼해 있겠지? 자, 내게 돈이 조금 있어. 이 돈을 너에게 줄게. 네가 잘 써줬으면 좋겠어."

우리는 아무 말 없이 바위산을 가로질러 집으로 돌아왔습니다. 우리가 오두막으로 돌아왔을 때는 이미 밤이 깊어진 뒤였습니다.

우리가 안으로 들어서자 아나스타샤가 등불을 들고 우리를 맞아 주었습니다. 어머니는 그곳에 없었습니다. 아나스타샤는 무척 슬픈 표정으로 아프타니데스를 올려다보며 말했습니다.

"오빠는 내일이면 우리 곁을 떠나죠? 얼마나 슬픈지 몰라요."

아나스타샤가 말했습니다.

"슬프다고!"

아프타니데스는 말했습니다. 그 말 속에는 아주 큰 괴로움이 담겨져 있는 듯했지요. 마치 나의 말처럼 느껴져 괴로웠기에 나는 어떤 말도 할 수가 없었습니다. 하지만 그는 아나스타샤의 손을 잡으며 말했습니다.

"이곳에 있는 내 형제는 너를 사랑하고 있어. 너도 오빠를 사랑하지? 그의 침묵 속에 바로 사랑이 들어 있단다."

아나스타샤는 몸을 떨며 울음을 터뜨렸습니다. 나는 두 팔로 그녀를 꼭 끌어안고 말했습니다.

"그래, 나는 너를 사랑해!"

아나스타샤는 내게 입맞춤을 하며 두 팔로 내 목을 감싸 안았습니다. 등불이 바닥으로 떨어졌고, 주위는 캄캄해졌습니다. 가엾은 아프타니데스의 마음처럼.

그는 날이 밝기 전에 일어나 우리 모두에게 작별의 입맞춤을 하고 떠났습니다. 그는 가진 돈을 모두 어머니에게 주었습니다.

얼마 지나지 않아 아나스타샤는 나의 약혼녀가 되었고, 며칠 뒤에는 내 아내가 되었습니다.

019

호메로스 무덤의 장미
En Rose fra Homers Grav

동방의 모든 노래는 장미꽃에게 바치는 나이팅게일의 사랑을 노래합니다. 별빛이 반짝반짝 아름답게 비치는 고요한 밤이면 날개 달린 성악가는 향기로운 장미꽃을 위해 세레나데를 부릅니다.

스미르나에서 멀지 않은 곳, 키 큰 플라타너스 나무들이 있는 곳에는 장미꽃들이 활짝 피어 있습니다. 이곳을 지나는 상인들은 플라타너스 나무 그늘 아래에서 낙타들을 쉬게 하곤 했습니다. 그러면 낙타들은 그 긴 목을 거만하게 쭈욱 빼고서 신성한 나무 그늘로 커다란 발을 들여놓는답니다.

나는 그곳에서 꽃이 장식된 장미울타리를 보았습니다. 플라타너스 나뭇가지들 사이로는 산비둘기들이 날아다니고 햇빛이 산비둘기 날개 위를 비출 때면 마치 진주처럼 반짝반짝 빛났습니다.

장미울타리 안에는 이 세상 무엇보다도 아름다운 꽃 하나가 피어 있습니다. 나이팅게일이 부르는 사랑의 노래는 바로 이 꽃에게 바치는 세레나데였지요. 하지만 장미꽃들은 가만가만 아무 말 없이 듣기만 할 뿐이었습니다. 꽃잎에는 동정의 눈물은커녕 이슬방울 하나 맺히지 않았습니다. 마침내 어느 날 장미꽃들이 돌무더기 위로 허리를 굽히고 말했습니다.

"이 세상에서 가장 위대한 시인이 이곳에 쉬고 계시도다! 나는 그의 무덤 위에서 짙은 향기를 풍길 테고, 거센 폭풍이 내 몸에서 잎들을 모두 떨구어 버린다면 기쁜 마음으로 이 무덤 위에 쓰러져 내 남은 잎들을 흩뿌리리라. 트로이를 노래하던 시인, 일리아스가 흙이 되어 이 무덤 속에 누워 있도다. 내가 싹터 나온 이 대지의 흙 속에! 나, 호메로스 무덤의 장미는 저 초라한 나이팅게일을 위해 꽃 피우기에는 너무나도 성스러운 존재라네."

가엾은 나이팅게일은 홀로 쉬지 않고 노래를 부르다가 끝내 죽어버리고 말았습니다. 그때 한 상인이 짐을 실은 낙타와 흑인 노예를 데리고 그곳을 지났습니다. 그런데 상인의 어린 아들이 죽은 나이팅게일을 발견하고는 위대한 호메로스의 무덤에 묻어 주었습니다. 장미꽃들은 여전히 바람에 이리저리 흔들렸습니다.

저녁이 되자 장미꽃은 꽃받침을 굳게 닫고서 꿈을 꾸기 시작했습니다.

해님이 반짝반짝 빛을 내는 한낮, 아주 맑은 날이었습니다. 낯선 사람들이 호메로스의 무덤을 순례하러 왔습니다. 그들 가운데에는 오로라를 볼 수 있는 북극에서 온 시인도 끼어 있었지요.

시인은 호메로스 무덤의 성스러운 장미를 꺾어서 자기 책 속에 끼워 넣고 순례를 마친 다음 머나먼 제 나라로 돌아갔습니다. 장미꽃은 슬픔으로 시들어 버린 채 좁디 좁은 책갈피 속에 가만히 누워 있었습니다.

고향인 북극으로 돌아온 시인은 그 책을 펼치고 이렇게 말했습니다.

"여기 호메로스의 무덤에서 가져온 장미가 있다!"

끔찍한 꿈에서 깬 장미꽃이 바람 속에서 부르르 몸을 떨자 무덤 위로 이슬 방울 하나가 톡 떨어졌습니다.

해가 떠올랐습니다. 그러자 장미꽃은 그 어느 때보다도 불타는 해님처럼 붉고 아름답게 피었습니다. 어느 무더운 날이었습니다. 장미꽃은 다행스럽게도 아직 따뜻한 아시아에 있었으니까요.

발소리가 크게 들려왔습니다. 꿈에서 보았던 낯선 사람들이 온 것입니다. 북극에서 온 시인도 있었습니다.

시인은 꿈에서처럼 장미를 꺾어 그 싱싱한 꽃잎에 입을 맞추고는 안개의 고향인 북극광의 나라로 가지고 갔습니다.

이제 장미꽃은 마치 미라처럼 시인의 일리아드 책 속에서 조용히 쉬고 있습니다. 그리고 꿈속에서처럼 시인이 책을 펼치고서 이렇게 외칩니다.

"여기 호메로스의 무덤에서 온 장미가 있다!"

020
잠귀신
Ole Lukøie

이 세상에서 잠귀신 아저씨처럼 이런저런 이야기를 많이 아는 사람도 없을 겁니다. 그는 이야기도 아주 재미있게 잘한답니다.

잠귀신은 저녁 무렵 아이들이 아직 식탁 앞에 있거나 의자 위에 앉아 있을 때면 어김없이 찾아옵니다. 잠귀신은 양말도 신지 않은 채 살금살금 계단을 올라와 가만가만 문을 엽니다. 그러고는 살짝 아이들의 눈에 고운 가루를 뿌려 넣지요. 아주 조금, 정말 아주 조금요. 그런데도 아이들은 눈을 뜨지 못하고 잠귀신 아저씨의 모습조차 볼 수 없게 됩니다. 그런 다음 잠귀신은 살금살금 아이들 등 뒤로 다가가서 목덜미에 부드럽고 따뜻한 입김을 불어 넣습니다.

그러면 아이들의 머리는 점점 무거워진답니다. 그래도 아프지는 않습니다. 왜냐하면 잠귀신은 아이들을 위해 그렇게 하는 것이니까요. 그는 아이들이 조금 더 조용해지기를 바랄 뿐입니다. 잠귀신의 재미난 이야기를 듣기 위해서는 조용해야만 한답니다.

아이들을 조용히 잠들게 하려면 침대로 데려가는 게 무엇보다 좋은 방법이랍니다. 아이들이 잠들면 잠귀신은 아이들 침대맡에 앉습니다. 그는 꽤나 멋지고 신기한 옷을 입고 있는데, 그 옷이 본디 어떤 색인지는 아무도 알 수 없습니다. 그가 몸을 움직일 때마다 옷 색깔이 초록색이나 붉은색으로, 또는 파란색으로 바뀌며 반짝거리거든요. 그는 두 손에 우산 하나씩을 들고 있습니다. 한 우산은 그림이 그려져 있는데, 착한 아이들 머리 위에서만 펼칩니다. 그러면 아이들은 그날 밤 내내 무척 즐겁고 멋진 꿈을 꾼답니다. 또 어떤 그림도 그려져 있지 않은 우산은 못된 아이들 위에서 펼칩니다. 그러면 그 아이들은 아무런 꿈도 꾸지 못하게 되지요.

이제 우리는 잠귀신이 1주일 동안 할마르 소년을 찾아가 무슨 이야기를 했는지 듣게 될 겁니다. 모두 일곱 개의 이야기입니다. 1주일은 7일이니까요.

월요일

"자, 잘 들어라."

잠귀신이 할마르를 침대에 눕히면서 말했습니다.

"내가 방을 예쁘게 꾸며 줄게."

그러자 갑자기 화분 속 꽃들이 쑥쑥 자라 모두 큰 나무가 되었습니다. 나무들은 천장과 벽을 따라 긴 가지들을 쭉 뻗었습니다. 곧 온 방 안이 아름다운 꽃과 나무들이 가득한 화원처럼 되었습니다. 가지들 하나하나 꽃이 가득 피었으며 장미꽃보다도 아름다운 꽃들이 무척 좋은 향기를 내뿜었습니다. 그 꽃들 가운데에서 꽃 이파리 하나를 따서 맛을 보니 어떤 잼보다도 더 달콤했습니다. 나무에 열린 열매는 황금처럼 반짝반짝 빛났고, 또 어떤 나무에는 건포도가 박힌 먹음직스런 과자도 주렁주렁 매달려 있었습니다. 참으로 더할 나위 없는 즐거운 광경이었지요.

그때 갑자기 할마르의 교과서들이 들어 있는 책상 서랍 속에서 누군가의 무시무시한 울음 소리가 울려 나왔습니다.

"아니, 이게 대체 무슨 소리지?"

깜짝 놀란 잠귀신은 책상으로 다가가 서랍을 열어보았습니다. 울음 소리를 낸 것은 다름 아닌 석판이었습니다. 가엾게도 석판 여기저기는 금이 가고 찌그러져 있었습니다. 산수 숙제가 적힌 석판 위에서 틀린 숫자들이 마구 몸을 흔들며 밀치락달치락 하고 있는 것이었지요. 석필은 끈에 묶인 채로 마치 강아지처럼 폴짝폴짝 뛰기도 하고 이리저리 몸을 움직이면서 어떻게든 바른 계산이 이루어지도록 하려 했지만 마음먹은 만큼 잘 되지 않습니다.

이번에는 할마르의 공책 속에서도 커다란 울음 소리가 들려왔습니다. 참으로 듣기 싫은 소리였지요. 공책에는 대문자와 소문자들이 마구 뒤섞여 있었는데 그 바로 옆에는 소문자들이 죽 늘어서 있었습니다. 이것은 바로 글씨 연습용 공책이었거든요. 이 글씨들 옆에는 할마르가 똑같이 흉내 내어 쓴 글씨들이 적혀 있었습니다. 그 글씨들은 연필로 그은 줄 위에 서 있었는데도 마치 그 줄 위에 누워 있는 듯이 보였습니다.

"애들아! 너희들은 이렇게 우아한 곡선을 그리면서 똑바로 서 있어야 돼!"

글씨 연습용 공책이 말했습니다.

"우리들도 정말 네 말대로 하고 싶지만 그렇게 할 수가 없어. 이젠 서 있을 힘 조차 없단 말이야."

할마르가 쓴 글씨들이 말했습니다.

"그렇다면, 너희들 모두에게 약을 먹여야겠어."

잠귀신이 말했습니다.

"오, 싫어, 싫어!"

글씨들이 소리치며 서둘러 허리를 펴고 똑바로 섰습니다. 참으로 재미있는 이야기이죠? 잠귀신은 다시 말했습니다.

"이런, 오늘은 이야기를 들려줄 시간도 없겠구나. 자, 이제, 훈련을 하자꾸나. 하나 둘! 하나 둘!"

이렇게 잠귀신은 글씨들이 똑바르고 우아하게 설 때까지 자꾸자꾸 훈련을 시켰습니다. 그래서 마침내 글씨들은 연습용 글자들이 서 있듯이 똑바로 서 있을 수 있었답니다.

하지만 할마르가 아침에 일어나 글씨들을 보았을 때는 어제처럼 다시 엉망이 되어 있었답니다.

화요일

할마르가 침대 이불 속으로 들어가자마자 잠귀신은 방 안 모든 가구들을 마법 지팡이로 가볍게 톡 건드렸습니다. 그러자 놀랍게도 가구들이 즐거운 목소리로 수다를 떨기 시작했습니다. 모두 제 이야기를 늘어놓을 뿐이었지만 말이에요. 오로지 낡은 항아리만이 조용히 입을 다문 채 모두의 자기 자랑을 그저 듣고만 있었습니다.

서랍장 위에는 금빛 테두리를 두른 커다란 풍경화가 걸려 있었습니다. 액자 그림에는 오래 된 키 큰 나무들과 초원에 흐드러지게 핀 꽃들, 그리고 큰 호수가 그려져 있었습니다. 호수에서부터 이어진 물줄기가 흐르고 흘러 숲과 수많은 성을 지나고 머나먼 바다에 이르는 모습이었지요.

잠귀신은 그 그림도 마법 지팡이로 가볍게 건드렸습니다. 그러자 그림 속 조그만 새들이 노래하기 시작했고 나뭇가지들은 바람에 이리저리 흔들리며 바스락거렸습니다. 구름은 천천히 하늘 위로 흘러가면서 그림자를 만들었습니다.

잠귀신은 그 그림도 마법 지팡이로 가볍게 건드렸습니다. 그러자 그림 속 조그만 새들이 노래하기 시작했고 나뭇가지들은 바람에 이리저리 흔들리며 바스락거렸습니다. 구름은 천천히 하늘 위로 흘러가면서 그림자를 만들었습니다.

잠귀신은 조그만 할마르를 들어 올려 그림 속 높이 자란 풀 속으로 집어넣었습니다. 나뭇가지들 사이로 들어오는 햇살이 할마르 머리 위로 쏟아졌습니다. 할마르는 호숫가로 달려가서 작은 배에 앉았습니다. 그 배는 빨강 하양으로 칠해져 있었고, 돛은 은처럼 반짝였으며, 푸른 별이 달린 관을 쓰고 금목걸이를 건 백조 여섯 마리가 배를 끌고 갔습니다.

배가 초록빛으로 가득한 숲을 지나자 나무들이 도둑과 마녀 이야기를 나누는 소리가 들려왔고 꽃들은 작고 귀여운 요정들 이야기와 나비들에게서 들은 이야기를 해주었습니다.

금이나 은처럼 반짝이는 비늘을 가진 아름다운 물고기들이 배를 따라 헤엄쳐 왔습니다. 물고기들은 폴짝 뛰어오르며 '첨벙' 소리를 냈고 다시 물속으로 뛰어들었습니다.

빨강 파랑 크고 작은 새들이 두 줄을 지어 뒤따라 날아왔습니다. 배 주위에서는 하루살이들이 춤을 추었으며, 개똥벌레들은 '붐! 붐!' 신나게 노래 불렀습니다.

그들 모두 할마르를 뒤따랐습니다. 할마르에게 재미난 이야기를 해주기 위해서였지요.

참 신나는 여행이었습니다. 숲은 차츰 빽빽하고 어두워지는가 싶더니 곧 햇빛과 꽃이 흐드러지게 피어난 화려한 정원처럼 변했습니다. 유리와 대리석으로 이루어진 큰 성들이 몇 개씩이나 보였습니다. 발코니에는 공주님들이 서 있었는데 모두들 예전에 할마르와 함께 놀았던 꼬마 아가씨들이었습니다.

공주님들 또한 할마르를 잘 알고 있었지요. 공주님들은 할마르에게 하트 모양 과자를 내밀었습니다.

할마르는 배를 타고 지나가면서 그 과자의 한쪽 끝을 잡았습니다. 공주님도 그 과자를 꼭 잡고 놓지 않았기에 반쪽으로 쪼개어져 한 쪽씩 나누어 갖게 되었습니다. 공주님은 작은 조각, 할마르는 큰 조각을 가졌답니다.

성에는 조그맣고 어린 왕자님들이 보초를 서고 있었습니다. 그들이 황금 칼을 든 채 경례를 하면 건포도 병정들이 비처럼 쏟아져 내렸지요.

할마르는 때로는 숲속을 때로는 큰 궁전을 또 때로는 도시 한가운데를 지나 갔습니다. 그리고 할마르가 아기였을 때 늘 사랑으로 보살펴주셨던 유모가 사는 마을도 지나갔습니다. 유모는 할마르를 보며 손을 흔들면서 언젠가 자신이 만들었던 노래를 불렀습니다.

나는 언제나 너를 생각한단다
나의 귀여운 할마르, 사랑하는 아이야!
내 사랑을 가득 담아 네게 입을 맞춘단다
네 이마에, 네 입술에, 네 발그레한 볼에
나는 너의 첫 울음 소리를 들었지
하지만 너와 작별 인사를 하지 않을 수 없었단다.
아아, 하느님. 부디 제 작은 천사에게
영원토록 행복과 축복을 내려주소서.

새들도 함께 노래 불렀습니다. 꽃들은 줄기 위에서 즐겁게 춤을 추고 나무들은 가만 가만 고개를 끄덕였습니다. 마치 잠귀신 아저씨가 들려주는 이야기를 모두 함께 듣는 것처럼 말이에요.

수요일

비가 어찌나 세차게 퍼붓는지 그 소리가 방 안까지 들려왔습니다.

할마르는 잠결에도 그 소리를 들을 수 있었습니다. 잠귀신이 창문을 열었을 때 바로 창문턱에까지 물이 차올라 있었으니까요. 바깥은 그야말로 어마어마하게 큰 호수였습니다. 그런데 집 앞에 무척 화려한 배 한 척이 놓여 있었습니다.

"할마르야, 나와 함께 타고 가겠니? 그러면 오늘 밤 머나먼 나라에 갔다가 내일 아침 다시 집으로 올 수 있단다."

잠귀신이 말했습니다.

그러자 할마르는 어느새 외출복을 입고 화려한 배 한가운데에 서 있는 게 아니겠습니까?

어디선가 곧 기분 좋은 바람이 불기 시작하고 날씨도 좋아져 배는 부드럽게 물 위를 미끄러져 나아갔습니다. 그들은 거리로 나아가 교회 모퉁이를 지났습니다. 도시는 놀랍게도 아주 커다란 바다가 되어 있었습니다. 잠귀신과 할마르는 땅이 보이지 않을 때까지 노를 젓고 또 저었습니다.

그때 머리 위로 무리지어 날아가는 황새 떼를 보았습니다. 황새들은 고향을 떠나 따뜻한 남쪽 나라로 가는 길이었지요.

황새들은 차례차례 줄을 지어 날았는데 그 가운데 한 마리는 기나긴 여행 길에 지쳐버렸는지 날갯짓이 무척 힘들어 보였습니다. 그 새는 무리 맨 뒤에서 따라가다가 곧 다른 새들보다 훨씬 더 뒤처지고 말았습니다.

마침내 그 새는 날개를 편 채 점점 아래로 아래로 가라앉기 시작했습니다. 두어 번 힘겹게 날개를 퍼덕였지만 아무런 소용이 없었지요. 그러다 황새의 기다란 다리가 할마르가 탄 배 돛댓줄에 걸리더니 쿵! 커다란 소리를 내며 그만 갑판 위에 떨어져버리고 말았습니다.

할마르는 재빨리 가엾은 황새를 두 손으로 안아서 닭과 오리, 칠면조가 사는 우리 속에 넣어 주었습니다.

그러자 황새는 어찌 해야 할지 갈피를 잡지 못하고 그들 사이에서 머뭇머뭇거리며 그저 오도카니 서 있었습니다.

"저 녀석 좀 봐!"

닭들이 말했습니다.

수컷 칠면조는 한껏 아름다운 깃털을 부풀리고 황새를 바라보며 누구냐고 물었습니다. 오리들은 어기적어기적 뒷걸음질을 치면서 "정신 차려! 정신 차려!" 소리쳤습니다.

황새는 따뜻한 아프리카와 피라미드, 말처럼 아주 빠르게 사막을 달리는 타조에 대해서 이야기해 주었습니다. 하지만 오리들은 황새 말을 도무지 이해하지 못한 채 자기들끼리 꽥꽥거리기만 할 뿐이었습니다.

"저 애는 참 바보 같다, 그렇지?"

"그래, 맞아. 틀림없이 바보일 거야."

칠면조가 꾸르륵꾸르륵 소리를 내어 말했지만, 황새는 아무 말 없이 서서 그리운 남쪽 나라를 떠올렸습니다.

"넌 참으로 날씬하고 아름다운 다리를 가졌구나!"

칠면조가 다시 말했습니다.

"10센치에 얼마나 주고 샀니?"

그러자 오리들이 이빨을 드러내며 황새를 비웃듯 꽥꽥 웃어댔지만 황새는 여전히 아무 말 없이 못들은 척했습니다.

"너도 함께 웃어도 좋아."

칠면조가 황새에게 말했습니다.

"내가 생각해도 꽤나 괜찮은 말이었어. 어쩌면 너한테는 너무 수준이 낮은 건가? 우리끼리 이야기하면서 그냥 우리끼리 재미있는 걸로 하자."

칠면조는 다시 꾸르륵꾸르륵 소리 내며 웃었고 오리들도 꽥꽥거렸습니다.

그들은 자기들 말이 너무도 즐겁고도 놀랍다는 듯이 마구 떠들어댔기에 우리 안은 무척 시끌시끌했답니다. 그때 할마르가 우리로 왔습니다. 그러고는 문을 열어 황새를 불렀지요. 황새는 폴짝 뛰어 갑판으로 나왔습니다. 황새는 할마르 덕분에 아주 잘 쉬었기에 다시 날아오를 힘을 되찾았습니다. 할마르에게 고마움을 전한 황새는 새하얀 날개를 퍼덕이며 따뜻한 남쪽 나라로 힘차게 날아갔습니다. 그런데 닭과 오리는 여전히 큰소리로 울었으며 칠면조는 얼굴을 벌겋게 물들인 채였습니다.

"내일 아침에 너희들로 수프를 끓여야겠다."

할마르가 말했습니다. 그러다가 갑자기 눈이 번쩍 뜨이며 잠에서 깨고 나니 할마르는 자신이 늘 잠을 자던 작은 침대에 누워 있었습니다. 잠귀신과 함께 떠난 여행은 말할 수 없이 멋졌답니다.

목요일

"내가 뭘 가져왔는지 너 아니?"

잠귀신이 말했습니다.

"자, 무서워하지 마렴. 작고 귀여운 생쥐를 보여 줄 테니까."

그러면서 잠귀신은 조그만 동물을 쥔 손을 내밀었습니다.

"이 생쥐는 너를 결혼식에 초대하기 위해 왔단다. 오늘 밤 작은 생쥐 두 마리가 결혼하려고 해. 이 생쥐들은 네 어머니가 식재료들을 모아두는 창고에서 산단다. 이제 그곳을 아주 예쁘고 행복하게 살 수 있는 멋진 방으로 만들어 주어야 한단다."

"하지만 제가 어떻게 그 작은 쥐구멍으로 들어갈 수 있나요?"

할마르가 물었습니다.

"그건 걱정 말고 내게 맡겨. 내가 너를 아주 아주 작게 만들어 주마."

잠귀신은 할마르를 마법 지팡이로 살짝 건드렸습니다. 그러자 할마르는 점점 작아지더니 마침내 손가락 크기만 해졌습니다.

"자, 이제 장난감 병사의 옷을 빌려 입으렴. 네게 꼭 맞을 거야. 결혼식에 갈 때는 제복을 입어야 멋져 보인단다."

"그럼요."

할마르는 어느새 귀여운 장난감 병사의 옷을 입었습니다. 어느 병사 못지않게 아주 멋져 보였습니다.

"할마르님, 당신 어머니께서 쓰시는 이 골무 안에 앉지 않으시겠어요? 그러면 제가 당신을 태운 골무를 결혼식까지 끌어다 드릴게요."

작은 생쥐 아가씨가 말했습니다.

"아아, 아가씨께서 그렇게까지 해주신다면 제게는 커다란 영광이지요."

할마르도 즐겁게 대답했습니다.

이렇게 해서 그들은 결혼식에 갔습니다. 처음에 그들은 바닥 밑 긴 복도를 지나갔습니다. 그런데 천장이 어찌나 낮던지 골무를 타고 겨우 지나갈 수 있을 높이였습니다. 복도는 썩은 나무들로 이루어져 있었습니다.

"어디에서 맛있는 냄새가 나지 않아요?"

생쥐가 물었습니다.

"복도는 온통 베이컨으로 발라져 있어요. 이보다 더 훌륭한 곳은 어디에도 없을 거예요!"

이윽고 그들은 결혼식장으로 들어섰습니다. 오른쪽에는 귀여운 숙녀 생쥐들이 한데 모여 서로 귓속말을 속삭이며 키득거렸고 왼쪽에는 신사 생쥐들이 앞발로 구레나룻을 쓰다듬었습니다. 그리고 방 한가운데에는 신랑 신부가 나란히 서 있었습니다.

그들은 속이 움푹 파인 치즈 껍질 속에서 많은 쥐들이 지켜보는 가운데 사랑스레 입을 맞추었습니다. 둘은 이미 결혼을 약속했고, 이제 곧 결혼식을 올릴 사이였으니까요.

점점 더 많은 손님들이 들어왔습니다. 어느덧 결혼식장 안은 생쥐들로 가득 차 너무도 좁아졌기에 옆에 선 쥐의 발을 밟기도 하고 신랑 신부가 생쥐들에게 밀려 문가에 겨우 서 있기도 했습니다. 생쥐들은 이제 들어올 수도, 나갈 수도 없게 되어버렸습니다. 식장 안은 복도처럼 온통 베이컨으로 발라져 있었는데, 차려놓은 음식은 그것뿐이었습니다.

그러나 디저트로 손님들 모두에게 완두콩 한 알씩을 주었지요. 그 완두콩에는 신랑 신부의 이름 첫 글자가 새겨져 있었습니다. 참으로 보기 드문 일이었고, 무척 아름다운 결혼식이었습니다. 생쥐들도 모두 즐거운 시간을 보냈다고 말했습니다.

할마르는 다시 방으로 돌아왔습니다. 아주 멋진 잔치에 갔다 온 셈이지요. 하지만 생쥐들의 결혼식에 가려면 마땅히 아주 조그만 몸이 되어 장난감 병사 옷을 빌려 입어야만 한답니다.

금요일

"참으로 놀라운 일이야. 어른들도 밤에 나를 그렇게 보고 싶어 한다니! 특히 나쁜 짓을 한 사람들이 나를 보고 싶어 하지. 그들은 내게 이렇게 말한단다. '착한 잠귀신아, 우리는 도저히 잠을 이룰 수가 없단다. 잠을 청하기만 하면 우리가 저지른 나쁜 일들이 모두 흉측한 악마가 되어 침대 머리맡에 앉아서 밤새도록 우리에게 뜨거운 물을 뿌려대니 말이야. 네가 와서 그들을 좀 몰아내주지 않겠니? 그리고 이렇게 말한단다. 꼭 보답하게. 돈은 창문가에 있단다. 하지만 나는 돈 때문에 그런 나쁜 짓을 하지는 않아. 부디 우리가 잠을 좀 잘 수 있도록 도와주렴.' 그러면서 깊은 한숨을 내쉰단다."

잠귀신이 말했습니다.

"오늘 저녁에는 무엇을 할 건가요?"

할마르가 물었습니다.

"글쎄, 어디가 재미있을까. 네가 오늘 저녁에도 결혼식에 가고 싶어 할지 잘 모르겠구나. 오늘은 어제와는 아주 다른 결혼식이란다. 진짜 남자다운 얼굴을 한, 왜 그 헤르만이라고 하는 네 누이동생 큰 인형이 베르타와 결혼하는 날이야. 게다가 오늘은 인형의 생일날이거든. 그래서 많은 선물도 받게 된단다."

"네, 그건 저도 잘 알아요. 인형에게 새 옷이 필요할 때면 누이는 늘 생일 파티를 열거나 결혼식을 올려 줘요. 벌써 백 번도 더 했을 걸요?"

"그래? 그럼 오늘은 백한 번째 결혼식이 되겠구나. 백한 번째 결혼식이 끝나면 결혼식은 이제 그만두기로 하자꾸나. 그럼 오늘 결혼식이 마지막이니 아주 멋지게 해야 되겠다. 자, 잘 보고 있으렴."

할마르는 책상을 바라보았습니다.

거기에는 종이로 만들어 창에 불을 밝힌 인형의 집이 있고, 집 앞에는 장난감 병사들이 죽 늘어서서 총을 든 채 뽐냈습니다. 신랑 신부는 방에 앉아 깊은 생각에 잠긴 모습으로 가만히 책상 다리에 몸을 기대고 있었습니다. 틀림없이 무슨 이유가 있겠지요.

할머니의 까만 드레스를 입은 잠귀신이 신랑 신부를 축복해주었습니다. 그렇게 결혼식이 끝나자 방 안 모든 가구들이 군악대의 신나는 연주에 맞추어 연필이 쓴 노래를 즐겁게 불렀습니다.

신혼의 노래를 하자, 노래해.
신랑 신부를 위해 소리 높여!
자랑스레 나란히 서 있는 둘.
그들은 가죽으로 만들어졌다네.
만세! 만세! 신랑 신부 만세!
소리 높여 노래하자.

신랑 신부는 온갖 선물을 받았습니다. 그러나 먹을 수 있는 선물은 모두 거절했습니다. 서로에 대한 사랑만으로도 충분했으니까요.

"우리 이제 고향으로 돌아갈까, 아니면 다른 나라로 여행을 떠날까?"

신랑이 물었습니다.

세계 이곳저곳 날아다니며 많은 여행을 한 제비와 다섯 번이나 병아리를 낳은 암탉이 도움을 주었습니다. 제비는 따뜻한 남쪽 나라 이야기를 들려주었습니다. 그곳에서는 크고 탐스럽게 열린 포도들이 잔뜩 매달렸고, 날은 아주 따뜻하며 산들은 사람들이 이전에는 한 번도 보지 못했을 찬란한 색채를 띠고 있다 했습니다.

"하지만 남쪽 나라에는 우리가 먹는 초록 양배추가 없잖아요?"

암탉이 물었습니다.

"나는 여름 내내 새끼들과 함께 시골에 가 있었어. 그곳에는 모래 굴이 있지. 우리는 그 안에서 이리저리 돌아다니고 모래땅을 파헤치며 즐겁게 놀았어. 그런 뒤 우리는 양배추가 아주 많은 정원으로 들어갔지. 오, 어찌나 멋진 초록색이었는지! 그보다 더 아름다운 것은 상상할 수조차 없었어."

"그렇지만 양배추 같은 건 어딜 가나 똑같을 것 같은데요. 게다가 이 나라 시골은 날씨가 좋지 않잖아요."

제비가 말하자 암탉이 고개를 끄덕였습니다.

"응. 그렇긴 하지만 곧 익숙해질 날씨야."

"시골은 너무너무 추워요. 정말 얼어 죽을 지경이에요!"

"그런데 양배추에게는 이런 날씨가 제격이라고. 게다가 이렇게 춥다가도 따뜻해질 때도 있어. 4년 전에는 여름이 5주 동안이나 계속되었잖아. 그때는 어찌나 무더웠던지. 그리고 시골에는 독을 품은 동물들이 없어. 게다가 도둑도 없지. 자기가 사는 나라가 가장 아름다운 곳이라고 생각하지 않는 건 나쁜 거야. 그런 녀석은 이 나라에 머물 자격이 없어."

암탉은 큰소리로 울기 시작했습니다. 그러면서 계속 말을 이었습니다.

"나도 닭장을 타고 12마일이나 세상을 여행한 적이 있었어. 여행은 재미있는 일이 아니야."

"그래, 암탉 말이 옳아."

인형 베르타가 말했습니다.

"나도 산을 기어오르기는 싫어. 힘들게 올라갔다가 그냥 다시 내려오다니. 우리, 시골 모래 굴로 이사 가서 한가롭게 양배추 밭이나 걸어요."

그래서 신랑 신부는 시골로 떠났습니다.

토요일

"잠귀신 아저씨, 또 재미난 이야기를 들려주세요."

잠귀신이 할마르를 침대에 눕히자마자 소년이 말했습니다.

"오늘 밤은 이야기할 시간이 많지 않구나."

잠귀신은 갖고 있는 우산들 가운데 가장 아름다운 양산을 할마르 머리 위에 씌웠습니다.

"자, 이 중국인들을 보고 있으려무나!"

양산은 마치 중국인들이 쓰는 커다란 그릇처럼 보였습니다. 푸른 나무들과 뾰족한 다리가 그려져 있었는데 그 다리 위에서는 조그만 중국인이 서서 할마르를 바라보며 고개를 끄덕이고 있었습니다. 잠귀신이 말했습니다.

"우리는 내일 아침을 위해서 온 세상을 아름답게 꾸며야 한다. 내일은 신성한 일요일이야. 나는 교회 종탑 위로 올라가서 종이 큰소리를 내면서 잘 울릴 수 있도록 꼬마 요정들이 종을 반짝반짝 잘 닦아 놓았는지 살펴봐야 해. 그리고 들판으로 나가서 바람이 풀과 잎에 묻은 먼지를 모두 털어 냈는지도 살펴봐야 한단다. 그 가운데서도 가장 큰 일은 별들을 가지고 내려오는 일이야. 별들도 반짝반짝 잘 닦아야 하거든. 나는 별들을 모두 앞치마에 담아 올 거야. 그런데 담기 전에 별 하나하나에 번호를 매겨야만 해. 또 별들이 앉은 하늘 이곳저곳에도 번호를 매겨야만 한단다. 별들이 다시 제자리로 돌아가 앉을 수 있도록 말이야. 그렇게 하지 않으면 별들은 제자리를 찾을 수 없고 마침내는 별똥별이 되어 땅으로 떨어지고 말거든."

"이봐요, 잠귀신 씨!"

할마르가 잠든 방 벽에 걸린 초상화가 말했습니다.

"나는 할마르의 증조할아버지 되는 사람이오. 우리 아이에게 이런저런 재미난 이야기를 들려주어 감사하오. 하지만 아이 머릿속을 어지럽혀서는 안 된다오. 별들은 땅으로 들고 내려올 수도 닦을 수도 없소. 별들은 우리 지구와 똑같은 천체들이니까 말이오."

"고마워요, 증조할아버지. 할아버지께서는 틀림없이 한 집안을 이끄셨던 옛 선조분이시군요. 하지만 내가 당신보다 나이가 훨씬 더 많아요. 나는 아득한 고대인이거든요. 로마인들과 그리스인들은 나를 꿈의 신이라 불렀지요. 나는 아주 아주 고귀한 집에만 들어갔으며 요즘도 그런 데만 다녀요. 나는 큰 사람들과도, 또 작은 사람들과도 사귈 수 있답니다."

잠귀신은 양산을 가지고 눈 깜짝할 새에 밖으로 나가 버렸습니다.

"이거야, 원. 자기 의견도 제대로 말할 수가 없구먼."

증조할아버지는 툴툴거렸습니다. 그때 할마르가 잠에서 깨어났습니다.

일요일

"안녕!"

저녁이 되자 또다시 잠귀신이 찾아왔습니다. 할마르는 고개를 끄덕이고는 냉큼 일어나서 벽에 걸린 증조할아버지 초상화가 벽을 바라보게 돌려놓았습니다. 어제처럼 말참견하지 못하도록 말이에요.

"이제 얼른 이야기해 주세요. 한 꼬투리 속에 사는 다섯 개의 초록색 완두콩과 암탉들의 발걸음마다 사랑을 속삭인 수탉들의 발에 대해서 말이에요. 그리고 자기가 자수바늘이라며 우쭐댔던 시침 바늘에 대해서도요."

"재미있는 이야기뿐만이 아니라 너에게 도움이 되는 이야기도 아주 많단다. 네게 내 동생을 보여 주고 싶구나. 내 동생 이름도 나처럼 잠귀신이지. 동생은 어느 누구에게도 한 번밖에 가지 않는단다. 동생은 사람들을 말에 태우고 이야기를 들려주지. 그렇지만 아는 이야기는 딱 두 가지밖에 없어. 하나는 이 세상 어느 누구도 생각해 낼 수 없을 만큼 무척 아름다운 이야기이고, 다른 하나는 아주 기분 나쁘고 추악하며 참혹한 이야기란다. 정말 이 이야기를 어떻게 표현해야 좋을지 모르겠구나."

그러면서 잠귀신은 할마르를 창가로 데려가 밖이 보이도록 들어 올리며 이렇게 말했습니다.

"자, 이제 내 동생 잠귀신이 보일 것이다. 사람들은 내 동생을 죽음이라고도 부르지. 어떠냐, 그림책에서 나오는 해골처럼 그리 흉한 모습은 아니지? 내 동생이 해골은 아니거든. 동생 옷은 은으로 수가 놓여 있단다. 참으로 아름다운 제복을 입고 있어서 말을 타고 다니는 아주 멋진 군인 같지. 그리고 검은 벨벳으로 만든 외투를 입고 있단다. 자, 저기 좀 보렴, 말을 타고 달리는 모습이 보이지?"

할마르는 동생 잠귀신이 말을 타고 달리면서 젊은이든 늙은이든 아랑곳하지 않고 제 말에 태우는 모습을 보았습니다. 그는 몇몇 사람은 자기 앞쪽에, 다른 사람은 뒤쪽에 앉혔습니다. 그리고 늘 가장 먼저 이렇게 묻습니다.

"자네, 성적표는 어떤가?"

그러면 사람들은 모두 큰소리로 이렇게 대답합니다.

"좋아요!"

"그래? 내가 직접 봐야겠어."

사람들은 모두 제 성적표를 잠귀신에게 보여줄 수밖에 없습니다.

'매우 잘함' '우수함'을 받은 사람들은 말 앞쪽에 으스대고 앉아서 아름다운 이야기를 들었습니다. 하지만 '보통' 성적을 받은 사람들은 조금은 풀이 죽은 모습으로 뒤에 앉아서 무서운 이야기를 들어야만 했습니다.

뒤에 탄 사람들은 이야기가 너무도 무시무시했던 나머지 몸을 부들부들 떨면서 울었습니다. 말에서 뛰어내리려는 사람도 있었지만 절대 그럴 수는 없습니다. 몸이 딱딱하게 굳어버려서 마치 말에 단단히 붙어 버린 것처럼 꼼짝달싹할 수 없으니까요.

"그런데 그는 참으로 멋진데요, 나는 그가 하나도 무섭지 않아요."

할마르가 말했습니다.

"그럼, 두려워하지 않아도 된단다. 네가 늘 성적표를 소중히 하고 좋은 성적을 내기만 한다면 말이야."

"그래, 그것 참 교훈적인 이야기로군."

증조할아버지의 초상화가 중얼거렸습니다.

자, 보세요, 이것이 잠귀신 아저씨의 재미난 이야기랍니다.

오늘 밤에는 잠귀신 아저씨가 여러분을 찾아가서 한결 더 많은 이야기를 들려줄지도 모른답니다.

021

장미 요정

Rosen—Alfen

어느 정원 한가운데에는 꽃이 활짝 핀 아름다운 장미나무 한 그루가 자라고 있습니다. 장미나무에는 장미꽃들이 가득 피었습니다. 그 가운데서도 으뜸으로 아름다운 장미꽃 속에는 요정이 살았습니다. 요정이 어찌나 조그만지 사람 눈으로는 절대 볼 수가 없습니다. 장미 요정은 이 세상 아이들 어느 누구보다도 무척 어여뻤답니다. 어깨에는 발끝까지 내려오는 날개가 달려 있었습니다.

요정의 방은 꽃잎 뒤편에 있습니다. 그 방은 달콤한 향기로 가득했고 장미꽃으로 이루어진 분홍빛 벽은 매우 밝았으며 아름다웠습니다.

　요정은 온 하루 따뜻한 햇볕 속에서 즐겁게 지냈습니다. 이 꽃 저 꽃으로 날아다니는 나비의 날개를 타고 춤을 추었습니다. 요정은 보리수 나뭇잎 위로 나 있는 큰길과 오솔길을 모두 가보려면 몇 걸음 더 걸어야 할지 헤아려 보기도 했습니다. 요정이 말하는 큰길과 오솔길이라는 것은 엽맥을 뜻하는 것이랍니다. 아아, 그 길이 요정에게는 어찌나 기나긴 길인지 그 길을 모두 지나기 전에 늘 해가 지곤 했습니다.

　갑자기 날씨가 몹시 추워졌습니다. 이슬이 내리고 쌩쌩 바람이 불었습니다. 요정은 방으로 돌아가려고 서둘렀지만 장미꽃은 이미 잎을 오므려 버렸기에 방 안으로 들어갈 수가 없었습니다. 문을 열어 놓은 장미꽃은 하나도 없었습니다. 가엾은 작은 요정은 덜컥 겁이 났으며 무서웠지요. 요정은 이제까지 한 번도 한밤에 바깥에서 지내 본 적이 없었거든요. 언제나 따뜻한 꽃잎 그림자 밑에서 부드럽고 달콤하게 잠을 잤으니까요. 요정은 자신이 틀림없이 죽으리라 생각했습니다.

　정원 건너편에는 아름다운 인동덩굴이 자라는 정자가 하나 있었습니다. 물론 요정도 알고 있었지요. 꽃들은 색칠한 커다란 뿔처럼 보였습니다. 요정은 그 꽃들 가운데 하나로 들어가 아침이 올 때까지 잠을 자려고 그곳으로 가까이 날아갔습니다.

　쉿! 조용하세요. 정자에는 두 사람이 있었습니다. 젊고 잘생긴 남자와 아름다운 처녀였지요. 둘은 나란히 앉아서 영원히 헤어지지 말자고 약속하는 듯이 보였습니다. 그들의 사랑은 착한 아이가 어머니를 사랑하는 것보다 한결 더 크고 강했습니다.

　"그렇지만 우리는 이제 헤어져야만 해. 당신 오빠는 나를 좋아하지 않으니까 말이야. 그래서 나를 산 넘고 바다 건너 그토록 머나먼 곳으로 보내시려는 거겠지. 아아, 내 마음이 너무도 슬프고 고통스럽구나. 잘 있어요, 내 신부 내 사랑하는 여인이여!"

　젊은 남자는 이렇게 말하고는 아름다운 연인에게 입을 맞추었습니다.

　아가씨는 눈물을 흘리며 남자에게 장미꽃 한 송이를 주었습니다. 그런데 장미꽃을 건네주기 전에 어찌나 세게 그 장미꽃을 입술로 눌렀던지 장미꽃은 활짝 벌어져 있었습니다.

작은 요정은 그 틈을 놓치지 않고 장미꽃 안으로 살짝 날아 들어갔습니다. 그러고는 향기롭고 부드러운 꽃잎 벽에 기댔습니다. 그러자 그들이 '안녕, 잘 있어.' 슬픈 목소리로 작별 인사를 하는 소리가 들려왔습니다. 젊은 남자가 장미꽃을 제 가슴에 꽂아두었기에 꽃잎은 온통 쿵쾅대는 심장소리로 가득했습니다. 그래서 요정은 잠을 자기는커녕 편히 쉴 수조차 없었습니다. 장미꽃도 남자의 가슴에서 오랫동안 조용히 쉴 수가 없었습니다. 남자가 장미꽃을 꺼내 들었기 때문입니다. 그는 홀로 어두운 숲길을 걸어가면서 장미꽃에게 계속해서 입을 맞추었습니다. 너무 자주 입을 맞추어서 작은 요정은 비좁은 꽃잎 속에서 숨이 막힐 것만 같았습니다. 요정은 그의 입술이 얼마나 뜨겁게 불타고 있는지를 느낄 수가 있었습니다. 게다가 장미꽃은 한낮에 내리쬐는 햇빛을 받고 있을 때처럼 꽃잎을 활짝 열었습니다.

그때 엄청난 분노와 괴로움에 가득 차 보이는 한 남자가 다가왔습니다. 그는 아름다운 아가씨의 오빠였습니다. 그는 날카로운 칼을 뽑아 들고는 누군가가 다가오고 있다는 것도 모른 채 장미꽃에게 입맞춤하고 있는 그 청년을 찔러 죽였습니다.

"그는 이제 잊힌 사람이야. 멀리 떠나서 다시는 돌아오지 못하겠지. 산을 넘고 바다를 건너 길고 긴 여행을 떠났으니까. 그러다 보면 쉽게 목숨을 잃게 되기 마련이지. 그는 그렇게 목숨을 잃은 거야. 이제 다시는 돌아오지 않아. 내 누이도 이 녀석에 대해 나에게 묻진 않겠지."

그는 혼잣말처럼 중얼거리면서 보리수나무 아래에 청년을 묻고 흙 위에는 마른 잎들을 덮었습니다. 하지만 어둠 속에 몸을 숨긴 채 밤길을 걸어 다시 집으로 돌아갔습니다. 그러나 그는 홀로 돌아간 것이 아니었습니다. 장미 요정이 그를 따라갔지요. 요정은 다 말라빠진 보리수 잎 속에 앉아 있다가 무덤을 팔 때 그의 머리카락 속으로 떨어져 버리고 만 것입니다. 그가 모자를 쓰자 주위가 온통 캄캄해졌습니다. 작은 요정은 조금 전에 그가 저지른 무시무시한 일을 떠올리며 공포와 분노로 몸을 떨었습니다.

그 사악한 사나이는 아침이 되어서야 집으로 돌아왔습니다. 그는 모자를 벗고 누이동생의 방으로 들어갔지요. 마치 꽃처럼 아름다운 아가씨는 산과 숲을 넘어 저 멀리 여행을 떠난 사랑하는 연인의 꿈을 꾸고 있었습니다. 그는 누이동생을 바라보며 오직 악마만이 지을 수 있을듯한 기분 나쁜 웃음을 지었습니다. 그때 시든 나뭇잎이 이불 위에 깃털처럼 살며시 떨어졌습니다. 그는 너무나도 가볍게 떨어진 나뭇잎을 보지 못한 채 방을 나갔습니다. 잠을 조금이라도 자두기 위해서였습니다.

장미 요정은 마른 잎에서 살짝 뛰어나와 잠자는 아가씨의 귓속으로 들어가서는 숲속에서 일어난 그 무시무시한 일에 대해 이야기해 주었습니다. 시체를 파묻은 곳과 그 옆 보리수나무에 대해서도 이야기해 주었지요.

"내가 당신에게 말한 것은 결코 꿈이 아니에요. 당신 침대 위에 떨어져 있는 마른 잎을 보면 알 수 있을 거예요."

잠에서 깨어난 아가씨는 요정 말대로 마른 잎이 있는 것을 보게 되었습니다. 아아, 아가씨는 얼마나 많은 눈물을 흘리며 슬퍼했을까요? 하지만 그 일에 대해서는 누구에게도 말을 해서는 안 되었습니다.

창문은 온종일 활짝 열려 있었습니다.

요정은 정원 장미꽃이나 다른 꽃들에게로 다시 날아갈 수 있었지만 차마 깊은 슬픔에 잠긴 아가씨를 홀로 두고 떠날 수는 없었습니다. 창가에는 장미 덤불이 있었습니다. 요정은 그 안에 있는 장미에 들어가 앉아서 가엾은 아가씨를 바라보았습니다. 오빠는 아가씨의 방으로 자주 들어왔습니다. 그렇게나 잔인한 짓을 저질렀는데도 그는 늘 밝은 얼굴이었습니다. 그렇지만 아가씨는 아프고 슬픈 마음에 대해 한 마디도 할 수 없었습니다.

아가씨는 밤이 되자마자 집에서 몰래 빠져 나와 보리수나무가 서 있는 숲속으로 달려갔습니다. 그러고는 정신없이 땅을 팠습니다. 그래요, 연인은 차가운 땅 속에 비참한 모습으로 누워 있었습니다. 아가씨는 소리내어 울면서 하느님께 자신도 죽게 해 달라고 기도했습니다. 아가씨는 시체를 집으로 옮겨가고 싶었지만 그렇게 할 수는 없었습니다. 아가씨는 두 눈이 감겨진 연인의 창백한 머리를 끌어안고 차가운 입술에 입 맞추고는 머리에 묻은 흙을 털어내 주었습니다.

"당신을 영원히 간직하겠어요."

아가씨는 연인의 몸만을 땅에 묻고는 그의 머리와 그가 묻혀 있던 곳에 핀 작은 재스민 가지 하나를 꺾어 가슴에 안고 집으로 돌아왔습니다.

집으로 돌아온 아가씨는 가장 큰 화분을 찾아 그 속에 죽은 연인의 머리를 묻고 그 위에 흙을 덮은 뒤 재스민 가지를 심었습니다.

"안녕! 잘 있어요!"

장미 요정이 속삭였습니다.

요정은 더는 그 아가씨를 보고 있을 수가 없었거든요. 요정은 다시 정원에 핀 장미꽃에게로 날아갔습니다. 그러나 요정이 살던 장미꽃은 이미 시들어 색이 바랜 잎들만 힘없이 두세 개 꽃받침에 겨우 매달려 있을 뿐이었습니다.

"아아, 착하고 아름다운 것들은 어찌하여 이리도 빨리 사라지는가!"

요정은 깊게 한숨을 쉬었습니다. 하지만 어서 다른 보금자리를 찾아야만 했습니다. 얼마나 찾아다녔을까요? 마침내 겨우 시들지 않은 장미꽃을 하나 발견한 요정은 곧바로 부드럽고 향기로운 꽃잎 아래 자리를 잡았습니다.

요정은 날마다 가련한 아가씨의 방으로 날아갔습니다. 아가씨는 늘 사랑하는 사람의 머리가 묻힌 화분 곁에서 울었습니다. 그녀의 볼을 타고 흘러내린 슬픔의 눈물방울이 재스민 가지 위에 빗방울처럼 후드득후드득 떨어져 내렸습니다.

아가씨는 날이 갈수록 점점 야위어 갔지만 재스민 가지는 차츰 초록색을 보이며 싱싱하게 피어났습니다. 하나씩 하나씩 차례차례 싹이 트고, 작은 꽃봉오리들이 피어났습니다. 그 모든 것들은 죽은 젊은이에 대한 슬픔과 그리움의 징표였습니다. 아가씨가 그 귀여운 꽃봉오리들에게 입을 맞출 때면 오빠는 동생에게 이렇게 말하곤 했습니다.

"너, 어디 머리라도 다친 건 아니니"

오빠는 누이동생이 늘 화분을 보면서 눈물을 쏟는 것을 참을 수 없었고, 또 이해할 수도 없었습니다. 그녀가 어느 날 가져온 화분 밑에 그가 죽인 젊은이의 머리가 묻혀 있다는 것은 물론, 젊은이의 새빨간 입술은 이미 흙으로 돌아가 버렸다는 사실조차 꿈에도 생각지 못했지요.

아가씨는 가끔 화분에 머리를 기댄 채, 잠이 들고는 했습니다. 장미 요정도 화분 곁에서 꾸벅꾸벅 조는 아가씨의 모습을 자주 볼 수 있었습니다. 그럴 때면 요정은 아가씨의 귓속으로 들어가 그녀에게 이야기를 들려주었습니다. 그날 밤, 정자에서 본 연인의 모습과 장미꽃의 아름다움, 그리고 요정들의 사랑에 대하여. 아가씨는 요정의 이야기를 들으며 달콤한 꿈을 꾸었습니다. 그러나 아가씨의 생명은 점점 메말라 갔습니다. 끝내 아가씨는 조용히 숨을 거두고 연인 곁으로 가게 되었습니다.

재스민 가지는 마침내 크고 하얀 종 모양의 꽃들을 피워 아름다운 향기를 뿜었습니다. 가엾은 아가씨를 위해 할 수 있는 일이 그 밖에는 없었던 것입니다.

그러자 나쁜 오빠는 아름답게 핀 재스민 가지를 가져갔답니다. 동생의 유품이라면서 말이지요. 그러고는 그것을 침대 곁에 세워 두었습니다. 향기가 아주 달콤하고 사랑스러웠으니까요. 작은 장미 요정도 따라갔습니다. 모든 꽃 속에는 작은 요정들이 살고 있지요. 장미 요정은 이꽃 저꽃 날아다니며 꽃속 요정들에게 죽임을 당한 젊은이 이야기를 해 주었습니다. 악마 같은 오빠와 가엾은 누이동생 이야기도 함께 말이지요.

"우리도 알고 있어. 죽은 젊은이의 눈과 입에서 우리가 싹튼 거야."

재스민 꽃 요정들이 말했습니다.

장미 요정은 그 말을 듣고 깜짝 놀랐습니다. 요정들이 그런 끔찍한 일을 알면서도 가만히 있었으니까요. 그래서 꿀을 모으고 있는 벌들에게로 날아가서는 무시무시한 오빠 이야기를 들려주었습니다.

벌들은 여왕벌에게 이 이야기를 했고, 여왕벌은 날이 밝자마자 그 악마를 죽이라고 명령했습니다.

누이동생이 죽은 그 다음 날 밤이었습니다. 재스민 덤불 속 꽃받침들이 모두 열리면서, 사람들 눈에는 보이지 않는 요정들이 독침을 지니고 밖으로 나왔습니다. 오빠는 아무것도 모른 채 잠을 자고 있었지요. 요정들은 잠자는 오빠의 귓가에 앉아서 그가 끔찍한 꿈을 꾸도록 이야기를 속삭이고, 그의 입술 위로 날아가서 독침으로 혀를 찔러 버렸습니다.

"드디어 가엾은 영혼을 위한 복수를 했다!"

모두 그렇게 외치고는 재스민 덤불 속으로 날아 들어갔습니다.

아침이 되었습니다. 장미 요정은 수많은 벌들과 함께 방 안으로 들어왔습니다. 그러나 그는 이미 죽어 있었습니다. 사람들이 침대에 둘러서서 이렇게 말했습니다.

"재스민 향기가 그를 죽였어."

장미 요정은 재스민 꽃 요정들이 복수해주었다는 사실을 알고는 여왕벌에게 곧바로 이야기해 주었습니다. 여왕벌은 벌들과 함께 화분 주위를 윙윙거리며 날았습니다. 커다랗고 둥그런 모양의 벌떼가 이리저리 돌아다니니 도저히 쫓아낼 수가 없었지요. 보다 못한 어떤 사람이 화분을 밖으로 내놓기 위해 두 손으로 들었을 때였습니다. 벌 한 마리가 그의 손을 톡! 쏘았고 화분은 땅에 떨어져 깨지고 말았습니다.

화분이 떨어져 깨지면서 사람들은 허옇게 변한 해골을 발견하게 되었습니다. 그리고 침대에 죽어 있는 자가 바로 살인자라는 사실을 알게 되었지요.

여왕벌은 공중에서 빙빙 돌면서 꽃들과 장미 요정의 복수를 노래했습니다. 그리고 모든 꽃잎 속에 나쁜 사람을 벌주는 작은 요정들이 살고 있다는 것을 알고는 매우 기뻐했답니다.

022
돼지치기 소년
Svinedrengen

아주 작은 왕국에 가난한 왕자가 살고 있었습니다. 왕자는 왕국을 가졌지만 보잘것없는 매우 조그만 왕국이었습니다. 그래도 다른 나라 공주와 결혼할 만큼의 재산은 있었지요. 왕자는 결혼을 하고 싶었습니다.

왕자가 감히 황제의 따님에게 '나를 사랑하오?' 물어본다는 것은 참으로 무모한 일이라 생각했습니다. 하지만 왕자는 그렇게 물어보았습니다. 왕자의 용기에 대한 이야기는 저 머나먼 왕국에서도 알고 있었으며 그의 청혼에 선뜻 '네' 대답할 공주도 몇 백 명이나 있었으니까요. 정말 황제의 따님도 그렇게 했을까요? 자, 이제 어찌 되었는지를 한번 보기로 합니다.

왕자 아버지의 무덤 위에는 장미나무 한 그루가 자라고 있었습니다. 그런데 이 장미나무는 5년마다 한 번씩 오직 한 송이 꽃을 피웠습니다. 그런데 그 아름다운 장미꽃이 어찌나 좋은 향기를 풍겼던지 향기를 맡는 사람은 누구나 세상의 모든 슬픔과 걱정을 잊어버렸습니다.

왕자는 또 온갖 아름다운 노래를 부를 수 있는 나이팅게일도 한 마리 가지고 있었는데 마치 세상 모든 멜로디가 그 새 주위로 모여드는 것만 같았습니다

다. 왕자는 장미꽃과 나이팅게일을 은으로 만들어진 상자 속에 넣어서 황제의 나라 공주에게 보냈습니다.

공주는 커다란 은상자를 받고는 너무나 기뻐서 어쩔 줄 몰라하며 이렇게 말했습니다.

"이 속에 예쁜 아기 고양이가 들어 있으면 얼마나 좋을까?"

공주가 이렇게 말하면서 상자를 열었습니다. 상자 속에는 장미꽃이 들어 있었습니다.

시녀들은 찬란한 장미꽃을 보며 감탄했습니다.

"어머나, 무척 아름다운 장미꽃이야!"

황제도 탄성을 올렸습니다.

"참으로 매혹적인 장미로구나!"

하지만 공주는 멋지게 핀 장미 송이를 만져 보더니 금세라도 울 것만 같은 얼굴로 말했습니다.

"칫, 아버지. 이건 사람이 만든 게 아니라 살아 있는 거예요."

황제는 공주를 달래며 말했습니다.

"선물이 하나 더 있지 않니? 실망하기 전에 또 무엇이 들어 있는지 보도록 하자꾸나."

이번에는 나이팅게일이 나왔습니다. 그 나이팅게일이 어찌나 아름답게 노래했던지 사람들 모두 무척 놀라워하며 입을 다물지 못했습니다.

"어쩜, 아주 훌륭해!"

시녀들이 하나같이 말했습니다.

"저 새를 보니 돌아가신 황후 폐하의 오르골이 떠오르는군요. 음색은 물론, 흘러나오는 노래도 똑같지 않습니까?"

한 늙은 기사가 말했습니다.

"그래, 참으로 그렇군."

황제도 매우 만족한 얼굴로 고개를 끄덕였지요.

그러나 공주는 마치 어린 아이처럼 울음을 터뜨리며 말했습니다.

"하지만 저는 이 새가 살아 있는 새라고 생각하지 않아요."

그러자 새를 가져온 사람들이 말했습니다.

"아닙니다, 이 새는 참으로 살아 있는 새랍니다."

"그러면 새를 날아가게 내버려두세요."

그러면서 공주는 왕자가 오는 것을 결코 허락하지 않았습니다.

하지만 왕자는 그런 것쯤으로 포기할 생각은 없었고 실망도 하지 않았습니다. 왕자는 얼굴에 온통 검댕이를 묻히고 모자를 푹 눌러써서 얼굴을 가리고는 황제를 찾아갔습니다.

"안녕하십니까? 폐하, 제가 이 궁전에서 일할 수는 없을까요?"

"그래? 일자리는 참으로 많지. 어디 보자. 마침 돼지 돌보는 사람이 하나 필요하구나. 잘됐다. 우리 궁전에는 돼지가 아주 많지."

그래서 왕자는 궁중 돼지치기가 되었습니다. 돼지우리 바로 옆에는 작고 보잘것없는 방 하나가 있었는데, 돼지치기 왕자는 이곳에서 지냈습니다.

그런데 왕자는 대체 무슨 일을 할 생각인지, 온종일 방 안에 앉아서 무언가를 만들고 있는 것이었습니다. 저녁이 되면 왕자는 작고 귀여운 냄비를 하나 얻어와 냄비 둘레에 방울들을 달았습니다. 그 안에 음식을 넣고 끓이면 냄비는 아름답고 어쩐지 그리움이 느껴지는 노래를 연주했습니다.

아아, 사랑하는 아우구스틴

모든 것이 끝났구나, 끝났구나!

이 냄비는 신기한 요술을 부렸습니다. 냄비가 끓을 때 피어오르는 김 속에 손가락을 대기만 하면 마을 어느 집에서 어떤 음식을 만들고 있는지 곧바로 알 수 있는 것입니다. 이것은 그 아름다운 장미꽃보다도 더 놀랄 만한 일이었 지요.

하루는 공주가 시녀들과 함께 산책을 나왔다가 그 노래를 듣게 되었습니다. 공주는 몹시 기뻐했습니다. '사랑스러운 아우구스틴!'은 공주도 피아노로 몇 번씩이나 쳐본 적 있는 무척 아름다운 노래였기 때문입니다. 그래요, 공주가 연주할 수 있는 노래는 이것 하나뿐이었지요. 그런데 손가락 하나만으로 이 토록 멋진 연주를 해낼 수 있다니! 공주는 마법의 냄비가 너무너무 신기했습 니다.

"이 노래는 나도 연주할 수 있는 거야. 아주 교양 있는 돼지치기로구나. 얘들 아, 돼지치기에게 가서 그 악기가 얼마인지 물어보아라."

시녀 하나가 돼지치기에게 가서 물었습니다.

"그 냄비를 얼마면 팔겠니?"

"공주님이 내게 입맞춤을 열 번 해 주면 그냥 주지."

"뭐라고? 그건 말도 안 돼!"

"그러지 않으면 절대로 줄 수 없어."

공주는 시녀의 말을 듣고 몹시 화를 냈습니다.

"못된 녀석 같으니라고!"

그래도 공주는 냄비가 너무도 갖고 싶었기에 마침내 돼지치기에게 쪼르르 달려갔습니다. 그때 다시 종소리가 아름답게 울렸습니다.

아아, 사랑하는 아우구스틴
모든 것이 끝났구나, 끝났구나!

공주는 다시 시녀에게 말했습니다.

"시녀의 입맞춤을 대신 받으면 안 되겠느냐고 물어보아라."

하지만 돼지치기는 거절했습니다.

"어림없는 말씀. 공주님이 아니면 절대로 안 됩니다."

냄비를 너무너무 갖고 싶은 공주는 하는 수 없이 그렇게 하기로 했습니다.

"그렇다면 아무에게도 보이지 않도록 너희들이 잘 가리고 있으렴."

시녀들은 공주님 주위에 둥글게 모여들어 옷을 넓게 펼치고는 둘의 모습을 누구도 보지 못하게 가려 주었습니다. 그렇게 해서 돼지치기는 드디어 공주와 입맞춤을 열 번 할 수 있었고, 공주는 냄비를 얻게 되었습니다.

그런데 참으로 재미난 일이 벌어졌습니다. 냄비의 요술을 알게 된 것입니다. 그들은 낮이나 밤이나 그 냄비에 물을 끓였습니다. 그러면 어느 집에서 어떤 음식을 만들고 있는지 모두 알 수 있었지요. 시종의 집이건 신기료장이 집이건, 모든 집들의 식탁을 훤히 알 수 있었습니다. 시녀는 뛸 듯이 기뻐하며 손뼉을 쳤습니다.

"오늘은 누가 달콤한 수프를 먹는지, 누가 달걀 요리를 먹는지 우리는 다 알고 있다네. 누가 보리죽을 먹고 누가 고기를 구워 먹는지 우리는 다 알고 있다네. 이 얼마나 재미있는 일이야."

다른 시녀들도 무척 재미있어하며 이렇게 말했습니다.

"이렇게나 재미있는 냄비는 세상 어디에도 없을 거야."

"그래, 하지만 모두들 모르는 체하고 있어야 해."

"물론이지요. 하느님께서 우리들을 꼭 지켜주실 거예요."

왕자도 날마다 돼지만 돌보는 것은 아니었습니다. 이번에는 딸랑이를 만들었지요. 그 딸랑이를 흔들어대면 이 세상 모든 음악이 흘러나왔습니다. 왈츠나 갤럽, 폴카까지도. 공주님은 그 소리도 듣게 되었습니다.

"정말 훌륭한 연주로구나. 나는 이보다 더 아름다운 노래를 들어 본 적이 없어. 얘들아, 얼른 돼지치기에게 가서 그 악기가 얼마나 하는지 물어보아라. 하지만 이번에는 절대로 입맞춤은 하지 않을 거야."

"공주님, 이번에는 입맞춤을 백 번이나 해야 주겠답니다."

돼지치기에게 다녀온 시녀가 말했습니다.

"참으로 못된 녀석이로군!"

공주는 버럭 화를 내면서 그냥 휙 가 버렸지만 곧 제자리에 멈춰서더니 이렇게 말했습니다.

"그래, 저리도 아름다운 음악을 포기할 수는 없어. 그렇지만 나는 황제의 딸

이야! 그에게 말해라. 입맞춤 열 번만 받고 나머지는 시녀들에게 받으라고."

그러자 시녀들이 말했습니다.

"하지만 우리도 저렇게 못생긴 사람과 입맞춤을 하고 싶지는 않아요."

"안 돼! 내가 할 수 있다면 너희들도 할 수 있어야지. 내 말대로만 하면 너희들에게 큰 상을 줄게."

그러나 돼지치기는 이번에도 공주와 백 번이 아니면 안 된다는 말뿐이었습니다. 공주는 할 수 없이 그렇게 하겠다고 했지요.

시녀들이 왕자와 공주를 둥그렇게 빙 둘러싸자 왕자는 공주에게 입맞춤을 하기 시작했습니다.

"저기 돼지우리에서 웬 소란인고?"

늘 조용하던 돼지우리 주위에 사람들이 잔뜩 모인 모습을 멀리서 본 황제가 물었습니다.

"시녀들이 몰려 있구나. 대체 무슨 일이지? 어디 한번 가 봐야겠다."

황제는 시녀들이 눈치 채지 못하도록 아주 조용히 다가갔습니다. 시녀들도 전혀 눈치를 채지 못했지요. 돼지치기가 공주에게 입을 맞출 때 백 번을 넘지 못하게 하려고 열심히 수를 세고 있었기 때문입니다.

"이게 대체 무슨 일이냐!"

입맞춤을 하고 있는 둘의 모습을 본 황제가 큰소리로 호통을 쳤습니다. 그때 돼지치기는 예순여덟 번째 입맞춤을 받을 참이었습니다.

"내 궁전에서 당장 나가!"

황제는 화가 머리끝까지 나서 마구 고함을 질렀습니다. 자, 둘은 어떻게 되었을까요? 그래요, 공주도, 돼지치기도 성에서 멀리 멀리 쫓겨나고 말았답니다. 공주는 그만 너무나도 억울해서 왈칵 울어 버렸고 돼지치기는 공주를 원망했습니다. 때마침 세차게 비가 내리기 시작했습니다.

"아아, 나만큼 비참한 사람은 이 세상 어디에도 없을 거야. 그때 그 잘생긴 왕자와 결혼했더라면 이런 일은 없었을 텐데……. 나는 왜 이리도 불행한 걸까."

그때, 돼지치기가 나무 뒤로 가서 얼굴에 묻은 검댕이를 닦아내고 누더기옷은 벗어버린 채 다시 아름다운 왕자의 모습으로 공주 앞에 나타났습니다. 오, 어찌나 잘생겼던지 공주는 허리를 굽혀 인사를 하지 않을 수가 없었습

니다.

"나는 당신을 비웃어 주려고 왔어. 당신은 왕자인 나를 받아들이지 않은 것은 물론, 아름다운 장미와 나이팅게일의 훌륭함도 알아보지 못했어. 그러면서 그깟 시시한 장난감 때문에 돼지치기에게 입을 맞추다니. 이제 그 벌을 받는 거야."

이렇게 말한 왕자는, 공주를 홀로 남겨 두고 자신의 작은 왕국으로 돌아가 성문을 굳게 닫아 버렸습니다. 불쌍한 공주는 성문 밖에 서서 애처로운 모습으로 슬프게 노래를 불렀습니다.

아아, 사랑하는 아우구스틴이여
모든 것이 끝났구나, 끝났구나!

023

메밀

Boghveden

우르릉 쾅쾅! 천둥 번개가 세차게 치고 소나기가 내리면, 메밀밭이 새까맣게 타들어가는 광경을 볼 수 있습니다. 마치 불꽃들이 스쳐 지나간 것만 같지요. 그럴 때면 농부들은 이렇게 말하곤 한답니다.

"벼락을 맞았군 그래."

왜 메밀은 벼락을 맞았을까요?

자, 그럼 지금부터 참새가 들려준 이야기를 여러분에게 전해드릴게요. 참새는 메밀밭 옆에 서 있는 늙은 버드나무에게서 이 이야기를 들었답니다. 버드나무는 굉장히 우람했지만 지금은 나이를 너무 많이 먹어서 여기저기 꺾인 가지에 옹이가 드러나 울통불통했답니다. 게다가 나무 한가운데는 둘로 쪼개져 있어서 그 틈으로 풀과 딸기 넝쿨들이 마구 자라나고 있었습니다. 마치 초록색 비단 머릿결 같은 가지들을 모두 땅바닥에 늘어뜨린 버드나무는 잠자코 고개를 숙인 채 있었습니다.

그 주위 밭에는 보리의 친구들이 잔뜩 심어져 있습니다. 호밀, 메귀리들 말이에요. 무척 싱싱하게 쑥쑥 자라고 있지요. 특히 메귀리는 작은 노란색 카나리아들이 한데 모여 조그만 가지에 잔뜩 앉아 있는 것처럼 귀엽게 보였습니다. 그리고 메귀리는 이삭이 풍성히 익으면 익을수록 겸손하게 더욱 깊이 머리를 숙인답니다.

메밀밭은 늙은 버드나무를 마주보고 있었습니다. 메밀은 다른 곡식들처럼 무르익어도 고개를 숙이지 않았습니다. 오히려 거만하게 고개를 더욱더 빳빳하게 높이 들고 있었지요.

"나도 보리 이삭들처럼 곡식을 만들 수 있단 말이야. 게다가 우리는 저들보다 훨씬 더 예쁜걸. 사과나무 꽃처럼 아름답지. 나와 내 친구들을 바라본다는 것은 참으로 즐거운 일이야. 늙은 버드나무야, 우리보다 더 아름다운 것을 본 적 있니?"

버드나무는 '그래, 뭐 그렇지' 말하는 것처럼 고개를 끄덕였습니다. 그러자 메밀은 거드름을 피우면서 이렇게 말했습니다.

"뭐야, 멍청한 늙은 나무 같으니라고! 늙어빠졌으니까 몸에서 풀들이 마구 자라나는 거 아니겠어?"

그런데 그때 느닷없이 무시무시한 폭풍우가 몰려왔습니다. 모든 들꽃은 폭풍이 머리 위를 휩쓸고 지나가는 동안 잎을 접거나 연약하고 작은 고개를 숙였습니다. 그런데 메밀만은 오만하게 머리를 꼿꼿이 세운 채 높이 들고 있었습니다.

"너도 우리처럼 머리를 숙여."

꽃들이 말했습니다.

"나는 그럴 필요가 없어."

메밀은 다른 꽃들을 비웃었습니다.

"우리처럼 고개를 숙이라고!"

여러 곡식들도 외쳤습니다.

"이제 곧 폭풍의 천사가 날아올 거야. 그 천사의 폭풍 날개는 구름 위에서부터 땅까지 뒤덮어 버린단다. 네가 자비를 베풀어 달라고 울면서 간청하기도 전에 너를 휩쓸고 지나가 버리고 말거야."

"그래? 그래도 나는 머리를 숙이고 싶지 않아."

메밀은 끝까지 고집을 꺾지 않았습니다.

"어서 꽃을 닫고 잎은 아래로 쭉 늘어뜨려. 그리고 무슨 일이 있어도 구름이 두 쪽으로 쩍 갈라질 때 절대로 하늘 위 번쩍거리는 번개를 올려다보지 마! 사람들도 그럴 때는 절대로 하늘을 쳐다보지 않는단다. 만일 빛 속에 있는 천국을 올려다보게 되면 곧바로 눈이 멀어 버리기 때문이야. 하물며 사람들보다 훨씬 못한 우리가 감히 고집을 부린다면 어떻게 되겠니!"

늙은 버드나무도 거들었습니다.

"뭐야? 내가 사람들보다 훨씬 못하다고? 좋아, 그렇다면 나는 고개를 빳빳이 세우고 하느님의 천국을 똑바로 올려다볼 테다!"

메밀은 자신만만하고 오만하게 말했습니다.

그래요. 거만스레 우쭐대는 메밀은 정말 그렇게 한 것입니다. 그 순간 온 세상을 불바다로 만들어버릴 듯이 무시무시한 번개가 치면서 메밀밭 위로 떨어졌습니다.

이윽고 무서운 폭풍우가 지나가자 꽃들과 곡식들은, 조금 전에 내린 비에 다시 기운을 차리고는 부드럽고 상쾌한 공기를 마시며 고개를 들었습니다. 하지만 메밀은 번개를 맞아 석탄처럼 새까맣게 되어 버리고 말았습니다. 마치 불에 타버린 잡초처럼 말입니다.

늙은 버드나무는 바람 속에서 살랑살랑 가지를 흔들었습니다. 그러자 초록색 잎에서 커다란 물방울이 뚝뚝 떨어졌지요. 마치 나무가 우는 것만 같았습니다.

참새들이 그 모습을 보고 늙은 버드나무에게 물었습니다.

"할아버지, 왜 울고 계세요? 이렇게 축복받은 곳에 뿌리내리고 계시면서요. 보세요, 해님이 저렇게 반짝반짝 빛나고 구름들이 달려 나아가고 있어요. 꽃과 풀에서는 싱그러운 향기가 나고 있는데 왜 울고만 계신 건가요, 버드나무 할아버지."

버드나무는 참새들에게 건방떨던 메밀이 천벌을 받은 이야기를 해 주었습니다.

자, 참새들이 내게 들려준 이 이야기가 어때요? 어느 날 저녁, 내가 재미난 동화를 하나 들려달라고 졸라대자 해준 이야기랍니다.

024
천사
Engelen

"착한 아이가 죽으면 천사가 하늘에서 내려온단다. 천사는 아이를 품에 안고 커다란 흰 날개로 그 아이가 좋아했던 곳들로 날아간단다. 그리고 두 손 가득 꽃을 꺾어 하늘나라로 가져가지. 그러면 꽃들이 이 땅에서보다 더 아름답게 피어난단다. 하느님은 그 꽃들 가운데 가장 사랑스러운 꽃 한 송이에 입맞춤해 주시지. 그러면 그 꽃은 고운 목소리를 얻어 축복의 노래를 부른단다."

어느 날 천사가 죽은 아이 하나를 하늘나라로 안고 가면서 이 이야기를 들려주었습니다. 그 아이는 꿈꾸듯 이야기를 들었습니다. 천사는 아이가 놀았던 고향으로 날아가 아름다운 꽃이 핀 정원을 지났습니다.

"자 어떤 꽃을 가져가서 하늘나라에 심을까?"

천사가 물었습니다.

정원에는 곧게 뻗은 아름다운 장미나무가 한 그루 서 있었습니다. 그런데 어떤 못된 사람이 나쁜 짓을 했는지 줄기가 꺾여서 반쯤 피다 만 큰 봉오리들이 시든 채 늘어져 있었습니다.

"가엾은 장미나무! 저 나무를 가져가요. 하느님 정원에서 꽃이 필 수 있도록 말이에요."

아이가 말했습니다.

천사는 그 꽃을 가져가며 아이에게 입을 맞추었습니다. 그러자 아이가 반쯤 눈을 떴습니다. 그리고 둘은 아름다운 꽃을 몇 송이 더 꺾었습니다. 게다가 사람들 눈에 잘 띄지 않는 미나리아재비 꽃도 꺾었지요.

"꽃이 무지 많아졌어요."

아이가 말했습니다. 천사는 방긋 웃으며 고개를 끄덕였습니다. 꽃을 다 꺾었는데 천사는 아직 하늘나라로 올라가지 않았습니다. 얼마 뒤 밤이 찾아와 주위가 고요해졌습니다. 둘은 큰 마을에 있었습니다. 좁은 골목길을 이리저리 떠돌아 다녔지요. 그곳에는 지푸라기와 잿더미 그리고 쓰레기가 쌓여 있었습니다. 마침 이사하는 날이었습니다. 깨진 접시 조각, 석고 조각, 넝마, 낡은 모자 등 쓰레기들이 잔뜩 널려 있었습니다.

천사는 깨어진 화분 조각과, 흙덩이를 가리켰습니다. 그 흙은 화분에서 흘러나왔는지 커다란 뿌리가 섞여 있었습니다. 이제 아무짝에도 쓸모가 없어서 골목길에 버려진 것입니다.

"저것들도 함께 가져가자. 그 이유는 하늘나라로 가면서 들려줄게."

둘은 함께 하늘로 날아갔습니다. 그리고 천사는 이야기를 하기 시작했습니다.

"저기 좁은 골목길에, 병에 걸린 가난한 소년이 지하실 방에서 살았단다. 그 소년은 어릴 때부터 늘 누워서 지냈지. 아주 기분이 좋을 때만 목발을 짚고 작은 방안을 두어 번 왔다 갔다 했단다. 그게 전부였어. 여름이면 아주 조금이지만 지하실에도 햇빛이 들어왔지. 그런 날이면 소년은 그곳에 앉아서 따뜻한 햇볕을 쬐었어. 그리고 가느다란 손가락을 햇빛에 비춰보며 붉은 피가 흐르는 모습을 들여다보았단다. 그러면 그 집 사람은 '오늘은 저 아이가 밖에서 놀았어요.' 이렇게 말하곤 했어.

소년은 이웃집 아이가 가져다 준 너도밤나무 가지를 보며 찬란한 초록빛 봄으로 둘러싸인 숲을 상상했단다. 그리고 언제나 너도밤나무 가지를 머리맡에 두고 잠을 갔지. 따스한 햇살이 비치고 예쁜 새가 노래하는 너도밤나무 아래에 앉아 있는 꿈을 꿨단다.

어느 봄날 이웃집 아이가 이번에는 들꽃을 가져다주었단다. 그 꽃들 속에 우연히 뿌리가 달린 들꽃이 섞여 있었지. 소년은 그 들꽃을 조심스럽게 화분에 심어 침대 옆 창가에 놓아두었단다. 그러자 꽃이 무럭무럭 자라서 새로운 싹을 틔우더니 해마다 꽃을 피웠어. 병에 걸린 소년에게는 둘도 없는 꽃밭이었지. 그래, 들꽃은 이제 소년에게 없어선 안 될 작은 보물이 되었단다. 소년은 꽃을 정성껏 돌보았어. 지하실 안 조그만 창으로 들어오는 마지막 햇빛까지 받을 수 있도록 화분을 옮겨가면서 온갖 정성을 쏟았지. 꽃은 소년을 위해 아름답게 피어나 향기를 내뿜었어. 소년은 말할 수 없이 기뻤단다.

하느님께서 소년을 하늘나라로 불렀을 때에도 소년은 꽃을 바라보며 눈을 감았단다.

그 소년이 하늘나라로 간 지 1년이 지났구나. 그동안 꽃은 창가에서 잊힌 채 그만 시들어 버렸어. 소년의 식구들은 이사를 가면서 그 꽃을 버렸지. 이게 바로 그 꽃이야. 이 꽃은 여왕님이 사시는 궁전 정원에 핀 어떤 화려한 꽃보다 더 많은 기쁨을 그 소년에게 주었단다. 그래서 이 꽃도 하늘나라로 가져가려 한단다."

"그런데 어떻게 그런 이야기를 알고 있나요?"

아이가 물었습니다.

"내가 바로 목발을 짚고 다녔던 그 병든 소년이었거든."

그러자 아이는 두 눈을 크게 뜨고 아름다운 천사의 얼굴을 바라보았습니다. 마침 그때 둘은 기쁨과 축복으로 가득한 하늘나라로 들어섰습니다. 하느님은 죽은 아이를 가슴에 꼭 안아 주었습니다. 그러자 아이는 천사와 똑같은 날개가 자라나 천사와 함께 손을 잡고 날았습니다.

하느님은 이번에도 꽃들을 하나하나 가슴에 품었습니다. 그리고 시들어버린 들꽃에게 입을 맞추었습니다. 들꽃은 목소리를 얻어, 천사들과 함께 고운 노래를 불렀지요. 모두들 행복했답니다. 천사들은 막 축복을 받은 착한 아기들을 위해 노래를 불렀습니다. 어두운 골목길에 버려져 있었던 불쌍한 들꽃을 위해서도 노래를 불렀습니다.

025

나이팅게일

Nattergalen

여러분들도 잘 아시다시피 중국에서는 황제도 중국 사람이고 황제를 섬기는 사람들도 모두 중국 사람이랍니다. 이 이야기는 아주 먼 옛날이야기지만 세상 사람들에게서 잊히기 전에 들어둘 만한 가치가 있습니다.

황제의 궁전은 이 세상에서 가장 아름다웠습니다. 궁전은 이곳저곳 모두 훌륭하고 아름다운 도자기로 되어 있어서 무척 화려했지만, 도자기란 본디 매우 섬세하고 깨지기 쉬운 것이어서 매우 조심스럽게 다루어야 했지요. 정원에는 온갖 아름다운 꽃들이 피어 있었는데, 그 가운데서 가장 화려한 꽃에는 은종이 딸랑딸랑 매달려 있었습니다. 그 은종이 맑고 고운 소리로 울릴 때면 지나가던 사람들은 그 꽃을 바라보지 않을 수 없었습니다. 황제의 정원에 있는 것은 모두 그렇게 아름답고 놀랄 만한 것들뿐이었습니다.

정원은 또 어찌나 넓은지 정원사조차도 그 끝이 어디인지를 알지 못했답니다. 누구든 정원을 계속해서 걸어가다 보면, 커다랗고 아름다운 숲을 만나게 됩니다. 그 숲속에는 키 큰 나무들에게 둘러싸인 깊은 호수가 있지요. 숲속 나무들은 푸르고 맑은 호수 위까지 가지를 쭉 뻗고 있었기에 바다를 통해 들어온 배도 나뭇가지에 가까이 다가갈 수 있었습니다. 그 나뭇가지에는 나이팅게일 한 마리가 살고 있었습니다. 어찌나 아름답게 나이팅게일이 노래를 부르는지 일이 바쁜 어부들도 그물을 던지던 손을 멈추고 귀를 기울일 정도였습니다.

"아아, 이 얼마나 아름다운 목소리인가!"

어부들은 그렇게 감탄을 했습니다. 그 다음 날에도 어부들은 나이팅게일의 노래를 들으면 똑같은 말들을 했습니다.

"아아, 이 얼마나 아름다운 목소리인가!"

황제의 도시에는 세계 여러 나라에서 많은 여행객들이 몰려왔습니다. 여행객들은 황제의 화려하고 아름다운 궁전과 정원을 보면 무척 감탄을 했습니다. 그러나 나이팅게일의 노랫소리를 듣기만 하면 모두들 이렇게 말했지요.

"무엇보다도 나이팅게일이 최고야!"

여행객들은 고국으로 돌아가면 꼭 나이팅게일 이야기를 했습니다. 학자들도 황제의 정원과 궁전에 대해 많은 책을 썼지만 나이팅게일 이야기는 절대 빼놓지 않았고 그 안에서도 가장 훌륭한 찬사를 받았습니다. 시인들도 깊은 숲속 호숫가에 살고 있는 나이팅게일을 찬양하는 시를 썼습니다.

이 많은 책들은 세계 이곳저곳에서 읽히고 있었기에 그 가운데 몇 권은 황제의 손에 들어갔습니다. 황제는 황금 의자에 앉아 그 책들을 읽고 또 읽었답니다. 흐뭇한 얼굴로 고개를 끄덕이면서 말이지요. 자신의 궁전과 정원을 찬양하는 글과 화려한 묘사가 그를 기쁘게 했습니다.

"그러나 나이팅게일이야말로 세계 최고다!"

그 구절을 읽자마자 황제는 깜짝 놀라 소리쳤습니다.

"뭐라고! 나이팅게일이라고? 나는 한 번도 들어보지 못한 이름인데. 그렇게 진귀한 새가 내 왕국, 내 정원에 살고 있단 말이야? 나는 전혀 몰랐던 일이다! 내 정원에 있는 새를 책을 보고 나서야 알게 되다니!"

황제는 서둘러 시종을 불렀습니다. 이 시종은 신분이 꽤나 높은 사람이라 만약 자신보다 신분이 낮은 사람이 말을 걸어오거나 무언가를 물어볼라치면 그는 '흥!' 작은 소리만 내고는 아무 대답도 하지 않았습니다. 물론 그 소리에는 아무런 의미도 없었지요.

"내 정원 숲속에 나이팅게일이라고 불리는 신기한 새가 살고 있는데 이 크고 화려한 궁전에서 그 새가 가장 아름답다고 하더군. 어째서 여태껏 모두들 내게 이런 이야기를 하지 않았지?"

황제가 물었습니다.

"저도 그런 새가 있다는 것은 한 번도 들어본 적이 없습니다. 지금까지 궁전에서도 본 적이 없습니다."

시종이 대답했습니다.

"오늘 저녁, 그 새를 데려와서 내 앞에서 노래를 부르게 하라. 세상 사람들 모두가 내가 가진 것을 알고 있는데 정작 내가 그것을 모르고 있었다니!"

황제가 명령했습니다.

신하는 반드시 그 새를 찾아오리라 약속했습니다. 그런데 한 번도 본 적 없는 새를 어떻게 찾아야 할까요? 그는 궁전 계단을 오르내리며 새를 잡아올 궁리를 했습니다. 그러나 궁전 사람들 그 누구도 이 나이팅게일이라는 새를 몰랐지요. 그러자 신하는 황제에게 가서 책에 쓰여 있는 것은 학자들이 멋대로 꾸며 낸 이야기가 틀림없다고 말했습니다.

"폐하께서는 그 책에 쓰인 것을 그대로 모두 믿으시면 안 됩니다. 그것은 마술일 뿐입니다. 사람들의 머릿속에서 나온 상상의 동물이지요."

"그러나 이 책은 이웃 나라들 가운데서도 지혜롭기로 유명한 일본 황제가 보내 준 것인데 거짓일 리가 있느냐? 나는 꼭 그토록 아름답다는 나이팅게일의 노래를 들어야겠다. 오늘 저녁까지 반드시 데려오너라. 그 새를 나의 가장 큰 보물로 삼을 것이니라. 만일 그 새를 데려오지 못하면 궁정 신하들을 하나도 남김없이 모두 벌하겠노라."

신하는 커다란 고민에 빠져 다시 계단을 오르내리면서 궁리했습니다. 궁정 모든 사람들도 함께 궁리했습니다. 벌을 받고 싶지는 않았으니까요. 그로부터 세상 사람들은 모두 알지만 궁정 사람들만 모르는 진기한 나이팅게일 찾기 소동이 벌어졌습니다. 마침내 부엌에서 일하는 가난한 소녀에게 물었더니 그녀가 나이팅게일을 잘 알고 있다고 말했습니다.

"저는 나이팅게일을 잘 알지요. 그 새의 노랫소리는 얼마나 아름다운지 몰라요. 어머니가 아래쪽 호숫가에 살고 계시는데, 저는 저녁이 되면 병들어 누워 계시는 어머니에게 남은 음식을 가져다 드리지요. 그리고 다시 궁정으로 돌아올 때면 너무 피곤해서 숲 속에 앉아 쉬곤 하는데 그때쯤이면 나이팅게일의 노랫소리가 들려옵니다. 그 아름다운 노래를 들으면 저도 모르게 눈물이 나지요. 꼭 엄마가 저에게 입 맞춰 주는 것만 같았거든요."

신하가 기뻐하며 말했습니다.

"나이팅게일이 있는 곳으로 우리를 좀 안내해 주렴. 그러면 부엌에서 언제까지나 일하게 해 줄 것이고 황제님의 음식을 만들 수 있도록 해 줄게. 반드시 오늘 저녁에 나이팅게일을 궁정으로 데려와야 하거든."

그래서 소녀는 그들을 나이팅게일이 살고 있는 숲으로 안내했습니다. 궁전에 있는 절반만큼의 사람들이 소녀를 따라갔습니다. 그들이 서둘러 가고 있을 때, 어디선가 암소 한 마리가 울부짖기 시작했습니다. 그러자 시종들이 말했습니다.

"아, 바로 저 소리군요! 저렇게나 몸이 작은데도 이토록 크고 우렁찬 소리를 내다니! 저 소리는 틀림없이 어디선가 들어 본 소리예요."

"아니에요, 저건 암소가 우는 소리예요. 아직 갈 길이 멀답니다."

그때 늪에서 개구리들이 꽥꽥거렸습니다.

"아주 멋진 소리군!"

시종들이 다시 말했습니다.

"그럼, 저 소리군요? 우와, 마치 종소리 같아요."

"아니에요, 저건 개구리가 노래하는 소리예요. 이제 거의 다 온 것 같아요."

소녀가 말했답니다.

바로 그때 나이팅게일이 노래하기 시작했습니다.

"바로 저 소리예요! 들어 보세요. 앗! 저기 그 새가 앉아 있어요."

소녀는 큰 가지 위에 앉아 있는 회색 새를 가리켰습니다.

"저 새라고?"

신하들은 크게 놀랐습니다.

"참으로 놀랍구나. 저런 새일 것이라고는 한 번도 생각해 보지 않았어. 저렇게 볼품없는 새였다니! 너무 많은 사람들이 찾아와서 본디 제 색깔을 잃어버렸나 봐."

소녀가 나이팅게일에게 말했습니다.

"귀여운 나이팅게일아, 황제 폐하께서 네 노래를 듣고 싶어하신단다."

"네? 그건 참으로 큰 영광이군요. 그럼 기꺼이 들려 드려야지요."

나이팅게일은 무척 기뻐하며 황홀한 목소리로 계속 노래를 불렀습니다. 아주 아름다운 노래였습니다.

"마치 맑은 유리종이 울리는 것만 같구나! 저리도 작은 목구멍에서 어쩜 저토록 아름다운 소리가 나올까! 이때까지 왕궁 정원에 이런 신비로운 새가 있다는 사실을 몰랐던 것은 참으로 안타까운 일이로구나."

신하는 감탄했습니다.

"아름다운 나이팅게일아, 너를 오늘 저녁 궁정에 초대하게 되어 무척 기쁘단다. 부디 그 아름다운 노랫소리로 폐하의 마음을 따뜻하게 감싸주렴."

"제 노래는 푸르른 숲속에서 들을 때 가장 행복해진답니다."

나이팅게일은 이렇게 말했지만 황제의 소원을 들어주기 위해 기꺼이 함께 가 주었습니다.

궁전은 특별한 잔치를 열기 위해 우아하게 꾸며져 있었습니다. 도자기로 만들어진 벽과 바닥은 몇 천 개나 되는 황금 등불의 빛 속에서 반짝였습니다. 복도에는 은종을 단 화려한 꽃들이 주욱 길을 따라 꾸며져 있어서 사람들이 지나가거나 바람이 불면 딸랑딸랑 귀여운 소리를 냈습니다.

궁전 한가운데에는 기다란 나뭇가지가 심어진 큰 황금색 화분 하나가 놓여 있었습니다. 바로 나이팅게일이 앉을 자리였지요. 궁전의 모든 사람들이 나이팅게일의 노래를 듣기 위해 나와 있었습니다. 나이팅게일을 찾아 주었던 그 작은 소녀도 이제는 최고의 궁정요리사로 임명되어 문 뒤에 서 있었습니다. 사람들은 모두 잘 차려입었습니다. 모두들 나뭇가지에 앉아 있는 작은 회색 새를 바라보았습니다. 황제는 그 새를 바라보며 시작하라는 듯 고개를 끄덕였습니다.

나이팅게일은 아름다운 목소리로 참으로 훌륭하게 노래를 부르기 시작했습니다. 노래를 듣던 황제의 두 눈에 눈물 고여서 뺨 위로 흘러내렸습니다. 그러자 나이팅게일은 더욱 아름답게 노래했습니다. 그 작디작은 몸에서 감미롭게 흘러나오는 노래는 모든 사람들을 감동시켰습니다. 황제는 기뻐하며 자신의 황금 나막신을 나이팅게일 목에 걸어 주려고 했습니다. 하지만 나이팅게일은 정중히 사양하며 말했습니다.

"저는 황제님 눈에 고이는 눈물을 보았습니다. 그 눈물에는 무언지 알 수 없는 힘이 깃들어 있었지요. 제게는 그것이야말로 가장 고귀한 보물이랍니다."

그러면서 나이팅게일은 다시 달콤하고 찬란한 목소리로 노래했습니다.

"저 노래는 이 세상에서 으뜸가는 아름다운 선물이야."

둘러서 있던 귀부인들이 입을 모아 말했습니다. 그러고는 자신들의 입 속에 물을 머금고 있을 때처럼 꿀꺽꿀꺽 소리를 냈습니다. 나이팅게일을 흉내낸 것이었지요. 하인들과 시녀들도 무척 기뻐했습니다. 아주 잘된 일이었습니다. 궁중에서 누구보다 힘든 일을 하는 사람들이었기 때문에 좀처럼 웃는 모습을 볼 수 없었거든요. 그래요, 나이팅게일은 진정으로 그들을 행복하게 해 주었던 것입니다.

나이팅게일은 이제 궁중에 머물게 되었습니다. 화려한 새장 속에 살면서 낮에 두 번, 그리고 밤에 한 번 산책할 수 있는 자유를 얻었습니다. 하지만 진정한 자유라고 할 수는 없었습니다. 산책을 할 때면 열두 명의 시녀들이 따랐고 나이팅게일 발목에 비단 리본을 묶어두었으니까요. 그렇게 산책을 하는 것은 정말 하나도 재미없었습니다.

이 신비로운 새에 대한 소문은 곧 온 도시에 퍼지게 되었습니다. 두 사람이 만나기만 하면, 한 사람이 "나이팅" 말하지요. 그러면 또 한 사람이 "게일" 받아치고는 기분 좋게 웃어제꼈습니다. 그 새의 이름을 따라 지은 아이들도 열한 명이나 되었습니다. 하지만 아이들 가운데 어느 누구도 나이팅게일처럼 아름다운 목소리를 내지는 못했습니다.

어느 날, 황제는 커다란 소포를 받았습니다. 소포 위에는 '나이팅게일'이라고 쓰여 있었지요.

"드디어 나의 나이팅게일에 대해 쓴 새 책이 왔구나."

그러나 그것은 책이 아니라 조그만 예술 작품이었습니다. 그 예술 작품인 새는 살아 있는 나이팅게일과 꼭 닮았지만, 다이아몬드나 루비, 사파이어로 장식된 나이팅게일이었습니다. 이 인조새는 태엽을 감으면 진짜 새처럼 아름다운 노래를 부를 줄도 알았습니다. 번쩍번쩍 빛나는 은과 황금으로 꾸민 귀여운 꼬리를 아래위로 움직이면서 말이지요. 목에는 작은 리본이 달렸는데, 거기에는 '저희 나라 나이팅게일은 중국 황제의 나이팅게일에 비하면 보잘것없습니다' 이렇게 쓰여 있었습니다. 이 새는 이웃 나라 황제가 보내 온 선물이었습니다.

"그것 참 굉장하구나!"

황제도 사람들도 모두 감탄했습니다. 황제는 좋은 생각이 났다는 듯이 벌떡 일어나서는 인조새를 가져온 사람에게 '나이팅게일 사육담당' 칭호를 내렸습니다.

"그럼 어서 나이팅게일을 불러 함께 노래를 부르도록 해라. 그러면 아주 멋진 이중창이 되겠지."

하지만 기대와는 달리 그것은 잘 되지 않았습니다. 진짜 나이팅게일은 자신의 기분에 따라 이런저런 노래를 불렀지만 인조새는 계속 똑같은 왈츠만을 되풀이했기 때문이지요.

그리하여 인조새 홀로 노래를 부르게 되었습니다. 그 새 또한 진짜 나이팅게일에 지지 않을 만큼 아름다운 노래를 불렀습니다. 게다가 겉보기에도 인조새가 한결 귀여웠습니다. 온몸이 황금과 보석으로 반짝거렸으니까요.

인조새는 서른세 번이나 똑같은 노래를 불렀지만 전혀 지치지 않았습니다. 게다가 사람들도 계속해서 인조새의 노래를 듣고 싶어했습니다. 그러나 황제는 진짜 나이팅게일의 노래도 들어야 한다고 말했지요. 그런데 나이팅게일은 어디로 가버린 걸까요? 나이팅게일은 열린 창문을 통해 숲으로 날아가 버렸습니다. 아무도 눈치채지 못하게 말이지요.

황제는 크게 화가 났습니다. 궁중 사람들도 나이팅게일은 은혜도 모르는 배은망덕한 새라고 여겼습니다.

"그래도 우리는 세상에서 가장 아름다운 새를 가지고 있어!"

이제 사람들은 인조새만을 바라보게 되었습니다. 태엽이 감긴 인조새는 다시 노래를 부르기 시작했고, 사람들은 서른네 번째로 똑같은 곡을 들어야만 했습니다. 그래도 사람들은 그 곡을 외울 수는 없었습니다. 아주 어려운 곡이었거든요.

지휘자는 물론 모든 사람들이 인조새를 칭찬했습니다. 그래요, 인조새가 진짜 나이팅게일보다 낫다고 입을 모아 말했습니다. 옷이나 온몸에 달린 찬란한 다이아몬드뿐만 아니라 음악적 재능도 무척 훌륭하다고 단언했습니다.

"존경하는 황제폐하, 그리고 여기 계신 여러분, 살아 있는 나이팅게일은 어떤 노래를 부를지 우리가 도무지 알 수 없었습니다. 그러나 인조새는 모든 것이 정해져 있습니다. 꼭 정해진 대로만 노래하지요. 그래서 우리는 왈츠를 처음부터 끝까지 모두 들을 수 있고 노래도 아주 쉽게 이해할 수 있지요. 그 누구라도 말이지요."

궁중 사람들은 모두 지휘자 말에 '옳소, 옳소' 외쳤고 일요일이 되자 그는 인조새를 백성들에게 보여 주어도 좋다는 허락을 받았습니다. 황제는 백성들도 인조새가 부르는 노래를 들어야 한다고 말했습니다.

백성들은 인조새의 노래를 듣고 무척 기뻐했습니다. 모두들 마치 아주 맛있는 차를 마신 것처럼 크게 감탄하며 엄지손가락을 치켜 세우고 고개를 끄덕였습니다. 그러면서 인조새에게 '노래 항아리'라는 이름을 붙이기도 했답니다. 그러나 살아 있는 나이팅게일의 노래를 들었던 가난한 어부는 말했습니다.

"저 새 노래는 너무도 아름답고 목소리도 닮았지만 무엇인가가 부족해. 그게 뭔지는 나도 잘 모르겠지만 말이야."

그렇게 살아 있는 나이팅게일은 이 커다란 나라에서 쫓겨났습니다.

인조새는 황제 침대 바로 옆에서 지내게 되었습니다. 인조새가 앉은 비단 방석 주위에는 선물로 받은 황금과 보석들이 잔뜩 놓여 있었습니다. 그리고 '황제 폐하의 나이팅게일 가수'로 불렸지요. 인조새는 늘 황제 곁에 있었으니까요. 또 궁중 음악가는 인조새에 대한 25권의 책을 썼습니다. 책 내용은 매우 길고 학문적인 데다 어려운 중국말로 쓰여 있었지만 사람들은 그 책을 읽고 다 이해한 듯이 굴었습니다. 그렇지 않으면 조롱을 받거나 마구 짓밟힐 수도 있었으니까요.

그렇게 1년이 흘렀습니다. 이제 황제와 궁중 사람들, 그리고 모든 백성들은 인조새가 부르는 노래를 몽땅 외울 수가 있었습니다. 심지어 꼴깍 소리까지도요. 다시는 새로운 노래를 들을 수 없었지만 오히려 사람들은 기뻐했습니다. 인조새와 함께 노래를 부를 수 있었으니까요. 거리의 소년들도 날마다 똑같은 노래를 부르며 놀았고 심지어 황제조차도 모든 사람들과 똑같이 노래했습니다.

그러던 어느 날 저녁, 침대에 누워 인조새의 노래를 듣던 황제는 갑자기 들린 찰깍! 소리에 벌떡 일어났습니다. 무엇인가가 달그락 튀어오르는가 싶더니 태엽이 한참을 헛돌고는 노랫소리가 뚝 끊긴 것입니다. 황제는 서둘러 의사를 불렀습니다. 물론 아무 소용도 없었지요. 시계 수선공도 불려 왔습니다. 시계 수선공은 인조새를 이리저리 살펴보고 만지작대더니 곧 고쳐 놓았습니다. 그러나 안타깝게도 아름다운 노래를 더는 부를 수는 없으리라고 말했습니다. 태엽이 너무 많이 닳았기 때문이지요. 새로운 태엽을 끼워 넣을 수도 없었습니다. 아아, 이 어찌나 슬픈 일인가요.

이제 인조새는 1년에 오직 한 번만 노래를 부를 수 있었습니다. 그래도 궁중 음악가는 희망을 잃지 않고 멋진 말들로 연설을 하여 사람들을 위로했으며 다시 예전처럼 멋진 노래를 들을 수 있으리라고 말했습니다. 다행히 사람들은 다시 아름다운 노랫소리를 들을 수 있었고 아무도 그의 말에 반박하지 않았습니다.

어느덧 5년이 흘렀습니다. 나라는 큰 슬픔에 빠져 있었습니다. 모든 백성이 존경하던 황제가 병이 들어 살 날이 얼마 남지 않았기 때문이었습니다. 이미 새 황제도 뽑혀 있었습니다. 사람들은 병이 든 황제가 걱정되어 거리에서 신하를 만나면 황제는 좀 어떠시냐고 묻곤 했습니다. 하지만 그는 언제나처럼 '흥' 고개만 흔들 뿐이었습니다.

황제는 크고 화려한 침상에 창백한 얼굴로 누워 있었습니다. 궁중 사람들은 모두 황제가 죽었으리라 믿고는 새 황제를 맞을 준비를 했습니다. 시종들은 새로운 황제 이야기만 하며 그를 한번만이라도 뵐 수 있기를 바랐고 시녀들 또한 아픈 황제를 신경쓰지 않았습니다. 아픈 황제의 침실 주위에는 온통 융단을 깔았습니다. 발소리가 들리지 않게 하기 위해서였습니다. 그래서 그가 있는 곳은 언제나 몹시 조용했답니다. 하지만 황제는 아직 죽지 않았습니다. 뻣뻣하고 긴 벨벳 커튼과 무거운 금빛 술이 달린 화려한 침상에 말없이 누워 있을 뿐이었지요. 방 안 저 높은 곳에는 창문이 하나 열려 있었습니다. 푸른 달빛만이 황제와 인조새를 비추었습니다.

가엾은 황제는 무엇인가가 가슴을 짓누르는 것만 같아서 도저히 숨을 쉴 수가 없었습니다.

그런데 가까스로 눈을 떠보니 죽음의 신이 자기 가슴 위에 앉아 있는 게 아니겠어요? 머리에는 황제의 황금 왕관을 썼고 한 손에는 황제의 황금 칼을, 또 다른 손에는 화려한 깃발을 들고 있었습니다. 그리고 벨벳 커튼 주름 사이로 이상하게 생긴 얼굴들이 황제를 내려다보고 있었습니다. 그 가운데 몇몇 얼굴은 아주 보기 싫었고 다른 얼굴 몇은 사랑스럽고 온순해 보였습니다. 그 얼굴들은 다름아닌 황제가 이날, 이때까지 살아오면서 보여 주었던 좋고 나쁜 행동들이었습니다.

"너, 나를 기억하니?"

"설마 나를 잊지는 않았겠지?"

그들은 자기들끼리 속삭였습니다. 황제는 그들의 말을 조용히 들으며 식은 땀을 흘리고 몹시 괴로워했습니다.

"음악! 음악을! 큰북을 울려다오! 그래서 저들이 말하는 소리가 들리지 않도록 해다오."

그래도 그들은 쉬지 않고 말했으며 죽음의 신도 그들의 이야기를 들으며 고개를 끄덕거렸습니다.

"음악! 음악을!"

황제는 다시 크게 소리를 질렀습니다.

"사랑스러운 작은 황금새야. 부디 아름다운 노래를 불러다오. 어서 노래해 줘. 내가 너에게 한 손에 다 들어가지도 못할 만큼 많은 황금을 주었잖니? 내 황금 나막신까지 목에 걸어 주었잖아. 어서 노래 해 줘, 노래해!"

하지만 인조새는 그저 가만히 앉아 있기만 했습니다. 태엽을 감아 줄 사람이 아무도 없었거든요.

죽음의 신은 큰 소리로 외치는 황제를 그 무시무시한 텅 빈 눈으로 조용히 지켜보았습니다. 황제를 데려갈 기회를 엿보는 것이었습니다. 주위는 참으로 무시무시할 만큼 고요했습니다.

그 순간 창가에서 찬란하고 아름다운 노랫소리가 울려 퍼졌습니다. 그래요, 그것은 살아 있는 진짜 나이팅게일이 부르는 노래였습니다.

나이팅게일은 황제께서 병이 들어 차츰 죽어가고 있다는 소식을 듣고 위로와 희망을 노래해 주기 위해 돌아왔던 것입니다. 나이팅게일의 아름다운 노랫소리에 유령의 얼굴들은 점점 사라져 갔고 황제는 기운을 되찾았습니다. 끝내는 죽음의 신까지 나이팅게일의 노랫소리에 귀를 기울이며 말했습니다.

"계속해. 귀여운 나이팅게일아, 계속 노래하렴."

그러자 나이팅게일이 말했습니다.

"그러면 다시 그 화려한 황금 칼을 돌려주겠니? 황제의 깃발과 황금 왕관도."

죽음의 신은 나이팅게일의 노래 한 곡이 끝날 때마다 그것들을 하나씩 황제에게 돌려주었습니다. 나이팅게일은 계속 아름다운 노래를 불렀습니다. 하얀 장미가 자라나고 딱총나무 꽃이 향기를 풍겼으며, 싱싱한 풀들이 살아남은 자들의 눈물에 젖은 조용한 교회 묘지를 노래했습니다. 그러자 제 고향이 그리워진 죽음의 신은 마치 차가운 흰 안개처럼 둥실둥실 떠올라 곧 사라졌습니다.

"고맙구나. 참으로 고마워. 천사 같은 작은 새야. 난 너를 궁전에서 쫓아냈는데 넌 나를 위해 아름다운 노래를 불러 주었구나. 내 머릿속 나쁜 생각들과 마음속 죽음의 신을 쫓아내 주었어. 내가 어떻게 보답하면 되겠니?"

황제는 고마운 마음을 가득 담아 말했습니다.

"보답이라면 이미 오래전에 받았습니다. 제가 처음 이 궁전에서 노래했을 때, 황제님께서는 눈물을 보이셨어요. 저는 아직까지도 그 모습을 결코 잊을 수가 없습니다. 그 눈물이야말로 제 마음을 기쁘게 하는 보석이지요. 자, 이제 좀 주무세요. 그래서 기운을 차리고 얼른 건강해지셔야죠. 제가 폐하를 위해 곁에서 노래를 불러 드릴게요."

나이팅게일은 다시 노래 불렀고 황제는 곧 달콤한 잠 속으로 빠져 들었습니다. 참으로 오랜만에 부드럽고 달콤한 잠을 잤지요.

황제는 이윽고 건강한 몸으로 잠에서 깨어났습니다. 창문을 타고 들어온 해님이 황제를 비추었습니다. 언제나처럼 황제 곁에는 아무도 없었습니다. 아침 식사를 가져오는 시종조차 황제가 죽었다고 믿었기에 방에는 누구도 찾아오지 않았습니다. 오직 나이팅게일만이 황제 곁에 앉아 노래를 불렀답니다.

"언제나 내 곁에서 아름다운 노래를 불러 다오. 이제는 너를 가둬두지 않을게. 저 인조새는 없애버려야겠다."

그러자 나이팅게일이 말했습니다.

"그렇게 하지 마세요. 저 새도 할 수 있는 자기 일을 열심히 했을 뿐이에요. 그러니 그대로 가지고 계세요. 저는 궁전에서 살 수는 없답니다. 하지만 제가 오고 싶을 때는 언제든 와도 좋다고 허락해 주세요. 그러면 저녁때 이 창가에 있는 가지에 앉아 황제님을 위해 온 마음을 담아 노래를 불러드리겠어요. 저는 언제나 행복한 사람들과 고통받는 사람들을 위해 노래할 거예요. 그리고 황제님 곁에서 덮어지고 감추어지는 좋고 나쁜 일들에 대해서 노래하겠어요. 저는 아주 작은 새일 뿐이지만 멀리 멀리 날아가서 가난한 어부에게도 농부들

집으로도 그리고 궁전에서 멀리 떨어져 있는 모든 사람들을 찾아갈 수 있답니다. 그 사람들의 재미난 이야기들을 노래로 불러 드리겠어요. 황제님의 왕관에는 무언가 성스러운 것이 깃들어져 있지만 저는 황제님의 따뜻한 마음을 더 사랑합니다. 자, 그러면 다음에 또 찾아오겠습니다. 아, 그 전에 제게 한 가지 약속을 해 주셔야 할 게 있어요."

"무엇이든지 말해 보렴."

"황제님께 모든 이야기를 들려드리는 새가 있다는 것을 그 누구에게도 말씀하셔서는 안 됩니다. 그러면 모든 일이 잘 되실 거예요."

그 말을 끝으로 나이팅게일은 저 멀리 날아갔습니다. 그때 죽은 황제를 보기 위해서 시종들이 방 안으로 들어왔습니다. 그런데 이게 어찌된 일인가요! 죽은 줄만 알았던 황제가 아주 건강해진 모습으로 황금 칼까지 찬 채 서 있는 게 아닙니까? 시종들은 얼어붙은 듯 그 자리에 우뚝 선 채 그 모습을 그저 바라보고만 있었습니다. 그러자 황제는 이렇게 말했습니다.

"안녕, 참 좋은 아침이로구나."

026

사랑하는 연인들

Kjærestefolkene

장난감이 가득 담긴 아담한 상자에 팽이와 작은 공이 있었습니다.

어느 날 팽이가 작은 공에게 말했습니다.

"우리 이렇게 한 상자 속에 날마다 함께 있는데, 서로 신랑 신부가 되지 않을래요?"

그러자 가죽 옷을 입은 작은 공은 자신이 신분 높은 숙녀라 생각했기에 팽이에게 대답조차 하지 않았습니다.

다음 날 장난감 주인인 소년이 팽이를 빨갛고 노랗게 칠하고는 한가운데에 쇠못을 박았습니다. 그래서 팽이가 뱅뱅 돌 때면 아주 멋져 보였답니다.

"작은 공아, 나를 좀 봐요. 참 멋지죠? 이제 어때요? 내 신부가 되어주지 않겠어요? 우리 둘은 무척 잘 어울릴 거예요. 당신은 튀어오르고 나는 춤을 추지요. 틀림없이 그 누구보다도 행복해질 수 있을 거예요."

아름다운 제 모습에 자신감이 생긴 팽이가 작은 공에게 말했습니다.

"당신 정말 그렇게 생각하세요? 제 부모님이 모로코 거리에서 만들어진 가죽 신발이었다는 사실을 모르시는군요. 게다가 제 몸에는 코르크나무 껍질이 들어 있다고요."

작은 공은 여전히 으스댔습니다.

"그래요? 그런데 나도 마호가니로 만들어졌답니다. 시장님이 자기 도르래로 직접 나를 돌리셨지요. 그 일은 시장님에게 아주 큰 즐거움을 주었답니다."

"네, 네. 어차피 거짓말이겠지요."

공이 팽이를 비웃자, 팽이가 발끈하며 말했습니다.

"제 말이 거짓이라면 저는 다시는 춤을 추지 않아도 괜찮아요!"

"꽤나 말씀을 잘하시는군요. 하지만 저는 당신의 신부가 될 수 없어요. 이미 제비와 약혼한 사이나 마찬가지거든요. 내가 공중으로 통통 뛰어오를 때마다 제비는 둥지 밖으로 고개를 내밀고 '나와 결혼해 주겠어?' 물어요. 그때마다 나는 속으로 '네' 대답한답니다. 그러니 약혼한 것이나 다름없지요. 하지만 당신을 절대 잊지는 않을게요."

"네, 기억해주신다는 것만으로도 감사하군요."

팽이의 말을 끝으로 둘은 더 이상 서로에게 아무 말도 하지 않았습니다.

다음 날 소년은, 공을 가지고 밖으로 나갔습니다. 팽이는 공이 새처럼 공중으로 높이 높이 튀어오르는 것을 보았습니다. 공은 더 이상 눈에 보이지 않을 만큼 저 높은 곳에 머물러 있다가 땅으로 내려오면 다시 펄쩍 튀어올랐습니다. 그것은 아마 작은 공이 높게 날아오르고 싶었거나 몸이 코르크로 만들어졌기 때문일 테지요. 그런데 아홉 번째로 높이 튀어오른 공이 다시 돌아오지 않는 것이었습니다. 소년이 이곳저곳을 뒤져 보며 아무리 찾아보아도 작은 공은 보이지 않았습니다.

"작은 공이 어디로 갔는지 난 잘 알아. 공은 제비 둥지 속으로 날아가서 그와 결혼을 한 게 틀림없어."

팽이는 슬픔이 가득 담긴 깊은 한숨을 내쉬었습니다.

하지만 그렇게 생각하면 할수록 팽이는 도저히 공을 잊을 수가 없었습니다. 공을 더 이상 볼 수 없게 되자 그녀를 사랑하는 마음은 더욱 더 커져만 갔습니다. 하지만 공은 이미 그의 마음을 잊어버렸겠지요. 팽이는 빙글빙글 춤을 추면서 윙윙 울었습니다. 팽이는 끊임없이 공만을 생각하였고, 마침내 팽이의 마음속에서 더욱 아름다운 모습으로 남게 되었습니다.

그렇게 여러 해가 흘렀고 팽이도 그만큼 나이를 먹었습니다. 하지만 어느 날 온몸에 황금색을 칠하게 되어 아주 멋진 모습을 갖추었답니다. 이제 번쩍번쩍 빛나는 황금 팽이가 된 것이지요. 팽이는 자신을 아주 자랑스레 여기며 피융! 소리를 내고 튀어올랐습니다. 어때요? 참으로 멋진 모습이지요? 그러나 너무 높이 튀어오르는 바람에 그만 멀리 날아가 버리고 말았습니다. 소년은 애타게 팽이를 찾아 다녔지만 도무지 찾을 수가 없었습니다. 팽이는 도대체 어디로 가 버린 걸까요?

팽이는 온갖 잡동사니들이 가득 담긴 쓰레기통에 있었습니다.

"여긴 참으로 편안한 곳이로군. 그런데 무슨 이런 지저분한 것들이 많은 거야. 이런 곳에 계속 머물다가는 애써 황금칠을 한 게 다 벗겨져 버리고 말겠어."

팽이는 잎이 다 떨어져 나간 긴 양배추 줄기와 오래된 사과처럼 보이는 이상한 둥근 물건을 보고는 조용히 눈을 흘겼습니다. 그런데 그것은 사과가 아니었습니다. 다름아닌 여러 해 동안 홈통 속에서 비를 맞아 온 몸이 불어난 작은 공이었던 것입니다.

"어머, 기뻐라! 마침내 나와 이야기를 나눌 수 있는 친구가 들어왔구나."

공은 팽이를 바라보면서 말했습니다. 팽이가 황금 칠을 했기 때문에 누구인지 알아보지 못한 것입니다.

"나는 본디 가죽으로 만들어졌고, 몸에는 코르크가 들어 있어요. 지금은 온몸이 젖어서 아무도 알아볼 수 없지만요. 옛날에 나는 제비와 결혼하려 했어요. 그런데 홈통 속으로 빠지는 바람에 할 수 없었지요. 그 안에서 5년이나 박혀 있다 보니 이렇게 온몸이 물에 젖어 퉁퉁 불어나 버렸답니다. 젊은 여인에겐 참으로 긴 시간이었어요."

그러나 팽이는 아무 말도 하지 않고 오로지 옛 애인만을 떠올리고 있었습니다. 그런데 이 볼품없는 공의 이야기를 들으면 들을수록 상자 속에서 함께 살았던 바로 그 공 아가씨임이 분명한 것이었습니다.

그때 소년이 쓰레기통을 들여다보았습니다.

"찾았다! 내 황금 팽이가 여기 있었구나!"

그리하여 팽이는 다시 집으로 돌아와 소년의 사랑을 받을 수 있었습니다. 그러나 공에 대해서는 더 이상 아무 소식도 듣지 못했습니다. 팽이도 이제는 공에 대한 이야기를 꺼내지 않았고 생각조차 하지 않았습니다. 아무리 사랑했다 하더라도 5년이나 홈통 속에 박혀 있어 물에 퉁퉁 불은 모습으로 변해버렸다면 그 깊었던 사랑도 곧 식어 버리기 마련이지요. 더군다나 쓰레기통 속에서 옛 연인을 만났다니, 얼마나 크게 실망을 했겠습니까?

027
미운 오리새끼
Den grimme Ælling

시골에서의 여름날은 말할 수 없이 아름다웠습니다. 곡물은 찬란한 황금빛으로 물들고 메귀리는 녹색으로 물결쳤습니다. 목장인 녹색 초원 위에는 건초 더미가 높이 쌓여 있었습니다. 황새들은 길고 붉은 다리로 왔다 갔다 하면서 이집트 말로 종알종알거렸지요. 황새들은 엄마 새에게서 이집트 말을 배웠거든요.

밭과 초원 주위에는 커다란 숲이 주욱 펼쳐졌고, 숲 한가운데에는 깊은 호수가 있었습니다. 아아, 시골은 어쩌면 이토록 아름다울까요?

깊은 물길로 빙 둘러싸인 오래된 농장과 낡은 집은 눈부신 햇빛을 받고 있었으며, 농장에서 호숫가까지는 커다란 수영 잎들이 자라고 있었습니다. 그 수영 잎들이 어찌나 높게 뻗어 있던지, 아이들은 가장 큰 잎 아래 똑바로 설 수 있었습니다. 그 잎들 안쪽에는 마치 깊디깊은 숲속처럼 온갖 식물들이 이리저리 뒤엉켜 있었지요. 바로 그곳에 오리 한 마리가 둥지를 틀고 그 위에 앉아 있었습니다. 새끼오리들이 알을 깨고 나오려 했거든요. 그러나 꽤 오랜 시간이 지났는데도 새끼들이 나오지 않자, 오리는 너무도 지루했습니다. 오리들은 뭍으로 올라와 수영 잎 밑에 앉아 재잘거리며 수다를 떨기보다, 물속에서 이리저리 헤엄쳐 다니기를 더 좋아했으니까요. 마침내 알이 점점 깨지기 시작했습니다. 껍질이 차츰 깨질 때마다 새끼들이 고개를 들어 올리고 큰소리로 울어댔습니다. 그러다 엄마 오리가 "꽥꽥, 어서, 어서" 소리를 내자 모두들 서둘러 밖으로 나왔습니다.

알에서 갓 나온 새끼들은 초록 잎들 아래에서 눈앞에 있는 모든 것들이 신기한 듯, 이곳저곳을 두리번거렸습니다. 엄마 오리는 새끼들이 세상을 마음껏 둘러볼 수 있도록 내버려 두었습니다. 초록빛은 눈에 좋으니까요.

"어머나, 세상은 무척 크고 신기하군요!"

새끼들이 입을 모아 말했습니다. 알 속에서는 사방이 껍질로 둘러싸여 있으니, 세상을 볼 수가 없었거든요.

"너희들, 이게 세상의 전부라고 생각하니? 이게 다가 아니란다. 세상은 마당 저 끝부터 목사님이 계신 밭까지 쭉 뻗어 있어. 엄마도 아직 거기까지 가 보지는 못했단다. 자, 너희들 모두 모였니?"

엄마 오리가 크게 소리치며 몸을 일으켰습니다.

"아니, 이런! 가장 큰 알이 아직 깨지지 않았네. 얼마나 더 기다려야 하지? 정말 지루하구나."

엄마 오리는 다시 자리에 앉았습니다.

"그래, 몸은 좀 어떠니?"

이때 새끼 오리들을 보러 온 할머니 오리가 물었습니다.

"알 하나 때문에 이렇게 오랜 시간이 걸리는군요. 아직도 조그만 구멍 하나 생기려 하질 않아요. 그런데 다른 새끼들을 좀 보세요. 정말 귀엽죠. 제가 이제 껏 본 오리들 가운데서도 가장 귀여운 새끼들이에요. 모두 제 아빠를 닮았지요. 그런데 애들 아빠는 새끼들이 태어났는데 찾아와 보지도 않는군요."

"어디, 그 알을 내게도 좀 보여 주렴. 아마도 칠면조 알일 거야. 나도 언젠가 한 번 칠면조 알을 품은 적이 있지. 새끼들과 무척 고생을 했단다. 칠면조는 물을 무서워하거든. 혹시나 하는 마음에 물속에 몇 번씩이나 밀어 넣어보았지만 끝내 헤엄을 치지는 못했지. 나는 그 아이를 혼내보기도 하고 입으로 마구 찔러보기도 했지만 아무런 소용이 없었어. 그 알 좀 보여 줘 봐. 그래, 이건 틀림없이 칠면조 알이다. 이런 건 그냥 여기 놓아두고 다른 새끼들에게 수영을 가르쳐주는 게 좋겠어."

할머니 오리가 말했습니다.

"그래도 조금만 더 품어 볼래요. 이미 오랫동안 앉아 있었으니까 더 앉아 있을 수 있어요."

"그래, 마음대로 하려무나."

할머니 오리는 그렇게 말하고 돌아갔습니다.

얼마나 시간이 흘렀을까, 마침내 큰 알이 깨졌습니다. "삐악, 삐악" 울면서 머리가 먼저 밖으로 나왔습니다. 그런데, 이게 어찌된 일일까요? 참으로 크고 못생긴 새끼였습니다. 엄마 오리는 그 새끼를 보고 말했답니다.

"어머나, 넌 아주 커다랗구나. 다른 새끼들은 아무도 너처럼 생기지 않았어. 할머니 말대로 정말 칠면조 새끼일지도 모르겠는걸? 뭐, 곧 알게 되겠지. 물속에 한번 빠트려 봐야겠어."

다음 날은 무척 기분좋고 화창한 날씨였습니다. 녹색 수영 잎 위로 반짝반짝 빛나는 햇살이 밝게 내리비쳤습니다. 엄마 오리는 새끼들을 이끌고 물길로 내려갔습니다. 엄마 오리가 '텀벙!' 먼저 물속으로 뛰어들었습니다.

"서둘러! 어서 들어오렴!"

엄마 오리가 소리쳤습니다. 그러자 새끼 오리들이 차례차례 물속으로 풍덩풍덩 뛰어들었습니다. 물이 머리 위를 덮쳤지만 새끼들은 얼른 머리를 내밀고 노를 젓듯이 다리를 앞뒤로 움직이며 헤엄을 쳤습니다. 새끼들 모두 다리가 저절로 움직이는 것을 느낄 수 있었습니다. 그 커다란 미운 오리새끼까지 함께 헤엄을 쳤습니다.

"아냐, 칠면조가 아니야. 다리도 잘 사용하고, 또 몸도 저렇게 꼿꼿이 세운 채로 헤엄치고 있잖아. 틀림없는 내 새끼야! 자세히 보니 그래도 귀여운걸. 꽥 꽥, 자, 어서 엄마를 따라오렴. 너희들을 넓은 세상으로 데려 가서 모두에게 자랑해야겠다. 더 멀리 나가면 위험하니, 엄마 곁에 꼭 붙어있어야 한다. 아무도 너희들을 밟지 않도록 말이야. 또 고양이를 조심해야 한단다."

이렇게 해서 엄마 오리와 새끼 오리들은 농가 마당으로 들어갔습니다. 그 안은 끔찍할 만큼 시끄럽고 어지러웠습니다. 두 오리 가족이 뱀장어 머리를 서로 차지하겠다며 싸우고 있었기 때문이지요. 그러나 뱀장어 머리는 마침내 고양이가 빼앗아 갔습니다.

"보렴, 세상일이란 다 저런 거란다!"

엄마 오리는 이렇게 말하면서 입맛을 다셨습니다. 엄마 오리도 뱀장어 머리가 먹고 싶었거든요.

"자, 이제는 다리를 써야 해. 너희들이 얼마나 잘 걸을 수 있는지 좀 보자꾸나. 저기 저 나이 드신 할머니 오리 앞에서는 머리를 숙여야만 돼. 여기 우리들 가운데서도 그 누구보다 신분이 높은 분이란다. 스페인 핏줄이라서 저렇게 부유하신 거야. 게다가, 저걸 봐. 할머니 다리에는 붉은 헝겊 조각이 붙어 있지? 저것은 오리가 얻을 수 있는 최고의 훈장이란다. 저 헝겊 조각은 할머니가 신분 높은 오리라는 뜻이기도 하고 할머니 오리를 잃어버릴까봐 표시를 해 놓은 것이기도 해. 자자, 모두 서둘러 똑바로 서서 걸어! 안짱다리로 걷지 마라. 가정교육을 잘 받은 새끼 오리들은 엄마 아빠처럼 발을 바깥쪽으로 멀리 벌리며 걷는단다. 자 이제 목을 굽히고 '꽥' 소리를 내보렴."

새끼 오리들은 엄마를 따라 했습니다. 그러자 둘러섰던 다른 오리들이 말했습니다.

"봐! 또 저렇게 많은 오리 가족이 생겼어. 저들이 없어도 이렇게 충분한데 말이야. 피이! 저 오리새끼 얼굴 좀 봐. 어쩜, 저리도 이상하게 생겼을까. 저런 녀석과는 함께 지낼 수 없어."

그러더니 한 오리가 갑자기 펄쩍 뛰어올라 미운 오리새끼의 목을 물어버렸습니다.

"그만두지 못해! 이 애는 아무 잘못도 하지 않았는데 왜 그러는 거야?"

엄마 오리가 소리쳤습니다.

"그래도 너무 크고 이상하게 생겼잖아! 이런 녀석은 얼른 내쫓아 버려야 해!"

목을 물었던 오리가 말했습니다.

"어머, 참으로 예쁜 새끼들이야. 그런데 가엾게도 한 녀석만 잘생기지 못했구나. 어미가 저 애를 좀 어떻게 고쳐 주었으면 좋겠네."

다리에 헝겊을 감은 할머니 오리가 말했습니다.

"할머니, 그럴 필요는 없답니다. 이 아이는 예쁘지는 않습니다만 마음씨가 아주 착해요. 게다가 헤엄도 다른 아이들보다 훨씬 잘 친답니다. 이 아이도 시간이 지나면 예쁘게 자랄 거예요. 곧 몸도 작아질 거고요. 알 속에 너무 오래 누워 있어서 제대로 된 모습을 갖추지 못한 것뿐이에요."

그러면서 엄마 오리는 미운 오리새끼의 목을 잡고 사랑스레 털을 쓰다듬어 주었습니다.

"그리고 이 아이는 남자아이인걸요. 조금 못생겼다고 해서 그렇게 큰일은 아니잖아요? 틀림없이 힘도 더욱 세어져서 훌륭하게 세상을 헤쳐 나아갈 수 있을 거예요."

엄마 오리가 말했습니다.

"아무튼 다른 새끼들은 모두 귀엽구나. 너희 모두 제 집에 있는 것처럼 편하게 지내도 돼. 그리고 뱀장어 머리를 찾거든 냉큼 내게 가져다 다오."

할머니 오리가 말했습니다. 이렇게 해서 그들은 함께 지내게 되었습니다. 그러나 가엾은 미운 오리새끼는 다른 오리들과 닭들에게 괜히 물어뜯기는 것은 물론 날카로운 부리에 콕콕 찔리기도 하고 놀림을 당하기도 했습니다.

"이 녀석은 몸이 너무 커."

모두가 이 못생긴 오리를 보면 이렇게 말했습니다.

그 가운데서도 커다란 발톱을 달고 세상으로 나왔기 때문에 자신이 황제라고 믿는 수컷 칠면조는, 돛을 활짝 편 돛단배처럼 깃털을 빳빳이 곤두세우고는 마구 소리를 지르면서 미운 오리새끼에게 달려들었습니다.

제 화를 참지 못하고 얼굴이 새빨개져서 달려드는 칠면조를 보면 미운 오리새끼는 겁에 잔뜩 질려 어쩔 줄 몰라 했습니다. 제 못난 모습 때문에 모두에게 괴롭힘을 받는 것이 그저 슬플 뿐이었습니다.

그 다음 날도 괴롭힘 당하기는 마찬가지였고 그들의 놀림은 날이 갈수록 점점 심해져만 갔습니다. 오리 농장에 사는 모두에게 쫓기기도 하고 심지어는 형제자매들에게까지도 심술궂은 말을 들어야만 했지요.

"고양이가 너를 잡아버렸으면 좋겠다. 미운 오리새끼 같으니라고."

마침내 엄마 오리도 이렇게 말하기에 이르렀습니다.

"네가 멀리멀리 가 버린다면 좋을 텐데……."

다른 오리들은 날마다 그를 물어뜯었고 수탉들은 부리로 쪼아댔습니다. 동물들에게 모이를 주는 처녀조차도 그를 발로 밀쳐 냈습니다.

더는 견디지 못한 미운 오리새끼는 농장을 떠나기 위해 울타리를 뛰어 넘었습니다. 덤불 속에 있던 작은 새들이 깜짝 놀라 하늘 높이 날아올랐습니다.

'아아, 저 작은 새들도 내가 너무 못생겨서 저 멀리로 피해 버리는구나.'

미운 오리새끼는 그렇게 생각하면서 눈을 감은 채 앞으로 달리고 또 달렸습니다. 한참을 달려 이윽고 들오리들이 살고 있는 넓다란 늪에 이르렀습니다. 미운 오리새끼는 밤새도록 이곳에 누워 있었습니다. 너무 오래 달린 나머지 지치기도 했지만 밀려오는 슬픔을 견딜 수 없었기 때문입니다.

다음 날 아침 들오리들이 날아올랐습니다. 그들은 새 친구를 발견했습니다.

"넌 대체 누구니?"

들오리들이 물었습니다. 미운 오리새끼는 그들 하나하나에게 허리를 굽혀 공손하게 인사를 했답니다.

"그런데 너는 참으로 못생겼구나. 하지만 네가 우리 가족과 결혼하지만 않는다면 네가 못생겼건 말건 상관없어."

들오리들이 말했습니다.

가엾은 새끼 오리! 미운 오리새끼는 들오리 가족과 결혼할 생각은 꿈에도 없었습니다. 그저 갈대 속에서 쉴 수 있고 늪에서 물을 마실 수만 있다면 그것으로 좋았습니다.

어느 수컷 기러기 두 마리가 늪으로 날아온 것은 꼬박 이틀 동안 미운 오리새끼가 그곳에 누워 있었을 때였습니다. 그 기러기들은 알에서 깨어 나온 지 그리 오래 되지 않아 어려 보였습니다.

"내 말 잘 들어 봐, 친구. 너는 참 못생겼지만 우리는 네 그런 모습이 너무너무 좋아. 우리와 함께 철새가 되어 떠나지 않을래? 여기서 가까운 늪에는 사랑스러운 기러기들이 몇 마리 살고 있단다. 물론 다들 결혼하지 않은 아가씨들이지. 네가 아무리 못생겼다 하더라도 그곳에 가면 꼭 행복을 찾을 수 있을 거야."

바로 그때 하늘 어딘가에서 '탕탕!' 큰소리가 들려왔습니다. 그러자 두 마리의 기러기가 갑자기 갈대 속으로 툭 떨어지고 말았습니다. 푸른 물은 기러기 피로 붉게 물들어갔습니다.

탕! 탕! 또다시 무시무시한 소리가 들려왔습니다. 기러기 떼가 갈대숲에서 일제히 날아올랐고 또 한 번 총소리가 울렸지요. 사냥꾼들이 늪을 에워싼 것입니다.

사냥꾼들 가운데 몇몇은 갈대 위로 자라 있는 나뭇가지 위에 올라가 앉았고 푸른 연기가 구름처럼 검은 나무들 사이로 피어올라 물 위로 넓게 퍼졌습니다. 사냥개들이 킁킁거리며 갈대숲으로 달려와서는 늪 속으로 뛰어들었습니다. 꼿꼿이 서 있던 갈대들은 곳곳으로 몸을 굽혔지요.

미운 오리새끼는 깜짝 놀라 얼른 날개 속에 머리를 숨겼습니다. 그때였습니다. 무시무시하게 큰 개가 가엾은 오리 곁을 지나가고 있었습니다. 긴 혀가 목까지 늘어졌고 두 눈은 무섭게 번뜩였습니다. 사냥개는 입을 크게 벌리고 날카로운 이빨을 드러내며 미운 오리새끼에게 다가와서는 킁킁 냄새를 맡았습니다. 하지만 무슨 생각에서인지 개는 오리새끼를 물기는커녕 건드리지도 않고 그냥 돌아가는 것이었습니다.

"오, 천만 다행이네! 나는 개조차 물지 않을 만큼 그렇게도 못생겼구나."

미운 오리새끼는 안도의 한숨을 쉬었습니다.

그 순간에도 무시무시한 탄알들이 갈대들 사이사이를 획획 지나갔고 커다란 총소리는 끊이지 않았습니다. 미운 오리새끼는 두려움에 벌벌 떨며 꼼짝도 않고 그 자리에 조용히 누워 있었습니다.

그날 저녁이 되어서야 갈대숲 주위는 조용해졌습니다. 하지만 가엾은 미운 오리새끼는 곧바로 몸을 일으킬 기운이 없었고 그럴 용기도 나지 않았습니다. 그대로 몇 시간이 더 지난 뒤에야 겨우 몸을 일으켜 여기저기를 둘러본 다음 서둘러 늪을 빠져나왔습니다. 그때부터 들판과 초원 위를 쉬지 않고 달렸습니다. 그날은 마침 폭풍우가 거세게 휘몰아쳐 미운 오리새끼는 더 이상 빨리 달려 나아갈 수가 없었습니다.

저녁 무렵이 돼서야 미운 오리새끼는 어느 작고 초라한 농가에 다다랐습니다. 그 농가는 아주 오래된 헌집이어서 곧 허물어질 것처럼 기울어져 있었기에 미운 오리새끼도 어디로 들어가서 쉬어야 할지 몰랐습니다. 매서운 폭풍은 계속 휘몰아쳐 미운 오리새끼 곁을 떠나지 않았기 때문에 더는 앞으로 나아갈 수도 없었습니다.

미운 오리새끼는 하는 수 없이 농가 귀퉁이에 주저앉았습니다.

바람은 점점 더 거세어져만 갔습니다. 그런데 마침 문이 반쯤 열린 게 보였고 그 틈으로 겨우 방 안으로 들어갈 수 있었습니다.

방 안에는 할머니와 고양이 한 마리, 암탉 한 마리가 앉아 있었습니다. 할머니는 고양이를 '아가'라고 불렀습니다. 그 고양이는 등을 굽힐 줄 알았고 갸르릉 울기도 했으며, 눈을 번뜩일 줄도 알았습니다. 그럴 때마다 할머니는 고양이 머리털을 살살 쓰다듬어 주어야 했지요. 암탉은 작고 짧은 다리 때문에 '짧은다리 병아리'라고 불렀습니다. 그래도 알은 쑥쑥 무척 잘 낳았기 때문에 할머니는 마치 제 자식처럼 아껴주었습니다.

다음날 아침, 낯선 손님인 미운 오리새끼를 본 고양이는 갸르릉 소리를 냈고 암탉은 꼬꼬 꼬꼬댁 노래하기 시작했습니다.

"얘들아, 대체 무슨 일이니?"

할머니는 방 안을 이리저리 둘러보았습니다. 그러나 할머니는 눈이 좋지 않았기 때문에 이 작은 오리새끼를 길 잃은 살찐 오리라고 믿었습니다.

"이게 웬 횡재람! 이제 오리알도 먹을 수 있겠네. 수컷 오리가 아니었으면 좋겠는데. 우선 기르면서 지켜봐야겠다."

할머니는 오리를 3주일 동안이나 지켜보았지만 마땅히 알은 나오지 않았습니다.

이 집의 주인은 고양이였고 암탉은 주인마님이었습니다. 그들은 늘 '우리들의 세상'이라고 말했습니다. 그들은 자신들이 이 세상의 절반이리라 믿고 있었거든요. 물론 미운 오리새끼는 그들과는 다른 생각을 갖고 있었지요. 하지만 암탉은 그런 생각을 참을 수 없었나 봅니다.

"너 알을 낳을 수 있니?"

암탉이 물었습니다.

"아니."

"그래? 그러면 입 다물고 가만히 있어."

이번에는 고양이가 끼어들었습니다.

"너, 등을 둥글게 구부리고 갸르릉 울면서 눈을 번뜩일 수 있니?"

"아니."

"그렇다면 넌 똑똑한 우리가 말할 때 다른 생각을 말해선 안 되는 거야."

이렇게 구박 받은 미운 오리새끼는 울적한 기분이 들어 구석에 가만히 앉아 있었습니다. 미운 오리새끼는 신선한 공기와 따스한 햇볕을 떠올리고는 물에서 헤엄치고 싶은 생각이 간절해졌습니다. 마침내 그 생각을 암탉에게 털어놓았습니다.

"그런 말도 안 되는 소리는 하지도 마! 아무 일도 하지 않고 빈둥거리고만 있으니까 그런 바보 같은 생각을 하는 거야. 나처럼 알을 낳든지 애처럼 갸르랑거려 봐. 그럼, 그런 멍청한 생각이 사라질 거야."

암탉이 말했습니다.

"하지만 물에서 헤엄치는 건 참으로 즐거운 일이야. 머리 위까지 물을 뒤집어쓰고 물속 깊은 곳까지 들어가는 게 얼마나 재밌고 신나는데!"

미운 오리새끼가 말했습니다.

"그래, 그게 너한테는 아주 즐거운 일이겠지. 그런데 넌 아무래도 머리를 크게 다친 것 같아. 고양이에게 물어보렴. 물 위에서 헤엄을 치거나 물속으로 들어가는 걸 좋아하느냐고 말이야. 고양이는 내가 아는 동물들 가운데서 가장 영리한 동물이란다. 난 아무 말도 하고 싶지 않아. 우리 주인 할머니에게도 물어봐. 할머니는 이 세상에서 가장 지혜로운 사람이지. 할머니가 헤엄을 치고 물속에 머리를 집어넣는 걸 좋아하리라 생각하니?"

"너희들은 나를 이해 못해."

"우리가 너를 이해 못한다고? 그러면 대체 누가 너를 이해할 수 있겠니? 너, 설마 자신을 고양이나 우리 할머니보다 훨씬 더 지혜롭다고 생각하는 건 아니겠지? 나는 제쳐두고서 말이야. 그런 바보 같은 망상은 집어치워. 새파랗게 어린 주제에. 이 세상에 태어난 것이나 감사하게 생각하라고. 이렇게 따뜻한 방에서 잠을 자고 우리들이 친구로서 많은 걸 가르쳐주고 있잖아. 아직도 깨닫지 못하다니. 넌 참 바보로구나. 그리고 너처럼 이상한 녀석과 사귀어봤자 무슨 재미난 일이 있겠니? 하지만 난 널 친구로 여겨서 이런 말도 해주는 거야. 넌 불쾌해 할지도 모르겠지만 말이야. 이런 게 진정한 친구라는 거지. 그러니까 어서 알을 낳든가 갸르랑거리는 걸 배우라고."

"하지만 나는 저 넓은 세상으로 나가고 싶어."

"그래, 그럼 네 마음대로 해."

그래서 미운 오리새끼는 그 농가를 떠나 다시 앞으로 나아갔답니다. 얼마동안 걸어가자 수영을 할 수 있는 호수가 있었기에 미운 오리새끼는 물에서 즐겁게 헤엄도 치고 잠수도 했습니다. 그런데 아니나 다를까 그곳에서도 못생겼다는 이유만으로 다른 동물에게서 따돌림을 당했습니다.

어느덧 가을이 찾아왔습니다. 숲속 잎들은 이제 노랑색이나 갈색 옷을 입었고 낙엽들은 세찬 바람에 휘날려서 이리저리 춤을 추었습니다. 나뭇가지 끝에는 아무것도 남지 않아서 무척 추워보였지요. 우박과 눈발을 잔뜩 껴안은 구름들은 하늘에 낮게 드리워졌고, 울타리마다 까마귀들이 앉아서 까옥까옥 울어댔습니다. 견딜 수 없이 추워서 우는 거였지요. 가엾은 미운 오리새끼도 점점 매서워지는 바람을 견디기 힘들어 몸을 파르르 떨었습니다.

그러던 어느 날 저녁이었습니다. 반짝반짝 빛을 내던 해님이 차츰 산 뒤로 모습을 감추기 시작하자 무리를 진 멋진 새들이 수풀에서 날아올랐습니다. 미운 오리새끼가 이제까지 본 새들 가운데서 가장 아름다운 새들이었습니다.

기다란 목을 지닌 새들은 온몸이 반짝반짝 빛나는 흰색이었지요. 그들은 바로 백조들이었습니다. 그들은 아름다운 소리를 내면서 화려하게 긴 날개를 펼치고 넓디넓은 바다를 건너 따뜻한 남쪽나라로 날아갑니다.

그들이 하늘 높이 나는 모습을 바라보던 미운 오리새끼는 왠지 모를 이상한 기분이 들었습니다. 그래서 물속에서 바퀴처럼 몸을 빙 돌려 보기도 하고 하늘을 나는 백조 떼를 바라보며 길게 목을 늘여보기도 했습니다. 그리고 자신도 깜짝 놀랄 만큼 크고 이상한 소리를 내보기도 했지요. 아아, 저 새들은 어쩌면 저토록 아름다울까요? 미운 오리새끼는 하늘을 나는 그 아름답고 행복해 보이는 새들을 잊을 수가 없었습니다.

이윽고 그 새들이 더 이상 보이지 않게 되자 미운 오리새끼는 물 밑바닥까지 잠겨 들었습니다. 다시 물 밖으로 나왔을 때는 제정신이 아니었습니다. 미운 오리새끼는 그 새들이 어디로 날아가는지도 몰랐고 그 새들을 무어라 부르는지 이름조차 몰랐습니다. 그러나 어쩐지 다른 새들을 볼 때는 전혀 느낄 수 없는 그리움이 느껴져 그 새들이 그저 좋았습니다. 그렇지만 결코 그 새들을 부러워하지는 않았습니다. 저렇게도 찬란한 아름다움을 내가 바라다니, 어떻게 그런 생각을 할 수가 있겠어요? 오히려 다른 오리들이 무리에 끼워주겠다고 했다면 틀림없이 가엾은 미운 오리새끼는 무척 기뻐했을 것입니다.

곧 너무너무 추운 겨울이 찾아왔습니다. 미운 오리새끼는 물이 얼어가는 것을 막기 위해 쉬지 않고 이리저리 헤엄을 쳐 다녔습니다. 그러나 하루하루 시간이 지날수록 헤엄칠 수 있는 얼음 구멍은 점점 좁고 작아져만 갔지요. 미운 오리새끼는 얼음 구멍에 완전히 갇히지 않도록 끊임없이 다리를 움직여야만 했습니다. 하지만 곧 미운 오리새끼는 너무 지쳐버렸고 끝내는 얼음 속에 꽁꽁 얼어붙고 말았습니다.

아침 일찍 어느 농부가 그곳을 지나다가 얼어버린 미운 오리새끼를 발견했습니다. 농부는 얼른 자신의 신발로 얼음을 깨고 미운 오리새끼를 제 가슴에 꼭 품은 채 아내에게 데리고 갔습니다. 친절한 부부 덕분에 미운 오리새끼는 겨우 다시 살아날 수 있었지요.

그 집 아이들은 미운 오리새끼를 무척 귀여워하며 함께 놀고 싶어했습니다. 그러나 미운 오리새끼는 아이들이 자신을 괴롭히려 한다 생각하고는 무서워서 우유 통 속으로 달려들었습니다. 그래서 우유가 온 방 안에 엎질러졌습니다. 농부의 아내는 놀라서 짝! 손뼉을 쳤지요.

손뼉 소리에 깜짝 놀란 미운 오리새끼는 이번엔 버터가 있는 통 속으로, 뒤이어 큰 밀가루 통 속으로 뛰어 들어갔다가 다시 밖으로 나왔다 하며 온통 난리를 피우다가 달아나버렸습니다.

농부의 아내는 찢어질 듯 마구 소리를 지르면서 부지깽이를 들고 미운 오리새끼를 뒤쫓았고 아이들도 서로 오리를 잡겠다며 밀치면서 달려가 큰 소리로 웃고 소리를 질렀습니다. 하지만 다행스럽게도 미운 오리새끼는 열려진 문틈으로 빠져나와 눈 속 수풀 사이로 숨어들 수 있었습니다. 마치 겨울잠을 자는 듯이 그곳에 웅크리고 앉았지요.

미운 오리새끼가 그 가혹한 겨울을 견뎌낼 수밖에 없었던 괴로움과 슬픔을 모두 이야기한다면 참으로 슬픈 이야기가 될 것입니다.

이윽고 해님이 다시 따뜻하게 반짝거리기 시작했습니다. 미운 오리새끼는 갈대로 둘러싸인 늪 속에 가만히 누워 있었습니다. 종달새가 즐겁게 노래를 불렀지요. 찬란한 봄이 다시 찾아온 것입니다.

미운 오리새끼는 문득 날개를 펼쳐 보았습니다. 그런데 이게 웬일일까요? 날개가 예전보다 강하게 공기를 가르며 힘차게 몸뚱이를 들어 올리는 것이었습니다. 그곳에는 사과나무 꽃이 활짝 피어 있었고 라일락꽃은 향기를 풍기며 초록색 가지들을 조용히 구불구불 흐르는 수로까지 길게 뻗었습니다.

그때 앞쪽 덤불 속에서 아름다운 백조 세 마리가 나타났습니다. 그들은 살랑살랑 날갯짓을 하며 물 위를 미끄러지듯이 헤엄쳐 나아갔습니다. 미운 오리새끼는 이미 그 화려한 새들이 백조라는 사실을 알고 있었습니다. 아름다운 백조들을 바라보고 있으려니, 미운 오리새끼의 마음은 곧 이상하게도 서글퍼지기 시작했습니다.

"나도 저들에게 날아가고 싶어. 마치 왕처럼 당당한 저 새들에게로. 하지만 나처럼 못생긴 게 가까이 다가가면 그들은 날 죽이려고 하겠지. 난 어디를 가도 마찬가지야. 형제자매 오리들에게 쪼이고 닭들에게 맞고 모이를 주는 처녀에게도 발로 차이기 일쑤였으니 겨울에 얼어 죽는 것보다는 차라리 저들 손에 죽는 게 낫겠어."

미운 오리새끼는 굳은 결심을 하고 물로 날아 들어가 백조들에게로 헤엄쳐 갔습니다.

백조들은 미운 오리새끼를 발견하고는 날개를 퍼덕거리며 다가왔습니다.

"자, 나를 죽일 테면 죽이라지."

가엾은 미운 오리새끼는 머리를 물속으로 집어넣고 죽음을 기다렸습니다. 그런데 미운 오리새끼가 맑은 물 위에서 본 것은 무엇일까요? 물속에 비친 자신의 모습이었습니다. 그런데 놀랍게도 물 위에는 못생기고 볼품없는 회색 오리가 아니라 기품 있고 아름다운 백조 한 마리가 있는 것이었습니다.

그래요, 그는 본디 아름다운 백조였던 것입니다. 어쩌다 알이 바뀌어 오리농장에서 태어났다 하더라도 바뀌는 것은 아무것도 없었습니다.

미운 오리새끼는 이제까지 겪었던 모든 괴로움과 슬픔을 기쁘게 생각했습니다. 비로소 찾은 행복이 얼마나 큰 축복인지 너무도 잘 느낄 수 있었으니까요. 큰 백조들이 이 작고 귀여운 백조 주위를 헤엄치면서 부리로 그를 다정스레 쓰다듬었습니다.

아이들 몇 명이 정원으로 나와 빵과 낟알을 물에 던졌습니다. 그 가운데 가장 어린 꼬마가 외쳤습니다.

"와! 저기 처음 보는 백조가 있네!"

그러자 다른 아이들도 함께 환호했습니다.

"와! 정말 새 식구가 생겼구나."

아이들은 손뼉을 치고 신나게 춤을 추면서 빵과 과자를 물속에 던졌습니다. 아이들은 엄마 아빠가 있는 곳으로 달려가서는 이렇게 말했습니다.

"새로 온 백조가 가장 아름답다. 너무너무 귀여워!"

그러자 나이 든 백조들은 새로 온 백조에게 고개를 숙였습니다.

그 백조는 태어나서 처음 들어보는 칭찬에 부끄러워서 날개 속에 고개를 푹 묻었습니다. 왜 그랬는지는 자기 자신도 알지 못했습니다. 이루 말할 수 없이 행복했지만 하나도 자랑스럽지는 않았거든요. 착한 마음씨를 가진 이는 절대로 으스대거나 뽐내지 않습니다. 백조는 이제까지 모두에게 당해 온 서러움과 비웃음을 되새겼습니다.

이제는 모든 새들 가운데서도 으뜸으로 아름다운 새라는 말을 듣게 되었습니다. 라일락 꽃나무가 물 위에 서 있는 백조를 바라보며 가지를 굽히고, 해님은 따스하고 상냥한 빛을 비추었습니다. 그제야 미운 오리새끼는 날개를 펼쳐 들고 그의 늘씬한 목을 들었습니다.

백조는 기쁨을 가득 담아 이렇게 외쳤습니다.

"내가 미운 오리새끼였을 때, 내게 이런 큰 행복이 찾아오리라고는 생각지도 못했어!"

028

전나무

Grantræet

어느 깊은 숲속에 키가 작고 귀여운 전나무 한 그루가 서 있었습니다. 전나무가 서 있는 곳은 햇볕이 따뜻하게 내리쬐고 공기도 신선해서 쉬기에 딱 알맞은 곳이었습니다.

그러나 키 작은 전나무는 하나도 행복하지 않았습니다. 전나무 주위에는 키 큰 전나무들과 소나무들이 가득 자라고 있었기 때문입니다. 작은 전나무 머릿속에는 늘 키가 커지고 싶다는 생각뿐이었기에 키 큰 나무들이 무척 부러웠답니다. 그래서 작은 전나무는 따뜻한 햇살도 신선한 공기도, 산딸기를 따라 돌아다니며 재잘거리는 농가 아이들에게도 전혀 관심이 없었습니다. 아이들은 바구니에 딸기를 가득 채우거나, 지푸라기 위에 산딸기를 나란히 올려놓으며 작은 전나무 옆에 앉아서는 이렇게 말하곤 했습니다.

"아이, 참으로 작고 귀여운 나무네!"

그러나 이 전나무는 그런 말을 전혀 듣고 싶지 않았습니다.

다음 해에 전나무는 새싹을 틔운 만큼 더 자랐습니다. 그 다음 해에는 또 새싹만큼 더 자랐습니다. 전나무는 해마다 새로운 싹을 틔우고, 그 새싹이 자라나 차츰 키가 커지는 것입니다. 그래서 나무 마디마디를 세어보면 그 나이를 알 수 있는 것이지요. 그러나 키 작은 전나무는 조금씩 키가 자라고 있는데도 여전히 불만이 많았습니다.

"아아, 나도 다른 나무들처럼 키가 컸으면 얼마나 좋을까. 그러면 기다란 가지들을 쭉 내뻗고 더 넓은 세상을 마음껏 볼 수 있을 텐데. 새들도 내 가지들 위에 둥지를 틀고 바람이 불면 저기 키 큰 다른 전나무들과 함께 멋지고 우아하게 고개를 끄덕이겠지?"

그러면서 작은 전나무는 깊게 한숨을 쉬었습니다. 불만이 점차 커지자, 전나무는 햇빛을 즐기지도 않았고 새들이 와서 노래를 불러도 기뻐하지 않았습니다. 아침, 저녁만 되면 제 머리 위로 흘러가는 붉은 구름도 전나무의 마음을 달래주지는 못했습니다.

어느덧 숲속에 겨울이 찾아와 전나무 주위에 반짝반짝 빛나는 눈이 쌓였습니다. 주위가 온통 흰 눈으로 덮여 땅 위 모든 곳이 눈부셔 보였지요. 때때로 토끼 한 마리가 깡충깡충 뛰어와서는 작은 전나무를 훌쩍 뛰어넘어가곤 했습니다. 그럴 때마다 전나무는 '아아, 내 자신이 너무 싫고 부끄러워!' 이렇게 생각했습니다. 그렇게 두 번째 겨울이 지나가고 세 번째 겨울이 되자, 작았던 전나무는 부쩍 키가 크면서 토끼는 더 이상 전나무를 뛰어넘지 못하고 나무 둘레를 빙글빙글 돌 수밖에 없었습니다. 그런데도 작은 전나무의 불평은 여전했습니다.

'자, 키야 더 커져라! 얼른 나이를 먹고 쑥쑥 자라는 거야! 세상을 살면서 이보다 더 좋은 일이 어디 있겠니?'

늘 이런 생각뿐이었지요.

가을이 되자 나무꾼들이 와서 그곳에 있는 큰 나무들 가운데 몇 그루를 베었습니다. 해마다 일어나는 일이었지요. 이듬해 가을에는 그렇게 작던 전나무도 커다래져 있었기 때문에 베어버리면 어떡하나 두려워 온몸을 부르르 떨었습니다. 크고 화려한 나무들이 우지끈 딱 소리를 내며 힘없이 땅으로 쓰러져 버렸으니까요. 나무들은 가지들이 잘려나가고 나면 벌거숭이가 되어 길고 홀쭉한 모습을 드러냈습니다. 어떤 나무였는지조차 알아볼 수 없게 되고 말았습니다. 그러고 나면 말들이, 마차에 실린 나무들을 숲에서 끌어냅니다.

그들은 도대체 어디로 가며, 그들에게 어떤 일이 생기는 것일까요?

봄이 찾아와 제비와 황새들이 숲속으로 돌아왔을 때 전나무는 그들에게 물어보았습니다.

"너희들은 잘려나간 큰 나무들이 어디로 갔는지 아니? 그 나무들을 혹시 만나보지 못했니?"

제비들은 아무것도 몰랐습니다. 그러나 황새들은 곰곰이 생각에 잠기는 듯하더니 곧 고개를 끄덕이며 말했습니다.

"그래 맞아, 지나가다 본 것만 같아. 내가 이집트에서 날아올 때 새로 만든 배들을 많이 만났는데, 그 배들 위에 멋진 돛대가 그들인 것 같았어. 돛대에서 전나무 냄새가 났거든. 나는 그들에게 몇 번씩이나 인사를 했어. 너희들, 참으로 키가 크구나, 참으로 커. 이러면서 말이야"

"오, 나도 저 먼 바다를 건너갈 수 있을 만큼 얼른 키가 자랐으면……. 그 바다라는 것 말이야. 대체 어떤 거야? 어떻게 생겼어?"

"음…… 설명을 하자면 너무 길어."

황새는 그렇게 말하고 멀리 날아가 버렸습니다.

"젊음이 네 곁에 있음을 기뻐하여라. 너의 젊은 날에, 그 행복에 언제나 감사하렴. 네 안에 들어 있는 젊은 생명을 마음껏 즐기는 거야."

해님이 속삭였습니다. 바람이 전나무에게 입을 맞추었고, 이슬이 나뭇잎들 위에 눈물방울을 뿌렸습니다. 하지만 전나무는 그 모든 말들을 이해하지 못했습니다.

어느덧 크리스마스가 가까워오자 수많은 젊은 나무들이 베어졌습니다. 늘 키가 커지길 바라는 그 전나무보다도 작고 나이도 얼마 먹지 않은 나무들도 베어져 큰 나무들 사이에 끼어 있었습니다. 작은 전나무는 조바심내며 자신도 사람들의 선택을 받아 숲을 떠나고 싶어했습니다. 잘려진 아름다운 나무들이 짐마차에 실리면 말들이 그들을 숲에서 끌고 갔습니다.

"저들은 어디로 가는 거야? 나보다 훨씬 작은 나무도 있었어. 그런데 왜 가지는 치지 않은 거지? 대체 어디로 실려 가는 거야?"

전나무가 외쳤습니다.

"우리는 알지. 그들이 어디로 가는지 우리는 알지. 오, 그들은 마을에 있는 집으로 갔어. 우리가 창문으로 들여다보았지. 그들은 아주 호화스럽고 예쁜 치장을 하고 있었어. 따뜻한 방 한가운데에 세워져서 황금 사과와, 꿀이 든 과자, 장난감 같은 온갖 물건들과 수백 개의 등불들로 꾸며져 있었지."

참새들이 재잘거렸습니다.

"그러고 나선 어떻게 돼? 그 다음엔? 그 다음엔 어떻게 되는 거야?"

전나무가 모든 가지를 이리저리 흔들며 물었습니다.

"우리도 그 뒤로는 보지 못했어. 아무튼 그때는 참으로 멋졌단다."

"나에게도 틀림없이 그렇게 반짝반짝 빛나는 멋진 일이 생기겠지? 바다를 건너가는 것보다 그게 한결 좋겠어. 오! 얼마나 멋있을까? 얼른 크리스마스가 왔으면 좋겠다! 이제 나도 지난해에 떠나간 나무들처럼 멋지게 자랐어. 오, 어서 마차를 타고 싶어! 나도 온갖 화려하고 예쁜 것들로 치장되어 그 따뜻한 방에 서 있을 수 있다면…… 그 다음에는 어떻게 되지? 더 좋은 일, 더 아름다운 일이 생기겠지? 그렇지 않다면 왜 그렇게 꾸며주겠어! 더 훌륭하고 더 화려한 것이 올 거야. 그게 대체 뭘까? 아아, 기다림은 너무 힘들어. 계속 이 자리에 이렇게 가만히 있을 수는 없어!"

그러자 바람과 햇빛이 말했습니다.

"우리들과 함께 할 수 있음을 기뻐하렴. 이 넓고 아름다운 곳에서 네 젊음을 즐기는 거야."

그러나 전나무는 전혀 즐겁지 않았습니다. 오직 빨리 자라고 싶은 마음뿐이었지요. 어느덧 전나무는 점점 자라 아주 커다래졌고 겨울에도, 여름에도 늘 짙은 녹색이었습니다. 그 나무를 본 사람들은 말했습니다.

"참 잘생긴 나무네."

그리고 크리스마스 때가 되자 불만투성이였던 그 전나무는 맨 먼저 바라는 대로 잘렸습니다. 나무꾼이 내리치는 도끼가 몸 속 깊이 파고들자 전나무는 비명을 지르며 땅으로 쿵! 쓰러졌습니다. 나무는 말할 수 없이 고통스러워 정신을 잃을 것만 같았고 행복은 전혀 느낄 수도 없었지요. 나무는 자신이 나고 자란 아름다운 고향을 떠나는 것이 너무너무 슬펐습니다. 사랑하는 친구들과 주위 작은 덤불들, 꽃들과도 이제 더는 볼 수 없을 테니까요. 어쩌면 새들과도 더는 아침마다 인사도 할 수 없게 되겠지요. 고향을 벗어나 여행을 떠난다는 것은 결코 신나는 일이 아니었습니다.

그 전나무는 다른 나무들과 함께 마차에서 내려져 어떤 마당에 쌓였습니다. 그리고 한 남자가 말하는 소리를 들었을 때에야 비로소 제정신이 퍼뜩 들었습니다.

"우리는 이런 나무가 필요해. 이게 가장 멋지군. 다른 나무는 필요없어."

그 말이 끝나기가 무섭게 정장을 입은 하인 둘이 달려와서는 전나무를 넓고 아름다운 방 안으로 옮겨 갔습니다.

벽에는 이름 모를 누군가의 초상화가 걸려 있었고, 큰 난로 옆에는 사자들이 그려진 커다란 중국 항아리가 놓여 있었습니다. 그 주위에는 흔들의자와 비단 소파, 그림책들이 가득 쌓인 책상도 보였지요. 게다가 아주 값비싸 보이는 온갖 장난감들까지…… 물론 아이들 말로는 아주 귀한 것이라 했습니다.

머지않아 전나무는 모래를 가득 채운 큰 통 속에 세워졌습니다. 그러나 아무도 그게 통이라는 사실을 몰랐습니다. 그 통은 녹색 헝겊으로 빙빙 둘러져 있는 데다가 크고 화려한 양탄자 위에 놓여 있었거든요.

전나무는 멋지게 장식될 자신을 상상하며 감격스러워 온몸을 부르르 떨었습니다. 자, 이제 전나무에게 무슨 일이 벌어질까요?

　하인들과 시녀들이 그 나무를 장식했습니다. 그들은 가지 위에 색종이로 만든 작은 그물주머니를 걸고, 그물마다 사탕과 과자를 비롯 온갖 맛있는 것들을 담았습니다. 황금 사과와 호두들은 마치 그 나무에서 자라난 것처럼 아주 자연스럽게 주렁주렁 매달려 있었지요. 100개도 넘는 붉고 푸르고 하얀 촛불들이 가지들 사이사이에 단단히 꽂히고, 마치 금세라도 살아 움직일 것만 같은 귀여운 인형들이 녹색 옷을 입은 채 흔들거리고 있었습니다. 나무 꼭대기에는 번쩍번쩍 빛나는 금박으로 된 큰 별이 달렸습니다. 참으로 눈부시도록 화려하고 아름다웠답니다.

　"오늘 저녁에 불이 밝혀지면 얼마나 예쁠까?"

　모두들 그렇게 말했습니다.

　그러자 나무는 생각했습니다.

　'아아, 어서 저녁이 되어 내 몸에 달린 촛불들이 켜졌으면. 그러면 어떤 일이 생길까? 숲에서 온 나무들이 나를 보러 올까. 참새들이 창문으로 날아올까? 나는 여름이고 겨울이고 이렇게 장식을 한 채로 계속 서 있어야만 할까?'

　이렇게나 깊고 많은 생각을 하다니, 참 똑똑한 전나무죠? 전나무는 이런저런 생각을 하느라 껍질이 이리저리 땡겨져 몹시 아프고 너무도 힘들었습니다. 나무의 껍질통증이란 사람들의 두통만큼이나 고약한 것이었답니다.

　드디어 양초에 불이 밝혀졌습니다. 어찌나 아름답고 찬란했던지 나무는 너무너무 기뻐서 온 가지를 이리저리 흔들었습니다. 그러다 그만 촛불 하나가 떨어져 녹색 잎새를 새까맣게 태우고 말았습니다. 타닥타닥 소리가 났지요.

　"맙소사!"

　하녀가 큰소리로 외치면서 서둘러 불을 껐기 때문에 다행히 무시무시한 일은 벌어지지 않았습니다. 그 뒤부터 나무는 몸을 떨지 않도록 매우 조심해야 했습니다. 아아, 참으로 힘든 일이었지요. 전나무는 아름다운 장식을 하나라도 잃어버릴까 봐 무척 불안했거든요. 나무는 불꽃의 휘황찬란함에 온마음을 빼앗겼던 것입니다.

　얼마 지나지 않아 양쪽 문이 활짝 열렸습니다. 아이들이 우르르 방 안으로 쏟아져 들어왔습니다. 마치 나무를 덮치려는 것처럼 말이에요. 곧 어른들도 의젓하게 뒤따라 들어왔습니다. 아이들은 커다란 전나무를 보고 놀라서 아무 말 없이 서 있기만 했습니다. 그러나 그것도 잠시, 곧 다시 소리를 지르면서 나무 주위를 빙글빙글 돌며 춤을 추기 시작했습니다. 그러자 선물들이 하나하나 나무에서 떨어져 나갔습니다.

'이 아이들은 대체 무얼 하는 거지? 이제 무슨 일이 일어날까?'

전나무는 무척 불안했습니다.

촛불들은 번쩍번쩍 빛을 내며 점점 나뭇가지 가까이로 다가오다가 누군가의 입에서 나온 바람으로 훅 꺼져버렸습니다.

마침내 아이들은 나무를 마음대로 해도 좋다는 허락을 받았습니다.

곧바로 와아 소리를 지르며 우르르 나무에게 덤벼들었지요. 온가지에서 탁탁 소리가 났습니다. 만일 꼭대기에 달린 금박 별을 천장에 매달아 놓지 않았더라면 나무는 틀림없이 땅에 쿵! 쓰러졌을 것입니다.

아이들은 선물로 받은 예쁜 장난감을 들고 신나게 춤을 추었습니다. 이제는 다들 전나무에게 눈길조차 주지 않았습니다. 오직 아이들을 돌보는 늙은 하녀만이 이리저리 나무를 살펴볼 뿐이었습니다. 무화과나 사과 한 알이라도 걸려 있지 않을까 해서요.

"이야기해 주세요, 재미있는 이야기를 해 주세요."

아이들은 작고 뚱뚱한 남자를 전나무 쪽으로 마구 끌어당기면서 외쳤습니다. 그러자 남자는 전나무 아래에 앉으며 말했지요.

"이야, 여기 앉으니 내가 정말 푸르른 숲속에 와 있는 것만 같구나. 이 나무도 분명 재미있는 이야기를 듣고 싶을 거야. 하지만 이야기는 하나밖에 해줄 수 없단다. 자, 무슨 이야기를 들려줄까? 너희들 이베데-아베데 이야기를 들을래, 아니면 계단에서 굴러 떨어져서도 살아남아 공주님을 얻은 땅딸보 이야기를 들을래?"

"이베데-아베데요!"

몇몇 아이가 외쳤습니다.

"아니아니, 땅딸보요!"

다른 아이들도 큰소리로 외쳤습니다.

전나무도 아이들과 어울리고 싶었지만 가만히 서서 이런 생각만을 했지요.

'난 이제 외톨이가 된 걸까? 내가 할 수 있는 일은 없을까?'

남자는 곧 땅딸보 이야기를 시작했습니다. 계단에서 굴러 떨어졌는데도 꿋꿋이 다시 일어나서 공주님을 얻은 이야기입니다. 그러자 아이들은 또 박수를 치면서 외쳤습니다.

"다른 것도 이야기해 주세요."

아이들은 이베데-아베데 이야기도 듣고 싶어했습니다. 그러나 남자의 약속대로 한 가지 이야기밖에 들을 수 없었습니다.

전나무는 말없이 생각에 잠긴 채 서 있었습니다. 숲속 새들도 그런 이야기는 해 준 적이 없었습니다.

'땅딸보가 계단에서 굴러 떨어졌어. 그래도 공주님을 얻었다니. 그래, 세상 일이란 다 그런 건가봐.'

전나무는 그 이야기가 정말 있었던 일이라고 믿었습니다. 그 이야기를 해준 남자는 친절하고 좋은 사람이었으니까요.

"그래, 그래! 누가 알겠어? 어쩌면 나도 계단에서 굴러 떨어져서 어여쁜 공주님을 얻게 될지도 몰라!"

이렇게 여긴 전나무는 다음 날도 다시 촛불과 장난감, 금빛 색종이들로 멋지게 치장을 하게 되리라 여기며 기대했습니다.

"내일은 절대 떨지 말아야지. 나는 내게 주어진 모든 찬란함을 즐길 거야. 내일도 땅딸보 이야기를 듣게 되겠지? 어쩌면 이베데-아베데 이야기도 듣게 될지 몰라."

전나무는 그날 밤 내내 조용히 생각에 잠겨 서 있었습니다. 다음 날 아침 전나무를 예쁘게 꾸며주었던 하인과 하녀들이 들어왔습니다.

'이제 새 장식을 달아주려나 봐.'

전나무는 무척 기뻐했습니다. 그런데 이게 어찌된 일인지 하인들이 전나무를 방에서 질질 끌고 나가는 것이었습니다. 나무는 높다란 계단을 오르고 또 올라가서 햇빛조차 비치지 않는 어두운 다락방 구석에 세워졌습니다.

'이게 대체 무슨 일이지? 내게 무엇을 하려는 거야? 이런 곳에서는 그 누구의 이야기도 듣지 못할 거야.'

전나무는 벽에 몸을 기댄 채 생각에 생각을 거듭했습니다. 그렇게 여러 날이 지나갔습니다. 그동안 아무도 전나무를 찾지 않았지요. 이렇게나 어둡고 높은 곳에 있는 방을 어느 누가 찾아오겠어요? 한 번쯤은 누군가가 방으로 들어오기도 했지만 그것은 겨우 상자 두세 개를 구석에 쌓아두기 위해서였습니다. 이제 커다란 전나무는 사람들의 기억 속에서 완전히 잊힌 것입니다.

'바깥은 겨울이구나. 땅은 딱딱하게 얼고 그 위는 온통 새하얀 눈으로 덮였겠지. 그러니 사람들은 나를 마당에 심을 수가 없었을 거야. 그래서 봄까지 나를 지켜주기 위해 이곳에 세워둔 것이 틀림없어. 얼마나 고마운 일인지 몰라. 사람들은 참 착하구나. 적어도 여기가 어둡지 않고 외롭지만 않다면 지낼 만했을 텐데. 여기에는 그 흔한 토끼 한 마리도 없구나. 저 바깥 숲속에선 참 재밌었는데. 눈이 쌓이면 어딘가에서 작은 토끼 녀석이 달려와 나를 훌쩍 뛰어넘어가고는 했었지. 그때는 그게 참 속상했었는데, 이제는 그립기만 하구나. 이곳은 너무 외로워.'

"찍찍, 찍찍."

그때 작은 생쥐 한 마리가 조르르 나무 곁을 스치고 지나갔습니다. 뒤이어 또 한 마리가 나왔습니다. 그들은 킁킁거리면서 전나무 냄새를 맡았습니다. 그러고는 전나무 가지들 사이로 슬쩍 기어 들어왔습니다.

"정말 끔찍한 추위야. 하지만 여긴 참 좋구나. 그렇지 않니? 늙은 전나무야."

작은 생쥐들이 말했습니다.

"나는 늙지 않았어! 나보다 한결 늙은 나무들도 아주 많다고."

"너 어디서 왔니? 넌 어떤 걸 알고 있어?"

생쥐들은 몹시 호기심이 많았습니다.

"세상에서 가장 아름다운 곳이 어딘지 이야기 좀 해줘. 너는 그런 멋진 곳에 가본 적이 있니? 주방에는 가봤어? 그곳 선반 위에는 큰 치즈가 놓여 있고 천장에는 아주 먹음직스러워 보이는 햄이 걸려 있어. 기름 양초를 칠한 바닥에서 춤을 출 수도 있고, 비쩍 말라서 들어갔다가도 통통 살이 쪄서 나오는 곳이란다."

"나는 그런 건 하나도 몰라. 하지만 해님이 비치고 새들이 아름답게 노래하는 숲은 잘 알지."

전나무는 생쥐들에게 젊었던 시절 이야기를 모두 들려주었습니다. 그런 신기한 이야기를 들어 본 적 없는 작은 생쥐들은 가만 가만 귀를 기울였습니다.

"너는 이제까지 참으로 많은 것들을 보았구나. 넌 참 행복했겠어!"

"내가?"

전나무는 자신이 이야기한 것을 곰곰이 떠올려 보았습니다.

"그래, 그때가 정말 즐거운 때였어."

그러고는 온갖 과자와 사탕, 촛불로 장식되었던 아름다운 크리스마스이브에 대해서도 이야기했습니다.

"오! 얼마나 행복했겠니, 늙은 전나무야."

생쥐들은 부러워했습니다.

"나는 전혀 늙지 않았어. 이번 겨울에 숲에서 이곳까지 오게 된 걸. 나는 아주 아주 젊단다. 조금 더 빨리 자랐을 뿐이야."

"넌 참 이야기를 잘하는구나."

생쥐들이 말했습니다.

다음 날 밤, 그들은 네 마리의 다른 작은 생쥐들과 함께 왔습니다. 전나무의 이야기가 무척 재미있었거든요. 전나무는 숲속을 이야기하면 할수록 차츰 더 분명하게 모든 아름다운 것을 기억해 낼 수 있었습니다.

그리고 생각했습니다.

'생각해보니 그때는 참으로 즐거웠어. 그때처럼 즐거운 시간이 다시 올 수 있겠지? 그래, 한 번 더 올 거야. 땅딸보는 계단에서 굴러떨어졌지만 끝까지 살아남아서 공주님을 얻었지. 어쩌면 나도 공주님을 얻을 수 있을지 몰라.'

그러면서 전나무는 숲속에서 자라는 작고 귀여운 자작나무를 떠올렸습니다. 그 사랑스러운 자작나무야말로 전나무에게는 너무도 아름다운 공주였으니까요.

"땅딸보가 누구야?"

생쥐들이 물었습니다.

그래서 전나무는 생쥐들에게 땅딸보 이야기를 들려 주었습니다. 너무도 생생하고 정확하게 단어 하나하나까지 다 기억해 낼 수 있었습니다. 생쥐들은 이야기가 무척 재미있었는지 나무 꼭대기까지 폴짝 뛰어올랐습니다.

다음 날 밤에는 더 많은 생쥐들이 소문을 듣고 몰려왔습니다. 일요일에는 시궁창에 사는 쥐 두 마리까지 왔지요. 그러나 시궁창 쥐들은 이야기가 몹시 재미없다고 했습니다. 이 말에 생쥐들은 슬펐습니다. 사실 생쥐들도 날마다 듣는 똑같은 이야기가 이젠 예전만큼 재미있다고 생각하지 않았거든요.

"당신은 이 이야기 하나만 알고 있나요?"

큰 쥐들이 물었습니다.

"네, 오직 이것 하나만요. 이 이야기는 내 삶에서 가장 행복했던 저녁에 들은 거예요. 하지만 난 그때 내가 얼마나 행복한지 몰랐죠."

"그건 참 시시한 이야기로군요. 햄과 기름 양초가 나오는 이야기는 하나도 모르세요? 부엌 이야기 같은 거 말이에요."

"그런 이야기는 몰라요."

"그래요? 그럼 안녕히 계세요."

그러고서 시궁창 쥐들은 돌아갔습니다. 끝내는 생쥐들도 몽땅 가버렸습니다. 나무는 깊은 한숨을 쉬었습니다.

"그 쪼르르 무리지어 다니던 귀여운 생쥐들이 빙 둘러앉아 내 이야기를 들을 때는 참 좋았지. 이제 그 즐겁던 시간도 다 지나갔구나. 내가 다시 밖으로 끌려나가게 되면 그들과의 추억을 잊지 않고 행복했던 순간으로 간직해야지."

그러던 어느 날 아침이었습니다. 계단을 빠르게 올라오는 발소리가 들렸고 곧 많은 사람들이 다락방 안으로 우르르 몰려와 상자들을 치우고 구석에 있던 전나무를 끌어다 바닥에 내던졌습니다. 그런데 어느 하인이 해가 비치는 계단 쪽으로 전나무를 끌고 갔습니다.

'자, 마침내 나의 새로운 삶이 시작되는구나.'

나무는 생각했습니다. 그리고 참으로 오랜만에 싱싱한 공기와 따스한 햇빛을 느꼈습니다. 전나무는 마당으로 질질 끌려 나왔습니다. 많은 것들이 바뀌어 있었습니다. 전나무는 자기 자신을 살펴보는 일 따위는 잊었습니다. 마당 이곳저곳에 볼 게 너무나 많았으니까요.

마당은 정원과 맞붙어 있었고, 정원에는 온갖 아름다운 꽃들이 활짝 피었습니다. 장미꽃들은 낮은 격자 울타리 위로 산뜻한 향기를 풍기며 늘어졌고, 보리수나무도 활짝 꽃을 피웠습니다. 제비들은 정원 주위를 이리저리 날아다니면서 우리들의 봄이 왔다고 소리를 질렀습니다.

그러나 제비들이 말한 봄은 전나무를 뜻한 것이 아니었습니다.

"나는 이제 살아날 거야."

전나무는 기쁨에 환호하면서 온 가지들을 활짝 펼쳤습니다. 하지만 슬프게도 가지들은 모두 시들어 노란색이 되어 있었습니다. 게다가 곧 잡초와 쐐기풀 사이 구석진 곳에 눕혀졌습니다. 전나무 꼭대기에는 아직도 금박 별이 달려 있어 햇빛 속에서 반짝반짝 빛을 냈습니다.

마당에서는 몇몇 아이들이 뛰놀고 있었습니다. 크리스마스 때 전나무 곁에서 즐거워했던 그 아이들입니다.

아이들 가운데 가장 어린 아이가 달려와 전나무의 금박 별을 확 뽑아 버렸습니다.

"이것 봐, 못생긴 늙은 전나무 위에 이런 게 달려 있어."

그러고는 그 가지를 밟아버렸지요. 나뭇가지는 아이의 신발 밑에서 우지끈 소리를 냈습니다.

전나무는 정원에 싱그럽게 피어 있는 아름다운 꽃들을 물끄러미 바라보았습니다. 그러고는 제 모습도 바라보았지요. 전나무는 차라리 어두운 다락방 구석에 서 있을 때가 좋았다고 생각했습니다. 숲속에서 지냈던 젊은 날들, 찬란한 제 모습에 행복했던 크리스마스 날 밤, 그리고 땅딸보 이야기를 재미있게 듣던 생쥐들까지 모두 하나하나 떠올렸습니다.

"내 젊은 날은 이제 다 지나갔구나, 지나갔어. 그때가 참 좋았었는데. 이젠 다 가버렸구나. 다 가버렸어. 즐길 수 있을 때 즐겨두었으면 좋았을 텐데."

아아, 가엾은 전나무.

그때 하인이 다가와서 전나무를 조각조각 잘라냈습니다. 그러고는 작은 나뭇단으로 묶어버렸습니다. 그래요. 장작 다발이 된 거예요. 전나무는 큰 양조 가마 밑에서 붉게 타올랐습니다. 나무는 깊은 한숨을 내쉬는 듯이 타닥 타닥 소리를 냈습니다. 놀던 아이들이 그 소리를 듣고 달려와서는 불 앞에 앉아 외쳤습니다.

"빵빵! 탕탕!"

자신의 깊은 한숨이 탁탁 소리를 낼 때마다 전나무는 숲에서의 여름날과 별들이 반짝이던 겨울날 밤, 크리스마스이브를 떠올렸습니다. 그리고 친절한 남자에게 들은 오직 하나의 땅딸보 이야기를 생각했지요. 전나무는 이윽고 완전히 불타 버렸습니다.

마당에서 뛰노는 아이들 가운데 가장 어린 아이 가슴에 금박 별이 달렸습니다. 전나무가 그 어느 때보다 행복했던 크리스마스 밤에 달았던 그 별입니다. 그러나 이제 찬란했던 그 시간도 지나가 버렸습니다. 나무와 함께, 이야기도 끝나 버리고 말았지요. 세상 모든 이야기는 이렇게 끝을 맺는답니다.

029

눈의 여왕

Sneedronningen

—일곱 이야기

첫 번째 이야기

거울과 깨진 거울 조각 이야기

자! 이제 재미난 이야기를 시작하겠습니다. 아마 이 이야기가 끝날 때쯤이면 여러분은 지금보다 한결 더 많은 것을 알게 될 거예요. 이 이야기는 바로 아주 못된 난쟁이 악마에 대한 이야기랍니다.

어느 날, 악마는 무척 기분이 좋았습니다. 신비한 힘을 가진 거울을 마침내 만들어냈거든요. 그 거울에 모습을 비치기만 하면 제아무리 착하고 아름다운 것이라 할지라도 아주 작고 형편없는 모양이 되어 버렸습니다. 물론 본디 아무 짝에도 소용없는 나쁜 것은 더욱 크고 고약하게 비추었지요.

더할 나위 없이 아름다운 것들도 거울 안에서는 푹 삶은 시금치처럼 되어 버렸습니다. 아무리 잘생긴 사람이라도 못나게 보였고 때로는 몸체가 없어지고 머리만 남은 것처럼 흉측하게 보이기도 했습니다. 만일 얼굴에 주근깨라도 있다면, 코나 입 주변까지 주근깨가 넓게 퍼져 보이는 걸 각오해야 합니다. 악마는 이 신기한 거울이 굉장히 재미있는 물건이 되리라고 생각했습니다. 아무리 착하고 신앙심 깊은 사람일지라도 그 거울에서는 추하게 일그러진 얼굴이 되고 마니까요.

난쟁이 악마는 자기가 만들어낸 이상한 거울 때문에 신이 나 절로 웃음이 흘러나왔습니다. 악마는 트롤 학교 교장이었기에 곧바로 학교로 달려가 학생들에게 이 거울을 보여주었습니다. 모두들 기적이 일어났다고 말했습니다. 이제 곧 세상과 인간의 진정한 모습이 어떤가를 알게 될 거라고도 했습니다. 그들은 거울을 들고 온 세상을 돌아다녔습니다. 그러자 마침내는 그 거울에 비추어지지 않은 사람이 한 사람도 없게 되었습니다. 그래서 시간이 지날수록 그들은 기고만장해져만 갔지요.

악마들은 이제 하늘나라에도 올라가려고 했습니다. 천사와 하느님까지 우스

326 안데르센동화전집 I

꽝스럽게 만들려고 했던 것입니다. 그런데 하늘로 올라갈수록 거울에 비치는 찌푸린 얼굴이 더욱 흉측해지는 것이었습니다. 그래서 거울을 가지고 올라가기가 몹시 힘들어졌습니다. 하지만 그들은 끝까지 포기하지 않았으며 꿋꿋이 오르고 또 올라갔습니다. 그러다 마침내 하느님과 천사가 있는 하늘나라에 가까이 다가갈 수 있었지요.

그때 거울이 차츰 더 일그러지면서 너무 심하게 흔들리는 바람에 다 함께 들고 있던 커다란 거울을 그만 손에서 놓쳐버리고 말았습니다. 거울은 땅으로 떨어져 수백만 개, 수억만 개로 산산조각이 나 버렸지요. 거울은 조금 전보다 훨씬 더 큰 불행을 만들어낸 것입니다. 아주 조그만 설탕 알갱이처럼 부서진 거울 조각들이 세상 이곳저곳으로 흩어지는 바람에 사람들 눈에 들어가 버리고 말았거든요. 그 작은 거울 조각들은 본디 거울이 가지고 있던 신비하지만 좋지 못한 힘을 그대로 지녔습니다.

사람들은 이제 모든 것을 거꾸로 보게 되거나, 나쁜 것만을 보게 되었습니다. 아무리 조그만 조각이라 할지라도 깨지기 전의 거울만큼 큰 힘을 지녔으니, 마땅한 일이었지요. 어떤 사람들은 깨진 거울 조각이 심장에 들어가 깊게 박히기도 했습니다. 그렇게 되면 참으로 무서운 일이 일어납니다. 그 사람의 심장이 얼음덩어리처럼 딱딱하게 굳어버리니까요. 또 어떤 거울 조각들은 너무 커서 유리창으로 사용되기도 했습니다. 하지만 이 창으로 친구들을 바라본다는 게 얼마나 끔찍한 일이겠어요? 그리고 또 다른 조각들은 안경이 되었습니다. 사람들이 이 안경을 쓰고 어떤 것을 좀 더 자세히 보려 하거나 그에 맞게 행동하려 한다면 얼마나 무시무시한 일이 벌어질까요?

이 모든 불행을 본 악마는 이루 말할 수 없이 재미있다는 듯, 배를 움켜잡고 바닥을 이리저리 뒹굴며 마구 웃어댔습니다. 바라던 대로 세상이 뒤죽박죽이 되었으니 기분이 무척 좋았지요. 그런데 이를 어쩌면 좋죠? 저 바깥세상에는 아직도 작은 거울 조각들이 공기 속에서 둥둥 떠다니고 있으니 말입니다. 자, 그럼 이제 무슨 일이 벌어질지 다음 이야기를 한번 들어보죠.

두 번째 이야기
어느 소년과 소녀

커다란 도시가 있었습니다. 그러나 그곳에는 집과 사람들이 지나치게 많아서 그렇게 넓게 느껴지지 않았어요. 그래서 크고 아름다운 정원을 갖고 싶어 하는 사람들도 조그만 마당과 화분에 심은 꽃으로 만족할 수밖에 없었습니다. 그 도시 안에는 가난한 두 아이가 살았습니다. 그들은 화분 하나보다는 조금 더 큰 마당을 가지고 있었지요. 두 아이는 마치 오누이처럼 무척 사이가 좋았습니다. 부모님들이 바로 옆집에 사는 이웃이었으니까요.

그들은 모두 다락방에서 살았습니다. 두 지붕은 서로 마주보았고 그 사이에는 배수관으로 연결되어 있었죠. 두 다락방은 서로 마주보고 창문이 나 있었기 때문에 배수관만 건너가면 바로 건너편 집 창문에 닿을 수가 있었습니다.

부모님들은 저마다 창문 밖에 커다란 나무 상자를 두고 그 안에 자주 먹는 채소나 조그만 장미나무를 심어두었습니다. 두 상자에서는 식물들이 아주 멋지게 잘 자랐습니다. 두 나무 상자는 서로의 배수관을 바라보고 놓여 있었기에 식물들이 길게 줄기를 내뻗어 건너편 창문에 닿으면 마치 아름다운 꽃 담장처럼 보였습니다.

완두콩 덩굴은 상자 아래로 죽 길게 늘어져서 자랐고 창문을 따라 장미나무도 가지를 뻗으면서 서로서로 사이좋게 얽혔습니다. 마치 장미 덩굴과 푸른 나무로 얽어 만들어진 개선문처럼 보였답니다. 상자들이 꽤 높이 매달려 있어

서 아이들은 창문 위로 올라갈 수 없었습니다. 그 대신 엄마의 허락을 받아 다락방 밖으로 나가서는 장미덩굴 밑에 놓인 조그만 의자에 앉아 즐겁게 놀곤 했습니다.

하지만 겨울에는 이런 즐거움을 누릴 수가 없었습니다. 창문이 너무 자주 얼어붙었거든요. 그러면 두 아이는 난로 위에 구리로 만든 동전을 얹어 두어 따뜻하게 만든 뒤에 얼어붙은 창문에 갖다 댔습니다. 그러면 바깥을 바라볼 수 있는 아주 동글동글한 구멍이 생겼지요.

두 개의 창문에선 두 개의 구멍으로 아주 사랑스럽고 부드러운 눈들이 바깥을 내다보고 있었어요. 물론 소년과 소녀의 눈이었죠. 남자아이의 이름은 카이였고, 여자아이는 게르다였습니다. 두 아이는 여름이 되면 배수관만 펄쩍 뛰어넘어 서로를 만날 수 있었지만 지금은 겨울이라 수많은 계단을 내려가고 또 다른 계단을 올라가야만 했지요. 밖에는 새하얀 눈발이 날렸습니다.

"저기 날아다니는 것들은 하얀 벌이란다."

어느 날 카이의 할머니가 눈이 내리는 것을 내다보며 말했습니다.

"하얀 벌들에게도 여왕이 있나요?"

소년이 물었습니다. 소년은 벌들에게 여왕이 있다는 사실을 알고 있었습니다.

"그럼, 있지. 여왕벌은 벌들이 가장 많이 모인 곳에서 날고 있단다. 모든 벌들 가운데서도 으뜸으로 크지. 또 그 벌은 땅에 가만히 머물러 있는 일이 결코 없어. 여왕벌은 저 검은 구름 속으로, 하늘 높이 날아다니지. 겨울밤에는 도시 이곳저곳을 날아다니면서 창문 안을 들여다보기도 해. 그럼 신기하게도 차가운 창문에 얼어붙어서 마치 아름다운 꽃처럼 보이기도 한단다."

"맞아요, 우리도 그걸 본 적이 있어요."

카이와 게르다가 말했습니다. 그 아이들은 할머니 말씀이 정말이라고 생각했거든요.

"눈의 여왕이 우리집으로 들어올 수도 있나요?"

게르다가 물었습니다.

"여왕님을 집 안으로 들어오게 해요. 그럼 따뜻한 난로 위에 앉혀서 꽁꽁 언 몸을 녹여줄래요."

카이가 말했지요.

하지만 할머니는 카이의 머리를 쓰다듬으면서 고개를 가만가만 내저으시고는 다른 이야기를 해 주셨답니다.

저녁이 되어 집으로 돌아온 카이는 외출복을 벗다 말고 다른 때처럼 의자를 타고 창문으로 기어 올라가 조그만 구멍으로 밖을 내다보았습니다. 바깥에는 여전히 눈송이가 하나 둘 날리고 있었어요. 그 가운데 가장 큰 눈송이가 화분 가장자리에 떨어졌지요. 그런데 그 눈송이가 신기하게도 점점 커지더니 마침내 아주 곱고 하얀 비단 옷을 입은 여자가 된 거예요! 그 비단 옷은 수백만 개의 별처럼 반짝반짝 빛나는 눈송이로 만들어져 있었습니다.

그 여인은 볼수록 눈이 부실만큼 아주 아름답고 고왔지만 몸은 얼음으로 만들어졌습니다. 그런데도 마치 살아 있는 듯이 보였습니다. 두 눈은 투명한 별처럼 빛났으며 그 눈 속에서는 차분함과 편안함은 하나도 찾아볼 수 없었습니다. 그 여자는 창문을 바라보며 고개를 끄덕이면서 카이에게 손짓했습니다. 소년은 깜짝 놀라 그만 의자 밑으로 떨어져버렸답니다. 그 순간 창 밖으로 마치 커다란 새가 휙 지나간 것만 같았지요.

그 다음 날은 아주 맑은 서리가 내렸습니다. 마침내 눈이 녹으면서 따뜻한 봄이 찾아온 거지요. 햇빛이 반짝반짝 비치면서 귀여운 초록색 새싹들이 돋아났고 제비들은 둥지를 틀었으며 집집마다 창문이 활짝 열렸습니다. 카이와 게르다는 다시 처마 밑 작은 정원에 앉아 놀았습니다.

어느새 무더운 여름이 되자 장미는 어디에도 비할 데가 없을 만큼 참으로 아름답게 활짝 피어났습니다. 게르다는 찬송가를 하나 배웠습니다. 장미꽃이 나오는 노래였지요. 그녀는 자신의 장미를 생각하며 카이에게 그 노래를 들려주었습니다. 그러자 카이도 함께 그 노래를 불렀지요.

장미는 피었다 지고
우리는 아기예수를 보리라!

카이와 게르다는 서로 손을 마주 잡고 장미에게 사랑스레 입을 맞추었습니다. 그리고 눈부시게 빛나는 하느님의 해님을 바라보며 아기예수가 정말 거기 있는 듯이 상냥하게 말을 걸어보기도 했습니다.

이 얼마나 아름다운 여름날인가요? 집 앞 정원에 서 있는 싱싱한 장미나무 곁에 있으면 기분이 무척 좋았습니다. 아름다운 장미꽃은 언제까지나 활짝 피어있을 것만 같았습니다.

카이와 게르다는 장미나무 곁에 나란히 앉아 동물과 새들이 나오는 그림책을 보고 있었습니다. 때마침 커다란 교회탑 종소리가 다섯 번 온 도시에 울려 퍼지고 있었지요.

바로 그때 카이가 눈을 감싸며 외쳤습니다.

"아야! 뭔가 가슴에 콕 박혔어. 눈에도 뭔가 들어간 것만 같아!"

놀란 게르다는 카이의 머리를 감싸 안았고 카이는 계속 눈을 깜빡거렸습니다. 하지만 아무것도 보이지 않았지요.

"다행이다, 벌써 없어졌나봐."

카이가 안도 섞인 목소리로 말했습니다. 그렇지만 없어진 게 아니었습니다. 그것은 바로 악마가 만든 요술 거울의 깨진 조각이었던 거예요! 여러분은 그 못된 거울을 기억하고 있죠? 착하고 아름다운 것은 무엇이든 보잘것없는 것으로 만드는 악마의 거울 말이에요.

안타깝게도 그 거울 조각 하나가 카이의 가슴에 깊숙이 박히게 된 것입니다. 카이의 가슴은 곧 얼음 덩어리처럼 꽁꽁 얼어 버렸습니다. 더 이상 눈은 아프지 않았지만, 그 조그만 조각은 카이의 가슴에 남아 있게 되었습니다. 카이는 자신을 걱정하며 울고 있는 게르다에게 차갑게 쏘아붙였습니다.

"왜 우는 거야? 너는 참 보기 싫게 생겼구나. 어휴, 마음에 안 들어. 나는 이제 하나도 아프지 않다고. 어? 저 장미에 벌레 먹은 자국이 있네. 그리고 여길 봐, 이 장미는 완전히 비뚤어졌잖아. 아주 흉한 장미들뿐이군. 장미가 심어져 있는 상자랑 똑같이 너무 더러워!"

카이는 심술궂게 말하며 상자를 발로 차고 장미 두 송이를 확 꺾어 버렸습니다.

"카이야, 갑자기 왜 그러니?"

게르다가 깜짝 놀라 소리쳤습니다. 그러나 카이는 게르다가 놀라는 것에는 아랑곳하지 않고 장미 한 송이를 더 꺾어 버렸습니다. 그러고는 사이좋은 게르다를 그냥 내버려둔 채 창문을 통해 자기 집 안으로 뛰어들어가 버렸습니다.

그렇게 날이 갈수록 카이는 심술궂게 변해만 갔습니다. 게르다가 그림책을 가지고 오면 카이는 그런 건 갓난아기들이나 읽는 것이라며 빈정거렸고 할머니가 옛날 이야기를 해주시면 늘 '그렇지만 그렇지만!' 말참견을 하곤 했답니다. 그러고는 할머니 뒤로 가서 안경을 걸치고는 할머니 흉내를 내며 장난을 쳤습니다. 사람들은 너무도 똑같이 할머니 흉내를 내는 카이를 보면서 웃었습니다.

갑자기 성격이 너무도 변해버린 카이는 점차 이웃 사람들 모두의 흉내를 내기 시작했습니다. 사람들이 지니고 있는 독특하고 보기 싫은 버릇들을 카이는 똑같이 흉내낼 수 있게 된 겁니다.

"저 아이는 참 똑똑해. 모두가 놀랄 만한 재주가 있어."

사람들은 이렇게 말했습니다.

그러나 그런 못된 재능은 카이의 눈과 심장에 박힌 악마의 거울 조각 때문에 생긴 것이었습니다. 그래서 카이는 그렇게도 사이가 좋았던 게르다를 괴롭히기 시작한 것이지요.

상냥하고 다정했던 카이는 너무 많이 변해버린 탓에, 노는 방법도 바뀌었고 잘난 체도 하게 되었습니다. 어느 겨울, 눈송이가 날리는 날이었습니다. 카이는 큰 돋보기를 들고 푸른 윗옷 자락을 밖으로 내밀어 내리는 눈송이를 받았습니다.

"게르다, 이 렌즈를 좀 늘여나봐."

카이가 말했습니다. 가까이 다가가서 보니 눈송이 하나하나가 한결 크게 보였습니다. 마치 화려한 꽃이나 반짝반짝 빛나는 육각형 별처럼 무척 황홀했지요.

"어때, 정말 멋지지? 마당에 피어난 꽃보다도 더 신기하고 재미있어. 하나같이 모두들 규칙적인 모양으로 어느 것 하나 일그러지지 않았어. 물론 녹지만 않는다면 말이야."

그러고 나서 카이는 곧 커다란 장갑을 끼고 등에 썰매를 매고는 밖으로 나갔습니다. 그는 게르다의 귀에 대고 이렇게 소리쳤습니다.

"넓은 빈터에서 썰매를 타도 좋다는 허락을 받았어. 거기에는 다른 애들도 놀고 있거든."

그러고는 카이는 서둘러 뛰어 가버렸습니다.

빈터에서는 난폭한 개구쟁이 소년들이 농사짓는 데 쓰는 마차에 썰매를 묶고는 꽤 멀리까지 나아가며 놀고 있었습니다. 그들은 무척 재미있게 놀았습니다.

아이들이 한참 신나게 놀고 있을 때 어느 새인가 커다란 썰매가 나타났습니다. 그 썰매는 온통 하얗게 칠해져 있었습니다. 거기에는 거친 하얀 털옷을 두르고 머리에는 하얀 털모자를 쓴 누구인지 알 수 없는 사람이 앉아 있었습니다.

커다란 썰매가 광장을 두 바퀴 돌았을 때였습니다. 카이는 자신의 작은 썰매를 재빨리 큰 썰매에 묶고 매달려갔어요. 그러자 큰 썰매는 점점 더 빨리 달리기 시작했습니다. 얼마 지나지 않아 이웃집 옆을 지날 때였습니다. 갑자기 썰매를 모는 사람이 몸을 뒤로 돌리고는 카이에게 친절하고 다정스레 고갯짓을 했습니다. 마치 두 사람은 서로를 아주 오래전부터 알고 있는 듯했어요. 왠지 모를 두려움을 느낀 카이가 자신의 작은 썰매를 풀려고 했지만, 그때마다 커다란 썰매 위 사람은 뒤를 돌아보며 고갯짓을 해서 카이는 다시 그대로 앉아 있을 수밖에 없었습니다.

그들이 도시 밖으로 나오자마자, 눈이 펑펑 쏟아지기 시작했습니다. 카이는 바로 눈앞의 자기 손조차 볼 수 없을 정도였지만, 그래도 썰매는 계속 달렸기에 이를 악물고 매달려 있을 수밖에 없었습니다. 끈을 풀고 커다란 썰매에서 벗어나려 발버둥을 쳐도 도무지 어찌 할 방법이 없었습니다. 카이의 작은 썰매는 커다란 썰매에 단단히 매달린 채 계속 질풍처럼 달리고만 있었습니다. 카이는 도와달라고 큰 목소리로 비명을 질렀지만 듣는 사람은 아무도 없었습니다. 눈바람은 더욱더 거세졌고 썰매는 그 속을 마치 화살처럼 뚫고 달렸어요. 가끔 무덤 위나 산울타리를 넘어가듯이 펄쩍 뛰어오르기도 했습니다. 카이는 너무 무서워서 주기도문을 외우려고 했지만, 아무리 생각해내려 해봐도 구구단 말고는 아무것도 머릿속에 떠오르지 않았습니다.

눈송이는 점점 더 커져서 마침내는 크고 하얀 닭들처럼 보였습니다. 그러다 갑자기 앞을 가로막고 있던 눈의 장막이 두 쪽으로 갈라졌고 곧 썰매가 멈추었습니다. 그리고 커다란 썰매를 몰던 사람이 몸을 일으켜 세웠습니다. 하늘에서 내리던 눈으로 만든 털옷과 모자를 쓴 아름다운 여인. 그래요, 그녀는 바로 가냘프면서도 눈부시게 빛나는, 키가 큰 하얀 눈의 여왕이었던 것입니다.

"꽤나 멀리까지 달려왔구나."

눈의 여왕이 말했습니다.

"어머, 아직도 이렇게 부들부들 떨고 있다니, 어서 내 곰털 가죽옷 속으로 들어오려무나."

눈의 여왕은 카이를 자신의 썰매 안 옆자리에 앉혔습니다. 그러고는 카이에게 털옷을 둘러 주었어요. 카이는 마치 눈구덩이에 파묻힌 것만 같았습니다.

"아직도 추위에 떨고 있니?"

눈의 여왕은 카이의 이마에다 입맞춤을 해 주었어요. 아아, 이렇게나 차갑다니! 여왕의 입술은 얼음보다 더 차가웠습니다. 그 차가움은 곧 카이의 심장에까지 전해져 아주 깊은 곳까지 스며들었습니다. 그렇지 않아도 카이의 심장의 반은 이미 얼음처럼 차가웠는데 말이지요. 이제 카이는 거의 얼어 죽을 것만 같았습니다. 그렇지만 그런 끔찍한 느낌도 아주 잠깐이었고 곧 기분이 좋아졌습니다. 더는 추위를 느끼지 않게 되었거든요.

"내 썰매, 내 썰매를 잊지 말아요."

카이는 그제야 썰매가 생각나서 이리저리 주위를 둘러보았습니다. 그의 썰매는 하얀 닭 한 마리에 묶여 있었습니다. 닭은 썰매를 등에 진 채 카이와 눈의 여왕을 뒤따라 왔어요. 눈의 여왕은 카이에게 한 번 더 입맞춤을 해 주었습니다. 그러자 카이는 게르다도 할머니도 가족들도 모두 다 잊어버리고 말았답니다.

"이제 너에게 더 이상 입맞춤을 해 줄 수 없어. 그러면 너는 죽어버리고 만단다."

카이는 눈의 여왕을 바라보았습니다. 아아, 어찌나 아름다운지, 이보다 더 눈부신 여인은 이 세상 어디에도 없을 것입니다. 카이는 눈의 여왕을 계속 바라보고 있었지만 언젠가 창밖으로 보았던 손짓하는 여인처럼 얼음으로 만들어졌으리라고는 꿈에도 생각지 못했습니다. 카이의 눈에는 그녀가 부족한 것 하나 없는 아름다운 여인으로만 보였기에 이제 전혀 무서움을 느끼지 않게 되었습니다. 카이는 여왕에게 자기가 암산할 수 있다는 것을 자랑했어요. 심지어 분수도 암산으로 계산할 수 있다는 것도요. 카이는 이 나라가 얼마나 큰지, 인구수는 얼마나 되는지 알고 있다는 것도 이야기했습니다. 눈의 여왕은 그저 상냥하게 웃고만 있었답니다.

그러자 카이는 문득 자기가 알고 있는 것만으로는 충분치 않다는 생각이 들어 이야기를 멈추고 넓고 넓은 하늘나라를 올려다보았지요. 그러자 눈의 여왕은 카이를 데리고 새까만 구름들이 잔뜩 모여 있는 데까지 높이 높이 날아갔어요. 구름 밑에서는 거센 태풍이 휘잉휘잉 무서운 소리를 내며 불어와서 마치 옛 노래를 부르는 것만 같았습니다. 그들은 숲을 지나 호수와 바다 위를 건너고, 여러 나라를 넘어 날아갔지요. 그들 아래로는 찬바람이 윙윙거리며 불어왔고 늑대가 울부짖었어요. 반짝반짝 빛나는 새하얀 눈 위로 까마귀가 울어댔고, 달님이 아주 환하게 빛났습니다. 카이는 긴긴 겨울밤을 지내며 아름다운 달님을 바라보았지요. 그리고 낮에는 눈의 여왕의 발밑에서 잠들었습니다.

세 번째 이야기
요술쟁이 할머니의 정원

그런데 카이가 사라져버린 뒤, 게르다는 어떻게 지냈을까요? 그 누구도 게르다에게 카이가 있는 곳을 말해 주지 않았습니다. 아니, 어느 누구도 카이가 어디로 사라져 버렸는지 알지 못했습니다. 함께 놀던 소년들은 그저 카이가 작은 썰매를 커다랗고 화려한 썰매에 묶어서는 거리를 달려 도시 밖으로 나가 버렸다는 이야기만 할 뿐이었어요. 카이가 어디로 가버렸는지 아는 사람은 아무도 없었답니다.

마을 사람들 모두 무척 슬퍼하며 눈물을 흘렸습니다. 그 가운데서도 게르다가 아주 오랫동안 가장 많은 눈물을 흘렸지요. 사람들은 카이가 죽었을 거라고 말했습니다. 도시 가까이 흐르는 강물에 빠져 죽었을 거라고 말이에요. 오, 카이가 곁에 없는 참으로 길고 황량한 겨울이었습니다.

이윽고 따뜻한 햇볕과 함께 봄이 찾아왔습니다.

"카이는 죽어 어디론가 가 버렸어."

게르다는 해님에게 힘없이 말을 건넸지요. 그러자 해님은 미소를 지으며 말했습니다.

"나는 절대로 그렇게 생각하지 않아."

게르다는 제비에게도 말했어요.

"그는 죽어서 멀리 멀리 가 버렸단다.

그러자 제비도 고개를 흔들며 말했습니다.

"나는 절대 그렇게 생각하지 않아."

해님과 제비의 말을 들은 게르다도 마침내 카이가 죽었다는 것을 믿지 않게 되었습니다.

"나는 새로 산 빨간 신을 신을 테야. 카이도 한 번도 보지 못했던 신발 말이야. 그리고 강으로 가서 카이에 대해 물어봐야지."

이른 새벽이었습니다. 게르다는 아직 잠들어 있는 할머니에게 살짝 입을 맞추고는 빨간 신을 신고 혼자서 성문을 벗어나 강가로 갔습니다.

"강아, 네가 나의 단짝친구를 데려갔다는 게 사실이니? 만일 나에게 카이를 다시 돌려준다면 내 빨간 구두를 선물로 줄게."

신기하게도 파도는 게르다에게 고개를 끄덕이는 것처럼 보였습니다. 그래서 게르다는 너무 너무 소중한 빨간 신을 벗어서 강물에 던졌습니다. 그런데 신발은 강기슭으로 떨어져버리고 말았습니다. 그러자 곧 작은 물결들이 일더니 그것을 다시 땅에다 가져다주었지요. 마치 강이 게르다의 선물을 받지 않으려는 듯이 말이예요. 강물이 카이를 데려간 것이 아니기 때문입니다.

그렇지만 게르다는 자기가 신발을 충분히 멀리 던지지 않았다고 생각했습니다. 그래서 갈대밭 사이에 있는 작은 배에 기어올라가 다시 신발을 힘껏 던졌습니다. 그런데 그 배는 단단히 매어져 있지 않았기에 게르다가 올라서서 몸

을 움직이자마자 땅을 벗어나더니 강으로 점점 미끄러져 들어갔어요. 게르다는 이를 알아차리고 서둘러 밖으로 나오려고 했지만 배는 이미 땅에서 몇 걸음 떨어져 있었고, 더욱 빠르게 멀어져만 갔습니다.

작은 게르다는 너무도 놀라 소리내어 엉엉 울었습니다. 참새들만 그 모습을 안타깝게 바라보고 있을 뿐 주위엔 아무도 없었습니다. 참새들은 게르다를 땅으로 데리고 갈 수가 없었기에 강을 따라 같이 내려오면서 위로의 말을 해 주었습니다.

"게르다야, 작고 예쁜 게르다야. 우리가 여기 있잖아, 우리가 함께 있잖아."

작은 배가 기슭에 닿았고 게르다는 물줄기를 따라 정처 없이 흘러갔습니다. 마침내 게르다는 울음을 멈추고 양말만 신은 채로 가만히 앉아 있었습니다. 게르다의 빨간 구두는 그녀의 뒤를 계속 따라왔지만 배에까지 도달하지는 못했습니다. 배가 너무 빨리 달리고 있었거든요.

강가는 무척 아름다웠습니다. 두 강 기슭에는 예쁜 꽃과 오래된 나무, 양과 소가 한가로이 풀을 뜯고 있었지요. 매우 아름답긴 했지만 사람은 아무도 보이지 않았습니다.

'어쩌면 친절한 강물이 나를 카이에게로 데려다 줄지도 몰라.'

이렇게 생각하자 기분이 훨씬 좋아져서 오랫동안 아름다운 강가를 바라보았어요. 이윽고 게르다를 태운 작은 배는 어느 넓은 버찌 정원에 이르렀습니다.

그곳에는 빨강, 파랑으로 칠한 아름다운 창문이 달린 집이 하나 있었습니다. 그 집 지붕은 짚으로 되어 있었고, 문 앞에는 나무로 만든 병사가 둘 있었습니다. 그 병사들은 배를 타고 지나가는 사람에게 받들어 총을 하고 있었습니다.

게르다는 그들이 살아 있다 생각하고 말을 걸어 보았어요. 그렇지만 병사들은 아무 대답도 하지 않았습니다. 강물은 빠르게 흘러 작은 배는 더욱 큰 목소리로 병사들을 다시 한 번 불러 보았습니다.

그러자 집에서 지팡이를 짚은 할머니가 나왔어요. 할머니는 커다란 햇빛 가리개 모자를 쓰고 있었는데, 거기에는 예쁜 꽃들이 그려져 있었답니다.

"가엾은 아이야, 어떻게 이리 물살이 센 강을 지나 이 먼곳까지 오게 되었니?"

할머니는 이렇게 말하면서 물로 첨벙첨벙 들어오더니 지팡이로 작은 배를 잡아 강가로 끌어냈습니다. 할머니 덕분에 게르다는 마침내 배 밖으로 나올 수 있게 되었지요.

게르다는 다시 마른 땅을 밟을 수 있게 되어서 무척 기뻤습니다. 낯선 할머니가 조금 무섭긴 했지만요.

"자, 이리 와서 이야기를 좀 해 보렴. 네가 누구인지, 그리고 어떻게 여기까지 오게 됐는지를."

할머니께서 상냥하게 말씀하셨습니다.

마음이 놓인 게르다는 이제까지 있었던 일을 모두 다 빠짐없이 이야기했습니다. 할머니는 이야기를 듣는 동안 때때로 고개를 끄덕이며 게르다의 이야기를 잘 들어주었습니다.

"흠! 그랬구나!"

게르다는 강가 어딘가에서 카이를 보지 못했는지 여쭈어보았지만 할머니께서는 카이가 아직 이곳을 지나가지 않았다며 어쩌면 나중에 이곳으로 올지도 모르니 너무 슬퍼하지 말라고 말씀하셨습니다. 그리고 맛있는 버찌를 먹으면서 꽃들을 구경하라고 하셨지요. 모든 꽃들은 어떤 그림책 속 꽃보다도 예쁠 것이며, 하나하나, 이야기도 해줄 수 있다고 하셨습니다.

할머니는 게르다의 작은 손을 잡고 집 안으로 들어갔습니다. 곧 문은 닫혔지요. 창문은 아주 높은 곳에 있었는데, 빨강, 파랑, 노랑으로 칠해져 있었습니다. 그래서 한낮의 햇빛이 따사롭게 비치면 갖가지 색이 방을 가득 채워 아주 예뺐답니다.

식탁 위에는 먹음직스러운 버찌가 놓여 있었습니다. 게르다는 마음껏 먹어도 좋다는 할머니 말에 버찌를 실컷 먹었습니다. 배가 무척 고팠거든요. 게르다가 버찌를 맛있게 먹는 동안 할머니는 게르다의 머리를 금빗으로 조심스레 빗어 주었어요. 어깨까지 내려오는 찰랑거리는 머리카락은 금빛으로 매우 아름답게 반짝였으며 막 피어난 장미꽃처럼 아름다운 게르다의 얼굴 곁에서 물결쳤지요. 할머니는 웃으며 속삭였습니다.

"이렇게 귀여운 소녀를 내가 얼마나 오랫동안 기다려왔는지, 우리는 분명 행복하게 잘 지낼 수 있을 거야."

그런데 이상하게도 할머니가 게르다의 머리를 빗기면 빗길수록 게르다는 자기 가족이나 다름없던 사랑하는 카이에 대한 기억이 점점 사라지는 것만 같았습니다. 그럴 수밖에요. 할머니가 요술을 부렸거든요.

그러나 할머니는 아주 나쁜 마녀는 아니었어요. 오로지 제 즐거움을 위해서 요술을 조금 부렸을 뿐이니까요. 할머니는 홀로 지내기에 너무 외로웠기 때문에 게르다가 곁에 있길 바랐던 거예요. 할머니는 정원으로 가서 장미가 흐드러지게 핀 장미나무에 지팡이를 갖다 댔습니다. 그러자 그렇게도 아름답게 피어 있던 장미들이 갑자기 어두운 땅 속으로 모두 숨어 버리지 않겠어요? 조금 전까지 이 자리에 장미꽃이 있었다는 것조차 알아채지 못할 만큼 텅텅 비어 버렸습니다.

할머니는 게르다가 장미를 보면 집에 두고 온 장미를 떠올리고 또 카이를 기억해 내면 자신을 떠날까 봐 두려워했던 것이었죠.

할머니는 게르다를 다른 꽃들이 피어 있는 정원으로 데리고 갔어요. 아아, 어쩌면 이리도 아름답고 향기로운지! 활짝 핀 사계절 꽃들이 모두 모여 황홀한 향기를 내뿜었으며 너무도 아름다웠습니다. 어떤 진귀한 그림책 속 꽃이라도 그렇게 갖가지 색깔로 아름답게 피어 있지는 못할 거예요. 게르다는 흐드러지게 핀 꽃들을 보고 기쁨에 넘쳐 그 사이에서 뛰어 놀았습니다. 해님이 키 큰 버찌나무 뒤로 쏙 숨어버릴 때까지요.

밤이 되고 게르다는 빨간 비단 이불이 있는 예쁜 침대에 누웠습니다. 이불은 보랏빛 제비꽃으로 속이 채워져 있었어요. 그렇게 기분 좋은 향기를 맡으며 잠이 들자, 여여쁜 공주님께서 게르다의 결혼식을 보러 오시는 멋진 꿈을 꾸었습니다.

다음 날도 게르다는 따뜻한 햇볕 아래에서 꽃들과 함께 놀았습니다. 그렇게 행복하고 즐거운 날들이 지나갔습니다. 이제는 꽃밭에 있는 모든 꽃들을 다 알고 있었지요.

그런데 왠지 뭔가가 빠져 있는 듯한 허전함을 느끼게 되었습니다. 그토록 많은 꽃들이 정원 가득 있었지만, 늘 무엇인가 빠진 건 아닐까 생각했어요. 그러나 빠진 게 무엇인지는 몰랐습니다. 그러던 어느 날 꽃이 잔뜩 그려져 있는 할머니의 햇빛 가리개 모자를 가만 가만 보고 있을 때였습니다. 그림 속 꽃들 가운데 가장 아름다운 것은 바로 장미였어요. 할머니는 정원에 핀 장미꽃들을 몽땅 땅 속에 밀어 넣어 숨겨버렸지만 자기 모자에 있는 장미꽃은 깜빡 잊어버린 것이었지요. 그래요, 조금만 깜빡해도 이런 일은 자주 일어나지요. 비로소 게르다는 정원에 장미꽃이 없다는 사실을 알게 되었습니다.

"이게 어떻게 된 거지? 이렇게 많은 꽃들 가운데 장미꽃이 없다니 말이야."

게르다는 꽃밭을 이리저리 뛰어다니며 한참동안 장미꽃을 찾았습니다. 그러나 아무리 샅샅이 뒤져봐도 장미꽃은 발견할 수가 없었습니다. 게르다는 답답한 마음에 그 자리에 주저앉아 엉엉 울어버렸지요. 그때 마침 게르다의 눈물이 장미가 숨겨져 있는 바로 그 자리에 떨어졌습니다. 따뜻한 눈물이 땅을 적시자 장미나무는 힘차게 솟아올랐고 예전처럼 아름다운 장미꽃이 가득 피어났습니다. 게르다는 장미나무를 껴안으면서 꽃에 입맞춤도 했습니다. 그 순간 집에 피어 있는 아름다운 장미가 생각나면서 카이도 함께 떠올렸습니다.

"아, 이게 어찌된 일이지? 얼른 카이를 찾아야 하는데 이곳에 왜 왔는지조차 잊어버리다니. 장미꽃들아, 카이가 어디 있는지 모르니? 카이는 정말 죽어서 저 먼 곳으로 가버린 걸까?"

게르다는 아름답게 피어 있는 장미에게 물었습니다.

"그는 죽지 않았어. 우리는 이때까지 땅 속에 있었잖아. 땅 속에는 죽은 사람들이 모두 모여 있었는데 카이는 그곳에 없었어."

장미가 말했습니다.

"그것 참 다행이야! 고마워. 정말 고마워."

게르다는 다른 꽃들에게로 가서 꽃받침 속을 들여다보며 물었습니다.

"너희들은 카이가 어디 있는지 아니?"

그러나 꽃들은 따스한 볕을 쬐며 저마다 동화나 제 이야기를 꿈을 꾸듯 지어 내는 것이었어요. 한 이야기도 빼놓지 않고 모두 귀기울여 들어보았지만 카이에 대해서 아는 꽃은 하나도 없었습니다.

그때 참나리는 무슨 이야기를 했을까요?

"북소리를 좀 들어봐. 쿵! 쿵! 그건 언제나 두 가지 소리를 내. 언제나 쿵! 쿵! 하지. 부인들은 슬픈 장례식 노래를 듣고, 아이들은 소리치는 소리를 듣는 거야. 길고 붉은 옷을 걸친 인도 여자는 화형대에 서 있고, 타오르는 불꽃이 인도 여자와 그녀의 죽은 남편을 둘러싸고 활활 솟아오르고 있어. 그러나 인도 여자는 그곳을 둘러싼 무리 속에 있는 한 남자를 생각하고 있어. 그 남자의 눈은 불꽃보다 더 뜨겁게 불타오르고, 그 눈의 이글거림은 인도 여자의 몸을 곧 재로 만들어 버릴 불꽃보다도 더 뜨겁게 그녀의 가슴을 태우지. 가슴 속 불꽃이 화형대 불꽃을 삼켜버릴 수 있겠니?"

"나는 무슨 말인지 하나도 모르겠어."

"이게 바로 나의 동화야."

참나리가 말했습니다.

메꽃은 어떤 이야기를 했을까요?

"험한 산길 위를 뚫고 나올 듯한 곳에 오래된 기사의 성이 솟아 있어. 빽빽한 담장나무들이 오래된 붉은 성벽 위로 쭉 뻗어 있어 잎 하나하나가 포개어진 채 발코니에까지 닿아 있지. 거기에는 아름다운 공주가 서 있단다. 공주는 난간 아래로 몸을 기울여서 밑에 나 있는 길을 보고 있었어. 어떤 화려하게 핀 장미꽃도 그녀만큼 맑고 아름답지는 못할 거야. 세찬 바람이 나무에서 떨구어 싣고 가는 사과 꽃잎도 그녀만큼 발랄할 수는 없겠지. 공주의 화려한 비단옷이 사각거리는 그 소리는 또 어떤지. 하지만 공주가 하염없이 기다리는 그는 아직 오지 않았어."

"네가 말하는 건 카이니?"

게르다가 물었습니다.

"나는 그냥 내 동화 이야기를 하고 있을 뿐이야, 내 꿈 이야기 말이야."

메꽃은 이렇게 말했습니다.

작은 눈풀꽃은 무슨 이야기를 들려주었을까요?

"나무들 사이에 긴 판자가 밧줄에 매달려 있단다. 그건 바로 그네야. 거기에 눈처럼 하얀 옷을 입고 모자엔 녹색 리본을 단 두 소녀가 앉아 즐겁게 그네를 타고 있단다. 소녀들보다 큰 오빠는 그네에 서 있지. 그는 넘어지지 않기 위해 팔을 밧줄에 걸치고 있어. 한쪽 손에는 작은 접시를, 다른 쪽 손에는 점토로 구운 파이프를 가지고 있기 때문이지. 오빠는 비눗방울을 불고 있단다. 그네가 흔들흔들 점점 더 높이 올라가면 비눗방울은 온갖 아름다운 색을 뿜어내면서 날아가지. 마지막 방울은 아직도 파이프 끝에 매달려 바람 따라 요리조리 흔들리고 있단다. 비눗방울처럼 가벼운 새까만 개는 뒷발로 몸을 일으켜 세우고 소녀들과 함께 그네를 타려 해. 그네는 더욱 높이 날아가고 개는 콩! 엉덩방아를 찧었단다. 약이 오른 개는 멍멍 짖으면서 화를 내지. 개는 놀림을 받고 비눗방울은 딱! 터져 버렸어. 흔들리는 그네, 터져 버리는 비누 거품의 반짝이는 모습. 그게 바로 나의 노래야."

"너의 이야기는 참으로 재미있지만 슬프게도 카이 이야기는 전혀 하지 않는구나."

히아신스 꽃은 뭐라고 했을까요?

"어느 마을에 매우 아름다운 세 자매가 있었단다. 그 애들은 마치 온몸이 비쳐 보일 것처럼 아주 날씬했단다. 한 아이의 옷은 빨간색이었고 다른 애의 옷은 파란색, 세 번째 아이의 옷은 새하얀 색이었지. 그 애들은 손에 손을 마주 잡고 달빛이 밝게 비치는 조용한 호숫가에서 춤을 추었어. 그 애들은 요정처럼 보였지만 분명 사람이었단다. 그런데 갑자기 어디선가 달콤한 향기가 풍겨오는 거야. 소녀들은 그 향기에 이끌려 숲속으로 사라져 버렸지. 그러자 향기는 점점 더 강하게 풍겨왔어. 그때 세 명의 아름다운 소녀가 누워 있는 세 개의 관이 덤불숲으로부터 나와 호수 너머로 조용히 미끄러져 갔어. 반딧불들은 마치 하늘을 떠도는 조그만 빛처럼 반짝이면서 그 주위를 날아다녔다. 즐겁게 춤을 추던 소녀들은 잠을 자고 있는 것일까, 아니면 죽어버린 것일까? 꽃향기들이 말했어. 저건 소녀들의 시체예요. 저녁 종소리는 죽은 자들을 위해 울려 퍼졌단다."

"네 이야기는 나를 아주 슬프게 만드는구나. 네 향기는 너무 강해서 죽은 소녀들을 생각나게 해. 아아, 그렇다면 카이는 정말 죽은 것일까? 땅 속에 있던 장미꽃들은 아니라고 말했는데……"

"딸랑딸랑!"

그때 히아신스가 종을 울렸습니다.

"우리는 카이의 죽음을 위해서 노래를 부르는 게 아니야. 우리는 카이를 전혀 모른단다. 그저 저마다의 노래를 부르고 있을 뿐이지. 하나밖에 없는 우리의 노래를 말이야."

게르다는 이어서 노란 민들레꽃에게로 갔습니다. 그 꽃은 초록색 이파리 속에서 반짝반짝 빛나고 있었어요.

"너는 참으로 작고 밝은 해님이구나. 어디로 가면 내 단짝친구를 찾을 수 있는지, 너는 알고 있니?"

그러자 노란 민들레는 아름다운 빛을 내면서 게르다를 쳐다보았습니다. 이 꽃은 어떤 노래를 부를 수 있을까요? 민들레 또한 카이에 대한 이야기는 하지 않았습니다.

"따스한 봄의 첫날, 해님은 어느 집 작은 마당을 아주 따뜻하게 비추었지. 햇빛은 옆집의 하얀 벽으로 살며시 미끄러져 갔어. 바로 옆에는 그 해의 첫 노란 꽃이 피어 있었지. 꽃은 따뜻한 햇빛 속에서 금빛으로 반짝였고, 할머니는 정원 의자에 앉아 햇볕을 쬐고 계셨지. 그때 아름다운 손녀가 잠깐 동안의 나들이를 마치고 집으로 돌아왔단다. 소녀는 할머니에게 입을 맞추었지. 사랑스런 입맞춤 속에 들어 있는 것은 황금! 가슴 속 황금이었어. 입 안에도 황금, 땅에도 황금, 조용한 아침에도 황금! 이게 바로 나의 이야기야."

민들레가 말했습니다. 민들레꽃의 이야기를 듣자 게르다도 제 할머니를 떠올렸지요.

"아아, 가엾은 우리 할머니. 그래, 할머니는 틀림없이 나를 무척 그리워하며 내 걱정을 하고 계실 거야. 카이가 갑자기 사라졌을 때 걱정을 하셨던 것처럼 말이야. 나는 곧 집으로 갈 수 있을 거야. 카이도 같이 데리고. 꽃들에게 물어보는 것은 아무 소용이 없어. 모두들 자기 노래만 부를 뿐, 카이에 대한 이야기는 전혀 들려주지 않잖아."

그러고 나서 게르다는 되도록 빨리 달릴 수 있도록 귀여운 옷을 걷어 올렸습니다. 서두르며 수선화를 뛰어넘으려고 하는 순간, 꽃이 게르다의 다리를 툭! 쳤습니다. 깜짝 놀란 게르다는 그 자리에 멈추어 서서 길고 노란 꽃을 보면서 물었습니다.

"넌 혹시 무엇인가 알고 있니?"

그러고는 수선화에게로 몸을 굽혔어요. 수선화는 뭐라고 말했을까요?

"나는 나 자신을 볼 수 있어. 내 자신을 볼 수 있다고! 아아, 나는 어쩌면 이렇게 향기로울까! 지붕 밑 작은 다락방에 옷을 접어 입고 춤추는 소녀가 있어. 소녀는 가끔 한 발로 섰다가 곧 두 발로 서곤 하지. 소녀는 이렇게 두 발로 온 세계를 쿵쿵 밟아대는 거야. 마치 아름다운 환상처럼 말이지. 춤추는 소녀는 찻주전자로 들고 있던 코르셋에 물을 뿌려. 깨끗이 닦아내는 건 참 좋은 일이지. 하얀 옷이 걸려 있어. 그 옷 또한 찻주전자로 물을 뿌려 깨끗이 한 뒤, 지붕 위에서 말린 거야. 소녀는 그걸 입고 목에는 샤프란꽃색 머플러를 두르고 있어. 그러자 윗옷은 한층 더 하얀 색으로 빛났지. 자, 다리를 높이 들어올려. 이 줄기 위에 서 있는 어여쁜 모습을 좀 봐! 나는 나 자신을 볼 수 있어. 나 자신을 볼 수 있단 말이야."

"나는 그런 것에는 전혀 관심이 없어. 나한테 그런 이야기를 할 필요가 없단다."

게르다는 이렇게 소리치며 정원 저 끝으로 달려갔습니다. 그러나 문은 굳게 잠겨 있었지요. 게르다가 녹슨 문고리를 잡아서 이리저리 흔들자 문고리가 떨어지며 마침내 문이 활짝 열렸어요. 게르다는 맨발인 채 넓은 세상 밖으로 뛰어 나아갔습니다. 헐레벌떡 뛰면서 세 번이나 뒤를 돌아보았지만 쫓아오는 사람은 아무도 없었어요. 숨이 차서 더 이상 달릴 수 없게 되었을 때 게르다는 옆에 있는 커다란 돌 위에 주저앉았어요. 숨을 고르고 주위를 둘러보니 여름은 이미 지나가 버리고 가을이 와 있었죠. 요술쟁이 할머니의 아름다운 정원에서는 계절이 지나가는 것을 전혀 느낄 수 없었던 거예요. 그곳에서는 언제나 해님이 빛나고 늘 온갖 사계절 꽃들이 활짝 피어 있었으니까요.

"하느님 맙소사, 내가 얼마나 늑장을 부렸는지, 벌써 가을이 되어 버렸잖아. 이렇게 쉬고 있을 틈이 없어!"

게르다는 계속 길을 가기 위해서 몸을 일으켰습니다.

게르다의 작은 발은 여기저기 부르터서 쓰리고 아팠습니다. 주위는 몹시 춥고 황량하여 쓸쓸해 보였습니다. 긴 버드나무 잎은 온통 노란색으로 물들어 있었고, 이슬은 물방울이 되어 뚝뚝 떨어졌으며, 낙엽은 한 장, 또 한 장 떨어집니다. 오로지 수풀이 우거진 나무만이 열매를 달고 있었죠. 하지만 그것은 아주 시어서 입이 오그라들 정도였습니다. 아! 온 세상이 황막하고 지친 듯해 우울하게 보였습니다.

네 번째 이야기
공주와 왕자

길을 가던 게르다가 또다시 쉬고 있을 때였습니다. 온통 새하얀 눈 위를 깡충깡충 뛰어다니던 커다란 까마귀가 앉아 있는 게르다를 한참 바라보더니 머리를 흔들며 말했어요.

"까악까악! 안녕! 안녕!"

게르다에게 인사를 하는 것이었죠. 작은 게르다가 마음에 든 까마귀는 그녀에게 이 넓은 세상을 홀로 돌아다니는 거냐고 물었어요. 게르다는 '홀로'라는 말을 잘 알고 있었어요. 지금껏 혼자 외톨이로 떠돌아다녀서 그 말 속에 담긴 뜻을 마음속 깊이 느끼고 있었으니까요. 게르다는 까마귀에게 이제까지 있었던 일을 모두 이야기했습니다. 그리고는 혹시 카이를 보았는지도 물어보았습니다.

까마귀는 잠시 생각에 잠기더니 이내 머리를 끄덕이며 말했습니다.

"그럴지도 몰라. 그럴지도 몰라."

"뭐라고? 정말이야? 카이를 안단 말이야?"

게르다는 너무 기뻐서 자기도 모르게 큰소리를 내고는 까마귀의 숨이 막힐 만큼 힘차게 입맞춤을 했습니다.

"침착해, 침착하라고! 그 애가 카이일지도 모른다는 생각이 들어. 그렇지만 그 애는 공주님 때문에 너를 완전히 잊어버렸어."

"카이가 공주님과 함께 있다고?"

"응. 그 전에 자, 잘 들어 봐. 사람들의 말을 하는 건 내겐 너무 힘들어. 너 혹시 까마귀의 말을 알아들을 수 있니? 그럼 내가 훨씬 더 잘 이야기해줄 수 있을 텐데……."

"아니, 나는 너희들의 말을 배우지 못했어. 그렇지만 할머니는 까마귀 말을 할 수 있어. 할머니는 아기가 하는 말도 알아들으신단다. 나도 진작 배워주었으면 좋았을걸."

"뭐, 어쩔 수 없군. 내가 할 수 있는 만큼 잘 이야기해 볼게. 그렇지만 잘못 이야기할 수도 있어."

까마귀는 이야기를 시작했습니다.

"지금 우리 왕국에는 공주가 살고 있어. 이 공주는 아주 똑똑해서 세상에 있는 신문이란 신문은 모두 다 읽지. 그래, 그것을 몽땅 다 잊어버릴 만큼 아주 똑똑하단다. 얼마 전에 공주는 여왕이 되었어. 사람들은 새로운 여왕에게 그 자리는 아주 시시하다고 말했지. 그래서 공주는 노래를 흥얼거리기 시작했는데, 바로 이런 노래야.

'무엇 때문에 나는 결혼을 해서는 안 되는가.'

'잘 들어 봐, 이 노래에는 진정한 뜻이 담겨 있어' 그녀는 이렇게 말했지. 그녀도 결혼이 하고 싶었던 거야. 그렇지만 그녀가 결혼하고자 하는 남자는 말이야. 어느 누구와 이야기를 나누더라도 잘 알아듣고 대답할 수 있는 그런 사람이어야만 했지. 고상하기만 해서는 안 됐어. 여왕님은 북을 쳐서 모든 궁녀들을 모이게 하고는 바라는 남자에 대해 이야기했단다. 궁녀들은 여왕의 이야기를 듣고 나서 아주 기뻐했어.

'그것 참 좋은 생각이에요.'

'저희들도 요즈음 그런 생각을 하고 있었어요' 그녀들은 말했지.

미리 말해두지만, 내 이야기는 모두 진실이야. 내 약혼자는 여왕님께 보살핌 받고 있어서 궁전 이곳저곳을 자유롭게 날아다닐 수 있단다. 이건 모두 그녀가 해 준 이야기지."

까마귀가 계속해서 이야기를 이어나갔습니다.

"곧이어 여왕님의 서명과 글에 사랑 모양이 둘러쳐진 신문이 나왔어. 거기에는 잘생긴 젊은이들이라면 누구나 궁전에 와서 여왕님과 이야기할 수 있다는 글이 써 있었지. 어느 누가 말을 걸어도 느긋하게 이야기를 나눌 수 있는 사람, 가장 재미있게 이야기를 하는 사람을 신랑으로 삼겠다는 것이었어. 그래 그래, 정말이야. 너는 내 말을 믿어야 해. 그건 내가 여기 이렇게 앉아 있는 것과 마찬가지로 분명한 사실이야. 그때부터 신문을 본 사람들이 궁전으로 마구 몰려들기 시작했어. 물밀 듯이 몰려와서 길게 줄을 섰지. 그렇지만 첫째 날에도 둘째 날에도 행운을 얻은 사람은 없었단다. 그들은 모두 궁 바깥에서는 말을 잘했지만 성문을 들어서서 은빛 옷을 입은 호위병을 보거나, 계단에 올라서서 금빛 옷을 입은 하인들을 만나기만 하면 모두들 어안이 벙벙해졌지. 특히 여왕님의 왕좌 앞에만 서면 모두들 어떤 말도 할 수 없게 되었어. 오로지 여왕이 말한 마지막 단어만을 되뇌일 뿐이었지. 여왕은 똑같은 말을 또 한 번 들어야 하는 것 따위에는 관심도 보이지 않았어. 그러니까 그곳에만 가면 모두들 코담배를 삼켜버린 것처럼 비틀대는 거야. 다시 거리로 나와서 수다를 떨 수 있게 되기 전까지는 말이지. 도시 성문에서부터 궁전까지 줄이 쭉 늘어섰어. 그걸 보기 위해 나도 직접 거기 갔었지. 그들은 오랫동안 바깥에 서 있느라 배가 고프고 목이 말랐지만, 성에서 미지근한 물조차도 얻을 수 없었어. 몇몇 똑똑한 사람들은 버터 바른 빵을 가져가긴 했지만 결코 옆 사람하고 나눠 먹지는 않았지.

'그가 더 배고파 보이게 내버려 두어야지. 그러면 여왕님은 그를 택하지 않겠지' 생각한 거야."

"잠깐! 그런데 카이, 카이 말이야! 카이 이야기는 언제 나오지? 그 많은 사람들 가운데 카이가 있었던 거야?"

게르다가 물었습니다.

"기다려, 좀 기다려 봐! 이제 곧 그가 나올 거야. 셋째 날이 되었어. 그때 한 작은 사람이 말도 없고 마차에 차지도 않은 채로 아주 용감하고 씩씩하게 성으로 곧바로 걸어 들어갔어. 그의 눈은 바로 너의 눈처럼 반짝였지. 그의 머리는 길고 아름다웠지만 옷차림은 아주 형편 없었어."

"그건 카이야! 오, 이제 카이를 찾은 거야."

게르다는 기뻐서 손뼉을 쳤습니다.

"그는 등에 작은 배낭을 매고 있었어."

"아니야, 그건 틀림없이 카이의 썰매일 거야. 카이는 썰매를 타고 사라졌거든."

"아마 그럴지도 몰라. 나는 그걸 자세히 보진 않았거든. 그렇지만 사랑하는 내 약혼자한테 들어서 나는 이것만은 확실하게 알아. 그가 성문을 들어서서 은빛 옷을 입은 호위병을 보아도, 계단에 올라서서 금빛 옷을 입은 하인을 보고도 조금도 당황하지 않았다는 것을. 그는 고개를 끄덕이면서 성 안 사람들에게 말했대.

'계단에 서 있는 것은 틀림없이 재미없는 일일 거야. 나는 그보다 더 안으로 들어가겠어'

홀은 화려한 불빛으로 반짝반짝 빛나고 있었어. 추밀원 고문관과 대신들이 맨발로 금 단지를 든 채 걷고 있었지. 누구라도 이 광경을 보면 무서워 했을 거야. 그런데 그의 장화는 아주 시끄러운 소리를 냈고, 그는 조금도 두려워하지 않았대."

"그건 틀림없이 카이야. 그때 카이는 새 장화를 신고 있었어. 할머니 방에서 장화가 삐걱삐걱거리는 소리를 들었어."

"그래, 맞아. 삐걱삐걱 소리를 냈지. 그는 아주 씩씩하게 곧장 걸어가 여왕 앞세 섰어. 여왕은 물레만큼이나 커다란 진주 위에 앉아 있었어. 그 주위에는 성안 모든 궁녀들이 시녀들과 함께 나와 있었지. 귀족들과 그들의 신하들 또 그들의 신하들까지 모두가 죽 늘어서 있었어. 그런데 문 쪽에 가까이 앉아 있는 사람일수록 표정을 짓고 있었어. 하인의 시동들도 늘 슬리퍼를 신고 다니며 거의 보이지도 않는 끝에 있으면서도 이 날만큼은 얼굴도 올려다보지 못할 정도로 아주 거만하게 문 옆에 서 있단다."

"참으로 끔찍한 일이야. 그래서, 카이는 여왕과 결혼을 했단 말이니?"

"내가 만일 까마귀가 아니었다면 말이야. 비록 약혼자가 있기는 하지만 나도 기쁜 마음으로 여왕님과 결혼했을 거야. 그는 내가 까마귀 말을 할 때처럼 그렇게 말을 잘했거든. 나는 이 이야기를 내 약혼자한테서 들었어. 그는 용감하고 사랑스러웠지. 하지만 여왕님과 결혼하려고 온 건 아니었어. 오로지 똑똑한 여왕이 궁금해서 보려고 온 것이었지. 그런데 그는 여왕이 마음에 들었고, 여왕 또한 그가 마음에 들었던 거야."

"그래, 틀림없어. 그건 카이야! 카이는 분수도 암산으로 계산할 만큼 아주 똑똑하거든. 오, 나를 여왕님께서 계신 성으로 좀 데려다 주지 않을래?"

"그래, 좋아. 데려다 주는 거야 그리 어려운 일은 아니지만 어떻게 해야 성으로 들어갈 수 있을까? 내 약혼자한테 이야기해 볼게. 내 애인이 우리한테 좋은 방법을 가르쳐 줄 거야. 너 같이 어린 소녀는 궁전 안에 들어가는 허가를 받기가 쉽지 않으니까."

"아니야, 나라면 받을 수 있을 거야. 카이는 내가 왔다는 걸 알면 곧바로 나와서 나를 데리고 들어가줄 테니까."

"그럼, 여기 울타리에서 기다리고 있으렴!"

까마귀는 이렇게 말하고 머리를 흔들며 날아갔습니다. 그러고는 저녁때가 되어서야 다시 나타났습니다.

"나의 약혼자가 네게 꼭 안부 전해달래. 자, 여기 빵이 있어. 그녀가 부엌에서 가져온 거야. 거기에는 빵이 아주 많이 있거든. 너 무척 배고프지? 네가 궁전에 들어가는 것은 아무리 생각해도 불가능해. 너는 맨발이잖니? 은빛 옷을 입은 호위병과 금빛 옷을 입은 하인이 너를 보면 가만두지 않을 거야. 그렇지만 울지는 않아도 돼. 들어갈 방법이 아주 없는 것은 아니니까. 내 약혼자가 좁은 뒷계단을 알고 있는데, 그 계단은 침실로 통해. 그리고 그녀는 열쇠가 어디 있는지도 알고 있거든."

게르다와 까마귀는 궁전 정원으로 들어갔습니다. 노래진 나뭇잎들이 한 장, 또 한 장씩 떨어지고 있었죠. 성의 등불이 하나 둘씩 꺼지기 시작하자 까마귀는 게르다를 뒷문이 있는 곳으로 데리고 갔습니다. 그 문은 잠겨 있지 않고 살짝 열려 있었습니다.

아아, 밀려오는 두려움과 그리움으로 게르다의 가슴은 얼마나 두근거렸을까요? 마치 무언가 나쁜 짓이라도 저지르려는 사람처럼 말이에요. 게르다는 오로지 까마귀의 이야기 속 그가 정말 카이인지만 알고 싶을 뿐이었습니다.

그래요, 그는 분명 카이일 거예요. 게르다는 카이의 또랑또랑한 눈과 긴 머리카락, 그리고 함께 장미 넝쿨 아래 앉아서 밝게 웃던 모습을 떠올렸습니다.

카이는 게르다를 보고 얼마나 반가워할까요? 자신을 위해 이렇게 머나먼 길을 달려와 준 걸 안다면 또 카이가 오랫동안 돌아오지 않자 모든 사람들이 얼마나 슬퍼했는가를 알게 되면 틀림없이 기뻐하겠지요. 오, 생각해보니 조금은 무섭기도 했지만 분명 기쁜 일일 거예요.

마침내 게르다와 까마귀는 계단 앞으로 갔습니다. 그때 난간의 한 계단에서 작은 등불이 비쳤어요. 마룻바닥 한가운데에 어떤 까마귀가 서 있었던 겁니다. 그 까마귀는 고개를 사방으로 돌리면서 게르다를 살펴보았어요. 게르다는 할머니가 가르쳐주신 대로 공손하게 고개를 숙여 인사했습니다.

"귀여운 아가씨. 내 약혼자가 당신에 대해 많은 이야기를 해 주었어요."

상냥한 까마귀가 말했습니다.

"당신의 이야기를 듣고 나는 매우 감동 받았답니다. 자, 거기 있는 등불을 좀 들어 주시겠어요? 내가 앞장설게요. 여기서 곧장 앞으로 가면 돼요. 여기서는 누구에게도 들키지 않을 거예요."

"마치 우리 뒤에 누군가가 따라오는 것만 같아요."

게르다가 걱정에 찬 목소리로 말했습니다. 그때 바로 옆에서 무언가가 사삭 바람 소리를 내며 빠르게 지나갔습니다. 그것은 벽에 비친 그림자와 같은 것으로, 바람에 휘날리는 갈기와 가는 다리를 가진 말과 사냥꾼들, 그리고 말에 탄 귀족들과 부인들이었습니다.

"저건 그저 꿈일 뿐이에요. 모두들 저렇게 주인님의 꿈을 사냥해서 오는 거죠. 잘 됐어요. 그들이 자고 있다면 당신은 그 틈에 그들의 얼굴을 더 잘 살펴볼 수 있을 테니까요. 그렇지만 만일 당신이 이 일로 높은 분이 되어도 우리에게 감사하는 마음은 잊지 않았으면 좋겠어요."

"그야 물론이지."

숲에서 온 까마귀가 말했어요.

그들은 첫 번째 방으로 들어갔습니다. 그 방의 벽은 아름다운 꽃으로 수놓인 장밋빛 비단으로 되어 있었어요. 아까 지나갔던 꿈은 벌써 그들 곁을 웅성거리며 지나가고 있었습니다. 그런데 너무 빨리 지나가는 바람에 게르다는 주인님의 얼굴을 잘 볼 수 없었습니다. 방은 하나하나 빠져나갈수록 점점 더 호화스러워졌어요. 그 누구라도 눈이 휘둥그레질 만큼 말이에요.

드디어 그들은 침실에 이르렀습니다. 천장은 값비싼 유리로 된 잎들이 넓게 피어 있는 커다란 종려나무와 같았어요. 그리고 바닥 한가운데에는 황금 기둥에 침대 두 개가 놓여 있었는데, 그것은 마치 백합처럼 보였습니다. 하얀 색 침대에는 공주가 누워 있었고, 다른 하나는 빨간 색이었는데, 그 침대에 누워 있는 사람이 카이인지를 확인해야 했습니다. 그래서 붉은 꽃잎들 가운데 하나를 옆으로 젖혔더니 햇볕에 그을린 거무스름한 목덜미가 보였습니다.

아아, 그는 카이임에 틀림없었어요. 게르다는 아주 크게 카이의 이름을 부르며 등불을 그의 얼굴에 갖다 댔습니다. 꿈은 다시 말을 타고 웅성거리며 방안으로 들어왔어요. 그는 잠에서 깨어나 게르다 쪽으로 고개를 돌렸습니다. 그러나 이를 어찌 하나요, 그는 카이가 아니었어요. 목덜미만 카이와 비슷했을 뿐이었습니다. 자세히 보니 그는 젊고 잘생긴 사람이었습니다.

곧 하얀 백합 꽃잎에서 여왕이 눈을 깜박이며 일어나서 무슨 일인지 물었습니다. 그러자 게르다는 울면서 이제까지의 이야기와 까마귀들이 그녀를 위해서 해 주었던 모든 일들을 이야기했습니다.

"아, 참으로 가엾은 소녀로구나."

왕자와 여왕은 이렇게 말하며 까마귀들을 칭찬했습니다. 그 뒤 자신들은 조금도 기분이 나쁘지는 않지만 이런 일을 자주 해서는 안 된다며 타일렀지요. 그러고는 까마귀들에게 착한 일을 한 것에 대한 상을 내리겠다고 말했습니다.

"너희들, 자유롭게 날아다니고 싶니? 아니면 궁중 까마귀로서 일자리를 얻을래? 궁중에서 일하게 되면 부엌에 남은 음식들을 모두 가질 수 있단다."

그러자 두 까마귀는 절을 하고 일자리를 청했습니다. 나이를 생각했기 때문이지요.

"늙었을 때도 먹을 것 걱정 없이 배부르게 지낼 수 있다는 건 참 행복한 일이야."

까마귀들이 말했습니다.

왕자는 침대에서 일어나 게르다에게 편히 자라고 했습니다. 그가 해줄 수 있는 건 그것 말고는 없었거든요. 게르다는 너무나 행복했습니다. 침대에 누워 작은 두 손을 모으고 감사 인사를 하며 이 세상에는 착한 사람과 동물들이 참 많다고 생각했습니다. 그러고는 눈을 감고 아주 편안하게 잠들었지요.

꿈들이 다시 잠들어 있는 게르다를 찾아왔을 때, 그들은 마치 천사처럼 보였습니다. 꿈들이 끄는 작은 썰매 위에는 카이가 앉아서 고개를 끄덕이며 인사를 했어요. 그렇지만 모두 그저 꿈일 뿐이었고, 게르다가 깨어나자마자 다시 연기처럼 사라져 버렸습니다.

다음 날, 게르다는 머리에서부터 발끝까지 비단과 벨벳으로 지어진 화려한 옷을 입고 치장했어요. 게르다는 언제까지나 마음껏 성에 머물면서 푹 쉬어도 좋다는 허락을 받았습니다. 그러나 게르다는 작은 마차 한 대와 장화 한 켤레만 달라고 부탁했습니다. 다시 넓은 세상으로 나아가서 카이를 찾으려는 것이었죠.

게르다는 장화뿐만이 아니라 토시도 얻고, 예쁜 옷도 입은 뒤 막 떠나려고 했습니다. 그런데 그때 황금 마차 한 대가 문 앞에 멈추었어요. 마차에는 공주와 왕자의 문장이 별처럼 반짝반짝 빛나고 있었습니다. 그리고 거기에는 마부와 하인, 그리고 길 안내자까지 있었지요. 모두들 머리에 금관을 쓰고 앉아 있었어요.

공주와 왕자는 게르다의 손을 잡아 마차에 오르는 것을 도와주고는 행운을 빌어 주었습니다. 수까마귀는 결혼식을 올린 지 얼마 안 되었지만 성에서 3마일이나 떨어진 곳까지 게르다를 배웅해주기로 했습니다. 까마귀는 마차 뒤쪽에 타기 싫다면서 게르다와 나란히 앉았습니다. 암까마귀는 문가에 서서 파닥파닥 날갯짓을 했지요. 이번에 궁중 일자리를 얻은 뒤로 너무 많이 먹어서 두통에 시달리고 있었기 때문이지요. 마차 안에는 설탕을 바른 비스킷으로 채워져 있고, 좌석 밑에도 과일과 후추과자가 가득 있었습니다.

"안녕! 안녕히!"

공주와 왕자가 외쳤습니다. 이별을 슬퍼하며 게르다가 눈물을 흘리자 까마귀도 울었습니다. 그렇게 배웅을 약속한 3마일을 왔습니다. 그러자 수까마귀 또한 작별 인사를 했어요. 까마귀는 나무 위로 날아가서 마차가 보이지 않을 때까지 검은 날개를 퍼덕였고 마차는 마치 반짝반짝 햇빛처럼 빛났습니다.

다섯 번째 이야기
도둑의 딸

게르다가 탄 마차는 나무가 울창하고 어두운 숲속을 달려 나아갔습니다. 그러나 마차에서는 눈부신 황금빛이 마치 횃불처럼 빛나고 있었기에 산도둑들의 눈을 찌르는 듯했지요. 그들은 더는 참을 수가 없었습니다.

"와! 금이다, 황금!"

도둑들은 크게 소리지르며 앞으로 달려 나와 말을 잡고는 기수와 마부와 하인을 때려죽이고 게르다를 마차에서 끌어내렸어요.

"통통해서 귀엽군. 호두를 많이 먹고 살쪘나 봐!"

늙은 도둑의 아내가 말했습니다. 그녀는 온 몸이 긴 털로 뒤덮여 있었고 눈썹도 눈까지 덮을 만큼 아주 무성했습니다.

"마치 살찐 양처럼 생겼는걸! 아, 어떤 맛이 날까 너무 궁금해."

그들은 번쩍거리는 날카로운 칼을 꺼냈습니다. 칼은 온몸의 털이 삐쭉 설 만큼 아주 무서워 보였습니다.

그때 갑자기 아내가 날카롭게 비명을 질렀습니다. 제 딸에게 귀를 물렸기 때문이죠. 작은 딸은 엄마의 등에 매달려서 도저히 손을 쓸 수 없을 만큼 아주 사납고 버릇없이 굴었습니다. 그렇게 하는 게 아주 재미있다는 듯이 말이지요.

"이 개구쟁이 계집애!"

도둑의 아내가 소리쳤습니다. 아내는 딸의 장난 때문에 게르다를 칼로 내려칠 겨를이 없었지요.

"저 아이는 나랑 놀아야 해. 그리고 나에게 토시와 예쁜 옷을 주면 내 침대에서 같이 자게 해주지."

도둑의 딸은 심술궂게 말하며 다시 자기 엄마를 콱 물어버렸습니다. 엄마는 펄쩍펄쩍 뛰면서 빙글빙글 한 바퀴 돌았습니다. 그러자 도둑들 모두가 그 모습을 보고 크게 웃음을 터뜨리면서 말했습니다.

"저 아줌마 좀 봐. 저렇게 조그만 애랑 춤을 추고 있어."

"나, 저 마차에 타볼래!"

조그만 도둑의 딸이 말했습니다.

이 아이는 자기가 하고 싶은 것은 꼭 해야만 했어요. 응석만 부리며 버릇없이 자랐고, 고집이 무척 세었기 때문이지요. 도둑의 딸과 게르다는 마차 안에 앉았고 마차는 그루터기와 가시나무숲을 지나 점점 더 숲속 깊숙이 들어갔습니다. 도둑의 딸은 게르다와 키가 비슷했지만, 어깨가 더 넓고 피부도 게르다보다 훨씬 까매서 무척 힘이 세어 보였지만 눈동자는 아주 새까만색이어서 왠지모르게 어딘가 슬퍼보였지요. 그 애는 게르다에게 속삭였습니다.

"내가 너를 싫어하지 않으면 그들은 너를 잡아먹지 못할 거야. 그런데 너는 공주니?"

"아니."

게르다는 짧게 대답하면서 이제까지 겪은 일들과 그녀가 카이를 얼마나 좋아하는지에 대해 모두 이야기해 주었습니다.

도둑의 딸은 아주 진지하게 게르다를 바라보다가 고개를 끄덕이면서 말했습니다.

"저들이 너를 잡아먹어서는 안 돼. 혹시 내가 너를 싫어하게 된다 하더라도 말이야. 그렇게 된다면 내가 직접 너를 잡아먹을 거야."

그러고 나서 그 아이는 게르다의 눈물을 닦아 주고 제 두 손을 예쁜 토시 안에 넣었습니다. 토시는 무척 폭신폭신하고 따뜻했지요.

한참 동안 달리던 마차가 마침내 조용히 멈추었습니다. 그곳은 도둑들의 성마당 한가운데였습니다. 그 성은 위에서부터 아래까지 기다란 금이 가 있었습니다. 뻥 뚫린 구멍으로는 크고 작은 까마귀들이 들어갔다 나왔다 했고 꼭 사람을 집어삼킬 듯한 불도그들이 으르렁거리며 여기저기서 높이 뛰어올랐습니다. 그래도 짖는 것은 금지되어 있었기 때문에 짖지는 않았어요.

낡아빠진 검댕투성이 방 한가운데에서는 커다란 불이 활활 타오르고 있었지요. 연기가 천장까지 떠오르면서 밖으로 나갈 구멍을 찾고 있었습니다. 커다란 가마에선 수프가 끓었고 토끼들은 꼬챙이에 꿰어서 불 위에서 빙글빙글 돌아가고 있었습니다.

"너는 오늘 밤 내 조그만 동물들 옆에서 나하고 같이 자야 해."

도둑의 딸이 말했습니다.

두 소녀는 먹을 것과 마실 것을 실컷 먹고 난 뒤 짚과 담요가 깔려 있는 방구석으로 데리고 갔습니다. 머리 위 대들보와 서까래 위에는 비둘기들이 백 마리나 앉아 있었는데, 모두들 자는 것처럼 보였어요. 그렇지만 두 사람이 다가오자 조금 몸을 돌렸습니다.

"저것들은 모두 내 거야."

도둑의 딸이 자랑스레 말하고는 가장 가까이에 있는 비둘기 한 마리를 재빨리 잡아 발을 잡고 마구 흔들었어요. 그러자 비둘기는 날개를 퍼덕퍼덕거렸지요.

"어서 입 맞춰!"

소녀는 이렇게 소리치며 비둘기로 게르다 얼굴을 쳐버렸습니다.

"저기, 숲속 비둘기들이 앉아 있다."

그 소녀는 한 무더기의 나무 뒤를 가리켰습니다. 이 나무는 벽 높은 곳에 있는 구멍을 막고 있었어요.

"저 두 놈은 숲속 악당이야. 제대로 막아 놓지 않으면 곧 멀리 멀리 날아가 버리거든. 그리고 여기 내 사랑스런 오랜 친구가 있어."

소녀는 뿔을 잡고 순록 한 마리를 끌어냈습니다. 순록의 목은 번쩍이는 구리 목걸이로 묶여 있었습니다.

"이 순록도 꼭 잘 묶어둬야만 해. 그러지 않으면 그냥 내게서 도망가 버리고 말거야. 저녁마다 나는 뾰족한 칼로 순록의 목을 살살 간질인단다. 그래서 이렇게 겁먹고 나를 무서워하는 거야."

소녀는 벽 틈에서 기다란 칼을 꺼내어 순록의 목덜미에 대고 천천히 그어 내려갔습니다. 가엾은 순록이 두려움에 떨며 땅바닥에 발길질을 해대자 소녀는 깔깔거리며 웃더니 게르다를 침대로 끌고 갔습니다.

"넌 잘 때도 칼을 옆에 두고 자니?"

게르다는 겁에 질린 얼굴로 칼을 바라보며 물었습니다.

"나는 언제나 칼을 가지고 잔단다. 언제 무슨 일이 일어날지 알 수 없잖니? 그건 그렇고, 아까 말한 카이 이야기를 계속해 봐. 그리고 네가 어떻게 이 넓은 세상으로 나오게 됐는지 그 이야기 말이야."

그래서 게르다는 처음부터 다시 이야기를 해 주어야만 했습니다. 그러자 머리 위 새장 안에서 산비둘기가 구구거렸어요. 다른 비둘기들은 모두 잠들어 있었는데 말이지요. 이야기를 다 듣고 난 도둑의 딸도 한쪽 팔로는 게르다의 목을 껴안고, 다른 손에는 칼을 든 채 쿨쿨 잠이 들었습니다. 다른 사람에게까지 들릴 만큼 크게 숨소리를 내면서 말이에요. 그러나 게르다는 잠이나 자고 있을 때가 아니었습니다. 언제 어떻게 죽임을 당하게 될지 모르는 일이니까요.

도둑들은 불 주위에 빙 둘러앉아 흥겹게 노래를 부르며 술을 마시고 있었습니다. 심지어 도둑 아주머니는 빙글빙글 재주넘기를 하고 있었지요. 아아, 조그만 게르다에게는 그 모습이 어찌나 무서워 보였을까요.

그때 갑자기 산비둘기가 말했습니다.

"구구구! 구구! 우리는 카이를 보았단다. 하얀 닭이 그의 썰매를 끌고 가는 걸 보았어. 카이는 눈의 여왕의 마차를 타고 있었어. 그 마차는 우리가 보금자리에서 자고 있을 때 나무에 스칠 듯이 숲 위로 바짝 붙어서 세차게 날아갔지.

그때 눈의 여왕이 우리 아기 비둘기들 하나하나에게 차가운 숨을 불어 넣어 모두 얼어 죽고 말았단다. 구구구! 구구!"

"그게 무슨 소리니? 그럼 눈의 여왕은 어디로 날아간 거야? 너희들은 어디로 갔는지 알고 있니?"

게르다가 자기도 모르게 큰소리로 외쳤습니다.

"눈의 여왕은 아마 라플란드로 갔을 거야. 그곳은 언제나 눈과 얼음으로 뒤덮여 꽁꽁 얼어 있으니까. 저기 줄에 매여 있는 순록에게 물어봐."

"맞아. 그곳은 온통 얼음과 눈뿐인데, 얼마나 멋있고 좋은지 몰라. 넓고 반짝 반짝 빛나는 계곡을 자유롭게 뛰어다닐 수 있지. 눈의 여왕은 그곳에 여름 별 장을 가지고 있단다. 눈의 여왕의 성은 좀 더 북극 가까이에 있는 스피츠베르 겐 섬에 있지."

순록이 말했습니다.

"오, 카이, 카이야. 너무 너무 보고 싶어!"

그렇게 외치면서 게르다는 깊은 한숨을 내쉬었습니다.

"좀 조용히 누워 있지 못 해, 그러지 않으면 이 칼로 너를 찔러 버릴 거야!"

그때 이야기 소리에 잠에서 깬 도둑의 딸이 화를 내며 말했습니다.

아침이 되자 게르다는 도둑 소녀에게 어젯밤 산비둘기가 말해 준 모든 것을 이야기했습니다. 도둑의 딸은 아주 진지하게 듣더니 이윽고 고개를 끄덕이면서 말했지요.

"그런 건 아무래도 좋아. 근데 너 라플란드가 어디 있는지 아니?"

소녀가 순록에게 물었습니다.

"어느 누구도 그곳을 나보다 더 잘 알지는 못할걸. 나는 거기서 태어나고 자 랐거든. 눈으로 덮인 벌판을 신나게 뛰어다녔지."

순록이 눈을 반짝이면서 말했습니다.

"자, 잘 들어 봐. 지금 남자들은 모두 밖으로 나갔어. 우리 엄마만 아직 집에 남아 있단 말이야. 엄마는 지금 집을 지키고 있지만 아침이 되어 그 일이 끝나 면 큰 술병의 술을 다 마셔버리고는 낮잠을 자니까 그때 내가 너를 위해서 일 을 꾸며 볼게."

그러고 나서 도둑 소녀는 침대에서 뛰어내리더니 엄마의 목에 매달려 수염 을 쭉쭉 잡아당기면서 말했습니다.

"사랑하는 염소엄마, 잘 잤어?"

그러자 엄마는 아이의 코 끝을 몇 번이나 손가락으로 힘세게 튕겼고 소녀의 코는 곧 울긋불긋해졌습니다. 그렇지만 그건 모두 애정의 표시였지요.

이윽고 도둑 소녀의 엄마가 술병을 비우고 드르렁거리며 낮잠을 자기 시작하자 도둑 소녀는 순록에게 다가가서 말했습니다.

"나는 날카로운 칼로 네 목덜미를 간질이는 게 매우 즐거워. 두려움에 덜덜 떨며 무서워하는 네 모습은 아주 우스꽝스럽거든. 그렇지만 이젠 안 할게. 너를 묶었던 끈을 풀어 줄게. 그러니 어서 라플란드로 떠나렴. 잊지 마, 이 아이를 꼭 눈의 여왕의 성으로 데려다 줘야만 한다. 그곳에는 이 아이의 소중한 친구가 있으니까. 너도 게르다가 말하는 걸 모두 들었지? 게르다는 드물게 아주 큰 소리로 말했고, 너도 이 아이 말에 귀 기울이고 있었으니까."

순록은 너무 기뻐서 펄쩍펄쩍 뛰었어요. 도둑 소녀는 게르다를 순록 등에 태우고 조심스럽게 그녀의 몸을 단단히 묶은 다음 추울 때 덮으라고 이불까지 주었습니다.

"자, 이제 네 털장화는 가져가. 리플란드는 무척 추울 테니까. 손을 따뜻하게 하는 이 토시는 내가 가질 테야. 왜냐하면 너무 이쁘니까. 그래도 네 손은 얼지 않을 거야. 여기 우리 엄마의 커다란 벙어리장갑이 있거든. 이건 아마 네 팔꿈치까지 덮을 거란다. 자, 어서 껴봐. 그러고 보니 네 손은 꼭 우리 엄마 손처럼 못생겼구나."

게르다는 너무 기쁜 나머지 눈물을 흘렸습니다.

"훌쩍거리지 마. 이럴 때는 크게 웃어야 하는 거야. 자, 이제 다 준비됐다. 여기 빵 두 쪽과 햄이 있어. 이만큼 있으면 굶주리지는 않을 거야."

도둑 소녀는 게르다를 위해 챙겨준 것들을 모두 순록의 등 뒤에 묶어 맸습니다. 그러고는 대문을 열어 큰 개들을 모두 안으로 끌어들이고 날카로운 칼로 순록의 목에 걸려 있던 줄을 끊어버렸어요. 그리고 순록에게 말했습니다.

"자, 힘차게 달려라! 하지만 저 아이가 떨어지지 않도록 조심해야 해."

게르다는 커다란 벙어리장갑을 낀 손을 도둑의 딸에게 내밀며 '안녕!' 작별인사를 했습니다. 순록은 나뭇가지와 덤불을 넘어서 커다란 숲을 지나 달려 나아갔습니다. 그리고 늪과 풀밭도 가로질렀지요. 여기저기서 늑대들이 울부짖었고 까마귀 떼가 까악거렸어요. "획! 획!" 하늘에서는 불꽃같은 붉은 빛이 소리를 내며 번쩍거렸습니다.

"저건 내 오랜 친구인 오로라야. 어때? 참으로 멋지게 빛나지?"

순록은 그렇게 말하면서 밤낮없이 더욱 빠르게 달려 나아갔습니다. 빵과 햄을 다 먹어 없어질 무렵 게르다와 순록은 마침내 라플란드에 이르렀습니다.

여섯 번째 이야기
라플란드 여자와 핀란드 여자

순록과 게르다는 어느 오두막집 앞에서 멈추었습니다. 그 집은 아주 초라해 보였어요. 지붕은 땅에 닿을 만큼 푹 주저앉아 있었고 문은 아주 낮은 곳에 있었지요. 누군가 밖으로 나가거나 안으로 들어오려면 배를 바닥에 대고 기어야만 했답니다. 그곳에는 라플란드 할머니 말고는 아무도 없었습니다. 할머니는 생선기름 불에 생선을 굽고 있었지요.

순록은 할머니에게 다가가 게르다 이야기를 하기도 전에 제 이야기부터 했어요. 순록에게는 자기 이야기가 훨씬 더 중요했으니까요. 게르다는 거센 추위에 온몸이 꽁꽁 얼어붙어서 제대로 말조차 할 수 없었습니다.

"아이, 가엾기도 해라. 하지만 너희들은 아직 더 멀리 가야 한다. 앞으로도 백 마일이나 떨어져 있는 핀란드까지 가야 해. 눈의 여왕은 그곳에 있는 별장에서 지내고 있거든. 거기서 기나긴 저녁마다 푸른 불꽃을 피운단다. 나에게는 종이가 없으니 마른 생선에 몇 자 적어 줄게. 이걸 핀란드 여자에게 보여주거라. 그 여인은 나보다 더 자세하게 알려줄 수 있을 거야."

게르다가 불 가까이 앉아 먹고 마시면서 몸을 따뜻하게 녹이는 동안 라플란드 할머니는 마른 생선에 몇 자 적은 편지를 건네주시며 절대 잊어버리지 말라고 일렀어요. 그리고 할머니께서 게르다를 순록 위에 단단히 묶자마자 서둘러 그곳을 떠났습니다.

'획 획' 또다시 높은 하늘에서 소리가 났습니다. 밤새도록 무척 아름다운 푸른색 오로라가 아름답게 타오르는 소리였지요. 이윽고 그들은 핀란드에 이르렀습니다. 핀란드 여자의 집은 그 흔한 문조차 없었기 때문에 게르다와 순록은 굴뚝을 두드렸지요.

집 안은 너무도 더워 핀란드 여자는 거의 발가벗고 있었는데, 그녀는 키가

작고 아주 어두운 얼굴을 하고 있었답니다. 핀란드 여자는 게르다를 보자마자 옷과 장갑, 장화도 벗겨주었어요. 그러지 않았다면 집 안은 게르다에게 너무 더웠을 거예요. 순록 머리 위에는 얼음 한 조각을 올려주었습니다. 그러고 나서 마른 생선에 쓰인 편지를 읽었는데, 세 번 읽어 모두 외운 다음 그 생선을 수프 냄비에 집어넣었습니다. 아직 충분히 맛있게 먹을 수 있었기 때문이지요. 핀란드 여자는 어떤 것이라도 결코 낭비하는 일이 없었답니다.

순록은 자기 이야기를 먼저 하고 나서 게르다 이야기를 했습니다. 핀란드 여자는 지혜로워 보이는 눈을 깜박이면서 진지하게 이야기를 듣고 있었지만 아무 말도 하지 않았습니다.

"당신은 지혜로운 분이잖아요. 나는 당신이 세상 모든 바람을 실 하나로 묶을 수 있다는 것을 알아요. 만일 선원이 매듭을 하나 풀면 배는 순풍을 만나게 되지요. 또 다른 매듭을 풀면 거센 바람이 불고요. 세 번째 매듭과 네 번째 매듭을 풀게 되면 숲속 나무도 쓰러뜨릴 만큼 엄청난 폭풍이 불게 되지요. 이 소녀에게 무언가 신비한 물약을 만들어 주실 수는 없나요? 마시기만 해도 열두 사람이 내는 것 만큼의 힘이 솟아나도록 말이에요."

순록이 부탁하자, 핀란드 여자가 그제야 입을 열었습니다.

"열두 사람을 합친 힘이라고? 그것 참 큰 도움이 되겠는걸."

"그래요. 그러면 많은 도움이 될 거예요."

그녀는 선반에 있는 커다란 두루마리 가죽을 가져와 주욱 펼쳤습니다. 거기에는 알아볼 수 없는 글자들이 가득 적혀 있었기에 핀란드 여자는 이마에서 땀이 뚝뚝 떨어질 때까지 열심히 읽었습니다.

순록은 게르다를 위해서 다시 간청했답니다. 게르다도 눈물이 그득한 눈으로 마음속 깊이 애원하듯 핀란드 여자를 바라보았지요. 그러자 그녀는 다시 눈을 깜빡이면서 순록을 한쪽 구석으로 데리고 갔습니다. 다시 새로운 얼음을 순록 머리에 얹는 동안 그녀는 작게 소곤거렸습니다.

"카이는 물론 지금도 눈의 여왕 곁에 있어. 그녀의 성에서 원하는 것은 뭐든지 다 가질 수 있으니 그곳이 세상에서 가장 좋은 곳이라 믿고 있단다. 하지만 그건 카이 가슴에 악마의 거울 조각이 하나 박혀 있고, 눈에도 아주 조그만 거울 알갱이가 들어가 있기 때문이야. 먼저 그것들을 꺼내야만 해. 그러지 않으면 그 애는 다시 사람으로 돌아올 수 없어. 눈의 여왕이 계속 카이의 마음을 자기 마음대로 움직일 테니까."

"그렇다면 그 조각들을 빼낼 수 있는 힘을 게르다에게 줄 수는 없나요?"

"나는 지금 게르다가 가지고 있는 것보다 더 큰 힘을 줄 수 없단다. 너는 게르다의 힘이 얼마나 큰지 모르니? 사람들과 짐승들이 모두 게르다를 도와주었잖니. 그래서 저렇게 맨발인데도 이 머나먼 곳까지 올 수 있었던 거란다. 우리한테서는 어떤 힘도 얻을 수 없어. 모두 게르다의 마음속에 있기 때문이야. 그 엄청난 힘은 바로 그녀의 착하고 순수한 마음에서 나오는 것이지. 만일 게르다 스스로 눈의 여왕에게 갔는데도 카이 심장과 눈에 박혀 있는 유리 조각을 빼낼 수 없다면 우리도 그를 구해낼 수 없을 거야. 여기서 2마일 떨어진 곳부터 눈의 여왕의 정원이 펼쳐진단다. 그곳으로 가면 눈 속에 빨간 열매가 달린 큰 덤불이 있을 테니, 그 옆에 게르다를 살며시 내려주렴. 자, 이제 수다 떨 생각 말고 어서 떠나거라!"

핀란드 여자가 게르다를 순록 위에 태우자마자, 순록은 있는 힘껏 빠르게 달려 나아가기 시작했습니다.

"아! 장화와 벙어리장갑을 그냥 두고 와버렸어!"

게르다가 소리를 질렀습니다. 피부를 찌르는 듯한 추위가 밀어닥치자 갑자기 알아차린 것입니다. 그렇지만 순록은 멈출 생각을 하지 않고 계속 달렸습니다. 얼마 뒤 그들은 빨간 열매가 달린 덤불 앞에 이르게 되었습니다.

순록은 게르다를 덤불 앞에 내려놓고는 그녀의 입에 입맞춤했습니다. 반짝 빛나는 눈물이 순록 뺨 위로 흘러내렸지요. 순록은 곧 그들이 온 길로 다시 돌아갔습니다. 가엾은 게르다는 신발도 없고 장갑도 없이 끝도 없이 내리는 눈과 얼음 그리고 추위만이 가득한 핀란드 빙하에 홀로 남겨졌습니다.

게르다는 있는 힘을 다해 앞으로 달려 나아갔습니다. 그러자 갑자기 사방에서 눈송이가 몰려들었지요. 그렇지만 그 눈송이들은 하늘에서 내리는 것이 아니었습니다. 하늘은 아주 맑아 아름다운 오로라도 반짝반짝 빛나고 있었거든요. 그 엄청난 눈송이들은 땅 위에서만 휘몰아치고 있었던 겁니다. 게르다가 눈의 여왕의 성으로 다가가면 다가갈수록 눈송이들은 점점 더 커졌답니다.

게르다는 확대경을 통해서 본 눈송이가 얼마나 크고 멋있었는가를 아직도 생생하게 기억하고 있었지요. 그러나 이곳에 휘몰아치는 눈송이들은 그것들보다 훨씬 더 컸으며 무시무시하게 보였습니다. 마치 살아서 마구 달려오는 것만 같았어요. 눈송이들은 여왕을 지키는 병사들로서, 아주 이상한 모습을 하고 있었습니다. 어떤 것들은 못생긴 호저처럼 보였고, 또 어떤 것들은 머리를 들어 올린 뱀처럼 보였으며 다른 것들은 털을 빳빳하게 세운 통통한 작은 곰처럼 보이기도 했습니다. 이 녀석, 저 녀석들 모두 새하얗게 빛나며 살아 있는 눈송이들이었습니다.

게르다는 두려움을 이겨내려 '하느님의 기도'를 소리 높여 불렀어요. 그런데 너무 추워서 입을 열 때마다 허연 입김이 연기처럼 모락모락 피어났습니다. 그런데 그 입김이 점점 커지는가 싶더니 마침내는 작고 반짝이는 천사의 모습이 되는 게 아닙니까! 천사들은 땅에 닿자마자 더욱더 커졌습니다. 자세히 보니 모두들 머리에 투구를 쓰고, 손에는 창과 방패를 가지고 있었어요. 게다가 점점 그 수도 많아지면서 게르다가 기도를 마쳤을 때는 천사들로 이루어진 훌륭한 군대가 게르다를 둥글게 둘러싸고 있었습니다. 천사들은 저마다 가지고 있는 창으로 보기 싫은 눈송이들을 하나하나 찔러 수백 개의 작은 조각으로 산산이 부숴 버렸습니다.

이제 천사들을 곁에 두게 된 게르다는 새로운 용기를 가지고 앞으로 나아갔습니다. 천사들이 게르다의 손과 발을 어루만져주어 하나도 춥지 않았지요. 그렇게 천사들의 보살핌 속에 게르다는 서둘러 눈의 여왕과 카이가 있는 성으로 달려갔습니다.

그런데 카이는 어떻게 지내고 있을까요? 카이는 아무 걱정없이 게르다를 싸악 잊고 지냈습니다. 그리고 물론 성 밖에 그녀가 있다는 것은 상상조차 못하고 있었지요.

일곱 번째 이야기
눈의 여왕 성에서 일어난 일과 그 뒤 일

성벽은 쉼없이 휘몰아치는 눈으로 이루어져 있었고 문과 창은 몸을 찌를 듯이 윙윙대는 바람으로 만들어진 것이었지요. 성 안에는 커다란 방이 수백 개나 있었는데, 마찬가지로 모두 눈으로 이루어져 있었습니다. 가장 큰 방은 몇 마일이나 되었답니다. 방에는 눈부신 오로라가 아주 강하게 비치고 있었는데, 텅텅 비어 있어서 몹시 춥고 가만히 바라볼 수 없을 만큼 반짝거렸습니다.

이 성에는 즐거운 일이라고는 전혀 없어서 휘몰아치는 바람소리에 박자를 맞추어 춤을 추는 작은 곰들의 춤잔치조차 열리지 않았답니다. 입술과 앞치마로 소리를 내어 연주하는 음악회는 물론 하얀 여우 아가씨의 차모임도 없었습니다.

성 안 방들은 모두 텅텅 비어 있었으며 아주 크고 추웠습니다. 선명하게 빛

나고 있어서, 언제 가장 높고 언제 가장 낮아지는지를 잘 알 수 있었지요.

굉장히 넓은 텅 빈 눈 방 한가운데에는 꽁꽁 얼어붙은 호수가 하나 있었습니다. 그 호수는 수천 개의 조각으로 마구 갈라져 있었는데, 그 조각들 하나하나가 모두 같은 모양이어서 마치 멋진 예술품처럼 보였지요. 눈의 여왕은 성에 머무를 때면 늘 호수 한가운데에 앉아 이렇게 말하곤 했습니다. 지금 나는 모든 것을 아는 '지혜의 거울' 위에 앉아 있다, 이 거울은 세상에 하나밖에 없는 가장 훌륭한 거울이라고 말이에요.

작은 카이는 추위 때문에 온 몸이 검푸른 색깔로 변해 있었습니다. 그렇지만 카이는 이를 눈치채지 못했지요. 눈의 여왕의 입맞춤으로 더는 추위를 느낄 수 없었으며, 그의 심장도 딱딱한 얼음 덩어리처럼 차갑게 변해 버렸기 때문이에요.

카이는 날카로운 얼음 조각 몇 개를 끌고 가서 이리저리 맞추었습니다. 무엇인가 멋진 것을 만들어 보고 싶었던 거죠. 그건 바로 우리들이 어릴 때 했던 나무토막들로 여러 모양을 만드는 것과 같은 놀이였습니다. 우리가 잘 알고 있는 '중국놀이'와 비슷하지요.

카이도 열심히 무엇인가를 만들었습니다. 그것은 바로 '지혜 놀이'였어요. 카이의 눈에는 이 놀이가 아주 훌륭하고 가장 중요하게 보였습니다. 그의 눈에 붙어 있는 악마의 거울 조각이 그렇게 보이도록 만든 거지요. 카이는 얼음 조각들을 나란히 이어붙여 여러 글씨들을 만들었습니다. 그런데 카이가 꼭 만들고 싶었던 글씨는 끝내 만들지 못했습니다. 바로 '영원'이라는 글씨였지요.

눈의 여왕은 예전부터 그에게 말했습니다.

"만일 네가 그 모양을 만들어 낸다면 너를 자유롭게 해줄게. 그리고 너에게 이 세상과 새 스케이트를 선물로 줄게."

그러나 카이는 아무리 애를 써도 그 글씨만은 만들 수가 없었습니다.

"이제 나는 따뜻한 나라로 갈 거야. 거기에서 까만 냄비 속을 들여다볼 테야." 눈의 여왕이 말했습니다.

까만 냄비란, 에트나와 베수비오 활화산을 말하는 것입니다.

"내가 그 산들을 좀 하얗게 만들어 놓고 오겠어. 그러면 레몬과 포도에게도 무척 좋을 테니까."

그렇게 눈의 여왕은 떠났습니다. 카이는 몇 마일이나 되는 아주 아주 넓고 텅 빈 얼음방에 홀로 앉아 얼음 조각을 바라보며 글씨를 만들기 위해 생각에 잠겼습니다. 카이는 몸이 삐걱삐걱거릴 만큼 꽁꽁 얼어붙어 있었어요. 너무 꼼짝도 하지 않고 앉아 있어서 마치 얼어붙은 인형 같았답니다.

그때 게르다가 커다란 성문을 통해 안으로 들어왔습니다. 바람은 세차게 불어와 살을 에는 듯 매우 추웠습니다. 그러나 저녁 기도를 드리자 거친 바람들은 마치 잠이라도 자려는 듯 서서히 가라앉는 것이었어요. 게르다는 텅빈 추운 방 안으로 들어서면서 마침내 카이를 보게 되었습니다. 게르다는 카이에게로 나는 듯이 달려가 목에 매달려 꽉 껴안고는 큰소리로 외쳤습니다.

"아아, 카이야, 사랑하는 카이야! 너무 너무 보고 싶었어. 드디어 너를 찾았구나!"

그러나 카이는 그 자리에서 꼼짝도 하지 않고 차갑게 앉아만 있을 뿐이었습니다. 게르다는 엉엉 울면서 뜨거운 눈물을 흘렸어요. 그 눈물은 카이의 가슴에 뚝뚝 떨어져서 차가운 심장 안으로 서서히 스며들어갔습니다. 흘러들어간 눈물은 얼음 덩어리를 녹이며 그 안에 있던 작은 거울 조각과 함께 사라졌어요. 마침내 카이는 게르다를 알아보게 되었답니다. 게르다는 둘의 추억이 깃들어 있는 찬송가를 부르기 시작했어요.

장미는 피었다지고, 우리는 아기예수를 보리라!

게르다의 노래를 듣자 카이는 왈칵 울음을 터뜨렸습니다. 이번에는 거울 알갱이들이 그의 눈에서 또르르 굴러 떨어졌답니다.

"게르다, 사랑스런 게르다야, 그동안 너는 어디에 있었던 거니? 그리고 나는 또 어디 있었던 거야?"

카이는 게르다를 알아보고는 기쁨에 가득 차 말했습니다.

"여기는 왜 이렇게 춥지? 어디기에 이렇게 넓고 텅 비었니?"

카이는 주위를 이리저리 둘러보다 게르다를 꼭 껴안았습니다. 게르다는 너무 행복해서 웃다가도 또 눈물을 흘렸어요. 만남은 참으로 멋지고 행복한 광경이었습니다. 주위 얼음 조각들도 기뻐서 빙글빙글 춤을 추었지요. 마침내 얼음들은 지쳐서 그 자리에 주저앉아 버렸어요. 그런데 신기하게도 얼음조각들이 눈의 여왕이 말했던 그 글자 모양대로 순식간에 놓여지는 게 아니겠어요? 카이가 자유를 되찾고, 눈의 여왕으로부터 이 세상과 새 스케이트를 받을 수 있으리라 약속받았던 바로 '영원'이라는 글자 말이에요.

게르다가 카이의 볼에 입맞춤을 하자, 마치 꽃이 피는 것처럼 다시 발그스름하게 살아났습니다. 이번에는 눈에 입맞춤을 하니 게르다의 눈처럼 반짝반짝 빛나며 생기가 넘치게 되었어요. 손과 발에 입맞춤을 했을 때 카이는 예전처럼 건강하고 씩씩해져 있었습니다.

이제 눈의 여왕이 성으로 돌아오면, 카이가 자유의 몸이 되었다는 걸 증명하는 얼음 글씨를 보게 되겠지요.

게르다와 카이는 서로의 손을 꼭 잡고 커다란 성 밖으로 나갔습니다. 할머니와 지붕 위에 있는 장미꽃 이야기를 나누며 걸었지요. 그들이 지나가면 바람은 조용히 가라앉고 해님은 반짝반짝 빛을 냈습니다.

마침내 빨간 열매 덤불에 이르러 보니, 이미 순록이 와서 기다리고 있었습니다. 순록은 다른 젊은 순록과 함께 있었어요. 그 순록은 통통한 가슴을 내밀어 두 아이들에게 따뜻한 우유를 주고는 입맞춤도 해 주었습니다. 두 순록은 카이와 게르다를 등에 태워 핀란드 여자 집으로 데려갔습니다.

두 아이는 핀란드 여자의 따뜻한 방에서 몸을 녹였습니다. 그리고 고향으로 가는 길에 대해서 듣고는 곧 라플란드 할머니 집으로 갔습니다. 라플란드 할머니는 카이와 게르다에게 새옷을 지어 주고, 그들의 썰매도 고쳐 주었습니다.

마음씨 착한 두 순록은 새 썰매를 끌고 달려 국경까지 게르다와 카이를 데려다 주었어요. 그곳에서는 그 해 첫 번째 푸른 잎이 눈 속에서 빼꼼히 얼굴을 내밀고 있었지요. 두 사람은 줄곧 저들을 태워준 순록들과 친절한 라플란드 여자에게 작별 인사를 했습니다.

"안녕, 잘 있어!"

그들 모두 힘차게 외쳤습니다.

봄을 맞아 새들이 지저귀기 시작했습니다. 숲 속 나무들은 푸른 봉오리를 맺고 있었지요. 그때 갑자기 숲 속 깊은 곳에서 말을 탄 소녀가 나타났습니다. 게르다가 잘 알고 있는 말과 소녀였지요. 소녀는 머리에 빛나는 빨간 모자를 쓰고 허리에는 두 개의 총을 찼습니다. 바로 도둑의 딸이었어요. 소녀는 곧 게르다를 알아보았고, 게르다도 소녀를 알아보았습니다. 서로 얼마나 기뻐했는지 몰라요! 도둑 소녀는 따분한 집에서 나와 재미있는 일을 찾기 위해 북쪽으로 여행을 떠나는 길이라고 했습니다.

"얘, 너도 참 별나구나. 잘도 여기저기 떠돌아다녔단 말이지. 게르다가 너만을 찾아 이 세상 끝까지 갈 만큼 네가 그렇게 소중한 아이인지 한번 봐야겠다."

소녀가 카이를 쳐다보며 말했습니다.

게르다는 소녀의 볼을 어루만지며 공주와 왕자에 대해 물었습니다.

"그들은 낯선 나라로 여행을 떠나버렸어."

"그럼 까마귀 부부는 어떻게 됐니?"

"수까마귀는 그만 죽어버리고 말았단다. 상냥한 암까마귀는 이제 홀로 남았어. 다리에 까만 털실 끄트머리를 달고는 여기저기 날아다녀. 과부가 된 까마귀는 늘 슬픔에 젖어 있지. 그보다도 이젠 네가 어떻게 지냈는지 이야기해 봐. 카이를 어떻게 데려올 수 있었는지."

게르다와 카이는 사이좋게 번갈아가며 자기들 이야기를 해 주었습니다.

"와, 그거 참으로 잘됐구나! 잘됐어!"

도둑의 딸은 두 아이의 손을 꼭 잡고 약속했습니다. 언젠가 게르다와 카이가 살고 있는 도시에 가게 된다면, 꼭 만나러 집으로 찾아가겠노라고 말이죠. 소녀는 곧 말을 타고 넓은 세상으로 여행을 떠났습니다.

카이와 게르다는 다시 다정하게 손을 잡고 계속 걸어 나아갔습니다. 아름다운 꽃과 나무들이 자라는 찬란한 봄날이었습니다. 교회 종소리가 들려왔고 두 사람은 곧 익숙한 높은 탑과 커다란 도시를 보았습니다. 마침내 두 사람이 살던 도시에 다다른 거예요.

두 사람은 서둘러 계단을 뛰어 올라가 할머니 방으로 들어갔습니다. 방 안 모습은 예전과 다름이 없었죠. 시계는 여전히 똑딱똑딱 돌아가고 있었지만 문을 들어섰을 때 두 사람은 모든 게 그대로인 이 방과는 다르게 자신들은 어른이 되어 있음을 깨달았습니다.

처마 홈 장미는 열려 있는 창문 안으로 활짝 피어나 있었습니다. 게다가 둘의 조그만 의자가 놓여 있었지요. 카이와 게르다는 저마다 제 의자에 앉아서 서로의 손을 꼭 잡았습니다. 둘은 눈의 여왕의 성과 그 무시무시한 추위, 그리고 얼음의 아름다움을 악몽이라도 꾼 것처럼 곧 잊어버렸답니다. 할머니께서는 화창한 햇빛 아래 앉아 성경 한 구절을 읽어 주셨습니다.

"너희들이 어린 아이처럼 되지 않으면, 천국에 오지 못하리라."

카이와 게르다는 서로의 눈을 바라보았어요. 마침내 두 사람은 옛 노래의 의미를 이해하게 되었습니다.

장미는 피었다 지고, 우리는 아기예수를 보리라!

그렇게 둘은 이제 어른이 되어 앉아 있었어요. 그래도 그들 마음은 여전히 어린 아이처럼 순수했지요. 어느새 무더운 여름이 찾아왔습니다. 은총을 받아 찬란하게 아름다운 여름이 말이지요!

030
딱총나무 아줌마
Hyldemoer

한 소년이 있었습니다. 그 소년은 어느 날 감기에 걸리고 말았습니다. 밖에 나갔다가 그만 발을 적시고 돌아왔기 때문이지요. 그런데 어디서 그렇게 발이 젖어버린 걸까요? 아무도 알 수가 없었습니다. 땅은 바싹 말라 있었거든요.

그 소년의 어머니는 서둘러 소년의 옷을 벗기고 침대에 뉘었답니다. 그리고 물 끓일 준비를 했어요. 딱총나무 차를 끓여 주기 위해서였죠. 이 차를 마시면 몸이 한결 따뜻해지거든요.

그때 문이 살며시 열리더니 어떤 할아버지가 방 안으로 들어왔습니다. 이 할아버지는 이 집 꼭대기 층에 살고 있었습니다. 가족이 아무도 없어서 홀로 살고 있는 아저씨였지요. 그렇지만 그 아저씨는 아이들을 아주 좋아했고, 동화 와 옛날 이야기도 많이 알고 있었어요. 재미난 이야기를 아이들에게 들려주는 것은 아저씨에게도 커다란 즐거움이었답니다.

"자, 이제 차를 마시렴. 그럼 아저씨가 재미있는 동화를 들려 주실지도 몰라."

어머니가 말했습니다.

"그래, 새로운 이야기가 있나 생각해 보마. 그런데 이 녀석은 대체 어디서 이렇게 발을 적셔 왔지요?"

아저씨가 물었습니다.

"그러게 말이에요. 땅은 말라있는데 도대체 어디서 적셨는지 아무도 몰라요." 소년의 어머니가 말했습니다.

"동화를 들려주실 건가요?"

소년이 아저씨에게 물었습니다.

"그래. 그런데 네가 먼저 나한테 자세히 이야기해 준다면 말이다. 나는 저 건너 작은 길가에 흐르는 도랑이 얼마나 깊은지 알고 싶거든. 네가 학교 가는 길에 있는 그 도랑 말이다."

"깊은 구덩이는 딱 무릎 반까지 와요."

"아하, 그래서 발이 젖은 게로구나. 자, 이제 내가 동화를 하나 들려줄 차례인데…… 그런데 이제 더는 아는 게 없으니 어쩌지?"

"곧 생각나실 거예요. 우리 엄마가 그러는데, 아저씨가 보시는 모든 게 다 동화가 될 수 있대요. 그리고 아저씨는 뭐든 만졌다 하면 곧 이야기를 만들어 낼 수 있다고도 했어요."

"그래. 하지만 그런 이야기는 어디에도 쓸모가 없는 것들이란다. 진짜 이야기들은 저절로 생겨나지. 그것들은 내 이마를 톡톡 두드리며 말한단다. '나 여기 있어요!' 이렇게."

"그럼 곧 톡톡 두드리러 오지 않을까요?"

소년이 물었습니다.

그러자 어머니는 저도 모르게 미소를 지으면서 딱총나무 차를 주전자에 넣고 끓는 물을 부었습니다.

"이야기해 주세요. 어서요."

"그래, 그래. 동화가 하나 저절로 나타나면 이야기해 줄게. 그렇지만 이야기는 꽤나 거드름을 피우기 때문에 자기 기분이 내켜야만 나타나거든"

그러다가 아저씨가 갑자기 외쳤습니다.

"저기 있다! 자, 조용 조용히 잘 봐라. 저기 찻주전자에 하나 있다."

소년은 찻주전자를 빤히 바라보았습니다. 그러자 뚜껑이 점점 위로 솟구치면서 하얀 딱총나무 꽃이 나오는 것이었어요. 곧이어 기다란 가지도 나왔어요. 나중엔 물 따르는 구멍에서도 가지가 나와 점점 더 커져만 갔답니다. 그러고는 아주 멋진 한 그루의 딱총나무가 되었습니다. 와아, 이제는 침대까지 가지를 쭉 뻗었네요? 커튼을 옆으로 밀어버리면서 말이에요. 아아, 어쩌면 저렇게 아름답고 향기로울까!

게다가 나무 한가운데에는 친절해 보이는 나이 든 여자가 있었어요. 그 여자는 아주 신비로운 옷을 입고 앉아 있었답니다. 그 옷은 딱총나무 잎처럼 진초록색이었고, 하얀 딱총나무 꽃으로 덮여 있었습니다. 그 잎과 꽃이 만든 것인지, 아니면 살아 있는 것인지는 보기만 해선 알 수 없었어요.

"저 아주머닌 누구예요?"

소년이 물었습니다.

"응, 로마 사람들이나 그리스 사람들은 나무 요정 드라아데라고 불렀단다. 그렇지만 우리야 그 의미를 알 수 없지. 어부들이 사는 도시에서는 그것보다 더 멋진 이름으로 불리지. 거기에서는 딱총나무 아줌마라고 불린단다. 잘 살펴봐야 돼. 조용히 귀를 기울이면서 저 멋진 딱총나무를 잘 바라보렴. 딱 저 나무만큼 크고 활짝 핀 나무가 저 밖에 서 있지. 그 나무는 보잘것없이 좁은 마당 구석에서 자랐어. 어느 날 오후였지. 딱총나무 밑, 따사로운 햇볕 아래 두 노인이 앉아 있었어. 늙은 선원과 그의 부인이었지. 그들은 이미 증조할아버지와 증조할머니였는데, 결혼한 지 50년이 되는 날, 금혼식을 앞두고 있었단다. 그렇지만 노부부는 정확한 날짜를 몰랐지. 그러자 딱총나무 아줌마는 바로 저기 앉아 있는 나이 든 여자처럼 나무에 앉아 즐거운 표정으로 이렇게 말했던 거야.

'나는 당신들의 금혼식이 언제인지 잘 알지.'

그렇지만 노부부는 그 말을 듣지 못했단다. 살면서 지나 온 옛날 이야기를 하고 있었으니까 말이야.

늙은 선원이 말했지.

'당신, 아직도 기억하오? 우리들이 어렸을 때 이리저리 뛰어다니면서 놀던 것 말이오. 우리가 지금 앉아 있는 바로 이 정원에서였잖소. 작은 나뭇가지들을 몇 개 심어서 어여쁜 정원을 만들곤 했지.'

늙은 부인이 대답했어.

'그럼요, 저도 아직 기억하고 있어요. 우리는 그 작은 나뭇가지에 물을 주었죠. 그 가운데 하나가 바로 딱총나무였는데, 그게 뿌리를 내리고 가지를 뻗어서 마침내는 우리 두 늙은이들이 앉아 있는 이 커다란 나무가 되었네요.'

노인도 맞장구를 쳤단다.

'그래, 그랬지. 그 때는 저기 구석에 물통 하나가 있었는데 그 안에서 내가 만든 조그만 배가 떠다녔어. 어찌나 멋지게 바람을 타고 배가 떠다니던지. 물론 나는 나중에 그보다 훨씬 커다란 배를 타고 바다로 나가게 되었지만.'

'그렇네요. 그리고 우리는 학교에서 함께 공부를 했잖아요. 언젠가는 성당에서 견진성사를 받았는데, 그때 우리 둘 다 기쁨의 눈물을 흘렸었죠. 오후에는 손을 꼭 잡고 원형탑 위에 올라가서, 코펜하겐의 멋진 도시와 넓디넓은 바다를 바라다보았죠. 우리는 프레데릭스베르그로 가서 왕과 왕비도 보았어요. 그분들은 멋진 보트를 타고 운하 위를 건넜지요.'

'그렇지만 내가 탄 배는 그들 배와는 다른 것이어서, 오랜 세월동안 배 위에서 지내며 세상 이곳저곳을 여행했지!'

'그래요. 나는 때때로 멀리 떠나버린 당신을 생각하면서 눈물을 흘리고는 했어요. 당신이 저 먼 바다 어딘가에서 죽어버리진 않았는지, 깊은 바다 속으로 가라앉아버린 건 아닌지 너무 걱정이 되어서요. 나는 몇 날 밤을 자지도 않고 바람이 불면 빙글빙글 돌아가는 닭모양 풍향계만 바라보았어요. 그래요, 풍향계는 돌아갔지요. 그러나 당신은 끝내 돌아오지 않았어요. 나는 폭풍우가 몰아치던 그날을 똑똑히 기억하고 있어요. 쓰레기를 가지러 오는 마부가 왔고 나는 쓰레기통을 든 채 아래로 내려가서는 문 앞에 서 있었죠. 어찌나 비가 세차게 내리던지. 바로 그때 우체부가 내 옆으로 왔어요. 그러고는 편지를 전해주었지요. 그건 바로 당신한테서 온 거였어요. 세상을 너무나 멀리 돌고 돌아서 겨우 온 편지였어요. 그것을 뜯어서 읽는 동안 나는 너무 기뻐서 울다가 웃곤 하였지요. 편지에는 당신이 커피 열매가 자라는 따뜻한 나라에 가 있다고 적혀 있었어요. 가보지는 않았지만 그곳은 아마 참으로 멋진 나라일 거예요! 당신은 편지 속에서 내게 많은 이야기를 했지요. 나는 그 모든 것들이 눈앞에 펼쳐진 것처럼 바라볼 수 있었어요. 그러는 동안에도 비는 여전히 쏴아쏴아 억수처럼 쏟아지고 있었지요. 나는 편지를 다 읽고 나서도 여전히 쓰레기통을 손에 들고 서 있었고요. 그런데 그때 느닷없이 누군가가 달려 와서 나를 확 끌어안는 게 아니겠어요.'

'그래, 그때 당신은 철썩 소리가 날 만큼 내 뺨을 보기 좋게 한 대 쳐버렸지.'

'내가 어떻게 당신인 줄 알았겠어요? 당신은 편지와 같이 왔고 또 너무나 멋졌으니까요. 지금도 그때처럼 멋져 보이기는 하지만요. 윗주머니에는 노란 비단 수건이 들어 있었고 머리에는 번쩍거리는 모자를 쓰고 있었는데, 정말 얼마나 멋있었는지 몰라요. 그런데 그때 날씨는 참으로 굉장했지요? 그날 거리 모습이 아직도 생생하게 기억나거든요.'

'그러고 나서 우리는 곧 결혼했지. 당신, 기억하고 있소? 우리가 첫아들을 가지고 그 뒤를 이어 마리, 닐스, 페터, 한스 크리스티안을 낳게 된 것 말이오.'

'그럼요, 그 애들 모두 잘 자라 주었지요. 이젠 어엿한 어른이 되어 누구에게나 사랑을 받고 있지요.'

'그 조그맣던 아이들이 부모가 되다니. 자식이 자식을 낳고 그 아이가 자라서 또 자식을 낳으니, 우리의 피를 이어받은 증손자들이네. 그러고 보니 우리가 결혼식을 올린 것도 이맘때쯤이군.'

'그래, 맞아요, 바로 오늘이 금혼식 날이에요.'

딱총나무 아줌마가 말했단다. 그러고는 두 노인 사이로 머리를 들이밀었어. 그런데 그들은 이웃집 여자가 인사를 했다고 생각했지. 그들은 서로의 얼굴을 바라보면서 손을 맞잡았어. 그리고 얼마 안 있어서 아이들과 손자 손녀들이 왔단다. 그들은 오늘이 금혼식 날이라는 걸 알고 있었던 거야. 아침에 축하 인사를 했었거든. 그런데 노부부는 옛 추억들을 떠올리다 그 사실을 깜빡 잊어버렸던 거야.

딱총나무는 기분좋은 향기를 뿜었단다. 이제 막 서쪽으로 지려고 하는 해님은 두 사람의 얼굴을 따스하게 비추었고 부부의 볼은 발그스름하게 물들었지. 손자들 가운데 가장 어린 아이가 둘의 주위를 맴돌며 즐겁게 춤을 추면서 외쳤단다.

'오늘 밤에 할아버지, 할머니를 위한 잔치가 있어서 구운 감자를 잔뜩 먹을

수 있을 거예요. 아이, 기뻐라!'

그 아이는 구운 감자를 아주 좋아했거든요. 딱총나무 아줌마도 나무에 앉아 머리를 끄덕이고는 다른 사람들과 함께 '야호!' 소리쳤단다."

"그렇지만 그건 동화가 아니잖아요."

이야기를 듣고 있던 소년이 말했습니다.

"음, 그렇게도 생각할 수 있겠구나. 그럼 어디 우리 딱총나무 아줌마에게 물어볼까?"

아저씨가 말했습니다.

"그래, 맞아요. 지금 해준 이야기는 동화가 아니었어요. 그렇지만 이제 참으로 재미있는 이야기가 올 거야. 가장 멋지고 신기한 동화는 바로 우리들 곁에서 생겨나거든. 그렇지 않다면 내 예쁜 딱총나무 잎들이 찻주전자에서 밖으로 나올 수 없었을 거야."

딱총나무 아줌마가 이렇게 말하고는 소년을 침대에서 끌어내 팔에 안았습니다. 그러자 꽃잎으로 가득 찬 딱총나무 가지들이 그 두 사람을 빙 둘러쌌지요. 마치 울창한 삼림 속 정자에 앉아 있는 것만 같았습니다. 그 아름다운 정자는 그들과 함께 공중으로 떠올랐어요.

딱총나무 아줌마는 어느새 귀엽고 사랑스러운 소녀로 변해 있었습니다. 그러나 옷은 여전히 초록색에 하얀 꽃이 가득 피어 있었지요. 가슴에는 예쁜 딱총나무 꽃이 달려 있었고, 곱슬거리는 금발머리에는 딱총나무로 된 둥근 화환이 얹혀 있었습니다. 소녀의 눈은 아주 크고 맑은 파란색이었어요. 아, 소년은 소녀를 보면 볼수록 사랑스럽다고 생각했답니다. 소녀와 소년은 입맞춤을 했습니다. 둘은 같은 또래였고, 서로 같은 기쁨에 취해 있었지요.

둘은 손을 잡고 정자에서 나왔습니다. 그들은 어느새 제 집 아름다운 정원에 와 있었습니다. 푸른 잔디밭 말뚝에는 아버지의 지팡이가 매여 있었는데, 놀랍게도 살아 숨쉬는 게 느껴졌습니다.

둘이서 지팡이에 가로로 걸터앉자 번쩍번쩍 빛나던 지팡이 손잡이가 갑자기 힘찬 말로 변해버렸습니다. 말은 '히힝' 힘차게 울면서 까만 갈기를 이리저리 휘날렸습니다. 그리고 날씬하고 힘찬 네 발은 곧 달리려고 했지요. 말은 아주 건강하고 힘이 넘쳤습니다. 소년과 소녀를 태운 말은 그대로 잔디밭을 한 바퀴 빙 돌았습니다.

"이랴, 이랴! 이제 우리 더 멀리, 더 오래 달리자!"

소년이 외쳤습니다.

"자, 이제 우리는 머나먼 곳이라도 아주 빠르게 갈 수 있어. 그럼 지난 해에 가 보았던 귀족의 성으로 가 볼까?"

그러고서 둘은 잔디밭을 몇 바퀴나 달리고 또 달렸습니다. 본디 딱총나무 아줌마였던 소녀가 계속해서 외쳤습니다.

"자, 우리는 이제 시골에 왔어. 큰 아궁이가 있는 농부의 집이 보이니? 저기서 맛있는 빵을 구울 수 있지. 그건 마치 벽을 뚫고 나오려 하는 거대한 알 같아. 딱총나무는 가지를 지붕 위로 넓게 펼치고 있어. 수탉이 암탉을 위해 부지런히 먹이를 찾아다니고 있네. 저것 좀 봐, 볏을 꼿꼿이 세우고 걸어다니는 멋진 수컷의 모습을.

자, 이제 우리는 교회 위로 왔어. 언덕 위 커다란 떡갈나무로 둘러싸인 교회, 그 가운데 한 그루는 이미 반쯤 메말라 죽어 버렸단다.

우리는 대장간에 있어. 불길이 시뻘겋게 타오르고 있지? 웃통을 벗은 남자들이 망치로 무언가를 꽝꽝 두들기고 있단다. 불꽃이 사방으로 마구 튈 만큼 말이야. 그럼 이번엔 다른 곳으로 가볼까? 달려라, 달려. 저 훌륭한 저택으로!"

소년 뒤에 앉아 있는 소녀가 말하는 것들은 뭐든지 그림처럼 갑자기 나타났다 휙휙 지나갔습니다. 그저 잔디밭만을 빙글빙글 돌고 있을 뿐이었는데도, 소년은 그 모든 것들을 똑똑히 보았답니다.

소년, 소녀는 말에서 내려, 골목에서 작은 정원을 만들며 놀았습니다. 소녀는 제 머리장식에서 딱총나무 꽃을 뽑아 땅에 심었습니다. 그러자 나무는 순식간에 쑥쑥 자라 저 교외에 있는 오래된 딱총나무만큼이나 커졌습니다. 노부부가 어렸을 때 심었던 그 나무처럼 말이에요.

그 노부부가 어렸을 때 했던 것처럼 소년과 소녀는 손을 꼭 잡고 걸어갔어요. 그렇지만 그들처럼 둥근 탑이나 프레데릭스베르그 공원으로 간 것은 물론 아니었지요. 소녀는 소년의 몸을 안고 넓디넓은 덴마크 하늘을 이리저리 날아다녔지요. 곧 봄, 여름, 가을이 지나고 추운 겨울이 되었습니다. 반짝반짝 빛나는 새하얀 눈이 온 세상을 뒤덮었습니다. 그러는 사이에 셀 수 없이 많은 풍경들이 소년의 눈과 가슴에 비쳤고, 소녀는 노래를 들려주었답니다.

"너는 오늘을 절대로 절대로 잊어버리면 안 돼."

　여행하는 동안 딱총나무는 늘 달콤하고 황홀한 향기를 풍겼습니다. 소년은 장미와 우창한 너도밤나무도 보게 되었지만 딱총나무가 더 좋았고 어딘지 신비로운 향기가 났습니다. 그럴 수밖에요. 딱총나무 꽃들은 소녀의 가슴에 드리워져 있었는데 날아가는 동안 소년은 소녀의 가슴에 머리를 기대고 있었기 때문이지요.

　"이곳의 봄은 참으로 아름다워."

　소녀가 말했습니다. 소녀는 이제 막 싹이 튼 너도밤나무 숲 속에 서 있었어요. 발 밑에서는 선갈퀴 향내가 났고 담홍색 아네모네는 기분 좋은 푸르름 속에서 더욱 사랑스럽게 보였습니다.

　"아아, 이렇게나 좋은 향기가 나다니! 언제나 따스한 봄날의 너도밤나무 숲 같았으면!"

　"이 곳은 여름에도 얼마나 멋진지 몰라."

　소녀가 말했습니다.

　둘은 중세 시대부터 남겨져 있던 오래된 성 위를 지나갔습니다. 우뚝 솟은 성과 붉은색 돌담, 그리고 삼각형 모양 지붕이 운하 위로 비쳐 떠 있었습니다. 또 운하에서는 백조들이 우아하게 떠다니면서 푸르름이 가득 찬 가로수 길을 바라보고 있었지요. 들에는 곡식들이 마치 바다 파도처럼 물결쳤고, 둑에는 빨갛고 노란 꽃들이 피었습니다. 울타리에는 야생 여러해살이덩굴풀과 메꽃이 요리조리 휘감겨 있었으며, 산들바람이 시원하게 불어왔습니다. 이윽고 저녁이 되자 둥글고 커다란 달님이 떠올랐고, 벌판에 쌓여 있는 새로 벤 건초 더미는 달콤한 풀 향기를 풍겼습니다.

"아아, 이처럼 아름다운 곳은 영원히, 영원히 잊지 못할 거야."

"여기는 가을이 참으로 아름다워."

소녀가 말했어요. 갑자기 하늘이 이제까지보다 훨씬 더 높았으며 푸르러 보였고, 숲은 빨강, 노랑, 초록으로 물들었습니다.

사냥개들이 컹컹 짖으며 숲으로 뛰어가자 야생 백조 무리가 요란하게 울면서 용사의 무덤 위로 날아올랐지요. 무척 오래된 그 무덤 비석 위로는 산딸기 줄기가 쭉 뻗어 있었습니다.

쪽빛 바다에는 하얀 돛단배들이 떠 있었습니다. 타작을 하는 마당에서는 늙은 부인과 아이들이 빙 둘러앉아서 큰 통에다가 여러해살이덩굴풀을 따 넣었습니다. 아이들은 노래를 불렀고, 나이 든 사람들은 도깨비나 꼬마 마법사가 나오는 동화를 이야기했습니다. 세상 어디에도 여기보다 더 재미있는 곳은 없을 거예요.

"이곳은 겨울이 참 아름다워."

소녀의 말이 끝나기 무섭게 갑자기 나무들 하나하나가 모두 서리로 뒤덮이더니 마치 하얀 산호초처럼 모습을 바꾸었습니다. 발 밑에서는 새하얀 눈이 사각사각 소리를 냈지요. 마치 새 장화를 신었을 때처럼 말이에요. 하늘에서는 빛나는 별똥별들이 금빛선을 그으며 지상으로 떨어져 내렸어요. 크리스마스 트리에 불이 밝혀지자, 선물도 가득했으며 모두의 마음에 기쁨이 흘러넘쳤답니다.

시골 농부의 집에서는 아름다운 바이올린 연주 소리가 울려퍼졌고 사람들은 버터와 먹음직스러워 보이는 구운 사과를 내왔습니다. 아이들은 앞 다투어 음식들을 마구 가져 갔지요. 아무리 가난한 집 아이라 해도 이렇게 말했습니다.

"겨울은 참 좋구나."

그래요, 겨울은 너무나도 멋졌어요! 소녀는 소년에게 모든 곳을 보여 주었습니다. 그리고 딱총나무는 점점 더 짙은 향기를 내뿜었답니다.

이때 갑자기 하얀 십자가가 그려져 있는 빨간 깃발이 점점 더 힘차게 휘날리기 시작했어요. 그 늙은 선원이 여행하는 동안 어디서든 펄럭였던 그 깃발 말이지요. 이제 소년은 젊은이가 되었고, 머나먼 나라로 떠나게 되었습니다. 커피 열매가 자라고 있는 따뜻한 나라로 말이에요.

드디어 소녀가 소년과 작별하게 되었을 때, 소녀는 딱총나무 꽃을 가슴에서 꺼내어 소년에게 간직하라고 주었습니다. 그 꽃은 찬송가 책 사이에 곱게 끼어졌어요. 그가 낯선 나라에서 그 책을 펼칠 때면, 언제나 추억의 꽃이 끼어 있는 책장이 펼쳐졌지요. 그 아름다운 꽃은 그가 보면 볼수록 점점 더 싱그러워졌습니다. 그래서 그는 추억을 떠올릴 때마다 덴마크 숲의 향내를 맡을 수 있었죠.

꽃잎 사이로 맑고 푸른 눈의 소녀가 보였습니다.

"여기는 봄, 여름, 가을, 겨울 모두가 얼마나 아름다운지 몰라!"

그러자 오랜 세월 동안 보았던 온갖 풍경들이 그의 머릿속을 스쳐 지나갔습니다.

그렇게 여러 해가 지났습니다. 그는 이제 늙어서 부인과 함께 꽃이 피어 있는 커다란 나무 아래 앉아 있습니다. 노부부는 증조할아버지와 증조할머니가 그랬던 것처럼 서로 손을 꼭 잡고 있었지요. 그리고 옛일과 금혼식에 대해서 이야기했습니다.

머리에 딱총나무 꽃을 꽂은 푸른 눈의 소녀가 나무 위에 앉아 있습니다. 그 소녀는 둘에게 머리를 끄덕이며 말했어요.

"오늘이 바로 금혼식이에요!"

소녀는 꽃 두 송이를 머리에 쓰고 있던 화관에서 빼어 꽃들에게 사랑스레 입맞춤했습니다. 그러자 꽃은 마치 보석처럼 반짝였고 소녀가 그것을 노인들의 머리 위에 얹어주자, 곧 화려한 금관이 되었습니다. 이렇게 금관을 쓴 두 노인은 마치 왕과 왕비처럼 향내나는 나무 아래 행복한 얼굴로 앉아 있었답니다.

그리고 그는 제 늙은 부인에게 딱총나무 아줌마 이야기를 해주었어요. 그가 어린 소년이었을 때 위층 아저씨에게서 들었던 그 이야기 말이에요. 노부부는 그 이야기가 자기들의 삶과 무척 닮아 있다고 생각했습니다. 그래서 그들의 마음에 쏙 들었답니다.

"그래, 이건 아냐!"

나무에 있는 소녀가 말했습니다.

"어떤 사람들은 나를 딱총나무 아줌마라 부르고 또 다른 사람들은 나를 나무 요정 드리아데라고 부르기도 하지. 그렇지만 나는 본디 추억이라고 불려. 나는 나무가 점점 자라는 동안 계속 나무에 앉아 있단다. 그래서 옛날을 되돌아보며 무엇이든 이야기할 수 있는 거야. 어릴 때 주었던 딱총나무 꽃을 아직 가지고 있니? 있다면 좀 보여 주렴."

그러자 노인은 품 속에서 찬송가 책을 꺼내어 펼쳤습니다. 책장 사이에는 여전히 딱총나무 꽃잎이 꽂혀 있었죠. 그 꽃잎은 마치 얼마 전에 끼워 넣은 것처럼 아주 싱싱했습니다.

추억은 가만가만 고개를 끄덕였습니다. 머리에 아름다운 금관을 쓴 노부부는 붉은 저녁 노을 속에 나란히 앉아 있었어요. 이윽고 둘은 조용히 눈을 감았습니다. 그래요, 이제 동화는 끝난 거예요.

소년은 침대에 누워 있었습니다. 소년은 자신이 꿈을 꾼 것인지, 아니면 이야기를 들은 것인지 알 수가 없었습니다. 찻주전자는 식탁 위에 그대로 있었어요. 그러나 어떤 딱총나무 꽃도 가지도 돋아 있지 않았어요. 지금까지 이야기를 해 주었던 아저씨는 이제 막 문을 나서던 참이었지.

"어찌나 아름다웠는지 몰라요. 엄마, 나 따뜻한 나라에 갔었어요."

"그래, 엄마도 네 말을 분명히 믿는단다. 딱총나무 차를 담뿍 마시면 꼭 따뜻한 나라로 가게 되지."

어머니는 그렇게 말하면서 소년을 이불로 잘 덮어 주었습니다.

"내가 아저씨와 그게 동화냐 아니냐를 이야기하는 동안 너는 푹 잤단다."

"그런데 딱총나무 아줌마는 어디 있어요?"

"찻주전자 속에 있지. 아마 계속 거기에 머무를 거다."

소년의 어머니가 웃으면서 말했습니다.

031
돗바늘
Stoppenaalen

예전에 돗바늘 하나가 있었습니다. 그 바늘은 자기의 몸이 가늘기 때문에 자수를 놓기에 딱인 바늘이라며 거들먹거렸지요.

"조심해, 나를 꼭 붙잡고 있어야만 해. 나를 절대 떨어뜨리지 마. 나는 땅바닥에 떨어지면 사람들이 다시는 못 찾아낼 만큼 아주 아주 섬세하거든."

돗바늘은 자기를 집어올린 손가락들에게 말했습니다.

"너무 잘난 체하지 말라고."

손가락들은 바늘 몸을 꽉 잡았습니다.

"봐, 나는 시녀들을 거느리고 있어."

그러면서 돗바늘은 기다란 실을 제 몸 뒤로 쭈욱 빼냈습니다. 그러나 그 실에는 매듭이 없었지요.

그때 갑자기 손가락들이 요리사의 부츠에 바늘 끝을 댔습니다. 그 자리의 가죽이 터져버려서 바느질해야만 했던 것이었죠.

"이런 천한 일은 이제 하기 싫어. 나는 무언가를 꿰매는 일 따위는 절대로 하지 않을 거야. 그럴 바에야 차라리 부러져 버릴 거야. 부러지겠다고!"

그러자 돗바늘은 정말로 부러져 버리고 말았지요.

"말했잖아! 나는 아주 섬세하다고!"

돗바늘이 외쳤습니다.

"이 녀석은 이제 아무짝에도 쓸모가 없게 되어버렸군."

손가락이 말했습니다. 그래도 그들은 돗바늘을 꼭 잡고 있어야만 했어요. 요리사가 돗바늘에 촛농을 떨어뜨려서 머리를 만들고는, 그것을 제 가슴에 있는 손수건에 꽂았거든요.

"그래, 나를 좀 봐! 나는 마침내 멋진 브로치가 되었어. 나는 이제 존경받을 거야. 귀한 것은 언제나 그에 맞는 대접을 받는 법이지."

돗바늘은 신이 나서 속으로 웃었어요. 돗바늘이 웃는 이상한 모습을 사람들에게 보여줄 수는 없으니까요. 그는 마치 마차에라도 탄 것처럼 자랑스럽게 앉아서 이리저리 사방을 둘러보았습니다.

"너는 혹시 금으로 만들어진 거 아니니?"

옆에 있는 핀에게 돗바늘이 물었습니다.

"너는 무척 예쁘게 생겼구나. 머리도 가졌고. 그런데 머리가 조금 작네. 내가 너를 위해 한마디 해 주자면 머리를 좀 더 크게 하는 게 좋을 거야."

이렇게 말하면서 돗바늘은 거만하게 허리를 쭉 펴는 바람에 그만 손수건에서 떨어졌습니다. 요리사가 설거지를 하고 있었기에 수챗구멍으로 쏙 들어가 버리고 말았지요.

"자, 마침내 여행을 떠나게 되는가? 길을 잃어버리지 말아야 할 텐데."

돗바늘은 더러운 물 속에서 떠내려가면서 말했습니다.

그러나 돗바늘은 이미 길을 잃어 하수구 뚜껑 위에까지 와 있었지요.

"나는 이런 거친 세상에서 살기에는 너무 고상하고 섬세해. 그렇지만 나는 내가 얼마나 멋진 돗바늘인지 잘 알고 있지. 그래서 늘 즐거워."

돗바늘은 하수구 안에 기분 좋게 앉아 있었습니다. 돗바늘 위로 나무 부스러기와 지푸라기, 신문 조각들이 지나갔습니다.

"와, 저걸 좀 봐, 내 머리 위로 휙휙 지나가네. 쟤네들은 자기들 밑에 뭐가 있는지도 모르나봐. 내가 여기 이렇게 떡하니 꽂혀 있는 데 말이야. 앗! 저길 좀 봐. 나뭇조각 하나가 떠가네. 저 나뭇조각은 세상 어떤 것에 대해서도 생각지 않는군. 저만 생각하기 바쁘지! 어머! 이번에는 지푸라기네! 온몸을 흔들면서 빙글빙글 돌아가는구나. 아아, 저 우스꽝스러운 모습들이란! 그렇게 제 자신만 생각해서는 안 돼. 그러다가 하수구 도랑에 부딪힐 수 있거든. 저기에는 신문 조각이 떠가고 있네. 신문에 쓰여 있는 것은 곧 모두의 기억 속에서 잊혀버리지. 그런데도 쟤는 뽐내고 있네. 나만이 꾹 참고 조용히 앉아 있어. 나는 내가 누구인지도 잘 알고 언제나 변함없이 꿋꿋하지."

어느 날 돗바늘 가까이에 반짝반짝 빛나는 것이 보였습니다. 돗바늘은 그것이 다이아몬드라고 생각했죠. 그러나 그건 깨진 병 조각이었어요. 돗바늘은 눈부시도록 반짝거리는 병 조각에게 말을 걸었습니다. 그리고 자기는 브로치라고 소개했지요.

"너는 아마 다이아몬드인가 보지?"

"아아, 글쎄, 그 비슷한 거야."

돗바늘과 병 조각은 저마다 상대가 값비싼 것이라고 생각했습니다. 둘은 곧이 세상 사람들이 얼마나 거만한가에 대해서 이야기를 나누었지요.

먼저 돗바늘이 말했습니다.

"나는 한 아가씨의 바늘 상자 안에서 살았었어. 그 아가씨는 요리사였는데, 두 손 모두 손가락이 다섯 개씩 달려 있었지. 그런데 그렇게 분수를 모르는 것들은 처음 보았어. 나를 꼭 붙잡아서 상자에서 꺼내고 또 다시 집어넣는 것만이 그들이 하던 일이었는데 말이야."

"그 손가락이라는 녀석들은 나처럼 반짝거렸나 보지?"

"반짝였냐고? 천만에. 그런데도 무척 거만했지. 그들은 다섯 형제였어. '손가락'으로 태어났지. 형제들 키는 저마다 달랐지만, 꼭 나란히 붙어 다녔지. 가장 바깥쪽에 있는 녀석은 엄지라고 하는데 짧고 굵어. 이 손가락만이 형제들과 멀리 떨어져 있는데 등에는 마디가 하나밖에 없어서 한 번밖에 못 굽히지. 그런 주제에 사람들이 자기를 떼어내 버린다면 군인이 될 수 없다고 말할 만큼 으스댔지. 검지는 언제나 달콤하고 시큼한 음식을 맛보지. 해와 달을 가리키기도 하고, 글을 쓸 때면 힘을 주어 연필을 꾹 누른단다. 가운데 있는 키가 긴 중지는 다른 손가락들 머리 위에서 내려다보지. 그 옆에 있는 약지는 몸에 커다란 금반지를 둘렀고, 새끼손가락은 아무 일도 안 하는데 그것을 자랑하는 것 같았어. 이 녀석이나 저 녀석이나 어쩌면 그렇게 잘난 척하고 허세를 부리는지, 그 꼴이 너무 보기 싫어서 이렇게 하수구로 와 버렸지 뭐야."

그때 갑자기 물이 우르르 쏟아져 내려오는 바람에 병 조각도 그만 쓸려가 버리고 말았습니다.

"어머, 이제 저 애도 떠내려가 버렸네. 그런데 나는 아직도 여기 이렇게 앉아 있어. 나는 너무도 품위 있고 섬세하거든. 그래서 누구보다도 자랑스럽고 존경받을 만하지."

돗바늘은 여전히 똑바로 앉아서 온갖 생각을 했습니다.

"나는 어쩌면 햇살 속에서 태어났는지도 몰라. 그만큼 섬세하고 고귀하니까. 해님이 나를 보러 물속까지 쏟아져 들어오는 것만 같아. 아, 나는 우리 엄마마저도 나를 찾아 내지 못할 만큼 그렇게 섬세해. 부서져 버린 내 옛날 눈을 아직 가지고 있다면, 나는 분명 눈물을 흘렸겠지. 그렇지만 그렇게 하지 않을 거야. 운다는 것은 품위 있는 행동이 아니니까."

어느 날, 장난꾸러기들 몇 명이 돗바늘이 꽂혀 있는 하수구 가까이로 다가왔습니다. 오래된 바늘이나 동전, 또는 그 비슷한 것들을 찾아 하수구를 뒤지기 위해서였죠. 그건 지저분한 일이지만 아이들에게는 재미있는 놀이였습니다.

"아야! 뭐 이런 녀석이 다 있어!"

돗바늘에 찔린 한 아이가 손을 감싸며 소리쳤습니다.

"나는 녀석이 아니라 얌전한 아가씨예요."

돗바늘이 말했습니다.

그러나 아무도 그 소리를 듣지 못했죠. 돗바늘의 칠은 이미 모두 벗겨져, 시꺼멓게 되어 있었지 뭐예요. 그렇지만 까만색은 날씬해 보이기 때문에, 돗바늘은 자신이 전보다 더 세련된 품위있는 존재가 되었다고 생각했습니다.

"야! 저기, 달걀 껍질이 떠온다!"

아이들은 소리치더니 돗바늘을 그 껍질 안에 단단하게 박아 놓았습니다.

"하얀 벽들에 둘러싸인 새까만 나. 참 잘 어울려. 이제 사람들이 나를 제대로 볼 수 있겠지? 멀미는 하지 않아야 할 텐데. 그러면 나는 또다시 부러져버리고 말거야."

하지만 돗바늘은 다행히 멀미를 하지 않았습니다. 물론 부러지지도 않았죠.

"위가 쇠로 이루어져 있기 때문이지. 그리고 세상 누구보다도 자신이 가장 훌륭하다는 걸 잊지 않으면 멀미에는 끄떡없지. 자, 이제 내 멀미는 사라졌어. 얇으면 얇을수록 모든 괴로움을 더 많이 견뎌낼 수 있고말고."

"탁!"

갑자기 달걀 껍질이 비명을 질렀습니다. 짐을 마치 산처럼 잔뜩 실은 마차가 그 위로 지나간 것입니다.

"어휴, 너무 무거워, 아프다고! 멀미할 것만 같아! 이러다 정말 부러지고 말

겠어!"

돗바늘은 이렇게 마구 소리질렀지만 다행히 짐차가 지나가도 부러지지 않았습니다. 그대로 아주 오랫동안 누워 있었는데, 아마 지금도 계속 그 자리에 머물러 있겠죠?

032
종
Klokken

어느 큰 도시, 작은 골목길에 저녁이 찾아왔습니다. 지는 해가 수많은 굴뚝들 사이 구름들을 금빛으로 물들이고 있었지요. 이 때쯤 되면 사람들은 신비롭고도 아름다운 소리를 듣게 됩니다. 그것은 교회에서 울리는 종소리였는데, 아주 짧은 순간만 들을 수 있습니다. 종소리가 나자마자 곧이어 마차가 굴러가는 소리와 사람들의 외침 소리가 그 소리를 묻어버리니까요.

"이제 저녁 종이 울리는 걸 보니, 곧 해가 지겠구나."

사람들은 모두 이렇게 말하곤 했죠.

도시 바깥, 집들이 얼마 없는 곳에는 정원과 작은 들판이 펼쳐져 있습니다.

그곳에서 산책하는 사람들은 한결 아름다운 저녁 하늘을 보고 더 선명한 종소리를 들을 수 있지요. 그 소리는 마치 저녁 안개에 둘러싸인 교회나, 조용하고 향기로운 숲속에서 들려오는 것만 같았습니다. 사람들은 소리가 들려오는 쪽을 바라보며 경건한 마음을 갖게 되지요.

그렇게 오랜 시간이 흘러 사람들은 이렇게 말하게 됩니다.

"저기 숲속에 성당이 있는 게 아닐까? 종소리가 무척 아름답고도 신비로워. 우리, 저기 들어가서 그 소리가 어디서 나는 것인지 보고 오지 않을래?"

그래서 부자들은 마차를 타고 숲속으로 들어갔으며 가난한 사람들은 걸어서 갔습니다. 그들에게는 그 길이 너무 멀었습니다. 그들이 숲 가장자리에서 자라고 있는 버드나무가 있는 곳까지 왔을 때였습니다. 그들은 어느새 녹초가 되어 그곳에 털썩 주저앉았습니다. 그리고 기다란 가지들 사이로 비치는 하늘을 올려다보며 참으로 푸르다고 생각했지요.

가까운 도시에서 과자를 만드는 사람이 와서는 거기에 천막을 세워 가게를 열었습니다. 그리고 얼마 안 있어 또 한 명의 과자를 만드는 사람이 와서 그 천막 위에 종을 걸었지요. 그 종은 비에 젖어도 견딜 수 있도록 타르 칠이 되어 있었습니다. 그러나 그 종에는 추가 빠져 있어 절대 울리지 않았답니다.

그들은 다시 집으로 돌아가자 설렘이 가득한 여행이었다고 말했습니다. 차한 잔 마시는 것보다는 훨씬 멋진 경험이었으니까요. 또 다른 세 사람은 숲이 끝나는 곳까지 갔었는데, 그 종소리는 도시에서 들려오는 것 같았다고 했습니다.

어떤 사람은 종소리의 아름다움을 노래하는 시를 지었습니다. 종소리가 마치 사랑스러운 아이에게 이야기하는 엄마의 목소리와 꼭 닮아 있어, 어떤 가락도 이 종소리만큼 훌륭하지는 않다고 말이지요.

마침내 그 나라 임금님도 아름다운 종소리에 대한 소문을 듣게 되었습니다. 그래서 어디서 그 소리가 나는지 알아내는 사람에게는 '세계의 종지기'라는 높은 벼슬을 주겠다고 선포했습니다. 만일 종에서 나는 소리가 아닐지라도 말이지요.

그러자 수많은 사람들이 벼슬을 얻기 위해 그 종을 찾으러 숲속으로 들어갔습니다. 그러나 그 종소리에 대해 제대로 알아온 이는 오로지 한 사람뿐이었지요. 숲속 깊숙한 곳까지 들어간 사람은 아무도 없었으니까요. 이 사람 또한 깊이 들어간 것은 아니었습니다.

그는 속이 텅빈 나무 속에 살고 있는 아주 커다란 부엉이 한 마리가 내는 소리라고 했습니다. 그 부엉이가 제 머리를 나무에 쿵쿵! 부딪힌다는 것이었습니다. 그렇지만 그 소리가 부엉이 머리에서 나오는 것인지, 아니면 텅 빈 나무 줄기에서 나오는 것인지는 모르겠다고 했지요.

어쨌든 그는 약속대로 세계의 종지기로 임명되어, 해마다 부엉이에 대한 논문을 쓰게 되었습니다. 그러나 달라진 것은 아무것도 없었습니다.

견진성사를 받는 날이 되었습니다. 신부님의 훌륭한 설교에 아이들은 깊은 감동을 받았지요. 어린이의 영혼이 어른의 영혼으로 바뀌는 그날은 아주 중요한 날이거든요. 아이들은 이제 다른 사람을 이해할 줄 아는 어른의 마음을 가지게 된 것입니다.

햇님이 반짝반짝 빛을 내는 화창하고 아름다운 일요일이었습니다. 견진성사를 받은 아이들은 도시를 벗어나서 걸었습니다. 그러자 얼마 안 있어 숲 속에서 신비한 종소리가 신기할 만큼 분명하게 들려왔습니다. 그들은 셋만 빼고 모두 종소리가 나는 곳으로 가 보고 싶어졌습니다. 가지 않겠다 한 아이들 가운데 하나는 여자아이였습니다. 그 아이는 얼른 집에 가서 무도회 때 입을 옷을 빨리 입어보고 싶어 했지요. 이 소녀가 이번에 견진성사를 받게 된 것도 무도회와 거기 입고 갈 옷 덕분이었답니다. 그게 아니었다면 이 소녀는 견진성사를 받으러 오지도 않았을 거예요.

또 한 아이는 가난한 소년이었는데, 견진성사 때 입을 초록색 옷과 신발을 주인집 아들한테서 빌렸기 때문이었죠. 종이 울리면 그것들을 돌려주러 가야만 했답니다. 세 번째 아이는 부모님과 같이 가지 않는다면 절대로 낯선 곳에는 가지 않겠다고 말했어요. 자기는 언제나 착한 아이였으니, 견진성사를 받은 뒤에도 계속 그런 아이로 남아 있으려 했습니다. 그러면서 장난삼아 그런 일을 해서는 안 된다고도 덧붙였지요. 하지만 다른 아이들은 그의 말을 비웃었습니다.

이렇게 해서 세 아이들은 빠지고 나머지 다른 아이들은 힘차게 숲속으로 걸어 들어갔습니다. 햇빛이 환하게 비치고, 새들은 즐겁게 노래했어요. 견진성사를 받은 아이들도 사이좋게 노래를 부르며 서로 손을 잡고 나아갔습니다. 그 애들은 하느님 앞에서 똑같이 견진성사를 받은 아이들이었으니까요. 얼마쯤이나 갔을까. 그들 가운데서 가장 어린 아이가 지쳐서 도시로 돌아갔고, 두 여자아이는 그 자리에 주저앉아서 꽃으로 화환을 만들며 더는 걸으려 하지 않았습니다. 그래서 그 아이들은 빠지게 되었지요.

다른 아이들은 과자 가게가 있는 버드나무 앞까지 갔지만 종은커녕 그 비슷한 어떤 것도 발견할 수 없었어요. 한 아이가 투덜거렸죠.

"이렇게 멀리까지 왔는데도 종은 어디에도 안 보이잖아. 그건 사람들이 그냥 상상해낸 게 분명해!"

그런데 바로 그때 숲속 깊은 곳에서 아름답고 장엄한 종소리가 울려 왔습니다. 그래서 아이들은 숲속으로 좀 더 깊이 들어가 보리라 결심했지요. 그 소리는 매우 우렁차고 매혹적이었던 겁니다.

숲속을 지나 가는 것은 참으로 고된 일이었어요. 선갈퀴와 아네모네는 매우 높이 자랐고, 활짝 핀 메꽃과 검붉은 산딸기 덩굴은 나무에서 나무로 긴 줄을 이루며 피었습니다. 나이팅게일은 나뭇가지에 앉아 노래를 불렀고 나무 사이로는 언뜻언뜻 햇빛이 비쳤습니다. 아, 어찌나 아름다운 길이었는지요. 그렇지만 그건 소녀들이 지나갈 만한 길은 못 되었습니다. 옷이 가지에 걸려 마구 찢어졌으니까요. 거기에는 커다란 바위 덩어리들도 있었는데, 그 위에는 갖가지 색깔의 이끼들이 자라고 있었습니다. 시원한 샘물도 솟아올라 콸콸 이상한 소리를 냈습니다.

"어쩌면 이게 그 종소리가 아닐까?"

한 아이가 말하면서 몸을 굽혀 샘물 소리에 귀를 기울였습니다.

"한번 자세히 알아봐야겠어."

그 아이는 홀로 샘물가에 남았습니다.

그리고 다른 아이들은 부지런히 걸어 나무 껍질과 가지로 만들어진 어느 오두막에 이르렀습니다. 사과가 주렁주렁 달린 커다란 나무들이 집 위로 가지를 쭉 뻗어 그늘을 만들었습니다. 지붕에는 활짝 핀 장미꽃도 보였고 긴 가지는 합각 지붕을 덮고 있었습니다. 하느님의 축복이 내려진 평화로워보이는 오두막이었지요. 그런데 바로 그 지붕 위에 작은 종이 매달려 있는 게 아닙니까? 이것이 사람들이 말했던 그 종일까요?

한 아이만 빼고는 모두들 그럴 것이라고 했습니다. 그 아이는 이 종이 내는 소리가 멀리 있는 도시에까지 울려퍼지기에는 너무 작고 가냘프다고 했습니다. 그러므로 이 종이 사람의 마음을 뒤흔들 수는 없으리라는 것이었지요.

그렇게 말한 아이는 바로 왕자였습니다. 다른 아이들이 말했어요.

"저런 애들은 늘 남보다 더 똑똑한 척한다니까."

그래서 다른 아이들은 오두막집에 남고 왕자는 홀로 계속 걸어 나갔습니다. 숲속으로 깊이 들어가면 갈수록 왕자는 점점 가슴속 깊이 외로움이 가득 차는 것을 느꼈습니다. 그러나 다른 아이들이 찾았다고 기뻐한 그 작은 종소리는 아직도 들려오고 있었죠. 그리고 또 바람이, 과자가게에서 나는 소리를 실어 왔습니다. 과자 가게에서 사람들이 차를 마시면서 부르는 노랫소리까지도 들을 수 있었지요. 그렇지만 숲 속 깊은 곳에서 울리는 엄숙한 종소리는 더욱 무겁게 들려왔습니다. 그리고 종소리와 함께 풍금 소리도 들려오는 것만 같았어요. 그 소리는 가슴 왼쪽에서, 심장이 두근거리는 쪽에서 들렸습니다.

이때 갑자기 덤불 속에서 바스락거리는 소리가 나는가 싶더니 왕자 앞에 한 작은 소년이 불쑥 나타났어요. 그 아이는 나막신을 신었고, 아주 짧은 윗옷을 걸쳐서 손목이 다 드러나 보였답니다.

둘은 서로 아는 사이였습니다. 그 소년은 주인집 아들에게 옷과 신발을 돌려주러 집으로 돌아갔던 그 아이였지요. 아이는 그것들을 돌려주고는 나막신과 허름한 옷으로 갈아입은 뒤 곧장 숲속으로 달려온 것입니다. 엄숙한 종소리가 아이의 마음을 깊은 숲속에까지 이끌었기 때문이지요.

"그래, 이제 우리 둘이 함께 가면 되겠구나."

왕자가 말했습니다.

그러나 나막신을 신은 그 아이는 제 옷차림이 너무도 부끄러웠습니다. 그래서 짧은 소매를 이리저리 잡아당기면서도 나막신을 신은 탓에 빨리 걸어갈 수 없을 것만 같다고 말했지요. 게다가 종은 오른쪽에서 찾아야 할 것 같다고 그 아이는 말했습니다. 오른쪽으로 가면 위대하고 멋진 것들을 찾아낼 수 있을 거 같다면서요.

"그래, 그럼 우리는 이제 같이 가지 못하겠구나."

왕자는 가난한 소년에게 고개를 끄덕이며 말했습니다.

가난한 아이는 숲의 가장 어둡고 깊은 곳으로 갔습니다. 이곳저곳에서 튀어나온 가시가 아이의 누더기 옷을 찢고 온몸을 찔러 상처투성이가 되었지요. 왕자도 온몸에 상처를 입었지만 그래도 따스한 햇빛이 길을 비춰 주었습니다.

그럼, 이제 우리는 왕자를 따라가 보기로 하죠. 왕자는 아주 기운이 넘치는 아이니까요.

"나는 꼭 그 종을 발견해내고 말 거야. 아니, 꼭 발견해야만 돼! 이 세상 끝까지 가게 되더라도 말이야."

왕자가 말했습니다.

그때 나무 위에 앉아 있던 못생긴 원숭이들이 누런 이를 드러내며 말했습니다.

"우리 저 아이를 때려 주자."

"저 애를 때려 주자고? 쟤는 임금님 아들이야."

그렇지만 왕자는 원숭이들을 전혀 두려워하지 않고 이상한 꽃들이 잔뜩 피어 있는 숲속으로 점점 더 깊이 들어갔습니다. 거기에는 새빨간 수술이 아주 예쁜 하얀 백합꽃과 하늘색 튤립, 사과나무도 있었습니다. 그 사과는 마치 반짝거리는 커다란 비눗방울처럼 보였습니다.

커다란 나무들이 따사로운 햇빛 아래 반짝거리는 아름다운 모습을 한번 상상해 보세요! 푸르른 초원에서는 사슴들이 뛰놀고 있었습니다. 멋진 떡갈나무와 너도밤나무도 자라고 있었죠. 그 가운데 어떤 나무는 껍질이 터져 있었는데, 그 터진 틈으로 풀과 긴 덩굴이 자라났습니다. 커다란 숲 속에는 잔잔한 호수가 있었습니다. 호수에서는 새하얀 백조들이 우아하게 떠다니며 푸드득 날갯짓을 했지요.

　왕자는 때때로 우뚝 멈추어 서서 어디선가 들려오는 종소리에 귀를 기울였습니다. 어떤 때는 이 깊은 호수 속에서 종소리가 울린다고 생각했어요. 그러나 곧 종소리는 호수에서 들리는 게 아니라 더 깊은 산 속에서 울려온다는 사실을 알게 되었지요.

　이윽고 해질녘이 되자 하늘에는 타오르는 불같이 빨간 노을이 아른거렸어요. 숲속은 아주 잠잠해졌고, 왕자는 무릎을 꿇고 저녁 기도를 드리며 말했습니다.

　"내가 찾고자 하는 것은 어째서 어디에도 보이지 않는 걸까! 이제 해가 지고 어두컴컴한 밤이 찾아오겠지. 그러나 해님이 땅 밑으로 숨어버리기 전에 나는 어쩌면 둥글고 새빨간 해를 한 번 더 볼 수 있을지도 몰라. 저기 저 키 큰 나무가 서 있는 바위산 위로 올라가 봐야지."

　왕자는 덩굴과 나무뿌리를 잡고는 축축한 바위 위로 기어 올라갔습니다. 주위에는 물뱀이 기어 다녔고, 두꺼비들이 그를 보고 요란스레 울어댔습니다. 그러나 그는 마침내 해가 숨어버리기 전에 꼭대기까지 올라갈 수 있었습니다.

　"아! 이 어찌나 아름다운 광경인가!"

끝없는 바다가 파도를 철썩이는 장관이 눈앞에 펼쳐졌습니다. 그리고 해님은 바다와 하늘이 만나는 곳에서 성스럽게 빛났지요. 세상 모든 것들이 불처럼 이글거리는 열기 속에 하나가 되어갔습니다.

숲과 바다가 하나 되어 노래를 불렀고, 왕자도 가슴에서 울려나오는 목소리로 함께 노래했습니다. 자연을 이루는 모든 것이 하나의 성스러운 교회였지요. 나무와 하늘을 떠다니는 구름은 기둥이고, 꽃과 풀은 비단 카펫이었어요. 하늘은 커다란 둥근 천장이었습니다.

해가 져버리자 빨강 빛도 사라졌습니다. 그러나 그 대신 곧 수백만 개의 별들에 반짝반짝 불이 들어왔습니다. 수백만 개의 다이아몬드 등불이 아름답게 빛나고 있었죠.

왕자는 하늘과 바다와 숲으로 팔을 쭉 뻗었습니다.

바로 그때 갑자기 오른쪽에서 갑자기 짧은 소매의 옷을 입고 나막신을 신은 소년이 나타났습니다. 소년도 가고자 했던 길로 온 것이었죠. 둘은 서로를 바라보며 달려갔습니다. 그들은 자연이 만들어낸 이 위대한 성당 안에서 서로 손과 손을 꼭 잡았습니다. 그때 그들 위로 눈에 보이지 않는 성스러운 종소리가 울려 퍼졌습니다. 축복의 요정들이 춤을 추며 하느님의 영광을 노래했답니다.

033

할머니

Bedstemoder

할머니는 나이가 너무 많아서 얼굴은 주름투성이며, 머리도 하얗게 세었습니다. 그렇지만 할머니의 두 눈은 마치 별처럼 반짝거렸으며 별보다 더 아름다워보였습니다. 할머니가 온화하고 부드러운 표정으로 우리를 바라보면 우리는 마음이 행복해진답니다.

할머니는 아름답고 재미있는 이야기를 많이 알고 계십니다. 할머니의 커다란 꽃무늬 옷은 묵직한 비단 천이어서 움직일 때마다 사각사각 소리를 냈습니다. 우리들의 엄마, 아빠가 태어나기 오래전부터 살아 오셨기 때문에, 할머니는 세

상 속 많은 일들을 알고 계십니다. 그래요, 그건 틀림없는 사실이지요.

할머니는 커다란 은박 반짝이로 싸인 찬송가 책을 갖고 계신데, 그것을 자주 읽으셨어요. 그 책장 사이에는 납작하게 바싹 마른 장미가 꽂혀 있습니다. 유리병에 꽂혀 있는 장미만큼 예쁘지는 않았지만, 그래도 할머니는 무언가를 그리워하는 듯, 그 마른 장미에게 다정한 미소를 지어보였습니다.

어머나, 할머니의 예쁜 두눈에 그렁그렁 눈물이 맺혔네요! 할머니는 왜 오래된 책 속 시든 장미를 그렇게 찬찬히 들여다보는 것일까요? 할머니가 마른 장미 위에 눈물을 툭 떨어뜨리자, 장미가 생생한 빛을 발하며 다시 살아났습니다. 곧 온 방 안이 장미 향기로 가득 찼어요. 그러자 벽이 마치 안개처럼 희미해지고, 주위는 온통 푸른 숲이 되었습니다.

나무 잎사귀들 사이로 해님이 반짝반짝 얼굴을 내밀었습니다. 그런데 이게 무슨 일이죠? 할머니가 순식간에 금발 고수머리에 뺨이 붉고 보드라운 아름다운 소녀로 변해버린 거예요! 예쁘고 사랑스러운 소녀였지요. 이 세상 어떤 꽃도 이 소녀보다 더 청순해 보일 수는 없을 거예요.

할머니의 부드럽고 사랑스러운 눈을 기억하죠? 소녀의 눈은 할머니의 눈과 똑같았습니다.

소녀 옆에는 듬직하고 잘생긴 청년이 앉아 있었습니다. 청년은 소녀에게 장미를 건네주었지요. 그러자 소녀는 예쁘게 방긋 웃었습니다. 분명 할머니는 그렇게 웃지 않지요. 그런데 소녀가 된 할머니는 사랑스러운 미소를 지었습니다. 그때 수많은 생각과 추억과 환상이 소녀 곁을 지나갔어요. 잘생긴 청년도 떠나 버렸습니다. 장미는 여전히 찬송가 책 속에 끼워져 있었고, 소녀는 다시 할머니가 되어서 책 속에 들어 있는 시든 장미를 가만 가만 들여다보고 있습니다.

그런데 그 할머니께서 돌아가셨습니다. 돌아가시던 날, 할머니는 등받이가 있는 의자에 앉아서 길고 재미있는 이야기를 하셨지요.

"자, 이야기는 이제 끝났단다. 피곤해서 좀 자야겠구나."

이렇게 말한 할머니는 의자에 기댄 채 휴우 숨을 내쉬었습니다. 그렇게 얼마 안 있어 잠드셨지요. 할머니의 숨결은 점점 더 조용해졌습니다. 얼굴 표정은 편안하고 행복해 보였지요. 햇빛이 할머니 얼굴 위로 지나가면서 그녀는 고이 잠들었다고 말하는 것만 같았습니다.

할머니는 새까만 관 속에 뉘어졌습니다. 하얀 아마천에 감싸인 채 말이에요. 할머니의 눈은 감겨 있었는데, 주름살은 모두 없어져 있었어요. 할머니는 입가에 웃음을 띠며 누워 있었고 머리는 은색으로 반짝여 무척 성스러워 보였습니다.

사람들은 숨진 할머니를 보고도 조금도 무서워하지 않았습니다. 사랑스럽고 마음씨 예쁜 할머니였으니까요. 늘 갖고 다니던 찬송가 책은 머리맡에 놓여 있었습니다. 할머니가 그렇게 해 주길 바랐으니까요. 그리고 장미는 여전히 그 낡은 책 속에 끼여져 있었어요. 얼마 지나지 않아 사람들은 할머니를 땅에 묻었습니다.

사람들은 성당 담장 옆에 붙어 있는 무덤가에 장미 나무 한 그루를 심었습니다. 이윽고 장미 나무에 아름다운 꽃들이 활짝 피어났지요. 나무 위에서는 나이팅게일이 노래를 불렀고, 성당 안에 있던 풍금은 아름다운 노래를 연주했습니다. 할머니의 찬송가 책 속에 담긴 노래들이었지요.

달님이 무덤 위로 막 떠올랐습니다. 그러나 할머니는 무덤에 있지 않았어요. 밤이 되면 아이들은 그곳으로 가서 교회 담장에 있는 장미를 꺾었으니까요.

죽은 사람은 살아 있는 사람보다 더 많은 것을 잘 알고 있습니다. 죽은 사람이 나타나면, 살아 있는 사람들이 두려움에 벌벌 떤다는 것도요. 그래서 죽은

사람들은 이 세상에 다시 돌아오지 않는 거예요.

관 위에도, 그 안에도 흙이 덮여 있습니다. 찬송가 책은 먼지가 되어버렸고, 장미도 그 모든 추억과 함께 흙으로 돌아갔습니다. 그러나 그 위로 어느새 또 다른 장미가 피어나고, 나이팅게일이 노래하고 풍금이 울립니다.

사람들은 부드럽고 맑은 눈의 할머니를 생각합니다. 눈은 결코 죽어 없어지지 않으니까요. 우리들의 눈도 언젠가는 싱싱한 장미에게 입맞춤하던, 그 사랑스럽고도 아름다운 모습을 보게 되겠죠?

034
요정들의 언덕
Elverhøi

도마뱀 몇 마리가 오래된 나무 틈새로 민첩하게 사사삭 드나들었습니다. 도마뱀들은 서로를 잘 이해했습니다. 도마뱀끼리는 서로 말이 통하니까요.

"어휴, 저 요정들의 언덕은 어쩜 저렇게 시끄러울까? 웅성웅성 덜거덕 우르르 듣기 싫은 소리가 통 그치질 않아. 도대체 뭘 하기에 저리도 소란스러운 거지? 저 야단법석 때문에 벌써 이틀 밤이나 한숨도 못 잤다니까. 치통 때문에 잠을 못 자던 때와 똑같아."

그러자 도마뱀 한 마리가 말했습니다.

"무슨 일이 있나 봐. 새벽닭이 울 때까지 빨간 말뚝을 네 개나 언덕에 박아 놓았어. 그리고 어린 요정들은 발을 구르는 새로운 춤을 연습했지. 틀림없이 무슨 일이 있는 거야!"

다른 도마뱀이 말하자 이번에는 세 번째 도마뱀이 말했습니다.

"맞아, 아는 지렁이한테서 들었어. 그 지렁이는 바로 그 언덕에서 나오는 길이었는데 거기서 밤낮 쉬지 않고 흙을 파면서 참 많은 걸 들었대. 그 불쌍한 친구는 눈이 안 보이지만 어디든 기어들어가서 엿들을 수 있거든. 요정들이 언덕에서 낯선 손님이 오기만을 기다리고 있대. 아마 어지간히도 훌륭한 손님인가봐. 지렁이는 누구인지 말하지 않았어. 아니, 어쩌면 그 지렁이도 손님이 누군지 모를 거야. 횃불 행진을 하기 위해서 도깨비불들이 모였다나봐. 그리고 언덕에 잔뜩 쌓여 있는 금과 은이 반짝반짝 잘 닦여져 달빛 아래 놓여 있대."

"그 손님이 과연 누굴까?"

"글쎄, 도대체 누구일까? 들어 봐, 저 떠들썩한 소리를! 들어 보라니까, 저 와글와글대는 소리를!"

그 곳에 모인 도마뱀들은 무척 궁금해졌습니다. 바로 그 때였습니다. 갑자기 언덕이 쩍 갈라지더니 나이 든 요정 처녀가 나타났습니다. 요정 처녀는 등이 다 보이는 옷을 입었지만 참 얌전해 보였습니다. 요정 처녀는 요정 임금님의 하녀였어요. 임금님과는 먼 친척뻘이 되죠. 이마에는 심장 모양 호박을 달고 있었는데, 처녀의 발이 어찌나 경쾌하고 빠르던지 모두들 깜짝 놀랐습니다. 요정 처녀는 곧장 늪으로 내려갔지요. 그리고 갈까마귀에게로 다가갔습니다.

"당신을 요정 언덕에 초대할게요, 바로 오늘 밤 말이에요. 그 전에 먼저 우리의 부탁을 들어 주시겠어요? 여기저기 가서 손님들을 초대하는 일을 좀 해 주세요. 당신은 가족들이 없으니까 그 일을 할 수 있겠지요? 우리는 아주 훌륭한 손님들을 초대할 거예요. 바로 요술쟁이들이지요. 요술쟁이들은 상당한 세력을 갖고 있어서 우리 요정들의 임금님도 제 위엄을 보이고 싶어하지요."

"도대체 누구누구를 초대하는데요?"

갈까마귀가 물었습니다.

"이 무도회에는 이 세상 누구나 다 참석할 수 있어요. 사람들이라도 잠자는 동안 말을 할 수 있거나, 우리 흉내를 낼 수만 있다면 초대되지요. 그렇지만 첫 번째 연회에는 가장 고귀하고 품위 있는 분들만 모시려고 해요. 그래서 요정들의 임금님과 말다툼까지 했답니다. 제 생각은 유령들은 안 된다는 것이었으니까요. 바다에 사는 인어와 그 딸들이 먼저 초대되어야 하거든요. 인어들에게는 어쩌면 땅 위로 올라온다는 게 불편할지도 모르죠. 그렇지만 그들이 앉을 자리로 젖은 돌이나 그보다 더 좋은 것들도 준비했으니까, 내 생각에 이번에는 거절하지 않을 것 같아요. 그리고 꼬리가 달린 늙은 악마들과 그 시종들도 초대해야 해요. 물의 정령과 작은 도깨비들은 물론이고요. 그리고 무덤에 묻힌 돼지와 교회에 묻힌 말도 초대할 거예요. 또한 교회의 괴물들도 빠뜨릴 수 없죠. 그들은 본디 유령이지만 그건 그들이 맡은 직무일 뿐 그들도 우리와 가까운 친척이에요. 우리를 자주 찾아온답니다."

"까악! 까악!"

갈까마귀는 손님들을 초대하기 위해 힘차게 하늘로 날아올랐습니다.

요정 언덕에서는 요정의 딸들이 벌써 신나게 춤을 추고 있었지요. 소녀 요정들은 베일을 쓰고 있었는데 그 베일은 안개와 달빛으로 짠 것이었습니다. 귀여운 요정들한테는 참 잘 어울렸습니다. 그래서 어린 요정들은 아주 기뻐했답니다.

요정 언덕에 있는 연회장은 화려하게 꾸며져 있었어요. 바닥은 푸른 달빛으로 닦았고 벽은 마녀의 기름으로 문질러서 불빛이 비치면 그것은 꼭 튤립처럼 아른아른거리며 빛났습니다. 부엌에는 꼬챙이에 꽂힌 개구리가 가득했고 아이들의 조그만 손가락이 든 뱀 껍질 요리도 있었습니다. 독버섯포자와 생쥐를 절인 코도 마련되었고 독이 든 당근으로 만든 샐러드, 늪부인의 양조장에서 가져온 맥주도 있었습니다. 지하 무덤에서 가지고 나온 번쩍번쩍 빛나는 질산 포도주도 확실하게 준비되어 있었지요. 후식으로는 녹슨 못과 교회 창문 유리 조각이 차려져 있었습니다.

늙은 요정 임금님은 제 왕관을 석필 가루로 닦으라고 했습니다. 그것은 최고급 석필 가루였는데 요정 임금님이 어렵게 구한 것이었지요. 아무리 요정들의 왕이라도 모든 걸 쉽게 손에 넣을 수는 없답니다. 침실에는 뱀 침으로 붙인 커튼이 드리워져 있어요. 그래요, 이곳은 참으로 시끌시끌 야단법석이었습니다.

"이제 말머리 털과 돼지 털만 구우면 돼. 그러면 내가 하는 일은 끝나지."

가정부 요정이 신이 나서 말했습니다.

"아빠, 이제 훌륭한 손님들이 누구인지 가르쳐 줄 거예요?"

요정 임금님의 막내딸이 물었습니다.

"그래, 말해 주마. 내 두 딸에게 결혼상대를 만나게 해주려 한단다. 틀림없이 결혼하게 될 거야. 어여쁜 신부가 되겠지? 북쪽 노르웨이에는 늙은 도깨비 하나가 살고 있지. 그 늙은 도깨비는 도브레라는 오래된 성에서 살고 있는데, 돌로 된 여러 채의 절벽 성과 많은 황금산을 가지고 있어. 그 도깨비가 아들 둘을 데리고 올 거야. 그 아들들의 신붓감을 구하고 있어. 아버지 도깨비는 성실한 노르웨이 노인이지. 그는 아주 재미있고 솔직한 사람이야. 우리는 의형제를 맺으면서 한잔했지. 그 때부터 그와 친하게 지냈어. 그때 그는 자기 부인을 맞으러 왔었는데 그녀를 분필로 얻었다고 했지. 그것은 사람들이 흔히 말하는 분필로 외상을 긋는다는 표현과 같지 않니? 오, 어서 그 노인을 만나고 싶구나! 사람들은 그의 아들들이 버릇이 없고 콧대가 높다 하지만 사람들이 잘못 보았을 수도 있어. 나이가 들면 어른스러워지는 법이기도 하고 또 잘 가르치면 착한 아이들이 될 거야. 너희들이 그 애들에게 올바른 예절을 보여주렴."

"그들은 언제 오나요?"

딸 요정이 물었습니다.

"그건 바람과 날씨에 달렸어. 그들은 돈을 무척 아끼기 때문에 아마 지나가는 배가 있으면 그걸 얻어타고서 올 거야. 내가 스웨덴을 거쳐서 오는 게 좋을 거라고 했지만 그 늙은이는 그러려고 하지 않아. 그는 시간 같은 건 신경쓰지 않는다니까. 그거 하난 참 마음에 안 들어."

그때 도깨비불 두 개가 깡충깡충 뛰어왔습니다. 하나가 먼저 도착했지요.

"손님이 와요! 손님이 와요!"

먼저 도착한 도깨비불이 큰소리로 외쳤습니다.

"내 왕관을 가져오너라. 그리고 달빛 아래로 나를 안내하여라."

요정 임금님이 점잖은 목소리로 말했습니다.

딸 요정들은 베일을 걷고 공손하게 인사를 했어요. 오래지 않아 딱딱한 고드름과 잘 닦은 솔방울이 달린 왕관이 보였습니다. 마침내 도브레 성 주인 도깨비 노인이 온 것입니다. 곰 가죽 옷을 걸친 채 따뜻해 보이는 커다란 장화를 신고 있었지요. 그러나 아들들은 등을 훤하게 내놓고 멜빵도 하지 않은 채 돌아다녔답니다. 그들은 아주 튼튼했으니까요.

"이게 언덕이에요? 이 정도면 우리 노르웨이에서는 고작해야 쥐구멍인데."

도깨비 막내 아들이 요정 언덕을 가리키며 말했습니다.

"얘들아, 구멍은 안으로 들어가는 것이고 언덕은 위로 올라가는 게 아니냐. 너희들은 대체 뭘 보고 말하는 게냐?"

도깨비 노인이 꾸짖었습니다.

도깨비 아들들에게 놀라운 것이라고는 이곳 말을 금방 이해할 수 있다는 사실뿐이었습니다.

"조심해라! 남들이 너희를 보고 정말 본데없이 자랐다고 하겠다. 마치 하나도 안 구워진 맛없는 빵 같잖니."

도깨비 노인이 아들들을 나무랐습니다.

그러고 나서 그들은 요정 언덕으로 올라갔습니다. 그곳에는 이미 귀한 손님들이 잔뜩 모여 있었습니다. 어찌나 빨리 왔던지 그들은 마치 모두 함께 바람에 실려온 것만 같았습니다. 게다가 손님 한 분 한 분을 만족시키기 위한 준비도 끝나 있었습니다. 바다에서 온 인어들은 커다란 물통 속에 앉아 있었는데, 마치 제 집처럼 편안하다고 했지요. 식사 시간에는 노르웨이의 아들 도깨비들 둘을 빼고는 모두 식사 예절을 잘 지켰어요. 그들은 아무렇지 않게 두 다리를 식탁에 척 올려놓았습니다. 자기들한테는 그게 어울린다고 생각했거든요.

"식탁에서 당장 다리를 치우지 못 해!"

늙은 도깨비가 나무랐습니다. 아들들은 아버지의 말을 들었지만 그것도 잠깐뿐이었어요. 그들은 주머니에서 솔방울을 꺼내어 옆자리에 있던 여자 손님들을 살살 간질였습니다. 그리고 장화를 벗어 그 여자 손님들에게 들라 하기도 했지요.

그렇지만 그들의 아버지 도깨비는 전혀 달랐습니다. 아버지 도깨비는 노르웨이 절벽과 폭포 멋진 풍경들에 대해서 이야기했습니다. 절벽은 깎아지른 듯 가파르고, 폭포는 새하얀 거품을 내며 천둥소리처럼 우렁차게 울린다고 말했지요. 그곳에 사는 물의 요정이 금 하프를 뜯으면, 연어는 세찬 물을 거슬러 올라간다고도 했습니다. 그는 또 빛나는 겨울밤에 대해서도 이야기했습니다. 썰매에 달린 방울이 딸랑딸랑 귀여운 소리를 내고 아이들은 횃불을 든 채 얼음

위를 미끄러지듯 달리는데, 그때 횃불이 얼음을 환히 비추어서 얼음 밑 고기까지 훤히 보인다는 것이었어요. 그래요, 그는 이야기를 참 재미있게 했지요. 그의 이야기를 들으면 아름다운 풍경이 눈앞에 펼쳐지고 귓가에 소리가 들리는 듯했지요. 참으로 하인들과 하녀들이 노래하고 춤을 추는 것 같았고 제재소의 물레방아가 쿵덕쿵덕 돌아가는 것만 같았습니다.

늙은 도깨비는 즐겁게 이야기를 하다가 갑자기 나이 든 요정 처녀에게 쪽 소리가 나게 입맞춤을 했습니다. 마치 아버지가 딸에게 입맞춤을 하는 것처럼 말이에요. 정말 멋진 입맞춤이었어요. 사실 두 사람은 아무런 친척 관계도 아니었거든요.

이제 요정 처녀들이 춤을 출 차례입니다. 그냥 발을 콩콩 구르는 것뿐인데도 그들에게는 참 잘 어울리는 춤이었습니다. 다음에는 곡예 춤이었습니다. 흔히들 '정신없이 추는 춤'이라고 부르지요. 그들이 발을 뻗는 모습은 참으로 놀랄 만큼 멋졌어요. 그러나 사람들은 그 춤의 어디가 시작이고 어디가 끝인지 알 수 없었습니다. 어디가 팔이고 어디가 다리인지도 알 수 없었지요. 모든 것은 마치 톱밥처럼 마구 뒤섞여 빙글빙글 돌았지요. 지옥말*¹은 머리가 어지러워 자리에서 물러났습니다.

"참으로 멋진 다리들의 축제로군. 그런데 그들은 다리를 뻗고 회오리바람을 만드는 것 말고 또 어떤 걸 할 수 있나?"

늙은 도깨비가 물었습니다.

"이제 곧 보게 될 걸세."

요정 임금님은 이렇게 대답하고 나서 막내딸을 불러오게 했습니다. 막내딸은 달빛처럼 연약하고 맑은 모습이었지요. 또한 자매들 가운데서 가장 기품이 있었습니다. 막내딸은 입에 하얀 나무토막을 물었어요. 그러자 놀랍게도 막내의 모습이 감쪽같이 사라져 버렸습니다. 이것이 막내의 재주였습니다.

그러나 늙은 도깨비는 제 부인이 그런 재주를 부렸다면 자기는 참지 못했을 거라고 말했습니다. 아들들 또한 그 재주를 마음에 들어하지 않았지요.

둘째 딸은 그림자처럼 자기 분신을 만들어 몸 옆에 두고 나란히 걷는 모습

---

*1 덴마크 미신에 따르면 교회 아래에 말이나 돼지가 살아 있는 채로 묻혀서 세 발 달린 유령이 되어 절름거리면서 누군가의 집에 찾아가는데, 이 지옥말이 찾아간 집에서는 반드시 죽는 사람이 나온다고 한다.

을 보여주었습니다. 도깨비들이 절대 할 수 없는 재주였죠. 셋째 딸은 또 달랐습니다. 셋째 딸은 오리나무 그루터기에 반딧불이를 채워 넣어 술을 만들었습니다. 늪지에 사는 마녀의 양조장에서 배운 것이었지요.

"살림을 아주 잘하겠군. 좋은 아내가 되겠어."

늙은 도깨비가 말했습니다. 그러고는 눈짓으로만 축배를 들었지요. 왜냐하면 그는 술을 잘 못했거든요.

이제 넷째 딸의 차례가 되었습니다. 넷째 딸은 황금 하프를 연주했습니다. 그녀가 첫 번째 줄을 울리자 도깨비들은 모두 왼발을 들어올렸어요. 그들은 왼발잡이였거든요. 그녀가 두 번째 줄을 튕기자 도깨비들은 그녀가 원하는 대로 따르게 되었습니다.

"아주 무서운 여자로군."

늙은 도깨비가 말했습니다. 두 아들은 이제 잔치가 지겨워져서 언덕 밖으로 뛰쳐나가버렸습니다.

"자, 그 다음 딸은 뭘 할 수 있나?"

늙은 도깨비가 물었습니다.

"저는 노르웨이 사람을 사랑하는 법을 배웠어요. 그래서 노르웨이로 갈 수 없다면 저는 절대로 결혼하지 않을 거예요."

그러자 막내딸이 도깨비 노인의 귀에 대고 조그맣게 속삭였습니다.

"그건 언니가 어떤 옛 노래를 들었기 때문이에요. 세상이 멸망하더라도 노르웨이의 험준한 바위산은 끄떡없이 그 자리에 영원히 서 있다는 그런 노래였어요. 언니는 세상이 멸망하는 게 무서워서 노르웨이로 가려는 것이랍니다."

"허허! 그래서 노르웨이로 가고 싶다고? 그럼 일곱째인 막내딸은 무엇을 할 수 있지?"

늙은 도깨비가 말했습니다.

"여섯째가 빠졌어."

계산을 잘하는 요정 임금님이 말했습니다. 그러나 여섯째 딸은 절대 그들 앞으로 나오려고 하지 않았습니다.

"저는 사람들에게 오직 진실만을 이야기해요. 저를 돌봐주는 사람은 아무도 없어요. 저는 지금도 수의를 짓느라 아주 바쁘답니다."

여섯째 딸이 수줍어하며 말했습니다.

드디어 막내의 차례가 되었습니다. 막내딸은 무엇을 할 수 있을까요? 그래요, 막내는 재미있는 동화를 들려줄 수 있었지요. 많은 이야기를 알고 있었거든요.

"여기 내 다섯 손가락이 있단다. 나한테 이것들에 대한 이야기를 하나씩 해 다오."

늙은 도깨비가 막내딸 요정에게 부탁했습니다. 그러자 막내딸 요정은 그의 손목을 잡았어요. 그러자 늙은 도깨비는 껄껄 웃었지요. 그녀는 금반지가 끼워진 약지에 대한 이야기를 하려고 했습니다. 그러자 늙은 도깨비는 그 이야기가 무엇을 의미하는 것인지 알고 있다는 듯 말했습니다.

"그래, 약지를 꼭 잡아라. 이 손은 네 것이야. 너를 내 신부로 삼겠다."

그 손가락은 약혼을 가리키는 것이었거든요. 그러자 막내딸 요정은 새끼손가락의 동화가 아직 남았다고 말했습니다.

"그건 겨울이 오면 듣기로 하지. 전나무와 자작나무에 대한 이야기를 해 주렴. 유령 이야기도 좋고. 바람이 휘몰아치는 겨울에 대해서도 재밌지. 넌 그런 걸 이야기 해주렴. 아무도 너처럼 재미있게 이야기를 하지 못하거든. 이야기를 할 때는 나와 함께 소나무 토막이 타고 있는 돌방으로 가자. 돌방에 앉아서 옛 노르웨이 왕들의 황금 뿔잔에 벌꿀술을 마시는 거야. 그 술은 물의 요정이 나한테 선물했단다. 그리고 우리가 거기 앉아 있으면 물의 요정이 올 거야. 우리에게 산에서 양젖 짜는 여자늘이 부르는 노래들을 들려주겠지? 그것은 정말 재미있을 거다. 연어는 세찬 물살을 거슬러 오르면서 돌벽을 치지만 안으로 들어오지는 못한단다. 고풍스러운 노르웨이는 참으로 아름답지! 그런데 내 아들들은 어디로 가버린 거지?"

늙은 도깨비가 주위를 둘러보며 말했습니다.

과연, 그들은 어디 있는 걸까요? 늙은 도깨비들의 두 아들은 들판을 여기저기 돌아다니면서 도깨비불을 끄고 있었답니다. 횃불 행진을 하려고 모여든 도깨비불들 말이에요. 그 도깨비불이 다 꺼지자 사방은 컴컴해져버렸습니다.

"이게 무슨 못된 장난이냐? 내, 너희들을 위해 새 엄마를 골랐단다. 그러니 이번에는 너희들이 신붓감을 고르거라."

그렇지만 아들들은 요정 임금님의 딸들과는 친구로만 지내겠다고 말했습니다. 그들은 결혼에 대해서는 전혀 관심이 없어 보였어요. 그보다도 많은 사람들 앞에서 말을 하거나 형제와 축배를 드는 게 더 좋다고 말했지요. 그들은 새 친구가 생긴 것을 기념하는 축배를 들었습니다. 그런 다음 왼쪽 엄지 손톱 위에 술잔을 거꾸로 세워 올려놓았어요. 술을 한 방울도 남기지 않고 싹 마셨다는 증거를 보여 주기 위해서였죠. 그러고는 윗옷을 벗고 식탁 위에 벌렁 드러누워 쿨쿨 잠이 들었답니다. 형제는 체면 따위 아랑곳하지 않는 성격이었거든요.

늙은 도깨비는 젊은 신부와 방 안을 여기저기 빙글빙글 돌아다니며 춤을 추었습니다. 그리고 서로 장화를 바꾸어 신었어요. 그러는 게 반지 교환보다 더 품위 있다고 생각했거든요.

"이제 닭이 울어요! 어서 창문을 닫아요. 햇빛이 우리를 태워 버리지 않도록 해야 해요."

나이 든 요정 처녀가 말했답니다. 그러자 요정들의 언덕이 스르르 닫혔습니다. 언덕 밖에서는 갈라진 나무 틈새로 도마뱀들이 이리저리 오갔고, 그 가운데 하나가 다른 도마뱀들에게 이렇게 말했답니다.

"난 늙은 노르웨이 도깨비가 좋더라!"

그러자 지렁이도 말했답니다.

"난 그의 아들들이 더 좋아!"

그러나 사실 그 불쌍한 지렁이는 아무것도 보지 못했답니다.

035

분홍 신

De røde Skoe

옛날 먼 옛날 귀엽고 사랑스러운 한 소녀가 살았습니다. 하지만 그 소녀는 너무나 가난했기에 여름이면 늘 맨발로 다녀야만 했습니다. 겨울에는 커다란 나막신밖에 없어서 그 신을 신는 바람에 작은 발등이 빨갛게 부어올라 매우 아팠답니다.

마을 한가운데에는 구두를 만드는 나이 많은 부인이 살았습니다. 부인은 열심히 바느질을 하고 있습니다. 분홍색 자투리 천으로 작은 신발 한 켤레를 지었답니다. 그 신발은 투박해 보이긴 하지만 정성이 가득 깃들어 있었지요. 그 신발은 가난한 소녀에게 줄 것이랍니다. 소녀의 이름은 카렌이었어요.

소녀는 엄마의 장례식 날 분홍색 신을 선물받았습니다. 물론 장례식에는 전혀 어울리지 않는 신발이었지요. 그렇지만 다른 신은 없었습니다. 소녀는 맨발에 분홍 신만 신고 초라한 관을 따라갔습니다.

그때 어느 커다랗고 고풍스러운 마차가 다가왔습니다. 마차 안에는 풍만한 몸집을 한 나이 든 부인이 타고 있었지요. 부인은 소녀를 보자 불쌍한 마음이 들어 신부님께 부탁을 드렸습니다.

"이 소녀를 제가 키우면 안 될까요. 제가 잘 돌봐 줄 수 있어요."

카렌은 분홍 신 덕분에 이런 행운이 찾아왔다고 생각했습니다. 하지만 그 부인은 분홍 신이 보기 싫다며 태워 버렸지요.

나이 든 부인은 카렌에게 깔끔하고 예쁜 옷을 입혔습니다. 카렌은 읽기와 쓰기, 바느질을 배웠습니다. 사람들은 모두 카렌을 귀엽다고 말했습니다.

"너는 귀여움을 뛰어넘어서 아름다워!"

거울이 카렌에게 말했습니다.

그즈음 여왕님이 어린 공주와 함께 이 나라로 여행을 왔습니다. 사람들은 행차를 구경하려고 모두 성으로 우르르 몰려갔지요. 물론 카렌도 성으로 갔습니다. 어린 공주는 사람들이 볼 수 있도록 아름답고 새하얀 옷을 입고 창문 가에 서 있었습니다. 사람들은 모두 감탄을 금치 못했습니다. 공주는 화려한 옷을 입지도 금관을 쓰지도 않았답니다. 하지만 모로코 가죽으로 만든 분홍 신발을 신습니다. 그 신은 카렌의 분홍 신보다 훨씬 더 예뻤습니다. 이 세상의 어떤 신발과도 비교가 안 될 정도였습니다.

이제 카렌은 견진성사를 받아야 할 나이가 되었습니다. 새옷을 입고 새 신발도 받게 되지요. 이 도시에서 가장 큰 구두 가게에는 예쁜 신발과 번쩍거리는 장화가 가득 진열된 커다란 유리장이 있었습니다. 좋은 구경거리였지만 카렌과 함께 간 나이 든 부인은 눈이 침침해졌기 때문에 그다지 즐거워하지 않았답니다. 신발들 가운데 분홍 신이 한 켤레 있었습니다. 그것은 공주의 신발과 똑같은 것이었죠. 구두장이는 이 신발을 백작 딸을 위해서 만들었지만 안타깝게도 너무 작아 발에 맞지 않았습니다.

"저건 에나멜 가죽이구나. 반짝거리는걸?"

나이 든 부인이 물었습니다.

"정말 예뻐요. 반짝반짝거려요."

카렌이 말했습니다. 그 분홍 신은 카렌에게 꼭 맞았습니다. 카렌은 그 신발을 샀습니다. 나이 든 부인은 눈이 안 좋아서 분홍색 신발인줄 몰랐거든요. 만일 그 사실을 알았더라면 분홍 신을 신고 견진성사에 가는 걸 결코 허락하지 않았을 거예요. 하지만 안타깝게도 카렌은 분홍 신을 신고 갔답니다.

모든 사람들이 카렌의 신발을 바라보며 수군거렸습니다. 카렌이 교회 복도를 지나 제단 앞에 다다랐을 때였습니다. 묘비에는 빳빳하게 세운 깃이 달린 검고 긴 옷을 입은 수도사와 수도사 부인들 모습이 새겨져 있었는데 마치 그들까지 자기의 분홍 신을 뚫어지게 바라보는 것만 같았습니다. 늙은 주교는 카렌의 머리에 손을 얹고 성스러운 세례와 하느님과의 약속에 대하여 말하였습니다. 카렌이 이제는 어엿한 기독교 신자가 되었다는 이야기였지요. 그러나 카렌의 머릿속에는 오로지 신발 생각뿐이었습니다. 풍금 소리가 장엄하게 울려퍼지고 아이들이 예쁜 목소리로 찬송가를 불렀습니다. 나이 든 합창대 지휘자도 노래를 했습니다. 그렇지만 카렌의 마음은 오직 분홍 신에 쏠려 있었습니다.

오후가 되어서야 사람들로부터 카렌이 신은 게 분홍 신발이었다는 말을 들은 나이 든 부인은 분홍 신은 예의 어긋난다며 카렌을 마구 꾸짖었습니다. 그리고 다음부터 교회에 갈 때엔 비록 낡았어도 검은 신발을 신어야 한다고 단단히 일렀습니다.

또다시 한 주가 지나 일요일이 돌아왔습니다. 카렌은 검은 신과 분홍 신을 번갈아 바라보았습니다. 한참을 망설인 끝에 카렌은 이번에도 분홍 신을 신고 말았습니다.

햇살이 아름답게 비치는 맑은 날입니다. 카렌과 늙은 부인은 보리밭을 따라 걸어갔습니다. 그래서 신발에 뿌옇게 먼지가 묻었습니다.

교회 문 앞에는 멋지게 긴 수염을 기른 나이 지긋한 군인이 목발을 짚고 서 있었습니다. 그의 수염은 불그스레한 빛깔이었습니다. 그는 땅에 닿을 만큼 몸을 깊게 숙이고 정중하게 인사하면서 나이 든 부인에게 신발의 먼지를 털어 드리겠다고 말했습니다. 카렌도 작은 발을 내밀었습니다.

"굉장하군요. 아주 예쁜 신발이네요. 아가씨가 신나게 춤을 추어도 발에 꼭 붙어 벗겨지지 않겠어요!"

군인 아저씨는 손으로 구두굽을 톡톡 치면서 말했습니다.

나이 든 부인은 군인에게 1실링을 건네준 뒤 카렌과 함께 교회 안으로 들어갔습니다. 교회에 모인 사람들은 카렌이 분홍 신을 신은 것을 보았습니다. 그리고 벽에 걸린 그림들도 카렌을 내려다보았습니다. 카렌은 제단 앞에 무릎을 꿇고 금잔을 입으로 가져갔습니다. 하지만 카렌의 머릿속엔 온통 분홍 신 생각으로 가득 찼습니다. 마치 분홍 신이 잔 속에서 떠다니고 있는 것만 같았습니다. 카렌은 그만 찬송가를 부르는 것도 잊어버렸습니다. 그리고 하느님께 기도드리는 것마저 잊어버렸습니다.

예배가 끝나자 사람들이 교회에서 나왔습니다. 나이 든 부인이 먼저 마차에 올랐고 카렌도 마차에 올라타기 위해 발을 들어올렸습니다. 그때 옆에 서 있던 늙은 군인이 말했습니다.

"보세요, 춤을 추기에 딱 좋은 신발이에요."

그 말을 들은 카렌은 발이 근질거려 참을 수 없었습니다. 결국 몇 발자국 움직이면서 춤을 추고 말았습니다. 그런데 어찌된 일인지 발이 제멋대로 움직이며 자꾸만 춤추었습니다. 카렌은 마치 신발이 시키는 대로 움직이는 인형 같았습니다. 카렌은 춤을 추면서 교회 골목을 지나갔습니다. 아무리 해도 자기 힘만으로는 춤을 멈출 수가 없었습니다. 마부가 달려와서 카렌을 꽉 붙잡아 마차 안에 태웠습니다. 그러나 발은 계속해서 춤을 추었답니다. 그러다가 카렌의 발은 나이 든 부인을 사납게 차 버렸습니다. 사람들이 힘을 모아 간신히 카렌의 신발을 벗겨냈습니다. 그제야 겨우 춤을 멈출 수 있었지요.

집으로 돌아온 카렌은 분홍 신을 얼른 신발장에 넣어버렸습니다. 그러나 카렌은 여전히 그 신발에서 눈을 뗄 수가 없었습니다.

그러는 사이 나이 든 부인은 병에 걸려 몸져누웠습니다. 사람들은 나이 든 부인이 오래 살지 못하리라고 말했지요. 누군가가 곁에서 나이 든 부인을 간호해야만 했는데, 이 일을 할 사람은 카렌밖에 없었습니다. 그런데 마을에서 큰 무도회가 열렸고 카렌은 무도회에 초대 받았습니다. 카렌은 부인을 한 번 바라보았습니다. 그리고 분홍 신발도 한 번 보았습니다. 보기만 하는 건 별로 나쁜 일이 아닐 거라고 생각했거든요. 그러다 분홍 신을 한 번 신어 보았습니다. 신어 보는 것쯤이야 괜찮겠지 생각했기 때문입니다. 그러나 카렌은 자신도 모르게 그대로 무도회로 달려가게 되었습니다. 그리고 춤을 추기 시작했습니다.

그런데 이상하게도 카렌이 오른쪽으로 가려 하면 신발은 왼쪽으로 움직였습니다. 무도장 위로 올라가려 하면 신발은 계단 아래로 내려가버렸습니다. 거리를 지나 도시 성문을 지나 바깥으로 나가게 되었습니다. 카렌은 도시를 벗어나 어두운 숲속으로 춤을 추며 자꾸만 나아갔습니다.

그때 나무들 사이에서 무언가 반짝반짝 빛나는 게 보였습니다. 카렌은 달이 빛난다고 생각했지요. 얼굴이 둥글어 달처럼 보였기 때문입니다. 그 사람은 예전에 교회 앞에서 보았던 붉은 수염을 기른 나이 많은 군인이었습니다. 앉아 있던 그는 머리를 끄덕이며 말했습니다.

"그것 봐, 춤추기 참 좋은 신발이지!"

카렌은 덜컥 겁이 나서 분홍 신을 얼른 벗어 버리려 했습니다. 그러나 벗으려 할수록 신은 발에 더욱 단단하게 달라붙을 뿐이었습니다. 카렌은 양말까지 찢었지만 신발은 발에 뿌리라도 내린 것처럼 단단하게 붙어 떨어지지 않았습니다. 카렌은 계속 춤을 추면서 밭을 넘고 들판을 건너갔습니다. 비가 오든 햇빛이 비치든 상관없이 계속 춤을 추었습니다. 특히 어두운 밤은 정말 무서웠답니다.

카렌은 춤을 추며 넓은 묘지로 들어섰습니다. 그러나 죽은 사람들은 춤을 추지 않습니다. 카렌은 춤을 그만 멈추고 싶었습니다. 향쑥이 자라는 가난한 사람의 무덤에 앉으려고 했지만 카렌은 도저히 춤을 멈출 수가 없었지요. 춤을 추며 열려진 교회 문 안으로 들어가자 천사가 보였습니다. 어깨에서 땅바닥까지 끌리는 커다란 날개를 가진 천사는 눈부시게 새하얀 옷을 입었습니다. 천사의 표정은 너무나 엄숙했습니다. 손에는 날이 넓고 번쩍이는 칼을 들었습니다. 천사가 말했습니다.

"너는 영원히 춤을 출 수밖에 없을 것이다. 네 얼굴이 창백해지고 몸이 차가워질 때까지! 네 살결이 쪼그라들어 해골로 변할 때까지 너는 춤을 추어야 한다. 춤을 추면서 교만하고 허영 많은 아이들이 사는 집 문을 두드리거라. 그 아이들이 네가 오는 소리를 듣고 무서워하도록 말이야. 자, 춤을 추거라! 춤을 춰!"

"제발 용서해 주세요."

카렌이 소리쳤습니다. 그렇지만 천사는 아무런 대답이 없었습니다. 어느새 신발이 카렌을 다른 곳으로 끌고 갔지요. 대문을 빠져나가 밭을 지나 크고 작은 길을 넘으면서 카렌은 계속 춤을 추어야만 했습니다.

어느 날 아침이었습니다. 카렌은 어떤 집 앞에 이르렀습니다. 그 집은 카렌이 잘 아는 집이었지요. 집 안에서는 찬송가 소리가 들려왔고 곧이어 사람들이 꽃으로 장식된 관을 들고 밖으로 나왔습니다. 그제야 카렌은 자신을 키워준 부인이 돌아가셨다는 걸 알았고 사람들로부터 버림받아 그제야 천사의 저주를 받았다는 걸 깨달았습니다.

카렌은 춤을 멈출 수 없었습니다. 춤은 어두운 밤에도 계속되었습니다. 신발은 카렌을 가시덤불과 뾰족한 바위가 잔뜩 있는 곳으로 데리고 갔습니다. 손발이 찢겨 피가 났습니다. 그러다가 황무지를 지나 어느 작고 외딴 집에 이르렀습니다. 그 집에는 사형 집행인이 살았습니다. 카렌은 손으로 창문을 두드리면서 말했습니다.

"좀 나와 보세요, 나와 보시라고요. 나는 춤을 추고 있어서 안으로 들어갈 수가 없어요."

그러자 사형 집행인이 말했습니다.

"내가 누구인지 모르는 모양이구나. 나는 나쁜 사람들의 목을 베는 무서운 사람이야. 오오, 도끼가 덜덜 떨리는 것을 보니 너는 나쁜 아이로구나."

"제발 제 목은 치지 마세요. 그러면 잘못을 용서받을 수 없을 테니까요. 대신 이 분홍 신과 함께 제 발을 베어 주세요."

카렌은 그렇게 말하고 나서 자기의 잘못을 낱낱이 고백했습니다. 카렌의 이야기를 다 들은 사형 집행인은 카렌의 발과 분홍 신을 함께 베어 버렸습니다. 신발은 여전히 작은 발과 함께 춤을 추며 들판을 넘어 깊은 숲속으로 사라졌습니다.

사형 집행인은 카렌을 위해 목발과 나무 발을 만들어 주고 찬송가를 가르쳐 주었습니다. 그 노래는 죄를 지은 사람들이 부르는 노래였습니다. 카렌은 사형 집행인 손에 입맞춤을 하고 그곳을 떠났습니다.

"나는 분홍 신 때문에 충분히 벌을 받았어. 이제 교회에 가서 사람들에게 내 바뀐 모습을 보여 줘야지."

카렌은 종종걸음으로 교회에 갔습니다. 그런데 교회에 가보니 분홍 신이 눈앞에서 춤을 추는 게 아니겠어요? 카렌은 소스라치게 놀라서 다시 돌아왔습니다.

카렌은 한 주 동안 슬피 울기만 했습니다. 그리고 일요일이 되었습니다.

"그래, 나는 충분히 고통 받았어. 벌은 이미 충분히 받았다고! 이제 교회로 갈 거야. 고개를 꼿꼿이 세운 교회 사람들만큼 나도 착해졌다고 생각해."

카렌은 교회로 달려갔습니다. 그러나 교회 문 안으로는 들어갈 수가 없었습니다. 분홍 신발이 또 나타나 카렌 앞에서 춤을 추었기 때문입니다. 카렌은 겁에 질려 이번에도 돌아오고 말았습니다. 그리고 제 잘못을 진심으로 뉘우쳤습니다.

카렌은 목사님 댁으로 찾아가 일을 하게 해달라고 부탁했습니다. 돈 따위는 받지 않을 테니 열심히 일하겠다고만 했습니다. 비바람을 피할 장소와 착한 사

람들 곁에서 지낼 수만 있다면 좋다고 말했습니다. 목사님 부인은 카렌을 불쌍하게 여겨 집으로 받아들였습니다. 카렌은 정말 열심히 일했습니다. 저녁에는 목사님이 성경책을 읽으시는 것을 들었습니다. 어린 아이들은 카렌을 아주 잘 따랐습니다. 하지만 아이들이 예쁜 옷이나 화려한 장신구들에 대해서 이야기하며 공주님처럼 예뻐지고 싶다 말할 때면 카렌은 머리를 절레절레 흔들었습니다.

일요일이었습니다. 사람들이 카렌에게 교회에 함께 가자고 했습니다. 카렌은 눈물이 그렁그렁한 눈으로 슬퍼하며 자기의 목발만 바라보았습니다. 사람들은 모두 교회로 나갔습니다. 카렌은 혼자서 조그만한 자기 방으로 돌아왔습니다. 그 방은 겨우 침대와 의자가 하나씩 들어갈 만큼 작았습니다. 카렌은 찬송가 책을 펼쳤습니다. 그리고 경건한 마음으로 책을 읽었습니다. 바람에 교회 풍금 소리가 실려왔습니다. 카렌은 눈물이 흐르는 얼굴을 들고 말했습니다.

"오, 하느님, 부디 저를 도와주세요!"

그때 해님이 방 안을 밝게 비추었습니다. 그리고 새하얀 옷을 입은 천사가 나타났습니다. 언젠가 교회 문 앞에서 보았던 바로 그 천사였습니다. 그 천사는 이제 날카로운 칼을 들고 있지 않았습니다. 그 대신 빨간 장미가 활짝 핀 초록색 나뭇가지를 들고 있었지요.

천사가 그 나뭇가지로 천장을 툭 건드리자 천장이 훌쩍 높아지더니 그곳에 반짝이는 황금빛 별이 나타났습니다. 그리고 또 벽을 치니 벽이 점점 넓어지며 어디선가 풍금 소리가 들려왔습니다.

카렌은 목사님과 목사님 부인이 그려진 옛날 그림들을 보았습니다. 신자들은 장식된 의자에 앉아 찬송가를 부르고 있었습니다. 교회가 통째로 불쌍한 카렌의 작은 방으로 들어왔습니다. 아니, 어쩌면 카렌이 교회에 온 것인지도 모르겠습니다. 카렌은 목사님 식구들과 함께 의자에 앉아 있었습니다. 찬송가가 끝나고 사람들은 얼굴을 들고 카렌에게 끄덕이며 말했습니다.

"참 잘 왔다. 카렌!"

"하느님의 은총 덕분이에요."

카렌도 말했습니다.

풍금이 울려퍼졌고 성가대 합창 소리가 들려왔습니다. 부드럽고 사랑스러운 노래였습니다. 밝은 햇살이 교회 창문에서 카렌이 앉은 의자로 흘러들어왔습니다. 카렌의 가슴은 따스한 햇살과 기쁨으로 가득 차서 터질 것만 같았답니다. 카렌의 영혼은 햇살을 타고 하느님 곁으로 날아갔습니다. 그 뒤 어느 누구도 카렌에게 분홍 신에 대해서 물어보지 않았답니다.

036

높이뛰기 선수들
Springfyrene

벼룩과 메뚜기와 춤추는 인형이 저희들 가운데 누가 가장 높이 뛰어 오르는 지 겨루기 위하여 모두 한자리에 모였습니다. 그들은 온 세상 동물들과 그 경기를 보고 싶어하는 이들을 몽땅 초대하여 그 결과를 지켜보도록 했습니다.

"가장 높이 뛰는 자를 나의 사위로 맞이하겠다. 아무런 상도 없이 시합을 하면 재미가 없으니까 말이야."

늙은 왕이 말했습니다.

벼룩이 가장 먼저 걸어 나왔습니다. 그는 예의바르게 모두에게 인사를 건넸습니다. 벼룩의 혈관 속에는 숙녀들의 피가 흐르고 있었습니다. 늘 그녀들의 피를 빨아먹는 습관이 있었기 때문이죠. 벼룩은 언제나 사람들과 어울려 생활했기에 예의를 아주 잘 차렸답니다.

그 다음은 메뚜기 차례였습니다. 물론 메뚜기는 벼룩보다 좀 무거웠지만 풍채가 좋았습니다. 게다가 태어날 때부터 멋진 초록색 제복을 입고 있었지요. 메뚜기는 자기가 이집트의 전통 있는 가문에서 태어났다 자랑했습니다. 또 제나라에서는 매우 존경받는 존재라고 자랑스럽게 말했습니다.

하지만 지금은 사람들이 이 메뚜기를 들판에서 잡아다가 4층 트럼프 집에 넣어주는 게 현실이죠. 그 집은 트럼프로 그림이 안을 보도록 만들어진 집이었습니다. 집의 문과 창문은 하트의 퀸이 있는 카드 쪽에 나 있었습니다.

"나는 멋지게 노래를 불렀어. 그런데 그곳에는 어린 시절부터 노래를 불러왔는데도 트럼프 집조차 얻지 못한 열여섯 마리 귀뚜라미들이 있었지. 내가 노래하는 것을 듣고는 너무나 속상해서 그 전보다도 더 바짝 말라버렸지."

벼룩과 메뚜기는 이렇게 허풍을 떨었습니다. 그들은 서로 자기 자신이 공주를 차지하게 될 거라고 철석같이 믿고 있었습니다.

춤추는 인형은 아무 말도 하지 않았습니다. 사람들이 그는 생각이 깊을 거라고 말했습니다. 궁중의 개는 춤추는 인형의 냄새를 킁킁 맡아보고는 좋은 집안 출신이라 믿었습니다.

침묵의 대가로 훈장을 세 개나 받은 늙은 시의회 의원은 춤추는 인형이 예

언을 할 수 있는 능력이 있다고 장담했습니다. 춤추는 인형의 등을 보면 그 해 겨울이 따뜻할지 추울지를 알 수 있다는 것이었습니다. 달력을 만드는 이들의 등에서는 그런 것을 알 수 없다면서 말이지요.

"나는 이제 더 이상 아무 말도 하지 않겠다. 하지만 내 나름대로 생각을 하고 있겠어."

왕은 이렇게 말했습니다.

이제 드디어 기다리고 기다리던 높이뛰기가 시작되었습니다. 첫 번째 주자인 벼룩은 너무 너무 높이 뛰는 바람에 어디로 갔는지 아무도 그를 찾아볼 수가 없었습니다. 그래서 모두 벼룩은 아예 뛰지 않았다고 주장했습니다. 매우 비겁한 수법이라며 비난까지 했습니다.

메뚜기는 벼룩의 반만큼 뛰어 올랐습니다. 그런데 그만 왕의 얼굴로 뛰어들었지 뭡니까! 왕은 아주 무례한 짓이라며 몹시 화를 냈습니다.

춤추는 인형은 오랫동안 가만히 서 있었습니다. 깊은 생각에 잠겨 있던 것입니다. 그래서 모두 춤추는 인형은 전혀 뛰지 못한다고 생각했습니다.

"몸이 좋지 않은 건가?"

궁중 개가 말하고는 냄새를 맡아 보기 위해 킁킁거리며 다가갔습니다. 바로 그때였습니다. 춤추는 인형이 '딱' 하는 소리와 함께 비스듬히 뛰어올라 작은 황금 의자에 앉아 있는 공주의 무릎에 사뿐히 내려앉았습니다.

그러자 왕이 말했습니다.

"가장 높이 뛴 이는 바로 내 딸에게로 뛰어든 춤추는 인형이다. 가장 고운 쪽으로 뛰었기 때문이지. 이것은 매우 지혜롭다는 것을 의미하며 높은 안목이 있다는 것을 보여준 게지."

이렇게 해서 춤추는 인형이 공주와 결혼하게 되었습니다.

"쳇! 내가 가장 높이 뛰었는걸. 하지만 상관없어. 공주는 저 나무토막에 송진이나 붙은 거위 뼈다귀를 가지라고 해. 그래도 역시 가장 높이 뛴건 나니까 말이야. 하지만 이 세상에서는 겉모습이 중요한 것 같군, 사람들이 제 눈으로 직접 보고 확인할 수 있어야 하니까 말이지."

벼룩이 말했습니다. 그 뒤 그는 외국 군대에 입대했지만 전쟁터에 나가서 죽었다는 소문이 들려왔습니다.

메뚜기는 도랑 가에 걸터 앉아서 이 세상이 어떻게 돌아가는지에 대해 곰곰이 생각했습니다.

"겉모습이 좋아야 해. 겉모습이 좋아야 한다니까!"

메뚜기는 아주 뛰어난 목소리로 구슬픈 노래를 불렀습니다.

이 이야기는 메뚜기의 슬픈 노래에서 따온 것입니다. 하지만 노래 속에는 거짓말이 가득 담겨져 있을지도 모릅니다. 이를테면 책으로 엮어지기는 했지만 이 이야기는 거짓일 수도 있습니다.

037

양치기 소녀와 굴뚝 청소부

Hyrdinden og Skorstensfeieren

여러분은 덩굴 무늬와 나뭇잎 무늬가 있는 오래된 나무 장롱을 본 일이 있습니까? 기나긴 세월의 손때가 묻어 아주 까맣게 변해버린 낡은 물건을 본 적이 있나요? 바로 그러한 장롱이 이곳 거실에 있었습니다. 증조할머니 때부터 차례차례 물려 내려온 가구였지요. 위에서 아래까지 장미와 튤립이 새겨져 있었습니다. 독특한 덩굴 무늬도 있고, 그 사이로 작은 수사슴들이 뿔을 내밀고 있었

습니다.

그런데 장롱 한 가운데에는 이상한 모습의 한 사내가 새겨져 있었습니다. 그는 쓴웃음을 짓는 것 같기도 하고 찡그리고 있는 것처럼 보이기도 했습니다. 그는 염소 다리에 머리에는 작은 뿔이 나 있고, 긴 수염을 기르고 있었습니다. 그 방을 드나들고 있는 아이들은 그를 '야전 지휘관 염소 다리 총사령관 겸 부사령관 겸 중사'라고 불렀습니다. 그것은 확실히 한 번에 말하기 어려운 이름이었고 이러한 지위를 가진 사람도 그리 많지 않았습니다.

이런 모습을 장롱에 새기는 일은 매우 힘들었을 것입니다. 그는 언제나 거울 밑 선반을 바라보고 있었습니다. 선반에는 도자기로 만들어진 사랑스럽고 귀여운 양치기 소녀가 있었기 때문입니다. 소녀의 신발은 금도금이 되어 있고 옷자락에는 붉은 장미가 아름답게 수놓아져 있었습니다. 그리고 금 모자를 쓰고 양치기 지팡이를 가지고 있었습니다. 소녀는 매우 아름다웠습니다.

소녀 옆에는 작은 굴뚝 청소부가 있었습니다. 굴뚝 청소부는 석탄처럼 까만 도자기로 되어 있었습니다. 그 역시도 양치기 소녀처럼 깨끗하고 고왔답니다. 그 인형은 이름만 굴뚝 청소부였습니다. 도공이 마음만 내켰다면 그를 멋진 왕자로 만들 수도 있었을 테니까요.

굴뚝 청소부는 사다리를 들고 귀엽게 서 있습니다. 그의 하얀 얼굴은 소녀처럼 발그레하게 뺨을 물들이고 말이지요. 사실 그건 잘못된 것입니다. 굴뚝 청소부라면 얼굴에 검댕을 잔뜩 묻히고 있어야만 하거든요. 굴뚝 청소부는 양치기 소녀와 나란히 서 있습니다. 둘은 나란히 세워져 있기 때문에 약혼을 했습니다. 서로 참 잘 어울렸거든요. 그들은 젊고 둘 다 같은 도자기라서 똑같이 깨지기 쉬웠습니다.

그들 곁에는 또 하나의 인형이 있었습니다. 세 배나 더 큰 그 인형은 늙은 중국인으로 고개를 끄덕일 수 있었습니다. 그 중국인 인형도 역시 도자기로 만들어진 것입니다. 중국인 인형은 자신이 작은 양치기 소녀의 할아버지라고 말했습니다. 물론 그것을 증명할 길은 없었지요.

중국인 인형은 할아버지인 자기가 손녀에 대한 일을 결정할 권리가 있다 우겨댔습니다. 그래서 중국인 인형은 염소다리 중사가 작은 양치기 소녀에게 청혼했을 때, 승낙의 의미로 고개를 끄덕였습니다.

"이제 너도 결혼을 하는구나. 내 생각에는 네 남편이 마호가니 나무로 만들어진 것 같다. 너는 이제 염소 다리 중사의 부인이 되는 거란다. 게다가 네 남편은 비밀 서랍 뿐만 아니라 옷장 안 가득 은부채를 가지고 있단다."

늙은 중국인이 양치기 소녀에게 말했습니다.

"나는 그 어두운 서랍장 안으로는 들어가지 않을 거예요. 그 안에는 열한 명의 도자기 부인들이 있다고 들었는걸요."

"그렇다면 너는 그의 열두 번째 부인이 되는 거지 않니. 오늘 밤, 낡은 옷장에서 삐걱 소리가 나면 너희들은 결혼식을 올려야 한단다. 맹세했거든!"

이렇게 말하고 나서 중국인 인형은 고개를 끄덕끄덕거리며 잠이 들었습니다.

양치기 소녀는 흐느껴 울면서 사랑하는 굴뚝 청소부를 바라보았습니다.

"내겐 소망이 있어. 나와 함께 넓은 세상으로 도망가자! 더 이상 이곳에 있고 싶지 않아."

그러자 굴뚝 청소부가 말했습니다.

"나는 네가 원하는 것이면 뭐든지 다 하겠어. 자, 어서 떠나자! 나는 직업이 있으니까 널 먹여 살릴 수 있을 거야."

소녀는 걱정스레 말했습니다.

"우선 이 선반에서 무사히 내려 가야만 해. 만일 우리가 저 바깥 넓은 세상으로 나가지 못한다면 나는 정말 슬플 거야."

굴뚝 청소부는 소녀를 정성껏 위로해 주었습니다. 그리고 소녀에게 조각된 선반 모서리에 작은 발을 어떻게 내려놓는지 알려 주었습니다. 또 선반 다리에 장식된 도금된 잎새 위로 발을 어떻게 내디디는지 보여 주었습니다. 굴뚝 청소부가 가지고 있던 사다리의 도움을 받아 둘은 무사히 바닥으로 내려왔습니다. 그러고는 낡은 장롱을 올려다보았습니다. 그런데 이게 어찌된 일일까요?

오래된 장롱에서 큰 소란이 일어났습니다. 장에 새겨진 사슴들은 머리를 쑥 내밀어 뿔을 곤두세우고는 목을 빙빙 돌리고 있었습니다. 염소 다리 중사는 하늘 높이 훌쩍 뛰어올라 늙은 중국인을 깨우고는 소리쳤습니다.

"둘이 도망간다. 둘이 도망가."

양치기 소녀와 굴뚝 청소부는 겁에 질려 창문턱 서랍 속으로 재빨리 뛰어들었습니다.

그곳에는 짝이 맞지 않는 트럼프 카드 서너 벌이 있고, 금방 공연을 시작할 수 있도록 멋지게 만들어진 인형 극장 도구도 있었습니다. 막 연극이 상연되려는 참이었습니다. 다이아몬드, 클로버, 하트, 스페이드의 여왕들은 맨 앞 첫 번째 줄에 모여 앉아서 튤립으로 살랑살랑 부채질하고 있었습니다. 그들 뒤에는 잭 청년들이 서 있었습니다. 카드 그림대로 머리 두 개가 위 아래로 붙어 있었습니다. 연극은 이루어질 수 없는 어느 두 사람의 이야기였습니다. 양치기 소녀는 연극을 보고 울음을 터뜨렸습니다. 마치 자신의 이야기와 꼭 닮았기 때문이지요.

"더는 못 보겠어. 어서 이 서랍에서 나가자."

서랍에서 나가 양치기 소녀가 탁자를 올려다보았습니다. 늙은 중국인은 잠에서 깨어 온 몸을 부들부들 떨고 있었습니다.

"이제 늙은 중국인이 올 거야."

소녀는 무릎을 털썩 꿇으며 슬퍼했습니다.

"나한테 좋은 생각이 있어. 구석에 있는 향료 항아리 속으로 들어가자. 거기라면 장미와 라벤더 꽃잎 위에서 잘 수 있어. 만일 중국인 인형이 오면 눈에 소금을 뿌려버릴 테야."

굴뚝 청소부가 말했습니다.

"그런 건 아무 소용없어. 늙은 중국인과 향료 항아리는 예전에 서로 약혼한 적이 있거든. 그런 사이라면 여전히 좋아하는 감정이 남아 있는 법이야. 역시 넓은 세상으로 나아갈 수밖에 없겠어."

"너 정말 나랑 같이 넓은 세상으로 나아갈 용기가 있어? 그곳이 얼마나 넓은 지 알아? 우리가 다시는 이곳으로 돌아올 수 없다는 것도 생각해 보았니?"

"물론 생각해 봤어."

굴뚝 청소부는 양치기 소녀의 얼굴을 지그시 바라보며 말했습니다.

"내가 다니는 길은 굴뚝을 통해 밖으로 나가는 길뿐이야. 너 정말 나랑 같이 난로를 지나 둥근관으로 기어 들어갈 용기가 있니? 그러면 우리들은 굴뚝 속 으로 들어가게 되지. 거기까지 가면 나는 마음대로 움직일 수 있어. 아주 높이 올라가서 누구도 잡지 못하게 하는 거야. 굴뚝 꼭대기에는 넓은 세상으로 나가 는 구멍이 하나 있어."

그러고 나서 굴뚝 청소부는 소녀의 손을 잡고 난로 문으로 데리고 갔습니다.

"여기는 아주 캄캄하네!"

그래도 양치기 소녀는 용감하게 들어갔습니다. 굴뚝 청소부와 함께 통을 거 쳐 둥근관을 지났습니다. 그곳은 코를 베어가도 모를 만큼 칠흑처럼 까만 밤이 었습니다.

"지금 우리는 굴뚝 안까지 왔어. 저기를 봐! 아름다운 우리들의 별들이 초롱 초롱 빛나고 있어."

그것은 하늘 위 떠 있는 진짜 별이었습니다. 별들은 바로 그들을 반짝반짝 내리비치고 있었습니다. 둘은 기어 올라갔습니다. 소름끼칠 만큼 높은 길이었 지만, 굴뚝 청소부는 양치기 소녀를 끌어 주고 밀어 주었습니다. 또한 소녀에게 작은 도자기 발이 디딜 수 있는 가장 좋은 자리를 가르쳐 주었지요. 마침내 둘 은 굴뚝 꼭대기까지 오를 수 있었습니다. 그리고 그들은 굴뚝 가장자리에 주저 앉고 말았습니다. 매우 피곤했던 것입니다.

두 사람의 머리 위에는 반짝이는 수많은 별들이 아름답게 펼쳐져 있었고 도 시의 모든 지붕들은 그들의 발 아래에 있었습니다. 그들은 세상을 저 멀리까지 둘러보았습니다. 가엾게도 양치기 소녀는 세상이 이렇게 넓으리라고는 상상도 못 했었습니다. 양치기 소녀는 굴뚝 청소부 가슴에 작은 머리를 기대고는 왈 칵 울음을 터뜨렸습니다. 그래서 허리띠의 금도금이 떨어져 나갔습니다.

"세상은 너무 넓어. 나는 도저히 감당하지 못할 것 같아. 다시 전에 있던 거 울 밑의 작은 선반 위로 돌아가고 싶어. 다시 그리로 돌아갈 때까지 나는 결코 즐겁지 않을 거야. 난 너를 따라 넓은 세상까지 나왔으니까 너는 나를 데리고

다시 돌아갈 수 있을 거야. 네가 나를 진실로 사랑한다면!"

굴뚝 청소부는 소녀에게 늙은 중국인과 염소다리 중사의 이야기를 하며 달랬습니다. 하지만 소녀는 계속해서 슬프게 흐느껴 울었습니다. 그리고 굴뚝 청소부에게 입맞추었습니다. 굴뚝 청소부는 바보 같은 짓인 줄 알면서도 소녀의 말에 따르는 수밖에 없었습니다.

이윽고 그들은 아주 어렵게 굴뚝을 기어 내려가서 또다시 관과 둥근통으로 기어 들어갔습니다. 그러고는 어두운 난로에서 방의 상태를 살피기 위해 숨죽이며 귀를 기울였습니다. 방 안은 아주 조용했습니다. 그들은 안을 살피며 들여다보았습니다. 그런데, 아! 바닥 한가운데에 늙은 중국인이 쓰러져 있는 것이 아니겠습니까? 둘의 뒤를 쫓다가 그만 탁자에서 떨어졌던 모양입니다. 그는 세 조각으로 깨져 있었습니다. 등은 완전히 떨어져 나갔고 머리는 구석으로 굴러가 있었습니다. 염소 다리 중사는 늘 있던 자리에서 생각에 잠긴 채 서 있었습니다.

"너무 끔찍한 일이야. 할아버지가 가엾게도 조각조각 부서져 버렸어. 우리들 때문이야. 나는 이제 다시는 얼굴을 들고 살아가지 못할 거야."

소녀는 자신의 작은 두 손을 비비며 말했습니다.

"다시 붙일 수 있어. 그렇게 성급하게 굴지 마! 걱정하지 않아도 돼. 등은 갖풀을 붙이고 목에 꺾쇠를 박으면 돼. 그럼 아주 새것처럼 될 수 있을 거야. 그러면 다시 우리에게 화를 내겠지만."

"그렇게 생각해?"

두 사람은 다시 전에 서 있던 선반 위로 기어 올라갔습니다.

"이런, 겨우 돌아왔군. 우리는 헛고생을 한 거야."

굴뚝 청소부가 말했습니다.

"무엇보다 할아버지가 다시 예전 모습으로 되었으면 좋겠어. 그렇게 하는 데 돈이 많이 들까?"

양치기 소녀가 걱정스럽게 말했습니다.

얼마 뒤 늙은 중국인은 정말 다시 예전 모습으로 되돌아오게 되었습니다. 사람들이 그의 등을 갖풀로 붙이고 목에 튼튼한 꺾쇠를 박았던 것입니다. 늙은 중국인은 이제 새것이나 다름없었습니다. 하지만 더 이상 예전처럼 고개를 끄덕일 수는 없었습니다.

"당신은 여러 조각으로 깨지고 난 뒤부터 꽤나 거만해지셨군요? 대단해 보이는 건 가지고 있지 않으면서 말이죠. 그런데 나는 양치기 소녀와 결혼할 수 있는 건가요, 없는 건가요?"

염소 다리 중사가 말했습니다.

그러자 굴뚝 청소부와 양치기 소녀는 조마조마 마음 졸이며 늙은 중국인을 바라보았습니다. 둘은 늙은 중국인이 할 수 있다고 말하면서 고개를 끄덕일까 봐 겁이 났습니다. 하지만 늙은 중국인은 고개를 끄덕일 수 없었습니다. 게다가, 자신의 목에 꺾쇠가 박혀 있다는 사실을 다른 사람들에게 말하고 싶지 않았습니다. 그래서 도자기 연인들은 영원히 함께 있을 수 있었습니다. 그들은 할아버지의 목에 박힌 꺾쇠에게 고마워하며 깨질 때까지 서로 사랑하며 살았답니다.

038

홀거 단스케
Holger Danske

덴마크에는 크론보르라는 오래된 성이 있습니다. 크론보르 성은 덴마크와 스웨덴 사이 좁다란 해협에 있는 사운드(외레순)의 끝에 자리잡고 있지요. 커다란 배들이 날마다 수백 척씩 지나가는 곳입니다. 영국 배와 러시아 배도 지나갔으며, 또 프로이센 배도 지나갔습니다.

배들은 해협을 지날 때 대포를 쏘아서 "꽝!" 옛 성에게 인사를 합니다. 그러면 성도 대포로 "꽝!" 응답하지요. 대포들은 "안녕하세요?"와 "네! 덕분에요!"를 그렇게 표현한 것입니다.

겨울에는 배가 한 척도 지나다니지 않습니다. 스웨덴 해안까지 몽땅 얼음으로 뒤덮였기 때문입니다. 바다는 마치 육지의 길처럼 되었답니다. 두 나라의 국기가 바람에 펄럭펄럭 나부끼고 덴마크 사람들과 스웨덴 사람들은 "안녕하세요?" "네! 덕분에요!" 인사를 나눕니다. 대포가 아닌 서로 다정하게 악수를 나누며 말입니다. 그러고는 흰빵과 롤빵을 맞바꾼답니다. 낯선 곳의 음식은 더욱 맛있는 법이니까요.

그렇지만 가장 멋진 것은 누가 뭐라 해도 옛 크론보르 성이었습니다. 그 성 밑으로 깊고 어두운 지하실에는 덴마크인 홀거 단스케가 홀로 앉아 있습니다. 그는 강철로 된 옷을 걸쳐 입고 있습니다. 머리는 튼튼한 팔로 받치고 말입니다. 그의 긴 수염은 대리석 탁자에 단단히 뿌리내리고 있었습니다.

홀거 단스케는 잠을 자면서 꿈을 꿉니다. 그는 꿈 속에서, 덴마크에서 무슨 일이 일어나는지를 다 지켜보고 있습니다. 성탄절 저녁이 되면 천사가 와서 그의 꿈이 모두 맞다고 말해 줍니다. 덴마크는 아직 안전하니까 계속 마음 놓고 자도 좋다고 속삭여 줍니다. 그렇지만 만일 덴마크에 위험한 일이 닥친다면 나이든 홀거 단스케는 자리에서 벌떡 일어날 것입니다. 당장 달려가 용감하게 적을 무찌르기 위해 탁자에 박혀 있는 수염을 끌어당겨 빼내겠지요. 그러면 탁자는 산산조각 나고 말 것입니다. 그때 모든 나라에서는 홀거 단스케가 다시 지상에 나타나 덴마크를 지켜줄 거라는 소식을 듣게 될 것입니다.

어느 할아버지가 홀거 단스케 이야기를 빠짐없이 귀여운 손자에게 들려주고 있었습니다. 소년은 할아버지의 이야기가 모두 사실이라고 생각했습니다. 할아버지는 거짓말을 하지 않기 때문입니다. 할아버지는 이야기를 하면서 커다란 나무에 조각을 하고 있었답니다. 바로 홀거 단스케 모습을 한 뱃머리를 장식할 조각입니다. 할아버지는 조각가였습니다. 배는 어떤 장식이 달리는가에 따라 이름이 붙여지지요. 홀거 단스케는 한 손에 그의 커다란 전투 칼을 들고 또 다른 손으로는 덴마크 문장·방패를 누르고는 당당하게 우뚝 서 있습니다. 방패의 문장은 아직 조각하지 않았지요.

할아버지는 덴마크의 훌륭한 남자와 여자들에 대한 이야기를 많이 들려주셨습니다. 손자는 자신도 홀거 단스케만큼이나 많은 것을 알고 있다고 생각했습니다. 잠자리에 들 때면 아이는 자신의 턱을 이불에 가져다 대고 단단히 누릅니다. 그렇게 하면 이불 속에서 긴 수염이 자라날 것이라 생각했기 때문입니다.

어느새 할아버지는 마지막 부분을 조각하고 있었습니다. 바로 방패에 덴마크 문장을 새기고 계셨지요. 드디어 완성되었습니다. 할아버지는 조각 전체를 다시 한 번 함께 말이지요. 그 동안 책에서 읽은 내용들과 사람들에게 들은 이야기를 생각했습니다. 오늘 저녁에 손자에게 이야기해 준 것도 함께 말이지요. 할아버지는 고개를 끄덕였습니다. 그리고 안경을 닦고 고쳐쓰며 말했습니다.

"그래, 홀거 단스케는 내가 살아 있는 동안에는 절대 오지 않을 거야. 하지만 잠이 든 내 손자는 그를 볼 수 있을 거야. 만일의 경우에는 홀거 단스케와 힘을 합칠지도 모르지!"

이렇게 말하고 할아버지는 다시 고개를 끄덕였습니다. 조각된 홀거 단스케는 보면 볼수록 무척 훌륭한 조각상이라는 생각이 들었기 때문입니다. 색깔도 잘 입혀져서 그의 갑옷은 정말 강철처럼 반짝이는 것만 같았습니다. 덴마크 문장에 있는 심장은 점점 더 빨갛게 물들어 보였습니다. 금관을 쓴 사자는 마치 금방이라도 뛰어오를 것만 같았습니다.

"누가 뭐라 해도 이건 정말 온 세상에 있는 방패 문양 가운데서 가장 멋져! 사자들은 강인한 힘을 나타내고 심장은 인자함과 사랑을 나타내지."

가장 위쪽에 있는 사자는 대영제국을 덴마크 왕위와 결합한 크누트 왕을 생각나게 했습니다. 두 번째 사자는 발데마르 왕을 떠오르게 했습니다. 그는 덴마크를 통일하고 벤드 지방을 정복한 사람입니다. 세 번째 사자를 보면서 할아버지는 마거릿 여왕을 생각했답니다. 그녀는 덴마크, 스웨덴, 노르웨이를 통일했습니다. 할아버지가 붉은 심장 문양을 바라보자 전 보다 한결 강하게 빛나더니 마침내 불꽃이 되어 움직였습니다. 할아버지의 마음도 불꽃을 따라 움직였습니다.

첫 번째 불꽃은 할아버지를 좁고 어두컴컴한 감옥으로 데려갔습니다. 그곳에는 어느 아름다운 여인이 갇혀 있었습니다. 그녀는 크리스티안 4세의 딸인

레오노라 울펠트 부인이었습니다. 불꽃은 장미처럼 그녀의 가슴 위로 내려앉 았습니다. 그러고는 덴마크에서 가장 고귀하고 훌륭한 부인의 심장과 하나가 되어 아름다운 꽃을 피웠습니다.

"그래, 맞아! 이게 바로 덴마크 문장에 있는 심장 가운데 하나야!"

할아버지가 말했습니다.

할아버지의 생각은 다시 두 번째 불꽃을 따라 바다로 나갔습니다. 대포들이 쾅쾅 천둥소리를 내고 배들은 뿌연 연기에 휩싸여 있었습니다. 불꽃은 비트펠 트 가슴에 훈장처럼 붙어 있었습니다. 비트펠트는 덴마크 함대를 구하기 위해 서 자신과 배를 공중으로 폭파시켜 훈장을 받은 사람입니다.

세 번째 불꽃은 할아버지를 그린란드의 어느 초라한 오두막으로 데려갔습니 다. 그곳에서는 한스 에게데 목사가 말과 행동으로 참된 사랑을 보여주고 있었 습니다. 불꽃은 그의 가슴의 별이었으며 덴마크 문장 가운데 한 개의 심장이었 습니다.

이제 할아버지의 생각은 둥실둥실 떠다니는 불꽃보다 앞서갔습니다. 그 불 꽃이 어디로 가려는지 알았기 때문입니다. 프레데리크 6세는 가난한 농부의 방에서 대들보에 백묵으로 자신의 이름을 쓰고 있었습니다. 불꽃은 왕의 가슴 속과 마음속에서 진동하고 있었습니다. 농부의 방에서 왕의 심장은 덴마크 문장의 심장이 되었습니다. 할아버지는 어느새 눈물을 흘리고 있었습니다. 왜냐하면 프레데리크 왕을 위해 살았기에 빛나는 은발에 정직한 푸른 눈을 가진 그를 잘 알고 있었거든요. 할아버지는 두 손을 모으고는 지긋이 앞을 바라보았습니다.

그때 할아버지의 며느리가 왔습니다. 그녀는 저녁 식사가 준비되었다고 말했습니다.

"어머나, 조각이 참 아름답군요, 아버님. 홀거 단스케와 우리나라 옛 문양이 있는 방패! 그런데 어쩐지 이 얼굴을 옛날에 보았던 것만 같아요."

"아니, 그렇지는 않을 거야. 하지만 나는 실제로 본 적이 있단다. 내가 기억하고 있는 대로 조각하기 위해 노력했지. 때는 4월 2일 (1801년 4월 2일에 덴마크와 영국은 각각 파커와 넬슨의 지휘 아래 코펜하겐 앞에서 피비린내 나는 전투를 치렀으며 무승부로 끝났다)이었단다. 영국인들에게 우리가 덴마크 사람임을 여실히 보여 준 바로 그날이야! 나는 스텐빌 제독의 함대 '덴마크 호'에 타고 있었단다. 내 옆에 한 남자가 있었지. 그가 얼마나 용감했는지 마치 총알이 그를 두려워해서 피하는 것만 같았어. 그는 즐겁게 옛 노래를 부르면서 몸을 아끼지 않고 싸웠지. 나는 그의 얼굴을 아직도 생생하게 기억한다. 하지만 그가 어디에서 왔고 어디로 갔는지는 모른단다. 아니, 어느 누구도 알 수 없었지. 나는 문득문득 그는 분명 홀거 단스케일지도 모른다고 생각했었어. 바로 크론보르성에서 헤엄쳐 와서 위험에 빠진 우리들을 도와 주었다고 생각한 거야. 저 조각이 바로 그의 모습이란다."

나무 조각상의 커다란 그림자는 벽을 지나 천장까지 비치고 있었습니다. 마치 진짜 홀거 단스케가 조각상 뒤에 서 있는 것만 같았습니다. 촛불이 흔들흔들 움직이고 있었기 때문이지만요.

며느리는 시아버지에게 입맞추었습니다. 그러고는 할아버지를 식탁 앞 커다란 팔걸이 의자로 모셔갔습니다. 할아버지는 며느리와 아들과 함께 저녁을 먹었습니다. 할아버지는 식사를 하면서 덴마크의 사자와 심장에 대해서 즉, 힘과 사랑에 대해서 이야기했습니다. 그리고 칼의 힘 말고도 또 하나의 힘이 있다고 힘주어 말하면서 오래된 책들이 꽂혀 있는 선반을 가리켰습니다. 그곳에는 홀베르그의 희극 전집이 있었습니다. 이 희극은 너무너무 재미있어서 옛날부터 자주 읽던 책이었습니다. 그래서 그 책에 나오는 인물들은 마치 옛날부터 잘 아는 사람 같았습니다.

"봐라, 이 시인도 검을 쓸 줄 안단다. 그는 사람들의 어리석음과 비뚤어진 고집을 베어왔지."

할아버지는 그렇게 말씀하시고 둥근 탑이 그려져 있는 달력을 바라보면서 고개를 끄덕였습니다.

"티코 브라헤도 검을 참 잘 썼어. 그는 살과 뼈를 자르기 위해서가 아닌 하늘의 별들 사이에 뚜렷한 길을 내기 위해서만 칼을 사용할 줄 아는 훌륭한 사람이었지. 그럼, 그렇고 말고. 그리고 베르텔 토르발센의 아버지도 나와 같은 조각가였단다. 나는 하얀 머리와 넓은 어깨를 가진 그의 아들(베르텔 토르발센)을 직접 보았어. 그의 이름은 세상에 널리 알려져 있어. 그도 검을 잘 썼지. 그와 비교하면 나 같은 건 그저 나무를 깎을 뿐이라고. 그래, 홀거 단스케는 여러 가지 모습으로 우리들 앞에 나타난단다. 모든 나라 사람들이 우리 덴마크의 위대한 힘에 대해서 듣도록 말이지. 자, 그럼 우리 이제 베르텔을 위해서 축배를 들자꾸나!"

침대에서 자고 있던 소년은 외레순해협과 옛 크론보르 성을 보았습니다. 또한 성 밑 깊숙한 지하에서 대리석 탁자에 수염을 뿌리내리며 지상에서 일어나고 있는 모든 일들을 빠짐없이 꿈꾸고 있는 홀거 단스케도 보았습니다. 홀거 단스케 역시 조각가 가족들의 작고 초라한 방을 꿈꾸고 있었습니다. 할아버지의 이야기를 모두 듣고는 고개를 끄덕이며 말했습니다.

"그렇다, 나를 잊지 마라. 덴마크 국민들이여! 늘 나를 기억하라. 너희들이 어려울 때면 언제라도 달려갈 테니."

크론보르 성 밖으로 햇빛이 환하게 빛나고 있었습니다. 산들바람은 이웃 나라의 뿔피리 소리를 싣고 불어 왔습니다. 배가 미끄러져 지나가면서 인사했습니다.

"쾅! 쾅!"

크론보르 성도 쾅쾅! 답례했지요. 그렇게 대포를 세게 쏘아대도 홀거 단스케는 일어나지 않았습니다. 그건 오로지 "안녕!" "고마워요!" 하는 인사였기 때문이죠.

홀거 단스케가 깨어나기 위해서는 다른 대포 소리가 들려야만 한답니다. 그때 그는 반드시 일어나지요. 홀거 단스케는 용맹하니까요.

039

성냥팔이 소녀
Den lille Pige med Svovlstikkerne

살을 에는 듯 몹시 추운 겨울 날이었습니다.

하루 종일 눈이 내리더니 어느덧 어두컴컴한 밤이 되었습니다. 그날은 한 해 마지막 날인 섣달 그믐날이었습니다. 이러한 추위와 어둠 속에 어느 가엾은 소녀 하나가 모자도 쓰지 않은 채 맨발로 길을 걷고 있었습니다. 물론 소녀가 집을 나설 때엔 신발을 신고 있었습니다. 하지만 그게 무슨 도움이 되었겠어요? 그건 매우 커다란 신발이었습니다. 얼마 전까지 어머니가 신던 신발이었거든요.

게다가 그마저도 마차 두 대가 무시무시한 속도로 옆을 지나가는 바람에 소녀는 서둘러 길을 건너다가 그만 신발을 잃어버리고 말았습니다. 한 짝은 이미 찾을 수가 없었고 다른 한 짝은 어떤 사내아이가 주어들고 달아나 버렸습니다. 자기 아기가 태어나면 요람으로 쓰겠다면서 말이지요.

이렇게 해서 소녀는 하는 수 없이 추위에 빨개진 맨발로 걷게 된 것이랍니다. 소녀의 낡아서 빛바랜 앞치마 주머니에는 성냥이 가득 들어 있었습니다. 손에도 한 다발을 들고 있었습니다. 오늘은 온종일 소녀에게서 성냥을 사 간 사람이 아무도 없었습니다. 돈 한 푼 인정을 베풀어 주는 사람도 없었습니다. 배고픔과 추위에 떨며 겨우겨우 발을 떼는 소녀의 모습은 참으로 애처로웠습니다.

소녀의 목덜미에서 아름답게 굽이치고 있는 긴 금발은 금세 눈가루로 뒤덮였습니다. 집집마다 창문 틈새로 환한 불빛이 새어 나오고 있었습니다. 먹음직스러운 거위구이 냄새가 길거리까지 풍겨나왔습니다. 오늘은 한 해의 마지막 날이었으니까요. 소녀도 그것을 잘 알고 있었지요.

소녀는 다른 집보다 길 쪽으로 조금 더 튀어나와 있는 두 집 사이에 생긴 눈을 피할 수 있는 곳에 몸을 웅크리고 앉았습니다. 작은 발을 있는 힘껏 몸쪽으로 끌어당겼지만 몸은 점점 더 얼어붙을 뿐이었습니다. 하지만 집으로 돌아가고 싶지 않았습니다. 성냥을 한 개비도 못 팔았거든요. 돈을 한 푼도 벌지 못했으니 아버지는 분명히 소녀를 때릴 것입니다. 게다가 집도 춥기는 마찬가지였습니다. 지붕만 덮여 있을 뿐이지 바람은 윙윙 소리를 내며 세차게 들어왔으니까요. 뻥 뚫려 있는 구멍을 짚과 넝마로 막았는데도 말이지요.

소녀의 작은 두 손은 추위에 얼어 거의 굳어 버렸습니다. 아! 이럴 때 성냥 한 개비가 얼마나 큰 도움이 되는지요. 성냥묶음에서 한 개비만 빼내어 벽에 그어 손가락을 녹일 용기가 있다면 말입니다. 소녀는 성냥 한 개비를 빼내어 벽에 그었습니다.

"치직!"

이 새빨간 불꽃을 뭐라 말해야 할까요? 어쩜 이리도 활활 타오를까요? 소녀가 불꽃 주위로 두 손을 가까이 대고 있는 동안 마치 작은 촛불처럼 불꽃은 따뜻하고 밝게 빛났습니다. 매우 아름다운 불꽃이었습니다. 소녀는 마치 번쩍이는 놋쇠통이 있는 커다란 쇠난로 앞에 앉아 있는 듯한 느낌이 들었습니다. 불꽃은 아름답게 타면서 몸을 따뜻하게 녹여 주었습니다. 소녀는 언 발도 녹이기 위해 앞으로 쭉 뻗었습니다. 하지만 그 순간 불꽃이 꺼지고 따사로웠던 난로도 사라져버리지 뭐예요. 소녀의 손에는 타다 남은 성냥만 덩그러니 들려 있었습니다.

소녀는 새 성냥을 꺼내어 벽에 그었습니다. 성냥불은 매우 환하게 빛났습니다. 벽에 그림자가 비치자, 마치 얇은 베일처럼 벽이 투명하게 비치더니 방 안이 훤히 들여다보이게 되었습니다. 비친 방 안에는 눈부시게 하얀 식탁보가 깔려 있고 그 위에 고운 그릇들이 놓여 있었습니다. 사과와 자두로 채워진 거위는 먹음직스럽게 잘 구어져 김이 모락모락 피어나고 있었습니다. 놀랍게도 그 거위가 등에 칼과 포크를 꽂은 채 접시에서 뛰어내려와, 가엾은 소녀 앞으로

뒤뚱뒤뚱거리며 걸어오는 게 아니겠어요. 바로 그때 성냥이 훅 꺼져버리고 말 았습니다. 보이는 것이라곤 오직 두텁고 차가운 벽뿐이었지요.

소녀는 또다시 새로운 성냥에 불을 붙였습니다. 이제 소녀는 세상에서 가장 멋진 크리스마스 트리 아래 앉아 있었습니다. 그 크리스마스트리는 성탄절 축 하 파티 때 유리창문을 통해서 본 어느 부잣집의 트리보다도 한결 더 크고 많 은 장식들로 멋있게 꾸며져 있었습니다. 푸른 가지에는 수많은 촛불들이 빛을 내고 있었습니다. 그리고 가게 진열창에 놓여진 것과 같은 색색의 그림들이 소 녀를 내려다보고 있었습니다. 소녀가 자기도 모르게 그림에 손을 뻗자마자 성 냥이 꺼져 버렸습니다. 성탄 트리의 수많은 촛불들은 점점 더 높이 밤 하늘로 올라가더니 반짝반짝 빛나는 별이 되었습니다. 소녀는 하늘에 있는 밝은 별을 보았습니다. 그 가운데 별님 하나가 하늘에 긴 꼬리를 그리며 떨어졌습니다.

"아! 누군가가 죽은 거야!"

소녀는 속삭였습니다. 돌아가신 할머니가 언젠가 소녀에게 이야기해 주셨습 니다. 하늘에서 별이 하나 떨어질 때마다 누군가의 영혼이 하느님에게로 돌아 가는 것이라고요. 할머니는 살아 계실 때 소녀에게 참 잘해주셨습니다.

소녀는 다시 한 번 성냥개비를 벽에 그었습니다. 성냥개비는 주위를 환하게 비추었습니다. 그러자 소녀의 할머니가 빛 속에서 온화하고 다정한 얼굴로 서 계시는 게 아니겠어요?

소녀는 간절히 외쳤습니다.

"할머니! 제발 저를 데려가 주세요. 저는 알아요. 성냥불이 꺼지면 할머니께서도 떠나 버리신다는 것을! 할머니도 따뜻한 난로처럼, 먹음직스러운 거위구이처럼, 멋진 성탄 트리처럼 그렇게 사라지실 거죠?"

소녀는 얼른 남아 있던 나머지 성냥들을 모두 벽에 그었습니다. 할머니를 꼭 붙잡아 두고 싶은 마음이 간절했던 것이지요. 성냥더미는 밝게 빛나 마치 대낮처럼 주변을 환하게 밝혔습니다. 할머니가 이토록 아름다웠던 적은 없었습니다. 할머니는 가엾은 소녀를 팔로 감싸안고는 행복과 밝은 빛 속으로 아주 높이 높이 날아 올라갔습니다. 하늘나라는 추위도 배고픔도 걱정도 없었습니다. 그들은 하느님 곁에 있었으니까요.

다음 날 추운 아침, 골목 구석에 발그레한 뺨을 하고 입가에는 미소를 띤 소녀가 차가운 벽에 기대 웅크리고 앉아 있었습니다. 지난 해 마지막날 밤에 얼어 죽고 만 것이었습니다. 새해 해님이 떠올라 죽은 소녀 위를 환히 비추었습니다. 소녀는 성냥을 손에 꼭 쥐고 있었습니다. 성냥 한 다발은 거의 다 타버려 있었지요.

"이 아이는 몸을 녹이려고 했던 거야."

사람들이 말했습니다. 소녀가 얼마나 아름다운 것을 보았는지, 또 얼마나 밝게 빛나는 불빛 속에서 할머니와 함께 새해의 기쁨을 맞았는지는 아무도 알지 못했습니다.

040

성 둑에서 바라본 풍경화

Et Billede fra Castelsvolden

어느 가을날이었습니다. 우리는 성 둑 앞에 서서 바다에 수없이 떠 있는 배들과, 석양을 받으며 우뚝 솟아 있는 스웨덴 해안을 바라보고 있었습니다. 우리들 뒤로는 둑길이 가파르게 나 있었는데, 그곳에는 커다란 나무들이 노란 이파리를 가지마다 떨어뜨리고 있었지요. 바로 그 숲에는 나무 울타리로 둘러싸인 음침한 집 몇 채가 있었습니다.

그 가운데서도 보초가 왔다갔다 하는 집은 무척 좁고 을씨년스러워 보였습니다. 하지만 그 뒤에 있는 철창 안은 훨씬 어두컴컴했지요. 그 안에는 사악하기 이를 데 없는 죄인이 갇혀 있었습니다.

어두운 감방에 저녁 햇살을 머금은 빛줄기가 새어 들어왔습니다. 그 햇살은 얼마나 서글프고도 아름답던지! 해는 나쁜 사람도 착한 사람도 똑같이 어루만져줍니다.

음침하고 무뚝뚝한 죄수는 원망의 눈초리로 차가운 햇살을 바라보았습니다. 그때 작은 새 한 마리가 철창으로 포르르 날아와 서글프고도 아름다운 목소리로 노래를 했습니다. 새는 나쁜 사람에게도 좋은 사람에게도 언제나 노래를 불러줍니다. 그리고 그 새는 창가에 앉아 날개를 퍼덕이기도 하고 깃털을 고르기도 하며 목 부근 깃털을 곤두세우기도 했습니다.

감방 안 죄수는 그런 새를 말없이 바라보고 있었습니다. 험상궂은 그의 얼굴에도 어느새 부드러운 미소가 감돌았지요. 자신도 알 수 없는 어떤 생각이 갑자기 마음속 깊은 곳에서 떠올랐기 때문입니다. 이 마음의 선물은 창살에 비치는 햇살과도 같은 것이었지요. 아니, 그것은 봄이면 들판에 흐드러지게 피어나는 제비꽃 향기와 같았지요.

그 때였습니다, 어디선가 사냥꾼의 호각 소리가 들려왔습니다. 놀란 새는 창살에서 멀리 날아가 버렸고 햇살의 빛도 차츰 사라져갔습니다. 그러자 감방 안은 다시 어두워지고 죄수의 마음도 어두워졌습니다. 하지만 그의 가슴 속에는 여전히 햇살이 비치고, 창가에서는 새가 노래를 부르는 것처럼 느껴졌습니다.

'아아! 사냥꾼의 아름다운 호각 소리여, 계속해서 울려 퍼져라!'
저녁은 포근하며, 바다는 거울처럼 고요하고 잔잔했습니다.

041
양로원 창가에서
Fra et Vindue i Vartou

수도 코펜하겐을 빙 둘러싼 푸른 둑 옆에는 창문이 많은 커다란 붉은색 건물이 하나 있습니다. 건물 창마다 놓인 화분에는 봉선화와 제라늄이 자라나고 있습니다. 그러나 방 안은 몹시 초라해 보였지요. 이곳은 바로 불쌍한 노인들이 살아가는 바르토우 양로원입니다.

보세요! 창가에 한 할머니가 기대 서 있습니다. 할머니는 봉선화의 시든 잎새를 따면서 아이들이 뛰어노는 푸른 둑을 내다봅니다. 할머니는 무엇을 생각하는 것일까요? 마음의 눈을 열자 인생이라는 한 편의 연극이 할머니의 눈앞에 아른거리며 펼쳐집니다.

가난한 아이들이 얼마나 행복하게 뛰놀고 있는지요!

귀여운 아이들의 뺨은 발그레 달아오르고 눈은 수정처럼 맑게 반짝입니다. 그러나 신발은 물론 양말도 신고 있지 않습니다. 아이들은 푸른 둑 위에서 춤을 춥니다. 옛날부터 전해 내려오는 이야기에 따르면, 아이들이 춤추고 있는 저 둑은 예전에는 아래로 계속 가라앉고 있었습니다. 그때 어느 천진한 아이가 마음껏 뛰어놀다가, 꽃과 장난감을 가지고 유혹하는 어른들의 꾐에 빠져 산채로 묻힌 뒤, 다시는 거기서 나오지 못했답니다. 그때부터 둑이 단단해지고 이윽고 파란 잔디가 곱게 자랐습니다.

아이들은 그 전설을 알지 못합니다. 어쩌다 그 이야기를 듣게 된다면 죽은 그 아이가 땅 속에서 슬피 우는 소리를 들을지도 모릅니다. 그리고 풀잎에 맺힌 이슬이 아이들에게는 하염없이 흘러나오는 눈물처럼 보일지도 모를 일입니다. 아이들은 덴마크 왕의 이야기도 알지 못합니다. 왕은 적군이 둑 밖에 이르렀을 때 말을 몰고 이곳으로 와서 "나는 내 조국에서 떳떳하게 잠들리라." 맹세했습니다. 그러자 남자 여자 할 것 없이 모두들 뛰쳐 나와, 눈에 덮인 성벽을 타고 기어오르던 하얀 옷을 입은 적군들에게 펄펄 끓는 물을 퍼부었던 것입니다.

가난한 아이들은 아무것도 모른 채 즐겁게 뛰놀고 있습니다.

뛰어 놀아라, 어린 소녀야. 축복받은 세월은 금세 지나가 버린단다. 견진성사를 받은 아이들이 손에 손을 잡고서 지나가는구나. 네가 입은 하얀 옷을 마련하느라고 네 어머니는 몹시 힘들었겠지. 비록 커다란 낡은 옷을 고친 것일 테지만. 그러나 그것은 예부터 내려온 전통이란다. 너는 붉은 솔을 받고서 그것을 길게 늘어뜨렸구나. 하지만 그것은 네가 걸치기에는 너무 커다랬어! 너는 예쁜 나들이옷과 사랑하는 주님을 생각하겠지. 둑길을 지나는 아이들의 행렬은 얼마나 멋졌는지! 하지만 세월은 어느덧 어두운 나날과 더불어 지나가 버렸어. 그런데도 젊은 시절의 마음은 잃지 않는단다. 너는 자기도 모르는 사이에 남자 친구가 생긴단다. 너희들은 참회일(부활절 뒤의 네 번째 휴일)에 모든 성당의 종

소리가 울리면 이른 봄날의 둑길을 지나가겠지. 비록 제비꽃은 아직 없지만, 로센보르 성 앞엔 푸른 싹을 가장 먼저 틔우는 나무 한 그루가 서 있단다. 그곳에 너희들은 우뚝 멈춰 서겠지. 해마다 나무는 푸른 가지를 세상에 내보내지만, 인간의 마음에는 푸른 싹을 틔우지는 못한단다. 마음속에는 북쪽 나라에서 보는 것보다도 더 많은 먹구름이 흘러간단다.

가난한 아이야! 신랑과 함께 하는 신방은 마침내 죽음의 관으로 변하고, 너도 이제 할머니가 되어 지금 바르토우 양로원의 봉선화 곁에서 뛰놀고 있는 아이들을 바라보고 있구나. 네 이야기가 되풀이되는 것을 보고 있구나.

이것은 바로 둑 위를 내다보는 할머니의 마음속에서 펼쳐진 인생 이야기입니다. 둑에는 햇빛이 따스하게 비치고 있습니다. 발그레한 뺨을 한 아이들은 천상의 새들처럼 신발과 양말도 신지 않은 채 기쁨에 겨워 뛰어놀고 있습니다.

042

낡은 가로등

Den gamle Gadelygte

당신은 언젠가 낡은 가로등 이야기를 들어 본 적이 있습니까? 아주 재미있는 이야기는 아니지만 그래도 한번쯤은 들어볼 만하답니다.

어느 거리에 낡았지만 매우 고상해 보이는 가로등이 있었습니다. 이 가로등은 아주 오랫동안 행인들의 길을 밝혀주다가 마침내 은퇴를 하게 되었습니다. 그래요, 그가 마지막으로 길을 밝히는 저녁이었습니다. 그 가로등은 마치 마지막으로 춤을 추는 춤꾼과도 같은 기분이 들었지요. 내일부터는 지하실에서 지내야만 한다는 것을 잘 알고 있었으니까요.

가로등은 다음 날이 오는 게 두려웠습니다. 태어나 처음으로 시청에 가야 했으니까요. 시장과 위원회에서 아직 쓸 만한지 어떤지 검사를 받아야만 하기 때문이지요. 그곳에서 좀 더 거리에 남아 불을 밝힐지 아니면 시골의 재생 공장으로 보내져야 할지가 결정된답니다. 어쩌면 가로등은 곧장 재생공장으로 보내져 쇳물이 되어 버릴지도 모릅니다. 그러면 온갖 것으로 다 만들어질 수 있겠지요. 그렇게 되면 가로등으로 살아온 나날을 모두 잊어버리게 되는 것은 아닐까, 그것이 가로등을 마음 아프게 했습니다.

앞으로 자기에게 일어날 일도 걱정이 되었습니다. 무엇보다도 가로등을 마치 친가족처럼 여겼던 야경꾼 부부와 헤어져야 한다는 것은 확실했습니다. 그가 야경꾼이 되었을 때 가로등도 태어났습니다. 부인은 그 무렵에는 매우 고상하고 새침했습니다. 그녀는 저녁에 가로등 곁을 지나갈 때만 슬쩍 가로등을 쳐다보았을 뿐 낮에는 결코 쳐다보는 일이 없었습니다.

세월이 흘러 야경꾼과 그의 아내 그리고 가로등, 모두들 노년에 들어섰지요. 나이가 들면서 부인은 때때로 가로등을 깨끗이 닦고 기름칠도 해 주었답니다. 야경꾼 부부는 매우 정직하여, 가로등에 쓰일 기름을 한 번도 몰래 빼내서 사사로이 쓴 적이 없었답니다.

가로등에게는 거리에서 보내는 마지막 저녁이었습니다. 다음 날이면 시청에 가야 하기 때문에 가로등은 몹시 슬펐습니다. 가로등이 어떻게 슬프게 빛나고 있었는지 상상이 되지요? 그동안 가로등은 많은 것을 보았습니다. 아마도 시

장이나 위원회의 사람들이 보았던 것만큼이나 많았을 거예요. 하지만 가로등은 그것을 누구에게도 말하지 않았습니다. 다른 사람들을 슬프게 하고 싶지 않았기 때문이지요. 특히 야경꾼과 그의 부인에게는 더욱더 그러고 싶지 않았습니다.

가로등은 아주 많은 것을 기억하고 있었습니다.

"그래, 사람들은 나를 기억해 줄 거야. 언젠가 잘생긴 젊은 남자가 있었지. 그래, 벌써 오래 전의 일이야. 그는 진홍빛 종이에 쓰인 편지를 가지고 있었어. 그것은 아주 고왔어. 금박 테두리가 되어 있었거든. 어떤 여자가 아주 정성스럽게 쓴 것이었어. 젊은 남자는 그 편지를 두 번 읽고는 거기에 입맞추었지. 그리고 나를 올려다보았어. 그의 눈은 이렇게 말했지. '나는 이 세상에서 가장 행복한 남자야!' 그래, 그것은 그 남자와 나만이 아는 비밀이었어. 그의 애인이 보낸 첫 번째 편지에 무엇이 씌어 있었는가를. 나는 또 다른 눈빛을 기억해. 기억이 갑자기 되살아날 수 있다는 건 참 이상한 일이야. 바로 이 거리에서 호화스러운 장례식이 있었지. 젊고 아름다운 여자가 관 속에 누워 벨벳으로 장식된 장의차에 실려 있었어. 마차는 수많은 꽃과 화환으로 덮여 있었지. 활활 타오르는 햇불 때문에 내 모습은 보이지도 않았었지. 길은 장례 행렬을 따라 가는 사람들로 매우 붐비고 있었어. 그러나 햇불이 사라지고 내가 주위를 둘러볼 수 있게 되었을 때, 누군가가 내 기둥에 기대서서 울고 있었어. 나는, 그날 나를 올려다보던 그 슬픈 두 눈을 오래도록 잊지 못할 거야!"

많은 생각들이 마지막으로 빛을 내고 있는 낡은 가로등의 머릿속을 빠르게 스치며 지나갔습니다. 야경꾼은 자기가 하던 일을 맡게 될 사람을 알고 있었지요. 그러나 가로등은 어떤 이가 자기 뒤를 이을지 알지 못했답니다. 만약 알 수 있었다면 그 가로등에게 날씨에 대해 이야기해 주었을 거예요. 그리고 달빛이 얼마나 멀리까지 밝혀주는지도 이야기했겠지요. 또 바람이 어느 쪽에서 불어오는지도 친절하게 알려줄 수 있었을 거예요.

그때 개천의 다리 위에서 가로등에게 자신들을 소개하는 이들이 있었습니다. 그들은 가로등이 다른 가로등에게 일자리를 넘겨주려 한다는 사실을 알고 있었던 거예요.

그들 가운데 하나는 청어 대가리였습니다. 그 청어 대가리는 어둠 속에서 희미하게 빛나고 있었지요. 그는 자기가 가로등 기둥에 붙으면 기름을 아낄 수 있을 거라고 말했습니다.

두 번째는 썩은 나무였어요. 나무도 반짝반짝 빛나고 있었지요. 나무는 말린 생선 따위는 자신에게 상대가 안 된다고 말했습니다. 숲의 자랑거리였던 나무의 마지막 조각이었거든요.

세 번째는 개똥벌레였습니다. 가로등은 그 개똥벌레가 어디에서 왔는지 도무지 알 수가 없었습니다. 개똥벌레도 반짝반짝 별처럼 빛이 났지요. 썩은 나무와 청어 대가리는 개똥벌레를 보고 입을 비쭉거렸습니다. 그 빛은 곧 사그라질 것이기에 소용없다는 것이었죠.

낡은 가로등은 그들 가운데 어느 누구도 가로등이 될 수 있을 만큼은 밝지 않다고 말했답니다. 그러나 그들은 그 말을 믿으려 하지 않았어요. 가로등은 자신이 후임자를 정하는 게 아니라고 했습니다. 그들은 그 말을 듣고는 매우 기뻐했습니다. 그들은 가로등이 너무 늙어서 제대로 선택을 못 한다고 생각했기 때문이지요. 바로 그때 거리의 모퉁이에서 바람이 허겁지겁 달려왔습니다.

"도대체 무슨 소리야! 내일 떠난다고? 오늘이 너를 볼 수 있는 마지막 저녁이란 말이야? 섭섭하군. 그렇다면 너에게 선물을 주겠어. 내가 이제 너의 머리에 바람을 불어넣어 줄게. 그렇게 하면 네가 그동안 듣고 본 것을 잊어버리지 않게 될 거야. 머리도 아주 맑아지지. 모든 것이 잘 보일 거야."

"그래? 정말 큰 선물이구나! 고마워. 내가 녹여져서 다시 만들어지는 일만 없었으면 좋겠어."

"그런 일은 절대 일어나지 않아. 이제 내가 너에게 기억을 불어넣어 줄게. 그리고 넌 더 많은 선물을 받을 거야. 아마도 행복한 마지막 저녁이 될 거야."

바람이 가로등을 위로했습니다.

"내가 녹여져 다른 물건이 되는 일만 없다면! 너는 혹시 내가 기억을 영원토록 간직하게 할 수 있니?"

"낡은 가로등아, 기억을 잊지 않게 될지어다!"

바람이 말했습니다. 바로 그때 달님이 구름 속에서 얼굴을 내밀었습니다.

"당신은 무엇을 선물할 건가요?"

바람이 달님에게 물었습니다.

"나는 아무것도 선물하지 않아. 나는 지금 기울고 있는 중이야. 그리고 가로등은 나를 위해서 빛을 낸 적이 한 번도 없었어. 그러나 나는 가로등을 위해서 내 빛을 쏘아 주었지."

달님은 다시 구름 속으로 물러났습니다. 창피를 당하고 싶지 않았기 때문이지요. 그때 물방울이 바람에 떨어졌습니다. 그것은 마치 낙숫물같이 보였습니다. 물방울은 회색 구름에게서 왔다고 말했어요. 그리고 자기가 가장 좋은 선물이 될 거라고도 말했습니다.

"나는 너의 몸 속으로도 들어갈 수 있어. 언젠가 네가 원한다면 녹슬고 부서져 먼지가 될 수 있도록 도와줄게."

그러나 가로등에게는 물방울이 그다지 좋은 선물처럼 느껴지지 않았답니다. 바람도 그렇게 생각했습니다.

"더 좋은 선물은 없나요? 물방울 말고 더 좋은 건 없냐고요?"

바람은 답답해서 거칠게 숨을 내쉬며 말했습니다. 그때 하늘에서 긴 꼬리를 단 별똥별 하나가 뚝 떨어지면서 반짝였습니다.

"저건 뭐지?"

청어 대가리가 물었습니다.

"저쪽에 별이 하나 떨어졌어. 봤니? 가로등에게 가려는 게 틀림없어. 저렇게 높은 데에 사는 녀석까지도 이 일자리를 얻으려고 하다니! 우리는 아예 포기하고 집으로 돌아가는 게 낫겠어."

그러더니 모두들 집으로 돌아가 버렸습니다.

낡은 가로등은 갑자기 이상할 정도로 빛을 세게 내뿜으며 주위를 밝게 비추었습니다.

"이건 참으로 멋진 선물이야. 밝은 별들은 언제나 나를 기쁘게 해주지. 내가 빛을 내야 했는데도 별들은 언제나 나보다 더 멋지게 반짝반짝 빛났어. 그들은 불쌍하고 보잘것없는 나에게 자기들 가운데 하나를 선물로 보내 준 거야. 그 선물은 내가 바르게 생각하고 똑바로 볼 수 있도록 해 주었어. 내가 좋아하는 사람들도 나를 볼 수 있는 그런 능력 말이야. 너무나 기뻐. 다른 사람과 나눌 수 없다면 기쁨은 반밖에 안 될 테니까 말이야."

"훌륭한 생각이야. 그런데 너는 밀초도 끼워 주어야 한다는 것을 모르는구나. 네 몸에 그게 박혀 있지 않았다면 어떤 것도 너를 통해서 볼 수 없었을 거야. 별들은 그걸 몰랐었지. 이제 반짝이는 것들은 저마다 하나쯤은 불을 몸 안에 가지고 있다는 것을 알게 되었을 거야. 난 이제 피곤해. 좀 누워야겠어."

그러더니 바람은 조용히 몸을 눕혔습니다.

다음 날이 되었습니다. 가로등은 등받이 의자에 기대어 있었어요. 그런데 어디에서였을까요? 바로 늙은 야경꾼의 집에서지요. 야경꾼은 시장과 위원회에 갔답니다. 그리고 자기는 지금껏 부끄럽지 않게 열심히 일해왔으니, 이 낡은 등을 간직할 수 있도록 해 달라고 애원했습니다. 그러자 모두들 그를 비웃었습니다. 그러나 마침내는 그의 청을 들어 주었지요. 이렇게 해서 가로등은 따뜻한 난로 옆 등받이 의자에 몸을 기댈 수 있었답니다. 가로등은 키가 더 커진 것처럼 보였지요. 의자 전체를 덮고 있었으니까요.

늙은 부부는 저녁 식탁에 앉아서 다정한 눈빛으로 가로등을 바라보고 있었습니다. 그들은 가로등에게도 기꺼이 식탁의 한자리를 내주고 싶었을 거예요.

그들이 살고 있는 방은 땅속에 들어앉은 지하실 방이었습니다. 가로등은 포장된 도로를 지나 그곳까지 왔습니다.

그러나 이 방은 아주 따뜻했어요. 방문 가장자리에 천을 두르고 못질을 한 깨끗하고 예쁜 방이었습니다. 침대 주위와 작은 창문 앞에는 하늘하늘한 천

으로 만든 커튼이 드리워져 있었지요. 창문 위 선반에는 아름다운 화분 두 개가 놓여 있었어요. 그것은 선원인 크리스티안이 동인도와 서인도에서 가져온 것이었죠. 거기에는 점토로 된 등이 없는 코끼리 두 마리가 있었지요. 한 코끼리 등에는 흙이 채워져 있고, 골파가 자라고 있었습니다. 그건 옛날 사람들의 음식 재료였답니다. 다른 코끼리에는 제라늄이 자랐습니다. 그들은 이것을 정원이라고 했지요. 벽에 걸려 있는 빈 의회 그림에는 왕들과 황제들이 자리를 함께 하고 있었지요. 보른홀머 시계는 무거운 납추를 달고 '똑딱! 똑딱!' 틀에 박힌 소리를 내면서 점점 더 빨리 밤으로 달려가고 있었습니다. 노부부는 때때로 느리게 가는 것보다는 빨리 가는 게 훨씬 낫다고 말하곤 했거든요.

그들 부부는 저녁을 먹고 있었습니다. 그러는 동안에 낡은 가로등은 따뜻한 난롯가 의자에 걸터앉아 있었습니다. 가로등에게는 마치 온 세계가 빙빙 도는 것 같았어요. 늙은 야경꾼이 눈보라 속에서 함께 있었던 지난 일들을 이야기했습니다. 그리고 지하실 방으로 오게 참으로 잘되었다고 말했지요. 낡은 가로등은 그때서야 모든 것이 제대로 되어가는 것처럼 여겨졌습니다. 가로등은 이제 모든 것을 분명하게 볼 수 있게 되었습니다. 마치 옛날 그대로인 것처럼 말이에요. 그래요, 바람이 그에게 좋은 선물을 준 거예요.

그들 부부는 늘 부지런하고 활기찼습니다. 잠시도 가만히 있지 않았죠. 일요일 오후에는 부부가 다정하게 나란히 앉아 책을 읽었답니다. 두 사람은 여행에 관한 책을 무척 좋아했어요. 남편은 밀림과 코끼리가 어슬렁거리는 아프리카에 대한 것을 읽었지요. 그러면 부인은 그것을 들으며 화분 코끼리 점토를 슬쩍 쳐다보곤 했습니다.

"나는 모든 걸 상상할 수 있어요."

부인이 말했습니다. 가로등은 그리움에 가득 차서 생각했습니다. 자기 몸속에 밀초가 있어서 그것을 태울 수 있었으면 하고 말이에요. 그러면 마치 부인 눈앞에 모든 것이 펼쳐진 듯할 테니까요. 가로등이 보는 것처럼 키가 큰 꽃들, 총총히 서로서로 얽혀 있는 가지들, 벌거벗은 흑인들, 넓은 발로 갈대와 덤불을 밟고 가는 코끼리 대열 등이 말이죠.

"밀초가 없으니 무슨 소용이람! 이들에겐 기름과 수지 양초밖에 없어. 그건 아무 쓸모가 없어."

가로등은 저절로 한숨이 새어 나왔습니다.

그러던 어느 날 밀랍 한 무더기가 이 지하실 방으로 오게 되었습니다. 커다란 밀랍들은 땔감이 되었어요. 그리고 밀랍 가운데 작은 것들은 부인이 바느질할 때 면 실에 밀을 입히는 데 사용되었답니다. 드디어 밀초가 생긴 거예요. 그러나 그들은 밀초를 가로등에 꽂는다는 생각은 하지 못했습니다.

"나는 특별한 힘이 있어. 그런 능력을 내 몸에 가지고 있는데 그것을 저들에게 나누어 줄 수가 없다니. 내가 하얀 벽을 아름다운 태피스트리나 풍요로운 숲으로 바꾸어 놓을 수 있다는 것을 저들은 몰라. 자기들이 원하는 대로 바꾸어 놓을 수 있는데도! 아, 그것도 모르다니!"

가로등은 안타까웠습니다. 잘 닦여서 암전하게 구석에 놓여 있었지요. 그들은 언제나 가로등에게 눈길을 보냈습니다. 그리고 가끔 고물이라고 말하기도 했지요. 그러나 그들은 그렇게 말할 뿐 가로등이 잔뜩 낡아 더는 아무것도 하지 못하는 것에는 신경쓰지 않았어요. 왜냐하면 가로등을 사랑했기 때문이에요.

어느 날이었습니다. 그날은 늙은 야경꾼의 생일이었답니다. 부인이 가로등에게로 다가왔어요. 그녀는 가로등을 쓰다듬으며 말했습니다. "나는 오늘 그이를 위해서 불을 밝히려고 한단다."

가로등은 너무나 기뻤답니다. 가로등이 생각에 잠겨 고개를 끄덕이자 양철 갓이 삐그덕 소리를 냈습니다.

'내가 이제 그들에게 등불이 되겠구나!' 그러나 가로등의 몸 안에는 밀랍이 아니라 기름이 부어졌습니다. 그리고 저녁 내내 타올랐지요. 가로등은 별이 준 선물은 쓸모없는 보물로 남게 되리라는 것을 알았답니다. 그리고 꿈을 꾸었죠.

꿈 속에서 늙은 부부는 죽었습니다. 가로등은 다른 물건으로 만들어지기 위해 쇠 주물공에게 넘겨졌습니다. 가로등은 검사를 받기 위해 시청에 가야만 했을 때처럼 무서웠습니다. 그리고 자기가 원하기만 하면 녹과 먼지로 부서질 수도 있었죠. 그러나 그렇게 하지 않았습니다.

가로등은 용광로에서 아름다운 촛대로 다시 태어났답니다. 가로등은 사람들이 그 안에 밀초를 꽂고 싶을 만큼 멋진 모습을 지니게 되었습니다. 촛대는 책상 위에 놓였지요. 방은 무척 아늑했으며, 한쪽 벽에는 많은 책들이 가지런히 쌓여 있었어요. 또 다른 쪽에는 훌륭한 그림들이 걸려 있었답니다.

그것은 어떤 작가의 집이었습니다. 작가가 생각하거나 글로 표현하는 모든 것들이 그의 주위에 굴러다녔지요. 그래요, 방은 이런저런 것들로 가득 차서 촘촘하고 어두운 숲이 되기도 했습니다. 또 해님이 비치는 풀밭에 황새들이 날아다니기도 했답니다. 어떤 때는 출렁이는 바다 위에 떠 있는 배가 되기도 했지요!

그 순간, 가로등은 꿈에서 깨어났습니다. 그러고는 생각했습니다.

"나는 정말 굉장한 힘을 가지고 있어. 하지만 때때로 녹아버렸으면 하고 바랄 때도 있어. 그러나 아니야, 이 나이 든 부부가 살아 있는 동안은 그런 일이 있어서는 안 돼. 그들은 나를 한 가족처럼 사랑하고 있어. 나는 그들의 친자식이나 다름이 없어. 그들은 나를 깨끗이 닦고 내게 기름을 부어 주지. 나는 너무나 행복해."

가로등은 마음이 편안해졌습니다. 이 낡은 가로등은 충분히 그럴 자격이 있지요?

043

이웃들
Nabofamilierne

마을 변두리에 있는 연못에서 무슨 일이 일어날 것만 같다고 생각할 수도 있을 거예요. 그렇지만 연못에서는 아무 일도 일어나지 않았습니다.

오리들은 물 위에 우아하게 떠서 한껏 재주를 부리거나 머리를 물에 퐁당 담그기도 했습니다. 그런데 오리들이 갑자기 모두 연못가 위로 올라가 뒤뚱뒤뚱 걸어가는 게 아니겠어요? 젖은 진흙 위에 오리들의 발자국이 가지런히 찍혀 있었습니다. 그리고 꽥꽥 노랫소리가 드넓은 숲속에 울려 퍼졌지요.

오리들이 연못을 떠나자마자 갑자기 연못에서 거센 물결이 일었습니다. 조금 전까지만 해도 잔잔한 연못은 거울처럼 맑고 투명해서 주위 나무들과 연못 가의 덤불과, 지붕 밑에 제비집이 있는 작고 낡은 농부집도 고요히 비쳐 보였지요. 특히 그 농부집 벽에서 뻗어 나온 장미넝쿨이 연못 위에 드리워져 있는데, 활짝 피어 있는 그 장미도 모두 물에 비쳐서 마치 그림과 같았습니다. 그림이 거꾸로 서 있기는 했지만 말입니다. 그런데 물살이 일어나면 연못에 그려졌던 아름다운 그림은 어느 새 하나로 흐트러지면서 눈깜짝 사이에 사라져버립니다.

오리들이 날갯짓하며 날아오르다가 떨어뜨린 깃털 두 개가 물 위에 떠서 이리저리 흔들렸습니다. 살랑이던 바람이 멈추자 흔들리던 깃털은 가만히 연못에 떠 있었습니다.

연못은 다시 거울처럼 잔잔해졌습니다. 제비집이 있는 지붕과 장미넝쿨이 다시 또렷하게 보였습니다. 연못에 비친 장미 송이들은 무척이나 탐스럽고 예뻤습니다. 그러나 아무도 이 말을 해 주지 않아 장미넝쿨들은 그 사실을 모르고 있는 것 같았습니다.

부드러운 햇빛이 장미꽃 이파리를 환하게 에워싸자 꽃들은 향기를 내뿜었습니다. 그때 장미들은 사람들이 행복을 느낄 때와 똑같은 감정을 느꼈답니다.

"살아 있다는 것은 정말 행복한 거야."

장미는 즐겁게 말했습니다.

"내 소원은 해님과 입맞춤하는 거야. 어쩜 해님은 저렇게 따뜻하고 밝을까. 저 아래 연못에 비치는 장미에게도 입맞추고 싶어. 우리하고 너무나 똑같이 생겼잖아. 또 처마 밑 제비집에 있는 귀여운 아기 새들 좀 봐. 너무나 사랑스러워서 어서 달려가서 입맞추고 싶어. 아기 새들은 우리 머리 위에도 두세 마리 있어. 머리를 내밀고 귀여운 목소리로 짹짹 울고 있지. 아기새들은 엄마 아빠와 달리 깃털이 하나도 없어. 우리들은 정말 좋은 이웃들과 살고 있어. 이렇게 살아 있다는 것은 정말 아름다운 일이야."

그 아기새들은 참새들이었습니다. 물론 아래에 살고 있는 참새는 연못에 비친 그림자였습니다. 참새들은 지난해부터 있던 빈 제비집을 둥지로 삼고 있었습니다. 이제는 자기 집처럼 편안하게 느끼고 있었지요.

"연못에서 헤엄치고 있는 것이 아기 오리들이에요?"

아기 참새들은 연못에 떠 있는 깃털을 보고 물었습니다.

"얘들아, 자세히 들여다보렴."

엄마 참새가 말했습니다.

"저건 깃털이라는 걸 모르겠니? 엄마도 입었고, 너희들도 곧 입게 될 옷이야. 우리 것이 훨씬 더 부드럽긴 하지만 저 깃털을 둥지로 가져오면 좋을 텐데……. 왜냐하면 오리 깃털은 무척 따뜻해. 그런데 오리들이 왜 그렇게 깜짝 놀랐을까? 분명 연못 속에 무언가 있는 게 틀림없어. 내가 아까 너희들에게 '삐익' 소리를 내긴 했지만 오리들이 놀란 건 다른 이유 때문일 거야. 저 장미들이 이유를 말해주면 좋으련만. 멍청한 장미들은 자기밖에 볼 줄 모르고 자기들 냄새밖에 맡을 줄 모르니까 아무것도 아는 게 없을 거야. 정말 이런 이웃은 지긋지긋해."

"저 위의 작고 귀여운 아기 참새들의 소리를 들어 봐. 아기 참새들이 벌써 노래를 하려나 봐! 아직은 어설프지만 곧 잘하게 될 거야. 그렇게 되면 이건 즐거운 일이야. 이런 즐거운 이웃을 두고 있다는 건 정말 행복한 일이야."

아래쪽에 있던 장미가 말했습니다.

그때 말 두 마리가 목을 축이러 타박타박 걸어왔습니다. 한쪽 말에는 젊은 농부가 타고 있었습니다. 그 젊은 농부는 검은 모자만 눌러썼을 뿐 옷을 하나도 걸치지 않았습니다. 농부는 작은 새 소리라도 내듯이 피리를 불면서 말을 탄 채 연못 속으로 들어갔습니다. 그는 가장 깊은 곳에 이르자, 연못까지 드리워진 장미 한 송이를 꺾었습니다. 그러더니 그 꽃을 제 모자에 꽂는 게 아니 겠어요? 아름답게 치장한 농부는 계속 길을 걸어갔습니다.

다른 장미들은 방금 농부가 꺾어간 장미 한 송이를 걱정했습니다.

"어디로 가버린 걸까?"

그러나 아무도 그것을 알지 못했습니다.

"나는 꼭 한 번만이라도 세상으로 나가보고 싶어."

한 장미가 말했습니다.

"그렇지만 우리들의 녹색집도 아름다워. 이렇게 온종일 해님이 따뜻하게 어루만져 주고 있으니 말이야. 밤이 되면 하늘은 더욱 아름다워지지. 하늘에 작은 구멍들이 많이 있는데 거기서 빛이 반짝반짝 빛나고 있어."

장미들이 구멍이라고 생각한 것은 바로 별들입니다. 장미들도 더는 잘 알지 못했습니다.

"우리는 이 제비집에 생명을 불어넣었어."

엄마 참새가 말했습니다.

"사람들은 제비집이 행운을 가져온다고 말하지. 그래서 우리가 제비집을 갖게 되었을 때 그렇게 기뻤던 거야. 그런데 우리 이웃은 어떻지? 저렇게 담장 위를 덮고 있는 장미는 습한 기운을 잔뜩 뿜어내고 있어. 나는 정말 장미들이 멀리 가버렸으면 좋겠어. 그러면 담장 위에도 곡식이 자랄 수 있을 텐데. 장미들은 오직 눈을 즐겁게 하기 위해서나 향기를 맡기 위해서 있을 뿐이야. 기껏해야 사람들이 모자에 꽂기 위해서지. 나도 엄마에게 들어서 알았는데, 장미들은 해마다 꽃이 피었다가 그 해에 져 버린단다. 그러면 농부의 아내가 장미를 소금에 절이지. 소금에 절인 장미는 내가 발음할 수도 없는 프랑스 이름을 얻게 되고, 좋은 냄새를 내기 위해 불에 구워진단다. 이것이 바로 장미들의 삶이지. 장미들은 사람들의 눈과 코를 위해서만 피어 있는 거야. 너희들도 이제 알겠지?"

어느 새 저녁이 되었습니다. 모기는 따뜻한 공중에서 한껏 춤을 뽐냈고 구름은 붉게 물들었습니다. 그곳에 천사의 새인 나이팅게일이 날아와 장미들에게 노래를 불러 주었습니다. 아름다움이란 세상에서 해님과 같은 것이며, '영원하리'라는 노래를 들려주었습니다.

그러나 장미들은 나이팅게일이 자기 자신에 대해 노래를 부르는 줄 알았습

니다. 누구라도 그렇게 생각할 수 있습니다. 설마 그 노래가 장미들에게 바치
는 노래라고는 꿈에도 생각지 못했습니다. 그렇지만 장미들은 나이팅게일의
노래를 즐겁게 들으면서, 혹시 아기 참새들도 자라면 나이팅게일처럼 멋진 노
래를 부를 수 있을까 하고 생각했습니다.

"나이팅게일의 노래를 다 알아들었는데, 모르는 게 하나 있어요. 아름다움
이란 게 뭐예요?"

아기 참새들이 말했습니다.

"그것은 아무것도 아니란다."

엄마 참새가 대답했습니다.

"아름다움이란 그저 겉모양에 지나지 않는 거야. 저 건너편에 보이는 저택
을 좀 보렴. 그곳에는 자기 집을 가진 비둘기들이 살고 있어. 사람들은 비둘기
에게 날마다 콩과 곡식을 뿌려주지. 나도 그들과 함께 먹은 일이 있거든. 앞으
로 너희들도 농장에 가야만 해. 사귀는 친구들이 누구냐에 따라 너희들의 존
재를 말할 수 있는 것이니까! 저택에는 초록색 목과 머리에 볏이 달린 새 두
마리가 있지. 그 새들은 긴 꼬리를 마치 병풍처럼 펼칠 수 있는데 그 모양이
마치 큰 수레바퀴 같단다. 그리고 그것은 온갖 화려한 색으로 어른거려서 바
라보고 있으면 눈이 아플 지경이야. 바로 공작이라는 새지. 공작새들의 화려

한 꼬리가 바로 그 아름다움이라는 것이야. 그런데 깃털을 뽑아 버리면 공작
새도 다른 새들과 다를 게 없어. 공작새들이 그렇게 크지만 않았다면 내가 벌
써 쪼아 버렸을 텐데."

그러자 아직 깃털도 나지 않은 아기 참새가 말했습니다.

"내가 쪼아 버릴게요."

농가에는 젊은 부부가 살았습니다. 두 사람은 서로 아끼고 사랑하면서 부
지런히 일했습니다. 집도 아주 아름다웠지요. 일요일마다 부인은 아침 일찍
일어나 아름다운 장미를 한 아름 꺾어서 꽃병에 담아 서랍장 위에 올려놓곤
했습니다.

"벌써 일요일이 되었군."

잠에서 깨어난 남편은 사랑스러운 부인에게 입을 맞추며 말했습니다. 그러
고는 부부가 나란히 앉아 손을 맞잡고 찬송가를 불렀습니다. 그러면 해님은
창문을 통해 신선한 장미와 젊은 부부를 따사롭게 비추었습니다.

"이제는 저 부부를 보는 것도 싫증이 나."

엄마 참새는 둥지 안에서 창문으로 젊은 부부를 지켜보며 말했습니다. 그러
고는 얼른 거기에서 날아가 버렸습니다.

다음 일요일도 지난번 일요일과 똑같았습니다. 일요일마다 꽃병에는 새로운
장미가 꽂혀 있고, 또한 장미나무에는 언제나 장미가 아름답게 피어 있었습
니다.

이제 아기 참새들도 날개가 돋아나 함께 날고 싶었습니다. 그러나 엄마 참
새는 허락하지 않았습니다.

"너희들은 꼼짝 말고 여기 있어."

아기 참새들은 둥지에 머물러 있을 수밖에 없었습니다.

그런데 엄마 참새는 날아가다가 아이들이 나뭇가지에 만들어 놓은 덫에 그
만 걸려버리고 말았습니다. 덫은 말의 갈기털로 만든 것이었습니다. 갈기털이
엄마 참새의 다리를 어찌나 세게 잡아당기는지 다리가 끊어질 것만 같았습니
다. 엄마 참새는 몹시 아프고 놀라서 크게 소리를 질렀습니다.

그때 아이들이 달려와서 엄마 참새를 붙잡고는 세게 누르며 말했습니다.

"겨우 참새일 뿐이잖아."

아이들의 얼굴에는 실망이 가득했습니다. 그러나 엄마 참새를 놓아 주지는

않고 집으로 가져갔습니다. 그리고 엄마 참새가 소리 지를 때마다 사정없이 부리를 때렸습니다.

농부의 집에는 비누 만드는 기술을 가진 할아버지가 있었습니다. 수염을 깎거나 얼굴을 씻는 비누를 둥근 모양이나 가루로 만들어서 여기저기로 팔러 다니는 할아버지였습니다. 할아버지는 아이들이 잡아 온 참새를 보고는 이렇게 말했습니다.

"우리 이 참새를 멋지게 만들어 볼까?"

이 말을 듣고 엄마 참새는 소름이 끼쳤습니다. 할아버지는 그림 물감이 있는 상자에서 번쩍이는 금박을 한 움큼 들고 와서는 아이들에게 달걀을 가져오라고 했습니다. 그러고는 달걀에서 흰자만을 고르는 것이었어요.

할아버지는 엄마 참새의 온몸에 달걀 흰자를 바른 뒤 금박을 하나하나 붙였어요. 곧 엄마 참새의 온몸은 금으로 번쩍거렸습니다. 그렇지만 그런 화려한 치장에 대해서 조금도 생각할 겨를이 없었습니다. 무서운 생각에 부들부들 떨고만 있었으니까요. 할아버지는 다시 입고 있던 외투에서 빨간 천 조각을 하나 떼어서 엄마 참새의 머리에 붙였습니다.

"이제, 황금새가 나는 것을 보도록 하자."

이렇게 말하면서 할아버지는 엄마 참새를 놓아 주었습니다. 엄마 참새는 얼른 날개를 퍼덕이며 밝은 햇빛 속으로 도망쳐 날아갔지요.

엄마 참새가 마을로 돌아왔을 때, 엄마 참새의 몸이 얼마나 번쩍거렸던지 다른 참새들은 물론 큰 까마귀와 아기까마귀들도 깜짝 놀랐습니다. 늙은 까마귀마저도 엄마 참새를 보자마자 놀라서 얼른 그 뒤를 쫓아왔습니다. 도대체 이 낯선 새가 무엇인지 궁금했던 것입니다.

"너는 누구니? 도대체 어디서 왔어?"

까마귀가 소리쳤습니다.

"잠깐, 기다려! 잠깐만!"

다른 참새들도 소리를 질렀습니다.

그렇지만 엄마 참새는 멈추지 않고 두려움에 몸을 떨면서 집으로 날아갔습니다. 어찌나 세차게 날갯짓을 했던지, 엄마 참새는 힘에 겨워 곧 땅에 떨어질 지경이었습니다.

새들은 점점 더 많이 몰려들었습니다. 그 중 몇 마리는 바짝 붙어 날면서 엄마 참새를 멀리 쫓아버리려고 했습니다.

"저걸 좀 봐! 저걸 좀 보라고!"

새들은 모두 소리를 질렀습니다.

엄마 참새가 둥지로 돌아오자, 아기 참새들은 깜짝 놀라 소리 질렀습니다.

"이건 틀림없이 젊은 공작일 거야. 온갖 아름다운 색깔이 참으로 눈부셔! 짹 짹! 가장 아름다운 것이란 바로 이거야."

그러더니 아기 참새들은 작은 부리로 엄마를 쪼아 댔습니다. 엄마 참새는 둥지 안으로 들어갈 수가 없었습니다.

엄마 참새는 너무 놀란 나머지, 자기가 바로 엄마라는 말조차 할 수 없었습니다. 다른 새들까지도 모두 달려들어 쪼아 대는 바람에 엄마 참새는 피를 흘리며 장미 울타리 안으로 떨어지고 말았습니다.

"아! 가엾은 참새야. 이리 오너라, 우리가 너를 숨겨 줄 테니! 자, 우리에게 머리를 기대거라."

장미들은 엄마 참새의 끔찍한 모습을 보고 다정하게 말했습니다.

그러나 엄마 참새는 날개를 몇 번 퍼덕이더니, 아름답고 싱싱한 장미 줄기에 기대어 그만 죽고 말았습니다.

아기 참새들은 이러한 사실을 까맣게 몰랐습니다.

"엄마는 도대체 어디로 가버리신 걸까? 짹짹. 어쩌면 우리 스스로의 힘으로 살아 보라는 뜻일지도 몰라! 엄마는 유산으로 우리에게 집을 남기셨어. 그렇지만 우리가 가정을 이루면 이 집은 누가 차지하지?"

그러자 막내가 말했습니다.

"그래, 저마다 가족을 갖게 될 테니, 모두 함께 살 수 없어."

둘째도 말했습니다.

"내가 너보다 더 많은 아내와 아이들을 갖게 될 거야."

아기 참새들이 서로 자기 이야기를 내세우다가 그만 싸움이 벌어졌습니다. 날개로 서로 치고 부리로 쪼고 하다가 쿵! 쿵! 차례차례 둥지에서 떨어져 버렸습니다. 바닥으로 떨어진 아기 참새들은 머리를 저마다 한쪽으로 돌리고 실눈으로 위를 쳐다보았습니다. 이것은 아기 참새들이 뾰로통해 있을 때 하는 버릇이랍니다.

아기 참새들은 조금밖에 날 수 없었습니다. 그래서 나는 연습을 계속했습

니다. 그리고 드디어 날 수 있게 되자 아기 참새들은 헤어지기 전에 한 가지 약속을 했습니다. 다시 만났을 때 서로 알아보기 위해서 "짹짹" 소리를 내며 왼쪽 다리로 세 번 바닥을 할퀴는 시늉을 한다는 약속이었습니다.

둥지에 머무르게 된 막내는 자기가 할 수 있는 한 몸을 넓게 펼쳐 보았습니다. 이제는 집주인이 되었으니까요. 그러나 그렇게 오래가지는 못했습니다. 어느 날 밤 붉은 빛이 창문 유리에 비치나 싶더니 불꽃이 지붕 밑에서부터 일렁거렸습니다. 마른 볏짚 지붕은 큰 불에 휩싸였고 농부의 집과 다른 모든 것이 잿더미가 되어버렸던 것입니다. 어린 참새도 함께 타 버렸습니다.

다음 날 아침 해님이 언제나처럼 떠오르고, 간밤에 잠을 푹 자고 깼을 때처럼 모든 것이 새롭게 보였습니다. 모조리 타 버린 농부집에 남아 있는 것이라고는 시꺼멓게 그을린 대들보 두세 개뿐이었습니다. 대들보는 이제 이 집의 주인공 같은 굴뚝에 기대어 있었습니다. 타다 남은 연기만 자욱하게 피어올랐습니다. 그렇지만 그 앞에는 활짝 핀 싱싱한 장미나무가 서 있었습니다. 그리고 가지 하나하나와 꽃 하나하나를 고요한 수면에 비추고 있었습니다.

"아니, 불타 버린 집 앞에 어쩌면 저렇게 아름다운 장미가 피어 있을까!"

그곳을 지나가던 사람이 장미를 보고 신기하다는 듯이 감탄을 했습니다.

"이런 풍경은 좀처럼 본 적이 없으니 그림으로 남겨 두어야겠어."

그러고는 가방에서 스케치북과 연필을 꺼냈습니다. 이 사람은 화가였습니다. 그는 불타 버린 집과 숯으로 변해 굴뚝에 기대어 있는 대들보를 그렸습니다. 곧이어 기울어져가는 굴뚝을 서둘러 그렸습니다. 굴뚝은 그림을 그리는 동안에도 점점 더 기울어졌기 때문입니다. 그림 맨 앞에는 활짝 핀 커다란 장미 울타리를 그렸습니다. 그림은 정말이지 눈이 부실 정도였습니다. 그도 그럴 것이 이 장미 울타리가 너무나도 아름다웠기 때문입니다.

그날 낮에 이곳에서 태어나 자란 참새 두 마리가 지나가는 길에 옛 집에 들렀습니다.

"우리가 살던 집은 어디지?"

참새들은 서로 얼굴을 바라보며 물었습니다.

"우리 둥지는 어디에 있는 걸까, 짹짹! 모든 게 다 불타 버렸어. 그리고 우리 막내도 같이 타버렸나 봐. 둥지를 가지고 있을 줄 알았는데 이렇게 되어 버리다니! 그런데 장미는 용케도 무사하군. 장미는 여전히 붉은 볼을 하고 저렇게

서 있으면서도 이웃의 불행을 조금도 슬퍼하지 않아. 그래, 나는 앞으로 장미와는 말도 하지 않을 거야. 이제 이곳은 정말 보기도 싫어!"

참새들은 그렇게 말하고는 재빨리 그곳을 떠나버렸습니다.

하루하루 시간이 흘러 해님이 맑게 비추는 가을이 되었습니다. 아직 한여름 같은 좋은 날씨였습니다. 저택의 큰 계단 앞마당은 날씨만큼이나 아주 깨끗했습니다. 검은색, 흰색, 보라색으로 햇빛에 반짝이는 비둘기들이 산책을 했습니다.

나이 많은 엄마 비둘기는 깃털을 세우고 아기 비둘기들에게 말했습니다.

"우리는 흩어지지 말고 함께 있어야 해."

비둘기들은 여럿이 모여 있어야 훨씬 더 멋지게 보입니다.

"우리들 사이에서 왔다 갔다 하는 저 조그만 잿빛 새들은 뭐지?"

빨간색과 초록색 눈을 한 나이 많은 비둘기가 물었습니다.

한 비둘기가 대답했습니다.

"참새들이에요. 얌전한 새들이죠. 우리 비둘기들은 항상 친절하다는 칭찬을 들어왔잖아요? 그래서 참새들이 우리 먹이를 쪼아먹도록 내버려 두고 있어요. 참새들은 우리에게 말도 붙이지 않고 그저 자그마한 발로 땅바닥만 할퀴거든요."

과연 그 말대로, 참새들은 발을 놀려 땅바닥을 세 번 할퀴었습니다. 그것도 왼발로 말입니다. 그러고는 "짹짹!" 말하는 게 아니겠어요? 그렇게 해서 참새들은 서로를 알아보았습니다. 그 참새들은 불타 버린 집에서 나온 형제들이었습니다.

"이상하게도 여기는 먹을 것이 많아."

참새들은 저희들끼리 말했습니다.

비둘기는 가슴을 펴고 으스대면서 자기들끼리 수다를 떨었습니다.

"저기 배가 나온 비둘기 보이니?"

한 비둘기가 다른 비둘기에게 말했습니다.

"쟤가 콩을 어떻게 삼키는지 봐. 쟤는 저렇게 욕심이 많아! 콩도 좋은 것만 먹잖아! 구구 구구! 너, 쟤가 얼마나 머리에 털이 없는지 아니? 그리고 저기 맛있는 것만 골라 먹는 버릇없는 새 좀 봐. 구구, 구구!"

비둘기들은 모두 거만한 눈빛을 반짝거렸습니다.

"흩어지지 마. 흩어지지 마! 이 볼품없는 꼬마들아. 구구 구구 구구!"

비둘기들은 그렇게 참새들 앞을 지나갔습니다. 아마 앞으로도 수천 년 동안은 더 그렇게 하겠지요.

참새들은 잘 먹고 말도 잘 들었습니다. 그리고 줄도 잘 섰습니다. 그러나 그건 참새들에게 잘 맞지 않았습니다. 배를 채운 참새들은 비둘기들로부터 떨어져 나와 이번에는 참새들이 비둘기에 대한 이런저런 이야기를 나누었습니다. 그러고 나서 정원의 울타리 밑으로 깡충깡충 뛰어들어갔습니다.

그때 정원에서 마주 보이는 방문이 열려 있었습니다. 배가 불러서 용감해진 참새가 문턱에 깡충 뛰어올라 말했습니다.

"어때, 나 용기 있지? 짹짹!"

다른 참새도 말했습니다.

"나도 할 수 있어. 그리고 좀 더 들어갈 수도 있지."

그러고는 방 안으로 깡충 뛰어들어갔습니다.

방 안에는 아무도 없었습니다. 그것을 본 참새들은 안으로 더욱 깊이 들어갔습니다. 그러고는 소리쳤습니다.

"들어오려고 굳게 결심하면 들어올 수 있어. 그렇지 않으면 더욱 들어올 수 없는 거야. 그건 그렇고 사람들의 둥지는 정말 이상한 것만 있군. 여기에 무얼 가져다 놓은 거지? 아니, 이건 뭐야?"

참새들의 앞쪽에는 장미가 활짝 피어 있었는데 그것이 물에 어른거렸습니다. 그리고 금방이라도 넘어질 것 같은 굴뚝에는 숯이 되어 버린 대들보가 기대어 있었습니다.

"아니, 도대체 이게 뭐야? 이게 어떻게 저택의 방 안으로 들어왔지?"

세 마리 참새들은 얼른 장미와 굴뚝 위로 날아가려 했습니다. 그렇지만 평평한 벽에 부딪칠 뿐이었습니다. 그것은 모두 그림이었거든요. 언젠가 화가가 스케치북에 그렸던 크고 훌륭한 그림이었습니다.

참새들은 말했습니다.

"이건 별것 아니야. 비슷해 보일 뿐이야. 짹짹, 이게 바로 아름다움이라는 건가? 너는 그걸 알 수 있어? 나는 모르겠어!"

참새들은 곧 날아가 버렸습니다. 사람들이 방으로 들어왔거든요.

몇 해가 흘러갔습니다. 비둘기들은 여전히 많은 것에 대해서 구구거렸습니다. 투덜거린 것들은 빼고도 말입니다. 이 거만한 새들은 늘 그래왔습니다.

참새들은 겨울에는 추워서 몸을 부들부들 떨었지만 여름에는 편안하게 살았습니다. 지금은 그들도 약혼을 하거나 결혼을 했습니다. 귀여운 아기새들도 태어났지요. 모두들 자기 새끼가 가장 예쁘고 가장 똑똑하다고 여겼습니다. 참새들은 서로 떨어져 살다가도 만나게 되면 "짹짹!" 하는 소리와, 왼발로 세 번 땅바닥을 할퀴는 것으로 서로를 알아보았습니다.

첫째 참새는 아직 가정을 꾸리지 못했기 때문에 둥지도 없고 새끼도 없었습니다. 그러나 언젠가는 꼭 한 번 도시를 보고 싶어 했습니다. 그래서 코펜하겐으로 날아갔습니다.

도시에는 크고 화려한 집이 많았습니다. 집들은 운하를 따라 성 옆에 바짝 붙어 있었습니다. 운하에는 사과와 화분을 실은 수많은 배들이 오갔습니다.

집집마다 나 있는 창문은 위층 것보다 아래층 것이 더 넓었습니다. 참새들이 창문을 통해 방 안을 들여다보니 모든 방이 온갖 색깔과 무늬를 가진 튤립처럼 보였습니다. 튤립의 한가운데는 하얀 사람이 몇 있었습니다. 그것은 대리석이나 석고로 만든 조각품이었습니다. 그렇지만 참새에게는 어느 쪽이든 상관없었습니다. 집의 위쪽에는 청동으로 된 말이 끄는 청동 마차가 있었습니다. 또한 청동으로 된 승리의 여신이 이 청동 마차를 끌고 있었지요. 바로 이곳이 예술가 토르발센의 자료를 전시하는 박물관입니다.

"정말 굉장하구나!"

참새는 눈을 동그랗게 뜨고 감탄했습니다.

"이게 바로 아름다움인가 봐, 짹짹! 이건 공작새보다도 훨씬 더 큰데."

박물관을 보자 참새는 어린 시절 엄마한테서 들었던 아름다움에 대한 기억이 새록새록 떠올랐습니다.

참새는 뒷마당으로 날아갔습니다. 그곳도 굉장히 화려했습니다. 벽에는 야자나무가 그려져 있고, 마당 한가운데에는 활짝 핀 커다란 장미나무가 서 있었습니다. 장미나무는 싱싱한 나뭇가지를 옆에 있는 무덤 위로 드리우고 있었습니다. 참새는 그리로 날아갔습니다. 거기에는 참새가 몇 마리 "짹짹!" 하고는 왼발로 세 번 땅을 할퀴고 있었기 때문입니다. 참새는 이 인사를 몇 년 동안 수없이 했지만 아무도 그것을 알지 못했습니다. 한 번 헤어진 형제들을 늘 만나는 것은 아니니까요. 그래도 이 인사는 이제 참새에게는 습관이 되어 버렸습니다.

그런데 나이 든 참새 두 마리와 젊은 참새 한 마리가 "짹짹!" 하고는 왼발로 세 번 땅을 할퀴는 게 아니겠어요.

"어머나, 안녕!"

참새들은 바로 그의 형제와 형제의 아내와 자식들이었습니다.

"여기서 이렇게 만나게 될 줄은 몰랐네!"

참새들은 서로 반갑게 말했습니다.

"이곳은 아주 훌륭해. 그렇지만 먹을 것은 그렇게 많지 않네. 이것이 그 아름다움이야. 짹짹."

박물관에서 사람들이 쏟아져 나왔습니다. 그곳은 훌륭한 대리석 조각품들이 있는 곳이었습니다. 그곳에서 나온 사람들은 대리석 작품들을 만든 위대한 예술가의 무덤으로 갔습니다. 그리고 모두 엄숙한 얼굴로 토르발센의 무덤 주위에 섰습니다. 몇몇은 무덤 주위에 흩어져 있는 장미 꽃잎을 주위 소중히 들었습니다.

사람들은 멀리서 왔습니다. 영국에서도 왔고 독일과 프랑스에서도 왔습니다. 한 아름다운 부인은 가슴에 장미 한 송이를 꽂았습니다. 그래서 참새들은 이 장미가 이곳 주인이고 이 큰 집도 장미를 위해서 지어진 것이라고 믿었습니다. 물론 그것은 잘못 생각한 것입니다. 그러나 사람들이 장미를 너무나 아끼고 사랑했기에 참새들은 그렇게 믿었습니다.

참새들은 "짹짹!" 서로 말을 주고받으면서 장미를 바라보았습니다. 참새들은 금세 이 장미가 예전의 이웃이라는 것을 알아차렸습니다. 정말 그 장미나무였습니다. 불타 버린 집에서 장미나무를 그렸던 화가가 나중에 그 나무를 파낸 것입니다. 그리고 이런 아름다운 장미는 정말 귀하다는 것을 깨닫고 건축가에게 보냈던 것입니다. 건축가는 그 장미를 토르발센 예술가 무덤 옆에 심었습니다. 그곳에서 장미는 아름다움의 상징으로 활짝 피어 사람들을 즐겁게 해 주었습니다. 사람들이 자기 나라로 돌아갈 때 추억으로 간직할 수 있도록 향기를 뿜어 내면서 빨간 꽃잎들을 피우고 있었습니다.

"너희들 이 도시에서 살고 있었니?"

참새들이 물었습니다. 장미 꽃잎들은 고개를 끄덕였습니다. 장미들은 잿빛의 옛 이웃을 알아보고는 다시 만나게 된 것을 무척 기뻐했습니다.

"이렇게 살아 있으면서 활짝 꽃을 피우는 것은 정말 아름다운 일이야. 또 옛 친구를 만나고 날마다 좋은 사람들에 둘러싸여 지낸다는 것은 정말 축복 받은 일이야. 마치 하루하루가 꿈속 같아."

장미나무가 즐겁게 말하자 참새들도 말했습니다.

"그래, 옛 이웃을 여기서 만날 줄이야! 우리는 마을에서 떨어진 연못 출신 이라는 것을 아직도 잊지 않고 있어. 쩍쩍, 장미는 어떻게 저렇게 존경을 받게 되었을까! 많은 사람들이 잠자는 동안에 저절로 피어나는데 말이야. 저렇게 빨갛고 나풀거리는 게 뭐가 그렇게 아름다운지 전혀 모르겠어. 그런데 저기에 시든 꽃잎이 하나 붙어 있네, 저걸 먹어보면 알 수 있을 거야!"

참새들은 그렇게 말하고는 그 꽃잎을 쪼아댔기 때문에 꽃잎은 아래로 떨어 졌습니다. 그래도 장미나무는 여전히 아름답고 싱싱하게 서 있었습니다. 여름 날 햇빛을 받으며 토르발센의 무덤 위에 향기를 뿜어내고 있었습니다. 그 무 덤은 장미의 아름다움과 함께 앞으로도 영원히 살아 있을 것입니다.

044

작은 툭
Lille Tuk

그래요, 사람들은 그 아이를 작은 툭이라 불렀습니다. 사실 이름은 툭이 아니지만, 말을 배우기 전부터 자기를 툭이라고 불렀습니다. 본디는 '칼'이라고 말하려 했지만 아이인지라 '툭'이라고 잘못 발음하는 바람에 그것이 이름이 되고 말았습니다.

어느 날 어머니께서 외출하신 동안 작은 툭은 어린 여동생 구스타페를 돌보면서 학교 공부도 해야 했습니다. 한 번에 두 가지 일을 하는 것은 쉽지 않았습니다. 가엾게도 작은 툭은 무릎 위에 어린 여동생을 눕혀 놓고 자신이 알고 있는 노래를 불러 주면서, 책상 위에 펼쳐 놓은 지리책을 틈틈이 곁눈으로 보면서 읽었습니다. 내일까지 질랜드에 있는 모든 도시들의 이름과 그 도시들에 대한 내용을 외워야만 했습니다.

외출하셨던 어머니께서 마침내 돌아오셨습니다. 어머니는 구스타페를 받아 안으셨습니다. 이제 툭은 창문에서 눈이 튀어나올 정도로 열심히 책을 읽어나갔습니다. 이미 땅거미가 내려앉았지만 툭의 집은 너무 가난하여 등불을 사 놓을 형편이 못 되었기 때문입니다.

"저기 건너편 골목에 세탁소 부인이 걸어오는구나."

어머니가 창 밖을 내다보며 말씀하셨습니다.

"저 가엾은 부인은 혼자서 걷기도 힘든데 물이 가득 든 물통을 들었네! 작은 툭아, 착하지. 어서 나가서 저 부인을 좀 도와주려무나."

작은 툭은 얼른 나가서 물통을 들어주었습니다. 그렇지만 다시 방으로 들어왔을 때는 이미 아주 깜깜해진 뒤였습니다. 하지만 차마 어머니께 등불 이야기를 꺼낼 수는 없었습니다. 하는 수 없이 툭은 그대로 잠자리에 들었습니다.

작은 툭은 낡고 딱딱한 침대에 누웠습니다. 그러고는 지리 숙제며 질랜드며 선생님이 설명해 주셨던 모든 것에 대해서 생각했습니다. 조금 더 책을 보면서 공부를 해야 하지만 등불이 없어서 그럴 수가 없었습니다. 그래서 지리책을 베개 밑에 두었습니다. 그렇게 하면 머릿속에 저절로 쏙쏙 들어온다는 말을 들었기 때문입니다. 그러나 터무니없는 이야기지요.

작은 툭은 침대에 누워서 골똘히 생각에 빠져들었습니다. 그런데 갑자기 누군가가 툭의 눈과 입에 입을 맞춘 것 같은 느낌이 들어서 툭은 선잠이 깨고 말았습니다.

살며시 눈을 떠 보니 놀랍게도 조금 전의 세탁소 부인이 미소를 머금고 툭 앞에 서 있는 게 아니겠어요? 부인은 온화한 눈빛으로 작은 툭을 바라보는 것이었습니다.

"네가 공부를 하고 싶은데도 할 수 없는 것은 정말이지 곤란한 일이지! 아까는 네가 나를 도와주었으니까 이제 내가 너를 도와주마. 하느님께서는 늘 스스로 돕는 자를 도와주신단다."

그러자 갑자기 툭의 베개 밑에 있던 책이 꿈틀꿈틀 부스럭거렸습니다.

"꼬꼬댁, 꼬꼬!"

요란한 울음소리를 내며 암탉 한 마리가 책 속에서 나타났습니다.

"나는 키외게에서 온 암탉이다."

암탉은 키외게에 얼마나 많은 주민이 살고 있고, 그 동안 어떤 전쟁이 일어났는지 자세히 이야기해 주었습니다. 그러나 딱히 내세울 만한 내용은 없었습니다.

"꿈틀꿈틀, 쿵!"

이번에는 뭔가가 떨어졌습니다. 그것은 나무로 만든 새였습니다. 프레스토에서 벌어지는 새 쏘기 과녁으로 쓰이는 앵무새였습니다. 앵무새는 프레스토에는 자신의 몸 속에 있는 못의 숫자만큼이나 많은 사람들이 살고 있다고 했습니다. 그리고 앵무새는 자기 고장에 대해 아주 자랑스럽게 말했습니다.

"덴마크 조각가 토르발센은 내가 사는 마을 귀퉁이에서 자라났어. 쿵, 내가 지금 여기에서 편안하게 누워 있는 게 어때 보여? 멋지지?"

그러나 작은 툭은 이제 더 이상 누워 있지 않았습니다. 어느새 말 위에 앉아 있는 것이었습니다. 툭은 말을 타고 다가닥다가닥 달렸습니다. 훌륭한 옷을 입은 기사가 번쩍이는 투구에 장식된 깃털을 바람에 나부끼면서, 자기 앞에 툭을 앉히고 말을 몰고 있었습니다.

툭은 숲을 지나 옛 도시 보르딩보르크로 갔습니다. 그곳은 크게 번성한 도시였습니다. 임금님이 계시는 성에는 높은 탑들이 자랑스럽게 솟아 있고, 창문에서 불빛이 멀리까지 비추고 있었습니다.

성 안은 노래하고 춤추는 사람들로 떠들썩한 가운데 발데마르 왕이 곱게 차려 입은 한 젊은 궁녀와 춤을 추고 있었습니다. 그런데 아침이 되어 해님이 떠오르자, 도시와 임금님의 성과 탑들이 차례차례 아래로 가라앉는 것이었습니다. 성이 있던 언덕 위에는 최후의 탑 하나만 덩그러니 남았습니다. 큰 도시가 이제는 아주 작아진 것입니다. 적막감이 사위를 감쌌습니다.

그때 학생들이 책을 들고 오며 말했습니다.

"인구는 2000."

그렇지만 그건 사실이 아니었습니다. 그렇게 많은 사람들이 있지는 않았습니다.

작은 툭은 다시 낡은 침대에 누워 있었습니다. 마치 꿈을 꾸고 있는 것도 같고, 또 꿈이 아닌 것도 같은 묘한 기분이었습니다. 그런데 누군가가 옆에 바짝 붙어 서 있었습니다.

"툭아, 작은 툭아!"

그 사람은 선원이었는데 키가 아주 작았답니다. 그래서 해군사관학교 후보생인 줄 알았는데 아니었습니다.

"코르죄르 사람들의 안부를 전한다. 그곳은 지금 한창 발전하고 있지. 기선과 우편 마차가 있는 도시야. 예전에는 사람들이 그 도시를 형편없다고 했지만 그건 옛날 모습만 생각하고 한 소리였지. 그럼 코르죄르 마을의 이야기를 들어보

렴? '나는 바다를 마주하고 있지.' '나는 국도와 숲이 있는 공원도 가지고 있어. 그리고 재미있는 시인이 태어난 곳이야. 그뿐만이 아니야. 세계를 한 바퀴 돌 큰 배를 만들까 했지만 그만두었지. 하려고만 들면 얼마든지 만들 수 있었어. 그리고 나는 아주 좋은 냄새를 맡고 있지. 마을 입구에 아름다운 장미가 활짝 피어 있거든.'"

작은 툭에게는 그 장미가 뚜렷이 보였습니다. 그러자 갑자기 그의 눈 앞으로 빨갛고 푸른 빛깔들이 가득 나타났습니다. 잠시 뒤 그 색깔들이 서서히 옅어지더니 이번에는 물이 맑은 피오르드 해안 가까이에 우뚝 솟아 있는, 숲으로 덮인 절벽이 나타났습니다. 그 맨 꼭대기에는 높은 탑이 두 개 있는 고풍스러운 교회가 있었습니다. 절벽에는 굵은 물줄기가 자욱하게 물안개를 만들어 주위에 물보라를 일으키며 떨어지고 있었습니다. 그 옆에는 한 나이 든 왕이 긴 머리에 금관을 쓰고 앉아 있었습니다. 바로 폭포 근처 무덤에 잠들어 있던 흐로아르 왕이었습니다. 그곳은 뢰스킬데 시 근처에 있는 폭포였습니다. 그리고 절벽 위에 있는 교회로 덴마크의 모든 왕과 왕비들이 손에 손을 잡고 모여들고 있었습니다. 모두 금관을 쓰고 있었습니다. 어디선가 오르간 소리가 들려왔고, 그 소리에 맞추어 폭포가 소리를 내며 떨어졌습니다.

작은 툭은 이 모든 것을 빠짐없이 보고 들었습니다.

"신분을 잊지 마라!"

흐로아르 왕이 말했습니다.

그런데 그 순간 갑자기 모든 것이 다시 사라졌습니다. 도대체 어디로 갔을까요? 마치 그것은 책장을 넘기는 것과도 같은 느낌이었습니다. 이제 그곳에는 농가에 사는 한 늙은 부인이 서 있었는데, 그 부인은 소뢰에서 왔다고 했습니다. 그곳은 시장에도 풀이 자라는 곳입니다. 늙은 부인은 잿빛의 아마포로 된 덮개를 머리부터 등에 두르고 있었는데, 마치 비를 맞은 듯 덮개는 흠뻑 젖어 있었습니다.

"그래, 비를 맞았어."

늙은 부인이 말했습니다.

늙은 부인은 홀베르의 회극에서 재미있는 부분을 잠시 들려주었습니다. 또 발데마르 왕과 압살론 왕에 대한 것 등 해야 할 이야기가 많았습니다. 그런데 갑자기 부인이 움츠러들더니 세차게 머리를 흔드는 것이었습니다.

"개굴개굴."

부인이 말했습니다.

"여기는 젖었어. 여기는 젖었다고. 소뢰는 정말 죽은 듯이 조용해."

부인은 이렇게 말하더니 개구리로 변했습니다.

"개굴개굴."

그러고는 다시 늙은 부인이 되었습니다.

"사람은 날씨에 따라서 옷을 바꿔 입어야 해."

부인이 다시 말했습니다.

"여기는 젖었어, 젖었다고. 이 도시는 마치 병 같아. 병 입구로 들어갔다가 그 곳으로 다시 나오거든. 병 바닥에는 옛날에는 메기가 있었지만 지금은 싱싱하고 뺨이 빨간 아기들만 있지. 아이들은 거기서 그리스어와 히브리어를 배우고 있어, 개굴개굴."

그것은 마치 개구리가 노래하는 것 같기도 하고, 커다란 장화를 신고 웅덩이를 지나가는 소리 같기도 했습니다. 똑같은 소리가 되풀이되자 금방 싫증이 난 툭은 잠이 들고 말았습니다. 몸을 위해서라도 잠을 자 두는 게 좋았지요.

그런데 또다시 뭔가 나타났습니다. 꿈이라고 해야 할지 다른 뭐라고 불러야 할지 알 수가 없었습니다. 푸른 눈과 금발 고수머리의 어린 여동생 구스타페가 갑자기 훌쩍 자라 어여쁜 아가씨가 된 것이었습니다. 게다가 날개도 없는데 날 수 있었습니다. 정말이지 신기한 일이었습니다.

이제 툭은 누이동생과 함께 질랜드를 지나고 푸른 숲을 넘어 푸른 바다 위를 날았습니다.

"수탉이 울고 있는 소리가 들리니? 잘 들어봐 작은 툭! 꼬꼬댁, 수탉들이 키 외게에서 날아오르고 있어. 너는 큰 양계장을 갖게 될 거야. 이제 배고파서 고생하는 일은 없을 거야. 사람들이 말하는 대로 행운의 새를 쏘아 맞히고 부자가 되어 행복해질 테니까. 네 집은 발데마르 왕의 탑처럼 높이 솟아 있고 프레스토에서 나온 훌륭한 대리석 기둥으로 호화롭게 장식될 거야. 너는 내가 하는 말을 잘 알아들을 수 있겠지? 그리고 너는 높은 명성을 얻어, 코르죄르 항구에서 출발하고 또 뢰스킬데에 도착하는 배들처럼 온 지구를 돌아다니게 될 거야. '신분을 잊지 마라' 이렇게 흐로아르 왕께서 말씀하셨지? 그 때는 멋지고 똑똑하게 말할 테지. 그리고 네가 죽어서 무덤에 오게 되면 편안히 쉬게 될 거야."

"내가 마치 소뢰 마을에서 잠자고 있는 것처럼!"

툭은 그 말을 하면서 잠에서 깨어났습니다. 벌써 날이 밝았습니다. 그리고 꿈에서 보고 겪은 일들은 하나도 기억나지 않았습니다. 물론 그래야 하지요. 모든 사람은 누구나 앞날에 무슨 일이 일어날지 모르는 게 마땅하니까요.

작은 툭은 침대에서 벌떡 일어나서 책을 읽기 시작했습니다. 신기하게도 책 내용이 아주 쉽게 외워졌습니다. 그때 세탁소 부인이 문 사이로 얼굴을 들이밀고 친절하게 고개를 끄덕이며 말했습니다.

"어제 도와 줘서 참으로 고맙구나, 착한 아이야. 하느님께서 네가 바라는 꿈을 꼭 이루어 주시기를 빈다."

물론 작은 툭은 자기가 무슨 꿈을 꾸었는지 통 기억나지 않았습니다. 하지만 하느님은 그것을 모두 알고 계십니다.

045
그림자
Skyggen

무더운 나라에서는 태양이 아주 뜨겁게 타오릅니다. 그곳 사람들 피부는 누구나 마호가니 나무처럼 짙은 갈색으로 그을려 있습니다. 그 가운데서도 가장 더운 나라에서는 햇빛에 타서 흑인이 되지요.

추운 나라에서 온 어느 학자는 이렇게 더운 나라를 찾아왔습니다. 처음에 학자는 제 아무리 더운 나라라 하더라도 자신의 고향에서처럼 밖을 돌아다닐 수 있으리라 생각했습니다. 하지만 직접 와서 얼마 지나지 않아 산책하는 습관을 그만둬야만 했습니다. 이 학자뿐만 아니라 다른 사람들 어느 누구도 집 밖으로 나가려 들지 않았습니다.

창문과 문이 종일 꽉꽉 닫혀 있으니 마치 집안 사람 모두가 잠을 자고 있거나 또는 아무도 없는 것만 같았습니다. 학자는 높은 집들이 나란히 늘어선 좁은 골목집에 묵고 있었는데, 아침부터 저녁까지 해님이 그곳을 비추고 있어서 견딜 수 없이 무더웠습니다.

추운 나라에서 온 학자는 젊고 똑똑한 남자였습니다. 그는 자신이 마치 이글거리는 난롯가에 앉아 있는 것 같다고 느꼈습니다. 이윽고 그는 곧 아주 홀쭉 마르게 되었습니다. 그림자까지도 쭈그러들어서 고향에 있을 때보다 한결 작아져버렸습니다. 그러더니 어느 날 해님은 아예 학자의 그림자를 데려가 버렸습니다. 그림자는 해님이 지고 난 저녁이 되어서야 비로소 되살아나고는 했습니다.

그럴 때면 무척 재미있는 일이 벌어졌습니다. 빛이 방으로 들어오면 그림자는 벽 위까지 기지개를 폈습니다. 그렇게 천장까지 쭉쭉 뻗어갔지요. 그림자는 스스로를 아주 멀리까지 길게 만들 수 있었습니다. 다시 힘을 얻기 위해서는 이만큼은 늘어져 있어야 했던 것입니다.

학자도 기지개를 켜기 위해 발코니로 나왔습니다. 맑은 하늘에 떠 있는 아름다운 별들을 보고서야 학자는 다시 살아나는 것처럼 느꼈습니다. 거리의 모든 발코니(따뜻한 나라에서는 창문마다 발코니가 있지요)마다 어디든 사람들이 나와 있었습니다. 서늘한 공기를 마셔야 하니까요. 아무리 마호가니 같은 갈색 피부를 지녔고, 더운 날씨에 더 익숙해져 있다 하더라도 시원한 공기는 늘 마셔야 했습니다.

그때부터 거리는 온통 활기로 넘치게 됩니다. 구두장이든 양복장이든 모든 사람들이 거리로 나왔습니다. 탁자와 의자를 밖으로 가지고 나오고 수천 개가 넘는 촛불들은 반짝반짝 빛났습니다. 이야기하는 사람이 있는가 하면 노래하는 사람도 있고 산책하는 사람도 있었습니다. '딸랑딸랑' 마차를 끄는 당나귀들은 종을 단 채로 달렸습니다. 찬송가를 부르며 죽은 시체를 매장하는 모습도 보였고 장난꾸러기 아이들은 골목에서 불꽃놀이를 쏘아 올렸습니다. 교회 종소리는 뎅뎅 울렸지요. 그래요, 거리는 이토록 생동감 넘쳤답니다.

그런데 오직 한 집만, 추운 나라에서 온 학자가 사는 곳 건너편 집만 아주 조용했습니다. 하지만 누군가가 살고 있는 것은 틀림없었습니다. 그 집 발코니에는 아름다운 꽃들이 뜨거운 햇빛을 받으며 멋지게 피어나 있었습니다. 만일 물을 주는 사람이 없었다면 그토록 아름답게 피어날 수는 없을 것입니다.

저녁에는 문이 반쯤 열려 있습니다. 그러나 그 안은 어둡습니다. 특히 맨 앞에 있는 방이 그랬지요. 또 안쪽에서는 음악 소리가 울려왔습니다.

추운 나라에서 온 학자는 이 음악 소리가 무척 아름답게 들렸습니다. 그러나 낯선 곳에서 온 이 학자만이 그렇게 생각하고 있었을 수도 있습니다. 왜냐하면 학자는 따뜻한 나라의 모든 것들이 매우 아름답다고 생각했기 때문입니다. 해님만 나오지 않는다면 말입니다.

학자가 세든 집 주인은 건너편 집에 사는 사람이 누구인지 모른다 말했습니다. 그 집 사람을 한 번도 본 적이 없다는 것입니다. 흘러나오는 음악 소리도 지루하기 짝이 없다고 덧붙였지요.

"누군가가 집에서 한 곡만을 연습하는 것 같아요. 매끄럽게 이어지지 못하고 늘 똑같은 곡이지요. '나는 이 곡을 꼭 완벽히 해내고 말 테야!' 이렇게 자기 자신에게 말하겠지요. 그렇지만 결코 해내지는 못하더군요. 게다가 또 얼마나 오래 연주하는지 몰라요."

어느 날 밤 학자는 문득 잠에서 깨어났습니다. 발코니 문을 열어 놓고 잠이 들었기 때문입니다. 커튼이 바람에 하늘거렸습니다. 그런데 맞은편 집 발코니로부터 신비로운 광채가 나오는 듯했습니다.

모든 꽃들은 마치 불꽃처럼 아름다운 색을 내며 찬란히 빛나고 있었습니

다. 그런데 꽃들 한가운데 사랑스러운 여인이 서 있는 게 보였습니다. 아름다운 여인에게서 흘러나오는 빛에 학자는 눈이 부셨습니다. 그는 눈을 아주 크게 번쩍 떴습니다. 그 순간 잠에서 벌떡 깨어났습니다.

학자는 침대에서 벌떡 일어나 살금살금 커튼 뒤로 가 숨었습니다. 하지만 그녀는 이미 사라진 뒤였습니다. 여인과 함께 광채도 사라졌습니다. 꽃들도 더 이상 빛나지 않았습니다. 예전처럼 발코니에 예쁘게 피어 있기는 했지만요.

문은 반쯤 열려 있었습니다. 안에서는 음악 소리가 흘러나오는데, 어찌나 부드럽고 아름답던지 정말 달콤한 생각 속에 빠져들지 않을 수 없었습니다. 마치 신비로운 마법 음악 같았습니다. 그런데 정말 누가 사는 것일까요? 그리고 현관문은 어디일까요? 1층에는 상점과 상점이 잇따라 붙어 있어서 1층을 통해 안으로 들어갈 수는 없었습니다.

어느 날 저녁, 학자는 다시 발코니에 나와 앉았습니다. 방에는 불이 타오르고 있었습니다. 학자의 그림자는 건너편 집 벽에 아주 자연스럽게 생겨났습니다. 발코니의 아름다운 꽃들 사이에 앉아 있었지요. 그러고는 학자가 움직일 때마다 함께 움직였답니다. 그림자란 언제나 그런 법이니까요.

"저 건너편 집에 보이는 것들 가운데 살아 있는 것이라고는 내 그림자밖에 없는 것 같군."

학자는 중얼거렸습니다.

"이걸 좀 보라고. 내 그림자가 얼마나 점잖게 꽃들 사이에 앉아 있는지. 문이 반쯤 열려 있잖아. 이봐, 그림자야! 넌 이제부터 눈치 빠르게 행동해야 해. 집 안으로 들어가 안을 살펴보고서 다시 내게 돌아와 무엇을 보았는지를 이야기해주렴. 그림자라면 내게 그 정도 도움은 줄 수 있겠지? 그래, 이제 너는 들어가는 거야. 착하지, 안으로 들어가라. 어때, 들어갈래?"

학자는 농담을 하듯이 말했습니다. 그러고는 그림자에게 고개를 끄덕였지요. 자연히 그림자도 고개를 끄덕였습니다.

"이제 가봐, 그렇지만 완전히 가버리면 안 돼!"

학자는 자리에서 일어났습니다. 건너편 발코니의 그림자도 따라 일어났습니다. 학자가 몸을 돌릴 때는 그림자도 몸을 돌렸습니다. 만일 누군가 조금만 주의를 기울여 살펴보았다면, 건너편에 있는 그림자가 반쯤 열린 문을 통해 안으로 들어가는 것을 똑똑히 볼 수 있었을 겁니다. 학자가 방으로 돌아가서 긴 커튼을 내렸을 때 말입니다.

다음 날 아침 학자는 신문을 읽기 위해 밖으로 나갔습니다.

"아니, 이게 무슨 일이지!"

학자는 깜짝 놀랐습니다.

"내 그림자는 어디로 가버렸지? 그렇다면 어제 저녁에 정말 나갔다가 돌아오지 않았단 말인가? 왠지 께씸한걸."

학자는 무척 속상했습니다. 그림자가 가 버렸기 때문이 아니라 그림자가 사라진 어느 남자 이야기가 떠올랐기 때문입니다. 그의 고향 추운 나라에서는 모든 사람들이 그 이야기를 알고 있었습니다.

만일 학자가 고향으로 돌아가 자기 그림자가 없어졌다 말한다면 사람들은 그가 잘 알려진 이야기를 흉내내는 것뿐이라 생각할 것입니다. 하지만 학자는 그런 이야기는 듣고 싶지 않았습니다. 그래서 그림자가 사라진 이야기를 꺼내지 않기로 마음먹었습니다. 그것은 무척 지혜로운 생각이었답니다.

저녁이 되자 학자는 다시 발코니로 나갔습니다. 그러고는 불을 아주 정확하게 자신의 뒤에 가져다 놓았습니다. 왜냐하면 그림자는 늘 불빛을 피해 주인의 반대편 장막에 나타나곤 한다는 것을 잘 알고 있었기 때문입니다.

그러나 학자는 그림자를 불러 낼 수 없었습니다. 몸을 둥그렇게 웅크려도 보고 활개를 쳐보기도 했습니다. 하지만 그림자는 끝내 나타나지 않았습니다. '에헴! 에헴!' 헛기침도 해 보았습니다. 물론 아무 소용이 없었지요.

참으로 화가 나는 일이었지만 어쩔 수 없었습니다.

그래도 따뜻한 나라에서는 모든 것들이 빨리 자라난답니다. 일주일이 지난 어느 날 학자는 우연히 햇빛 속에 서 있었습니다. 그런데 다리에 새로운 그림자가 자라나 있는 게 아니겠어요? 그림자 뿌리가 남아 있었던 것이지요. 그림자를 본 학자의 기분은 말로 표현 못할 만큼 너무도 기뻤습니다. 3주일이 지난 뒤에는 그만그만한 그림자를 갖게 되었습니다. 그리고 북쪽에 있는 자신의 고향으로 돌아가는 여행길 동안 그림자는 더 많이 자라나서 마침내 처음의 절반쯤은 충분히 될 만큼 더 길고 커졌습니다.

학자는 드디어 집으로 돌아왔습니다. 그러고는 세상에는 어떤 진실한 것이 있고, 무슨 좋은 것들이 있으며, 또 얼마나 아름다운 것들이 있는가에 대해 몇 권의 책을 썼습니다.

그렇게 여러 날이 흐르고 몇 년이 지났습니다.

어느 날 저녁 학자는 방에 앉아 있었습니다. 그때 조용히 문을 두드리는 소리가 들려왔습니다.

"들어오세요."

그러나 아무도 들어오지 않았습니다. 학자가 몸소 문을 열고 나가보니 앞에는 놀라울 정도로 비쩍 마른 남자가 서 있었습니다. 무척 이상한 기분이 들었습니다. 남자는 아주 잘 차려 입고 있었습니다. 학자는 이 남자가 고귀한 사람임에 틀림없으리라 생각했습니다.

"실례합니다만 누구십니까?"

학자는 궁금해서 물었습니다.

"그래요, 당신은 나를 알아보지 못할 거라 짐작했지요. 나는 이제 몸을 얻어서 어엿한 살과 옷을 지니고 있으니까요. 나를 이렇게 다시 만나게 되리라고는 전혀 생각지 않았겠지요? 당신 옛 그림자를 모르시겠어요? 그래요, 틀림없이 내가 돌아오리라 상상도 못 했을 겁니다. 나는 당신에게서 떠난 뒤 신기할 정도로 잘 지냈습니다. 이제는 어엿한 재산가가 되어 돈으로 자유를 얻어 홀로 다니는 것도 가능하지요."

그러더니 그는 자신의 시계에 달린 아주 비싸 보이는 장식물들을 짤랑짤랑 흔들었습니다. 목에 건 금목걸이도 만지작거렸는데, 모든 손가락에는 다이아몬드 반지가 반짝반짝거렸습니다. 게다가 모두 진짜였습니다!

"도무지 나는 이해할 수가 없어. 이게 다 어찌 된 일이지?"

학자는 큰 소리로 말했습니다. 그림자가 말했습니다.

"그래요, 분명 평범한 일은 아니지요. 하지만 당신도 평범하진 않아요. 알다시피, 나는 어릴 때부터 당신 뒤만 졸졸 따라다녔지요. 내가 세상을 혼자 돌아다녀도 충분할 정도로 자랐다고 당신이 느꼈을 때 나는 내 자신의 길을 걸었어요. 그런데 옛 주인에 대한 그리움 때문에 당신이 죽기 전에 한번 봐야겠다는 생각이 들었어요. 왜냐하면 사람은 언젠가 죽게 될 테니까요. 또 이 나라에도 다시 한 번 오고 싶었어요. 사람은 늘 고향을 그리워하는 법이니까요. 나는 당신에게 새로운 그림자가 생겼다는 사실을 알고 있어요. 내가 그 그림자나 당신에게 혹시 갚을 게 있나요? 사양하지 말고 말씀만 하세요."

학자는 믿을 수 없다는 듯이 말했습니다.

"아니 그런데 정말 내 그림자가 맞니? 정말 이상한 일이군. 나는 옛 그림자가 사람이 되어 다시 만나게 되리라고는 꿈에도 생각지 못 했어."

"제가 갚을 게 무엇인지 말해 보세요. 나는 다른 사람에게 빚지면서 살고 싶지 않으니까요."

그림자가 다시 말했습니다.

"너 어떻게 그렇게 말할 수 있니!"

"이제 와서 무슨 빚 이야기 따위를 하는 거야? 넌 이제 자유의 몸이잖아. 난 너의 행운을 무척 기뻐하고 있어. 좀 앉아 봐. 옛 친구야, 어떻게 지냈는지 이야기해 보렴. 그리고 따뜻한 나라 건너편 집에서 네가 보았던 것을 말해 봐."

"그래요. 그걸 이야기하려 했어요."

그림자는 자리에 앉으며 말했습니다.

"하지만 그 전에 제게 약속해 주세요. 앞으로 어디서 누구를 만나게 되든지, 내가 당신의 그림자였다는 사실을 누구에게도 절대로 말해서는 안 된다는 거예요. 사실 전 약혼할 생각이거든요. 나는 이제 내 가정을 책임질 수 있답니다."

학자가 말했습니다.

"그래, 걱정하지 마. 네가 과거에 누구였는지 절대로 말하지 않을 테니. 이렇게 악수로 약속할게. 사나이로서 맹세해."

"그림자로서 맹세를 믿겠습니다."

물론 그림자의 입장으로는 그렇게 말해야 했겠지요.

그림자가 어떻게 사람이 되었는지는 참으로 놀라운 일이었습니다. 그림자는 값비싸 보이는 질 좋은 검은 옷에 에나멜 구두를 신고, 모자를 쓰고 있었습니다. 이미 말한 금목걸이와 다이아몬드 반지는 물론 하고 있었지요. 그래요, 무척 잘 차려 입었습니다. 바로 그러한 옷차림이 그림자를 완전한 사람으로 만든 것입니다.

"이제 말해볼까요."

그림자는 먼저 학자의 발밑에 삽살개처럼 누워 있는 새로운 그림자의 팔을 에나멜 구두를 신은 발로 있는 힘껏 눌렀습니다. 아마도 거만함에서 나온 행동이거나, 새 그림자도 거기 함께 머물러 있어야 한다는 것을 강조하는 뜻일 겁니다. 새 그림자는 조용히 이야기에 귀를 기울였습니다. 어떻게 그림자가 자유의 몸이 될 수 있었는지 새 그림자 또한 알고 싶었겠지요.

"건너편 집에 누가 살고 있었는지 아세요? 그건 세상 어느 것보다도 가장 아름다운 것이었습니다. 바로 시였어요. 나는 그 집에 3주 동안이나 머물렀지요. 그동안 3000년에 걸려 만들어진 모든 시를 읽었지요. 정말이에요. 제가 읽은 시로 모든 것을 다 알게 되었어요."

"시였다고?"

학자는 소리쳤습니다.

"맞아 맞아, 시는 도시 안에 숨어 살고 있지. 아! 시였단 말이지! 나는 그걸 단 한 번 짧은 순간 동안 본 적이 있어. 하지만 잠이 쏟아져 보지 못했었지. 시는 발코니에 서서 오로라처럼 빛나고 있었어. 계속해 봐, 계속 이야기해줘. 너는 발코니에 있었지? 문으로 들어갔고, 그리고……"

"그리고 나는 응접실로 들어갔어요. 당신이 늘 발코니에서 앉아 바라보고 있던 곳은 바로 응접실이었어요. 그 응접실에는 불빛이 없었지만 희미한 빛이 감돌고 있었지요. 맞은편 방문은 열려 있었고 방과 응접실이 나란히 이어진 게 보였어요. 그곳은 밝은 빛이 비쳤지요. 나는 여인이 있는 곳까지 가고 싶었지만 빛에 쬐어 죽을지도 모른다는 생각이 들었습니다. 그러나 나는 신중한 성격이기 때문에 절대 서두르지는 않았지요. 누구라도 그렇게 했을 거예요."

"그래서 너는 무얼 보았지?"

학자가 다시 물었습니다.

"나는 모든 것을 보았어요. 바로 그걸 당신에게 이야기하려는 거예요. 그 전에 부탁이 있어요. 이건 내가 거만해서 그러는 건 정말 아니에요. 이제 자유인이자 많은 지식을 가진 사람으로 말씀드리는데, 나의 높은 위치와 엄청난 재산에 대해서는 말하지 않는다 쳐도, 부디 나를 '당신'이라 불러 주셨으면 좋겠어요."

"그래, 내가 실례했군. 습관 때문에 그렇게 불렀어. 당신 말이 맞아요. 앞으로 주의할게요. 이제 당신이 본 모든 걸 말해 줘요."

"네, 낱낱이 말씀드리지요. 그래요, 나는 모든 것을 보았고 모든 것을 아니까요."

"안쪽 방은 어떻게 생겼지요?"

학자는 호기심으로 가득 차 다시 물었습니다.

"상쾌한 숲속 같던가요? 성스런 교회처럼 보이던가요? 아니면 높은 산에 올라가서 바라보는 별이 반짝반짝 빛나는 하늘처럼 보이던가요?"

"그래요, 모든 것들이 그 방 안에 있었어요. 나는 비록 안쪽으로는 가지 못하고 응접실의 어슴푸레한 불빛 속에 머물러 있었지만 말이에요. 하지만 내게는 오히려 그게 좋았답니다. 나는 모든 걸 보았고 모든 걸 알게 되었어요. 시가 있는 궁전 응접실에 있었으니까요."

"그런데 무얼 보았다는 거죠? 커다란 방을 통해 고대 신들이 모여 지나가던가요? 옛 영웅들이 싸우고 있던가요? 아니면 사랑스러운 아이들이 꿈에 대한 이야기를 하면서 노는 것을 보았나요?"

"내가 거기 있었다고 당신에게 말했지요. 그렇게 말했으면 거기서 봐야 할 것을 모조리 보았다는 것은 당신도 알 수 있지 않나요? 만일 당신이 거기 있었다면 당신은 사람으로 남아 있지 못했을 거예요. 그렇지만 나는 사람이 되었어요. 나는 나의 가장 내부적 본성이 시와 매우 친밀한 관계를 맺었다는 것을 알게 되었단 말이에요. 그래요, 내가 당신에게 붙어 있을 때는 나는 아무런 생각을 하지 않았지요. 하지만 당신도 알 거예요. 해님이 떠오를 때와 질무렵에는 언제나 나는 놀랄 만큼 커진다는 사실을 말이에요. 달빛 속에서는 오히려 당신보다도 더 또렷해질 수도 있었고요. 그때는 내 참모습을 몰랐지요.

하지만 시의 궁전 그 응접실에서 그것을 확실히 볼 수 있었고 그리하여 난 마침내 사람이 되었답니다. 내가 사람이 되어서 돌아왔을 때 당신은 이미 따뜻한 나라를 떠났더군요. 그런데 사람이 되어 알몸으로 돌아다니는 일이 너무나 부끄러웠습니다. 그래서 구두도 옷도 사게 되었지요. 즉 사람처럼 보이기 위해 겉모습을 꾸민 것이랍니다. 그래요, 나는 당신에게는 말할 수 있어요. 그러니 이 이야기를 어느 책 같은 데다 쓰지는 말아 주세요. 나는 거리로 달아나 물건을 파는 여자 치마폭 안으로 숨었지요. 그 여자는 자기 치마 속에 내가 숨어 있다는 걸 알아채지 못했어요. 저녁이 되길 기다리고 다시 밖으로 나왔어요. 달빛이 비치는 거리를 돌아다녔지요. 벽 위에다 몸을 길게 쭉 늘렸는데 아주 기분 좋게 등을 간질였어요. 벽 위로 올라갔다 다시 내려왔다 하거나 가장 높이 있는 창문으로 큰방 안을 들여다보기도 하고, 지붕 위로 올라가서 아무도 볼 수 없는 곳을 내려다 보기도 했지요. 다른 누구도 보지 않는 것, 보아서는 안 되는 것을 보았단 말이에요. 정말 보잘것없는 세계였어요. 사람이 된다는 게 어떤 특별한 것이라고 여겨지지만 않았다면 나는 전혀 사람이 되고 싶지 않았을 거예요. 나는 세상의 아내와 남편과 부모나 사랑스러운 아이들에게서 생각지도 못한 것들을 보았습니다. 그래요, 나는 보았어요. 사람들이 무척 알고 싶어하지만 절대로 알아서는 안 되는 것들을 보았지요. 이웃들이 저지르는 나쁜 짓들을 말이에요. 내가 만일 신문에다 그런 글을 쓴다면 틀림없이 많이들 읽을 거예요. 하지만 나는 그걸 그 사람에게 직접 편지를 써서 보냈습니다. 그러자 내가 방문한 도시 사람들은 모두 내게 겁을 먹으면서도 매우 잘 대해 주더군요. 교수들은 나를 교수로 만들어 주었고, 양복장이는 새 옷을 주었지요. 나는 이제 매우 멋져 보이지요. 또 조폐 국장은 나를 위해 돈을 만들어 주었어요. 여자들은 내가 아주 잘생겼다고 말했고요. 그렇게 해서 보시다시피 나는 이토록 멋진 남자가 되었어요. 이제 당신과 작별을 해야겠어요. 여기 내 명함이 있어요. 나는 햇빛이 비치는 곳에 살아요. 비가 오는 날이면 늘 집 안에만 있지요."

이 말을 끝으로 그림자는 어딘가로 가 버렸습니다.

"참으로 이상한 일이군."

학자는 여전히 믿을 수 없다는 듯이 중얼거렸습니다.

그렇게 몇 년이 지난 어느 날이었어요. 그림자는 다시 학자를 찾아왔습니다.

"어떻게 지내셨어요?"

그림자가 물었습니다.

"아! 나는 참됨, 착함, 아름다움에 대한 책을 쓰고 있어. 그러나 아무도 그런 것에는 관심을 기울이지 않지. 절망적이야. 무척 가슴이 아파."

학자는 힘없이 고개를 떨구며 말했습니다.

학자의 말을 듣고 난 그림자가 이야기했지요.

"나라면 그렇게 되지 않겠어요. 뚱뚱해질 거예요. 누구나 그렇게 되어야 하겠지요. 당신은 세상을 몰라요. 이런 상태로 있으면, 곧 병들고 말 거예요. 여행을 다녀오는 건 어때요? 난 올 여름에 여행을 가려 하는데 함께 가지 않을래요? 여행 친구가 필요하거든요. 내 그림자가 되어 여행하는 건 어때요? 당신과 함께 간다면 무척 즐거울 거예요. 여행 경비는 내가 치를게요."

"그렇지만 그건 너무 부담스럽고 지나쳐."

학자가 말했습니다.

"그거야 생각하기 나름이죠. 여행은 당신에게 아주 좋을 거예요. 내 그림자가 되지 않겠어요? 그러면 여행하는 동안 당신을 자유롭게 해드릴게요."

"그건 정말 미친 짓이야!"

"하지만 세상이 그런걸요. 세상은 쉽게 변하지 않는 거예요."

그렇게 말하고 그림자는 가버렸습니다.

학자는 걱정과 근심이 늘 따라다니는 바람에 잘 지내지 못했습니다. 참됨과 착함, 아름다움에 대해 쓴 책은 사람들에게는 아무런 느낌도 주지 못했거든요. 돼지에게 진주를 걸어준들 아무 소용도 없는 것처럼 말이죠. 크게 실망한 학자는 마침내 병이 들고 말았습니다.

"당신은 이제 정말 그림자처럼 보이는군요."

사람들이 학자에게 이렇게 말했습니다. 그럴 때마다 학자는 깜짝 놀라고는 했습니다. 왜냐하면 자신도 그렇게 생각하고 있었으니까요.

"온천이라도 갔다 오는 게 어떨까요."

어느 날 학자를 찾아온 그림자가 말했습니다.

"다른 방법은 없는 것 같군요. 나는 우리들 옛정을 생각해 당신을 데려가려는 거예요. 내가 여행 경비를 내도록 하겠어요. 당신은 여행에 대한 글을 쓰세요. 여행하는 가운데 지루해지지 않도록 말이지요. 나는 온천에 가고 싶어요. 내 수염이 제대로 자라지 않거든요. 이것도 하나의 병이에요. 남자는 그래도 수염이 있어야 해요. 정신 좀 차리세요. 부디 내 권유를 받아들이세요. 우리는 동료로서 함께 여행하는 거예요."

그들은 마침내 여행을 떠났습니다. 그림자는 주인이 되고, 주인은 그림자가 되었지요. 그들은 함께 마차를 타고 다녔습니다. 해님이 어디 있느냐에 따라 나란히 가거나 앞뒤로 서서 가기도 했습니다. 그림자는 끊임없이 좋은 자리를 차지하려 했습니다. 학자는 그것을 보아도 그리 신경 쓰지 않았답니다. 학자는 본디 착하고 온화하며 다정한 사람이었으니까요.

그러던 어느 날 학자가 그림자에게 말했습니다.

"이제 우리는 여행 친구가 되었고 게다가 어렸을 때부터 함께 자랐으니 너와 나 함께 축배를 드는 게 어때? 그러면 우리 우정이 한결 두터워질 거야."

"그거 참 좋은 생각이군요."

지금은 주인이 된 그림자가 말했습니다.

"당신이 오늘 아주 솔직하고 호의적인 마음으로 말씀하셨으니 나 또한 솔직하게 한 마디 하겠어요. 당신은 학자라서 물론 누구보다도 잘 알고 있으리라 생각하지만 사람의 본성이라는 건 참으로 묘한 것이더군요. 어떤 사람들은 더러운 종이를 만지지 않으려 하지요. 손에 닿으면 기분이 좋지 않거든요. 누구는 손톱으로 창유리를 긁으면 온몸에 소름이 끼친다 해요. 나는 당신에게 '너'라는 소리를 들을 때마다 그와 비슷한 느낌을 받아. 당신의 그림자로 있었을 때처럼 땅바닥에 짓눌리는 듯한 기분이 든단 말이에요. 거만한 게 아니라 자연스러운 감정이라는 것을 당신도 잘 알 거예요. 나는 당신이 나에게 '너'라 부르는 것을 허락하지 못하겠어요. 하지만 나는 기꺼이 '너'라 부르겠어요. 그렇게 하면 당신의 바람이 반은 이루어지게 되는 거겠지요."

이제 그림자는 옛 주인을 '너'라고 부르게 되었습니다.

"이건 완전 말도 안 되는 일이야. 나는 그림자를 '당신'이라 불러야 하고 그림자는 내게 '너'라 하다니 말이야. 정말 너무하잖아."

학자는 이런 상황이 불만스럽고 화가 치밀었습니다. 그러나 참고 따르는 수밖에 없었습니다.

두 사람은 외국인들이 많이 찾아오는 온천에 도착했습니다. 그 가운데에는 무척 아름다운 공주님도 있었습니다. 공주는 사람들을 너무 예리하게 꿰뚫어 보는 병을 가지고 있었습니다. 이 병은 사람들을 불안하게 만들었습니다. 공주는 학자와 그림자를 보자마자 보통 사람들과는 아주 다른 사람이라는 것을 알아차렸습니다.

"낯선 사람은 자신의 수염을 기르기 위해 여기 왔다고 말하지만 나에게는 진짜 이유가 보여. 그는 그림자를 가지고 있지 않아."

공주는 호기심이 생겼습니다. 그래서 곧바로 이 낯선 남자와 산책하며 말을 나눌 수 있는 자리를 마련했습니다. 왕의 딸이었기 때문에 이런저런 번거로운 일들을 할 필요가 없었습니다. 공주는 그림자에게 물었습니다.

"당신의 병은 그림자가 없다는 것이지요?"

그림자는 당황하지 않고 대답했습니다.

"공주님께서는 이제 확실히 병이 다 나은 것 같습니다. 사람을 잘 꿰뚫어보는 걸로 알고 있었는데, 그렇지도 않은 걸 보니 이제 다 나으신 게 틀림없군요. 이렇게 말씀드리는 이유는 저는 세상에서 보기 드문 그림자를 가지고 있기 때문이지요. 늘 내 옆에 있는 사람을 보지 못했나요? 다른 사람들은 모두 같은 그림자를 가지고 있지만 저는 평범한 것을 좋아하지 않는답니다. 때때로 사람들은 하인에게 자기 것보다 더 멋진 옷을 입히기도 하지요. 그와 같이 저도 제 그림자를 사람처럼 꾸민 것입니다. 그것뿐이 아닙니다. 저 그림자에 진짜 사람과 같이 그림자가 붙어 있는 게 보이시나요? 이렇게 만드는 건 꽤 많은 돈이 필요하지만 저는 뭔가 특별한 것을 좋아하거든요."

이야기를 들은 공주는 이렇게 생각했습니다.

'나는 정말 병이 나은 걸까? 이 온천은 정말 효과가 있구나. 물은 참으로 신비로운 힘을 가지고 있어. 하지만 나는 아직 떠나지 않을 테야. 이제부터 재미있는 일이 벌어질 테니까. 저 낯선 남자는 이상하게 내 마음에 쏙 드는걸. 그 사람의 수염이 자라지 않았으면 좋겠어. 만일 수염이 자라난다면 이곳을 떠나 버릴 테니까.'

그날 저녁 공주와 그림자는 커다란 무도회장에서 함께 춤을 추었습니다. 공주는 가벼웠습니다. 그러나 그림자는 더 가벼웠습니다. 공주는 이제껏 그토록 춤을 잘 추는 남자를 본 적이 없었습니다. 그녀는 자신이 어느 나라에서 왔는지 말했습니다. 그림자는 이미 그 나라를 알고 있었습니다. 가 본 적도 있었는데, 공주는 그때 마침 외출했었지요. 그래도 그림자는 성을 샅샅이 모두 들여다보았기 때문에 공주의 말에 막힘없이 대답할 수 있었습니다. 또한 여러 이야기들도 할 수 있었답니다.

공주는 매우 깜짝 놀랐습니다. 그리고 그림자를 이 세상에서 누구보다 똑똑한 사람이리라 생각했습니다. 많은 것을 알고 있는 그림자에게 커다란 존경심을 가지기도 했습니다. 공주는 또다시 함께 춤을 추면서 마침내 그림자에게 반해 버렸습니다. 그림자는 눈치챌 수 있었습니다. 공주가 계속해서 자신을 꿰뚫어보려 했기 때문입니다.

그들은 한 번 더 춤을 추었습니다. 공주는 그림자에게 자신의 마음을 고백하려 했지만 생각이 깊었답니다. 자신의 나라와 국민들을 떠올렸지요.

"그는 정말 똑똑한 남자야."

공주는 혼잣말로 중얼거렸습니다.

"게다가 아름답고 황홀하게 춤을 추지. 지식도 많은 것 같아. 그건 매우 중요한 일이니까. 그가 얼마나 많은 지식을 갖췄는지 시험해 봐야겠어."

공주는 곧 그림자에게 자신도 대답하기 어려운 문제들을 내놓았습니다. 그림자는 아주 기묘한 표정을 지었습니다.

"당신은 이 문제에 대한 대답을 할 수 없군요."

공주가 말했습니다.

"아닙니다. 그런 것쯤은 이미 어렸을 때부터 알고 있었지요."

그림자가 대답했습니다.

"저기 문 옆에 서 있는 내 그림자조차도 대답할 수 있습니다."

"당신의 그림자도요? 그것 참 신기한 일이군요."

"하지만 꼭 그럴 수 있을 거라는 말은 아닙니다. 하지만 나는 그렇다 믿고 싶어요. 기나긴 세월동안 나를 쫓아다니며, 많은 것을 들었을 테니까요. 그러나 공주께서는 이걸 기억해 주셨으면 좋겠습니다. 그는 인간으로 보이는 것에 엄청난 자긍심을 가지고 있습니다. 진짜 사람처럼 대해 기분을 좋게 해주세요. 그래야만 올바른 대답을 할 수 있을 테니까요."

"알겠어요."

공주는 이렇게 말하고는 문 옆에 서 있는 학자에게로 다가갔습니다. 그리고는 해와 달과 푸른 숲, 사람의 내면과 외면에 대해 많은 이야기를 나누었습니다. 학자는 아주 똑똑하게 잘 대답했습니다.

'이렇게 똑똑한 그림자를 지니고 있는 걸 보니 저 사람은 아주 굉장한 사람인 게 틀림없어.'

공주는 그렇게 생각했습니다.

'만일 이런 분이 내 남편이 된다면 말할 수 없이 기쁠 거야. 나라와 국민을 위해서도 이건 지혜로운 선택이야. 그래 그와 결혼하기로 결심했어.'

이렇게 해서 공주와 그림자 사이에 결혼 이야기가 오고 갔습니다. 하지만 그림자는 공주가 자신의 나라로 돌아가기 전까지는 아무에게도 알리지 말아 달라 했습니다.

"누구에게도 말해서는 안 됩니다. 나의 그림자에게도."

그림자는 그때 나름대로 계획을 짜고 있었던 것입니다. 공주가 귀국하고 나서 학자와 그림자는 그녀의 나라로 갔습니다.

"들어 봐, 나의 좋은 친구."

그림자는 학자에게 말했습니다.

"이제 나는 사람이 바랄 수 있는 가장 행복하고 힘 있는 사람이 될 수 있게 되었어. 그래서 너를 위해 뭔가 특별한 것을 해 주려 해. 너는 성 안으로 들어와 내 곁에 늘 살아도 좋아. 나와 함께 임금님의 마차를 타고 지내면서 해마다 많은 돈을 받을 수 있게 해줄게. 하지만 너는 모든 사람들에게 그림자로 보여야만 해. 네가 사람이라는 것을 절대로 말해서는 안 되지. 내가 1년에 한 번 발코니로 나가 국민들에게 모습을 보여 줄 때는 너는 내 발 아래 누워 있어야 해. 진짜 그림자처럼 말이지. 왜냐하면 나는 공주와 결혼하기로 했거든. 오늘 밤이 바로 결혼식 날이야."

"안 돼, 그럴 수 없어. 난 그렇게 하지 않을 테야. 그런 짓은 하지 않아. 그건 온 나라와 공주를 속이는 짓이야. 난 모든 것을 사실대로 말할 테야. 내가 참된 사람이고 너는 그림자일 뿐이라는 것을. 너는 오로지 인간의 옷을 입고 있는 껍데기에 지나지 않는다고 말이야."

학자가 소리쳤습니다.

"아무도 그걸 믿지 않을 거야. 정신 차리고 생각을 좀 해보라고! 그렇지 않으면 호위병을 부르겠어."

"나는 오늘 당장 공주에게 가서 모든 걸 밝히겠어."

"내가 먼저 가서 말할 거야. 그리고 너는 감옥에 가게 되겠지."

학자는 그림자 말처럼 곧 체포되었습니다. 호위병이 그림자 명령에 따랐기 때문입니다. 모두들 그림자가 공주의 결혼 상대라는 사실을 알고 있었거든요.

"당신 지금 떨고 있군요? 무슨 일이 있었나요? 아프면 안 돼요. 오늘 저녁에 우리 결혼식이 있잖아요."

그림자가 다가오자 공주가 말했습니다.

"나는 상상할 수 없을 만큼 끔찍한 일을 당했어요. 생각해 봐요. 가엾은 그림자가 그처럼 많은 것을 견뎌 낼 수는 없었겠지요. 내 그림자는 미쳤어요. 그는 자기가 사람이라고 말하고 있어요. 글쎄, 내가 자신의 그림자였다 하더군요."

공주는 깜짝 놀라며 말했습니다.

"참으로 끔찍하군요. 그래서 감옥에 당신 그림자를 가두었나요?"

"물론이지요. 하지만 걱정이군요. 그림자는 다시 돌아오지 못할 거예요."

"가엾은 그림자! 참 불행하군요. 차라리 그를 남은 삶으로부터 벗어날 수 있도록 자유를 줘요. 그림자를 위해서라면 없애 버리는 편이 좋을 것 같군요."

"그렇게 하는 건 너무 괴로워요. 그는 충실한 하인이었으니까."

그림자는 길게 한숨을 내쉬며 매우 슬픈 듯한 표정을 지어보였습니다.

"당신은 정말 고귀한 성품을 가졌군요."

아무것도 모르는 공주는 이렇게 감탄하였지요.

저녁이 되었습니다. 결혼식이 시작되자 도시 곳곳에 불이 환하게 켜져 반짝반짝 빛나고 축포는 '탕! 탕!' 울려 퍼졌습니다. 병사들은 일렬로 서서 받들어총을 했습니다. 이렇게 성대한 결혼식이 열렸습니다. 공주와 그림자는 많은 사람들 축복을 받으며 발코니로 나왔습니다.

그러나 학자는 이제 그 어떤 소리도 들을 수 없었습니다. 사람들에게 비참한 죽임을 당했기 때문입니다.

046
낡은 집
Det gamle Huus

거리 건너편에 몹시 낡은 집 한 채가 있었습니다. 지어진 지 300년도 더 되었지요. 대들보를 보면 확실히 알 수 있습니다. 튤립과 홉 덩굴로 뒤덮인 대들보에는 이 집이 만들어진 날짜가 새겨져 있고, 옛날에 쓰여진 시구도 적혀 있었답니다.

그리고 창문 위쪽 대들보에는 찡그린 표정의 얼굴들이 하나씩 새겨져 있었습니다. 2층은 1층보다 한결 더 앞으로 튀어나와 있었습니다. 지붕 바로 밑에는 납으로 된 용머리 모양 홈통이 있었습니다. 본디 비가 내리면 용의 입으로 빗물이 흘러내리도록 되어 있었는데, 홈통에 구멍이 숭숭 나 있기 때문에 지금은 몸통에서 바로 뚝뚝 흘러내립니다.

이 낡은 집이 서 있는 거리의 다른 집들은 모두 커다란 창문이 달린 새 집입니다. 새 집들은 매우 예쁘고 벽도 매끈매끈했습니다. 그들 사이에 끼어 있는 이 낡은 집은 누가 보아도 그곳에 어울리지 않았습니다. 새 집들은 이렇게 생각했을 것입니다.

"저 낡아빠진 집은 언제까지 이 거리를 망신 줄 생각인 거야? 창문이 저리도 볼썽사납게 튀어나와 있어서 여기서는 저쪽에서 무슨 일이 일어나는지 아

무엇도 보이지 않잖아. 입구에 있는 계단은 궁전 계단처럼 넓고 또 교회 탑으로 올라가기라도 하는 듯 높지 뭐야. 계단 쇠붙이 난간은 옛 무덤으로 통하는 길 같아. 게다가 녹쇠 못까지 박혀 있어. 아아, 너무 꼴 보기 싫어!"

낡은 집 건너편 거리에도 새로 지은 깨끗한 집들이 늘어서 있었습니다. 그들도 다른 집들과 같은 생각을 했습니다.

그런데 새 집 가운데 한 집에 뺨이 발그스레하고 눈이 밝게 빛나는 한 소년이 창문 가에 앉아 있었습니다. 이 소년은 햇빛이나 달빛 속에 잠겨 있는 낡은 집이 언제나 마음에 들었습니다.

소년은 석회가 떨어져 나간 오래된 담을 지그시 바라보았습니다. 줄곧 바라보고 있으려니 마음속에서부터 신비로운 광경이 떠올랐습니다. 바깥 계단과 튀어나온 창문, 뾰족한 지붕으로 꾸며진 집들이 많았던 거리가 눈앞에 펼쳐졌지요. 그러다 보면 아름다운 영상들이 잔뜩 떠오른답니다. 소년은 창을 든 군인들을 볼 수가 있었고, 용과 커다란 뱀 모양을 한 지붕 홈통이 꿈틀대며 달리는 것도 상상할 수 있습니다. 낡은 집을 바라보고 있으면 참으로 행복해졌습니다.

낡은 집에는 노인 한 분이 살고 있었습니다. 벨벳 바지에 커다란 놋쇠 단추가 달린 연미복을 입고 누구라도 보면 한눈에 알아차릴 수 있는 가발을 쓰고 걸어다녔습니다. 아침이면 늘 나이 든 하인이 찾아와서 청소와 집안일을 하고 돌아가곤 했습니다. 다시 혼자가 된 노인은 낡은 집을 지키며 하루를 보냈지요.

가끔은 창문 가로 와서 밖을 내다보았습니다. 낡은 집을 바라보던 소년이 노인에게 고개 숙여 인사하면 노인도 고개를 끄덕였지요. 그들은 그렇게 친구가 되었습니다. 비록 한 번도 이야기를 나누어 본 적은 없지만 그런 것은 아무래도 좋았습니다.

"건너편 낡은 집에 사는 할아버지는 홀로 지내셔서 무척 쓸쓸할 거예요."

어느 날 부모님께서 이야기하는 소리를 들은 소년은 어느 일요일에 무언가를 종이에 싸들고 낡은 집으로 찾아갔습니다. 마침 노인을 보살피기 위해 찾아온 하인이 문 앞에 다다르자 소년이 말을 건넸습니다.

"아저씨, 이것을 할아버지께 전해 주시겠어요? 저는 주석으로 만든 장난감 병정 두 개가 있어요. 그 가운데 하나를 할아버지께 드리고 싶어요. 홀로 무척 외로우실 것 같아서요."

하인은 기쁜 듯 미소를 지으며 고개를 끄덕이고는 주석으로 만든 병사를 받아 낡은 집으로 들어갔습니다. 얼마 뒤 그가 밖으로 나오더니 소년에게, 괜찮다면 집으로 놀러오지 않겠느냐 물었습니다. 소년은 부모님께 허락을 받고 낡은 집으로 갔습니다.

계단 난간에 박힌 놋쇠 못은 다른 때보다 더 번쩍거렸습니다. 꼬마 손님을 맞이하기 위해 반짝반짝 빛이 나도록 닦은 것 같았습니다. 소년은 문에 새겨진 튤립꽃 속에 있는 트럼펫 연주자들의 재미난 표정을 보았습니다. 그들은 온 힘을 다해서 트럼펫을 부느라 양볼이 여느 때보다 한결 더 볼록하게 부풀리고 있었습니다. 그래요, 연주자들은 빠빠빠앙! "꼬마 손님이 온다, 빠빠빠앙!" 트럼펫을 힘차게 불었습니다.

그러자 문이 활짝 열렸습니다. 현관 복도에는 갑옷을 입은 기사들과 비단

옷을 입은 부인들의 초상화가 나란히 걸려 있었습니다. 갑옷과 투구는 쩔렁쩔렁 소리를 냈고, 비단옷에서는 사각사각 소리가 났습니다. 이윽고 한동안 계단을 올라갔다 내려오니 발코니가 나왔습니다. 발코니는 너무 오래 되어서 커다란 여러 개의 구멍과 긴 틈이 나 있어 무척 위험해 보였습니다. 구멍과 틈 사이에서는 풀과 잎들이 무성하게 자라고 있었답니다. 발코니 벽까지 온통 덮여 있어서 마치 녹색 정원을 이룬 듯했습니다.

발코니인 게 틀림없는 그곳에는 당나귀 귀처럼 생긴 낡은 화분들이 나란히 늘어서 있었습니다. 꽃들은 마음대로 이리저리 자라고 있었습니다. 어느 화분에서는 카네이션 초록잎들을 자랑하며 이쪽저쪽으로 넓게 뻗었습니다. 초록잎들은 말했습니다.

"공기는 나를 쓰다듬어 주고 해님은 입맞추어 주었지. 일요일에는 작은 꽃 송이 하나를 준다 약속했어. 일요일에는 작은 꽃 한 송이를 말이야."

소년과 나이 든 하인은 벽에 돼지가죽이 걸려 있는 방에 이르렀습니다. 돼지가죽 위에는 금빛 꽃모양이 찍혀 있었습니다.

"금도금은 벗겨지기 쉽지만 돼지가죽은 오랫동안 남아 있지!"

주위의 벽이 자랑스럽게 말했습니다.

방에는 높은 등받이와 팔걸이가 달린 의자가 있었습니다. 의자들은 삐걱거릴 때마다 이렇게 말했지요.

"여기 앉아 봐, 앉아 보라고! 아이구, 얼마나 삐걱거리는지 모르겠어. 나도 이제 낡은 옷장처럼 늙어 가나 봐. 아이구!"

소년은 그 방을 지나 노인이 앉아 있는 창문이 있는 방으로 들어갔습니다.

"장난감 병사를 고맙게 받았단다, 꼬마 친구야. 그리고 이렇게 와 주어서 참으로 고맙구나."

노인이 말했습니다.

"고마워, 고마워!"

"삐그덕, 삐그덕!"

모든 가구들도 입을 모아 말했습니다. 방에는 가구들이 아주 많았습니다. 가구들이 소년을 보려 하면 서로 밀쳐대는 바람에 방해가 될 정도였습니다.

벽 한가운데에는 아름다운 여성의 초상화가 걸려 있었습니다. 매우 젊고 쾌활해 보이는 그 여성은 유행이 지난 옷을 입고 있었지요. 머리에는 분칠을 하고 뻣뻣한 천으로 만든 드레스를 걸치고 있었습니다. 그 여자는 '고맙다'는 말도 '삐그덕' 소리도 내지 않았지만, 그저 부드러운 눈으로 소년을 내려다보고 있었습니다.

소년은 노인에게 물었습니다.

"할아버지, 이 그림은 어디서 사셨어요?"

"맞은 편 가게에서 샀단다. 그곳에는 아주 많은 초상화들이 걸려 있지. 아무도 그림 속 사람을 알아보지 못하고 관심을 갖지 않는단다. 이미 오래 전에 죽어 모두 땅에 묻힌 사람들이니까. 하지만 나는 옛날부터 이 여자를 알고 있었지. 이미 50년 전에 세상을 떠난 사람이야."

초상화 아래쪽 유리 뒤에는 시들어 마른 꽃다발이 걸려 있었습니다. 틀림없이 50년쯤 지난 것 같았습니다. 커다란 시계도 있었습니다. 시계추가 왔다 갔다 하고 바늘이 돌아가고 있었습니다. 방 안 모든 물건들은 더 나이를 먹겠지만 두 사람은 눈치채지 못했습니다.

소년이 말했습니다.

"저희 집에서는 할아버지가 홀로 몹시 외로우실 거라 했어요."

그러자 노인이 말했지요.

"지나간 추억들은 불러올 수 있는 여러 친구들과 함께 우리 집에 찾아온단다. 너도 이렇게 와 주었잖니? 나는 아주 잘 지내고 있단다."

노인은 선반에서 그림책 한 권을 꺼냈습니다. 그림책에는 긴 행렬이 그려져 있었습니다. 이제는 볼 수 없는 신비로운 마차와 카드 속 클로버 잭과 같은 군인들, 바람에 깃발을 나부끼는 시민들도 있었습니다. 양복장이는 사자 두 마리가 가위를 들고 있는 모습이 그려진 깃발을 들었고, 구두장이는 구두가 아닌 머리가 두 개인 독수리 깃발을 들었습니다. 구두장이들에게는 두 개인 것이 마땅했습니다. 그래야 이렇게 말할 수 있었으니까요. '이것은 한 쌍이야!'

그래요, 참으로 멋진 그림책이었습니다.

노인은 과자와 사과, 호두를 가지러 다른 방으로 갔습니다. 소년은 이 낡은 집이 정말 좋았습니다.

"나는 견딜 수 없어."

서랍장 위에 서 있는 장난감 병사가 말했습니다.

"이곳은 너무 외롭고 슬퍼. 안 돼, 이런 집에는 익숙해질 수 없어. 이제는 참

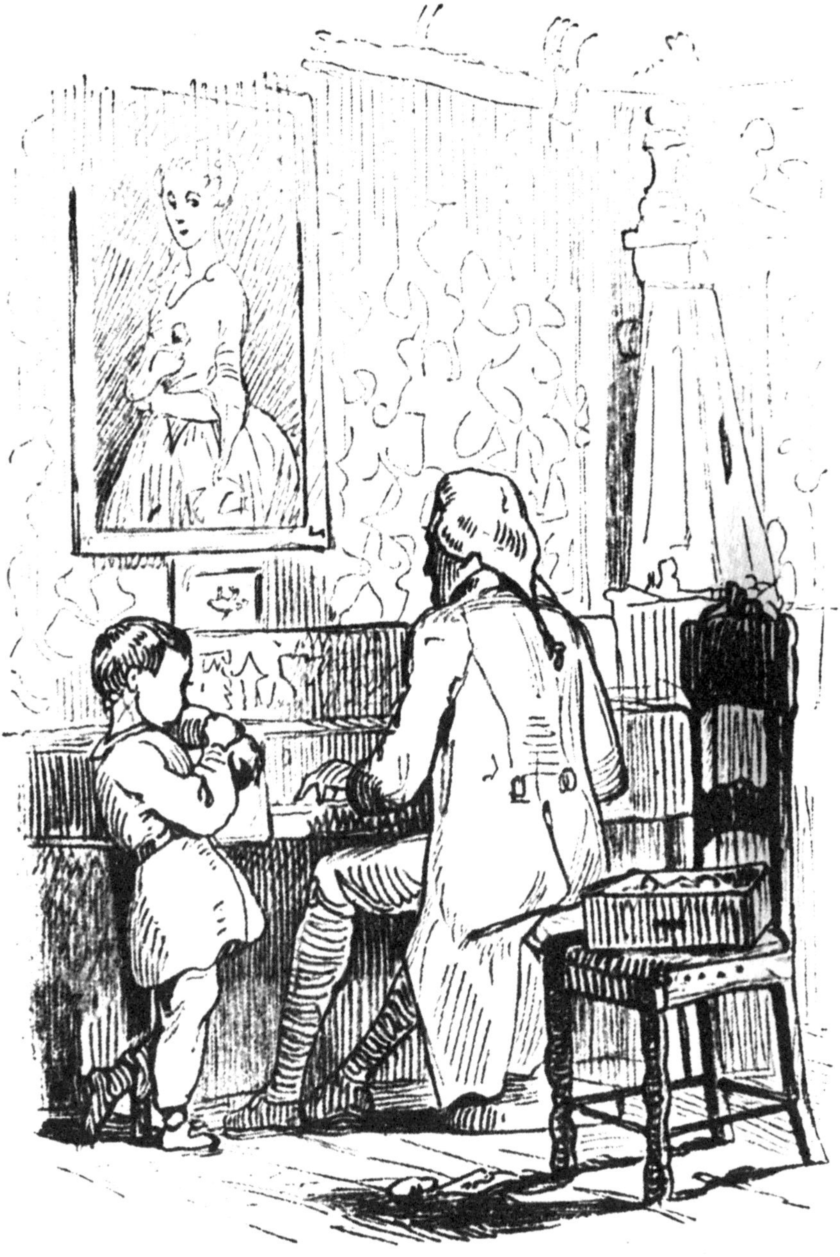

을 수가 없다고. 하루가 너무 길고 밤은 더더욱 길어. 여기는 건너편 너희 집과 아주 달라. 그곳에서는 네 엄마와 아빠가 즐겁게 대화를 나누고, 너희들은 다른 귀여운 아이들과 시끌벅적 재미있게 놀잖니. 그런데 여기는 너무나도 쓸쓸해. 싫어, 넌 노인이 사람들에게서 키스를 받을 수 있을 것 같니? 다정한 눈빛으로 바라봐주고 크리스마스 선물을 해줄 사람이 있을 거라 생각하니? 아니야, 노인은 무덤 말고는 어느 것도 받지 못할 거야. 난 그걸 도저히 참을 수가 없다고.”

“그렇게 슬프게 생각하면 안 돼!”

소년이 말했습니다.

“나는 여기가 아주 멋지다고 생각되는걸. 그리고 옛 추억들이 지난날 행복했던 모든 순간들을 되살아나게 한단 말야.”

“그래, 하지만 나는 볼 수도 없고 그것들을 모르잖니. 나는 그걸 참을 수가 없어.”

“그래도 너는 참아야만 해.”

그때 노인이 즐거운 얼굴로 사과와 호두, 그리고 맛있는 과자를 가지고 왔습니다. 소년은 곧 장난감 병사 일은 잊어버리고 노인과 두런두런 이야기를 나누며 과자를 맛있게 먹었습니다. 소년은 행복하고 즐거운 마음으로 집으로 돌아왔습니다. 그리고 며칠이 지난 뒤 노인의 집 앞을 지나다가 창 밖을 내다보던 노인과 눈이 마주쳤습니다. 서로 고개를 끄덕이며 인사를 건넸지요. 그러던 어느 날 소년은 다시 낡은 집으로 건너갔습니다.

문에 새겨진 트럼펫 연주자가 트럼펫을 불었습니다.

“빠-빠-빠앙, 꼬마 손님이 온다. 빠-빠-빠앙!”

초상화 속 기사들이 입고 있는 갑옷과 투구는 쩔렁쩔렁 부인들의 비단옷들은 사각사각 소리를 냈습니다. 돼지가죽은 예전의 이야기를 다시 했습니다. 낡은 의자는 여전히 등이 아픈지 “아이고!” 지난번처럼 비명을 질렀습니다. 낡은 집에서는 어떤 날이나 어떤 시간이라도 늘 똑같으니까요.

“나는 정말 참을 수가 없어.”

장난감 병사도 변함없이 불만을 늘어놓았습니다.

“펑펑 눈물이 나는 거야. 이 집은 너무나 우울해. 차라리 전쟁터에 나가서 팔과 다리를 잃는 게 낫겠어. 그러면 변화가 오잖아. 이제는 참을 수가 없어.

그리고 옛 추억이 여러 가지를 데리고 온다는 게 무엇인지 알게 되었어. 나에게도 '내 옛 기억'들이 찾아왔다고. 하지만 그런 재미는 오래가지 않아. 마침내 서랍장에서 밑으로 뛰어내리려 할 때였어. 나는 건너편 너희 모두의 모습이 마치 이곳에 있는 듯이 똑똑히 보였지. 일요일 아침이었어. 너희 어린이들은 늘 아침마다 그랬듯이 탁자에 빙 둘러서서 찬송가를 불렀어. 너희들은 두 손을 모으고 경건하게 서 있고, 너희 부모님들도 엄숙하게 있었지. 그때 문이 열리고 네 조그마한 여동생 마리아가 들어왔어. 기억 나? 아직 두 살도 되지 않은 마리아는 음악이나 노래를 들으면 언제나 춤을 추었지. 그날도 마리아는 찬송가 소리를 듣고 춤을 추었어. 그래서는 안 되는데 말이야. 그런데 박자가 맞지 않아 춤추는 모습이 너무도 우스꽝스러웠지. 노래가 너무 느렸기 때문이야. 아, 또 한 가지 생각나는 게 있어. 마리아는 먼저 한쪽 발로 서서 고개를 앞으로 쭉 뻗었지. 그러고 나서 발을 바꾸더니 또 고개를 앞으로 내밀었어. 너희들은 삐져나오는 웃음을 꾹 참고 아주 진지하게 서 있었지. 하지만 나는 속으로 마구 웃었어. 그 바람에 탁자에서 떨어져서 혹이 나고 말았단다. 아직도 이렇게 혹이 남아 있어. 내가 웃은 것이 옳지 못한 행동이었기 때문이야. 하지만 그러한 일들이 모두 내 마음속에서 계속해서 떠오르는 거야. 그것이 바로 지난날의 생각들을 떠올리게 하는 추억 아니겠어! 내게 말해줘. 너희들은 아직도 일요일에 노래를 부르는지 말이야. 어린 여동생 마리아에 대해서도 이야기 좀 해 봐. 그리고 내 친구 장난감 병사는 어떻게 지내고 있니? 그래, 그애는 물론 행복하게 잘 지내겠지. 그래서 나는 이런 따분한 생활을 참을 수가 없다는 거야."

"그렇지만 너는 할아버지 선물로 보내진 거니까 이곳에 머물러 있어야만 한다고. 그걸 아직도 모르겠니?"

소년이 말했습니다.

노인은 상자를 하나 들고 왔습니다. 안에는 많은 볼거리들이 들어 있었습니다. 화장품과 향수병, 그리고 금도금된 오래된 카드들이 담겨 있었는데, 요즘에는 좀처럼 볼 수 없는 것들이었습니다. 커다란 서랍이 몇 개 열려져 있고 피아노 뚜껑도 열린 채였습니다. 그 뚜껑 안쪽에는 풍경이 그려져 있었습니다.

노인이 피아노를 연주했으나 가락은 제대로 맞지 않았습니다. 그런데도 노인은 피아노 연주에 맞춰 노래를 흥얼거렸습니다.

노인은 문득 고물 장수한테서 산 초상화를 바라보며 고개를 끄덕이더니 눈빛을 반짝이며 말했습니다.

"맞아, 그 여자도 이 노래를 할 줄 알았단다."

"나는 전쟁터에 나갈 테야. 전쟁에 나가고 말겠어."

갑자기 장난감 병사가 큰 소리로 외치더니 마루로 쿵 떨어졌습니다.

"장난감 병사가 어디로 갔지?"

노인과 소년은 장난감 병사를 찾기 시작했습니다. 장난감 병사는 멀리 떨어진 곳에 숨어 있었습니다.

"반드시 찾아내고야 말겠어."

노인이 말했습니다. 그러나 장난감 병사를 쉽게 찾지 못했습니다. 바닥은 틈이 많이 벌어져 있었고, 구멍도 많이 뚫려 있었으니까요. 틈새로 떨어진 장난감 병사는 열려 있는 관 속으로 굴러들어가 조용히 누워 있었습니다.

날이 저물자 소년은 집으로 돌아왔습니다.

그렇게 또 몇 주가 지나갔습니다. 겨울이 되어 창문은 이제 온통 꽁꽁 얼어붙었습니다. 낡은 집을 바라보기 위해서는 창문에 입김을 호호 불어야만 했지요. 낡은 집에도 눈이 흠뻑 내려 모든 소용돌이 모양과 글씨 속에도 불어들어오고 높이 쌓여 계단 전체를 뒤덮었습니다. 마치 아무도 없는 집처럼 말입니다. 그런데 이 낡은 집에는 이젠 정말 아무도 없었습니다. 아아, 노인은 어느새 세상을 떠나버리고 만 것입니다.

저녁이 되자 문 앞에 마차가 멈추어 서 있었습니다. 사람들은 노인의 관을 마차에 실었습니다. 시골 가족 묘지에 묻히게 되었기 때문입니다.

이제 관을 실은 마차는 떠났습니다. 그러나 누구도 함께 따라가지 않았습니다. 노인의 친구들은 이미 모두 오래 전에 죽었습니다. 소년은 마차가 지나갈 때 손으로 작별의 입맞춤을 보내 주었습니다.

며칠 뒤 그 낡은 집은 경매로 넘어갔습니다. 소년은 창문으로 옛 기사들과 부인들의 초상화, 긴 손잡이가 달린 화분들, 낡은 의자와 서랍장들이 이쪽저쪽 하나씩 실려 나가는 것을 보았습니다.

물건들은 이쪽저쪽으로 보내졌습니다. 귀부인 초상화는 다시 고물상으로 돌아갔답니다. 누구도 부인이 누구인지 몰랐고 낡은 그림에 관심을 가지지 않았기 때문입니다.

봄이 되자 사람들은 끝내 낡은 집을 허물어 버렸습니다. 집이 너무 낡았기 때문에 더는 사람이 살 수 없다 생각했기 때문입니다. 길에서 바로 방 안을 볼 수 있었습니다. 벽에 붙어 있던 돼지가죽은 떼어져 갈기갈기 찢기고 갈라진 돼지가죽 벽걸이를 볼 수 있었습니다. 발코니의 꽃들과 나무도 이제는 무너진 대들보에 아무렇게나 매달려 있었습니다.

그리고 얼마 뒤 낡은 집은 몽땅 치워졌습니다.

"그 보기 싫은 집이 없어지니까 한결 낫군."

이웃 사람들은 모두 말했습니다.

그곳에는 커다란 창문과 하얗고 매끄러운 벽을 가진 집이 새로 지어졌습니다. 그리고 앞쪽 낡은 집이 서 있던 곳에는 작은 정원이 만들어졌습니다. 정원 앞에는 커다란 쇠붙이 울타리가 철문과 함께 만들어졌습니다. 그 철문은 아주 훌륭하게 만들어져 있어서 지나가는 사람들이 멈춰 서서 안을 들여다볼 정도였습니다. 정원에서 자란 포도넝쿨이 이웃집 담벼락까지 올라가 있었습니다. 참새들은 포도 덩굴에 앉아서 수다를 떨었습니다. 아주 시끄럽게 떠들었지만 낡은 집 이야기는 하지 않았습니다. 참새들은 낡은 집을 기억하지 못하니까요. 그렇게 여러 해가 흘러갔습니다.

어린 소년은 이제 어엿한 어른이 되어서 결혼도 했습니다. 부인과 함께 정원이 달린 이 집으로 이사를 왔지요. 아내는 아주 예쁜 들꽃을 정원 가득히 심었습니다. 그러는 동안 그는 옆에 서 있었습니다. 그녀는 작은 손으로 들꽃을 심고 손바닥으로 땅을 단단해지도록 두드렸습니다.

"아야, 이게 뭐지? 무슨 일일까요?"

아내는 뭔가에 손을 찔린 것이었습니다. 부드러운 땅에 무엇인가 뾰족한 것이 튀어 나와 있었습니다.

자, 그게 무엇일지 여러분도 한번 생각해 보세요! 그래요, 그것은 노인의 낡은 집에서 잃어버렸던 주석으로 만든 장난감 병사였습니다. 장난감 병사는 나무토막과 파편들 사이에 뒤섞여 지난 몇 년 동안 땅 속에 가만가만 누워 있던 것입니다.

아내는 장난감 병사를 푸른 잎으로 닦은 다음 좋은 냄새가 나는 손수건으로 닦았습니다. 장난감 병사는 깊은 겨울잠에서 깨어난 것만 같았습니다.

"나 좀 보여 줘 봐."

　남편은 주석으로 만든 장난감 병사를 살펴보더니 고개를 흔들며 미소를 지었습니다.

　"어쩌면 오래전에 잃어버린 게 아닌가 했는데, 내 장난감 병사는 아닌 것 같아. 어쨌든 내가 어릴 때 가지고 놀던 장난감 병사가 떠오르는군."

　그리고 그는 아내에게 낡은 집과 노인, 장난감 병사에 대한 이야기를 들려주었습니다. 외롭게 지내는 노인에게 장난감 병사를 선물했다는 이야기도 함께 말입니다. 아내는 남편의 낡은 집과 노인에 대한 이야기를 듣고 눈물을 흘렸습니다.

　"틀림없이 이게 바로 그 주석으로 만든 장난감 병사일 거예요. 내가 이걸 간직하겠어요. 당신이 내게 이야기해 준 그 모든 것을 기억하고 싶어서 그래요. 그 노인의 무덤도 가르쳐 주세요."

　"그런데 나도 어디 있는지 몰라. 아는 사람이 없어. 노인의 친구들은 이미 모두 세상을 떠났어. 그래서 아무도 노인을 돌보지 못했지. 그리고 그때 나는 아주 어린아이였고……."

"아, 노인이 홀로 얼마나 외로웠을까요!"

그때 장난감 병사가 말했습니다.

"끔찍하게 외로웠지. 그러나 잊히지 않는다는 건 참 좋은 일이야."

그러자 아주 가까이에서 무엇인가가 소리쳤습니다.

"매우 기쁜 일이지!"

그러나 장난감 병사 말고는 아무도 그것이 돼지가죽 벽걸이에서 떨어져 나온 한 조각이라는 것을 알지 못했습니다. 그 조각은 이제 금 도금이 다 벗겨져 마치 축축한 흙처럼 보였습니다. 하지만 아직도 생각은 멀쩡했습니다. 조각은 다시 말했습니다.

"금도금은 사라지지만 돼지가죽은 남는다!"

그러나 장난감 병사는 그렇게 생각하지 않았습니다.

047

물방울

Vanddraaben

여러분은 확대경을 알고 있나요? 확대경은 동그란 안경처럼 생겼지만 안경보다 더 크고, 모든 것을 본디 크기보다 수백 배나 더 크게 보이도록 만든 것입니다. 만일 우리들이 확대경으로 연못에서 가져온 물 한 방울을 들여다본다면, 수천 개의 신비로운 생물들을 보게 될 것입니다. 맨눈으로는 물속에 살고 있는지 도무지 알아볼 수 없는 그런 것들을 말이지요.

하지만 그 생물들은 모두 물속에 삽니다. 절대로 속임수가 아니랍니다. 물방울들을 들여다보면 보리새우가 가득 담긴 접시처럼 보이는데, 그들은 서로 뒤엉켜서 뛰어오르기도 하고 아주 거칠게 팔과 발, 모서리 끝을 물어뜯기도 합니다. 그런데도 나름대로 기뻐하고 즐거워한답니다.

오래전 '엉금엉금-꿈틀꿈틀'이라 불리우는 노인이 있었습니다. 이름이 그러

했기 때문이었지요. 노인은 언제나 모든 일에서 가장 좋은 결과를 얻으려 했습니다. 일이 잘 풀리지 않을 때에는 요술을 부려서라도 그렇게 만들었지요.

어느 날 노인은 확대경을 눈앞에 대고 물방울을 들여다보고 있었습니다. 도랑 웅덩이에서 가져온 물방울이었지요. 저 엉금엉금, 꿈틀꿈틀하는 것 좀 보십시오. 수천 개 작은 생물들이 깡총깡총 날뛰면서 서로 잡아당기는 모습을 말입니다.

"이건 정말 보기 싫은 것이로군."

노인은 엉금엉금-꿈틀꿈틀 말했습니다.

"이것들이 모두 평화롭고 사이좋게 살 수 있도록 하는 방법은 없을까?"

그는 생각하고 또 생각했습니다. 하지만 다른 뾰족한 수가 없었습니다. 끝내 요술을 부려야 했지요.

"모두에게 색깔을 입혀줘야겠어. 똑똑히 드러나도록 말이야."

노인은 붉은 포도주처럼 보이는 것을 물방울 위로 아주 조금 떨어뜨렸는데, 그것은 바로 마귀할멈의 핏방울이었습니다. 2실링이나 하는 고급물건이었지요. 이제 모든 아름다운 생물들은 몸 전체가 장밋빛처럼 붉어졌으며 수많은 벌거숭이가 모여 있는 마을인 듯 보였습니다.

"너 거기 가지고 있는 게 뭐니?"

다른 늙은 요술쟁이가 물었습니다. 그에게는 이름이 없었는데, 그게 바로 그 노인의 특징이랍니다.

엉금엉금–꿈틀꿈틀이 말했습니다.

"이게 무엇인지 알아맞히면 너한테 줄게. 하지만 쉽게 맞힐 수는 없을걸."

이름 없는 요술쟁이는 돋보기로 물방울을 들여다보았습니다. 그런데 그 광경은 참으로 징그러웠습니다. 모든 인간들이 옷도 입지 않은 채 돌아다니고 있는 도시 같았습니다.

더욱 놀라운 것은 서로 치고받고 꼬집고 비틀고 물고 뜯고 하는 것이었습니다. 밑에 있는 것은 위로 올라가려 하고 위에 있는 것은 아래로 내려가려고 했으니까요.

"보라고, 저 애 다리는 내 다리보다 길어. 팍! 저리 비키라고. 또 저기 다른 애가 있군. 쟤는 귀 뒤에 조그만한 혹이 있잖아. 저 혹이 저 아이를 아프게 하고 있군. 그렇다면 더욱 아프게 해야겠는걸."

모두 모여들어 혹이 난 사람을 찌르고 당겨 넘어뜨리고 하다가 마침내는 꿀꺽 잡아먹어버렸습니다.

그곳에는 한 여자 아이가 매우 조용히 앉아 있었습니다. 아이는 오로지 평화롭고 고요하기만을 바라는 것 같았습니다. 하지만 이 아이도 억지로 앞으로 끌려나오고 말았지요. 또다시 모두가 여자 아이를 잡아당기고 물어뜯더니 끝내 잡아먹어버렸습니다.

"이거 참으로 재미있군!"

이름 없는 요술쟁이가 말했습니다.

"그래, 그러면 넌 저게 뭐라고 생각하니? 무엇인지 알아맞힐 수 있어?"

엉금엉금–꿈틀꿈틀이 물었습니다.

"그야 쉽게 알아맞힐 수 있지.

저건 틀림없이 코펜하겐 아니면 다른 대도시야. 내 말이 맞지? 정답은 대도시야!"

이름 없는 요술쟁이가 말했습니다.

그러자 엉금엉금-꿈틀꿈틀이 말했습니다.

"틀렸어. 바로 웅덩이란다!"

048

행복한 가족

Den lykkelige Familie

이 나라에서 가장 큰 잎은 아마 우엉 잎일 것입니다. 이 우엉 잎을 몸에 가져다 대면 그것은 마치 초록 앞치마처럼 보였습니다. 또 머리 위에 올려놓으면 우산 같기도 했습니다.

우엉 잎은 참 어마어마하게 큽니다. 절대로 홀로 떨어져 자라지 않고, 하나가 자라는 곳에는 언제나 다른 잎들도 함께 자랍니다. 우엉이 우거진 모습은 참으로 볼만했답니다. 이 화려함 때문인지 달팽이의 식사가 됩니다. 커다랗고 새하얀 달팽이 말입니다. 귀족들은 옛날에 이 달팽이로 맛난 음식을 만들었습니다. 사람들은 달팽이를 먹으면서 이렇게 말했습니다.

"오, 어쩌면 이토록 맛있지!"

세월이 흐르면서 귀족들은 새로운 사실을 하나 알아냈습니다. 바로 달팽이들이 우엉 잎을 먹고 산다는 것을 말이지요. 그래서 그들은 우엉을 심게 되었습니다.

어느 마을에 귀족이 사는 오래된 저택이 있었습니다. 그 저택에서는 더 이상 달팽이를 먹지 않았습니다. 달팽이들은 모두 죽어 버렸지만 우엉 잎은 길과 화단까지 뒤덮으며 쑥쑥 자라났습니다. 너무나 커다랗게 자랐기 때문에 사람들은 우엉을 없앨 수가 없었지요.

이윽고 계속해서 무럭무럭 자라나 우엉 숲을 이루었습니다. 여기저기에 사과나무와 자두나무가 있었는데, 그마저도 없었다면 사람들은 그곳이 정원이

었다고 생각지도 못했을 것입니다. 주위가 온통 우엉으로 뒤덮인 이곳에는 마지막 남은 늙은 달팽이 두 마리가 살고 있었습니다.

두 달팽이들은 자신들이 몇 살인지도 몰랐습니다. 몇 가지는 잘 기억했지요. 예전에는 자신들 무리가 아주 많았다는 것과 낯선 나라의 어느 집안 출신이라는 것, 본디 흰 달팽이들을 위해 이 숲이 만들어졌음을 잘 기억했습니다. 달팽이들은 한 번도 밖에 나가 본 적이 없지만 세상에는 저택이라 불리우는 것이 있음을 잘 알고 있었습니다.

또한 자신들이 음식으로 만들어져 은접시에 올려진다는 사실도 알았지요. 하지만 그 뒤에 무슨 일이 일어나는지에 대해서는 통 알지 못했습니다. 그들은 은접시에 놓인다는 게 어떤 뜻인지 잘 알지 못했지만, 왠지 훌륭하고 고귀한 일임에 틀림없다고만 생각했습니다. 풍뎅이도, 거북이도, 지렁이도 달팽이들에게 아무런 설명을 해줄 수 없었습니다. 그들은 한 번도 요리되거나 은접시 위에 올려졌던 적이 없었기 때문입니다.

하지만 달팽이들은 자신들이 이 세상에서 가장 고귀하다는 것을 부모님께 들어서 잘 알고 있었습니다. 숲도 달팽이들 때문에 생겨났고, 귀족들 저택 또한 달팽이들이 요리되어 은쟁반 위에 올라가기 위해 지어진 것이니까요.

늙고 흰 두 달팽이는 조금은 외롭지만 행복하게 살았습니다. 그들에게는 아이가 없었기 때문에 부모를 잃은 어린 달팽이를 데려와 친자식처럼 키웠습니다. 그런데 이 달팽이는 좀처럼 자라지 않았습니다. 흰 달팽이와는 달리 흔하게 볼 수 있는 보통 달팽이였기 때문입니다. 그러나 엄마 달팽이는 아이가 자라는 게 보이는 것만 같았지요. 그래서 아빠 달팽이에게 커가는 것을 잘 모르겠으면 아이의 달팽이집을 한번 만져 보라 일렀습니다. 달팽이집을 만져본 아빠 달팽이도 엄마 달팽이의 말이 옳다고 여겼답니다.

비가 세차게 내리는 어느 날이었습니다.

"들어 봐, 비가 우엉 잎을 마치 북처럼 쿵쿵 두드리는 소리를."

아빠 달팽이가 말했습니다.

"저기에는 물방울도 떨어져요."

엄마 달팽이가 말을 이었습니다.

"줄기를 따라 뚝뚝 떨어지고 있어요. 이곳도 곧 비에 젖게 되겠지요. 하지만 나는 우리 가족이 참 좋은 집을 가지고 있어서 기뻐요. 다른 동물들보다 축복 받은 듯해요. 그래요, 우리가 이 세상의 주인인걸요. 태어날 때부터 집도 갖고 우엉 잎도 우리 때문에 심어졌다고요! 그런데 우엉 숲이 어디까지 뻗어 있는지, 바깥세상이 어떻게 생겼는지 알고 싶어요."

그 말을 들은 아빠 달팽이가 말했습니다.

"바깥세상이라고 별것 없어요. 우리가 있는 데보다 더 나은 곳은 어디에도 없는 거요. 나는 더 바랄 게 없어요."

"하지만 난 귀족 저택에 가보고 싶어요. 저택에서 요리되어 은쟁반에 한번 놓여보고 싶다고요. 우리 조상들은 모두 그렇게 됐는걸요. 틀림없이 무언가 아주 특별한 일일 거예요."

엄마 달팽이가 대답했지요.

"귀족 저택은 아마 벌써 무너졌을 거예요. 아니면 우엉 숲이 그 위를 덮어 사람들은 밖으로 나올 수 없게 되겠지요. 서두를 필요가 없어요. 당신은 늘 성미가 급하오. 이제는 아이까지도 당신을 닮아 서두르기 시작했어요. 삼일이나 줄기 꼭대기로 기어오르지 않소. 그 모습을 올려다보면 어지러울 지경이라오."

"야단치지 마세요. 우리 아이는 아주 조심스럽게 행동하고 있다고요. 그 모습을 보고 있으면 앞날이 기대된답니다. 우리처럼 나이 든 사람에게 그만큼 큰 보람이 어디 있겠어요? 그런데 아이의 신붓감을 어디서 데려올지 생각해

보셨어요? 우엉 숲 안쪽으로 깊이 들어가면 우리 같은 부부가 한 쌍 더 살고 있을 거라 생각되지 않나요?"

"까만 달팽이가 거기 살고 있을지 모른다는 생각은 해 보긴 했지. 집이 없는 까만 달팽이 말이야. 그런데 그들은 너무 평범해. 게다가 우쭐거린다고. 개미에게 부탁해 볼 수는 있겠지. 개미들은 늘 여기저기 부지런히 돌아다니니까 틀림없이 좋은 신붓감이 어디에 있는지 알고 있을 거야."

"우린 세상에서 가장 아름답고 훌륭한 신붓감을 알고 있지요. 하지만 일이 잘 풀리지 않을까 봐 걱정이 돼요. 신붓감은 바로 여왕이거든요."

개미 한 마리가 말했습니다. 개미의 말을 듣고 늙은 달팽이 부부가 말했습니다.

"그런 건 아무래도 좋소. 그런데 그분은 집은 갖고 있소?"

"그럼요, 여왕은 성을 가지고 있답니다. 복도가 무려 700개나 있는 아름다운 개미성을 갖고 있지요."

개미들이 우쭐거리며 말했습니다.

이번에는 달팽이 엄마가 고개를 절레절레 저으며 말했습니다.

"고맙지만, 우리 아들을 개미굴로 보낼 수는 없어. 더 좋은 이야기가 없다면 하얀 먹파리에게 부탁해야지. 하얀 먹파리들은 빗속이나 햇볕 아래에서도 멀리까지 잘 돌아다니니까 아마 우엉 숲을 속속들이 알고 있을 거야."

"우리는 당신 아들과 어울리는 좋은 신붓감을 알고 있어요."

파리들이 기쁘게 말했습니다.

"여기서부터 사람 걸음으로 100걸음 되는 곳에 있지요. 구스베리 나무에 집을 가진 작은 달팽이가 머물고 있어요. 결혼하기에 딱 알맞은 나이가 되었지요. 사람 걸음으로 100걸음이면 된답니다."

"그렇다면 여기로 데리고 와줘. 우리 애는 우엉 숲을 갖고 있고, 그 여인은 고작 구스베리 한 그루를 가지고 있으니까 말이야."

달팽이 부부가 자신 있게 말했습니다.

그리하여 파리들은 작은 달팽이 아가씨를 데려왔습니다. 우엉 숲까지 오는 데만 1주일이 걸렸지만 그래도 다행이었습니다. 그 아가씨가 같은 달팽이란 것을 알았기 때문이지요.

그들은 곧 결혼식을 올렸습니다. 여섯 반딧불들이 밝은 빛을 냈습니다. 결혼식은 순조롭게 조용히 치러졌지요. 늙은 달팽이들은 북적거리며 시끌시끌 노는 것을 싫어했기 때문입니다.

엄마 달팽이는 참으로 멋진 연설을 했습니다. 하지만 아빠 달팽이는 그럴 수가 없었습니다. 왜냐하면 무척 감격해 있었거든요. 늙은 달팽이 부부는 젊은 부부에게 유산으로 우엉 숲을 물려주었습니다. 그리고 늘 입버릇처럼 하던 이야기를 들려주었습니다. 그 숲이 이 세상에서 가장 좋은 곳이라는 것, 올바르고 정직하게 살면 언젠가는 많은 아이들과 함께 귀족의 저택으로 가서 요리되어 은쟁반에 오를 거라는 이야기였습니다. 이야기를 마친 늙은 달팽이 부부는 자신의 집으로 들어가서 두 번 다시 밖으로 나오지 않았습니다. 그들은 아주 긴 잠을 자기 시작했습니다.

젊은 달팽이 부부는 숲을 다스리면서 많은 자식들을 얻었습니다. 그러나 한 번도 은쟁반 위에는 올라가 보지 못했습니다. 그래서 젊은 부부는 귀족 저택은 무너져 내리고 세상 모든 사람들은 죽어 버렸다는 결론을 내렸습니다. 누구도 아니라는 이야기를 하지 않은 걸 보면 사실인가 봅니다.

우엉 잎 위로 떨어져 내리는 비는 그들에게 북소리를 들려주었고, 따사로운 해님은 달팽이 부부를 위해 우엉 숲을 온갖 화려한 색깔로 물들였습니다.

젊은 부부는 아주 행복했습니다. 가족들 모두 다 더할 수 없이 행복했습니다.

049
어느 어머니 이야기
Historien om en Moder

한 어머니가 어린아이 곁에 앉아 있었습니다. 어머니는 아이가 숨이 멎을까 걱정되어 몹시 슬픈 표정이었습니다. 창백한 얼굴로 눈을 감고 있는 아이는 힘들게 숨을 내쉬었습니다. 이따금 아주 깊게 숨을 들이마셨다가 내쉬어 마치 한숨을 쉬는 것만 같았습니다. 그럴 때면 어머니는 아주 슬픈 얼굴로 그 작은 생명을 안타깝게 바라보았지요.

그때 문을 두드리는 소리가 들리더니 어느 초라한 차림의 노인이 들어왔습니다. 노인은 말에게나 맞을 듯한 커다란 담요 같은 것을 둘렀습니다. 밖은 몹시 추운 겨울이었지요. 세상은 온통 눈과 얼음으로 뒤덮여 있었습니다. 바람은 살을 엘 듯이 모질게 휘몰아쳤습니다.

노인은 매서운 추위에 몸을 덜덜 떨고 있었습니다. 어머니는 아이가 잠깐 잠든 틈을 타서 작은 항아리에 맥주를 담아 난로 위에 올려놓았습니다. 노인에게 주려는 것이었지요. 노인은 조용히 앉아 아이의 요람을 흔들었습니다. 어머니는 노인 곁에 앉아 아픈 아이를 물끄러미 바라보았습니다. 아이는 깊게 숨을 들이켜며 작은 손을 쳐들었습니다.

"이 아이와 함께 오래오래 살 수 있겠죠? 사랑하는 하느님은 결코 내게서 이 아이를 데려가시지는 않을 거예요!"

노인은 분명치 않게 고개를 끄덕였습니다. 그게 '예'라는 대답인지 아니라는지 알 수 없었습니다. 어머니는 조용히 고개를 숙였습니다. 눈물이 어머니 뺨을 타고 주르르 흘러내렸습니다.

어머니는 사흘 밤 한 순간도 눈을 붙이지 못했습니다. 어쩌다 아주 잠깐 잠이 들었지만 곧 퍼뜩 깨어나 추위에 몸을 떨었지요.

"아니, 이게 어떻게 된 일이지?"

어머니는 고개를 들고 이곳저곳을 둘러보았습니다. 노인은 이미 떠나고 없었습니다. 아이도 보이지 않았습니다. 잠깐 새 노인이 아이를 데리고 가버린 것입니다. 그는 바로 죽음의 신이었습니다. 방 구석에 걸린 낡은 뻐꾸기시계가 똑딱거렸습니다. 그때 무거운 납덩어리 하나가 바닥에 쿵 떨어졌습니다. 그러자 시계도 멈추어 버렸습니다. 가엾은 어머니는 집 밖으로 뛰쳐나와 아이 이름을 부르며 이리저리 찾아다녔습니다. 눈밭에는 검은 옷을 길게 걸친 여인이 앉아 있었습니다. 그녀는 어머니에게 말했습니다.

"죽음의 신이 당신 방에 있었지요. 나는 그가 아이를 데리고 서둘러 떠나는 것을 보았답니다. 바람보다도 더 빨리 달려갔지요. 그는 한 번 데려가면 절대로 돌려보내지 않아요."

어머니가 애원하며 말했습니다.

"어디로 갔는지 제발 알려 주세요. 반드시 죽음의 신을 찾아야만 해요."

"아이에게 불러 주었던 노래 모두를 내게 불러 준다면 가르쳐 드리지요. 나는 그 노래들을 무척 좋아한답니다. 전에 그 자장가들을 들은 적이 있어요. 저는 밤입니다. 그대가 자장가를 부르며 눈물을 흘리는 모습도 보았습니다."

"좋아요, 모두 불러 줄게요. 그렇지만 지금은 나를 잡지 말아요. 죽음의 신을 쫓아가 우리 애를 다시 찾을 수 있도록 말이에요."

밤은 그저 대답 없이 조용히 앉아 있었습니다. 어머니는 두 손을 모으고 울며 노래를 불렀습니다. 많은 노래를 불렀고 그보다 더 많은 눈물을 흘렸습니다.

그러자 밤이 말했습니다.

"오른쪽 어두운 전나무 숲 쪽으로 가 보세요. 죽음의 신은 아이를 데리고 그쪽으로 갔어요."

숲속 깊은 곳에서 길은 십자로 엇갈려 있었습니다. 어머니는 어느 쪽으로 가야 할지 알 수 없었습니다. 길에는 가시나무 한 그루가 서 있었는데, 잎도 꽃도 없었습니다. 몹시 추운 겨울이었으니까요. 가지에는 유리알처럼 맑고 투명한 고드름이 주렁주렁 매달려 있었습니다.

어머니는 가시나무에게 물었습니다.

"혹시 죽음의 신이 내 작은 아이를 데리고 지나가는 것을 보지 못했니?"

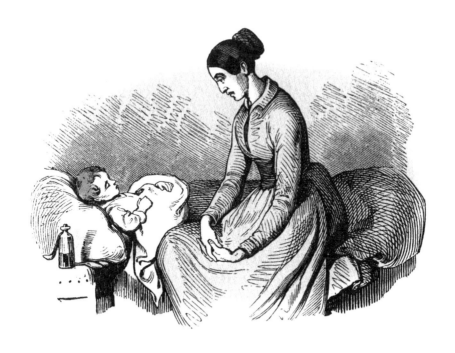

가시나무가 대답했습니다.

"그래, 봤어. 하지만 당신의 따뜻한 가슴으로 나를 안아주어야만 어디로 갔는지 가르쳐 줄 테야. 너무 추워서 금방이라도 얼어 죽을 것만 같아. 꽁꽁 얼어버리고 말 거라고."

어머니는 가시나무를 가슴으로 꼭 안아주었습니다. 가시나무는 곧 따뜻해졌습니다. 하지만 가시가 살을 깊이 찔러서 어머니의 가슴에서 뚝뚝 피가 흘렀습니다. 가시나무는 이토록 추운 겨울밤인데도 파릇파릇한 푸른 잎을 내고 꽃을 피웠습니다. 슬픔으로 가득 찬 어머니의 가슴은 그만큼 따뜻했습니다. 가시나무는 어머니에게 죽음의 신이 지나간 길을 알려 주었습니다.

어머니는 어느 커다란 호수에 이르렀지만 배가 없었습니다. 게다가 어머니가 호수 위를 걸어갈 수 있을 만큼 물이 꽁꽁 얼지도 않았습니다. 그래도 아이를 되찾기 위해서는 건너야만 했지요. 어머니는 물을 모두 마셔 버리기 위해 배를 깔고 엎드렸습니다. 하지만 그것은 인간으로서 도저히 해낼 수 없는 일이었습니다. 슬픔에 가득 찬 어머니는 기적이 일어날지도 모른다 생각했습니다.

"아니야, 그런 일은 절대로 불가능해요. 이 많은 물을 다 마셔버리다니요!"

호수가 말했습니다.

"차라리 우리 서로 바라는 걸 들어주는 건 어때요? 나는 진주를 모으는 것을 좋아한답니다. 그런데 당신의 맑은 두 눈처럼 예쁜 진주는 여태껏 본 적이 없어요. 만일 당신이 펑펑 울어 두 눈까지 흘려내어 내게 준다면 당신을 저 건너편 커다란 온실로 데려다 드리게요. 죽음의 신은 그 온실에 살면서 꽃과 나무들을 돌보고 있답니다. 그것들은 모두 사람의 생명들이지요."

"내 아이를 되찾을 수만 있다면 무엇이든 드리겠어요!"

어머니는 간절한 마음을 담아 대답했습니다.

어머니는 울기 시작했습니다. 마침내 어머니의 두 눈은 아름답고 고귀한 진주가 되어 호수 속으로 떨어졌습니다. 호수는 어머니를 그네라도 태운 듯 높이 들어올리더니 반대쪽 호숫가로 날아갔습니다.

그곳에는 매우 크고 멋진 집 같은 것이 있었습니다. 숲과 동굴이 있는 산인지 아니면 집인지 알 수 없었습니다. 가엾은 어머니는 그것을 볼 수 없었습니다. 어머니는 이제 눈이 없었으니까요.

"내 아이를 데려간 죽음의 신은 어디서 찾을 수 있을까요?"

어머니가 물었습니다.

"그는 아직 돌아오지 않았어."

늙은 무덤지기 부인이 말했습니다. 그녀는 커다란 온실을 돌보고 있었습니다. 죽음의 신의 온실이었습니다.

"어떻게 이곳까지 찾아올 수 있었지? 누가 너를 도와준 거야?"

어머니가 대답했습니다.

"사랑하는 하느님께서 도와 주셨어요. 그분은 자비로우시거든요. 그리고 당신도 그러리라 생각해요. 어디로 가야 내 아이를 찾을 수 있는지 알려주세요."

부인이 말했습니다.

"미안하지만 난 몰라. 그리고 너는 앞도 볼 수 없잖니. 오늘 밤 많은 꽃과 나무들이 시들어버렸지. 곧 죽음의 신이 와서 남김없이 꺾어 버릴 거야. 모든 사람들은 제 나름대로 생명의 나무나 생명의 꽃을 가지고 있다는 사실을 너도 잘 알겠지. 그것은 다른 나무들처럼 보이지만 심장이 뛰고 있어. 아이들의 심장 또한 뛰고 있지. 심장 소리에 귀를 기울여 들어봐. 네 아이 심장 소리를 알 수 있을지도 모르니까. 그 밖에 또 무엇을 해야 하는지를 가르쳐 줄게. 그러면 넌 내게 무엇을 해 주겠니?"

"나는 이제 아무것도 내어줄 게 없어요. 하지만 나는 당신을 위해 세상 끝까지라도 갈 수 있어요."

슬픔에 찬 어머니가 힘없이 말했습니다.

"음, 글쎄. 나는 그런 일에 관심이 없는걸. 대신 네 까맣고 긴 머리를 내게 주렴. 아주 마음에 들어. 너는 내 흰 머리를 가져. 그래도 없는 것보다는 나을 테니까."

"제 머리카락으로 충분한가요? 좋아요. 그거라면 기쁘게 드릴 수 있어요."

어머니는 자신의 아름다운 검은 머리를 부인에게 주었습니다. 그 대신에 눈처럼 하얀 머리를 받았지요.

어머니와 노인은 죽음의 신의 커다란 온실로 들어갔습니다. 그곳에는 꽃들과 나무들이 섞여서 아름답게 자라고 있었습니다. 고운 히아신스는 종 모양 유리 뚜껑에 덮여 있고, 나무처럼 튼튼하고 커다란 작약도 피어 있었습니다. 여러 수초들도 어떤 것들은 아주 싱싱하게 자라고 어떤 것들은 반쯤 시들어 있었습니다. 그 위에는 물뱀이 휘감고 있었고, 검은 종려나무가 꽃자루를 단단히 붙어 있었습니다. 그리고 아름다운 종려나무와 떡갈나무, 플라타너스가 자라고, 파슬리와 활짝 꽃이 핀 백리향도 보였습니다.

모든 꽃과 나무들은 저마다 이름을 갖고 있었습니다. 바로 인간의 생명을 나타내는 것이었습니다. 사람들은 아직 살아 있었지요. 어떤 사람은 중국에, 어떤 사람은 그린란드에, 이렇게 세계 곳곳에 흩어져 살았습니다. 커다란 나무들이 심어진 작은 화분은 금방이라도 터져 버릴 것만 같았습니다. 또한 작고 약한 꽃들은 기름진 땅에서 자랐습니다. 이끼들이 둘레를 쳐서 잘 보호하고 있었지요.

어머니는 아무리 작은 풀이라도 몸을 기울여 그들의 심장이 뛰는 소리를 들었습니다. 마침내 수백만 개 가운데서 어머니는 자기 아이의 심장 소리를 가려 낼 수 있었습니다.

"찾았다! 바로 이거야!"

어머니는 기쁘게 소리치며 작고 푸른 크로커스 위로 손을 뻗었습니다. 그것은 심하게 병들어 고개를 푹 숙이고 있었습니다.

"그 꽃을 만져서는 안 돼. 이쪽으로 와 있으렴. 지금 죽음의 신이 돌아오고 있어. 가만히 서 있다가 그가 만일 그 꽃을 뽑아버린다면 다른 꽃들도 몽땅 뽑아 버리겠다고 위협하는 거야. 그러면 죽음의 신은 겁을 낼 거야. 하느님께서 허락하기 전까지는 한 포기라도 함부로 뽑지 않겠다고 약속했거든."

노인이 말했습니다.

그때 갑자기 얼음처럼 차가운 바람이 온실 안으로 휙 들이닥쳤습니다. 눈이 보이지 않는 어머니라도 죽음이 다가왔다는 사실을 느낄 수 있었습니다.

"어떻게 여기까지 오는 길을 알았지? 또 어떻게 나보다 빨리 올 수 있었던 거지?"

죽음의 신이 물었습니다.

"나는 내 아이의 엄마니까요!"

어머니는 소리쳤습니다.

그는 작고 여린 꽃에게 자신의 긴 손을 뻗었습니다. 어머니는 재빨리 두 손으로 그 꽃을 단단히 감쌌습니다. 그러면서도 꽃잎에 자신의 손이 닿지 않도록 온 힘을 기울였습니다. 그러자 죽음의 신은 어머니 손 위로 입김을 불었습니다.

그의 숨결은 차가운 바람보다도 한결 더 차가웠습니다. 어머니는 그만 힘없이 손을 아래로 축 늘어뜨렸습니다.

"나에게 맞서봐야 아무런 소용이 없어."

죽음의 신이 말했습니다.

"하지만 사랑하는 하느님께서는 하실 수 있지요."

어머니도 지지 않고 말했습니다.

"나는 하느님 뜻을 따를 뿐이야. 하느님의 정원사인 셈이지. 그분의 모든 꽃과 나무들을 가져다가 아무도 모르는 곳에 있는 커다란 천국의 정원에 옮겨 심지. 그렇지만 나무와 꽃들이 어떻게 피는지, 그리고 거기가 어떤 곳인지는 말할 수 없어."

죽음이 다시 말했습니다.

"제발 내 아이를 돌려주세요!"

어머니가 울면서 간청했습니다. 그러다 갑자기 두 손으로 옆에 있는 아름다운 꽃 두 송이를 움켜쥐고는 죽음의 신에게 소리쳤습니다.

"우리 애를 돌려주지 않으면 이 꽃들을 뽑아 버리겠어요. 제겐 이젠 아무런

희망도 없으니까요!"

깜짝 놀란 죽음의 신이 말했습니다.

"그것들을 건드리지 마! 네가 불행하다고 해서 이제 다른 어머니들까지도 똑같이 불행하게 만들려는 거야?"

"다른 어머니들이라고?"

가엾은 어머니는 곧 두 송이 꽃을 손에서 놓았습니다.

죽음의 신이 말했습니다.

"자, 네 눈을 돌려주마. 나는 그것을 호수에서 건졌단다. 몹시 밝게 빛나고 있었거든. 네 눈인 줄은 미처 몰랐어. 어서 받으렴. 전보다 더욱 밝게 빛나고 있어. 그 눈으로 옆에 있는 깊은 우물을 들여다보렴. 네가 뽑으려 했던 두 송이 꽃의 이름을 말해 줄게. 그러면 그 아이들의 앞날과 인생이 보이게 될 거야."

어머니는 우물 안을 들여다보았습니다. 한 아이의 미래는 세상의 축복을 받으며 많은 행복과 기쁨을 퍼뜨렸습니다. 참으로 행복한 일이었지요. 그런데 다른 아이의 인생은 걱정과 고통, 두려움과 불행뿐이었습니다.

"둘 다 모두 하느님의 뜻이란다."

죽음의 신이 말했습니다.

"어느 것이 불행의 꽃이고 어느 것이 축복받은 꽃이죠?"

그는 어머니의 물음에 대답했습니다.

"그건 말할 수 없어. 하지만 그 꽃들 가운데 하나가 네 아이의 꽃이라는 건 말해주마. 네가 본 건 네 아이의 운명과 미래였지."

어머니는 깜짝 놀라 소리쳤습니다.

"어느 꽃이 제 아이인가요? 제발 말해 주세요. 죄 없는 아이를 그 모든 불행으로부터 구해주세요. 차라리 그 아이를 하느님의 나라로 데려가주세요. 내 눈물과 애원 따위는 모두 잊어주세요. 내가 한 말과 행동은 모두 잊어버리라고요."

"난 너를 이해할 수가 없구나! 아이를 돌려받고 싶은 것이냐, 아니면 네가 모르는 곳으로 데려가 달라는 말이냐?"

죽음의 신이 물었습니다.

그러자 어머니는 두 손을 모은 채 무릎을 꿇고 사랑하는 하느님께 기도드렸습니다.

"전능하신 하느님, 제가 만일 당신의 뜻을 거역하는 청을 했다면 부디 저의 청을 들어 주지 마시옵소서. 제 청을 절대 들어 주지 마옵소서. 하느님의 뜻은 늘 옳습니다. 제 말을 귀담아 듣지 마옵소서."

그러고는 고개를 무릎 깊숙이 숙였습니다. 그리하여 죽음의 신은 아이를 데리고 누구에게도 알려지지 않은 나라로 떠나버렸습니다.

050
옷깃

Flipperne

가진 것이라고는 구둣주걱과 머리빗, 그리고 옷깃이 전부인 어느 멋쟁이 신

사가 있었습니다. 그는 세상에서 가장 멋진 옷깃을 가지고 있었지요. 이 이야기는 옷깃에 대한 것입니다.

옷깃은 나이가 많이 들어서 이제 결혼을 해야겠다 생각했습니다. 마침 그때 옷깃은 신발끈과 함께 한 빨랫감 속으로 들어가게 되었습니다. 옷깃이 신발끈에게 말을 걸었습니다.

"아, 이럴 수가!"

옷깃이 신발끈을 보고 감탄하더니 냉큼 말을 걸었습니다.

"나는 여태껏 이렇게 날씬하고 고운데다가 앙증맞고 보드랍기까지 한 아름다운 것을 본 적이 없는데. 그쪽 이름은 무엇인가요?"

"말하지 않겠어요."

신발끈이 짧게 대답했습니다.

"그러면 집은 어디세요?"

옷깃은 또 물었습니다.

신발끈은 몹시 수줍었답니다. 그래서 이런 질문에 어떻게 대답해야 할지 망설여졌습니다.

"아가씨는 허리띠가 아닌가요? 안쪽에 매는 허리띠 같은 것 말이에요. 당신은 아주 이롭게 쓰일 것 같군요. 장식품으로도 맬 수 있고요. 나는 그걸 금세 알 수 있답니다, 아가씨!"

"저에게 더 이상 말을 걸지 말아주세요. 제 말은 우리가 이야기 나눌 까닭이 없단 뜻이랍니다."

신발끈이 말했습니다.

"하지만 당신처럼 매우 아름답다면, 그 사실만으로도 충분히 이야기를 나눌 이유가 되지요."

"더는 제 곁에 가까이 오지 마세요. 당신은 왠지 뻔뻔스런 남자 같아요."

"하지만 나는 멋진 신사랍니다. 구둣주걱과 머리빗도 가지고 있지요."

그러나 옷깃의 말은 모두 거짓말이었습니다. 그것들을 가진 사람은 그의 주인이었으니까요. 하지만 옷깃은 계속해서 허풍을 떨었습니다. 오로지 신발끈의 마음에 들기 위해서였지요.

"그렇게 가까이 다가오지 마세요. 나는 그런 행동에 익숙지 않다고요."

신발끈이 소리쳤습니다.

"자, 수줍어하지 말아요!"

옷깃이 말했습니다.

그 순간 옷깃은 빨래통에서 꺼내어져 풀이 먹여졌습니다. 햇볕이 내리쬐는 의자 위에 널리게 된 뒤에는 다림질대에 놓여졌지요. 그러자 곧 뜨거운 다리미가 다가왔습니다.

옷깃이 다리미에게 말했습니다.

"사랑하는 부인, 계속 그렇게 다가온다면 나는 아주 뜨거워질 거예요. 누구도 알아보지 못하게 되겠지요. 주름은 모두 없어질 거예요. 아이코, 조심하시지. 당신이 내 옷깃 끝을 너무 세게 밟아 기어이 구멍 하나를 만들어 놓았군요. 아이고 뜨거워라."

"낡아빠진 걸레 같으니라고."

다리미는 화를 냈습니다. 그러고는 거만하게 옷깃을 밟고 지나갔습니다. 다리미는 자신이 증기 기관이라 착각하고는 우쭐댔습니다. 기차를 조종하고 차를 움직이는 증기 기관 말입니다.

옷깃 끝 부분 올이 조금 풀렸습니다. 가위가 다가와서 올을 잘라 내야만 했습니다.

옷깃은 가위를 보고 말했습니다.

"오, 당신은 최고의 무용수예요. 어쩌면 그토록 멋지게 다리를 움직일 수 있지요? 제가 이제까지 본 무용수 중에서 가장 우아한 모습이군요. 그 누구도 흉내 낼 수 없을 거예요!"

"나도 잘 알고 있어요."

가위가 자랑스레 대꾸했습니다.

"당신은 백작 부인도 될 수 있어요. 멋진 신사와 구둣주걱, 머리빗이 내가 가진 전부지요. 내가 백작 칭호를 가졌더라면."

옷깃은 계속 가위를 추켜세웠습니다.

"아니, 옷깃이 감히 나에게 청혼하는 거야?"

가위는 매우 화가 나서 으르렁거렸습니다. 그래서 옷깃에 날을 깊숙이 넣어 싹뚝싹뚝 잘라 버렸지요. 옷깃은 이제 쓸모 없게 되었습니다.

'그렇다면 머리빗에게나 청혼해야겠군.'

옷깃은 이렇게 생각했습니다.

"오, 당신은 아직까지 이가 부러진 곳이 없군요, 아가씨! 당신은 혹시 결혼에 대해서 생각해 본 적 없나요?"

"어머, 모르고 계셨어요? 저는 구둣주걱 씨와 이미 약혼했답니다."

머리빗은 얼굴을 붉히며 대답했습니다.

"약혼했다고요?"

옷깃이 깜짝 놀라며 소리쳤습니다.

이제 옷깃이 청혼할 수 있는 상대는 아무도 없었습니다. 그래서 결혼이라는 것 자체가 싫어졌습니다.

　그렇게 오랜 시간이 흘러갔습니다. 옷깃은 종이공장의 상자 속에 들어가게 되었습니다. 그곳에는 세상 모든 넝마들이 다 모여 있었습니다. 고운 것들은 고운 것끼리 거친 것들은 거친 것끼리 저마다 서로에 맞게 뭉쳐 있었습니다. 그들은 모두 이야깃거리가 아주 많았습니다. 그 가운데에서 누구보다 많은 이야깃거리를 지닌 것은 옷깃이었습니다. 옷깃은 여전히 허풍쟁이였습니다.

　"나는 정말이지 많은 사랑을 했어."

　옷깃이 자랑스레 말했습니다.

　"모두 나를 가만 내버려 두지 않았다니까. 나는 정말 품위 넘치는 신사였거든. 풀까지 먹었었단다. 구둣주걱도 있고 머리빗도 갖고 있었어. 하지만 나는 그걸 한 번도 사용하진 않았지. 그 시절 내 모습을 봤어야 할 텐데. 말끔하게 단추를 채우고 누워 있던 내 모습을 말이야. 나는 멋진 사랑도 했지. 내 첫사랑은 결코 잊을 수가 없어. 나는 그녀를 허리띠라 불렀지. 그녀는 아주 고상하면서도 앙증맞고 보드라우며 아름다웠어. 나 때문에 빨래통 속으로 뛰어들었다니까! 그리고 한 과부도 있었어. 그 과부는 나 때문에 애가 탔지만 나는 그 부인이 시꺼멓게 되도록 거들떠보지도 않았어. 아! 맞아. 최고의 무용수도 있었지. 그 무용수가 이런 상처를 남겨 놓았어. 거친 상대였지. 그 다음에는 머리빗이 나를 사랑했어. 그녀는 사랑의 아픔 때문에 이를 몽땅 잃고 말았어. 내가 알기로는 그녀가 나 때문에 죽을만큼 많은 시련을 겪었거든. 나는 이렇게나 많은 사랑을 경험했지. 그렇지만 내가 누구보다도 미안하게 생각하는 건 신발끈이야. 그 허리띠 말이야, 빨래통 속으로 뛰어들었던 그 허리띠. 오늘도 난 많은 양심의 가책을 느껴. 그것 때문에 나는 하얀 종이가 되어도 할 말이 없어."

　옷깃은 정말로 흰 종이가 되었답니다. 모든 넝마들도 말이지요. 옷깃은 바로 우리가 이 순간 보고 있는, 이 이야기가 인쇄된 하얀 종이가 된 것이지요. 있지도 않은 이야기들로 허풍을 떨었기 때문입니다. 우리는 그렇게 되지 말아야 합니다. 언젠가 우리도 넝마 상자 속에 들어가서 하얀 종이가 될지 모르니까요. 옷깃처럼 하얀 종이가 되어 우리 자신의 이야기(가장 비밀스런 이야기까지도 인쇄되어)를 다른 사람들에게 들려주게 될지도 모르니까요.

051

아마

Hørren

아마 꽃이 활짝 피었습니다. 나방 날개보다도 더 부드럽고 예쁜 푸른 꽃이 었습니다. 해님은 아마를 따스히 비추며 살포시 내려앉고 비구름은 물을 뿌려 주었지요. 마치 어린아이들이 목욕하며 어머니에게 입맞춤을 받는 것처럼 기분 좋은 일이었습니다. 이런 사랑을 받고 나면 아이들은 더욱 귀엽고 예뻐지게 마련입니다. 물론 아마도 더욱 아름답게 변했답니다.

"사람들은 내가 정말 멋지다고 말했어. 그리고 꾸준히 키가 자라고 있으니 언젠가는 훌륭한 아마포가 될 거라 말했어. 그래, 나는 얼마나 행복한지 몰라. 틀림없이 이 세상 모든 것들 가운데 가장 행복할 거야. 이렇게 잘 지내니까 말이야. 나는 중요한 무언가가 꼭 될 거야. 햇빛은 내게 힘을 주고 빗물은 얼마나 맛있고 시원한지 생기가 넘치게 만드니까. 아! 말할 수 없이 행복해. 나는 가장 행복한 존재야."

아마가 말했습니다.

"그만 좀 해." 나이든 울타리가 중얼거렸습니다.

"넌 아직 나만큼 세상을 몰라. 내 몸에는 많은 마디가 박혀 있었지. 마디는 좋은 기억들을 가지고 있는 것만 같단다."

울타리가 애처롭게 노래했습니다.

달가닥–달각–삐그덕
옷감 짜는 기계 소리
노래는 끝났다네!

"아니야, 아직 끝나지 않았어. 내일도 해님이 나를 비춰줄 테고 이슬 방울 또한 내 꽃잎을 촉촉하게 적셔 줄 거야. 나는 내가 쑥쑥 자라나는 소리를 들을 수 있어. 내 꽃이 활짝 피어나리라는 것을 느낄 수 있지. 나는 이 세상에서 누구보다 행복한 존재야."

아마가 큰 소리로 말했습니다.

그러던 어느 날 한 농부가 다가오더니 아마의 머리를 꽉 잡아 뿌리째 뽑아 버렸습니다. 이루 말할 수 없을 만큼 아팠습니다. 아마는 물에 빠져 죽지 않을까 싶을 만큼 물이 많이 담긴 통 속에 풍덩 던져졌습니다. 그러더니 이번에는 활활 타오르는 불 위에 놓여졌습니다. 무척 끔찍한 일이었습니다.

"늘 좋은 일만 있을 수는 없어."

아마는 스스로를 위로하듯 중얼거렸습니다.

"때로는 어려움도 겪어봐야 해. 그러면 세상을 더 잘 알 수 있게 되겠지."

하지만 아마에게 상상도 못할 나쁜 일이 벌어졌습니다. 사람들은 아마를 꺾고 찢고 때리고 빗질까지 해댔습니다.

아마는 자신에게 무슨 일이 일어나고 있는지조차 알 수 없었습니다. 아마는 그렇게 물레에 걸리게 되었지요. '달가닥, 달가닥!' 소리를 내며 돌아가는 바람에 좀처럼 정신을 똑바로 차릴 수가 없었습니다.

'나는 말할 수 없이 행복했어.'

아마는 고통 속에서 생각했습니다.

"이제까지 누려왔던 행복에 대해서 기뻐해야 해. 그러니까 기뻐해야 해, 기뻐해야 한다고, 아이고!"

아마는 베틀에 올라왔을 때도 똑같이 말했습니다. 마침내 농부의 아내는 아름답고 커다란 아마포를 베틀에서 꺼냈습니다. 아마 하나하나가 모여 커다란 천이 된 것입니다.

"이건 참으로 무엇에도 비할 수 없을 만큼 훌륭해. 이렇게 될 줄은 미처 생각지도 못했어. 오, 난 얼마나 운이 좋은지 몰라. 울타리가 노래한 것이 맞았어."

달가닥– 달각–삐그덕
옷감 짜는 기계 소리

"하지만 노래는 아직 끝나지 않았어. 이제부터 시작하는 거야. 고통을 참고 견디니 이렇게 훌륭한 물건이 됐는걸. 나는 세상에서 가장 행복해. 이렇게 튼튼하고 부드럽고 하얗고 긴 내가 됐어. 식물이었을 때와는 완전히 다른 거야. 꽃이 활짝 피었다 하더라도 사람들은 돌보아 주지 않아. 물은 겨우 비가 올 때

만 얻을 수 있었지. 하지만 이제 나는 보살핌을 받고 있어. 하녀는 아침마다 나를 뒤집어주고, 저녁에는 물뿌리개로 촉촉하게 물을 뿌려줄 테지. 그래, 목사 부인이 늘 나에 대해서 이야기했어. 모든 교구 가운데 내가 가장 훌륭하다고 말이야. 나는 정말 행복해."

어느 날 드디어 아마포는 가위 밑에 놓여 잘리고 바느질 되었습니다. 또다시 고통스러운 날들이었습니다. 그래요, 사람들은 늘 이렇게 아마를 고통스럽게 했지요. 그것은 하나도 즐겁지 않았습니다. 그렇지만, 무슨 일이 일어난 걸까요? 아마포천에서 속옷이 12벌 나왔습니다. 모든 사람들에게 꼭 필요한 속옷이 12개나 만들어진 것입니다.

"자, 이것 좀 봐. 나는 마침내 쓸모있는 물건이 되었어. 그래 이게 내 운명이었어. 정말 축복이야. 다들 나처럼 세상에 도움이 되어야 해. 이것이야말로 참된 즐거움이지. 12조각으로 나누어졌지만 우린 모두 하나이며 똑같아. 말로 표현할 수 없을 만큼 기뻐."

그렇게 몇 년이 흘러갔습니다. 아마는 낡고 해져서 더 이상 그 무엇도 견뎌내지 못했습니다.

"언젠가는 모두 끝이 나는 법이지."

누군가 말하자 조각들은 저마다 고개를 끄덕이며 말했습니다.

"나는 조금 더 버티고 싶지만 이루어지지 못할 일은 바라지 말자고!"

마침내 그들은 넝마가 되어 갈기갈기 찢어졌습니다. 모두 이제 완전히 끝이라 여겼습니다. 잘게 찢겨진 뒤 푹푹 눌리고 끓는 물에 삶아졌으니까요. 그래요, 그들은 스스로도 무슨 일이 일어나고 있는지 알지 못했습니다. 그런 과정들을 거쳐 드디어 그들은 새하얀 고급 종이가 되었습니다.

"아니, 이건 정말 뜻밖이군. 놀랍고 황홀한 일이야. 이제 나는 전보다 한결 더 고와졌어. 사람들은 내 위에 글을 쓸 거야. 얼마나 훌륭한 글들이 써질까? 이 행복은 무엇과도 비교할 수 없어."

종이가 된 아마가 감격에 겨워 소리치듯 말했습니다.

참으로 아름다운 이야기가 그 종이 위에 쓰였습니다. 많은 사람들이 그 글을 읽었지요. 누구든 종이 위에 쓰인 이야기들을 읽거나 들으면 전보다 한결 더 똑똑해졌습니다. 종이에 적힌 글들은 이처럼 커다란 축복이었답니다.

"내가 조그만한 푸른 꽃이었을 때 들판에서 꿈꾸었던 것보다 더 좋은걸. 사람들에게 이렇게 기쁨과 깨달음을 주게 되리라고는 전혀 생각지도 못했네. 그게 무슨 뜻인지 다 알지 못하지만 어쨌든 난 그 일을 하게 되었어. 하느님은 내가 그저 하루하루를 살았던 것 말고는 아무것도 하지 않았음을 잘 알고 계셔. 그런데도 내게 기쁨과 명예를 차례차례 안겨주시며 인도하셨어. 늘 내가 '노래는 끝났어!' 생각할 때마다 더 높고 가치 있는 것으로 만드셨어. 나는 틀림없이 여행을 떠나게 될 거야. 온 세상을 돌아다니며 모든 사람들에게 읽힐 거야. 그렇지? 꼭 그렇게 될 수 있을 거야. 예전에 나는 파란 꽃이었지. 하지만 이제는 꽃송이 대신에 아름다운 생각을 갖게 되었어. 나는 이 세상에서 가장 행복해."

하지만 종이는 여행길에 오르지 못하고 인쇄소로 가게 되었습니다. 그래요, 종이에 쓰인 글은 인쇄가 되어 수백 권의 책으로 만들어졌습니다. 그리하여 글은 더 많은 사람들에게 읽혀 도움과 기쁨을 줄 수 있게 되었지요.

'그래, 이게 가장 지혜로운 방법이야. 거기까지는 생각도 못했어. 나는 이제 나이 많은 할아버지처럼 존경을 받으며 집에 있게 될 거야. 나는 작가가 처음으로 종이에 글을 쓴 원고인걸. 펜을 통해 내 위로 글이 써진 거지. 나는 그 사실이 얼마나 기쁘고 행복한지 몰라. 비록 나는 이곳에 있지만 책은 멀리멀리 돌아다니겠지.'

글이 쓰인 종이는 생각했습니다. 이윽고 종이는 한 다발로 묶여서 선반 위

에 올려지게 되었습니다.

"목표한 바를 이루고 난 뒤 마음을 안정시키고 자신을 돌아본다는 건 참으로 중요한 일이야. 이제야 난 내가 가야 할 길이 무엇인지를 똑바로 알겠어. 자기 자신을 아는 일이야말로 참된 발전이야. 이제 또 어떤 일들이 내게 일어날까? 틀림없이 더 좋은 기회가 될 거야. 더욱 훌륭하게 거듭나리라 믿어."

어느 날 모든 종이들은 난로에 들어가 태워지게 되었습니다. 소매상인에게 팔려 버터나 설탕을 싸는 종이가 되지 못했기 때문입니다.

집안 모든 아이들이 난롯가에 빙 둘러섰습니다. 불구경을 하기 위해서였지요. 아이들은 모두 수없이 피어오르는 빨간 불꽃을 보고 싶어 했답니다. 불꽃 하나하나는 매우 재빠르게 활활 타다가 어느새 사라졌지요.

마치 아이들이 학교가 끝나고 집으로 돌아가는 모습 같았습니다. 마지막으로 불꽃 하나가 뒤늦게 갑자기 튀어올랐습니다. 불꽃은 마치 아이들 뒤를 쫓아가는 교장선생님 같았지요.

이윽고 종이다발이 불 속에 놓이게 되었습니다. "앗 뜨거워!" 종이는 크게 소리치고는 하나의 타오르는 커다란 불꽃이 되었습니다. 아마가 조그마한 푸른 꽃을 피우기 위해 잔뜩 고개를 세워도 그렇게 높이 닿지 못할 만큼 활활 타올라 하늘 높이 올라갔습니다. 제아무리 새하얀 아마포라도 그렇게 밝지 못할 만큼 환하게 빛났습니다.

종이에 쓰인 검은 글씨들은 눈 깜빡할 사이에 모두 짙은 붉은색이 되었습니다. 그리고 종이에 쓰여진 모든 말들과 생각들은 불꽃이 되어 날아갔습니다.

"아아, 이제 드디어 나는 해님에게로 올라가는 거야."

종이는 불 속에서 중얼거렸습니다. 그것은 마치 천 개의 목소리가 하나가 되어 말하는 듯했습니다. 불은 저 높은 굴뚝으로 나왔습니다. 굴뚝 속에서 나온 불꽃보다 가벼운 인간의 눈에는 전혀 보이지 않는 아주 작은 존재들이 아마 꽃처럼 아주 많이 모여 하늘높이 떠 올라갔습니다. 그것들은 아마가 만들어낸 불꽃보다도 한결 더 가벼웠지요. 마침내 모든 불꽃이 꺼져버렸습니다.

종이는 까만 재가 되어 허공을 한 번 맴돌았습니다. 그러다 발이 재에 닿으면 발자국이 찍힌 곳에 빨간 불꽃이 일었지요. 이 광경을 지켜보는 것은 아이들에게 크나큰 즐거움이었습니다. 아이들은 재를 바라보면서 노래 불렀습니다.

달가닥– 달각– 삐그덕
옷감 짜는 기계 소리.
노래는 끝났다네!

그러나 눈에 보이지 않는 작은 존재들은 하나같이 입을 모아 이렇게 말합니다.

"노래는 결코 끝나지 않아. 이 사실이야말로 가장 아름다운 것이야. 나는 그걸 잘 알아. 그래서 나는 이 세상 그 누구보다도 행복해."

그러나 아이들은 그 말을 들을 수도, 또 이해할 수도 없었습니다. 하지만 아직 몰라도 되겠지요. 왜냐하면 아이들은 무척이나 순수해서 아직 모든 것을 알지 못하니까요.

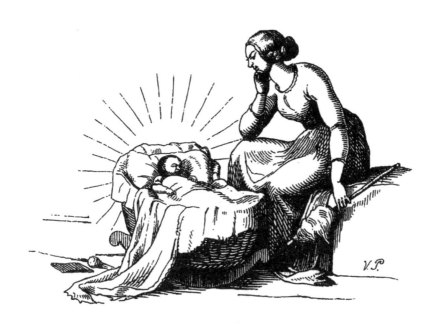

052
불사조
Fugl Phønix

에덴동산 지혜의 나무 아래에는 장미 덤불이 있었습니다. 그 가운데 첫 번째 장미가 피어날 때 새 한 마리가 태어났습니다. 새가 하늘을 나는 모습은 빛처럼 찬란했고 노랫소리는 매우 달콤하고 아름다웠습니다.

어느 날 이브가 지혜의 나무 열매를 따먹은 죄로 아담과 함께 낙원에서 쫓겨나게 되었습니다. 그때 천사의 불칼에서 떨어진 불꽃이 새의 둥지를 태워버렸습니다. 둥지 속 새는 그만 불에 타 죽고 말았지요.

하지만 붉게 타오르던 뜨거운 불길 속에서 곧 새로운 새가 날아올랐습니다. 세상에 하나밖에 없는 불사조가 태어난 것입니다.

이 새는 아라비아에 살고 있다고 전해지는데, 100년마다 한 번씩 자기 둥지에서 스스로 불에 타 죽는다고 합니다. 하지만 붉게 달아오른 새의 알에서 새로운 새가 세상을 향해 힘차게 솟아오른다고 합니다.

불사조는 빛만큼이나 빠르게 우리 주위를 날아다닙니다. 색깔은 매우 화려하고 노랫소리는 무척 매혹적입니다. 어머니가 아이 요람 곁에 앉아 있으면 불

사조는 날개를 펼치면서 베개에 내려앉아 아기 머리 둘레에 후광을 만듭니다.
그러면 햇빛이 스며들어서 더욱 찬란한 빛을 낸답니다. 불사조가 소박하게 사
는 이들의 방안을 날아 다니면 햇빛이 반짝반짝 비추고 방에서는 온통 제비꽃
향기가 났지요.

불사조는 아라비아에서만 날아다니는 새는 아닙니다. 라플란드 빙벽에 걸친
북극광을 맞으며 날기도 하고, 그린란드의 짧은 여름 동안 피어나는 노란꽃들
사이를 뛰어다니기도 합니다. 또 팔룬의 광산이나 영국의 탄광 속에서 석탄가
루를 뒤집어쓴 광부들이 부르는 찬송가 노랫가락 사이를 한 마리 나방처럼 가
볍게 살짝살짝 날아다니기도 합니다. 어떤 때는 연꽃잎을 타고 성스러운 갠지
스 강을 건너기도 하지요. 그래서 그 모습을 본 인도 소녀가 반짝이는 두 눈을
크게 뜨고 바라보기도 한답니다.

불사조! 여러분들은 모르나요? 낙원의 새, 노래하는 성스러운 백조를! 테스
피스*¹의 마차 위에서는 수다스런 까마귀가 되어 먼지로 더럽혀진 날개를 퍼

---

*1 그리스 비극의 시조가 되는 작가.

덕이지요. 아이슬란드 시인의 하프 위에서는 붉은 부리로 소리를 내며 미끄러지기도 한답니다. 때로는 셰익스피어 어깨에 앉아서 귀에 대고 '불멸'을 속삭이기도 하지요. 그러다가 바르트부르크 성에서 노래대회가 열리면 기사들이 머무는 넓은 방을 퍼덕거리며 날아다니기도 합니다.

불사조! 모두들 정말 모르세요? 불사조는 프랑스 국가 '라 마르세예즈'를 불러 주고, 여러분은 불사조 날개에서 떨어진 깃털에 입 맞추었습니다. 불사조는 낙원에 가득한 밝은 빛에 감싸여 왔습니다. 그러나 여러분은 황홀한 빛의 불사조 대신 참새를 본 것일지도 모릅니다.

낙원의 새! 100년마다 불꽃 속에서 새로이 태어나 불꽃 속에서 죽는 불사조! 아, 불사조여. 너의 모습은 금테 액자 속에 담겨 어느 부잣집 응접실에 걸려 있단다. 너는 때때로 길을 잃고 고독하게 여기저기 날아다니지. 오직 전설 속 아라비아의 불사조여.

–낙원의 뜰 지혜의 나무 아래 첫 번째 장미가 피어날 때 네가 태어났지. 그때 너를 사랑하는 하느님이 너에게 입 맞추고 알맞은 이름을 지어주셨도다. 네 이름은 '시'였느니라.

053
어떤 이야기
En Historie

정원에서는 사과나무들이 푸른 잎이 돋아나기도 전에 서둘러 꽃을 피웠습니다. 마당 한쪽에서는 귀여운 새끼 오리들이 뒤뚱뒤뚱 걸어 다녔고, 또 다른 한쪽에서는 따사로운 햇볕 아래서 고양이가 앞발을 핥고 있었습니다. 들판에는 무럭무럭 커가는 곡식들이 초록옷을 아주 멋지게 차려 입고 이리저리 뽐내고 있었습니다. 작은 새들은 축제날처럼 즐겁게 지저귀며 노래 불렀지요.

마침 일요일이었기 때문에 축제가 벌어지는 날 같았습니다. 교회 종이 울려 퍼지자 사람들은 가장 좋은 옷을 입고 교회로 갔습니다. 모두 행복한 얼굴이었답니다. 그래요, 모든 것에서 즐거움을 느낄 수 있었지요. 오늘은 따스하고 찬란한 날이니까요. 누군가 묻는다면 사람들은 이렇게 말할 것입니다.

"자애로우신 하느님은 우리들을 무척 사랑하셔."

하지만 목사님은 무슨 일로 화가 단단히 났는지 아주 큰 소리로 설교를 하고 계셨습니다. 그는 신을 믿지 않는 사람들은 모두 무서운 벌을 받으리라 말했습니다. 나쁜 사람은 죽으면 지옥으로 떨어져 영원히 불 속에서 고통받으리라 했습니다. 불은 평생 꺼지지 않기 때문에 지옥으로 간 사람들은 결코 평온과 안식을 갖지 못한다고 하셨지요. 듣기에도 정말 무서운 말이었습니다.

목사님 말씀은 무척 설득력 있게 들려 두려움마저 들게 했습니다. 설교에서는 지옥을 악취가 나는 곳이라고 했습니다. 그곳에는 세상의 온갖 더러운 것들이 흘러들어온다고 말했지요. 뜨거운 유황불만이 타오를 뿐, 바람 한 점 불지 않고 바닥이 없는 영원한 침묵 속으로 하염없이 빠져 들어간다고 말했습니다. 한마디 한마디 듣기만 해도 정말 무시무시했지요.

목사님은 온 힘을 다해서 마음으로부터 우러나오는 표정으로 설교를 이어나갔습니다. 이야기를 듣는 사람들은 하나같이 겁에 질렸지요.

하지만 교회 밖에서는 작은 새들이 즐거이 노래 부르고 해님은 따뜻하게 세상을 비추었습니다. 꽃들은 저마다 이렇게 말하는 듯했습니다.

"하느님은 우리 모두에게 참으로 친절하셔."

그래요. 교회 밖, 바깥세상은 목사님의 설교와는 전혀 달랐습니다.

그날 밤, 잠이 들 무렵 목사님은 부인이 깊은 생각에 잠긴 것을 보았습니다.

"무슨 일이라도 있소?"

목사님이 부인에게 묻자 그녀가 대답했습니다.

"그래요, 무척 혼란스러워요. 당신의 설교를 이해할 수 없어요. 세상에는 하느님을 믿지 않는 사람들이 수없이 많고, 그들은 그 죄로 지옥에 떨어져 영원히 불에 타야 한다는 것을 말이에요. 영원히라면 얼마나 오랜 시간을 뜻하는 것일까요? 저도 죄가 많아요. 그런데 아무리 무거운 죄를 지은 사람이라도 끝없이 불에 타도록 내버려둔다는 건 도저히 이해할 수 없어요. 한없이 너그러운 하느님이 어째서 용서를 하시지 않는 거죠? 하느님은 우리가 우리 마음속 악이나 세상의 악에 얼마나 쉽게 유혹당하는지 잘 아시는 분이신걸요. 저는 당신 말이 옳다고 생각되지 않아요."

시간이 흘러 낙엽이 지는 가을이 되었습니다. 어느 날 성실하고 엄격한 목

사님은 죽어 가는 한 여자의 머리맡에 앉아 있었습니다. 경건하고 신앙심이 깊은 그녀는 스르르 눈을 감고 이 세상을 떠나버렸습니다. 바로 목사 부인이 었지요.

"평온한 죽음을 맞고 하느님의 은총을 받을 사람이 있다면 그건 바로 당신 이오!"

목사님은 이렇게 말하고는 부인의 두 손을 포개어준 뒤 세상을 떠난 그녀를 위해 기도를 올렸습니다.

부인은 곧 무덤으로 옮겨졌습니다. 근엄하던 목사님의 뺨을 타고 굵은 눈물이 흘러내렸습니다. 이제 목사님 집은 빈 집처럼 매우 조용하고 쓸쓸해졌습니다. 그 집의 해님이 져버렸기 때문이지요. 목사님은 이제 더는 부인과 함께 있지 못하니까요.

어느덧 밤이 찾아왔습니다. 차가운 바람이 목사님의 머리를 어루만졌습니다. 흠칫 놀란 그는 눈을 떴습니다. 그러고는 달빛이 방 안으로 새어 들어온

게 아닌가 싶어서 주위를 둘러보았지만 달님은 아니었습니다.

침대 앞에는 손으로 잡을 수 없는 무언가 하나의 모습이 서 있는 것만 같았습니다. 그것은 바로 죽은 부인의 영혼이었습니다. 부인은 슬픈 눈으로 목사님을 내려다보고 있었습니다. 마치 무슨 말인가 하고 싶어 하는 듯했지요.

목사님은 몸을 반쯤 일으키면서 그 모습을 잡으려고 팔을 뻗었습니다.

"당신에게 아직 영원한 평온이 주어지지 않았단 말이오? 오늘까지도 고통받고 있단 말이오. 그토록 선량하고 가장 독실했던 당신이?"

부인은 그렇다는 듯이 고개를 숙이고는 가만히 손을 들어 자기 가슴에 올려놓았습니다.

"내가 당신에게 평온을 가져다 줄 수 있겠소?"

"네. 당신만이 그 일을 해줄 수 있어요."

애처로운 아내의 목소리가 낮게 울렸습니다.

"어떻게 하면 좋겠소?"

"죄인의 머리칼을 한 가닥만 가져다주세요. 하느님이 지옥으로 떨어뜨려 영원히 꺼지지 않는 불길 속에서 고통 받을 죄인의 것이어야만 해요."

"그래, 그렇게 쉬운 방법으로 당신이 구원을 받을 수 있단 말이지? 하긴 그리도 순수하고 독실한 당신이니까 마땅한 일이지!"

"자! 저를 따라오세요. 저와 함께 한다면 어디든 갈 수 있답니다. 당신이 가고자 하는 곳으로 말이에요. 우리는 누구에게도 보이지 않고, 다른 사람들의 비밀스러운 마음속 깊은 곳까지 훤히 들여다 볼 수 있어요. 하지만 새벽닭이 울기 전때까지 영원히 고통 받을 사람을 찾아내야만 해요."

부인 말이 끝나자마자 목사님은 자신이 어느새 커다란 도시에 와 있음을 깨달았습니다. 집집마다 벽에는 붉은 글씨가 쓰여 있었습니다. 구원받을 수 없는 죄명이 빛나고 있었지요. 거만함, 욕심, 알코올 중독, 환락 등 셀 수 없이 많은 죄의 일곱 빛 무지개였습니다.

"내가 믿는 대로라면 바로 저 집에, 지옥불에 떨어져 영원히 타오르는 죄인들이 살고 있어."

둘은 화려하게 번쩍거리는 어느 집 문 앞에 섰습니다. 그곳에는 고급 양탄자와 온갖 꽃들로 꾸며진 넓은 계단이 있었습니다. 화려하고 커다란 방 안에는 신나게 춤을 출 수 있는 경쾌한 음악이 흘렀습니다. 어떤 사람은 비단과 벨벳으로 만든 옷을 입고 은장식이 달린 지팡이를 들고 서 있었습니다.

"우리 무도회는 임금님의 잔치에 뒤지지 않지."

문지기는 구름처럼 모여든 사람들 쪽으로 몸을 돌리더니 말했습니다.

그는 머리부터 발끝까지 이런 생각을 숨김없이 드러냈습니다.

"어쩜 저토록 거만할 수가! 당신도 보았지?"

부인이 말했습니다.

"보고말고. 저기 저 사람 말이지? 그런데 저 사람은 바보, 멍청이일 뿐이야. 꺼지지 않는 불 속에서 영원히 고통 받을 만큼 죄를 지은 자는 아니지."

목사님은 말했습니다.

'어리석은 사람일 뿐!' 이 말은 교만한 집 안에 크게 울렸습니다. 그 집에 있던 사람들 모두 어리석었지요.

계속해서 두 사람은 어느 욕심쟁이 집으로 날아갔습니다. 해골처럼 바싹 마른 노인이 텅 빈 방안에서 추위에 덜덜 떨면서 돈을 하나하나 세고 있었습니다. 배고픔과 목마름을 참아 가며 오로지 돈 생각만 하고 있었습니다. 노인은 허름한 침대에서 매우 낡아서 너덜거리는 이불을 젖히고 벌떡 일어나더니 덜덜 떨리는 손으로 벽에 느슨하게 끼어 있는 벽돌 하나를 빼냈습니다. 그 속에는 금화가 잔뜩 든 양말이 놓여져 있었지요. 노인이 입고 있는 너덜너덜하게 해진 옷 속에도 금화가 꿰매져 있었습니다. 노인은 땀에 젖은 손가락을 덜덜 떨며 돈을 세고 있었습니다.

"저건 병이야. 제정신이 아니라고. 참된 행복을 잊어버리고 그저 불안과 악몽에 시달리고 있을 뿐이라오."

목사는 고개 저으며 말했습니다.

두 사람은 서둘러 그곳을 떠나 이번에는 범죄자들이 모인 교도소로 갔습니다. 그들은 긴 줄로 늘어서 나란히 잠들어 있는 죄수들 침대 앞에 섰습니다. 그런데 갑자기 한 사람이 잠결에 야수처럼 크게 소리를 지르더니 벌떡 일어났습니다. 그리고는 옆에서 자던 사람을 뾰족한 팔꿈치로 쿡쿡 치며 깨웠습니다. 그러자 옆사람이 등을 돌려 누우며 중얼거렸습니다.

"조용히 좀 해. 이 짐승 같은 녀석아, 어서 잠이나 자! 밤마다 왜 이러는 거야?"

그러자 소리를 지른 죄인이 말했습니다.

"그래, 매일 밤 그 녀석은 나를 찾아와 으르렁거리며 내 목을 조른단 말이야. 내 안에 있는 악마가 자꾸만 나를 죄 짓게 만든다고. 본디부터 나쁜 마음을 갖고 태어났던 거지. 그 마음 때문에 두 번이나 이곳에 오게 되었어. 내가 나쁜 짓을 했으니 마땅히 벌을 받아야지. 하지만 아직도 한 가지 고백하지 않은 게 있어. 나는 지난번 여기서 나갔을 때 전 주인 집을 지나가는데 온갖 생각이 나면서 화가 치밀어올랐어. 나도 모르게 성냥을 꺼내 벽에 대고 그었지. 그런데 불붙은 성냥이 지붕에서 무척 가까웠던 거야. 순식간에 모든 것이 불에 타고 열기로 후끈거렸어. 가끔 내 속에서 무엇인가 후끈거리듯이 말이야. 하지만 가축과 물건들을 구하는 것을 함께 도와주었어. 살아 있는 것은 모두 불속에서 구해냈지. 불 속으로 날아 들어간 비둘기 떼와 줄에 묶여 있던 개를 빼고 말이야. 개를 미처 생각지 못했거든. 개는 불 속에서 울부짖었어. 그때부터 밤마다 불에 타 죽은 개가 애절하게 울부짖는 소리가 들려오는 거야. 내가 잠을 자려고 막 눈을 감을 때면 커다란 털복숭이 개는 내 가슴 위로 왈칵 달려들어서 짓누르고 못살게 굴지. 내 이야기 좀 들어봐. 너는 그렇게 밤새도록 코를 골며 잘도 자는구나. 나는 고작 몇 분조차 잠을 이룰 수 없는데 말이야."

그는 등을 돌리고 자는 옆 사람 얼굴을 주먹으로 세게 내리쳤습니다.

"저 난폭한 놈이 다시 미쳐 날뛰고 있어!"

깜짝 놀란 죄인들이 여기저기서 소리 질렀습니다. 모두 달려들어 옆사람을 때린 죄인을 잡아 그의 머리를 다리 사이에 끼운 뒤 몸을 꽁꽁 묶었습니다. 죄인은 눈이 빨개졌고 숨이 가빠서 헐떡거렸습니다.

"그러다 사람 잡겠어요!"

목사가 소리쳤습니다.

고통에 시달리는 죄수를 보호하기 위해 손을 뻗치자마자 갑자기 장소가 바뀌었습니다.

목사와 아내는 호화로운 방과 소박한 방을 날아 지나갔습니다. 정욕와 질투 등 용서받을 수 없는 무거운 죄가 그들의 옆을 스쳐지나갔지요. 심판의 천사가 사람들의 죄를 말하고 변호해 주었습니다.

'모든 사람들은 신 앞에서 보잘것없는 존재입니다. 그러한 죄 많은 사람들을 신께선 은총과 사랑으로 용서하신답니다. 신은 사람들의 마음을 깊이 읽어 모든 것을 낱낱이 알고 계시니까요.'

목사님 손은 몹시 떨렸습니다. 죄인의 머리카락을 뽑지 못할 정도였지요. 사랑과 자애의 물처럼 그의 눈에서 눈물이 흘러내렸습니다. 그것은 바로 영원한 지옥의 불을 끌 물이었지요.

그때 수탉이 울었습니다. 목사님은 잔뜩 목이 멘 목소리로 하느님께 기도를 올렸습니다.

"자비로운 하느님, 제 아내에게 부디 평온을 주소서. 저는 도저히 아내를 도울 수가 없습니다."

"저는 이제 평화로워요."

어디선가 부인의 차분한 목소리가 다정히 들려왔습니다.

"내가 당신에게 다시 돌아올 수 있었던 것은 바로 당신의 그 차디찬 말, 신에 대한 당신의 얕고 그릇된 믿음 때문이었답니다. 모든 사람들을 사랑하세요. 하느님께서는 죄를 지은 나쁜 사람에게도 사랑을 베푸시고 계세요. 지옥의 불을 끄고 사악함을 이겨낼 수 있는 마음을 갖도록 말이에요!"

순간, 목사님은 자신의 입에 부인의 따스한 입술이 와 닿는 것을 느꼈습니다. 환한 빛이 목사님 둘레를 비추고 있었습니다. 하느님의 밝은 햇빛이 방 안으로 스며들었습니다. 아내는 온화하고 사랑 가득 찬 눈으로 목사님을 깨웠습니다. 하느님이 보여주신 꿈으로부터 말이지요.

054

말없는 책

Den stumme Bog

숲 한가운데로 나 있는 길에 농가 한 채가 있었습니다. 그 집 안마당으로 길이 지나는 바람에 농장은 둘로 나뉘어 있습니다. 햇볕은 마당을 따스하게 내리쬐고 창문은 모두 열려 있었습니다. 집 안은 무척 활기가 넘쳤지요.

하지만 안마당에는 활짝 핀 라일락나무 정자에 뚜껑이 열린 관이 놓여 있었습니다. 세상을 떠난 사람이 그 안에 누워 있었지요. 이 관은 그날 오후에 땅에 묻기로 했습니다. 그러나 관만 덩그러니 놓여 있을 뿐 그 곁에는 누구 하나 그 사람의 죽음을 슬퍼하거나 눈물 흘리는 사람이 없었습니다.

죽은 이의 얼굴은 하얀 천으로 고요하게 덮여 있었습니다. 머리 밑에는 두꺼운 책 한 권이 놓여 있었지요. 잿빛색 책장마다 시든 꽃들이 까맣게 잊힌 채로 끼여 있었습니다. 그 책은 여러 곳에서 모은 꽃 표본집 같았습니다.

죽은 사람은 책을 함께 묻어주기를 바랐습니다. 꽃 한 송이마다 그의 삶이 고스란히 담겨 있습니다.

"죽은 사람은 어떤 사람이었나요?"

우리가 조심스럽게 묻는다면, 그의 농장에서 일을 했던 나이 든 남자가 이렇게 대답할 것입니다.

"그는 웁살라에서 온 나이 든 학생입니다. 매우 총명한 학생이었다 해요. 고대어를 알고 직접 노래를 부르거나 시를 짓기도 했지요. 그런데 무슨 일이 있었는지 그는 갑자기 공부도 그만두고 모든 걸 내팽개쳐 버리고는 날마다 술만 마시며 지냈답니다. 이윽고 건강이 몹시 나빠지자 이 시골로 내려왔어요. 누군가가 생활비와 머물 집을 마련해 주었지요. 그는 아이처럼 온순했어요. 하지만 정체를 알 수 없는 어두운 생각이 그를 자꾸 괴롭히면 난폭해져서 마치 쫓기

는 사슴처럼 숲속을 헤매고 다녔습니다. 우리들이 그를 집으로 데리고 돌아와 바짝 마른 풀꽃이 끼워진 책을 보여주면 종일 책상에 앉아서 이꽃 저꽃을 들여다보았죠. 책을 보다가 가끔은 눈물을 흘리기도 했는데, 그때 그가 무슨 생각을 했는지는 하느님만이 아실 겁니다. 그는 숨을 거두면서 이 책을 꼭 함께 관에 넣어 달라고 부탁했지요. 이제 그는 관 속에 곤히 잠들어 있고 조금 있으면 관 뚜껑을 못으로 박을 겁니다. 그러면 무덤에서 편안한 휴식을 취하게 되겠지요."

그를 덮고 있던 천이 걷어졌습니다. 죽은 이의 얼굴은 무척 평화로워 보였습니다. 밝고 따사로운 빛 한 줄기가 잠든 이의 눈썹 위로 내려앉았습니다. 제비한 마리가 재빠르게 날아와 죽은 이의 관 위를 돌아 우리들 머리맡에서 재잘댔습니다.

그가 젊은 날에 주고받은 오래된 편지를 꺼내서 읽는 게 얼마나 묘한 일인지 우리는 알고 있습니다. 지나온 인생이 모든 희망과 고뇌와 함께 떠오르는 것이지요. 한때 우리와 함께 참된 마음으로 교감하던 많은 사람들이 이제는

왜 죽은 사람이나 다름없이 돼 버렸을까요. 아직 살아 있는데도 우리는 이미 오래 전부터 그들을 잊고 있었습니다. 늘 곁에서 기쁨과 슬픔을 함께 나누자 약속했던 사람들인데도 말입니다.

책갈피에 끼어 있는 마른 떡갈나무 잎 하나는 평생 함께하자 맹세했던 학창 시절 친구를 떠올리게 합니다. 친구는 푸른 숲에서 영원한 우정을 맹세할 때 이 떡갈나무 잎을 학교 모자에 꽂아 주었지요. 지금은 어디에 살고 있을까요? 그 잎은 아직 책갈피 사이에 남아 있지만 우정은 이미 잊히고 없습니다.

다른 책갈피에는 금방이라도 부서질 듯 바싹 마른 낯선 온실 식물 잎 하나가 끼어 있습니다. 북쪽 나라의 정원에 있기에는 몹시 연약했지요. 하지만 마른 잎에서는 아직도 향기가 나는 것만 같습니다. 어느 귀족 아가씨가 그녀의 정원에서 따다가 그에게 주었던 것입니다. 책장을 넘기면 하얀 수련 꽃잎이 있지요. 그는 호수에서 홀로 외롭게 피어 있는 수련이 가슴 아파서 꽃을 꺾으며 눈물을 흘렸습니다. 이 달콤한 호수에는 쐐기풀도 있습니다.

이 잎은 무슨 이야기를 들려줄까요? 꽃들을 꺾어 간직하면서 그는 어떤 생각을 했을까요? 숲속의 고독에서 온 은방울꽃이 있습니다. 또 어떤 것은 술집 창턱에 있는 화분에서 가져온 인동덩굴은 아닐까요? 맨 마지막 책갈피에는 매끄럽고 늘씬한 풀줄기도 있네요.

꽃이 활짝 핀 라일락나무는 싱싱하고 향내 나는 꽃잎을 죽은 이의 머리 위에 기울입니다. 제비는 다시 날아가지요. "짹짹, 짹짹." 이윽고 못과 망치를 가진 사람들이 오고 있습니다. 곧 죽은 사람의 관 뚜껑을 덮고 못을 박게 되겠지요. 이제 그는 잊힐 것입니다. 그리고 말없는 책을 베고 평온히 쉴 것입니다.

055
모든 것들에는 차이가 있습니다
Der er Forskjel

5월이었습니다. 하지만 바람은 아직도 우리에게 차갑게 불어왔지요. 수풀과 나무, 들녘과 초원은 봄이 왔음을 노래했습니다. 꽃들은 곳곳에서 화사하게 피어오르기 시작했습니다. 이곳저곳 산울타리까지도 들꽃이 아름답게 피어 덮였습니다. 작은 사과나무에게도 봄이 찾아왔지요.

사과나무 가지는 하나밖에 없었지만 무척 싱싱하게 이제 막 피어나려는 붉은 꽃봉오리들로 덮여 있었습니다. 사과는 새빨간 꽃잎으로 감싸여 있는 꽃봉오리가 참으로 아름답다고 느꼈습니다. 그래서 호화로운 마차가 사과나무 아래 멈추어서 젊은 백작 부인이 감탄의 말을 쏟아 놓아도 조금도 놀라지 않았습니다.

백작 부인이 말했습니다.

"이처럼 매혹스러울 수가 있다니! 이 사과나무 가지야말로 봄의 정령일 거야."

그러고는 가지를 하나 꺾었습니다. 부인은 그 꽃가지를 고운 손으로 잡고 비단 양산으로 햇빛을 가렸습니다. 그러고는 넓은 객실과 잘 꾸며진 방으로 가득한 멋진 성으로 돌아왔습니다.

열려 있는 창가에는 밝고 새하얀 커튼이 나부끼고, 투명한 꽃병에는 무척 아름다운 꽃들이 꽂혀 있었습니다. 꽃병은 하얀 눈으로 빚어 만든 듯이 밝게 빛나고 있었습니다. 백작 부인은 꺾어온 사과나무 가지를 싱싱한 너도밤나무 가지들과 함께 꽃병에 꽂았습니다. 부인의 마음은 사과나무 가지를 바라보기만 해도 마냥 즐거웠습니다.

사과나무 가지는 우쭐해졌지요. 이럴 때 으스대고 싶어 하는 것은 식물도 인간의 마음과 다를 바 없나 봅니다.

수많은 사람들이 방을 지나다녔습니다. 그들은 저마다의 방법으로 사과나무 가지의 아름다움을 표현했습니다. 어떤 사람들은 한마디 말도 하지 않았으며, 또 어떤 사람들은 지나치게 말이 너무 많았습니다. 이때 사과나무 가지는 식물이나 인간이나 할 것 없이 저마다 다른 점이 있다는 것을 깨달았습니다.

"어떤 사람들은 매우 아름다운가 하면, 꼭 필요한 가치를 지닌 사람도 있어. 하지만 없어도 괜찮은 사람들도 있지."

사과나무 가지는 생각했습니다.

그러던 어느 날, 사과나무 가지는 정원과 들판이 내려다보이는 열린 창가에 놓이게 되었습니다. 꽃과 나무들을 차분하게 살펴보고 감상할 충분한 기회가 생긴 것이지요. 그들 또한 풍요로운 게 있는가 하면 옹색한 것도 있고, 또 어느 꽃은 초라하기 짝이 없었습니다.

"너무나 가엾게도 천대받는 식물이야! 저들이 나와 같은 생각을 한다면 얼마나 불행한지 깨닫게 되겠지! 저렇게 커다란 차이가 있다니! 하지만 모든 자연의 이치에 차이가 있음은 어쩔 수 없는 일이야. 그렇지 않으면 모두가 똑같아질 테니까."

사과나무 가지는 가만가만 중얼거리며 측은한 마음으로 해자 겯 들판과 무덤가에 피어 있는 수많은 민들레꽃들을 바라보았습니다. 그 꽃들은 꽃다발로 쓰일 수조차 없을 만큼 너무나 평범했습니다. 어느 길섶 돌 사이에서나 볼 수 있는, 그야말로 흔하고 평범한 잡초에 불과해 '악마의 우유통'이라고 불릴 정도 였지요.

"참으로 불쌍하고 천대 받는 식물이로군! 아, 그렇게 태어나 평범하게 살아가면서 악마의 민들레라는 별명까지 갖게 됐는데도 가만히 있을 수밖에 없다니. 하지만 그게 너희 잘못은 아니야. 식물뿐만 아니라 인간에게도 사람마다 차이가 있을 수밖에 없어."

사과나무 가지는 다시 중얼거렸습니다.

"그래, 차이가 있고말고!"

해님은 이렇게 말하면서 꽃이 핀 사과나무 가지에게 따스한 입술로 입맞춰 주었습니다. 그러고는 들판의 민들레들에게도 똑같이 따스한 입술을 건넸습니다. 따스한 햇빛 형제들은 풍요로운 꽃과 초라한 꽃에 어떠한 차이도 두지 않고 똑같이 입맞춤을 해 주었습니다.

사과나무 가지는, 대지 위에 살아 움직이는 모든 것에 대한 하느님의 무한한 사랑을 전혀 생각지 못했습니다. 어떤 사물에게든 아름답고 선한 게 감추어져 있을 수 있다는 사실을 결코 알지 못했던 것입니다. 사람들은 꼭 빼닮은 사과나무 가지에게는 이 또한 매우 자연스러운 태도였지요. 하지만 따스한 햇빛은 이 사실을 누구보다 더 잘 알고 있었습니다. 그래서 사과나무를 타일렀습니다.

"좀 더 멀리, 그리고 편견을 버리고 보렴! 네가 특별히 불쌍하게 여기는 가여운 식물이라도 있단 말이냐?"

"네, 바로 악마의 민들레예요. 사람들은 민들레를 전혀 꽃다발로 만들지 않아요. 오히려 사람들에게 마구 짓밟히고 있다고요. 늘 그렇게 살고 있지요. 민들레 꽃씨는 양털처럼 길 위를 날아다니다 사람들의 옷에 달라붙어요. 사람들에게 해로운 잡초와 다를 게 없지만, 그것이 민들레의 살아가는 방식인 걸 어떡해요. 정말이지 내가 민들레와 같지 않다는 것은 무척 감사할 일이죠!"

사과나무 가지가 대답했습니다.

그때 한 무리의 아이들이 들판을 지나고 있었습니다. 어느 한 아이는 너무 어려서 다른 아이에게 안겨 있었습니다.

아이가 꼬마를 노란 꽃들이 피어 있는 풀밭에 내려놓자, 활짝 웃음을 터뜨리며 몸을 데굴데굴 구르고 작은 발로 이리저리 풀밭을 밟고 다니며 민들레꽃을 꺾었습니다. 그러고는 노란 민들레꽃에 순수하고도 정성스럽게 입맞춤했습니다. 어린이들은 줄기에서 꽃을 떼어낸 뒤, 줄기를 둥글게 말은 고리들을 엮어 사슬을 만들었습니다. 처음에는 목에 걸었다가, 다음에는 어깨와 허리에 달거나 가슴이나 머리에 걸고 다녔습니다. 그것은 줄기마다 푸른빛이 감도는, 무척 화려한 장식물이었습니다. 아이들은 꽃이 시들어 버린 민들레 홀씨가 덩어리로 엉겨 붙은 줄기를 조심스럽게 잡았습니다. 줄기 위에 가볍게 떠 있는 양털 같은 홀씨는 가느다란 깃털이나 목화솜처럼 보이는 하나의 작디작은 예술품이었습니다.

어린이들은 꽃을 입에 가져다 대고 세게 '후' 불어 날리려 했습니다. 그렇게 하면 한 해가 가기 전에 새 옷을 얻는다고 할머니께서 말씀하셨기 때문입니다. 천대 받던 민들레였지만 이럴 때 커다란 환영을 받았던 것입니다.

"그것 봐라! 저 꽃들 또한 아름답고 능력도 있다는 걸 이제 알겠니?"

해님이 말했습니다.

"흥! 어린아이들에게나 그렇죠!"

사과나무 가지가 못마땅해서 뽀로통한 얼굴로 대답했습니다.

이번에는 한 할머니가 들판에 나왔습니다. 할머니는 손잡이가 없는 무딘 칼로 민들레 주위의 땅을 파고 뿌리를 캐냈습니다. 몇 뿌리는 커피 대신 달여 마시고, 다른 몇 뿌리는 약초를 조제하는 약사에게 팔아 돈을 벌려는 것이었습니다.

그러자 사과나무 가지가 말대꾸를 했습니다.

"아름다움이란 참으로 거룩한 것이죠! 선택받은 자만이 아름다움의 왕국으로 들어갈 수 있는 거예요. 저렇게 인간들뿐 아니라 식물들 사이에도 본디부터 차이가 있는 것처럼 말이죠."

그러자 해님은 사과나무 가지에게 모든 피조물과 살아 있는 만물에 대한 하느님의 무한한 사랑을 이야기해 주었습니다. 그리고 시간과 영원함 속에 존재하는 사랑의 평등에 대해서도 들려주었습니다.

"그거야 당신 생각일 뿐이지요."

사과나무 가지가 말했습니다. 그때 많은 사람들이 방 안으로 들어왔습니다. 사과나무 가지를 투명한 꽃병에 꽂아 두었던 백작 부인도 방으로 들어왔습니다.

백작 부인은 꽃 한 떨기를 가져왔습니다. 그 꽃은 산들바람에 해를 입지 않도록 서너 개의 잎으로 겹겹이 싸여 있었습니다. 사과나무 가지를 운반해 올 때보다 훨씬 더 조심스럽게 꽃을 운반해 들여온 것입니다. 커다란 잎이 조심히 벗겨지면서 속이 드러나 보였습니다.

백작 부인이 조심스럽게 따서 가져온 것은 바로 자신이 별 볼일 없다 생각했던 '악마의 민들레'였습니다. 목화솜처럼 아름다운 민들레 꽃이 뿌옇게 엉켜 있고 가는 솜털 하나라도 바람에 날아가지 않도록 백작 부인이 소중하게 방으로 가져온 것입니다. 덕분에, 민들레 홀씨는 조금도 망가지지 않고 훌륭한 자태를 뽐내고 있었지요.

부인은 민들레의 아름다운 모습과 투명함, 독특한 조화에 감탄했습니다. 간혹 바람이 불어와 날릴 때면 그 꽃은 더욱 아름다웠답니다. 백작부인은 말했습니다.

"아, 하느님께서 창조한 이 민들레는 얼마나 아름다운가! 나는 이 꽃과 사과
나무 가지를 함께 그릴 테야. 사과나무 가지가 아름다운 것은 사실이지만, 이
옹색한 꽃도 다른 방식으로 똑같이 하느님의 은총을 받았어. 그들은 서로가
많이 다르지만 아름다움의 왕국에서 태어난 두 아이와 다름없지."

해님은 가련한 민들레에게 입 맞추고, 이어서 풍성하게 꽃을 피우는 사과나
무 가지에도 입 맞추었습니다. 사과나무 가지는 몹시 부끄러워서 꽃잎을 붉게
물들였습니다.

056
오래된 묘비
Den gamle Gravsteen

아주 조그만 마을의 이야기입니다. 어느 부유한 집의 온 가족이 거실에 모
여 앉았습니다. 8월 어느 저녁 무렵이었습니다. 날씨는 아직 온화하고 따스했지
요. 저녁때가 되어 밖이 차츰 어두워지자 램프에 불이 켜지고 창에는 긴 커튼

이 드리워졌습니다. 창턱에 놓인 화분만이 달빛을 즐기고 있었습니다.

식구들은 안마당 부엌문 가까이에 놓인 커다랗고 오래된 돌에 대해서 이야기를 나누고 있었습니다. 그 돌은 하녀들이 설거지한 구리 그릇들을 올려놓고 햇볕에 말리거나, 아이들이 뛰어놀곤 하던 장소였습니다. 사실 그 돌은 오래된 묘비였습니다.

아버지가 말문을 열었습니다.

"저 묘비는 다 허물어져 사라진 옛 수도원에서 나온 것일 거야. 예전에 수도원에서 설교단과 비명(碑銘), 묘비들을 팔았단다. 돌아가신 아버지께서 그 가운데 몇 개를 사들여 잘게 깨뜨려 포석으로 사용하셨지. 저 돌은 그대로 남아서 오늘까지 마당에 있는 거란다."

큰아들이 말했습니다.

"저건 묘비가 틀림없어요. 아직도 모래시계와 천사 모습이 보이거든요. 하지만 그곳에 적힌 비문은 거의 다 닳아 지워져 버렸어요. 묘비 바로 뒤에 있는 에스 프레벤이라는 이름과 조금 아래쪽의 마르테라는 이름은 읽을 수 있지만 더는 알아볼 수 없었어요. 하지만 비가 오거나 글자를 물로 닦아 냈을 때는 그 이름이 아주 선명해지더라고요."

"이럴 수가! 그렇다면 이 돌은 프레벤 씨와 그의 부인 묘비야!"

나이가 지긋한 노인이 말했습니다. 그는 나이가 많아 모든 면에서 그들의 할아버지와 같은 분이었습니다.

"맞아. 이 부부는 옛날 수도원 묘지에 가장 마지막으로 묻힌 사람들이란다. 내가 어렸을 때 이미 늙은 부부였지! 모두가 그 부부를 알고 지내고, 좋아했어. 이곳에서 그분들은 마을 사람들에게 존경받았단다. 들리는 말로 노부부는 엄청나게 많은 금을 갖고 있다 했었지. 그렇지만 너무 검소해서 거친 옷만 입었어. 그래도 속옷만은 반짝반짝 빛이 날 만큼 아주 새하얀 색이었지. 프레벤과 마르테, 두 사람은 얼마나 멋진 부부였는지! 노부부는 집의 높은 돌층계 꼭대기에 있는 벤치에 앉아 있곤 했어. 오래된 보리수나무 가지가 치렁치렁 늘어져 있었지. 온화한 표정으로 지나가는 사람들에게 고개를 끄덕거리면, 보는 사람도 참 기분이 좋아졌었단다. 두 분은 가난한 사람들에게도 매우 친절했어. 음식과 옷도 나누어주었지. 그런 선량한 마음씨에는, 인간으로서의 분별력과 참된 기독교 정신이 깃들어 있었던 거야.

　그런데 부인이 먼저 세상을 떠나고 말았지! 그날 일이 생생하게 떠오르는군. 그때만 해도 어린 나는 아버지와 함께 프레벤 씨 집에 들어갔을 때였어. 부인이 막 눈을 감던 참이었지. 노인은 슬픔을 누르지 못해 안절부절못하다가 끝내 어린애처럼 엉엉 울더군. 부인 시신은 우리가 있던 방 바로 옆 침실에 그대로 뉘어 있었지. 프레벤 씨는 아버지와 이웃 사람들에게 부인이 죽어서 지금 어찌나 외로운지 하소연하고, 아내가 얼마나 다정하고 좋은 사람이었는지 들려주었어. 그러고는 노인이 어떻게 아내를 만나 사랑하게 되었는지, 그렇게 얼마나 오랫동안 함께 살았는지 이야기했단다. 아까 말한 대로 나는 너무 어려서 옆에 서서 그저 묵묵히 듣고만 있었지. 그런데 노인의 말을 계속 듣다 보니 이상한 기분이 들더군. 노인은 과거를 떠올리면서 차츰 더 활기를 찾아가고 있었거든. 약혼식 날도 이야기했지. 매력적이던 마르테의 모습을 이야기할 때는 뺨까지 붉어졌어. 또 그녀를 만나기 위해 정신없이 길을 헤매던 프레벤 노인이 결혼식 날 이야기를 할 때는 눈이 반짝반짝 빛났어. 그분은 어느덧 그 기쁨의 날

로 다시 돌아가 있었지. 현실은 바로 옆 작은 침실에 늙은 부인의 시체가 있고, 그분도 이미 몹시 늙었는데 희망이 넘쳤던 옛 시절을 이야기했던 거야. 그래, 그게 바로 삶이야. 그때 나는 어린아이에 지나지 않았지만, 이제는 나이를 먹어 프레벤 씨처럼 노인이 되어버렸지. 시간은 덧없이 흐르고, 모든 것은 곧 변하기 마련이야.

부인 장례식 날이 기억나는군. 프레벤 노인은 관 뒤를 따라 걸었어. 두 부부는 죽는 날을 생각해서 몇 년 전에 미리 묘비에 비문과 이름을 새겨 두었지. 죽는 날짜만 빼놓고 말이야. 노인은 그 묘비를 장례식 날 저녁 때 옮겨 무덤 위에 갖다 놓았어.

그 다음 해 어느 날 노인도 세상을 떠나 부인 곁으로 가게 되었지. 사실 유산은 소문처럼 많지 않았어. 얼마 안 되는 유산은 다른 먼 도시에 사는 친척들에게 돌아갔지. 친척이 있다는 말은 그때 처음 들었지. 보리수나무 아래 있던 높은 돌층계나 벤치, 목조 집은 시청이 철거해 버렸어. 건물이 더는 지탱할 수 없을 만큼 낡아서 무척 위험했기 때문이야. 수도원마저 허물어지고 묘지도 없어졌을 때, 프레벤과 마르테의 묘비는 다른 물건들처럼 팔려나가 이곳으로 옮겨지게 되었지. 그리하여 묘비는 부서지거나 다른 일에 쓰이지 않고 안마당에 놓여 어린애들 놀이터나 하녀들의 그릇 말리는 장소가 되었던 거야. 프레벤 노인과 부인의 묘지가 있던 자리 위에는 돌이 깔린 도로가 생겼지만, 이제 그 어느 누구의 기억에도 그들은 남아 있지 않아!"

이야기하던 노인은 슬픈 듯이 머리를 흔들었습니다.

"그들은 잊혔어, 모든 게 잊히듯이 말이야."

노인은 말했습니다.

이윽고 방에 앉아 있던 사람들은 다른 이야기로 화제를 돌렸습니다. 하지만 커다란 눈을 진지하게 깜박거리던 막내는 커튼 뒤 의자로 기어올라가 물끄러미 안마당을 내려다보았습니다.

커다란 묘비는 달빛을 받아 환하게 빛나고 있었습니다. 다른 때 같으면 묘비도 이 아이에게 별 의미가 없었겠지만, 이제는 마치 이야기책의 가장 중요한 책장처럼 보였습니다. 아이가 노인에게 들었던 프레벤 씨와 그의 부인에 대한 모든 이야기가 저 돌 안에서 살아 숨쉬고 있었습니다.

아이는 돌을 찬찬히 들여다 보고 나서 밝게 빛나는 보름달과 높은 하늘을

올려다보았습니다. 환한 달은 마치 하늘에 계신 하느님이 땅을 내려다보고 계시는 모습 같았습니다.

"모든 것은 잊히는 법이야!"

할아버지의 말이 방 안에서 들렸습니다. 그때였습니다. 눈에 보이지 않는 천사가 아이의 가슴과 이마에 입을 맞추고 작은 목소리로 속삭였습니다.

"선물 받은 작은 씨앗을 소중하게 간직하여라, 열매를 맺게 되는 날을 위해서. 아이야, 지워진 비문과 낡은 비석이 너를 통해 미래에는 밝고 찬란한 모습으로 나타나게 해주렴! 그러면 노부부는 다시 정답게 팔짱을 끼고 거리를 산책하고, 보리수나무 그늘 아래 놓인 벤치에 앉아서, 불그스레한 뺨으로 미소지으며 가난한 사람이나 넉넉한 사람 누구에게나 인사를 하게 될 거란다. 네가 지금 얻은 씨앗은 세월이 지나면 아름다운 문학으로 꽃피우게 될 거야. 선한 것과 아름다운 것은 영원히 잊히지 않고, 전설이나 노래로 영원히 살아 있게 된단다."

057

세상에서 가장 아름다운 장미

Verdens deiligste Rose

옛날 어느 나라에 훌륭한 왕비가 살았습니다. 궁궐 정원 안에는 1년 내내 아름다운 꽃들이 피어 있었습니다. 세계 여러 나라에서 가장 아름다운 꽃들이 있었습니다. 그 가운데에서도 왕비가 무엇보다 사랑한 것은 바로 장미꽃이었습니다. 그래서 왕비는 온갖 장미들을 몽땅 모았습니다. 사과 향기가 나는 푸른 잎사귀의 들장미는 물론이고, 프로방스 지방의 아름다운 장미까지도 가지고 있었습니다.

장미들은 궁궐 담장을 따라 자라나 기둥이나 처마, 복도와 모든 방 안의 천장까지 높이 뻗어 나갔습니다. 여기저기 피어난 장미들은 향기와 모습, 색깔이 저마다 달라 더욱 아름답게 보였습니다.

하지만 이곳 궁궐에는 근심과 슬픔이 어려 있었습니다. 왕비가 병들어 누워 있었던 것입니다. 의사들은 왕비가 곧 죽을 것이라고 말했습니다.

그들 가운데 가장 현명한 의사가 말했습니다.

"왕비님을 살릴 길이 하나 있습니다! 바로 이 세상에서 가장 아름다운 장미를 구해 오는 것입니다. 고귀하고 순결한 사랑을 표현하는 장미를 말이죠. 눈을 감기 전에 그 장미를 보여드리면, 왕비님의 병환은 씻은 듯이 낫게 될 것입니다."

그리하여 수많은 사람들이 여기저기에서 왕비를 낫게 할 장미를 가져왔습니다. 그러나 그것은 그들의 정원에서 가장 아름다운 장미였을 뿐, 왕비님의 병을 낫게 할 수 있을 정도의 장미는 아니었습니다. 그런 장미는 사랑의 화원에서 가져와야만 했지요. 그런데 화원 꽃들 가운데 가장 고귀하고 순결한 사랑을 표현하는 것은 과연 어느 장미일까요?

시인들은 세상에서 가장 아름다운 장미를 노래하며 가사에 자신의 꽃의 이름을 붙였습니다. 어느 것이 가장 아름다운 장미일까 하는 물음은 나라 구석구석으로 퍼져 나갔습니다. 신분이나 나이에 상관없이 사랑에 빠진 모든 사람들을 감동시켰지요.

어느 현자가 말했습니다.

"어느 누구도 이제까지 그 장미의 이름을 알지 못했어요. 어느 누구도 가장 아름다운 장미가 피어나는 곳을 보여 주지 못했지요. 로미오와 줄리엣의 무덤이나 발보르크 무덤가에 핀 장미도 전설과 노래 속에서 향기를 품어 낼 수는 있어요. 그렇지만 정작 우리가 찾으려는 장미는 아닙니다. 빙켈리트의 피 묻은 창에서 피어오르는 것도, 조국을 위해 죽어 가는 영웅의 가슴에서 신성하게 솟아 나오는 피에서 활짝 핀 장미도 가장 아름답다 할 수 없습니다. 설령 조국을 위해 흘리는 피가 죽음보다 달콤하고 장미보다 붉다 해도 말이지요. 어느 남자가 고독한 방에서 장미를 기르기 위해 수년 동안 잠도 자지 않고 기른다 해도 기적의 꽃, 마법의 장미를 피워 낼 수는 없습니다."

이때 귀여운 어린아이를 여왕의 침실로 데리고 온 어느 어머니가 말했습니다. 그녀는 무척 행복해 보였지요.

"저는 그 장미가 어디에 피어 있는지 알고 있답니다. 세상에서 가장 아름다운 장미가 어디 있는지 말이에요. 가장 고귀하고 순결한 사랑의 표현인 장미, 그것은 바로 제 귀여운 아이의 붉은 뺨에서 피어납니다. 아이가 포근히 자고 나서 두 눈을 뜨고 저를 바라보며 사랑스럽게 웃을 때면, 아이의 뺨에서 붉은 장미가 피어나지요!"

"물론 그 장미도 아름답지요. 그런데 그보다 더 아름다운 것은 과연 없을까요?"

현자가 물었습니다.

"예, 훨씬 더 아름다운 것이 있지요."

옆에 있던 귀부인들 가운데 한 여인이 대답했습니다.

"저는 그 장미를 보았습니다. 이보다 숭고하고 고귀한 장미는 어디에도 없을 거예요. 그런데 그것은 백장미처럼 하얀 색깔이었습니다. 바로 왕비님의 두 뺨에 피어 있었지요. 왕비님은 왕관을 벗고서 밤새도록 병든 왕자님을 품에 안고 방 안을 근심스럽게 걸어 다닌 적이 있습니다. 왕비님은 눈물을 흘리면서 왕자님에게 입 맞추고 하느님께 정성 어린 기도를 올리셨지요. 그럴 때의 왕비님은 근심에 가득 차서 기도하는 어머니와 같으셨습니다."

현자가 말했습니다.

"슬픔의 백장미는 진정 성스럽고 아름답지만 가장 아름다운 장미는 아니지요!"

신앙심 깊은 노주교가 말했습니다.

"그렇습니다. 저는 하느님의 제단 앞에서 세상에서 가장 아름다운 장미를 보았습니다. 빛나는 꽃은 마치 천사의 얼굴처럼 보였지요. 젊은 여인들이 성찬식에 와서 세례의 서약을 했는데, 그때 그녀들의 볼 위에 신성한 붉은 장미와 백장미가 피어났습니다. 어느 여인이 제단 아래에 있었지요. 하느님을 우러러보는 처녀의 모습은 영혼의 순결함과 사랑으로 가득했습니다. 그것이야말로 가장 순결하고 고귀한 사랑의 표현이었지요."

"신의 축복이 깃들기를."

현자가 안타까운 표정으로 말했습니다.

"하지만 지금까지 세상에서 가장 아름다운 장미의 이름을 아는 사람은 아무도 없군요."

이때 한 어린아이가 방으로 들어섰습니다. 바로 왕자였습니다. 어린 왕자의 눈에는 눈물이 가득 고여 있었습니다. 왕자는 커다란 책을 들고 와서 침대 앞에서 펼쳤습니다. 책 표지는 부드러운 벨벳으로 되어 있었고, 커다란 손잡이가 달려 있었습니다.

"오! 어머니. 제가 책을 읽어 드릴게요. 들어주세요."

이렇게 말하며 어린 왕자는 어머니가 누워 계신 침대 가까이로 가 앉았습니다. 그리고 인간을 구하기 위해 십자가에 못 박혀 희생당한 주님에 대한 이야기를 읽기 시작했습니다.

"이보다 더 위대한 사랑이 또 있을까!"

그러자 왕비의 뺨 위로 한 줄기 장밋빛이 비치더니 왕비의 두 눈이 크고 또렷해졌습니다. 책갈피 사이로 세상에서 가장 아름다운 장미가 피어나는 것을 보았기 때문입니다. 그것은 바로 그리스도의 피로부터 나무 십자가에서 피어난 장미꽃과 닮은 모습이었습니다.

"아! 보여. 이토록 아름다운 장미를 보는 이는 결코 죽을 수 없을 거야!"

왕비가 부르짖었습니다.

058

한 해의 이야기
Aarets Historie

1월 마지막 날입니다. 눈보라가 무섭게 쌩쌩 휘날립니다. 눈발은 골목에서 소용돌이치며 날아갔습니다. 집집마다 유리창은 모두 눈으로 덮여서 안이 들여다보이지 않았습니다. 지붕에 쌓인 눈은 덩어리째 쏟아져 내렸고, 사람들은 걸음을 서둘러 뛰어갔습니다. 또 다른 사람들은 서로의 팔 안쪽으로 파고들어 흔들리지 않도록 꽉 껴안고 있었습니다.

마차와 말 모두 눈을 뒤집어썼습니다. 마치 분가루를 온몸에 칠한 것 같았지요. 하인은 마차 가장자리에 서서 바람을 등진 채 뒤로 걸었습니다. 걸어가는 사람들은 눈이 깊게 쌓인 거리에서 아주 천천히 앞으로 가는 마차를 바람막이 삼고 있었습니다.

마침내 눈보라가 잦아들었습니다. 집들이 늘어선 길을 따라 눈이 옆으로 밀어져서 좁은 길을 걸어다닐 수 있었습니다. 그런데 어찌 된 일인지 서로 마주보고 가만히 서 있는 것이었습니다. 어느 누구도 먼저 깊은 눈 속으로 발을 디딜 엄두를 내지 못했습니다. 사람들은 잠시 아무런 말없이 서 있었습니다. 그러다가 서로 침묵의 약속이라도 한듯 함께 눈 속으로 발을 내딛기 시작했습니다.

저녁이 되었습니다. 바람 한 점 없는 투명한 하늘에는 별들이 반짝였습니다. 그 가운데 몇 개는 매우 밝고 맑았습니다. 그러나 밖은 삐걱삐걱 소리가 날 정도로 온통 얼어붙어 있었습니다. 아침이 되면 맨 위에 쌓인 눈은 꽁꽁 얼어서 참새들을 받쳐줄 수 있을 정도였습니다.

참새들은 눈을 치운 길을 깡충깡충 뛰어다니거나 오르락내리락했습니다. 하지만 먹을 것이라곤 하나도 찾을 수가 없었습니다. 모든 게 꽁꽁 얼어 버리고 말았기 때문입니다.

"짹짹!"

한 참새가 다른 참새에게 말했습니다.

"사람들은 새해가 왔다고들 하지. 그런데 지난해보다 훨씬 못하지 뭐야. 정말 기분 나빠!"

"맞아, 그런데도 사람들은 너도나도 폭죽을 터뜨리면서 새해를 즐겁게 맞았지."

반쯤 얼어붙은 작은 참새가 말했습니다.

"사람들은 한 해가 간다고 매우 기뻐했어. 그러면 따뜻한 날들이 곧 다가오니까 말이야. 그렇지만 그런 기대는 하나도 이루어지지 않았어. 오히려 전보다 더 지독하게 추워졌지 뭐야. 사람들이 날짜를 잘못 헤아렸나 봐."

"맞아, 틀림없어."

세 번째 참새가 말했습니다. 머리가 하얀 늙은 참새였습니다.

"사람들은 달력이라는 것을 발명했는데, 모든 것이 이 달력에 맞추어져야 한다는 거야. 그런데 그렇지가 않아. 새해는 봄이 오면 시작되는 것이거든. 그게 바로 자연의 흐름이지. 나는 거기에 맞추어서 살아."

"그런데 봄은 언제 오는 거지?"

다른 참새가 물었습니다.

"봄은 황새가 돌아올 때 찾아오지. 하지만 그게 언제인지는 분명치 않아. 도시 사람들은 이런 것에 대해 아무것도 몰라. 시골 사람들이 더 잘 알고 있지. 우리 시골로 날아가서 기다리지 않을래? 도시보다는 시골에 봄이 좀 더 빨리 찾아오거든."

"응! 그렇게 하도록 하지!"

한 참새가 말했습니다. 이 참새는 이리저리 깡충깡충 뛰어 다니며 짹짹거리면서 장난만 치고 말은 한마디도 하지 않았습니다.

"그렇지만 나는 도시에서 몇 가지 좋은 모습들을 발견했어. 시골로 가면 그것들을 그리워하게 될까봐 걱정이야. 여기서 아주 가까운 어느 집에 한 가족이 살고 있어. 그 집 벽에는 단단히 고정시킨 화분들이 있지. 그 화분은 그럭저럭 우리가 드나들 수 있을 만큼 꽤나 크더군. 그래서 남편과 나는 거기에 둥지를 만들었어. 우리 아이들도 모두 거기서 자라났지. 사람들은 이 모든 것을 우리를 지켜보는 즐거움을 얻기 위해 마련했던 거야. 즐겁지 않다면 사람들이 그렇게 할 리가 없지. 또 그들은 재미있어 하며 빵부스러기까지 뿌려 놓는 거야. 우리는 이렇게 양식을 얻어먹으며 보살핌을 받고 있어. 나랑 내 남편은 그냥 머무르기로 했단다. 조금 불편하기는 하지만, 우리는 이대로 이곳에 머무를 거야."

"그렇다면 할 수 없지. 우리는 시골로 갈 테야. 봄이 오는 걸 보기 위해서."

그렇게 다른 참새들은 날아가 버렸습니다.

시골은 몹시 추웠습니다. 도시보다 더 심하게 추웠습니다. 눈 덮인 들판 너머로 살을 에는 차가운 바람이 불었습니다. 털로 짠 두툼한 벙어리장갑을 끼고 눈썰매에 앉은 한 농부가 추위를 쫓아내기 위해 두 팔로 몸을 탁탁 쳤습니다. 그의 무릎에는 채찍이 놓여져 있었지요. 그리고 비쩍 마른 말들은 허연 입김을 뿜으며 뛰었습니다. 눈은 사각사각 소리를 냈습니다.

바퀴 자국을 따라 깡충깡충 뛰던 참새들은 추위에 몸을 발발 떨면서 말했습니다.

"짹짹, 봄은 언제 오는 거야? 너무 오래 걸리는군."

"그래 말이야! 무척 오래 걸리네."

눈으로 덮인 높은 언덕으로부터 소리가 밭을 넘어 울려 퍼져왔습니다. 메아리일 수도 있지만 이상한 노인의 말일 수도 있습니다. 그 이상한 노인은 바람이 부는 눈 언덕 위에 앉아 있습니다. 노인은 하얀 옷을 입은 농부처럼 온통 새하얬습니다. 게다가 머리와 수염까지 하얀빛이었습니다. 얼굴은 창백했고 눈은 크고 맑았지요.

"저기 있는 노인은 누구야?"

참새들이 물었습니다.

"그건 내가 알고 있지."

커다란 늙은 까마귀가 말했습니다. 그 까마귀는 울타리 말뚝 위에 앉아 있었습니다. 그는 우리 모두가 사랑하는 하느님 앞에서는 작은 새에 지나지 않는다는 것을 알고 있을 만큼 겸손했습니다. 그래서 참새들과도 허물없이 친하게 지냈습니다. 그리고 노인에 대해 잘 가르쳐 주었지요.

"나는 저 노인이 누구인지 알아. 그는 겨울이야. 지난 해 노인이지. 겨울은 달력처럼 죽어버린 게 아니야. 앞으로 오게 될 작은 봄이란 이름을 가진 왕자의 후견인이지. 그래, 봄은 겨울이 지휘하고 있어. 그런데 너희들 정말 추위에 달달 떨고 있구나, 어린 것들아!"

"그것 봐. 내가 말한 대로잖아?"

가장 작은 참새가 뽐내며 말했습니다.

"달력은 자연에 맞추어진 게 아니야. 인간들이 만든 것일 뿐이지. 계절을 헤아리는 일은 우리에게 맡겨야 돼. 타고난 우리들에게 말이야."

그러고는 몇 주일이 지나갔습니다. 숲은 여전히 어두웠습니다. 얼어붙은 호수는 꼼짝 않고 누워 있었는데, 마치 굳은 납덩이처럼 보였습니다. 구름은 자신의 모습을 잃어버리고는 축축하고 얼음처럼 차가운 안개처럼 땅 위로 드리워져 있었습니다. 크고 검은 까마귀들은 무리를 지어 아무런 소리도 내지않고 멀리 날아갔습니다. 모든 게 잠자고 있는 것만 같았습니다.

그때 한 줄기의 햇살이 호수 위로 미끄러지면서 얼음들이 녹은 주석처럼 반짝였습니다. 들판과 언덕을 덮은 눈더미는 이제 더 이상은 반짝거리지 않았습니다. 하지만 하얀 모습의 겨울은 남쪽을 바라보며 여전히 언덕 위에 앉아 있었습니다. 눈덮개가 방금 땅 아래로 내려앉은 것도 모르고 말입니다. 그는 여기저기서 작고 푸른색의 얼룩이 점점 돋아나는 것도 몰랐습니다.

그곳으로 참새 무리들이 한꺼번에 몰려 들었습니다.

"쩍쩍, 이제 드디어 봄이 온다!"

"봄이야, 봄!" 푸른색의 얼룩새들이 재잘대며 떠들었습니다.

그 소리는 들판과 초원 위로, 흑갈색의 숲에 울려 퍼졌습니다. 이끼는 새로운 초록색 옷을 입고 거무스레한 나무 줄기에서 반짝였습니다. 남쪽에서 황새 두 마리가 날아왔습니다. 그들의 등에는 사랑스러운 아이들이 앉아 있었

습니다. 여자 아이와 남자 아이였지요.

아이들은 땅에 입을 맞추며 인사했습니다. 그리고 그들이 밟는 곳마다, 눈 아래에서 하얀 꽃들의 싹이 올라왔습니다. 두 아이는 서로의 손을 잡고서 겨울 노인이 있는 언덕으로 올라갔습니다. 그리고 새해 인사로 그를 끌어안았습니다. 그 순간 세 명의 모습과 주위 경치 또한 몽땅 사라져 버렸습니다. 두껍고 축축한 안개가 모든 것을 덮어 버렸기 때문입니다. 곧이어 공기가 흔들리자 바람이 세차게 쐬아 불며 안개를 밀어 내몰았습니다. 안개는 커튼이 흔들리듯 출렁거리며 달아났습니다. 그러자 따뜻한 햇빛이 비쳤습니다. 겨울은 이미 사라지고 없었지요. 이제 봄 속에서 사랑스런 아이들이 계절의 왕좌에 앉았답니다.

"나는 이걸 새해라고 불러."

참새들이 말했습니다.

"그래, 이제 지독했던 겨울에서 벗어났으니 마음껏 놀자."

두 아이가 몸을 돌리는 곳마다 덤불과 나무에서 초록색 봉오리들이 싹트고 있었습니다. 풀은 쑥쑥 뻗어나고 들판은 나날이 파릇파릇한 푸른색으로 바뀌었습니다.

작은 여자 아이는 여기저기에 꽃을 뿌렸습니다. 앞치마에 넘칠 만큼 꽃을 가득 가지고 있었습니다. 마치 꽃이 샘솟는 것만 같았습니다. 아무리 열심히 뿌려도 앞치마에는 늘 가득차 있었으니까요. 너무 부지런히 뿌리는 바람에 사과와 복숭아 나무들은 온통 꽃으로 뒤덮여 버릴 정도였습니다. 그래서 나무들은 푸른 잎들을 내놓기도 전에 꽃이 활짝 핀 멋진 모습으로 서 있었습니다.

여자 아이가 손뼉을 치자 남자 아이도 손뼉을 쳤습니다. 그러자 새들이 나타났습니다. 어디서 날아 오는지는 알 수 없었지만 모두들 재잘거리며 이렇게 노래를 불렀습니다.

"봄이 왔어!"

세상은 참으로 아름다웠습니다. 몇몇 할머니들도 문 밖으로 나와 햇빛 아래에 섰습니다. 할머니들은 추위에 몸을 떨면서 자신들의 젊은 시절처럼 들판 어디에나 찬란하게 피어 있는 민들레를 바라보았습니다. 세상은 다시 젊어졌습니다.

"오늘은 무척 아름다운 날이구나!"

할머니들이 말했습니다.

숲에는 여전히 누렇게 빛바랜 싹들이 있었습니다. 하지만, 선갈퀴는 싱그럽게 피어 좋은 향기를 내고 있었습니다. 제비꽃은 무더기로 피어 있고, 아네모네와 민들레, 앵초꽃도 싹을 틔웠습니다.

어느 풀이든 물을 잔뜩 머금은 채 힘이 넘쳤지요.

네, 그래요. 산과 들은 매우 훌륭한 양탄자로 그 위에 앉기에 안성맞춤이었습니다. 봄날의 젊은 한 쌍은 손에 손을 맞잡고 앉아 즐겁게 웃으며 노래를 불렀습니다. 그리고 무럭무럭 자랐습니다.

하늘에서 부드러운 비가 내려 그들을 적셨습니다. 하지만 두 사람은 비가 내리는지도 몰랐습니다. 빗물과 기쁨의 눈물이 하나가 되어 눈물방울로 녹아들었습니다. 이제 이 한 쌍은 신부와 신랑이 되어 입을 맞추었습니다. 그러자 순식간에 숲의 나무들은 싹을 틔우며 일어났습니다. 해님이 솟아오르자 모든 숲은 초록으로 물들었습니다.

신랑 신부는 손을 잡고 나뭇잎 지붕 아래를 걸었습니다. 햇빛과 아른아른 거리는 그림자가 푸른색을 변화시키고 있었습니다. 고운 잎들에는 소녀의 맑음과 우리를 되살리는 듯한 향기가 있었습니다. 맑고 신선한 냇물이 벨벳 같은 초록 갈대 사이와 각양각색의 돌 위를 졸졸 흐르고 있었습니다.

모든 자연이 입을 모아 말했습니다. "언제나, 언제까지나 가득차 넘치겠지!"

뻐꾸기와 종달새는 예쁘게 노래를 불렀습니다. 참으로 황홀한 봄이었습니다. 그런데 버드나무들은 아직도 털장갑을 끼고 있었습니다. 그들은 매우 조심스러웠습니다. 참으로 안타까웠습니다.

또 몇 주일이 지났습니다. 더위가 냉큼 찾아왔습니다. 뜨거운 공기의 파도가 누렇게 변하는 보리밭을 지니갔습니다. 북쪽의 하얀 연꽃은 크고 푸른 잎을 호수 위로 넓게 펼쳤습니다. 고기들은 그늘을 찾아 그 잎 밑으로 몰려들었습니다.

해님은 농가 벽을 내리쬐었습니다. 이제 막 활짝 핀 장미도 몹시 뜨거워했습니다. 버찌나무는 즙이 많고 강한 햇빛에 새까맣게 탄 열매를 주렁주렁 매달고 있었습니다. 그곳에는 아름다운 훌륭한 부인이 앉아 있었습니다. 바로 여름이었습니다. 그녀는 전보다 한층 더 사랑스러운 모습이었습니다. 봄날의 젊고 아리따운 신부보다도 예뻤어요. 부인은 가만히 먹구름을 올려다보고 있었지요. 먹구름은 파도의 모습을 하고 커다란 산만큼 쭉쭉 높이 해님이 있는 곳까지 가 닿았어요. 구름이 여기저기서 다가왔기 때문에 바다는 두려움에 질린 듯 시퍼래졌고, 마침내 하늘을 집어삼켰습니다.

숲속 모든 것들은 마치 마법에라도 걸린 듯 소리가 끊어져 고요했습니다. 모든 공기의 움직임이 멈추고, 새들조차 노래 부르지 않았습니다. 그것은 자연 속의 진지함, 바로 기다림입니다. 하지만 오솔길을 따라 걸어가던 사람들은 지붕 아래로 서둘러 몸을 피했습니다.

그때 갑자기 '쾅' 소리와 함께 해님이 튀어나오기라도 한 듯 눈이 부시도록 주위가 환해졌습니다. 모든 것을 태워 버리려는 듯했지요. 그러고는 폭음과 함께 다시 어둠이 내려왔습니다. 하늘에서 비가 커다란 물줄기처럼 쏟아집니다. 하늘은 반짝거리며 조용했다가 이내 다시 시끄러워집니다. 갈대숲이 갈색 털을 휘날리며 파도처럼 넘실넘실 춤을 춥니다. 숲의 나뭇가지들은 물안개 속으로 몸을 감추었습니다. 들판의 곡식들은 물이라도 뒤집어쓴 듯 쓰러져 있었습니다. 다시는 일어서지 못할 것만 같습니다.

비는 뚝뚝 내리다 어느 새 잦아들기 시작했습니다. 해님이 다시 얼굴을 내밀었습니다. 줄기와 잎에 앉은 물방울이 진주처럼 반짝반짝 빛나고 있습니다. 새는 다시 노래를 부르고 물고기는 냇물 위로 팔딱 솟아올랐습니다. 파리들은 떼를 지어 춤을 추었습니다.

바닷가 찝찔한 물보라가 치는 바위 위에는 여름이 앉아 있습니다. 그는 건강하고 생기 넘치는 모습으로 따뜻한 여름 햇살 속에 있었습니다. 주위에 가득한 자연 모두 생기를 얻었습니다. 모든 것은 풍요롭고, 힘있고 아름다웠습니다. 따뜻하고 아름다운 여름이니까요.

그득히 넘치는 토끼풀 밭에서 풍겨나오는 향기는 사랑스럽고 달콤했습니다. 벌들은 옛 집회장소 둘레에서 윙윙 날고 있었습니다. 산딸기 덩굴은 돌 제단을 휘감고 있고요. 비에 씻겨진 돌 제단은 햇빛을 받아 반짝이고 있었습니다.

여왕벌은 무리를 이끌고 날아와 밀랍과 꿀을 쌓았습니다. 여름 부부를 빼고는 아무도 그 모습을 보지 못했습니다. 두 사람을 위한 자연의 제물로 차려진 제단이랍니다.

저녁 하늘은 마치 금덩이처럼 빛났습니다. 교회의 어떤 둥근 지붕도 그렇게 화려하게 빛나지는 못할 겁니다. 달님은 저녁노을과 아침노을 사이에 모습을 드러냈습니다. 여름이었습니다.

다시 여러 날들이 지났습니다. 풀 베는 농부의 낫이 보리밭에서 번쩍번쩍 빛났습니다. 사과나무 가지는 빨갛고 노란 열매들이 주렁주렁 매달려 땅에 닿을 듯 무겁게 휘어져 있습니다. 홉은 사랑스러운 향기를 내며 커다란 덤불 속에 걸려 있습니다. 개암나무 열매는 무거운 껍질 안에 열매를 듬뿍 맺고 있고요. 그 나무아래에는 여름과 그의 아내가 앉아 있습니다.

"이 얼마나 풍요로운가!"

여름의 아내가 말했습니다.

"온 세상에 축복이 넘쳐요. 다양하고 멋지게. 하지만 나는 무엇인지 잘 모르겠지만 뭔가를 그리워하고 있어요. 고요함에게, 평온함에게 그걸 어떻게 설명해야 할지 모르겠군요. 사람들은 다시 들판을 갈고 있어요. 언제나 더 많이 얻고 싶어 하니까요. 보세요, 황새들이 떼를 지어 와서 쟁기를 따라가고 있어요. 이집트 새지요. 황새는 우리들을 태우고 하늘을 날아왔지요. 기억하세요? 우리가 어렸을 때 황새를 타고 이 북쪽나라로 왔던 것 말이에요. 우리는 꽃들과 아름다운 햇빛, 푸른 숲을 가지고 왔지요. 지금은 바람이 마구 불어와 모든 것이 그을리고 검게 변했어요. 남쪽의 나무들처럼 말이에요. 하지만 이곳 나무들은 황금빛 과일을 가지지는 못하지요."

"곧 황금빛 과일들을 볼 수 있도록 해드리지요."

여름이 씁쓸해 하는 아내를 달랬습니다.

"보게 된다면 저는 정말로 기쁠 거예요."

이윽고 여름은 두 팔을 들어 올려 숲을 가리키며 말했지요. 그러자 숲의 잎들은 붉은 빛과 금빛으로 물들었습니다. 산딸기는 불같은 새빨간 열매가 빛나고 있고, 말오줌나무 가지는 커다랗고 검푸른 열매를 가득 매달고 있습니다. 야생 밤나무는 잘 여물어 검푸른 가시껍질에서 떨어지고, 숲에서는 제비꽃들이 또 다시 피어났습니다.

하지만 한 해의 여왕은 점점 더 조용해졌습니다. 여왕이 말했습니다.

"어느새 저녁 바람이 차가워졌어요."

여왕이 혼잣말을 하였습니다. 그녀의 얼굴이 점점 새하얗게 질렸지요.

"밤은 또 습한 안개를 몰고 오는군! 아, 어린 시절을 보냈던 나라로 돌아가고 싶어."

여왕은 황새들이 훨훨 날아 떠나가는 것을 바라보며 그들 쪽으로 두 팔을 뻗었습니다. 텅 비어 있는 둥지를 올려다보았습니다. 몇 개의 둥지에는 줄기가 기다란 도깨비부채와 노란 민들레가 자라고 있었습니다. 마치 둥지가 그들의 피난처와 가리개인 듯 보였습니다. 어느 틈엔가 참새들이 그 둥지로 날아올랐습니다.

"짹짹, 둥지 주인은 어디로 갔지?"

새들은 지저귀며 여기저기 둥지 안을 기웃거렸습니다.

"바람 부는 걸 참을 수 없어서 이 땅을 떠난 모양이로군. 부디 행복한 여행이 되었으면 좋겠어. 짹짹!"

숲속 잎들은 차츰 노란색으로 물들어 갔습니다. 이윽고 하나씩 하나씩 땅으로 떨어졌지요. 가을바람도 쏴쏴 소리를 내며 불었습니다.

이제 수확을 할 때가 다가왔습니다. 노란 잎 위에는 한 해의 여왕이 누워 있었습니다. 그녀는 부드러운 눈으로 반짝이는 별들을 바라보았습니다. 남편도 그녀 곁에 있었습니다.

바람이 잎 주위에서 뱅글뱅글 소용돌이치자 잎은 힘없이 떨어져 버렸습니다. 그때 한 해의 여왕도 모습을 감추고 있었지요. 마지막으로 남은 나비 한 마리가 차가운 하늘로 날아갔습니다.

차가운 가을 안개가 축축이 내리고 얼음장 같은 바람이 부는 어둡고 긴 겨울밤이 찾아왔습니다. 한 해의 왕은 눈처럼 하얀 머리를 하고 서 있었습니다. 하지만 그것을 눈치채지 못하고 그는 그저 구름에서 떨어진 눈 조각 때문이라 생각했습니다. 그리고 엷은 눈이 내려 푸르른 들판을 새하얗게 덮었습니다. 어디선가 즐거운 성탄절을 알리는 교회의 종소리가 울려퍼져 왔습니다.

"새해의 탄생을 알리는 종이 울린다!"

한 해의 왕이 말했습니다.

"곧 새로운 통치자 부부가 태어날 거야. 그러면 나는 이제 반짝이는 별들 속에서 쉴 수 있게 되겠지."

푸른 전나무 숲도 눈으로 뒤덮였습니다. 성탄절 천사가 축제에 사용될 어린 나무에게 신의 축복을 내렸습니다.

"네가 가게 될 방 안과 푸른 가지 밑에 기쁨이 있기를."

한 해의 왕이 말했습니다.

몇 주 만에 그는 눈처럼 새하얗게 늙었습니다.

"이제 쉬어야 할 시간이 점점 가까워 오는구나. 새 통치자가 될 젊은 부부가 드디어 왕관과 지팡이를 물려받게 되겠지."

"그래도 권력은 아직 당신 것이지요. 벌써 쉬려하지 말고 어린 씨앗 위에 담요를 덮어주듯 따뜻한 눈을 얇게 뿌려주세요. 다른 것들이 당신을 존경하고 있다는 것과 자신이 통치자인 것을 인정하는 법을 배우도록 하세요. 비록 잊히더라도 살아 있다는 것을 깨달으세요. 봄이 오면 자유의 시간이 올 것입니다."

성탄절 천사가 말했습니다.

"봄은 언제 오지?"

겨울이 물었습니다.

"황새가 다시 돌아오면 그때 봄도 함께 따라오지요."

눈처럼 하얀 머리와 수염을 한 겨울은 이미 늙었지만, 겨울 폭풍과 얼음처럼 강인한 모습으로 눈보라가 치는 높은 언덕 위에 앉아 남쪽을 바라보았습니다. 작년 겨울이 그곳에 앉아서 바라보고 있었던 것처럼 말입니다.

호수와 골짜기의 얼음은 우지끈 소리를 내며 깨지고, 눈은 밟고 지나갈 때마다 사각사각 소리를 내며 부서졌습니다. 스케이트를 신은 사람들은 얼음으로 뒤덮인 번쩍이는 호수 위에서 가볍게 원을 그리며 미끄러지고 있습니다. 하얀 눈을 배경으로 앉아 있는 크고 작은 까마귀가 눈에 띄었습니다. 바람은 한 점도 없었습니다. 고요한 공기에게 겨울이 주먹을 휘두르자 땅과 땅 사이의 얼음은 장작만큼이나 두꺼워졌습니다.

그때 참새들이 다시 돌아와 물었습니다.

"저기 있는 노인은 누구지?"

그러자 커다란 까마귀 한 마리가 울타리 꼭대기에 앉아 대꾸했습니다. 작년에 본 그 까마귀인지 아니면 그의 아들인지는 잘 알 수 없었습니다.

"저 사람은 겨울이야. 지난해의 노인이지. 그는 달력이 말하는 것처럼 죽은 것이 아니야. 앞으로 올 봄의 후견인이란다."

"봄은 언제 와요?"

참새들이 말했습니다.

"봄이 오면 좋은 통치를 받게 되겠지. 이 세상도 훨씬 좋아질 거야. 늙은 통

치자는 더 이상 쓸모가 없거든."

조용히 생각에 잠겨 있던 겨울은 잎이 없는 까만 숲에게 가만가만 고개를 끄덕입니다. 숲의 모든 나무들은 가지의 아름다운 형태와 굴곡을 그대로 드러내고 있습니다. 겨울이 잠 자는 동안 얼음처럼 차가운 안개가 되어버린 구름이 내려앉았습니다. 그럴 때면 겨울은 자신의 어린 시절과 화려했던 젊은 시절의 꿈을 꾼답니다. 다시 날이 밝아오면 숲은 반짝이는 서리 속에 덮여 있음을 발견하게 되지요. 그것은 겨울의 여름 시절 꿈이었습니다.

햇빛이 가지에 앉아 있던 서리를 방울방울 밑으로 떨어뜨립니다.

"봄은 언제 오는 거야?"

참새들은 또 물었습니다.

"봄이다, 봄!"

눈이 덮인 언덕에서 메아리가 울려 퍼져왔습니다. 햇빛은 점점 더 따뜻하게 비쳐 눈을 녹이고 새들은 반가워 재잘거립니다.

"봄이 온다!"

첫 번째 황새, 두 번째 황새가 하늘 높은 곳에서부터 날아왔습니다. 사랑스러운 아이들을 자신들의 등 위에 태우고 드넓은 들판으로 내려옵니다. 두 아이는 땅에 입을 맞추고 가만히 있는 겨울노인에게 다가가 사랑스레 입맞추었습니다. 그러면 겨울은 구름을 타고 안개처럼 사라져버립니다.

한 해에 대한 이야기는 이제 끝이 났습니다.

"이게 바로 좋은 이야기야. 무척 아름다웠어. 이 이야기는 달력에 따른 게 아니지. 달력이 틀린 거라고."

참새들이 말했습니다.

059
최후의 날
Paa den yderste Dag

인생의 모든 날 가운데 지상에서 맞이하는 신성한 날은 바로 우리가 죽는 날입니다. 그것은 최후의 날이자 성스럽고 위대한 변신의 날이기도 하지요. 여러분은 이곳 지상에서 맞이하는 이 엄숙한 마지막 순간에 대해 진지하게 생각해 본 적이 있나요?

어느 날 독실한 신앙을 가진 한 남자가 있었습니다. 그는 하느님의 말씀을 지키기 위해 싸우는 열렬한 신자로서, 그에게 하느님 말씀은 곧 법이었습니다. 그런데 지금은 죽음의 신이 그가 자고 있는 침대 곁에 가까이 다가와 섰습니다.

죽음의 신이 말했습니다.

"이제 시간이 다 됐으니 나를 따라오게!"

죽음의 신이 자신의 차디찬 손가락으로 이 남자의 두 발을 만지자, 발은 금세 굳어졌습니다. 이어서 그의 이마를 만지고 심장을 만지자 곧 호흡이 멈추었고, 곧 그의 영혼은 죽음의 천사를 따라갔습니다.

죽음의 신이 발과 심장을 만지는 불과 몇 초 동안에 그동안 살아오며 겪고 일깨워진 모든 것들이 커다란 파도처럼 일렁거리며 그의 뇌리를 스쳐 지나갔습니다. 인간은 이렇게 현기증을 일으키는 심연을 한순간에 들여다보고, 찰나의 생각 속에서 끝없는 여정을 깨닫는 법입니다. 또한 이렇게 무수한 별들 무리의 움직임을 한번에 보면서 넓은 우주 공간의 천체와 세계를 알게 되는 법입니다.

죽음의 순간을 맞이할 때면 죄인은 두려워 몸을 부르르 떨게 됩니다. 어디에도 의지할 곳이 전혀 없어 끝을 알 수 없는 공허 속으로 깊숙히 떨어지는 느낌을 받게 되지요. 하지만 신앙심이 깊은 자는 그의 머리를 하느님께 기댑니다. 마치 어린아이처럼 몸을 맡기며 '주님, 저와 함께 하소서!' 외칩니다.

그러나 여기 죽어가는 사람은 어린아이의 마음을 가지고 있지 않았습니다. 그는 자신이 어른이라 느끼고 있었으니까요. 또한 죄인처럼 두려워 몸을 떨지도 않습니다. 자신은 올바른 신앙인이라 생각했기 때문입니다. 모든 엄격한 종교 규칙들을 하나도 빠짐없이 지켜왔으니까요. 그는 수많은 사람들이 대부분 지옥으로 들어가야 한다는 것을 잘 알고 있었습니다. 그들의 영혼은 이미 몹시 타락해 망가져 있었습니다. 그는 할 수만 있다면 불과 칼로 그들의 육체를 없애 버렸을 겁니다. 그러나 그의 길은 이제 천국으로 이어져 있었습니다. 신의 약속과 은총이 문을 열어주었습니다.

그의 영혼은 죽음의 천사를 따라가면서 자신이 하얀 수의를 걸치고 누워 잠들어 있는 침대를 돌아다보았습니다.

그들은 걷기도 하고 하늘을 날아가기도 했습니다. 넓은 회랑처럼 보이는 곳을 지나기도 하고, 어느 숲속을 거닐기도 했지요. 주변의 초목들은 잘 정돈되어 있거나 옛날 프랑스 정원처럼 꾸며져 있었습니다. 이곳에서는 가장 무도회가 열리고 있었습니다.

"저것이 바로 인간들이 살아가는 모습이지!"

죽음의 천사가 말했습니다. 모두들 저마다의 방식으로 변장을 하고 있었습니다. 비단과 황금으로 치장하고 있는 자라고 해서 가장 고귀하고 강건한 자라 할 수 없었습니다. 반대로 허름한 옷을 걸치고 오는 자가 비천하고 빈약한 사람이라 단정지을 수도 없었지요.

참으로 기이한 가장 무도회였습니다. 특히 그들 모두가 서로 다른 옷을 입고 그 속에 무엇인가를 조심스럽게 감추고 있는 모습은 매우 낯설고 이상해 보였습니다. 그렇게 남의 옷을 벗기려고 서로 다른 사람의 옷을 잡아당겼습니다. 그러면서도 한편으로는 자신의 비밀을 들키지 않으려 애를 썼습니다. 어쩌다가 한 번씩 옷 속에서 동물 머리가 솟아 나왔습니다. 어떤 사람은 이빨을

내민 원숭이였습니다. 또 다른 사람은 더러운 숫염소이거나 미끈미끈하고 차가운 뱀, 또는 거무스레한 물고기가 나타나기도 했습니다.

그것은 우리 모두가 마음속에 지니고 있는 짐승의 본성이었습니다. 그러한 본성은 인간 내부에서 단단하고 뿌리 깊게 자라고 있습니다. 동물들이 이리저리 날뛰며 밖으로 나오려 했기 때문에 저마다 옷을 걸쳐 입어 숨기는 것입니다. 하지만 사람들은 서로가 남의 옷을 억지로 벗겨내어 '보라고, 저것 봐! 저렇다니까!' 흉을 보았습니다. 서로가 다른 사람의 약점을 폭로했습니다.

"그러면 내 안에는 어떤 무시무시한 짐승이 살고 있지요?"

죽은 남자의 영혼이 물었습니다. 죽음의 천사는 거만한 태도로 가만히 서 있는 어느 남자를 가리켰습니다. 그의 머리 주변에는 밝고 화려한 후광이 빛나고 있었습니다. 그러나 심장에는 공작의 발이 숨겨져 있었지요. 공작의 화려한 깃털이 그의 머리 위에서 밝게 빛났던 것입니다.

그들이 계속 앞으로 나아가는 동안, 커다란 새들이 숲 속 나뭇가지 위에 앉아 끼룩끼룩 괴상하게 사람의 목소리를 내면서 울었습니다.

"이봐, 죽음의 여행자! 나를 기억하고 있었겠지?"

그들은 바로 그가 살아 있는 동안 품고 있었던 나쁜 생각과 욕심이었습니다.

"나를 기억하고 있겠지?"

그들이 웅얼거리는 소리가 그의 귓가로 다시 들려왔습니다. 죽은 남자의 영혼은 순간, 두려움을 견디지 못해 몸을 바르르 떨었습니다. 영혼에게 들려온 소리는 바로 심판의 증인으로 서게 될 나쁜 생각과 욕심의 목소리였기 때문입니다.

"우리의 육체, 우리의 본성에는 선한 것이 조금도 들어 있지 않아! 그래도 나는 비록 나쁜 생각을 품었어도 그걸 결코 행동으로 옮기지 않았어. 그 누구도 내가 나쁜 짓을 저질렀다고는 말하지 않았다고!"

영혼은 한시라도 빨리 그 괴상한 비명 소리로부터 달아나기 위해 발버둥쳤습니다. 하지만 커다란 검은 새들은 그를 둥그렇게 에워싸고 온 세상 사람들 모두 들어 보라는 듯 쉴 새 없이 끼룩끼룩 울부짖었습니다. 영혼은 쫓기는 암사슴처럼 껑충껑충 뛰어 달아났습니다. 영혼의 발은 달릴 때마다 날카로운 돌부리에 부딪혀 찢어져서 피가 나 몹시 아팠습니다.

"이 날카로운 돌은 어디서 나타난 것일까? 이런 돌들이 시든 낙엽처럼 곳곳에 깔려 있다니!"

죽음의 천사가 말했습니다.

"그 말은 당신이 너무나 생각 없이 내뱉었던 말들이야. 당신은 돌에 다친 것보다 훨씬 더 깊고 심한 상처를 주변 사람들 마음에 남겼었다는 사실을 잊었군."

"그렇군요. 그 점에 대해서는 한 번도 생각해 보지 않았어요!"

그의 영혼이 대답했습니다.

이때 '함부로 심판하지 말지어다!' 크게 외치는 소리가 하늘에서 울려 퍼져 왔습니다.

"우리 모두가 죄를 지었나이다!"

영혼이 속삭이듯 말했습니다. 그러나 이내 다시 고개를 들고 힘주어 말했습니다.

"그래도 저는 율법과 성서를 엄격히 지켰습니다. 저는 제가 할 수 있는 일을 다 했으니 다른 사람들과는 다릅니다."

영혼은 어느 새 죽음의 천사와 함께 하늘나라 입구에 서 있었습니다.

문지기 천사가 그에게 물었습니다.

"그대는 누군가? 자네의 신앙을 직접 고백하고, 그것을 어떻게 행동으로 옮겼는지 말해보게."

"저는 모든 율법을 엄격히 지켰으며, 세상 사람들 앞에서 겸손했습니다. 저는 악과 악인, 영원히 지옥에 떨어질 사람들을 증오하고 비난했습니다. 지금도 저의 온 힘을 다해 불과 칼로 그들을 없애고 싶습니다!"

"그렇다면 그대는 무하마드란 말인가?"

문지기 천사가 물었습니다.

"제가요? 결코 그렇지 않습니다!"

"예수께서 말씀하시기를 칼을 잡는 자는 칼로써 멸망하리라 하셨네. 그대는 그분의 말씀을 믿지 않는군. 아마 모세라 하는 이스라엘의 아들인 모양이지. 눈에는 눈, 이에는 이란 말인가? 그대는 이스라엘의 아들인가? 그런 신은 이스라엘 민족 신에 불과하다네."

"아닙니다. 저는 기독교도입니다."

"그대의 신앙과 행동을 보면 그렇지 않은 것 같아. 예수님의 교리는 화해와 사랑, 그리고 은총일세."

무한한 공간에서 '은총, 은총!' 외치는 소리가 울려 퍼지자 하늘의 문이 서서히 열렸습니다. 영혼은 열려진 하느님의 나라로 둥실 떠올랐습니다.

그러나 흘러나오는 광채가 너무도 눈부시게 번쩍거렸습니다. 영혼은 용기를 내어 선뜻 문으로 들어서지 못하고, 칼날 앞에서 몸을 피하듯 움찔거리며 뒤로 물러섰습니다. 그러자, 매우 상냥하게 마음을 울리는 소리가 들려왔습니다. 그 소리는 인간의 말로서는 무어라 형용할 수 없는 것이었습니다.

영혼은 후들후들 떨면서 점점 더 고개를 깊숙이 숙였습니다. 천상의 빛은 영혼의 내부를 꿰뚫고 깊이 스며 들어왔습니다. 그때 영혼은 이제까지 결코 느끼지 못했던 오만의 무거운 짐과 죄책감을 가슴 깊이 느꼈습니다.

순간 영혼의 내부는 아주 분명해졌습니다.

"내가 세상에서 선한 행동을 했던 것은 맹목적일 뿐이었어. 하지만 악한 본성도 내 자신 안에 들어 있었어."

　영혼은 순수한 하늘나라의 광채에 휩싸이는 것을 느끼는 순간, 힘없이 둥글게 움츠러들면서 자신의 내부 깊숙한 바닥까지 굴러 떨어지는 것만 같았습니다. 천국에 들어가기엔 아직 성숙하지 않았기 때문입니다. 준엄하고 정의로운 하느님을 생각하면 영혼은 '하느님의 은총을!' 입에 담을 용기조차 없었습니다. 그러자 기대하지 않았던 은총이 그에게 찾아왔습니다.

　하느님의 천국은 무한한 우주 공간 속에 있었습니다. 그곳은 하느님의 사랑이 충만으로 흘러 넘쳤지요.

　"너에게 영광과 사랑이 가득차 영원히 죽지 않으리라, 인간의 영혼이여!"

　천사들의 합창 소리가 울려 퍼졌습니다.

　우리 모두는 이 영혼의 이야기처럼 지상에서 맞이하는 최후의 날에 천국의 광채와 영광 앞에서 몸을 떨고 움츠러들 것입니다. 고개를 깊숙이 숙이고, 겸허하게 바닥에 엎드리게 될 것입니다. 하지만 우리는 천국의 자비와 은총으로 고양되고 구원되어 정화되어, 한결 더 고귀하게 새로운 길로 나아갈 수 있습니다. 마침내 빛의 찬란함에 가까이 다가가, 하느님의 격려를 받음으로써 영원한 광명의 세계로 올라가게 될 것입니다.

060
참말이야!
Det er ganske vist!

"참으로 무서운 이야기야!"

암탉 한 마리가 불쑥 말했습니다. 암탉이 살고 있는 마을 너머 멀리 떨어진 곳에서 일어난 일이었습니다.

"저쪽 마을에 있는 어느 닭장에서 무서운 일이 벌어졌어. 그 이야기를 듣고 나니까 오늘밤은 무서워서 나 혼자 못 자겠어. 오늘만이라도 여럿이 함께 모여서 자는 게 좋겠어!"

이야기를 하는 동안 다른 암탉들은 깃털을 곤두세우고, 수탉은 볏을 아래로 떨구었습니다. 이 무서운 사건은 참으로 일어났으며 진실된 교훈을 품고 있습니다.

자, 처음부터 차근차근 이야기를 들어 볼까요?

이야기는 마을 저 건너편 모퉁이의 어느 조그만한 닭장에서 시작됩니다.

해가 서산으로 기울어지자 암탉들은 잠자리로 날아올라 갔습니다. 그 가운데 어느 닭이 잠자리로 올라와 부리로 털을 쪼다가 그만 작은 깃털 하나를 떨어뜨려 버렸습니다. 깃털이 새하얗고 다리가 짧은 이 닭은 날마다 규칙적으로 알을 낳는, 여러 모로 존경할 만한 암탉이었습니다.

암탉이 외쳤습니다.

"이런, 내 깃털이 떨어졌잖아! 그래도 내 깃털은 쪼으면 쪼을수록 한결 더 아름다워지겠지."

물론 이것은 순전히 농담으로 해 본 소리에 지나지 않습니다. 왜냐하면 이 암탉은 본디 성격이 명랑하고, 매우 모범적이었기 때문입니다.

암탉은 언제나처럼 이 일을 마음에 두지 않고 곧바로 잠이 들었습니다.

주위는 너무도 어두웠습니다. 닭들은 나란히 늘어서 잠 자고 있었지요. 하지만 깃털 한 개를 잃어버린 닭 가까이 앉아 있는 암탉은 좀처럼 잠에 들 수 없었습니다. 이 암탉은 조용하고 평화롭게 살려면 어떻게 해야 하는지 전혀 알지 못하는 수다쟁이였습니다. 수다쟁이 암탉은 그새를 참지 못하고 옆에 있는 다른 암탉에게 냉큼 말을 건넸습니다.

"애! 너도 들리는 소문을 들었겠지? 이름은 말하지 않겠지만, 저기 자고 있는 암탉들 가운데 한 마리는 수탉에게 잘 보이기 위해 제 깃털을 자꾸자꾸 쫀다지 뭐야. 쳇, 만일 내가 수탉이라면 그런 암탉은 두고두고 경멸할 텐데 말이야."

닭장 가장 꼭대기에는 올빼미 부부와 새끼들이 살고 있었습니다. 올빼미들은 귀가 밝아서 이웃 닭들이 말하는 소리를 몽땅 엿들을 수 있었습니다. 그들은 두 눈을 크게 뜨고 꾸르륵거렸습니다.

엄마 올빼미는 날개를 크게 푸드득푸드득 펼치며 말했습니다.

"애들아, 저런 이야기는 귀담아 듣지 마라. 아! 이미 다 들었겠구나. 나도 이 두 귀로 똑똑히 들었으니까 말이야. 귀로 많은 걸 들어 둘 필요도 있겠지만. 저기 앉아서 자고 있는 암탉 한 마리가 제 주제도 모르고 깃털을 뽑아가며 멋을 낸다는구나. 수탉에게 잘 보이려고 말이지."

"지금 뭐하는 거요! 그런 이야기는 어린아이들에게 좋지 않아요."

아빠 올빼미가 엄마 올빼미에게 말했습니다.

"그럼 이웃 올빼미에게 가서 말할래요. 그녀는 아주 좋은 친구니까요."

엄마 올빼미는 이웃집으로 날아 갔습니다.

"구구! 구구!"

잠시 뒤 이웃 비둘기 집으로 올빼미들의 이야기소리가 들려왔습니다.

"너희들 그 이야기 들었어? 어느 암탉 한 마리가 수탉에게 잘 보이기 위해 깃털을 몽땅 쪼아서 뽑고 있다지 뭐야. 아직은 아니지만 분명히 곧 얼어 죽게 될 거야. 구구!"

"그게 누군데, 나도 구경 좀 하자. 어디 있어?"

비둘기들이 물었습니다.

"저 건너 집 마당이야. 나는 털이 몽땅 빠진 암탉을 직접 보았다고. 내 말이 믿기지 않는 모양이지? 그런데 참말이야!"

"그래, 나도 믿어. 그러니까 보자고!"

비둘기들은 저마다 한 마디씩 수군대다가 건너 집 마당에 있는 닭장쪽으로 달려가 안을 기웃거리며 구구 떠들어댔습니다.

"저곳에 암탉 한 마리가 살고 있어. 소문으로는 두 마리라고 하더군. 그들은 다른 닭과는 다르게 보이고 싶어서 깃털을 남김없이 몽땅 뽑아 버렸다는 거야. 수탉의 관심을 끌고 싶었던 것이지. 참말로 어리석은 짓이지 뭐야! 아마 감기에

걸려 심하게 열이 나서 그만 죽어버리고 말 거야. 그렇게 두 마리가 함께 죽어
버렸다지뭐야!"

"자, 그만들 하고 일어나! 어서 일어나라고!"

수탉이 쉰 목소리로 꼬끼오 울면서 횟대 위로 날아올랐습니다. 눈에 아직도
잠이 가득했지만 수탉은 다시 목청을 크게 높여 꼬끼오 울었습니다.

"암탉 세 마리가 짝사랑에 괴로워하다 그만 죽어 버렸다는군. 깃털을 모두
뽑아 버렸기 때문이라는데, 정말 황당한 일 아닌가! 이러한 끔찍한 이야기는
기억하고 싶지도 않아. 사람들에게 말해 버리자!"

"사람들에게 말해! 말해버려!"

박쥐가 푸드덕푸드덕 크게 날개 치며 소리를 냈습니다. 암탉들은 꼬꼬댁 꼬
끼오 울었습니다. 수탉은 다시 쉰 목소리로 크게 울부짖었습니다.

"사람들에게 말해! 말해버려!"

이야기는 닭장에서 닭장으로 전해져, 마침내 이야기가 시작된 곳으로 되돌
아왔습니다.

이야기는 갈수록 눈덩이처럼 부풀어 나중에는 모두 이렇게들 수군거렸습

니다.

"다섯 마리 암탉이 수탉에게 잘 보이려고 털을 몽땅 잡아 뽑았대. 그 암탉들은 수탉을 너무나도 사랑한 나머지 바짝 말라 버리나 경쟁했었다나 봐. 그러고는 서로 피를 흘리며 싸우다가 마침내 모두 죽어 버렸다지 뭐야. 그 일은 참으로 암탉들의 수치일 뿐 아니라 웃음거리이며 닭 주인에게도 무척 커다란 손실이야!"

처음에 작은 깃털 하나를 잃어버린 암탉도 그 이야기가 자신에게서 비롯된 이야기인 줄은 꿈에도 몰랐습니다. 예절 바르고 존경받는 그녀는 이렇게 말했습니다.

"나는 그런 암탉들을 매우 경멸해! 여기저기에 그런 종자들이 많이 있다니까! 가만히 있어서는 안 되겠어. 나는 이 이야기가 신문에 실리도록 내 의견을 보낼 거야. 그러면 온 나라에 퍼져 모든 국민이 알게 되겠지. 그런 닭들은 응분의 대가를 치러야만 해. 그 가족도 마찬가지야!"

이 이야기는 신문에 났습니다. 이 이야기에서 얻을 수 있는 참된 교훈은, 조그만 깃털 하나에서 시작된 이야기가 암탉 다섯 마리가 죽는 어처구니없이 큰 사건이 되어버린다는 소문의 무서운 힘입니다.

061
백조의 보금자리
Svanereden

발트 해와 북해 사이에 덴마크라 불리는, 오래된 백조의 보금자리가 있습니다. 이 보금자리에서는 예나 지금이나 여전히 백조들이 태어납니다. 백조라는 이름은 영원히 사라지지 않을 것입니다.

멀고 아득한 어느 옛날에는 백조 무리가 이곳에서 알프스를 넘어 살기 좋은 밀라노의 푸른 평원으로 날아가기도 했습니다. 이 백조 떼는 롬바르드(게르만 민족의 한 종족)라 불렸습니다.

하얗게 빛나는 깃털과 믿음직스러운 눈을 지닌 또 다른 백조 떼는 비잔틴까

지 날아가 황제의 옥좌 둘레에 내려앉았습니다. 이들은 황제를 보호하기 위해 커다랗고 하얀 날개를 마치 방패라도 되는 듯이 넓게 펼치곤 했습니다. 이 백조들은 바랑(러시아의 노르만 사람)이라는 이름을 얻었습니다.

날개에 불이 붙은 모습으로 북쪽에서 날아온 피투성이 백조들이 프랑스 해안에서 고통스럽게 울부짖는 비명 소리가 울려 퍼질 때면 프랑스 국민들은 이렇게 기도하곤 했습니다.

"주여, 극악무도한 게르만 인으로부터 우리를 구원해 주소서!"

영국의 넓은 해변가 푸른 초원에는 머리에 왕관을 두른 덴마크의 백조가 앉아 있었습니다. 백조는 황금 지팡이를 영국에 넘겨주었습니다.

독일의 북쪽 포메라니아 해안에서는 덴마크의 백조들이 십자가 깃발과 칼을 가져다 주었기 때문에 이교도들과 맞서 그들을 무릎 꿇게 만들 수 있었습니다.

"아주 먼 옛날의 이야기잖아요!"

여러분은 이렇게 말할지도 모릅니다.

하지만 그리 멀지 않은 옛날에도 덴마크에서 날아온 용감한 백조들이 있었습니다.

하늘이 밝게 빛나는 어느 날이었습니다. 아니 온 세상이 빛났습니다. 백조가 어둑어둑하게 덮여 있는 안개를 힘찬 날갯짓으로 흐트러뜨렸던 것입니다. 하늘에는 밝게 빛나는 별들이 보였습니다. 마치 별들은 지구 가까이 내려오는 것만 같았습니다. 백조의 이름은 티코 브라헤였습니다. 덴마크 천문학자였지요.

"그것도 옛날이야기죠! 그러나 오늘날에는……"

여러분은 또 이렇게 말할 것입니다. 그러나 오늘날에도 우리는 늠름하게 떼를 지어 날아가는 백조들을 볼 수 있습니다. 어떤 백조가 날개로 황금 하프의 현 위를 미끄러지듯 지나가자, 북쪽에는 하프의 음악 소리가 울려 퍼졌습니다. 노르웨이 바위산은 고대의 아름다운 자태를 드러냈습니다. 전나무와 자작나무도 바람 소리를 냈습니다. 깊고 어두운 숲 속에 노르웨이의 신들과 영웅, 고귀한 여인들이 나타났습니다.

어느 백조는 대리석 바 위로 힘차게 날개를 퍼덕였습니다. 이윽고 바위는 쪼개지고 그 속에 갇혀 있던 미의 정령이 모습을 드러내며 밝은 햇빛 속을 걸었습니다. 사람들은 그 거대한 자태를 보기 위해 고개를 들었습니다.

또 다른 백조는 사람들의 생각의 실을 자았습니다. 그 실은 이 나라에서 저 나라로 연결되었기 때문에, 전 세계로 연결되는 전화줄이 되었습니다.

이 백조 덕분에 말은 번갯불처럼 빠른 속도로 여러 나라로 전달됩니다.

하느님은 발트 해와 북해 사이에 있는 백조의 보금자리를 사랑하십니다. 어느 날 거대한 새가 이곳을 부수기 위해 하늘에서 습격해 올 수도 있겠지요. 하지만 올 테면 와보라지요. 그런 무도한 뜻은 절대로 이루어지지 않을 것입니다! 깃털도 제대로 나지 않은 어린 백조들이 자신들의 보금자리를 둘러싸고 젊은 가슴에 피를 흘리며 부리와 발톱으로 싸울 테니까요. 우리는 이런 일들을 이미 자주 보아왔습니다.

앞으로도 시간은 계속 지나갈 것입니다. 새로 태어난 백조들도 보금자리에서 날아오르겠지요.

참으로 '이것이 마지막 백조이자 백조의 보금자리에서 울려 나오는 마지막 노래라네!' 말하는 시간이 오기 전에는, 이 세상 어디에서라도 백조의 이야기가 들려오고 또 백조의 모습이 나타날 것입니다.

062

쾌활한 성품

Et godt Humeur

나는 아버지에게서 가장 좋은 유산을 물려받았습니다. 그것은 바로 쾌활한 성품입니다.

아버지는 어떤 분이었느냐고요? 활동적이고 건강하며 풍채가 매우 좋은 사람이었습니다. 사실 아버지의 외모와 마음씨는 그의 직업과는 전혀 어울리지 않았습니다. 그렇다면 과연 아버지는 인간 사회에서 어떤 직업과 지위를 가지고 있었을까요? 만일 작가가 그것을 책머리에 써서 출판한다면 어떤 독자라도 곧 책을 내던지며 불만을 터뜨릴 것입니다. 참으로 으스스한 직업이며 그것에 대해 전혀 알고 싶지도 않다고 말입니다. 그렇다고 아버지가 짐승의 가죽을 벗기는 일을 했거나 사형 집행인이라는 이야기는 아닙니다. 아니 오히려 그 직업 때문에 아버지는 때로는 이 도시에서 가장 존경받는 사람들 가운데서도 선두를 달리셨습니다. 아버지는 아주 당당하고 떳떳한 직업을 가지고 계셨습니다. 주교나 왕자보다도 앞에서 가실 정도였습니다. 아버지는 영구차의 마부였으니 말입니다.

자, 아버지에 대해 좀 더 자세히 말해 볼까요? 한 가지는 확실합니다. 아버지가 헐렁헐렁한 검은 예복과 검은 테가 달린 삼각모자를 쓰고서 영구차의 마부석에 높다랗게 앉아 둥근 태양과 꼭 닮은 얼굴로 유쾌하게 웃고 있을 때면, 사람들은 슬픔과 묘지를 떠올리지 않았습니다. 아버지의 얼굴에는 항상 밝은 미소가 어려 있었습니다.

"괜찮아. 그곳도 생각하는 것보다는 훨씬 좋은 곳이라고!"

앞으로 알게 되겠지만, 나는 쾌활한 성품은 물론, 때때로 묘지를 찾아가는 습관까지 아버지에게서 물려받았습니다. 누구라도 쾌활한 마음을 가지고 묘지에 간다면 매우 흐뭇한 기분이 들 것입니다. 그곳에서 나는 아버지가 그랬듯이 신문 광고를 읽습니다.

나는 이제 더 이상 어리지 않습니다. 그렇다고 아내나 아이들이 있는 것은 아닙니다. 갖고 있는 책도 얼마 없습니다. 하지만 앞서 말했듯이 나는 광고로 뒤덮인 신문을 사서 봅니다. 나는 이 신문을 아주 좋아해서 매우 흥미롭게 읽는데, 아버지 역시 그랬습니다. 광고 신문은 많은 장점을 가지고 있습니다. 우리가 알아야 할 모든 것, 특히 어느 누가 교회에서 설교하는가, 새로운 책에는 누가 설교하고 있는가 등에 대해서 모든 것을 자세하게 알려줍니다. 그 밖에도 우리는 집이나 고용인, 옷과 음식 따위를 구할 수 있습니다. 재고품을 정리하는 사람이나 실직자들도 그 신문에서 상당히 유익한 것을 얻게 마련입니다. 자선활동이나 아주 좋은 시도 감상할 수 있습니다. 어디 그뿐입니까? 마음에 맞는 결혼, 교류가 있든 없든 비밀스럽게 만날 수 있는 약속 따위도 모두 광고 신문 하나로 간단하고 자연스럽게 해결된답니다.

광고 신문을 읽고 있으면, 자신의 일에 몰두하면서 행복하게 살 수 있습니다. 그리하여 우리가 인생의 황혼기를 맞이할 때쯤이면 날 행복하게 해주었던 이 신문지는 수북하게 쌓일 테지요. 그러면 껄끄러운 대팻밥 위에 눕기 싫을 때 신문지를 깔고 그 위에서 포근하게 잠 들면 될 것입니다. 광고 신문과 묘지, 그 두 가지는 늘 변함없이 나를 북돋아주는 산책이었으며, 쾌활한 성품을 잃지 않게 해주는 값진 휴양소였습니다.

누구나 이제 광고 신문에 깊숙이 빠져 들어갈 수 있을 것입니다. 하지만 나를 따라 묘지로 가는 것은 어떨까요? 햇볕이 따사롭고 푸른빛 나무들이 우거지면, 우리 함께 묘지로 나갑시다. 그러고는 무덤들 사이를 느긋하게 거닐어 봅시다! 무덤 하나하나가 덮어둔 책처럼 등을 위로 하고 있습니다. 책 제목을 보면 그 안에 무슨 내용이 들어 있는지 알 수 있지만, 무덤은 아무런 말도 하지 않습니다. 그러나 나는 사연을 알고 있지요. 아버지에게 들어 아는 것도 있고 내가 직접 깨달은 것도 있습니다. 사망록을 보면 사연이 기록되어 있습니다. 사망록은 한 권의 책으로 직접 만든 것입니다. 그렇게 한 까닭은 한편으로는 그 책이 나 자신에게 필요했기 때문이고, 다른 한편으로는 재미를 위해서였습니다. 이 책에는 모두가 나란히 적혀 있습니다. 세월이 흐를수록 이곳에 쓰여지는 사람들은 더욱더 늘어나겠지요!

자, 이제 우리는 묘지에 다다랐습니다.

하얀 나무 울타리 뒤로 어지간히 불행했던 한 남자가 잠들어 있습니다. 예전엔 나무 울타리에 장미 넝쿨이 심어져 있었습니다. 이제 장미 넝쿨은 사라졌지만, 이웃 무덤에서 자라나는 상록수들이 푸른 가지를 내밀고 있어서 어느 정도 단장되어 있었습니다.

그 불행한 남자는 살아 있을 때 형편이 좋았다고들 합니다. 수입이 좋아서 날이 갈수록 생활이 윤택해졌답니다. 하지만 그는 세상을 너무 어둡고 슬프게만 생각했습니다. 바로 예술 때문이었지요.

늘 저녁 무렵이면, 극장에 앉아 온 정신을 쏟아 무대를 바라보며 완전히 넋을 잃었습니다. 그는 연극에 대해 몹시 까다로웠습니다. 이를테면 무대장치가 달님 옆으로 조명을 너무 밝게 한다거나 뒤쪽에 있어야 할 하늘의 배경을 조금이라도 무대 앞쪽으로 나와 있으면 무섭게 화를 냈습니다. 또 아마존에 야자수가 나오고, 티롤 지방에 선인장, 노르웨이에 너도밤나무가 나오면, 도대체 어떻게 이럴 수가 있단 말인가 크게 화를 내는 것이었습니다. 관객 가운데 어느 누가 그 정도까지 깊이 생각을 하겠습니까. 연극은 어디까지나 연극이고, 관객이 보고 즐거워한다면 그것만으로 최고의 가치인 것을!

관객들은 때로는 박수를 많이 보내고, 때로는 적게 보내기도 했습니다. 그는 박수가 나올 때면 이렇게 말했습니다.

"나무가 젖어 있군. 오늘 저녁 무대는 불이 붙지 않겠어."

그는 어떤 사람들이 관람하러 왔는가 보기 위해 몸을 돌렸습니다. 그런데 뒤돌아보니, 관객들은 웃어서는 안 되는 장면에서 웃고 있는 게 아니겠어요? 그는 이 때문에 화가 났으며, 또한 몹시 괴로워했습니다. 그는 참으로 불행한 인간이었습니다. 그렇게 불평불만 속에서 살아온 그도 이제는 아무런 말없이 조용히 무덤에 누워 있습니다.

여기 아주 행복한 남자가 쉬고 있습니다. 그는 좋은 집안 출신의 고상한 남자였는데, 이것은 그의 행운이었습니다. 그렇지 않다면 그는 결코 훌륭한 사람이 되지 못했을지도 모르기 때문입니다. 하지만 자연에 속해 있는 모든 것은 교묘하게 어우러져 있기 마련입니다. 그것을 생각해 본다면 절로 즐거워집니다.

이 남자는 화려하게 자수가 놓인 옷을 입고 커다란 방에서 지냈습니다. 그곳에는 값비싼 진주로 꾸며진 두꺼운 줄이 매여 있고, 그 줄의 끝에는 종이 달려 있었습니다. 그가 종을 울리면 그의 직무대리인이 곧바로 달려왔습니다. 지금도 직무대리인은 새로운 종 줄을 가진 다른 사람들 뒤에서 계속 일하고 있습니다. 이렇게 인생의 모든 것은 진실로 잘 짜여 있어서 유쾌한 듯합니다.

여기 앞의 두 사람과는 또 다른 한 남자가 쉬고 있습니다. 그의 삶을 생각하면 참으로 슬퍼집니다!

그는 67년 동안 기발한 착상을 떠올리려 노력했습니다. 그는 오로지 기발한 착상을 얻어 발표하기 위해 살았던 것입니다. 그런데 어느날 그는 기발한 착상을 얻고 너무나 즐거워한 나머지 그만 죽고 말았습니다. 누구에게도 그 기발한 착상을 알리지 못했기 때문에 그것이 무엇인지 아무도 알지 못합니다. 나는 지금도 그가 새로이 기발한 착상을 하느라 무덤에서도 결코 평온하게 잠들지 못하리라 생각합니다. 착상이라는 것도 효과가 있으려면 아침에 이루어져야 하는데 죽은 사람은 한밤에만 무덤에서 나올 수 있기 때문입니다. 그의 착상은 한낮에는 이루어지지 못하므로, 이야기를 듣고 웃어 줄 사람은 아무도 없습니다. 그는 기발한 착상을 가지고 다시 자신의 무덤 속으로 들어가야만 하지요. 참으로 외롭고 우울한 무덤입니다.

여기 한밤중에 귀부인이 쉬고 있습니다. 이 귀부인은 살아 있을 때 한밤중에 일어나 고양이 울음소리를 냄으로써 이웃 사람들이 귀부인이 고양이를 기르고 있다고 생각하게 했습니다. 얼마나 구두쇠였으면!

여기에는 좋은 집안의 아가씨가 잠들어 있습니다. 아가씨는 모임에서 언제나 큰 소리로 '내 입에서 나오는 꾀꼬리 같은 목소리를 들어보세요.' 목청껏 자랑하며 노래했습니다. 이 여인이 살아 있는 동안 부른 노래는 그녀의 유일한

진실을 담은 말이었습니다.

이 여인과 다른 성격을 가진 또 다른 아가씨가 잠들어 있습니다. 마음속의 카나리아가 크게 울기 시작할 때면, 그녀는 늘 이루어질 수 없는 꿈속에 잠기곤 했습니다. 이 아름다운 아가씨 또한 화려한 결혼 생활을 꿈꾸었던 것입니다. 흔한 이야기지만 흥미롭지 않습니까? 고인들이여, 편안히 잠들기를!

입으로는 백조의 노래를 부르면서도 가슴에는 부엉이의 원한을 품은 과부도 그 곁에 쉬고 있습니다. 그 과부는 살아 있는 동안 이곳저곳을 돌아다니며 아무 잘못 없는 이웃 남자의 험담을 늘어놓곤 했습니다. 착한 딸을 헐뜯고 구박하던 동화 속 계모와 다를 바 없는 행동이었습니다.

여기 조상 대대로 내려온 묘지가 있습니다. 오랜 세월을 두고 이곳에 묻힌 가족들은 온 세상 사람들과 신문이 '그게 사실이야!' 아무리 크게 외쳐도, 어린 아들이 학교에서 돌아와 '난 이렇게 들었어요' 대답하면 모든 이야기들의 끝을 아이의 생각에 맡겼습니다. 그들에게는 무엇보다 자신들의 가족인 아들의 말이 가장 중요했기 때문입니다. 그들은 아들이 자기들과 한 가족이라는 것에 너무나 많은 의미를 두었습니다. 이 가족은 자신들의 가족인 수탉이 한밤중에 울면 아침이라 믿었습니다. 야경꾼과 그 도시의 모든 시계가 밤 열두 시를 알린다 해도 말이지요.

위대한 시인 괴테는 '계속되리라' 부르짖으며 그의 작품 《파우스트》를 끝냈습니다. 내가 이 묘지에서 산책하는 것도 그 말과 같은 의미를 지녔지요. 나는 이곳에 자주 찾아왔으니까요. 이런저런 내 친구들이나 다른 사람들 때문에 나의 삶이 너무 고달프게 느껴지면, 나는 이곳 잔디밭을 찾아와 묻어 버리고 싶은 사람들에게 묘지 터를 선사하고 곧장 파묻습니다. 그러면 그들은 새롭고 더 좋은 친구가 될 때까지 여기 누워 꼼짝없이 죽게 되지요.

나는 그들의 인생과 변화하는 모습을 본 그대로 이 사망록에 적습니다. 누군가 말도 안 되는 행동을 해도 그것 때문에 화를 낼 필요는 없습니다. 묻어버리면 그만이니까요. 곧장 그를 용서하고, 유쾌하게 광고 신문을 보는 일에 매달릴 겁니다. 광고로 만든 신문은 펜으로 쓴 것이지만 사람들이 스스로 만들어내니까요. 내가 나의 인생 이야기를 가지고 무덤 속에 들어가 누울 때가 오면, 무덤 위의 비문에 이렇게 적어주세요. 쾌활한 성품을 가진 사람!

이것이 내가 당신에게 들려주고 싶은 이야기입니다.

063
슬픈 마음
Hjertesorg

우리가 이제부터 시작하려는 이야기는 본디 두 부분으로 나뉘어 있습니다. 첫 부분은 슬그머니 빼놓을 수도 있겠지요. 그러나 몇 가지 알고 가야 할 것이 있습니다. 아주 필요한 이야기이기 때문입니다.

우리는 먼 시골 어느 저택에 머물렀습니다. 어느 날 주인은 하루 내내 집을 비웠습니다. 이때 가까운 읍에서 작은 개를 데리고 어느 부인이 찾아왔습니다. 공장에서 피혁 일을 하는 이로 주권에 서명을 받기 위해 온 것이었지요.

우리는 부인에게 서류를 봉투에 넣고 주인의 이름을 적어 놓는 게 좋겠다고 말했습니다.

"주인은 사령관과 기사 칭호를 가지고 있습니다."

부인은 우리의 말을 듣고 있다가 펜을 집어 들었습니다. 그러고는 잠시 망설이더니 주인의 이름을 한 번 더 천천히 불러 달라고 했습니다. 우리는 다시 한 번 또박또박 말했고, 부인은 받아 적었습니다. 그러나 그녀는 쓰다 말고 한숨을 푹 내쉬며 말했습니다.

"나는 여염집 아낙네예요."

부인은 이름을 적는 동안 작은 개를 마루에 내려놓았습니다. 그러자 개가 으르렁거리기 시작했습니다. 부인이 개를 데려온 이유는 개가 계속 따라왔기 때문이었습니다. 그래서 부인은 개를 마룻바닥에 내려놓지 않을 수 없었습니다. 코가 평평하고 통통한 개는 바닥에 배를 깔고 엎드렸습니다.

"우리 개는 물지 않는답니다. 이빨이 없으니까요. 우리 가족이나 마찬가지랍니다. 충실하지만 심술이 사나워요. 하지만 내 손자 녀석들이 꽤나 못살게 굴 때만 심술을 부리지요. 아이들은 결혼식놀이를 할 때면 꼭 이 개에게 신부역을 맡기려 하는데, 이 늙은 개는 그럴 때마다 몹시 귀찮아한답니다."

부인은 혀를 끌끌 차며 말했습니다. 그리고 서류를 우리에게 건네주고는 개를 안고 돌아갔습니다. 이 이야기가 첫 시작 부분이랍니다. 없어도 될 거 같지요? 그 다음은 개의 죽음! 이제부터 이야기의 시작이랍니다.

몇 주 뒤의 일이었습니다. 우리는 읍내로 옮겨가 어느 여인숙에서 묵게 되었습니다. 머물고 있는 방 창문에서는 널빤지 울타리로 반 나눈 마당이 내려다보였습니다.

한쪽 마당에는 모피와 가죽, 원료와 가공된 가죽이 매달려 있었습니다. 피혁일을 위한 모든 도구들도 있었지요. 바로 부인의 소유였습니다. 작은 개는 바로 그날 아침 죽어버려서 마당에 묻었습니다. 피혁일을 하는 부인, 즉 무두장이 부인의 손자들은 결혼식도 올리지 못한 개의 무덤을 정성껏 만들어 주었습니다. 무덤은 그럴듯해서 그 안에서 잠자는 것도 괜찮을 듯싶었습니다.

아이들은 병조각으로 무덤을 둥그렇게 둘러싸고 모래를 뿌린 뒤, 그 위에 맥주병을 꽂아 세워 놓았습니다. 물론 무슨 의미가 있는 것은 전혀 아니었습니다.

아이들은 무덤 둘레를 빙글빙글 돌며 춤을 추었습니다. 그 가운데 가장 나이 많은 일곱 살짜리 아이가 온 동네 아이들에게 무덤을 보여 주고 입장료로 멜빵 단추 하나씩을 받는 게 어떻겠느냐 제안했습니다. 아이들은 이 말에 모두 찬성했습니다.

그날 오후, 마당에는 많은 아이들이 단추 하나씩 가지고 모여들어 무덤을 구경했습니다. 아이들은 멜빵 단추가 한쪽밖에 남지 않았지만 덕분에 작은 개의 명복을 빌 수 있었습니다.

그런데 대문 가까이에 누더기를 걸친 아주 예쁘장한 소녀가 서 있었습니다. 소녀는 파마를 한 머리와 푸른 눈을 가지고 있어서 아이들의 눈길을 끌었습니다.

아이들이 대문을 열었을 때, 소녀는 아무 말도 하지 않았습니다. 울지는 않았지만 대문이 열릴 때마다 열심히 안을 들여다보려 했습니다. 소녀는 단추를 가지고 있지 않아서 슬픈 마음으로 밖에 서서 아이들이 구경을 다하고 나갈

때까지 기다리고 있었던 것입니다.

　이윽고 아이들이 모두 돌아가자 마침내 소녀는 바닥에 쪼그려 앉은 뒤, 햇빛에 그을린 작은 손으로 얼굴을 가리고 울음을 터뜨렸습니다. 이 소녀만이 작은 개의 무덤을 보지 못했던 것입니다. 어른들은 모르는 아이들만이 느낄 수 있는 커다란 마음의 상처였습니다.

　우리들은 창문을 통해서 그 광경을 내다보며 웃음을 지었습니다. 그것은 진정 우리 모두에게 때때로 다가오는 걱정과도 같았던 것입니다. 그저 이야기에 불과하지만, 이 소녀를 이해하는 사람이라면 피혁일을 하는 부인에게서 공장 주권을 받지는 않을 것입니다.

064

여기 있는 모든 것

Alt paa sin rette Plads!

백 년도 더 된 이야기입니다. 커다란 호숫가 숲 뒤쪽에는 오래된 영주의 궁전이 있었습니다. 그 주위로는 갈대들이 자라고, 궁전으로 이어지는 해자 다리 가까이에는 갈대숲 위로 긴 가지를 늘어뜨린 늙은 버드나무 한 그루가 서 있었습니다.

저 너머에서 사냥꾼의 뿔피리와 말발굽 소리가 들려왔습니다. 거위들을 몰며 다리 위를 건너던 거위치기 소녀는 사냥꾼들이 몰려오기 전에 피하려고 서둘렀습니다. 달리는 말에 치이기 전에 급히 높은 바위 위로 올라가야 했지요. 거위치기 소녀는 반짝 빛나는 두 눈에 아직도 앳된 티를 벗지 못한 귀여운 얼굴이었습니다. 그러나 영주는 소녀에게는 관심도 없었습니다. 다만 사냥꾼 무리에 앞서서 매우 빠르게 달려오며 채찍을 거꾸로 쥐었습니다. 채찍 손잡이로 소녀의 어깨를 밀어서 바위 뒤로 떨어뜨리려 했던 것입니다. 오로지 재미를 위해서였습니다.

"모두 제자리로 가야 해. 그러니 너는 물 속에 빠져 버려라!"

영주는 그렇게 외치며 낄낄거렸습니다. 그런 모양이 우스웠던지 다른 사람들도 따라 웃었습니다. 큰 소리로 왁자지껄 떠들어 대며 손가락질도 했습니다. 바로 그때 사냥개들이 마주 짖었습니다. 사람들이 찾고 있던 사냥감 냄새를 맡았던 것입니다. 영주와 사람들은 사냥개들을 앞세우고 그곳을 떠나갔습니다.

가엾은 거위치기 소녀는, 뒤로 넘어져 허우적거리다가 겨우 축 늘어진 버들 가지를 붙잡았습니다. 덕분에 가지를 붙들어 물 위로 간신히 매달릴 수 있었지요. 소녀가 온힘을 다해 그곳을 빠져 나오려 안간힘을 쓰고 있는 그때 야속하게도 나뭇가지 끝부분이 툭 꺾여버리는 게 아니겠습니까? 중심을 잃은 소녀가 해자 갈대 늪으로 떨어지려는 순간, 위에서 어떤 사람이 억센 손으로 소녀를 붙잡았습니다. 멀리서 보고 달려와 소녀를 구해 준 사람은 떠돌이 양말 장수였습니다.

"모두 제자리로!"

양말 장수는 농담 삼아 영주의 말투를 흉내 내고는 거위치기 소녀를 마른

땅 위로 끌어올렸습니다. 그는 소녀의 손에 쥐어져 있던 부러진 가지를 본디
자리에 맞춰 보았습니다. 그러나 '모두 제자리로 가는 것'이 늘 뜻대로 되는 것
은 아니랍니다! 양말 장수는 나뭇가지를 물가의 부드러운 땅에 꽂았습니다. 그
리곤 입을 나뭇가지 가까이 대고 속삭였습니다.

"무럭무럭 자라서 성 사람들에게 사랑받는 피리가 되어라."

양말 장수는 영주와 그의 하인들에게 심하게 매를 맞은 적이 있었습니다. 그
러나 오늘도 성 안으로 발걸음을 옮겼습니다. 물론 궁전의 높은 사람 접대 응
접실을 피해서 하인들이 머무는 방으로 갔습니다. 커다란 응접실은 자신의 신
분에 어울리지 않는다고 생각했던 것입니다.

하인들은 양말 장수를 반갑게 맞아들였습니다. 몇 마디 인사를 주고 받은
뒤, 양말 장수는 가지고 온 물건들을 재빨리 늘어놓았습니다. 그들은 가격을
흥정하기 시작했지요. 그러나 흥정은 곧 중단되었습니다. 저택의 식탁에서 외
침과 꽥꽥거리는 비명소리가 들려왔기 때문이었습니다. 노래를 부르려는 듯했
지만 커다란 웃음소리와 개 짖는 소리에 묻혔습니다. 영주와 손님들은 먹고 마
시며 흥청거리고 있었던 것이지요. 그들의 잔에는 포도주와 맥주 거품이 흘러
넘쳤고, 심지어 사냥개들도 함께 아주 좋은 음식을 먹고 있었습니다. 모여 있

던 영주들은 사냥개의 축 늘어진 귀와 주둥이를 손수건으로 닦아낸 다음 그 가운데 몇 마리에게 입을 맞추었습니다.

양말 장수는 그들이 부르는 소리에 양말을 가지고 위로 올라갔습니다. 그러나 영주들은 양말을 사려고 그를 부른 것이 아니었습니다. 그저 놀리기 위해서였지요.

그들은 술에 점점 취해가자 이성을 잃어 갔습니다. 함께 마시자며 양말에 맥주를 부을 정도였습니다. 그들은 저택에 딸린 목장과 농부의 농가 집을 카드놀이 도박에 걸어 몽땅 잃고도 너털웃음을 지을 만큼 이성을 잃고 있었습니다.

"여기 있는 모든 것 몽땅 제자리로!"

양말 장수는 성경에 나오는 소돔과 고모라처럼 무질서한 그곳에서 무사히 도망쳐 나와 중얼거렸습니다.

"나야 정처 없는 뜨내기라서 저 위에 있으면 마음이 몹시 불편하다니까."

투덜거리며 돌아설 때 낮에 해자 물에 빠졌었던 거위치기 소녀가 눈에 띄었습니다. 이때껏 그를 기다리고 있던 소녀는 울타리 문에서 양물 장수에게 고개를 끄덕여 인사했습니다.

몇 주가 지났습니다. 양말 장수가 물가에 심어 놓은 부러진 버드나무 가지는 무럭무럭 자라났습니다. 가지에는 파룻한 새싹도 빼꼼 돋아났습니다. 거위치기 소녀는 양말 장수가 버드가지를 땅에 뿌리 내리게 했음을 알고 진심으로 기뻐했습니다. 소녀는 그것이 자신의 나무라고 생각했습니다.

그때부터 소녀는 원하는 대로 모든 일이 잘 되어 나갔습니다. 한편 저택의 다른 사람들은 여전히 먹고 마시는 등 완전히 타락의 길로 떨어졌습니다. 하는 일 없이 먹고 마셔 대니 잘살 수 없는 것이 마땅한 노릇 아니겠어요?

이렇게 여섯 해가 지나자 마침내 영주는 가난뱅이가 되어버렸습니다. 그는 보따리와 지팡이를 들고 정처 없이 세상을 떠돌아다녀야만 했지요.

성은 어느 남자에게 팔아넘길 수밖에 없었습니다. 그런데 그 남자는 바로 영주가 비웃어 쫓아내고 양말 속에 맥주를 부어 마시게 한 장본인이었습니다. 그 사이 양말 장수는 성실하고도 부지런하게 생활하여 마침내 성공했던 것입니다. 그리고 이제는 어엿한 저택의 주인이 되었지요. 이때부터 카드놀이 따위는 손도 대지 않았습니다.

양말 장수는 옛 영주에게 말했습니다.

"그것은 악습입니다. 악마가 최초로 성서를 보았을 때 자신도 성서와 똑같은 것을 만들어 내려다 카드놀이를 고안했던 것입니다."

그의 말을 듣고 난 옛 영주는 붉어진 얼굴을 들 수 없었습니다.

얼마 뒤 부유한 양말 장수, 즉 새로운 영주는 부인을 맞이하였습니다. 그 부인은 다름 아닌 늘 단정하고 경건하며 선량했던 거위치기 소녀였습니다. 새 옷을 차려 입은 소녀는 훌륭한 집안의 고귀한 처녀처럼 우아하고 아름다웠습니다.

자, 다음 이야기는 과연 어떻게 되었을까요? 사실 이 이야기는 바쁜 우리 시대엔 너무 긴 이야기랍니다. 그러니 앞의 이야기는 여기까지만 하도록 합시다. 더 중요한 이야기가 기다리고 있으니까요.

오래된 저택의 마당은 쾌적하고 아름다웠습니다. 어머니는 집안 살림을 꾸려 나가고, 아버지는 밖에 나가 일했습니다. 하늘의 축복을 받으며 살림은 점점 더 윤택해져 갔습니다. 오래된 저택은 새롭게 단장되고, 수로도 깨끗이 정돈되었습니다. 빈 터에는 과일 나무도 심었습니다. 모든 것이 좋아 보였습니다. 특히 방바닥 널빤지는 기름을 칠한 나무처럼 반짝반짝거렸습니다.

겨울밤이면 넓은 거실에서는 어머니와 하녀들이 함께 양털과 아마로 옷감을 짰습니다. 일요일 밤에는 온 가족이 한데 모여 큰 소리로 성서를 낭독했습니다. 명예 법관이 된 양말 장수가 먼저 불렀지요. 그는 이미 아주 늙었습니다. 장성한 아이들은 모두 훌륭한 교육을 받았습니다. 아이들은 어느 가정이나 그런 것처럼 저마다 다른 개성을 지니고 있었답니다.

양말 장수가 심은 버드나무 가지는 어느덧 한 그루의 울창한 나무로 자라 당당한 모습으로 서 있었습니다. 어느덧 노인이 된 부부는 자식과 어린 손자들에게 종종 이야기하곤 했습니다.

"이 나무는 우리 집안 상징과도 같단다. 그러니 너희들은 아주 소중하게 가꾸어야 한다."

그로부터 백 년이 흘러 우리가 사는 시대가 되었습니다. 그 사이 많은 것들이 변했습니다. 호수는 더러운 늪이 되어 버렸고, 옛 저택은 황폐해졌습니다. 궁전 근처에는 돌더미로 쌓인 긴 웅덩이가 생겼지요. 그곳에는 아직도 가지를 축 늘어뜨린 무성한 늙은 나무 한 그루가 있었습니다. 바로 가문을 상징하는 버드나무였답니다. 버드나무가 늘어진 가지를 흔들면 참으로 아름다웠습니다. 물론 뿌리에서 가지 끝까지 이르는 굵은 줄기는 반으로 갈라져 있고, 폭풍이 몰아칠 때 위태롭게 흔들리기도 했지만요. 그러나 버드나무는 의연한 모습으로 변함없이 그곳에 서 있었습니다. 궂은 날씨 때문에 부식토가 끼어 갈라진 틈바구니에서 풀과 꽃도 자라났습니다. 커다란 줄기가 사방으로 갈라지는 꼭대기 부분에는 나무딸기와 별꽃의 화단이 생겨났지요. 조그마한 마가목 몇 포기도 늙은 버드나무 기둥에 뿌리를 내리고 가냘픈 가지를 귀엽게 내밀었습니다. 바람이 불어와 늪 구석의 부평초를 흐트러뜨리면, 버드나무의 모습이 일렁이는 수면 위로 비쳤습니다. 바로 근처에는 농장으로 나 있는 오솔길이 있었습니다.

새로 지은 영주의 저택은 전망이 좋은 언덕 위에 자리잡고 있었습니다. 집은 무척 크고 화려했으며, 신기할 정도로 투명하게 빛나는 창문들이 달려 있었습니다. 마치 창문이 없는 듯했지요. 현관으로 나 있는 커다란 계단은 장미꽃과 넓은 잎을 가진 식물들이 자라나는 오솔길과도 같았습니다. 잔디밭은 맑은 강물처럼 푸르렀습니다. 현관 홀에는 값비싼 그림들이 걸려 있고, 비단과 우단을 씌워 놓은 안락의자와 소파도 있었습니다. 그 가구들은 다리가 달려 있어서 혼자서도 옮길 수 있었습니다. 그 밖에도 책상들은 반짝거리는 하얀 대리석으로 되어 있고, 책들은 모로코 가죽 표지에 금줄이 새겨진 화려한 것들이었습니다. 여기 사는 사람들은 어마어마한 부자였고, 또 고상한 사람들인 듯했습니다. 이 저택에는 바로 남작 가족이 살고 있었던 것입니다.

옛날 말은 이곳에서도 통했습니다. 그들 역시 '여기 있는 모든 것 제자리로!'라는 말 그대로였습니다. 그 격언처럼 모든 것은 자기들 마음대로라 생각했기 때문에 그들은 옛 저택의 명예를 나타내던 그림들을 하인들 방이 있는 복도에 걸어 놓았습니다.

두 장의 오래된 초상화는 그야말로 잡동사니가 되어버리고 말았습니다. 한 장은 붉은 연미복에 가발을 쓴 남자 그림이었고, 다른 한 장에는 얼굴과 머리를 곱게 단장하고 장미를 손에 든 여자가 있었습니다. 두 그림 모두 버들가지 액자에 담겨 있었습니다. 그런데 두 초상화에는 곳곳에 둥근 구멍이 아주 많이 뚫려 있었습니다. 남작의 아이들이 두 그림을 표적으로 삼아 장난감 화살을 쏘아 댔기 때문이었습니다. 그림 속 두 노인은 다름 아닌 이 가족의 선조인 명예 법관과 그의 부인이었습니다.

"그런데 저 두 사람은 실제 우리 선조가 아니야! 양말 장수와 거위치기였는

걸. 그들은 우리 아버지나 어머니와는 다르다고."

남작의 사내아이들 가운데 한 아이가 말했습니다.

끝내는 그림이 엉망이 되어 버렸습니다. 후손들은 입버릇처럼 '여기 있는 모든 것 제자리로!' 외쳤습니다. 마침내 초상화 두 점은 하인의 방 입구에 초라하게 걸려야 했습니다.

목사 아들이 이 저택의 가정 교사로 오게 된 것도 그즈음 일이었습니다. 목사 아들은 어느 날 남작의 사내아이들과 얼마 전에 세례를 받은 장녀와 함께 산책을 나갔습니다. 그들은 언덕길을 따라서 오래된 버드나무가 있는 곳까지 걸었습니다. 그들이 이곳을 둘러보는 동안 누나는 들꽃을 꺾어 아름다운 꽃밭을 만들었습니다. 어여쁜 언덕길에서는 '여기 있는 모든 것 제자리로'라는 말도 아름답게 들렸지요.

누나는 선생님의 말을 흥미롭게 귀담아 들었습니다.

목사 아들한테서 자연의 힘이라든가 역사 속의 위대한 인간들에 대한 이야기를 듣는 것이야말로 누나에게 있어서는 가장 큰 즐거움이었습니다.

누나는 고귀한 영혼과 신념을 지닌 성실하고 귀여운 여자였습니다. 하느님께서 창조하신 모든 것을 진심으로 귀하게 여길 줄 아는 따뜻한 마음씨도 지녔지요.

그들은 오래된 버드나무 밑에서 잠시 걸음을 멈추었습니다. 남작의 막내 아이는 버드나무로 피리를 만들어 달라며 칭얼거리기 시작했습니다. 그래서 목사 아들은 버드나무 가지 하나를 꺾었습니다.

"안 돼! 꺾지 마세요!"

남작의 딸이 말렸지만 때는 이미 늦었습니다.

"이 나무는 우리에게 잘 알려진 아주 오래된 나무랍니다. 내가 얼마나 좋아한다고요. 그 나무를 너무 아낀다고 모두들 나를 비웃어 댔지요. 그래도 괜찮아요. 이 나무에는 전설이 있어요."

누나는 목사 아들에게 나무에 관해 우리가 알고 있는 모든 것을 말해 주었습니다. 옛 궁전이라든가 거위치기 소녀와 양말 장수에 대해서 말입니다. 물론 두 사람은 자기 가문 선조라는 것까지 말이에요.

"저희 훌륭한 선조님들은 건방진 귀족처럼 행동하려 하지 않았어요. 그분들은 '여기 있는 모든 것 제자리로'라는 말을 마음속에 새기셨지요. 그런데 두 분은 귀족 칭호를 한사코 거부하셨답니다. 최초로 남작이 된 분은 두 분의 아들, 그러니까 제 할아버지였어요. 할아버지께서는 대단히 박식하셨지요. 할아버지는 왕자님들과 공주님들의 존경과 사랑을 받으셨고, 축제 때마다 그들과 함께 참석하셨습니다. 물론 집안에서도 가장 존경받으시는 분이죠. 그러나 저는 증조할아버지와 증조할머니를 훨씬 더 소중하게 생각하지요. 그분들께 진정 마음이 끌린답니다. 옛 저택은 매우 고상하고 차분했을 테지요. 그런 곳에서 증조모님은 하녀들과 함께 앉아서 옷감을 짜고, 증조부님은 성서를 큰 소리로 읽으셨을 거예요!"

목사 아들은 상기된 얼굴로 대꾸했습니다.

"참으로 분별력 있고 훌륭한 분들이셨네!"

마음이 통한 그들은 '귀족'과 '평민'에 대해 이야기했습니다. 목사 아들은 마치 자신은 평민이 아니라는 듯 귀족에 대해 열심히 설명했습니다.

"특별한 부류에 속한다는 것은 행운이야. 혈통이 좋다는 것이니까. 최고 명문가 명성을 갖는다는 것은 매우 대단한 일이지. 귀족이란 고귀함을 의미하는 거야. 물건의 가치를 결정하는 것이 돈이 듯이말야. 물론 시인들이 노래하는 것처럼 귀족들은 모두 어리석어질 수도 있어. 하지만 이와 달리 가난한 사람들에게 어려워지면 어려워질수록 그만큼 더 총명해진다는 말은 시대의 흐름 때문에 나왔을 뿐이지. 나는 그런 말이 옳다고 생각하지는 않아. 그것은 너무 단순한 생각이거든. 진정으로 높은 지위와 정신에서는 아름다운 특징들이 많이 나타나고 있어. 어머니는 내게 그런 사례 하나를 말씀해 주셨지만, 나는 더 많은 사례를 댈 수도 있지.

어머니는 어느 도시의 고귀한 집안을 방문하신 적이 있었지. 어머니의 어머니, 그러니까 나의 외할머니는 그 집 아기에게 젖을 먹이는 젖어미였어. 어머니가 그 집 주인 귀족 노인과 함께 방에 있을 때, 목발을 짚은 노인이 정원 입구로 찾아왔던 거야. 노인은 일요일마다 찾아와 동전 몇 닢을 얻어 가곤 했어. 이때 주인은 '가엾은 노인이 찾아왔군! 걷기 얼마나 힘들까!' 말했지. 어머니가 전후 사정을 알아차리기도 전에 귀족 노인은 현관문을 열고 계단을 내려갔어. 일흔 살 고귀한 노인은 자신이 직접 가엾은 노인에게 내려 가, 자선금을 얻으려 계단 위로 힘들게 올라오는 수고를 덜어 주려 했지. 아주 보잘것없는 것에 불과할지 모르지만, 자선금으로 주는 동전 몇 닢에도 그렇게 따뜻한 마음씨와 본

성이 깃들여 있단다. 오늘날 시인은 그런 쪽으로 사람들을 인도하여 노래해야 해. 그래야 조화와 화해가 이루어질 수 있는 거야. 물론 혈통과 집안이 좋다고 자만해서는 안 되지. 아랍 말이 뒷다리로 서서 길거리에서 제 멋대로 울어 대는 것처럼, 방에 앉은 귀족이, 평민이 있는데서 '여기 거지들이 모였군'이라 말한다면, 귀족은 타락해갈 뿐이야. 연극의 선조 테스피스가 만든 그리스 비극의 가면처럼 굳어져 가게 되는 거지. 그렇게 되면 결국 사람들로부터 조롱받고 무시당하게 되어버려."

가정 교사가 길게 이야기하는 동안 어느새 피리가 완성되었습니다.

저택에서는 성대한 연주회가 열렸습니다. 저택 근처와 수도에서 많은 손님들이 왔습니다. 온갖 의상을 멋지게 차려 입은 숙녀들도 찾아왔습니다. 연회장은 사람들로 가득 찼습니다. 교회 목사들도 경외심을 보이며 구석에 조용히 모여 있었습니다. 마치 장례식이 거행되는 것처럼 조용했답니다. 모두가 흥겨운 마음으로 기다렸지만, 아직 연주회는 시작되지 않았습니다.

마침내 연주회가 시작될 시간이 되었습니다. 남작의 어린아이들은 버들피리를 가져왔습니다. 그러나 아이는 공기를 제대로 마시고 뱉을 줄 몰라 아무리 불어도 소리가 나지 않았습니다. 아버지 역시 마찬가지로 불지 못해서 피리는 쓸모가 없었습니다.

이때 어디선가 매우 듣기 좋고 아름다운 음률이 들려왔습니다. 돌아보니 목사 아들이 부는 피리소리였습니다.

"당신도 음악가인가요?"

기사복 차림의 남작 아들이 목사 아들에게 물었습니다.

"피리를 불고, 또 그걸 직접 만들었다니. 정말 음악 천재로군요! 마땅한 자리에 계셔야 할 텐데요. 맙소사, 나는 요즘 시대에 맞추어진 사람이에요. 그러니 피리를 불지 못하는 것도 당연한 일이지요. 그런데 당신은 그 조그만 악기로 우리 모두를 놀라게 하는군요."

남작 아들은 이렇게 말하고 저 아래 늪가 버드나무 가지를 잘라서 만든 조그만 피리를 그에게 넘겨주었습니다. 그러고는 자신의 가정 교사가 피리 독주를 들려줄 거라고, 모든 사람들에게 큰 소리로 알렸습니다.

목사 아들은 사람들이 자신을 조롱하려는 것을 쉽게 알 수 있었습니다. 그래서 피리를 잘 불면서도 불고 싶지 않았습니다. 그러나 그들이 피리를 불도록

계속 강요하는 바람에, 어쩔 수 없이 피리를 받아 입에 댔습니다.

그런데 신기한 일이 벌어졌습니다. 버드나무 피리에서 나오는 소리가 증기 기관차의 기적 소리처럼 길게 울리다가 점점 더 강해지는 것이었습니다. 피리 소리는 저택 화원과 숲을 넘어 방방곡곡으로 크게 울려 퍼졌습니다. 그 때였습니다. 피리 소리와 더불어 거센 폭풍이 몰려오더니 '여기 있는 모든 것 제자리로!'라며 호통을 치는 게 아니겠어요? 그러자 남작은 바람에 끌려가듯 정원 밖으로 날려가 외양간 한가운데 곤두박질쳤습니다. 어느 목동은 거꾸로 공중으로 날려 저택 안으로 떨어졌습니다. 그러나 내실의 연주회장이 아니라, 비단 양말을 신고 있는 고상한 하인들의 방에 떨어졌습니다. 건방진 하인들은 신분이 보잘것없는 마부가 감히 자신들의 테이블에 앉아 있는 것을 보고 넋을 잃었습니다.

연주회장에서는 남작의 딸이 바람에 날려 식탁 상석에 앉게 되었습니다. 물론 그 자리는 남작의 딸이 앉을 만한 자리였습니다. 그런데 평민인 목사 아들이 남작의 딸 옆에 앉게 되었습니다. 그들이 나란히 앉아 있는 모습은 마치 한 쌍의 신혼부부를 보는 듯했습니다. 왕실 가장 연장자에 속하는 노백작은 불쾌한 표정 없이 특별석에 앉아 있었습니다. 피리가 만들어 준 이 상황은 공평했기 때문입니다. 목사 아들을 놀리기 위해 피리 연주를 하게 한 익살맞은 남작은 이미 다른 사람들과 함께 수탉들 한가운데 처박혀 있었습니다.

피리 소리는 점점 커져 온 나라에 울려 퍼졌습니다. 곧 국민들도 이 굉장한 사건을 듣게 되었습니다. 4대 동안 잘살아 온 어느 상인 가족은 마차 밖으로 멀리멀리 날아가 본디 자리로 돌아올 수 없었습니다. 뒤늦게 자신의 옥수수밭을 일구어 부유해졌지만 거만했던 두 농부는 바람에 날려 진흙 구덩이에 빠졌습니다.

참으로 위험한 피리였습니다. 다행히 피리는 한 번 크게 울린 뒤 저절로 멈추어 다시 주머니에 갈무리되었습니다.

'여기 있는 모든 것'이 제자리로 돌아온 것입니다.

다음 날, 사람들은 그 사건에 대해 아무 말도 하지 않았습니다. 놀라움과 두려움으로 차마 입을 열 수가 없었던 것입니다. 그때부터 '피리를 꺼내지 말고 넣어 두라'는 말이 생겨났답니다.

오래지 않아 모든 것은 본디 자리로 돌아왔습니다. 오로지 양말 장수와 거위치기 소녀의 초상화만은 커다란 회랑 위에 다시 걸렸지요. 초상화는 바람을 타고 날아가 벽에 걸렸던 것입니다. 그 뒤로 예술품 감정사가 이 초상화들이 훌륭한 명인의 손으로 그려진 것이라 말했기 때문에, 그림들은 계속 그곳에 걸린 채 깨끗이 관리되었습니다. 그 전 사람들은 그 그림들이 얼마만큼의 가치가 있는지 알지 못했습니다. 그러나 중요한 것은 지금 초상화들이 명예로운 장소에 걸려 있다는 점입니다. '여기 있는 모든 것'이 제자리에 돌아와 있는 것입니다.

영원함은 긴 세월입니다. 이 이야기보다도 더 긴 세월이랍니다.

065
식료품점 난쟁이
Nissen hos Spekhøkeren

성실한 어느 학생이 있었습니다. 그는 2층 다락방에 사는 가난한 학생이었습니다. 1층에 사는 집주인은 식료품을 팔고 있었는데, 주인의 가게에는 난쟁이 요정이 살고 있었습니다.

난쟁이는 가게 주인을 굳게 믿고 있었습니다. 크리스마스 전날이면 언제나 커다란 버터가 들어간 보리죽 한 접시를 얻어먹었기 때문입니다. 그쯤은 식료품 주인인지라 기꺼이 내줄 수 있었습니다. 난쟁이는 언제나 가게에 머물고 있었는데, 이때부터 아주 교훈적인 이야기가 시작됩니다.

어느 날 저녁 학생이 양초와 치즈를 사기 위해 가게 뒷문으로 들어왔습니다. 마침 빵에 바를 치즈가 없었던 것입니다. 학생은 원하는 것을 사고 돈을 지불했습니다. 식료품 주인과 그의 부인은 고개를 끄덕이며 '잘 있었나' 인사를 건넸습니다. 그런데 부인은 인사말 정도로는 끝나지 않는 수다스러운 사람이었습니다. 그녀는 말재주가 아주 좋았던 것입니다.

학생도 인사를 하고 제자리에 서서 치즈를 싼 종이에 써져 있는 글을 읽었습니다. 종이는 오래된 시집에서 찢어 낸 것이었습니다. 그 책은 치즈를 싸기 위해 찢기에는 너무나 아까운 시집이었습니다.

"시집이라면 저기 나머지 부분이 있다네. 어느 노인에게 커피 열매 몇 봉지를 주고 그 책을 얻었지. 8실링만 내게. 그러면 책을 가져가도 좋아."

"그래요? 그러면 치즈 대신 책을 주세요."

학생이 선뜻 대답했습니다.

"치즈 없이도 빵은 먹을 수 있으니까요. 이런 멋진 책을 마구 찢으면 벌을 받아요. 할아버지는 정말 훌륭하고 열심히 사시는 분이지만, 시에 대해서는 저기 있는 통보다도 못하군요."

학생의 말은 무척 무례했습니다. 할아버지를 통에 비유한 것은 지나쳤던 말인 것입니다. 그래도 주인 할아버지와 학생은 낄낄 웃었습니다. 농담이 섞여 있다는 것을 알고 있었기 때문입니다. 그렇지만 이 말을 듣고 있던 난쟁이는 가게 주인이면서 질 좋은 버터를 파는 식료품 주인 할아버지에게 저렇게 무례한 말을 툭툭 내뱉은 학생에게 화가 났습니다.

밤이 깊어 가게 문이 닫히고 학생을 제외한 모두가 잠자리에 들었을 때였습니다. 난쟁이는, 주인 부부 방에 들어가 잠잘 때는 필요 없는 부인의 '말재주 입'을 살그머니 떼어 냈습니다.

난쟁이가 방에 있는 어느 물건이든 그 입을 갖다 놓으면 말을 할 수 있게 될 뿐 아니라, 마치 부인처럼 제 생각과 느낌을 훌륭하게 표현할 수 있게 됩니다. 그러나 입은 한 물건만이 가질 수 있었습니다. 그것은 커다란 행운이었습니다. 만일 그렇지 않다면 모든 물건들이 동시에 말문을 터뜨렸을 것입니다.

난쟁이는 오래된 신문들이 놓여 있는 통 위에 입을 붙이고는 물었습니다.

"너는 시가 무엇인지 모른다는데 정말이니?"

"무슨 말씀! 나는 시가 무엇인지 잘 알아요. 시는 신문의 오락란에 있는 그런 것이죠. 시에 관해서라면 내가 저 학생보다 더 많이 안다고요. 그렇지만 식료품 주인에게 나는 아무것도 아니죠."

통이 말했습니다.

난쟁이는 이번에 말재주 입을 커피 만드는 기계에 올려놓았습니다. 커피 기계도 같은 말을 했습니다. 버터를 담는 그릇과 돈 넣는 상자에도 차례대로 말재주 입을 올려놓았습니다. 모두들 통과 같은 생각이었지요. 꽤 많은 사람들이 다 같은 의견이니 존중하지 않을 수 없었습니다.

"이제 이 입을 학생에게 붙여볼까?"

　난쟁이는 뒷계단을 올라가 학생이 사는 다락방으로 갔습니다. 방에는 불이 켜져 있었습니다.

　난쟁이가 열쇠 구멍으로 방 안을 들여다보자 학생은 가게에서 가져온 찢어진 책을 열심히 읽고 있었습니다. 방 안은 대낮처럼 환하게 빛나고 있었습니다. 그런데 책에서 빛줄기가 뿜어져 번쩍이더니 곧 찬란한 나무줄기로 변하는 게 아니겠습니까!

　줄기는 빛으로 번쩍이는 우람한 나무가 되어 솟아나더니 학생의 머리 위로 가지를 뻗었습니다. 잎사귀들은 모두 하나같이 싱싱했고, 꽃들은 저마다 다른 색 눈동자를 가진 아름다운 소녀 얼굴 같았습니다. 나무 열매는 밤하늘에 빛나는 별이었습니다. 이어서 매우 아름답기 그지없는 음악이 들려왔습니다.

　그래요. 난쟁이는 제 눈으로 직접 보고 있으면서도, 이런 훌륭한 광경을 도저히 믿을 수가 없었습니다.

　난쟁이는 방 안의 불이 꺼질 때까지 발꿈치를 들고 열쇠구멍을 통해 계속

안을 들여다보았습니다. 이윽고 학생은 램프 안의 촛불을 불어 끄고 잠자리에 들었습니다. 그럼에도 난쟁이는 오랫동안 밖에서 머뭇거렸습니다. 노랫소리는 여전히 부드럽고 달콤하게 울리다가, 잠자리에 든 학생을 재우는 매혹적인 자장가로 바뀌었습니다.

"이거 굉장한걸! 정말 뜻밖이야. 학생과 함께 더 머무는 것이 좋겠어."

난쟁이는 곰곰이 생각을 거듭하다가 푹 한숨을 쉬었습니다.

"그런데 학생은 보리죽도 없잖아!"

이렇게 말하고 난쟁이는 다시 식료품점으로 내려갔습니다.

마침 그때 난쟁이가 돌아온 건 잘된 일이었습니다.

통이 어느 일에 대해 자신의 생각을 계속 주장하다가 부인의 말재주를 거의 다 써버렸기 때문입니다.

난쟁이가 말재주 입을 부인에게 돌려주었을 때는, 통은 생각을 바꾸어 다른 일에 대해서도 막 받아들이려는 참이었습니다. 그러나 가게에 있는 돈 상자부터 막대기에 이르기까지 모두가 통의 생각을 따랐습니다. 가게의 모든 것들은 그 만큼 통을 존중하고 몹시 신뢰하고 있었습니다. 그래서 식료품 주인이 신문에서 예술이나 연극 비평에 대한 글을 크게 소리내 읽으면, 그들은 그 말이 통에게서 나온 생각이라고 믿었습니다.

그러나 키 작은 난쟁이는 더 이상 가만히 앉아 있지 못했습니다. 식료품 주인이 읽는 지혜와 이성의 소리에 귀를 기울일 수 없었습니다. 아니, 다락방에서 불빛이 반짝거리면, 빛은 마치 두꺼운 줄로 변하여 그를 위로 끌어올리는 것 같았습니다. 그때마다 그는 다락방에 올라가서 열쇠 구멍으로 안을 들여다보지 않을 수 없었습니다. 소용돌이치는 바다의 신이 폭풍을 타고 수평선 너머로 지나갈 때마다 소용돌이치는 파도를 보고 감탄하듯 숭고함에 압도되어 흠뻑 취했습니다. 그는 눈물을 줄줄 흘렸습니다. 자신이 왜 우는지 알 수 없었지만, 그의 눈물에는 어떤 고귀한 것이 깃들어 있었습니다. 때때로 난쟁이는 학생과 나무 아래 함께 앉아 있다면 얼마나 좋을까 생각했습니다. 그러나 그럴 수는 없었습니다. 그는 열쇠 구멍 사이로 엿보는 것만으로 만족해야 했습니다.

차가운 가을바람이 다락방 천장으로 불어와 날씨가 몹시 추워졌을 때에도 그는 복도에 서 있었습니다. 난쟁이는 다락방 안에서 빛이 밖으로 흘러 나가 사라지고, 음악이 바람 속에 휩쓸려 들리지 않을 때에야 비로소 춥다고 느꼈

습니다.

난쟁이는 너무 너무 추워서 자신의 따뜻한 방구석에서 몸을 움츠렸습니다. 거기 있으면 그는 기분이 편하고 아늑했습니다. 게다가 그가 가장 멋있다고 생각하는 삭료품가게 주인에게 버터가 가득 든 크리스마스이브 보리죽을 얻었기 때문에 마음은 더욱 행복했습니다.

그러나 한밤중에 난쟁이는, 가게 창 밖에서 들려오는 소란스런 소리 때문에 잠에서 깨어났습니다. 밖에서 사람들이 큰 소리를 질러 대고 있었지요. 야경꾼이 호각을 불었습니다. 큰 불이 난 것입니다.

거리가 온통 새빨간 화염에 싸였습니다. 이 집에서 불이 났을까, 아니면 이웃집에서 났을까? 참으로 무서운 일이 아닐 수 없었습니다.

삭료품가게 부인은 너무도 당황한 나머지 자신의 금귀고리를 빼내며 주머니에 넣었습니다. 불로부터 보호하기 위해서였지요. 가게 주인은 증권 서류를 가져오기 위해 달려갔습니다. 가게에서 일하는 처녀는 가까이 있는 비단 외투를 챙기기 시작했지요.

모두들 자신에게 가장 귀중한 것을 구하려고 하였습니다.

난쟁이도 마찬가지였습니다. 그는 단숨에 층계를 올라 학생 방 안에 발을 들여놓았습니다. 학생은 침착하게 열린 창가에 서서 이웃집에서 활활 타오르는 화염을 바라보고 있었습니다.

난쟁이는 책상 위에 놓여 있는 그 신기한 책을 집어서 자신의 붉은 고깔모자 속에 넣은 뒤, 놓치지 않으려는 듯이 두 손으로 그것을 꼭 잡았습니다. 그는 집에서 가장 값진 보물을 화재로부터 구했다고 생각했답니다.

난쟁이는 지붕 굴뚝 꼭대기까지 올라가 앉았습니다. 건너편 집에서는 여전히 불길이 피어오르고 있었습니다. 난쟁이는 두 손으로 보물이 들어 있는 고깔모자를 꼭 잡았습니다. 이제 그는 자신이 지닌 본디 성격을 잘 알게 되었습니다. 그러나 불이 꺼진 뒤 곰곰이 생각해 보니 새삼 깨달아지는 것이 있었습니다.

난쟁이는 이렇게 중얼거렸습니다.

"나는 두 사람 사이를 오가지 않을 거야. 보리죽을 받기 위해서는 식료품 가게 주인을 포기할 수 없지."

그의 생각은 분명히 인간적이었습니다. 우리들의 생각도 보리죽 한 그릇 때문에 식료품 가게 주인에게 가는 난쟁이와 별로 다르지 않겠지요.

066
새로운 시대의 유럽 여행
Om Aartusinder

새로운 시대에는 미국인들이 풍선을 타고 대서양을 건너오게 될 것입니다. 틀림없습니다! 미국 젊은이들은 오랜 역사를 가진 유럽을 방문할 것입니다. 오늘날 우리들이 붕괴해 가는 동남아시아의 명소를 찾아가듯이, 그들은 유럽의 기념비와 오래된 유적지를 보러 올 것입니다.

새로운 시대에는 미국인들이 유럽에 찾아올 것입니다.

템스 강과 도나우 강, 라인 강은 끊임없이 흐를 것입니다. 몽블랑 산도 우뚝

솟은 설봉(雪峰)을 자랑하며 변함없이 당당히 서 있을 테고, 북극광도 북유럽 위에서 환하게 빛날 것입니다. 그러나 인간들은 세월이 흐르면서 차례차례 먼지가 되어 사라져버릴 것입니다. 잠시 권력을 가지고 있었던 사람들도 언덕 아래 무덤에 잠들어 있는 이들처럼 잊힐 것입니다. 그 언덕은 부유한 밀가루 장사꾼의 토지였기 때문에 그는 벤치를 놓고 앉아서 물결치는 넓고 평범한 밀밭을 바라보았습니다.

미국의 젊은 세대는 이렇게 말할 것입니다.

"조상들의 나라, 유럽으로 갑시다! 추억과 환상이 깃든 멋진 땅, 유럽으로!"

여행자들을 가득 태운 비행선이 날아오릅니다. 비행선을 타는 게 배를 타는 것보다 훨씬 빠르기 때문입니다. 대양 아래에 있는 전자 케이블들은 비행선 안에 몇 명이 있는지에 대한 전보를 재빠르고도 쉴 새 없이 보내올 것입니다.

벌써부터 유럽 대륙이 내려다보입니다. 저기 보이는 것은 아일랜드 해안이로군요. 그러나 승객들은 아직 잠을 자고 있습니다. 그들은 영국에 도착해서야 잠에서 깨겠지요. 지성인들이 말하는 셰익스피어 왕국인 영국 땅을 밟을 것입니다. 다른 사람들은 이곳을 정치의 나라, 기계의 나라라 부르기도 한답니다.

여기서 꼬박 하루를 머무를 것입니다. 활동적인 사람들은 영국과 스코틀랜드에서 열심히 많은 시간을 보내겠지요.

여행은 도버 해협을 건너서 샤를 왕과 나폴레옹의 나라 프랑스로 계속될 것입니다.

몰리에르는 늘 거론되는 중요한 극작가입니다. 그럼 학자들은 고대의 고전파와 낭만파에 대해 말하지요. 아직 우리의 시대가 알지 못하는 유럽의 분화구라 할 파리에서 태어난 영웅들과 시인, 학자들이 그를 찬양할 겁니다.

비행선은, 콜럼버스의 배가 출범하고 코르테즈의 고향이자 칼데론이 희곡을 시구에 맞춰 노래했던 나라 스페인을 날아갈 것입니다. 검은 눈동자를 가진 아름다운 여인들이 꽃이 가득 핀 계곡에 살고 있으며, 먼 옛날 노래를 들을 때면 영웅 시드와 알람브라 궁전이 떠오를 것입니다.

계속해서 바다를 건너 옛 로마가 있던 곳을 지나 이탈리아로 갈 것입니다. 하지만 영원할 것 같았던 도시는 사라지고 캄파니아 평원도 황무지가 되었습니다. 성베드로 대성당에서는 아직도 성벽 잔재가 보일 테지만, 그게 진짜 옛 성벽인지는 의심스럽습니다.

그리스로 가서 올림포스 언덕 위에 우뚝 솟은 호텔에서 하룻밤 묵는 것도 괜찮을 것입니다. 다음 여행은 보스포루스 해협으로 계속될 것입니다. 거기서 몇 시간 휴식을 취하며 비잔틴이 있던 곳을 구경합니다. 가난한 어부들이 그물을 밖에 내걸고 있습니다. 전설에 따르면 그곳에는 하템의 정원이 있었다고 합니다. 그러나 우리들은 그런 사실은 알지 못한 채 푸른 물결이 당당히 굽이치는 도나우 강변의 거대한 도시와 잔해 위를 날아갈 것입니다. 시간의 흐름과 더불어 남아 있는 볼 만한 유적지들은 그때그때 들렀다 갈 것입니다.

저 아래로 철도와 운하를 거미줄처럼 건설한 독일이 보입니다. 루터는 복음을 전파했고, 괴테는 시를 노래했습니다. 모차르트는 그의 생전에 음악의 지고한 아름다움을 자랑했습니다. 문학과 예술에서 위대한 이름들이 찬연히 빛나

지만, 우리는 그들 모두를 알지 못합니다.

　독일에서 하루를 묵고 덴마크 물리학자 외르스테드와 스웨덴 식물학자 린네의 고향인 북구에서 하루를 보낼 것입니다. 게다가 늙은 영웅들과 젊은이들이 함께 사는 노르웨이로! 여행자들은 돌아오는 길에 아일랜드를 둘러볼 것입니다.

　가이 지레(Geisire)는 더 이상 용암을 내뿜지 않습니다. 헬카(Helka)의 화산은 꺼져버렸지요. 그러나 거대한 바위섬은 전설의 영원한 신비를 안고서 파도치는 바다 위로 솟구쳐 오를 것입니다.

　"유럽에는 구경거리가 참 많아요! 우리는 1주일 동안 구경했지요. 훌륭한 여행자처럼 멋지게 말이에요."

　미국 어느 젊은이가 말했습니다. 그 훌륭한 여행자의 이름은 〈1주일간의 유럽 여행〉이라는 유명한 책 안에서 소개될 것입니다.

067

버드나무 아래에서

Under Piletræet

크외게 읍내 주위는 무척이나 척박한 곳이었습니다. 그러나 해안 쪽에 자리 잡고 있는 지역은 언제나 아름다웠습니다.

평원은 드넓게 펼쳐져 있어서 숲까지 주욱 이어져 있었습니다. 그러나 어디에 사는 누구라도 시간이 지나면 자신의 고향은 세상 어디서도 찾아볼 수 없는 아름다운 곳임을 알게 됩니다. 크외게에 사는 사람들도 틀림없이 그렇게 말할 것입니다.

조그마한 정원들이 해안 가까운 강어귀까지 늘어서 있습니다. 이곳은 여름철이면 참으로 멋졌습니다. 정원에서 뛰어놀며 구스베리 덤불 안에서 숨바꼭질을 하던 이웃 친구 크누트와 요한나도 그렇게 생각했습니다. 한쪽 정원에는 말오줌나무가 자라고 있고, 다른 정원에는 오래된 버드나무가 있었습니다. 아이들은 무엇보다 버드나무 아래에서 놀기를 좋아했습니다.

이 버드나무는 개울 가까이 있어서 아이들이 개울물에 빠지기 쉬웠지만 누구도 개의치 않았습니다. 하느님이 아이들을 잘 돌보아 주셨기 때문입니다. 그렇지 않다면 몹시 위험했을 것입니다. 아이들도 나름대로 매우 조심했습니다. 사실 크누트라는 사내아이는 물을 무서워했습니다. 여름이 되면 다른 아이들은 바닷물 속에 첨벙첨벙 뛰어들었습니다. 그러나 크누트는 해안 가까이도 가지 않았습니다. 다른 아이들은 그런 크누트를 놀려댔지만 그는 참을 수밖에 없었습니다.

어느 날 이웃집 여자 아이 요한나는 크외게 만에서 배를 타는 꿈을 꾸었습니다. 꿈속에서 크누트는 요한나를 찾아 바닷물로 뛰어들었습니다. 하지만 목까지 물속에 잠겼다가 완전히 가라앉아 버렸지요.

크누트가 요한나에게서 그 꿈 이야기를 들었을 때, 더는 물을 무서워하는 겁쟁이라는 소리를 듣는 일을 참기 어려웠습니다. 그러나 그는 요한나의 꿈 이야기를 들은 뒤에도 물에 들어가려 하지 않았습니다. 꿈은 오로지 그의 자존심이었습니다.

두 아이들의 가난한 부모님들은 함께 일을 하여 생활을 꾸려 나갔습니다. 크누트와 요한나는 정원이나 버드나무가 한 줄로 늘어서 있는 길가에서 놀았습니다. 버드나무는 아름답거나 풍성한 가지가 잘려 있었지만 그래도 꼭 필요한 존재였습니다. 이 버드나무보다는 정원에 있는 오래된 버드나무가 훨씬 더 아름다웠습니다. 두 아이는 이 버드나무 아래에서 자주 즐거운 시간을 보냈답니다.

크외게 읍내에는 커다란 시장이 있었습니다. 장이 크게 서면 그곳에는 비단 리본과 신발 등 온갖 상품을 파는 천막들이 가득 들어차곤 했습니다. 인파가 밀어닥치고 비가 내려 혼잡해질 때면, 농부들의 비옷 냄새가 나기도 했지만 꿀과자의 먹음직스러운 냄새도 풍겼습니다.

점포들로 가득 찬 시장터는 매우 북적거렸습니다. 꿀과자를 파는 아저씨는 장사를 하기 위해 어린 크누트의 부모님에게 가게를 빌렸습니다. 덕분에 장사가 끝나고 나면 남은 꿀과자를 조금씩 먹을 수 있었습니다. 그 가운데 조금은 요한나의 몫으로 돌아갔지요. 하지만 크누트에게는 꿀과자보다 더 좋은 일이 있었습니다.

바로 꿀과자 주인 아저씨의 재미있는 이야기를 듣는 거랍니다. 이런저런 이야기를 해주시면서 꿀과자 이야기도 자주 들려 주셨습니다. 어느 날 저녁 두 아이는 오랫동안 잊지 못할 감명 깊은 이야기를 들었습니다. 아주 흥미로운 이야기였습니다. 자, 짤막한 이야기이니 우리도 주의 깊게 귀를 기울여 봅시다!

꿀과자 주인 아저씨는 말문을 열었습니다.

"어느 과자 가게에 꿀과자 두 개가 있었단다. 하나는 모자를 쓴 남자 모습을, 다른 하나는 모자를 쓰지는 않았지만 머리에 작은 금박을 두른 여자 모습을 하고 있었지. 두 과자는 윗쪽에 얼굴이 있었고, 그 뒷면은 인간의 모습과는 매우 달랐단다. 남자 모습을 한 과자에는 왼쪽에 쌉쌀한 아몬드가 박혀 있었지. 그것은 그의 심장이었어. 그런데 여자 모습 과자는 그것이 없었지. 두 과자는 함께 전시용으로 진열장에 오랫동안 놓여 있었어. 그러다 보니 둘은 서로 깊은 사랑에 빠졌지만 말로 표현하지는 못했지. 뭔가를 이루려면 말을 해야 하는 법인데도 말이야.

처녀 과자는 '남자니까 먼저 말을 하겠지. 사랑을 확인할 수 없어도 내 사랑이 이루어질 때까지 기다리는 기쁨만 있으면' 그렇게 생각했단다. 총각 과자는 더 큰 희망을 마음속에 품고 있었어. 남자들이 다 그렇듯이 말이야. 총각 과자는 자신이 골목대장이 되어 '4실링을 가지고 있다면, 처녀 과자를 사 먹을 수도 있을 텐데' 소망의 꿈을 꾸었지.

그들은 몇 달이나 진열대에 놓여 있었기에 곧 메마르고 딱딱해졌어. 그럴수록 처녀 과자의 생각은 점점 더 섬세하고 여성스러워졌지. '그저 이렇게 같이 진열대에 있는 것만으로도 만족스러워!' 그렇게 생각했어. 그러던 어느 날 그만 처녀 과자는 말라서 두 개로 쪼개져 버리고 말았단다. 그 모습을 보고 총각 과자는 생각했어. '저 아가씨가 내 사랑을 알았다면 더 오래 살 수 있었을 텐데.' 이야기는 이걸로 끝이다. 보렴, 이게 바로 그 두 꿀과자란다."

꿀과자 주인 아저씨는 계속 말을 이었습니다.

"이 과자들의 인생과 이루지 못한 사랑을 잘 되새겨 보렴. 자, 이건 너희들이 먹어라."

아저씨께서는 멀쩡한 총각 과자를 요한나에게 주었습니다. 크누트는 쪼개진 처녀 과자를 받았지요.

하지만 두 아이는 이야기가 너무 감명 깊어서 서로 사랑하는 한 쌍의 과자를 차마 먹을 수가 없었습니다.

다음 날, 요한나와 크누트는 어제 받은 꿀과자를 가지고 크외게 교회 묘지로 갔습니다. 교회 담은 늘 두툼한 양탄자처럼 달라붙은 아름다운 녹색 담쟁이 잎새로 뒤덮여 있었습니다.

두 아이는 햇볕이 잘 드는 담쟁이 잎새 위에 꿀과자를 놓고 다른 아이들에게 이루지 못한 두 과자의 사랑 이야기를 해 주었습니다. 모두 아름다운 사랑 이야기에 감동했습니다. 그런데 이들 모두가 한 쌍의 꿀과자를 바라보고 있을 때, 어느 심술궂은 아이가 쪼개진 처녀 과자를 먹어 치워버렸습니다. 그 모습을 보고 아이들은 엉엉 울었지요. 그러다가 아이들은 나중에 남은 과자도 마저 먹었습니다. 불쌍한 총각 과자가 세상에 홀로 남아 있는 것을 원치 않았기 때문입니다. 그러나 아이들은 이 이야기를 결코 잊지 않았습니다.

두 아이는 변함없이 말오줌나무와 버드나무 아래에서 함께 놀았습니다. 요한나는 은방울 구르는 듯한 목소리로 아름답게 노래를 불렀습니다. 크누트의 목소리는 좋지 않았지만 그래도 노래 가사를 흥얼거리며 따라 불렀습니다. 둘의 모습은 참으로 아름다웠습니다. 크외게 마을 사람들, 가게 아주머니들까지도 가만히 서서 요한나의 노랫소리에 귀를 기울였습니다.

"요한나는 무척 고운 목소리를 가졌어!"

사람들은 감탄했습니다.

두 아이들은 즐거운 나날을 보냈습니다. 그러나 그런 날이 영원히 계속될 수는 없는 법입니다. 두 이웃은 서로 헤어지게 되었습니다. 요한나의 어머니께서 돌아가신 뒤, 아버지가 코펜하겐에서 다시 결혼하게 된 것입니다. 요한나의 아버지는 코펜하겐에서 관리직으로 생계를 꾸려 나가기로 했습니다. 수입이 아주 좋은 직업이었지요.

두 이웃은 눈물을 글썽이며 헤어졌습니다. 누구보다도 요한나와 크누트가 가장 슬프게 울었습니다. 어른들은 적어도 1년에 한 번은 편지를 주고받자고 약속했습니다.

어느덧 어른이 된 크누트는 구두 수선을 배우기 시작했습니다. 배우는 일을 한시도 게을리하지 않았지요. 이윽고 견진성사를 받을 때가 되었습니다.

아, 오늘 같은 축제날 크누트는 코펜하겐에 있는 요한나가 얼마나 보고 싶었을까요! 그곳은 크외게에서 불과 5마일밖에 떨어져 있지 않았지만, 가본 적이 없었습니다. 날씨가 활짝 갠 날이면 크누트는 바닷가 언덕에서 코펜하겐의 높은 탑들을 바라보는 것으로 마음을 달랬습니다. 견진성사 날에는 수녀원의 황금 십자가가 반짝이는 것도 보았습니다.

크누트는 늘 요한나를 생각했습니다. 그런데 요한나 또한 크누트를 떠올리고 있었을까요? 물론입니다! 크리스마스 날 코펜하겐에서 잘 지내고 있다는 요한나 아버지의 편지가 크누트의 부모님께 전해졌습니다. 요한나는 아름다운 목소리 덕분에 행운을 잡게 되었다 합니다. 이제 오페라 극단에 들어가 노래를 하게 될 것이며, 계약금도 이미 받았다는 이야기가 써져 있었습니다. 또 받은 돈 가운데 요한나는 사랑하는 크외게 이웃들에게 크리스마스를 즐겁게 보낼 수 있도록 얼마간의 돈을 보내며, 요한나를 위한 축배의 잔을 들어달라고 적혀 있었습니다. 아울러 요한나가 직접 쓴 추신에는 '크누트, 안녕!'이라 씌어 있었습니다.

편지를 읽은 식구들은 모두 눈물을 흘렸습니다. 너무나 반갑고 기뻤기 때문입니다. 크누트는 언제나 요한나 생각뿐이었습니다. 이제 멀리 떨어져 있는 요한나도 자신을 그리워하고 있다는 것을 알게 되었습니다. 크누트는 정식 도제가 되는 날이 가까워지면 가까워질수록, 자신이 요한나를 사랑하고 있다는 것을 느꼈습니다. 그래서 언젠가는 요한나를 아내로 맞이해야겠다는 생각을 굳히고 있었습니다. 그럴 때면 크누트의 입가에는 즐거운 미소가 감돌았답니다.

크누트는 발을 구두 가죽에 대고 한층 더 빨리 실을 꿰었습니다. 그러다 간혹 송곳에 손가락을 깊숙이 찔리기도 했지만 그 쯤은 아무렇지도 않았습니다. 크누트는 한 쌍의 꿀과자처럼 입을 다문 채 가만히 기다릴 수만은 없었습니다. 과자 이야기는 크누트에게 좋은 교훈이 되어 주었답니다.

마침내 크누트는 도제가 되자 여행 가방을 꾸려 떠날 준비를 했습니다.

마침내 크누트는 난생 처음으로 코펜하겐에 도착했지요. 그곳에는 이미 일자리가 준비되어 있었습니다. 요한나는 크누트를 만나면 깜짝 놀라며 반길 테지요! 어느덧 요한나는 열일곱 살, 크누트는 열아홉 살이 되었습니다.

크누트는 크외게에서 요한나에게 줄 금반지를 사려 했지만 그만두었습니다. 코펜하겐에서 훨씬 더 멋진 금반지를 살 수 있으리라 생각했기 때문입니다.

크누트는 나이 든 부모님과 작별 인사를 나누고, 어느 가을날 촉촉한 비바람을 맞으며 서둘러 코펜하겐으로 발걸음을 옮겼습니다. 그가 코펜하겐에 와서 새로운 장인(匠人)에게서 일자리를 받을 때까지도, 곳곳에서는 가을 단풍잎이 우수수 떨어져 흩날렸습니다.

첫 번째 휴일 날, 크누트는 요한나의 집을 찾아가기로 했습니다.

크누트는 새 작업복을 입고 크외게에서 새로 산 사냥모자도 썼습니다. 모자는 그에게 참 잘 어울렸답니다.

크누트는 마침내 요한나의 집을 찾아 긴 계단을 올라갔습니다. 대도시 코펜하겐 사람들은 이렇게 서로 모여 살고 있어 놀랄 지경이었습니다.

도착한 요한나의 집 안은 잘 꾸며져 있었습니다. 요한나의 아버지께서는 크누트를 친절하게 맞아 주셨습니다. 새로 맞은 부인은 이날 처음 만났지만 먼저 상냥하게 악수를 청하고 커피도 따라 주었습니다.

"요한나가 너를 보면 꽤나 반가워할 게다! 너도 이젠 훌륭한 청년이 되었구나! 그래, 오랜만에 왔으니 요한나를 만나야겠지? 그 아이는 나의 기쁨이자 희망이란다. 요한나는 우리에게 돈을 내고 방을 빌려 쓰고 있지."

요한나의 아버지께서는 마치 낯선 사람을 대하는 것처럼 정중하게 요한나의 방문을 두드렸습니다.

그들은 그녀의 방 안으로 들어갔습니다. 그런데 요한나의 방은 마치 다른 세상처럼 아주 아름답게 꾸며져 있는 것이 아니겠습니까!

분명히 크외게에는 이토록 사랑스러운 방이 없었습니다. 왕비도 그토록 아름다운 방에 살지는 않을 것입니다. 방바닥에는 카페트가 깔려 있는가 하면, 바닥까지 길게 늘어진 커튼과 벨벳으로 감싼 안락의자도 있었습니다. 곳곳에는 꽃과 그림으로 꾸며져 있었고, 개울물처럼 투명하고 문짝만큼 커다란 거울이 달려 있어서 무심코 들어가려 할 정도였습니다.

크누트는 방 안을 흘끗 둘러보고는 요한나에게 눈길을 돌렸습니다. 요한나는 어느새 성숙한 여인이 되어 있었습니다. 그녀는 크누트가 상상했던 것과는 다른 모습으로 전보다 훨씬 더 아름다웠지요. 크외게 읍내에는 요한나와 견줄만한 여인이 없었습니다. '아, 이 어찌나 아름다운 여인인가' 크누트는 속으로 생각했습니다.

요한나는 처음에 크누트를 서먹서먹하게 바라보았지만, 잠시뿐이었습니다. 이윽고 요한나는 크누트에게 달려와 입맞춤을 하려는 듯하다가 그만두었습니다. 그녀는 어릴 적 소꿉친구를 보고 매우 반가워했습니다. 어느새 그들은 눈물을 흘리며 서 있었습니다. 이윽고 추억에 잠겨 요한나가 크누트 부모님의 안부며 말오줌나무와 버드나무에 대해 묻기 시작했습니다. 마치 그 나무들이 사람이라도 되는 듯이 요한나는 말오줌나무와 아가씨와 버드나무 아저씨라 부르고 있었습니다. 꿀과자 한 쌍 이야기는 더 진지했습니다. 오랜 시간 진열대 위에 놓여 있다가 깨어져 버린 꿀과자의 사랑 이야기를 하며 요한나는 매우 즐겁게 웃음 지었습니다. 크누트의 두 볼은 뜨겁게 달아오르고, 심장은 어느 때보다 격렬하게 뛰었습니다. 요한나는 전혀 거만해지지 않았습니다. 크누트는 그런 요한나가 고마웠습니다.

요한나의 부모님께서는 크누트에게 오늘 저녁 머물어 달라 청했습니다. 사실, 요한나가 부모님께 부탁했던 것이지요. 요한나는 크누트에게 잔도 건네주고 차도 직접 따라 주었습니다.

식사가 끝난 뒤 그녀는 책을 가져와 그에게 읽어 주었습니다. 요한나가 읽어주는 시는 크누트의 사랑을 일깨우는 것 같았고, 자신이 요한나를 마음에 품고 있는 생각과도 일치했습니다. 이어서 요한나는 짧은 노래 한 곡을 불러주었습니다. 그 노래 속에는 많은 사연이 담겨 있어서 요한나의 진정한 마음을 들려주는 것만 같았습니다.

아, 요한나는 분명 크누트를 사랑하고 있었습니다. 크누트의 뺨을 타고 눈물이 흘러내렸습니다. 크누트는 어찌할 바를 몰랐습니다. 한 마디 말도 할 수 없었지요. 크누트는 자신이 바보같다고 생각했습니다. 요한나는 크누트의 손을 꼭 잡으며 말했습니다.

"너는 참 좋은 사람이야, 크누트. 늘 지금처럼 변치 말아줘!"

잊을 수 없는 아름다운 저녁이었습니다. 누구라도 그런 저녁을 보내면 잠을 이루지 못했을 것입니다. 크누트는 조금도 눈을 붙이지 못했습니다. 요한나와 작별할 때 그녀의 아버지께서 상냥하게 말씀하셨습니다.

"크누트야, 우리는 너를 잊지 못할 거야. 그러니 겨울이 가기 전에 다시 한 번 찾아오려무나."

그래서 크누트는 다음 주 휴일에 다시 찾아오기로 마음먹었습니다.

그는 일이 끝나는 저녁마다, 시내로 걸어갔습니다. 그러고는 요한나가 사는 거리를 지나며 그녀의 방 창문을 올려다보았지요. 요한나의 방은 거의 늘 불이 켜져 있었습니다. 어느 날 크누트는 커튼에 비친 요한나의 그림자를 뚜렷하게 보았습니다. 그날은 참으로 행복한 저녁이었습니다.

구둣방 부인은 크누트가 저녁때마다 늘 나돌아다니는 것을 좋아하지 않았습니다. 부인은 무언가 의심스러운 듯 머리를 옆으로 흔들어 보였습니다. 하지만 주인은 빙그레 웃으며 '젊은 사람은 다 그런 걸 뭘 그래'라며 크누트를 두둔해 주었습니다.

크누트는 말했습니다.

"우리는 일요일에 다시 만나기로 했지요. 그날 만나서 내가 요한나를 늘 생각하고 있다는 것과 이제 내 아내가 되어 달라 말할 거예요. 지금은 비록 가난한 도제에 불과하지만 나는 장인이 될 거예요. 적어도 구둣방 주인은 될 수 있지요. 나는 죽을 각오로 열심히 일할 거예요. 그래요, 요한나에게 꼭 말하겠어요. 표현하지 않는 사랑은 어리석지요. 나는 꿀과자에서 배웠어요."

일요일이 되자 크누트는 또다시 요한나의 집을 방문했습니다. 그런데 이게 웬일입니까. 요한나의 가족은 막 외출하려던 참이어서 함께 있을 수가 없었습니다. 요한나는 크누트의 손을 잡으며 말했습니다.

"크누트 극장에 가본 적 있니? 너도 한번 가봐! 나는 수요일날 그곳에서 노래를 부른단다. 네가 시간을 낼 수 있다면 입장권을 보내 줄게. 네 일터 주소를 아버지께서 알고 계시거든."

요한나는 참으로 사랑스러웠습니다. 수요일 점심이 되었을 때 아무 글도 적혀 있지 않은 봉투가 왔는데, 안에는 입장권만 들어 있었습니다.

이날 저녁 크누트는, 태어나서 처음으로 극장에 갔습니다. 그는 거기서 무엇을 보았을까요? 물론 귀엽고 사랑스런 요한나를 보았습니다. 요한나는 낯선 사람과 결혼을 했지만, 그것은 연극일 뿐이었습니다. 만일 연극이 아니었다면 그에게 특별히 와서 보라 입장권도 보내지 않았을 것입니다. 모든 관중들이 박수치며 환호했습니다. 크누트도 함께 환호했습니다.

왕도 연극을 보고 만족스러운 듯 요한나에게 미소를 지어 보였습니다. 크누트는 자신의 초라함을 절실하게 느꼈습니다. 그래도 그는 요한나를 마음속 깊이 사랑하고 있었고, 요한나도 그를 무척이나 사랑했습니다. 크누트는 처녀 꿀과자가 말했듯이 남자가 먼저 사랑을 고백해야 한다고 생각했습니다. 이 작은 이야기 속에는 많은 교훈이 숨겨져 있었으니까요.

다시 일요일이 돌아왔을 때 크누트는 즉시 요한나를 찾아갔습니다. 그의 마음은 성찬식을 올릴 때처럼 엄숙했습니다. 그런데 요한나 혼자서 크누트를 맞이했습니다. 무언가 잘못됐다 생각되었습니다.

"마침 잘 왔어. 네가 오지 않았더라면 아버지께서 직접 너를 찾아가셨을 거야. 그치만 오늘 저녁 네가 반드시 올 것만 같았지. 네게 꼭 할 말이 있어. 나는 금요일날 프랑스로 떠나기로 했어. 그곳에서 더욱 열심히 배워서 노래실력을 갈고 닦을 거야. 내게는 너무 중요한 일이라 가지 않을 수 없어."

요한나가 말했습니다.

크누트는 눈앞이 깜깜해지고 가슴이 무너지는 듯했습니다. 그는 눈물을 꾹 참았지만 깊이 차오르는 슬픔은 감출 수가 없었습니다. 요한나는 그 모습을 보고 울상을 지었습니다.

'나의 착한 크누트!'라 요한나가 부르자, 크누트는 더 이상 참지 못하고 자신의 사랑을 고백하면서 결혼해 달라 말했습니다. 그러자 요한나의 얼굴은 창백하게 변했습니다. 그녀는 크누트의 손을 놓으면서 진지하고도 슬픈 얼굴로 말했습니다.

"오! 크누트. 잘살길 바라. 나를 슬프게 하지 말아 줘. 우리 서로 행복해지기 위해서는 어쩔 수 없어. 나는 언제나 너의 여동생으로 남아 있을 거야. 그 이상은 안 돼!"

요한나는 자신의 부드러운 손으로 크누트의 뜨거운 이마를 쓰다듬고는, 그를 위해 기도해 주었습니다.

"하느님께선 우리가 진심을 다해 원한다면 분명 이겨낼 수 있는 강한 힘을 주실 거야."

그때 요한나의 새어머니가 방으로 들어왔습니다.

"제가 떠난다니까 크누트가 너무 슬퍼해요."

요한나는 아무 일 없었다는 듯 새어머니에게 말했습니다. 그녀는 용기를 내라 말하며 크누트의 어깨를 두드렸습니다. 그저 여행 이야기만 나눈 듯한 태도였습니다.

"크누트, 기운 좀 내. 우리가 어렸을 때 버드나무 아래에서 놀았던 시절처럼."

그러나 크누트는 세상이 무너지는 것만 같았습니다. 그의 마음은 풀어진 연줄처럼 바람 속에서 힘없이 나부끼고 있었습니다. 크누트는 슬픈 얼굴로 앉아 있었습니다. 이 일 때문에 크누트를 오라 했는지는 알 수 없었지만, 아무튼 그들은 친절하고 호의적이었습니다. 요한나는 크누트에게 여느 때처럼 차를 따라주고 노래도 불러주었습니다. 노래는 이제까지 들어 보지 못한 생소한 곡조였지만, 표현해내기 어려울 만큼 아름다운 목소리였습니다.

마음이 찢겨져 나가는 듯한 기분으로 그들은 작별했습니다. 크누트는 악수도 청할 수 없었습니다. 그러자 요한나는 크누트의 손을 잡고 그를 위로했습니다.

"헤어지는 여동생에게 악수라도 해 주렴!"

두 뺨 위로 눈물이 흐르고 있었지만, 요한나는 억지로 미소를 지으며 다시 말했습니다.

"나는 너의 여동생이자 소꿉친구잖아!"

그녀의 말이 조금은 위로가 되었습니다. 그리고 이것은 이별의 마지막 말이 되었습니다.

요한나는 배를 타고 프랑스로 떠났습니다.

크누트는 코펜하겐의 지저분한 뒷골목을 배회했습니다. 같이 일을 하는 친구들은 왜 그렇게 무엇에 홀린 사람처럼 돌아다니느냐며 함께 어울리자 말했습니다.

그들은 함께 무도장에 갔습니다. 그곳에는 예쁜 여자들이 많았지만, 요한나

같은 여자는 한 명도 없었습니다. 크누트는 무도장에 가면 요한나를 잊을지도 모른다 생각했습니다. 그러나 도리어 요한나는 마치 함께 있는 듯 크누트의 눈앞에 어른거렸습니다.

'하느님께서는 스스로 원할 때에만 강한 힘을 준다네!' 요한나의 기도 소리가 크누트의 마음속으로 들려오는 것 같아 두 손을 모았습니다. 바이올린 소리는 계속해서 흐르고 있고, 여자들은 춤을 추며 주위를 돌고 있었습니다. 그 순간 크누트는 소스라치게 놀랐습니다. 상상이라도 요한나를 데리고 와서는 안 될 곳에 와 있었던 것입니다. 크누트와 요한나는 마음과 마음으로 함께 하고 있었습니다.

크누트는 밖으로 나가서 거리 이곳저곳을 뛰어다니다가 요한나가 살던 집 앞으로 갔습니다. 집 안은 불이 꺼져 있었습니다. 사방이 어둡고 공허하며 쓸쓸했습니다.

그러나 세상은 제 갈 길로 묵묵히 지나가고, 크누트도 제 길을 걸어가야만 했습니다.

어느새 겨울이 찾아왔습니다. 강과 호수는 꽁꽁 얼어붙었습니다. 모든 것이 묘지로 들어갈 준비를 하는 것처럼 보였습니다.

그러나 다시 봄이 찾아오고 첫 번째 기선이 떠날 때, 크누트는 그 증기선을 타고 한시라도 빨리 이곳을 떠나 넓은 세계로 나가고 싶은 동경에 사로잡혔습니다. 그러나 프랑스는 너무 멀었습니다.

크누트는 배낭을 챙긴 뒤, 먼저 독일 이 도시 저 도시로 쉬지 않고 여행을 다녔습니다. 그는 화려하고 역사 깊은 뉘른베르크에 도착했을 때에야 비로소 조금 지친 다리를 쉬며 잠시 그곳에 머물렀습니다.

뉘른베르크는 그림책에서나 나올 듯한 신비로운 느낌을 가진 오래된 도시였습니다. 길은 곳곳으로 나 있고, 건물들은 저마다 다른 모습으로 길가에 늘어서 있었습니다. 작은 탑과 소용돌이 모양 조각상이 있는 창문들은 길 위까지 나와 있었습니다. 서로 기묘하게 연결된 지붕 꼭대기부터 용과 몸이 긴 개의 모양을 한 홈통이 길 한 가운데까지 길게 뻗어 있었습니다.

크누트는 뉘른베르크 시장터에서 배낭을 등에 맨 채로 서 있었습니다. 근처에는 오래된 분수 하나가 있었지요. 위로 솟아오르는 분수의 물줄기 사이로 종교적이고 역사적인 인물들을 조각한 멋진 동상들이 언뜻언뜻 보였습니다. 어느 아리따운 아가씨는 그곳에서 차가운 물을 떠다가 크누트에게 나누어 주었습니다. 그녀는 장미를 한 다발이나 손에 꼭 쥐고 있었는데, 그 가운데 한 송이를 선물로 주었습니다. 그에게는 참으로 좋은 징조인 것 같았습니다.

그때 바로 옆 교회에서 오르간 소리가 들려왔습니다. 이 울림은 크외게 교회에서 듣던 소리와 닮아 어쩐지 그리워졌습니다. 높고 기다란 기둥 사이 채색된 창틀을 통해 햇빛이 영롱하게 비쳤습니다. 그 모습을 바라보고 있는 크누트의 머리는 경건함으로, 마음은 고요함으로 가득 찼습니다.

이어서 크누트는 뉘른베르크에 있는 구둣방 주인을 찾아가 함께 머물면서 독일어를 배웠습니다.

뉘른베르크 주변을 둘러싸고 있었던 옛 해자는 지금은 흙으로 덮여 작은 채소밭이 되었습니다. 그러나 여전히 높은 성벽은 우뚝 탑과 함께 서 있었습니다.

밧줄 장수는 담장 안쪽을 따라 늘어서 있는 나무회랑에서 밧줄을 감고 있었습니다. 담장의 틈바구니와 구멍에는 딱총나무가 여기저기 자라나, 작고 나지막한 집 위로 가지를 뻗고 있었습니다. 크누트가 새롭게 일하게 된 구둣방 주인은 이 집들 가운데 한 집에 살고 있었습니다. 크누트가 머무는 다락방 작은 창 위로 딱총나무가 가지를 늘어뜨렸지요.

크누트는 이곳에서 그 해 여름부터 겨울까지 보냈습니다. 그러나 봄이 다시 찾아왔을 때, 그는 더 이상 견딜 수가 없었습니다. 딱총나무가 꽃을 피우며 고향의 향기를 뿜어내고 있었기 때문입니다. 마치 크외게 정원에 있는 듯한 기분이었습니다. 크누트는 이 구둣방을 떠나 딱총나무가 없는 시내에서 멀리 떨어진 다른 구둣방으로 옮겼습니다.

그가 자리 잡은 구둣방은 언제나 덜그럭덜그럭 소리를 내며 돌아가는 작은 물레방아 다리 근처에 있었습니다. 구둣방 옆에는 집과 집 사이로 물살이 센 냇물이 흐르고 있었으며, 집들은 하나같이 금방이라도 물속으로 허물어져 버릴 것처럼 오래되었습니다. 그리고 그 집에는 낡은 발코니가 붙어 있었지요. 이곳에는 딱총나무가 한 그루도 자라지 않았고, 꽃나무를 심은 화분 하나 없었지요. 그러나 건너편에는 센 물살에 집이 떠내려가지 않도록 지탱해 주는 듯한 크고 오래된 버드나무가 서 있었습니다. 버드나무는 크외게 시냇가 정원에 있는 고향집 버드나무처럼 가지를 물속에 담그고 있었습니다.

크누트는 딱총나무 아가씨가 있는 곳에서 버드나무 아저씨가 있는 곳으로 옮겨 왔던 것입니다. 달빛 밝은 저녁, 버드나무는 그의 감정을 뭉클하게 만들었습니다.

"달빛이 비치니 마치 덴마크 같구나!"

하지만 이런 느낌을 일으킨 것은 달빛이 아니라 오래된 버드나무였지요.

크누트는 더 이상 참을 수가 없었습니다. 왜냐고요? 버드나무에게 물어보세요. 아니, 한창 꽃을 피우고 있는 딱총나무에게 물어보세요! 크누트는 다시 구둣방 주인과 뉘른베르크와도 작별을 하고 다시 여행을 떠났습니다.

크누트는 어느 누구에게도 요한나 이야기를 하지 않았습니다. 그는 자신의 슬픔을 마음 깊은 곳에 감춰 두었지만, 꿀과자 이야기는 특별한 의미를 두고 있었습니다. 그제야 크누트는 무엇 때문에 총각과자가 왼쪽에 쓰디쓴 아몬드를 갖고 있는가를 깨달았습니다. 크누트 자신이 바로 쓴맛을 본 사람이었습니다. 항상 온유하고 친절했던 요한나는 마음속까지 달콤한 꿀과자였습니다. 크누트는 가방 끈이 팽팽해지면서 가슴을 죄어오는 것만 같았습니다.

크누트는 숨이 막혀와 끈을 느슨하게 풀었지만, 별 소용이 없었습니다. 자신을 둘러싼 세계는 겨우 절반뿐이었고, 나머지 반은 마음속에 고통스럽게 들어 있었기 때문이었습니다.

크누트는 태어나서 처음으로 높은 산들을 보았을 때에야 비로소 세계가 커지면서 닫혀 있던 자신의 마음이 열리는 것 같았습니다. 크누트는 달라진 주위 환경에 온통 정신이 쏠렸습니다. 돌연 뺨 위로 눈물이 흘러내렸습니다. 알프스 산맥은 마치 대지가 날개를 활짝 편 듯 그의 눈앞에 우뚝 솟아올라 있었습니다. 이 대지는 우뚝 일어서 검은 숲과 소용돌이치며 떨어지는 폭포, 구름과 눈 덮인 골짜기의 다채로운 광경을 담은 거대한 날개를 펼쳐 보였습니다.

크누트는 탄식했습니다.

"세계 종말이 다가오면 대지는 거대한 날개를 들어올리고, 하느님에게로 날아가 그의 빛줄기에 거품처럼 부서져 파멸하겠지! 아, 세계 종말이 온다면 좋았을 걸……."

크누트는 푸른 과수원 느낌의 지방을 조용히 배회했습니다. 나무 발코니에서 레이스를 짜는 아가씨들이 그를 보면 인사를 하기도 했지요. 산꼭대기에는 붉은 노을이 물들고 있었습니다. 간혹 어두운 숲 사이로 푸른 호수가 보일 때면 그는 크게 해안을 떠올렸습니다. 크누트의 가슴에는 슬픔 어린 향수가 도

사리고 있었지만, 마음이 아프지는 않았습니다.

라인 강이 성난 파도처럼 물살을 접어 아래로 거칠게 뿌리며 눈처럼 하얗게 빛나는 구름 봉우리로 변할 때―여러 모양의 구름이 생성되고, 무지개는 기다란 리본처럼 위로 솟아오르는 것만 같습니다―그는 물안개가 피어나는 크외게의 물레방아를 떠올렸습니다.

크누트는 조용한 라인 강가 도시에 머물고 싶었지만, 이곳에는 딱총나무와 버드나무가 너무 많았으므로, 다시 발걸음을 옮겼습니다.

크누트는 높은 절벽과 제비집처럼 벽에 간신히 붙어 있는 좁은 길을 지나갔습니다. 물은 촬촬거리며 깊은 계곡 아래로 떨어지고, 구름은 그의 발 아래로 떠다녔습니다. 크누트는 뜨거운 여름 햇볕을 맞으며 하얀 엉겅퀴와 알프스 장미, 그리고 눈으로 덮여 있는 산길을 걸었습니다.

드디어 그는 북쪽 나라들과 안녕을 말하고, 밤나무 숲길을 내려와 포도원과 옥수수 밭 사이에 이르렀습니다. 높은 산맥들은 크누트 자신과 과거의 모든 추억 사이에 놓인 하나의 담장이었습니다.

알프스 산맥을 내려온 크누트의 눈앞에 밀라노라 불리우는 크고 화려한 도시가 나타났습니다. 여기서 크누트는 독일인 장인을 만나 일자리를 얻었습니다. 나이 든 성실한 부부의 구둣방에 들어가서 일하게 된 것입니다. 독일인 부부는 말수는 적지만 그만큼 열심히 일하고 착실한 도제를 얻게 되었지요. 그리고 하느님도 크누트의 가슴에 쌓인 고민을 덜어 주고 있는 것 같았습니다.

크누트가 이따금 맛보는 가장 큰 즐거움은 자신의 고향 눈으로 만들어진 것처럼 새하얗게 빛나는 거대한 대리석 교회 옥상에 올라가는 일이었습니다. 교회 옥상의 석상들과 뾰족한 탑, 꽃으로 장식된 넓은 예배실 등도 고향의 눈으로 만들어져 있는 것 같았습니다. 교회 어느 곳을 둘러보아도 하얀 대리석 상들이 크누트를 내려다보며 미소 짓는 듯이 보였지요.

교회 탑에 올라가니 푸른 하늘과 생기 있는 도시, 아득하게 펼쳐진 푸른 롬바르디아 평원, 북쪽에는 높이 솟아 있는 만년설(萬年雪) 봉우리들이 보였습니다. 이번에도 그는 고향 크외게의 붉은 담에 자라는 담쟁이덩굴과 교회를 떠올렸습니다. 그러나 그는 고향에 대한 그리움을 참으며 이곳 알프스 산맥 너머에서 죽는 날까지 살기로 마음먹었습니다.

크누트는 1년 동안 이 마을에서 살았습니다. 고향을 떠난 지 어느 덧 3년이 되었습니다.

어느 날 구둣방 주인은 크누트를 데리고 시내에 갔습니다. 오페라를 보여 주기 위해서였지요. 이 공연장 또한 훌륭해서 볼 가치가 있는 곳이었습니다.

공연장 안은 관람석 일곱 계단에 걸쳐 비단 커튼이 내려져 있었습니다.

1층 관람석에서 높은 천장에 이르기까지 고상한 숙녀들이 마치 무도회장에라도 참석한 듯이 꽃다발을 손에 들고 앉아 있었습니다. 신사들은 모두가 멋진 정장 차림이었습니다. 그 가운데 많은 사람들은 금과 은으로 된 장식을 걸치고 있었지요. 공연장은 휘황찬란했습니다.

이윽고 아름다운 선율이 힘차게 울려 퍼졌습니다. 이곳은 코펜하겐의 극장보다 더 화려했습니다. 크누트는 양쪽 극장을 모두 볼 수 있었던 것입니다.

마술처럼 커튼이 스르르 올라가자, 무대에는 금과 비단으로 치장하고 머리에 왕관을 쓴 요한나가 나타났습니다. 요한나는 하느님의 천사처럼 아름답게 노래했습니다. 그녀는 무대 맨 앞까지 걸어 나와 관객들에게 자신만이 지을 수 있는 미소를 밝게 지었습니다. 요한나는 크누트 쪽으로 시선을 던졌습니다.

가엾은 크누트는 구둣방 주인의 손을 잡고 큰 소리로 '요한나!' 하고 외쳤습니다. 그러나 아무도 그 소리를 듣지 못했습니다. 그 순간 음악이 크게 연주됐기 때문입니다. 구둣방 주인이 고개를 끄덕였습니다.

"그래, 저 배우가 바로 그 유명한 요한나란다!"

이렇게 말하며 구둣방 주인은 요한나의 이름이 적힌 팸플릿을 크누트에게 보여 주었습니다.

아, 정말 꿈이 아니었습니다! 극장을 가득 채운 많은 사람들은 환호하며 꽃다발과 화환을 요한나에게 건네주었습니다. 노래가 끝날 때마다 모두 재창을 요구하여 요한나는 무대에 다시 나왔습니다.

극장 밖에 세워진 요한나의 마차 둘레로 많은 사람들이 모여들었습니다. 크누트는 그들과 뒤섞인 가운데 선두로 달려 흥분된 마음으로 멀리까지 마차를 따라갔습니다. 사람들이 환하게 빛나는 그녀의 집 앞에 이르렀을 때, 크누트는 마차 문 바로 곁에 서 있었습니다.

마침내 요한나가 문을 열고 내려왔습니다. 밝은 빛을 받은 요한나의 얼굴은 아주 매력적이었습니다. 그녀는 입가에 미소를 듬뿍 담고 우아한 말투로 관중들에게 감사의 말을 전했습니다. 요한나는 매우 감격한 듯이 보였습니다. 크누트는 요한나의 얼굴을 뚫어지게 바라보았습니다. 그러나 그녀는 크누트를 알아보지 못했습니다. 그때 가슴에 훈장을 단 어느 신사가 요한나에게 가볍게 팔을 내밀었습니다. 사람들은 그들이 약혼한 사이라고 말했습니다.

크누트는 집으로 돌아와 배낭을 꾸렸습니다. 딱총나무와 버드나무가 있는 고향으로 돌아가기 위해서입니다. 아, 버드나무 아래로 가고 싶었습니다. 단 한 순간에 그는 평생을 산 것 같았습니다.

구둣방 주인 부부는 크누트에게 더 머물기를 권했지만, 아무런 말을 해도 그를 잡아 둘 수는 없었습니다. 그들은 이제 겨울이 가까워오고 산에는 벌써 눈이 많이 내리고 있으니 조심해야 한다 당부하셨습니다. 크누트는 마차 바퀴 자국을 따라서 천천히 걸었습니다. 배낭을 등에 메고, 손에는 지팡이를 쥔 채 마차가 다니는 길을 따라갔습니다.

크누트는 산을 넘고 또 넘었습니다.

기진맥진해진 그는 쉴 곳을 찾았으나 어디에도 집은 보이지 않았습니다. 크누트는 계속해서 북쪽으로 걸어 나아갔습니다. 머리 위로 별이 차갑게 빛났습니다. 그의 두 다리는 더 이상 걸을 수 없을 정도로 후들거렸고, 머리는 어지러웠습니다. 깊은 계곡 아래쪽에서도 별들이 반짝반짝 빛나고 있었습니다. 마치 넓은 하늘이 그의 발밑에 넓게 펼쳐져 있는 것 같았지요. 크누트는 병이 든 것만 같았습니다. 계곡 아래에는 별들이 더욱 많아졌습니다. 별들은 점점 더 밝게 빛나며 이리저리 떠다녔습니다. 별들의 빛 무리가 가물거리는 곳에 조그만한 마을이 있었습니다. 마을을 찾아낸 크누트는 혼신의 힘을 다해 그곳까지 걸었습니다.

그곳에는 소박한 여인숙이 있었습니다. 크누트는 꼬박 하루를 그곳에 머물렀습니다. 휴식과 요양이 필요했기 때문입니다. 골짜기의 눈이 녹은 길 위로 진눈깨비와 비가 사이좋게 내리고 있었습니다.

다음 날 아침 오르간을 켜는 걸인이 이곳을 찾아와 크누트의 고향 덴마크 곡을 연주했습니다. 그는 더 이상 여기에 머물러 있을 수가 없었습니다. 그는 밤낮으로 쉬지 않고 계속해서 걸었습니다. 마치 고향에 있는 가족들이 죽기 전에 그들을 만나야겠다는 생각이라도 가지고 있는 듯 서둘러 떠났지요. 그러나 크누트는 어느 누구에게도 이러한 고향에 대한 그리움을 털어놓지 않았습니다. 크누트가 이토록 깊은 향수병에 걸렸다고는 아무도 믿지 않았습니다. 크누트는 이 세상 사람이 아닌 것만 같았습니다. 기쁨도 느끼지 못했고 친구도 원하지 않았습니다. 아니, 본디 이제까지 친구와 친하게 지낸 적이 없었습니다.

그는 이방인처럼 낯선 나라를 유랑하며 북쪽에 있는 고향으로 걸었습니다. 부모님께서 1년 전에 보내신 단 한통의 편지에는 이런 글이 적혀 있었습니다.

"너는 도무지 덴마크 사람 같지 않구나. 우리는 순수한 덴마크인이란다! 그런데 너는 외국만 좋아하다니."

부모님은 그를 잘 알고 있었기 때문에 이렇게 썼던 것입니다.

때는 저녁 무렵이었습니다. 크누트는 드넓은 시골길을 걸었습니다. 날씨가 추워지기 시작했지요. 땅은 점점 더 평평해지면서, 밭과 초원이 나타나기 시작했습니다. 거리에는 커다란 버드나무가 서 있었습니다. 고향이 떠오를 정도로 모든 것이 덴마크의 분위기와 흡사했습니다.

크누트는 버드나무 아래에 앉았습니다. 그러고는 몹시 피곤함을 느끼며 잠시 머리를 아래로 떨군 채 잠들었습니다. 그러나 그는 잠을 자면서도 버드나무가 긴 가지를 자신에게 늘어뜨리고 있다는 것을 느낄 수 있었습니다. 버드나무는 마치 정정한 노인 같았습니다.

피로에 지친 여행자를 팔로 안아들어 덴마크 땅 크외게의 넓은 백사장, 아니 어린 시절 즐겨 놀았던 정원으로 데리고 온 것은 바로 버드나무 아저씨였습니다. 그렇습니다! 그를 찾기 위해 세상 밖으로 나와 크누트를 찾아 데리고 온 것은 바로 크외게 버드나무 아저씨였습니다. 버드나무는 크누트를 발견해 개울가 정원으로 데리고 왔습니다. 그곳에는 아름다운 요한나가 크누트와 마지막으로 보았을 때처럼 화려한 옷에 왕관을 쓰고 버드나무 아래 서 있었습니다. 그녀는 크누트를 바라보며 '참 잘 왔어!' 말했습니다.

그때, 그들 가까이에 이상하게 생긴 한 쌍의 형체가 나타났습니다. 그들은 어린 시절에 보았던 것보다 훨씬 더 인간다운 모습을 하고 있었습니다. 기나긴 세월동안 많이 변했지만 바로 한 쌍의 꿀과자, 총각 과자와 처녀 과자였던 것입니다. 두 꿀과자들은 환하게 웃으며 크누트에게 얼굴을 돌렸습니다.

"고마워 크누트. 네가 우리를 말할 수 있게 만들었어! 너는 우리에게 자신의 생각은 반드시 솔직하게 말로 표현해야 하며 생각만 하고 있는 것으로는 아무런 결과를 얻을 수 없다는 걸 가르쳐 주었지. 그래서 우리는 약혼하게 되었단다!"

한 쌍의 꿀과자가 말했습니다.

이윽고 두 꿀과자는 서로 손을 잡고 크외게 읍내 거리를 걸었습니다. 그들의 뒷모습은 아주 정다워 보여서, 흠잡을 데라고는 전혀 없었습니다.

그들은 곧바로 크외게 교회로 가고 있었습니다. 크누트와 요한나도 손을 잡고 그 뒤를 따라갔습니다. 교회는 예진처럼 붉은 담과 아름나운 남쟁이넝쿨에 둘러싸여 있었습니다. 교회 문이 양쪽에서 열렸습니다. 오르간 소리가 들리고, 한 쌍의 꿀과자는 교회 통로를 지났습니다.

"손님들께서 먼저 들어가시죠. 신랑 신부는 다음에……"

그들은 이렇게 말하고 크누트와 요한나가 자리를 잡을 수 있도록 옆으로 비켜섰습니다. 이어서 둘은 교회 제단 앞에 무릎을 꿇고 요한나는 머리를 크누트의 얼굴 쪽으로 숙였습니다. 그녀의 눈에서는 얼음처럼 차가운 눈물이 흘러내렸습니다. 크누트의 강렬한 사랑에 얼음 같았던 요한나의 마음은 녹아내리는 것만 같았지요. 그녀의 눈물은 불에 타는 듯한 크누트의 볼 위로 뚝뚝 떨어졌습니다. 이때 그는 불현듯 잠에서 깨어났습니다.

차가운 겨울해가 질 무렵, 크누트는 낯선 외국의 어느 버드나무 밑에 앉아 있었습니다. 차가운 싸라기눈이 쏟아져 그의 얼굴을 우수수 매섭게 때렸습니다.

"내 일생 가장 행복한 순간이었어! 하지만 이것은 정녕 꿈이구나. 하느님, 제발 다시 한 번 방금 꾼 꿈을 꾸게 해 주소서."

그는 눈을 감고 다시 잠들었습니다. 그렇게 크누트는 버드나무 아래에서 계속 꿈을 꾸었습니다.

다음날 아침, 그의 발이 파묻힐 만큼 눈이 쌓였는데도, 크누트는 여전히 단잠을 자고 있었습니다.

마을 사람들이 교회에 가다 그를 발견했습니다. 젊은 직공 크누트는 버드나무 아래에서 얼어 죽은 채 앉아 있었습니다.

068

완두콩 꼬투리 속 콩 다섯 알

Fem fra en Ærtebælg

완두콩 꼬투리 속에 콩 다섯 알이 살고 있었습니다. 자신들 모두 초록색이고 완두콩 꼬투리도 초록색이라서, 그들은 온 세상이 모두 초록색이라 믿었습니다. 다섯 완두콩들에게는 마땅한 일이었지요.

완두콩 꼬투리가 커지면서 콩도 함께 자랐습니다. 완두콩들은 콩꼬투리 안에서 몸을 알맞게 정돈하고, 한 줄로 늘어앉아 살았습니다. 햇볕이 따스하게 비치면, 콩꼬투리도 따스해졌습니다. 비가 오면 콩꼬투리는 안이 들여다보일 만큼 깨끗해졌지요. 그 안은 편안하고 아름다웠습니다. 낮에는 환하고, 밤에는 어두웠습니다.

완두콩들은 몸이 쑥쑥 자라면서 앞으로 어떻게 여기 앉아 있을까 하는 문제를 더 자주 생각하게 됐습니다. 날이 갈수록 콩꼬투리가 비좁게 느껴져 그들도 무언가 조치를 취해야만 했습니다.

"우리가 너무 커져서 그대로 앉아 있기도 힘들게 되었는데 언제까지 비좁게 여기 있어야만 하는 거야? 분명 밖에 우리를 위한 무엇인가가 있을 것만 같아. 왠지 그런 느낌이 들어!"

그렇게 몇 주가 지났습니다. 완두콩들은 차츰 노랗게 변해갔습니다. 완두콩 꼬투리도 노랗게 변했답니다. 그들은 '온 세상이 노래지고 있어' 말했어요. 그럴 만도 했지요.

이때 다섯 완두콩들은 콩꼬투리가 기우뚱 흔들리는 것을 느꼈습니다.

콩꼬투리는 비틀려 떼어져서 사람의 손에 들어갔다가 다른 콩꼬투리들과 함께 주머니 속으로 떨어져 들어갔습니다.

"이제 곧 꼬투리가 열릴 것 같아!"

모두 그 순간을 조마조마한 마음으로 기다렸습니다.

"우리들 가운데 누가 가장 멀리 가게 될지 궁금해."

가장 작은 완두콩이 궁금한 듯이 말했습니다.

"맞아, 이제 곧 알게 될 거야."

가장 큰 완두콩이 씩씩하게 대답했습니다.

'우드득' 이때 콩꼬투리가 갈라지면서, 다섯 완두콩 모두 밝은 햇빛으로 튀어 나왔습니다. 완두콩들은 어느 어린아이 손바닥 위에 놓였습니다. 작은 아이는 손에 있는 완두콩을 들여다보면서 콩알 총을 쏘면 좋겠다고 생각했습니다. 그래서 그 가운데 한 콩알을 집어 장난감 총에 넣고 쏘기 시작했습니다.

"나는 이제 먼 세상으로 나갈 거야. 잡을 수 있으면 잡아보시지."

가장 먼저 총 안으로 들어간 완두콩은 그렇게 말하며 사라졌습니다.

"나는 저 하늘에 떠 있는 태양까지 쭉쭉 날아갈 거야! 태양은 내게 잘 어울리는 좋은 콩깍지인 것 같아!"

둘째 완두콩도 사라졌습니다.

"우리는 어디든 도착하는 곳에서 잠을 잘 테야. 총 안으로 들어가기 전에 앞으로 굴러가겠어. 아주 멀리 갈 거야."

다음 차례의 두 완두콩이 말했습니다. 그들은 땅바닥으로 뛰어내렸지만 이윽고 다시 총 안으로 들어가고 말았지요.

"어떻게든 되겠지!"

마지막 완두콩이 소리치고는 공중으로 쏘아 올랐습니다. 그러고는 오래된 다락방 건물로 날아가 틈새로 들어갔습니다.

완두콩이 날아든 틈새에는 이끼와 부드러운 흙이 바람에 날려와 있었습니다. 이끼는 완두콩을 감싸안고 잘 보호해 주었습니다. 그러나 이 완두콩은 하느님의 기억에서 사라지지 않았습니다.

"빨리 서둘러야지!"

이곳 다락방에는 가난한 여인이 살고 있었습니다. 이 부인은 온 종일 다른 집에서 난로를 닦고, 장작을 자르며, 힘든 일을 했습니다. 힘도 세고 부지런하기도 했지만, 늘 가난에서 벗어날 수 없었습니다.

조그만 다락방에는 홀쭉 마른 딸 하나가 누워 있었습니다. 소녀는 1년 내내 침대에 누운 채 언제 죽을지 모르는 심한 병을 앓고 있었습니다.

"저 아이도 제 여동생에게로 가겠지요."

부인이 기도했습니다.

"저에게는 딸 둘이 있었지만, 둘을 기르기엔 너무 벅찼습니다. 그러자 하느님은 저의 형편을 헤아려 작은 딸 아이를 자신의 품으로 데려가셨지요. 하나 남은 딸 아이를 잘 기르려 했지만, 그것도 너무 힘이 듭니다. 그런데 하느님은 두

아이를 떼어놓고 싶지 않으신 것 같습니다. 언젠가 이 아이도 제 여동생이 있는 하늘나라로 가게 되겠지요."

하지만 병든 소녀는 변함없이 곁에 있었습니다. 어머니가 돈을 벌기 위해 나간 동안, 아이는 온종일 조용히 침묵을 지키며 누워 있었습니다.

어느 봄날 이른 아침이었습니다. 어머니가 막 일하러 나가려는 참이었지요. 아침 햇살이 조그만한 창문을 통해 방바닥을 따스히 내리쬐고 있었습니다. 소녀는 아래쪽 창틀을 바라보았습니다.

"저기 창틀 사이로 빼꼼 보이는 푸르스름한 것은 무엇이지? 바람 속에서 살금살금 움직이고 있잖아!"

어머니가 다가가서 창문을 조금 열어 보았습니다.

"어머, 이것은 초록색 이파리가 돋아난 작은 완두콩이야. 어떻게 이런 틈새까지 날아올 수 있었을까? 여기다 몰래 너를 기쁘게 해줄 정원을 차렸네!"

소녀의 침대는 창가 가까이로 옮겨졌습니다. 소녀는 싹을 틔운 완두콩을 살펴볼 수 있었습니다. 어머니는 곧 일하러 나갔습니다.

저녁이 되어 어머니가 돌아왔을 때 소녀는 이렇게 말했습니다.

"어머니, 제 몸이 나을 것만 같아요. 오늘은 햇빛이 참 따뜻하게 저를 비추었어요. 저 작고 귀여운 완두콩도 잘 자라고 있고요. 저는 틀림없이 건강하게 일어나서 햇볕이 따스한 밖으로 나가게 될 거예요!"

"제발 그랬으면 좋겠구나!"

어머니는 그렇게 대답했지만 딸이 다시 건강하게 되리라고는 생각하지 않았습니다. 그럼에도 어머니는 딸아이에게 삶의 기쁨을 느끼게 해 준 완두콩의 초록색 작은 줄기가 바람에 꺾이지 않도록 막대기를 꽂아 주었습니다. 완두콩 넝쿨이 자라면서 두 손을 뻗어 위로 올라갈 수 있도록 창턱에서 창틀로 이어지는 지지대를 만들어 놓은 것입니다.

어느덧 완두콩 넝쿨은 그 막대기를 타고 창틀로 기어 올라갔습니다. 날마다 무럭무럭 자라나는 모습이 눈에 보일 정도였지요.

"어머나, 꽃이 피어나네!"

어느 날 아침, 어머니가 놀라 소리쳤습니다. 이젠 어머니도 딸이 건강해질 수 있으리라는 희망과 믿음을 갖게 되었습니다. 어머니는 문득, 요즘 딸아이가 활기차게 이야기한 일이며, 며칠 전부터 늘 아침에 혼자 침대에서 일어나 앉아 반짝이는 눈으로 오직 완두콩 하나뿐인 자신의 조그만 뜰을 보았던 일을 떠올렸습니다.

일주일이 지나자 소녀는 처음으로 한 시간이 넘도록 침대에서 일어나 앉아 있었습니다. 소녀는 햇빛 속에서 더없이 행복한 모습으로 있었지요.

창문은 열려 있었고, 밖에는 무성하게 자라난 연분홍 완두콩 꽃이 싱싱하게 피어 있었습니다. 소녀는 머리를 숙여 아름다운 꽃잎에 입을 살짝 맞추었습니다. 이 날은 마치 축제 같았습니다.

"애야, 하느님께서 네게 희망과 기쁨을 주시려고 이곳에 완두콩을 심고 자라게 하셨구나. 행복한 너를 위해 그리고 나를 위해!"

어머니가 감격해 말했습니다. 이 꽃 한 송이가 하느님이 보내 주신 천사라도 되는 듯이 어머니는 미소를 지으며 바라보았습니다.

그런데 나머지 완두콩들은 어떻게 되었을까요?

"잡을 수 있으면 잡아보시지" 말하고는 세상 멀리까지 날아간 완두콩은, 지붕 홈통 안으로 떨어졌다가 비둘기 모이 주머니 속으로 들어가버렸습니다. 마

치 고래 몸속의 요나*¹처럼 되었지요. 게으른 두 완두콩도 멀리 날아갔지만 비둘기들에게 먹히고 말았습니다. 그야말로 열매로서 도움이 되는 일을 한 것이지요. 그러나 태양으로 올라가려던 네 번째 완두콩은 냄새나는 하수구에 빠져 몇 주 동안이나 흙탕물을 뒤집어쓴 채 허우적거렸습니다. 그래서 몸이 무척 통통 불고 말았지요.

"이것 보라고! 난 이렇게 통통해졌어. 곧 터질 것만 같이 말이야. 어디에도 나처럼 커다란 완두콩은 없을걸. 지금까지도 없었고 꼬투리에서 나온 다섯 완두콩 가운데 내가 최고야!"

하수구는 네 번째 완두콩 말에 동의했습니다.

소녀는 반짝거리는 눈과 홍조띤 건강한 볼을 하고 창가에 서 있었습니다. 완두콩 꽃 위에 가냘픈 손을 모으고 하느님께 감사기도를 드리고 있었지요. 이때 하수구가 말했습니다.

"나는 내 완두콩을 절대로 놓아주지 않을 테야!"

---

*1 구약 성서 중의 요나서에 전해지는 이야기로 커다란 고래 배 속으로 먹혀들어가 사흘 동안 있었다.

069

하늘나라에서 떨어진 꽃잎

Et Blad fra Himlen

푸르스름한 하늘 높이 어느 천사가 하늘나라 정원에서 피는 꽃 한송이를 들고 날고 있었습니다. 천사가 꽃에 입을 맞추자, 작은 잎사귀 하나가 떨어졌지요. 잎사귀는 숲속 한가운데 있는 늪지에 툭! 떨어졌습니다.

떨어진 잎사귀는 곧 뿌리를 내리고 다른 식물들 사이에서 싹을 틔웠습니다.

"뭐 저렇게 우스꽝스런 새싹이 있을까?"

다른 식물들이 수군수군거렸습니다. 모든 꽃들과 나무들은 이 새싹과 함께 어울리려 하지 않았습니다. 엉겅퀴나 쐐기풀조차도 외면했지요.

"분명히 집에서 기르는 식물일 거야."

그들은 히죽히죽 비웃으며 놀려댔습니다. 그러나 그 꽃은 다른 어떤 식물보다 무럭무럭 자라나 긴 넝쿨처럼 가지를 사방으로 뻗었습니다.

"어디까지 가려는 것이지? 너는 가지도 우리와 반대로 뻗는구나. 여기에서는 그렇게 자라지 않는다고. 우린 너를 받쳐주려 서 있는 게 아니란 말이야."

잎사귀마다 가시가 수없이 달린 키 큰 엉겅퀴가 말했습니다.

겨울이 되어 모든 식물들은 눈 속에 덮였습니다. 그러자 쌓인 태양이라도 있는 듯 눈 속에 영롱한 빛을 발했습니다.

봄이 되자 이 식물은 숲속에서 가장 아름다운 꽃나무가 되어 있었습니다.

이때 어느 유명한 식물학 교수가 이곳에 찾아왔습니다. 교수는 자신이 이러한 사람이라는 수첩을 가지고 있었지요. 식물학자는 식물들을 자세히 들여다보고 맛도 음미해 보았습니다. 그러나 하늘나라에서 온 꽃나무만은 그의 지식으로도 알 수 없었습니다. 교수는 이 식물이 어떤 부류에 속하는지 증명할 수도 없었지요.

"이 나무는 참 신기한 종류로군! 나는 이 식물을 알지 못하겠어. 식물 체계에도 나와 있지 않은걸."

교수는 난감해하며 말했습니다.

주변 큰 나무들은 교수의 말을 들었지요. 그렇지 않아도 그 꽃나무가 자신들과 같은 종류가 아니라는 걸 알았답니다. 그렇지만 그게 좋고 나쁘다는 어떤

평도 하지 않았습니다. 영리하지 않다면 아무 말도 하지 않는 것이 가장 안전하기 때문입니다.

이때 어느 가련한 소녀가 숲속을 지나가고 있었습니다. 소녀는 순수했으며, 신앙심이 깊고 넓은 마음씨를 가지고 있었습니다. 소녀가 이 세상에서 물려받은 유산이라곤 오직 오래된 성경뿐이었습니다. 그러나 성경 어느 페이지에는 하느님의 목소리가 깃들여 있었습니다.

"누군가 너를 해치려 한다면 요셉의 이야기를 생각하라. '네가 나를 해하려 하였으나, 하느님께서는 그것을 좋게 바꾸어주셨도다.'(창세기 50장 20절) 만약 네가 사람들에게 부당한 대우를 받고 오해를 받거나 비웃음 당하면 더없이 깨끗하신 분, 사람들에게 조롱당하고 이윽고 십자가에 못 박히신 그분을 떠올려라. 그분은 십자가 위에서 이렇게 기도하셨다. '나의 아버지. 저들을 용서하여 주시옵소서. 자신들이 무슨 일을 하는지 모르고 있을 뿐입니다.'(누가복음 23장 34절)"

소녀는 길을 가다 아름다운 식물 앞에서 걸음을 뚝 멈추었습니다. 그 꽃나무의 푸른 잎새는 달콤하고 상쾌한 향기를 풍기고 있었지요. 꽃은 밝은 햇빛을 받으며 온갖 색깔로 찬란하게 빛나 마치 불꽃놀이 같았습니다.

소녀는 경건한 마음으로 이 모든 하느님의 조화를 바라보았습니다. 소녀는 가지 하나를 아래로 당겨서 꽃봉오리를 자세히 들여다보고는 향내를 깊숙이 들이마셨습니다. 그러자 마음속에 빛이 들어오며 한결 기분이 좋아졌습니다. 꽃 한 송이를 갖고 싶었지만, 함부로 꺾지는 못했습니다. 만일 꺾는다면, 손 안에서 곧 시들어 버리고 말테니까요. 소녀는 푸른 나뭇잎 하나만을 뜯어 집으로 가져가 성경에 끼워 넣었습니다. 잎사귀는 조금도 시들지 않고 그대로 남아 있었습니다.

나뭇잎은 성경 책갈피에 끼워졌습니다. 몇 주 뒤 소녀가 죽어 관 속에 눕혀졌을 때, 나뭇잎은 성서에 끼워진 채 소녀의 머리맡에 성서와 함께 놓이게 되었습니다.

이 속세의 흙먼지 속에서 하느님 앞에 서게 된다는 사실을 증명이라도 하듯, 소녀의 얼굴에는 죽음의 엄숙함이 서려 있었습니다.

한편 숲속에는 신기한 하늘나라의 식물이 한창 꽃을 피우고 있었습니다. 나무는 사시사철 푸르렀으며, 지금은 고개를 들어 올려다보아야 할 정도로 커다랗게 자랐지요. 제비와 황새를 비롯한 온갖 철새들이 날아와 나무에게 공손히 인사했습니다.

그것을 보고 엉겅퀴와 쐐기풀은 흉을 보았습니다.

"저 외국 식물이 거드름 피우는 것 좀 봐! 여기 사는 우리들은 절대로 저런 행동을 하지 않지."

검고 커다란 민달팽이는 그 나무에게 침을 묻혔어요.

이때 돼지 치는 사람이 숲으로 들어왔습니다. 그는 풀이나 나무를 태워 재를 만들려 엉겅퀴와 쐐기풀을 뽑았습니다. 그 신기한 식물도 뿌리째 뽑혀 다발로 만들어졌습니다.

"이 정도면 쓸 만하겠는걸!"

농부는 그러면서 일을 끝내고 돌아갔습니다. 이 나라의 임금님은 1년 이상 우울증으로 괴로워하고 있었습니다. 임금님은 부지런하고 활동적인 사람이었지만, 그것은 아무런 소용이 없었지요. 임금님은 매우 깊은 의미가 담긴 책이나 비길 곳 없는 재미있는 책을 다 찾아 읽었지만, 역시 보람이 없었습니다.

그때 이 세상에서 가장 현명한 사람이 보낸 시신이 찾아왔습니다. 그 현자는, 왕에게 원기를 주고 병을 낫게 하는 확실한 방법이 하나 있다고 말했습니다.

"이 나라 숲속에 가면 하늘나라에서 온 나무가 자라고 있는데, 생김새는 이러이러합니다. 아마 쉽게 찾을 수 있을 것입니다!"

사신은 하늘나라의 나무를 발견하기 쉽도록 설명해주었습니다.

"그 식물은 사시사철 푸르릅니다. 그러니 저녁마다 새 잎사귀 하나씩 따다가 임금님 이마 위에 올려놓으십시오. 그러면 임금님은 정신이 맑아지실 것입니다. 임금님께서는 밤에 좋은 꿈을 꾸게 되어 다음 날에는 기운을 차리게 되실 겁니다."

그것이면 충분했습니다. 나라 안 훌륭한 의사들과 식물학 교수들이 함께 숲으로 갔습니다. 그러나 하늘나라에서 내려온 나무는 도무지 찾을 수가 없었습니다. 어디로 가버린 걸까요?

돼지 치는 사람이 사실을 털어놓았습니다.

"제가 그것을 다발로 만들었습니다. 이미 재가 되었지요. 저는 아무것도 몰랐습니다!"

"몰랐다고! 어리석은 사람 같으니! 그걸 지금 말이라고 하는 거요?"

모든 사람들이 입을 모아 그를 야단쳤습니다. 돼지 치는 사람은 이 말을 듣고 어쩔 줄 몰라 했습니다.

이제 하늘나라에서 온 나무의 나뭇잎 하나조차도 찾을 수가 없었습니다. 사실 나뭇잎 하나는 죽은 소녀의 관에 있었지만, 아무도 알지 못했지요.

임금님은 아픈 몸을 이끌고 몸소 숲으로 행차했습니다. 그리고 나무가 있었던 장소에 다다르자 이렇게 말했습니다.

"이곳에 하늘나라에서 온 나무가 있었단 말이군! 그렇다면 이곳은 성지로다!"

임금님은 그 땅에 금으로 된 울타리를 둘러치게 했습니다. 밤낮으로 보초도 세웠지요.

식물학 교수는 하늘나라 식물에 대한 논문을 발표해 명예를 얻었습니다. 교수는 매우 즐거워했답니다.

이것이 이 이야기 전체 가운데 제일 행복한 부분입니다. 왜냐하면 그 나무는 사라져버리고, 임금님은 여전히 우울했으니까요.

"그렇지만, 임금님은 언제나 우울했는걸요."

성지를 지키는 보초가 말했습니다.

070
쓸모없는 여자
Hun duede ikke

마을 읍장이 열려진 창가에 서 있었습니다. 그는 주름진 재킷에 넥타이를 매고, 면도도 아주 깨끗이 했습니다. 그렇지만 면도하다 실수로 살갗을 베었고, 그래서 상처가 난 자리에 신문지 조각을 붙이고 있었습니다.

"애야, 나 좀 보자꾸나."

읍장이 지나가던 한 소년을 불렀습니다.

소년은 세탁 일을 하는 아주머니네 아들이었습니다. 소년은 길에서 읍장을 보고 모자를 벗어 공손히 인사하던 중이었습니다. 소년이 가지고 있는 모자는 차양 가운데에 접는 곳이 있어서 잘 접으면 호주머니 속에도 들어갈 수 있었습니다.

소년은 초라하지만 깨끗하고 단정한 옷을 입었으며 나무로 만든 신발을 신었습니다. 그는 마치 임금님 앞이라도 되는 듯 읍장 앞에 공손한 태도로 서 있었습니다.

"참 착하고 공손하구나. 네 어머니는 저 아래 개울가에서 빨래를 하고 계시지? 그런데 또 호주머니에 넣을 것은 어머니에게 가져가는 모양이구나. 그게 너희 어머니의 안 좋은 버릇이지! 얼마나 갖고 있니?"

소년은 깜짝 놀라서 "반병쯤 되는데요" 우물쭈물 대답했습니다.

"어머니가 오늘 아침에도 벌써 그만큼 마시셨지?"

읍장이 물었습니다.

"아니에요, 그건 어제 일이에요."

소년이 대답했습니다.

"술 반병에 반병을 더하면 한 병이지. 네 어머니는 안 되겠구나. 쓸모없는 여자 같으니! 그런 사람들은 정말 어쩔 수가 없다니까. 부끄러운 줄을 알라고 어머니께 말씀드려라. 너는 절대로 술주정뱅이가 되어서는 안 된다. 그렇지만 너도 분명 그리 되겠지, 불쌍한 녀석! 이제 가 봐."

소년은 간신히 그 자리를 떠났습니다. 손에 모자를 든 채로였습니다. 바람이 소년의 금발머리를 스치며 지나갔습니다.

 소년은 거리를 나와 오솔길을 지나 개울 쪽으로 걸어갔습니다.

 어머니는 개울가 빨래터에서 커다란 방망이로 이불을 두들기고 계셨습니다. 물레방앗간 수로가 열려 있었기 때문에 개울물이 많이 불어나 있었습니다. 거센 물살에 이불이 떠내려갈 갈 것만 같습니다. 그리고 하마터면 빨래판도 넘어질 뻔했습니다. 어머니는 빨래판이 떠내려가지 않도록 발로 힘껏 버텨야만 했습니다. 아들을 보자 어머니가 말했습니다.

 "하마터면 개울물에 떠내려갈 뻔했다. 도와 줄 사람이 필요했는데 마침 잘 왔구나. 물이 얼음장처럼 차가운데도 여섯 시간이나 이곳에 있었단다. 그건 그렇고 내가 말한 건 가져왔니?"

 소년은 호주머니에서 병을 꺼내 내밀었습니다. 어머니는 병을 입에 대고 꿀꺽 한 모금 마셨습니다.

"참 좋구나! 이렇게 물이 따뜻해지다니, 따뜻한 식사보다 훨씬 좋은걸. 비싸지도 않고. 애야, 너도 좀 마시렴. 얼굴이 창백해 보이는구나. 얇은 옷을 입어서 추울 거야. 아! 벌써 겨울이 가까워졌구나. 휴! 물이 너무 차가워. 몸이 아프지만 않다면 좋겠는데. 아니야 그런 일은 없을 거야. 자, 한 모금 더 마셔야겠다. 너도 좀 마시렴. 아주 조금만 말이다. 술 마시는 습관이 들면 안 되니까 말이야. 가난한 집 아이니까."

어머니와 소년은, 소년이 서 있던 나무 판자로 올라가 기슭으로 걸어갔습니다. 어머니가 들고 가던 빨래 바구니에서 물이 뚝뚝 떨어졌습니다. 어머니의 치마에서도 물이 줄줄 흘러내렸습니다.

"나는 손톱에 피가 맺히도록 열심히 일한단다. 그러나 너를 그저 성실하고 착하게만 키울 수 있다면, 이런 고생 따위는 상관없어. 알겠지?"

이렇게 말하는 동안 초라한 옷차림의 나이 지긋한 부인이 다가왔습니다. 부인은 한쪽 다리를 절었으며, 곱슬머리를 앞으로 내려 한쪽 눈을 가리고 있었습니다. 멀어 버린 한쪽 눈을 감추려 했겠지만, 오히려 그것이 더 흉하게 보였습니다. 이 부인은 어머니의 친구입니다. 이웃 사람들은 그 부인을 '곱슬 털의 절름발이 마렌'이라고 불렀습니다.

"불쌍해라, 저렇게 차가운 물에서 뼈가 저리도록 일하고 있다니! 그럴 때는 몸을 따뜻하게 덥혀 줄 게 꼭 필요하지. 그런데도 술 몇 모금 마셨다고 사람들은 조롱한단 말이야."

그러더니 부인은 읍장이 소년에게 했던 말을 똑같이 이야기했습니다. 사실은 절름발이 마렌도 읍장의 이야기를 몽땅 들었습니다. 부인은 읍장이 낮부터 술상을 차려 놓고 병째로 술을 마시면서도 아이의 어머니가 겨우 술 몇 모금 마셨다고 욕하는 바람에 몹시 화가 났던 것입니다.

"감미로운 술도 있고 독한 술도 있지만, 우리는 갈증을 풀기 위해 마실 뿐이지 취하려 마시는 게 아니라고요. 술도 필요할 때가 있는데, 그걸 쓸모없는 여자라고 욕을 하다니!"

"애야, 읍장이 그렇게 말했단 말이지?"

어머니는 아들에게 물으며 입술을 씰룩거렸습니다.

"그래, 네게 나는 쓸모없는 어미란다! 그의 말이 맞을지도 모르지. 그렇다고 아이에게 그런 말을 하다니! 하지만 그 집 일을 해서 먹고 사니 참을 수밖에 없어."

"읍장의 부모가 살아 계실 때부터 그 집 일을 돌봐 왔으니 어쩔 수 없죠. 그렇게 산 지도 오래됐잖아요. 짜기만한 소금을 먹고 사는 것과 마찬가지니 갈증이 날만도 하지요!"

이렇게 말하며 마렌 아주머니는 쓴 웃음을 지었습니다.

"오늘은 읍장 집에서 성대한 점심 식사를 베푼대요. 사실은 계획을 취소해야 하지만 식사도 이미 다 준비되어서 연회를 열기로 했답니다. 그 집 하인 말로는 코펜하겐에 사는 읍장의 동생이 한 시간 전에 죽었다지 뭐예요."

"죽었다니요!"

소년의 어머니는 큰 소리로 외치더니 얼굴이 창백해졌습니다.

"그렇다니까요. 그렇게 놀랄 일은 아니잖아요. 참 그 집 일을 하던 시절부터 그를 잘 알았지요."

"그가 죽었다고요? 참 착하고 훌륭한 사람이었는데! 하느님도 무심하시지 그런 사람을 데려가다니!"

이렇게 말하는 어머니의 뺨에 눈물이 흘러내렸습니다.

"아아 슬프구나. 눈이 뱅뱅 도는 것만 같아. 술을 마셨기 때문인가? 다리가 후들거려서 더는 서 있을 수가 없어."

어머니는 힘없이 울타리에 몸을 기댔습니다.

"이런, 완전히 넋이 빠졌군요. 이미 지나간 일이니 정신 차려요. 이러다 정말 병이 들고 말겠어요. 집에 가는 게 좋겠어요."

"아직 저기 빨랫감이 있는데."

"걱정하지 말아요, 내가 알아서 할 테니. 자, 내 팔을 잡아요. 애, 너는 여기 남아서 빨랫감을 지키고 있는 게 좋겠다. 내가 돌아와서 남은 빨래를 하도록 하겠어요. 조금밖에 안 되는걸요."

어머니는 다리가 휘청거렸습니다.

"나는 너무 오래 차가운 물속에 있었어요. 오늘 아침부터 아무것도 먹질 못했지요. 왜 이렇게 열이 날까? 하느님, 무사히 집에 갈 수 있도록 도와주세요. 불쌍한 아이 같으니!"

어머니는 이렇게 하소연하며 울었습니다.

소년도 엉엉 울었습니다. 소년은 젖은 빨래 옆에 홀로 앉아 있게 되었습니다. 마렌 아주머니와 비틀거리는 어머니는 오솔길을 따라 걷다가 큰길로 나와서 읍장 집을 지나갔습니다. 그런데 어머니가 그 집 앞길에서 쓰러지고 말았습니다. 깜짝 놀란 사람들이 어머니 주위로 잔뜩 모여들었습니다.

절름발이 마렌 아주머니는 읍장 집 문을 두드리며 도움을 청했습니다. 손님들과 함께 있던 읍장이 창문으로 내다보았습니다.

"저 여자는 세탁부가 아닌가! 술을 좀 마신 모양이군. 쓸모없는 여자 같으니! 착한 아들 녀석이 정말 안됐어. 아이는 참 착한데 그 어미는 쓸모없는 여자라니까."

소년의 어머니는 간신히 정신을 차리고 초라한 제 집으로 돌아왔습니다. 곧장 침대에 누웠습니다. 친절한 마렌 아주머니는 따뜻한 맥주 한 잔에 버터와 설탕을 섞었습니다. 아주머니는 그것이야말로 가장 좋은 약이라고 생각했습니다. 그러고 나서 아주머니는 빨래터에 가서 잘 하지는 못해도 정성껏 세탁한 뒤 젖은 빨래를 마른 빨래 위에 포갠 채 그대로 상자에 넣었습니다.

저녁이 되자 절름발이 마렌은 문병을 하러 소년의 집이 찾아왔습니다. 마렌은 읍장집에서 요리하는 여자에게서 설탕 발린 감자와 기름진 햄 한 조각을 어머니를 위해 얻어 왔습니다. 하지만 어머니는 먹지 못했습니다. 그래서 소년과 마렌 아주머니가 나눠 먹었습니다. 어머니는 냄새만 맡아도 배가 부르다고 말했습니다.

소년은 어머니와 함께 침대에 누웠습니다. 그러나 발도 뻗기 어려울 만큼 침대는 비좁았습니다. 오래된 침대보 또한 여기저기 기워서 얼룩덜룩했습니다.

어머니는 한결 나아졌습니다. 따뜻한 맥주를 마시자 원기가 돌아오는 것 같았고, 맛있는 음식 냄새가 기분을 나아지게 만들었습니다.

"고마워요, 마렌. 당신 덕분이에요. 아이가 잠들면 모든 것을 이야기해 줄게요. 이런, 이미 잠든 것 같군요. 눈을 감고 자는 모습이 얼마나 귀엽고 사랑스러운지! 얘는 제 어미가 얼마나 힘들게 사는지 알지 못해요. 하느님, 제발 이 아이만은 행복하게 지내도록 해 주소서! 나는 재정 고문이었던 읍장의 부모집에서 일을 했었지요. 그때 대학생이었던 막내아들이 고향에 내려왔어요. 그때만 해도 나는 젊었지요. 말괄량이처럼 대담하고 발랄했지만, 열심히 일을 했지요. 그 학생은 참 쾌활하고 더없이 친절했어요. 그렇게 좋은 사람은 세상에 둘도 없었지요. 문제는 그가 주인 집 아들이고, 나는 하녀에 불과하다는 사실이었어요. 그러나 우리는 서로 예의를 지키고 존중하며 사랑했어요. 서로 진심으로 사랑했기 때문에 입맞춤도 했지요. 그는 자신의 어머니에게 이 사실을 말했어요. 그는 어머니를 하느님만큼이나 사랑했어요. 그의 어머니는 매우 현명하고 정이 많은 분이셨지요. 그는 집을 떠날 때 내 손가락에 금반지를 끼워 주었어요. 아들이 떠나고 없자 부인은 나를 불렀어요. 부인은 근엄하면서도 친절한 태도로 이야기를 하기 시작했어요. 정신적으로나 신분에 있어서 나와 아들 사이에 놓인 차이를 차근차근 설명하더군요.

'내 아들은 너의 예쁜 외모만 보고 있단다. 그러나 외모는 나이 들면 아무것도 아니지. 너는 그 아이만큼 교육을 받은 적도 없고, 정신적으로도 서로 어울리지 않는데, 앞으로 불행해질 관계가 아니겠니? 나는 물론 가난한 사람들을 존중한단다.'

부인은 계속 말했습니다.

'하느님 나라에서는 가난한 사람이 부자들보다 높은 자리에 오를지도 몰라. 하지만 이 세상에 있는 동안 서둘러 앞으로 나아가려다 그만 잘못된 길로 들어설 수도 있어. 그것은 너희 둘 다 불행을 불러오는 일이 되고 말거야. 너를 간절하게 원하는 신기료 장수가 있단다. 홀아비로 사는 에릭이라는 남자인데, 아이도 없으니 너와 잘 어울릴 것 같구나. 잘 생각해 보아라.'

부인의 말 한 마디 한 마디가 마치 내 가슴을 칼로 찌르는 것만 같았어요. 그렇지만 옳은 말이기도 했지요. 나는 너무나 괴로워서 참을 수가 없었어요. 부인의 손에 입 맞췄지만 쓰디쓴 눈물을 흘렸지요.

내 방에 돌아와 자리에 누워서도 계속 울었죠. 그러고는 몹시 괴로운 밤을 보냈어요. 내가 얼마나 괴로워하고 자신과 격렬히 싸웠는지 아무도 모를 거예요. 마음의 위로를 받으려 일요일이 되자 나는 교회로 가서 예배를 드렸어요. 그런데 신의 섭리였을까요. 교회에서 밖으로 나왔을 때 우연히도 구두 수선공 에릭을 만났던 거예요. 우리는 지위나 사는 방식에 있어 서로 어울리고, 더구나 그는 생활에 여유가 있다는 생각이 들더군요. 그래서 나는 똑바로 그에게 걸어가 그의 손을 잡았어요. 그러고는 '나를 아직 좋아하세요?' 이렇게 물었답니다. '그렇습니다. 앞으로도 영원히 당신을 좋아할 것입니다' 그가 대답했어요. 나는 다시 물었어요. '당신을 사랑하지 않지만 존중하고 위해 주는 여자도 좋으세요?' 그러자 그는 '저를 사랑할 날이 올 것입니다!' 대답했죠. 우리는 서로 손을 잡았어요. 그리고 집으로 돌아와 나는 학생이 선물한 금반지를 언제나 가지고 부인에게 갔어요. 나는 그 금반지를 언제나 내 품속에 지니고 있었지요. 반지는 잠잘 때만 끼고 잤어요. 그날 밤 마지막 인사로 나는 반지에 입술이 부르트도록 입맞춤을 했지요. 나는 부인에게 반지를 넘겨주면서 다음 주에 구두 수선공과 약혼한다고 알렸어요. 그러자 부인은 나를 와락 껴안으며 입 맞추었지요. 부인은 내가 쓸모없는 여자라고는 말하지 않았어요. 나는 세상의 역겨운 일을 많이 당해 보지 않아서 좀 더 순수했던 것 같아요. 결혼식은 성모 마리아 기념일인 2월 2일에 올렸어요. 결혼한 첫해는 그런대로 좋았답니다. 우리는 직공들과 제자도 있었어요. 그리고 마렌, 당신도 우리 집에서 일했었죠."

"그래요, 제게 얼마나 친절하게 해 주셨던지 잊지 못할 거예요. 부부가 다 그랬었죠."

"우리가 함께 지냈을 때가 가장 좋은 시절이었죠. 그때는 아직 아이가 없었어요. 사랑하던 학생도 다시는 못 만났죠. 아니, 딱 한 번 나는 그를 본 적이 있지만, 그는 나를 보지 못했어요. 그의 어머니 장례식 때였어요. 그가 묘지에 있는 것을 보았죠. 그는 창백한 얼굴로 슬픔에 잠겨 있었어요. 나중에 아버지가 돌아가셨을 때는 먼 외국에 있어서 오지 못했죠. 그리고 다시는 돌아오지 않았어요. 내가 알기로는 결혼도 하지 않았답니다. 그는 변호사였어요. 나 같은 여자는 아마 기억에도 없었을 테죠. 그가 나를 봤어도 틀림없이 나 같이 비천한 여자는 알아보지 못했을 거예요. 다 그런 거죠!"

이어서 어머니는 결혼 뒤에 찾아온 시련과 갑작스런 불행에 대해 말했습니다. 두 부부의 재산은 500달러쯤 되었습니다. 200달러면 거리에 있는 집을 살 수 있었으니까, 500달러면 집을 헐고 새로 지어도 될 만한 금액이었습니다. 그래서 그들은 집을 새로 지었습니다. 그러나 벽돌공과 목수는 1,200달러가 더 든다는 계산서를 제시했죠. 에릭은 신용이 있어서 다행히도 코펜하겐에서 돈을 대출받을 수 있었습니다. 그런데 돈을 싣고 오던 배가 난파되어 돈과 함께 배는 바닷속으로 가라앉아 버렸습니다.

"그때 나는 곤히 자고 있는 이 아이를 낳았어요. 아이의 아버지는 충격으로 오랫동안 심한 병을 앓았지요. 나는 아홉 달 동안이나 그의 병간호를 해야만 했어요. 집안은 완전히 기울고 빚만 잔뜩 늘어갔지요. 옷가지마저 빚 때문에 몽땅 빼앗기고, 끝내 아이의 아버지는 죽고 말았어요. 그 뒤로 나는 아이를 위해 피를 말릴 만큼 열심히 일하며, 악착같이 살아왔어요. 계단을 닦고 빨래도 하고, 닥치는 대로 무슨 일이든 다 했어요. 그러나 상황은 나아지지 않았죠. 이런 것도 하느님의 뜻인가 봐요. 그래도 언젠가는 하느님이 나를 구원해 주시고 이 아이에게도 은총을 베푸실 테죠."

이야기를 마치자 소년의 어머니는 잠들었습니다.

다음 날이 되자 소년의 어머니는 몸이 나아져 다시 일하러 나갈 수 있었습니다. 그러나 차가운 개울물에 들어가자 갑자기 몸을 덜덜 떨면서 정신이 아득해졌습니다. 어머니는 무섭게 경련을 일으키면서 손을 더듬거려 간신히 물가로 한 걸음 내디뎠으나 그대로 쓰러지고 말았습니다.

머리는 마른 땅 위에 떨궜지만 두 발은 여전히 개울물에 잠겨 있었습니다. 어머니가 신고 있던 나막신은 급류에 떠내려갔습니다. 마침 커피를 가져온 마렌이 물가에 쓰러진 소년의 어머니를 발견했습니다.

읍장집에서 보낸 심부름꾼이 소년의 집으로 찾아왔습니다. 읍장이 뭔가 알릴 말이 있으니 와달라는 것이었습니다. 그러나 이미 때는 늦었습니다. 수술을 하러 의사가 찾아왔으나 그 보람도 없이 소년의 어머니는 세상을 떠나고 말았습니다.

"저 부인 분명 술 때문에 죽은 거야!"

읍장이 말했습니다.

한편 동생의 죽음을 알리는 편지에는 유언도 적혀 있었습니다. 예전에 자기집에서 일했던 구두 수선공 미망인에게 600달러를 유산으로 물려주라는 내용이었습니다. 또 돈은 미망인과 그의 아들에게 나눠서 주라고 씌어 있었습니다.

"내 동생과 미망인 사이에 무슨 사연이 있었나 보군. 그녀가 세상을 떠났으니 오히려 다행이야. 아이가 유산을 모두 갖게 됐으니. 나도 그 아이를 좋은 사람에게 맡기려 했는데 잘 되었군. 아마 그 아이는 훌륭한 수공업자가 될 거야."

이렇게 말하면서 읍장은 하느님께 축복의 기도를 올렸습니다.

읍장은 소년을 불러 앞으로는 자기가 돌봐 주겠다고 약속했습니다. 읍장은 소년에게 어머니가 죽은 게 오히려 다행일지도 모른다고 말했습니다. 술이나 마시는 쓸모없는 여자였으니 말입니다.

어머니는 가난한 사람들의 공동묘지에 묻혔습니다.

절름발이 마렌 아주머니는 묘지에 작은 장미나무를 심었습니다. 소년은 그 옆에 서 있었습니다.

소년은 "사랑하는 어머니!" 안타깝게 소리치며 눈물을 흘렸습니다.

"사실 너희 어머니는 쓸모있는 여자였단다!"

마렌 부인은 중얼거리며 하늘을 올려다보았습니다.

"나는 예전부터, 그리고 마지막 밤에도 그렇게 생각했지. 애야, 너의 어머니는 인간으로 참 가치 있는 분이셨단다. 하늘에 계신 하느님도 그렇게 말씀하실 거야. 그러니 세상 사람들이 뭐라 하든 그냥 내버려 두자꾸나."

071

마지막 진주

Den sidste Perle

행복한 부잣집이 있었습니다. 집주인과 하인, 친구들 모두가 기쁘고 즐거운

표정입니다. 오늘 이 집안을 이어나갈 아들이 태어났기 때문입니다. 다행히 산모와 아이 모두 건강합니다.

아늑한 침실의 램프는 반쯤 가려져 있었습니다. 창문에는 값비싼 천으로 만든 커튼이 드리워져 있었습니다. 바닥에 깐 양탄자는 두툼하고 부드러웠습니다. 그곳에 있으면 누구나 편안히 잠들어버릴 만큼 모든 게 쾌적해서 쉬기에 좋았습니다. 간호사도 그만 꾸벅꾸벅 졸더니 잠이 들어버렸습니다. 이 방은 모든 것이 아름답게 잘 꾸며져 있었습니다.

이 집 수호신이 침대 머리맡에 서 있었습니다. 침대에 누운 엄마 품에 안긴 아기 머리 위에는 반짝이는 별들이 무리지어 둥실둥실 떠다녔습니다. 별들은 하나하나 행복의 진주로 만들었습니다. 마음씨 고운 생명의 요정들이 새로 태어난 아기에게 선물을 주었습니다. 인간이 땅 위에서 소망하는 모든 것, 이를테면 건강과 재산, 행복, 사랑 같은 것이었습니다.

"모든 것을 다 주었군."

수호천사가 중얼거렸습니다.

"아니에요!"

아주 가까운 곳에서 목소리가 들려왔습니다. 그렇게 말한 것은 아이 곁에 있던 수호천사였습니다.

"아직 선물을 가져오지 않은 요정이 있어요. 언젠가 가져오기야 하겠지만 오랜 세월이 지난 뒤일 거예요. 마지막 진주가 아직 오지 않았습니다."

"없다니요! 하나라도 빠져서는 안 됩니다. 그렇다면 우리가 그 요정을 찾아봅시다. 어서 요정을 찾으러 나갑시다!"

"그 요정은 반드시 언젠가 올 테지만, 그게 언제인지는 알 수가 없군요. 화환을 만들 때 그 요정의 진주가 꼭 필요해요."

"그 요정은 어디 사나요? 고향이 어디죠? 말해 주면 내가 가서 진주를 가져오겠어요."

"좋아요! 내가 당신과 함께 가죠. 어디 계시는지 모르니까요. 그 요정은 정해진 집이 없지요. 황제의 성에 있는가 싶으면 어느 샌가 가난한 농부들을 찾아다니죠. 사람이 있는 곳이면 어디든 간답니다. 그리고 모든 사람들에게 크고 작은 선물을 가져다주죠. 이 아기도 언젠가는 요정을 만나겠지요. 자, 우리 가서 마지막 진주를 가져옵시다."

마음씨 착한 아기의 수호천사가 말했습니다. 그리하여 그들은 손을 잡고 요정이 머물 만한 곳으로 날아갔습니다. 어느 날 그 요정이 선물을 남기고 간 집을 발견했습니다.

그 집은 어두운 복도와 빈방들이 가득한 저택이었습니다. 집은 이상할 만큼 조용했습니다. 집에 한 줄로 늘어선 창문들이 모두 열려 있어서 거친 바람이 때때로 몰아쳐 들어왔습니다. 바람이 불 때마다 길게 늘어진 흰 커튼들이 흔들렸습니다.

방 한가운데에는 관이 열린 채 놓여 있었습니다. 아직 젊은 여자의 시체가 눕혀져 있었습니다. 그리고 탐스럽게 핀 장미꽃에 파묻혀 가슴 위로 모아 쥔 섬세한 두 손과 죽음 속에서도 하느님에 대한 경건함으로 가득한 고귀한 얼굴만이 보였습니다.

관 옆에는 남편과 아이들이 서 있었습니다. 관 속에 누워 있는 여자와 함께 살던 가족이었습니다. 막내는 아버지의 팔에 안겨 어머니에게 마지막 작별 인사를 했습니다. 남편은 지금은 시든 꽃잎 같지만 온갖 정성과 애정으로 식구들을 돌보았던 아내의 손에 입을 맞추었습니다. 뜨거운 슬픔의 눈물이 구슬처럼 땅바닥에 툭툭 떨어졌습니다. 그는 아무 말도 하지 않았지만, 마음속 깊은 슬픔은 어찌할 수 없었습니다.

그들은 조용히 흐느끼면서 그 방에서 나갔습니다.

바람 속에서 흔들리는 촛불이 붉은 혀를 날름거리며 타오르고 있었습니다. 낯선 사람들이 들어오더니 관 뚜껑을 덮고 못질을 했습니다. 쿵쿵 못질하는 소리가 이 집의 방과 복도로 울려 퍼졌습니다. 그 소리는 사람들의 심장 속에도 쿵쿵 울렸습니다.

"나를 어디로 데려가는 거죠? 이곳에는 그 요정이 오지 않을 거예요. 인생의 가장 훌륭한 선물을 주는 요정이잖아요."

수호신이 말했습니다.

"아니에요, 이렇게 성스러운 시간에는 그 요정도 이리로 올 겁니다."

수호천사가 대답하며 방구석을 가리켰습니다.

그곳은 아직 살아 있을 때 꽃과 그림 아래 어머니가 앉아 있던 곳입니다. 그녀는 거기서 이 집을 축복하는 요정처럼 남편과 아이들에게 따뜻한 미소를 보냈습니다. 그럴 때면 집안 가득 햇볕이 따사롭게 비쳐 화목해 보였습니다. 그곳에 지금 긴 치마를 입은 낯선 여자가 앉아 있었습니다. 죽은 여자를 대신하여 이 집을 지배하는 슬픔의 여신이었습니다. 타는 듯이 뜨거운 눈물 한 방울이 떨어지더니 진주로 변했습니다.

천사는 그 진주를 손으로 받아들었습니다. 그러자 진주는 마치 별처럼 무지갯빛으로 영롱한 광채를 뿜어냈습니다.

"슬픔의 진주, 인생에서 없어선 안 될 마지막 진주이지요! 슬픔의 진주는 세상의 명예와 권력이 시작되게 만들어줍니다. 무지개의 영롱한 빛을 보세요. 땅과 하늘의 빛이 함께 어울려 있는 것이 보이죠? 우리 곁에서 사랑하는 사람이 하나 떠나가면 천국에는 그리운 친구가 하나 늘어납니다. 대지에 깜깜한 밤이 찾아오면 저 하늘 높이 떠 있는 별을 바라보며 완성된 세계를 상상해 본답니다. 슬픔의 진주를 자세히 보세요. 진주 속에는 영혼의 날개가 깃들어 있어서, 우리를 천국으로 데려갈 겁니다."

072

두 소녀 인형

To Jomfruer

여러분은 달구가 어떻게 생겼는지 아십니까? 달구란 자갈로 길을 포장할 때 포장공들이 사용하는 기구입니다. 덴마크에서는 달구를 '소녀'라고 부릅니다. 포장공은 소녀를 사용하여 포장도로를 다진답니다. 소녀는 거의 나무로 만들지만 나무 아래쪽에는 둥근 쇠고리가 둘려 있고, 위에는 움푹 들어간 손잡이가 붙어 있습니다. 그 손잡이를 소녀의 팔이라 부릅니다.

농장 안에 그런 소녀 두 개가, 삽과 도로 측량기, 수레 사이에 세워져 있었습니다. 이 소녀는 더 이상 '소녀'가 아니라 '달구'라고 불리었습니다. 그것은 포장도로를 만드는 사람들이 예부터 내려온 말을 버리고 정식 용어로 쓰게 된 것입니다. 말하자면 예전에 '소녀'라고 불리던 것이 지금은 '달구'로 바뀐 것입니다.

우리 인간들 사이에서는 '해방된 여성'이 있습니다. 직업을 가지고 독립한 여성 연구원이라든가 조산사, 무용수, 유행용품 판매원, 유모 등을 말합니다. 농장의 소녀 인형도 물론 '해방된 여성'입니다. 도로 공사장에서 일하는 여성입니다. 그들은 어떤 경우에도 자신들의 '소녀'라는 이름을 포기하려 하지 않았습니다. '달구'라는 이름이 마음에 들지 않았던 것입니다.

"소녀는 인간적인 이름이야. 하지만 달구는 물건일 뿐이야. 우리가 물건의 이름으로 불릴 수는 없어. 그것은 우리를 모욕하는 거나 마찬가지야."

"내가 그렇게 불린다면 약혼자가 헤어지자 할 수도 있어."

해머와 약혼한 사이였던 가장 나이 어린 소녀 인형이 말했습니다. 해머는 말뚝을 박는 데 쓰는 커다란 망치 같은 도구였습니다. 포장 공사에서 해머는 힘쓰는 일을 하고, 달구는 포장을 마무리하는 데 쓰입니다.

"내 약혼자는 내가 소녀이길 원하지 달구이길 원치는 않을 거야. 그래서 나는 이름을 바꿀 생각이 조금도 없어!"

"이름이 달구로 바뀌느니 이 두 팔이 부러지는 게 더 낫겠어."

나이 많은 소녀 인형이 외쳤습니다.

그러나 수레는 생각이 달랐습니다. 수레는 그곳에서 뛰어난 존재였습니다.

수레는 바퀴 하나로 움직였기 때문에 자신을 '4분의 1 마차'라 생각했습니다.

수레가 제 의견을 말했습니다.

"저도 한마디만 하지요. 소녀라는 이름은 너무 흔해 빠져서 달구라는 이름만큼 멋스럽지 않아요. 이름이란 그 도구에 어울리는 단어를 찾아 법률로 정한 거예요. 나 같으면 소녀라는 이름을 포기하겠소!"

"말도 안 돼요! 그러기엔 나는 나이가 너무 들었어요."

나이 많은 소녀 인형이 말했습니다. 그러자 언제나 바른 것만을 보는 측량기가 말했습니다.

"댁은 '유럽의 필연성'이라는 것을 들어본 적이 없는 것 같군요. 모두가 자신의 한계를 깨닫고 시대의 변화와 필연성에 또 순응해야 하는 법이라오. 소녀라는 이름이 달구로 바뀌어야 한다면, 달구라는 이름을 사용하는 것이 순리지요. 모든 것에는 나름대로 표준이 있는 법이에요."

"꼭 이름을 바꿔야 한다면 차라리 미스라는 요즘 말을 사용하겠어요. 미스라는 말은 여전히 소녀라는 말의 어감을 조금은 가지고 있으니까요."

어린 소녀 인형이 말했습니다.

"저는 그럴 바에 차라리 산산이 부서져 성냥개비가 되겠어요!"

나이 많은 소녀 인형이 말했습니다.

간신히 모두들 자기 자리로 가서 일하기 시작했습니다. 소녀 인형들은 수레에 실려 현장으로 갔습니다. 그녀들은 예전과 다름없이 포장도로 밟는 일을 했지만, 사람들은 그녀들을 달구라고 불렀습니다.

포장도로를 밟으면서 일을 할 때, 소녀라는 말이 목까지 올라왔지만 할 수 없었습니다. 소녀라는 말을 끝까지 완전하게 내뱉으려 했지만, 멈칫하면서 그말을 도로 삼켰습니다. 여럿이 있는 데서는 도저히 그 말을 할 수 없었기 때문입니다. 그러나 그들끼리 있을 때는 언제나처럼 소녀라는 이름으로 서로 부르며 옛 시절을 떠올리곤 했습니다. 옛날에는 어떤 사물이든 어울리는 이름이 있었고, 그들은 소녀로 불렸습니다.

그 뒤로도 두 소녀 인형은 계속 소녀로 남아 있었습니다. 왜냐하면 커다란 해머가 어린 소녀 인형과 파혼했기 때문입니다. 해머는 일터에서 달구라고 불리는 소녀 인형과 사귀고 싶지 않았거든요.

073
북극의 바다에서
Ved det yderste Hav

몇 해 전에 커다란 선박 두 척이 북극으로 파견되었습니다. 그 배들은 북극에서 육지와 바다 사이의 경계를 측정하고, 인간이 지구를 북쪽으로 어디까지 갈 수 있는가 알아보기 위해 탐사에 나섰습니다. 탐사선은 이미 1년 동안 안개와 얼음 속을 항해하며 많은 고난을 견뎌냈습니다.

이제 겨울이 찾아오고, 태양은 완전히 사라졌습니다. 이미 여러 주 동안 기나긴 밤만 계속되었습니다. 주변은 온통 거대한 빙하뿐이었습니다. 탐사선은 빙하로 둘러싸인 채 닻을 내리고 있었습니다. 눈이 언덕만치 높게 쌓이면 사람들은 벌집처럼 구멍을 파서 눈 속에 집을 지었습니다. 훈족의 무덤처럼 크고 넓은 것도 있으며, 서너 사람이 겨우 들어갈 수 있을 만큼 조그만 것도 있었습니다.

북극은 밤이 계속되었지만 어둡지는 않았습니다. 하늘에는 오로라가 붉고 푸른 베일을 드리웠는데, 마치 꺼질 줄 모르고 계속 타오르는 화려한 불꽃 같았습니다. 눈도 그 빛을 받아 환하게 빛났습니다. 북극은 밤이라 해도 노을처럼 어슴푸레한 빛으로 물들어 있었습니다.

하루 중 하늘이 가장 밝을 때면 에스키모 원주민들이 무리를 지어 찾아왔습니다. 탐사대원들의 눈에는, 모피 옷으로 몸을 감싸고 마치 얼음 덩어리 같은 썰매를 타는 에스키모 인들의 모습이 참으로 신기해 보였습니다. 그들은 커다란 상자에 모피와 가죽을 한가득 담아 가져왔습니다. 얼음집에서 모피는 따뜻한 양탄자 못지 않았을 뿐만 아니라, 선원들이 눈으로 된 지붕 아래에서 잘 때 침대에 까는 덮개와 이불로도 쓰였습니다.

밖에서는 쩍쩍 얼음이 갈라지는 소리가 들려옵니다. 이처럼 추운 날씨는 고향에서 겪어보지 못했습니다. 고향은 아직 가을처럼 시원한 날씨라 합니다. 우리는 고향의 햇빛과 나무에 매달린 단풍잎을 생각했습니다.

시계를 보니 어느덧 잠잘 시간이었습니다. 얼음집에는 이미 두 사람이 누워 있었습니다. 젊은 친구는 이곳으로 떠나기 전에 할아버지가 그에게 선물한 가장 값지고 훌륭한 보물을 가져왔습니다. 그 보물은 다름 아닌 성경입니다. 그

는 언제나 성경을 베개 밑에 놓고 밤마다 읽었습니다. 젊은 친구는 어릴 적부터 줄곧 성경을 읽어 왔기에 지금도 날마다 조금씩 읽고 있습니다. 그래서 잠잘 때면 성경의 말씀이 그에게 커다란 위안이 됩니다.

"내가 아침노을의 날개를 타고서 세상 끝 바다에 머물지라도, 하느님의 손이 나를 이끌어주고 하느님은 오른손으로 나를 붙잡아주실지어다!"

진리와 믿음의 말씀을 되새기고 나면, 젊은 친구는 눈을 감고 편안히 잠들어 하느님이 이끌어 주시는 대로 즐거운 꿈을 꾸었습니다. 육체가 쉬는 가운데 영혼이 살아 있음을 느꼈습니다. 그것은 어릴적 자주 불렀던 옛 노래 같았습니다.

잠에서 깨자 얼굴 쪽이 밝게 빛나고 있습니다. 둥그런 얼음집 천장으로 쏟아져 들어오는 듯한 광채가 자신의 머리 위에 어렸습니다.

젊은 친구는 벌떡 일어나 빛을 바라보았습니다. 하얀 광채는 얼음벽이나 천장에서 나오는 것이 아니라 천사의 어깨에 달려 있는 커다란 날개에서 쏟아져 나오는 것이었습니다. 그는 부드럽게 빛나는 천사의 얼굴을 바라보았습니다. 천사는 라일락의 꽃받침처럼 펼쳐진 성경에서 나와 두 팔을 내밀었습니다. 그러자 얼음집 벽이 희미한 안개에 둘러싸였습니다.

그러더니 푸르게 물든 고향의 들판과 언덕이 아름다운 가을 햇살 속에 나타났습니다. 황새의 둥지는 이미 비어 있었고 낙엽이 떨어져 앙상한 사과나무 가지에는 아직 사과가 매달려 있었습니다. 붉은 들장미가 활짝 핀 농가의 창문에 찌르레기가 초록색 새 집 안에서 찌르르 웁니다. 이 농가는 젊은이의 집이었습니다. 찌르레기는 젊은이에게 배운 대로 가을을 노래했습니다.

할머니는 손자가 늘 그랬던 것처럼 찌르레기 집에다 예쁘게 별꽃을 매달았습니다. 귀엽고 아름다운 대장장이집 딸은, 우물가에 서서 물을 길어 올리며 할머니에게 방긋 미소 지었습니다. 할머니는 미소 지으며 이리 오라 부르더니 멀리서 온 편지를 보여 주었습니다. 편지는 이날 아침 도착한 북극의 차가운 나라에서 젊은이가 보낸 편지입니다. 그들은 편지를 보면서 웃기도 하고 울기도 했습니다.

젊은 친구는 이곳에서 천사 날개의 보호를 받으며 영혼의 세계로 가서 모든 것을 보고 들었습니다. 그래서 가족과 더불어 웃고 울 수 있었습니다.

그들은 편지에 쓴 성경 구절을 큰 소리로 읽었습니다.

"세상 끝 바다에 있더라도 너의 손을 잡을지어다!"

이때 합창 소리가 장엄하게 울려 퍼졌습니다. 천사는 면사포처럼 얇은 날개를, 젊은이의 머리맡에 펼쳤습니다.

꿈에서 깨어나자 얼음집은 어두컴컴한 그대로였습니다. 그러나 성경은 그의

머리맡에 잘 놓여 있었습니다.

그의 가슴에는 믿음과 희망이 깃들었습니다. 머나먼 바다에 하느님과 고향이 늘 젊은이와 함께 있었습니다.

074
돼지 저금통
Pengegrisen

아이의 방 안에 많은 장난감들이 있었습니다. 장롱 위에는 돼지 모양 저금통이 하나 놓여 있었습니다. 저금통은 도자기로 만들어졌습니다. 돼지 저금통은 처음부터 등에 동전을 넣을 수 있는 틈이 있었는데, 그 틈새에 더 큰 은화도 넣을 수 있게끔 틈새를 칼로 잘라서 넓혔습니다.

이 저금통 안에는 구리 동전들과 함께 은화 두 개가 들어 있었습니다. 저금통은 가득 차서 흔들어도 딸랑거리는 소리가 나지 않았습니다. 저금통에게 있어서 이보다 큰 명예는 또 없습니다.

돼지 저금통은 장롱 위에 서서 방바닥에 놓여 있는 장난감들을 내려다보았습니다. 돼지 저금통은 자신의 뱃속에 들어 있는 돈이면 이런 장난감들은 얼마든지 살 수 있다는 생각이 들자 콧대가 한껏 높아졌습니다.

말은 하지 않았지만 다른 장난감들도 저마다 자부심을 가지고 있습니다. 그러나 그런 이야기는 입 밖에 내지 않았습니다. 할 이야기는 그것 말고도 많았기 때문입니다. 그때 장롱 서랍 문이 약간 열려 있었는데 그 틈으로 커다란 인형이 몸을 일으켰습니다. 인형은 낡아서 목을 못으로 고정한 여자아이 인형입니다. 인형은 밖을 내다보며 말했습니다.

"우리, 인간 연극을 한번 해 볼까? 꽤나 재미있는 놀이야."

그러자 장난감들이 웅성웅성 시끄러워졌습니다. 벽에 걸린 그림들까지 사람처럼 몸을 돌리며 자기들도 등이 있다는 것을 보여 주려고 했습니다.

한밤중이 되어서 달빛이 창문으로 새어 들어와 밝게 비춰줍니다. 이제 놀이가 시작될 참이었습니다. 장난감들 모두 놀이에 초대받았습니다. 장난감이라

하기에는 좀 그렇지만 유모차도 초대되었습니다. 유모차가 말했습니다.

"우리는 누구나 장점이 있어. 그렇다고 모두 왕은 될 수 없지. 누군가 하인 역할을 해야 돼."

돼지 저금통은 정식으로 초대장을 받은 유일한 장난감이었습니다. 돼지 저금통은 높은 곳에 있어 신분이 다른 분이니 말로 초대하면 실례라고 인형은 생각했습니다. 하지만 돼지 저금통은 참석 여부를 알려오지 않았지요. 돼지 저금통을 부르려면 위에 있는 자기 자리에서도 편히 볼 수 있는 높은 곳을 마련해 드려야 했습니다.

조그만 인형 극장은 돼지 저금통이 높은 곳에서 내려다볼 수 있도록 꾸며졌습니다. 그들은 먼저 인형극을 하고 나서 차를 마시며 마지막으로 평가를 나누기로 했습니다. 그런데 어찌된 일인지 토론부터 벌어졌습니다. 왜냐하면 흔들 목마가 경마 훈련과 순종 말에 대해서 말하자 유모차도 지지 않으려 철도와 증기에 대하여 말했기 때문입니다. 모두 그들의 전문분야여서 이야기는 흥미진진했습니다. 방에 걸린 시계는 똑딱똑딱하면서 정치에 대해 말했습니다. 시계는 바른 시간을 나타내고 있다 여겼지만 다른 이들은 그가 옳지 못하다고 수군거렸습니다. 스페인에서 태어난 대나무 지팡이는 뾰족한 끝의 쇠고리와 손잡이 장식 부분을 뽐내며 서 있었습니다. 지팡이 위쪽과 아래쪽에는 새로 박은 은테가 달려 있었습니다. 한편 소파에는 수를 놓은 쿠션 두 개가 앉아 있었습니다. 이 쿠션은 귀엽게 생겼지만 머리는 나빴습니다.

드디어 인형극이 시작되자 모두 앉아 무대를 바라보았습니다. 인형극은 즐거웠습니다. 장난감들은 손을 흔들며 한껏 환호를 질러댔습니다. 그러자 경마용 채찍은 아직 미혼인 인형들에게만 박수를 치고 나이 든 인형에게는 치지 않겠다고 말했습니다.

"나는 누구에게나 박수를 쳐 줄 거야."

폭죽이 외쳤습니다.

"정해진 장면에서만 박수를 쳐야 해요."

침을 뱉는 데 쓰는 타구가 말했습니다. 연극을 보는 사람은 누구나 그런 생각을 할 수 있을 것입니다. 인형극은 매우 성공적이었습니다. 모든 배우들은 분장한 한쪽 얼굴만 보여 주었기에 관객들은 배우의 뒷면은 보지 못하고 앞면만을 볼 수 있었습니다. 배우들의 연기는 모두 훌륭했습니다. 줄이 인형 뒤

에 길게 드리워져 있어서 인형들은 자유롭게 움직였습니다. 목을 못으로 고정한 인형은 너무 연극에 열광한 나머지 그만 못이 헐거워졌습니다. 돼지 저금통도 큰 감동을 느껴 저금통다운 방법으로 그 기분을 한껏 드러내고 싶었습니다. 그래서 배우 가운데 하나와 친해진 뒤 유언장에 그의 이름을 써서 함께 무덤에 묻히게 해 달라고 부탁하리라 마음먹었습니다.

연극은 매우 즐거웠습니다. 그들은 차를 마시는 것도 그만두고 연극 평가회를 열었습니다. 연극은 인간흉내라 불렸지만 어떤 악의도 없었습니다. 그들에게는 그저 순수한 연극일 뿐이었습니다. 그리고 그들은 돈 많은 돼지 저금통이 무슨 생각을 하는지 궁금했습니다. 돼지 저금통은 아직도 유언장만 걱정했습니다. 아마도 먼 뒷날의 일이 되겠지만, 유언장을 쓰고, 땅 속에 묻히는 것, 그런 일들이 언제 닥치게 될지를 생각했습니다.

그때 마지막 순간이 찾아왔습니다. 돼지 저금통은 장롱 위에서 바닥으로 떨어져 산산조각이 나고 말았습니다. 그 바람에 동전들이 춤을 추며 이곳저곳으로 흩어졌습니다. 가장 작은 동전은 깨어진 저금통 주변에서 뱅글뱅글 맴돌았고, 넓은 세상으로 나가고 싶었던 은화는 멀리까지 굴러갔습니다. 모든 동전들이 밖으로 뛰어나왔습니다. 깨어진 저금통 조각들은 쓰레기통으로 버려졌습니다. 다음 날, 장롱 위에는 점토로 만들어진 새로운 돼지 저금통이 놓여 있었습니다. 하지만 그 안에는 아직 동전이 한 닢도 들어 있지 않아서 딸랑거리는 소리도 나지 않습니다. 그런 점에서는 먼젓번 돼지 저금통과 마찬가지입니다. 처음 시작이란 모두 이렇습니다.

그럼 여기서 이야기를 끝내기로 합니다.

075
이브와 어린 크리스티나
Ib og lille Christine

북 유틀란트 구덴 강 근처의 강둑 숲속에 커다란 성벽 같은 산등성이가 하나 우뚝 솟아올라 있었습니다. 그곳은 아젠이라 불렸습니다. 산등성이 아래 편 서쪽으로 황폐한 땅을 일구며 사는 조그만 농가가 있었습니다. 농가 주변에 듬성듬성 자란 호밀과 보리 이삭 사이로 누런 모래밭이 반짝이고 있었습니다.

이곳의 사람들은 여러 해 전부터 작은 농토를 일구면서 양 세 마리와 돼지 한 마리, 수소 두 마리를 기르며 생계를 꾸려 나갔습니다. 그들은 말을 키울 수도 있었지만, 다른 농부들처럼 '말이 너무 많이 먹어 탈이야' 불평하며 키우지 않았습니다.

예페 얀스는, 여름에는 작은 밭을 경작하고 겨울에는 나막신을 만들어 생계를 꾸려 나갔습니다. 그는 튼튼하면서도 가볍고 모양이 좋은 나막신을 만들 줄 아는 남자를 고용했습니다. 그들은 신발뿐 아니라 젓가락과 숟가락도 만들었습니다. 장사가 잘돼서 예페 얀스는 가난하지는 않았습니다.

일곱 살 된 얀스의 아들 이브는 그들이 일하는 것을 구경하면서 나무토막을 가지고 장난을 치며 놀다가 손가락을 베기도 했습니다.

그러던 어느 날 이브는, 드디어 나무토막을 깎아서 신발 형태를 만들었습니다. 그는 신발이 완성되면 크리스티나에게 선물해야겠다고 생각했습니다.

크리스티나는 나룻배 사공의 딸이었지만 고귀한 집 아이처럼 예쁘고 아름다웠습니다. 몸에 잘 어울리는 옷만 입는다면, 어느 누구도 크리스티나가 산골

히스 숲의 오두막집에서 산다고는 상상조차 하지 못했을 것입니다.

홀아비로 살아가는 크리스티나의 아버지는 숲에서 벤 나무들을 배에 실어 질케보르크 입구의 알베어로 옮기거나, 때로는 그곳에서 라네스까지 운반하여 생계를 꾸려 나갔습니다. 그러므로 이브보다 한 살 어린 크리스티나를 돌봐 줄 사람이 집에 없었습니다. 그래서 크리스티나는 언제나 아버지와 나룻배를 타거나 히스 나무숲에서 산딸기를 따며 놀았습니다. 아버지가 먼 라네스까지 가야 하면, 크리스티나는 히스 숲 건너편에 사는 예페 얀스네 집에서 지냈습니다.

이브와 크리스티나는 무척 사이가 좋았습니다. 두 아이는 배가 고프면 빵과 산딸기를 나누어먹고, 놀 때는 땅을 파거나 나무에도 올라가며 이리저리 뛰어다녔습니다.

어느 날 이브와 크리스티나는 함께 놀다가 아젠 산등성이의 꼭대기까지 올라갔습니다. 가까운 숲에서 도요새 알을 찾아내기도 했습니다. 그것은 두 아이에게 엄청난 발견이었습니다.

이브는 아직 크리스티나의 아버지가 사는 저 너머 히스 숲이나 강가에 가본 적이 없었습니다. 그러니 나룻배를 타고 호수를 지나가야 하는 구덴 강에도 가보지 못했습니다. 그러던 어느 날 좋은 기회가 왔습니다. 크리스티나의 아버지가 나룻배를 타고 데려가 주신다는 것입니다. 그래서 이브는 저녁에 크리스티나를 따라 히스 숲 뱃사공의 집으로 갔습니다.

다음 날 아침 일찍 이브와 크리스티나는 나룻배에 높게 쌓인 장작더미 위에 앉아 빵과 산딸기를 먹었습니다. 크리스티나의 아버지와 조수가 노를 힘차게 저었습니다. 배는 물살을 타고 호수로 나왔습니다. 호수에는 물풀과 갈대가 많아서 노를 저어 가기에 불편했습니다. 그곳을 빠져나오니 갈대뿐만 아니라 고목들이 물 위로 굵은 가지를 축 늘어뜨리고 있었습니다. 자작나무들도 가지를 아래로 뻗고 있었습니다. 나무들은 마치 소매를 위로 걷어붙이고 울퉁불퉁 마디진 팔뚝을 서로 자랑이라도 하려는 것 같았습니다. 물살 때문에 비스듬히 늘어진 늙은 오리나무들은 호수 바닥에 뿌리를 굳건히 내리고, 작은 섬처럼 무리를 이루고 있었습니다. 그리고 물 위는 둥실둥실 수련이 떠다녔습니다. 정말 탄성이 절로 나오는 멋진 여행이었습니다.

어느새 물이 엄청난 소리를 내며 수문으로 흘러 나가는 장어 양식장에 도착했습니다. 이브와 크리스티나는 처음 보는 광경이라 깜짝 놀랐습니다.

그 무렵 이곳에는 공장이나 마을이 없었습니다. 오직 이 장어 양식장만 있었습니다. 수문에서 콸콸 떨어져 내리는 물소리와 야생 거위들의 울음소리가 그나마 활기를 불어넣어줍니다.

크리스티나의 아버지는 장작을 모두 나르자 훈제 뱀장어 한 묶음과 통구이를 할 새끼 돼지를 사서 함께 바구니에 넣어 나룻배 뒤쪽에 실었습니다.

이제 나룻배는 강물을 거슬러 집으로 돌아갑니다. 마침 바람이 뒤에서 불어와 사공들이 펼친 돛을 밀어 배는 말이 끄는 것처럼 빠르게 달려나갔습니다.

나룻배는 숲을 지나 쭉쭉 나아갔습니다. 강둑에서 멀지 않은 곳에 조수의 집이 보입니다. 조수와 크리스티나의 아버지는 배에서 내렸습니다. 그러면서 아이들에게는 조용히 배에 머물며 조심하라고 단단히 일렀습니다. 이브와 크리스티나는 잠시 얌전히 기다렸지만 지루함을 참지 못하고 그만 뱀장어와 새끼 돼지가 들어 있는 바구니를 딱 한 번만 들여다보기로 했습니다.

새끼 돼지를 보니 너무 귀여워서 안아보고 싶었습니다. 두 아이는 서로 먼저 안아보겠다며 새끼돼지를 잡아당기다가 손이 미끄러져 떨어뜨리고 말았습니다. 새끼돼지는 강물에 떨어져 물줄기를 따라 흘러갔습니다. 정말 큰일입니다.

이브는 물가로 올라가 달려갔습니다.

"나도 데리고 가!"

크리스티나는 뒤따라가면서 함께 가자고 외쳤습니다.

마침내 그들은 숲속 깊숙이까지 들어갔습니다. 이젠 나룻배도 강물도 보이지 않았습니다. 그래도 아이들은 계속 달렸습니다. 그런데 크리스티나가 넘어져 울음을 터뜨렸습니다. 이브는 크리스티나를 일으켜 세웠습니다.

"자, 나를 따라와. 저쪽에 집이 있을 거야."

이브가 말했습니다. 그러나 그곳에 집은 없었습니다. 크리스티나와 이브는 숲속을 헤매다 더 깊이 들어가버렸습니다. 두 아이 발 아래서 사박사박 낙엽과 나뭇가지들이 밟혀서 소리를 냈습니다. 갑자기 날카로운 울음소리가 들렸습니다. 걸음을 멈추고 귀를 기울여 보니 독수리 한 마리가 기분 나쁜 소리로 울고 있었습니다. 아이들은 너무나 무서워서 자꾸만 더 안쪽으로 들어갔습니다. 숲속에는 먹음직스러운 월귤나무 열매가 주렁주렁 열려 있었습니다. 아이들은 무서운 것도 잊어버리고 열매를 실컷 따먹었습니다. 잘 익은 열매 때문에 입과 볼 주위가 까맣게 물들었습니다. 이때 다시 울음소리가 들려왔습니다.

"우리 새끼돼지 때문에 혼나겠지?"

크리스티나가 말했습니다.

"걱정하지 마. 우리 집으로 가자. 이 숲속에 있어."

이브가 크리스티나를 달래면서 말했습니다.

그들은 계속 걸었습니다. 마차가 지나간 흔적을 발견했지만 집은 좀처럼 보이지 않았습니다. 해가 져서 주변이 어두워졌습니다. 두 아이는 불안한 마음에 한 마디도 하지 못했습니다. 고요한 숲속은 때때로 커다란 부엉이의 끼룩거리는 소리와 새들의 울음소리가 정적을 깨트렸습니다.

크리스티나와 이브는 어느 수풀 속에 주저앉아 울음을 터뜨렸습니다. 그들은 한동안 그렇게 울다가 마른 나뭇잎 속에 누워 소르르 잠이 들었습니다.

잠에서 깨어났을 때 태양이 벌써 하늘 높이 떠 있었습니다. 아이들은 추워서 오들오들 떨었습니다. 하지만 바로 앞 언덕 위에는 햇볕이 나무 사이로 따스하게 비치고 있었습니다.

그들은 언덕에 서서 몸을 녹였습니다. 이브는 그곳이라면 자신들이 사는 집이 틀림없이 보일 것이라고 생각했습니다. 그러나 집과 이곳은 너무나 멀리 떨어져 있었습니다. 언덕을 올라가니 맑고 깨끗한 호수가 있습니다. 물속의 고기떼가 햇빛을 받아 반짝거렸습니다. 한 번도 본 적 없는 풍경이었습니다. 거기다 가까이에는 열매가 가득 열린 커다란 개암나무가 있었습니다. 그들은 개암나무 열매를 따서 딱딱한 껍질을 깠습니다. 그리고 맛있게 여문 알맹이를 꺼내어 먹었습니다.

그때였습니다. 생각지도 못한 놀라운 일이 일어났습니다. 갑자기 수풀 속에서 키가 큰 노파가 걸어 나오는 것이었습니다. 얼굴은 짙은 갈색이었고, 머리칼은 아주 새까맸는데 반짝반짝 윤기가 흘렀습니다. 그리고 눈의 흰자위가 아프리카 회교도처럼 번뜩였습니다. 노파는 등에 보따리를 짊어지고, 손에는 구부러진 지팡이를 짚었습니다. 노파는 떠돌이 집시였습니다. 아이들은 처음에는 노파가 하는 말을 알아듣지 못했습니다.

노파는 주머니에서 커다란 개암나무 열매 세 개를 꺼냈습니다. 그 열매 속에는 아주 멋진 것이 들어 있다고 했습니다. 그것은 소원을 들어주는 열매라는 것이었습니다.

노파는 아주 친절해 보였습니다. 그래서 이브는 용기를 내어 열매를 가져도 좋으냐고 물었습니다. 그러자 노파는 그것을 이브에게 건네주더니 다시 풀숲으로 들어가 개암나무 열매를 따서 주머니에 가득 채웠습니다. 이브와 크리스티나는 놀라서 눈을 동그랗게 뜨고 노파가 준 세 개의 신기한 열매를 바라보았습니다.

"이 열매에 말이 끄는 마차는 들어 있나요?"

이브가 물었습니다.

"물론이지. 그 안에 황금 말 두 마리가 끄는 황금 마차가 들어 있단다."

노파가 대답했습니다.

"그럼 내게 줘!"

크리스티나가 이브에게 말했습니다. 이브는 크리스티나에게 개암나무 열매를 주었습니다. 노파는 그 개암나무 열매를 목에 두르고 있던 스카프로 싸주었습니다.

"이 안에 크리스티나에게 어울릴 만한 예쁜 수건도 들었나요?"

이브가 물었습니다.

"그럼, 열 장이나 들어 있지. 예쁜 드레스와 양말, 모자도 그 안에 들었단다."

노파가 대답했습니다.

"그러면 그것도 갖고 싶어."

크리스티나가 말하자, 이브는 두 번째 열매도 크리스티나에게 주었습니다. 세 번째 열매는 검은색이고 아주 작았습니다.

"그 열매는 네가 갖고 있어. 그것도 나름 귀엽잖아."

크리스티나가 말했습니다.

"이 안에는 무엇이 들어 있죠?"

이브가 다시 물었습니다.

"너에게 가장 좋은 것이 들어 있지."

집시 노파가 말했습니다.

이브는 개암나무 열매를 손에 꼭 쥐었습니다. 노파는 그들에게 집에 가는 길을 알려주겠다고 자신 있게 말했습니다.

그래서 두 아이는 노파와 함께 가르쳐 준 길로 걸어갔습니다. 그러나 그 길은 집과는 정반대로 가는 길이었습니다.

깊은 숲속에서 그들은 산지기 카라엔을 만났습니다. 다행히 카라엔은 이브를 알고 있었습니다. 카라엔의 도움으로 이브와 크리스티나는 집으로 갈 수 있었습니다. 집에서는 잔뜩 가슴을 졸인 채 아이들이 무사히 돌아오기를 간절히 기도하고 있었습니다. 새끼돼지를 강물에 빠뜨렸고, 또 배를 떠나 숲으로 들어갔기 때문입니다. 보통 때 같았으면 회초리로 한 대쯤 맞았겠지만, 이번에는 용서받았습니다.

크리스티나는 자신의 집이 있는 히스 숲속으로 돌아갔고, 이브는 거대한 산등성이 가까이 있는 오두막집에 남았습니다. 저녁이 되자 이브는 '가장 좋은 것'이 들어 있다는 열매를 열어보고 싶었습니다. 열매를 문과 문틀 사이에 놓고 문을 쾅 닫자 열매가 깨어졌습니다. 그러나 그 안에는 열매는커녕 아무것도 특별한 게 보이지 않았습니다. 그저 잎담배나 흙덩이 같은 검은 가루로 채워져 있을 뿐, 껍질에 벌레 먹은 자국밖에 없었습니다.

"이럴 줄 알았어. 이렇게 조그만 열매에 가장 좋은 게 들어 있을 리가 없지. 분명히 크리스티나의 열매에도, 옷이나 황금 마차는 없을 거야."

이브는 너무 화가 나서 이렇게 중얼거렸습니다.

곧 겨울이 오고 다시 새해가 밝았습니다. 그렇게 몇 해가 흘렀습니다. 이브는 가까운 마을에 살고 계시는 신부님에게 다니면서 견진성사 준비를 하고 있었습니다.

그러던 어느 날 나룻배 사공이 집으로 찾아와, 크리스티나가 운 좋게도 좋은 일자리를 얻어 집을 떠나게 되었다고 이브의 부모님에게 말씀드렸습니다. 크리스티나는 부잣집에서 일하게 되었습니다. 좋은 사람들을 만나 그 집에서 지낼 테니 얼마나 다행한 일이냐고 말했습니다. 크리스티나는 여기서 서쪽으로 몇 마일 떨어져 있는 헤르네 지방의 부유한 여인숙에 들어가 그 집 안주인을 도와 집안일을 할 것이며, 나중에라도 크리스티나가 잘 지내다가 견진성사를 받게 되면 안주인이 딸로 삼을 것이라 했습니다.

이렇게 해서 이브와 크리스티나는 서로 헤어지게 되었습니다. 사람들은 두 아이를 결혼한 사이라고 불렀습니다. 크리스티나는 헤어질 때 숲속에서 길을 잃었을 때 얻은 두 개의 개암나무 열매를 아직도 가지고 있다고 말했습니다. 또 어릴 적에 이브가 만들어 선물한 나막신도 옷상자 속에 소중히 보관해 왔다고 했습니다. 그리고 그들은 헤어졌습니다.

이브는 견진성사를 받았지만, 아버지가 이미 세상을 떠난 뒤였기에 집에서 떠나지 않고 어머니와 함께 살았습니다. 이브는 여름이면 작은 밭을 가꾸고 틈 틈이 나막신도 만들었습니다.

크리스티나에 대한 소식은 별로 없었습니다. 배달부나 뱀장어 장수를 통해 서 간간이 이야기를 들었을 뿐입니다. 크리스티나는 부유한 여인숙 주인집에서 잘 지낸다고 했습니다. 크리스티나가 견진성사를 받았을 때, 그녀는 자신의 아 버지에게 편지를 보내 이브의 가족에게도 인사를 전하도록 했습니다. 편지에 는 크리스티나가 주인집에서 새 셔츠 여섯 벌과 멋진 정장 한 벌을 받았다고 적혀 있었습니다. 정말 좋은 소식이었습니다.

이듬해 어느 화창한 봄날, 누군가가 이브네 집의 문을 두드렸습니다. 찾아온 사람은 크리스티나와 그녀의 아버지였습니다. 크리스티나는 마침 근처에 와서 하루만 고향집에 머물기로 했습니다. 크리스티나는 고귀한 집 아가씨처럼 예뻤 고, 잘 어울리는 아름다운 옷을 입고 있었습니다.

크리스티나가 화려한 모습으로 문 앞에 서 있는데 이브는 낡은 작업복 차림 이었습니다. 이브는 크리스티나를 보자 정말로 기쁘고 행복해서 아무 말도 할 수가 없었습니다. 그녀의 손을 꼭 잡은 채 속으로 즐거워 어쩔 줄 몰랐지만, 한 마디 말도 입에서 떨어지지 않았습니다. 크리스티나가 먼저 말을 걸고 이야기 를 꺼내면서 이브에게 입을 맞추었습니다.

"나를 몰라보는 거야?"

크리스티나가 말했습니다. 한참이 지난 뒤에야 비로소 이브는 말문을 열었 습니다.

"너는 참 멋진 아가씨가 됐구나! 나는 거칠고 촌스런 일꾼일 뿐인데 말이야. 나는 자주 너를 생각했어, 크리스티나. 함께 놀던 옛날을 잊을 수가 없었어."

둘은 팔짱을 끼고 산등성이로 올라가 히스 숲 너머로 구덴 강과 금잔화 꽃 이 피어 있는 들판을 함께 내려다보았습니다. 그러나 이브는 다시 말이 없었습 니다.

헤어질 시간이 되자 이브는 크리스티나가 자신의 아내가 되어야 한다는 느 낌이 들었습니다. 그들 둘은 어릴 때부터 결혼할 사이라고 불렸으니 말입니다. 입 밖에 꺼내지 않았을 뿐 우리는 약혼한 사이나 마찬가지라고 이브는 속으로 생각했습니다.

이제 함께 있을 수 있는 시간이 두세 시간밖에 남지 않았습니다. 크리스티나는 다음 날 아침 일찍 헤르네로 가는 마차를 타기 위해 그날 저녁 이웃마을까지 가야만 했기 때문입니다. 크리스티나의 아버지와 이브는 그녀를 배웅하러 이웃 마을까지 갔습니다. 그날 밤은 달빛이 밝게 빛났습니다.

마을로 가는 동안 이브는 크리스티나의 손을 꼭 잡고 있었습니다. 이브는 차마 손을 놓을 수 없었습니다. 그의 눈은 너무나 많은 이야기를 담고 있었지만, 입에서는 몇 마디밖에 나오지 않았습니다. 하지만 그 몇 마디 말은 가슴속에서 진심으로 우러나온 것이었습니다.

"크리스티나, 너는 지금 나와는 다르게 부잣집에서 지내지만, 만일 네가 우리 어머니를 모시고 나와 같이 사는 게 괜찮다고 생각되면 그때 우리 결혼해서 함께 살자. 나는 그때까지 기다릴 수 있어."

"그래, 우리 그때 가서 만나기로 해, 이브."

크리스티나가 이렇게 말하며 이브와 악수했습니다. 이브는 그녀의 입술에 입을 맞추었습니다.

"나는 너를 믿고 있어, 이브."

크리스티나가 말했습니다.

"언젠가 나도 네가 좋아질지 몰라. 그러니 조금 더 생각해 볼게."

이렇게 두 사람은 헤어졌습니다. 이브는 자신이 크리스티나와 약혼한 사이나 다름없다고 크리스티나의 아버지에게 말했습니다. 크리스티나의 아버지도 예나 지금이나 그렇게 생각한다고 말했습니다. 그는 이브를 집으로 데리고 가서 함께 잤습니다. 그러나 그 뒤로 약혼에 대해서는 말하지 않았습니다.

또 1년이 지나갔습니다. 그 동안 이브와 크리스티나는 두 통의 편지를 주고받았습니다. 서명하는 곳에는 '죽을 때까지 성실히!'라는 글이 적혀 있었습니다.

어느 날 뱃사공인 크리스티나의 아버지가 이브의 집에 왔습니다. 그는 크리스티나가 잘 지낸다는 소식 전한 뒤 어렵게 말을 꺼냈습니다.

크리스티나는 아주 잘 지내고 있으며, 무척 아름다워서 사람들이 그녀를 좋아한다고 했습니다. 그런데 코펜하겐의 큰 은행에 다니는 주인집 아들이 잠시 집에 돌아왔다가 크리스티나를 보고 반해서 결혼을 하고 싶어 한다고 했습니다. 크리스티나도 마음에 들어 했으며, 집주인도 둘 사이를 반대하지 않는다고 했습니다. 그러나 크리스티나는 이브가 자신을 너무나 절실하게 생각하는 게 몹시 마음에 걸려 좋은 행운을 스스로 포기하려 한다는 것이었습니다.

이 말을 들은 이브는, 처음에는 할 말을 잊고 백지장처럼 얼굴이 하얗게 질렸습니다. 하지만 시간이 지나자 그는 고개를 흔들며 "행운을 스스로 포기해서는 안 돼!" 외쳤습니다.

"그러면 네가 크리스티나에게 편지를 써주지 않겠니?"

크리스티나의 아버지가 말했습니다.

이브는 펜을 들었지만, 생각을 제대로 옮겨 쓸 수가 없었습니다. 몇 번이나 쓴 것을 지우다가 편지를 찢고 말았습니다. 다음 날 아침 간신히 크리스티나에게 보내는 편지가 완성되었습니다. 편지의 내용은 다음과 같습니다.

'네가 너의 아버님에게 보낸 편지를 나도 읽어 보았어. 그 편지를 읽고 네가 잘 지내고 있으며, 너에게 행운이 찾아왔다는 것을 알았지. 크리스티나, 한 번 더 네 마음에 솔직하게 물어봐. 네가 나와 결혼하면 어떻게 될지 말이야. 난 아무런 재산이 없어. 내 기분을 생각하지 말고 네 자신의 행복을 생각해야 해. 나와의 약속에 얽매일 필요는 없어. 네가 만일 나와의 약속 때문에 그런다면 나는 너의 길을 막지는 않겠어. 너에게 축복과 즐거움이 가득하기를 바랄 뿐이야, 크리스티나.

하느님이 내 마음에 위안을 주시리라 믿고 있어!

영원한 너의 친구 이브'

얼마 뒤 크리스티나는 이 편지를 받았습니다. 그리고 몇 달이 지나 11월에 크리스티나는 신랑이 사는 코펜하겐 근처 산림 지대의 한 교회에서 결혼식을 올렸습니다. 그녀는 남편이 사업 때문에 바빠 유틀란트까지 올 수가 없어서 시어머니가 될 주인 아주머니와 코펜하겐으로 떠났습니다. 그리고 미리 약속한 대로 아버지를 푼더 마을에서 만났습니다. 그 마을은 코펜하겐으로 가는 길에 있었고, 아버지와 만나기도 편리했습니다. 부녀는 그곳에서 만나 결혼식이 끝나자 바로 헤어졌습니다. 크리스티나의 아버지가 이브에게 결혼식 이야기를 했지만, 이브는 아무 말이 없었습니다.

이브의 어머니는 아들이 요즘 들어 부쩍 생각에 잠겨 있을 때가 많다고 말했습니다. 실제로 이브는 오랫동안 생각에 잠겨 있었습니다. 어린 시절, 집시 노파한테서 받아 크리스티나에게 준 개암나무 열매가 생각났습니다. 노파는 소원을 들어주는 열매라고 했습니다. 한 열매에는 황금 마차와 황금 말이 들어 있고, 다른 하나에는 세상에서 가장 아름다운 옷이 들어 있다고 했습니다. 크리스티나는 지금 코펜하겐에서 노파의 말이 들어맞았던 것입니다! 그런데 이브의 열매에는 검은 흙만 들어 있었습니다. 곰곰이 생각해 보면 그에게 가장 좋은 것이 들어 있다는 노파의 말도 맞습니다. 무덤을 덮는 검은 흙이 그에게는 가장 좋은 선물이었던 것입니다.

또 다시 몇 해가 지났습니다. 실제로 긴 시간은 아니었으나, 이브에게는 길게만 느껴졌습니다. 크리스티나의 시아버지와 시어머니가 잇달아 세상을 떠나고 수천 달러가 넘는 돈과 재산은 모두 아들의 몫으로 돌아갔습니다. 그래서 크리스티나는 금 마차와 수많은 화려한 옷가지를 살 수 있었습니다.

그 뒤로 2년 동안 크리스티나는 한 통의 편지도 보내지 않았습니다. 그러던 어느 날 드디어 아버지에게 크리스티나가 보낸 편지가 도착했습니다. 크리스티나의 편지에는 어려움과 곤궁을 호소하는 내용이 적혀 있었습니다. 가련한 크리스티나! 크리스티나와 그녀의 남편은 재산을 제대로 관리할 줄 몰랐습니다. 그래서 그 많은 재산은 눈 깜짝할 사이에 다 사라졌습니다. 그들은 부유함을 원할 줄 몰랐기 때문에, 축복을 받지 못했습니다.

그로부터 또 여러 해가 지났습니다. 이브가 사는 산에는 여러 번 꽃이 피고 졌습니다. 겨울에는 눈이 많이 내렸습니다. 그래도 이브는 겨울 내내 바람을 막아주는 집에서 살았습니다.

봄이 찾아오고 햇빛이 따스하게 비치자, 이브는 쟁기로 땅을 일구었습니다. 그런데 쟁기가 돌 같은 것에 부딪쳐 '쨍그랑' 소리를 냈습니다. 쟁기에는 땅에서 나온 검은 대팻밥 뭉치 같은 게 달려 있었습니다. 이브가 돌 같은 물체를 손으로 만져 보니, 그것은 금이었습니다. 쟁기가 파고 들어간 곳에서 그 금이 반짝반짝 빛을 냈습니다. 그것은 아득한 옛날 아직 기독교가 들어오기 전 시대에 만들어진 묵직한 금팔찌였습니다. 바이킹들의 무덤을 부수고 만든 밭이라 이곳에서 값진 장식물이 발견되었던 것입니다.

이브는 그것을 신부님에게 보여 주었습니다. 신부는 무척 가치 있는 유적이라고 설명했습니다. 이브는 팔찌를 치안판사에게 가져갔고, 치안판사는 이 사실을 박물관장에게 알리자고 했습니다.

이브는 이 귀중한 유물을 직접 전하는 게 좋겠다고 말했습니다.

"그러고 보니 자네는 땅에서 찾을 수 있는 것 가운데 가장 좋은 보물을 찾았네!"

치안판사가 말했습니다.

'가장 좋은 것이야! 땅속에 있는 것 중에서 가장 좋은 것이고말고. 그래 집시 노파의 말이 옳았어.'

이렇게 해서 이브는 오르후스에서 작은 배를 타고 코펜하겐으로 떠났습니다. 집 근처에 있는 배를 한두 번 타고 강만 건너보았던 그에게 바다를 건너는 일은 엄청난 여행이었습니다.

이브는 곧 코펜하겐에 도착했습니다. 그는 보물 값으로 600달러나 되는 큰돈을 받았습니다. 히스 숲에서 온 이브는 그 복잡한 대도시를 이리저리 다녔습니다. 다시 배를 타고 오르후스로 돌아가려던 어느 날 저녁이었습니다.

이브는 길을 잃었습니다. 그가 가려던 곳과는 다른 곳으로 가게 되어 그만 길을 잃었습니다. 마을 서쪽으로 가려 걷는 길에 그는 크리스티안 항구라는 가난한 동네로 접어들고 말았습니다. 그곳은 사람의 그림자도 보이지 않는 으슥한 길이었습니다.

그때 허름한 집에서 어린 여자 아이가 나왔습니다. 이브는 그 아이에게 길을 물었습니다. 아이는 깜짝 놀라 물러서더니 그를 올려다보고 엉엉 울음을 터뜨렸습니다. 이브는 왜 그러느냐고 여자 아이에게 물었습니다. 그러자 여자 아이는 알아들을 수 없는 말로 중얼거렸습니다.

이브와 아이는 가로등 아래 서 있었습니다. 그래서 아이가 고개를 들자 가로등 불빛이 얼굴을 밝게 비추었습니다. 여자 아이는 그가 어린 시절부터 잊지 못하던 크리스티나의 모습과 아주 똑같았기 때문입니다.

이브는 여자 아이와 함께 그 허름한 집 안으로 들어갔습니다. 좁은 계단을 올라가 작고 초라한 다락방까지 들어갔습니다. 방 안은 숨이 막힐 만큼 공기가 탁하고 어두웠습니다. 그 방구석에서 누군가 신음소리를 내며 힘들게 숨을 쉬고 있었습니다. 초라한 침대에 누워 있는 사람은 바로 그 아이의 어머니였습니다. 이브는 성냥불을 켜고 아이의 어머니에게 다가갔습니다.

"제가 도와 드릴 수 없을까요? 밖에서 우연히 아이를 만났습니다. 하지만 저는 이 도시가 처음입니다. 도움을 청할 이웃이나 다른 누군가 없습니까?"

이브는 이렇게 말하며 어머니의 머리를 살짝 들어 올려 베개를 편안하게 펴

주었습니다. 자세히 보니 이게 어떻게 된 일인가요? 환자는 바로 히스 숲에서 같이 자란 크리스티나였습니다!

몇 년 동안이나 고향 유틀란트에서는 그 누구도 이브에게 크리스티나에 대한 이야기를 하지 않았습니다.

부모에게서 상속받은 막대한 돈이 크리스티나의 남편을 사치스럽고 제멋대로인 사람으로 만들었다는 이야기를 이브가 들으면, 좋을 게 없었기 때문입니다. 크리스티나의 남편은 부모의 재산을 상속받아 부유해지자 오만해졌습니다. 그는 번듯한 직장도 그만두고 6개월 넘게 해외 여행을 즐기다 돌아왔습니다. 그 뒤로는 빚만 지며 여기저기 떠돌아다녔습니다. 가세는 점점 더 기울어지다가 결국 파산하고 말았습니다. 그와 식사 때 농담을 나누던 친구들조차 그가 죽은 것과 다름없고 살아 있어도 반쯤 미쳤다고 말했습니다. 어느 날 아침, 사람들은 성 옆을 흐르는 운하에서 그의 시체를 발견했습니다.

크리스티나에게는 죽음이 따라다녔습니다. 태어난 지 몇 주밖에 안 된 막내는 무덤 속에 누웠습니다. 그리고 이제는 크리스티나까지 심한 병에 걸려서 비참한 모습으로 홀로 초라한 방 안에 누워 있습니다. 어린 시절 가난을 겪었던 크리스티나라면 몰라도 사치스런 생활에 익숙해진 지금의 크리스티나는 비참함을 견디기가 너무 힘들었습니다. 온갖 어려움과 배고픔을 견디던 크리스티나에게, 이브를 데리고 온 것은 그녀의 첫째 딸인 작은 크리스티나였습니다.

"내가 죽고 나면 불쌍한 딸아이만 홀로 남게 될까 두려워요."

크리스티나가 신음 소리를 내면서 간신히 말했습니다.

"이 넓은 세상 내 딸은 갈 데가 없어요."

크리스티나는 더 이상 말할 수가 없었습니다.

이브는 타다 남은 초에 성냥으로 불을 붙였습니다. 촛불은 환하게 빛나며 음산한 방 안을 환하게 비추었습니다.

이브는 어린아이를 바라보며 크리스티나의 옛 모습을 떠올렸습니다. 오늘 처음 본 아이지만 크리스티나를 생각하면 남처럼 여겨지지 않았습니다. 죽어가는 크리스티나가 그를 바라보았습니다. 크리스티나의 두 눈은 점점 더 커졌습니다. 크리스티나가 그를 알아본 것일까요? 그는 알 수가 없었습니다. 크리스티나는 그 뒤 한 마디 말도 하지 않았으니까요.

히스 숲에서부터 그리 멀리 떨어지지 않은 구덴 강 근처 산등성이 아래에 하얀색으로 새로 칠한 작은 농가가 한 채 있었습니다. 황량한 초원에는 꽃도 모두 지고 없었습니다. 가을바람이 세차게 불어와 낯선 사람들이 사는 뱃사공의 오두막을 후려쳤습니다. 그러나 그 아래쪽에는 우람한 나무들이 폭풍을 막아 주는 조그마한 집 한 채가 있었습니다. 그 집은 말끔하게 꾸며져 있었습니다. 방 안 난로에는 장작이 불꽃을 튀기며 타올랐고 창으로도 햇빛이 따뜻하게 비치고 있었습니다.

햇빛을 받은 어린아이의 두 눈이 반짝거렸습니다. 아이는 붉은 입술로 봄에 찾아오는 종달새의 노래를 흥얼거렸습니다. 이 집안에서는 모든 것이 즐겁고 기쁨으로 가득 찼습니다. 작은 크리스티나는 이브의 무릎에 앉아 있었습니다. 이브는 세상을 떠난 작은 크리스티나의 아버지와 어머니 역할을 대신 맡았습니다. 어른이나 아이 모두 행복했습니다.

이브는 부자가 되어 깨끗하고 멋진 집에서 아이와 함께 살고 있습니다. 아이는 자고 일어나면 꿈을 잊어버리듯 부모에 대한 기억을 다 잊고 이브를 아버지 어머니처럼 여기며 살고 있습니다. 아이의 어머니는 가난을 이겨내지 못하고 세상을 떠나 코펜하겐 공동묘지에 묻혔습니다.

사람들은 이브가 땅에서 나온 금덩이를 가졌다고 말했습니다. 그러나 무엇보다 소중한 어린 크리스티나가 곁에 있었습니다.

076

바보 한스

Klods—Hans

—새롭게 꾸민 이야기

아주 깊은 산골 어느 마을에 낡지만 큰 저택이 있었습니다. 이곳에 두 아들을 둔 나이 든 영주가 살았습니다. 아들들은 모두 머리가 좋았습니다. 그들은 공주님과 결혼하려 했습니다. 공주님이 가장 말이 잘 통하는 사람과 결혼하겠다고 선언했기 때문입니다.

두 아들은 공주에게 구혼하기 위해 1주일 동안 준비했습니다. 1주일밖에 시간이 없었습니다. 다행히 이미 풍부한 지식을 갖추고 있어서 그 정도 시간이면 충분히 준비를 끝마칠 수 있었습니다.

첫째 아들은 3년 동안 나온 신문과 어마어마한 양의 라틴어 백과사전을 모조리 외웠습니다. 둘째 아들은 장로가 알아야 할 모든 조합 법규를 습득했습니다. 그래서 정치에 대해서라면 얼마든지 누구와도 의견을 나눌 수 있었습니다. 또 손재주가 뛰어나 장미나 꽃들을 바지 멜빵에 수놓기도 했습니다.

"내가 공주님과 결혼할 거야!"

두 아들은 서로 자신 있게 말했습니다. 아버지는 아들들에게 훌륭한 말 한 마리씩을 주었습니다. 백과사전과 신문을 줄줄 외는 첫째는 석탄처럼 검은 말을, 장로보다 조합의 규칙을 잘 알고 자수에도 뛰어난 둘째는 우유처럼 하얀 말을 받았습니다. 그리고 아들들은 말이 술술 잘 나오도록 입가에 기름을 발랐습니다.

저택의 하인들이 모두 뜨락에 나와 두 사람이 말을 타고 떠나는 모습을 지켜보았습니다. 그때 셋째 아들이 나왔습니다. 실은 삼형제였는데 누구 하나 이 셋째 아들을 두 형제의 동생이라 인정하지 않았습니다. 그가 가족으로서 대우를 받지 못하는 이유는 다른 두 아들만큼 똑똑하지 못하기 때문이었습니다. 그래서 그는 바보 한스라고 불렸습니다.

"나들이옷을 입고 어딜 가려는 거예요?"

바보 한스가 두 형에게 물었습니다.

"공주님께 청혼하러 왕궁에 간단다. 넌 소문도 듣지 못했니? 온 나라가 떠들

썩한데!"

이렇게 말하며 형들은 이제까지 일을 설명해 주었습니다.

"이런, 나만 그걸 몰랐다니! 나도 가야겠어요."

바보 한스가 말했습니다. 그러자 형들은 그를 실컷 비웃더니 말을 타고 먼저 길을 떠났습니다. 바보 한스는 아버지에게 말을 달라고 졸랐습니다.

"저도 공주님과 결혼하고 싶어요. 공주님이 나를 선택하지 않는다면, 내가 공주님을 택하겠어요!"

"어리석은 소리 좀 하지 마라. 너 같은 녀석에게 말을 줄 수는 없다. 너는 이야기도 잘 못하고 머리도 나쁘잖아. 네 형들을 보아라, 얼마나 훌륭한지!"

"말을 줄 수 없으면, 염소라도 주세요. 염소는 제 것이잖아요. 염소가 나를 성까지 잘 데려다 줄 거예요."

바보 한스는 이렇게 말하더니 염소 등에 올라탔습니다. 그러고는 발꿈치로 염소의 배에 발길질을 해서 시골길을 달려갔습니다. 염소를 타고 달려가는 한스의 모습은 참으로 우스꽝스러웠습니다.

"이랴! 더 빨리 달려라!"

바보 한스는 그렇게 외치더니 귀청이 떠나가도록 큰 소리로 노래를 불렀습니다. 하지만 형들은 아무 말 없이 말을 타고 천천히 달렸습니다. 공주님을 처음 만나면 무슨 말부터 꺼낼지 궁리하고 있었습니다. 공주님의 흥미를 끌만한 말을 미리 생각해 두어야 했기 때문이었습니다.

"야호, 내가 간다고요!"

바보 한스는 염소 등에 앉은 채로 형들에게 소리쳤습니다.

"내가 길에서 찾아낸 것을 좀 봐요!"

바보 한스는 형들에게 길에서 주운 까마귀 시체를 들이밀었습니다.

"저런 바보 같으니! 그걸 가지고 뭘 어쩌겠다는 거야!"

형들이 놀란 표정으로 말했습니다.

"난 까마귀를 공주님께 드리려고 해요."

"흥, 어디 한번 잘해 보라고!"

그들은 한스를 비웃으며 서둘러 그곳을 떠나갔습니다.

"이랴! 이랴! 내가 찾아낸 것을 잘 보라고요. 이런 것을 길에서 본 적 있어요?"

한스는 다시 한 번 소리쳤습니다. 형들은 이번에는 뭘 주웠기에 그렇게 떠드는지 보려고 다시 몸을 돌렸습니다.

"흠, 바보 한스! 그건 닳아빠진 나막신이잖아. 그래, 그것도 공주님께 드릴 생각이냐?"

"그렇고말고요!"

바보 한스가 대답했습니다. 형들은 또 한 번 그를 비웃고는 보다 빨리 앞으로 달려 나갔습니다.

"이랴! 날 좀 보세요. 이번에는 정말 좋은 것을 주웠어요. 말로는 설명할 수 없는 엄청난 걸!"

"또 뭘 찾았기에 그래?"

형들이 물었습니다.

"이건 말할 수 없어요. 공주님이 보시면 얼마나 기뻐하실까!"

"맙소사! 개천에서 나온 진흙이잖아!"

"그래요, 하지만 이 진흙은 특별해요. 아직 아무도 손대지 않았거든요."

한스는 그렇게 말하고는 호주머니 가득 진흙을 채워 넣었습니다.

형들은 쏜살같이 말을 달려 한스보다 1시간이나 일찍 도착하여 성문 앞에서 멈춰 섰습니다. 도착한 순서에 따라 구혼자 번호표를 받았습니다. 성안에는 구혼자들이 너무 많아서, 대기소마다 여섯 명씩 줄을 서야 했습니다. 대기소는 매우 비좁아서 꼼짝하기조차 어려웠습니다. 하지만 오히려 다행이었습니다. 서로 바싹 붙어 줄을 서 있었기에 먼저 들어가려 싸우지 않아도 되었습니다.

나라의 온 백성들도 공주가 어떤 신랑감을 고를지 보려고 성으로 몰려들었습니다. 그러나 구혼자들은 공주님의 방으로 들어가자마자 그만 말문이 막혀 더듬거렸습니다.

"안되겠군요! 나가세요!"

그럴 때마다 공주님이 외쳤습니다.

어느덧 백과사전과 신문을 줄줄 외는 첫째 형이 공주님 방에 들어가게 되었습니다. 첫째 형도 들어가자마자 머릿속에 들어 있던 지식을 몽땅 잊어버리고 말았습니다. 왜냐하면 오랫동안 줄지어 서 있느라 외운 것들을 잊어버렸고, 바닥에서는 발소리가 울려 퍼져 정신이 없는데다가 천장은 거울로 만들어져 있어서 자신이 거꾸로 비쳐 보였기 때문입니다. 더욱이 창마다 기록원 셋과 장로 하나가 있어서 말하는 것을 모두 받아 적고 있었습니다. 기록된 내용은 바로 신문으로 발행되어 길모퉁이에서 2실링에 팔았습니다. 정말 깜짝 놀랄 일이었습니다. 거기다 난로는 시뻘겋게 달아올라 방안을 몹시 덥게 만들었습니다.

"이 안은 정말 끔찍하게도 덥군요."

첫째 형이 말문을 열었습니다.

"아버님이 오늘 암탉을 구워 드시기 때문이죠."

공주님이 대답했습니다.

맙소사! 그는 이런 말이 나오리라고는 생각지 못해서 뭐라 한 마디도 대꾸할 수가 없었습니다. 급한 마음에 어떤 재치 있는 말도 떠오르지 않았습니다.

"안 되겠군요! 나가세요, 나가!"

첫째 형은 방에서 나가야만 했습니다. 이어서 둘째 형이 들어갔습니다.

그도 첫째 형처럼 "방안이 너무 덥군요" 이렇게 말문을 열었습니다.

"그래요, 오늘 암탉을 구워 먹으려 했거든요."

공주님이 대답했습니다.

둘째 형은 당황한 나머지 "굽는다…… 굽는다고요?" 그러면서 더듬거렸습니다. 기록원이 그 말을 그대로 기록했습니다.

이번에도 공주님이 나가라고 외쳤습니다.

드디어 바보 한스 차례가 되었습니다. 그는 염소를 타고 공주님 방에 들어왔습니다.

"이곳은 지독하게도 덥군요!"

"그래요, 아버지께서 암탉을 굽고 있거든요."

공주님이 대답했습니다.

"거 참 멋지겠는데요! 그렇다면 저도 까마귀를 구워도 될까요?"

바보 한스가 천연덕스레 말했습니다.

"그야 물론이죠! 그런데 요리도구를 갖고 계신가요? 여기에는 냄비나 프라이팬이 없으니까요."

"마침 가지고 왔지요! 여기 손잡이 달린 요리 도구가 있습니다."

바보 한스는 낡은 나막신을 꺼내 까마귀를 그 안에 넣었습니다.

"훌륭한 도구군요. 그렇지만 소스는 어디서 구하죠?"

공주님이 물었습니다.

"그것도 마침 제 호주머니에 들어 있어요."

바보 한스가 얼른 대답했습니다.

"아주 많으니까 얼마든지 쓸 수 있어요."

한스는 호주머니에서 진흙을 조금 꺼냈습니다.

"그만하면 아주 마음에 드는군요."

공주가 아주 흐뭇해 하며 말했습니다.

"당신은 대답도 잘하고 말도 잘하니, 나는 당신을 남편으로 택하겠어요. 그런데 우리가 한 말이 기록되어 내일이면 신문에 난다는 것을 알고 있나요? 창문마다 기록원 셋과 장로 하나가 있는 게 보일 거예요. 장로는 가장 어리석은 사람이에요. 그는 다른 사람의 말을 이해할 줄 모르거든요."

공주님은 단지 바보 한스에게 겁을 주려고 그렇게 말했습니다. 이때 기록자들이 낄낄 웃다가 펜에 묻은 잉크를 방바닥에 흘렸습니다. 그러자 바보 한스는 말했습니다.

"거만한 사람인 모양이군! 그렇다면 장로님에게 멋진 선물을 드리지요."

그러더니 바보 한스는 주머니를 뒤집어 거기서 꺼낸 진흙을 조합장의 얼굴에 내던졌습니다.

"참 잘했어요! 나조차도 그렇게는 할 수 없었을 텐데. 당신을 본받도록 노력

할게요."

그리하여 바보 한스는 공주와 결혼식을 올렸으며 얼마 뒤 왕이 되었습니다. 그는 왕비를 얻었고, 왕관을 쓰고 옥좌에 앉았습니다.

우리는 장로가 쓴 신문을 읽고서 바보 한스의 이야기를 알았습니다. 하지만 신문이란 모두 믿을 게 못 되지요.

077
영광의 가시밭길
Ærens Tornevei

"영광의 가시밭길"이라는 오래된 이야기가 있습니다. 사냥꾼 브뤼데가 힘들고 험한 고난을 견뎌내고 드디어 영광의 자리에 오르는 이야기입니다. 우리들 가운데 많은 사람들이 어릴 때 이런 내용의 동화를 읽어 본 적이 틀림없이 있을 것입니다. 어쩌면 그들은 나이 들어 이 동화를 다시 읽어 보고, 예전에는 미처 깨닫지 못했던 인생의 가시밭길과 숱한 역경을 생각하게 될지도 모릅니다. 동화와 현실은 서로 닮았지만 동화는 거의 행복한 결말을 맞이합니다. 하지만 현실은 끝이 좀처럼 찾아오지 않고 괴로운 일이 언제까지고 이어집니다.

세계사는 우리에게 조상들이나 지혜로운 순교자들이 어떻게 고뇌의 가시밭길을 헤쳐 나갔는지 현재의 어두운 세상에서 보여 주는 하나의 등대입니다.

어느 시대, 어느 나라든 이렇게 영광스런 인물들이 등장합니다. 하지만 짧은 순간에 지나지 않습니다. 그럼에도 저마다의 인생을 건 승리의 이야기가 담겨 있습니다. 그런 이야기들 가운데 순교자들을 한번 찾아봅시다. 순교자는 이 세상이 존재하는 한 사라지지 않을 겁니다.

우리는 이제 관객으로 가득 찬 고대 원형 극장에 앉아 있습니다. 아리스토파네스의 〈구름〉은 관객들이 웃음을 터뜨리도록 해줍니다. 아리스토파네스의 이 연극에서는 30명의 폭군에 맞선 민중의 지도자이자 정신적으로나 육체적으로 누구보다도 뛰어난 아테네의 남자, 소크라테스를 비웃습니다. 전쟁의 소용돌이 속에서 알키비아데스와 크세노폰을 구하고 정신적으로 아테네의 신들 위에 우뚝 솟았던 소크라테스, 그가 이 극장에 왔습니다. 그런데 그는 더 이상 참지 못하고 관중석에서 벌떡 일어납니다. 그러고는 무대로 올라와서 자신과 연극 속에서 조롱당하는 배우가 실제 인물과 정말 비슷한지를 웃고 있는 아테네 시민들에게 직접 보여 줍니다. 관객들 앞에 꼿꼿이 서 있는 소크라테스는 모든 사람들을 압도합니다.

아, 올리브 나무가 아니라 독을 잔뜩 품은 저 푸른 독미나리가 아테네의 상징이라니!

호메로스가 죽은 뒤 일곱 개의 도시가 서로 그가 출생한 땅이라고 다투었습니다. 호메로스가 살아 있을 때의 행적을 살펴보면 충분히 그럴 만합니다.

그는 생계를 위해 직접 지은 시를 읊으면서 이 도시 저 도시로 떠돌아다니며 살았기 때문입니다. 앞으로 일을 생각하면 머리카락이 새하얘집니다. 이 전능한 예언자는 눈까지 멀어서 고독하게 살았습니다. 날카로운 가시가 위대한 시인의 외투자락을 발기발기 찢어 놓았습니다.

그의 노래들은 이제까지 살아 숨쉬고 있습니다. 고대 그리스 신들과 영웅들이 그의 노래가 있기에 오늘도 되살아납니다.

동양과 서양을 가리지 않고 훌륭한 영웅들이 잇달아 등장합니다. 시간과 공간을 넘어서 그들은 모두 영광의 가시밭길을 걸어갔습니다. 사람들이 묘지를 장식할 때에야 비로소 가시 달린 엉겅퀴 나무가 꽃을 피우듯이 말입니다.

인디고(남색) 염료와 값진 보물을 잔뜩 실은 낙타들이 종려나무 아래로 지나갑니다. 이 나라 왕이 노래를 만들어 민족의 기쁨과 국가의 명예를 드높인 사람에게 보내는 선물입니다. 그는 사람들의 질투와 거짓 때문에 외국으로 쫓겨났다가 이제야 인정받았습니다.

낙타들이 그가 망명했던 조그만 마을에 이르렀을 때 마침 허름한 관 하나가 성문으로 나왔습니다. 그를 찾아온 무리들은 멈춰 섰습니다. 그 시체는 바로 그들이 찾아가던 피르다우시였습니다. 그는 죽음을 맞이함으로써 영광의 가시밭길을 걸어갔습니다.

무뚝뚝한 용모와 두터운 입술, 검은 머리칼의 아프리카인이 포르투갈 수도 궁전 대리석 계단에 앉아 구걸을 하고 있습니다. 그는 카몬이슈의 충성스러운 노예입니다. 그가 구걸해서 벌어 온 동전이 없었다면 그의 주인인 카몬이슈 이미 굶어 죽었을 것입니다. 오늘날 카몬이슈 묘지에는 멋진 기념비가 세워져 있

습니다.

또 다른 사람의 이야기를 살펴보도록 합시다.

쇠 격자문 뒤에 창백한 얼굴과 더부룩한 긴 수염을 기른 한 남자가 보입니다.

"나는 백 년에 한 번 나올까 말까 한 위대한 발명품을 만들었소. 그런데도 20년이 넘도록 여기 갇혀 있단 말이오."

그가 부르짖습니다.

"저 사람 누구요?" 누군가가 묻습니다.

"미친 사람이겠죠! 어떻게 움직일 수 있다는 걸까요. 저 사람은 증기로 모든 것을 움직일 수 있다고 믿고 있어요."

정신 병원 간수가 말합니다. 그는 증기 동력을 발명한 살로몬 드 코였습니다. 그의 이론을 이해하지 못한 권력자 리슐리외는 살로몬을 이상한 사람이라며 정신병원에 가두었고 그는 끝내 그곳에서 죽어버리고 말았습니다.

여기 콜럼버스가 있습니다. 그는 신세계를 발견하겠다고 말했기 때문에 거리의 젊은이들에게 박해를 당하며 온갖 비웃음을 받았습니다. 하지만 그는 정말로 신세계를 발견했습니다. 그가 당당히 돌아왔을 때 환영의 종소리가 울려 퍼졌지만, 곧이어 질투의 종소리가 더욱 크게 울렸습니다.

미국의 황금벌판을 바다에서 왕에게 선물한 신대륙 발견자 콜럼버스가 받은 상은 쇠사슬이었습니다. 그는 자신이 죽으면 관 속에 쇠사슬을 넣어 달라고 했습니다. 쇠사슬은 세계와 시대가 그를 어떻게 받아들였는지 보여주는 물건입니다.

그 밖에도 영광의 가시밭길을 걸어간 사람들은 수없이 많습니다.

어두컴컴한 한밤에 달나라 산의 높이를 재거나 더 나아가 우주 공간의 혹성과 별들까지 재던 사람이 저기 앉아 있습니다. 그는 자연 속 많은 법칙들을 발견했으며, 지구는 스스로 돈다는 것을 알아낸 갈릴레이입니다. 갈릴레이는 눈과 귀가 먼 노인이 되어 자신의 진리를 부정하는 사람들의 비난 소리를 들으며 고뇌의 가시밭길에 앉아 있었습니다. 이제 갈릴레이는 스스로 일어날 수 없을 만큼 쇠약해졌습니다. 진리의 말이 완전히 외면당했을 때도 영혼의 고통을 느끼며 "그래도 지구는 돈다!" 용기 있게 외쳤습니다.

여기에 아이 같은 순수한 마음과 열정, 굳은 믿음을 가진 소녀가 있습니다. 그녀는 깃발을 휘두르며 싸움터로 앞장서 나아갑니다. 그녀는 전쟁에서 승리하여 조국을 구원했습니다. 환호의 외침이 울려 퍼졌지만 끝내 그녀는 타오르는 장작더미 위에서 마지막을 맞이합니다. 잔 다르크는 마녀라는 죄를 덮어쓰고 화형을 당했습니다. 그뿐만 아니라 다음 세기에도 사람들은 그 하얀 백합에게 비웃음을 퍼부었습니다. 이성의 인간이라 불리는 볼테르조차 그의 시 '오를레앙의 처녀'에서 그녀를 비난했습니다.

비보르 집회에서 덴마크의 귀족들이 왕의 법전을 불태웁니다. 불꽃은 찬란하게 타오르며 지나간 시대와 법률 제정자의 자취를 비춥니다. 어두컴컴한 감옥 안으로 광채가 새어 들어옵니다. 그곳에는 머리가 하얀 사람이 구부리고 앉아 손톱으로 돌로 된 책상을 파고 있습니다. 그는 지난날에 세 왕국의 지배자이자 만백성의 군주, 시민과 농부들의 친구였던 크리스티안 2세입니다. 그 왕은 어려운 시대에 태어나 엄격한 사고를 지녔다고 적들이 역사책에 기록했습니다. 27년의 감옥살이, 우리는 이 왕이 흘린 피를 잊어서는 안 됩니다.

덴마크 해안에서 범선 하나가 출범합니다. 높은 돛대에 몸을 기댄 남자는 마지막으로 흐벤 섬을 바라봅니다. 덴마크의 이름을 하늘까지 드높였지만 오히려 사람들에게 비난을 받으며 상처입고 병든 티코 브라헤가 외국으로 떠나고 있습니다.

"나를 필요로 하는 하늘은 어딜 가도 있다."

그는 이 말을 남겼습니다. 덴마크에서 널리 알려진 인물 티코 브라헤는 외국에서 존경받고 자유롭게 살게 됩니다.

"아, 자유여! 이 끊임없는 고통에서 구해줄 수 있는 것은 너뿐이다."

이 깊은 한탄이 시간을 뚫고 우리에게까지 들려옵니다. 덴마크의 프로메테우스 그리펜펠트가 문크홀름 바위섬에 묶여 있습니다.

이제 우리는 미국의 커다란 강가에 와 있습니다. 강가에는 많은 사람들이 모여 있습니다. 배가 거센 바람과 나쁜 날씨를 뚫고 앞으로 나가려면 자연을 이길만큼 힘을 내야 합니다. 배가 갈 수 있다고 믿는 사람은 로버트 풀턴입니다. 배가 항해를 시작하려 합니다. 하지만 갑자기 배가 멈춰 섭니다. 많은 사람들이 웃고 야유를 퍼붓습니다. 그의 아버지까지도 휘파람을 불어대며 큰 소리로 외칩니다.

"너무 뽐내지마. 이 어리석은 녀석아! 대가를 톡톡히 치를걸. 이런 미친 녀석은 가둬놔야 해!"

갑자기 엔진이 멈춘 이유는 작은 못 하나가 떨어졌기 때문입니다. 못을 끼우자 다시 바퀴들이 돌아갑니다. 바퀴에 달린 물받이 판들이 물살을 가르며 마침내 배가 출항합니다. 증기선은 몇 시간이 넘게 걸리던 세계 여러 나라의 거리를 고작 몇 분으로 단축시켰습니다.

굳게 닫힌 마음의 눈을 뜰 때 사람은 이 세상에 둘도 없는 기쁨을 느낍니다. 영혼이 사명을 깨닫고 영광의 가시밭길을 지날 때 그곳에서 당하는 모든 아픔이 구원의 힘과 건강, 강렬함과 투명함으로 변하게 됩니다. 처음에는 그 누구도 인정하지 않지만 언젠가 모든 사람들이 깨닫게 됩니다. 신이 한 인간에게 준 자비로운 계시가 그 개인에게서 증명되고, 또 그 개인을 통해 모든 인류에게 전파됨을 알게 됩니다.

영광의 가시밭길은 지상에 감도는 찬란한 광채처럼 보입니다. 어쩌면 그 길은 이 세상의 방랑자를 위해 존재하는지도 모릅니다. 또한 그들은 인류와 하느님 사이에 다리를 놓는 훌륭한 건축가들인지도 모릅니다.

역사의 정신은 시대 물결에 따라 거대한 날개 위에서 떠돌면서 캄캄한 땅 위에 불을 밝히는—세상에 자극과 격려, 사려 깊은 애정을 가져오는—위대한 인물들을 통해 영광의 가시밭길을 보여줍니다.

그것은 이 지상의 아름다움과 즐거움으로 끝나는 게 아니라 무한하고 영원한 세계를 보여줍니다.

078

유대인 소녀

Jødepigen

가난한 학생들이 다니는 자선 학교에 한 유대인 소녀가 있었습니다. 그 아이는 매우 활달하고 똑똑했으며, 공부도 잘했습니다. 그러나 종교 수업 시간에는 언제나 자리를 비웠습니다. 이 학교는 기독교 학교였기 때문입니다.

성경 공부 시간에는 지리책을 펴서 열심히 읽거나 다음 날 배울 수학 숙제를 풀어도 된다고 허락을 받았습니다.

어느 날, 성경 공부 시간에 지리책을 펼쳐 두긴 했지만 읽지 않고 선생님 말에 귀를 기울이고 있었습니다. 선생님은 그 아이가 여느 학생들보다 자기 말을 잘 이해한다는 것을 알아차렸습니다.

"책을 열심히 읽으렴."

선생님은 친절하면서도 엄격한 목소리로 말했습니다. 그런데도 그 아이는 검은 눈동자를 빛내며 선생님에게 눈을 떼지 않고 바라보았습니다.

그래서 선생님은 가까이 다가와 질문을 했습니다. 그 아이는 다른 학생들보다 더 훌륭한 대답을 했습니다. 아이는 선생님 말을 듣고 이해하고 있었으며, 배운 것을 모두 기억하고 있었습니다.

소녀의 아버지는 가난하지만 착한 사람이었습니다. 그는 딸이 입학할 때 기독교 신앙을 가르치지 않겠다는 조건을 제시했습니다. 하지만 그러한 이유 때문에 종교 수업시간에 그녀를 교실 밖으로 나가게 한다면 다른 여러 학생들이 불만을 터뜨릴 것이기에 그냥 교실에 남아 있게 했습니다. 얼마 동안은 그럭저럭 잘 지냈지만, 언제까지나 그렇게 할 수는 없었습니다.

그래서 선생님은 그녀의 아버지를 찾아가 아이를 다른 학교로 보내든가 아니면 기독교로 종교를 바꾸라고 말했습니다.

"저는 이대로 두고 볼 수만은 없습니다. 저 아이의 타는 듯한 눈동자와 마음속에서 성경 말씀을 향한 뜨거운 열정을 그저 바라보고만 있을 수 없단 말입니다."

그러자 아버지는 눈물을 흘리며 솔직히 털어놓았습니다.

"저는 유대인 율법에 대해 아는 것이 그다지 없답니다. 그러나 아이 어머니는 이스라엘 사람으로, 신앙심이 깊고 두터웠습니다. 저는 아이의 어머니가 세상을 뜰 때 그 아이가 기독교 세례를 받지 않도록 하겠노라고 굳게 약속했습니다. 저는 아이 엄마와 한 약속을 지키지 않을 수 없습니다. 그것은 제게 있어 하느님과의 맹세와도 같으니까요."

마침내 유대인 소녀는 기독교 학교를 그만두었습니다. 그러고 나서 몇 년의 세월이 흘렀습니다.

유틀란트 주 작은 마을에 있는 어느 평범한 가정에 유태교를 믿는 아가씨가 하녀로 일하고 있었습니다. 그 아가씨 이름은 사라였습니다.

그녀의 머리칼은 흑단처럼 검고, 눈동자도 검은색으로 반짝반짝 빛났습니다. 누가 봐도 그녀는 동양 여자처럼 보였습니다. 사라는 다 자랐음에도 불구하고, 벤치에 앉아서 반짝이는 눈빛으로 무엇인가에 귀를 기울일 때면, 어릴 적 교실에 앉아서 선생님 말씀을 귀 기울이며 듣던 시절의 모습이 그대로 남아 있었습니다.

일요일마다 교회에서는 풍금 소리와 교인들의 찬송가 소리가 흘러 나왔습니다. 사라가 부지런하고 성실하게 일하는 집에도 교회에서 나오는 찬송가 소리가 들려왔습니다.

"안식일을 마음속에 새기고, 그날을 성스럽게 맞이하라!"

그녀가 믿는 종교의 계율이었습니다. 그러나 유태교의 안식일은 토요일이었기에 그녀는 마음속으로만 안식일을 성스럽게 맞이할 따름이었습니다. 하지만 그걸로 괜찮다고는 여겨지지 않았습니다. '하느님 앞에서 날짜와 시간이 뭐 그리 중요하겠어?' 이런 생각으로 그녀는 기독교도의 안식일인 일요일에 아무런 방해를 받지 않고 기도를 했습니다. 찬장 뒤쪽 부엌에 있는 그녀에게까지 교회의 풍금 소리와 합창이 들려와 성스러움과 고요함이 감돌았습니다. 이럴 때면 사라는 유태 민족의 보물이자 재산인 구약성서를 읽었습니다. 그것은 사라가 학교를 그만두고 나왔을 때 아버지가 그녀와 선생님에게 했던 말이 그녀의 마음속에 깊이 새겨져 있었기 때문이었습니다. 아버지는 어머니가 돌아가실 때 사라가 기독교인이 되지 않도록 하겠으며 조상의 신앙을 포기하지 않도록 하겠다고 약속했다는 말입니다.

신약성서는 그녀가 읽으면 안 되지만 사라는 신약성서에 대해서도 많이 알았습니다. 그 복음의 진리는 어린 시절 기억 속에서 꿈틀거렸습니다.

어느 날 저녁 사라가 방 한쪽 구석에 앉아 있는데 주인집 아저씨인 빵 장수가 무엇인가를 크게 읽는 소리가 들려왔습니다. 다행히 기독교 복음서가 아니었기에 들어도 괜찮을 것 같았습니다. 주인아저씨는 옛날 이야기책을 읽고 있었습니다. 그녀는 주인이 책 읽는 소리에 조용히 귀를 기울였습니다. 그 책은 터키 군 사령관의 포로로 잡힌 헝가리 기사에 관한 내용이었습니다.

사령관은 그 포로에게 소가 끄는 쟁기로 밭을 갈게 했습니다. 그럴 때마다 그는 포로를 채찍으로 때리며 온갖 모욕을 주면서 죽도록 힘든 일을 시켰습니다. 기사의 부인은 모든 장신구를 팔고, 성과 경작지도 저당 잡혔습니다. 그리고 기사의 친구들도 많은 돈을 모았습니다. 왜냐하면 기사를 석방시키기 위해 필요한 몸값이 매우 비쌌기 때문이었습니다. 마침내 몸값을 마련했고 드디어 기사는 노예의 신분과 고통에서 벗어났습니다.

기사는 포로의 신분에서는 풀려났지만 몸과 마음이 이루 말할 수 없이 지쳐 아픈 몸으로 겨우 고향에 돌아왔습니다. 그러나 도착하자마자 기독교의 적과 싸우기 위해 곳곳에서 군대에서 사람들을 모으고 있었습니다. 기사는 몸이 아팠지만 그 소식을 듣자 가만 있을 수가 없었습니다. 그는 휴양이나 휴식을 취할 겨를도 없이, 다시 말에 올라탔습니다. 두 뺨이 붉게 물들었고 어쩐지 힘이 솟아나는 것 같았습니다. 그는 아픔도 잊고 승리를 위해 싸움터로 나갔습니다. 이번에는 그에게 쟁기로 밭을 갈게 하면서 모욕을 주고 고통스럽게 만들었던 터키 군사령관이 기사에게 포로로 잡혔습니다.

기사는 포로를 고향 성에 있는 지하 감옥으로 끌고가 물었습니다.

"자, 앞으로 무엇이 자네를 기다리고 있을까?"

"각오는 되어 있습니다. 틀림없이 보복을 당하겠지요!"

터키 군사령관인 파샤가 대답했습니다.

"그래, 기독교도의 복수를 보여주지. 기독교에서는 우리의 적을 용서하고,

우리의 이웃을 사랑하라고 가르친다네. 하느님은 사랑이시니까. 자, 이제 가족들이 기다리는 고향으로 돌아가 고통 받는 사람들을 따뜻하고 자비롭게 대하도록 하게."

기사가 말했습니다. 그러자 포로는 눈물을 흘리며 외쳤습니다.

"이런 일이 일어나리라곤 상상도 못했습니다! 앞으로 닥칠 일들이 너무 두려워 가지고 다니던 독약을 먹었습니다. 이제 얼마 안 있으면 나는 죽게 될 것입니다. 살아날 가망이 없습니다. 하지만 죽기 전에 그런 사랑과 은총을 베푸는 교리를 내게 가르쳐 주시오. 그 교리야말로 위대하고 신성합니다. 나는 사랑과 은총 속에서 기독교도가 되어 죽겠습니다."

기사는 그의 부탁을 들어주었습니다.

주인아저씨는 이런 옛날이야기를 큰 소리로 읽었습니다. 가족들 모두 그 이야기를 주의 깊게 들으며 마음속에 새겼습니다. 방구석에 앉아 있던 하녀 사라는 마음속이 뜨거워짐을 느꼈습니다. 그리고 감동으로 가슴이 벅차서 그녀의 검은 눈동자에는 굵은 눈물방울이 반짝반짝 맺혔습니다. 언젠가 학교 벤치에 앉아 복음서의 위대함을 느꼈던 어린 시절 기억이 떠올랐습니다. 눈물이 그녀의 뺨을 타고 줄줄 흘러내렸습니다.

하지만 "내 아이는 기독교인이 되어서는 안 돼!" 어머니의 마지막 유언이 귀에 들려오는 듯했습니다. 또 '너는 아버지와 어머니를 공경해야 한다!' 계율의 말씀이 그녀의 영혼과 가슴속에서 울려 퍼졌습니다.

사라는 곰곰이 생각해 보았습니다.

"나는 기독교인이 아니야! 사람들은 나를 유대인 소녀라 불러. 지난 주 일요일 내가 교회 문 앞에서 촛불이 타오르는 교단과 신자들이 찬송가를 부르는 모습을 들여다보았을 때, 이웃집 애들이 나를 놀리며 그렇게 불렀지. 하지만 학교 다니던 시절부터 이제까지 기독교 신앙의 힘은 마치 햇빛처럼 나를 비췄어. 내가 아무리 눈을 감으려 해도 그 힘은 나의 심장까지 파고드는 것 같았지. 그러나 무덤 안에 계신 어머니를 슬프게 하지는 않을 테야. 나는 아버지가 어머니에게 약속한 말을 지키겠어. 기독교인의 성서도 읽지 않겠어. 나에게는 조상님들이 계시니까."

그 뒤로 또 몇 해가 흘렀습니다. 사라의 주인은 세상을 떠났습니다. 여주인은 집안 형편이 어려워지자 더 이상 하녀를 둘 수 없었습니다. 그래도 사라는 그 집을 떠나지 않고 어려운 집주인의 일을 도왔습니다. 그녀는 여주인과 함께 일했습니다. 밤늦도록 집안일을 하고 빵도 집에서 직접 구웠습니다. 이 가족은 돌봐줄 가까운 친척조차 없었습니다. 부인은 날이 갈수록 쇠약해져서 몇 달 동안 침대에 누워 있어야만 했습니다. 사라는 상냥하고 친절하게 부인을 돌보며 일도 했습니다. 그녀는 불쌍한 이 집에 축복을 내려주는 천사였습니다.

"저 쪽에 성서가 있단다! 밤이 너무 기니 그걸 좀 읽어 주렴. 하느님의 말씀을 듣고 싶구나!"

어느 날 병든 여주인이 말했습니다. 사라는 고개를 숙이고 성서 위에서 두 손을 모았습니다. 그리고 성서를 펼쳐 하느님의 말씀을 부인에게 읽어 주었습니다. 눈물이 자꾸만 흘러나왔습니다. 그럼에도 두 눈은 더 또렷해졌고, 영혼은 한층 더 맑아졌습니다.

"어머니, 당신 딸은 기독교의 세례를 받지 않겠습니다. 그들과 함께 하지도 않겠습니다. 나는 어머니의 바람은 지키겠습니다. 나는 이 세상에 사는 한 어머니 뜻을 따르겠습니다. 그러나 저 하늘나라에서는 하느님 뜻을 따르겠습니다. 하느님은 죽음을 뛰어넘어 우리를 인도하시고 구원하십니다. 하느님은 우리를 대신해 고통을 받으시려 이 땅에 찾아오셨습니다. 우리를 깨닫게 하려고요. 나는 그 말의 뜻을 이해합니다. 어째서 이해하는지는 잘 모릅니다. 하지만 모든 것은 그리스도를 통해서, 그리스도의 안에서 이루어졌습니다!"

사라는 그리스도의 이름을 부르며 몸을 부르르 떨었습니다. 참을 수 없을 만큼 뜨겁게 활활 타오르는 불길의 세례가 그녀의 육체를 스치고 지나갔습니다. 사라는 부인 옆에 쓰러지고 말았습니다.

"가엾은 사라! 온 하루 일을 한 데다 병간호까지 하느라 완전히 지친 모양이야."

사람들은 그녀를 가여워하며 말했습니다.

사라는 병원으로 실려 갔습니다. 그리고 그녀는 편안히 세상을 떠났습니다.

사라는 묘지로 옮겨져 묻혔지만, 기독교인의 묘지에 묻힌 것은 아니었습니다. 그곳은 유대인 소녀가 묻힐 수 없었기 때문입니다. 그녀가 묻힌 곳은 교회 묘지 담장 근처였습니다.

그러나 기독교인들이 부르는 찬송가 소리가 교회 마당을 가로질러서 쓸쓸

한 그녀의 무덤에까지 들려옵니다. 그리고 그리스도의 말씀도 들렸습니다. "요한은 물로 세례를 주었지만, 나는 성령으로써 너에게 세례를 주노라."

079

병 주둥이

Flaskehalsen

낡은 집이 빼곡히 들어선 좁고 구불구불한 골목길에 높고 길쭉한 집 한 채가 서 있었습니다. 나무로 된 그 집은 오래되서 이곳저곳 금이 갔습니다.

그 허름한 집에는 매우 가난한 사람들이 살았는데, 그 가운데서도 다락방에서 사는 사람이 누구보다 가난했습니다.

밝은 햇살이 들어오는 다락방 작은 창문 바깥에는 낡고 찌그러진 새장이 걸려 있었습니다. 그 새장에는 번듯한 물그릇 대신 코르크 마개로 막은 병 주둥이를 거꾸로 매달아 물을 가득 채워놓았습니다.

열린 창가에 나이 든 여인이 서 있었습니다. 그녀는 새장을 별꽃으로 꾸몄습니다. 새장 속에서는 작은 홍방울새 한 마리가 이쪽 횃대에서 저쪽 횃대로 폴짝폴짝 뛰어다니며 즐겁게 지저귀고 있었습니다.

"넌 노래를 정말 잘하는구나!"

병 주둥이가 말했습니다. 물론 그 병 주둥이는 우리들이 말하는 것처럼 이야기를 할 수는 없습니다. 다만 우리 인간들이 혼잣말을 하듯이 병 주둥이는 속으로 그렇게 생각한 것이지요.

"넌 정말 노래를 잘해. 너는 건강하고 멀쩡한 몸을 가지고 있잖아. 네가 나처럼 몸을 잃어버리고 오직 목과 입만 가진, 거기다 코르크 마개로 막혀 있는 신세가 되어 보렴. 그럼 노래를 부를 수 없을 거야. 너는 노래하는 즐거움이라도 있으니 얼마나 좋겠니. 난 노래할 기회도 없었고 할 수도 없구나. 예전에 내가 온전한 병이었을 때 누군가 코르크 마개를 빼 주면 나도 노래할 수 있었단다. 모두들 종달새 같다고 했지. 난 모피를 만드는 가족들과 함께 소풍갔었어. 그때, 그 집 딸이 약혼했지. 그래, 난 그걸 어제 일처럼 생생히 기억할 수 있어. 가만히 생각해 보면 나는 많은 일들을 겪었단다. 불속에 들어가 보았고 물속에도 있었지. 깊고 어두운 땅속에도 가 보았고, 그 무엇보다 높이 공중에 던져지기도 했어. 하지만 오늘은 창밖에 걸린 새장 안에서 햇빛을 받으며 흔들거릴 뿐이지. 내가 살아온 이야기를 몽땅 하면 무척 흥미롭고 가치가 있을 거야. 큰소리로 모두에게 들려주고 싶어. 그렇지만 지금은 아무런 소리를 낼 수 없네."

병 주둥이는 자신이 겪은 정말 희귀한 경험을 말하기 시작했습니다. 병의 이야기를 들을 수 없는 홍방울새는 즐겁게 노래를 부르고, 거리에서는 사람과 차들이 오갈 뿐입니다. 하지만 병 주둥이는 자기 이야기를 계속하였습니다.

먼저 병 주둥이는 공장의 활활 타오르는 용광로를 떠올렸습니다. 병은 그곳에서 생명이 불어넣어졌습니다. 병은 자기가 만들어졌던 부글부글 끓어오르는 가마 속이 이루 말할 수 없을 정도로 뜨거웠던 것도 떠올렸습니다. 그래서 병은 그 가마 속이 무척 뜨거워 곧바로 뛰쳐나오고 싶었습니다. 다행히 가마에서 나와 시간이 지나자 몸이 차츰 식어 편안해졌습니다.

병은 여러 형제들, 자매들과 함께 긴 줄에 서 있었습니다. 모두들 똑같은 가마에서 나왔습니다. 그들은 샴페인 병으로 또 맥주병으로 만들어졌습니다. 그

래서 저마다 모양이 달
라졌지요.

　바깥세상에서는 맥주병에 값비싼
붉은 포도주가 담길 때도 있었고,
샴페인 병은 역청으로 채워지기도
했습니다. 그래도 그들이 달라지는
것은 아니었습니다. 역청을 담는다
해도 샴페인 병은 샴페인 병이듯 고귀한
것은 고귀한 것으로 남았습니다. 몸통이 자신
의 신분이 되는 것입니다.

　병 주둥이는 다른 병들과 함께 포장되었습니다. 그때의 병
은 자신이 이렇게 병 주둥이만 남아 새의 물그릇으로 쓰이는 신분이 되어 삶
을 끝마치게 되리라고는 한 번도 생각하지 못했습니다. 그래도 꼭 누군가에게
도움이 되긴 했습니다.

　병 주둥이는 다른 병들과 함께 포도주 상인의 창고에서 드디어 햇빛을 보
았습니다. 그리고 처음으로 깨끗하게 씻겨졌습니다. 그때는 참 묘한 느낌이었
지요.

　코르크 마개도 없이 속이 빈 채 놓여 있었을 때는 이상한 기분이었습니다.
무언가 잃어버렸는데도 무엇을 잃었는지 알 수 없는 그런 기분이었습니다. 하
지만 조금 뒤 병은 맛있고 향기로운 포도주로 채워졌습니다. 코르크 마개로
입구를 막았으며 덧칠된 바깥에는 일등품이란 상표가 붙여졌습니다. 마치 시
험에서 상을 받은 느낌이었지요. 게다가 가장 높은 평가를 받은 포도주가 훌
륭했기에 병 또한 훌륭하게 느껴졌습니다. 젊을 때는 누구나가 시인입니다. 병
속에서 아름다운 노래가 저절로 흘러나왔습니다. 초원에서, 햇빛이 비치는 산
에서, 포도주가 익는 곳에서, 건강한 소녀와 흥겨운 소년이 노래하고 사랑하
는 곳에서. 그래, 산다는 것은 얼마나 아름다운가! 많은 사람들이 아무것도

모르는 채 젊은 시인들과 함께 있는 것처럼. 이 모든 노래와 울림이 그 병 속에 있었습니다.

어느 날 아침, 병은 팔렸습니다. 모피옷을 만드는 장인이 최상품 포도주와 햄, 치즈, 소시지를 나들이 바구니에 챙겼습니다. 가방 속에는 신선한 버터와 부드러운 빵이 있었지요. 모피옷 장인 딸이 직접 꾸렸지요. 그녀는 젊고 아름다웠습니다. 갈색 눈은 늘 웃고 있었으며, 입가에는 상냥한 미소가 머물러 있었습니다. 그녀의 하얀 손은 섬세하고 부드러웠으며 목과 가슴은 더 하얗게 보였습니다. 사람들은 그녀가 도시에서 가장 예쁜 소녀라는 사실과 아직 약혼하지 않은 것을 알고 있었습니다.

그녀의 가족이 숲으로 나들이 갔을 때, 바구니는 그녀 무릎 위에 놓여 있었습니다. 병 주둥이는 하얀 식탁보의 틈새로 소녀의 얼굴을 바라보았습니다. 그녀 옆에 앉아 있는 젊은 조타수(키잡이, 배의 키를 다루는 일을 맡은 사람)도 바라보았습니다. 초상화 화가의 아들인 그는 그녀의 어릴 적 친구였습니다. 그는 얼마 전 조타수 시험을 뛰어난 성적으로 치렀고, 내일은 배를 타고 멀리 외국으로 떠나야만 합니다. 짐을 꾸릴 때부터 조타수와 모피옷 장인의 딸은 많은 이야기를 나누었지요. 그 이야기 때문에 모피옷 장인 딸의 두 눈은 기쁨으로 가득 차 있었습니다.

두 젊은이는 푸른 숲으로 가서는 서로 이야기를 나누었지요. 그 이야기를 들었냐고요? 안타깝게도 병은 그 이야기는 들을 수 없었습니다. 왜냐하면 나들이 바구니 안에 있었기 때문입니다.

그들이 바구니에서 병을 꺼낼 때까지는 오랜 시간이 걸렸습니다. 드디어 바구니에서 나와 보니 즐거운 일이 일어났습니다. 모든 사람들 눈이 웃고 있었고, 모피옷 장인 딸도 웃었습니다. 하지만 입은 열지 않은 채, 뺨만 두 송이 장미처럼 발갛게 물들였지요.

그녀의 아버지는 병과 코르크 따개를 손에 들었습니다. 그래요, 처음으로 코르크 마개가 빠지는 것은 아주 가슴 설레는 일이었습니다. 병 주둥이는 이 기쁜 순간을 잊을 수 없었습니다. 코르크 마개가 뽑혀져 나올 때 안에서 퐁 소리가 났습니다. 그리고 포도주가 잔에 따라질 때는 꿀럭꿀럭거렸습니다.

"약혼자들을 위하여 축배!"

아버지가 말했습니다. 사람들은 모두 기분좋게 잔을 비웠지요. 젊은 조타수는 아름다운 약혼자에게 입맞춤을 했습니다.

"두 사람에게 행운과 축복을!"

나이 든 부모가 말했습니다. 그리고 그 젊은이는 다시 한 번 가득 모두 채 웠습니다.

"1년 뒤에 돌아와서 결혼식을 올릴 겁니다!"

젊은이는 소리쳤습니다. 잔을 비우자 그는 병을 높이 들어 올리고 이렇게 말했습니다.

"너는 내 생애의 가장 아름다운 날을 함께 했다. 그러니 더 이상 다른 일을 하면 안 된다."

그러면서 젊은 조타수는 포도주 병을 하늘 높이 던졌습니다. 그때 모피옷 제조공의 딸은 그 병을 다시는 볼 수 없을 거라고 생각했습니다. 하지만 그것 이 틀린 생각이었음을 그때는 미처 알지 못했지요.

그 병은 작은 숲속 호숫가 우거진 갈대밭에 떨어졌습니다. 오늘도 병 주둥 이는 아주 선명하게 어떻게 그곳을 굴러다녔는지 기억할 수 있습니다. 그리고 생각했습니다.

'나는 그들에게 포도주를 주었는데 그들은 내게 진흙탕을 주었어. 비록 나 쁜 마음으로 그런 건 아니었지만 말야!'

그 병은 더 이상 약혼자들과 즐거워하는 부모님들을 볼 수 없었습니다. 그 래도 한동안 멀리서 그들이 기뻐하며 노래하는 소리를 들을 수는 있었습 니다.

그날, 농부의 아들 둘이 갈대밭 안으로 들어왔습니다. 그들은 병을 발견하 자 집으로 가져갔습니다.

그 아이들은 숲속 오두막집에서 살았습니다. 큰형은 선원인데 먼 곳으로 항 해를 떠나야 했기에 작별 인사를 나누려고 어제 집에 왔습니다. 어머니는 오 두막에서 오늘밤 아버지가 시내에 있는 큰 아들에게 가져갈 물건들을 꾸리고 있었습니다. 아버지는 출항 전에 아들을 한 번 더 보려고 했기 때문입니다. 약 으로 쓸 브랜디를 담은 작은 병도 짐 속에 꾸렸습니다.

그때 아이들이 병을 가지고 돌아왔습니다. 병은 크고 단단해서 작은 병을 대신해서 브랜디를 담았습니다. 그 병은 이제 붉은 포도주가 아닌 쓰디쓴 약 술을 담게 되었지만, 술은 위장에 좋답니다.

그리하여 병은 여행길에 올랐습니다. 피터 얀센과 함께 배에 올라탔지요.

그런데 공교롭게도 그 병은 젊은 조타수와 한 배를 탔습니다. 그런데 조타수는 그 병을 보지 못했습니다. 아니 보았더라도 알아보지 못했을지도 모르지요. 그리고 알아보았더라도 이렇게 생각했을지 모릅니다. '우리 약혼식과 돌아온 뒤 올릴 결혼식을 위해 축배를 들었을 때와 똑같은 종류의 병이겠지.'

이제 그 병에는 포도주가 담겨 있지는 않았지만, 포도주만큼 좋은 술이 들어 있었기에 피터 얀센이 그 병을 갖고 올 때마다 동료들은 그를 '약사'라고 불렀습니다. 피터 얀센은 위장이 아프다는 사람들에게 그 브랜디를 따라 주었습니다. 브랜디가 한 방울이라도 남아 있는 한, 그 병은 쓸모가 있었습니다. 참으로 즐거운 시간이었지요. 병은 누군가가 코르크 마개를 딸 때마다 노래를 불렀습니다. 그렇기에 그 병은 '위대한 종달새', 또는 '피터 얀센의 종달새'로 불렸습니다.

그 뒤 여러 달이 지나 병 속에 브랜디가 없어지자 피터 얀센은 병을 구석으로 던져버렸습니다. 구석에 있을 때—그래요, 그 병은 출항인지 귀항인지 알지 못했습니다. 아무튼 그 병은 육지에 있지 않았습니다—폭풍우가 몰려왔습니다. 거대한 파도가 검고 사납게 몰려왔지요. 높은 파도는 배를 이리저리 흔들어댔습니다. 돛대가 부러지고 배는 쪼개져서 물이 점점 차오르기 시작했습니다. 물을 빼는 펌프는 아무런 쓸모도 없었지요. 칠흑 같은 밤에 배는 끝내 바닷속으로 가라앉고 말았습니다.

배가 침몰하는 마지막 순간, 그 젊은 조타수는 한 장의 종이에 이렇게 썼습니다.

"우리는 침몰한다. 이 또한 모두 하느님 뜻이로다!"

그는 종이에 자기 이름과 배의 이름을 쓰고 나서 그 쪽지를 옆에 있던 빈 병에 넣었습니다. 그러고는 코르크 마개로 단단히 막아 폭풍우가 몰아치는 바다에 던졌습니다. 그는 바다로 던진 그 병이 자기와 약혼자에게 기쁨과 희망의 축배 때 쓴 바로 그 병이었다는 사실을 전혀 몰랐지요.

병은 조타수의 마지막 인사와 안타까운 소식을 담은 채 커다란 파도 위에서 흔들거렸습니다. 배는 끝내 침몰했고 선원들 모두 그 배와 함께 물속으로 깊이 가라앉아 이 세상을 떠났습니다. 병만 홀로 마치 새처럼 바다에서 이리저리 날았습니다. 그 속에 심장처럼 소중한 사랑의 편지를 담고서 말이죠.

수없이 태양이 떠오르고 다시 졌습니다. 병에게는 태양이 뜨고 지는 것이 자기가 처음 만들어질 때 보았던 용광로의 붉게 빛나는 가마처럼 보였습니다. 병은 다시 그곳으로 돌아가고 싶다고 생각했지만 이루어질 수 없는 희망일 뿐이었지요.

병은 잔잔한 바다와 거센 폭풍우를 겪었습니다. 다행히 암초에 부딪치거나 상어 밥이 되지는 않았습니다. 그렇게 1년이 지나도록 북쪽으로, 어떤 때는 남쪽을 향해 바람과 파도가 이끄는 대로 떠다녔습니다.

그 쪽지가 제대로 전달됐다면, 조타수가 약혼자에게 보낸 마지막 작별 인사는 약혼자에게 얼마나 큰 슬픔을 안겨 주었을까요. 약혼식 날 그녀가 푸른 숲속 싱그러운 풀잎 위에 식탁보를 펼칠 때, 그처럼 하얗게 빛나던 그 손은 이제 무엇을 하고 있을까요? 모피옷 제조공의 딸은 어디에 있을까요? 떠나온 땅, 병의 고향은 어느 나라였을까요? 그래요, 병은 그것을 도무지 알 수 없었습니다.

병은 정처 없이 떠다녔고, 마침내 떠돌이 생활에 몹시 지치고 따분해졌습니다. 그것은 본디 병이 해야 할 일이 아니었지만 어딘가 육지에 닿을 때까지 계속 떠다녔습니다.

마침내 어느 육지에 다다른 병은 그곳 사람들이 하는 말을 통 알아들을 수 없었습니다. 그것은 여태껏 들어 본 적이 없는 언어였습니다. 말을 이해하지 못 하면 아무것도 할 수가 없는 법이죠.

얼마 지나서 병은 사람들 눈에 띄게 되었습니다. 병 안에 있던 쪽지도 함께 발견되어 누군가가 꺼냈습니다. 사람들은 그 쪽지를 뒤집어도 보고 돌려도 보았지만 무어라고 씌어 있는지 누구도 이해할 수 없었습니다. 그들은 병이 침몰한 배에서 던져졌고 종이에 그것에 대해 씌어 있으리라고 짐작은 했지만, 그 내용은 도무지 알 수가 없었습니다. 그래서 쪽지를 다시 병 속에 넣어 어떤 커다란 가게의 넓은 진열장 안에 세워두었습니다.

많은 손님들이 쪽지를 꺼내어 뒤집어 보고 돌려 보았습니다. 날이 갈수록 종이는 낡아져서 연필로 씌어졌던 내용은 점점 읽을 수 없게 되었습니다. 마침내 아무도 그것이 글자였다는 것을 알아볼 수조차 없게 되었죠. 그 뒤에도 병은 1년쯤 더 진열장 안에 있다가 다락으로 올려져서 마침내 뿌옇게 먼지가 쌓이고 거미줄로 뒤덮이게 되었습니다.

병은 그곳에서 예전의 좋았던 날들을 추억했습니다. 초록빛 숲속에서 붉은 포도주를 따랐을 때와 큰 배 위에서 항해했을 때, 그리고 편지를, 작별의 탄식을, 비밀을 간직했었던 그때를 말이지요.

병은 그렇게 20년 동안 먼지로 뒤덮인 다락에 세워져 있었습니다. 만일 그 집을 다시 짓지만 않았더라면 훨씬 더 오래 그곳에 머물렀겠지요. 사람들은 집을 새로 지으려고 지붕을 부수다가 병을 발견했습니다. 사람들은 병에 대해 이러쿵저러쿵 이야기를 했지만 병은 한 마디도 알아들을 수 없었습니다. 그동안 줄곧 다락에만 갇혀 있었기 때문에 말을 배울 수 없었답니다. 아무리 20년이나 세월이 흘렀다 해도.

'내가 가게 안에 있었더라면, 이 나라의 말을 배울 수 있었을 텐데……'

병은 그렇게 생각했습니다.

사람들은 병을 깨끗하게 씻었습니다. 오랫동안 먼지가 쌓인 병에겐 반드시 필요한 과정이었습니다. 그러자 병은 자기가 다시 밝아지고 투명해졌다고 느꼈습니다. 옛날처럼 젊어진 것이죠. 하지만 병 속 쪽지는 더러운 먼지들과 함께 사라져 버렸습니다.

그들은 병에 알 수 없는 씨앗들을 가득 채웠습니다. 그리고 코르크 마개로 막아 산뜻하게 포장을 했지요. 그 뒤로는 병은 빛을 볼 수 없었습니다. 해도 달도 볼 수 없었습니다.

여행 중에 무엇이라도 보아야 한다고 병은 생각했지만 아무것도 볼 수 없었습니다. 그래도 병은 늘 중요한 일을 했습니다.

드디어 병은 예정된 곳에 도착했습니다.

"외국에서 튼튼하게 포장했겠지만 한두 개는 깨졌을 거야."

사람들이 병을 가지고 온 사람에게 말했습니다. 병은 그들이 하는 말을 드디어 알아들을 수 있었습니다. 그것은 바로 용광로 옆에서, 또 포도주 상인에게서, 그리고 숲속과 배 위에서 들었던 바로 그 언어였습니다. 병은 마침내 자기 나라로 돌아온 것입니다. 병은 그들에게 뜨거운 환영 인사를 받았습니다. 병은 사람들의 손에서 손으로 건네지다가 하마터면 바닥으로 떨어질 뻔했습니다. 그들이 매우 기쁨에 넘쳐 있었기 때문입니다.

사람들은 병 입구를 막았던 코르크 마개를 빼고 씨앗을 쏟아낸 뒤, 빈 병을 지하실에 처박아 두었습니다. 사람들에게 필요했던 것은 씨앗이지 병이 아니었던 것이지요. 그래도 병은 고향 땅이 너무나 좋았습니다. 비록 지하실에 처박혀 있다고 할지라도. 얼마나 오랫동안 그곳에 있었는지 한 번도 생각해 보지 않았습니다. 병은 여러 해 동안 잘 지냈습니다. 그러던 어느 날 사람들이 지하실로 내려와서 거기 있던 모든 병들을 밖으로 가지고 나갔습니다. 물론 그 병도 함께 말입니다.

바깥 정원에서는 한창 축제가 벌어졌습니다. 꽃줄 장식에는 등불들이 걸렸고, 종이 초롱들은 하늘하늘 화려한 튤립처럼 빛났습니다. 참으로 아름다운 밤이었지요. 날씨는 포근했고 별들은 반짝거렸습니다. 시력이 좋은 사람이라면 밝은 초승달 주위로 어렴풋이 푸르스름하게 보이는 둥근 달의 테두리를 볼 수 있었습니다.

샛길도 빛났습니다. 사람이 다니는 모든 길에는 작은 전구로 밝혀 놓았습니다. 그 샛길의 울타리에 여러 빛깔 병들이 세워져 있었습니다. 바로 그곳에 우리가 아는 새장 안의 물그릇이 된 병도 있었습니다.

병은 그 순간 이곳에 있는 모든 것들이 무엇과도 비교할 수 없을 만큼 아름답다고 느꼈습니다. 병은 다시 숲속에 있었고, 즐거운 축제에 참여했습니다. 노랫소리와 음악소리가 들려왔고, 많은 사람들이 웅성거리는 소리도 들렸습니다. 등불이 가장 화려하게 빛났고 알록달록 초롱들이 내걸린 정원 끝부분에 많은 사람들이 몰려들었습니다. 병은 후미진 구석에서 있었기에 추억을 떠올리기에 아주 좋았습니다. 병은 자신만의 빛을 간직하고 유용함과 기쁨을 위해 여기에 서 있었으며 그것이야말로 올바른 길이었습니다. 그러므로 집 다락에 버려져 있었던 지난 20년간의 괴로움을 완전히 잊을 수 있었습니다.

그 병 옆으로 한 쌍의 남녀가 다정하게 지나갔습니다. 그 옛날 조타수와 모피옷 제조공의 딸처럼 말입니다. 그들을 보자 병은 행복했던 추억을 다시금 떠올릴 수 있었습니다.

손님들은 정원을 거닐었습니다. 그곳에는 초대된 손님들과 축제를 구경하는 사람들이 있었습니다. 그리고 그들 가운데 이 세상에서 오직 홀로인 듯한 나이 든 여인이 있었습니다. 그녀는 마침 그 병과 똑같은 생각을 하고 있었지요. 그 푸른 숲에서 약혼했던 젊은 남녀 한 쌍을 떠올렸습니다. 바로 자신이 그날의 약혼녀였으며 그 추억의 주인공이었습니다. 그녀에게 가장 행복했던 시간이었습니다. 세월이 흐른 지금도 결코 잊을 수가 없었습니다. 하지만 그녀는 구석진 곳에 있는 그 병을 알아보지 못했고, 병 또한 그녀를 알아보지 못했습니다.

이 세상에는 상대가 눈앞에 있는 데도 모르고 지나쳐버리는 일이 곧잘 있습니다. 언젠가 생각지 못한 곳에서 다시 만날 때까지 그들도 함께 이 도시에 와 있었던 것입니다.

또 세월이 흘러 병은 포도주 상인에게 가게 되어 다시 포도주로 채워졌고, 일요일에 기구를 타려고 하는 기구 조종사에게 팔렸습니다.

일요일이 되자 많은 구경꾼이 몰려들었습니다. 군악대도 있었습니다. 말할 수 없이 혼잡했지요. 병은 바구니 안에서 북적북적한 바깥을 내다보았습니다. 바구니속 병 옆에는 작은 토끼 한 마리가 잔뜩 겁에 질려 앉아 있었습니다. 왜냐하면 토끼는 기구를 타고 올라가서 낙하산으로 뛰어내려야 한다는 것을 알고 있었기 때문입니다. 하지만 병은 하늘이나 땅에 대해 아무것도 몰랐습니다. 풍선이 크게 부풀어 오르고, 더 이상 커지지 못하게 되자 기구가 흔들거리면서 차츰 하늘로 떠오르기 시작했습니다.

사람들이 기구를 고정한 밧줄을 끊자, 그 기구는 조종사와 바구니에 담긴 병과 작은 토끼를 싣고 하늘높이 떠올랐습니다. 음악이 시끌벅적 울려 퍼졌습니다. 그것을 본 사람들은 모두들 만세를 불렀지요.

'이렇게 하늘 높이 올라간다는 것은 정말 재미있는 일이야. 이것은 안전하면서도 새로운 모습의 항해야. 왜냐하면 하늘에서는 암초에 부딪쳐서 침몰할 위험은 없으니까.'

병은 이렇게 생각했습니다.

수천의 사람들이 고개를 들어 기구를 바라보았습니다. 정원을 거닐던 나이든 여인도 기구가 날아오르는 것을 호기심 가득한 눈망울로 보고 있었습니다. 그녀는 작은 홍방울새 새장이 걸린 다락방 창문 곁에 서 있었습니다. 홍방울새 새장엔 그때도 물그릇이 없어 대신 나무로 된 작은 컵이 걸려 있었지요. 그 창문에는 미르테 나무를 한 그루 심어 놓은 화분이 있었습니다. 여인은 기구에 탄 조종사를 보려고 나무가 떨어지지 않도록 살짝 옆으로 밀어 놓고 창밖으로 몸을 기울였습니다.

조종사는 작은 토끼를 낙하산에 묶어 던졌습니다. 조종사는 구경하는 사람들의 건강을 기원하는 건배를 하고나서 병을 하늘 높이 던져 올렸습니다.

하지만 여인은 바로 이 병이 그녀의 젊은 시절 푸른 숲속에서 가장 행복했던 그날 보았던, 그 병이라는 사실을 전혀 몰랐습니다.

병은 갑자기 높은 곳에서 던져지는 바람에 다른 것을 생각할 겨를이 없었습니다. 여태껏 살아오면서 한 번도 겪어보지 못한 높이였습니다. 탑들과 지붕은 까마득히 아래에 있었고 사람들은 아주 작게 보였습니다.

병은 작은 토끼가 떨어지는 속력과는 비교할 수 없을 만큼 엄청나게 빨랐습니다. 병은 저도 모르게 하늘에서 공중제비돌기도 하였지요. 아주 활기차고 기쁨에 넘쳤습니다. 병은 자기 안에 채워져 있던 포도주 때문에 살짝 취한 상태였지만 기분 나쁜 정도는 아니었습니다. 이 얼마나 멋진 여행입니까! 햇빛이 병을 비추자 반짝반짝 빛났습니다. 모든 사람들 눈은 병을 바라보고 있었습니다. 기구는 이미 저 멀리 날아가 보이지 않았습니다. 곧 병은 어느 지붕 위로 떨어졌습니다. 지붕에 떨어진 병은 산산조각이 나버렸습니다. 병 조각들은 높이 튀어오른 뒤, 정원에 떨어져 데굴데굴 굴렀습니다. 병은 그렇게 깨져서 작은 조각이 되어 흩어져 버렸고 오직 병 주둥이만 남았습니다. 병 주둥이는 마치 다이아몬드로 잘라 낸듯 깔끔하게 잘라져 있었습니다.

"이건 새집에 물그릇으로 쓸 수 있겠는걸."

주둥이만 남은 병을 보고 지하실 관리인이 말했습니다. 하지만 그에게는 새도 새장도 없었습니다. 그래서 그는 주둥이만 남은 병이 쓰일 만한 곳을 여기저기 찾아보았습니다. 마침 다락방의 나이 든 여인이 새를 기르고 있었습니다. 병 주둥이는 그 여인에게 오게 되었으며, 이제까지 위를 바라보던 부분이 아래가 되었고 입구는 코르크 마개로 꼭 닫았습니다. 그리고 깨끗한 물이 담겨 작은 새가 맛있게 마셨습니다. 기분이 좋아진 작은 새가 노래를 불렀습니다.

"넌 노래를 참 잘하는구나!"

병 주둥이가 말했습니다. 병 주둥이는 특별한 추억들을 간직했습니다. 병 주둥이는 기구를 타고 하늘 높이 날아도 보았습니다. 하지만 사람들은 병 주둥이의 이야기를 알지 못합니다. 이제 병 주둥이는 새의 물그릇이 되어 다락방에 걸려 있습니다. 거리를 지나는 사람들의 딸각거리고 꽥꽥거리는 소음만이 들려옵니다.

방안에서 나이 든 여인이 말하는 소리가 들려옵니다. 비슷한 또래의 여자 친구가 찾아왔습니다. 그녀들은 이야기를 나누고 있었습니다. 병 주둥이에 대해서가 아니라 미르테 나무에 대해서.

"네 딸 결혼식 화관을 사려고 돈을 낭비할 필요 없어."

나이 든 여인이 말했습니다.

"내가 활짝 핀 꽃으로 멋진 화관을 만들어줄게. 저 나무에 핀 예쁜 꽃들이 보이지? 저 나무는 네가 나의 약혼식 때 선물했던 미르테 나무에서 꺾꽂이한 나무야. 그 나무는 1년 뒤 내 결혼식 화관으로 쓰려 했지. 그런데 그날은 오지 않았어. 내 삶을 기쁨과 축복으로 빛나게 해주겠다던 그의 두 눈은 영원히 감겨 버렸어. 그는 바닷속 깊은 곳에 평안히 잠들어 있어. 이제 나무도 늙었고 나는 더 늙었지. 나무가 시들어 죽어갈 때 나는 마지막 남은 싱싱한 가지를 꺾어서 땅에다 꽂았었지. 그래서 그 가지가 오늘 저렇게 큰 나무로 자랐고, 드디어 신부의 머리장식으로 쓰이게 된 거야. 네 딸의 결혼 화관으로 말이야."

나이 든 여인은 젊은 날 연인에 대해, 숲속에서의 약혼식에 대해 이야기하며 눈물을 머금었습니다. 그녀는 두 사람의 행복을 위해 축배를 들었던 일을 생각했으며, 첫 입맞춤을 떠올렸습니다. 그러나 친구에게는 말하지 않았습니다.

그녀는 수없이 많은 것들을 생각했습니다. 하지만 안타깝게도 젊은 시절의 추억을 담은 물건이 그녀의 창가에 있다는 사실을 까맣게 몰랐습니다. 그녀의 약혼식 때 축배를 위해 코르크 마개를 열자 펑! 소리를 내던 병의 주둥이가 아주 가까이 있다는 것을. 그러나 병 주둥이도 그녀들이 나누는 이야기를 전혀 듣지 않았기 때문에 그녀를 알아보지 못했습니다. 아마도 병 주둥이는 오직 그날 아름답던 그녀만을 생각하고 있었을 것입니다.

080
지혜의 돌
De Vises Steen

여러분은 아마 덴마크인 홀거 단스케의 이야기를 알고 있을 거예요. 그래서 새삼스레 그 이야기를 여기서 또 하지는 않겠습니다. 단지 '홀거 단스케가 세계의 동쪽 끝 인도로 원정을 떠나 해나무라는 커다란 나무가 있던 곳까지 정복했었다'는 사실을 기억하고 계십니까? 이 이야기는 크리스틴 페데르젠이 들려준 이야기입니다. 여러분은 크리스틴 페데르젠을 아세요? 아니 사실 그건 그다지 중요하지 않습니다.

홀거 단스케는 목사 존에게 인도를 지배할 권력과 통치권을 주었답니다. 목사 존을 아세요? 그래요, 그것도 중요한 건 아니에요. 앞으로 들려드릴 이야기에는 나오지도 않으니까요.

이제부터 들려드릴 이야기는 '세상의 동쪽 끝 인도'에 있는 해나무에 대한 이야기입니다. 우리처럼 지리를 잘 모르던 옛 사람들이 믿었던 나무입니다. 해나무는 아직까지 한 번도 본 적이 없고 또 앞으로도 볼 수 없을 만큼 멋진 나무랍니다. 꽃부리는 어디까지고 멀리 뻗어 있어서 하나의 숲처럼 보였습니다.

해나무의 작은 가지 하나하나가 마치 나무 한 그루처럼 컸습니다. 야자수, 너도밤나무, 소나무, 플라타너스를 비롯한 이 세상에서 볼 수 있는 모든 종류의 나무들이 있었지요. 나뭇가지들은 큰 나무에서 나온 작은 나무처럼 뻗어 있었고, 가지가 마치 계곡과 언덕처럼 보였습니다.

나무들은 비처럼 부드러운 푸른 잎과 꽃들이 무수히 피어 있었습니다. 가지들은 푸르른 풀밭이 넓게 펼쳐 있거나 사랑스런 정원이 멀리까지 뻗쳐 있는 듯했습니다. 해님은 따스한 빛으로 이들을 비추었지요. 그래서 어디를 보더라도 꽃이 활짝 핀 목초지나 아름다운 정원 같았습니다.

세상 여기저기에서 온 모든 새들이 이곳에 모여 있었답니다. 머나먼 미국의 원시림에서 온 새, 다마스쿠스 장미 정원에서 온 새, 코끼리와 사자가 자기들이 세상을 다스린다고 생각하는 아프리카 정글에서 온 새 등 무척 다양했습니다. 북극과 남극에서 온 새들도 있고 황새와 제비도 있었지요.

새들뿐만이 아니었습니다. 사슴과 다람쥐, 노루 등 수백 종이 넘는 동물들도 오순도순 살았답니다.

나무 꼭대기는 온 세상으로 넓게 펼쳐진 정원과 다름없었습니다. 여러 종류의 가지가 푸른 언덕처럼 펼쳐진 그 안에는 세상 모든 나라들을 한눈에 바라볼 수 있는 수정으로 만든 성이 있었답니다. 탑들은 백합처럼 서 있었지요. 거기에는 계단이 있어서 줄기를 따라 올라갈 수 있었습니다. 꽃잎 하나하나는 모두 발코니로 되어 있었습니다.

그 꽃 맨 위에는 훌륭하게 빛나는 동그란 방이 있답니다. 그 방의 천장은 해님과 별이 떠 있는 푸른 하늘이었습니다. 그리고 성의 아래쪽으로 비어 있는 방들도 저마다의 특색을 갖춘 훌륭한 방들이었습니다.

방 안 벽에는 온 세상이 다 비쳤습니다. 세상에서 일어나는 모든 일들을 빠짐없이 볼 수가 있었기에 신문이란 것이 아예 없었답니다. 모든 것들을 생생한 그림으로 볼 수가 있기 때문이지요. 그러나 그림들이 너무 많아서 그 모든 것을 본다는 것은 제아무리 똑똑한 사람이라도 힘든 일이랍니다. 이곳에서 가장 똑똑한 남자라도 말입니다. 그의 이름은 발음하기가 너무 어려워서 여러분은 아마 제대로 발음할 수가 없을 거예요. 그래서 생략하기로 합니다.

아무튼 그는 사람이 알 수 있는 모든 것, 또 이 세상에서 언젠가 알게 될 모든 것을 알고 있었습니다. 이미 발명되었거나 앞으로 발명될 것 등 모든 것에 대해서 남김없이 다 알고 있었답니다. 아무리 지혜로운 솔로몬 왕이라 할지라도 그의 현명함에는 미치지 못할 정도로 그는 아주 똑똑했답니다.

또 그는 자연의 힘을 다스릴 수 있었고 정신마저 지배했답니다. 죽음까지도 날마다 아침이면 그에게 새 소식과 그날 죽어야 할 사람들의 명단을 가져다 주었답니다. 마침내 솔로몬 왕도 죽자 해나무 위 성에 사는 위대한 남자는 생각에 사로잡혔습니다.

그는 다른 사람보다 뛰어난 지혜를 갖추고 있지만 그 또한 한 번은 죽어야 했으며, 그도 그 사실을 알고 있었답니다. 그리고 그의 아이들 또한 죽을 것입니다. 마치 나뭇잎들이 떨어져 먼지가 되듯이 말이에요.

그는 사람들이 죽는 것을 시든 나뭇잎이 떨어지고 새로운 나뭇잎이 자라는 것이라 여겼답니다. 하지만 땅에 떨어진 나뭇잎들은 다시는 자라지 못하지요. 먼지가 되고 끝내는 다른 식물들에게 흡수되니까요.

사람들에게 죽음의 천사가 찾아온다면 어떻게 될까요? 죽음은 무엇일까요? 몸이 사라지면 영혼은 어떻게 될까요? 그것들은 모두 어디로 가게 될까요?

'영원한 삶'이라고 종교에서는 말합니다.

그러면 죽은 사람은 어디에서, 어떻게 살게 되는 것일까요?

'저기 위의 하늘나라에!'

신앙심 깊은 남자는 이렇게 말합니다.

현자는 '우리는 저 위로 올라가는 거야' 말하면서 하늘 위 해님과 별님을 올려다보지요.

현자는 지구의 위쪽에서 보든 아래쪽에서 보든 세계는 언제나 변하고 사람들이 있는 곳에 따라 달리 보인다고 생각합니다. 지구에서 가장 높은 산꼭대기에 올라가면 아래에서 볼 때 맑고 투명하게 보였던 공기가 어둡고 탁하게 보이는 것을 알고 있지요. 해님도 빛을 잃어 구릿빛을 띨 것이고, 우리들이 사는 지구는 주홍빛 안개로 덮여 그의 발아래 놓이게 된다는 것도 알고 있습니다. 우리의 눈은 한계가 있습니다. 영혼의 눈으로 볼 수 있다 해도 아주 작은 부분입니다! 우리의 지식이라는 것은 참으로 보잘것없지요. 아무리 지혜로운 사람이라 할지라도 우리한테 가장 중요한 문제에 대해서 조금밖에 알지 못한답니다.

수정으로 만들어진 성의 비밀의 방에는 이 땅에서 가장 소중한 보물인 '진실의 책'이 있었습니다. 지혜로운 남자는 그 책을 하나도 빼놓지 않고 읽었지요. 모든 사람들이 읽을 수 있는 책이지만 그들은 조금밖에 읽을 수 없습니다. 글씨가 흔들려서 그 말을 이해할 수 없었기 때문이지요. 어떤 쪽에는 글씨가 너무 희미하게 지워져 있어서 거의 하얀 종이로 보일 정도입니다. 하지만 슬기로운 사람이라면 더 많이 읽을 수 있으며, 가장 똑똑한 사람은 거의 다 읽을 수 있을 것입니다.

지혜로운 남자는 햇빛과 별빛, 숨겨진 신비한 빛, 정신의 힘을 모을 줄 알았답니다. 그 빛 덕분에 책에 쓰인 글씨가 또렷하게 보였지요. 그러나 〈죽음 뒤의 삶〉이란 제목의 글은 작은 점 하나도 보이지 않았습니다. 그것이 그를 슬프게 만들었습니다. 어떻게든 그것을 보이게 할 만큼 밝은 빛을 발견할 수 없을까요?

그는 현명한 솔로몬 왕처럼 동물의 말을 알아들을 수 있었답니다. 하지만 동물들의 노래나 이야기로는 답을 얻을 수 없었지요. 그는 병과 죽음을 멀리하는 힘을 식물과 금속에서 찾아내 질병을 치료하고 죽음을 미룰 수는 있었지만 죽음 그 자체를 없애지는 못했습니다.

그래서 이번에는 영원한 삶을 주는 빛을 찾아보려 했지만 그 어디에서도 발견할 수 없었습니다.

그의 앞에는 진리의 책이 펼쳐져 있었지만 변함없이 아무것도 쓰여 있지 않은 책처럼 한 글자도 알아볼 수 없었습니다. 성경에서는 영원한 삶에 대한 위로의 말을 찾을 수 있었지만, 진리의 책 속에서는 아무것도 볼 수 없었답니다.

그에게는 아이들이 다섯 있었답니다. 지혜로운 아버지의 자식이라면 마땅히 그렇듯 그들 모두 훌륭한 가르침을 받은 아들 넷과 아름답고 똑똑한 딸이었지요. 딸은 눈이 멀었답니다. 하지만 눈이 먼 것은 전혀 흠이 되지 않았습니다. 아버지와 형제들이 그녀의 눈이 되어 주었으며, 딸은 상상하는 것만으로도 모든 것을 똑똑하게 느낄 수 있었습니다.

아들들은 한 번도 성 밖 큰 나무의 가지 끝까지 나가 본 일이 없었고, 딸 또한 집을 떠나 본 적이 없습니다. 그들은 어릴 때부터 집과 땅, 아름다운 해나무에서만 행복하고 즐겁게 살았습니다.

그 아이들도 다른 아이들처럼 이야기 듣기를 좋아했답니다. 아버지는 늘 다른 아이들은 이해하지 못할 내용들을 많이 이야기해 주었지요. 그래서 아이들은 어른들만큼이나 똑똑했습니다.

아버지는 성에서 온 세상을 보여주는 그림들로 아이들에게 여러 가지를 가르쳐 주었습니다. 사람들의 행동과 모든 나라에서 일어나는 일들을 말해 주었지요.

아들들은 그럴 때마다 세상 밖으로 나가고 싶어 했습니다. 그러면 아버지는 이렇게 말했습니다.

"세상은 고통스럽고 차갑기 때문에 여기서 보는 것만큼 아름답지 않단다." 그리고 아이들에게 아름다움과 진실, 착함에 대해서 이야기하고, 그 세 가지가 이 세상을 지탱해 주는 거라고 설명해 주었습니다. 그리고 그 셋을 모두 합하면 다이아몬드보다 더 눈부신 보석이 된다고 말했답니다. 하느님 아래서는 모든 것이 희미하게 보이지만 그 보석만은 화려하게 빛을 낸다고 했습니다. 그래서 사람들은 그것을 '지혜의 돌'이라 불렀습니다.

아버지 말씀에 따르면 세상의 모든 것을 통해 신이 존재함을 알 수 있듯이 지혜의 돌이 존재함을 인간을 통해 알 수 있다고 했습니다. 그러나 이제 더는 설명할 수가 없었습니다. 그 이상 알지 못했으니까요. 이런 이야기를 다른 아이들은 어려워서 통 이해하지 못했을 거예요. 그러나 이 아이들은 무슨 말인지 바로 이해했습니다.

아이들은 아버지에게 아름다움, 참됨, 착함에 대해서 물었답니다. 아버지는 자세히 설명해 주었지요. 아주 많은 것에 대해 이야기해 주었답니다. 하느님이 흙으로 인간을 만들 때 다섯 번의 입맞춤을 했다고도 들려 주었습니다.

그것들은 우리가 다섯 가지 감각이라고 부르는 것이 되었답니다. 다섯 가지 감각으로 아름다움, 참됨, 선함을 보고 느끼고 이해할 수 있으며, 그것들로써 아름다움이나 참됨, 선함을 소중히 여기며 행동으로 옮기게 됩니다. 그리고 오감은 육체와 영혼에도 있다고도 했습니다.

아이들은 아버지에게 들은 그 이야기에 대해서 많은 생각을 하며 낮이고 밤이고 오로지 그 생각 속에서 살았답니다.

그러던 어느 날 맏형은 무척 멋진 꿈을 꾸었습니다. 아주 기묘한 꿈이었지요. 그런데 놀랍게도 형제들 또한 모두 같은 꿈을 꾸었답니다. 다시 말하면 모두 똑같은 꿈을 꾼 것이었지요.

그들이 다들 세상 밖으로 나가 지혜의 돌을 발견하는 꿈이었답니다. 그래서 그들은 이른 아침에 화살처럼 빠른 말을 타고 나가 그 돌을 찾아 비단처럼 푸른 풀밭을 지나 다시 성으로 돌아왔습니다. 지혜의 돌은 타오르는 불처럼 아이들 이마에서 빛나고 있었으며 마치 천국 같은 빛을 내며 책을 밝게 비췄습니다. 그러자 죽음 뒤의 삶에 대해 씌어 있는 내용이 뚜렷하게 보였습니다.

하지만 딸은 넓은 세상으로 나가는 꿈을 꾸지 못했답니다. 그녀는 넓은 세상으로 나가고 싶어 하지 않았으니까요. 그녀의 세상은 아버지의 집뿐이었답니다.

"나는 넓은 세상으로 나갈 테야. 세상 사람들이 꿈꾸는 것을 나도 해보고 싶어. 사람들 사이를 돌아다닐 거야. 진실하게 행동하고 아름다운 것을 지킬 테야. 나는 바깥세상에서 많이 달라지게 되겠지."

맏형이 말했습니다.

그래요, 이것은 위대하고 담대한 생각이랍니다. 우리가 세상에 나가기 전에, 바람과 비구름과 천둥을 느끼기 전에 하듯이 이에요.

맏형은 다섯 가지 감각 가운데 한 가지 감각이 다른 형제들보다 더 예민하게 발달해 있었답니다. 그것은 다른 형제들도 마찬가지였지요. 형제들은 저마다 뛰어난 감각을 하나씩 가지고 있었답니다.

맏형은 아주 좋은 시력을 가지고 있었습니다. 모든 시대와 민족을 볼 수 있는 눈을 지녔답니다. 또한 땅 속 깊숙이 숨겨진 보물도 볼 수 있었고, 사람 가슴 속 깊은 곳을 마치 투명한 유리처럼 훤히 들여다볼 수가 있었지요. 그는 붉은 얼굴이나 창백한 얼굴에서, 또는 아래를 바라보는 눈이나 미소에서 보이는 것보다 더 많은 것을 읽어 낼 수 있었습니다.

맏형은 마침내 넓은 세상으로 떠나기로 했습니다. 수사슴과 노루들이 서쪽 국경선까지 따라와 주었습니다. 그는 그곳에서 야생 백조를 보고 그 백조를 따라 북서쪽으로 갔습니다. 그렇게 해서 드넓은 세상으로 나가게 되었답니다. 동쪽 세상의 끝까지 펼쳐진 아버지의 집을 떠나서 말이지요.

맏형은 깜짝 놀랐습니다. 세상에는 볼 것이 아주 많았거든요. 그런데다가 아버지 성에서 본 그림들과는 매우 달랐습니다. 처음 아름다운 것이라며 보여준 물건이 너무나도 볼품없고 단식일에 꾸미는 가짜 백합꽃 같아서 하마터면 두 눈을 잃을 뻔했습니다.

맏형은 그것들을 위해 할 수 있는 일을 발견했습니다. 그리고 아름다움, 참됨, 착함을 깨닫기 위해서 그것들을 정직하게 보려고 했지요. 하지만 실제는 어땠을까요? 아름다운 사람이 받아야 할 왕관을 보기 싫은 사람들이 받았답니다. 그리고 착한 사람은 알아주지도 않고, 못된 사람들이 오히려 칭찬을 받았지요.

사람들은 오로지 이름만 보았고 그 쓰임은 보지 않았답니다. 입은 옷을 볼 뿐 사람 자체는 보지 않았고, 명성민을 볼 뿐 진실은 도무지 볼 생각조차 하지 않았습니다. 어디를 가든 마찬가지였습니다.

'그래, 이것들을 모두 제대로 정리하지 않으면 안 돼!'

맏형은 그렇게 생각했습니다. 그러고서 맏형은 참된 것을 찾아서 그것들을 제대로 정리하기 위해 돌아다녔습니다. 그러던 어느 날 악마가 나타났습니다. 악마는 거짓말의 아버지이며, 거짓말 그 자체이기도 합니다. 악마는 모든 것을 참되게 보려는 맏형의 두 눈을 뽑아내고 싶었습니다. 하지만 쉬운 일이 아니었기에 악마는 일을 보다 더 매끄럽게 처리하려 했습니다.

악마는 참된 것을 찾도록 맏형을 내버려 두었답니다. 맏형이 참된 것을 찾아내자 악마는 그의 두 눈에 티끌을 불어넣었지요. 그것으로 맏형의 눈은 멀고 말았습니다. 이제 맏형의 눈에서는 투명하고 밝은 빛이 사라지고 넓은 세상에 홀로 던져져 눈 먼 사람으로 남게 되었습니다. 그는 더 이상 세상을 믿지 않게 되었고 세상과 자기 자신을 위한 훌륭한 생각을 포기하고 말았습니다.

"모든 것은 끝났어."

야생 백조들이 울부짖으며 바다를 건너 동쪽으로 날아갔습니다.

"모든 것은 끝났어."

해나무로 날아간 백조들은 이렇게 지저귀며 동쪽 해나무로 날아갔습니다. 성에 있는 형제들에게는 나쁜 소식이 들려왔지요.

"형에게 안 좋은 일이 생겼나 봐."

둘째 형이 말했습니다.

"나는 소리를 잘 들으니까 형보다는 좀 더 나을 거야."

둘째 형은 듣는 감각이 뛰어났습니다. 멀리 있는 잔디가 자라는 소리까지 들을 수 있을 정도였지요. 둘째는 가족과 작별 인사를 나눈 뒤 준비를 갖춰 길을 떠났습니다. 백조들이 그를 지켜 주었으며 제비를 따라 고향에서 아주 먼 곳에 도착하게 되었답니다.

둘째는 좋은 것도 도가 지나치면 오히려 해가 된다는 사실을 알게 되었습니다. 둘째의 귀는 잔디가 자라는 소리까지 들을 수 있다고 했었지요. 또한 모든 사람들 심장이 즐거움과 고통으로 뛰는 소리도 들을 수가 있었답니다. 세상이 마치 시계가 똑딱똑딱 울리는 커다란 시계 공장처럼 느껴졌습니다. 모든 망루의 시계들이 시끄럽게 울렸습니다.

온갖 시끄러운 소리를 한참 듣고 있던 둘째는 온 힘을 다해 귀를 막았습니다. 인내심의 한계를 느낀 것입니다.

그때 예순 살이 넘은 거리의 부랑자가 나타났습니다. 사람은 나이가 들었다고 저절로 어른이 되는 건 아니랍니다. 그는 소리를 지르며 시끄럽게 소란을 피웠는데, 그쯤이라면 웃어넘길 수도 있었을 것입니다. 하지만 그가 얼마나 시끄럽게 굴었던지 온 집들과 골목, 거리를 따라 국도까지 그 소음이 들렸습니다.

거짓말은 가장 커다란 목소리를 내며 주인 노릇을 했습니다. 바보 같은 종을 딸랑거리며 자기가 교회 종이라고 했습니다. 보통 사람보다 더 잘 듣는 둘째에게는 이 모든 소리들이 도저히 견딜 수 없었답니다. 그래서 둘째는 손가락으로 아예 두 귀를 막아 버렸습니다.

그러나 여전히 잘못된 노래, 박수와 험담, 쓸데없는 논쟁, 스캔들과 욕설, 신음소리, 불평 등이 들려왔습니다. 절인 청어만큼의 가치도 없는 형편없는 말이 혀 위에서 윙윙 소리를 내고 그것들은 빠르게 움직이며 탁탁거렸습니다. 모든 소리들이 여기저기에서 계속 들려왔습니다.

"우리를 도와주세요!"

도저히 참을 수가 없었습니다. 그래서 둘째는 손가락을 귓속으로 점점 더 깊이 집어넣었습니다. 그러다가 끝내 고막이 터지고 말았습니다. 그는 잘 듣는 귀로 아름다움, 참됨, 선함에 대한 지식을 얻고자 했지만 이제 아무것도 들을 수 없었습니다.

둘째는 말수가 줄어들고 의심도 많아져 누구도 믿지 않게 되었고 끝내 자기 자신조차 믿지 않게 되었습니다. 참으로 커다란 불행이었지요. 이제는 보석을 발견할 수도, 그것을 집으로 가져갈 수도 없었습니다. 그리고 자기 자신도 포기해버렸답니다. 어느 것보다 그것이 가장 나쁜 일인데 말입니다.

제비들은 다시 동쪽 성으로 날아가 이 소식을 전했답니다.

"이제 내가 나서야겠어. 나는 예민한 코를 가지고 있거든."

셋째가 말했습니다. 그의 표현은 고상하지 않았지만 그가 말한 대로 좋은 코를 가지고 있었지요. 그는 밝은 성격의 시인이었습니다. 말로 표현할 수 없는 것은 노래로 불렀습니다. 다른 형제들보다 생각을 많이 하고, 한발 앞서 갔지요.

"나는 냄새를 잘 맡을 수 있어."

셋째가 발달한 것은 후각이었답니다.

"사람들은 저마다 취향에 따라 좋아하는 향기가 다르지. 어떤 사람은 사과 향을 좋아하고, 어떤 사람은 마구간 냄새를 좋아해. 모든 향기는 자기만의 관객을 가지고 있다고. 어떤 사람들은 술 냄새와 담배 연기가 섞인 술집을 자기 집처럼 편안하게 생각해. 또 어떤 사람들은 축축한 재스민 차 향기 속에 앉아서 짙은 정향유로 몸을 문지르지. 다른 사람들은 그 냄새를 겨우 참아내는데 말이야. 또 어떤 사람들은 거센 바닷바람이나 산들바람을 찾기도 하고, 아니면 높은 산꼭대기에 올라가 바쁜 일상생활의 분주함을 보기도 하지."

셋째는 마치 그가 이미 세상 밖에서 사람들과 생활해 보았기 때문에 그들을 잘 알고 있기라도 한 것처럼 말했습니다. 하지만 이러한 지혜는 자신 속에 있었습니다. 그의 안에는 시적인 감각이 있었고, 그것이 바로 사랑하는 하느님이 그의 요람에 넣어 준 것이었지요.

셋째는 해나무에게 작별 인사를 남기고 고향을 떠났습니다. 셋째는 타조를 타고 갔습니다. 타조가 말보다 더 빨리 달렸기 때문이었지요. 가는 길에 셋째는 야생백조를 발견하고는 가장 강한 야생백조의 등으로 옮겨 탔습니다. 그는 변화를 좋아했으니까요. 커다란 숲과 깊은 호수, 험악한 산과 낯선 먼 나라들을 향해 날아간 것도 바로 그 때문이었습니다.

어디를 가든지 들판을 가로 질러 해님이 그를 비춰주었습니다. 모든 꽃들과 나무들도 그를 반겼답니다. 그들은 자신을 이해해 주는 친구나 보호자가 가까이 있다는 듯 신선하고 진한 향기를 내뿜었습니다.

이제까지 시들어 있던 장미나무도 가지를 뻗어 아름다운 꽃을 피웠습니다. 누구나 그 아름다움을 부러워할 정도였지요. 검고 축축한 달팽이조차도 그 아름다움을 느낄 수 있었답니다.

"저 꽃에 내 표시를 해야겠어."

달팽이는 장미꽃에게로 느릿느릿 기어가서 기어이 자신의 표시를 해 놓고 말았습니다. 그러고는 이렇게 말을 했지요.

"저 꽃에 침을 발라놓았으니 이젠 내 거야."

"아름다운 것은 언제든 저런 일을 당할 수 있어!"

시인은 이렇게 말하고 장미의 이야기를 노래로 만들어 불렀지만 듣는 사람은 아무도 없었습니다. 그래서 셋째는 북 치는 사람에게 은화 2펜스를 주며 공작 깃털을 달고 북을 치게 했지요. 북 치는 사람은 노래에 맞추어 북을 치며 도시의 모든 거리와 골목을 돌아다녔습니다. 그제야 사람들은 노래에 깊은 뜻이 담겼다며 열심히 들었습니다.

시인은 더 많은 노래를 할 수 있게 되었습니다. 아름다움과 참됨과 선함에 대해서 노래했지요. 사람들은 그 노래를 양초연기가 자욱한 술집에서, 푸른 토끼풀밭에서, 숲속에서도 또 탁 트인 바다에서도 들었습니다.

그래서 셋째는 다른 두 형들이 얻지 못한 커다란 행운을 가진 듯이 보였습니다. 악마는 이런 일을 참을 수가 없었답니다.

악마는 향기란 향기는 몽땅 찾아서 교묘하게 마구 뒤섞어 가장 독한 향을 만들었답니다. 그 독한 향기는 사람들을 모조리 질식시킬 만큼 독했습니다. 불쌍한 시인은 물론이고 천사까지도 정신을 몽롱하게 만들 향이었지요.

악마는 그 향기를 시인에게 들이댔습니다. 그러자 독한 향기에 취한 시인은 그만 정신을 잃고 말았지요. 자기의 임무는 물론이고 해나무 집에 대해서도 몽땅 까맣게 잊어버렸습니다. 심지어는 자신이 누군지조차 잊어버리고 말았지요.

그 소식을 들은 새들은 몹시 슬퍼하며 사흘 동안이나 노래를 부르지 않았습니다. 검은 숲의 달팽이는 더욱 까맣게 변했습니다. 하지만 그것은 슬픔 때문이 아니라 질투 때문이었지요.

"냄새에 취해야 하는 건 바로 나란 말이야. 왜냐하면 시인에게 세상에 대한 노래를 떠오르게 만든 게 바로 나였기 때문이야. 장미에 침을 바른 건 나였다고."

화가 난 달팽이가 말했습니다.

그러나 인도에 있는 해나무 성에서는 그런 소식을 까맣게 몰랐답니다. 새들이 슬픔에 젖어 사흘 동안이나 노래를 부르지 않았으니까요. 새들은 슬픔이 말할 수 없이 커서 무엇 때문에 슬퍼했는지조차 잊어버렸답니다.

그렇게 시간이 지나갔습니다.

"이제 내가 세상으로 나갈 때가 왔어. 형들처럼 소식이 끊어질지도 몰라."

넷째가 말했습니다. 넷째도 셋째 형만큼 좋은 성격이었지만 시인은 아니었습니다. 하지만 재치가 있었지요. 성을 즐거움으로 가득 채웠던 형들이 사라지고, 이제 넷째마저 성을 떠나려 했습니다.

사람들에게 시각과 청각은 언제나 중요한 감각 기관으로 받아들여졌지요. 사람들은 그것들이 특별히 강하고 예민하기를 바란답니다. 그리고 나머지 세 개의 감각은 덜 중요한 것으로 여기지요. 그렇지만 넷째의 생각은 아주 달랐습니다.

그는 특히 미각이 뛰어났습니다. 미각은 입과 정신을 통해서 들어가는 모든 것을 지배합니다. 그래서 냄비와 솥, 병과 접시에 담긴 음식의 맛은 천하다고 말했습니다. 그에게는 사람들도 모두 음식이 요리되는 냄비처럼 보였습니다. 그리고 나라는 이런 사람들의 정신을 요리하는 커다란 부엌이었습니다.

넷째는 드디어 세상으로 나가 세련된 미각을 느껴보려 했습니다.

"어쩌면 내가 다른 형제들보다 운이 좋을지 몰라. 이제 나도 떠나겠어요. 그런데 뭘 타고 가야 할까요? 하늘을 나는 기구는 발명되었나요?"

넷째가 아버지에게 물었습니다. 아버지는 이제까지 만들어진 것은 물론이고 앞으로 만들어질 모든 발명품을 알고 있었답니다. 하지만 아직 기구는 발명되지 않았지요. 증기 기선이나 기차도 아직 세상에 나오지 않았다고 했습니다.

"그래도 나는 기구를 타고 갈래요. 아버지는 기구를 어떻게 만들고 어떻게 운전해야 하는지 알지요? 그걸 가르쳐주세요. 기구를 모르는 사람들은 그걸 보면 아마 하늘에 뜬 별일 거라고 생각할 거예요. 기구를 다 쓰고 난 뒤에는 태워 버리겠어요. 성냥이라고 불릴 미래의 발명품도 몇 개 저에게 주세요."

넷째 아들은 원하는 모든 것을 아버지에게서 얻어 길을 떠났답니다. 새들은 다른 형제들을 쫓아갔던 것보다 더 멀리까지 배웅해주었지요. 다들 이 기구가 어떻게 날 수 있는지 보고 싶었기 때문이랍니다. 그리고 차츰 더 많은 새들이 따라 왔는데, 모두 호기심 때문이었지요. 새들은 기구가 새로운 새라고 생각했습니다.

넷째는 엄청난 새 무리에 둘러싸여 길을 갔습니다. 하늘은 새들로 까맣게 뒤덮였답니다. 마치 커다란 검은 구름처럼 보였지요. 이집트 하늘 위를 뒤덮은 메뚜기 떼 같기도 했고요. 그렇게 해서 넷째는 세상에 나오게 되었습니다.

기구는 가장 큰 도시 위를 날고 있었답니다. 그러고는 가장 높은 곳에 착륙했지요. 바로 교회의 첨탑이었습니다.

그런데 기구가 또 공중으로 떠올랐습니다. 어디로 가는지는 말할 수 없습니다. 하지만 그건 아무래도 상관없는 일이랍니다. 아직 기구는 발명되지 않았으니까요.

넷째는 교회 첨탑 위에 앉아 있었습니다. 이제 더 이상 새들은 가까이 오지 않았습니다. 싫증을 느꼈으니까요. 넷째도 마찬가지였습니다.

도시의 모든 굴뚝에서는 연기가 피어올랐습니다.

"저것들은 너를 위해서 세워진 제단이야."

바람은 넷째의 기분을 북돋아주려 이렇게 말했습니다.

넷째는 기분이 좋아져서 대담하게 앉아 거리의 사람들을 내려다보았습니다. 어떤 사람은 거만하게 돈 주머니를 뽐내면서 지나갔고, 어떤 사람은 뒷주머니에 주렁주렁 매달린 열쇠를 자랑하며 걷고 있었습니다. 비록 아무 데도 열 수 없는 열쇠였지만 말이에요. 또 어떤 사람은 좀먹은 외투를 입고 뻐기면서 지나갔고, 또 어떤 사람은 병든 몸을 자랑하면서 지나갔습니다.

"허영심! 그래, 모든 것이 다 허영심이야! 나는 아래로 내려가서 저 냄비를 휘저어 맛을 보아야겠어. 그러나 한동안은 여기에 있을 테야. 아주 편한데 그래. 바람이 부는 동안만 앉아 있어야지. 게으름뱅이들은 할 일이 많은데도 아침 늦게까지 누워 있지. 그러고는 그것이 아주 좋은 것이라고 말하지. 하지만 게으르다는 것은 모든 악의 뿌리야. 우리 집에는 악이라는 것은 없어. 길거리의 모든 사람들도 그렇게 말할 거야. 바람이 불 때까지 이렇게 앉아 있어야지. 바람은 맛이 아주 좋은데 그래."

넷째는 계속 그렇게 앉아 있었습니다. 그런데 그가 앉아 있는 곳은 뾰족탑 풍향계 위라서 뱅글뱅글 돌아갔습니다. 넷째는 그바람에 계속 같은 바람이 불어온다고 여겼습니다.

해나무 성은 형제들이 차례차례 모두 떠나 버리자 무척 허전하고 조용해졌습니다.

"아이들이 잘 지내지 못하고 있구나. 그 애들은 결코 빛나는 보석을 가져오지 못할 거야. 그건 찾을 수 없는 것이지. 아이들은 성 밖에서 다들 목숨을 잃은 거야."

그러더니 아버지는 진리의 책을 펼치고 죽음 뒤의 삶이 써진 곳을 뚫어지게 들여다보았답니다. 하지만 아무것도 볼 수 없었고 알 수 없었습니다.

아버지에게는 이제 눈먼 딸만이 위로가 되었고 기쁨이었습니다. 눈먼 딸은 아버지의 기쁨과 행복을 빌었고, 형제들이 어서 귀중한 보석을 가지고 집으로 돌아오기를 간절히 빌었답니다. 슬픔과 그리움을 안고 오빠들을 생각했지요. 어디에 있을까? 어떻게 지내고 있을까? 꿈속에서라도 만날 수 있기를 소망했지만, 이상하게도 오빠들은 꿈에서조차 나타나지 않았습니다.

마침내 어느 날 밤 오빠들 목소리가 들려오는 꿈을 꾸었습니다. 그들은 바깥의 넓은 세상에서 그녀를 불렀지요. 그녀는 그 목소리를 따라 멀리멀리 가려

했습니다. 그런데 걸어도 걸어도 여전히 집에서 떠나지 못하는 것이었습니다.

끝내 오빠들을 만나지 못했습니다. 손에서는 불길이 타오르는 느낌이었지만 전혀 뜨겁지 않았습니다. 그것은 바로 오빠들이 찾던 보석이었습니다. 그녀는 그것을 아버지에게 갖다 드리는 순간 잠에서 깨어났습니다. 그녀는 그때까지도 그 돌을 손에 쥐고 있는 줄 알았습니다. 하지만 손에 쥐고 있는 것은 돌돌 만 실이었지요.

지난밤에 그녀는 그 실로 옷감을 짰습니다. 물레의 실은 거미줄보다도 더 고왔답니다. 인간의 눈이라면 그것을 볼 수 없었을 거예요. 그녀의 눈물이 옷감에 떨어지자 그것은 닻줄만큼이나 튼튼해졌습니다.

그녀는 굳은 결심을 하고 일어났습니다. 그 꿈을 꼭 이루어야 했으니까요.

아직 어두운 밤이었어요. 아버지는 잠들어 있었답니다. 그녀는 아버지 손에 입맞춤을 했지요. 그러고는 물레에서 뽑은 실을 아버지 집에 단단히 묶었습니다. 그렇게 하지 않으면 눈먼 그녀는 다시는 집으로 돌아올 수 없을 테니까요. 그녀는 실을 꼭 잡고 길을 나섰습니다. 다른 사람이나 그녀 자신조차 믿지 못하기에 이 실만 놓치지 않으리라 생각했습니다.

그녀는 해나무에서 네 개의 잎을 땄습니다. 오빠들에게 편지를 써서 바람과 폭풍우에 그 잎을 맡기려는 것이었지요. 만일 바깥세상에서 오빠들을 만나지 못하게 될 때를 대비해서였습니다.

다른 형제들과 마찬가지로 그녀도 한 가지 뛰어난 감각을 지니고 있었습니다. 바로 마음이었지요. 그녀는 손끝으로 볼 수 있었고 마음속으로 들을 수 있었습니다.

마침내 그녀는 바깥세상으로 나갔답니다. 어디를 가든지 하늘의 해는 밝게 빛났습니다. 따뜻한 햇살을 느낄 수 있었지요. 알록달록 무지개가 검은 구름 속에서 나와 푸른 하늘에 걸려 있었습니다. 새들의 노랫소리도 들렸고 오렌지와 사과 향기도 났습니다. 향기가 아주 좋아서 군침이 돌 정도였지요.

그녀는 부드러운 곡조와 사랑스런 노래도 들었고, 거칠고 무자비한 말소리도 들었습니다. 서로의 생각과 의견이 달라 부딪히는 소리였습니다. 마음 깊숙한 곳에서는 사람들의 마음 소리와 생각의 소리가 울리고 있었지요. 이번에는 슬픈 노래를 부르는 소리가 들려왔습니다.

"연기처럼 덧없는 인생
어둠속에서 슬픔으로 밤을 지새우네."

또 이런 노래도 들렸습니다.

"인생은 향기로운 장미정원
빛과 기쁨이 넘쳐나네."

만약 한 소절이 고통으로 가득차면

"저마다 홀로 죽어야 될 운명이라면
아아, 진실은 너무나도 슬프도다."

희망적인 대답이 들려옵니다.

"사랑은 세차게 흐르는 물처럼
찬란한 빛으로 우리 가슴을 채운다네."

그녀는 이런 말도 들었습니다.

"모든 것은 공허하고 하찮은 것
이곳저곳 시끄럽기만 하구나."

다음과 같은 말도 들렸습니다.

"이루어 놓은 위대하고 훌륭한 일들
아무도 알지 못하네."

가끔은 조롱하는 말도 들려옵니다.

"모든 것을 비웃고 경멸하라,
악마의 이름으로 비웃어라."

그러자 눈먼 소녀 가슴속에서는 이런 소리가 강하게 울려 퍼졌습니다.

"너 자신에게 기대어라, 하느님을 믿으라,
그대의 뜻이 이루어지리다, 아멘!"

그녀가 가는 곳이면 어디든지 참됨과 선함, 아름다움에 대한 깨달음이 빛났답니다. 어디를 가든지 말이에요. 예술가의 작업실이나 풍요로운 잔치가 벌어지는 큰 방이나 덜컹거리는 바퀴가 있는 공장이거나 어디든, 마치 햇살이 비추며 현이 울리고 꽃이 향기를 내고 기운을 돋우는 물방울이 힘없는 잎 위에 떨어지는 듯했답니다.

하지만 악마는 이런 그녀도 마음에 들지 않았습니다. 악마는 1만의 사람들이 모은 지혜보다 뛰어난 머리를 가지고 있었지요. 그렇기에 그녀를 함정에 빠뜨릴 계획을 세웠습니다.

악마는 늪으로 가서 썩은 물에서 거품을 떠왔답니다. 그리고 일곱 배나 불어난 거짓말의 메아리를 그 거품에 불어넣어 더 힘있게 만들었지요.

그러고는 돈을 주고 지은 시와 거짓투성이의 추도사 등 눈에 보이는 가루라는 가루는 모두 모아서 질투로 흘린 눈물 속에서 끓이고, 창백한 처녀의 뺨에서 긁어 낸 화장품을 그 위에 뿌려 한 소녀를 만들어 냈답니다. 눈먼 소녀와 똑같이 만들었지요.

사람들은 소녀를 '진정한 마음을 가진 착한 천사'라고 불렀습니다. 아무도 두 소녀 가운데 누가 진짜인지 구별하지 못했답니다. 세상 사람들이 어떻게 그걸 알 수가 있었겠어요.

"너 자신에게 기대어라, 하느님을 믿으라,
그대의 뜻이 이루어지리다, 아멘!"

눈먼 소녀는 믿음으로 가득 차 노래했답니다. 그리고 네 개의 잎을 바람과 폭풍우에게 주었습니다. 그 편지가 오빠들에게 꼭 전해지리라고 굳게 믿었답니다. 그래요, 소녀는 땅 위의 어떤 영광보다 더 빛나는 보석도 찾게 될 테고, 그것을 성으로 가지고 가게 될 것입니다.

"우리 집까지. 그래, 어딘가 보석의 집이 있어, 나는 많은 보석을 가지고 돌아갈 거야. 지금 보석의 뜨거움을 느끼고 있어. 더욱더 뜨겁게 여기 이 꽉 잡은 손 안에서 불어나고 있어. 모든 진실의 낱알들은 너무도 섬세해서 매서운 바람이 끌어가지 못하도록 그 낱알들을 잘 간직해야 해. 나는 모든 아름다움의 향기가 그 진실의 낱알들을 통해가도록 할 거야. 세상에는 많은 향기가 있어. 눈이 먼 사람이라도. 마음이 착하면 그 심장 소리를 들을 수가 있지. 나는 그 소리들을 가져갈 거야. 내가 가져가는 것은 모두 먼지의 낱알일 뿐이지만, 보석의 먼지로 가득 차있어. 내 손은 온통 그것들로 꽉 차 있어."

그녀는 다시 집으로 돌아왔습니다. 아버지의 집과 연결된 실을 놓치지 않고, 생각의 날개를 타고 집에 도착한 것이지요.

악마의 힘도 폭풍을 타고 해나무로 오게 되었답니다. 열린 문을 통해 바람을 타고서 비밀의 방으로 들어왔습니다.

"바람에 먼지처럼 날아갈 것 같구나."

아버지가 소리를 지르면서 그녀의 손을 잡았습니다.

"아니에요."

눈먼 소녀는 자신 있게 말했습니다.

"그것은 바람에 날아가지 않아요. 나는 내 영혼 속에서 그 빛을 따뜻하게 느껴요."

그때 아버지는 그녀의 손에서 반짝이던 먼지가 눈부신 불꽃이 되어 진리의 책 위에서 빛나는 것을 보았답니다. 영원한 삶에 대해서 쓰여 있는 부분이었지요. 눈부신 빛을 받으며 거기에는 하나의 글자가 선명하게 떠올랐지요. 눈에 오직 하나의 글자가 보였습니다.

'믿음'

그리고 그들의 옆에는 어느새 네 명의 오빠들이 서 있었답니다. 눈먼 소녀가 날려 보낸 잎이 오빠들 가슴에 떨어지자, 그들은 고향에 대한 그리움이 되 살아났습니다. 철새들도 따라왔고 사슴과 영양과 숲의 모든 동물들도 따라왔습니다. 그들 또한 이 기쁨을 함께 나누고 싶었답니다.

우리는 가끔 빛나는 먼지 기둥이 동그라미를 그리며 도는 것을 봅니다. 햇살이 구멍을 통해 먼지가 있는 방으로 묵직하지도, 그렇다고 빈약하지도 않게 들어올 때면 말입니다. 무지개조차 이런 먼지 기둥에 비하면 무겁고, 밝지 못하지요.

책에 쓰인 빛나는 단어로부터 모든 진리의 낱알이 아름다운 빛과 선함의 울림과 함께 퍼졌습니다. 그것은 모세와 이스라엘 국민을 약속의 땅 가나안으로 이끌고 갔던 밤의 불기둥보다도 더 강하게 빛났습니다.

믿음이란 글자는 모든 사람에게 희망의 다리가 되어 영원 속으로 이어져 있습니다.

081
소시지 꼬챙이로 만든 수프
Suppe paa en Pølsepind

어느 나라든 누구나 다 아는 속담 하나쯤은 있는 법이지요. 아이들까지 그 속담을 잘 알고 있었기 때문에, 비록 다른 나라 사람들이라 할지라도 모른다는 것은 이해할 수 없을 정도입니다. 덴마크의 "소시지 꼬챙이로 수프를 만든다"는 바로 그런 속담 말입니다.

이 속담은 괜한 소동을 벌인다는 뜻입니다. 이런 일을 잘하는 사람들은 기자들이지요. 소시지 꼬챙이란 무엇일까요? 바로 고기를 채워 넣은 뒤 소시지 껍질을 꼭 싸서 고정시키는 데 쓰는 작고 가는 나뭇개비랍니다. 그러니 이렇게 만든 수프가 소화시키기에 얼마나 힘들지는 모두 상상할 수 있겠지요. 자, 들머리는 이쯤 해두고 그럼 이제부터 본 이야기를 시작해볼까요?

"어제 점심 식사는 정말 최고였어요."

늙은 쥐 부인이 연회에 참석하지 않았던 다른 쥐 부인에게 말했습니다.

"저는 늙은 쥐 대왕님 옆 스물한 번째 자리에 앉았답니다. 아주 좋은 자리였어요. 음식들도 너무나 잘 차려져 있었지요. 곰팡이 난 빵, 베이컨 껍질, 동

물 기름으로 만든 양초와 소시지가 나왔어요. 식사가 끝난 뒤 다시 처음부터 같은 음식들이 똑같이 나왔지요. 그래요, 우리가 두 끼 식사를 할 만큼 엄청난 양이었답니다. 마치 가족 모임처럼 아늑한 분위기 속에서 즐거운 농담들이 오고갔죠. 식사를 마치고 보니 오직 소시지 꼬챙이만 남고 다른 음식은 단 한 조각도 남아 있지 않았답니다. 우리는 이야기를 시작했어요. 어떻게 해야 소시지 꼬챙이로 수프를 끓일 수 있을까 하고 말이죠. 모두들 그런 수프 이야기는 들어본 적은 있다 했지만 아무도 그 수프를 맛보지는 못했거든요. 수프를 만드는 법을 아는 사람이 있었는지는 모르겠지만, 모두가 입을 꾹 다물고 있었어요. 그들은 소시지 꼬챙이 수프를 생각해 낸 사람의 건강을 빌며 멋지게 축배를 들었지요. 그는 언젠가 가난한 사람들을 구제해주는 이가 될 테니까요. 그때 나이가 지긋한 대왕님께서 일어나셔서 젊은 여성 쥐 가운데 소시지 꼬챙이로 누구보다 맛있게 수프를 끓이는 쥐를 자신의 아내로 맞으리라 약속했습니다. 그렇게 1년의 시간이 주어졌답니다."

"그것 참 좋은 생각이로군요. 그런데 그 수프는 어떻게 만드나요?"

다른 쥐 부인이 물었습니다.

"소시지 꼬챙이 수프를 어떻게 만드는지에 대해 여자 쥐들은 나이를 불문하고 모두 궁금해했죠. 누구나 왕비가 되기를 바랐으니까요. 그 꿈을 이루기 위해서는 넓은 세상으로 나아가서 노력해야만 했지요. 그래요, 그럴 필요가 있었을 거예요. 하지만 사랑하는 가족들과 익숙해진 편안한 생활을 팽개치고 떠나는 일은 누구에게나 쉬운 일은 아니었지요. 먼 길을 떠나게 되면, 치즈 조각이 날마다 길 위에 있을 리도 없고, 베이컨 껍데기 냄새조차 맡기 힘들어질 테니까요. 마침내 굶주림에 허덕이게 될 거예요. 아니, 끝내는 고양이에게 산 채로 잡아먹히고 말 거라고요."

모든 쥐들은 이러한 걱정 때문에 여행을 떠나는 것을 단념했습니다. 마침내 여행을 떠나게 된 이들은 젊고 건강하며 가난한 네 마리 쥐들뿐이었지요.

그들은 저마다 동서남북을 한 방향씩 맡아서 가기로 했습니다. 누구에게 행운이 오느냐는 그 길에 달려 있었죠. 그들은 길을 떠나는 목적을 잊어버리지 않기 위해 소시지 꼬챙이를 하나씩 챙겼습니다. 그네들의 지팡이 노릇도 하게 되었지요.

푸르고 싱그러운 5월이 시작되는 날, 그들은 길을 떠났습니다. 이듬해 5월에 돌아오기로 약속하고 말이지요. 하지만 돌아온 쥐는 세 마리뿐이었고, 네 번째 쥐는 아무런 소식도 없이 나타나지 않았습니다. 며칠 뒤, 드디어 약속의 날이 다가왔습니다.

"가장 큰 기쁨은 언제나 슬픔을 함께하는구나!"

대왕 쥐는 이렇게 말하면서 가까이 살고 있는 주변의 모든 쥐들을 초대하라는 명령을 내렸습니다. 그들 모두는 부엌에 모였습니다. 여행을 떠났던 세 마리 쥐들은 한 줄로 늘어섰고, 끝내 돌아오지 못한 네 번째 쥐를 위해서는 검은 상장을 휘감은 소시지 꼬챙이를 세웠지요. 그 세 마리 쥐들은 대왕 쥐의 명령이 있기 전까지는 어느 누구도 입을 열지 않았습니다. 그럼 이제부터 우리들이 그 이야기를 들어보기로 할까요.

첫째 쥐가 여행길에서 보고 배운 이야기

"넓은 세상 밖으로 나갔을 때 저는 제 또래 많은 아이들의 생각과 같이 세상의 지식을 모두 얻을 수 있으리라 믿었습니다. 하지만 현실은 그렇지 않았지요. 지식을 얻기 위해서는 꽤 많은 시간이 필요하다는 것을 깨달았답니다. 저는 바다로 가서 북쪽으로 가는 배에 탔습니다. 예전부터 배의 요리사들은 부족한 재료로 훌륭한 음식을 만들기 위해 무척 노력한다고 들었지요. 넉넉한 베이컨 조각과 소금에 절인 생선들, 그리고 곰팡내 나는 밀가루만 가지고 있으면 음식 마련쯤은 혼자서 해결하는 것은 무척 쉬운 일이었습니다. 정말 부족함 없이 여유로운 생활이었습니다. 그러나 사람들은 어떻게 소시지 꼬챙이로 수프를 만드는지 몰랐습니다. 배울 수도 없었답니다. 우리는 여러 날 동안 바다를 건넜습니다. 배는 세차게 흔들렸고 물이 흘러 배 안까지 들어와 모든 것을 적셨습니다. 마침내 목적지에 다다랐을 때 저는 배에서 나왔습니다. 그곳은 아주 머나먼 북쪽이었습니다.

그리운 고향을 떠나 배를 타고 바다를 건넌 뒤에, 수백 마일이나 멀리 떨어진 낯선 땅에 선 기분은 정말이지 특별했습니다.

사방팔방 어디를 둘러보아도 전나무와 자작나무 숲이 있었습니다. 숲에서는 아주 강한 냄새가 났습니다. 저는 그 냄새를 참을 수 없었지요. 야생 식물들은 향신료 같은 냄새를 강렬하게 뿜고 있더군요. 결국 저는 재채기를 하고 말았지요. 바로 그 순간 소시지 꼬챙이 수프가 떠올랐습니다. 숲속에는 커다란 호수가 있었는데, 물은 가까이에서 보면 아주 맑아 보였지만, 멀리서는 검은 잉크처럼 보였습니다. 백조들은 헤엄을 치고 있었는데 어찌나 조용히 떠 있던지 저는 새하얀 거품인 줄로만 알았지요.

그들이 하늘을 날고 뛰는 것을 보고나서야 저는 그들이 백조라는 것을 알아봤습니다. 그들의 걸음걸이를 보고 거위와 친척관계라는 것을 곧바로 알아차렸습니다. 어느 누구도 그와 같은 종족임을 인정하지 않을 수 없겠지요. 그 모습을 보니 저도 가족이 그리워져서 숲과 밭에 사는 야생쥐들과 어울려 놀았습니다. 하지만 그들은 야생에서 살아서 그런지 손님을 대접하는 법을 전혀 몰랐습니다. 제가 모처럼 머나먼 외국에서 방문했는데 말이지요.

그러니 그들에게도 소시지 꼬챙이로 수프를 끓인다는 생각은 놀랄만한 일이었습니다. 그 이야기는 곧바로 숲 전체로 퍼졌습니다. 모두들 꼬챙이로는 절대로 요리를 만들 수 없다 말했지요. 이곳에서는 조리법을 찾을 수 없으리라 생각했습니다. 그런데 그날 밤 갑작스레 초대를 받았지요.

때는 무더운 한여름이었습니다. 그래서 숲은 더욱 강한 향기를 내뿜었지요.

그들이 말하기를 이맘때쯤이면 식물들은 그토록 진한 향기를 뿜고 백조가 떠 있는 호수의 물빛은 더욱 검게 보인다 했습니다.

숲가에 있는 서너 집 사이에는 큰 돛대처럼 기다란 기둥이 서 있었습니다. 그 꼭대기에는 화관이 장식되어 있고 얇은 리본이 펄럭이고 있었습니다. 그것은 메이폴*1이었답니다.

청년들과 아가씨들이 메이폴을 빙 둘러 춤을 추었고 경쟁이라도 하듯 바이올린 음악 소리에 맞추어 큰 소리로 노래를 불렀습니다. 즐거운 축제는 석양과 달빛 속에서도 흥겹게 이어졌습니다. 그러나 저는 함께 어울리지 않았습니다. 숲의 연회에서 작은 쥐 한 마리가 무엇을 할 수 있었겠습니까. 저는 부드러운 이끼 위에 앉아서 소시지 꼬챙이를 꽉 잡았습니다. 달빛은 이끼 긴 나무를 밝게 비추었지요. 이끼는 무척 부드러웠습니다. 그래요, 말하자면 대왕님의 털처럼 부드러웠답니다. 게다가 초록빛이었기 때문에 아주 보기 좋았습니다.

그때 갑자기 귀여운 작은 사람들이 조르르 행진해 왔습니다. 그들은 겨우 제 무릎에나 닿을 만큼 작고 모습은 마치 사람처럼 보였지만, 한결 더 균형이 잡혀 있었지요. 작은 사람들은 자신들을 요정이라 불렀는데, 파리와 등에의 날개 장식이 달린, 꽃잎으로 만든 섬세하고 아름다운 옷을 입고 있었습니다. 요정들은 열심히 무언가 찾고 있는 듯했습니다. 저는 무얼 찾는지 몰랐지요. 그러다 몇 명이 성큼성큼 내게로 왔습니다. 그들 가운데 가장 높아 보이는 요정이 저의 소시지 꼬챙이를 가리키며 말했어요.

'우리는 바로 그것이 필요해요! 끝이 뾰족하군요. 딱 알맞은 것입니다.'

요정들은 제 지팡이를 넋을 잃고 바라보며 만족해했습니다.

'좋아요. 여러분께 이 지팡이를 빌려 주겠어요. 하지만 반드시 돌려 주셔야 합니다.'

'꼭 돌려드릴게요.'

그들은 입을 맞추어 동시에 대답했습니다. 제가 지팡이를 건네자 요정들은 소시지 꼬챙이를 받아 들고서 춤을 추는 듯한 발걸음으로 부드럽게 이끼가 낀 장소로 걸어갔습니다. 푸르른 이끼 한가운데에 꼬챙이를 세웠어요. 요정들도 메이폴을 갖고 싶었는데 마침 소시지 꼬챙이는 그들에게 안성맞춤이었던

---

*1 서양에서 5월 1일에 광장에 세우고 꽃 리본으로 장식하는 기둥. 그 주위에서 춤을 추며 즐김.

것입니다. 꼬챙이는 요정들에게 장식되어 아주 달라 보였어요. 작은 거미들이 금빛 거미줄로 둘러싸고, 달빛 속에서 눈처럼 눈부시도록 새하얗게 빛나는 하늘거리는 베일과 깃발들을 매달았습니다. 요정들은 나비 날개에서 만들어 낸 아름다운 물감을 하얀 천과 깃발 위에 떨어뜨려 꽃과 다이아몬드처럼 반짝반짝 빛나게 만들었지요. 소시지 꼬챙이는 더는 알아볼 수 없을 정도로 변해 있었습니다. 이러한 메이폴은 세상에 다시없을 정도로 아름다웠답니다. 제대로 된 옷은 아니었지만 참으로 곱고 예쁜 옷을 입은 많은 요정들이 잇따라 모여들었습니다. 저도 그들의 축제에 초대받았습니다. 하지만 멀리 떨어져 바라만 봐야 했지요. 왜냐하면 저는 요정들에 비해 너무 컸으니까요.

이윽고 연주가 시작되었습니다. 수천 개의 유리 종들이 한꺼번에 울려 퍼졌을 때는 마치 백조들이 노래하는 듯했습니다. 그래요, 뻐꾸기와 개똥지빠귀들의 목소리도 들리는 것 같았답니다. 마지막에는 숲 전체가 함께 노래했습니다. 아이들의 노랫소리, 종소리와 새들의 노래가 조화되어 만드는 아름다운 음악이었습니다. 이 모든 훌륭한 선율은 요정의 메이폴에서 흘러나왔습니다. 바로 제 소시지 꼬챙이에서 나오는 소리였지요. 저는 거기에서 그토록 다채로운 선율이 터져 나오리라고는 짐작도 못했습니다. 하지만 그것은 틀림없는 사실이었습니다. 저는 아주 감동해서 기쁨의 눈물까지 흘렸습니다.

그날 밤은 눈 깜짝할 사이에 지나갔습니다. 북쪽 나라의 여름밤은 본디 길지 않으니까요.

날이 밝자 상쾌한 바람이 불어 호수에 잔물결을 일으켰습니다. 그 섬세하고 하늘거리던 베일과 깃발들은 하늘 높이 날아가 버렸지요. 거미줄로 엮은 흔들거리는 정자나 구름 다리, 난간들도 모두 바람에 날려 사라져 버렸습니다.

여섯 요정들이 저에게 다가와서 소시지 꼬챙이를 돌려주었습니다. 요정들은 힘이 닿는대로 저의 소원을 들어주겠다 말했습니다. 저는 소시지 꼬챙이 수프를 끓일 수 있는 방법을 가르쳐 달라 했습니다.

'우리가 했듯이 하면 되지요. 당신이 바로 전에 보았던 것처럼! 당신은 소시지 꼬챙이를 알아보지 못하지 않았나요?'

요정들의 대표가 웃으면서 말했습니다.

'아, 그걸 말씀하시는군요.'

저는 여행을 떠나게 된 이유와 고향에서 무엇이 기다리고 있는지를 간단히 설명해 주었습니다. 그러고 나서 다시 한 번 물었지요.

'제가 어제 무척 황홀한 모습을 보였던 것처럼, 쥐 대왕님과 우리나라를 위해 소시지 꼬챙이로 도움이 될 수 있는 방법은 없을까요? 소시지 꼬챙이를 흔들면서 "보라, 여기 꼬챙이가 있다. 이제 수프가 나온다" 이렇게 말할 수는 없잖아요. 틀림없이 어떤 방법이 있을 텐데……'

그러자 요정이 작은 손가락을 푸른 제비꽃 속에 깊게 넣으면서 말했습니다.

'잘 보세요. 당신 지팡이에 칠을 해 주겠어요. 쥐의 성으로 돌아갔을 때, 이 꼬챙이로 대왕의 따스한 가슴을 건드리면 꼬챙이 가득 제비꽃이 피어나게 될 거예요. 무척 추운 한겨울이라도 말이죠. 집에 가면 당신은 언제나 이 꼬챙이에서 무언가를 얻게 될 거예요. 게다가 조금의 덤까지 있을 것입니다.'"

하지만 작은 쥐는 덤이 무엇인지 채 말하기도 전에 꼬챙이를 대왕의 가슴에 가져다 댔습니다. 정말 요정이 말한 대로 아름다운 제비꽃이 피어났습니다. 그 꽃 향기는 몹시 강렬했지요. 대왕 쥐는 쥐들에게 곧바로 쥐꼬리를 스토브 불 속에 넣고 타는 냄새를 만들어 꽃향기를 없애라 명령했습니다. 왜냐하면 대왕 쥐는 제비꽃 향기를 싫어했기 때문입니다.

"그렇다면 방금 네가 말한 덤이라는 게 무엇이지?"

대왕 쥐가 물었습니다.

"예, 그것은 바로 사람들이 말하는 효과라는 것이지요."

그러고 나서 쥐는 소시지 꼬챙이를 빙글빙글 돌렸습니다. 그러자 꽃들은 순식간에 사라지고 민둥민둥한 꼬챙이만 남았습니다. 작은 쥐는 꼬챙이를 지휘봉처럼 흔들기 시작했습니다.

"'제비꽃들은 눈을 위해, 냄새를 위해, 그리고 감각을 위해' 요정들은 이렇게 말합니다. 게다가 귀와 맛을 위한 것이기도 하지요."

쥐는 꼬챙이 지휘봉을 흔들었습니다. 그러자 음악이 흘러나왔는데 숲속 요정들의 축제에서 울려 퍼지던 아름다운 선율이 아니라 부엌에서 들을 수 있는 음악이었습니다. 그래요, 엉뚱한 소리가 흘러나왔지요. 아주 갑작스런 바람이 모든 불구멍으로 불어닥친 듯한 소리와 주전자, 냄비들이 끓어 넘치고 부젓가락은 구리 주전자를 시끄럽게 두드리는 듯한 소리가 났습니다.

드디어 소리가 멈추었다고 생각하던 찰나 이번에는 물이 끓는 나지막한 노래가 들렸습니다. 처음 들어보는 선율에 쥐들은 노래가 어디서 멈추고, 시작되었는지 전혀 알지 못했습니다. 작은 냄비가 끓고 뒤이어 큰 냄비도 끓었습니다. 냄비들은 아무것도 생각하지 않는 듯했습니다.

작은 쥐는 지휘봉을 계속해서 세차게 흔들었습니다. 그러자 냄비에서 거품이 나더니 부글부글 끓어올라 흘러넘치는 소리가 났습니다. 바람이 요란한 소리를 내며 굴뚝을 쌩쌩 지나갔습니다. 세찬 바람에 그만 작은 생쥐의 꼬챙이도 사라져 버렸답니다.

"참으로 괴상한 수프로구나! 그런데 음식은 언제 나오느냐?"

늙은 대왕 쥐가 물었습니다.

"이것이 모두입니다."

작은 쥐가 대답하면서 무릎을 꿇고 절을 했습니다.

"이게 전부라고? 좋아, 그럼 다음 쥐가 이야기하는 것을 들어 보자."

대왕 쥐가 말했습니다.

두 번째 작은 쥐가 들려준 이야기

"저는 궁전의 서재에서 태어났죠. 저와 가족들은 여태까지 단 한 번도 식당은 말할 것도 없고 식품 저장고로 갈 수 있는 행운을 얻지 못했었습니다. 여행길에 오름으로써 비로소 바로 오늘 태어나서 처음 부엌을 보았습니다. 우리는 서재에서 배고프게 지냈지만 그 대신 많은 지식을 얻을 수 있었답니다. 어느 날 소시지 꼬챙이로 수프를 만드는 이에게 대왕님께서 상을 내려 주신다는 소문이 우리가 사는 곳까지 들려왔습니다. 이 소식을 들은 할머니께서는 책 한 권을 가지고 제게 오셨습니다.

할머니는 글을 읽을 수는 없었지만 사람들이 읽은 내용을 들은 적이 있었습니다. 책에는 '시인이라면 누구든 소시지 꼬챙이로 수프를 끓일 수 있다' 이렇게 씌어 있었습니다. 할머니는 저에게 제가 시인인지 물었습니다. 저는 아니라 대답했고, 할머니께서는 그렇다면 세상 밖으로 나가 시인이 되기 위해 노력해야 한다고 말씀하셨습니다. 저는 시인이 되기 위해서는 무엇이 필요하냐고 여쭈어 보았습니다. 왜냐하면 시인이 되는 일은 소시지 꼬챙이 수프를 끓이는 것만큼이나 어려운 일 같았으니까요. 할머니께서는 옛날에 강의에서 들었던 적이 있으셨지요. 그래서 시인이 되기 위해 꼭 갖추어야 할 몇 가지 재능을 알려주셨습니다. '지성, 상상력, 그리고 감정. 네가 이 세 가지를 간직할 수 있다면 시인이 될 수 있단다. 그러면 너는 소시지 꼬챙이로 수프를 끓일 수 있을 게다' 말씀하셨지요.

그래서 저는 시인이 되기 위해 머나먼 서쪽 세상으로 나갔습니다. 생각하는 능력이 모든 일에 있어서 가장 중요하다는 것을 저는 알고 있었습니다. 그래서 맨 먼저 지성을 찾기로 했습니다. 그렇다면 지성은 어디로 가야 찾을 수 있을까요? 개미들에게 가면 지혜를 얻을 수 있으리라고 유대 나라의 위대한 왕이 말했습니다. 저는 이 사실을 서재에서 알았지요. 그래서 저는 커다란 개밋둑에 닿을 때까지 쉬지 않고 나아갔습니다. 지혜를 얻기 위해 그 개밋둑 옆에 몸을 숨기고 관찰했습니다.

개미들은 아주 훌륭하고 지혜로웠습니다. 그들은 모든 일들을 정말 자로 잰 듯 정확하게 계산해서 움직이고 있었습니다. 개미들은 참된 삶을 살고 후세를 위한 삶을 만들기 위해 계획을 세웠는데 바로, 일하고 알 낳고 자손들을 키우는 것이었지요. 그러고는 계획대로 실천했답니다. 개미는 깨끗한 이와 지저분한 이로 나뉩니다. 그들에게 서열은 숫자로 표시되지요. 여왕개미가 가장 높습니다. 그들에게는 여왕개미의 의견이야말로 가장 좋은 것이며 오직 하나뿐인 진리입니다. 여왕개미는 참으로 지혜로웠습니다. 그 지혜를 배우는 것은 제게 가장 중요했습니다. 여왕개미는 많은 이야기들을 들려주었는데 그녀가 아주 똑똑하다는 사실을 잘 알 수 있었습니다. 물론 제가 보기엔 이따금 어리석은 점도 있었지만.

여왕개미는 자신의 개밋둑이 이 세상에서 가장 으뜸이리라고 했습니다. 그러나 개밋둑 바로 옆에는 나무 한 그루가 서 있었는데 그 나무는 그녀의 개밋둑보다 한결 더 높았습니다. 누가 봐도 분명했지요. 하지만 어느 누구도 그 사실을 말하지 않았습니다. 어느 날 밤, 개미 한 마리가 길을 잃고 그 나무줄기로 기어 올라갔습니다. 맨 꼭대기까지는 아니었지만 어떤 개미도 가보지 못했던 아주 높은 곳까지 올라갔지요.

그 개미는 가까스로 무사히 집으로 돌아와서 바깥에는 개밋둑보다 훨씬 높은 무언가가 있다고 이야기했습니다. 그러나 다른 개미들은 그가 개미 사회를 모독한다고 받아들였지요. 그리하여 그 개미에게는 마스크가 씌워져 어느 누구와도 대화를 할 수 없게 되었고 죽을 때까지 홀로 있어야 하는 형벌에 처해졌습니다. 하지만 오래 지나지 않아 또다른 개미 한 마리도 개밋둑 옆에 서 있는 높은 나무에 오르게 되었지요. 그 개미와 같은 사실을 깨달았습니다. 그러고 나서 개미는 그 사실을 모두에게 신중하면서도 암시하듯 이야기했습니다. 더군다나 그는 행동이 바른 개미로 이제껏 존경받아왔으므로 이번엔 다들 그 개미의 말을 믿었습니다. 그가 죽자, 다른 개미들은 알 껍질로 기념비를 세워주기까지 했습니다. 왜냐하면 그 개미는 존경받는 학자였기 때문이었지요."

작은 쥐는 계속해서 말을 이었습니다.

"저는 개미들이 끊임없이 알을 등 위에 올려 나르는 것을 보았지요. 한 개미가 알을 잃어버려 필사적으로 찾아다녔습니다. 하지만 그 알을 되찾기는 매우 힘들었지요. 그때 그 개미 가까이에 있던 다른 개미 두 마리가 다가와서 도와줍니다. 하지만 도와주다보면 자신들도 알도 잃어버릴 수 있기 때문에, 알을 찾던 일을 멈추고 다시 길을 나서기 시작하지요. 누구라도 자기 자신이 가장 중요하기 때문입니다. 여왕개미는 이것이 바로 사랑과 지성을 나타내는 것이리라 말했습니다.

'이러한 두 가지 특징들이 우리 개미들을 이성적 동물 가운데서도 가장 이성적이라고 평가받도록 하는 것이랍니다. 지성은 아주 중요한 것이며, 모두가

그 중요성을 알아야 합니다. 그리고 나는 우리들 가운데서도 가장 뛰어난 머리를 가지고 있지요.'

여왕개미는 이렇게 말하고는 다리를 똑바로 일으켜 세웠습니다. 저는 여왕개미를 가지면 지혜로워질 수 있다고 확신했지요. 그래서 그 여왕개미를 꿀꺽 삼켜 버렸답니다. 개미에게 가라, 그러면 지혜롭게 되리라. 이제 나는 그 여왕개미의 지성을 가지게 되었답니다.

저는 개밋둑 곁에 있는 높은 나무 가까이로 갔습니다. 그 나무는 떡갈나무였지요. 떡갈나무는 아주 높은 줄기와 무성한 가지를 지니고 있었는데, 나이가 매우 많았습니다. 이러한 나무에는 드라이어드(그리스 신화에 나오는 나무 요정)라 불리는 요정이 산다는 것을 알고 있었습니다. 그 요정은 나무와 함께 태어나서 나무와 함께 죽는답니다. 서재에서 살 때 책에서 그 요정에 대해 읽은 적이 있었지요.

저는 떡갈나무 요정을 만나러 갔습니다. 요정은 저를 보고는 깜짝 놀라 비명을 질렀습니다. 요정 또한 다른 여자들처럼 쥐를 보면 아주 불안해한답니다. 더욱이 그 요정은 다른 여자들보다도 한결 더 쥐를 두려워했습니다. 왜냐하면 저에게는 그 나무를 갉아 먹어 구멍을 낼 수 있는 힘이 있었거든요. 그렇게 되면 나무와 생명이 이어져 있는 요정은 죽어 버리게 되고 말기 때문이었습니다.

저는 요정에게 친절하게 말을 걸며 다가가 안심시켰어요. 제가 무엇 때문에 넓은 세상 밖으로 나왔는가를 알려주자 요정은 그날 밤 안으로 제가 찾아 헤매고 있는 두 가지 보물 가운데 하나를 얻게 해 주겠다고 약속했습니다. 그러고는 여러 가지 이야기를 들려주었지요. 판타수스와 요정은 아주 사이좋은 친구인데, 판타수스는 사랑의 신, 큐피드처럼 상냥했고 울창한 나뭇잎 그늘 밑에 앉아 있을 때면, 나뭇가지들이 기분 좋게 살랑살랑 소리를 내기도 한다고 말했습니다.

판타수스는 그녀를 자신의 드라이어드라 부른다고 했습니다. 그는 이 나무가 자신의 나무라 했지요. 마디가 굵고 당당하게 서 있는 아름다운 떡갈나무는 그의 마음에 딱 들었습니다. 땅 속으로 깊고 단단한 뿌리가 내려져 있었으며 나무줄기와 가지들은 상쾌한 하늘 높이 솟아 마음껏 펼쳐져 있고 흩날리는 눈과 매서운 바람, 그리고 따뜻한 햇살을 마음껏 맛볼 수 있었기 때문입

니다.

'새들은 가지 위에서 노래하며 낯선 나라들에 대한 이야기를 해준단다. 그리고 하나뿐인 메마른 가지 위에 황새가 보금자리를 짓지. 그 둥지는 아주 멋졌어. 게다가 피라미드의 나라에 대해 조금이나마 이야기를 들을 수 있었단다. 판타수스는 이 모든 것을 좋아했지만 그것만으로는 만족하지 않았어. 그래서 나는 그에게 숲속 생활 이야기를 들려주곤 했단다. 나도, 이 나무도 모두 어렸을 때, 쐐기풀들로 덮일 만큼 작았던 나무가 크고 거대하게 자라나게 되기까지의 이야기를 말이야. 자, 선갈퀴 그늘에 앉아 있으렴. 판타수스가 오면 기회를 봐서 그의 날개에서 작은 깃털 하나를 뽑아 줄 테니. 어떤 시인도 이것보다 더 좋은 것을 아직 가져보지 못했을 거야.'

얼마 뒤 판타수스가 다가왔을 때, 드라이어드는 그의 깃털을 뽑아 저에게 주었답니다."

"저는 깃털을 가졌어요. 하지만 그 깃털은 너무 딱딱해서 부드러워질 때까지 물 속에 담가야 했지요. 소화가 제대로 안 될 것 같았지만, 조금씩 물어뜯어 먹었답니다. 시인이 된다는 것은 절대로 쉬운 일이 아니었답니다. 목이 막히도록 여러 가지를 삼켜야 했기 때문이지요. 어쨌든 이제 저는 그 두 가지, 즉 지성과 상상력을 지니게 되었습니다. 지성과 상상력의 힘을 빌려, 저는 세 번째 것은 서재에서 찾아야 된다는 것을 알게 되었지요. 어떤 위대한 사람이 말하기를, 소설은 넘치는 눈물로부터 인간을 자유롭도록 하기 위한 것이라고 쓴 글을 본 적이 있기 때문입니다. 많은 감정을 깨끗하게 빨아들이기 위해 해수면 같은 역할을 하는 것이지요. 그러한 책들 가운데 몇 권이 떠올랐습니다. 제 식욕을 되살아나게 하는 책들이었지요. 그 책들은 수없이 읽혀 손때가 가득했습니다. 끊임없이 흘러내리는 눈물을 넘치도록 받은 것이 틀림없었습니다.

저는 고향의 서재로 와서 곧바로 소설 한 권을 몽땅 먹어치웠습니다. 부드러운 책장은 다 먹어치우고 딱딱한 표지는 그대로 놓아두었지요. 제가 그 책을 뱃속에서 소화시켰을 때, 저는 속을 휘젓는 듯한 느낌이 들었어요. 세 가지를 어렵게 소화시켰지요. 마침내 시인이 되었답니다. 그때부터 저는 스스로를 시인이라 불렀고, 다른 이들에게도 그렇게 말했지요. 머리와 창자가 아파왔지만요. 저는 소시지 꼬챙이 때문에 어떤 이야기가 엮어졌는지 떠올려 보았습니다. 그러자 수많은 꼬챙이들이 제 머릿속에 떠올랐습니다. 여왕개미는 뛰어난 지성을 갖고 있습니다. 저는 입에 흰 막대를 물면 모습이 보이지 않게 되는 한 사람을 떠올렸습니다. 이어서 죽마, 지휘봉, 관뚜껑을 닫는 못 등 제가 생각할 수 있는 모든 것들이 나무로 만들어졌습니다. 머릿속은 이미 꼬챙이로 가득 찼지요. 시인이라면 이런 꼬챙이들로도 훌륭한 시를 지을 수 있어야 합니다. 저는 완전한 시인입니다. 아니, 저 말고 다른 시인은 없습니다. 저는 이렇게 대왕님에게 1주일 내내 이야기를 해 드릴 수 있게 된 것입니다. 그렇습니다, 이것이 제 수프입니다."

"자, 그러면 이제 세 번째 쥐의 이야기를 듣기로 하자."

대왕 쥐가 말했습니다.

그때 부엌문 쪽에서 '찍찍!' 소리가 났습니다. 세상에! 죽었다고 생각했던 네 번째 쥐가 쏜살같이 달려들어오는 게 아닙니까! 그 쥐는 숨을 헐떡거리면서 검은 베일이 덮인 소시지 꼬챙이를 밀어 쓰러트렸습니다. 밤낮으로 쉬지 않고 여기까지 왔다는 것을 쉽게 알 수 있었지요. 매우 흐트러진 몰골이었거든요.

이 쥐는 소시지 꼬챙이를 잃어버렸다고 했습니다. 하지만 이야기는 잃어버리지 않았지요. 네 번째 쥐는 모두가 마치 자신의 이야기를 듣기 위해 기다리고 있었다는 듯이 숨도 돌리지 않고 이야기를 시작했습니다. 마치 이 세상에 있는 모든 것들이 자신과는 아무 상관이 없다는 것처럼 갑자기 이야기를 시작했습니다. 그 바람에 모두들 정신을 채 차릴 새도 없이 그의 말에 귀를 기울었습니다. 이제, 우리도 그 이야기를 들어볼까요?

세 번째 쥐보다 먼저 시작한 네 번째 쥐가 말한 이야기

"저는 곧바로 가장 큰 도시로 갔어요. 그 도시 이름은 기억나지 않지만, 어쨌든 저는 몰수된 물건들과 함께 심판장으로 갔습니다. 제가 탔던 기차에 몰수된 물건들이 실려 있었던 거지요. 그리고 나서 저는 붙잡힌 이들을 감시하는 사람이 있는 곳으로 달려갔습니다. 그는 자기가 감시하는 사람들 이야기를 하면서 투덜거렸습니다. 실없는 소리를 하는 어느 죄수 이야기를 아주 신나게 했지요. 그의 말은 사람들의 입방아에 오르내리고 글로 쓰여지기도 했습니다.

'그 녀석이 한 말은 소시지 꼬챙이로 만든 수프에 지나지 않아. 그러나 그 수프 때문에 그는 목숨을 잃을 수도 있지.'

이 이야기를 듣고 저는 그 죄수에게 흥미를 갖게 되었습니다.

저는 기회를 틈타 그 죄수가 있는 곳으로 숨어 들어갔습니다. 굳게 닫힌 문이 있어도 쥐구멍을 찾아 아주 쉽게 들어갔지요. 그 죄수는 창백한 얼굴에 텁수룩이 자라 있는 수염과 빛나는 커다란 눈을 갖고 있었습니다. 등불이 자욱하게 그을음을 내며 타올랐지만, 벽들은 이미 그을릴 대로 그을려 더 이상 검어질 것도 없었지요.

그는 검은 벽에 하얗게 그림을 그리고 시를 써 넣었습니다. 저는 그것들을 읽을 수 없었지요. 그는 몹시 지루해하고 있었어요. 그래서 저를 보자 무척 기뻐했습니다. 그는 말랑말랑한 빵으로 저를 유혹해 자기 쪽으로 오게 하였으며 휘파람과 부드러운 말로 저를 꾀었습니다. 내가 다가가자 그는 매우 기뻐했고, 저도 이 사람을 믿게 되었습니다.

이렇게 우리는 가까워졌지요. 그와 나는 빵과 물을 나누어 먹었습니다. 내게 치즈와 소시지를 선물해 주기도 했지요. 그곳에서의 생활은 멋졌습니다. 그러나 무엇보다도 중요한 것은 저는 그의 상냥함에 끌렸다는 것입니다. 그는 저를 자신의 손과 팔 위로 돌아다니게 했고 소매 속에서도 놀게 했습니다. 텁수룩한 수염 위로도 기어다니게 했으며, 나의 작은 친구라고 불렀습니다.

저는 그를 진심으로 사랑했습니다. 그도 저를 사랑했지요. 어느새인가 저는 넓은 세상 밖으로 나오게 된 사명을 잊어버리고 말았습니다. 소시지 꼬챙이도 마룻바닥 틈에서 잃어버렸습니다. 그 막대기는 아직도 그 틈에 있겠지요. 저는 그곳에 머물고 싶었습니다. 제가 떠나 버린다면 그 불쌍한 죄수에게는 정말 아무것도 남지 않기 때문이죠. 너무 쓸쓸한 일이지 않나요? 그래서 저는 떠나지 못하고 머물렀지만, 그는 영원히 그곳에 있을 수 있는 것이 아니었습니다.

그는 무척 슬픈 얼굴로 제게 마지막 인사를 건넸습니다. 다른 때보다 두 배나 많은 빵과 치즈 조각을 신물했어요. 그리고 제게 키스를 날린 뒤 일어나 가버렸습니다. 그는 그렇게 떠나 다시는 돌아오지 않았답니다. 그가 어떻게 되었는지는 알지 못합니다. 그제야 '소시지 꼬챙이로 만든 수프'라고 맨 처음 말했던 교도관이 생각나더군요. 그래서 교도관에게 갔지만 그는 저를 좀처럼 귀여워하지 않았습니다. 자신의 손 위에 올려놓기는 했지만 곧 작은 우리 속에 넣어 버렸습니다. 굉장히 두려웠지요. 달려도 달려도 몇 번이나 같은 길로 되돌아오는 좁은 쳇바퀴 안이었거든요. 한 발자국도 앞으로 내밀 수 없었습니다. 모두에게 웃음거리만 될 뿐이었습니다.

그때 교도관의 손녀가 다가왔습니다. 아이는 구불거리는 금발에 기쁨으로 가득찬 눈, 언제나 미소짓는 입을 가진 매력적인 아이였어요.

'가엾은 작은 쥐야! 내가 너를 자유롭게 해 줄게.'

소녀는 제가 갇힌 지긋지긋한 우리를 굽어보더니 서둘러 쇠로 된 걸림쇠를 뽑았습니다. 마침내 저는 창문 홈통과 추녀 홈통을 타고 달아날 수 있었습니다. 자유, 자유다. 저는 오직 그것만을 생각했고 여행 목적은 기억나지도 않았습니다.

그때는 너무 늦은 밤이어서 몹시 어두웠습니다. 저는 옛 탑 속으로 들어가 머물기로 했습니다. 그곳에는 파수꾼 한 사람과 올빼미 한 마리가 살고 있었습니다. 저는 그들을 믿지 못했습니다. 올빼미는 고양이처럼 쥐를 잡아먹었기 때문에 싫었습니다. 하지만 그 올빼미는 존경스러울 만큼 매우 교양이 있었고, 나이도 많았습니다. 파수꾼보다 더 많은 것을 알았고, 젊은 올빼미들은 그를 찾아와서 아주 사소한 일까지도 호들갑을 떨며 하소연하곤 했습니다.

늙은 올빼미는 '소시지 꼬챙이로 수프를 만들지 마라!' 했습니다. 그 말은 그 올빼미가 했던 말 가운데 가장 엄격한 것이었습니다. 그는 자신의 가족들에게는 친절했지요. 저 또한 올빼미가 믿음직스러워졌답니다. 그래서 숨어 있었던 벽 틈 사이로 찍! 하고 소리를 냈지요. 저의 믿음이 그의 마음에 들었던지, 올빼미는 아무도 저를 해치지 못하게 보호해 주겠다 했습니다. 어떤 동물도 저에게 나쁘게 굴 수 없게 되었지요. 하지만 올빼미의 속뜻은 음흉했습니다. 겨울에 양식이 다 떨어지면 저를 먹으려는 수작이었죠.

올빼미는 매우 영리했습니다. 파수꾼은 허리에 느슨하게 걸려 있는 나팔 없이는 울부짖지 못한다는 것을 증명해 보이기도 했습니다.

'파수꾼은 나팔에 대해 엄청난 자부심을 갖고 있지. 말하자면 자신을 이 탑의 올빼미라고 생각하거든. 그래도 그저 하찮은 것일 뿐이야. 소시지 꼬챙이로 만든 수프나 마찬가지라고.'

저는 올빼미에게 제발 비법을 알려달라 부탁했습니다. 마침내 제게 설명해 주었지요.

'소시지 꼬챙이로 만든 수프란 사람들한테서 나온 속담일 뿐이야. 그것은 사람에 따라 이런저런 방식으로 이해될 수 있단다. 누구나 자신이 생각하는 것이 옳다고 생각하지. 그러나 그 자체는 본디 없는 거야.'

'없는 것이라고요?'

저도 모르게 소리쳤습니다. 그의 말은 너무나 충격적이었거든요.

'진실이란 늘 기분 좋은 것은 아니지. 그래도 진실이 최고란다.'

그 늙은 올빼미는 이렇게 말했습니다.

저는 그 말에 대해 곰곰이 생각한 끝에 마침내 깨달음을 얻었습니다. 만일 가장 좋은 것을 가지고 돌아간다면, 소시지 꼬챙이로 만든 수프보다 더 좋은 것을 얻었다 생각했지요. 그래서 저는 때맞추어 집으로 돌아오기 위해, 또 최상의 것과 최고의 것을 가져오기 위해 서둘렀습니다. 바로 진실을 알리기 위해.

쥐들은 지혜로운 종족이고 쥐 대왕님께서는 그들보다 한결 뛰어나십니다. 쥐 대왕님께서는 진실을 위해 저를 왕비로 만드실 수 있는 능력이 있으십니다."

"네가 말하는 진실이라는 것은 거짓말이야! 저는 그 수프를 끓일 수 있습니다. 제가 만들어 보이겠습니다."

이제껏 입을 다물고 있던 세 번째 쥐가 소리쳤습니다.

수프는 어떻게 만들어지나

"저는 여행을 떠나지 않았어요. 그저 이 방에 있었지요. 이것이 오직 하나뿐인 진실입니다. 여행을 갈 필요가 없었답니다. 모든 것은 이곳에서도 똑같이 얻을 수 있지요. 저는 여기 있었다고요. 저는 수프 만드는 법을 초자연적인 것에서 배우지도 않았고 무엇을 잡아먹거나 올빼미와 이야기하지도 않았습니다. 저는 제 생각대로 만들었어요. 자, 여러분. 불을 지펴 물을 가득 부은 솥을 끓여 주세요. 충분히 끓여야 합니다. 이제 소시지 꼬챙이를 던져 넣으세요. 친절하신 대왕님, 당신의 꼬리를 충분히 끓고 있는 물 속에 넣고 저어 주십시오. 오랫동안 저으면 저을수록 수프는 점점 더 진해진답니다. 돈은 한 푼도 들지 않습니다. 조미료를 넣을 필요도 없지요. 오직 꼬리로 젓기만 하면 된답니다."

세 번째 쥐가 말했습니다.

"다른 쥐가 하면 안 되겠느냐?"

대왕 쥐가 물었습니다.

"다른 쥐는 안 됩니다. 이런 힘은 오직 대왕님 꼬리에만 담겨져 있습니다."

세 번째 쥐는 딱 잘라 대답했습니다.

어느 새 물은 펄펄 끓어올랐습니다. 대왕 쥐는 솥 가까이 다가갔습니다. 보기만 해도 아슬아슬했지요. 쥐들이 우유 창고에서 나무통 속에 꼬리를 넣었다 뺀 뒤 거기에 묻은 연유를 핥듯이 자신의 꼬리를 내밀었습니다. 하지만 대왕 쥐는 뜨거운 증기만 쐬었을 뿐, 더 이상 꼬리를 내밀지 못했습니다. 겁먹은 대왕 쥐가 서둘러 되돌아 내려오며 소리쳤습니다.

"말할 것도 없다. 너야말로 나의 왕비로다! 그 수프는 우리의 금혼식까지 기다리기로 하자. 그러면 내 왕국의 가난한 자들이 즐거워지지 않겠느냐. 아주 오랫동안 말이다!"

마침내 결혼식이 열리게 되었습니다. 그러나 몇몇 쥐는 집으로 돌아와 이렇게 말했습니다.

"저건 소시지 꼬챙이로 만든 수프라고 말할 수 없어. 정확히 말하자면 쥐꼬리 수프인걸!"

그들은 이러쿵저러쿵 떠들며 다른 방법을 쓸 수도 있었을 거라 말했습니다.

"나라면 이렇게 이야기했을 텐데……."

언제나 무슨 일이든 지나고 나서야 이렇게 말하곤 하지요. 이것이 비평이라는 것입니다. 무척 현명하게 들리지요. 뒤늦은 일이지만요.

이 이야기는 온 세계에 퍼지게 되었습니다. 나라마다 또 사람마다 의견이 서로 달랐지만 본디의 이야기는 그대로 남아 있답니다. 그리고 이것이야말로 처음부터 끝까지 특히, 소시지 꼬챙이로 만든 수프에서 우리가 얻을 수 있는 가장 중요한 교훈입니다.

('소시지 꼬챙이로 만든 수프'는 옛날 덴마크에서 쓰던 속담으로 헛수고, 공연한 소동이라는 뜻)

082
늙은 총각의 나이트캡
Pebersvendens Nathue

코펜하겐에는 '하이켄 거리'라는 특이한 이름을 가진 마을이 있습니다. 이 마을은 어쩌다 그런 이름을 갖게 되었을까요, 그리고 그 이름은 무엇을 뜻할까요? 자, 우리 함께 알아봅시다.

하이켄은 본디 독일어에서 나온 말입니다. 그러나 독일인들을 놀리는 듯한 뜻을 지니고 있지요. 그러니까 그 거리는 하이켄 거리라고 불러서는 안 되고 본디 낱말 뜻대로 '작은 집들'이라 불러야 한답니다. 왜냐하면 그곳은 나무로 만든 작은 집들뿐이었으며, 커다란 건물은 볼 수 없었기 때문입니다. 작은 집들은 시장이 열리면 늘어서는 매점처럼 서 있었지요.

아니, 시장의 매점보다 조금 더 큰 데다 창문도 있었습니다. 하지만 거의 모든 창문에는 얇은 나무판자나 동물 오줌보로 만들어졌습니다. 그때만 해도 유리로 만들어진 창문은 아주 비쌌기 때문입니다. 이 작은 집들의 이야기는 더 오래전으로 한참 거슬러 올라갑니다. 증조할아버지의 증조할아버지가 이야기하더라도 "아주 옛날 옛적 일이야" 말할 정도로 매우 오래오래된 이야기입니다. 몇 백 년 전부터 전해져 내려오는 이야기입니다.

브레멘과 뤼베크에 사는 부자들은 모두들 코펜하겐에서 장사를 했습니다. 커다란 세력을 가지고 있었지요. 그러나 그들은 몸소 코펜하겐까지 오지는 않았습니다. 대신 자기 조수들을 보냈습니다.

조수들은 작은 집들이 몰려 있는 거리에 살면서 맥주와 향신료를 팔았습니다. 독일 맥주는 참으로 멋진 술이었습니다. 종류도 브레멘, 프로이센, 엔서 맥주 등 다양했습니다. 브라운슈바이크에서 만들어진 흑맥주도 있었습니다. 그리고 샤프란, 회향풀, 아니스, 생강 같은 온갖 양념들도 있었습니다. 없는 것이 없었지요.

그 가운데서도 후추가 아주 유명했답니다. 장사의 중심이었지요. 그렇기 때문에 덴마크에서 활동하는 독일 상인의 조수들은 너나없이 모두가 '후추 총각'이라 불렸습니다.

그런데 매우 안타깝게도 독일에서 온 후추 총각들은 집을 떠날 때 덴마크에서는 "절대로 결혼을 하지 않겠다"고 서약해야만 했습니다. 그러다 보니 덴마크에서 오랫동안 장사를 하다 보면 총각들은 저절로 노총각이 되어 버렸답니다. 이들은 모든 일을 혼자서 해야만 했지요. 스스로 살림살이를 꾸려 나가야 했고 불도 자신이 직접 지펴야 했습니다. 이런 사람이 한둘이 아니었습니다. 후추 총각들 거의가 이렇듯 나이가 아주 많은 남자들이었습니다. 그들에겐 저마다 다른 생각들과 습관들이 있었습니다.

그 무렵에 굳어진 관습으로 어느 나라든 상관없이 장가를 들어도 벌써 들었어야 할 만큼 나이가 많이 들었지만 여태껏 결혼을 하지 못한 남자를 '후추 총각'이라고 부른답니다. 이제부터 들려줄 이야기를 이해하기 위해서는 이런 모든 것들을 미리 알고 있어야 합니다.

사람들은 거의 후추 총각, 즉 장가 못간 늙은 총각을 놀리기 좋아했습니다. 그들은 후추 총각이 나이트캡(방 안 침대에서 쓰는 모자)을 쓰고, 그 모자로 귀 위까지 푹 눌러쓴 뒤에야 잠이 들 수 있을 것이라고 놀리는 것입니다.

장작을 어서 모아, 톱으로 자르자!
오, 가엾은 후추 총각,
장가 못 간 총각의 나이트캡은 너의 밤을 위한 보물
누구도 너에게 그대만의 빛을 만들어 주지 않나니!

그래요. 사람들은 이렇게 노래하며 후추 총각들을 비웃었답니다.

사실 사람들은 후추 총각과 나이트캡에 대해 잘 몰랐습니다. 왜 나이트캡을 쓰면 안 되는 걸까요? 어째서일까요? 조금만 기다리세요. 이야기를 듣고만

있으면 모든 걸 곧 알게 되니까요.

아주 오래 전에는 작은 집들이 있는 거리가 시멘트나 아스팔트 따위로 포장되어 있지 않았습니다. 사람들은 작은 제 집을 드나들 때면 여기저기 움푹 패인 길을 이리저리 돌아다녀야만 했습니다. 그 길들은 정말 좁았지요.

작은 집들은 그 좁은 길 양 옆으로 빽빽이 늘어서서 매우 가깝게 마주 보았습니다. 손을 뻗으면 닿을 정도였지요. 그래서 여름철에는 서로 마주보는 한 집에서 앞집으로 빨랫줄을 매기도 했지요. 그 밑을 걸을 때면 후추, 샤프란, 생강 냄새가 물씬 풍겼습니다. 가게 탁자 뒤에 서거나 앉아서 손님을 기다리던 사람들은 거의가 노총각들이었습니다.

그들은 우리의 상상처럼 가발이나 나이트캡을 쓰지 않았고, 우단 바지나 단추를 위쪽까지 채우는 조끼, 또는 그럴듯한 웃옷을 입지도 않습니다. 사실 그들은 그런 옷차림을 한 적이 없었습니다. 증조할아버지도, 또 그 증조할아버지 때에도 마찬가지였습니다. 그러한 옷차림의 노총각 초상화가 걸려 있었지만 사실 그들은 초상화를 그릴 돈이 없었습니다.

그러므로 노총각들이 서 있는 모습이나 교회에 가는 모습의 그림이 있다면 정말 가치 있는 것이지요. 차양이 넓은 중절모를 산처럼 뾰족하게 세워 머리에 걸친 모습이었지만 젊은 총각들 가운데 몇몇은 가끔씩 중절모에 깃털을 달고 다녔지요. 털로 된 옷깃은 진한 색 쪽으로 되접어 가렸습니다. 몸에 꼭 달라붙은 짧은 웃옷에 줄줄이 달린 단추는 단정하게 채워져 있었고요. 그 위에는 되는 대로 어깨에 망토를 걸쳤습니다. 넓은 바지는 끝이 넓은 구두가 가려질 정도까지 내려왔지요. 그때는 양말을 신지 않는 것이 예사였어요. 그들은 식사용 작은 칼과 수저, 그리고 커다란 호신용 칼을 허리띠에 차고 다녔습니다. 그 시절엔 때때로 이 칼을 써야만 하는 상황이 있었답니다.

늙은 안톤도 축제가 열리는 날에는 이런 옷차림을 했습니다. 그는 작은 집들이 모여 있는 거리에서 누구보다 나이가 많은 노총각이었습니다.

안톤 씨는 다른 사람들과 다른 점이 하나 있었습니다. 그는 챙이 넓은 모자가 아닌 학생모자 같은 모양만 썼지요. 또한 뜨개질로 만든 모자도 있었는데, 그 모자야말로 제대로 된 나이트캡이었습니다. 챙 넓은 모자 밑에 썼지요. 안톤은 늘 그 두 모자를 함께 즐겨 썼습니다. 나이트캡을 쓴 그의 모습은 그리기 매우 쉬웠답니다.

안톤은 바늘처럼 삐쩍 마른 몸에, 입과 눈 주위에는 가는 주름이 여러 가닥져 있었습니다. 그는 뼈만 남은 앙상하고 기다란 손가락과 마치 생기가 없는 마른 풀처럼 텁수룩한 눈썹을 지니고 있었습니다. 게다가 왼쪽 눈 위로는 보기 흉하게 눈썹털이 늘어졌는데, 이런 모습은 멀리서도 그를 잘 알아보게 했습니다. 모두들 안톤이 브레멘 출신임을 알고 있었습니다. 하지만 그는 본디 브레멘에서 온 것은 아닙니다. 브레멘에는 안톤의 주인이 살고 있을 뿐, 안톤은 바르트부르크 아래 있는 튀링겐 지방 도시 아이제나흐 사람이었습니다.

늙은 안톤은 여느 때에는 사람들에게 고향에 대한 이야기를 그다지 하지 않았지만, 사실 그는 늘 마음속으로 고향을 그리워하고 있었습니다.

작은 집들이 모인 거리에 사는 노총각들은 좀처럼 함께 어울리지 않았습니다. 거의 저마다 자신의 가게에 머물면서 밤이 되면 서둘러 문을 닫을 뿐이었습니다. 모든 집들의 문이 닫힌 마을은 어두컴컴해 어쩐지 을씨년스러워 보였습니다. 그들이 사는 작지만 튼튼하게 만들어진 다락방 창문으로는 오직 희미한 불빛만이 새어나왔습니다.

이 다락방 불빛 아래에서 노총각들은 독일어로 된 찬미가 책을 꺼내어 밤

기도를 드리거나, 하다가 만 일을 정리하기 위해 방 안을 서성였습니다. 조금도 즐겁지 않았지요. 낯선 나라에 사는 낯선 사람, 혼자 있는 것은 쓸쓸하고 슬픈 운명이었습니다! 낯선 나라에 사는 이들은 어느 누구와도 쉽게 마음을 열며 이야기를 나누기 힘들었습니다. 사람들이 이들의 삶에 관심을 가질 때를 빼고는 말입니다.

이따금 창밖으로 비바람이 몰아치는 어두운 밤이 찾아오면 이들이 사는 곳은 참으로 무섭고 음침한 거리가 되었습니다. 길 옆 작은 등불 말고는 그 어떤 불빛도 찾아볼 수 없었습니다. 그 등불은 노총각들이 사는 거리 끝의 성모 마리아 그림 앞에 서 있었습니다. 그 그림은 벽에 그려져 있었지요.

마을 거리를 반대쪽으로 거슬러 올라가면 성이 있는 섬이 있었으며, 사람들은 이 섬의 방파제로 파도가 달려와 부딪치는 소리를 아주 자세히 들을 수 있었습니다.

이런 밤이 되면 늙은 총각들은 참으로 지루하고 외로웠습니다. 커다랗게 포장된 물건을 풀거나 포장하는 일, 봉지를 만들고 저울을 닦는 일들은 날마다 계속해야만 되는 것이 아니었으니까요. 손님이 뜸해 지루할 때면 총각들은 다른 일을 손에 잡았습니다.

안톤 씨도 가게 일을 끝마치고 나면 다른 일에 빠져들었습니다. 그는 스스로 자신의 옷이 터진 곳을 수선하고, 구두도 손질하고 닦았지요. 드디어 일을 마치고 마침내 침대로 들어갈 때면, 그는 습관대로 나이트캡을 썼습니다. 그는 나이트캡을 조금 더 깊게 밑으로 끌어당겼다가 불이 잘 꺼졌는지 보기 위해 다시 이마 쪽으로 밀어 올렸습니다. 확실히 불을 끄려 손으로 등의 심지를 만진 뒤에 도로 침대에 누웠습니다. 그리곤 나이트캡을 다시 한 번 눈 밑까지 끌어당겼습니다. 그러나 얼마 지나지 않아 그의 머릿속에는 곧 또 다른 걱정이 떠올랐습니다. 아래층 가게 있는 화로의 석탄이 완전히 타서 불이 꺼졌는지 불안했던 것입니다. 만일 불씨가 조금이라도 남아 있다면, 다른 것에 옮겨 붙어서 화재가 날 수도 있었기 때문이지요.

안톤 씨는 침대에서 일어나 사다리를 기어 내려갔습니다. 계단이라 부를 수도 없을 만큼 낡은 사다리였습니다. 그가 화로로 다가가 불꽃이 있나 들여다보았을 때는 하얗게 타버린 석탄재만 수북이 쌓여 있을 뿐 그 어떤 불빛도 보이지 않았습니다.

안톤 씨는 이제 마음 놓고 침대로 돌아가려 했습니다. 그러나 그는 사다리를 반쯤도 채 올라가지 못하고 멈추었습니다. 철로 만들어진 쇠막대가 잘 잠겨 있는지, 창문의 자물쇠가 제대로 채워져 있는지 안심할 수 없었기 때문입니다. 안톤 씨는 다시 한 번 비쩍 마른 다리로 조심조심 발을 내디디며 겨우 아래로 내려갔답니다. 그리고 자물쇠가 튼튼하게 잠긴 것을 확인한 뒤에서야 겨우 침대로 돌아갔습니다. 하지만 갑자기 그의 몸은 추위로 꽁꽁 얼어붙었습니다. 이가 딱딱 소리를 내며 부딪칠 정도였습니다. 추위는 늘 예측할 수 없게 불쑥 찾아오곤 하지요.

안톤 씨는 이불을 머리 꼭대기까지 끌어올려 잘 덮은 다음, 나이트캡을 눈 아래로 끌어당겼습니다. 드디어 장사에 대한 생각이나 하루의 피곤함에서 벗어날 수 있었습니다. 하지만 안톤 씨에게 편안함을 가져다주지는 못했답니다. 왜냐하면 그에겐 예전의 기억들이 마음 깊은 곳에서 과거 일들을 마치 커튼처럼 주렁주렁 달고 있었기 때문입니다. 그 커튼 끝에는 언제나 날카로운 바늘 고리가 달려 있어서 사람들은 그 끝에 자주 찔리곤 합니다. 바늘에 찔릴 때면 사람들은 '아야!' 비명을 지릅니다. 그때는 이미 늦었지요. 바늘은 피가 마구 흐를 만큼 살을 깊이 파고듭니다. 그러면 사람들은 참을 수 없는 아픔에 눈물을 흘리기 마련입니다. 늙은 안톤 씨도 기억의 커튼에 그만 마음을 찔리고 말았습니다.

안톤 씨도 뜨거운 눈물을 흘렸습니다. 그의 눈물은 아름다운 진주처럼 이불과 마루에 떨어졌습니다. 눈물이 뚝뚝 떨어지는 소리는 마치 현악기의 줄이 툭툭 끊어지는 것처럼 서글프게 울려퍼지지요.

이 진주는 순식간에 모습을 바꿔 증기와 불꽃으로 타올랐습니다. 불꽃은 그의 눈앞에 절대로 잊을 수 없는 장면을 한 장 한 장 비추어 보여 주었습니다. 그 빛은 안톤의 가슴속에서 오래오래 힘차게 타오를 것입니다.

안톤 씨는 젖은 눈을 나이트캡으로 닦았습니다. 눈물과 인생의 테두리가 차츰 흐려지더니 이내 사라졌습니다. 하지만 모든 걸 보여준 불꽃은 꺼지지 않고 영원히 그의 가슴속에서 불타오르겠지요. 옛 과거는 현실에서 차례차례 이어서 드러나지는 않습니다. 대부분 무척 슬펐던 일이 가장 먼저 다가왔습니다. 그 뒤를 따라 슬펐던 그때의 장면이 선명하게 떠오르지요. 바로 그런 현실이 안톤에게 가장 고통의 그림자를 드리웠습니다.

'덴마크의 너도밤나무 숲은 정말 훌륭해!' 사람들은 이렇게 말합니다. 하지만 안톤 씨에게는 자신의 고향 바르트부르크 지방의 너도밤나무 숲이 더욱 훌륭하다고 여겨졌습니다. 그보다 산 위 근사한 기사의 성을 감싸고 있는 오래된 떡갈나무가 훨씬 더 위엄있게 느껴졌습니다. 담쟁이 덩굴들이 돌담을 감싸면서 아래로 늘어져 있습니다. 사과나무 꽃도 이곳 덴마크 꽃보다 더욱 달콤한 향기를 풍겼습니다. 안톤은 그 모든 것들을 눈앞에서 아주 생생하게 떠올릴 수 있었으며 그 달콤한 냄새도 피부에 와 닿는 것 같았습니다. 문득 온갖 것들이 그리워지며 눈물이 주르르 볼을 타고 흘러내렸습니다. 맑은 소리를 내며 아름답게 빛났습니다.

그 순간 안톤 씨는 눈물 속에서 두 어린아이가 놀고 있는 것을 똑똑히 보았습니다. 한 아이는 소년이었고 다른 아이는 소녀였습니다. 소년은 불그스레한 뺨과 금발의 곱슬머리, 그리고 푸른 눈을 지녔습니다. 돈 많은 소매상인의 귀한 아들이었습니다. 그래요, 소년은 바로 어린 날의 안톤 씨였습니다, 이제 덴마크에서 노총각이 되어 있는 안톤 씨말입니다. 소녀는 다갈색 눈과 검은 머리카락을 가지고 있습니다. 활기차고 매우 똑똑해 보였습니다. 몰리란 이름의 시장 딸이었지요.

두 아이는 사과 하나를 가지고 놀고 있었습니다. 소년과 소녀는 사과를 흔들어 귀에 가져다대어 안에 들어 있는 씨들이 내는 소리를 들었지요. 두 아이는 사과를 반으로 잘라, 한 조각씩 나누어 씨까지 몽땅 먹어치웠습니다.

어느 날 소녀는 사과 속에서 나온 씨 하나를 땅에 심어야겠다고 생각했습니다.

"씨를 심은 곳에서 무엇이 나오는지 한번 지켜보자. 분명 거기에서는 네가 생각하지 못했던 것이 나오게 될 거야. 커다란 사과나무 한 그루가 자라날걸. 하지만 곧장 나무처럼 크게 자라지는 않겠지."

이렇게 소년과 소녀는 사과 씨 하나를 화분에 심었습니다. 두 아이는 참으로 들떠 있었습니다. 소년은 손가락으로 흙에 구멍을 파고 소녀는 그 안에 사과 씨를 넣었습니다. 두 아이는 사이좋게 그 위에 흙을 덮은 뒤 토닥토닥 두드려 주었습니다.

"이제 씨를 완전히 심었어. 그렇다고 내일 뿌리가 생겼는지 어떤지 확인하려고 파서는 안 돼."

소녀가 말했습니다.

"난 그렇게 해 본 적이 있어, 두 번씩이나 말이야. 꽃들이 얼마나 자랐는지 보려고 했을 뿐이었어. 그런데 그 꽃들은 즉시 죽고 말았어. 그때만 해도 나는 꽃들이 자라는 것을 지금 만큼 알지 못했었거든!"

사과 씨가 심어진 화분은 안톤이 가지고 갔습니다. 안톤은 추운 겨울 내내 아침마다 눈여겨 화분을 살펴보았습니다. 하지만 변함없이 그저 검은 흙만 보일 뿐이었습니다.

마침내 봄이 찾아와서 태양이 따뜻하게 빛을 비추자 화분에서는 두 개의 자그마한 초록빛 얼굴을 내밀었습니다.

"와, 드디어 싹이 텄군. 이 두 개의 잎은 바로 몰리와 나야! 정말 사랑스러운 잎들이야. 아주 귀여워."

안톤이 말했습니다.

얼마 지나지 않아 세 번째 잎도 얼굴을 내밀었습니다. 이 잎은 누구를 떠올려야 할까요?

세 번째 잎에 이어 네 번째 잎이 생기고 또 다른 잎들이 새록새록 돋아났습니다.

시간이 흐르면 흐를수록 잎들은 한결 더 커졌습니다. 잎에서 자라난 꽃은 이제 작은 나무가 되었습니다. 그리고 이 모든 추억들은 눈물 한 방울에 담겨 있었습니다. 그 순간 눈물 한 방울이 떨어지자 추억의 광경들도 함께 사라졌습니다. 하지만 눈물의 원천에서 또 다른 눈물이 샘솟았습니다. 바로 안톤 씨의 가슴속에서 말이지요.

아이제나흐의 근처에는 험한 돌산들이 줄지어 자리잡고 있었습니다. 그 산들 가운데 하나인 비너스 산은 둥그런 머리를 하고 우뚝 솟아 있었는데, 그곳에는 나무도, 덤불도, 풀도 자라지 않았습니다. 이 산에는 여신 비너스가 살고 있었지요. 비너스는 아직 기독교가 이 지역에 들어오기 전, 사람들이 우상으로 받들던 여신이었습니다. 오늘날 아이제나흐에 사는 아이들이 모두 알고 있듯이 그 여신의 본디 이름은 홀레였습니다. 홀레는 고귀한 기사였던 탄호이저를 유혹하여 이 산에서 함께 살았습니다.

어린 몰리와 안톤은 이 산으로 곧잘 놀러 갔습니다. 어느 날 몰리는 안톤에게 이렇게 말했습니다.

"안톤, 문을 두드리고, '홀레, 홀레. 문을 열어 주세요. 나는 탄호이저입니다'라 말해 봐. 자신 있게 말이야."

하지만 안톤에겐 그렇게 말할 용기가 없었습니다. 몰리는 다시 "홀레! 홀레!" 크고 똑똑하게 말을 하였습니다. 하지만 몰리의 뒷말은 그녀의 입 안에서 중얼 중얼 우물거려 잘 들리지 않았습니다. 안톤은 몰리가 아무런 말도 하지 않았다고 우겨댔습니다. 그때 몰리는 무언가 골똘히 생각에 잠겨 표정이 달라졌습니다. 이러한 표정은 몰리가 정원에서 다른 소녀들과 놀고 있을 때, 거절하는 안톤을 쫓아가 "모두 안톤에게 입맞춤을 해주자." 말할 때와 같은 표정이었습니다.

"난 안톤에게 입맞춰도 돼!"

몰리는 자랑스럽게 말하며, 안톤의 목을 끌어안았습니다. 그것은 허영심 강한 몰리다운 행동이었습니다.

안톤은 몰리가 하고 싶어하는 대로 내버려둘 뿐, 그 일을 조금도 깊게 생각하지는 않았습니다. 몰리는 무모하고 말할 수 없이 매력적인 소녀였습니다. 산에 사는 홀레도 몰리처럼 예뻤다고 합니다. 하지만 사람들은 홀레가 가진 아름다움은 사람들을 유혹하는 사악한 아름다움이라 말했습니다. 가장 참된 아름다움이란 튀링겐 지방을 보호하는 경건한 여왕이라 했습니다. 바로 성스러운 엘리자베스 여왕 말이지요.

여왕의 착한 행실은 설화와 전설로 전해져 튀링겐 지방 곳곳에서 칭송되었습니다. 교회마다 은으로 된 램프에 둘러싸인 여왕의 초상화가 걸려 있었습니다. 안톤은 아무리 살펴보아도 성 엘리자베스와 몰리는 닮은 점이 하나도 없었습니다.

안톤과 몰리가 심은 사과나무는 날마다 무럭무럭 자라났습니다. 이제 땅으로 옮겨 심어도 될 만큼 커다랗게 자랐지요. 사과나무는 이슬이 내리고 따뜻한 햇볕이 드는 정원으로 옮겨졌습니다. 덕분에 추운 겨울을 지낼 수 있을 만큼 강한 힘이 생겼습니다.

모진 겨울을 탈 없이 지낸 사과나무는 봄이 되었을 때 마치 많은 시련을 잘 이겨 낸 기쁨을 드러내기라도 하는 듯 꽃을 활짝 피운 채 정원에 우뚝 서 있었습니다. 가을이 되자 사과나무에는 사과 두 개가 열렸답니다. 몰리와 안톤은 사과를 하나씩 사이좋게 나누어 가졌습니다.

사과나무는 차츰차츰 빠르게 커갔습니다. 몰리도 나무처럼 무럭무럭 자랐지요. 아름답게 성장한 몰리는 마치 사과나무 꽃처럼 화사하고 싱그러웠답니다. 하지만 안톤은 그 꽃을 오랫동안 볼 수 없게 되었습니다. 모든 것은 바뀌고, 변하기 마련이니까요.

몰리의 아버지가 정든 집을 떠나 다른 도시로 가게 되어 몰리도 아버지와 함께 멀리 떠나버리게 된 것입니다. 사실 몰리 가족이 이사 간 곳은 오늘날에는 기선으로 몇 시간만 가면 되는 가까운 곳이었습니다. 하지만 그 무렵에는 아이제나흐에서 그곳까지 가기 위해 하룻밤 하고도 또 하루낮을 가야만 했었습니다.

몰리가 떠난 곳은 튀링겐 지방의 바깥에 자리한 오늘날 바이마르라고 불리는 도시였습니다.

몰리가 떠나는 날 그녀도 울고, 안톤도 울었습니다. 두 사람의 눈물이 흘러내리며 하나로 합쳐졌습니다. 그 눈물방울은 빨갛고 아름답게 빛났답니다. 몰리는 바이마르의 훌륭한 그 어떤 것들보다도 안톤을 더 사랑한다 말해 주었습니다.

어느덧 여러 해가 지났습니다. 그리고 그 동안 몰리에게서는 두 통의 편지가 왔을 뿐이었지요. 하나는 마부가, 두 번째 편지는 어느 여행자가 전해주었습니다. 바이마르에서 아이제나흐에 이르는 길은 여러 마을과 도시를 지나야 하는 멀고도 험한 길이었답니다.

예전에 안톤과 몰리는 트리스탄과 이졸데에 대한 이야기[1]를 자주 들었습니다. 트리스탄이라는 이름은 '슬픔 속에서 탄생'이라는 뜻을 가지고 있다는 것도 알고 있었습니다. 안톤은 트리스탄과 이졸데의 이야기를 생각할 때마다 자신과 몰리를 떠올렸습니다. 안톤은 트리스탄처럼 '그녀가 나를 잊어 버렸다!'라며 울부짖는 일은 절대로 없으리라 생각하고 있었습니다.

이졸데도 그녀가 참으로 사랑한 친구를 어떻게 잊어버리겠습니까. 트리스탄과 이졸데는 죽어서 교회 마당에 나란히 묻혔습니다. 두 무덤에 심어진 보리자나무는 높이높이 자라났지요. 두 그루 보리자나무는 꽃을 피운 가지를 교회 지붕을 넘어 서로 맞닿게 되었습니다.

---

[1] 중세 독일에서 전래된 사랑 이야기로 트리스탄은 남자, 이졸데는 여자.

안톤은 매우 아름답고도 슬픈 이야기라 여겼습니다. 하지만 자신과 몰리에게는 이런 슬픈 일이 일어날 리가 없다고 생각했습니다. 안톤은 중세 가객인 발터 폰 포겔바이데의 사랑의 노래 가운데 한 구절을 휘파람으로 불었습니다.

거친 들판 위에 서 있는
보리자나무 그림자에서

다음 구절은 아름답게 울려퍼졌습니다.

어느 계곡에 있는 숲 앞에서
탄타라다이,
나이팅게일이 아름답게 노래를 부른다!

이 노래는 늘 안톤에게 의미 있게 다가왔지요. 밝은 달빛이 비치는 어느 날 밤이었습니다.

안톤은 바이마르에 있는 몰리를 만나기 위해 깊은 골짜기에 난 작은 산길을 따라 힘차게 말을 달렸습니다. 포겔바이델의 노래를 부르고 휘파람을 불며 말이지요. 그는 말없이 불쑥 찾아가 그녀를 깜짝 놀라게 해 주고 싶었습니다.

몰리는 뜻밖에 안톤을 만나 매우 기뻐하며 아주 반갑게 맞았습니다. 두 사람은 포도주가 넘치는 잔을 부딪치면서 행복한 시간을 나누었습니다. 안톤은 떠들썩한 연회와 고상한 모임에도 초대받았답니다.

그가 머물게 된 아늑한 방에는 훌륭한 침대가 놓여 있었습니다. 하지만 안톤은 모든 것이 자신이 기대했던 것과는 무척 다르다는 느낌이 들었습니다. 왜 그런 느낌이 드는지 자신도 잘 알 수 없었지요. 몰리를 비롯한 다른 사람들이 낯설게만 느껴졌습니다. 우리는 이런 기분을 이해할 수 있습니다. 사람들은 어느 곳에서나(이를테면 몰리의 집에 머무는 안톤처럼) 자기 집에 가족과 함께 있듯이 편안함을 느끼지 못할 때도 있습니다. 언제나 편안함이나 친절을 바랄 수는 없습니다. 사람들은 함께 탄 마차에서처럼 서로 즐겁게 이야기를 나눌 수 있습니다. 또 우연히 알게 되어 서로 좋은 느낌으로 사귈 수도 있지요. 하지만 어느 순간 서로에게 부담이 되면 다정하게 이야기를 나누었거나 사귄 사람이라 하더라도 어서 그만 떠나 주기를 바라게 됩니다. 그렇습니다. 안톤은 바로 이런 기분을 몰리의 집에서 느꼈던 것입니다.

비로소 몰리가 안톤에게 말했습니다.

"난 솔직한 여자야! 그래서 이 점 만큼은 너에게 말하고 싶어. 우리들이 어른이 돼가며 너무나 많은 것들이 변했지. 우리의 주변과 마음도 달라졌어. 습관이나 의지만으론 되지 않는 게 있단다. 안톤, 너를 화나게 할 생각은 없어. 나는 이제 곧 이곳을 떠나야 해. 지금도 나는 너에게 좋은 감정을 갖고 있어. 믿어줘. 하지만 나는 요즘 사람을 사랑하는 것이 무엇인지 알게 되었어. 그러고 보니 난 너를 무척 좋아했지만 그것이 진정한 사랑은 아님을 느끼게 되었어. 마음이 아프겠지만 넌 이 사실을 받아들여주어야 해. 미안해. 안녕, 안톤!"

안톤도 몰리에게 잘 지내라고 말해 주었습니다. 눈물은 한 방울도 나오지 않았습니다. 안톤은 이제 더 이상 몰리와 친구가 아니라는 것을 깨달았습니다. 새빨갛게 불타는 듯하면서도 얼음처럼 차가운 쇠막대기가 입술을 태우고 얼리는 듯했습니다. 쇠막대기에 입맞춤을 할 때 아마도 그런 느낌일 것입니다. 안톤은 미움과 사랑이 뒤범벅이 된 심정으로 몰리와 마지막 입맞춤을 했던 것입니다.

안톤은 그날 아이제나흐로 하루도 안 돼 되돌아왔습니다. 너무나 빨리 달린 탓에 그가 탔던 말은 돌아오자마자 지쳐 쓰러져 버렸지요.

"지금 말이 중요한 게 아니야. 내가 쓰러질 것만 같다고! 아, 이럴 수가! 몰리를 떠올리게 하는 모든 것들을 깡그리 없애 버려야겠어. 홀레, 비너스, 그 이교도 여자 말이야! 사과나무도 꺾어서 부러뜨려 버리겠어. 아니, 뿌리째 뽑아 없앨 거야. 두 번 다시는 꽃을 피우거나 열매를 맺을 수 없도록!"

하지만 사과나무가 안톤의 손에 부서진 것이 아니라 안톤 자신의 마음이 조각나버렸습니다. 그는 열이 나서 한동안 침대에 누워 있어야만 했지요. 무엇이 그를 다시 기운차리게 할 수 있을까요?

그때 그를 살릴 수 있는 아주 쓰디쓴 약이 나타났습니다. 병든 몸과 성난 영혼을 뒤흔들어 놓을 수 있을 만큼 독한 약이었답니다.

안톤의 아버지는 이제 더 이상 부유한 상인이 아니게 되었습니다. 재앙처럼 힘든 시절이, 문 앞에서 불행과 함께 서 있다가 마치 거대한 파도처럼 한때 부유했던 안톤의 집을 왈칵 매섭게 덮친 것입니다. 아버지는 하루아침에 가난뱅이가 되고 말았습니다. 슬픔과 불행이 그를 불구자로 만들어 버리고 말았습니다. 이제 안톤 씨는 더 이상 사랑의 번민이라든가 몰리에 대한 분노 따위를 생각할 겨를이 없게 되었습니다. 그는 이제 아버지와 어머니 역할을 대신 해야만 할 처지가 되어 버린 것입니다. 안톤은 물건을 정돈하고 도와가며 열심히 일했습니다. 그리고 이제껏 경험하지 못한 넓은 세상으로 나가서 직접 돈을 벌어야 했습니다.

안톤은 브레멘으로 왔습니다. 하지만 가난에 시달리며 힘든 세월을 보냈지요. 이런 시간은 때로는 마음을 단단하게 만들기도 하고, 때로는 툭 치면 눈물이 떨어질 듯이 약하게 만들기도 했습니다. 이 세계와 사람들은 내가 어린 시절에 생각했던 것과 얼마나 많이 다른가! 사랑을 찬미하는 옛 시인들의 노래에는 무슨 의미가 있지? 단순한 음일 뿐인데 말이야. 그것은 모두 허무한 농담에 지나지 않아! 안톤은 이따금 이렇게 생각했습니다. 그러나 종종 사랑을 찬미하는 노랫소리는 그의 영혼 깊숙한 곳을 울리기도 했습니다. 그럴 때면 안톤은 이렇게 말하곤 했습니다.

"신의 뜻을 따르는 것만이 최선이야. 몰리가 나를 사랑하지 않았던 것은 주님의 뜻이지. 좋은 일이었던 게 틀림없어. 행운이 내게 등을 돌린 이유는 몰라. 몰리는 우리 집이 풍비박산나기 전에, 또 그것 때문에 고민할 필요도 없이 나를 떠난 거야. 이것은 분명히 주님이 내게 주신 은총이야. 모든 일은 신의 섭리를 따라 올바른 길로 나아가기 마련이지. 몰리가 떠난 것도 신의 뜻인 거야. 그것도 모르고 나는 몰리에게 애꿎은 원망을 하고 있었던 거야."

세월이 흘러 안톤의 아버지는 이윽고 세상을 떠났습니다. 집도 낯선 사람들에게 넘어가고 말았지요. 그는 이 집을 한 번 더 보기로 했습니다.

부자 주인은 안톤에게 사업차 여행을 하도록 했기 때문입니다. 여행길에 안톤은 자신이 태어난 도시, 아이제나흐를 지나가게 되었거든요. 오래된 바위 산 위 바라트부르크 성은 변함없이 수도자와 수녀돌상과 함께 솟아 있었습니다. 무척 커다란 떡갈나무들은 성 주변 가득히 안톤의 어린 시절처럼 똑같은 분위기를 만들어 내고 있었습니다. 비너스 산은 회색바위로 골짜기를 빛내고 있었습니다. 안톤은 자기도 모르게 외쳐 보고 싶었습니다.

"홀레, 홀레. 산을 열어 다오! 내가 다시 고향 땅에서 머물 수 있도록!"

하지만 이것은 불경한 생각이었습니다. 그래서 서둘러 성호를 그었지요. 그때 덤불 속에서 작은 새 한 마리의 노래가 들려왔습니다. 노래를 듣자 그의 가슴 속에서 오래된 사랑의 노래 한 구절이 떠올랐습니다.

어느 계곡에 있는 숲 앞에서
탄다라다이,
나이팅게일이 아름답게 노래를 부른다!

노랫소리는 안톤의 어린 시절 추억들을 떠오르게 해 주었습니다. 그는 행복했던 어린 시절을 눈물 속에서 다시 보았답니다.

아버지가 살았던 집은 예전과 같았습니다. 하지만 정원은 많이 변했습니다. 새로 난 길이 정원 한쪽 구석을 지나고 있었습니다. 하마터면 안톤에 의해 쓰러질 뻔했던 사과나무는 아직도 그 자리에 서 있었습니다. 정확히 말하자면 정원의 가장자리, 그러니까 새로 난 길 건너편에 서 있었습니다. 그럼에도 따스한 햇빛은 변함없이 부드럽게 사과나무를 비추고, 이슬방울도 여전히 영롱하게 맺혀 있었지요. 사과나무 가지는 새빨갛게 익은 사과들이 주렁주렁 매달려 금방이라도 땅에 내려앉을 것만 같았습니다.

"사과나무는 잘 자라고 있구나! 아무런 보살핌을 받지 않고도 스스로 씩씩하게 자라난 거야."

안톤이 말했습니다.

하지만 자세히 보니 커다란 가지 하나가 꺾여 있는 게 아니겠어요? 못된 사람들이 저지른 짓이었습니다. 사과나무는 사람들이 많이 다니는 길에 서 있었거든요.

"사람들은 사과나무에게 감사하기는커녕 소중한 꽃을 망가뜨리고 있군. 사과를 훔치고 가지도 꺾는단 말이야. 사과나무 이야기는 참으로 아름답게 시작됐어. 하지만 이야기는 앞으로 어떻게 되는 거지? 사과나무는 버려진 채 잊히고 있어. 들길의 도랑 옆에 오도카니 서 있지. 가지가 마구 꺾인 채 말이야. 물론 지금 당장 말라 죽지는 않겠지. 그렇지만 차츰 꽃들은 조금 피게 될 터이고, 사과는 아예 열리지 않게 되겠지. 그리고 마지막에는…… 그래, 이것으로 사과나무 이야기가 끝나는 거야."

안톤은 사과나무 아래에 서서 그렇게 중얼거렸습니다. 그는 낯선 곳에 있는 판잣집 다락방, 쓸쓸한 작은 방에서 이 사과나무를 떠올렸습니다. 많은 밤을 그 생각으로 지새웠지요. 물론 낯선 곳이란 코펜하겐에 있는 작은 집들이 모인 거리를 말하는 것입니다. 돈 많은 주인은 안톤이 결혼하지 않는다는 조건을 달아 코펜하겐으로 보냈었던 것이지요.

"결혼이라고? 하하하!"

안톤은 낮은 목소리로 별나게 웃었습니다.

올해 겨울은 일찍 찾아왔습니다. 모진 추위가 몰아치는 혹한이었지요. 밖은 매서운 눈보라가 흩날렸답니다. 사람들은 모두 방 안에 틀어박혀 좀처럼 나오려 하지 않았습니다.

모두 방 안에서 나오지 않았기 때문에 이웃들은 안톤의 가게가 이틀 동안 열리지 않았고, 그의 모습이 보이지 않아도 그다지 이상하게 생각하지 않았습니다. 이렇게 추운 겨울날, 어느 누가 밖으로 나오는 것을 좋아하겠습니까?

흐리고 어두운 날들이었습니다. 유리창이 없는 안톤의 가게는 낮에는 어둑어둑하고 밤이 되면 칠흑 같은 어둠만 가득했습니다.

늙은 안톤은 꼬박 이틀을 침대에 파묻혀 있었습니다. 일어설 힘이 없었기 때문이었지요. 창 밖에 몰아치는 모진 겨울 찬바람을 그는 이미 오래 전부터 느꼈습니다. 후추가게 아저씨는 버려진 사람처럼 자신을 추스를 힘도 없이 침대에 누워 멀뚱멀뚱 천장만 바라보았습니다. 침대 옆에 놓인 물주전자에 손을 뻗기조차도 어려웠습니다. 사실, 주전자에 남아 있던 마지막 물 한 방울까지 몽땅 마셔버렸습니다. 안톤은 열이 나는 것도, 병이 든 것도 아니었습니다. 그를 꼼짝 못하게 하는 것은 다름이 아닌 나이였습니다. 안톤이 누운 높은 다락방은 계속해서 어둠에 휩싸여 있었습니다. 안톤에게는 잘 보이지 않았지만 머리 위에서 조그마한 거미 한 마리가 열심히 거미줄을 치고 있었습니다. 거미는 마치 그가 마침내 숨을 거두게 되면 새하얀 은색 실로 만들어진 상장을 펄럭펄럭 흔들어 주기라도 하려는 듯했습니다.

긴 시간이 흐르고 졸음을 몰고 오게 할 만큼의 공허함이 방 안에 가득했습니다. 안톤은 사과나무를 떠올리며 눈물을 흘리지도, 고통을 느끼지도 않았습니다. 몰리 또한 이미 그의 머릿속에서 떠난 지 오래였습니다.

안톤은 자신과 어지럽고 혼잡한 이 세상과는 상관없다고 생각했습니다. 어느 누구도 그를 떠올리지 않았지요.

안톤은 어느 순간, 배고픔과 목마름을 느꼈습니다. 그래요, 그는 분명 갈증을 느낀 것입니다. 하지만 그의 마른 목을 적셔주기 위해 다가오는 사람은 누구도 없었습니다. 그리고 아무도 오지 않을 것이 분명했습니다.

안톤은 자신과 같은 처지 속에서 고민하고 있을 사람들을 떠올렸습니다. 자연히 성스러운 엘리자베스 여왕을 떠올렸지요. 여왕은 아주 가난한 사람들이 사는 변두리까지 몸소 찾아와 희망과 약을 주었습니다.

어린 시절 안톤에게 있어 여왕은 성스러움이었으며, 고귀하고 높은 품위를 지닌 분이었습니다. 여왕의 경건한 행실들은 노인 안톤의 마음속을 밝게 비추어주었습니다. 고통 받는 사람들에게 위안을 주고 모두의 아픈 상처를 씻어 주었으며, 배고픈 사람들과 따뜻한 마음으로 음식을 나누던 여왕을 떠올렸습니다. 여왕의 남편은 그녀의 행동이 마음에 들지 않았습니다.

안톤은 여왕에 대해 전해 내려오는 이야기를 떠올렸습니다. 어느 날 여왕이 포도주와 음식으로 가득 찬 바구니를 들고 가난한 사람들을 만나러 나갈 때였습니다. 여왕을 감시하던 남편이 불쑥 나타나 무엇을 가지고 가냐고 화를 내며 물었습니다.

여왕은 깜짝 놀라 말했습니다.

"정원에서 꺾은 장미입니다."

남편은 여왕의 말을 믿지 않고 바구니를 덮었던 천을 들추어 보라 말했습니다. 그 순간, 기적이 일어났습니다. 신앙심이 깊었던 그녀를 위해 바구니에 담겼던 포도주, 빵, 그리고 다른 모든 음식들이 어느 틈엔가 향기로운 장미로 변해 있었던 것입니다.

성스러운 엘리자베스 여왕은 이렇게 향기로운 장미처럼 안톤의 추억 속에 늘 살아 있었습니다. 지금 이 순간 그녀는 생기를 잃은 안톤의 눈앞에, 그리고 덴마크 가난한 작은 집 다락방에 힘없이 누운 그의 침대 앞에서 빛나는 모습으로 서 있었습니다.

안톤은 자신도 모르게 모자를 벗고 예의를 갖추어 성녀의 부드러운 눈을 지그시 바라보았습니다. 그러자 주위 모든 것들이 밝고 찬란한 빛과 장미로 가득 찼습니다. 장미 향기가 방안 가득 퍼졌습니다. 갑자기 향긋한 사과 내음이 났습니다. 주위를 둘러보니 꽃이 만발한 사과나무가 안톤 쪽으로 가지를 내뻗고 있는 게 아니겠어요? 그 나무는 바로 어릴 적, 그가 소꿉친구 몰리와

함께 씨를 심어서 자란 사과나무였습니다.

사과나무는 향기로운 꽃잎들을 안톤에게 팔랑팔랑 흩뜨려, 열이 뜨겁게 오른 그의 이마를 시원하게 만들어 주었습니다. 꽃잎들은 생기를 잃고 바짝 마른 그의 입술 위에도 내려앉았습니다. 포도주와 빵처럼 힘도 북돋아주었습니다. 꽃잎들은 또 안톤의 가슴에도 떨어졌습니다. 그는 평온해지면서 스르르 잠에 빠져들고 싶었습니다.

"이제 나는 잘 거야! 깊은 잠은 피곤한 몸을 되살려 주지. 내일은 몸이 나아져 곧 건강해질 거야. 정말 놀라운 일이지 뭐야. 그 옛날 내가 사랑을 바쳐 심었던 사과나무가 이토록 훌륭하게 자라다니!"

안톤은 작은 목소리로 중얼거렸습니다. 그리고 마침내 단잠이 들었습니다.

다음 날은 안톤이 가게 문을 닫은 지 사흘째 되는 날이었습니다. 눈보라는 더 이상 흩날리지 않았습니다. 바로 이날 맞은편에 사는 이웃 사람들이 며칠 동안 안톤의 모습이 보이지 않자 그를 찾아와 문을 두드렸습니다.

안톤은 침대에서 죽어 있었습니다. 그가 늘 쓰고 자던 낡은 나이트캡을 두 손으로 꼭 쥔 채 말이지요. 이 나이트캡은 안톤의 관에 들어가지 않았습니다. 그가 더 깨끗하고 하얀 나이트캡을 하나 더 가지고 있었기 때문입니다.

안톤이 흘렸던 눈물은 이제 어디로 가고 있을까요? 그 많던 진주들은 어디로 가버린 걸까요? 그것들은 나이트캡 안에 고스란히 곱게 놓여 있었습니다.

진정한 눈물의 진주들은 씻어 흘려보내도 사라지지 않습니다. 진주들은 나이트캡과 함께 보존되어 있었던 것입니다. 후추가게 할아버지의 생각들, 꿈들, 그 모든 것들이 장가 못 간 노총각의 나이트캡 안에 고스란히 담겨 있었습니다.

하지만 여러분은 이 나이트캡을 원해서는 안 됩니다.

"이 나이트캡이 너에게도 있었으면 하고 바라지 마라. 만일 나이트캡을 쓴다면 네 이마는 열이 심하게 날 것이며, 심장은 매우 세차게 뛰게 될 테니까. 또 나이트캡은 마치 현실처럼 느껴지는 꿈을 꾸게도 하거든."

안톤의 나이트캡을 썼던 첫 번째 사람이 바로 이런 경험을 했습니다. 안톤이 죽은 지 꼭 50년이 지난 뒤의 일이었습니다.

그 첫 번째 사람은 시장이었는데 어느 날, 부인과 건강한 열한 명의 자녀와 함께 한가로이 화려한 방 안에 앉아 있다가 깜빡 조는 사이 이상한 꿈을 꾸었습니다. 그는 꿈 속에서 사랑에 실패하고 재산도 모두 잃어 아주 가엾은 생활을 하고 있었습니다.

"휴! 이 나이트캡을 쓰면 이상하게도 너무 덥단 말이야."

시장은 이렇게 말하며 나이트캡을 밑으로 잡아당겨 벗었습니다. 그때 진주한 알, 또 한 알이 나이트캡에서 또르르 굴러 떨어졌습니다. 진주알들이 굴러갈 때마다 맑은 소리를 내면서 은은하게 빛이 났습니다.

"저게 뭐지? 참 이상한 노릇이군. 눈앞에서 무엇인가 희미하게 반짝거리고 있잖아!"

시장이 중얼거렸습니다.

그것은 바로 눈물방울들이었습니다. 아이제나흐 출신인 늙은 안톤이 50년 전에 흘린 그 눈물 말이지요.

그 뒤에도 이 나이트캡을 썼던 모든 사람들은 환상과 꿈을 보았습니다. 그 나이트캡을 썼던 사람들은 자신들이 겪은 여러 이야기가 어느새 안톤의 이야기로 되어버렸습니다. 오랜 시간이 흐르면서 하나의 이야기가 만들어져갔습니다. 이렇게 전해지는 많은 동화들은 여러 사람들이 함께 만들어가는 것입니다. 우리는 그 가운데 첫 번째 동화를 이야기했을 뿐입니다. 나는 장가 못 간 늙은 총각이 썼던 나이트캡의 이야기가 당신에게는 되풀이되지 않기를 바란다는 마지막 말로 이 이야기를 맺고자 합니다.

083
뜻깊은 일
Noget

"나는 꼭 훌륭한 인물이 될 거야."

다섯 형제 가운데 맏이가 말했습니다.

"이 세상에 꼭 필요한 사람이 될 테야. 사회적 지위로 따진다면 아주 보잘것없을 수도 있겠지. 하지만 내가 이룩한 것이 사회에 반드시 도움이 된다면, 그게 바로 훌륭한 인물이 되는 걸 거야. 그래서 난 벽돌을 만들려 해. 벽돌 만드는 일은 이 세상에 없어서는 안 되니까 말이야. 내가 그 일을 열심히 한다면 무언가 이루게 되는 거겠지.”

“하지만 그건 너무 하찮은 일이야!”

둘째가 말했습니다.

“큰형이 생각하는 일은 아무 일도 하지 않는 것과 똑같아. 벽돌 만들기는 막일꾼이나 하는 노동일 뿐이야. 그 정도 일은 기계가 대신할 수도 있다고. 차라리 벽돌공이 되는 건 어때? 이거야말로 틀림없이 뜻있는 일이라고. 그래, 난 벽돌공이 되겠어! 벽돌 쌓는 일은 기술이 필요해서 확실한 지위를 갖는 직업이거든. 이런 지위가 있어야 협동조합에도 들어갈 수 있고, 마땅한 시민이 될 수도 있어. 벽돌공은 조합 깃발도 갖고 가게도 차릴 수 있거든. 그래, 일이 잘되면 제자도 여럿 두어 숙련 기능인이라 불리게 되지. 내 아내는 숙련 기능인의 부인이 되는 거야. 이것이야말로 뜻있는 일이 아니겠어?”

“그것도 그리 자랑할 만한 일은 아니야.”

셋째가 말했습니다.

“왜냐하면 벽돌공은 상류 계급에 속하지도 않거든. 도시마다 많은 계층의 사람들이 있어. 장인보다 훨씬 위에 있는 계층도 많단 말이지. 둘째 형이라면 직업을 가진 남자가 될 수는 있겠지. 하지만 장인 정도는 그저 ‘보통’ 사람일 뿐이야. 나는 더 좋은 일을 알고 있거든. 나는 건축 숙련 기능인이 될 거야. 그러고 나서 예술적인 경지를 거쳐 정신적으로도 좀 더 높은 지위에까지 올라갈 거야. 그러기 위해서는 먼저 맨 아래에서부터 출발해야겠지. 처음엔 잔심부름이나 하면서 일을 배우는 것부터 시작해야 돼. 평소엔 중절모를 쓰지만, 차양 달린 모자를 써야만 해. 그리고 제자들의 심부름으로 맥주와 양주를 사다주어야 하지. 사람들은 나에게 말끝마다 ‘너’라고 할 거야. 그때마다 몹시 화가 나겠지만 그 모든 아니꼽고 치사한 일들을 지금은 가면무도회에 있으며 사람들은 모두 얼굴을 숨기고 무례한 짓을 한다 생각하면서 내가 제자가 되는 날이면 나는 나만의 길을 가겠지. 다른 사람들은 더 이상 나를 괴롭히지 않게 되는 거야. 나는 건축 전문학교에 가서 설계하는 일을 배우게 되고, 마침내 건축가라 불릴 거야. 이거야말로 뜻있고 훌륭한 일 아니겠어? 아니, 그 이상이라고. 나는 고귀한 귀족이 되고 품격 있는 사람이 될 수 있어. 그래, 앞으로 칭호를 얻을지도 모르지. 나는 집을 짓고, 또 지어 가겠어. 다른 사람들이

내 앞에서 이룬 것처럼 바로 그렇게 말이야. 이게 바로 세상에 도움이 되는 일이지. 틀림없어. 이 모든 게 바로 뜻있는 일이라고."

"그래도 난 의미 있는 일들을 따라하지는 않겠어."

넷째가 말했습니다.

"나는 남이 하던 일을 따라하지는 않을 거야. 서투르게 흉내 따위나 내지는 않을 거라고. 나는 천재가 될 거야. 형들이 이룬 모든 것을 합친 것보다 더욱 재능을 드러낼 거야. 나는 새로운 양식을 만들어 나가겠어. 우리나라 기후와 건축 재료에 알맞고 우리 국민에게 딱 맞는 양식 말이야. 시대 흐름에 맞추어 발전하는 창의력을 부여하겠어. 이렇게 되면 이 세상에는 나의 천재성이 나타나는 건축물이 들어서게 되는 거야."

"하지만 기후와 건축 재료가 아무런 쓸모없는 것이 된다면?"

막내가 물었습니다.

"그러면 뜻있는 일이 못 되지. 그 둘은 건축에 큰 영향을 끼치니까 말이야. 국민성에 맞춘 건축물이라는 것도 우스꽝스러울 만큼 지나치게 부풀려진 이야기야. 시대의 발견도 넷째 형이 하려는 일과 함께 어느새 지나가 버리겠지. 마치 어린 시절이 훌쩍 지나가듯 말이야. 내가 보기에 형들 가운데 어느 누구도 뜻있는 일을 해내지는 못할 거야. 형들이 스스로 믿는 만큼 그렇게 훌륭한 일을 이루어 내지는 못할걸. 그러니 어디 마음대로들 해 봐. 하지만 난 형들처럼 되지 않을 거야. 먼저 옆으로 비켜서서 형들이 하려는 일에 잘못된 건 없는지 따져보겠어. 모든 일에는 잘못이 있게 마련이거든. 그것을 잡아내어 비판할 테야. 이 일이야말로 뜻있는 일이야."

그리고 막내는 자신이 말한 대로 행하였습니다. 사람들은 그의 행동에 대해서 이렇게 말했습니다.

"저 남자에게는 틀림없이 무언가 특별한 게 있어. 머리가 좋은데도 뭘 하려고 들지를 않아."

하지만 그가 뭘 하려 들지 않는다는 사실에서 막내는 그 나름대로 뜻이 있는 사람처럼 보였습니다.

여러분들이 보았듯이 다섯 형제 이야기는 이렇게 짧은 이야기에 지나지 않습니다.

하지만 그들은 정말 아무것도 이루지 못한 것일까요? 물론 그것은 그리 중요한 건 아니지만요. 잠깐! 계속해서 들어 보세요. 이제 본격적인 이야기가 시작되니까요.

벽돌을 만들었던 큰형은 모든 벽돌 하나하나마다 구리로 된 동전을 받았습니다. 작은 동전은 쌓이고 쌓여 이윽고 번쩍번쩍 빛나는 돈 무더기가 되었습니다. 큰형은 이 동전으로 빵가게에서는 빵을, 푸줏간에서는 고기를, 양복점에서는 멋진 옷을 샀습니다.

그렇습니다. 큰형이 가게마다 찾아가 문을 두드리면 사람들은 문을 활짝 열어 주었습니다. 그는 자신이 필요로 하는 모든 것을 쉽게 얻을 수 있었습니다. 여러분들이 보듯이, 벽돌들이 이토록 많은 돈을 벌도록 한 것입니다. 물론 중간에서 망가지거나 부서진 벽돌들도 많았지만 이런 벽돌들도 나름대로 쓸 곳이 생기기 마련이지요.

마르그레테라는 여인이 마을 밖, 둑 위에 조그만 벽돌집을 지으려 했습니다. 하지만 그녀는 너무나도 가난했기 때문에 큰형에게서 돌 조각들과 부서지지 않은 벽돌들을 조금 받았습니다. 큰형은 이처럼 마음씨가 고왔답니다. 그러나 그가 준 벽돌로 집을 짓기에는 턱없이 모자랐지요. 그래서 가난한 여인은 스스로 작은 집을 지어야 했지요.

완성된 집은 창문 하나가 비스듬히 박힌 아주 좁은 집이었습니다. 현관문은 지나치게 낮아, 지나다닐 때마다 머리가 부딪칠 정도였습니다. 짚을 잘 꼬아 지붕을 만들지는 못했지만 훌륭한 보금자리이자 차가운 비를 막아 주는 튼튼한 우산이 되었습니다. 또한 바다 건너 먼 곳까지 바라볼 수도 있었답니다. 둑으로 세차게 달려들어 부딪친 파도들은 조각조각 부서졌습니다. 찰싹거리면서 짭짤한 물방울들은 둑 너머 이 작은 집 창에 흩뿌렸습니다.

벽돌을 나누어 주었던 큰형이 세상을 떠나 한줌의 흙이 될 때까지 집은 둑 위에 서 있었습니다.

둘째는 남들과 다른 새로운 방법으로 벽을 쌓았습니다. 그러한 일을 처음부터 차근차근 열심히 배웠기 때문입니다.

그는 기능공 시험에 작품을 낸 뒤, 배낭끈을 질끈 묶고 길을 떠났습니다. 기능공들의 노래를 흥겹게 부르면서 말이죠.

나는 젊음의 패기를 가지고 앞으로 나아간다네
낯선 곳이어도 나의 고향에서 하듯이 부지런히 벽돌을 쌓아 가네
내 손으로 하는 일, 그것은 곧 값진 돈이고 재산이라네
나는 내 젊은 힘을 믿는다네.
언젠가 내 조국 내 고향으로 돌아가리
상냥한 그녀는 내가 돌아오길 기다리지. 만세!
부지런한 기능인은 인생에서 늘 값어치 있는 사람이라네!

이렇게 둘째는 노래 가사대로 이루어졌습니다.

그는 고향으로 되돌아온 뒤 장인이 되어 계속해서 도시에 집을 지어나갔습니다. 둘째가 지은 집들로 하나의 거리까지 이루게 되었습니다. 깨끗이 정돈된 거리는 참으로 멋있었습니다. 이렇게 해서 이 거리는 도시에 명성을 가져다주었습니다.

둘째가 지은 많은 집들은 그를 위해 작은 집을 하나 지어 선물로 주었습니다. 그런데 집들이 어떻게 둘째를 위한 집을 지을 수 있었을까요? 집들에게 물어 보세요. 어떤 대답도 들을 수 없겠지만요. 하지만 사람들은 이렇게 대답할 것입니다.

"정말이야, 그가 집을 많이 지어서 만들어진 거리가 그에게 집을 지어 준 거나 마찬가지야."

그의 작은 집 바닥은 흙으로 만들어졌습니다. 하지만 둘째 형과 그의 신부가 함께 춤을 추니, 언제부터인가 바닥은 번쩍번쩍 윤이 났지요. 그리고 모든 벽돌 사이에서 꽃이 활짝 피어났습니다. 그 모습은 마치 아름다운 벽걸이처럼 보였습니다. 둘째 부부는 멋진 집에서 행복하게 살았습니다. 장인들의 깃발이 집 밖에서 휘날렸으며, 장인과 도제들은 함께 만세를 부르며 기뻐했습니다. 오, 그래요. 이것이 바로 뜻있는 어떤 일이지요. 이윽고 둘째는 나이가 들어 죽었습니다. 그의 죽음도 의미를 지닌 것이었습니다.

건축가인 셋째는 어떻게 지내고 있을까요? 그는 처음에 잔심부름이나 해주는 일부터 시작했습니다. 차양 달린 모자를 쓰고 심부름을 했답니다. 그러다 마침내 건축 전문학교를 다니면서 건축 시공인으로 올라서게 되었습니다. 그가 바란대로 '고귀하고 품격 있는 사람'이 된 것입니다. 그가 거리에 지은 집들은 벽돌 쌓는 장인이었던 둘째를 위해 집을 한 채 지어 주었습니다. 이제 이 거리에는 셋째의 이름이 붙여지게 되었답니다.

게다가 거리에서 가장 아름다운 집은 셋째의 집이 되었습니다. 이 또한 뜻있는 일이랍니다. 셋째도 이로써 무언가 뜻있는 일을 한 사람이 되었습니다. 이것은 그에게 붙은 칭호를 보아도 쉽게 알 수 있었습니다.

셋째의 자녀들은 상류 계층이 되었습니다. 그가 죽었을 때, 그의 부인은 신분 높은 미망인이 되었지요. 이 또한 의미 있는 일이었습니다.

셋째의 이름은 오늘날까지 거리 모퉁이에 뚜렷이 새겨져 있답니다. 이윽고 마을 이름이 되어 모든 사람들 입에 오르내리게 되었지요. 참으로 뜻있는 일이지 않나요.

이제 천재인 넷째 이야기입니다. 그는 무언가 새롭고 특별한 것을 만들기 위해 단층집을 만들었습니다. 하지만 집은 갑자기 무너져 내리면서, 넷째는 목이 부러져 죽고 말았습니다. 그래도 그는 협동조합 깃발이 펄럭이고 엄숙한 음악이 울려 퍼지는 숙연한 분위기 속에서 좋은 묘지에 묻혔습니다.

신문에는 애도의 기사가 실렸습니다. 그의 죽음을 슬퍼하는 사람들의 행렬이 길 위로 줄지어 나아가고 있었습니다. 넷째를 기리는 길고 긴 조사도 세 차례나 읊어졌습니다. 그 가운데 조사 하나는 다른 것보다 더욱 길었습니다. 세

번에 걸친 조사를 들은 넷째는 무척 기뻐했을 것이 틀림없습니다. 그는 다른 사람들이 자신에 대해 이야기하는 것을 매우 좋아했기 때문입니다.

넷째의 무덤 앞에는 그를 칭송하는 비석이 세워졌습니다. 그는 비록 단층집을 세웠지만 그것 또한 무언가 의미 있는 일이었습니다.

이렇게 해서 넷째도 세 형들처럼 뜻있는 죽음을 맞이했습니다. 하지만 자신의 형들을 비판했던 막내는 그들이 죽은 뒤에도 오래오래 살아남았습니다. 형들이 모두 죽은 뒤에도 비판을 계속할 수 있다는 사실은 적어도 그에게는 커다란 뜻있는 일이었습니다.

"그는 참으로 머리가 좋단 말이야."

사람들은 그렇게 말했습니다. 하지만 그에게도 떠나야 할 시간이 다가왔습니다.

마침내 그는 죽어서 하늘나라로 가는 문에 이르게 되었습니다. 사람들은 죽고 난 뒤 저승에서의 삶을 위해 이곳에 도착하는 것입니다. 막내는 하늘나라에 이르는 문 앞에서 또 다른 하나의 영혼과 함께 서 있었습니다. 다른 사람 또한 하늘나라로 들어가고 싶었던 것입니다. 그 영혼은 바로 둑 위의 벽돌집에서 살았던 여인, 마르그레테였습니다.

"가련한 영혼과 함께 이곳에 서게 되다니. 이건 무언가 나와 비교가 되기 때문일 거야."

비판가인 막내는 이렇게 생각했습니다.

"그래, 당신은 누구신가요? 당신도 여기에 들어갈 건가요?"

막내가 물었습니다.

그러자 늙은 여인은 정중하게 고개를 끄덕였습니다. 그녀는 분명히 그를 성 페트루스 천사라 생각했을 것입니다.

"저는 불쌍하고 가난한 여자입니다. 가족은 아무도 없어요. 제 이름은 마르그레테이고, 둑 위 작고 보잘것없는 집에서 살았답니다."

"그렇군요, 당신은 저 아래 나라에서 무엇을 했습니까? 그리고 무슨 일을 이루었습니까?"

"사실대로 말씀드리자면 저는 이 세상에서 아주 조그만 일도 이루어 내지 못했어요! 하늘나라로 들어갈 자격이 될 만한 그 어떤 일도 하지 못했지요. 하지만 제가 이 문을 지나 하늘나라로 가도록 허락해 주신다면, 그것은 참으로 주님 뜻이고 은총입니다!"

"당신은 어떻게 세상을 떠나게 되었습니까?"

막내가 물었습니다. 그는 하늘나라로 가는 입구에 서서 기다리는 일이 말할 수 없이 지루했으므로 무엇이든 이야깃거리를 찾아내어 이렇게 물은 것입니다.

"글쎄요, 저도 제가 어떻게 세상을 떠나게 되었는지 잘 모르겠어요! 지난 몇 년 동안은 몹시 병이 들었습니다. 도저히 침대에서 기어나와 엄청난 추위가 몰려오는 밖으로 나갈 수가 없었지요. 정말 지독하게 추운 겨울이었답니다. 하지만 저는 그 겨울을 억세게 견뎌냈습니다. 2, 3일 동안은 바람도 없이 조용했어요. 그래도 정말 매서운 추위였습니다. 존귀한 몸이신 당신께서는 이미 얼마나 추운 날씨였는지 잘 아시겠지요. 바다 수평선 저 멀리까지 얼음이 깔려 있었습니다. 도시의 모든 사람이 얼음판으로 몰려들어 스케이트 경주를 했지요. 요란스레 음악이 연주되어 사람들은 신이 나서 사뭇 떠들며 춤도 추었답니다. 거기에는 그럴듯한 가게까지 있었어요. 모두가 와자지껄 떠들고 웃으며 음식을 먹는 소리가 제 귀에까지 들려왔어요. 하지만 저는 초라한 집에서 가만히 누워만 있었습니다. 아마도 저녁 무렵이었을 겁니다. 달이 떠올랐지만 달빛은 그리 밝지 않았지요. 저는 침대에서 창문으로 해안 너머까지 바라보았습니다.

그때 하늘과 바다가 만나는 수평선 위로 한 번도 본 적 없는 새하얀 구름이 떠올랐습니다. 저는 침대에 누워 그 구름을 찬찬히 바라보았습니다. 그 구름 가운데에서 까만 점이 보였습니다. 점은 차츰 커졌지요. 그때 저는 그것이 무엇을 의미하는지 알았습니다. 살아 온 세월동안 본 적이 있었기 때문이지요. 무서운 공포가 밀려오더군요!

저는 여태껏 이런 일이 생기는 것을 두 번 보았습니다. 그것은 바로 해일과 함께 소름끼치는 폭풍이 오고 있다는 신호였습니다. 폭풍은 해안가에서 즐겁게 놀고 있는 사람들을 덮칠 것입니다. 그런 줄도 모르고 모두 꽁꽁 언 바다 위에서 즐겁게 술을 마시고, 뛰어놀며 환성을 지르고 있었습니다. 너 나 할 것 없이 함께 어울려 놀고 있었지요. 온 도시 사람들이 모두 이곳에 모인 듯했습니다. 하지만 어느 누구도 다가오는 폭풍의 공포를 느끼지 못했습니다. 그것을 아는 사람은 오직 저뿐이었는걸요. 저도 모르게 힘이 솟았습니다. 이미 오래 전에 사라진 기운이 되살아난 것이었습니다.

저는 침대에서 나와 창문으로 기어갔습니다. 그 이상은 할 수 없었지만 창문

만큼은 가까스로 열 수 있었습니다. 사람들이 얼음 위에서 스케이트를 타며 즐겁게 놀고 있었습니다. 화려하게 장식된 깃발도 보았습니다. 어린이들의 함성 소리는 여인들과 젊은이들의 노랫소리에 어우러졌습니다. 얼음판 위에서는 기쁘고도 즐거운 시간이 이어졌습니다. 그러나 까만 구멍을 가진 하얀 구름은 차츰 높이 높이 올라갔습니다. 저는 있는 힘껏 큰 소리로 외쳤습니다. 하지만 아무도 제가 외치는 소리를 듣지 못했습니다. 저는 그들로부터 너무나 멀리 떨어져 있었거든요. 우물쭈물하는 동안 천둥이 치고 얼음이 깨질 게 틀림없었습니다. 얼음 위에서 노는 사람들은 어떤 도움도 받지 못한 채 물 속으로 빠져버리고 말 것입니다. 사람들은 제가 소리치는 것을 들을 수 없었고 그렇다고 제가 그들에게까지 갈 수도 없었습니다. 제가 모두를 육지까지 불러올 수만 있다면!

바로 그때 하느님께서 저에게 이르시기를 침대에 불을 붙이고, 집을 완전히 불태우라고 하셨습니다. 밖에 있는 많은 가엾은 사람들이 폭풍 때문에 죽는 것보다는 제 작은 집을 태우는 게 더 낫다는 생각이었습니다.

그래서 저는 집에 불을 붙였습니다. 새빨간 불빛을 보았습니다. 그리고 마지막 힘을 다해 문을 열고 밖으로 나올 수 있었습니다. 하지만 더 멀리 가지 못하고 거기에 쓰러져 버리고 말았지요. 더는 걸을 수가 없었습니다. 제가 빠져나오자마자 불기둥은 창문으로 뿜어나와 지붕까지 치솟아 올라 불이 붙었습니다. 얼음판에서 놀던 사람들은 그제야 제 집이 불타는 것을 보게 되었습니다.

불꽃을 본 그들은 온 힘을 다해 뛰기 시작했습니다. 제 소망대로 죽음이 덮칠 얼음판에서 달려 나간 것입니다. 모두 저를 구하기 위해 죽을 힘을 다해 달려왔습니다.

저는 그들이 달려오는 소리를 들었습니다. 하지만 가까이 다가오는 사람은 한 명도 없었지요. 불꽃이 갑자기 울부짖듯이 하늘로 치솟는 소리가 들려왔습니다. 마치 둔탁한 대포 소리 같았습니다. 곧 해일이 얼음판을 덮쳤습니다. 얼음판은 우지끈 산산조각이 나며 부서져 버렸습니다. 다행히도 사람들은 이미 둑 위로 몸을 피하고 있었습니다.

불꽃은 이미 제 몸을 까맣게 태운 뒤 높이 솟아올랐습니다. 모두가 무사한 모습이 보였지요. 그렇게 제 집에 불을 지르는 대신, 사람들을 모두 안전한 곳으로 피하도록 할 수 있었습니다. 하지만 저는 엄청난 추위를 견딜 수가 없었습니다. 그래서 이렇게 하늘나라로 가는 문까지 올라오게 된 것입니다. 사람들은 저처럼 불쌍한 사람에게도 하늘나라로 가는 문이 열려 있다고 말했으니까요. 하지만 집이 없다는 사실만으로 하늘나라로 들어갈 수 있는 것은 아니지요."

그 순간 찬란한 하늘나라 문이 활짝 열렸습니다. 어디선가 천사가 나타나 늙은 여인을 하늘나라로 이끌었습니다. 그녀는 저 아래 둑에서 지푸라기 하나를 손에 쥐고 왔습니다. 바로 침대에 깔려 있었던 지푸라기들 가운데 하나, 수많은 사람들의 목숨을 구하기 위해서 불을 붙였던 그 지푸라기였습니다. 그런데 지푸라기는 금으로 변해 있는 게 아니겠어요? 게다가 차츰 커지더니 세상에 둘도 없는 아름다운 장식품을 만들었습니다.

"자, 이걸 보세요. 가여운 여인이 이토록 훌륭한 것을 가져왔어요!"

천사가 말했습니다.

"그런데 당신은 도대체 무엇을 가져왔는지요? 그래요, 나는 당신이 아무것도 이루지 못한 것을 잘 알고 있어요. 벽돌 하나조차도 만들지 않았으니까요. 다시 돌아가면 최소한 벽돌 하나라도 가져올 수 있으면 좋겠지만 그것뿐이 아닌 벽돌이 당신의 정성과 의지를 가지고 만들어진 것이어야 하지요. 그것이 바로 뜻있는 일이랍니다. 하지만 이제 당신은 되돌아갈 수 없어요. 나는 당신을 위해 아무것도 해 줄 수가 없습니다."

그러자 둑 위의 집에서 살았던 가엾은 여인의 영혼이 막내를 위해 천사에게 애원하기 시작했습니다.

"저분의 큰형이 벽돌과 작은 조각들을 만들어서 제게 선물했습니다. 초라했던 제 집은 바로 그것들이 모여 지어진 것입니다. 저처럼 가난한 사람에게는 참으로 커다란 힘이었어요. 그렇게 작은 벽돌 조각들과 부스러기들을 모은다면 저분을 위한 하나의 벽돌로 생각할 수 있지 않을까요? 큰형의 행동은 자비로운 것이었습니다. 그리고 그런 선행이 여기 이렇게 남아 있는 것이랍니다!"

"당신은 큰형을 아무 보잘것없는 존재라 여겼어요. 큰형이 이룬 일은 그의 모든 명예가 거기에 담겨 있는데도 당신의 눈에는 가장 가치 없는 일에 지나지 않았지요. 하지만 그렇게 무시했던 큰형이 하늘나라에서 당신에게 작은 사랑을 선물한 것이지요."

천사가 말했습니다.

"당신은 이곳에서 곧바로 쫓겨나지는 않아요. 문 밖에 서서 당신이 오늘까

지 살아 온 삶을 깊이 반성하고 당신의 삶을 이제라도 구해 보도록 하세요.
이것이 당신이 할 수 있는 오직 하나뿐인 방법입니다. 그러나 당신이 무언가
뜻 깊은 일을 이루기 전에는 하늘나라로 들어오지 못할 것입니다!'

'저라면 그것을 말로 더욱 잘 설명할 수 있는데요!'

막내는 속으로만 중얼거렸습니다. 이 생각을 소리내어 말하지 않은 것도 나
름대로 뜻있는 것이기 때문입니다.

084
떡갈나무의 마지막 꿈
Det gamle Egetræs sidste Drøm
성탄절에 읽는 동화

눈앞에 탁 트인 바다가 보이는 높고 가파른 숲속 언덕에 아주 오래된 떡갈
나무 한 그루가 서 있었습니다. 이 나무는 365년이나 살아왔습니다. 하지만 이

처럼 긴 시간도 나무에게는 그리 긴 나날이 아닙니다.

사람들은 낮에는 깨어 있고 밤에는 잠을 잡니다. 그리고 꿈도 꾸지요. 하지만 나무는 그렇지 않습니다. 나무는 1년에 세 계절을 깨어 있습니다. 그리고 겨울이 되면 비로소 잠을 잡니다. 이를테면 겨울은 나무들이 잠자는 시간인 셈입니다. 겨울은 나무에게는 밤이 되는 것입니다. 겨울은 봄, 여름, 가을이라는 기나긴 낮이 지나고 마침내 찾아온 밤입니다.

무더운 여름날, 하루살이는 찌는 듯한 더위 속을 춤추듯이 돌아다니면서 자신이 무척 행복하다고 생각했습니다. 행복감에 젖은 깨알처럼 작은 하루살이는 커다랗게 자란 떡갈나무의 새로 돋은 잎에 앉아 잠깐 쉬었습니다. 하루살이가 떡갈나무 잎에 앉으면 나무는 늘 이렇게 말하곤 했습니다.

"작은 하루살이는 참 불쌍해! 일생이라야 고작 단 하루에 지나지 않다니. 그토록 짧은 시간밖에 살 수 없다는 건 참으로 슬픈 일이야."

"슬프다고? 나무야, 그게 무슨 소리야? 그래도 하늘은 비할 데 없이 맑고 따뜻해. 모든 것이 놀랍도록 멋있어. 나는 말할 수 없이 행복하단다!"

하루살이가 말했습니다.

"하지만 그런 행복이라야 겨우 딱 하루뿐이잖아. 하루만 지나면 모든 게 끝이지 않니."

"하루 만에 끝난다고? 무엇이 끝나? 너도 끝나 버리니?"

하루살이가 되물었습니다.

"아니야, 난 너보다 수천 배는 더 살지. 그리고 내 하루는 너의 1년만큼이나 길 거야. 그건 아주 길어서 헤아릴 수조차 없을걸!"

"뭐야. 도대체 너를 이해할 수가 없구나. 넌 내가 사는 날보다 수천 배는 더 산다고 했지? 그래도 난 기쁘고 행복하게 느낄 수 있는 순간을 수천 번이나 가지고 있단다. 네가 죽으면 이 세상의 위대하고 아름다운 모든 것도 함께 끝나고 마니?"

"그건 아니야. 이 세상의 아름다움은 더욱 오래 지속되지. 세상의 위대함은 내가 생각할 수 있는 것보다도 한결 길게 계속되는 거야."

나무가 말했습니다.

"그렇다면, 우리들 모두 이 세상의 훌륭한 아름다움을 똑같이 많이 가지고 있는 셈이야. 다만 서로 다르게 계산할 뿐이지."

　이렇게 말하고 나서 하루살이는 춤추듯 하늘로 날아올라갔습니다. 하루살이는 자신이 멋지고도 정교한 날개와 비단 같은 깃털을 가지고 있다고 여기며 스스로 기뻐했습니다. 하루살이는 하늘을 빙빙 돌며 따뜻한 공기를 마음껏 즐겼습니다. 공기는 클로버와 장미, 라일락, 울타리에 우거진 인동덩굴이 풍기는 향기로 가득 찼습니다. 선갈퀴, 앵초, 곱슬곱슬 박하는 조용히 침묵을 지켰습니다. 꽃들이 빚어내는 온갖 향기는 몹시 강해서 하루살이도 그만 꽃들의 향기에 흠뻑 취하고 말았습니다.

　하루살이에게 있어 하루는 참으로 만족할 만큼 길고 장엄했으며, 더할 나위 없는 기쁨과 달콤함으로 가득 찼습니다. 그리고 해 질 무렵이면 하루살이는 하루 동안의 모든 기쁨에 나른한 피로를 느끼게 됩니다. 그쯤 되면 하루살이는 더 이상 두 날개를 펄럭이지 않습니다. 부드럽고도 가냘픈 풀잎에 아주 천천히 조심조심 내려앉습니다. 가볍게 고개를 끄덕거리면서 내려앉습니다. 그러고는 기쁨 속에서 깊이 잠들어 버립니다. 이렇게 하루살이는 삶을 마치는 것입니다.

　"아아, 가엾은 작은 하루살이여, 너무도 짧은 삶이구나!"

　떡갈나무가 말했습니다.

　여름날 내내, 하루살이의 똑같은 춤, 떡갈나무와 주고받는 늘 같은 말, 똑같은 죽음이 되풀이되었습니다. 이런 일들은 새로운 하루살이가 떡갈나무에게로 날아올 때마다 반복되었습니다. 하루살이들은 모두 행복해하고 똑같이 기뻐했습니다.

떡갈나무는 봄날 아침, 여름날 오후, 그리고 가을날의 저녁에도 언제나 깬 채로 한자리에 서 있었습니다. 그리고 마침내 떡갈나무가 잠들 시간이 다가왔습니다. 떡갈나무의 밤 시간인 겨울이 찾아온 것입니다.

지나가던 폭풍이 잠시 멈추고 노래를 불렀습니다.

"잘 자라, 떡갈나무야. 잘 자라. 네 잎이 하나둘 떨어지는구나. 여기에도 하나, 저기에도 하나. 네 잎은 날이 갈수록 자꾸만 떨어질 거야. 우리는 네게 남아 있는 잎들을 모두 떼어주어야 한단다. 네가 겨우내 편히 잠들 수 있게 말이야. 우리는 잠든 너를 위해 노래하고, 잠든 너를 요리조리 흔들어 주지. 네 오래된 가지들에게 얼마나 좋은 일이니? 가지들이 더할 나위 없는 기쁨에 마치 노래하는 듯해. 잘 자라, 잘 자라. 이제부터 너에게는 기나긴 밤이 시작되는 거야. 너는 이제 갓 태어난 아이와 같단다. 잘 자라. 구름은 새하얀 눈을 내려줄 거야. 눈이 내리면 땅은 침대 시트를 덮은 듯이 온통 하얗게 된단다. 이것은 네 발을 덮어 주는 따뜻한 이불과 같은 거야. 잘 자고 좋은 꿈 꾸렴."

떡갈나무는 마치 옷을 벗듯이 자신이 지닌 모든 잎들을 우수수 떨어뜨렸습니다. 긴 겨울 동안 편안하게 잠들고 더 많은 꿈을 꾸기 위해서입니다. 떡갈나무는 늘 자신이 겪은 일들을 꿈꾼답니다. 사람들이 꾸는 꿈과 다를 바 없지요.

커다란 떡갈나무도 한때는 아주 작았습니다. 그 작은 나무는 한결 더 작은 열매에서 생긴 것입니다. 사람들 말에 따르면 떡갈나무는 이제 어느덧 400살 가까운 나이가 되었습니다. 그래서 이 숲에서 가장 크고 가장 높이 솟은 나무가 되었습니다.

떡갈나무 꼭대기는 다른 나무들 위로 우뚝 솟아 있어서 멀리 바다에서도 그 모습을 볼 수 있었습니다. 그래서 떡갈나무는 선원들의 이정표가 되기도 했습니다. 그럼에도 떡갈나무는 얼마나 많은 사람들이 자신을 쳐다보는지 생각조차 해 보지 않았습니다.

산비둘기가 왕관처럼 생긴 떡갈나무의 푸른 머리에 둥지를 틀었습니다. 뻐꾸기도 그곳에서 소리를 냅니다. 떡갈나무 잎들이 햇빛을 받아 번쩍이는 구리판처럼 보이는 가을에는 철새들이 호수를 건너기 전에 떡갈나무에 앉아 편히 쉽니다. 그러나 지금은 겨울입니다. 떡갈나무는 벌거벗은 모습으로 우두커니 서서 겨울잠을 자고 있습니다. 사람들은 그제야 나뭇가지들이 어떻게 마디가 져 있고 굽어 있는지 제대로 볼 수 있습니다. 까마귀들과 다른 검은 새들이 나뭇가지에 앉아 쉬어가며 불평을 늘어놓습니다. 겨울엔 먹이를 구하기가 아주 힘들다고 너도나도 재잘거립니다.

성스러운 성탄절이 되었습니다. 그날 밤, 떡갈나무는 이제까지 꾸어 온 그 어느 꿈보다 더 아름다운 꿈을 꾸었습니다. 우리는 이제 그 꿈 이야기를 들어 보려고 합니다.

떡갈나무는 축제 시간이 되었음을 잘 알 수 있었습니다. 여기저기서 들려오는 교회 종소리와 노랫소리가 매우 가깝게 들렸습니다. 종소리는 부드럽고 은은하며 따뜻한 여름날의 햇볕처럼 포근했습니다.

떡갈나무는 제 커다란 머리로 하늘을 올려다 보았습니다. 햇빛은 마른 나뭇가지들 사이에서 반짝반짝 빛났습니다. 식물과 덤불에서 나는 향기가 온 세상에 가득했습니다. 알록달록 나비들이 술래잡기놀이를 했습니다. 하루살이들은 참으로 신나게 춤을 추었습니다. 떡갈나무가 1년 내내 경험했던, 자신의 주위에서 보았던 모든 것들이 마치 축제 행렬처럼 펼쳐졌습니다.

떡갈나무는 기사들과 여자들이 모자에 깃털을 달고 손에는 회초리를 들고 숲을 가로질러 달리는 것을 보았습니다. 사냥을 알리는 나팔 소리가 울려 퍼지자 사냥개들이 앞 다투어 뛰어나갔습니다. 떡갈나무는 번쩍거리는 화려한 옷차림을 하고 창과 미늘창(창과 도끼 모양의 날이 함께 붙은 옛날 무기)을 든 적군 병사들이 야영 막사를 짓는 모습을 보았습니다. 밤에 누가 오는지 감시하기 위한 불빛이 활활 타올랐습니다. 그리고 적군이 진을 친 나뭇가지 아래에서는 병사들이 노래를 부르거나 잠을 잤습니다.

떡갈나무는 사랑하는 사람들이 달빛 아래에서 조용히 행복에 젖어 사랑을 나누는 모습도 보았고, 그들이 자신들 이름 첫 글자를 청회색 잎새에 새기는 것도 보았습니다. 시타르(현악기의 한 종류)와 아이올로스의 하프(바람결에도 울리는 하프)도 거기에 있었습니다. 그래요, 그것들은 오랫동안 그곳에 놓여 있던 것들입니다. 여행을 떠나는 용감한 도제들이 떡갈나무 가지에 걸어 놓았던 것들입니다. 그러한 악기들은 지금 그곳에 다시 걸렸습니다. 그리고 매우 조심스럽게 소리를 냅니다. 산비둘기들이 떡갈나무의 느낌을 말하려는 듯이 구구 울었습니다. 뻐꾸기는 떡갈나무가 얼마나 더 많은 여름날들을 살게 될 것인가를 말하려는 듯 크게 소리내어 울었습니다.

바로 그때, 떡갈나무는 생명의 물이 온몸을 타고 흐르는 듯한 느낌을 받았습니다. 그 느낌은 가장 작은 뿌리에서부터 가장 높이 솟은 가지까지 타고 올라가, 잎새에까지 파고들었습니다. 떡갈나무는 새 생명의 물이 얼마나 넓게 퍼지고 있는가를 느꼈습니다. 그렇습니다, 떡갈나무는 땅 밑에도 생명과 온기가 있음을 뿌리로 느낄 수 있었습니다. 떡갈나무는 제 힘이 자꾸만 늘어나는 것을, 힘이 자꾸만자꾸만 높이 위로 치솟는 것을 깨달았습니다.

떡갈나무 줄기는 높이 치솟았습니다. 잠시도 쉬지 않고 높아만 갔습니다. 나무는 날로 자라났습니다. 왕관처럼 생긴 나무 머리는 더욱 부풀어 올라 옆으로 퍼졌고, 위로 솟아올랐습니다. 떡갈나무는 자라난 크기만큼 자신을 더 자랑스럽게 생각했습니다. 더욱 더 높이 올라가서 뜨거운 태양에까지 닿고 싶은 욕심이 생겨난 것입니다.

떡갈나무는 이제 구름 위까지 올라서게 되었습니다. 어두운 빛깔 철새 떼나 크고 하얀 백조 떼들이 떡갈나무 아래로 날아다녔습니다.

떡갈나무의 모든 잎은 마치 눈이라도 달린 듯이 모든 것을 볼 수 있었습니다. 별들은 낮에도 떠올라 밝게 빛났습니다. 잎마다 햇살을 받아 반짝거렸습니다. 그것은 말할 수 없이 정답고도 아름다운 것이었습니다.

별들은 사랑으로 가득 찬 어린 아이들의 초롱초롱 눈망울과 사랑하는 연인들이 나무 아래에서 나누었던 다정한 눈빛들을 기억했습니다. 그것은 고요하고도 기쁨으로 가득 찬 환희의 순간이었습니다. 하지만 떡갈나무는 더 큰 동경과 바람을 가지고 있었습니다. 저 아래에 있는 다른 나무들, 모든 덤불들, 그리고 꽃들도 자신과 함께 높이 올라서서 이런 영광과 기쁨을 함께 느낄 수 있었으면 하는 것이었습니다. 떡갈나무는 숲속 크고 작은 모든 것들이 함께 기쁨을 나누지 않는다면 아무리 장엄하고 아름다운 것이라도 온전한 행복을 주지는 않으리라 여겼습니다. 떡갈나무의 이러한 감정은 가지들과 잎들에게도 전해졌습니다. 마치 사람의 가슴과도 같이 깊숙이, 또 강하게 떨려 왔습니다.

떡갈나무의 머리는 마치 무엇을 찾기라도 하는 듯 가만가만 움직였습니다. 그러고는 무엇에 이끌리기라도 한 듯 조심스레 뒤를 돌아보았습니다.

거기에서는 선갈퀴와 인동덩굴에 있는 제비꽃의 강렬한 향기가 피어났습니다. 떡갈나무는 마치 뻐꾸기가 나무에게 대답을 하듯이, 모든 식물들이 자신에게 말하는 것을 들었다고 생각했습니다.

구름들 사이로 숲의 푸른 나무들이 높이높이 솟았습니다. 떡갈나무는 자기의 밑에서 다른 나무들이 성장해 가는 모습을, 그리고 자기처럼 위로 솟아오르는 것을 보았습니다. 덤불들과 식물들도 쑥쑥 자랐습니다. 그들은 뿌리로부터 뻗어 나와 재빠르게 하늘 높이 자라났습니다. 자작나무 가지가 그 가운데에서도 가장 빨랐습니다.

자작나무의 늘씬한 줄기는 마치 하얀 빛줄기처럼 반짝이면서 하늘 높이 올라갔습니다. 가지들은 푸른 면사포나 깃발처럼 바람에 휘날렸습니다. 숲의 모든 자연, 더욱이 갈색 깃털을 두른 갈대까지도 함께 자라났습니다.

새들은 자라는 모든 것들의 주위를 맴돌며 노래를 불렀습니다. 길고도 푸르게 늘어선 곡식들의 줄기에는 귀뚜라미가 내려앉았습니다. 귀뚜라미는 자신의 다리 위에 날개를 달고 이리저리 날아다니며 놀았습니다. 쌍무늬바구미들이 윙윙거리자 벌들도 윙윙대며 대답했습니다.

모든 새들은 즐겁게 노래를 불렀습니다. 온 세상은 노래로 뒤덮였으며, 기쁨은 하늘까지 가득 차올랐지요.

"물 위에 떠 있는 작은 꽃들도 함께 기쁨을 느껴야 해. 빨간 초롱꽃도 그리고 데이지꽃도."

그렇습니다. 떡갈나무는 이 모든 것들과 더불어 기쁨을 나누고 싶어했습니다.

"벌써 함께 느끼고 있어요. 우리도 느끼고 있다고요!"

이 세상 모든 것들의 노랫소리가 울려 퍼졌습니다.

"그런데 지난 여름에 있었던 아름다운 선갈퀴는 어디로 갔지? 작년에는 은방울꽃도 있었는데. 그리고 여기 멋지게 서 있었던 야생 사과나무는 어디 갔지? 오래 전에 보았던 숲의 찬란함은 모두 어디로 갔을까? 그 찬란함이 오늘이라도 다시 살아난다면, 얼마나 좋을까?"

"우리도 함께 하고 있어요! 우리도 함께 느끼고 있다고요!"

모든 것들이 나란히 부르는 노랫소리가 하늘 높은 곳에서부터 또 울려 퍼졌습니다. 그것은 마치 모든 것들이 높은 곳까지 함께 날아오른 듯한 느낌이었습니다.

"참으로 믿을 수 없을 만큼 아름다워! 나는 아름다운 모든 것과 함께 있어. 크고 작은 아름다운 것들! 단 하나도 내 기억 속에서 잊히지 않았지. 이런 온갖 행복은 도대체 어떻게 느낄 수 있는 거지?"

나이를 많이 먹은 떡갈나무가 환호했습니다.

"하늘나라에서는 모든 행복을 누릴 수 있지."

그때, 어디선가 우렁찬 대답이 떡갈나무에게 들려왔습니다.

계속 자라난 떡갈나무는 뿌리가 땅으로부터 점점 떨어져 나감을 느꼈습니다.

"뿌리가 떨어져 나가는 것이야말로 가장 좋은 게 아니겠어! 이제는 그 어떤 것도 나를 더 이상 붙들어 놓지 못할 거야. 나는 빛과 영광이 있는 가장 높은 곳으로 날아갈 수 있어. 그리고 나는 모든 사랑을 그곳에서 마주하게 되지. 크고 작은 온갖 사랑을. 그곳에는 모든 사랑이 있는 거야. 모든 사랑이!"

떡갈나무가 말했습니다.

그것이 바로 떡갈나무의 꿈이었습니다. 떡갈나무가 꿈을 꾸는 성스러운 성탄절 전날 밤, 세찬 폭풍이 땅과 바다 위로 몰아쳤습니다. 바다는 무겁고 큰 파도를 해변으로 보냈습니다.

떡갈나무는 '우지끈' 신음 소리와 함께 뿌리째 뽑혀 버렸습니다. 그것은 바로 떡갈나무가 그 뿌리가 땅에서 떨어져 나가는 꿈을 꿀 때 일어난 일입니다.

떡갈나무는 이렇게 사라져 버렸습니다. 365년에 걸친 떡갈나무의 삶은 이제 마치 하루살이가 보낸 하루와 같은 삶이 되고 만 셈입니다.

성탄절 아침에 해가 다시 떴을 때, 폭풍은 이미 가라앉았습니다. 교회마다 종소리가 울렸습니다. 축복에 가득 찬 소리였습니다. 굴뚝마다, 그리고 가난한 노동자의 지붕에서도 연기가 뭉게뭉게 피어올랐습니다. 마치 드루이덴(고대 켈트족의 제사장)들이 바치는 제물에서 피어나는 연기 같았습니다. 하느님께 감사의 뜻으로 제물을 바치고, 그것에서 피어오르는 연기가 제단에서 하늘로 올라가는 것처럼 보인 것입니다.

바다는 차츰 조용해졌습니다. 지난밤 폭풍우를 잘 헤쳐 나온 커다란 배 위에서는 깃발들이 자랑스레 나부꼈습니다. 성탄절을 기념하는 색색의 깃발들이었습니다.

"떡갈나무가 사라져 버렸어! 바다에서 육지를 찾을 때 항로 표지로 삼았던 그 오래된 떡갈나무가 없어졌다고."

어느 선원이 들뜬 목소리로 말했습니다.

"그렇군! 떡갈나무가 지난 밤 거센 폭풍우 때문에 쓰러진 거야. 이제 무엇을 표지로 삼지? 그 역할을 대신할 수 있는 게 없을 텐데!"

떡갈나무를 기억하는 선원들은 모두 아쉬워하며 한 마디씩 했습니다. 그들은 짧은 말로 아쉬움을 표현했지만 깊은 애정이 담긴 말이었습니다.

떡갈나무는 해변 가까운 언덕, 하얗게 눈이 덮인 곳에 길게 누워 있었습니다. 떡갈나무는 배에서 들려오는 사람들의 합창 소리를 들었습니다. 성탄절의 기쁨과, 인간의 영혼이 예수 그리스도를 통해 구원받은 기쁨을 그리고 영원한 삶을 바라는 노래였습니다.

크게 노래하라. 오, 하느님의 아들과 딸이여!
할렐루야, 우리는 이곳에서
더할 나위 없는 기쁨으로 넘쳐 난다네.
할렐루야, 할렐루야!

합창 소리는 이렇게 멀리멀리 울려 퍼졌습니다. 배 위 모든 선원들은 합창과 기도를 하면서, 모두가 하늘로 올라가는 듯한 기분이었습니다. 마치 오래된 떡갈나무가 성탄절에 마지막으로 꾸었던 가장 아름다운 꿈처럼 말입니다.

085
부적
ABC—Bogen

아득한 옛날에 이제 갓 결혼한 왕자와 공주가 있었습니다. 그들은 아주 행복하게 지냈습니다. 하지만 그런 가운데에서도 오직 한 가지 걱정이 있었습니다. 그것은 언제인가는 지금처럼 행복하지 않으면 어쩌나 하는 괜한 걱정이었습니다. 그래서 그들은 결혼 생활에 대한 불만을 미리 막기 위한 부적을 갖고 싶어 했습니다. 그러다가 깊은 숲 속에 사는 지혜로운 어떤 사람 이야기를 들었습니다. 그 현자는 이 세상 모든 근심과 슬픔을 치료할 수 있는 방법을 알고 있다고 했습니다. 왕자와 공주는 그 현자를 찾아가서 그들의 근심거리를 털어놓았습니다.

그 지혜로운 이는 그들의 말을 듣더니 이렇게 말했습니다.

"이제부터 세상을 돌아다니다가 결혼 생활에 참으로 만족스러워하는 부부를 만나거든 그들의 속옷 조각을 달라고 하시오. 그 천조각을 언제나 몸에 지니고 다니면 큰 효험을 보게 될 것이오!"

그래서 왕자와 공주는 함께 여행을 떠났습니다. 그들은 여행길에서 멀지 않은 곳에 사는 무척 행복한 부부 이야기를 어느 마을에서 들었습니다. 그들은 그 부부 집으로 가서 소문대로 그들이 참으로 결혼 생활에 만족하고 있는지를 물었습니다.

"그렇소. 그런데 한 가지 걱정이 있소. 우리에겐 아이가 없다오."

남편 되는 사람이 그렇게 대답했습니다. 그래서 왕자와 공주는 부적을 얻지 못하고 다시 길을 떠났습니다.

며칠이 지나 그들은 어느 커다란 도시에 이르렀습니다. 그곳에는 아내와 함께 행복하게 늙어 가는 존경받는 노인이 살았습니다. 왕자와 공주는 그 늙은 부부를 찾아가서 결혼 생활이 얼마나 행복한지 물었습니다. 그러자 노인이 이렇게 대답했습니다.

"그렇고말고! 아내와 난 마음이 아주 잘 맞지. 아이들만 많지 않았더라면 더없이 좋았을 거요. 그런데 아이들 때문에 근심 걱정이 끊일 날이 없다오."

왕자와 공주는 이곳에서도 부적을 얻지 못했습니다.

그들은 여행을 멈추지 않고, 계속 길을 나아가면서 사람들을 만날 때마다 혹시 행복한 결혼 생활을 하는 부부를 아느냐고 물었습니다. 그러나 어느 누구도 시원한 대답을 하지 못했습니다.

어느 날 그들은 말을 타고 초원을 달리다가 풀밭에 앉아서 피리를 불고 있는 한 양치기를 보았습니다.

바로 그때 양치기의 아내가 아기를 안은 채 조그마한 사내아이도 함께 나란히 남편에게로 왔습니다.

양치기는 아내를 보자마자 벌떡 일어나 아내에게 다가갔습니다. 양치기는 미소 띤 얼굴로 아내에게서 아기를 받아 안고는 아기의 뺨을 어루만지고 입을 맞추었습니다. 양치기의 개도 주인 곁으로 다가갔습니다. 개는 좋아서 아이의 곁을 맴돌며 이리저리 뛰기도 하고 아이 손을 핥기도 했습니다. 양치기의 아내는 들고 온 냄비를 풀밭에 내려놓으며 말했습니다.

"여보, 이리 와서 이것 좀 드세요."

양치기는 몹시 배가 고팠지만 첫 숟가락을 떠서 먼저 아기에게 주고 다음에는 아들과 개에게 나누어 주었습니다.

왕자와 공주는 그 모든 모습을 흐뭇하게 바라보았습니다. 그들은 말에서 내려 양치기 가족에게 다가가 물었습니다.

"우리가 보기에 당신 부부는 아주 행복한 부부로 보이는데, 정말 그런가요?"

"그럼요, 우리는 참으로 행복하답니다. 왕자나 공주님도 우리처럼 행복하진 않을 겁니다."

양치기가 대답했습니다.

"그럼, 우리의 부탁을 하나 들어주겠소. 당신 속옷을 조금만 찢어 주시오. 그에 대한 대가는 넉넉히 지불하리다."

왕자가 말했습니다.

하지만 양치기와 그의 아내는 얼굴을 붉히며 어쩔 줄을 몰라 했습니다. 그러다가 잠시 뒤 양치기가 부끄러워하며 말했습니다.

"사실 속옷뿐 아니라 잠옷이든 속치마든 있기만 하다면 기꺼이 드리고 싶습니다. 진심입니다. 그런데 우리에게 옷이라곤 지금 걸치고 있는 게 모두랍니다."

왕자와 공주는 그곳에서도 부적을 얻지 못한 채로 다시 여행을 계속해야만 했습니다. 마침내 끝없는 여행에 지친 그들은 집으로 발길을 돌렸습니다. 그들은 집으로 돌아가는 길에 다시 그 지혜로운 이의 집에 들러 그의 충고가 아무런 소용이 없었다고 말했습니다.

그러자 현자는 미소 지으며 말했습니다.

"여행이 정말로 아무런 쓸모가 없었다고 생각하나요? 그럼 그동안 많은 경험을 하고 돌아오지 않았다는 말이오?"

"온갖 경험을 하기는 했지요. 만족을 한다는 건 이 세상을 살면서 매우 힘든 일이라는 것을 알게 되었으니까요."

왕자가 말했습니다.

"게다가 만족을 얻기 위해서는 스스로 만족할 줄 알아야 한다는 사실도 깨달았어요."

공주가 말했습니다.

그러자 왕자가 공주의 손을 꼬옥 잡았습니다. 그들은 참된 사랑이 가득 담긴 눈길로 서로를 오래오래 바라보았습니다.

지혜로운 이는 그들을 축복하며 말했습니다.

"그대들은 참된 부적을 비로소 마음속에서 찾았소. 그 부적을 소중하게 잘 간직하시오. 그리하면 아무리 오래 살더라도 불만이란 악마는 결코 그대들을 지배할 수 없을 거요."

086

늪을 다스리는 왕의 딸
Dynd-Kongens Datter

어른 황새들은 아기 황새들에게 동화 들려주기를 좋아합니다. 그 동화들은 모두 습지와 늪지대에 대한 것입니다. 어른 황새들은 보통 아기황새의 나이와 이해력에 맞추어 이야기를 들려줍니다.

아주 어린 황새들은 다른 큰 새들이 자신들에게 '벌써 저렇게 말도 할 줄 아네!' 이야기하는 것만으로 크게 기뻐하고 스스로 매우 만족해합니다. 하지만 아기 황새가 조금 더 자라면 삶에 대한 더 깊은 뜻이나 가족에 대해 무언가를 알고 싶어합니다. 황새들 사이에 전해 내려오는 동화들 가운데에 으뜸으로 오래되고 긴 이야기가 두 개 있습니다. 그 가운데 한 가지는 우리도 모두 알고 있는 모세에 대한 이야기입니다.

모세는 아기였을 때 그의 어머니가 나일 강에 버렸으나 공주에게 발견됩니다. 그 뒤 모세는 훌륭한 교육을 받아 이스라엘 민족의 뛰어난 지도자가 되었습니다. 그러나 후세의 사람들은 모세가 어디에 묻혀 있는지 모릅니다. 이 이야기는 널리 알려져 있습니다.

두 번째 동화는 아직 알려지지 않았습니다. 그것은 아마 그 이야기가 매우 깊은 산골에서 비롯되었기 때문일 것입니다. 이 이야기는 어떤 엄마 황새가 아

기 황새에게 이야기를 들려주고 그 아기 황새가 엄마 황새가 되어 다시 아기 황새에게 들려주면서 1천 년 동안 전해 내려오게 된 것입니다. 그리고 그렇게 엄마 황새로부터 아기 황새에게 이야기가 전해 내려올수록 이야기에 점점 살이 붙어 재미있어졌습니다. 자, 이제부터 누구보다 재미있게 이야기해 볼 테니 잘 들어보세요.

먼저 자신들도 이야기에 나오는 황새부부 이야기를 해보도록 할까요? 황새부부는 여름에 벤시셀주 늪지대 근처 바이킹집 지붕에 머물렀습니다. 그곳은 덴마크 유틀란드 반도 북쪽 스카겐 지방 조금 위쪽의 옐링군 한 가운데에 있습니다. 오늘도 그 일대는 커다란 늪지대입니다. 그것은 옐링군에서 펴낸 책을 보면 알 수 있습니다.

이곳은 옛날에는 바다 밑바닥이었습니다. 그러나 세월이 흐르면서 차츰 바닥이 바다 위로 솟아올라 지금처럼 육지가 된 것이라고 그 책에도 적혀 있습니다. 이 늪은 몇 킬로미터나 넓게 이어져 촉촉한 초원과 발이 푹푹 빠지는 진흙탕으로 이루어져 있습니다. 물이끼와 진들딸기(쌍떡잎식물 장미목 장미과의 여러해살이풀), 그리고 가지가 기형으로 생긴 나무들만이 주위 가득하고, 늘 안개가 자욱이 피어 있습니다. 70년 전에는 이곳에 이리들도 살았습니다. 참으로 늪지대라는 이름에 걸맞은 곳입니다. 그러니 1천 년 전에는 이곳이 얼마나 굉장한 곳이었을지, 또 얼마나 많은 늪과 연못이 있었을지 조금은 상상이 가시겠죠? 물론 하나하나 따져보면 여전히 볼 수 있는 게 1천 년 전에도 많이 있었습니다. 예를 들면 갈대는 요즘과 같은 높이에 긴 잎을 지녔고, 연보랏빛 깃털 같은 꽃을 피웠습니다. 자작나무도 지금과 마찬가지로 하얀 껍질과 축 늘어진 작은 잎들을 지니고 있었습니다. 그리고 늪지대에 사는 동물들에 대해 이야기하자면, 먼저 파리는 오늘날과 같이 얇은 옷을 입고 있었습니다. 황새의 몸은 검은색이 조금 섞인 흰색이고, 발에는 붉은 양말을 신었습니다. 그에 비해 그 무렵 사람들은 요즘과는 다른 옷차림을 했습니다. 그러나 어떤 사람이 오더라도 이 늪지대에서는 언제나 똑같은 일이 생겼습니다.

그 사람이 노예이건 사냥꾼이건 똑같은 결과가 일어나는 것입니다. 1천 년 전이나 오늘날이나 다를 게 없습니다.

어떤 사람이 늪에 들어서면 '철퍽' 그 안으로 빠져 들어가게 됩니다. 그때의 심경을 늪에 빠진 사람들에게 물어보면, 지하에 있는 큰 늪의 왕국을 다스리는 왕에게 가는 것 같았다고 합니다. 이 왕은 '진흙탕 왕'이라고도 불리었지만 '늪의 왕'이라고 하는 쪽이 지금 우리들이 부르기에 더 그럴싸하게 느껴집니다. 하지만 그즈음 황새들은 진흙탕 왕이라고 불렀습니다. 이 왕이 어떤 식으로 자기 나라를 다스렸는지에 대해서는 거의 아무것도 알려져 있지 않습니다. 아마 모르는 게 나을 수도 있겠지요.

이 늪지대 근처 피오르드 해안을 바라보는 곳에는 아까 이야기한 바이킹의 통나무집이 하나 있었는데, 이 집은 돌로 만든 지하실과 탑이 있는 3층 건물로 만들어져 있었습니다.

어떤 황새 부부는 그곳 지붕 맨 꼭대기에 둥지를 틀었습니다.

어느 날 엄마 황새가 알을 낳아 품고 있었습니다. 아빠 황새는 언제나처럼 먹이를 구하러 나갔다가 밤늦게야 돌아왔습니다. 그런데 아주 당황한 얼굴로 돌아온 아빠 황새는 누군가에게 쥐어뜯기고 쫓겨 온 모습이었습니다.

"정말 소름이 끼치도록 무서운 일이야!"

아빠 황새가 엄마 황새에게 무언가 비밀을 말하려 했습니다.

"그만둬요!"

엄마 황새가 서둘러 아빠 황새의 말을 막으며 말했습니다.

"내가 지금 알을 품고 있는 거 안 보여요? 내가 놀라면 알한테도 좋지 않아요!"

"그래, 하지만 당신도 이 엄청난 이야기를 꼭 들어야만 해. 이집트에 있는 우리 집 기억나지? 그 주인 왕의 딸이 이곳에 나타났어! 그 먼 곳에서부터 여기까지 왔단 말이야. 그러고 나서 곧 사라져 버렸어."

아빠 황새가 말했습니다.

"그 요정 친척 가운데 누가 여기에 왔다고요? 빨리 말해요. 알들 위에 앉아 있을 때 그렇게 우물쭈물하면 못 참는다는 거 당신도 알죠?"

"이것 봐요, 엄마 황새. 공주님은 당신이 언젠가 이야기했던 학자가 말한 내용을 고스란히 믿고 있었어. 의사가 말한 거라고 당신이 이야기했었잖아. 글쎄 바로 그 얘기를 믿고 있더라니까. 공주님은 여기 늪지대의 꽃이 자기 아버지 병을 낫게 해 줄 거라고 믿더군. 그래서 공주 자신도 날개옷을 입고 다른 두 공주도 날개옷을 입고 함께 날아왔어요. 이 두 공주님은 해마다 이 북쪽 나라까지 와서 목욕을 하고 다시 젊어져서 떠난다고 해. 그래서 그 공주님이 여기에 왔고, 그리고 어디론가 사라져 버린 거야."

"당신 그렇게 빙빙 돌려서 말하면 어떻게 해요? 그렇게 애를 태우면 알들이 감기에 걸릴 수도 있어요. 더는 참지 못하겠으니 어서 빨리 말해 봐요."

"내가 눈여겨보고 있으니까 걱정마! 아까 저녁 무렵 갈대숲 사이를 걸었는데 그 주위 늪은 걸어다녀도 발이 빠지지 않는 곳이야. 때마침 백조 세 마리가 그 늪 쪽으로 날아왔어. 그런데 백조 몸이 어쩐지 이상하더군. 어, 저것 봐라, 저건 진짜 백조가 아니라, 백조 깃털을 걸친 거잖아. 이런 생각이 드는 거야. 당신도 그 자리에 있었다면 틀림없이 나와 똑같은 생각을 했을 거야. 진짜 백조가 어떻게 생겼는지는 당신도 잘 알고 있잖아."

"그럼요, 물론 잘 알죠! 그러니까 이제는 이집트 왕의 공주들에 대해서나 이야기하세요. 나도 백조 깃털이 어떻게 생겼는지는 잘 알고 있으니까요."

"당신도 알다시피, 여기 늪 한가운데는 호수처럼 아주 깊어요. 당신이 몸을 조금만 일으킨다면 지금도 그 호수가 보일 거야. 아무튼 아까 이야기한 무성한 갈대숲과 녹색 늪 사이에 커다란 오리나무 줄기가 가로 뻗어 있는데, 그 오리나무 줄기 위에 백조 세 마리가 앉아 있었어. 백조들은 날갯짓을 하면서 주위를 두루두루 살펴보더니 그 가운데 한 마리가 깃털을 벗어 버리더군. 바로 그 순간 나는 깃털 옷을 입은 백조가 바로 이집트에서 온 공주님이라는 사실을 알아보았어. 공주님은 거기 앉아 있었는데, 길고 검은 머리카락 말고는 아무것도 걸친 게 없었어. 공주님은 아버지 병을 낫게 한다는 꽃을 꺾으려고 다른 두 백조들에게 물 속에 들어갔다 올 테니 자기 깃털을 잘 지켜달라는 부탁을 했어. 나는 그 말을 똑똑히 들었어. 나머지 백조들은 고개를 끄덕이더니 깃털을 재빨리 집어들고 곧 높이 날아갔어. 나는 두 백조들이 어떻게 하려고 그러는지 무척 궁금했지. 공주도 나처럼 어리둥절한 표정으로 멍하니 그들을 바라보고만 있을 수밖에 없었지. 얼마 안 있어 그 까닭을 알게 되었어. 두 백조들이 공주의 깃털을 들고 하늘 높이 날아오르며 소리쳤어.

'애야, 어서 물 속으로 들어가 보렴. 넌 다시는 백조 깃털로 날 수 없을 거야. 이제 이집트를 보겠다는 생각은 영원히 하지 않는 게 좋아! 너는 그저 늪에 앉아 있기나 하렴'

그러면서 두 백조들은 빈정거렸지. 그러고는 깃털을 수많은 조각으로 갈기갈기 찢어 버렸어. 찢어진 깃털은 마치 눈보라처럼 여기저기로 흩날렸지. 그 나쁜 두 공주들은 멀리 날아가 버렸어!"

"어머나, 정말 소름 끼치는 일이에요! 너무너무 끔찍한 이야기라 더 들을 수도 없어요. 그렇더라도 그 뒤 어떻게 되었는지 어서 이야기해 줘요."

엄마 황새가 이어서 말했습니다.

"깃털을 빼앗긴 공주는 너무나도 슬피 울었지. 눈물이 하염없이 흘러서 오리나무 그루터기를 촉촉하게 적셨어. 그러자 그루터기가 움직이기 시작했지. 그루터기는 바로 늪의 왕이었거든. 나는 그루터기가 어떻게 움직이는지 살펴보았어. 진창이 묻은 긴 가지들이 사람 팔처럼 옆으로 퍼지고 위로 불쑥 솟아올랐지. 불쌍한 공주는 자지러지게 깜짝 놀라며 앞으로 마구 달아났어. 위 아래로 출렁거리는 늪 위로 말이야. 하지만 공주는 늪을 건널 수 없었어. 늪을 건너가기엔 공주가 너무 무거웠던 거야. 그래서 공주는 그만 늪 속으로 점점 가라앉고 말았지. 오리나무 그루터기도 함께 가라앉았어. 공주를 밑으로 잡아끌었던 게 바로 그루터기였거든. 곧 세찬 바람이 불어 왔어. 그러고는 모든 것이 흔적도 없이 깨끗하게 사라져 버렸어. 그렇게 공주는 아버지 병을 고칠 꽃을 이집트로 가져가기는커녕 거친 늪에 묻혀 버린 거야. 만일 당신이 그 광경을

함께 보았다면 마음이 너무 아파 견디기 어려웠을 거야."

"당신은 왜 꼭 내가 알을 품고 있을 때만 그런 무시무시한 이야기를 하는 거예요? 우리 알들이 그 이야기 때문에 나쁜 영향을 받을지도 모르잖아요! 어쨌든 불쌍한 공주는 위험을 벗어나게 될 거예요. 곧 누군가의 도움을 받게 될 거라고요. 우리 둘 가운데에 누구라도 공주에게 도움을 줄 수 있었다면 벌써 도와주었을 거예요."

"앞으로 무슨 일이 생기는지 내가 날마다 한 번씩 살펴보겠어."

아빠 황새가 말했습니다. 그리고 아빠 황새는 정말 그렇게 했습니다.

기나긴 시간이 흐른 뒤 드디어 아빠 황새는 가엾은 공주가 빠진 늪 한가운데에서 푸른 줄기 하나가 싹트고 있는 것을 보았습니다. 그 줄기가 물 밖으로 고개를 내밀자 그 위로 초록 잎이 돋아났습니다. 잎은 차츰 더 넓어지고 꽃봉오리도 생겼습니다. 어느 날 아침 아빠 황새가 그 위로 날아가다가 꽃봉오리가 따뜻한 볕을 받으며 활짝 피어나는 것을 보았습니다. 그런데 꽃봉오리의 한가운데에는 사랑스러운 어린아이가 누워 있는 게 아니겠어요!

그 어린 아이는 작은 여자 아이로 마치 갓 목욕을 마친 아이처럼 아주 맑고 깨끗한 모습이었습니다. 아빠 황새의 눈에는 그 아이가 바로 공주처럼 보였습니다. 공주가 그렇게 작아졌다고 여긴 것입니다. 하지만 다시 곰곰 생각해 보니, 그 아이는 이집트에서 온 공주와 늪의 왕 사이에 태어난 아기일 것이라는 생각이 들었습니다. 그렇기에 물에 사는 수련 위에 누워 있던 것입니다.

'아이가 저기에서는 살 수 없을 텐데. 하지만 내 둥지에는 우리 식구만 해도 너무 많단 말이야. 그래, 좋은 생각이 떠올랐어! 바이킹의 부인에겐 아이가 없지. 게다가 부인은 여러 번 아이 갖기를 바랐었지. 사람들은 황새가 아이를 데려다 준다고 말을 하듯이. 이 일만은 한번 제대로 해 봐야지. 난 이 아이를 꼭 바이킹 부인에게 데려다 줄 거야. 그러면 부인은 매우 기뻐할 거야.'

아빠 황새는 그런 생각을 하며 어린 여자 아이를 꽃받침 속에서 들어올려 가슴에 품었습니다. 그러고는 바이킹 성으로 재빨리 날아가서 부리로 창문에 구멍을 뚫었습니다. 그런 뒤 어린 아이를 구멍으로 쑥 밀어넣어 바이킹 부인의 가슴에 안겨주었습니다.

아빠 황새는 다시 집으로 날아와 엄마 황새에게 어린 아이를 바이킹 부인에게 데려다 준 이야기를 자랑스럽게 하였습니다. 그동안 엄마 황새도 큰일을 치렀습니다. 품었던 알들을 깨고 새끼들이 나왔는데 모두 아들이었습니다. 그래서 황새의 아들들도 이 이야기를 들었습니다. 어느덧 아들들도 말을 알아들을 수 있을 만큼 자라난 것입니다.

"그러니까 가엾은 공주는 죽지 않았어! 공주가 자기 아이를 늪 위로 올려보낸 거야. 그래서 어린 아이는 안식처를 찾을 수 있었지."

"오, 참으로 다행이에요. 내가 처음부터 그렇게 말했었잖아요. 이제는 우리 아이들도 좀 챙기세요. 어느덧 여기를 떠날 때가 되었어요. 요즘엔 아이들이 조금씩 내 날개 밑에서 기어다니기 시작했다고요. 뻐꾸기와 나이팅게일은 이미 날아갔어요. 그리고 내가 메추라기들한테 들었는데, 곧 순풍이 불어올 거래요. 우리 아이들은 틀림없이 잘 날아갈 수 있을 거예요. 아이들에 대해서는 내가 더 잘 아니까요."

다음 날 아침, 바이킹 부인은 자기 가슴 위에 작고 귀여운 아이가 놓여 있는 것을 발견하고는 깜짝 놀랐습니다. 부인은 말할 수 없이 기뻐하였습니다. 부인은 아이에게 입맞춤을 하고 머리를 쓰다듬었습니다. 그러나 아이는 두려움으로 팔다리를 버둥거리면서 앙앙 소리내어 울었습니다. 어린 아이는 조금도 기뻐하는 것 같지 않았습니다. 잠도 잘 자지 않고 그저 울기만 했습니다. 이럴 때는 어린 아이를 가만히 눕혀 두는 게 가장 좋은 방법이라고 사람들이 말하던 게 떠올랐습니다. 바이킹의 부인은 아이가 울어도 마냥 기쁘기만 했습니다. 아이가 우는 것쯤은 쉽게 견딜 수 있을 만큼 부인은 아이를 무척이나 사랑했습니다. 마치 이 어린 아이가 뜻밖에 집에 오게 된 것처럼, 전쟁터로 나간 부인의 남편도 병사들을 이끌고 언젠가는 집으로 돌아오게 될 듯한 예감이 들었습니다.

그래서 부인은 집안 모든 사람들을 불러 서둘러서 남편을 맞이할 준비를 하도록 일렀습니다. 바이킹 부인과 하인들이 신들의 모습이 새겨진, 색이 고운 양탄자를 벽에 내걸었습니다. 오딘, 토르, 프라이아라는 신들이었습니다. 하인들은 장식용 휘장들을 깨끗이 닦고, 긴 의자도 하얀 시트로 덮어 환하게 꾸몄습니다.

그리고 마른 땔감 나무들을 가져다 거실 벽난로 가까이에 높이 쌓아 놓았습니다. 언제라도 불을 피울 수 있도록 준비한 것입니다. 바이킹 부인도 하인들을 도와 열심히 일했습니다. 그래서 밤이 되면 몸이 매우 피곤해져서 어느

새 잠들어 버렸습니다.

　새벽녘에 잠에서 깨어난 바이킹 부인은 깜짝 놀라고 말았습니다. 밤새 작은 여자 아이가 감쪽같이 사라졌기 때문입니다. 부인은 허둥지둥 침대를 빠져나와 횃불용 관솔가지에 불을 붙이고 주위를 둘러보았습니다.

　그런데 부인의 침대 옆에는 어린 여자 아이 대신 커다랗고 흉측하게 생긴 두꺼비 한 마리가 그 자리에 있는 것이었습니다. 부인은 몸을 부들부들 떨면서 굵은 작대기를 들어 두꺼비를 죽이려고 하였습니다. 그러자 두꺼비는 너무나 슬픈 눈으로 바이킹 부인을 물끄러미 쳐다보았습니다. 부인은 그 눈빛 때문에 도저히 두꺼비를 작대기로 내리칠 수가 없었습니다. 부인이 다시 주변을 둘러보는데 두꺼비가 목청을 높여 슬피 울었습니다. 부인은 이 소리를 듣고 허겁지겁 창문 쪽으로 뛰어갔습니다.

　그러다가 그만 부인은 너무 놀라 창문틀에 머리를 꽝 부딪치고 말았습니다. 바로 그때 태양이 떠올랐습니다. 창을 넘어들어온 햇빛이 침대와 커다란 두꺼비를 비추었습니다. 그러자 곧 두꺼비의 커다란 입이 바짝 오그라들면서 작고 붉은 귀여운 입으로 변했습니다. 그리고 몸도 곧게 펴지면서 뽀송뽀송한 피부로 변하더니 작고 귀여운 어린 아이가 누워 있는 것이었습니다.

　"어머나, 이게 도대체 어떻게 된 거지? 내가 나쁜 꿈을 꾸었나? 저기 누워 있는 것은 내가 가장 사랑하는 귀여운 내 아이야. 하늘이 내게 내려준 그 아이라고!"

　바이킹 부인은 냉큼 어린 아이에게로 뛰어가 입맞춤하고 아이를 와락 끌어안았습니다. 하지만 아이는 부인을 밀어내고 제 몸을 마구 쥐어뜯으며 물었습니다. 마치 성질 사나운 작은 고양이처럼 말입니다.

　이날 바이킹 두목은 돌아오지 않았습니다. 그는 분명히 돌아오는 길이었지만 다음 날도 집에 도착하지 못했습니다. 그는 안타깝게도 집과는 반대 방향으로 부는 바람을 만난 것입니다. 그것은 바로 황새들에게 필요한 남쪽 방향으로 부는 바람이었습니다. 이렇듯 어떤 한쪽에게 도움이 되면, 다른 쪽에게는 손해를 주기 마련입니다.

　낮과 밤이 두서너 번 바뀐 뒤, 바이킹 부인은 여자 아이가 어떤 처지에 있는지 잘 알게 되었습니다. 이 어린 아이는 강한 마법에 걸려 있었던 것입니다. 아이는 낮이면 마치 반짝이는 햇빛처럼 무척이나 매혹적이었습니다. 그러나 그 어여쁜 겉모습과는 달리 아이 심성은 더없이 나쁘고도 거칠었던 것입니다. 낮과는 달리 밤이면 흉측한 두꺼비로 변하여 슬픔 가득한 모습으로 하염없이 눈물을 흘렸습니다. 여자 아이는 두 개의 본성을 지녔던 것입니다. 그것은 마음뿐만 아니라 외모에서도 마찬가지였습니다. 그 여자 아이는 낮에는 황새가 데려왔을 때처럼 아이 어머니가 가졌던 외모를 지녔습니다. 하지만 내면에는 아버지의 나쁜 심성을 지니고 있었습니다. 그리고 밤이 되면 아버지가 누구인지를 쉽게 알아볼 수 있을 만큼 흉측한 용모를 드러냈지만, 내면에서는 어머니에게서 물려받은 고운 마음씨가 아이의 심성을 고요하게 다스렸습니다. 도대체 누가 이 조그마한 아이에게 걸린 마법의 힘을 깨뜨릴 수 있을까요?

바이킹 부인은 고통과 불안에 휩싸였습니다. 그러면서도 부인의 마음은 이 가여운 아이에게서 떠나지 않았습니다. 부인은 이 아이가 처한 사정에 대하여 남편에게는 알리지 말아야겠다고 생각했습니다. 이제 곧 남편이 집으로 돌아오면, 이제까지의 풍습과 관례에 따라 남편은 이 아이를 모질게 길바닥에 내다버릴 것이 틀림없습니다. 그러면 누군가는 아이를 데리고 가 버리겠지요. 하지만 마음씨 착한 바이킹 부인은 어린 여자 아이를 길바닥에 버리도록 그냥둘 수는 없었습니다. 바이킹 부인은 남편이 낮에만 어린 아이를 보게 해야겠다고 마음먹었습니다.

어느 이른 아침, 황새들의 푸드덕거리는 날갯소리가 지붕 위에서 크게 들려왔습니다. 수백 마리 황새 부부들이 먼 거리를 날고 난 뒤에 쉬고 있는 것이었습니다. 조금 뒤 황새들은 남쪽으로 가기 위해 다시 하늘 높이 날아올랐습니다.

"모두들 준비가 다 되었겠지?"

아빠 황새가 말했습니다.

"난 이렇게 몸이 가벼워요! 무언가 두 다리 속에서 바스락거리고 꿈틀거리는 듯해요. 그래서 우리가 마치 힘이 넘치는 개구리들인 것만 같아요. 외국 여행은 정말 멋진 일이에요!"

어린 황새들이 말했습니다.

"우리와 꼭 붙어 있어야 돼. 부리를 너무 많이 흔들지 마라. 너무 흔들면 가슴이 아플 거야."

"그래, 아빠 말을 귀담아 들으렴."

아빠 황새와 엄마 황새가 차례로 말했습니다. 그러고는 황새들은 드디어 머나먼 여행을 떠났습니다.

같은 시간에 초원 위에서는 히스 숲을 가로지르며 병사들의 트럼펫 소리가 멀리멀리 울려 퍼졌습니다. 바이킹 두목과 그의 부하들이 많은 노획물을 가지고 갈리아 해안으로 돌아온 것입니다. 한때 영국에서 살던 사람들이 그랬듯이 그곳 사람들은 놀라서 울부짖었습니다.

"사나운 노르만 사람들로부터 우리를 해방시켜 주오!"

자, 이렇게 해서 늪지대 옆 바이킹 성에는 활기와 기쁨이 넘치게 되었습니다. 꿀술을 담은 단지가 넓은 방에 놓이고 사람들은 마당 한가운데에 불을 지폈습니다. 그들은 소도 잡았습니다. 쇠꼬챙이에 끼운 쇠고기를 불에 올리고 지글지글 소리가 나게 구우려는 것입니다. 제물을 바치는 사제가 노예들에게 따뜻한 피를 뿌렸습니다. 이것은 노예들에게 신성한 축복을 내리는 의식입니다. 불이 바스락 소리를 내며 타올랐습니다. 연기는 지붕 밑까지 피어올랐지요. 방 기둥들에서 그을음이 마치 물방울처럼 흘러내렸습니다.

사람들은 이미 이런 분위기에 익숙했습니다. 초대 받아 온 손님들도 좋은 선물들을 듬뿍 받았습니다. 사람들은 모든 음모와 거짓을 잊고 마음껏 즐겼습니다.

사람들은 술을 마시며 고기를 뜯어먹고 남은 뼈다귀를 서로의 얼굴을 향해 던졌습니다. 이것은 기분이 좋을 때 하는 장난이었습니다.

악기도 잘 연주할 뿐만 아니라 싸움터 전사이기도 했던 스칼데도 자리를 함께 했습니다. 그는 무엇에 대해 노래해야 되는지 잘 알고 있었습니다. 스칼데는 축제에 참석한 사람들에게 노래를 들려주었습니다. 이 노래에서 사람들은 바이킹족이 전투할 때 하는 모든 행위와 특이한 점들을 들을 수 있었습니다. 모든 연에는 다음과 같은 후렴구가 이어졌습니다.

황금과 재산은 덧없이 사라져버리는 것
친구나 적들도 언젠가는 모두 죽으리
인간은 누구나 죽기 마련이라네
그러나 명성은 영원히 사라지지 않으리.

사람들은 노래를 들으면서 방패를 두드렸습니다. 그러고 나서 그들은 다시 칼이나 뼈다귀로 요란스레 탁자를 두드렸습니다. 그런데 이는 매우 난폭한 관습이었습니다.

바이킹 부인은 방을 가로질러 놓인 기다란 의자에 앉아 있었습니다. 부인은 비단으로 만든 옷을 입고 금팔찌와 커다란 호박(보석의 일종)을 달고 있었습니다. 최고의 장식을 한 것이지요. 악사도 노래로써 부인을 찬양하였습니다. 부인은 부자 남편이 선물한 금과 보석에 대해 감사하는 뜻으로 악사에게 노래를 부르게 하였습니다.

그녀의 남편은 작은 여자 아이를 보고 참으로 기뻐하였습니다. 남편은 아이를 낮에만 봐서, 그 아이의 아름다운 모습만을 본 것입니다. 그러나 남편은 어린 아이의 사납고 거친 심성을 보고도 아이를 마음에 들어했습니다. 남편은 이 아이가 영웅호걸들을 뛰어넘는 빼어난 여전사가 되리라고 말했습니다. 상대가 날카로운 칼날을 눈앞에 들이밀더라도 이 아이는 속눈썹 하나 까딱하지 않을 것이라고 낄낄대며 웃었습니다.

술통이 비워지고 새 통이 운반되었습니다. 바이킹들은 먹고 마시는 양이 많았기 때문에 술통 하나쯤은 거뜬히 비울 수 있었습니다. 오래 전부터 내려오는 속담이 있습니다.

"풀을 먹는 가축은 초원에서 물러날 때를 알지만, 어리석은 사람은 자신의 위 크기를 모른다."

그렇습니다. 사람들은 이 속담을 알고는 있었습니다. 하지만 보통 아는 것을 그대로 행동으로 옮기지는 않습니다. 사람들은 다음과 같은 이야기도 물론 알고 있었지요.

"반가운 친구도 너무 오래 머물러 있으면 부담이 된다."

그러나 사람들은 바이킹 축제가 열리는 그곳에 오래 머물렀습니다. 고기와 술은 입 안에서 살살 녹을 만큼 맛있었으며, 시간은 매우 유쾌하게 흘러갔습니다. 노예들은 채 식지 않아 아직도 따뜻한 잿더미 위에서 잠을 잤습니다. 어느 누군가는 기름기가 배어 있는 그을음을 손가락 끝으로 찍어서 그것을 핥아 먹기도 했습니다. 참으로 즐거운 시간이었습니다.

그 해에 바이킹 두목은 다시 한 번 바다로 나갔습니다. 폭풍우가 몰아치는 쌀쌀한 가을날이었지만 그래도 배를 타기로 했습니다.

두목은 부하들과 함께 영국 바닷가로 갔습니다.

"오직 물 위로만 가야 하는구나."

그는 말했습니다. 물론 그의 부인은 작은 여자 아이와 함께 집에 머물렀습니다. 바이킹 부인은 쥐어뜯고 물어 대는 예쁜 모습일 때의 아이보다도 불쌍한 두꺼비 모습에서 더 따뜻한 정을 느꼈습니다.

나뭇잎들이 촉촉이 젖을 만큼 축축하고 끈적거리는 가을 안개가 숲과 늪지에 잔뜩 깔렸습니다. '깃털 없는 새들'이라 불리는 새하얀 눈이 온 땅을 가득 덮었습니다. 겨울이 다가오고 있었습니다. 참새들은 황새가 날아가 버린 빈 둥지를 차지했습니다. 참새들은 이런 방식으로 황새와 둥지를 번갈아 가며 쓰는 것입니다. 자, 그러면 아이들과 함께 날아간 황새 부부는 이제 어디에 있을까요?

황새들은 이집트에 있었습니다. 지금 이집트는 한여름이었습니다. 햇살이 밝고 따뜻하게 내리쬐었습니다. 타마린드와 아카시아가 여기저기서 꽃을 피웁니다. 달이 신전의 작은 지붕에 비쳐 반짝거립니다. 많은 황새 부부들이 기나긴 여행을 마치고 날렵하게 생긴 탑 위에 앉아 평화로운 휴식을 취하고 있습니다.

그들은 사원의 거대한 기둥들, 망가진 아치들, 그리고 사람들 기억에서 오래 전에 잊힌 장소들을 찾아가 둥지를 만들었습니다. 한 둥지 옆에는 또 다른 둥지가 있기 마련입니다. 아주 높이 솟아오른 대추야자나무들은 우산 모양 이파리들을 지붕처럼 펼쳐놓은 것이 마치 햇빛을 가리는 양산처럼 보였습니다. 회색 빛 피라미드들은 맑은 하늘을 배경으로 그림자가 갈라진 듯한 모양을 이루면서 사막과 대조를 이루었습니다. 사자들은 커다랗고 영리한 눈을 하고서 거기에 앉아 반쯤 모래에 묻힌 대리석 스핑크스를 쳐다보았습니다.

나일 강 물이 빠지자 강바닥은 온통 개구리들로 덮였습니다. 이 모두가 황새 가족에게는 이집트에서 볼 수 있는 가장 값진 풍경이었습니다. 어린 황새들은 그것이 환상이 아닐까 의심할 지경이었습니다. 그 모든 광경이 다른 어떤 것과도 비교할 수 없을 만큼 아름답다고 생각했습니다.

"여기는 바로 이런 곳이란다. 우리가 찾는 더운 지방에서는 언제나 이런 멋진 광경을 보게 되지."

엄마 황새가 말했습니다. 어린 황새들은 엄마 황새 배 밑에서 살살 기어다녔습니다.

"엄마, 아직도 더 볼 게 있어? 땅 안쪽으로 더욱 깊이 들어가야 되는 거야?"

아기 황새들이 물었습니다.

"아니, 더 들어가면 딱히 볼 게 없단다."

엄마 황새가 말했습니다.

"육지 가장자리는 비옥한 땅이지만 안쪽으로 들어갈수록 커다란 숲만 있을 뿐이야. 그곳에는 갖가지 나무들과 가시 넝쿨 식물들이 서로 얽혀 있어. 코끼리만이 넓적한 발로 그 길을 갈 수 있지. 그곳 뱀들은 너무나 길고 커다래서, 또 도마뱀들은 아주 재빨라서 우리가 잡아먹을 수 없단다. 너희들이 만일 사막으로 간다면 모래만 뒤집어쓰게 될 거야. 그뿐이라면 그래도 사정이 좋은 거지. 사막에서 거친 회오리바람이 불어오면 너희들은 휘말리게 되고 말 거야. 그러면 큰일이야. 그러니까 여기가 가장 좋단다. 이곳에는 개구리와 메뚜기들도 많잖니. 우리 모두 여기에 함께 있자."

엄마 황새 말을 따라서 황새들은 그곳에 머물렀습니다. 나이 많은 황새들은 날렵한 첨탑 위 둥지에 올라앉았습니다. 황새들은 그렇게 쉬기도 했지만, 다른 할 일도 많았습니다. 깃털을 반들반들 빛이 나도록 쓰다듬고 부리를 붉고 거친 발목에 대고 갈아 날카롭게 만들었습니다. 그러고 나서 황새들은 목을 들어올리고 정중하게 서로 인사를 나누었습니다. 그들이 반질거리는 이마와 부드러운 깃털이 있는 머리를 처들면 총명해 보이는 갈색 눈동자가 반짝였습니다. 어린 암컷 황새들은 물기를 머금은 갈대 줄기 사이를 뽐내며 이리저리 낮게 날아다녔습니다. 암컷들은 다른 암컷들이 눈치채지 못하게 수컷 황새들을 눈여겨 바라보았고 어미 몰래 서로 사귀었습니다.

황새들은 세 발자국 옮길 때마다 개구리를 잡아먹었으며 부리로 작은 뱀들을 잡아 입에 물고 공중에서 흔들어 대기도 했습니다. 그곳 먹이들은 하나같이 황새들 입맛에 아주 잘 맞았습니다.

어린 수컷 황새들은 서로 싸움을 걸기도 했습니다. 날개로 서로를 내리치고 부리로 다른 새 깃털을 마구 찔렀습니다. 어린 수컷들은 서로 피를 흘리면서 싸우기도 했습니다. 그렇게 자라가는 사이에 황새들은 서로 사랑에 빠집니다. 수컷 황새들과 암컷 황새들 사이에 사랑이 움트게 되는 것입니다. 이것이 황새들에겐 세상을 살아가는 가장 큰 의미입니다. 하지만 황새들은 둥지로 돌아오면 다시 싸움을 하고는 합니다. 날씨가 아주 무더운 나라에서는 황새들 모두 신경이 날카롭기 마련이거든요.

황새들에겐 그 모든 일이 즐거웠습니다. 특히 나이 많은 황새들에게는 기쁜 일이기도 했고요. 그들은 자신이 낳은 어린 황새들이 황새로서 지녀야 할 모든 자질을 갖추어 가고 있음을 기쁘게 여겼습니다!

이곳에서는 날마다 따뜻한 햇볕이 내리쬡니다. 그런 만큼 먹을 것들이 넉넉히 있기 때문에 황새들은 그저 즐기는 일만 생각하면 되었습니다. 하지만 왕이 사는 부유한 성 안에서는 즐거운 일이란 생각할 수조차 없었습니다. 황새들은 이 성에 사는 사람을 '이집트의 집주인'이라 불렀습니다.

왕은 돈도 많고 권력도 있었지만 거대한 튤립 속처럼 색색의 꽃잎 속에 둘러싸인 커다란 방 한가운데 침대에 누워 있었습니다. 친척들과 하인들이 그를 빙 둘러싸고 서 있었습니다. 아직 왕이 죽은 것은 아니었습니다. 그렇다고 그가 살아 있다 말할 수도 없었습니다.

왕을 누구보다 사랑하는 공주가 북쪽 지방에서 찾아 꺾어 오겠다던 그 꽃은 아직도 왕의 손안에 들어오지 않았습니다. 백조 깃털을 입고 땅과 바다를 건너 멀리 북쪽 지방까지 날아갔던, 젊고 아름다운 공주는 여태 아무런 소식이 없었습니다.

이집트로 돌아온 두 마리 백조는 아직 돌아오지 못한 백조 이야기를 시를 쓰듯 아래와 같이 아기자기하게 나누었습니다.

"우리 셋은 모두 하늘 높이 날아올랐어요. 그때 어떤 사냥꾼이 우리를 보고 화살을 쏘았어요. 화살은 공주 가슴에 깊숙이 박히고 말았지요. 그만 공주는 이별의 노래를 부르면서 마치 조용히 내려앉는 것처럼 천천히 숲속 호수 한가운데로 가라앉았습니다. 우리는 향기 나는 호숫가의 자작나무 아래에 공주를 묻었습니다! 그리고 우리는 복수를 하기로 마음먹고 사냥꾼 집 지붕에 사는 제비의 날개 밑에 불을 붙였습니다. 눈 깜짝할 사이에 불이 났지요. 사냥꾼의 집은 온통 불꽃에 휩싸이게 되었습니다. 그래서 사냥꾼은 불에 타 버렸어요. 불꽃은 호수를 넘어 호숫가의 자작나무까지 비추었습니다. 우리의 공주를 묻은 자작나무 아래 말이에요. 공주는 이제 다시는 이집트로 돌아오지 못한 답니다!"

그리고 나서 두 백조들은 구슬프게 울었습니다. 이야기를 듣던 아빠 황새는 크게 소리쳤습니다.

"저렇게 어마어마한 거짓말을 하다니! 나는 저 두 백조들의 가슴을 부리로 깊숙이 찔러버리고 싶어!"

아빠 황새가 분통을 터뜨렸습니다.

"그러면 저들은 당신 부리를 부러뜨릴 거요. 부리가 부러진 당신 모습이 얼마나 우스꽝스러울까를 상상해 보세요! 당신 자신과 가족을 먼저 생각해요. 다른 모든 것은 그 뒤에나 생각할 일들이에요."

엄마 황새가 말했습니다.

"알겠소. 어쨌든 내일 아침에 나는 둥근 지붕 가장자리에 앉아 있을 거야. 모든 학자들과 지혜로운 사람들이 왕의 병세를 의논하기 위해 모이기로 했거든. 그때가 되면 아마 모두들 진실을 알 수 있겠지."

다음 날 학자들과 지혜로운 사람들이 왕의 성으로 모여들었습니다. 그들은 많은 이야기를 주고받았습니다. 그러나 늪에 빠진 공주에 대해서는 어떤 것도 시원하게 드러나지 않았습니다. 하지만 우리는 그들의 이야기를 가만히 좀 더 들어 보아야 합니다.

"사랑은 생명의 근원이다. 고귀한 사랑만이 삶을 아름답게 만든다. 오직 사랑으로만 병든 왕을 살릴 수 있다!"

그들이 말했습니다. 그 말은 늘 지혜롭고 옳았습니다.

"그것 참 아름다운 생각이야!"

아빠 황새가 맞장구를 쳤습니다.

"천만에! 나는 그 말을 이해할 수가 없어요. 그리고 그건 내 잘못이 아니야. 어쨌든 나하고는 전혀 상관이 없는 일이야. 내겐 생각해야 될 다른 일들이 너무나 많아요."

엄마 황새가 말했습니다.

이제 학자들은 사람과 사람 사이의 사랑, 이곳에 대한 그들의 관심과 부모와 자식 간의 사랑, 그리고 빛과 식물 사이의 사랑에 대해 이야기했습니다. 햇빛이 흙에 입맞춤하면, 새싹이 돋아나듯이 빛과 식물 사이에도 사랑이 있다고 말했습니다.

이런 이야기들은 너무 세밀하고 학문적이어서 황새는 그들의 말을 여러 번 되풀이해서 들어도 좀처럼 이해될 것 같지 않았습니다. 그래도 황새는 학자들 말을 듣고서 아주 깊은 생각에 빠지게 되었습니다. 그래서 눈을 반쯤 감은 채 종일 한 다리로 그곳에 선 채로 거듭 생각하고 또 생각했습니다. 황새로서는 학자들의 높은 지식을 따라가기란 무척 힘든 것이었습니다.

하지만 아빠 황새도 한 가지는 알 수 있었습니다. 평범한 사람들이나 지체 높은 사람들이나 빠짐 없이 가슴 깊은 곳에서 우러나오는 말을 했습니다. 그들은 병들어 누운 왕이 다시 건강해질 수 없다면 나라나 백성들에게는 크나큰 불행이라고 말하였습니다.

왕이 다시 건강을 찾는다면 온 백성들이 얼마나 기뻐하고 축복할 것인가!

"그러나 왕의 건강을 회복시켜 줄 수 있다는 꽃은 어디에 있단 말인가?"

거기 있던 모든 사람들이 물었습니다. 그들은 학자들이 써 놓은 글들을 뒤져보기도 하고 빛나는 별들, 그리고 날씨와 바람에게도 물어보았습니다. 그들은 생각해 낼 수 있는 온갖 방법을 궁리해 보았습니다.

마침내 학자들과 지혜로운 사람들은 하나의 사실을 얻게 되었습니다.

"사랑은 생명의 근원이다, 아버지에 대한 공주의 사랑이 필요해."

그들은 자신들이 본디 알고 있던 것보다 더 많은 것을 말하게 된 것입니다. 그들은 그것을 반복하고 병에 대한 처방으로 기록하였습니다.

"사랑은 생명의 근원이다!"

하지만 어떻게 그 처방에 맞도록 약을 지을 수 있단 말인가요. 사람들은 거기에서 더 이상 나아가지 못하고 멈출 수밖에 없었습니다. 사람들은 결국 공주가 꽃을 찾아 병든 아버지에게 돌아와야 한다는 것으로 의견을 모았습니다. 영혼과 마음에서 우러나온 아버지에 대한 공주의 사랑이 그 무엇보다 필요하다고 결론을 내린 것입니다.

마지막으로 사람들은 이것을 어떻게 행동으로 옮길 것인가에 대해 고민하게 되었습니다. 그렇습니다, 그것은 이미 지난 몇 해 동안이나 행해졌던 것입니다. 공주는 초승달이 지평선 너머로 모습을 감출 때면 사막 가장자리에 있는 대리석 스핑크스에게 가야 합니다. 그리고 스핑크스를 받친 토대에 달린 문의 모래들을 말끔히 청소하고 그 문으로 연결된 피라미드를 향해 기나긴 통로로 들어가야 됩니다. 이곳에는 고대에 가장 큰 권력을 지녔던 왕들이 화려하고 장엄한 치장을 한 미라가 되어 누워 있습니다. 여기에서 공주는 그 미라에 자신의 머리를 기대야 합니다. 그러면 어디에 아버지를 위한 삶과 구원이 있는지 알게 된다는 것이었습니다.

공주는 한 해가 지나도록 이 일을 정성껏 했습니다. 공주는 저 북쪽 덴마크 지방 깊은 늪지대에서 연꽃을 집으로 가져와야 된다는 것을 꿈으로 알게 되었습니다. 그 늪지대가 어디에 있는지도 자세히 알아 두었습니다. 깊은 물 속에 피어 있는 연꽃을 가져오면 아버지가 구원받을 수 있다는 것입니다.

공주는 이런 까닭 때문에 백조 옷을 입고 이집트를 떠나 거친 늪지대로 날아갔던 것입니다. 이 모든 이야기를 아빠 황새와 엄마 황새는 이미 잘 알고 있었습니다. 이제 황새 부부는 이전에 알았던 것보다 한결 더 자세하게 알게 되었습니다. 그들은 늪을 다스리는 왕이 공주를 늪 속으로 끌어간 사실을 이미 알고 있습니다. 또 고향에 있는 사람들에게는 공주가 이미 죽어 사라진 존재가 되어 버렸다는 것 또한 잘 알고 있습니다. 그러나 어느 지혜로운 사람은 엄마 황새가 그랬듯이 다음처럼 말했습니다.

"공주는 어떻게든 그 일을 해내고 말 거야."

사람들은 그의 말을 믿어 희망을 가지고 공주가 돌아오기만을 기다렸습니다. 그것보다 더 좋은 생각이 떠오르지 않았기 때문입니다.

"내가, 두 딸이 가진 백조 옷을 슬쩍 훔치는 게 좋겠어. 그렇게 되면 그들은 또다시 늪으로 가서 못된 짓을 할 수 없게 되지. 나는 그 백조 옷을 아무도 모르는 먼 곳에 숨겨두겠어. 우리가 그 옷이 필요할 때까지 그곳에 보관할 테야."

아빠 황새가 말했습니다.

"아무도 모르는 먼 곳에 옷을 보관한다고요?"

엄마 황새가 물었습니다.

"늪의 우리 둥지를 말하는 거야. 나하고 아이들이 그 옷을 번갈아 나를 수 있지. 뒷날 그 옷이 우리들에게 귀찮은 물건이 된다 해도, 다음 해에 다른 곳으로 날아갈 때까지 그 옷을 숨겨놓을 자리는 넉넉히 있어. 공주에게는 백조 깃털 한 벌이면 충분하겠지만 두 개면 더 좋지 않겠어? 북쪽 지방에서는 여행복을 여유 있게 가지고 다니는 게 좋다고."

아빠 황새가 설명했습니다.

"그렇게 한다고 누구도 당신에게 고마워하지는 않을 거예요. 하지만 당신은 우리 집 주인이니까 알아서 해요! 나는 알을 품는 때만 아니면 집이 좁다고 짜증내지 않을 테니까요."

황새들이 봄철마다 날아오는 늪지대 바이킹의 성에는 작은 여자 아이가 아직 살고 있었는데, 아이는 어느덧 헬가라는 이름을 얻게 되었습니다. 그 이름은 여자 아이의 거친 본성에 비하면 매우 부드러운 이름이었습니다. 작은 여자 아이는 자라면서 뚜렷한 모습을 드러냈습니다. 몇 년의 세월이 흘러—그렇습니다. 황새들은 가을이면 나일 강으로 날아가고 봄이면 늪지대로 돌아오는 여행을 되풀이하는 동안 몇 년이 흘러버린 것입니다—작은 아이는 성숙한 소녀가 된 것입니다. 소녀가 성숙해지는 것을 사람들이 눈치채지 못하는 사이, 소녀는 어느덧 열여섯 살이 되었습니다. 소녀는 이제 매우 아름다운 처녀가 되었습니다. 하지만 겉으로 드러나는 우아한 모습과는 달리 심성은 매우 드세고 거칠었습니다. 험하고 어두운 시대를 살았던 사람들보다도 더욱 야성적이었습니다.

헬가는 제물로 바치려고 잡은 말에서 솟구쳐 나오는 피를 두 손으로 뿌리는 일이 더할 나위 없는 커다란 기쁨이었습니다. 소녀는 제례를 집전하는 사제가 잡기로 한 검은 수탉의 목을 입으로 덥석 물어뜯어 두 동강을 내기도 했습니다. 이것만 보아도 소녀의 성격이 얼마나 거친가를 잘 알 수 있었습니다. 소녀는 자신을 길러 준 어머니에게 너무나도 진지하게 말하곤 했습니다.

"어머니, 아버지가 잠자는 사이에 적이 쳐들어와서, 지붕 꼭대기를 받치는 기둥 위나 아버지의 작은 방 위로 밧줄을 올려놓고 침입한다면, 나는 아버지를 결코 깨우지 않을 거예요! 나는 10년 전에 아버지가 내 뺨을 때려 귀에서 피가 흘렀던 일을 아직도 기억하고 있어요. 나는 절대로 그 일을 잊지 않을 거예요."

그러나 바이킹 두목은 이런 말들을 믿지 않았습니다. 그는 다른 사람들과 마찬가지로 아이의 아름다움에 속고 있었던 것입니다. 그는 헬가의 성격과 외모가 밤낮에 따라 변한다는 사실을 여전히 눈치채지 못했으니까요. 헬가는 마치 말을 타며 자라난 아이처럼 안장을 깔지 않고도 오랫동안 말을 타고 달렸습니다. 그녀가 탄 말이 다른 사나운 말들과 물어뜯고 싸워도 그녀는 말에서 뛰어 내리지 않았습니다. 또 그녀는 옷을 모두 걸친 채 가파른 언덕에서 피오르드 해안의 거친 파도 속으로 뛰어내리길 좋아했습니다. 그러고는 배를 몰고 뭍으로 다가오는 바이킹 두목에게 헤엄쳐가곤 했습니다.

헬가는 멋지고 긴 자기 머리카락 가운데 가장 긴 고수머리를 잘라 활시위로 썼습니다.

"내 것은 내 힘으로 만들 거야!"

그녀는 말했습니다.

바이킹 부인은 그들의 풍습에 걸맞게 강한 의지와 본성을 지녔습니다. 하지만 헬가에 비하면 바이킹 부인은 매우 온순하고 소심한 여자에 지나지 않았습니다. 바이킹 부인은 소름을 자아내게 하는 헬가가 마법에 걸려 있다는 사실을 잘 알고 있었습니다.

헬가는 어머니가 테라스에 서 있거나 정원으로 걸어나갈 때면, 샘물의 가장자리에 앉아 팔다리를 쫙 폈습니다. 그리고 좁고도 깊은 우물 속으로 '풍덩' 몸을 던지곤 하였습니다. 우물 안에서 그녀는 마치 개구리처럼 물 위로 뛰어올랐다가 다시 '풍덩' 물 속으로 들어가고는 하였습니다. 그리고 나서 그녀는 물에 흠뻑 젖은 몸으로 넓은 마루로 뛰어오르며 좋아했습니다. 마룻바닥에 떨어져 있던 푸른 잎들은 헬가의 몸에서 흘러내린 물 위로 떠올라 빙글빙글 마루 위를 떠돌아다니곤 했습니다.

이런 행동들은 헬가가 가진 나쁜 마음에서 나오는 것이지만 그녀는 그런 짓을 할 때마다 매우 즐거워했습니다. 그런 행동을 자주 함으로써 그녀는 아주 만족한 삶을 사는 듯이 보였습니다.

그러나 이처럼 거칠기 짝이 없는 헬가에게도 어쩌지 못할 아주 무서운 것이 하나 있었습니다. 그것은 바로 해지는 저녁에 찾아오는 어스름이었습니다. 헬가는 그 시간이 되면 무척 조용해지고 무언가 깊은 생각에 잠기곤 하였습니다. 그녀는 스스로도 알 수 없을 만큼 차분한 마음속으로 빠져 들어갔습니다. 어떤 내적인 감정이 그녀를 어머니에게로 끌어당기는 듯했습니다.

태양이 지고 마음이 차분해지기 시작하면, 헬가는 슬픔 가득한 표정으로 개구리처럼 다리를 모으고 앉아 가만히 허공을 바라보았습니다.

두꺼비로 변한 헬가의 몸은 곧잘 보는 두꺼비보다 훨씬 컸습니다. 바로 그것 때문에 헬가의 몸은 더욱 소름끼쳐 보였습니다. 헬가는 두꺼비 머리를 하고 손가락 사이에 물갈퀴를 가진 불쌍한 난쟁이처럼 보이기도 했습니다. 그런 헬가의 눈에는 슬픔이 가득 어려 있었습니다. 헬가는 말도 할 수 없었습니다. 그녀는 굵직한 목소리로 웅얼대기만 했는데, 마치 어린 아이가 꿈속에서 칭얼대는 것 같았습니다.

헬가의 몸이 그렇게 변하면 바이킹 부인은 헬가를 무릎에 안았습니다. 이 순간만큼은 부인도 헬가의 흉한 모습을 잊고 아이의 슬픔으로 가득한 두 눈만을 바라봅니다. 그러고는 이렇게 말합니다.

"나는 네가 말 못하는 두꺼비 아이로 언제나 머물러 있었으면 좋겠어. 네가 아름다운 모습일 때면, 너는 참으로 무섭게 변한단다."

바이킹 부인은 마귀와 질병이 물러가라고 룬문자를 그려 가여운 헬가에게 붙였습니다. 그러나 그것으로 헬가의 상태가 나아지지는 않았습니다.

"헬가가 예전에는 수련 위에 놓여 있었을 만큼 작았다는 사실이 믿기지 않을 정도야!"

어느 날 아빠 황새가 말했습니다.

"헬가가 어른이 되고 보니 제 어머니 얼굴을 꼭 닮았어. 특히 눈매가 말이야. 공주는 소녀를 다시는 못 볼 것 같아. 헬가의 어머니가 어찌 되었는지 누구도 몰라. 아무래도 공주는 늪에 빠져서 나오지 못한 것 같아. 당신하고 학자들은 헬가의 어머니가 위험을 벗어나리라고 생각하고 있었지. 나는 한 해가 지나고 또 새해가 될 때마다 거친 늪 위를 날며 살펴보았지. 하지만 그 공주가 살아 있다는 흔적은 어디에도 없었어. 그래, 나는 한 가지만은 자신 있게 이야기할 수 있지. 해마다 우리 둥지를 여기저기 고치려고 늘 이곳에 먼저 도착하곤 했어. 그런데 지난 몇 년 동안 나는 꼭 하룻밤은 물 위를 날며 살펴보았지. 마치 부엉이나 박쥐처럼 날아다니며 살펴보곤 했지만 아무것도 발견하지는 못했어. 나와 우리 아이들이 나일 강에서부터 이곳까지 물어 온 백조의 옷 두 벌도 마찬가지야. 그 옷을 가져오는 일은 정말 힘에 겨웠어. 세 번에 걸쳐 힘들게 옷들을 가져와서 여러 해 동안 둥지 바닥에 놓아두었어. 그런데 만일 불이라도 난다면 나무로 만들어진 집은 모두 타 버릴 것이고, 백조 옷마저도 타서 없어져 버릴 거야."

그러자 엄마 황새가 말했습니다.

"그렇게 되면 우리들의 아늑한 둥지도 다 타버리겠지요. 그런데 당신은 우리 둥지가 없어지는 것보다도 백조 옷들과 늪에 빠진 공주를 더 안타깝게 생각하는 것 같아요. 정말 그렇다면 당신은 늪 밑바닥에 있는 공주에게 내려가서 함께 진창 속에 머물러 보구려. 당신은 우리 가족에게 결코 훌륭한 아버지가 되지 못해요. 내가 처음으로 알을 품고 있던 그때부터 늘 당신에게 말했었지요. 우리나 우리 아이들의 날개가, 미친 듯 날뛰는 바이킹 처녀의 화살에 맞을 수도 있는데, 그 처녀는 자신이 하는 일이 좋은지 나쁜지도 모르면서 날뛰고 있어요. 한 가지만 더 말하자면, 우리는 그 처녀보다 여기서 더 오랫동안 살아왔어요. 이곳은 바로 우리들 고향이라고요. 헬가는 바로 그걸 알아야 해요. 우리는 우리가 해야 할 일을 한 번도 잊어 본 적이 없어요. 정해진 법대로 해마다 세금과 깃털 하나, 알 한 개, 어린 황새 하나를 바쳤지요. 헬가가 자유로운 시간을 보내고 있을 때 내가 저 밑으로 내려가 볼 만큼 철이 없는 줄 아세요? 예전에 이집트에 있을 땐 그렇게 한 적도 있었지만 그래서 우리에게 돌아온 게 뭐예요? 사람들은 내게 아무것도 해주지 않았어요. 이제 그 애 일에는 흥미가 없어요. 나는 여기 앉아서 그 계집애의 행동에 대해 화를 내고 있을 뿐이에요. 물론 당신에 대해서도 화를 내고 있지요. 그 계집애를 수련 위에 그냥 놓아두었어야 했어요. 그랬으면 그 아이는 거기에서 사라지고 끝났을 거야!"

"물론 공주나 헬가보다는 당신이 훨씬 더 존경받을 만하지. 난 당신이 스스로를 생각하는 것보다 더 당신을 잘 알고 있어."

그러고 나서 아빠 황새는 껑충 뛰면서 두 다리를 뒤쪽으로 쭉 뻗으며 날았습니다. 배가 바다를 항해하듯 날개를 움직이지 않고 하늘을 가르며 멀리 날아갔습니다.

잠시 뒤 아빠 황새는 집에서 멀리 떨어진 곳까지 가게 되었습니다.

아빠 황새는 그제야 날개를 힘차게 펼쳤습니다. 태양은 하얀 깃털을 눈부시게 비추었습니다. 그의 목과 머리는 앞쪽으로 곧게 뻗었습니다. 아빠 황새의 움직임에는 활기와 속도가 넘쳤습니다.

"저이는 아직도 모든 황새들 가운데서 가장 멋진 황새야! 하지만 이 말을 그

이에게는 절대 하지 않을 거야."

엄마 황새가 말했습니다.

초가을 무렵, 바이킹 두목은 빼앗은 많은 물건들과 붙잡은 사람들을 데리고 집으로 돌아왔습니다. 붙잡힌 사람들 가운데에는 젊은 신부가 있었습니다. 그는 바이킹들이 믿는 신을 경멸하는 사람들 가운데 한 사람이었습니다. 그 신부는 바이킹족이 섬기는 신을 물리치기 위해 투쟁을 벌이는 사람이었던 것입니다.

그래서 바이킹 두목이 사는 집의 넓은 마루와 여자들이 거처하는 방에서는 이미 오래 전부터 새로운 신앙에 대해 자주 이런저런 이야기가 오갔습니다. 사실 새로운 신앙은 남쪽 지방 모든 나라에서 차츰 크게 번져갔습니다. 이 신앙은 성스러운 안스가리우스를 거쳐, 더욱이 쉴라이에 있는 헤데비까지 이르게 되었습니다. 게다가 어린 헬가까지도 그리스도는 인간을 사랑하기 때문에 인간들을 구원하기 위해 자신을 바친 사람이라고 알 정도였습니다. 하지만 헬가에게는 그리스도 이야기는 그저 한쪽 귀로 들어왔다가 다른 쪽 귀로 나가는 것에 지나지 않았습니다. 그래도 가련한 두꺼비의 모습이 되어 닫힌 작은 방에서 웅크리고 있을 때의 헬가는 사랑이란 말에 감동을 느끼는 것 같았습니다. 그렇지만 바이킹 부인은 신의 유일하고도 참된 아들에 대해 퍼져 있는 말들과 이야기들이 놀라울 만큼 가슴에 와 닿는 것을 느꼈습니다.

항해를 마치고 집으로 돌아온 남자들은 화려한 신전에 대해 말하였습니다. 그 신전은 잘 깎인 값비싼 돌로 만들어졌으며, 사랑을 널리 알리는 그리스도를 위해 세워졌다고 했습니다.

그들이 가져온 전리품 중에는 몇 개의 묵직한 금 쟁반들이 들어 있었습니다. 이 쟁반들은 아주 세련된 솜씨로 망치질 되어 있었으며 순수한 금으로 만들어졌습니다. 그런데 신기하게도 모든 쟁반에서는 저마다 독특한 향기가 났습니다. 그것은 신부들이 제단 앞에서 향로를 올려놓는 그릇이었습니다. 그들의 제단에서는 단 한 번도 피가 부어진 적이 없었습니다. 그리스도의 피와 살을 대신하는 포도주와 성스러운 빵이 담기는 쟁반입니다.

붙잡혀 온 젊은 신부는 성에 있는 깊은 벽돌 지하실에 갇히게 되었습니다. 손과 발은 밧줄로 묶였습니다. 그럼에도 신부는 당당한 모습을 하고 있었습니다. 그런 그를 보고 바이킹 부인은 마치 빛과 평화의 신인 발데르처럼 보인다고 생각했습니다. 그리고 신부가 곤욕을 치르는 것을 보고 몹시 마음이 아팠습니다.

하지만 헬가는 신부가 꼼짝 못하도록 발을 밧줄로 단단히 죄어 사나운 들소 꼬리에 묶어 두어야 한다고 주장했습니다.

"나는 개들을 풀어 놓을 거야. 후이! 그러면 신부는 늪을 건너 초원까지 끌려가겠지. 그렇게 되면 참 재미있을 텐데."

그러나 바이킹 두목은 신부를 그렇게까지 고통스럽게 죽일 생각은 없었습니다. 바이킹들이 받드는 높은 신들을 부인하고 물리치려는 사람이었기 때문에, 신부는 다음날 아침에 숲속 피의 돌에서 희생되어야 한다고 생각한 것이었습니다. 피의 돌에서 사람을 제물로 바치는 것은 처음 있는 일이었습니다.

헬가는 거기에 모인 사람들에게 신부의 피를 자기가 뿌리도록 허락해 달라고 부탁했습니다. 그러고는 자신의 칼을 번쩍거릴 만큼 날카롭게 갈았습니다.

그때 정원에 있는 여러 마리의 개들 가운데서 몸집이 크고 사납게 생긴 개한 마리가 느닷없이 헬가에게 달려왔습니다. 그러자 헬가는 거리낌 없이 개의 옆구리를 칼로 푹 찔렀습니다.

"이것은 신부를 죽이는 연습일 뿐이야!"

헬가가 말했습니다.

바이킹의 부인은 거칠고도 못된 헬가를 그저 애처로운 눈으로 바라보며 슬픔에 잠겼습니다. 밤이 되어 딸의 육체와 영혼이 바뀔 때면 어머니는 고통과 슬픔이 가득 찬 목소리로 딸에게 말했습니다.

두꺼비는 흉한 모습으로 어머니 앞에 앉아서 고통이 가득한 갈색 눈으로 어머니를 바라보았습니다. 두꺼비는 어머니의 말씀을 귀담아들었습니다. 마치 인간의 이성으로 그 말을 알아듣는 것 같았습니다.

"내가 너 때문에 훨씬 더 큰 고통을 받고 있다는 걸 한 번도 남편에게 말한 적이 없단다. 내가 너로 인해 받는 고통은 내 스스로 생각해 봐도 너무나 크단다. 어머니의 사랑은 무엇보다 위대한 거야. 그런데 내 사랑이 단 한 번도 네 가슴속으로 스며들지 못한 것 같다. 네 가슴은 그저 차디찬 진흙 덩어리 같기만 하구나. 너는 도대체 어쩌다가 여기까지 오게 되었니?"

그러자 그 말을 알아들은 것처럼 가여운 두꺼비는 놀라울 정도로 몸을 부들부들 떨었습니다. 어머니의 말은 그의 마음과 몸을 옭아매고 있는 보이지 않는 굴레를 잡아 흔드는 것 같았습니다. 어느새 두꺼비의 눈에 눈물이 그렁 그렁했습니다.

"애야, 이제 너는 쓰라린 시간을 겪게 될 거야. 그 시간은 내게도 소름이 끼치도록 고통스러운 순간이 되겠지. 차라리 네가 아이였을 때 길거리에 버려져서 만나지 못했더라면 더 나았을 텐데!"

바이킹 부인은 분노와 슬픔으로 눈물을 흘리며 모피로 만든 커튼 뒤로 사라졌습니다. 커튼은 가리개로 사용하고 있었습니다.

두꺼비는 몸을 웅크린 채 홀로 구석에 앉아 있었습니다. 잠깐 동안 정적이 감돌았습니다. 그러나 얼마 지나지 않아 두꺼비의 내면에서부터 반쯤 목이 잠긴 듯한 한숨이 올라왔습니다. 그것은 가슴 가장 깊은 곳에 있던 삶이 고통 속에서 새로 태어난 듯한 것이었습니다.

두꺼비는 한 걸음 앞으로 나아가서 귀를 기울였습니다. 그러더니 한 발 더 앞으로 나아가서 두 손을 들어 문을 가로질러 놓여 있는 빗장을 쥐었습니다. 그러고는 곧바로 걸쇠를 들어올리더니 문손잡이에 박혀 있는 작은 빗장을 뽑아냈습니다.

두꺼비는 작은 지하실 앞에서 빛을 내고 있는 램프를 움켜쥐었습니다. 무언지 모를 강한 의지가 두꺼비에게 힘을 주는 듯했습니다.

두꺼비는 문에 채워진 철 빗장을 뽑은 후, 붙잡힌 신부에게로 살금살금 내려갔습니다.

신부는 잠들어 있었습니다. 두꺼비는 차갑고 뻣뻣한 손으로 신부의 몸을 흔들었습니다. 잠에서 깨어난 신부는 두꺼비의 흉측한 모습을 보고 깜짝 놀랐습니다. 어떤 악한 물체를 만난 것처럼 소스라치는 공포를 느꼈던 것입니다. 하지만 두꺼비는 말없이 칼을 꺼내어 신부를 묶은 밧줄을 잘라 냈습니다. 그리고 신부에게 자기를 따라오라고 눈짓으로 알렸습니다.

신부는 성자들의 이름을 외우며 성호를 그었습니다. 그리고 두꺼비에게 성서가 이르는 말을 하였습니다.

"힘없는 사람들에 대해 이해심을 가지고 행동하는 자에게 축복 있으라. 주님은 그를 어느 날 구원하시게 될 것이니라! 그런데 너는 누구지? 이런 흉측한 짐승의 모습을 하고서 내게 자비를 베푸는 너는 대체 누구지?"

두꺼비는 대답 없이 신부에게 따라오라고 눈짓을 보냈고, 기다란 휘장이 늘

어져 있어 누구에게도 들키지 않을 긴 회랑을 지나 마구간으로 신부를 이끌었습니다.

이렇게 하여 신부는 지하실에서 빠져나올 수 있었습니다. 두꺼비는 신부에게 말 한 필을 보여 주었습니다. 신부는 곧바로 말에 뛰어올랐습니다. 두꺼비도 말의 앞 갈기를 꽉 잡고 붙어 있었습니다. 신부는 두꺼비의 마음을 너무나도 잘 이해했습니다.

두꺼비와 신부는 초원을 가로지르며 빠른 속도로 말을 달렸습니다. 그들은 한 번도 가보지 않았던 길을 힘껏 달려서 앞이 환히 트인 초원에 닿았습니다.

신부는 두꺼비가 징그럽다는 것을 잠시나마 잊고 소름 끼칠 만큼 흉한 동물을 통해 자비와 사랑을 베푸시는 전능하신 그리스도의 은혜를 생각했습니다. 신부는 하느님께 경건한 모습으로 기도와 찬송가를 올렸습니다. 바로 그때 두꺼비 모양을 한 헬가가 몸을 부들부들 떨었습니다. 헬가를 떨게 만든 것은 기도의 힘이었는지, 찬송가의 힘이었는지? 그도 아니라면 새벽이면 느껴지는 추위의 힘이었을까요? 정말로 두꺼비가 느꼈던 것은 무엇이었을까요?

두꺼비는 몸을 일으켜 세웠습니다. 그리고 말을 세우더니 뛰어내리려고 했습니다. 그러나 신부는 헬가를 온 힘을 다해 붙잡고 큰 소리로 찬송가를 불렀습니다. 찬송가가 헬가에게 걸려 있는 마술을 풀어주리라고 믿으며 신부는 큰 소리로 노래를 불렀습니다.

말은 노랫소리를 듣고 더욱 빨리 달렸습니다. 하늘이 천천히 붉어지더니 아침 햇살이 구름을 헤치고 나왔습니다. 그리고 그 눈부신 햇살을 받은 두꺼비의 모습이 변하기 시작했습니다. 마침내 헬가는 악한 마음을 지닌 아름다운 처녀로 바뀌었습니다. 뜻밖에 아름다운 처녀를 팔에 안게 된 신부는 깜짝 놀랐습니다.

신부는 말을 세우고 곧바로 뛰어내렸습니다. 그는 못된 마귀를 새로이 만난 것이라고 생각했습니다. 헬가는 어느새 땅 위에 내려와 있었습니다. 짧은 어린애 옷은 헬가의 무릎까지만 걸쳐져 있었습니다. 헬가는 허리에 찼던 칼을 빼어들고 몹시 겁먹은 신부에게 달려들며 소리쳤습니다.

"이제야 내가 너를 마음대로 할 수 있게 되었다! 내가 너를 칼로 찌르고 말 거다! 얼굴이 잿더미처럼 하얗게 질렸군. 이 풋내기 노예 같으니라고!"

헬가는 신부를 찌르려고 달려들었습니다. 그때부터 두 사람은 거세게 몸싸움을 벌이게 되었습니다. 순간 자신도 모르게 무서운 힘이 솟았습니다. 그래서 신부는 헬가를 꽉 붙들어 옭아맬 수 있었습니다. 그 옆에 있었던 오래된 떡갈나무도 신부에게 도움을 주었습니다.

떡갈나무는 땅 위로 반쯤 뽑혀져 나온 뿌리를 들어 헬가의 두 발이 움직이는 길을 막고 서 있는 것 같았습니다. 헬가의 두 발은 떡갈나무 뿌리에 잡힌 셈이 된 것입니다. 바로 그 옆에서는 샘물이 솟아올랐습니다.

신부는 신선한 샘물을 받아 헬가의 가슴과 얼굴에 마구 뿌렸습니다. 그리고 나쁜 마음이 헬가에게서 사라지기를 간절히 기도하며 세례를 주었습니다. 물론 세례를 한 물에는 어떤 힘도 없었습니다. 믿음의 샘물이 가슴속에 흐르지 않는 사람에게는 세례수도 아무런 힘이 없는 것입니다.

하지만 신부는 믿음이 아주 강한 사람이었습니다. 신부가 행동으로 보여 준 사랑은 사람들끼리 서로 싸우게 하는 못된 힘들을 모두 막아내고도 남았습니다. 드디어 신부는 헬가에게 숨어 있던 사악한 힘을 밀어냈습니다.

헬가는 두 팔을 스스로 내리더니 놀란 시선과 창백한 얼굴로 신부를 바라보았습니다. 마치 신부가 힘 있는 마술사처럼 보인 것입니다. 그만이 아는 비밀스런 기술과 주술로 마귀를 몰아내는 듯했습니다.

신부는 조용히 성경 구절을 외우며 룬문자를 공중에 그렸습니다. 차라리 신부가 헬가 앞에서 번쩍거리는 도끼나 날카로운 칼을 휘둘렀다면, 헬가는 경련을 일으키지는 않았을 것입니다. 그러나 신부가 성호를 그녀의 머리와 가슴에 그었을 때, 헬가는 심하게 떨었습니다. 그러고는 한 마리 온순한 새처럼 그 자리에 털썩 주저앉았는데, 그녀의 머리는 가슴 안쪽으로 숙여져 있었습니다.

그때 신부는 헬가가 흉측한 두꺼비의 모습으로 지난 밤 자신에게 베풀어 주었던 사랑에 대해 부드러운 목소리로 말했습니다. 헬가가 자신을 묶었던 밧줄을 풀어 주고 빛과 생명의 길로 이끌어 주었던 사랑에 대해 말한 것입니다. 신부는 자신이 밧줄에 묶여 있었듯이 헬가도 무거운 굴레에 묶여 있었다고 말했습니다. 그리고 이제는 자신을 통해 빛과 생명으로 인도되어야 할 것이라는 이야기도 해 주었습니다.

신부는 헬가를 헤데비로 데리고 가서 성스러운 안스가리우스에 인도할 생각이라고 귀띔해 주었습니다. 기독교가 들어와 있는 헤데비에서는 헬가를 감싸고 있는 저주가 사라지게 된다고 말했습니다. 그러고는 헬가가 말 앞쪽에 타려고 하자, 이제는 그렇게 하면 안 된다는 점도 설명해 주었습니다.

"너는 내 뒤쪽에 타야 해. 내 앞에 타면 안 돼! 너를 아름답게 보이게 만드는 마법은 아직 남아 있어. 그 아름다움은 사악한 것에서 나오는 거야. 그래서 나는 그 아름다움을 두려워한단다. 하지만 나는 예수 그리스도가 보살펴 주는 한 절대로 지지 않을 거야!"

신부는 무릎을 꿇고 앉아 가슴에서 우러나오는 경건한 마음으로 기도를 올렸습니다. 평온한 숲은 그것으로 하나의 성스러운 교회가 된 듯했습니다.

새들은 이제 새롭게 태어난 것처럼 노래 부르기 시작했습니다. 그리고 야생화는 성스러운 향내를 풍겼습니다. 그런 가운데 신부는 성경 말씀을 큰 소리로 알렸습니다.

"어둠을 비추어 평화의 길로 인도하도록, 죽음의 그늘에 앉아 있었던 사람들에게 빛이 내리게 되었도다!"

그리고 신부는 모든 자연이 동경하는 것에 대해 이야기했습니다. 그가 말하는 동안 그와 헬가를 태우고 힘껏 달려온 말은 조용히 딸기 덩굴을 뜯어먹었습니다. 잘 익고 즙이 많은 산딸기가 저절로 헬가의 손에 떨어졌습니다. 산딸기가 스스로 헬가의 목을 축일 시원한 음료가 되어 준 것입니다.

헬가는 말 등 뒤에 마치 몽유병 환자처럼 앉아 있었습니다.

신부는 나뭇가지 두 개를 끈으로 묶어 십자가를 만들어 손에 들고 숲을 헤치며 말을 달렸습니다. 숲은 점차 빽빽해지고 길은 차츰 좁아지더니 마지막엔 거의 사라지다시피 되었습니다. 야생 자두나무가 앞을 가로막듯이 길 앞에 이리저리 흩어져 있었습니다. 샘물은 이제 솟아오르는 물이 아니라 늪으로 바뀌어서 발이 빠지지 않도록 조심해서 말을 달려야만 했습니다. 시원한 숲속의 공기는 힘을 북돋아 주는 청량제 같았습니다. 온화한 마음에서 비롯된 하느님의 말씀에는 큰 힘이 담겨 있었으며, 그 말씀은 믿음과 그리스도의 사랑으로 다시 사람의 가슴을 울렸습니다. 그리스도의 사랑은 남을 억누르려 드는 힘을 빛과 사랑으로 승화되도록 이끄는 능력을 가졌습니다. 이것은 바로 진실한 마음에서 오는 것입니다.

제 아무리 부드러운 물방울이라도 한자리에 계속 떨어진다면 딱딱한 돌에도 구멍이 생긴다고 합니다. 파도는 시간이 흐를수록 모난 바위 덩어리를 둥글고 매끄럽게 깎아 놓습니다. 헬가를 위해 준비되어 있었던 은총의 물방울은 굳어진 그녀의 마음에 구멍을 뚫고 날카로운 마음을 둥글게 갈아 주었습니다. 사람들은 물론 그것을 알아차릴 수 없었으며 헬가 자신도 미처 몰랐습니다. 땅 위 새싹들이 수분과 따뜻한 햇빛을 받아 생기를 얻어 성장하고 꽃을 피우게 되는 것을 알지 못하는 것과 마찬가지입니다.

어머니가 불러 주는 노래는 아이가 느끼지 못하는 사이에 아이의 정서에 스며들고 그 노래에 담긴 뜻을 이해하지도 못한 채 즐거워하며 따라 부르게 됩니다. 어머니의 노랫소리를 반복해서 듣는 동안 아이는 그 노래를 머리에 되새기며 기억합니다. 세월이 흐를수록 그 모습을 더욱 뚜렷이 나타냅니다. 간절한 믿음에서 우러나온 신부의 말씀은 바로 어머니의 노래처럼 영향을 줍니다.

말을 탄 신부와 헬가는 숲을 빠져 나와 초원 위를 달리게 되었습니다. 하지만 그것도 잠시뿐, 얼마 지나지 않아 그들 앞에는 다시 울창한 숲이 나타났습니다. 거기에서 그들은 저녁 무렵에 강도를 만나게 되었습니다.

"너는 어디에서 이토록 예쁜 아가씨를 훔쳤느냐!"

강도들은 소리쳤습니다. 그러고는 말을 세운 뒤, 신부와 헬가를 말에서 내리게 했습니다. 강도 숫자가 매우 많았기 때문에 신부와 헬가는 그들의 말을 꼼짝 없이 듣는 수밖에 없었습니다. 신부에게는 헬가에게서 빼앗은 칼 말고는 어떤 무기도 없었습니다.

신부는 그 칼을 들어 자신과 헬가를 지키겠다는 행동을 보여 주었습니다. 강도들 가운데 한 사람이 도끼를 휘둘렀습니다. 그러나 신부는 몸을 옆으로 비켜 운좋게 도끼를 피했습니다. 그렇지 않았다면 도끼에 맞고 말았을 것입니다. 대신 도끼는 말의 목을 내리쳤습니다.

말은 목에서 피를 흘리며 땅바닥에 쓰러졌습니다.

바로 그때 헬가가 길고도 깊은 잠에서 깨어났습니다. 헬가는 몸을 날려 목을 그르렁거리는 말에게 달려갔습니다. 깜짝 놀란 신부는 헬가를 보호하려고 그녀의 앞을 막아섰습니다. 그때 강도 하나가 신부의 이마에 무거운 쇠망치를 휘둘렀습니다. 신부의 이마는 그만 산산조각이 나 버렸습니다. 그의 머리에서 뿌려진 피가 주위를 적셨습니다. 신부는 그렇게 그 자리에서 죽어버리고 말았습니다.

강도들은 헬가를 팔로 감아 번쩍 들어올렸습니다. 바로 그때 태양이 지고, 마지막 석양이 사라졌습니다. 헬가는 다시 흉측한 모습의 두꺼비로 서서히 변해갔습니다. 회백색 주둥이는 얼굴 한가운데에서 축 늘어지고 두 팔은 가늘고 반들반들하게 변했습니다. 물갈퀴를 가진 넓적한 손은 부채꼴 모양으로 펼쳐졌습니다.

헬가의 변한 모습을 본 강도들은 놀라 질겁하며 뒤로 물러섰습니다. 헬가는 흉측한 괴물의 모습을 한 채 강도들 한가운데 서 있었습니다. 헬가는 두꺼비들이 늘 그러듯 공중으로 펄쩍 뛰었습니다. 제 키보다 한결 더 높이 뛰어오른 것입니다. 그리고는 덤불 속으로 숨어 버렸습니다. 강도들은 헬가의 변신이 마귀의 간계이거나 악마의 비밀스런 마술임을 알아차리고는 깜짝 놀라 서둘러 달아났습니다.

이윽고 보름달이 떠올랐습니다. 보름달은 밝은 빛으로 곳곳을 비추었습니다. 관목 숲에서는 가련한 두꺼비 모양의 헬가가 기어가고 있었습니다.

헬가는 죽은 신부와 말 앞으로 다가와 섰습니다. 그리고 눈물이 그렁그렁하게 괸 눈으로 신부와 말을 바라보았습니다. 두꺼비는 마치 어린 아이가 울부짖듯이 꽥꽥 소리를 냈습니다. 그러면서 신부와 말의 시체를 번갈아 안았습니다. 물갈퀴 달린 손을 움푹하게 오므려 물을 떠서 신부와 말에게 그 물을 뿌렸습니다. 신부와 말은 이미 죽은 뒤였습니다. 그대로 놓아두면 맹수들이 그들의 몸을 먹어 버릴 것입니다.

"아니야, 그런 일이 있어서는 안 돼!"

그래서 헬가는 신부와 말의 무덤을 만들어 주기로 굳게 마음먹고 구덩이를 파기 시작했습니다. 하지만 헬가가 무덤을 만들 때 사용할 수 있는 것이라고는 딱딱한 막대기 하나와 그녀의 두 손밖에 없었습니다. 더구나 손가락들 사이에는 물갈퀴가 팽팽하게 펴져 있었습니다.

땅을 파기 시작한 지 얼마 안 되어 물갈퀴가 찢어지고 피가 줄줄 흘러내렸습니다. 마침내 헬가는 자신의 힘만으로는 무덤을 만들 수 없다는 것을 깨닫고는 물을 떠다가 죽은 목사와 말의 얼굴을 씻어 주었습니다. 그리고 성성하고 푸른 나뭇잎으로 그들의 얼굴을 덮어 준 다음, 커다란 나뭇가지 두 개를 그들의 얼굴 위에 올려놓았습니다. 그러고는 그 사이로 나뭇잎들을 뿌렸습니다. 이어서 자기가 들 수 있는 가장 무거운 돌을 들어다가 죽은 목사와 말의 몸 위에 올려놓았습니다. 그렇게 해놓고도 보이는 틈은 이끼로 막았습니다. 헬가는 그제야 목사와 말의 무덤이 튼튼하고 안전하다고 생각했습니다. 이처럼 힘든 일을 하는 사이에 밤이 다 지나가고 말았습니다.

태양이 다시 빛나기 시작하자 헬가는 아름다운 처녀로 차츰 변해 갔습니다. 피 묻은 손과 눈물을 흘려 붉어진 뺨을 가진 처녀의 모습으로 거기에 서 있었습니다.

이번에는 헬가의 몸이 변하는 동안 그녀의 안에서는 서로 다른 두 개의 마음씨가 마치 싸움이라도 벌이는 듯하였습니다. 불안한 꿈에서 깨어난 헬가는 온몸을 부들부들 떨면서 주위를 둘러보았습니다. 헬가는 비틀거리며 가느다란 너도밤나무를 꽉 붙들어 안았습니다. 나무를 하나의 버팀목으로 기댄 것입니다.

얼마나 시간이 흘렀을까요?

헬가는 어느새 고양이처럼 나무 꼭대기까지 기어 올라가서 매달렸습니다. 그러고는 마치 불안에 떠는 다람쥐마냥 거기에 앉았습니다. 헬가는 깊고도 적막한 숲속 나무 꼭대기에서 하루 내내 앉아 있었습니다. 숲속은 죽음처럼 고요하고 매우 쓸쓸했습니다.

헬가의 주위에는 두 마리 나비가 이리저리 맴돌았습니다. 그녀가 올라간 나무 아래 언저리에는 몇 개의 개미탑들이 있었습니다. 그 모든 개미탑에는 수많은 개미들이 드나들었습니다. 그 나무를 둘러싸고 공중에서는 많은 모기들이 춤을 추고, 윙윙 소리를 내는 파리 떼들도 지나갔습니다.

"이 모든 것들은 하느님이 창조하셨어!"

어디선가 신부의 음성이 들려오는 듯했습니다. 그래요, 작은 무당벌레들, 잠자리들, 그리고 날아다니는 모든 동물들이 모두 하느님의 피조물들입니다. 물기가 있는 땅에서는 지렁이가 기어 나왔습니다. 두더지들은 땅 속에서 밖으로 기어 나왔습니다. 그것들 말고는 쥐죽은 듯이 고요했습니다. 까치들말고는 아무도 헬가가 너도밤나무 꼭대기에 앉아 있다는 사실을 알지 못했습니다. 까치들은 재잘거리며 헬가가 있는 나무 꼭대기 주위를 빙글빙글 맴돌았습니다. 이따금 높이 날아 나뭇가지를 따라 헬가에게 다가오기도 했습니다. 그러나 헬가가 힐끗 쳐다보자 까치들은 깜짝 놀라서 날아가 버렸습니다. 까치들은 헬가가 누군지 알 정도로 영리하지는 못했습니다. 헬가도 자기 자신을 잘 알지 못했지만 말입니다.

저녁이 가까워지고 태양이 차츰 기울면서 다시 모습을 바꾼 헬가는 새로운 활동을 하기 시작했습니다.

헬가는 나무 줄기를 타고 아래로 미끄러져 내려왔습니다. 저녁의 마지막 햇살이 사라지자 헬가는 두꺼비 모습으로 바뀐 채 서 있었습니다. 손가락 사이의 물갈퀴는 찢어진 채였습니다. 그러나 두 눈은 예전과는 달리 아름답게 반짝였습니다. 이렇게 아름다운 눈빛은 지난날 그녀의 아름다운 모습에서도 찾아볼 수 없었던 것입니다. 이제야 광채를 갖게 된 것입니다. 그것은 두꺼비의 얼굴 뒤쪽에서부터 은은하게 비추는 부드럽고도 엄숙한 처녀의 눈이었습니다. 그런 눈은 깊은 정서와 인간적인 마음에서 생기는 것입니다. 헬가의 아름다운 두 눈에서 왈칵 눈물이 쏟아졌습니다. 한결 차분해진 가슴에서 우러나오는 뜨거운 눈물이었습니다.

헬가는 나뭇잎들을 쌓아 만든 신부의 무덤 위에서 두 개의 나뭇가지로 만들었던 십자가를 발견했습니다. 십자가를 만들어 남긴 것은 이제는 죽어 몸이 싸늘해진 신부가 생전에 마지막으로 해놓은 일이었습니다.

젊은 헬가는 그 십자가를 들어올렸습니다. 그러고는 헬가는 어떤 생각이 떠올라 십자가를 신부와 칼에 맞아 죽은 말이 묻혀 있는 돌무덤 사이에 꽂았습니다. 그러자 슬픈 기억이 떠올라 눈물이 왈칵 쏟아졌습니다.

헬가는 눈물을 닦고 무덤 주위를 돌면서 땅바닥에 십자가를 그렸습니다. 십자가는 무덤을 감싼 듯이 보였습니다.

헬가가 두 손으로 성호를 그었을 때 헬가의 물갈퀴가 마치 찢어진 수건처럼 떨어져 나가는 게 아니겠습니까? 헬가는 샘물에 그 손을 씻고 놀란 눈으로 아름답고도 하얀 두 손을 보았습니다. 그리고 다시 한 번 하늘을 바라보며 자신과 죽은 이들을 위한 성호를 그었습니다. 그러자 헬가의 입술이 떨리고 혀가 저절로 움직이는 게 느껴졌습니다. 말을 타고 숲을 지나오면서 계속 들었던 이름이 그녀의 입에서 저절로 새어 나왔습니다. 헬가는 외치듯 말하였습니다.

"예수 그리스도!"

바로 그때 흉한 두꺼비의 피부가 떨어져 나갔습니다. 헬가는 본디의 젊고 아름다운 모습을 되찾은 것입니다. 그러나 몸과 마음은 말할 수 없이 피곤했습니다. 그래서 헬가는 곧 잠들었으나 잠을 잔 것은 잠깐이었습니다.

한밤에 깨어난 헬가는 자신의 눈을 의심했습니다. 그도 그럴 것이 그녀의 눈앞에는 죽었던 말이 완전히 생명을 되찾아 건강하게 빛을 내며 서 있었던 것입니다. 말의 눈과 다친 목에서 밝은 빛이 새어 나왔습니다. 또 바로 그 옆에는 죽었던 신부가 서 있었습니다. 만일 바이킹 부인이 여기에 있었다면, 빛과 평화의 신 발드르보다 더 아름답다고 말했을 것입니다. 신부는 마치 불꽃 속에서 오듯, 그렇게 거기에 서 있었던 것입니다.

온화하고 호의에 가득 찬 신부의 커다란 눈에서는 정의와 날카로움이 뚜렷하게 드러나 보였으며 그의 시선은 무엇이라도 꿰뚫을 것처럼 가슴속 가장 깊은 곳까지 찌르는 듯했습니다.

그런 표정을 보자 헬가는 심판의 날에 이른 것처럼 몸이 부들부들 떨렸습니다. 그리고 사람들이 그녀에게 이야기했던 사랑으로 가득 찬 모든 말이 한꺼번에 생기를 되찾게 되었으며 이것이 바로 사랑이라는 것을 알게 되었습니다. 헬가가 하늘의 시험을 받았던 지난날들에 대해 땅이 그녀에게 준 사랑이었던 것입니다. 헬가는 이제까지 자신의 사악한 기질에만 충동적으로 따랐을 뿐이지 자기 스스로를 구원해 보려는 노력은 조금도 기울이지 않았음을 인정했습니다. 모든 것은 그저 외부에서 주어졌고 하느님의 섭리에 따라 일어난 것이라고 알고 있었습니다. 헬가는 그녀의 마음속 모든 결점을 다 알고 계시는 하느님 앞에서 자신의 불완전함을 깨닫고 경건하게 고개를 숙였습니다. 그때 신부가 말했습니다.

"헬가, 늪의 딸이여! 너는 늪에서 오고 흙에서 왔느니라. 너는 이제 새로운 삶을 살게 될 것이다. 마법의 햇빛은 이제 너에게서 물러나 본디의 제자리로 돌아갔단다. 네 몸에서 빛나는 빛은 태양에서 오는 빛이 아니라 하느님의 빛이야. 영혼은 사라지지 않는다. 그러나 물론 그렇게 되기까지는 오랜 시간이 걸린단다. 그것은 결국 인간의 삶이 영원한 것으로 넘어가는 것이기 때문이지. 나는 오늘 죽은 자들이 사는 나라에서 왔단다. 너 또한 언젠가는 그 깊은 계곡을 지나 빛이 비추는 하느님의 나라로 가게 될 거야. 그곳에는 자비심과 완벽한 사랑이 존재하지. 아직은 나는 너를 헤데비로 데려가지는 않아. 너는 거기에서 그리스도의 세례를 받게 되겠지만 아직은 아냐. 너는 먼저 깊은 늪지를 덮고 있는 막을 부수고 들어가서 네 생명의 시작이며 요람이었던 악을 없애야만 해. 그 일을 마칠 때까지 너는 결코 하느님께 구원받지 못한다."

신부는 헬가를 말 등에 태웠습니다. 그러고는 금으로 된 향로를 넘겨주었습니다. 헬가는 이 향로가 바이킹의 성에서 본 것과 비슷하다고 생각했습니다. 향로에서는 아주 달콤하고도 강한 향기가 풍겼습니다. 강도의 쇠망치에 맞았던 신부의 이마는 마치 다이아몬드처럼 빛났습니다. 신부는 자신의 무덤에서 십자가를 뽑아 높이 쳐들고 앞으로 나아가기 시작했습니다.

신부와 헬가는 나뭇잎들이 살랑거리는 숲을 헤치고 영웅호걸들이 군마와 함께 묻혀 있다는 무덤을 지나갔습니다. 칼에 맞아 죽은 영웅호걸들의 혼령이 그들의 말 위에 당당히 앉아 있었습니다. 그들의 이마에 넓게 두른 머리띠는 금으로 매듭이 되어 있었습니다. 그것은 달빛 아래 더욱 빛났고 그들이 입은 망토는 바람에 휘날렸습니다. 알을 품은 모습으로 보물들 위에 웅크린 날개 없는 용은 머리를 들고 영웅호걸들을 눈여겨 바라보았습니다. 난쟁이 요정들은 거인총들과 밭고랑 사이에서 유난히 눈에 띄었는데 그들은 빨강, 파랑, 초록 불을 든 채 뒤엉켜 달려갔습니다. 그 모양이 무척 혼잡스러워 마치 불에 탄 종이에서 먼지가 피어나는 것처럼 보였습니다.

신부와 헬가는 숲과 초원, 강을 지나 늪지대에 이르렀습니다.

그들은 큰 원을 그리며 늪지대 위를 맴돌았습니다. 신부가 십자가를 높이 들자 마치 금처럼 빛났습니다. 신부의 입에서 미사를 볼 때 부르는 찬송가가 울려 퍼졌습니다. 헬가도 찬송가를 따라 불렀습니다. 마치 어린 아이가 어머니의 노래를 따라 부르는 것 같았습니다. 헬가가 향로를 흔들자, 미사를 볼 때 나오는 신비한 향이 솟아올랐습니다. 그 향기는 너무나 강렬하고 신비로워서 늪지대에 있는 모든 갈대와 꽃들을 피어나게 했습니다. 모든 씨눈들이 깊은 바닥에서 새싹을 열어 보였습니다. 생명을 가진 모든 것들은 위로 솟았습니다. 수련들이 마치 꽃으로 짠 양탄자같이 꽃을 피웠습니다.

그 수련 위에는 어떤 여자가 깊이 잠든 채 누워 있었습니다. 그 여자는 참으로 젊고 아름다웠습니다. 헬가는 그 여자가 물 속에 비쳐 보이는 자기 자신인 줄 알았습니다. 자신의 얼굴과 놀라울 만큼 닮았기 때문입니다.

그런데 그 여자는 바로 자신의 어머니였으며 늪을 다스리는 왕의 부인이자, 이집트 공주였습니다.

신부는 꽃 위에서 자던 여자에게 말에 올라타라고 말했습니다. 하지만 셋의 몸무게는 말에게 너무 힘겨워 보였습니다. 그들이 모두 올라타자 말의 몸은 마치 바람에 휘날리는 수건처럼 힘없이 비틀거렸습니다. 이를 안 신부가 허공에 십자가를 그리자 신비한 힘이 말에게 강하게 주어졌습니다. 이렇게 해서 세 사람은 모두 말 위에 가볍게 올라탈 수 있었습니다.

그때 바이킹의 성에서 수탉이 울었습니다. 그러자 신부의 얼굴은 바람을 타고 날아온 안개를 따라 사라졌습니다. 남아 있는 어머니와 딸은 여전히 서로 마주보고 있었습니다.

"지금 내가 깊은 물 속에 비친 내 모습을 보고 있는 거 맞아?"

어머니가 물었습니다.

"내가 지금 흰 방패에 새겨져 있는 나를 보고 있는 것 맞지?"

그리고 곧이어 둘은 가까이 다가가 서로 부둥켜안았습니다. 가슴과 가슴이, 팔과 팔이 엉켰습니다. 어머니의 심장은 더없이 힘차게 뛰었습니다. 그 심장의 힘찬 고동을 스스로 느끼고 어머니가 말했습니다.

"내 아가야! 내 가슴의 피를 받은 너는, 깊은 물 속에서 온 내 연꽃이구나."

어머니는 자신의 딸을 포옹하고 울었습니다. 어머니가 흘리는 눈물은 헬가에게는 생명에 대한 세례였으며, 그것은 곧 사랑이었습니다.

"나는 백조 옷을 입고 이곳에 와서 그 옷을 벗었지. 그리고 부드러운 늪지대를 건너다가 그만 가라앉고 말았단다. 곧바로 늪의 밑바닥 수렁까지 깊게 빠져 버렸어. 늪의 수렁은 마치 성처럼 나를 둘러쌌지. 그러나 얼마 지나지 않아 나는 어떤 신선한 물줄기를 느꼈어. 뭔지 모를 힘이 나를 깊게, 점점 더 깊게 끌고 갔지. 그러면서 잠이 쏟아지는 것을 느꼈어. 마침내 잠들게 된 거야. 그리고 꿈을 꾸었지. 나는, 내가 다시 이집트의 피라미드로 돌아와 누워 있다고 생각했어. 그러나 내 앞에는 늪지에서 나를 깜짝 놀라게 한 오리나무 그루터기가 마구 움직이고 있었지. 나는 쪼개진 틈새와 주름을 잘 들여다보았어. 그들은 기묘한 색을 띠면서 상형 문자들이 되었지. 그것은 미라의 관이었어. 그런데 갑자기 그것이 부서지면서 그 안에서 천 년이나 된 왕의 모습이 나타났어. 그것은 미라의 형상이었는데, 마치 피치(콜타르나 석유를 증류할 때 나오는 찌꺼기)처럼 검은색을 띠고 있었어. 그것은 숲에 사는 뱀이나 늪의 끈적끈적한 진흙처럼 검게 빛났어. 늪을 다스리는 왕이거나 또는 피라미드의 미라였는지 똑똑히 알 수 없었지. 그는 나를 팔로 부둥켜안았어. 나는 이제 죽는구나 생각했지. 그런데 내 가슴이 다시 따뜻하게 느껴졌고 어떤 작은 새 한 마리가 날개를 퍼덕거리면서 재잘거리자, 나는 마침내 다시 생명을 느끼게 되었어. 새는 내 가슴에서 저 높이 날아갔어. 어둡고 음산한 하늘로 날아올라갔지. 그러나 내 몸은 긴 초록빛 끈에 꼭 묶여 있어서 더 이상 날아갈 수 없었어. 또 나는 새가 동경하는 것이 무엇인지 그 소리를 듣고 이해하게 되었지. 그것은 자유, 햇빛, 그리고 아버지를 그리워하는 마음이었어! 나는 그 순간 햇빛 눈부신 고향에 있는 나의 아버지, 나의 삶, 나의 사랑을 떠올렸지. 그래서 나는 나를 옭아매었던 끈을 풀어주고 멀리 날아가게 했어. 그 뒤로 나는 꿈을 꾸지 않았고 그저 깊은 잠에 빠져 들었던 거야. 참으로 무겁고 긴 잠이었어. 노래와 향기가 나를 끌어올려 구원해 준 이 순간까지 그 잠은 이어졌던 거야."

새의 날개와 어머니의 가슴에 묶여 있던 초록색 끈은 이제 어디에 있을까요? 그것들은 어디에서 휘날리다가 어디로 날아갔을까요? 황새만이 이 모든 것을 보았습니다.

초록색 끈은 바로 꽃들의 푸른 꽃줄기였고, 그 어둡고 길었던 그녀의 잠은 꽃이 활짝 필 때까지의 시간이었으며 또 헬가가 요람에서 보낸 나날들이었습니다. 헬가는 이제 아름답게 피어나 어머니 품속에서 편안하게 쉬게 된 것입니다.

어머니와 딸이 서로 부둥켜안고 있을 때, 아빠 황새는 그들 주위를 빙글빙글 돌면서 날았습니다. 그리고 나서 서둘러 둥지로 가서 몇 년 전부터 둥지에 보관해 왔던 백조 옷을 가지고 와서 어머니와 딸에게 하나씩 던져 주었습니다.

백조의 옷은 맞춘 듯이 어머니와 딸의 몸에 잘 맞았습니다. 옷을 입은 모녀는 이제 하얀 백조의 모습이 되어 땅에서 날아올랐습니다.

아빠 황새가 백조의 모습이 된 이집트 공주에게 말했습니다.

"우리는 이제 기쁜 마음으로 이야기할 수 있어. 우리는 서로 다르게 생겼지만, 그래도 서로를 이해할 수 있지. 너희들 백조가 오늘 밤에 이곳에 오게 된 것은 참으로 다행한 일이야. 만약 너희가 하루라도 늦었다면 우리는 이미 떠나고 없었을 거야. 엄마 황새와 나, 아이들까지 모두 떠난 뒤였을 거라고. 우리들은 내일 남쪽으로 날아갈 참이야. 그래, 나를 한 번 쳐다봐. 나는 나일 강에 온 오래된 친구라고. 애들의 엄마 황새도 마찬가지야. 아내는 마구 떠들기는 하지만 가슴은 따뜻하지. 엄마 황새는 이집트 왕의 딸인 당신이 마침내는 곤경에서 벗어나게 될 것이라고 언제나 말하곤 했지. 나와 내 아이들은 백조의 옷을 힘들게 이곳으로 옮겨 왔어. 그래서 나는 말할 수 없이 기뻐! 또 내가 지금껏 이곳에 남아 있다가 너희들을 만나게 되었다는 게 얼마나 기쁜 일인지 몰라. 이제 날이 밝으면 우리는 다른 황새들과 더불어 이곳을 떠날 거야. 우리가 앞서서 날 테니까 너희들은 우리 뒤를 따라오면 돼. 그러면 너희들은 절대로 길을 잃지 않을 거야. 우리 가족들은 날면서도 너희들이 제대로 따라오는지 계속 살필게."

"내 연꽃인 내 딸을 어떻게 데리고 가지? 그래! 백조의 옷을 입고 내 옆에서 날면 되겠네. 나는 내 가슴의 꽃을 데리고 갈 거예요. 이제야 수수께끼가 풀렸어. 이제 고향으로 가는 거야, 고향으로!"

이집트 왕의 딸이 말했습니다.

하지만 헬가는 자신을 사랑으로 대해준 바이킹 부인을 한 번 더 만나기 전에는 덴마크를 떠날 수 없다고 말했습니다. 헬가의 기억 속에서 아름다운 추억, 사랑이 넘치는 말, 자신을 키워 준 어머니의 눈물이 마치 꽃송이처럼 피어났습니다. 이 순간 헬가는 자신을 돌봐 준 어머니를 누구보다 사랑하는 것처럼 보였습니다.

"그래, 네 말대로 우리는 바이킹의 집 정원으로 가야 해. 엄마 황새와 아이들이 거기에서 기다리고 있어. 이제 당신들을 보면 바이킹 집에서는 웃음 소리가 흘러넘치게 될 텐데, 엄마 황새와 아이들이 어떻게 그것을 모르는 체할 수 있을까? 그래, 엄마 황새는 본디 말을 많이 하지 않는 편이니 괜찮겠지. 엄마 황새는 늘 간단명료하게 말을 하지. 본디 그것이 더 좋다고 생각하고 있거든. 그래도 나는 요란스럽게 소리를 내겠어. 그래야 엄마 황새와 아이들이 우리가 돌아온 것을 알 수 있을 테니까."

그러고 나자 아빠 황새는 부리로 요란한 소리를 냈습니다. 그것을 신호로 아빠 황새와 백조들은 바이킹의 성으로 날아갔습니다.

바이킹 성에서는 아직도 모든 것이 잠들어 있었습니다. 바이킹 부인은 밤늦게야 잠자리에 들었습니다. 부인은 헬가 때문에 불안에 쌓여 있었습니다. 신부와 헬가가 사흘 낮 사흘 밤이 지나도 돌아오지 않고 어디론가 사라진 것입니다. 헬가가 신부의 탈출을 도와 준 게 틀림없다고 부인은 생각했습니다. 마구간에서 사라진 말이 헬가의 말이었거든요. 도대체 무슨 힘이 이 모든 것을 가능하게 하였을까요?

바이킹 부인은 여러 번 들어온 기적적인 행동들을 떠올렸습니다. 그러나 그 행동들은 대부분 그리스도나 또는 그리스도를 믿고 따르는 사람들이 행한 일일 뿐 헬가가 할 수 있는 일은 아니었습니다.

이런 깊은 생각은 또 다른 생각을 불러일으켜, 바이킹 부인은 좀처럼 잠들 수가 없었습니다. 밖에는 이미 칠흑 같은 어둠이 깔렸습니다. 얼마나 시간이 흘렀을까. 부인은 깜빡 잠이 들었습니다.

꿈 속에서 폭풍이 밀려왔습니다. 북해와 카테갓 해협에서 바다가 심하게 파도치는 소리를 들었습니다. 바다 밑에서 시작된 무시무시한 파도의 행렬이 빠르고도 세차게 밀려왔습니다. 그것은 신들이 다스리는 세계인 밤에도 계속되었습니다. 기독교를 믿지 않는 이교도들은 이것을 '라그나뢰크'라고 부르며, 이 심판에서 모든 신들이, 하물며 숭고한 신들조차도 종말에 이르게 된다고 했습니다.

전쟁을 알리는 나팔 소리가 울렸습니다. 그리고 무지개 위로 신들이 말을 타고 달렸습니다. 신들은 마지막 싸움을 위해 철갑 옷을 입었습니다. 신들 앞에는 날개를 단 전쟁의 여신들이 날아갑니다. 그 뒤로는 죽은 전사들이 행렬을 이루고 갑니다. 하늘은 전사들의 주변을 북쪽의 찬란한 빛으로 비추어 줍니다. 그러나 최후의 승자는 어둠이었습니다. 소름끼치는 심판의 시간이 지나 갔을 때, 마침내 남은 것은 어둠뿐이었습니다.

불안으로 가득 찬 바이킹 부인의 바로 옆에는 언제부터인지 헬가가 흉측한 두꺼비 모습으로 앉아 있었습니다. 헬가는 두려운 표정으로 자신을 돌봐 준 어머니에게 가까이 다가왔습니다. 바이킹 부인은 두꺼비 모양을 한 헬가가 징 그럽게 보이긴 했지만, 그래도 헬가를 자신의 무릎에 앉히고 사랑스럽게 껴안 았습니다. 갑자기 하늘에서 칼과 곤봉으로 내리치는 듯한 소리가 났습니다. 그 것은 마치 커다란 목검들이 바람을 가르거나 돌멩이 같은 우박 덩이들이 쏟 아지는 듯한 느낌이었습니다. 땅과 하늘이 무너지고 별이 쏟아지며 모든 것이 화염 속에 휘말려 종말을 고한다는 심판의 시간이 온 것입니다.

그러나 이 시간이 지나면 다시 새로운 땅, 새로운 하늘이 나타날 것입니다. 바이킹 부인은 이러한 이치를 잘 알고 있었습니다. 그때가 되면 파도 치는 바 닷가의 아무 쓸모없는 모래 바닥 위에서도 곡식이 가득 자라게 될 것입니다. 그리고 이름 모를 최고의 신은 모래 바닥에서도 빛의 신이 솟아오르라고 명할 것입니다. 그 신은 온화하고 사랑으로 가득한 신입니다. 그 신은 죽음의 나라 에서의 구원을 뜻합니다.

잠시 뒤, 드디어 발드르가 왔습니다. 바이킹 부인은 고개를 들고 그를 바라 보았습니다. 그러더니 놀랍게도 부인은 포로로 잡혀 있던 신부의 얼굴을 알아 보았습니다. 바로 그 신부의 얼굴이었던 것입니다.

"그리스도여!"

부인은 자신도 모르게 큰 소리로 외쳤습니다. 바이킹 부인은 이 이름을 부 르면서 흉측한 두꺼비 모습을 한 딸의 이마에 입맞춤을 하였습니다. 그때였습 니다. 두꺼비의 흉측한 피부가 저절로 벗겨지는 게 아니겠습니까. 흉측한 피부 가 모두 벗어지자 헬가는 이루 말할 수 없이 아름다운 모습이 되었습니다. 헬 가는 이전의 어느 때보다도 부드러운 모습이었고, 눈이 빛났습니다.

헬가는 자신을 키워 준 어머니의 손에 입맞춤을 하였습니다. 그리고 압박과 고통의 시련을 겪는 동안 자신에게 베풀어 준 그 커다란 보살핌과 사랑에 감 사하며 어머니에게 축복을 보냈습니다. 또 자신을 일깨워 주고 암시해 주었던 모든 생각들을 떠올리며 감사드렸습니다.

또한 헬가는 어머니가 그리스도의 이름으로 자신에게 걸려 있던 마법을 풀어 준 것에 대해 감사드리며 스스로도 그리스도의 이름을 거듭 불렀습니다.

모든 찬양이 끝나자 헬가는 한 마리 큰 백조가 되어 몸을 일으켜 세웠습니다. 두 날개도 아주 넓게 펼쳤습니다. 날개에서 '쫘' 소리를 크게 내며 바람이 일어났습니다. 이것은 철새 떼가 날기 시작할 때 나는 소리와 같았습니다.

바이킹 부인은 이 소리에 깜짝 놀라 잠에서 깨어났습니다. 밖에서는 새들이 힘차게 날갯짓하는 소리가 아직 들렸습니다. 그녀는 황새들이 이곳을 떠날 시간이 되었다는 것을 이미 알고 있었습니다.

바이킹 부인은 이곳을 떠나려는 황새들을 다시 한 번 보려고 재빨리 일어나 테라스로 나갔습니다. 그때 부인은 옆집 용마루 위에 어떤 황새 한 마리가 다른 황새 옆에 서 있는 것을 보았습니다. 그리고 정원 주위와 키 큰 나무들 위에서는 다른 황새 떼들이 커다란 활 모양을 그리면서 날았습니다. 그러나 부인의 바로 앞에 있는 우물가에서는 백조 두 마리가 앉아서 초롱초롱한 눈빛으로 부인을 쳐다보았습니다. 그곳은 헬가가 어릴 때 자주 앉아 짓궂은 장난으로 부인을 놀라게 했던 곳이기도 합니다.

바이킹 부인은 헬가에 대한 추억과 부인이 지난밤에 꾼 꿈을 떠올렸습니다. 부인은 아직도 꿈 생각으로 가득 차 있었습니다. 그 꿈이 현실로 나타난 것 같았습니다. 부인은 백조의 모습이었던 헬가와 신부를 생각했습니다. 그러자 갑자기 가슴속에서 기쁨이 솟구쳐올랐습니다.

백조들은 날개를 흔들어 푸드덕 소리를 냈습니다. 그러고는 목을 숙여 보였습니다. 그것은 물론 바이킹 부인에게 인사를 보내려는 몸짓이었습니다. 부인은 그 인사를 이해한다는 듯이 백조들에게 팔을 크게 흔들어 보였습니다. 그리곤 눈물을 글썽이며 아쉬움과 걱정이 담긴 미소를 지었습니다.

이윽고, 황새 떼들은 날개를 퍼덕거리고 부리를 부딪치며 남쪽 하늘로 높이 솟아올랐습니다.

"우리는 백조들을 기다릴 수는 없어! 우리와 함께 여행을 하려면 백조들이 와야 해. 물떼새들이 이곳으로 올 때까지 기다려줄 수는 없다고. 가족끼리 여행하는 것은 그 자체로 아름다운 거야. 되새나 자고 같은 새들은 가족이 함께 여행하지 않지. 그 새들은 수컷은 수컷끼리 날고 암컷은 암컷끼리 날아다녀. 그게 옳은 방법이라 하더라도 솔직히 말해서 보기에 좋지는 않아요. 그런데 왜 백조들은 날개를 퍼덕거리며 날죠?"

엄마 황새가 말했습니다.

"모든 새들은 저마다 나는 방식이 있는 거야. 백조들은 비스듬히 날고, 두루미들은 삼각형 모양으로 줄을 맞춰 나는데, 물떼새들은 뱀 모양을 이루면서 난단다."

아빠 황새가 말했습니다.

"하늘을 날고 있을 때는 뱀 이야기를 하지 말아요. 그러면 어린 황새들이 식욕을 느끼니까요. 그 나이에는 아무리 많이 먹어도 늘 배고파한다니까."

엄마 황새가 말했습니다.

"저 아래 보이는 것이 당신이 말했던 높은 산들이에요?"

백조의 옷을 입은 헬가가 물었습니다.

"우리 밑에서 떠돌아다니는 것들은 소나기구름들이야."

엄마 황새가 말했습니다.

"저렇게 높이 있는 하얀 구름들은 도대체 뭐예요?"

헬가가 다시 물었습니다.

"저건 구름이 아니라 만년설로 뒤덮인 산들이야."

엄마 황새가 말했습니다. 그들은 알프스 산맥을 넘어서 푸른 지중해를 향해 날았습니다.

하늘 높이 나는 백조 모습의 공주는 햇빛을 받아 하얗고도 노랗게 물든 파도를 내려다볼 수 있었습니다. 그곳이 바로 자신의 고향임을 알아차리자 공주는 "아아, 아프리카! 그리웠던 이집트 해변이야!" 환호성을 올렸습니다.

새들도 그 파도를 보고 나서 더욱 힘차게 날았습니다.

"나일 강의 흙과 습기에 젖은 개구리들 냄새가 다 나네! 벌써 배가 고픈 것 같구나. 그래, 이제 너희들에게 줄 먹이가 생겼어. 따오기나 두루미 같은 아프리카 황새를 보라고. 그들도 같은 황새 종류지만 우리처럼 사이좋게 지내지는 않아. 그들은 언제나 고상한 척하면서도 거드름을 피우지. 특히 따오기가 그래. 그러다 보니 따오기는 이집트 사람들의 제물로 이용당하곤 한다니까. 이집트 사람들은 따오기 배를 갈라 양념 채소로 속을 채우고, 미라로 만들어 버리지. 내가 미라가 된다면 개구리들로 배를 채웠으면 좋겠어. 너희들도 그렇게 되는 게 좋겠지? 틀림없이 그렇게 될 거야. 죽어서 사람들의 장식물이 되기보다는 차라리 살아 있을 때 동물 뱃속으로 들어가는 게 낫다고. 내 생각은 그래.

그리고 내 생각은 한 번도 틀리지 않았어!"

"황새들이 돌아왔어."

나일 강 어귀에 사는 부잣집 사람들이 말했습니다. 활짝 문이 열린 이 집의 넓은 방에는 표범 가죽이 깔린 침대에 왕이 누워 있었습니다. 왕은 생기 없어 보였으나, 그렇다고 죽은 것도 아니었습니다. 왕은 누운 채로 공주가 북쪽 지방 깊은 늪에서 연꽃을 따오기를 기다리는 것입니다. 친척들과 하인들이 왕의 주위에 둘러서 있었습니다.

그때 찬란한 백조 두 마리가 방 안으로 들어왔습니다. 황새들과 함께 온 것입니다. 방에 들어온 백조들은 눈부신 깃털을 벗어 던졌습니다. 그러자 백조의 모습은 사라지고 무척 아름다운 두 여인의 모습이 드러났습니다. 마치 영롱한 이슬방울 같은 두 여인은 창백하고 초췌한 늙은 왕에게 입을 맞췄습니다. 어머니에 이어 헬가가 할아버지에게 머리를 숙였을 때, 왕의 뺨에 불그스레한 기운이 감돌기 시작했으며 눈빛도 다시 반짝거렸습니다. 그리고 나무토막 같던 팔다리에 생기가 돌았습니다.

늙은 왕은 거뜬히 침대에서 몸을 일으켰습니다. 왕은 전보다도 한결 젊어진 모습이었습니다. 공주와 헬가는 왕을 와락 끌어안았습니다. 마치 긴 악몽 뒤에 기쁘게 나누는 아침 인사 같았습니다.

이렇게 해서 이 집 정원은 물론, 황새들의 둥지에도 다시 기쁨이 넘치게 되었습니다. 무엇보다도 황새들이 기뻐한 것은 거기에는 개구리들이 많이 살아서 황새들은 먹이 걱정을 할 필요가 없게 된 것입니다.

학자들은 그 자리에서 매우 빠르게 두 명의 공주에 대한 이야기와 왕의 병을 낫게 해준 꽃의 이야기를 기록하였습니다. 그 이야기는 왕과 나라를 위해서도 커다란 사건인 동시에 축복이었습니다.

아빠 황새는 이 이야기를 자기 가족들에게 저마다 고유한 방식으로 들려주었습니다. 그러나 이야기를 들려주는 것도 어린 황새들이 배불렀을 때나 가능한 일입니다. 배가 고프면 먹이 사냥을 먼저 해야 되기 때문입니다.

"이젠 당신도 무언가 높은 벼슬을 얻어야 되지 않겠어요. 당신은 평범한 일을 한 게 아니야. 누구도 쉽게 할 수 없는 일을 해낸 거라고요!"

엄마 황새가 말했습니다.

"하지만 내가 무슨 벼슬을 할 수 있겠어? 그리고 내가 한 일이 뭔데? 사실 내가 한 일은 그다지 없어!"

아빠 황새가 말했습니다.

"당신은 어느 누구보다 더 많은 일을 한 거예요! 당신과 우리 애들이 없었다면, 공주와 그 딸은 다시는 이집트에 돌아오지 못했을 거예요. 물론 늙은 왕도 다시 건강해질 수 없었을 것이고요. 당신이 큰일을 해낸 거라고요! 당신은 틀림없이 박사라고 불리게 될 거예요. 우리 아이들도 박사 아이들이 될 거고, 대를 이어 그렇게 될 거예요. 이미 이집트 학자처럼 보이는걸요. 적어도 내 눈에는 그래요."

"난 학자들이 한 말들을 제대로 설명할 수 없어."

아빠 황새가 말했습니다. 이제까지 지붕 위에 서서 귀를 기울여 들은 학자들과 현자들이 들려준 이야기를 아이들에게 설명해 주어야 한다고 생각했습니다.

"그런데 학자들과 현자들의 이야기는 정말 복잡했어. 그러고 보면 그들이 높은 지위에 올라가 재능을 인정받은 것은 마땅한 것이었어. 입으로 요리를 하는 사람도 훈장을 받았지. 수프를 끓이는 데에는 그를 따를 사람이 없으니까."

"그런데 당신은 무엇을 받았어요? 학자들과 지혜로운 이들이 가장 중요한 존재를 잊어버리다니! 바로 당신 말이에요. 학자들은 왕이 병들어 있을 때 고작해야 처음부터 끝까지 입으로만 지껄였을 뿐이에요. 당신이야말로 누구보다 큰 일을 해낸 새라고요!"

　새로운 행복에 젖어 있는 왕실에도 밤이 찾아왔습니다. 모두가 평화롭게 잠든 늦은 시간이지만, 아직도 잠들지 않은 사람이 있었습니다. 아빠 황새도 한 다리로 둥지 위에 서서 주위를 살피고 있는 그 시간에 말입니다. 홀로 깨어 있는 사람은 다름아닌 헬가였습니다. 헬가는 발코니로 나와 얼굴을 들고, 커다란 별이 반짝거리는 맑은 하늘을 쳐다보았습니다. 별들은 헬가가 북쪽 지방에서 보았던 별들보다 한결 더 많고 더욱 밝게 빛났습니다. 물론 거기서 본 별들과 다르지는 않았습니다.

　헬가는 늪지대 근처에 살며 자신을 돌봐 준 바이킹 부인의 부드러운 눈을 떠올렸습니다. 불쌍한 두꺼비 모습을 했던 자신 때문에 어머니가 흘렸던 많은 눈물을 생각했습니다. 그 두꺼비 모습의 아이는 이제 봄날의 값진 공기를 마시며 나일 강가에서 찬란히 빛나는 별들을 보며 서 있게 되었습니다. 헬가는 이교도인 바이킹 부인의 사랑을 돌이켜보았습니다. 사람의 모습을 지니고 있을 때도 악하기 그지없었고, 동물의 모습일 때는 보거나 만지기조차 혐오스러웠던 가여운 헬가에게 바이킹 부인은 커다란 사랑을 베풀어 주었던 것입니다.

　헬가는 반짝이는 별들을 쳐다보며 숲과 늪 위를 날아갈 때 죽은 신부의 이마에서 빛났던 광채를 생각하였습니다.

　헬가의 회상 속에서 귀에 익은 신부의 음성이 들려왔습니다. 헬가가 신부와 함께 말을 타고 늪을 건널 때 신비한 마음의 목소리를 들었던 바로 그런 목소리가 헬가의 기억 속으로 울려 퍼진 것입니다. 그것들은 위대한 사랑의 원천과 이 세상의 모든 인간들을 포용해 주는 가장 소중한 사랑에 대한 말들이었습니다.

　그렇습니다. 헬가에게는 이제 모든 일이 다 이루어지고 모든 것이 풍족하게 주어졌습니다. 헬가는 자신이 가진 모든 행복에 대해 밤낮으로 생각했습니다. 그렇게 헬가는 선물을 받으면 선물을 준 사람보다는 그 선물 자체를 더 많이 생각했던 어린이처럼 행복감에 젖었습니다. 헬가는 점점 더 행복을 느끼며 더욱 깊은 행복감에 젖을 것입니다. 헬가는 사랑이 가져다 준 놀라운 기적을 통해, 가장 커다란 기쁨과 행복을 얻게 된 것입니다. 하지만 헬가는 언제부터인가 자신에게 사랑을 베푼 사람을 더 이상 생각하지 않고 있다는 사실을 깨닫게 되었습니다. 그것은 젊은 용기에서 생기는 뻔뻔스러움에서 비롯된 것이었습니다. 그 뻔뻔스러움이 행복감에 싸여 지내온 지난 얼마 동안 자신에게 다시 나타났던 것입니다. 헬가의 눈이 아름답고 찬란한 빛으로 번득이고 있을 때 정원 아래에서 거친 소음이 들리는 바람에 호기로운 생각은 사라지고 말았습니다. 헬가는 정원을 내려다보았습니다. 그곳에서는 두 마리의 거대한 타조들이 좁은 원을 그리면서 급히 달렸습니다. 헬가는 이처럼 커다랗고 뚱뚱하고 볼품없는 동물을 처음 봅니다. 그 새는 마치 끝을 가위로 싹뚝 자른 듯한 짤막한 날개를 가지고 있었으며, 잔뜩 볼이 부어서 화가 난 듯한 모습이었습니다.

헬가는 타조가 왜 그렇게 화가 났는지를 물은 뒤에 그녀는 이집트 사람들에게 전해 오는 타조에 대한 전설을 들을 수 있었습니다.

타조는 한때 장엄한 모습을 보였던 새의 일종이었습니다. 그 깃털은 커다랗고 힘이 넘쳤습니다. 어느 날 저녁, 숲에서 온 커다란 새들이 타조에게 말했습니다.

"형제여! 신의 뜻이라면, 우리 내일 강으로 날아가서 물을 마실까?"

그러자 타조는 그렇게 하자고 말했습니다. 날이 밝아 오자, 타조는 다른 새들과 함께 하늘로 날아오르기 시작했습니다. 그들은 신의 눈인 태양을 향해 높이 날아올랐습니다. 이때 타조는 다른 새들을 앞질러 맨 앞에서 날았습니다. 자기 힘만 믿고 신에 대한 감사함을 외면했습니다. 그래서 타조는 다른 새들처럼 "신의 뜻이라면!" 하지 않았습니다. 그러자 복수의 천사가 활활 타오르는 불꽃을 타조에게 던졌습니다. 불꽃을 맞은 타조의 깃털은 불이 붙고 말았습니다. 거만한 타조는 날개가 불에 타고 처참하게 땅으로 떨어지고 말았습니다.

마침내 타조와 타조의 후손들은 다시는 하늘로 올라갈 수 없게 되었고, 겁에 질려 땅 위를 뛰어다니거나 언제나 좁은 공간에서 원을 그리면서 달리다가 넘어지게 되었다는 것입니다.

타조 이야기는 우리 인간들에게도 큰 교훈을 줍니다. 우리들이 생각하고 계획한 모든 행동에 대해 늘 조물주에게 감사하고 겸손한 마음을 가져야 되는 것입니다.

헬가는 깊은 생각에 잠긴 채 고개를 숙이고 계속해서 정원을 빙빙 도는 타조를 바라보았습니다. 그리고 밝은 빛이 내리쬐는 담벼락에 드리워진 커다란 타조 그림자를 보면서 타조의 전설처럼 타조가 가졌던 어리석은 기쁨을 떠올려 보았습니다. 그동안 자신이 지내 온 생활도 오만한 타조와 그리 다를 게 없다는 부끄러운 생각이 뿌리 깊게 요동쳤습니다. 헬가에게는 이런 오만한 마음이 행복과 더불어 나타났던 것입니다.

헬가에겐 이제 무슨 일이 일어나게 될까요? 그리고 무엇이 헬가의 앞길에서 기다리고 있을까요? 아무도 모릅니다. 거기에 대한 가장 좋은 대답은 "신의 뜻이라면!" 뿐입니다.

이른 봄이 되어 황새들이 다시 북쪽 지방으로 날아갈 때였습니다. 아름다운 헬가는 금팔찌를 벗어 자기의 이름을 새겨 넣고는 아빠 황새를 부르더니 그 팔찌를 아빠 황새의 목에 걸어 주었습니다. 그러고 나서 그 팔찌를 바이킹 부인에게 전해달라고 아빠 황새에게 부탁했습니다. 자신은 지금 행복하게 지내고 있고, 오늘도 길러준 어머니를 잊지 않고 있음을 알려주기 위해서였습니다.

팔찌를 목에 건 아빠 황새는 팔찌를 품고 가는 것은 어려운 일이라고 생각했습니다. 그러나 금과 명예를 길바닥에 버려서는 안 되며 북쪽 지방에 사는 사람들은 자신들이 행복을 가져온다는 것을 경험하게 될 거라고 생각했습니다.

"당신은 금을 목에 걸치고 있어요. 나는 알을 품고 있고요. 그래도 당신은 단 한 번만 목에 걸치면 되지만, 나는 해마다 알을 품어야 된단 말이에요. 그런데도 어느 누구도 알아주지 않지요. 참으로 견딜 수 없는 일이에요."

엄마 황새가 말했습니다.

"우리가 다 알고 있잖아."

아빠 황새가 말했습니다.

"당신은 그 팔찌를 목에 걸고 북쪽 나라까지 날아갈 수 없을 거야. 팔찌를 목에 걸면 바람을 잘 탈 수도 없고 먹이를 옮기는데도 불편하단 말이오."

엄마 황새가 말했습니다. 그러고 나서 황새들은 그곳에서 날아올랐습니다.

타마린드 관목 숲에서 노래를 부르던 작은 나이팅게일 또한 북쪽으로 날아가려고 했습니다. 헬가는 북쪽 지방 늪지대에서 살 때는 나이팅게일의 노래를 자주 듣곤 했습니다. 그래서 나이팅게일에게 부탁하려고 했습니다. 백조의 옷을 입고 이곳까지 날아온 뒤부터 헬가는 새들의 말을 할 수 있게 되었습니다. 그래서 헬가는 황새나 제비와 자주 이야기를 나누었던 터라 나이팅게일도 자기의 말을 이해할 것이라고 생각한 것입니다.

헬가는 나이팅게일에게 유틀란트 반도에 있는 너도밤나무 숲으로 날아가서 돌과 나뭇가지로 만들어진 무덤을 찾아달라고 했습니다. 그곳은 바로 죽은 신부의 무덤입니다. 헬가는 작은 새들에게 무덤을 잘 보호하고 노래를 계속해서 불러 주면 좋겠다는 마음을 전해 달라며 나이팅게일에게 말했습니다.

헬가의 부탁을 받고 나이팅게일도 날아갔습니다.

그리고 시간도 빠르게 흘렀습니다.

가을이 되었습니다. 독수리는 피라미드 위에 서서, 비싼 물건들을 가득 실은 낙타들의 찬란한 행렬이 지나가는 것을 바라보았습니다. 비싼 옷을 입고 무기로 무장한 남자들이 새의 부리처럼 입이 튀어나온 아랍 낙타들을 타고 지나갔습니다. 낙타들은 희미한 은색 털로 뒤덮인 몸에 붉은색 콧구멍과 커다랗고 잔뜩 부푼 갈기를 가졌는데, 그 갈기는 날씬한 다리를 감싸면서 밑으로 퍼져 있었습니다.

부자들의 행렬이었습니다. 아랍 어느 나라에서 온 왕자가 이집트가 자랑하는 왕궁 안으로 들어섰습니다. 그는 누가 봐도 왕자라는 사실을 쉽게 알 수 있을 만큼 멋있었습니다. 이집트의 왕이 사는 집 꼭대기에 있는 황새 둥지는 텅비어 있습니다. 그 둥지에서 살았던 황새들은 이제는 북쪽 지방에 있습니다. 하지만 그 황새들은 곧 돌아올 것입니다.

바로 기쁨과 즐거움이 궁궐에 가득 넘칠 때 황새들은 정말로 돌아왔습니다. 그때 왕궁에선 결혼식이 열리고 있었는데, 신부는 바로 헬가였습니다. 신부인 헬가는 비단과 보석들로 눈부시게 꾸미고 있었습니다. 신랑은 아라비아에서 온 그 젊은 왕자였습니다.

결혼식이 시작되면서 신랑과 신부는 어머니와 할아버지 사이에 놓인 가장 높은 단 위에 앉았습니다.

햇볕에 탄 신랑의 얼굴에는 곱슬곱슬한 검은 수염이 수북했습니다. 불타는 듯한 검은 두 눈은 헬가에게 고정된 듯했습니다. 그러나 헬가는 그를 바라보지 않고 그 대신 시선을 밖으로 돌려 반짝반짝 빛나는 별들을 쳐다보았습니다.

바로 그때 밖에서 새의 날개 치는 소리가 들려왔습니다. 황새들이 되돌아온 것입니다. 이제 나이가 많이 든 황새 부부는 여행에 몹시 지쳐 있었습니다. 그럼에도 황새들은 쉬지 않고 곧바로 베란다 난간 위로 날아왔습니다. 황새들은 이집트 왕의 궁궐에서 벌어지는 축제가 무엇을 의미하는지 이미 알고 있었던 것입니다. 황새들은 헬가가 황새들을 벽에 그리게 하였다는 사실을 이미 국경선에서 들어서 알고 있었습니다. 황새들은 헬가의 마음속에 깊이 자리잡고 있었던 것입니다.

"우리들을 그리게 했다는 것은 참 고마운 생각이야."

아빠 황새가 말했습니다.

"그건 우리가 한 일에 비하면 너무나 보잘것없는 답례일 뿐이에요. 보잘것없는 배려로 괜히 생색만 낸 거라고요!"

엄마 황새가 말했습니다.

황새들을 본 헬가는 자리에서 몸을 일으켜 서둘러 베란다로 나왔습니다. 황새들이 있는 곳으로 오려는 것이었습니다. 늙은 황새 부부는 목을 굽혀 헬가에게 인사했습니다. 그리고 이제 막 태어난 아기 황새들도 그것을 영광으로 받아들였습니다.

헬가는 빛나는 별을 쳐다보았습니다. 그 별은 더욱 밝게 빛을 냈습니다. 별과 헬가 사이에 환상과도 같은 모양이 그려졌습니다. 그것은 맑은 공기보다도 순수했고 눈으로도 볼 수 있었습니다. 그 환상은 움직이면서 헬가에게 아주 가까이 다가왔습니다. 바로 죽은 신부의 모습이었습니다. 물론 신부도 헬가의 결혼식에 찾아온 것입니다. 하늘나라에서 온 것이죠.

"저 위에 있는 밝은 빛과 경건함이 이 땅이 알고 있는 모든 것을 능가하나니." 신부가 말했습니다.

헬가는 마음에서 참으로 우러나오는 감동으로 경건하게 기도하였습니다. 그 전에는 이토록 진지하게 기도해 본 적이 없을 만큼의 간절한 기도였습니다. 그리고 헬가는 오직 1분만이라도 하늘에 계신 하느님을 볼 수 있게 해 달라고 간절히 기도하였습니다.

하늘에 계신 하느님은 헬가를 밝은 빛과 경건함으로 끌어올려 주셨습니다. 하느님은 헬가를 맑은 음향과 생각이 홍수처럼 넘쳐흐르는 곳으로 끌어올린 것입니다. 헬가 주위에는 밝은 빛이 비추고 맑은 소리가 울렸습니다. 뿐만 아니라 헬가의 가슴속에서도 그 빛과 소리가 함께 했습니다. 그것은 도저히 말로 표현할 수 없을 만큼 아름다운 순간이었습니다.

"이제 돌아가야 해. 더 있다가는 사람들이 네가 사라졌다고 하겠어."

신부가 말했습니다.

"하느님을 한 번만 더 뵙고요! 단 1분 동안만, 아주 짧은 시간만이라도 다시 뵙고 싶어요!"

헬가가 청했습니다.

"그럼, 단 한 번뿐이야. 마지막이라고!"

또 다시 화려하고도 짧은 시간이 흘렀습니다. 그리고 헬가는 어느새 베란다에 서 있는 자신을 발견하였습니다. 그러나 밖에는 모든 불빛이 꺼져 있었습니다. 결혼식이 열렸던 홀의 모든 촛불들도 치워진 상태였습니다. 황새들도 이미 떠나고 없었습니다. 손님이라곤 누구 하나도 눈에 띄지 않았습니다. 신랑도 없었습니다. 3분이라는 짧은 시간이었는데, 그 사이에 모든 것이 사라져 버린 것입니다.

헬가는 불안을 느끼며 길고도 커다란 홀을 지나 첫 번째 작은 방으로 들어갔습니다. 그곳에는 낯선 군인들이 헬가가 거처하는 방으로 들어가는 옆문을 열어 놓은 채 잠을 자고 있었습니다. 헬가가 지난날 자기 방이라고 생각했던 곳이 흔적도 없이 사라져 버린 것입니다. 헬가가 단 한 번도 겪어 보지 못한 뜰이었습니다. 하늘이 붉게 빛나면서 날이 밝아왔습니다.

헬가가 하늘나라에서 3분 동안 머무는 사이에 땅에서는 너무나 많은 시간이 흘렀습니다. 그때 헬가는 황새들을 바라보았습니다. 헬가는 황새들의 언어로 그들에게 소리쳤습니다. 헬가의 목소리를 듣고 아빠 황새가 고개를 갸웃거리면서 헬가에게로 가까이 다가왔습니다.

"너는 우리들 말을 아는구나! 여기에서 뭘 하고 있지? 왜 여기에 왔니, 낯선 여자가?"

"나는 헬가야. 헬가! 나를 모르겠니? 고작 3분 전만 해도 우리들은 함께 있었잖아, 저 위에 보이는 베란다 위에."

"그건 잘못 알고 있는 거야. 넌 꿈을 꾸고 있었던 거라고."

"아니야, 아니야!"

헬가가 말하였습니다. 그리고 헬가는 바이킹의 성, 늪지대, 이집트로의 여행을 떠올리며 그 이야기를 들려 주었습니다.

그러자 아빠 황새는 눈을 끔벅거리며 말했습니다.

"그것은 아주 오래된 이야기야. 내 증조부의 증조 할아버지가 살았던 시대에 있었던 이야기지. 그 이야기를 들은 적이 있어. 그래, 여기 이집트에는 덴마크에서 온 공주가 물론 있었었지. 하지만 공주는 수백 년 전 그녀의 결혼식날 밤에 어디론가 사라져 다시는 돌아오지 않았지. 이 이야기는 뜰에 있는 기념비에 씌어 있어. 거기에는 백조들과 황새들의 조각도 새겨져 있지. 가장 높은 곳에는 공주의 모습이 대리석으로 새겨져 있어."

황새가 말한 이야기는 사실이었습니다. 헬가는 그것을 보았으며 모든 것을 알게 되었습니다. 그리고 헬가는 무릎을 꿇고 앉았습니다.

태양이 눈부시게 떠올랐습니다. 햇빛에 의해 두꺼비의 껍질이 떨어져나가고 헬가의 아름다운 모습이 나타났듯이, 이번에는 빛의 세례를 통해 헬가를 아름다운 흙빛으로 바뀌게 했습니다. 그리고 그 빛은 차츰 밝은 빛을 띠며 하느님에게로 올라갔습니다. 그것은 말할 수 없이 찬란한 빛이었습니다.

헬가의 몸은 이제 먼지가 되었습니다. 헬가가 서 있던 곳에는 시든 연꽃 한 송이가 놓여 있었습니다.

"이 이야기의 끝은 참으로 새롭군! 나는 이야기가 그렇게 끝나리라곤 기대하지 않았어. 그래도 내 맘에 꼭 들어!"

아빠 황새가 말했습니다.

"아기 황새들은 이 이야기 끝에 대해 어떻게 생각할까요?"

엄마 황새가 물었습니다.

"그렇지, 바로 그게 가장 중요하겠지!"

아빠 황새가 말했습니다.

087
달리기 시합
Hurtigløberne

달리기를 잘한 동물들이 상을 받았습니다. 일등과 이등을 골라 상을 주었지요. 그러나 오직 한 번의 달리기로 일등, 이등을 정한 것은 아니었습니다. 1년 내내 어떻게 달리는지를 자세히 살펴서 상을 주었지요.

"내가 일등상을 받았어. 물론 친척들과 착한 친구들이 공정하게 심사했으리라 믿어. 하지만 달팽이가 이등 상을 받다니! 이건 틀림없이 나를 바보 취급하는 거야."

토끼가 말했습니다.

"아니야, 그렇지 않아."

울타리 말뚝이 딱 잘라 말했습니다. 말뚝은 상을 정할 때 곁에서 지켜본 증인이었습니다.

"부지런하고 굳건했던 달팽이의 의지를 헤아려 봐야 해. 그건 분명해. 우리가 존경할 만한 많은 동물들도 마땅하다고 인정했어. 나도 그렇게 생각해. 달팽이는 문지방을 넘어 오는 데만 반 년 넘게 걸렸지. 하지만 달팽이는 누구보다 열심히 빠르게 달렸어. 얼마나 서둘러 달렸던지 허벅지 뼈가 부러지기까지 했어. 달리는 일에 온몸을 던진 동물은 달팽이밖에 없어. 게다가 집까지 등에 짊어지고 말이야. 정말 감탄스럽다니까. 그렇기 때문에 달팽이는 이등 상을 받은 거라고."

"나도 상을 못 받을 이유가 없다고!"

제비가 말했습니다.

"내 생각엔 나보다 더 빨리 날거나 재빨리 도는 동물은 하나도 없었어. 게다가 난 남들이 가지 못한 먼 곳까지 날아갔었다고."

"그래, 넌 정말 안타까워. 하지만 너는 지나치게 많이 다른 나라로 날아다녔어. 서리가 내리면 이 나라를 떠나가곤 하잖아. 결국 너는 조국을 사랑하지 않은 거야. 그래서 상을 받을 수 없는 거야."

말뚝이 말했습니다.

"그럼 내가 저 건너편 습지대에서 겨우내 꼼짝 않고 겨울잠을 잔다면, 나도

상을 받을 수 있을까?"

제비가 물었습니다.

"네가 겨울의 반을 이 나라에 있었다는 증명서를 늪 가까이 사는 아주머니에게서 받아와 보라고."

달팽이가 말했습니다.

"나는 똑똑히 알고 있어. 토끼는 비겁하게 달렸어. 토끼는 자기가 조금 늦어질 것 같다 싶을 때만 달린 거야. 그에 비해 나는 달리는 것을 내 삶의 의무로여기고 달렸지. 나는 그 의무에 충실하다 그만 불구가 되고 말았어! 그러니 일등상은 마땅히 내가 받아야 돼. 하지만 나는 이런 일로 싸우고 싶지 않아!"

그러고 나서 달팽이는 침을 퉤! 뱉었습니다.

"나도 심사 위원이었던 만큼 모든 조건을 두루 살펴서 일등과 이등을 결정하려고 애썼다고."

숲에 있는 측량 표지판이 말했습니다. 측량 표지판도 상을 결정하는 심사위원 가운데 하나였거든요.

"나는 무엇이든 이런저런 조건들을 잘 살핀 뒤에 결정하지. 그래서 나는 명예롭게도 벌써 일곱 번이나 심사 위원을 했어. 하지만 이번에야 비로소 내 뜻대로 수상자가 뽑힌 거야. 나는 상을 줄 때마다 특별한 규칙을 가지고 선택했어.

일등은 언제나 알파벳 처음부터 순서를 헤아려서 그 순서대로 뽑았어. 그리고 이등 상은 알파벳 뒤부터 헤아렸지. 이번엔 여덟 번째로 심사 위원이 되었으니까 여덟 번째 철자를 뽑은 거야. A부터 시작해서 여덟 번째 철자는 H지. 이 철자를 가진 선수는 토끼(토끼는 독일어로 Hase)야. 그래서 나는 토끼에게 일등상을 준 거야. 알파벳 뒤에서부터 여덟 번째 철자는 S가 되지. 그렇기 때문에 나는 달팽이 (달팽이는 독일어로 Schneck)에게 이등상을 준 거고. 다음번에 내가 또 심사 위원이 될 때는 I가 일등상이 되고, R이 이등상이 되는 거지. 이렇게 모든 것에는 순서가 있는 법이라고. 순서를 지킬 줄 알아야 해!"

"만일 내가 심사 위원이 아니었다면, 나는 나 자신을 일등으로 뽑았을 거야."

이번에는 노새가 말했습니다. 노새 또한 심사위원이었습니다.

"우리는 선수들이 얼마나 빨리 달릴 수 있는지만이 아니라 그 밖의 다른 것들도 고려해야 돼. 이를 테면 얼마나 많이 잡아끌 수 있는지 하는 따위의 조건들 말이지. 하지만 난 그런 것들만을 고집하지 않아. 그리고 토끼가 얼마나 약삭빠르게 남을 방해했는지를 자세히 보지도 않았지. 토끼는 갑자기 길 옆으로 뛰어 들어가서 재빨리 눈앞에서 사라져버리는 바람에 다른 경쟁자들을 혼란시키거든. 남들이 어리둥절해 하는 틈을 타서 달아나 버리는 거야. 그래도 나는 그쯤은 눈감아 주었어. 사실 이 세상에는 많은 이들이 좋아하고 관심 갖는 것들이 많아. 바로 그런 것들이 무엇보다도 중요하게 여겨져야만 해. 그런 점에서 나는 이번에는 '아름다움'을 중요한 조건으로 삼았어. 아름답고도 잘생긴 토끼의 귀들을 보라고. 토끼의 길고 날씬한 귀를 보는 일은 참으로 즐거워. 마치 어릴 때 나를 보는 거 같거든. 그래서 나는 토끼에게 표를 던진 거야."

"쉿! 조용히!"

파리가 말했습니다.

"나는 길게 말하지는 않겠어. 다만 짧게 내 생각을 이야기할게. 사실 나는 여러 번 토끼를 앞선 적이 있어. 그런데 얼마 전에 나는 어린 토끼 한 마리의 뒷다리를 부러뜨리고 말았어. 나는 기차 맨 앞 기관차 위에 앉아 있었지. 그러면 앞으로 나아가는 속도를 쉽게 느낄 수 있거든. 그런데 하필 그때 어떤 어린 토끼가 기관차 앞을 달리고 있었어. 토끼는 내가 기관차 위에 있을 줄은 꿈에도 알지 못했어. 토끼는 기관차를 피해 몸을 돌렸어야 했지. 하지만 그렇게 하지 못했어. 결국 토끼는 뒷다리를 그만 기관차에 치이고 만 거야. 내가 기관차 위에 앉아 있었기 때문이지. 다리가 부러진 토끼는 그 자리에 쓰러졌지만, 나는 멈추지 않고 앞으로 달렸어. 그러니까 내가 토끼를 이긴 거라고. 그렇지만 나는 상을 달라고 하지 않아!"

'내가 보기에는….'

들장미는 마음속으로 생각했습니다. 하지만 들장미는 생각을 드러내서 말하지는 않았습니다. 장미는 남들 앞에 나서서 떠드는 것을 좋아하지 않았거든요. 사실 제 뜻을 정확하게 표현해 주는 것이 더 좋을 수 있었는데도, 장미는 겉으로 드러내기를 꺼려했지요.

'내가 보기에는 햇빛이 일등, 이등 모든 상을 받아야 될 것 같은데. 햇빛은 가늠할 수조차 없이 먼 곳에서도 눈 깜짝할 사이에 우리에게 날아오거든. 게다가 햇빛은 모든 자연을 일깨워 주지. 그뿐 아니라 이루 말할 수 없이 아름다워. 우리 장미들은 햇빛에게서 아름답고도 붉은 빛을 받아 이토록 좋은 향기를 내는걸. 높으신 심사 위원님들은 햇빛은 생각조차 못하고 있는 것 같아. 내가 만일 햇빛이라면 화가 나서 햇빛을 쨍쨍 비춰서 심사 위원들을 일사병에 걸리게 만들어버릴 텐데. 그러면 저 심사 위원들은 미쳐 버리고 말거야. 하긴 굳이 그러지 않아도 심사 위원들은 미친 거나 다름없지. 아무래도 한마디도 안 하는 게 좋겠어. 숲에 평화를! 꽃이 피고 향기가 나며 생기를 돋우는 것은 장엄하고도 훌륭한 일이야. 전설과 노래 속에 파묻혀 사는 것처럼 황홀한 일이지. 햇빛은 우리 모두를 살아가도록 해 주는 고마운 존재야!'

"일등상이 도대체 뭐지?"

지렁이가 물었습니다. 지렁이는 늦잠을 자다가 꾸물꾸물 이제야 온 것입니다.

"배추밭에 자유롭게 드나드는 거야!" 노새가 말했습니다. "이번 상은 내가 제안해서 만든 거야. 토끼가 일등상을 받은 것은 마땅해. 그리고 나는 상 받는 동물에게 도움이 되는 게 뭘까? 곰곰이 생각하고 또 생각했거든. 달팽이는 돌담 위에 앉아서 이끼와 햇빛의 달콤한 맛을 즐겨도 된다는 게 상이야. 달팽이는 앞으로 빨리 달리기 시합 심사 위원으로 받아들여지게 되었어. 전문가가 들어온다는 건 정말 흐뭇한 일이야. 앞으로가 참 기대돼! 우리는 참으로 멋지게 시작한 거야!"

088

종이 떨어진 깊은 곳
Klokkedybet

"뎅그렁 뎅그렁."

오덴세 강가에서 커다랗게 종소리가 울렸습니다. 오덴세 강이 어디에 있냐고요? 오덴세에 사는 아이들은 모두 그 강을 잘 알고 있지요. 그 강은 정원 밑을 지나 수문에서부터 물레방아까지 흐릅니다. 그 사이에 나무다리 아래로 몇 개나 지나가지요.

오덴세 강가에는 노란 수련, 갈색 털을 가진 갈대, 그리고 검은 비단처럼 부드러운 부들풀들이 자랍니다. 부들은 키가 아주 크지요. 가지가 여기저기 갈라진 오래된 버드나무들은 구부러진 몸을 서로 엇갈린 채 천을 표백하는 들판 가까이에 서 있습니다. 버드나무들이 흘러가는 강 위로 가지를 길게 늘어뜨립니다. 강 맞은편에는 정원이 몇 개나 이어져 있습니다. 하지만 정원은 저마다 다른 모습입니다.

아름다운 꽃들로 가득 찼으며, 마치 동화 속에 나올 듯한 아담한 정자가 딸린 정원도 있었습니다. 하지만 정원이 늘 꽃들로 가득하지는 않습니다. 어떤 정원은 양배추만 잔뜩 심어지기도 했습니다. 커다란 말오줌 나무들이 강가를 가득 덮을 만큼 넓게 펴져서 어디까지가 정원인지 제대로 알아볼 수 없는 정원도 있었지요.

강에는 여기저기 깊은 곳이 있는데, 사람들은 가장 깊은 곳까지 조그만 배를 타고 가기도 합니다. 그 가까이에는 오래 된 수녀원이 있습니다. 사람들은 수녀원 앞 강에서 가장 깊은 곳을 교회의 '종이 떨어진 곳'이라 부릅니다. 그곳에는 물의 정령이 살고 있지요. 정령은 햇빛이 물 속까지 비치는 낮에는 온종일 잠을 자다가 별이 반짝반짝 빛나거나 달빛이 환히 비치는 밝은 밤에만 모습을 보이지요.

정령은 아주 나이가 많습니다. 할머니는 할머니에게 이러한 물의 정령 이야기를 들었다고 말씀하셨습니다. 물의 정령은 외롭게 산답니다. 정령이 이야기를 나눌 수 있는 상대는 오래 되고 커다란 교회 종뿐입니다. 교회 종은 한때 교회 첨탑에 걸려 있었지요. 그 교회의 이름은 성 알바니였습니다. 그러나 이제는 교회도, 탑도 아무런 흔적 하나 남아 있지 않습니다.

교회 첨탑이 서 있었을 때는 "뎅그렁 뎅그렁" 종소리를 들을 수 있었습니다. 그러나 어느 날 저녁, 해가 저물고 무시무시하게 센 바람이 불어 왔을 때 종은 탑에서 떨어져 나와 공중으로 날아가 버렸습니다. 찬란한 청동은 해넘이 붉은 저녁놀 속에서 불타는 듯이 반짝거렸습니다.

"뎅그렁 뎅그렁. 이제 나는 편히 쉴 곳을 찾아갈 거야."

종은 이렇게 노래했답니다. 그리고 오덴세 강 가장 깊은 곳까지 날아갔습니다. 그래서 사람들은 강에서 가장 깊은 곳을 '종이 떨어진 곳'이라 부른답니다. 그러나 종은 그곳에서 포근하게 푹 잠잘 수도 없었고, 편안히 쉬지도 못했습니다.

종은 물의 정령과 이야기를 나누면서 하루하루를 보냈습니다. 그리고 종이 울리는 소리는 가끔씩 물을 통과하여 사람들이 들을 수 있게 된 거죠. 가장 깊은 곳에서 종소리가 들려올 때면 수많은 사람들은 이렇게 말합니다.

"누군가 죽은 모양이로군."

하지만 사람이 죽었기 때문에 종이 울리는 게 아닙니다. 종은 소리를 내면서 물의 정령에게 이야기들을 들려주는 거죠. 이제 물의 정령도 외롭지 않게 된 겁니다.

그런데 종은 무슨 이야기를 할까요? 종은 참으로 나이가 많았습니다. 할머니의 할머니가 태어나기도 전에, 훨씬 오래 전부터 강 속에 있었다고 말들 하니까요. 하지만 그렇게 나이 많은 종이라 해도 물의 정령에게는 기껏해야 아이에 지나지 않습니다. 물의 정령은 매우 말을 아끼는 신비한 느낌을 주는 노인이었거든요. 그 정령은 언제나 뱀장어 가죽으로 만든 바지와 물고기 비늘로 만든 윗옷을 입었습니다. 윗옷에 금빛 수련꽃을 달았답니다. 머리는 갈대로 둘러져 있으며, 수염에는 좀개구리밥이 붙어 있었지요. 하지만 그리 아름다워 보이지는 않았습니다.

종의 이야기를 모두 들으려면 몇 년하고도 몇 달이 걸릴 겁니다. 종은 하루는 앞에서부터 이야기하기도 하고 어떤 날은 뒤에서부터 이야기하기도 합니다. 그리고 똑같은 이야기를 되풀이하는 일도 곧잘 있지요. 종의 이야기는 때로는 짧고, 때로는 깁니다. 제 마음이 내키는 대로 이야기를 하기 때문입니다. 그래도 종의 이야기는 주로 어둡고도 힘들었던 옛 시절에 대한 것입니다.

"옛날, 종이 걸려 있었던 성 알바니 교회 첨탑에 어떤 수도자가 올라왔습니다. 그는 젊고도 멋진 사람이었습니다. 그러나 수도자는 누구보다도 깊게 생각에 잠겼지요. 오덴세 강이 아직은 넓었고, 늪지대가 호수였던 그 옛날, 이 수도자는 창문에서 오덴세 강물을 바라보고 있었습니다.

수도자는 강을 넘고 푸른 색 담장을 넘어, 저 위에 있는 수녀원 언덕을 바라보았습니다. 그곳에는 수녀원이 있었는데, 어느 수녀의 작은 방에서 흘러나온 빛이 반짝거렸습니다. 수도자는 이미 그 방의 수녀를 잘 알고 있었습니다. 수도자가 남몰래 수녀를 생각하자, 그의 가슴이 세차게 두근거렸습니다. 뎅그렁 뎅그렁."

그렇습니다. 종은 이렇게 이야기하는 것입니다.

"어느 날 탑 위에 우둔한 하인이 왔습니다. 딱딱하고 무거운 청동으로 만들어진 내가 만일 몸을 흔든다면 이 하인의 이마가 산산조각 날 텐데. 어쨌든 그는 내 밑에 몰래 숨어들어왔으니까. 그리고 하인은 두 개의 막대기를 가지고 바이올린 연주를 하는 듯이 놀았습니다. 그러고는 연주에 맞춰 커다란 소리로 노래를 불렀지요.

'이제 나는 큰 소리로 노래할 거야. 늘 조그맣게 속삭이는 소리조차 낼 수 없었지. 빗의 뒤에 숨겨진 모든 것에 대해서 노래할 거야! 그곳은 으스스하고 음산해. 거기에 사는 사람들은 쥐를 산 채로 먹지. 아무도 그 사실을 알지 못해. 그런 이야기를 들을 수가 없기 때문이지. 지금도 사람들은 들을 수 없어. 왜냐하면 종소리가 너무 크게 울리기 때문이지. 뎅그렁 뎅그렁!'

그 무렵 크누드라고 불리는 왕이 있었습니다. 왕은 사제와 수도자 앞에서는 참 공손했지요. 그러나 왕은 여느 때 백성들에게 너무 무거운 세금을 걷어 들였고, 툭하면 상소리를 해서 사람들의 원망을 사고 있었습니다. 어느 날 왕이 사람들 가까이 다가왔을 때, 사람들은 무기와 막대기를 들고 마치 맹수를 쫓아내듯이 왕을 몰아댔습니다. 왕은 형제들과 함께 교회로 달아나 정문과 출입문을 굳게 걸어 잠갔습니다.

분노한 사람들 무리는 교회 밖을 빙 둘러싸고 고함을 쳤습니다. 그 소리에 깜짝 놀라 까치와 까마귀들은 물론, 다른 새들이 푸드덕 한꺼번에 하늘로 날아올랐습니다.

새들은 교회 첨탑 안팎으로 날아다니며 교회 안에 있는 왕의 안 좋은 행동

이 밖으로 알려지도록 크게 소리쳤습니다. 크누드 왕은 제단 앞에 서서 간절히 기도를 드렸습니다. 왕의 형제들인 에릭과 베네딕트는 칼을 빼들고 왕을 지키고 서 있었습니다. 하지만 왕의 신하인 못된 블라케가 끝내 왕을 배신했습니다. 블라케의 이야기를 듣고 사람들은 왕이 어디에 있는지 알게 되었지요. 사람들 가운데 한 명이 블라케의 말을 따라 창문으로 돌을 던졌습니다. 왕은 그 돌에 맞아 죽고 말았습니다. 흥분한 고함 소리가 사람들 입에서 터져 나왔습니다. 그 소리를 따라 새들도 크게 울부짖었지요. 그리고 나도 함께 소리쳤습니다. 나는 노래를 부르며 종소리를 울렸지요. 뎅그렁 뎅그렁.

교회 종은 아주 높이 걸려 있습니다. 그래서 멀리 내려다볼 수 있고, 새들과 이야기를 나누기도 하지요. 바람은 창문과 교회 첨탑 구멍으로 종에게 다가옵니다. 바람은 그 어떤 틈새라도 정확히 찾아내지요. 바람은 모든 것을 공기에게서 배웠습니다.

공기는 살아 있는 모든 것을 둘러싸고 있지요. 사람 허파에도 들어오고, 어떤 소리라도 느낄 수 있습니다. 공기는 어떤 말도, 아무리 작은 한숨 소리도 듣습니다. 그리고 모든 것을 아는 공기의 말을 들은 바람은 들은 이야기를 모두에게 전합니다.

교회 종은 공기와 바람의 모든 말을 이해해 세상에 울려 퍼지도록 합니다. 뎅그렁 뎅그렁.

하지만 너무 많은 것을 듣고 이해하는 것이 나에게는 벅찬 일이었습니다. 나는 그 모든 이야기를 빠짐없이 소리 내서 밖으로 울리게 할 수 없어 너무나 피곤하고 힘들었거든요. 그래서 마침내 나를 매달고 있던 줄이 뚝 끊어져버린 겁니다.

나는 노을이 빛나는 하늘을 날다 아래로 아래로 떨어졌지요. 내가 떨어진 곳은 강물 가장 깊은 곳이었습니다. 그곳엔 오래 전부터 물의 정령이 홀로 외로이 살고 있었지요. 나는 그곳에서 내가 들어서 아는 이야기를 몇 년이고 들려주며 지냈습니다. 뎅그렁 뎅그렁."

종이 떨어진 오덴세 강 깊은 곳에서는 이렇게 종소리가 울리는 것입니다. 나는 그 이야기를 할머니께 들었지요.

하지만 우리 선생님은 다르게 말씀하시지요.

"저 강 속에서 소리를 내는 종은 없단다. 종은 물속에서는 소리를 낼 수 없기 때문이지. 저 강 아래에는 물의 정령도 없어. 물의 정령이라는 것은 그저 옛날이야기에 나오는 존재일 뿐이란다."

교회 종소리가 기분 좋게 들려올 때면, 선생님은 소리를 내는 것은 교회 종들이 아니라 공기라고 말씀하십니다. 공기가 소리를 만든다는 거지요. 할머니 또한 선생님과 같은 말씀을 하십니다. 소리를 만드는 것은 공기라고 종이 말했었다고 말이죠. 그러니까 바로 맞는 이야기가 되는 거죠.

공기는 모든 것을 알고 있습니다. 공기는 우리를 둘러싸고 있으며, 우리 몸 안에도 있습니다. 공기는 우리의 생각과 행동에 대해 오덴세 강 깊은 곳에서 물의 정령과 함께 사는 종보다도 더 길고 자세히 말할 수 있습니다. 공기는 우리가 생각하고 행동하는 것에 대해 하늘 높은 곳까지 알리며 멀리, 더 멀리, 그리고 영원히 계속해서 알릴 것입니다. 천국의 종들이 울리는 곳까지 말이지요. 뎅그렁 뎅그렁.

089

못된 왕

Den onde Fyrste

옛날에 거만하기 짝이 없고 성질 고약한 한 왕이 있었답니다. 그 왕은 세상 모든 나라를 차지하고 사람들이 자신의 이름을 듣기만 해도 벌벌 떨게 만드는 게 소원이었습니다. 그래서 왕은 어디를 가든지 불과 칼을 가지고 휩쓸고 다녔답니다.

왕이 거느린 병사들도 곡식을 짓밟고 다니며 행패를 부리기도 하고 농부들 집에 불을 지르는 일 따위를 아무렇지도 않게 저지르곤 했습니다. 새빨간 불꽃이 활활 타올라 나뭇잎을 모조리 태워버렸으며 나뭇가지에 매달린 열매까지 새까맣게 탔습니다.

불쌍한 농부의 아낙네들은 병사들을 피해 벌거벗은 젖먹이들을 안고 몸을 숨겼습니다. 하지만, 병사들은 눈을 부라리며 아낙네와 아기를 찾아냈습니다. 그러고는 못살게 괴롭혔답니다. 악마라고 할지라도 그보다 더 못되게 굴지는 않았을 겁니다.

그러나 왕은 그들을 가엾게 여기지 않았답니다. 오히려 당연하다고 여겼습니다. 사람들은 왕의 이름만 들어도 벌벌 떨었답니다. 왕의 힘은 차츰 더 강해졌습니다.

또 왕은 정복한 땅에서 많은 황금과 보석을 빼앗았기 때문에 날이 갈수록 보석들이 산처더미럼 쌓였습니다. 왕은 그 보석으로 화려한 궁전과 교회와 회랑을 척척 지었습니다. 그 호화로움에 놀란 사람들은 입을 모아 그를 위대한 왕이라고 칭찬했답니다.

사람들은 왕이 다른 나라에 한 못된 짓을 몰랐고 불 탄 도시에서 터져 나오는 한숨과 비탄의 소리는 듣지 못했지요.

왕은 성에 가득 쌓아놓은 보석들을 보며 자기 자신도 다른 사람들과 똑같이 생각했답니다.

"나는 얼마나 위대한 왕인가! 하지만 더 많이 가져야 해, 더 많이! 그리고 어느 누구도 나보다 더 권력을 가져서는 안 돼."

왕은 계속해서 이웃 나라에 싸움을 걸어서 닥치는 대로 모조리 정복해 버렸습니다. 정복당한 왕들은 금사슬로 마차에 묶여져 거리에서 질질 끌려 다닐 수밖에 없었답니다. 그리고 왕이 식탁에 앉으면 정복당한 왕들은 왕의 발아래 엎드려서 흘린 음식 부스러기들을 주워 먹어야만 했습니다.

왕은 광장과 성 안에 자신의 동상을 세웠습니다. 심지어는 하느님의 제단 앞에도 동상을 세우려고 했습니다.

그러자 신부들이 반대하며 말했습니다.

"폐하께서는 위대합니다만 하느님은 더욱 위대합니다. 우리는 감히 그런 짓을 할 수 없습니다."

그러자 못된 왕이 말했지요.

"좋아, 그렇다면 내가 하느님마저 정복하겠다."

오만하고 어리석은 왕은 곧 하늘을 날아다닐 수 있는 배 한 척을 만들도록 명령했습니다.

배는 공작의 꼬리처럼 아름다운 색깔로 꾸며져 있었으며 수천 개의 눈들로 덮여 있었습니다. 그 눈들은 총구였답니다.

왕은 배 한가운데 앉아 있었습니다. 만일 왕이 깃털 하나만 누르면 수천 개의 총알이 마구 날아가고 다시 장전이 되도록 만들어져 있었습니다.

왕은 수백 마리 힘센 독수리들을 튼튼한 줄로 배 앞에 팽팽하게 매달고는 태양을 향해 날아갔습니다. 지구는 발아래 놓여 있었습니다. 산과 숲이 있는 땅은 마치 잘 갈아 놓은 밭처럼 보였습니다. 잘 일궈진 밭에서 푸른 풀들이 고개를 쑥 내밀고 있는 듯했답니다. 조금 더 올라가니 이번에는 하늘 아래가 평평한 지도처럼 보였습니다.

배는 곧 안개와 구름으로 뒤덮였습니다. 독수리들은 점점 더 높이 날아갔습니다. 그때 하느님이 한 천사를 왕에게 보냈습니다.

못된 왕은 천사에게 수천 개의 총알을 발사했습니다. 그러나 날아간 총알은 천사의 빛나는 날개에 맞아 싸라기눈처럼 곳곳으로 튀어나갔습니다. 그리고 천사의 하얀 날개에서 한 방울의 피가 솟더니 왕이 탄 배에 떨어졌답니다.

그 피는 배에 떨어지자마자 곧 불이 되었습니다. 그 불은 수백 킬로그램이나 되는 납덩이처럼 무척 무거워서 배를 꽉 눌러 땅으로 떨어지게 했습니다. 독수리의 힘센 날개마저 부러지고 말았지요. 바람이 쏴쏴 소리를 내며 지나가고 왕이 불태워버린 마을에서 피어오르는 연기로 만들어진 구름은 무시무시한 모습으로 변해 여기저기에서 배를 위협했습니다. 집게발로 위협을 하는 큰 가재처럼 보이기도 하고 거대한 바위 덩어리가 굴러오는가 하면 용이 불을 내뿜었습니다.

왕은 배에서 쓰러지고 말았답니다. 배는 어느 깊은 숲속으로 떨어지다 나뭇가지에 걸렸습니다.

"하느님을 무찌르고 말겠어. 내가 마음먹은 모든 것은 그대로 이루어져야만 해."

그렇게 결심한 왕은 다시 하늘을 나는 멋진 배를 만들도록 했습니다. 그것은 꼬박 7년이나 걸렸답니다. 가장 단단한 강철로 번개 광선도 만들도록 했습니다. 천국의 성벽을 폭파시키려고 한 것입니다. 그리고 정복한 나라에서 가장 강력한 전투 부대를 모았습니다. 그 전투 부대를 한 줄로 세우면 수천 마일이나 될 정도였습니다.

그들은 멋진 배에 올랐습니다. 그러자 그때 하느님이 벌떼를 보냈습니다. 단지 한 무리의 작은 벌떼를 말입니다.

벌들은 왕 주위를 윙윙 날아다니면서 그의 얼굴과 손을 마구 찔렀습니다.

불같이 화가 난 왕은 칼을 뽑아 휘둘렀지만, 한 마리도 잡지 못하고 계속 허공만 내리칠 뿐이었습니다.

왕은 부하에게 양탄자를 가져오게 해서는 자기를 둘둘 감으라고 했습니다. 벌이 침을 쏘지 못하도록 하려는 것이었답니다.

그런데 아주 작은 벌 한 마리가 양탄자 안으로 침입해서 왕의 귀 안으로 들어갔습니다. 벌은 왕의 귀를 콕콕 찔렀답니다. 귀 안은 마치 불처럼 확확 타올랐습니다. 그러더니 벌의 독이 온 머리에 퍼져 갔습니다.

왕은 도저히 참을 수가 없었습니다. 견디다 못한 왕은 발버둥치며 감았던 양탄자를 벗어 던지고, 입은 옷도 찢기 시작했습니다. 그러고는 거칠고 사나운 병사들 앞에서 벌거벗은 채 춤을 추기 시작했습니다.

병사들은 하느님을 정복하겠다던 왕이 단 한 마리의 벌에게 정복당한 꼴을 보고 마음껏 비웃었답니다.

곽복록(郭福祿)

조치(上智)대학교 독어독문학과 수학. 서울대학교 독문학과 졸업. 미국 시카고대학교 대학원 독문학과 졸업(석사). 독일 뷔르츠부르크대학교 독문학과 졸업(문학박사). 서울대학교·서강대학교 독문과 교수 역임. 한국독어독문학회 회장. 한국괴테학회 초대회장. 지은책 《독일문학의 사상과 배경》, 옮긴책 요한 볼프강 괴테 《파우스트》《시와 진실》《젊은 베르테르의 슬픔》《빌헬름 마이스터 편력시대·수업시대》《친화력》《헤르만과 도로테아》《이탈리아 기행》《괴테시집》《잠언과 성찰》 에커만 《괴테와의 대화》 프리덴탈 《괴테 생애와 시대》 토마스 만 《마의 산》 니체 《차라투스트라는 이렇게 말했다》《비극의 탄생》《즐거운 지식》 소포클레스 《그리스 비극》 카를 힐티 《잠 못 이루는 밤을 위하여》《완역결정판 안데르센동화전집》 등이 있다.

World Book 246
H.C. Andersen
EVENTYR OG HISTORIER
안데르센동화전집 I
H.C. 안데르센/곽복록 옮김
1판 1쇄 발행/2015. 12. 12
1판 2쇄 발행/2021. 3. 1
발행인 고정일
발행처 동서문화사
창업 1956. 12. 12. 등록 16-3799
서울 중구 마른내로 144(쌍림동)
☎ 546-0331~6 Fax. 545-0331
www.dongsuhbook.com

사업자등록번호 211-87-75330
ISBN 978-89-497-1395-3 04080
ISBN 978-89-497-0382-4 (세트)